XML

illustré

avec

C#6 et WPF

XML - XPath - XSLT
XSL FO - DTD
Schéma XML
XML avec DOM
LINQ To XML

Patrice REY

Titres disponibles chez Books On Demand

Se former à la programmation orientée objet en langage C#
TUTO EXCEL VBA - Matrices et calculs matriciels
TUTO C#6 WPF - Programmation des objets fractals
TUTO C#6 WPF - LINQ To XML
TUTO EXCEL VBA - Géométrie 2D
TUTO C#6 WPF - Design Patterns en C#
TUTO C#6 WPF - Traitement des images numériques avec C#
Formation Microsoft MCSD Examen 70-483 (tome 1)
DUT Informatique - Structures de données (tome 1)
DUT Informatique - Graphisme 2D (tome 2)
DUT Informatique - Modélisation 3D (tome 3)
DUT Informatique - Calculs numériques (tome 4)
DUT Informatique - Format XML (tome 5)
DUT Informatique - Programmation Orientée Objet (tome 6)
DUT Informatique - Design Patterns (tome 7)
DUT Informatique - Matrices et calculs matriciels (tome 8)
DUT Informatique - Géométrie 2D (tome 9)
DUT Informatique - Traitement des images numériques (tome 10)

Editeur

Books on Demand GmbH,
12/14 rond point des Champs Élysées,
75008 Paris, France
ISBN : 9782322122912
Dépôt légal : MAI 2018

Auteur

© 2018 Patrice REY
85 rue de vincennes - App 23 B
33000 BORDEAUX
email : patricerey33@orange.fr
site web : www.reypatrice.fr

Cours de programmation C# à Bordeaux

Profil :	Professeur
Se déplace à domicile :	non
Tarif horaire :	20€/h
Première heure :	Tarif normal
Civilité :	Monsieur
Lycée :	2de, 1re L, 1re ES, 1re S, 1re STG, 1re STI2D, T L, T ES, T S, T STG, T STI2D
Supérieur :	Prépa, BTS, Licence, Master, IUT/DUT
Parascolaire :	Débutant

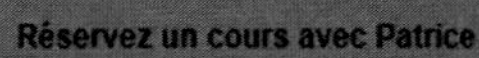

GARANTIE KELPROF

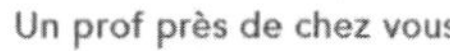

Kelprof

Un prof près de chez vous

Microsoft CERTIFIED
Application Developer

Patrice, Professeur donne des cours particuliers de Programmation pour les élèves de Bordeaux.

Vous aimeriez programmer en langage C# mais vous ne savez pas par où commencer ? Vous avez peut-être acheté un livre pour vous initier mais il vous semble trop abstrait ? Vous souhaitez réaliser un projet précis, et vous avez besoin d'aide pour le structurer et pour le programmer ?

Alors ce cours est fait pour vous !

Ce cours s'adresse à toute personne désireuse de progresser dans la domaine de la programmation en langage C# en utilisant au choix l'environnement de développement intégré **VISUAL STUDIO 2013** ou bien l'environnement de développement intégré **SharpDevelop**. Pour les novices, nous pourrons commencer par les bases avec l'installation des outils nécessaires, l'explication des concepts du C# et la programmation des applications logicielles traditionnelles. Pour ceux qui ont quelques connaissances, nous pourrons aborder des concepts variés comme la programmation orientée objet et la modélisation 3D. Pour ceux qui ont besoin d'aide pour un projet, nous pourrons réfléchir ensemble sur la structure de leur programme, et programmer ensemble les solutions que nous aurons trouvées.

Pour répondre à toutes vos attentes, les cours pourront se dérouler de trois façons différentes :
- vous souhaitez découvrir ou approfondir une notion du C# : dans ce cas, je commencerai par vous expliquer quand et pourquoi l'utiliser; je vous expliquerai ensuite son fonctionnement et nous finirons par des exemples pratiques de programmation.
- vous souhaitez progresser en C# mais vous ne savez pas exactement ce que vous voulez apprendre; dans ce cas, je vous enseignerai de nouvelles notions adaptées à votre niveau.
- vous avez besoin d'aide pour réaliser un projet; dans ce cas, nous pourrons étudier ensemble vos besoins et poser les bases de votre programme, puis nous pourrons étudier les notions nécessaires à sa réalisation.

Disponibilités

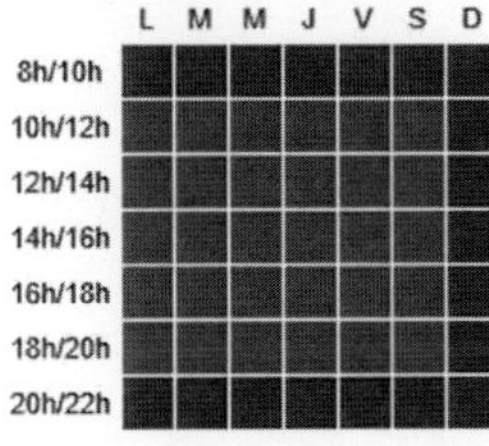

Localisation

http://www.kelprof.com/cours-particuliers/programmation/cours-de-programmation-c-a-bordeaux-713434.html

THTZATFXXW7391448778

Table des matières

Le code source de programmation est
téléchargeable gratuitement à l'adresse web
http://www.reypatrice.fr

3 - Le langage de transformation XSLT

4 - Le langage de transformation XSL-FO

Partie 2 : Programmation XML avec C#6, WPF et LINQ

7 - Manipuler un document XML avec DOM

8 - Lire et écrire des documents XML

9 - Accéder aux données XML avec XPath

Avant-propos

Dans le domaine de l'enseignement informatique, ce livre a pour objectif de proposer une approche pédagogique pour l'étude de l'échange des données avec XML. Cet ouvrage s'inspire de mon expérience issue de plusieurs années d'enseignement et de formation en informatique. J'ai souhaité faire bénéficier de cette expérience tous ceux qui, à des titres divers, peuvent être amenés à étudier XML ou à réaliser des développements qui impliquent son utilisation.
XML est une famille de langages partageant des caractéristiques communes et qui sont dédiés à une multitude d'usages divers. Les facilités d'écriture de ce format, les possibilités de traitement des données qu'il offre et sa souplesse d'utilisation, en font un format extrêmement bien adapté aux échanges de données entre applications aussi bien qu'à leur simple stockage. C'est donc tout naturellement que son usage s'est largement répandu au point d'être aujourd'hui incontournable. Cet ouvrage propose donc d'en aborder l'apprentissage de manière progressive et pédagogique, et de pouvoir en apprécier son utilisation en programmation, notamment avec C#6 (langage C# dans sa version 6), WPF et LINQ.

Le contenu du livre

Les différents chapitres permettent d'apprendre à concevoir des documents XML, à valider des documents XML, à générer des documents XML au travers des langages de transformation et en fonction d'expression XPath, et à utiliser en pratique ces documents XML dans des applications écrites en C#6 à l'aide de WPF et LINQ au sein de projets réalisés avec l'environnement de développement intégré Visual Studio 2015. Les chapitres abordent les points suivants:

- le chapitre 1 expose les bases du langage XML par la structuration de l'information, les règles d'écriture, la notion de document bien formé et valide, et la mise en forme simple à l'aide du langage CSS.
- le chapitre 2 traite du langage XPath pour l'élaboration et l'évaluation

d'expression sur un document XML, au travers de sa syntaxe, de ses opérateurs et de ses fonctions.

- le chapitre 3 traite de la réalisation des feuilles de transformations XSLT nécessaires à l'élaboration de fichier HTML pour visualiser des données XML; il sera abordé l'utilisation des modèles, l'utilisation des instructions courantes et avancées, la création des éléments, les tests conditionnels et les tris alphanumériques.
- le chapitre 4 traite de la réalisation des feuilles de transformation XSL-FO, et de leurs usages dans la réalisation de PDF imprimables avec Apache FOP; un cas pratique complet de toute la chaîne de transformation sera abordé avec l'utilisation d'un logiciel commercial qu'est OXYGEN Editor 15.
- le chapitre 5 traite de la conception et de la réalisation des DTD (définition de type de document); les DTD évitent les dysfonctionnements dans la conception des documents XML; nous y verrons comment associer une DTD à un document XML, quelle est la syntaxe de ses règles, et comment valider un document XML.
- le chapitre 6 traite d'un autre langage de définition de contenu qu'est le schéma XML (XML Schema en anglais); le schéma XML est de loin le plus utilisé; nous y verrons comment déclarer des éléments et des attributs, quels sont les types simples définis dans la recommandation du W3C et ceux définis par dérivation, comment concevoir les types complexes de données, et comment modulariser et documenter le schéma XML.
- le chapitre 7 traite des manipulations à connaître pour un document XML avec le modèle objet de document (DOM); on y verra notamment comment charger un document XML pour visualiser son contenu, comment effectuer des recherches de nœuds, comment effectuer des modifications de nœuds, et comment visualiser l'arborescence d'un document XML dans un contrôle dédié *TreeView*.
- le chapitre 8 traite des manipulations de lecture et d'écrire avec les classes *XmlTextReader* et *XmlTextWriter*; il sera abordé les déplacements dans l'arborescence XML avec *XmlTextReader*, et l'écriture des données XML avec *XmlTextWriter*.
- le chapitre 9 traite de la mise en pratique de l'évaluation des expressions XPath avec notamment comment élaborer une requête pour évaluer une expression XPath, comment lire les données retournées par la requête, et comment les modifier et les sauvegarder.
- le chapitre 10 traite de la pratique de la validation de document XML par la DTD et par le schéma XML; il sera vu notamment comment générer un schéma XML par programmation grâce à des classes spécifiques du *framework .NET*.

- le chapitre 11 traite de la pratique de la transformation XSLT par programmation; il sera vu notamment comment effectuer une transformation XSLT par programmation pour obtenir un document HTML, ainsi que le cas avec le passage de paramètres.
- le chapitre 12 expose les différents principes pour le chargement des fichiers XML destinés à être exploités avec la technologie LINQ To XML.
- le chapitre 13 expose, en théorie et en pratique, tout ce que LINQ To XML permet pour la création des arborescences XML (document XML avec sa déclaration, avec les commentaires, avec les éléments dotés d'attributs et de contenu textuel, des balises CDATA, etc.) et pour la sauvegarde de ces arborescences.
- le chapitre 14 expose, en théorie et en pratique, tout ce que LINQ To XML permet pour se déplacer au sein d'une arborescence XML au travers d'un ensemble de propriétés et de méthodes spécifiques.
- le chapitre 15 expose, en théorie et en pratique, tout ce que LINQ To XML permet pour procéder à la modification des données XML par un ensemble de propriétés et de méthodes spécifiques; la gestion des données XML tient compte de la gestion des nœuds, de la gestion des attributs, de la gestion des annotations et de la gestion des événements liés aux modifications.
- le chapitre 16 expose, en théorie et en pratique, tout ce que LINQ To XML permet pour effectuer des requêtes LINQ par l'intermédiaire d'expressions composées de différentes clauses; il sera abordé au cours de cette étape de l'utilisation des méthodes d'extensions.
- le chapitre 17 est destiné à vous montrer 5 applications complètes et détaillées de l'utilisation de LINQ To XML dans le domaine professionnel; la première application consiste à vous montrer comment on utilise XML pour sauvegarder les images au format XML par une lecture de ses pixels (figure A1 au repère 1); puis avec un fichier d'échange sauvegardé, on charge les données et on regénère l'image initiale; la seconde application consiste à vous montrer comment on utilise XML pour sauvegarder et pour charger une scène graphique 2D (figure A1 au repère 2); la troisième application consiste à vous montrer comment on utilise XML pour sauvegarder et pour charger une scène graphique 3D composée de modèles 3D (figure A2 au repère 1); la quatrième application consiste à vous montrer comment on représente des données XML par des composants dédiés d'un point de vue purement graphique (figure A2 au repère 2); la cinquième application consiste à vous montrer comment on réalise des arborescenses de données hiérarchiques XML avec des contrôles *TreeView* pour la présentation des données XML (figure A3).

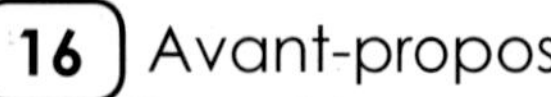

Figure A1

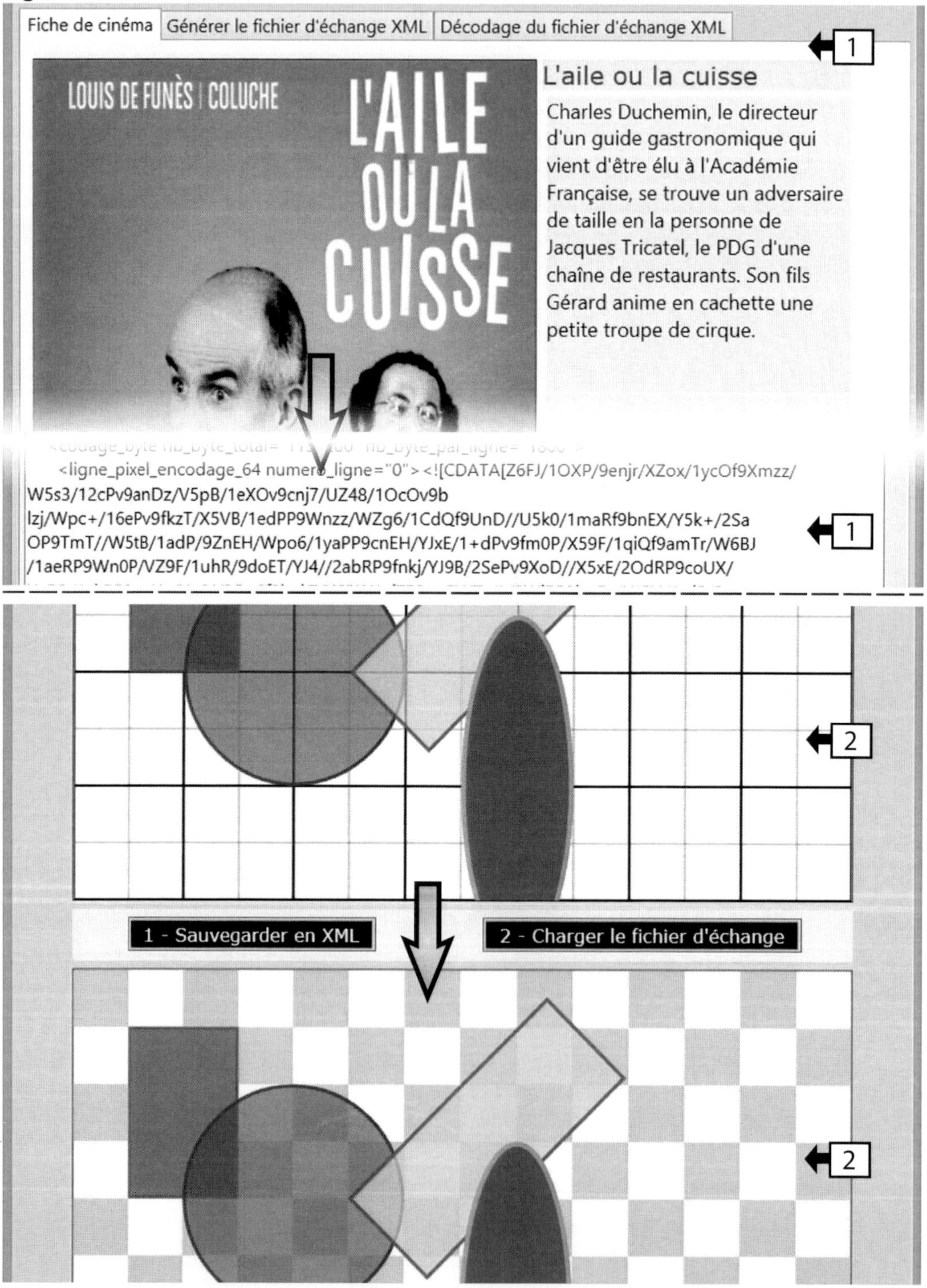

Fiche de cinéma
Générer le fichier d'échange XML
Décodage du fichier d'échange XML
1
LOUIS DE FUNÈS | COLUCHE
L'AILE OU LA CUISSE
L'aile ou la cuisse
Charles Duchemin, le directeur d'un guide gastronomique qui vient d'être élu à l'Académie Française, se trouve un adversaire de taille en la personne de Jacques Tricatel, le PDG d'une chaîne de restaurants. Son fils Gérard anime en cachette une petite troupe de cirque.
<ligne_pixel_encodage_64 numero_ligne="0"><![CDATA[Z6FJ/1OXP/9enjr/XZox/1ycOf9Xmzz/
W5s3/12cPv9anDz/V5pB/1eXOv9cnj7/UZ48/1OcOv9b
lzj/Wpc+/16ePv9fkzT/X5VB/1edPP9Wnzz/WZg6/1CdQf9UnD//U5k0/1maRf9bnEX/Y5k+/2Sa
OP9TmT//W5tB/1adP/9ZnEH/Wpo6/1yaPP9cnEH/YJxE/1+dPv9fm0P/X59F/1qiQf9amTr/W6BJ
/1aeRP9Wn0P/VZ9F/1uhR/9doET/YJ4//2abRP9fnkj/YJ9B/2SePv9XoD//X5xE/2OdRP9coUX/
1
2
1 - Sauvegarder en XML
2 - Charger le fichier d'échange
2

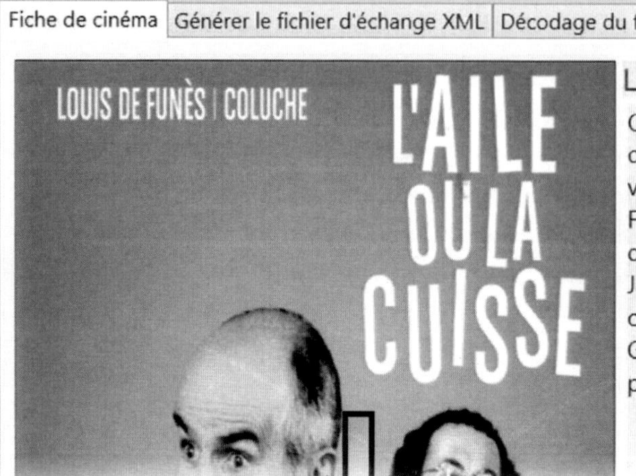

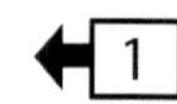

Figure A2

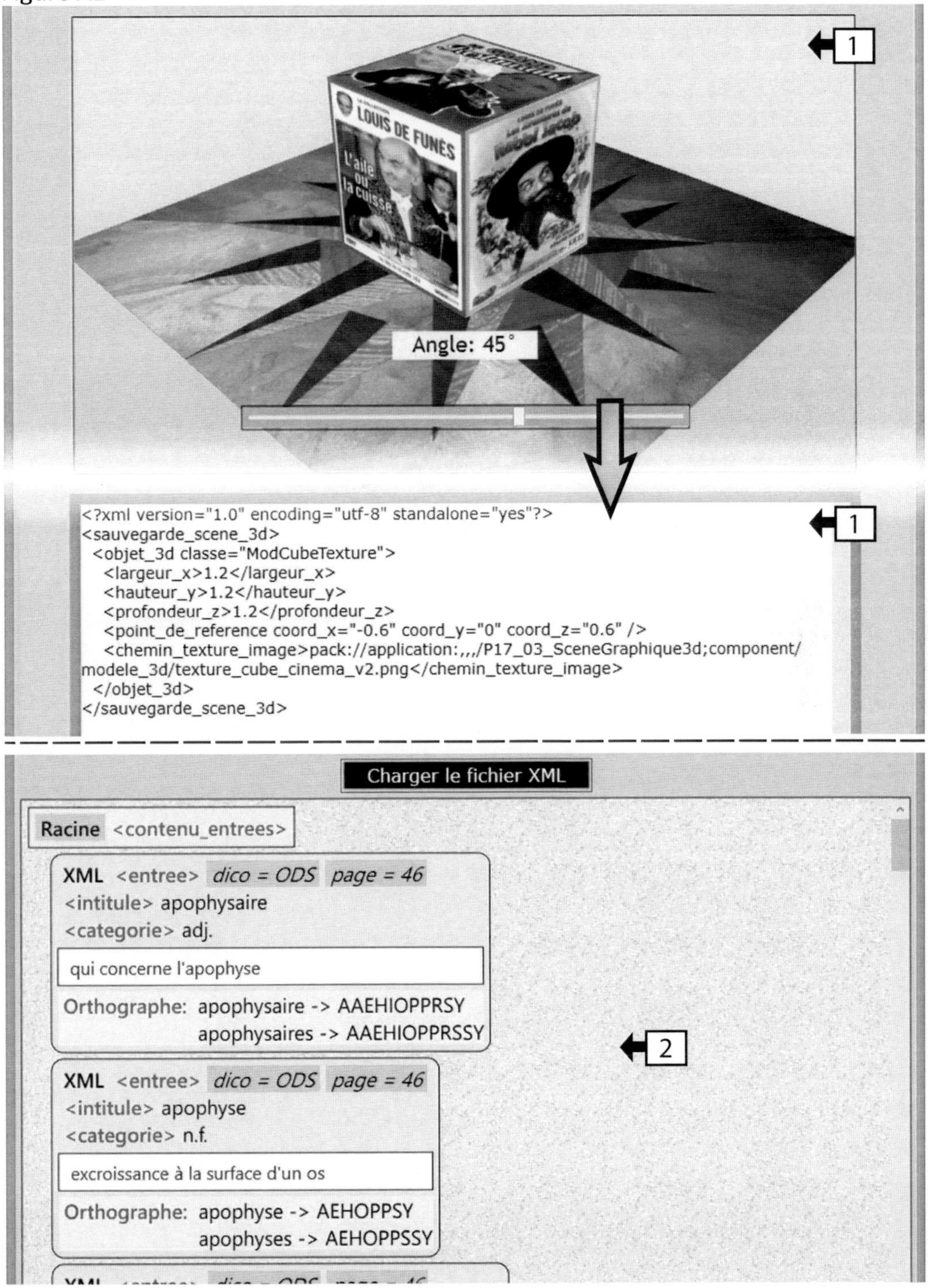

1
LOUIS DE FUNÈS
L'aile ou la cuisse
Angle: 45°
1
<?xml version="1.0" encoding="utf-8" standalone="yes"?>
<sauvegarde_scene_3d>
<objet_3d classe="ModCubeTexture">
<largeur_x>1.2</largeur_x>
<hauteur_y>1.2</hauteur_y>
<profondeur_z>1.2</profondeur_z>
<point_de_reference coord_x="-0.6" coord_y="0" coord_z="0.6" />
<chemin_texture_image>pack://application:,,,/P17_03_SceneGraphique3d;component/modele_3d/texture_cube_cinema_v2.png</chemin_texture_image>
</objet_3d>
</sauvegarde_scene_3d>
Charger le fichier XML
Racine <contenu_entrees>
XML <entree> dico = ODS page = 46
<intitule> apophysaire
<categorie> adj.
qui concerne l'apophyse
Orthographe: apophysaire -> AAEHIOPPRSY
apophysaires -> AAEHIOPPRSSY
2
XML <entree> dico = ODS page = 46
<intitule> apophyse
<categorie> n.f.
excroissance à la surface d'un os
Orthographe: apophyse -> AEHOPPSY
apophyses -> AEHOPPSSY

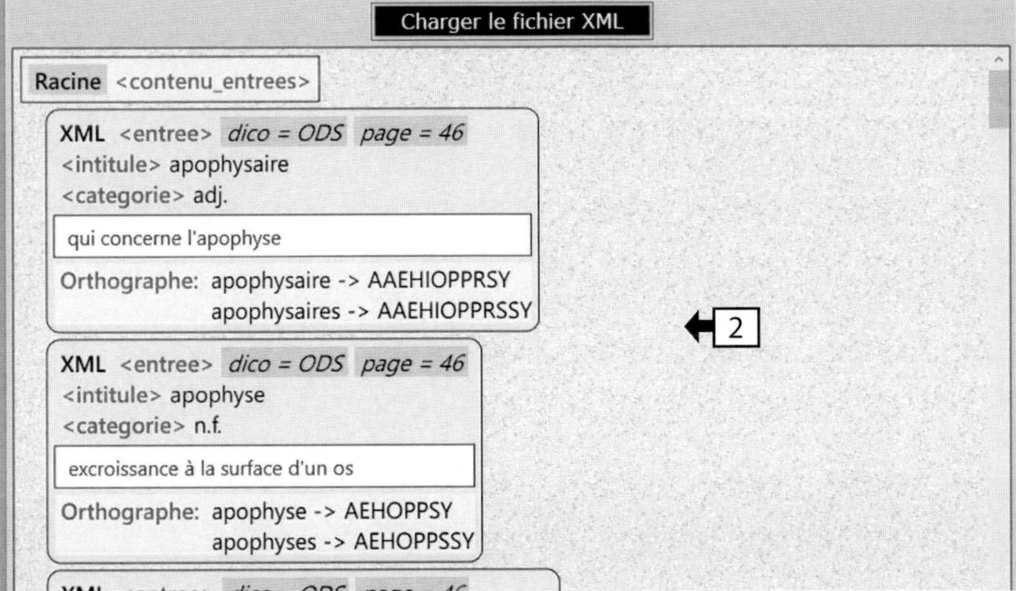

Figure A3

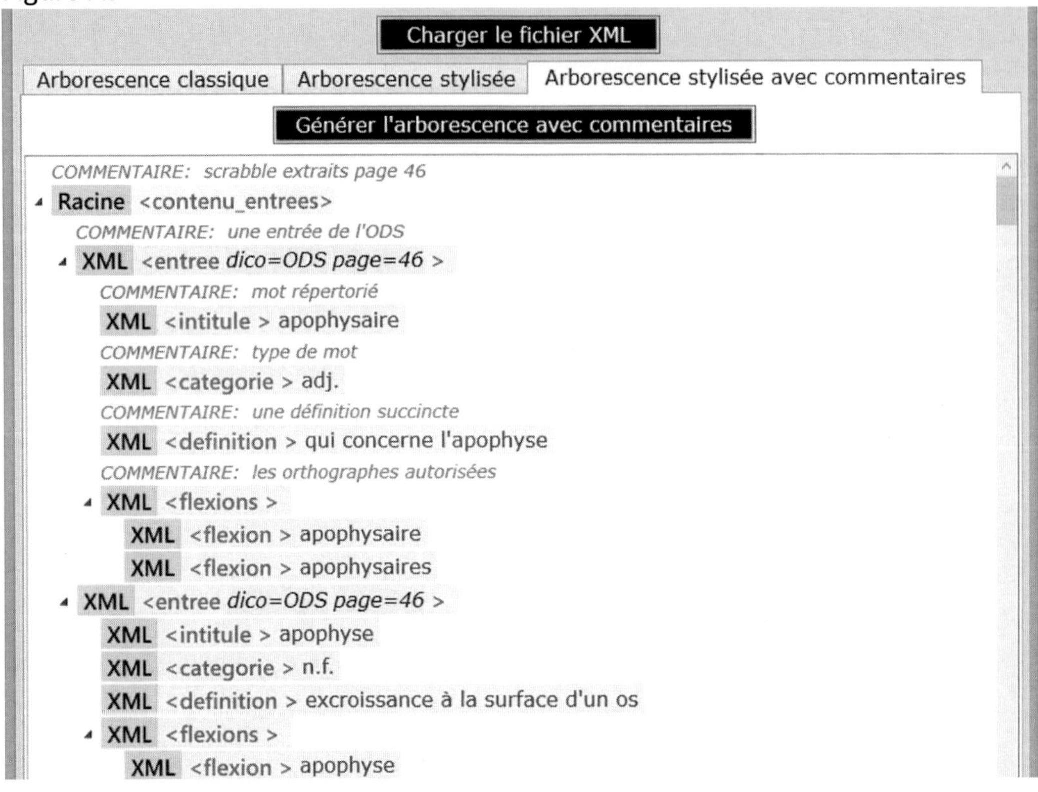

Les logiciels requis pour le développement

Pour réaliser plus facilement des programmes en C# et XAML, il est préférable d'utiliser un environnement de développement intégré ou IDE *(Integrated Development Environment)*.

Cet IDE permet de développer, de compiler et d'exécuter un programme dans un langage donné qui sera, dans ce livre, le C# (se prononce "*Csharp*") dans sa version 6. Microsoft propose comme IDE une version complète et gratuite avec *Visual Studio 2015 Community* (figure A4). Cette version est téléchargeable à l'adresse web *https://www.visualstudio.com/downloads/download-visual-studio-vs.*

Puissante interface IDE garantissant la production d'un code de qualité, Visual Studio intègre de nouvelles fonctionnalités qui simplifient le processus de développement d'application, de la conception au déploiement.

Figure A4

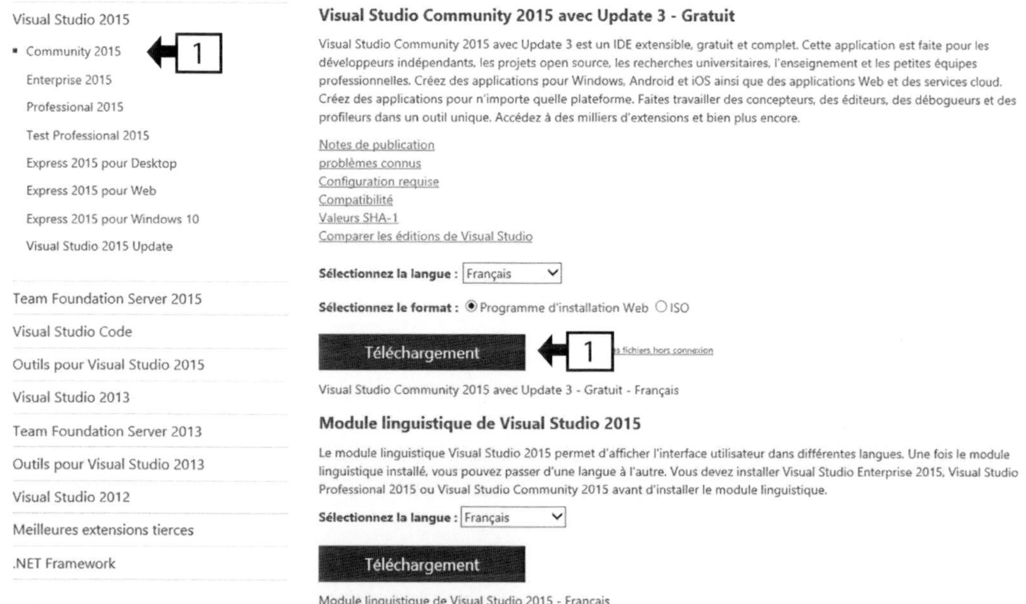

Les liens de téléchargement

Tout le code source de cet ouvrage pourra être téléchargé gratuitement en se rendant sur la page web du livre à l'adresse web suivante*http://www.reypatrice.fr.*

Vous trouverez dans l'arborescence des fichiers du projet, un dossier pour chacun des chapitres. Chaque dossier contient tous les éléments nécessaires de programmation qui sont expliqués dans le livre. De cette façon, vous serez capable de suivre et de programmer assez rapidement et assez facilement. C'est une démarche volontaire, dans un but pédagogique, pour progresser rapidement.

Bonne lecture à tous.

Les principes de XML 1

XML est un langage de description de document. C'est un langage qui va contenir à la fois les données du contenu mais aussi une qualification représentée par les métadonnées sur ce contenu. C'est un langage qui va donc décrire un document ou des données en mélangeant les valeurs et la qualification de ces valeurs. XML contient beaucoup de richesses. Nous verrons comment structurer un document XML, quelles sont les contraintes qui font qu'un document XML est bien formé et reconnaissable comme un vrai document XML, qu'est-ce que l'on met à l'intérieur d'un document XML, quels sont les types de données, comment est-ce que l'on va représenter les données plus complexes et les caractères spéciaux, etc.
Nous verrons comment manipuler le document XML car autour de XML, beaucoup de technologies se sont développées, technologies qui permettent de qualifier les métadonnées (avec les espaces de noms par exemple), technologies qui permettent de valider des structures par rapport à des règles spécifiques (d'une entreprise par exemple) pour des types de données spécifiques à l'aide de ce que l'on appelle un schéma.
Nous verrons aussi que l'on peut parcourir le chemin à l'intérieur de XML pour aller en extraire des informations directement avec un langage qui s'appelle XPATH. Nous verrons qu'à l'aide de ce chemin, nous pouvons extraire des informations mais également appliquer des feuilles de style de façon à faire des transformations pour extraire un fragment et l'afficher dans un autre format comme du HTML par exemple.

1 - La genèse de XML

La question que tout le monde se pose est bien entendu qu'est-ce que XML ? Est-ce que XML est un langage? Oui c'est un langage mais pas au sens où on l'entend en terme de langage de programmation. Ce n'est pas un langage qui fait quelque chose, qui effectue des actions, c'est un langage qui décrit un document. Il s'agit en fait d'un langage de balisage de document, dérivé d'un langage préliminaire qui s'appelle le SGML.
A la fin des années 1970, la société IBM a été à l'origine de la création d'un langage de description de données, fondé sur des balises. Ce langage nommé SGML (*Standard Generalized Markup Language*) fut publié comme norme ISO 8879:1986 en 1986.

Ce langage permettait de décrire la structure d'un document indépendamment de sa visualisation, ou plus généralement de son interprétation par une application tierce. Il fallait en effet fournir:

- une définition de type de document (DTD) afin de définir les éléments autorisés dans le document à décrire.
- une instance du document c'est-à-dire le texte réel du document comprenant les éléments SGML définis dans la DTD et qui identifient les diverses parties du texte; même si une instance de document peut partager une DTD avec d'autres documents, elle ne peut se conformer qu'à une seule DTD.
- la synthèse du document qui sert à préciser les principaux aspects de l'application SGML; c'est à ce niveau que sont déterminées les options et que sont précisés le jeu de caractères utilisé ainsi que les autres fonctions similaires.

SGML est un puissant langage de description mais il est très complexe, notamment à cause des règles concernant les fermetures codées, les fermetures implicites, etc. Lors des travaux de développement du World Wide Web, il fut nécessaire de simplifier le SGML pour le rendre utilisable facilement pour la création de pages web. Il en résulta HTML, une application de SGML limitée à un contexte particulier. Il faudra attendre la version HTML 4.0 publiée par le consortium W3C, en charge de la définition des standards de l'Internet, en 1997 pour avoir un format HTML dans lequel on ait la séparation du fond et de la forme par l'emploi des feuilles de style à l'aide du langage CSS.

Le HTML est une forme de SGML qui décrit le formatage d'un document. L'interprétation des balises HTML va permettre de réaliser des tableaux, des listes, des paragraphes, etc. Le navigateur va lire la source HTML et va produire un document formaté en fonction des balises trouvées et interprétées. Le navigateur apparait comme un simple outil consistant à interpréter le langage HTML et à le reformater pour l'utilisateur sur un ordinateur client.

Comme HTML restait évidemment un langage étroitement lié à la publication de contenu pour le web et non personnalisable, il fut décidé de tirer parti à la fois de la souplesse de SGML et de la simplicité d'utilisation de HTML. Ce fut chose faite avec la publication en février 1998 de la première version de la recommandation XML 1.0.

XML, qui est dérivé de SGML, est l'héritier attendu de SGML et de HTML. XML est une simplification de SGML avec un certain nombre de concepts SGML conservés et parfois quelques aménagements. Avec XML, il est maintenant facultatif de fournir une DTD tout en gardant la possibilité d'en créer une, voire d'utiliser un autre format comme XML Schema pour définir les éléments utilisables dans le document XML.

La séparation du fond et de la forme est stricte, rendant possible le traitement d'un même document XML par diverses applications en vue d'utilisations différentes. En revanche, XML présente quelques nouveautés:

- une syntaxe plus stricte qu'en SGML, ce qui réduit les contraintes sur les applications de traitement.
- une gestion de l'encodage qui autorise l'utilisation des caractères spéciaux.
- un langage de transformation XSL (*eXtensible Stylesheet Language*), qui est lui-même un format XML, qui permet d'automatiser le traitement d'un document XML donné.
- un langage de description et de définition, *XML Schema*, qui est lui aussi un document XML, qui étend les possibilités des DTD.

XML va décrire non pas le formatage mais le type de contenu qui va être proposé dans le document. Il s'agit donc d'une description sémantique du contenu. XML va servir à qualifier les différentes données, les différents éléments qui sont dans un document. C'est donc très intéressant car cela va permettre de pouvoir échanger un document non seulement avec son contenu mais aussi avec la description intégrée de son contenu. XML permet de séparer nettement le fond de la forme d'un document. Il s'avère souvent nécessaire de transformer le fichier brut par exemple pour permettre son affichage ou son impression pour l'œil humain, ou bien son traitement par une application donnée. Cela entraîne la nécessité de faire intervenir au moins deux fichiers: le fichier XML proprement dit qui contiendra les données à mettre en forme, et le fichier qui permettra sa transformation et son adaptation au média de sortie sélectionné. Dans le contexte d'une production de masse, l'ensemble de la chaîne est constitué de trois à quatre maillons:

- la définition des éléments utilisables dans le document XML.
- le document XML lui-même.
- les outils de transformation du document.
- dans le contexte d'une page web, une feuille de style CSS pour la mise en forme finale.

2 - Pourquoi XML ?

La question que l'on peut se poser c'est pourquoi utiliser XML, à quoi cela peut-il bien servir? XML a un certain nombre d'avantages. Vous pouvez construire des documents, des choses statiques en pur texte, qui contiennent non seulement un contenu qui peut être relativement riche, long et important, mais également la description de ce contenu. On peut donc ajouter la sémantique à l'intérieur de ce document. Cela peut aboutir à des choses intéressantes comme ce que l'on appelle le *web sémantique*, c'est-à-dire la capacité à travers des pages web non seulement de formater mais aussi de qualifier la donnée. Cela permet à des moteurs de recherche automatisés de mieux cibler le contenu des pages web, et par conséquent de faire des recherches plus précises. En mélangeant le formatage et la sémantique, on enrichit la donnée qui se trouve sur Internet.

Il s'agit de donner du sens à des documents ou à de la donnée, et il s'agit aussi de pouvoir se les échanger. L'avantage de XML c'est qu'il fonctionne avec du texte. Le texte en informatique est reconnu par tous les systèmes et par tous les langages. Si j'échange un document qui est purement en texte, je vais être beaucoup plus portable, beaucoup plus universel que si j'échange un document de type binaire comme un fichier Word ou un fichier PDF. Le texte est alors idéal. Je vais pouvoir échanger en pur texte des données qui sont qualifiées et qui sont aussi hiérarchiques parce qu'un élément que l'on appelle un nœud, va pouvoir contenir des sous-éléments (des sous-nœuds). La hiérarchie permet d'exprimer quelque chose de complexe avec des données structurées.

Avec XML, on est plus dans une approche où l'on va construire des documents qui sont plutôt des données que l'on va manipuler par des programmes, et que l'on va échanger. On va pouvoir exprimer des données riches, qui vont être bien structurées ou semi-structurées, et les traiter automatiquement par un certain nombre de systèmes car le langage XML va être très facile à parser. Parser un document XML (*parsing* en anglais) consiste à interpréter automatiquement par des bibliothèques le contenu XML. Ces bibliothèques d'interprétation sont présentes dans tous les langages de programmation. De plus, il y a beaucoup de techniques qui tournent autour de XML, notamment des techniques qui vont permettre, outre le fait de parser, de reconnaître les différents éléments mais aussi de les transformer, de prendre un document et d'utiliser un langage de description, de transformation qui va permettre d'élaborer automatiquement un nouveau document à partir du document originel (il s'agit de XSLT pour le langage de transformation de XML). On va pouvoir également faire des recherches automatiquement à l'intérieur du document ou accéder à certains nœuds de ce document, à l'aide d'un langage qui s'appelle XPATH, qui permet de se déplacer, de trouver des chemins à l'intérieur du document. Et une extension encore plus puissante, qui s'appelle XQUERY, permet de faire des recherches à l'intérieur du document XML.

On va pouvoir indiquer aussi qu'un document a une certaine structure obligatoire à l'aide d'un langage de description de structure de document qui s'appelle le schéma XML (*XML Schema*). Si j'échange des données entre différents systèmes à l'aide du schéma, je vais pouvoir indiquer que le document XML doit contenir un certain nombre de balises, avoir une certaine structure bien définie de façon à s'assurer que le document est valide du point de vue de cette structure. Comme vous le voyez, nous avons non seulement un langage de description du document, mais aussi des outils qui s'ajoutent au XML pour en assurer les transformations, les recherches et la validation. Il s'agit d'un ensemble bien construit d'outils qui vont nous permettre de faire des échanges de données solides, multiplateformes, très souples et extensibles à l'infini.

3 - Installer un éditeur de XML

Ecrire du code XML peut se faire avec un simple éditeur de texte. Mais, comme le XML possède une syntaxe stricte de balisage, il est alors plus facile d'utiliser des éditeurs dédiés de XML, permettant de réduire considérablement le code à écrire. Par exemple, lorsque vous écrivez une balise ouvrante, l'éditeur complète automatiquement en écrivant la balise fermante. C'est une aide très utile à l'écriture. De nombreux logiciels commerciaux existent, ils sont en général très complet. Le plus connu et le plus complet est **OXYGEN XML EDITOR**. Il existe aussi des logiciels plus simples et *open source*, très facile à l'utilisation notamment pour l'apprentissage du XML. Ici nous utiliserons le logiciel **XML Copy Editor**, qui est un logiciel *open source* très simple et très pratique dans le cadre de l'apprentissage de XML, doté d'une translation linguistique en français. Vous pouvez le télécharger en vous rendant sur la page web suivante (figure 1.1): *http://sourceforge.net/projects/xml-copy-editor*. L'installation du logiciel s'effectue en quelques minutes en utilisant les réglages proposés par défaut.

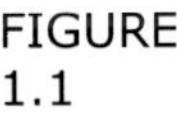

FIGURE 1.1

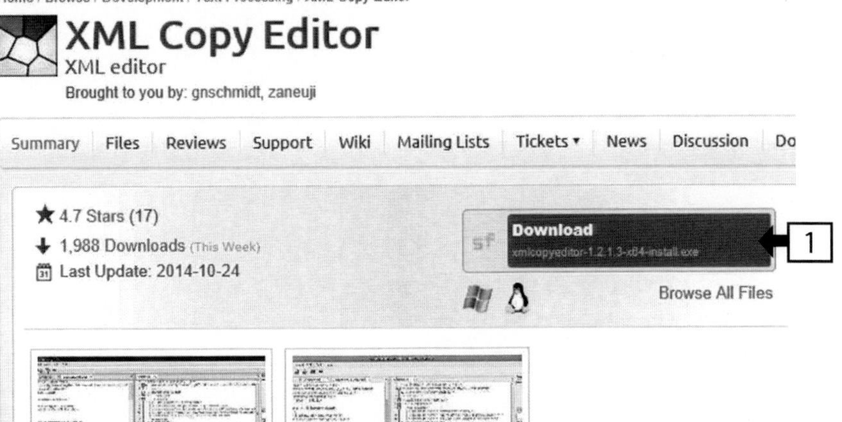

4 - La conception d'un document XML

Supposons que nous ayons une bibliothèque de livres (figure 1.2) composée de 4 allées, et chacune de ces 4 allées contient un ensemble de 4 armoires à livres. Une armoire à livres contient un ensemble d'étagères (par exemple une dizaine).

FIGURE 1.2

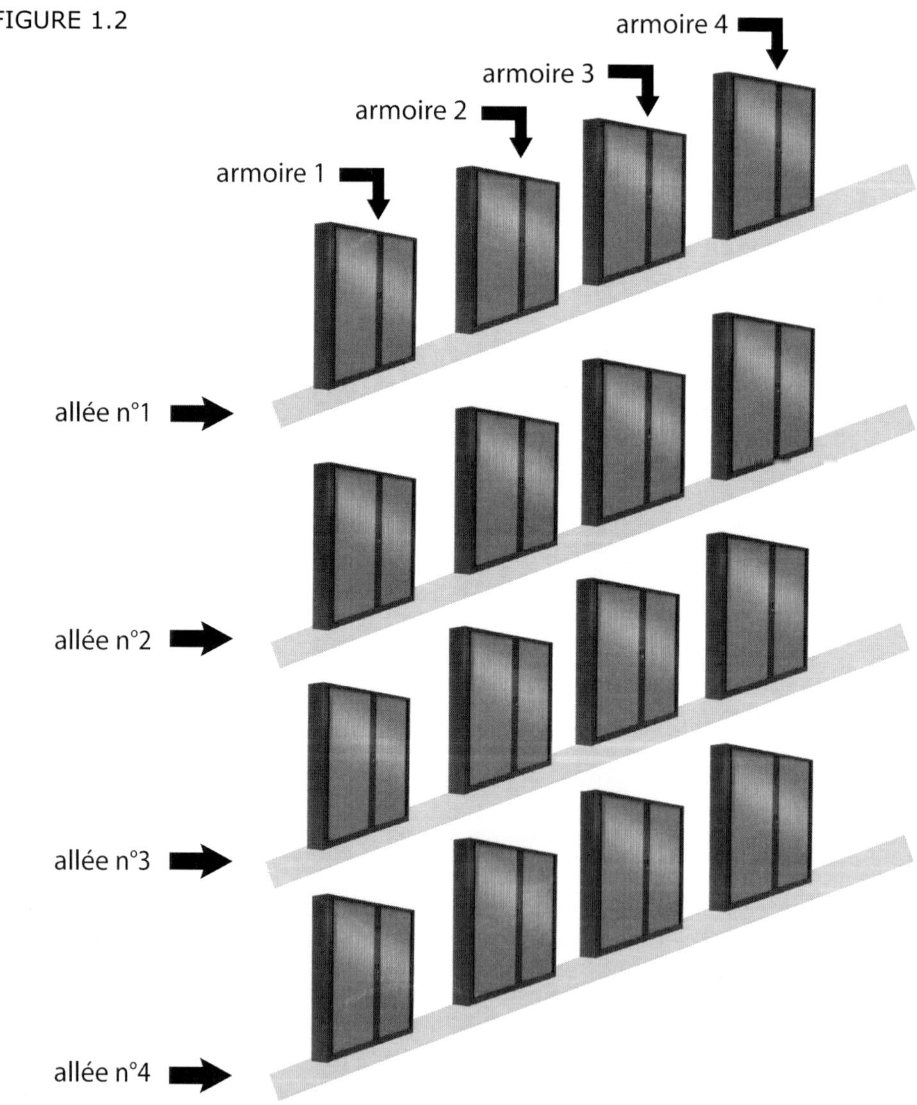

Nous allons créer un document XML pour exprimer notre bibliothèque avec son contenu. Le but est d'avoir une énumération des livres et de pouvoir les localiser en fonction des allées, des armoires et des étagères. La figure 1.3 visualise un exemple de document XML tel que l'on pourrait le réaliser avec XML Copy Editor. Ce document XML, intitulé *exemple_biblio.xml*, se trouve dans le dossier *chapitre_01* du code source de programmation. Vous pouvez télécharger gratuitement ce code source en vous rendant sur la page web dédiée à ce livre (la fiche du livre se trouve sur le site web à l'adresse *http://www.reypatrice.fr*).

FIGURE 1.3

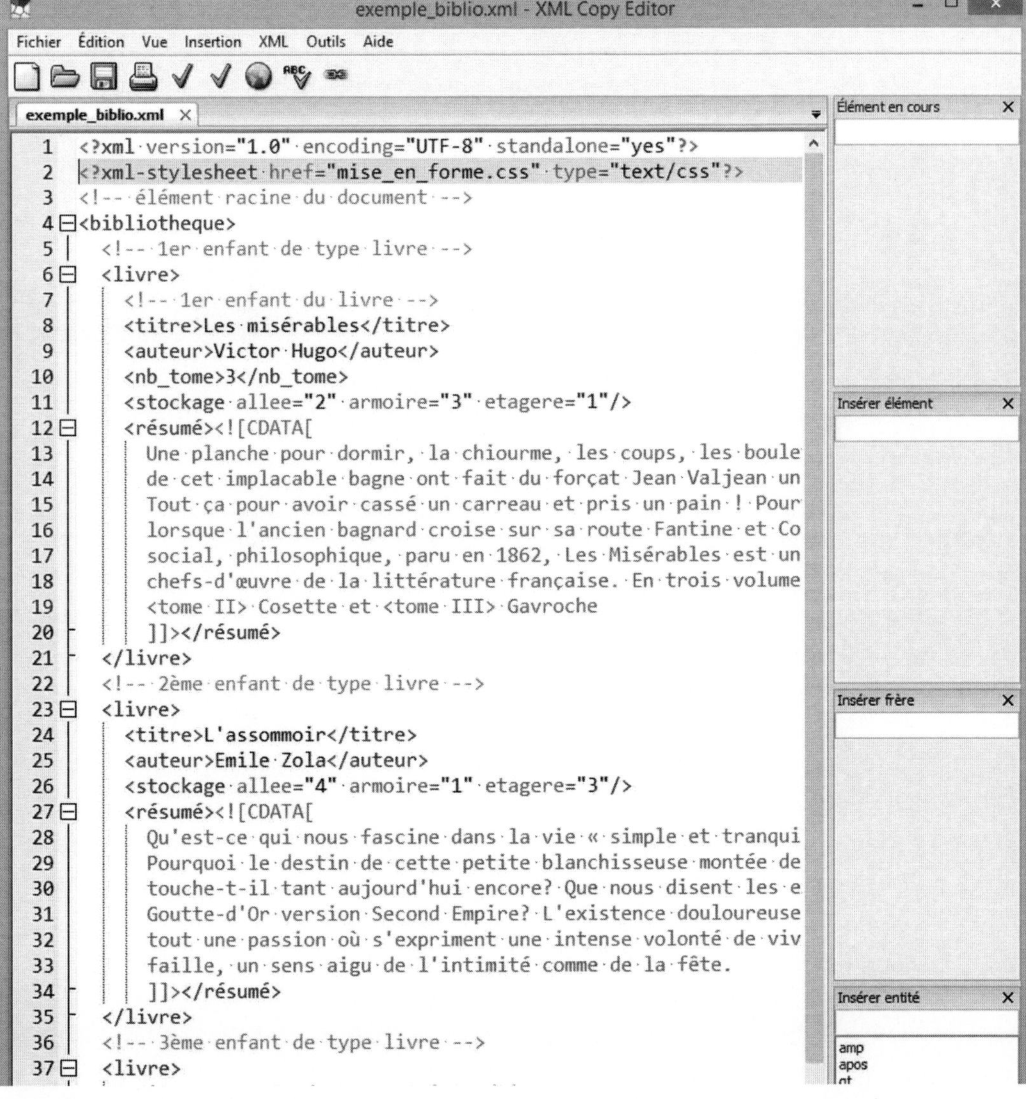

Le document *exemple_biblio.xml* est un fichier dont les données sont structurées à l'aide de *"briques"* que nous allons passer en revue.

4.1 - Le prologue

Notre document XML commence par la ligne *<?xml version= "1.0" encoding= "UTF-8" standalone= "yes"?>*. Cette ligne s'appelle le prologue du document XML (figure 1.4). Le prologue d'un document XML se place toujours en première ligne du fichier. A noter que l'écriture du prologue est facultative.

FIGURE 1.4

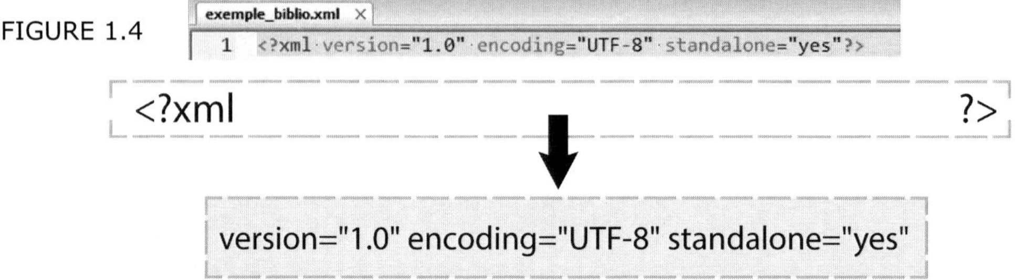

Le but du prologue est de préciser le numéro de version du format XML contenu, de préciser l'encodage de caractères utilisé, et de préciser si le document XML dépend d'un autre fichier pour la définition de sa syntaxe. Le prologue est ce que l'on appelle une instruction de traitement particulière. Le prologue est représenté par une balise spéciale qui commence par *<?xml* et se finit par *?>*. Cette balise contient des attributs qui portent le nom de *version*, *encoding* et *standalone*. Un attribut commence par une chaîne de caractères (c'est le nom de l'attribut), et il possède une valeur indiquée entre guillemets. Ici par exemple l'attribut version possède la valeur *1.0*. Le numéro de version *1.0* du format XML est celui qui sera toujours utilisé (attribut *version = "1.0"*).

L'attribut *encoding* précise l'encodage de caractères utilisé pour réaliser le document XML. Il s'agit d'une information importante qui est transmise à l'application chargée du traitement, et qui lui indique dans quel type de codage le fichier a été enregistré. Autrement dit, cet attribut *encoding* indique comment physiquement sur le disque dur une suite de bits est associée à un caractère ou un autre. L'encodage utilisé par défaut est l'UTF-8. Rien n'empêche d'utiliser un autre encodage (comme ISO-8859-1, ASCII, etc.) du moment que cela est précisé dans l'attribut *encoding* et que l'enregistrement du fichier est bien effectué avec cet encodage spécifié.

Une dernière information est précisée par l'attribut *standalone*. Cet attribut *standalone* est facultatif dans l'écriture du prologue. Sa valeur par défaut est *yes*.

Il indique si le document XML dépend d'un autre fichier pour la définition de sa syntaxe, ou bien s'il se suffit à lui-même. La valeur *yes* par défaut indique que le document tient "debout tout seul", autrement dit qu'il n'est pas nécessaire de lui adjoindre un autre document pour vérifier sa syntaxe. La seconde valeur possible pour cet attribut est *no*, signifiant que le document a besoin d'un autre fichier sous forme d'une DTD (nous verrons dans un autre chapitre comment s'articule les définitions de type de document avec la DTD). A noter une chose importante: dans un prologue, les attributs doivent être impérativement utilisés dans l'ordre *version*, *encoding* et *standalone*.

4.2 - Les commentaires

Les commentaires sont conformes à la norme SGML. Un commentaire commence par la chaîne de caractères *<!--* et se termine par la chaîne --> (figure 1.5). Du fait de la composition du balisage d'un commentaire, un commentaire ne peut pas contenir la chaîne "--" car c'est une chaîne réservée. Un nœud commentaire sert bien évidemment à ajouter un commentaire au document XML. Les commentaires n'ont pas vocation à être interprétés par l'application chargée du traitement du document. Ils peuvent par conséquent servir à insérer une documentation succincte dans le corps du document XML. A noter que l'on retrouve cette syntaxe de commentaires dans un document HTML. Ils sont ignorés lors de leur affichage par le navigateur.

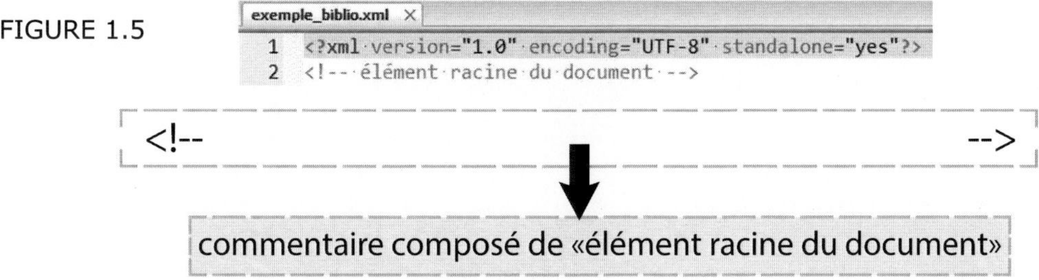

FIGURE 1.5

4.3 - L'arborescence du document

La hiérarchisation des données a une traduction physique dans la structure du document XML lui-même. On parle de l'arborescence du document en faisant référence à cette structure pyramidale. Cette arborescence est constituée de nœuds. L'arborescence du document représente donc la structure hiérarchique des nœuds. La plupart des nœuds d'un document ont un nœud parent, parfois des nœuds frères, parfois aussi des nœuds enfants. Un unique nœud de l'arborescence ne possède pas de parent, c'est l'élément *racine*. De lui seul dépendent tous les autres nœuds à des niveaux divers et variés de l'arborescence. La figure 1.6 schématise un exemple d'arborescence de document XML. Le nœud racine possède trois enfants qui sont le nœud 1, le nœud 2 et le nœud 3. Le nœud 2 possède deux enfants (le nœud 2.1 et le nœud 2.2), et le nœud 3 possède trois enfants (le nœud 3.1, le nœud 3.2 et le nœud 3.3). Les nœuds 1, 2 et 3 sont des nœuds frères, et ils possèdent le même parent qui est le nœud racine. Les nœuds 2.1 et 2.2 sont des nœuds frères et ils possèdent comme nœud parent le nœud 2.

FIGURE 1.6

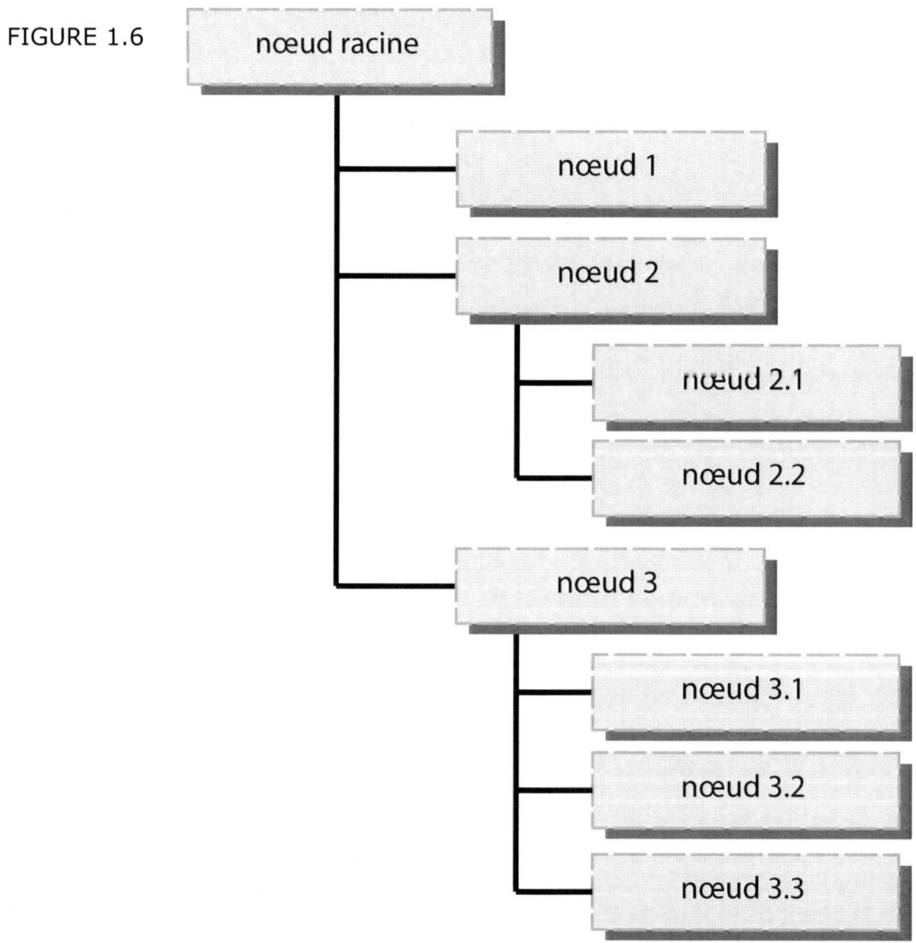

En tenant compte de notre document *exemple_biblio.xml*, on peut établir une arborescence du document en fonction des nœuds qu'il contient (figure 1.7). Nous avons le nœud racine qualifié par l'intitulé *bibliotheque*. Cette racine possède des enfants qualifiés par des nœuds intitulés *livre*. Un nœud livre possède des enfants qualifiés par une variété de nœuds intitulés *titre, auteur, nb_tome, stockage* et *resume*.

FIGURE 1.7

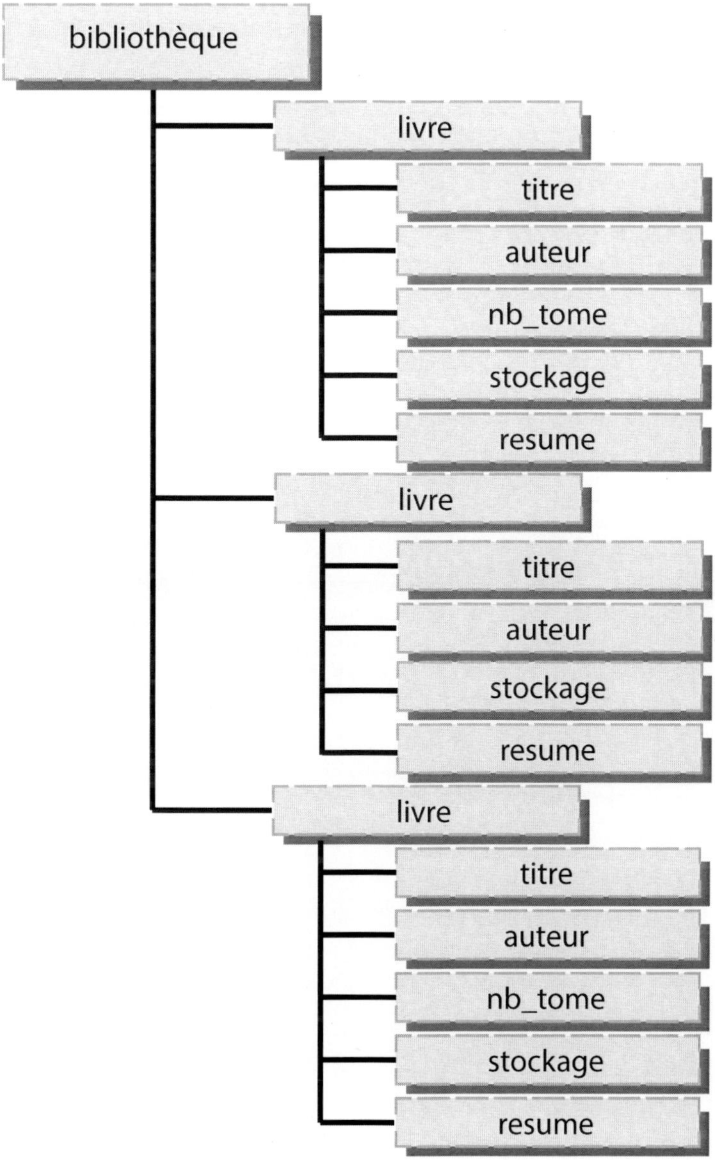

4.4 - Les nœuds de type élément

La structure d'un document XML est surtout visible dans celle de ces éléments. Il s'agit des étiquettes associées aux données afin de les caractériser. Dans notre exemple, les éléments portent les noms de l*ivre, titre, auteur, nb_tome, stockage* et *resume*. Ces éléments possèdent un certain nombre de caractéristiques (figure 1.8):

- un élément s'ouvre et se ferme par une balise; le nom de l'élément est repris dans la balise ouvrante et dans la balise fermante; par exemple, le nœud *titre* commence par la balise ouvrante *<titre>* et se termine par la balise fermante *</titre>*.
- certains éléments ne contiennent pas d'éléments fils; la balise fermante est ainsi intégrée à la balise ouvrante qui est alors qualifiée de balise autofermante; c'est le cas dans notre exemple avec l'élément *stockage*; le nœud *stockage* s'écrit alors *<stockage />* (la balise qui signale le début de l'élément se termine avec un caractère slash, on parle alors d'élement vide).

FIGURE 1.8

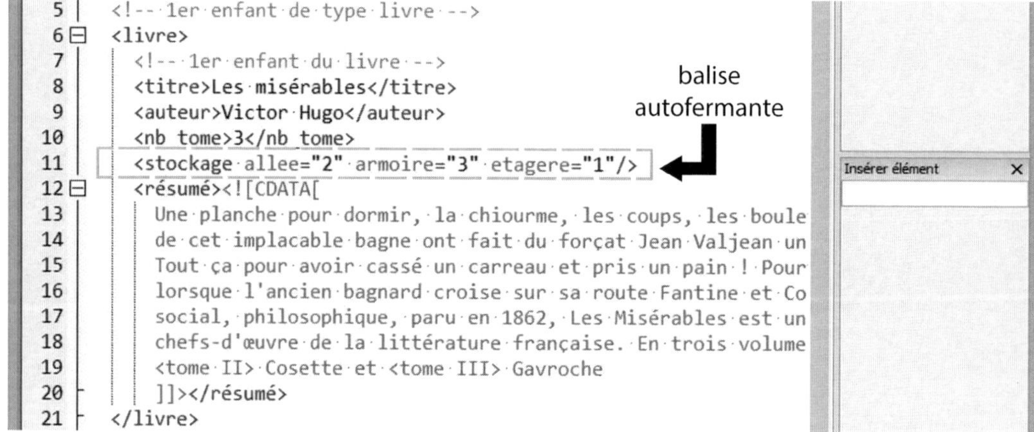

```
<!-- 1er enfant de type livre -->
<livre>
  <!-- 1er enfant du livre -->
  <titre>Les misérables</titre>
  <auteur>Victor Hugo</auteur>
  <nb_tome>3</nb_tome>
  <stockage allee="2" armoire="3" etagere="1"/>
  <résumé><![CDATA[
    Une planche pour dormir, la chiourme, les coups, les boule
    de cet implacable bagne ont fait du forçat Jean Valjean un
    Tout ça pour avoir cassé un carreau et pris un pain ! Pour
    lorsque l'ancien bagnard croise sur sa route Fantine et Co
    social, philosophique, paru en 1862, Les Misérables est un
    chefs-d'œuvre de la littérature française. En trois volume
    <tome II> Cosette et <tome III> Gavroche
    ]]></résumé>
</livre>
```


4.5 - Les nœuds de type attribut

Dans notre document XML, la balise ouvrante *stockage* possède des attributs. Ces attributs modifient le sens par défaut de la balise, ou bien le précisent. Ici, les attributs de la balise *stockage* servent à situer l'endroit précis correspondant à l'emplacement du livre dans la bibliothèque. Un attribut commence par une chaîne de caractères, qualifiant ainsi son nom. Il possède aussi une valeur qui est indiquée entre guillemets. Il s'écrit ainsi sous la forme générale *nom_attribut* = *"valeur_attribut"*. Un élément donné peut posséder plusieurs attributs mais un même attribut ne peut être présent qu'une seule fois par élément. A noter que l'ordre des attributs n'a pas d'importance au sein d'un élément. Et l'attribut n'est pas repris dans la balise fermante. Par exemple, notre balise *stockage* possède trois attributs qui sont *allee, armoire* et *etagere*. La valeur de l'attribut *allee* est 2, celle de l'attribut *armoire* est 3, et celle de l'attribut *etagere* est 1.

4.6 - Les entités prédéfinies

Par définition, dans le cas général, une entité est une chaîne de caractères commençant par le caractère *"&"* (dit *"et commercial"* ou esperluette) et se terminant par le caractère point-virgule *";"*. Une entitée est déclarée dans une définition de type de document (ou DTD pour *Document Type Definition*). Les entités sont des composants un peu particuliers dans les documents XML. Elles s'apparentent à des macros et, lors du traitement du document XML par une application dédiée, elles sont remplacées par la chaîne de caractères qu'elles représentent. Certaines entités ont un sens particulier en XML, et se nomment les entités prédéfinies. Par exemple, les caractères chevron ouvrant *("<")* et chevron fermant *(">")* sont des caractères employés pour signaler le début et la fin d'une balise. Or, si pour la valeur d'un élément, on a besoin d'employer le caractère chevron ouvrant et/ou chevron fermant, il faut pouvoir signaler que c'est un caractère pour son interprétation par l'application. Cela se fait donc en remplaçant le caractère chevron par une entité prédéfinie indiquant qu'il s'agit du caractère chevron lors de l'interprétation. Ces entités prédéfinies, que l'on appelle également séquences d'échappement, ne nécessitent pas de déclaration dans une DTD. Le tableau ci-dessous affiche les caractères qui sont représentés par des entités prédéfinies.

caractère	dénomination	entité prédéfinie
&	esperluette	&
<	inférieur	<
>	supérieur	>
"	guillemet	"
'	guillemet simple	&aquot;

Dans l'exemple suivant (figure 1.9), nous avons l'élément *expression_verbale* qui a pour valeur trois est supérieur ou égal à deux, et l'élément *expression_mathematique* qui a pour valeur *3 >= 2*. Dans ce dernier élément, le caractère *">"* est remplacé par l'entité prédéfinie *>*.

FIGURE 1.9

```
<?xml version="1.0" encoding="UTF-8"?>
<!-- exemple avec les entités prédéfinies -->
<ensemble>
   <expression_verbale>trois est supérieur ou égal à deux</expression_verbale>
   <expression_mathématique>3 &gt;= 2</expression_mathématique>
</ensemble>
```

4.7 - Les sections CDATA et PCDATA

Dans notre exemple, nous avons l'élément *resume* qui contient une valeur dans laquelle les chevrons "<" et ">" n'ont pas été remplacés par les entités prédéfinies (figure 1.10). Cela est possible avec ce que l'on appelle la section CDATA.

FIGURE 1.10

```
<resume><![CDATA[
  Une planche pour dormir, la chiourme, les coups, les boulets au pied : dix-r
  de cet implacable bagne ont fait du forçat Jean Valjean un homme meurtri, br
  Tout ça pour avoir cassé un carreau et pris un pain ! Pourtant, l'espoir rer
  lorsque l'ancien bagnard croise sur sa route Fantine et Cosette. Roman histo
  social, philosophique, paru en 1862, Les Misérables est un des plus grands
  chefs-d'œuvre de la littérature française. En trois volumes : <tome I> Jean
  <tome II> Cosette et <tome III> Gavroche
  ]]></resume>
```

Une section CDATA est une partie du document XML pouvant contenir toute sorte de chaînes de caractères. Une section CDATA (*Character DATA*) permet de définir un bloc de caractères ne devant pas être analysés par le processeur XML. Il est ainsi possible de garder dans un bloc de texte un exemple de code à afficher tel quel. Il n'est alors pas nécessaire de recourir à des entités pour afficher les caractères réservés de XML. Le marqueur de début d'un bloc d'une section CDATA doit être *<![CDATA[* et le marqueur de fin d'un bloc d'une section CDATA doit être *]]>*. Il existe aussi la section PCDATA (*Parsed Character DATA*) qui, a contrario, contient du texte destiné à être analysé par le processeur XML. Par exemple, une entité qui s'y trouve sera traduite, et tout caractère "<" sera interprété comme indiquant le début d'une balise.

4.8 - L'encodage de documents

On a vu que le prologue d'un fichier XML donne des informations sur l'encodage du document par l'intermédiaire de l'attribut *encoding*. L'encodage désigne la représentation des caractères sur le disque dur. A un caractère donné est associée une suite de 0 et de 1 en binaire. En raison du grand nombre d'alphabets et de systèmes idéographiques en usage dans le monde, les encodages initialement développés dans les pays occidentaux et fondés sur l'alphabet latin se sont révélés insuffisants. Il a donc fallu développer d'autres encodages donnant accès à des glyphes différents. Comme un fichier enregistré est constitué d'une suite de 0 et de 1 en binaire, il n'est a priori pas possible, sans information supplémentaire, de savoir quelle suite de 0 et de 1 désigne tel ou tel caractère. L'information sur l'encodage donnée dans le prologue du fichier XML indique celui qui a été utilisé lors de l'enregistrement du fichier. Si c'est la seule information disponible pour le traitement du contenu du fichier par le processeur XML, mais qu'elle est incorrecte, alors l'application chargée du traitement devra analyser des données mal formatées. Comme le montre le tableau ci-dessous, certains caractères n'existent pas dans tous les encodages.

caractère	ASCII	ISO-8859-1	UTF-8
E	01100101	01100101	01100101
	impossible	11101001	11000011 10101001

Deux cas se présentent alors:

- soit le caractère existe dans l'encodage spécifié mais avec un code différent (cas du caractère € dont le code est différent entre l'encodage ISO-8859-1 et l'encodage Windows cp-1252).
- soit le caractère n'existe pas dans l'encodage spécifié.

L'affichage, et par conséquent le traitement, est alors différent dans les deux cas. Il est donc préférable, dans tous les cas, d'utiliser systématiquement l'encodage UTF-8 pour réaliser des documents XML.

5 - Règles d'écriture et document bien formé

Il existe un certain nombre de contraintes assez simples mais obligatoires qui s'imposent à la forme d'un document XML.

- contrainte n°1: XML est sensible à la casse, ce qui veut dire que XML différencie les majuscules des minuscules. L'élément qualifié par *<titre>* est différent de l'élément qualifié par *<Titre>*.
- contrainte n°2: un nom d'élément ne peut pas commencer par un chiffre.
- contrainte n°3: si le nom d'un élément ne comprend qu'un seul caractère, ce doit être une lettre.
- contrainte n°4: si le nom contient au moins deux caractères, le premier caractère peut être un tiret ("-") ou un tiret bas ("_"); le nom peut ensuite être composé de lettres, de chiffres, de tiret ("-"), de tiret bas ("_") ou de deux-points (":").
- contrainte n°5: tous les éléments doivent être fermés; les éléments non vides doivent être fermés par une balise fermante, et les éléments vides doivent être fermés par une balise autofermante; les éléments se ferment dans l'ordre inverse de leur ouverture (le dernier élément ouvert est le premier élément à

être fermé).

- contrainte n°6: les valeurs des attributs doivent être entre guillemets.
- contrainte n°7: l'élément racine doit être unique.

Un document XML est dit bien formé (*well formed*) s'il respecte ces règles d'écriture. D'un point de vue pratique, un éditeur de XML vous assistera dans la composition d'un document XML à l'aide de la coloration syntaxique et de la fonctionnalité de validation. Avec par exemple le logiciel XML Copy Editor, on peut procéder au formatage de l'ensemble du document XML par le menu *XML -> Formater la source* (ou par la touche *F11*). On peut savoir aussi si le document XML créé est bien formé en sélectionnant le menu *XML -> Vérifier justesse de forme* (ou par la touche *F2*). Dans ce dernier cas, le logiciel affiche un message en bas de la fenêtre pour indiquer si c'est correct ou bien si il y a une erreur (figure 1.11).

FIGURE 1.11

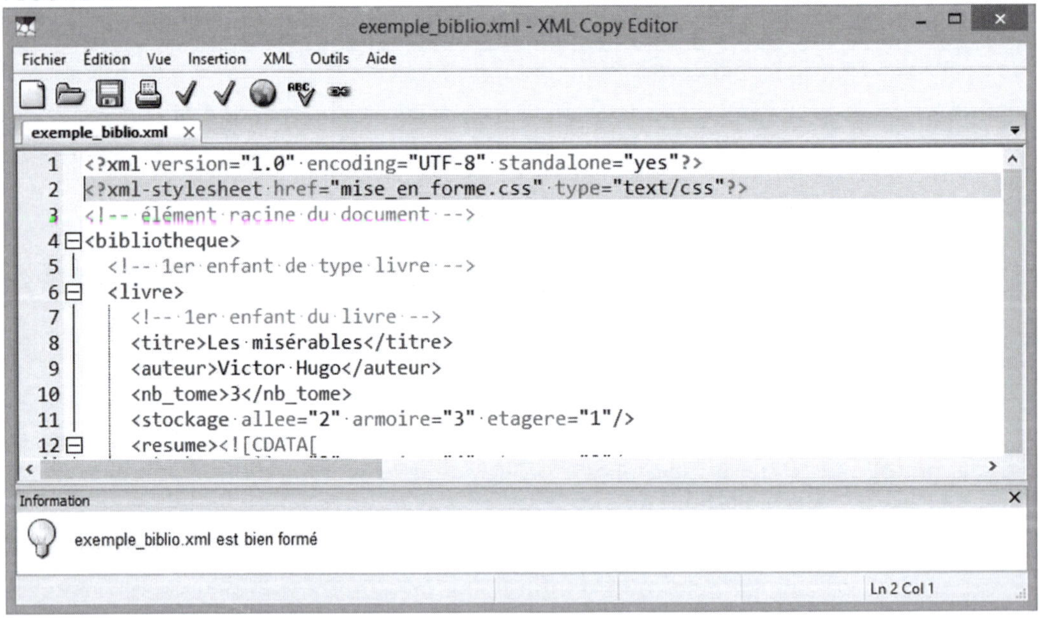

exemple_biblio.xml - XML Copy Editor

Fichier Édition Vue Insertion XML Outils Aide

exemple_biblio.xml

```
<?xml version="1.0" encoding="UTF-8" standalone="yes"?>
<?xml-stylesheet href="mise_en_forme.css" type="text/css"?>
<!-- élément racine du document -->
<bibliotheque>
  <!-- 1er enfant de type livre -->
  <livre>
    <!-- 1er enfant du livre -->
    <titre>Les misérables</titre>
    <auteur>Victor Hugo</auteur>
    <nb_tome>3</nb_tome>
    <stockage allee="2" armoire="3" etagere="1"/>
    <resume><![CDATA[
```

Information

exemple_biblio.xml est bien formé

Ln 2 Col 1

6 - Mise en forme à l'aide de CSS

Un navigateur web est en mesure d'afficher un document XML. Si le document XML affiché n'est pas bien formé, le navigateur web indiquera que des erreurs sont présentes. La figure 1.12 montre notre exemple de document XML visualisé dans Internet Explorer 11 (repère 1) et dans Firefox en version 39 (repère 2). La

FIGURE 1.12

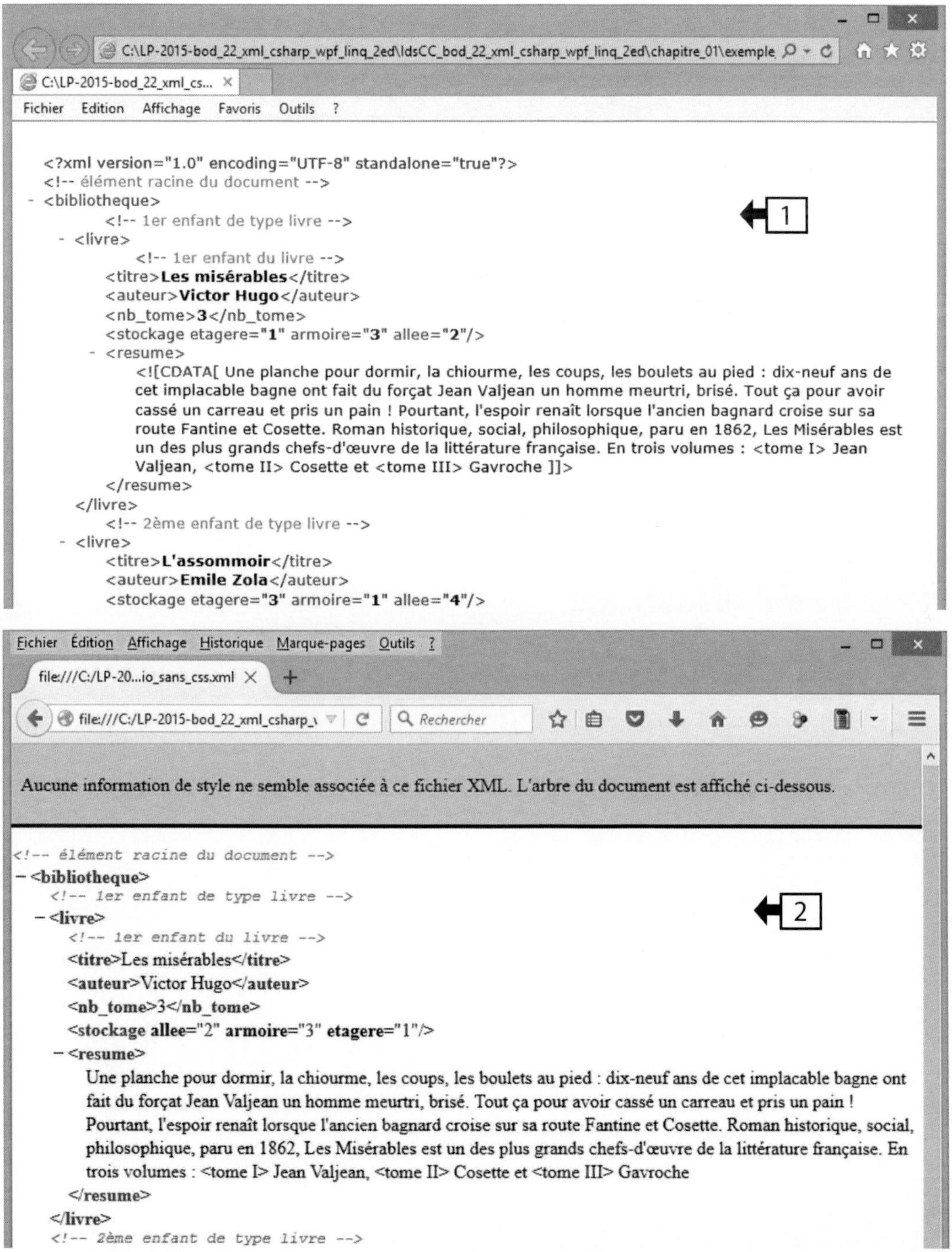

C:\LP-2015-bod_22_xml_csharp_wpf_linq_2ed\ldsCC_bod_22_xml_csharp_wpf_linq_2ed\chapitre_01\exemple

C:\LP-2015-bod_22_xml_cs...

Fichier Edition Affichage Favoris Outils ?

```
  <?xml version="1.0" encoding="UTF-8" standalone="true"?>
  <!-- élément racine du document -->
- <bibliotheque>
        <!-- 1er enfant de type livre -->
   - <livre>
          <!-- 1er enfant du livre -->
        <titre>Les misérables</titre>
        <auteur>Victor Hugo</auteur>
        <nb_tome>3</nb_tome>
        <stockage etagere="1" armoire="3" allee="2"/>
      - <resume>
          <![CDATA[ Une planche pour dormir, la chiourme, les coups, les boulets au pied : dix-neuf ans de
          cet implacable bagne ont fait du forçat Jean Valjean un homme meurtri, brisé. Tout ça pour avoir
          cassé un carreau et pris un pain ! Pourtant, l'espoir renaît lorsque l'ancien bagnard croise sur sa
          route Fantine et Cosette. Roman historique, social, philosophique, paru en 1862, Les Misérables est
          un des plus grands chefs-d'œuvre de la littérature française. En trois volumes : <tome I> Jean
          Valjean, <tome II> Cosette et <tome III> Gavroche ]]>
        </resume>
     </livre>
        <!-- 2ème enfant de type livre -->
   - <livre>
        <titre>L'assommoir</titre>
        <auteur>Emile Zola</auteur>
        <stockage etagere="3" armoire="1" allee="4"/>
```

1

Fichier Édition Affichage Historique Marque-pages Outils ?

file:///C:/LP-20...io_sans_css.xml

file:///C:/LP-2015-bod_22_xml_csharp_

Rechercher

Aucune information de style ne semble associée à ce fichier XML. L'arbre du document est affiché ci-dessous.

```
<!-- élément racine du document -->
- <bibliotheque>
    <!-- 1er enfant de type livre -->
  - <livre>
      <!-- 1er enfant du livre -->
      <titre>Les misérables</titre>
      <auteur>Victor Hugo</auteur>
      <nb_tome>3</nb_tome>
      <stockage allee="2" armoire="3" etagere="1"/>
    - <resume>
        Une planche pour dormir, la chiourme, les coups, les boulets au pied : dix-neuf ans de cet implacable bagne ont
        fait du forçat Jean Valjean un homme meurtri, brisé. Tout ça pour avoir cassé un carreau et pris un pain !
        Pourtant, l'espoir renaît lorsque l'ancien bagnard croise sur sa route Fantine et Cosette. Roman historique, social,
        philosophique, paru en 1862, Les Misérables est un des plus grands chefs-d'œuvre de la littérature française. En
        trois volumes : <tome I> Jean Valjean, <tome II> Cosette et <tome III> Gavroche
      </resume>
    </livre>
    <!-- 2ème enfant de type livre -->
```

2

FIGURE 1.13

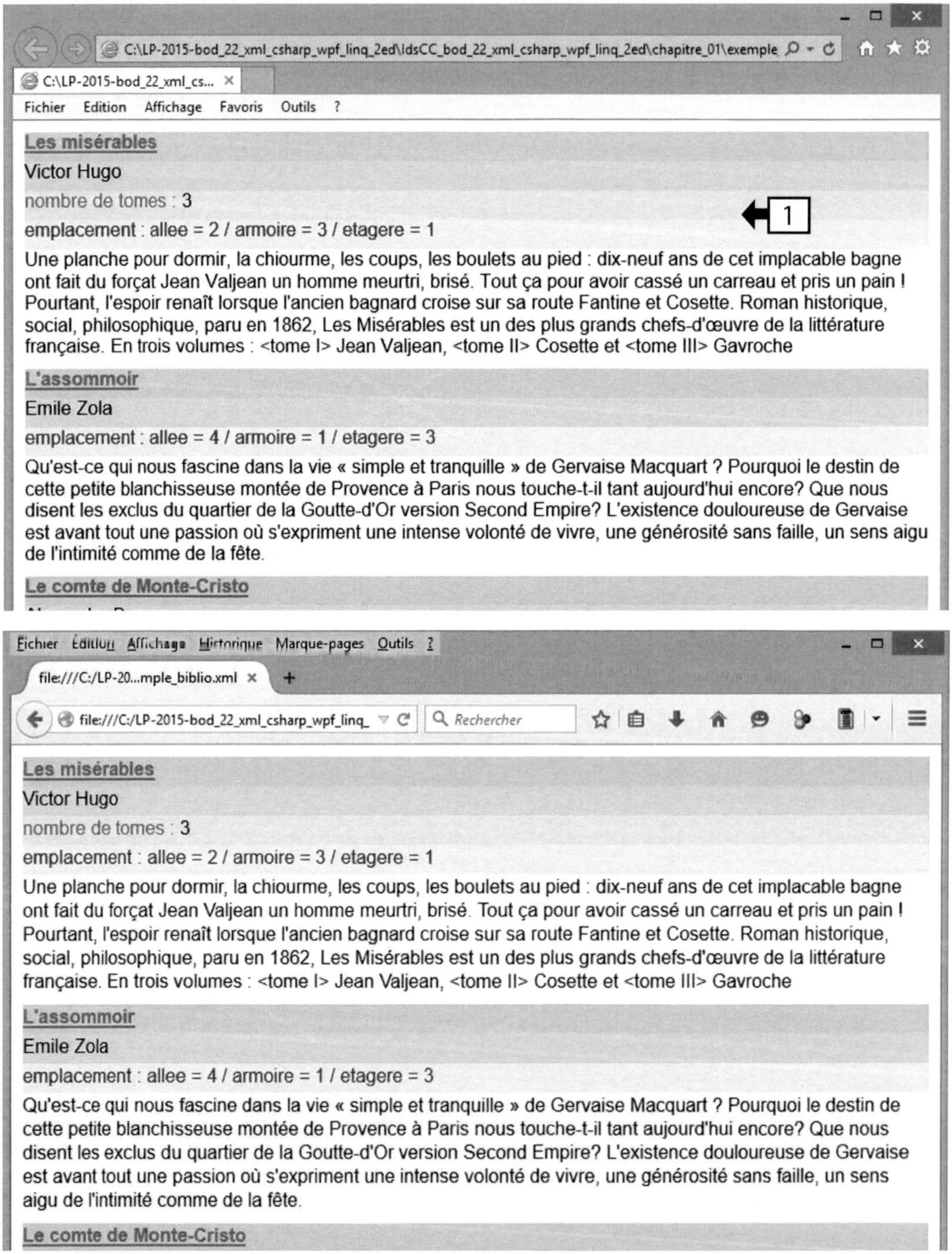

C:\LP-2015-bod_22_xml_csharp_wpf_linq_2ed\ldsCC_bod_22_xml_csharp_wpf_linq_2ed\chapitre_01\exemple

C:\LP-2015-bod_22_xml_cs...

Fichier Edition Affichage Favoris Outils ?

Les misérables

Victor Hugo

nombre de tomes : 3

emplacement : allee = 2 / armoire = 3 / etagere = 1

1

Une planche pour dormir, la chiourme, les coups, les boulets au pied : dix-neuf ans de cet implacable bagne ont fait du forçat Jean Valjean un homme meurtri, brisé. Tout ça pour avoir cassé un carreau et pris un pain ! Pourtant, l'espoir renaît lorsque l'ancien bagnard croise sur sa route Fantine et Cosette. Roman historique, social, philosophique, paru en 1862, Les Misérables est un des plus grands chefs-d'œuvre de la littérature française. En trois volumes : <tome I> Jean Valjean, <tome II> Cosette et <tome III> Gavroche

L'assommoir

Emile Zola

emplacement : allee = 4 / armoire = 1 / etagere = 3

Qu'est-ce qui nous fascine dans la vie « simple et tranquille » de Gervaise Macquart ? Pourquoi le destin de cette petite blanchisseuse montée de Provence à Paris nous touche-t-il tant aujourd'hui encore? Que nous disent les exclus du quartier de la Goutte-d'Or version Second Empire? L'existence douloureuse de Gervaise est avant tout une passion où s'expriment une intense volonté de vivre, une générosité sans faille, un sens aigu de l'intimité comme de la fête.

Le comte de Monte-Cristo

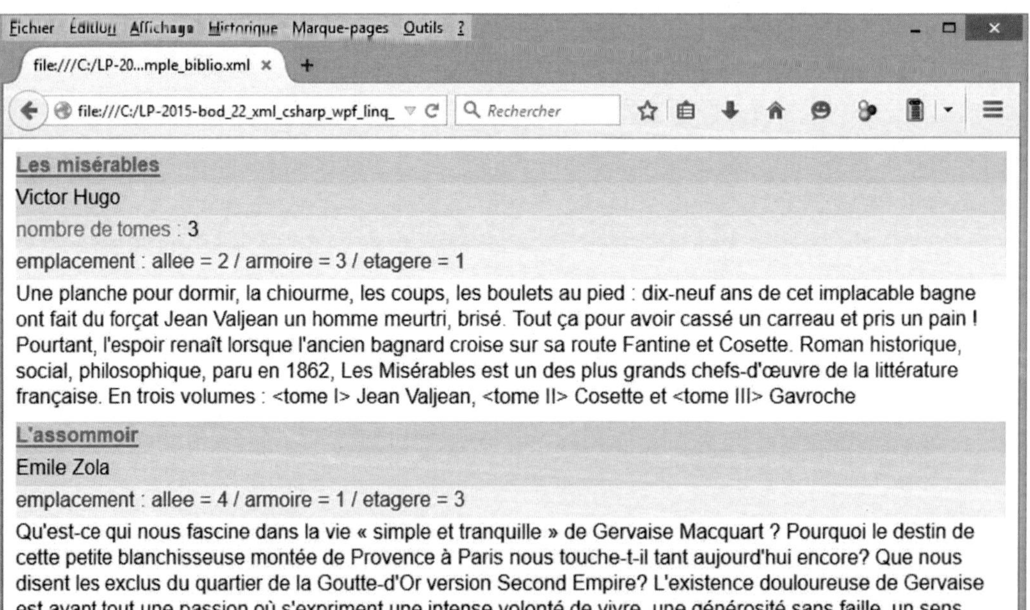

présentation d'un fichier XML dans un navigateur web permet facilement d'en vérifier le caractère bien formé et l'imbrication des éléments. Cependant, cette mise en forme par défaut n'est pas forcément la plus agréable à l'oeil. Il est alors possible de raffiner quelque peu cette mise en forme par l'emploi du langage CSS (*Cascading StyleSheet*).

Le langage CSS a été développé à l'origine pour mettre en forme des documents HTML et il est surtout connu pour cet usage. Néanmoins, quand un navigateur analyse un document HTML et lui applique une feuille de style CSS, il se contente d'examiner la structure du fichier HTML, d'appliquer aux éléments qui le composent une mise en forme par défaut, puis au besoin de modifier cette mise en forme par défaut en tenant compte de ce qui est spécifié dans la feuille de style CSS. Cette procédure est tout à fait adaptée à l'analyse puis à la mise en forme d'un document XML. Pour appeler une feuille de style CSS dans un document XML, il faut ajouter une instruction de traitement *<?xml-stylesheet ?>* puis affecter à l'attribut *type* la valeur *text/css* (qui indique le type de la feuille de style) et à l'attribut *href* une valeur qui indique où cette feuille de style est stockée par rapport au document XML. La valeur de l'attribut *href* peut être une URL si la feuille de style est stockée sur un autre serveur. Quand un fichier XML présentant une telle instruction de traitement est ouvert par un navigateur, si le fichier est bien formé la mise en forme spécifiée par la feuille de style est automatiquement appliquée. La figure 1.13 montre le résultat obtenu avec une mise en forme par une feuille de style *mise_en_forme.css*.

Notre feuille de style se nomme *mise_en_forme.css* et elle est stockée au même niveau que le document XML. On ajoute donc l'instruction de traitement *<?xml-stylesheet href= "mise_en_forme.css" type= "text/css"?>*. Le contenu de cette feuille est le suivant:

```
/* affichage */
livre {
        display: block;
        background-color: rgb(253,253,253);
        margin-left: 10px;
        margin-top: 10px;
        margin-right: 10px;
        font-family: arial, sans-serif;
}
titre {
        display: block;
        height: 25px;
        background-color: rgb(210,210,210);
        font-weight: bold;
        color: red;
```

```
        text-decoration: underline;
}
auteur {
        display: block;
        height: 25px;
        background-color: rgb(220,220,220);
}
nb_tome {
        display: block;
        height: 25px;
        background-color: rgb(230,230,230);
}
stockage {
        display: block;
        height: 25px;
        background-color: rgb(240,240,240);
}
résumé {
        display: block;
        background-color: rgb(250,250,250);
}
/* contenu additionnel */
nb_tome:before {
        content: «nombre de tomes : «;
        color: green;
]
stockage:before {
        content: «emplacement : «;
        color: blue;
}
stockage:after {
        content: «allee = « attr(allee) « / armoire = « attr(armoire) « / etagere = «
attr(etagere);
        color: blue;
}
```

Ici nous employons des propriétés CSS traditionnelles (vous devez vous référer à la nomenclature de ces propriétés basiques). L'appel aux pseudo-éléments *after* et *before* est moins courant, et leur usage est pris en charge par les navigateurs récents. A noter que pour récupérer la valeur d'un attribut d'un élément XML, il faut écrire en CSS la chaîne sous la forme *attr(nom_de_attribut)*.

Le langage d'expression XPath 2

XPath est un langage d'expression qui sert à identifier des groupes de nœuds d'un document XML. Pour pouvoir transformer un document XML, il faut pouvoir extraire des fragments XML (nœuds) d'un document. XPath permet justement de définir ces fragments. Il est à la base de toute transformation de documents XML, réalisée par des feuilles de style XSL (que nous verrons au chapitre suivant). La syntaxe utilisée par XPath est conçue pour être employée dans des valeurs d'attributs XML. Elle est comparable à la syntaxe d'un chemin d'accès qui décrit l'emplacement d'un fichier dans une arborescence de systèmes de fichiers. On pourrait traduire XPath par chemin XML.

Ce chapitre présente une façon pratique de pouvoir évaluer une expression XPath avec un éditeur de XML, présente les expressions nécessaires à l'identification précise des portions d'un document XML, et présente les fonctions XPath 1.0 qui assurent la manipulation des données.

1 - Evaluer une expression XPath avec un éditeur XML

XPath est un langage pour localiser une portion d'un document XML. Sa version 1.0 est devenue une recommandation W3C le 16 novembre 1999. Initialement créé pour fournir une syntaxe et une sémantique aux fonctions communes à XPointer et XSL, XPath a rapidement été adopté par les développeurs comme un langage d'interrogation simple d'emploi.

XPath représente l'organisation d'un document sous la forme d'une arborescence de nœuds. Les principaux nœuds qui peuvent composer une arborescence XPath sont les suivants: nœud racine, nœuds élément, nœuds texte, nœuds attribut, nœuds d'espaces de noms, nœuds d'instruction de traitement et nœuds commentaires. Toutes ces dénominations contribuent à identifier avec précision un nœud donné pour réaliser un fragment XML. L'évaluation d'une expression XPath s'exécute très simplement dans l'éditeur XML Copy Editor. Par exemple on ouvre le document XML intitulé *exemple_02_01.xml* se trouvant dans le dossier *chapitre_02*. Il s'agit du document XML que nous avons utilisé au premier chapitre, concernant une bibliothèque de livres, et qui a été complété avec d'autres données. Comme le montre la figure 2.1, pour évaluer une expression XPath, on choisit le menu *XML -> Evaluer XPath...* (ou bien par la touche *F9*). Une boite de dialogue s'ouvre (repère

FIGURE 2.1

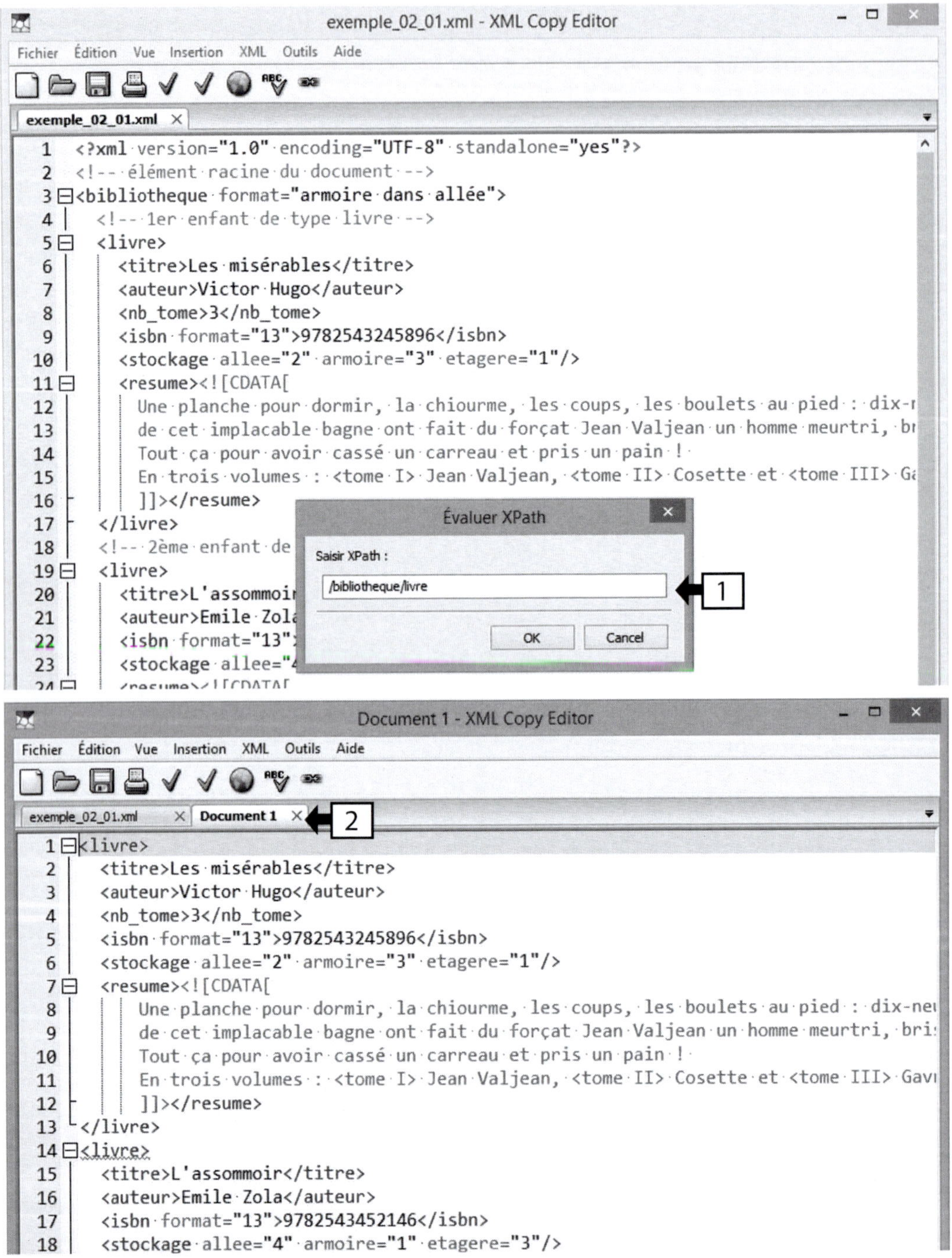

exemple_02_01.xml - XML Copy Editor
Fichier Édition Vue Insertion XML Outils Aide
exemple_02_01.xml
<?xml version="1.0" encoding="UTF-8" standalone="yes"?>
<!-- élément racine du document -->
<bibliotheque format="armoire dans allée">
<!-- 1er enfant de type livre -->
<livre>
<titre>Les misérables</titre>
<auteur>Victor Hugo</auteur>
<nb_tome>3</nb_tome>
<isbn format="13">9782543245896</isbn>
<stockage allee="2" armoire="3" etagere="1"/>
<resume><![CDATA[
Une planche pour dormir, la chiourme, les coups, les boulets au pied : dix-r
de cet implacable bagne ont fait du forçat Jean Valjean un homme meurtri, br
Tout ça pour avoir cassé un carreau et pris un pain !
En trois volumes : <tome I> Jean Valjean, <tome II> Cosette et <tome III> Ga
]]></resume>
</livre>
<!-- 2ème enfant de
<livre>
<titre>L'assommoir
<auteur>Emile Zola
<isbn format="13">
<stockage allee="4
Évaluer XPath
Saisir XPath :
/bibliotheque/livre
OK
Cancel
1
Document 1 - XML Copy Editor
Fichier Édition Vue Insertion XML Outils Aide
exemple_02_01.xml
Document 1
2
<livre>
<titre>Les misérables</titre>
<auteur>Victor Hugo</auteur>
<nb_tome>3</nb_tome>
<isbn format="13">9782543245896</isbn>
<stockage allee="2" armoire="3" etagere="1"/>
<resume><![CDATA[
Une planche pour dormir, la chiourme, les coups, les boulets au pied : dix-neu
de cet implacable bagne ont fait du forçat Jean Valjean un homme meurtri, bris
Tout ça pour avoir cassé un carreau et pris un pain !
En trois volumes : <tome I> Jean Valjean, <tome II> Cosette et <tome III> Gavı
]]></resume>
</livre>
<livre>
<titre>L'assommoir</titre>
<auteur>Emile Zola</auteur>
<isbn format="13">9782543452146</isbn>
<stockage allee="4" armoire="1" etagere="3"/>

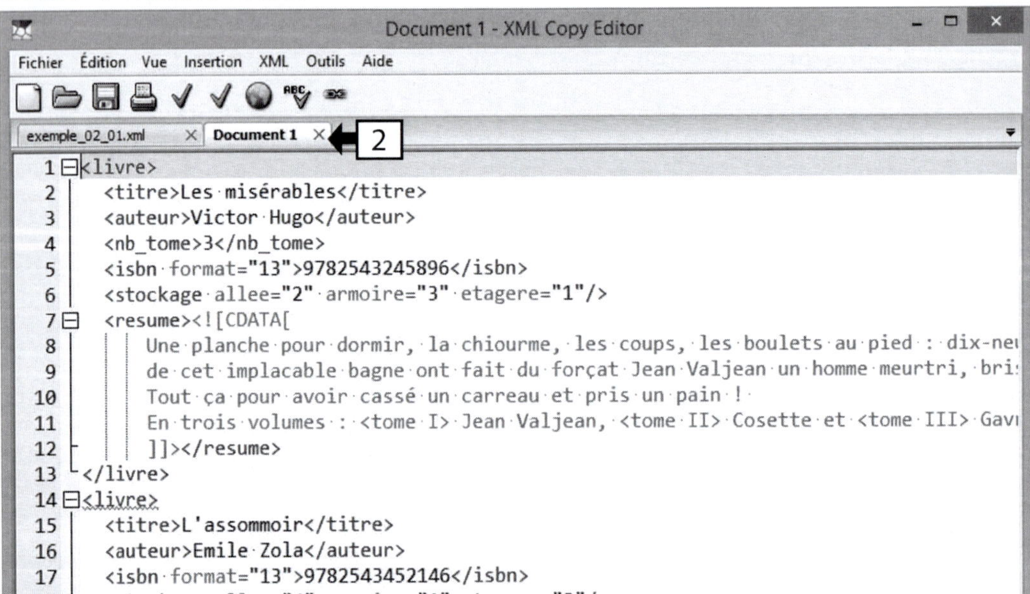

1) dans laquelle on saisit une expression XPath (expression */bibliotheque/livre*). En faisant *OK*, l'éditeur exécute l'évaluation de l'expression XPath en créant un nouveau document (repère 2) contenant les fragments XML trouvés.

2 - Les chemins de localisation

XPath est un langage en premier lieu qui permet d'extraire des fragments XML dans un document XML par la localisation de nœuds (qu'ils soient des nœuds élément ou qu'ils soient des nœuds attribut). Nous allons nous focaliser ici sur l'écriture d'expressions XPath qui conduisent à la définition de chemins de localisation.

2.1 - Les expressions basiques

Pour localiser un nœud ou un ensemble de nœuds dans un document XML, XPath utilise une notation proche de celle de la désignation d'un fichier dans un système de fichiers. Une recherche d'élément commence toujours à partir d'un point de départ appelé nœud contextuel ou nœud courant. Prenons par exemple le document XML intitulé *exemple_02_02.xml* qui se trouve dans le dossier *chapitre_02*. Ce document, qui recense un ensemble de contacts sous forme d'un annuaire, contient les données XML suivantes:

```
<?xml version="1.0" encoding="UTF-8"?>
<contact>
  <personne>
    <nom>Pasquier</nom>
    <prenom>Laurence</prenom>
    <adresse>
      <numéro>81</numéro>
      <rue>Rue des pyramides</rue>
      <ville code="33000">Bordeaux</ville>
    </adresse>
  </personne>
  <personne genre="masculin">
    <nom genre="Mr">Baldwin</nom>
    <prenom>Jacques</prenom>
    <adresse>
      <nom>appartement</nom>
      <numéro>23</numéro>
      <rue>place des lilas</rue>
      <ville code="34000">Montpellier</ville>
    </adresse>
  </personne>
</contact>
```

Si on exprime l'arborescence du document XML (figure 2.2), le nœud *contact* est le nœud racine du document. Cette racine possède 2 fils qui sont des nœuds *personne*. Comme XPath repose sur la nature hiérarchique des documents XML pour référencer les nœuds, la relation entre les nœuds dans ce type de hiérarchie peut être décrite comme une relation familiale. Cela sigifie que les nœuds peuvent être décrits comme des parents, des enfants ou des frères. Le nœud *personne* est appelé nœud fils du nœud *contact* et, réciproquement, le nœud *contact* est un nœud parent des nœuds *personne*.

FIGURE 2.2

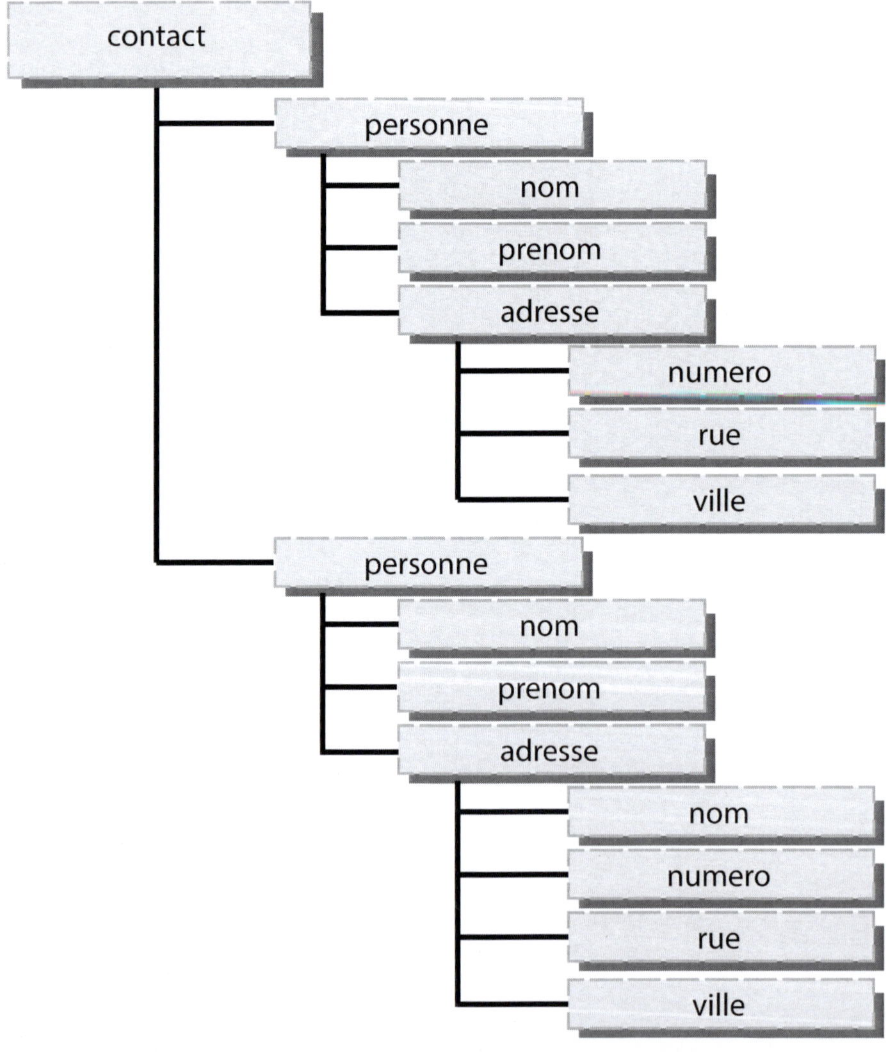

La racine du document s'exprime par le caractère "/" (slash). Une expression XPath qui définit un chemin de localisation est dite expression absolue si son point de départ est la racine du document. Par conséquent, l'évaluation de l'expression XPath constituée par la chaîne "/" retourne un fragment XML qui représente l'ensemble du document XML (prologue compris) car le point de départ (nœud contextuel) est ici la racine. Si l'expression XPath est *"/contact"*, elle retourne l'ensemble du document sans le prologue. L'expression XPath *"/contact/personne"* retourne tous les nœuds enfants de nom *personne* du nœud racine, ce qui donne le fragment XML suivant:

```
<personne>
  <nom>Pasquier</nom>
  <prenom>Laurence</prenom>
  <adresse>
    <numéro>81</numéro>
    <rue>Rue des pyramides</rue>
    <ville code="33000">Bordeaux</ville>
  </adresse>
</personne>
<personne genre="masculin">
  <nom genre="Mr">Baldwin</nom>
  <prenom>Jacques</prenom>
  <adresse>
    <nom>appartement</nom>
    <numéro>23</numéro>
    <rue>place des lilas</rue>
    <ville code="34000">Montpellier</ville>
  </adresse>
</personne>
```

L'expression XPath *"/contact/personne/prenom"* retourne tous les nœuds enfants de nom *prenom* du nœud *personne*, ce qui donne le fragment XML suivant:

```
<prenom>Laurence</prenom>
<prenom>Jacques</prenom>
```

Le caractère "*" offre la possibilité de sélectionner des éléments sans préciser leur parent. L'expression XPath *"/contact/personne/*"* retourne tous les éléments (nœuds enfants, nœuds petits-fils, etc.) des nœuds *personne*, ce qui donne le fragment XML suivant:

```
<nom>Pasquier</nom>
<prenom>Laurence</prenom>
<adresse>
  <numéro>81</numéro>
  <rue>Rue des pyramides</rue>
  <ville code="33000">Bordeaux</ville>
```

```
</adresse>
<nom genre="Mr">Baldwin</nom>
<prenom>Jacques</prenom>
<adresse>
  <nom>appartement</nom>
  <numéro>23</numéro>
  <rue>place des lilas</rue>
  <ville code="34000">Montpellier</ville>
</adresse>
```

L'expression XPath *"/contact/*/nom"* retourne tous les nœuds *nom*, petits-fils de *contact*. Pour exécuter cette expression, XPath va commencer par identifier tous les nœuds fils du nœud contextuel (ici la racine), c'est-à-dire tous les nœuds *personne* et ensuite ne sélectionner que les éléments enfants *nom*. Ce qui donne le fragment XML suivant:

```
<nom>Pasquier</nom>
<nom genre="Mr">Baldwin</nom>
```

Dans ce dernier cas, on voit que le nœud fils *nom* du nœud *adresse* du 2ème nœud *personne* n'est pas sélectionné. Pour cela il faut utiliser la double barre oblique ("//"). Elle sélectionne tous les nœuds enfants (également appelés descendants) du nœud contextuel ainsi que le nœud contextuel lui-même. L'expression XPath *"/contact/personne//nom"* retourne à la fois les éléments /contact/personne/nom et les éléments /contact/personne/adresse/nom. Ce qui donne le fragment XML suivant:

```
<nom>Pasquier</nom>
<nom genre="Mr">Baldwin</nom>
<nom>appartement</nom>
```

2.2 - Les expressions avancées

Il y a des nœuds qui possèdent des attributs et il est donc parfois nécessaire de sélectionner ces attributs dans un document XML ou bien des éléments satisfaisant à des critères de sélection plus précis. Pour cela il existe des expressions spécifiques à ce type de localisation. Pour sélectionner un attribut, XPath utilise le caractère "@" (arobase). L'expression XPath *"/contact/personne/@genre"* sélectionne les éléments *personne* possédant un attribut *genre*. Ce qui donne le fragment XML suivant:

```
genre="masculin"
```

L'expression XPath *"/contact/personne/adresse/ville/@code"* sélectionne les éléments *ville* possédant un attribut *code*. Ce qui donne le fragment XML suivant:

```
code="33000"
code="34000"
```

Les sélections d'éléments peuvent se faire de manière encore plus précise. Supposons que nous ne voulions sélectionner que les éléments *ville* dont l'attribut *code* soit égal à la valeur *33000*. Pour exécuter cela il faut utiliser les caractères "[" et "]" (crochets ouvrant et fermant). L'expression XPath *"/contact/personne/adresse/ville[@code= "33000"]"* sélectionne les éléments *ville* possédant un attribut *code* égal à la valeur *33000*. Ce qui donne le fragment XML suivant:

```
<ville code="33000">Bordeaux</ville>
```

A noter qu'une différence majeure est à établir entre les expressions *ville/@code* et *ville[@code]*: l'expression *ville/@code* sélectionne les attributs *code* des éléments *ville* alors que l'expression *ville[@code]* sélectionne les éléments *ville* qui possèdent un attribut *code*.
Les caractères crochets servent aussi à sélectionner des éléments par index suivant leur position dans l'arbre. Pour sélectionner le premier élément *personne*, fils de *contact*, on écrira l'expression XPath *"/contact/personne[1]"*. Ce qui donne le fragment XML suivant:

```
<personne>
  <nom>Pasquier</nom>
  <prenom>Laurence</prenom>
  <adresse>
    <numéro>81</numéro>
    <rue>Rue des pyramides</rue>
    <ville code="33000">Bordeaux</ville>
  </adresse>
</personne>
```

En combinant les syntaxes, on peut arriver à exprimer des expressions de localisation plus subtiles. Par exemple l'expression *"/contact/personne[@genre= "masculin"] [1]"* commence par rechercher tous les fils *personne* de *contact* qui possèdent un attribut *genre* ayant pour valeur *masculin*. Et dans cette sélection, il ne retient que le premier (index 1). Ce qui donne le fragment XML suivant:

```
<personne genre="masculin">
  <nom genre="Mr">Baldwin</nom>
  <prenom>Jacques</prenom>
  <adresse>
    <nom>appartement</nom>
    <numéro>23</numéro>
    <rue>place des lilas</rue>
```

```
    <ville code="34000">Montpellier</ville>
  </adresse>
</personne>
```

Par contre l'expression *"/contact/personne[1] [@genre= "masculin"]"* commence par rechercher le premier fils *personne* de *contact*, et si ce premier fils possède un attribut *genre* ayant pour valeur *masculin*, alors il le sélectionne. Ici notre expression ne retourne rien puisque le premier fils n'a pas d'attribut. Si on écrit l'expression *"/contact/personne[2] [@genre= "masculin"]"*, XPath nous retourne le deuxième fils *personne* de *contact*. Ce qui donne le fragment XML suivant:

```
<personne genre="masculin">
  <nom genre="Mr">Baldwin</nom>
  <prenom>Jacques</prenom>
  <adresse>
    <nom>appartement</nom>
    <numéro>23</numéro>
    <rue>place des lilas</rue>
    <ville code="34000">Montpellier</ville>
  </adresse>
</personne>
```

2.3 - Les noms d'axe

Nous venons de voir que nous sommes capables de localiser des nœuds éléments et des nœuds attributs. Or il est possible de se déplacer autrement dans une arborescence XPath grâce à des chemins qui s'appellent nom d'axe. Il existe 13 axes définis dans XPath et ils peuvent être utilisés dans des expressions.
Le premier des axes, qui est le plus simple, est l'axe *self*. Il ne contient que le nœud contextuel. Si on écrit l'expression *"/self::node()"*, cela nous retourne le document XML entier (prologue compris). L'axe le plus souvent utilisé est l'axe *child* qui contient les enfants du nœud contextuel.
Pour sélectionner les enfants, les petits-enfants, etc. du nœud contextuel, ce que nous appelons la descendance, nous utiliserons l'axe descendant. L'axe *descendant-or-self* contient le nœud contextuel et tous ses descendants (il est égal au caractère "//" c'est-à-dire la double barre oblique). Pour remonter dans l'arbre, il existe l'axe *parent* qui contient le nœud parent du nœud contextuel (s'il existe) et l'axe *ancestor* qui contient le nœud parent, le grand-parent, etc. Symétriquement à l'axe *descendant-or-self*, il existe l'axe *ancestor-or-self* qui contient le nœud contextuel et tous ses ancêtres.
On peut accéder à la localisation des nœuds frères en utilisant l'un des quatre axes *following-sibling*, *preceding-sibling*, *following* et *preceding*. La direction *following*

ou *preceding* fait référence à l'ordre dans lequel les éléments sont écrits dans le document XML parcouru. L'axe *following-sibling* identifie les nœuds frères qui suivent le nœud contextuel, et l'axe *preceding-sibling* identifie les nœuds frères qui précèdent le nœud contextuel. L'axe *following* identifie tous les nœuds frères suivants ainsi que leurs descendants éventuels. L'axe *preceding* identifie tous les nœuds frères précédant le nœud contextuel ainsi que leurs descendants éventuels. La localisation des attributs du nœud contextuel se fait par l'axe *attribute* (équivalent à l'arobase). Le dernier axe *namespace* sélectionne les nœuds d'espace de noms du nœud contextuel, s'ils existent.

3 - Les opérateurs XPath

XPath permet d'effectuer des calculs et des opérations simples entre les nœuds par l'intermédiaire d'opérateurs. Avec ces opérateurs, il est possible de comparer des expressions, voire de réaliser des opérations élémentaires sur des nœuds. Les opérateurs de comparaison sont:

- opérateur "=" représente le test d'égalité: *elem= "mot"* renvoie *true* si le contenu du nœud *elem* vaut "*mot*", *false* dans le cas contraire.
- opérateur "!=" représente le test de différence: *elem != "mot"* renvoie *true* si le contenu du nœud *elem* ne vaut pas "*mot*", *false* dans le cas contraire.
- opérateur "<" représente le strictement inférieur: *nn<10.25* renvoie *true* si *nn* est strictement inférieur à *10.25*, *false* dans le cas contraire.
- opérateur "<=" représente l'inférieur ou égal: *nn<=10.25* renvoie *true* si *nn* est inférieur ou égal à *10.25*, *false* dans le cas contraire.
- opérateur ">" représente le strictement supérieur: *nn>10.25* renvoie *true* si *nn* est strictement supérieur à *10.25*, *false* dans le cas contraire.
- opérateur ">=" représente le supérieur ou égal: *nn>=10.25* renvoie *true* si *nn* est supérieur ou égal à *10.25*, *false* dans le cas contraire.

Les opérateurs élémentaires sont:

- opérateur "+" représente l'addition: *nn1 + nn2* renvoie le résultat de la somme de ces deux nombres.
- opérateur "-" représente la soustraction: *nn1 - nn2* renvoie le résultat de la différence de ces deux nombres.
- opérateur "*" représente la multiplication: *nn1 * nn2* renvoie le résultat du produit de ces deux nombres.
- opérateur "*div*" représente la division: *nn1 div nn2* renvoie le quotient de la division euclidienne de *nn1* par *nn2*.

- opérateur "*mod*" représente le reste de la division euclidienne: *nn1 mod nn2* renvoie le reste de la division euclidienne de *nn1* par *nn2*.

4 - Les fonctions XPath

Les expressions XPath ne se limitent pas à la sélection d'un ou plusieurs nœuds. Il est possible de calculer le nombre de nœuds dans un document XML, de sommer les valeurs numériques de certains attributs ou bien encore d'extraire des sous-chaînes du contenu d'un élément ou d'un attribut. Toutes ces manipulations et ces calculs se font par l'intermédiaire de fonctions XPath réparties en quatre catégories: les fonctions de nœuds, les fonctions booléennes, les fonctions sur les chaînes de caractères et les fonctions numériques.

4.1 - Les fonctions de nœuds

Les fonctions de nœuds servent à déterminer le nombre de nœuds dans un ensemble ainsi que la position du nœud. Ces fonction de nœuds sont:

- *count(ensemble_de_ nœuds)* qui détermine le nombre de nœuds d'un ensemble nœuds.
- *position()* qui retourne la position numérique d'un nœud.
- *last()* qui retourne la valeur du dernier nœud d'un ensemble de nœuds.
- *name()* qui retourne le nom de l'élément sélectionné.

Si on applique la fonction *count()* sur le document XML ci-dessous pour comptabiliser des nœuds, l'expression *count(/ROOT/AA)* retournera la valeur 3, l'expression *count(/ROOT/BB)* retournera la valeur 2, l'expression *count(/ROOT/CC)* retournera la valeur 2, l'expression *count(/ROOT/DD)* retournera la valeur 1 et l'expression *count(/ROOT/*)* retournera la valeur 9.

```
<?xml version="1.0" encoding="UTF-8"?>
<ROOT>
  <AA/>
  <BB/>
  <CC/>
  <AA/>
  <AA/>
  <BB/>
  <CC/>
  <DD/>
  <EE/>
</ROOT>
```

La fonction *position()* permet de sélectionner un nœud particulier dans l'éventualité où il en existe plusieurs. La numérotation des positions commence à 1. Dans l'exemple ci-dessous, l'expression */ROOT/AA[position()=2]* retourne le 2ème fils de *ROOT*. L'écriture raccourcie est comme on l'a déjà vu précédemment */ROOT/AA[2]*.

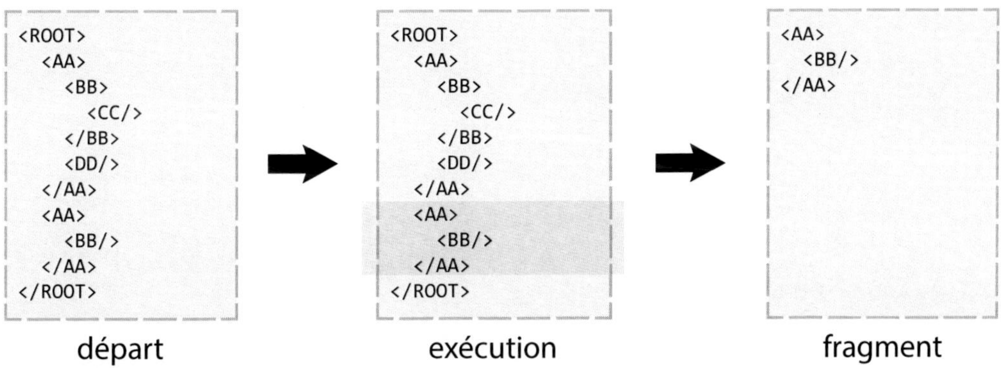

La fonction *last()* sélectionne le dernier élément contenu dans l'élément correspondant au nœud contextuel. L'expression */ROOT/AA/BB[position()=last()]* permet de récupérer le dernier fils d'un nœud.

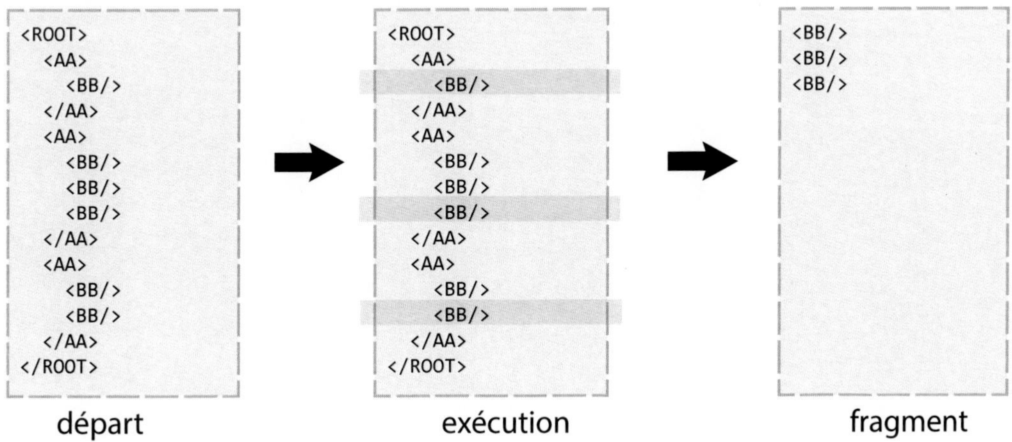

L'expression */ROOT/AA[BB[last()<2]]* permet de récupérer les nœuds qui ont moins de *N* fils.

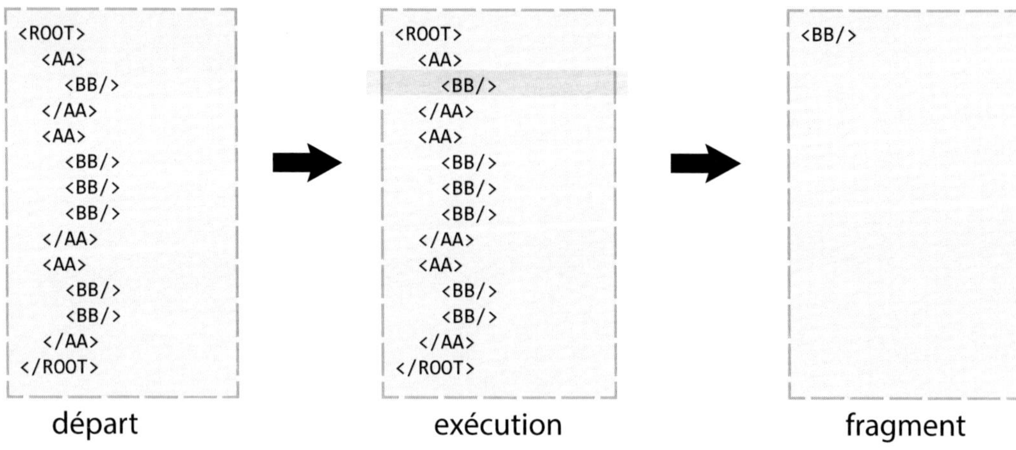

La fonction *name()* retourne une chaîne contenant un nom qualifié (nom complet y compris le préfixe) représentant le nom du premier nœud de l'ensemble passé en argument. Si aucun nœud n'est passé en argument, le nœud utilisé par défaut sera le nœud en lecture soit l'équivalent de *self::node()*. Dans l'exemple suivant, l'expression */ROOT/AA/*[name()= "BB"]* retourne le nom *BB*.

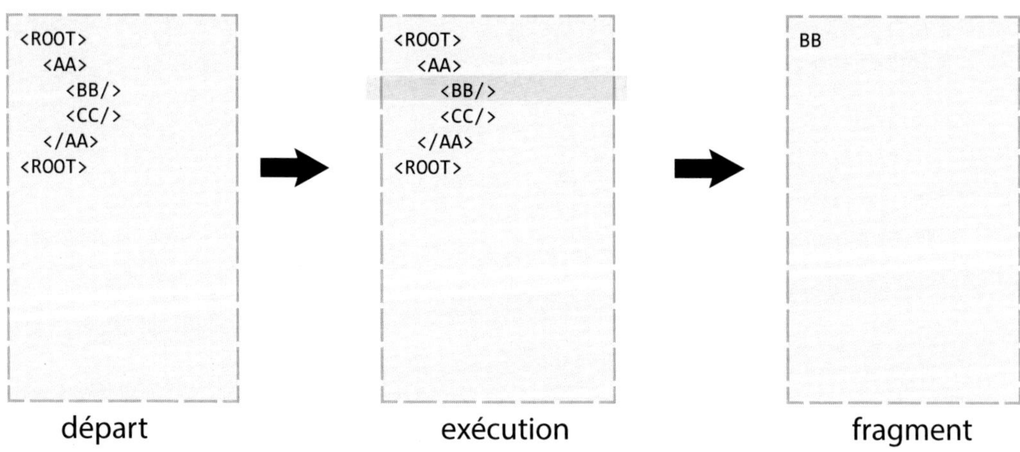

4.2 - Les fonctions booléennes

Une variable booléenne est une variable informatique qui ne peut prendre que deux états (0 ou 1) ou bien deux valeurs *true* ou *false* (vrai ou faux en français). A partir de ces deux valeurs, il est possible d'effectuer des mathématiques dites booléennes qui se fondent sur des comparaisons logiques. Il existe 4 fonctions logiques qui sont la fonction unaire *NOT* (non pas en français), les fonctions binaires *AND* (et), *OR* (ou) et *XOR* (ou exclusif). Leur comportement se définit en fonction des tables de vérité de la façon suivante:

AND	true	false
true	true	false
false	false	false

OR	true	false
true	true	true
false	true	false

NOT	true	false
NOT	false	true

XOR	true	false
true	false	true
false	true	false

Dans le langage XPath, il existe cinq fonctions booléennes. Les deux premières fonctions définies sont *true()* et *false()*, qui retournent simplement les valeurs *true* et *false*. Elles permettent de faire des tests sur la valeur du contenu d'un élément. La troisième fonction est la fonction *not()* qui retourne la négation du résultat d'un test. La quatrième fonction est la fonction *boolean()* qui renvoie un booléen en fonction d'un paramètre reçu en argument:

- si le paramètre est un entier, la fonction renvoie la valeur *true* si l'entier est différent de zéro, *false* si l'entier est nul.
- si le paramètre est un ensemble de nœuds, la fonction renvoie *true* si l'ensemble est non vide, *false* sinon.
- si le paramètre est une chaîne de caractères, la fonction renvoie *true* si la chaîne n'est pas vide, *false* sinon.

La cinquième fonction booléenne est la fonction *lang()*. Dans un document XML, il est possible de préciser la langue utilisée soit au début du document, soit en attribut d'un élément. On pourra alors avoir un élément qui s'exprime dans un langage français par la personnalisation de l'attribut *xml:lang* de la façon suivante: *<elem xml:lang= «fr»></elem>*.

Il est donc possible de tester cet élément avec la fonction *lang()* pour savoir si le contenu de l'élément est dans une certaine langue. Pour retourner son résultat, la fonction *lang()* analyse le nœud contextuel. Si celui-ci ne porte pas d'attribut *xml:lang*, il va analyser les nœuds les plus proches du nœud contextuel qui portent cet attribut et qui appartiennent à l'axe *ancestor*. Si aucun nœud de ce type n'est trouvé, la fonction retourne *false*.

4.3 - Les fonctions sur les chaînes de caractères

Les fonctions de manipulation de chaînes de caractères servent à manipuler du texte. Elles sont sensibles à la casse et distinguent donc les majuscules des minuscules. Nous allons examiner ces fonctions successivement.

La concaténation de chaînes se fait par la fonction *concat(chaine1, chaine2, ...)*. Elle permet de concaténer un nombre quelconque de chaînes de caractères. Par exemple *concat("AA" , "BB" , "CC")* retourne la chaîne de caractères *AABBCC*.

La fonction *starts-with(chaine1,chaine2)* permet de tester si *chaine1* commence par *chaine2*. Par exemple *starts-width("AA BB", "AA")* retourne *true* et *starts-width("AA BB", "BB")* retourne *false*.

La fonction *contains(chaine1,chaine2)* permet de tester si la chaîne de caractères *chaine1* contient la chaîne de caractères *chaine2*. Par exemple *contains("ceci est une chaine", "est une")* retourne la valeur *true*.

L'extraction des sous-chaînes dans une chaîne donnée s'effectue par une des 3 fonctions suivantes: *substring(chaine,index[,longueur])*, *substring-before(chaine,caractere)* et *substring-after(chaine,caractere)*. La fonction *substring(..)* accepte trois paramètres qui sont la chaîne de caractères dont doivent être extraits les caractères, la position dans la chaîne où doit débuter l'extraction, et de façon facultative, le nombre de caractères à extraire. Les fonctions *substring-before(..)* et *substring-after(..)* permettent d'extraire tous les caractères situés respectivement avant ou après un certain caractère donné. La longueur d'une chaîne de caractères est donnée par la fonction *string-length(chaine)*. Cette fonction retourne le nombre de caractères présents dans la chaîne passée en paramètre (les espaces sont considérés comme des caractères).

Le remplacement des caractères par d'autres caractères s'effectue par la fonction *translate(chaine1, chaine2, chaine3)*. C'est une fonction assez complexe. Elle retourne la première chaîne de caractères passée en argument dans laquelle les occurrences des caractères de la deuxième chaîne sont remplacées par les caractères correspondant aux mêmes positions de la troisième chaîne. Par exemple *translate("bar", "abc", "ABC")* retourne la chaîne *BAr*. Si l'un des caractères du deuxième argument n'a pas de position correspondante dans le troisième (parce que le deuxième argument est plus long que le troisième), alors les occurrences de ce caractère sont supprimées du premier argument. Par exemple *translate("--aaa--", "abc-", "ABC")* retourne *AAA*. Si un caractère apparaît plus d'une fois dans la deuxième chaîne, alors c'est la première occurrence de ce caractère qui détermine la règle de transformation. Par exemple *translate("bar", "abbc", "AcBC")* retourne *cAr*. Si la chaîne passée en troisième argument est plus longue que la deuxième, alors les caractères excédentaires sont ignorés. Par exemple *translate("bar", "abc", "ABCr")* retourne *BAr*.

La conversion du contenu d'un nœud en chaîne s'effectue par la fonction *string(objet)*. Cette fonction permet de convertir tout objet en chaîne de caractères. Dans la mesure où tout élément XML est considéré comme du texte, elle est peu utilisée.

La fonction *normalize-space(chaine)* permet de se débarrasser des espaces superflus dans une chaîne de caractères. Elle normalise une chaîne pour qu'elle soit composée que d'un espace entre chaque mot.

4.4 - Les fonctions numériques

Les fonctions numériques servent à manipuler les nombres. XPath utilise les 5 fonctions numériques suivantes: *number(), sum(), floor(), ceiling()* et *round()*. La fonction *number(chaine)* permet de convertir un texte en nombre. Par exemple, si nous avons l'élément *<compteur>201</compteur>*, la valeur *201* est une valeur textuelle. L'expression XPath *number(distance)* permet de convertir la chaîne *201* en valeur numérique *201* utilisable alors avec des fonctions numériques.

La fonction *sum(ensemble_noeuds)* permet d'additionner les valeurs numériques d'un ensemble de nœuds. Dans l'exemple suivant, l'expression *sum(parcours/compteur)* permet de faire la somme de toutes les valeurs contenues dans les éléments compteur.

```
<parcours>
  <compteur>100</compteur>
  <compteur>200</compteur>
  <compteur>300</compteur>
</parcours>
```

Les fonctions *floor(nombre)* et *ceiling(nombre)* arrondissent respectivement à l'entier inférieur et à l'entier supérieur le plus proche de l'argument donné. Par exemple *floor(20.5)* retourne 20 et *ceiling(20.5)* retourne 21.

La fonction *round(nombre)*, quant à elle, retourne l'entier le plus proche du nombre donné en argument. Par exemple *round(20.5)* retourne 21, et *round(20.4)* retourne 20.

Le langage de transformation XSLT

3

La communication des applications, diverses et variées entre elles, s'appelle l'*interopérabilité des applications*. Un des problèmes majeurs de ces dernières années concerne l'interopérabilité des applications car la majorité d'entre elles utilise des formats de données propriétaires. Les échanges ne peuvent donc être réalisés que s'ils ont lieu dans un format commun.
XSLT (qui est l'abréviation de *eXtensible Stylesheet Language Transformation*) est un langage qui apporte une solution à ce problème comme à celui de la dissociation du contenu d'un document et de sa forme. Il permet de transformer un document XML en tout autre document XML ou au format de type texte.

1 - Ma première transformation XSLT

XSLT est un langage de transformation qui permet de transformer un document XML en divers documents au format XML, HTML, RTF ou autres formats texte spécifiques. Grâce à des expressions XPath (comme on l'a vu dans le précédent chapitre) qui permettent l'extraction d'un sous-ensemble de données dans un document XML de départ, XSLT permet de réaliser un nouveau document de ces données extraites par une transformation. Cette transformation est réalisée grâce à des règles décrites dans un fichier XML nommé feuille de style. Quand un navigateur web ou un programme spécifique (programme appelé *parseur XSLT* ou *processeur XSLT*) charge un document XML, il applique automatiquement la feuille de style présente au données contenues dans le document XML.

1.1 - Mise en place d'une transformation simple

Nous allons voir dans un premier temps, avec le logiciel *XML Copy Editor*, comment réaliser une feuille de style XSLT et comment faire pour qu'elle soit appliquée à un document XML spécifique. La visualisation des données après la transformation XSLT sera faite dans Internet Explorer par exemple. Le code source de programmation de cette étape se trouve dans le dossier *chapitre_03*.
En premier, nous réalisons un document XML (figure 3.1). En choisissant le menu *Fichier -> Nouveau...*, une boite de dialogue s'ouvre et on sélectionne un type de document (*Document XML* extension *.xml*) dans la liste des modèles proposés

FIGURE 3.1

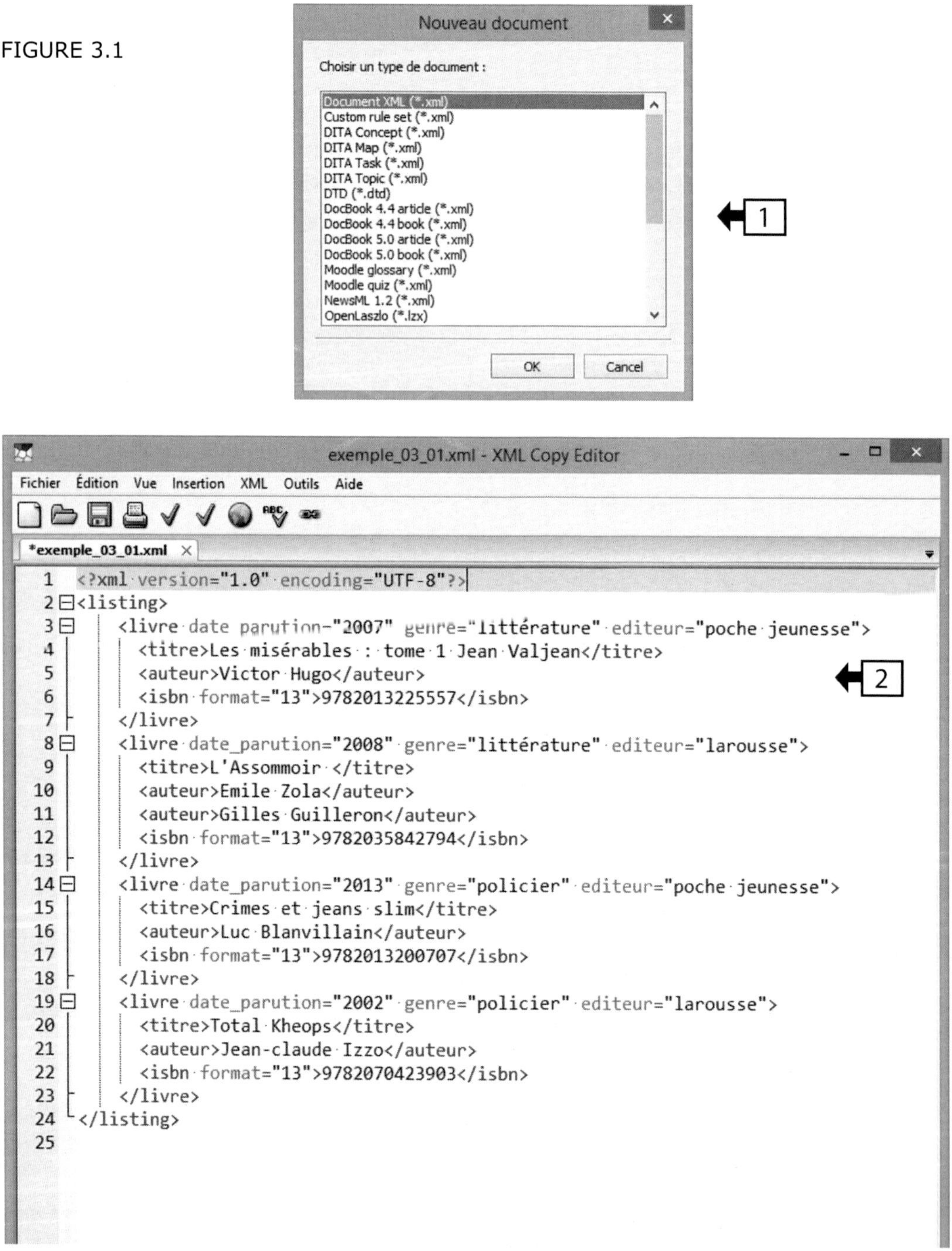

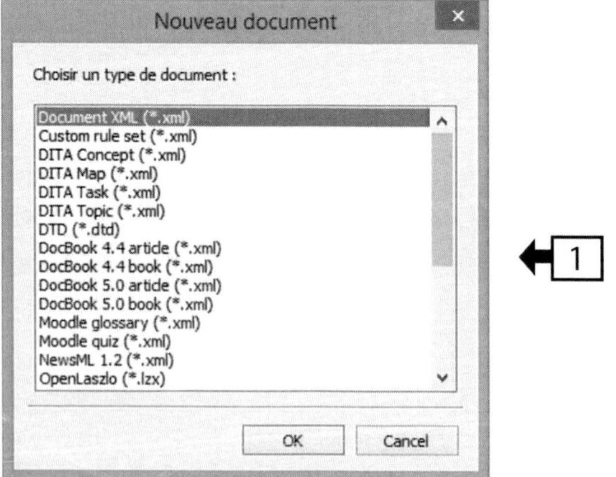

Nouveau document
Choisir un type de document :
Document XML (*.xml)
Custom rule set (*.xml)
DITA Concept (*.xml)
DITA Map (*.xml)
DITA Task (*.xml)
DITA Topic (*.xml)
DTD (*.dtd)
DocBook 4.4 article (*.xml)
DocBook 4.4 book (*.xml)
DocBook 5.0 article (*.xml)
DocBook 5.0 book (*.xml)
Moodle glossary (*.xml)
Moodle quiz (*.xml)
NewsML 1.2 (*.xml)
OpenLaszlo (*.lzx)
OK
Cancel
1
exemple_03_01.xml - XML Copy Editor
Fichier
Édition
Vue
Insertion
XML
Outils
Aide
*exemple_03_01.xml
<?xml version="1.0" encoding="UTF-8"?>
<listing>
<livre date_parution="2007" genre="littérature" editeur="poche jeunesse">
<titre>Les misérables : tome 1 Jean Valjean</titre>
<auteur>Victor Hugo</auteur>
<isbn format="13">9782013225557</isbn>
</livre>
<livre date_parution="2008" genre="littérature" editeur="larousse">
<titre>L'Assommoir </titre>
<auteur>Emile Zola</auteur>
<auteur>Gilles Guilleron</auteur>
<isbn format="13">9782035842794</isbn>
</livre>
<livre date_parution="2013" genre="policier" editeur="poche jeunesse">
<titre>Crimes et jeans slim</titre>
<auteur>Luc Blanvillain</auteur>
<isbn format="13">9782013200707</isbn>
</livre>
<livre date_parution="2002" genre="policier" editeur="larousse">
<titre>Total Kheops</titre>
<auteur>Jean-claude Izzo</auteur>
<isbn format="13">9782070423903</isbn>
</livre>
</listing>
2

(repère 1). Ensuite on écrit les données XML en respectant les règles d'écriture (repère 2). Une fois le document terminé, on vérifie s'il est bien formé et on l'enregistre sur le disque en le nommant *exemple_03_01.xml*. Jusque là, rien de nouveau, on ne fait qu'appliquer tout ce que l'on a vu au premier chapitre. Le document *exemple_03_01.xml* contient des données XML relatives à un ensemble

FIGURE 3.2

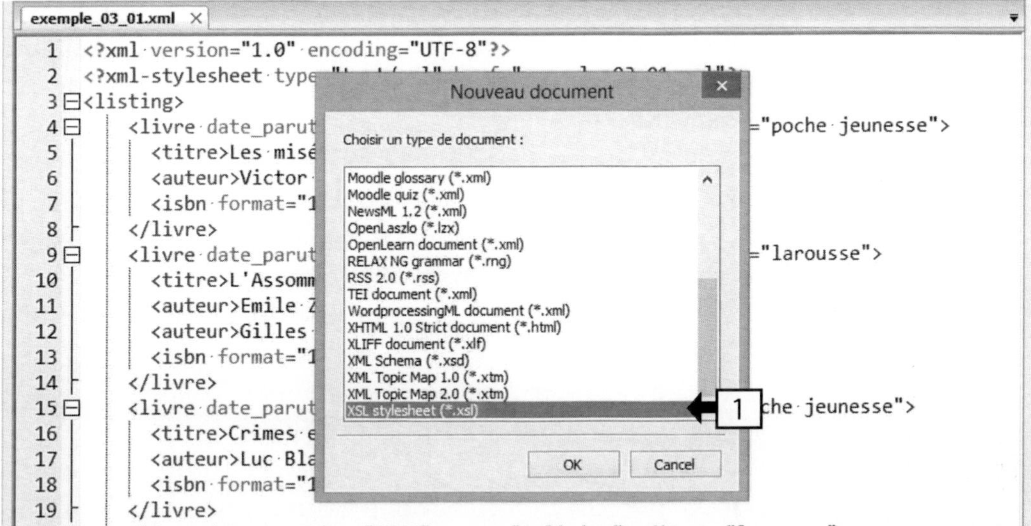

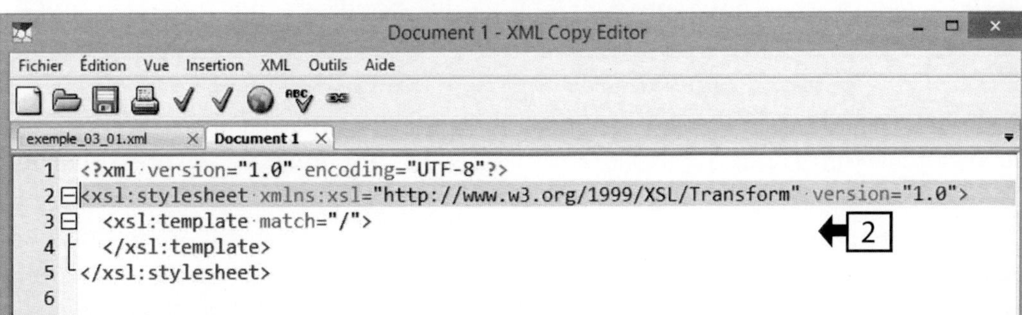

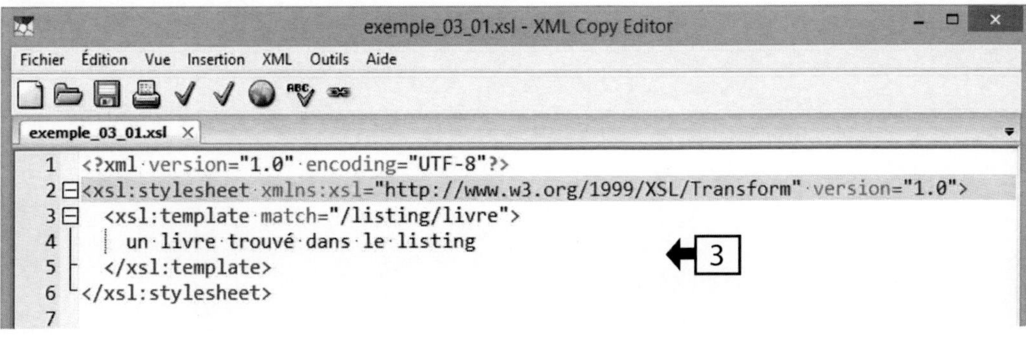

de livres. La racine du document XML est le nœud *listing*. Ce nœud est constitué de nœuds enfants *livre* ayant les attributs *date_parution*, *genre* et *editeur*. Un nœud *livre* possède les nœuds enfants *titre*, *auteur* et *isbn*.
Maintenant nous allons réaliser une feuille de style XSLT (figure 3.2) dans le logiciel. En choisissant *Fichier -> Nouveau...*, on sélectionne dans la boite de dialogue le modèle *XSL stylesheet* (extension *.xsl*) dans la liste des modèles (repère 1). Un modèle de feuille de style s'ouvre par défaut (repère 2). On la sauvegarde à côté du document XML par l'intitulé *exemple_03_01.xsl*. Une feuille de transformation XSLT est un document XML portant l'extension *xsl*. Comme les feuilles de style XSLT sont des documents XML, elles sont structurées de la même manière et sont composées d'éléments et d'attributs. La première ligne d'une feuille de style est le prologue XML. Ensuite vient l'élément *xsl:stylesheet* qui contient les transformations à appliquer. Dans notre exemple, il ne contient qu'une seule transformation décrite par l'élément *xsl:template*. Les transformations XSLT sont fondées sur des structures appelées *modèles* (*template* en anglais). La création et l'utilisation de ces modèles constituent le fondement de XSLT. Chaque élément *xsl:template* décrit une règle, c'est-à-dire les actions à exécuter pour chaque élément décrit par l'expression XPath de l'attribut *match* de cet élément. Comme on veut appliquer la transformation aux éléments *livre*, on affecte à l'attribut *match* de *xsl:template* l'expression XPath */listing/livre*, puisque cette expression extrait tous les nœuds *livre* (repère 3 figure 3.2). Et on affecte la valeur *"un livre trouvé dans le listing"* au nœud *xsl:template*. En faisant cela par défaut, dans un premier temps, lors de l'extraction du fragment XML, à chaque nœud *livre* trouvé dans le fragment XML, la feuille de style remplacera le nœud *livre* par la valeur *"un livre trouvé dans le listing"*. Comme nous avons 4 nœuds *livre*, nous obtiendrons 4 expressions de la valeur. Maintenant il faut ajouter une instruction de traitement de feuille de style XSLT au document XML initial. Le document XML initial est appelé le *document source*, et le document transformé par la feuille de style est appelé le *document*

FIGURE 3.3

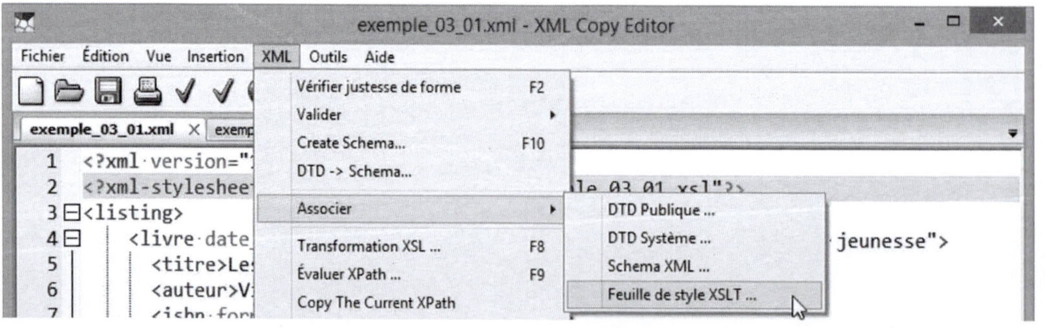

résultat. Dans l'onglet du document XML, on choisit le menu *Associer -> Feuille de style XSLT...* (figure 3.3). Une boite de dialogue s'ouvre. On clique sur le bouton *Parcourir* et on sélectionne dans le sélecteur de fichier notre feuille de style XSLT intitulée *exemple_03_01.xsl* (figure 3.4).

FIGURE 3.4

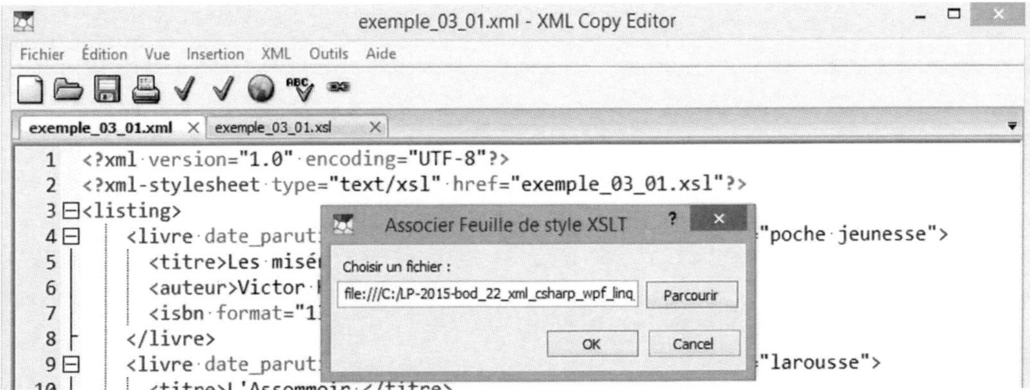

En cliquant sur *OK*, le logiciel ajoute au document *exemple_03_01.xml* une instruction de traitement *<?xml-stylesheet type= "text/xsl" href= "exemple_03_01. xsl"?>* (figure 3.5). Cette instruction de traitement a un attribut *type= "text/xsl"* qui indique le type de feuille (en l'occurrence une feuille de style XSLT), et un attribut *href* qui indique le chemin pour accéder à la feuille de style par rapport au document source. Ici le logiciel affecte un chemin absolu (repère 1). On modifie ce chemin pour en faire un chemin relatif (repère 2), puis on sauvegarde le document source.

FIGURE 3.5

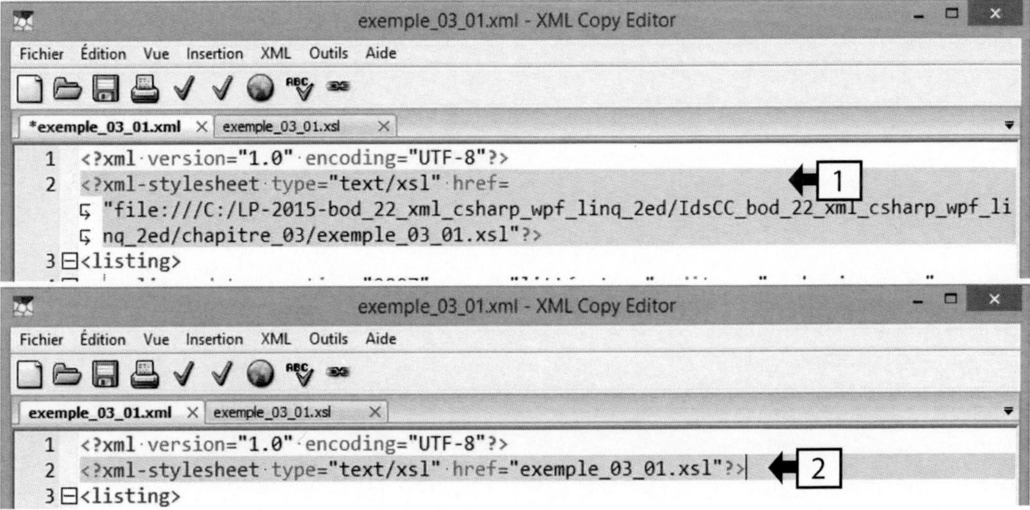

Enfin il ne nous reste plus qu'à ouvrir le document source dans le navigateur web et à vérifier que la feuille de transformation XSLT a bien été appliquée au document source. La figure 3.6 montre le résultat obtenu dans lequel il y a bien 4 valeurs identiques écrites.

FIGURE 3.6

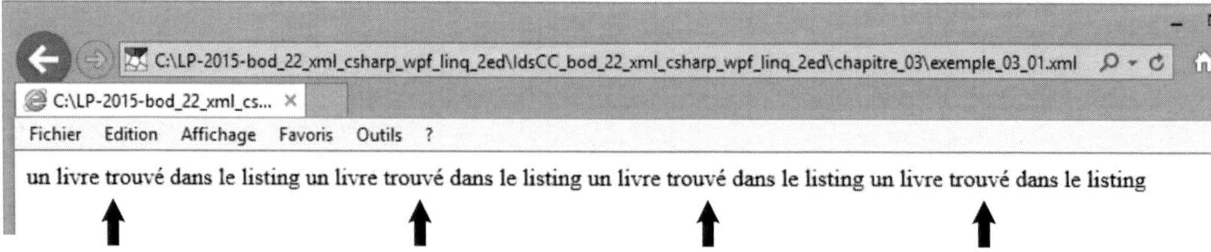

Cette étape basique que nous venons de réaliser, a pour but de bien montrer la démarche à exécuter pour appliquer une transformation XSLT à un document source.

1.2 - Les premières instructions

Avec des instructions, nous allons pouvoir réaliser une page HTML et afficher dedans des données relatives au fragment XML obtenu par une expression XPath. L'exemple que nous traitons ici est le document source XML intitulé *exemple_03_02.xml* et la feuille de style XSLT *exemple_03_02.xsl.* Ces fichiers se trouvent dans le dossier *chapitre_03* du code source de programmation. Le but est de réaliser une page HTML dans laquelle se trouve un tableau affichant le titre de chaque livre accompagné de celui de ses auteurs. La feuille de style est la suivante (*exemple_03_02.xsl*):

```
<?xml version="1.0" encoding="UTF-8"?>
<xsl:stylesheet xmlns:xsl="http://www.w3.org/1999/XSL/Transform" version="1.0">
  <xsl:template match="/listing">
    <html>
      <head>
        <title>Ma transformation XSLT</title>
      </head>
      <body>
        <table border="1">
          <xsl:for-each select="livre">
            <tr>
              <td>Titre</td>
              <td>Auteurs</td>
            </tr>
          </xsl:for-each>
        </table>
```

```
    </body>
  </html>
 </xsl:template>
</xsl:stylesheet>
```

La valeur de l'élément *xsl:template* va être le contenu HTML d'une page dans laquelle on va insérer des champs et des données. On écrit donc un ensemble de balises traditionnelles HTML pour la création d'une page comme les balises *<html>*, *<head>*, *<title>*, *<body>*, etc. Un tableau en HTML s'exprime par une balise *<table>*, une ligne de tableau par une balise *<tr>* et une colonne de tableau par une balise *<td>*. Jusque ici rien de nouveau. Pour chaque livre, il faut extraire son titre et ses auteurs. L'instruction *<xsl:for-each select= "expression_xpath">* permet d'effectuer une action pour chaque élément trouvé, satisfaisant à l'expression XPath de l'attribut *select*. En affectant l'expression */listing* à l'attribut *match* de *xsl:template*, on extrait un fragment XML qui contient tout le document sans le prologue et sans les instructions de traitements. Ensuite il faut énumérer les livres par l'instruction *<xsl:for-each select= "livre">* qui récupère chaque nœud enfant *livre*. En écrivant en HTML *<td>Titre</td>* et *<td>Auteurs</td>*, on va obtenir un tableau de 4 lignes et 4 colonnes car on va avoir 4 itérations. La figure 3.7 montre le résultat obtenu.

FIGURE 3.7

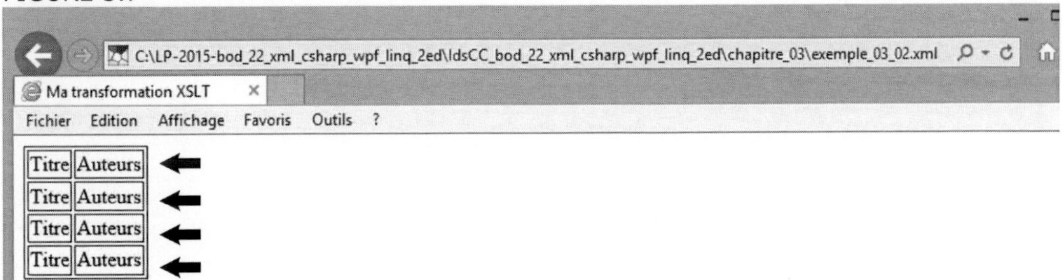

Pour extraire le contenu texte des éléments titre et auteur, il faut utiliser l'instruction *xsl:value-of*. Cette instruction *<xsl:value-of select= "titre" />* a pour effet d'extraire le contenu de l'élément *titre*, fils du nœud contextuel. Et l'instruction *<xsl:value-of select= "auteur" />* a pour effet d'extraire le contenu de l'élément *auteur*, fils du nœud contextuel. Notre document source est *exemple_03_03.xml* et notre feuille de style *exemple_03_03.xsl* est la suivante:

```
<?xml version="1.0" encoding="UTF-8"?>
<xsl:stylesheet xmlns:xsl="http://www.w3.org/1999/XSL/Transform" version="1.0">
 <xsl:template match="/listing">
  <html>
    <head>
```

```
      <title>Ma transformation XSLT</title>
    </head>
    <body>
      <table border="1">
        <xsl:for-each select="livre">
          <tr>
            <td>Titre : <xsl:value-of select="titre" /></td>
            <td>Auteurs : <xsl:value-of select="auteur" /></td>
          </tr>
        </xsl:for-each>
      </table>
    </body>
  </html>
 </xsl:template>
</xsl:stylesheet>
```

La figure 3.8 montre le résultat obtenu. Sur chaque ligne, on trouve une cellule avec l'expression *"Titre :"* suivie par le contenu du nœud *titre*, et une cellule avec l'expression *"Auteurs :"* suivie par le contenu du nœud *auteur*.

FIGURE 3.8

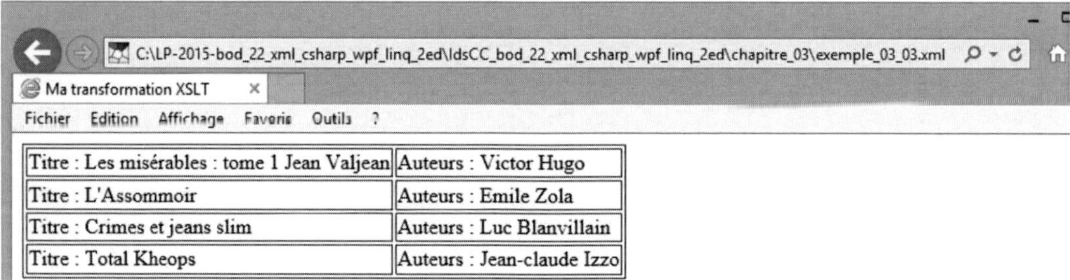

A première vue, cela semble correcte. Mais si on regarde le contenu du document source XML, on s'aperçoit qu'un livre a été écrit par deux auteurs. Or notre document résultat ne le mentionne pas. D'où une correction supplémentaire est à effectuer, car c'est un phénomène qui est lié au fonctionnement des processeurs XSLT.

Quand un deuxième auteur est présent, il n'est pas affiché car la ligne *<td><xsl:value-of select= "auteur" /></td>* n'est appliquée qu'une fois. Si on veut afficher tous les auteurs d'un livre, il faut répéter cette dernière ligne. Pour cela, on rajoute une instruction *xsl:for-each* en affectant à son attribut *select* la valeur *auteur*, et on ajoute une cellule contenant l'extraction du contenu *auteur* par *xsl:value-of* dont l'attribut *select* est affecté par la valeur *"."* (le caractère *"."* en XPath désigne le nœud contextuel). La feuille de style XSLT est donc la suivante (*exemple_03_04.xsl* avec *exemple_03_04.xml*):

```
<?xml version="1.0" encoding="UTF-8"?>
```

```
<xsl:stylesheet xmlns:xsl="http://www.w3.org/1999/XSL/Transform" version="1.0">
  <xsl:template match="/listing">
    <html>
      <head>
        <title>Ma transformation XSLT</title>
      </head>
      <body>
        <table border="1">
          <xsl:for-each select="livre">
            <tr>
              <td>Titre : <xsl:value-of select="titre"/></td>
              <xsl:for-each select="auteur">
                <td>Auteurs : <xsl:value-of select="."/></td>
              </xsl:for-each>
            </tr>
          </xsl:for-each>
        </table>
      </body>
    </html>
  </xsl:template>
</xsl:stylesheet>
```

La figure 3.9 montre maintenant le résultat correct obtenu avec Internet Explorer (repère 1) et Firefox (repère 2).

FIGURE 3.9

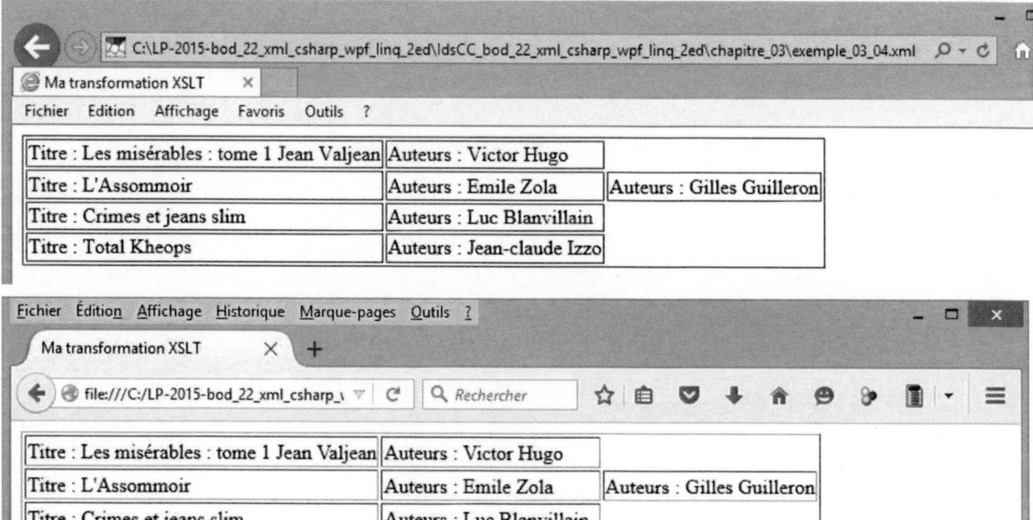

2 - Les modèles et leurs applications

Nous avons vu que l'élément *<xsl:template>* intervenait dans la création d'une feuille de style XSLT. Les éléments *<xsl:template>* et *<xsl:apply-templates>* sont des éléments qui font partie des bases du langage XSLT dans la création des modèles.

2.1 - Les éléments *xsl:template* et *xsl:apply-templates*

L'élément *<xsl:template>* définit un modèle produisant une sortie. Il permet de définir une transformation à appliquer au document source. C'est un élément de haut niveau qui doit être l'enfant d'un élément *<xsl:stylesheet>*. Sa syntaxe est la suivante:

```
<xsl:template
        match=MOTIF
        name=NOM
        mode=NOM
        priority=NOMBRE>
</xsl:template>
```

Il possède des attributs qui sont *match*, *name*, *priority* et *mode*. On affecte à l'attribut *match* une expression XPath. Cet attribut sert à sélectionner les types de nœuds de l'arbre source sur lesquels ce modèle sera appliqué. Quand on choisit comme expression */listing/livre* dans notre exemple, on localise tous les éléments qui correspondent à cette expression (donc tous les nœuds *livre*). Le modèle s'appliquera alors à tout élément *livre*, enfant d'un élément *listing*. L'attribut *name* définit un nom pour ce modèle, par lequel il sera invoqué à l'aide de l'élément *<xsl:call-template>*. L'attribut *mode* définit un mode particulier pour ce modèle, qui peut correspondre à un attribut de l'élément *<xsl:apply-templates>*. Il est utile pour traiter la même information de différentes façons. L'attribut *priority* définit une priorité pour ce modèle, sous forme d'un nombre quelconque. Le processeur utilise ce nombre lorsque plusieurs modèles s'appliquent au même nœud. Dans de nombreux cas, des modèles sont définis et on souhaiterait pouvoir faire appel à ces modèles déjà créés depuis un autre modèle. Pour ce faire, on utilise l'élément *<xsl:apply-templates>*. Sa syntaxe est la suivante:

```
<xsl:apply-templates
  select=EXPRESSION
  mode=NOM>
</xsl:apply-templates>
```

L'élément *<xsl:apply-templates>* sélectionne un ensemble de nœuds dans l'arbre d'entrée et demande au processeur de leur appliquer les modèles appropriés. L'attribut *select* est facultatif. S'il est spécifié, le résultat de l'expression XPath sera considéré comme le nœud contextuel des transformations suivantes. Sinon le nœud contextuel courant sera utilisé. L'attribut *mode* reçoit un nom de mode. S'il existe plusieurs traitements définis pour un même nœud, l'attribut *mode* permet de les différencier. Nous allons voir un exemple d'application des éléments *<xsl:template>* et *<xsl:apply-templates>* avec le document *exemple_03_05.xml* et sa feuille de style *exemple_03_05.xsl*. Il s'agit de voir comment s'articule

FIGURE 3.10

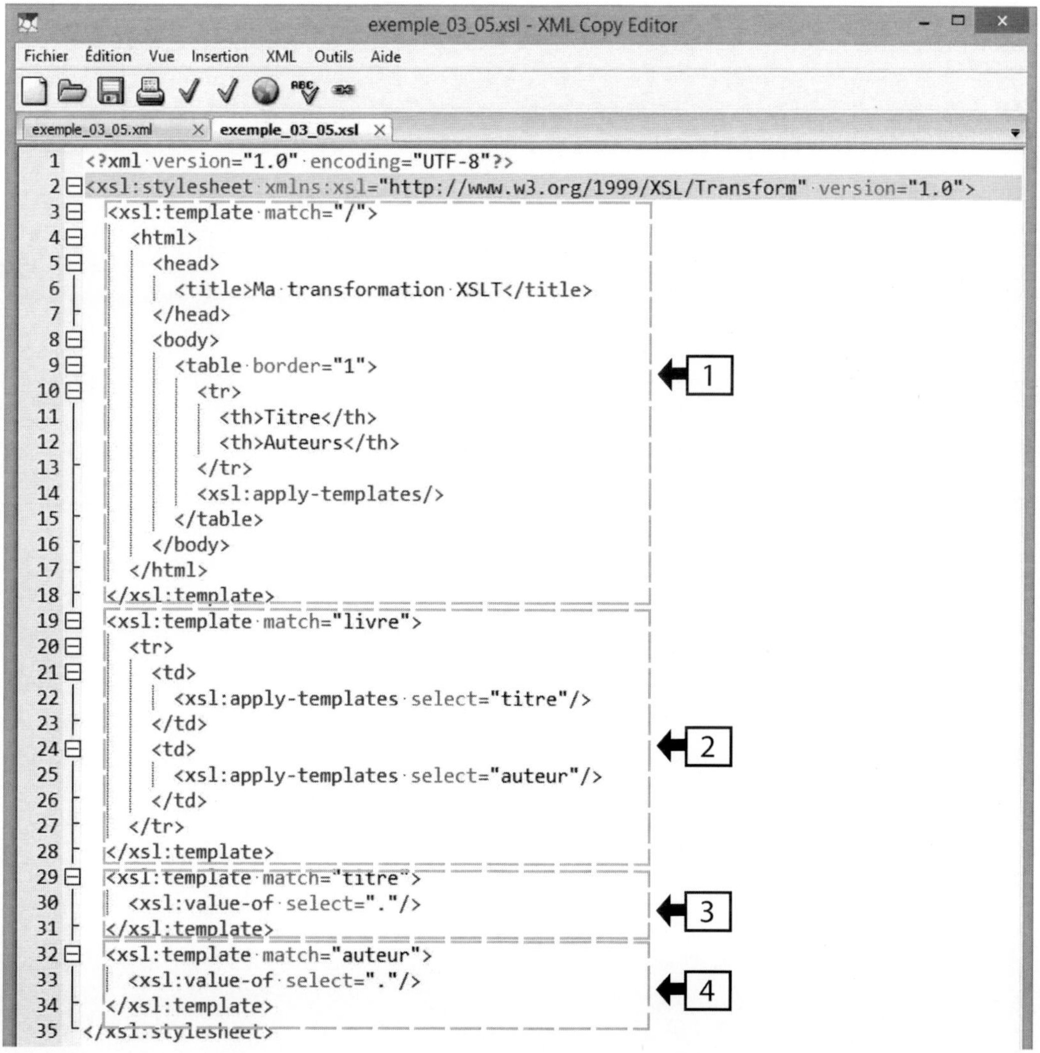

exemple_03_05.xsl - XML Copy Editor

```
<?xml version="1.0" encoding="UTF-8"?>
<xsl:stylesheet xmlns:xsl="http://www.w3.org/1999/XSL/Transform" version="1.0">
  <xsl:template match="/">
    <html>
      <head>
        <title>Ma transformation XSLT</title>
      </head>
      <body>
        <table border="1">
          <tr>
            <th>Titre</th>
            <th>Auteurs</th>
          </tr>
          <xsl:apply-templates/>
        </table>
      </body>
    </html>
  </xsl:template>
  <xsl:template match="livre">
    <tr>
      <td>
        <xsl:apply-templates select="titre"/>
      </td>
      <td>
        <xsl:apply-templates select="auteur"/>
      </td>
    </tr>
  </xsl:template>
  <xsl:template match="titre">
    <xsl:value-of select="."/>
  </xsl:template>
  <xsl:template match="auteur">
    <xsl:value-of select="."/>
  </xsl:template>
</xsl:stylesheet>
```

l'application de l'élément *<xsl:apply-templates>* dans une feuille de style. La figure 3.10 visualise la feuille de style. On commence par définir un modèle global pour générer une page HTML en indiquant dans une première ligne, un en-tête *titre* et un en-tête *auteur* (repère 1). Puis on fait un appel à l'application des modèles par *<xsl:apply-templates>* sans aucun attribut. Le premier modèle rencontré concerne celui qui doit être appliqué aux éléments *livre* (repère 2). Son attribut *match* est affecté par l'expression *livre* (donc concerne tous les éléments de type *livre*). Ce modèle consiste à afficher une ligne dans laquelle la première cellule recevra le titre du livre et la seconde cellule recevra le nom des auteurs du livre. Pour pouvoir appliquer un modèle particulier pour les 2 cellules, on leur affecte l'application d'un modèle en affectant à l'attribut *select* de *xsl:apply-templates* le nom du modèle prédéfini. Pour la cellule de gauche, ce sera *<xsl:apply-templates select= "titre"/>* et pour la cellule de droite, ce sera *<xsl:apply-templates select= "auteur"/>*. Le modèle pour l'affichage du titre (repère 3) sélectionne le nœud *titre* et affiche sa valeur par *xsl:value-of.* Le modèle pour l'affichage du nom des auteurs (repère 4) sélectionne le nœud *auteur* et affiche sa valeur par *xsl:value-of.*
La figure 3.11 montre le résultat obtenu. On a bien un tableau avec une énumération du titre du livre (cellule de gauche) et une énumération des auteurs du livre (cellule de droite).

FIGURE 3.11

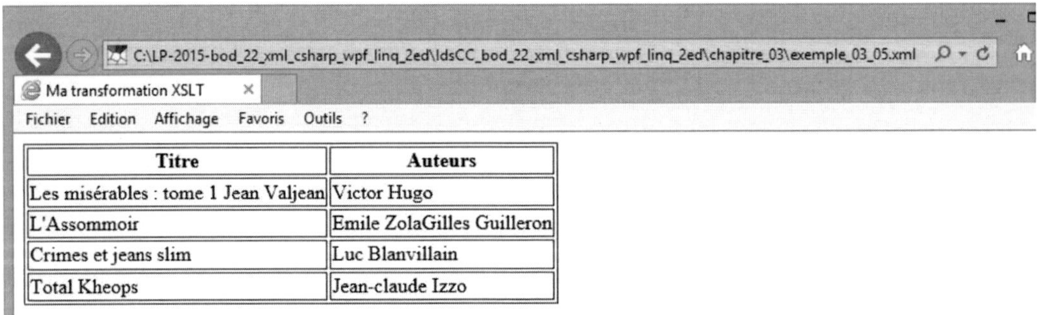

Titre	Auteurs
Les misérables : tome 1 Jean Valjean	Victor Hugo
L'Assommoir	Emile ZolaGilles Guilleron
Crimes et jeans slim	Luc Blanvillain
Total Kheops	Jean-claude Izzo

2.2 - L'élément *xsl:text*

Dans le résultat obtenu sur la figure 3.11, on voit que pour le deuxième livre, il y a deux auteurs. Or il n'y a pas d'espace entre l'écriture du premier auteur et celle du deuxième auteur. Cela va être corrigé avec l'élément *<xsl:text>*. L'élément *<xsl:text>* permet d'insérer un texte littéral dans le document résultat. Sa syntaxe est:

```
<xsl:text disable-output-escaping="yes" | "no">
        TEXTE
</xsl:text>
```

L'instruction *xsl:text* permet de préserver les espaces et d'insérer des caractères spéciaux comme "<"et ">"qui ont un usage prédéfini dans le langage XML. L'attribut *disable-output-escaping* définit si les caractères spéciaux sont échappés lors de l'écriture vers la sortie. Les valeurs autorisées sont *yes* ou *no*. S'il est défini à *yes*, par exemple, le caractère *<tt>></tt>* est envoyé tel quel (>) et non comme *>*. Pour espacer le nom des deux auteurs, on ajoute un élément *xsl:text* pour afficher un espace après la valeur récupérée d'un auteur. On écrit donc le modèle *auteur* comme ceci:

```
<xsl:template match="auteur">
   <xsl:value-of select="."/>
   <xsl:text> </xsl:text>
 </xsl:template>
```

La figure 3.12 montre le résultat obtenu (document source *exemple_03_06.xml* et la feuille de style *exemple_03_06.xsl*).

FIGURE 3.12

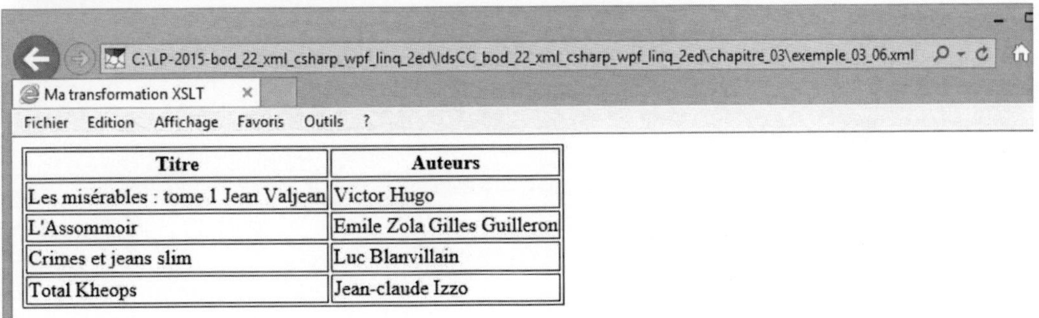

Titre	Auteurs
Les misérables : tome 1 Jean Valjean	Victor Hugo
L'Assommoir	Emile Zola Gilles Guilleron
Crimes et jeans slim	Luc Blanvillain
Total Kheops	Jean-claude Izzo

2.3 - Les modèles internes

La figure 3.13 illustre l'application des modèles internes (document source *exemple_03_07.xml* et la feuille de style *exemple_03_07.xsl*). Dans la feuille de style (repère 1 de la figure 3.13), un seul modèle est défini pour la racine. Puis un appel à l'élément *xsl:apply-templates* est effectué alors qu'aucun modèle n'est défini pour les éléments du document XML. Le résultat obtenu (repère 2 de la figure 3.13) est, non pas un fichier HTML vide, mais un fichier HTML affichant le contenu de tous les nœuds. Ce résultat est dû aux modèles internes.

FIGURE 3.13

```
<?xml version="1.0" encoding="UTF-8"?>
<xsl:stylesheet xmlns:xsl="http://www.w3.org/1999/XSL/Transform" version="1.0">
  <xsl:template match="/">
    <html>
      <head>
        <title>Ma transformation XSLT</title>
      </head>
      <body>
        <xsl:apply-templates/>
      </body>
    </html>
  </xsl:template>
</xsl:stylesheet>
```

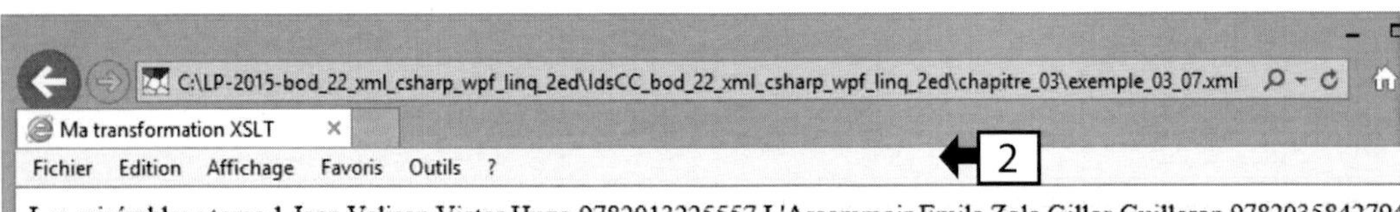

FIGURE 3.14

```
  <xsl:template match="/">
    <html>
      <head>
        <title>Ma transformation XSLT</title>
      </head>
      <body>
        <xsl:apply-templates/>
      </body>
    </html>
  </xsl:template>
  <xsl:template match="/listing">
    <xsl:for-each select="livre">
      <xsl:value-of select="titre"/>
      <br/>
    </xsl:for-each>
  </xsl:template>
</xsl:stylesheet>
```

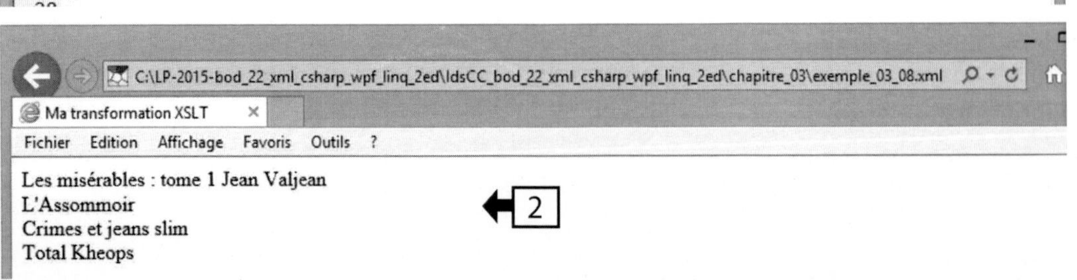

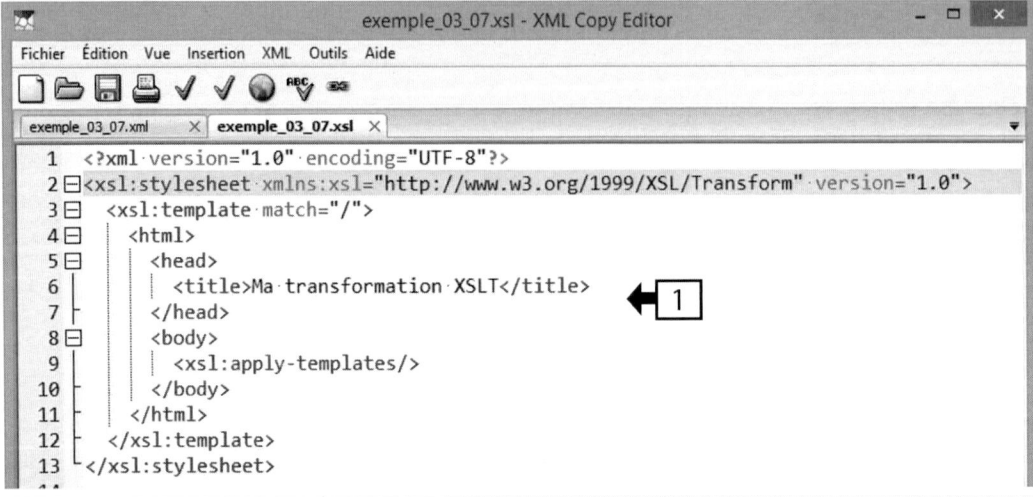

Comme il y a un modèle défini pour la racine, c'est ce modèle qui est appliqué. Le fait d'appeler des modèles non définis, entraîne l'application automatique d'un modèle dit par défaut (le modèle interne) consistant à écrire la valeur textuelle du nœud et/ou de l'attribut dans le document résultat. Ce qui fait que, dans notre exemple, le contenu des nœuds est écrit par un modèle interne. En définissant un modèle pour les nœuds *livre* (*exemple_03_08.xml* et *exemple_03_08.xsl*), le modèle interne n'est pas utilisé car il est redéfini par le modèle que l'on apporte (figure 3.14).

3 - Les instructions XSLT

Le langage XSLT contient un ensemble d'instructions offrant diverses possibilités comme les tests conditionnels, les tris alphanumériques, etc. Nous allons voir en détail ces fonctionnalités au travers de différentes instructions.

3.1 - Créer des éléments et des attributs

Pour créer un document XML dans lequel le nom de certaines balises doit être lu directement dans un nœud du document source, il faut utiliser l'instruction *xsl:element*. L'élément *<xsl:element>* crée un élément dans le document de sortie. Sa syntaxe est la suivante:

```
<xsl:element name=NOM namespace=URI use-attribute-sets=LISTE-DE-NOMS >
        MODÈLE
</xsl:element>
```

L'attribut *name* est obligatoire, il définit le nom voulu pour l'élément de sortie. L'attribut *namespace* définit l'espace de nommage de l'élément de sortie. L'attribut *use-attribute-sets* liste les ensembles d'attributs nommés à utiliser dans le document de sortie. Les noms doivent être séparés par des espaces.
Par exemple, pour créer un élément dont le nom est "*auteur*" et dont le contenu est "*donna leon*", l'élément XSL sera *<xsl:element name= "auteur">donna leon</ xsl:element>*, et il produira la sortie *<auteur>donna leon</auteur>*. De façon comparable à *xsl:element*, l'élément *xsl:attribute* permet d'ajouter des attributs à un élément. L'élément *<xsl:attribute>* crée un attribut dans le document de sortie, en utilisant n'importe quelle donnée accessible depuis la feuille de style. L'élément doit être la première chose définie dans l'élément du document de sortie pour lequel il détermine les valeurs d'attributs. Sa syntaxe est la suivante:

```
<xsl:attribute name=NOM namespace=URI>
```

```
        MODÈLE
</xsl:attribute>
```

L'attribut *name* définit le nom de l'attribut à créer dans le document de sortie. L'attribut *namespace* définit l'URI de l'espace de nommage pour cet attribut dans le document de sortie. Par exemple, l'écriture XSL suivante et la sortie résultante:

```
<xsl:element name= "titre">
  <xsl:attribute name= "editeur">larousse</xsl:attribute>
  dictionnaire anglais
</xsl:element>
```

<titre editeur= "larousse">dictionnaire anglais</titre>

Pour regrouper plusieurs attributs en un ensemble, on utilise l'instruction *xsl:attribute-set*. L'élément *<xsl:attribute-set>* crée un ensemble nommé d'attributs, qui peut être appliqué dans son intégralité au document de sortie, de façon similaire aux styles CSS nommés. Par exemple, pour définir les deux attributs *editeur* et *parution*, on procède de la manière suivante:

```
<xsl:attribute-set name= "editparu">
  <xsl:attribute name= "editeur">larousse</xsl:attribute>
  <xsl:attribute name= "parution">2013</xsl:attribute>
</xsl:attribute-set>
```

Et l'élément *titre* est généré de la façon suivante avec l'ensemble des attributs récupérés:

```
<xsl:element name= "titre" use-attribute-set= "editparu">
  dictionnaire anglais
</xsl:element>
```

3.2 - Les tests conditionnels et les tris

XSLT permet de faire des actions conditionnelles grâce aux instructions *xsl:if* et *xsl:choose*. Le fonctionnement de l'instruction *xsl:if* est le suivant: si le résultat de l'expression XPath est vrai, les instructions présentes entre les deux balises ouvrantes et fermantes seront exécutées. La syntaxe est *<xsl:if test= "expression_xpath"> ... </xsl:if>*. Par exemple, la feuille *exemple_03_09.xsl* crée un fichier HTML qui ne contient que les titres des livres parus en 2013.

```
<?xml version="1.0" encoding="UTF-8"?>
<xsl:stylesheet xmlns:xsl="http://www.w3.org/1999/XSL/Transform" version="1.0">
  <xsl:output method="html" indent="yes"/>
  <xsl:template match="liste">
    <html>
      <head>
```

```
      <title>Exemple 03-09</title>
    </head>
    <body>
      <xsl:apply-templates/>
    </body>
  </html>
 </xsl:template>
 <xsl:template match="livre">
  <xsl:if test="parution[.=2013]">
    <xsl:value-of select="titre"/>
    <br/>
  </xsl:if>
 </xsl:template>
</xsl:stylesheet>
```

Avec l'instruction *xsl:choose*, on peut effectuer un choix parmi plusieurs. Le choix peut être fait aussi par défaut grâce à *xsl:otherwise*. La syntaxe est la suivante:

```
<xsl:choose>
 <xsl:when test= "expression_xpath"> ... </xsl:when>
 <xsl:when test= "expression_xpath"> ... </xsl:when>
 <xsl:otherwise> ... </xsl:otherwise>
</xsl:choose>
```

Avec la feuille *exemple_03_10.xsl* et le document XML *exemple_03_10.xml*, on exécute des actions différentes en fonction de l'année de parution. De plus si l'année de parution est différente de 2013 et 2012, le choix par défaut est exécuté, c'est-à-dire que l'on écrit la mention "*livre publié avant 2012*".

```
<?xml version="1.0" encoding="UTF-8"?>
<xsl:stylesheet xmlns:xsl="http://www.w3.org/1999/XSL/Transform" version="1.0">
 <xsl:output method="html" indent="yes"/>
 <xsl:template match="liste">
  <html>
    <head>
      <title>Exemple 3.15</title>
    </head>
    <body>
      <xsl:apply-templates/>
    </body>
  </html>
 </xsl:template>
 <xsl:template match="livre">
  <xsl:choose>
    <xsl:when test="parution[.=2013]"><xsl:value-of select="titre"/>
      <xsl:text> : </xsl:text>Livre publié en 2013<br/></xsl:when>
    <xsl:when test="parution[.=2012]"><xsl:value-of select="titre"/>
      <xsl:text> : </xsl:text>Livre publié en 2012<br/></xsl:when>
    <xsl:otherwise><xsl:value-of select="titre"/>
      <xsl:text> : </xsl:text>Livre publié avant 2012<br/></xsl:otherwise>
```

```
    </xsl:choose>
  </xsl:template>
</xsl:stylesheet>
```

La figure 3.15 montre le résultat de la page HTML générée.

FIGURE 3.15

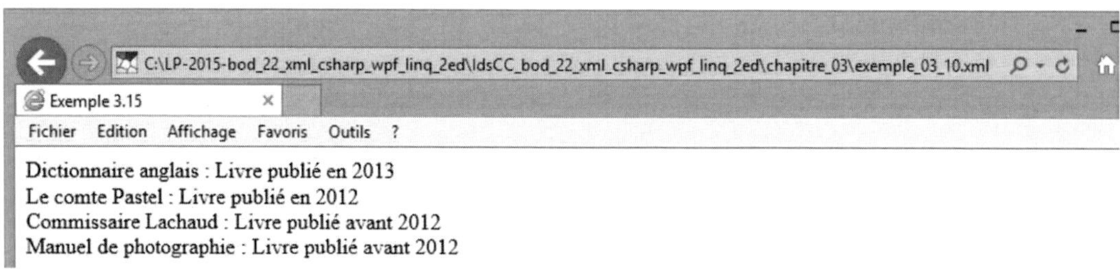

L'instruction *xls:sort* réalise des tris alphabétiques ou numériques. La syntaxe de *xsl:sort* est la suivante:

```
<xsl:sort
        select=EXPRESSION
        order="ascending" | "descending"
        case-order="upper-first"| "lower-first"
        lang=XML:LANG-CODE
        data-type="text" | "number" />
```

L'attribut *select* utilise une expression XPath pour définir les nœuds à classer. L'attribut *order* définit si les nœuds doivent être classés dans l'ordre ascendant ou descendant. La valeur par défaut est *ascending*.
L'attribut *case-order* indique si ce sont les majuscules ou les minuscules qui apparaitront en premier. Les valeurs autorisées sont *upper-first* et *lower-first*.
L'attribut *lang* définit la langue à utiliser pour le classement.
L'attribut *data-type* définit si les éléments doivent être ordonnés alphabétiquement ou numériquement. Les valeurs autorisées sont *text* et *number* (*text* est la valeur par défaut). L'instruction *xsl:sort* s'utilise comme fils d'un élément *xsl:apply-templates* ou *xsl:for-each* de la façon suivante:

```
<xsl:for-each select= "livre">
  <xsl:sort select= "titre"/>
</xsl:for-each>
```

La feuille de style suivante *exemple_03_11.xsl* affiche, au format HTML, les titres des livres classés par ordre alphabétique. La figure 3.16 visualise le résultat obtenu.

```
<?xml version="1.0" encoding="UTF-8"?>
<xsl:stylesheet xmlns:xsl="http://www.w3.org/1999/XSL/Transform" version="1.0">
  <xsl:output method="html" indent="yes"/>
```

```
  <xsl:template match="liste">
    <html>
      <head>
        <title>Exemple 03-11</title>
      </head>
      <body>
        <xsl:for-each select="livre">
          <xsl:sort select="titre"/>
          <xsl:value-of select="titre"/>
          <br/>
        </xsl:for-each>
      </body>
    </html>
  </xsl:template>
</xsl:stylesheet>
```

FIGURE 3.16

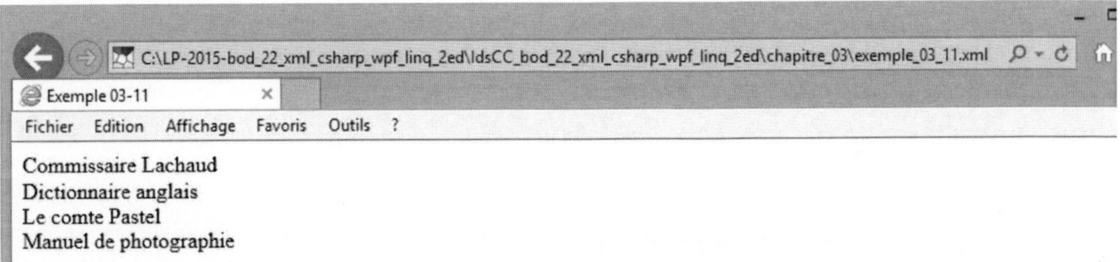

Le tri se fait par défaut par ordre alphabétique avec *xsl:sort*. Si des valeurs numériques doivent être triées, il faut alors le préciser par l'attribut *data-type*. Sinon les valeurs seront triées de la même manière que les caractères.

Par exemple avec un ensemble de valeurs 1, 18, 6 et 13, avec l'attribut *data-type= "number"*, le résultat sera 1, 6, 13 et 18. Avec l'attribut par défaut *data-type= "text"*, le résultat sera 1, 13, 18 et 6, car l'ordre des caractères représentant les chiffres, quel que soit l'encodage utilisé, est l'ordre croissant. Les chiffres sont classés comme s'ils étaient des lettres additionnelles placées au début de l'alphabet.

Les autres attributs *order* et *case-order* ont une utilisation simple. L'attribut *order* permet de définir si l'on souhaite un tri croissant ou décroissant. Par défaut c'est l'ordre croissant.

L'attribut *case-order* spécifie si les lettres majuscules doivent apparaître ou non avant les minuscules. La valeur *upper-first* est utilisée pour avoir les majuscules avant, et la valeur *lower-first* est utilisée pour avoir les minuscules avant. La valeur par défaut de *case-order* dépend de l'attribut *lang*: lorsque l'attribut *lang* est fixé à la valeur *fr*, la valeur de *case-order* est *upper-first*.

3.3 - Les instructions courantes

L'instruction *xsl:value-of* est une instruction simple que nous avons souvent employée. Elle affiche dans le document résultat le contenu de l'élément sélectionné par l'expression XPath. Sa syntaxe est la suivante:

```
<xsl:value-of select=EXPRESSION
          disable-output-escaping= "yes" | "no"
/>
```

L'attribut *select* définit l'expression XPath à évaluer et à écrire dans l'arbre de sortie. L'attribut *disable-output-escaping* joue le même rôle que pour l'élément *xsl:text*. Il impose au processeur la sortie des caractères spéciaux (&, <, >) au lieu des séquences d'échappement (*& <*). Par défaut cet attribut a la valeur *no*, donc le processeur fait automatiquement le remplacement.
XSLT permet de produire des documents XML, HTML ou d'autres formats de texte brut. Avec l'instruction *xsl:output*, il est possible de spécifier au processeur XSLT le type de document qu'il va produire. Sa syntaxe est la suivante:

```
<xsl:output
          method= "xml" | "html" | "text"
          version=CHAÎNE
          encoding=CHAÎNE
          omit-xml-declaration= "yes" | "no"
          standalone= "yes" | "no"
          doctype-public=CHAÎNE
          doctype-system=CHAÎNE
          cdata-section-elements=LISTE-DE-NOMS
          indent= "yes" | "no"
          media-type=CHAÎNE
/>
```

L'élément *xsl:output* doit être un enfant direct de *xsl:stylesheet*. L'attribut *method* définit le type de document à produire (valeurs *text*, *xml* ou *html*). L'attribut *version* spécifie la version du langage de sortie correspondant à la méthode déclarée (par exemple *version= "4.01"* pour du HTML, *version= "1.0"* pour du XML). L'attribut *encoding* définit l'encodage de sortie (par exemple *encoding= "UTF-8"*). L'attribut *omit-xml-declaration* reçoit la valeur *yes* ou *no*. Si le document résultat est un document XML, la valeur *no* permettra l'ajout du prologue XML au document résultat. L'attribut *indent* permet de produire un document visuellement agréable par une indentation (valeur *yes*). L'attribut *standalone* indique, si utilisé, qu'une déclaration autonome doit être incluse dans le document de sortie et donne sa valeur. Les valeurs possibles sont *yes* ou *no*. L'attribut *doctype-public* définit la valeur de l'attribut PUBLIC de la déclaration du DOCTYPE dans le document de sortie. L'attribut *doctype-system* définit la valeur de l'attribut SYSTEM de la déclaration du DOCTYPE dans le document de sortie. L'attribut *cdata-section-elements* liste les éléments dont le contenu texte doit être écrit en tant que section CDATA. Les éléments sont séparés par des espaces. Et l'attribut *media-type* définit le type MIME du document de sortie.

Comme le document résultat est souvent assez proche du document source, deux instructions permettent de recopier sans modification des parties du document source dans le document résultat. L'instruction *xsl:copy-of* recopie l'élément, et tous ses éléments enfants, sélectionné par l'expression XPath donnée en attribut. Sa syntaxe est *<xsl:copy-of select= "expression_xpath" />*.

L'instruction *xsl:copy* ne recopie que le nœud contextuel, sans ses attributs et éventuels enfants. Sa syntaxe est *<xsl:copy use-attribute-sets = "noms_des_attributs_de_l_ensemble" />*. L'attribut *use-attribute-sets* liste les ensembles d'attributs qui doivent être appliqués au nœud de sortie, si c'est un élément. Les noms des ensembles doivent être séparés par des espaces.

4 - Les instructions avancées

Comme tout langage de programmation, le langage XSLT donne la possiblité de définir des variables ainsi que l'utilisation de modèles nommés.

L'utilisation des modèles nommés se révèle utile lorsque, pour des nœuds différents, il est nécessaire de procéder aux mêmes opérations. Afin d'éviter de répéter ces actions dans différents modèles, on peut définir un modèle unique qui sera appelé par plusieurs autres. Dans l'exemple suivant (*exemple_03_12.xml* et *exemple_03_12.xsl*), on appelle un modèle nommé (ici *gras*) qui met en gras la valeur affichée dans le document HTML.

```
<?xml version="1.0" encoding="UTF-8"?>
<?xml-stylesheet href="exemple_03_12.xsl" type="text/xsl"?>
<biblio>
  <livre>
    <titre>Les Misérables</titre>
    <auteur>Victor Hugo</auteur>
    <nb_tomes>3</nb_tomes>
    <localisation travée="1" armoire="4" étagère="2"/>
  </livre>
  <livre>
    <titre>L'Assomoir</titre>
    <auteur>Émile Zola</auteur>
```

```
    <localisation travée="4" armoire="2" étagère="5"/>
  </livre>
</biblio>
```

```
<?xml version="1.0" encoding="UTF-8"?>
<xsl:stylesheet xmlns:xsl="http://www.w3.org/1999/XSL/Transform" version="1.0">
  <xsl:output method="html" indent="yes"/>
  <xsl:template match="liste">
    <html>
      <head>
        <title>Exemple 03-12</title>
      </head>
      <body>
        <xsl:apply-templates select="livre"/>
      </body>
    </html>
  </xsl:template>
  <xsl:template match="titre">
    <xsl:call-template name="gras"/>
    <BR/>
  </xsl:template>
  <xsl:template match="auteur">
    <xsl:call-template name="gras"/>
    <BR/>
  </xsl:template>
  <xsl:template match="nb_tomes">
  </xsl:template>
  <xsl:template name="gras">
    <B>
      <xsl:value-of select="."/>
    </B>
  </xsl:template>
</xsl:stylesheet>
```

La figure 3.17 visualise le résultat obtenu par l'application de la feuille de style ci-dessus (*exemple_03_12.xsl*).

FIGURE 3.17

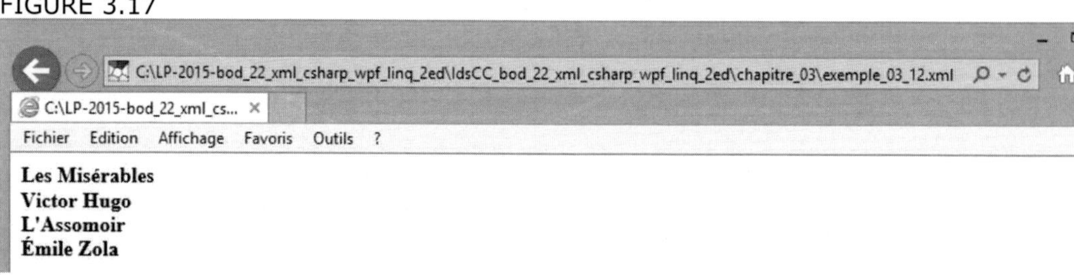

Pour cela, on utilise l'instruction *xsl:call-template*. Elle appelle un modèle, nommé *gras*, qui met en gras, dans un fichier HTML à l'aide de l'élément *<b>*, la chaîne de caractères retournée par l'instruction *xsl:value-of*. L'attribut *name* de *xsl:call-*

template définit le nom du modèle à invoquer. L'élément *xsl:variable* permet d'ajouter des constantes ou des variables à une feuille de style pour pouvoir les appeler par la suite. L'élément *xsl:variable* déclare une variable globale ou locale dans une feuille de style et lui attribue une valeur. Comme XSLT ne permet pas d'effet de bord, une fois que la valeur de la variable est établie, elle reste la même jusqu'à ce que la variable soit hors de portée. Sa syntaxe est la suivante:

```
<xsl:variable name=NOM select=EXPRESSION >
        MODÈLE
</xsl:variable>
```

L'attribut *name* donne un nom à la variable. L'attribut *select* définit la valeur de la variable à l'aide d'une expression XPath. Si l'élément contient un modèle, cet attribut est ignoré. Si, par exemple, une variable est définie par *<xsl:variable name= "annee">2013</xsl:variable>*, il est possible d'accéder à cette constante par l'intermédiaire de son nom, défini par l'attribut *name* et précédé du caractère *$*, par *<xsl:value-of select= "$annee" />*. La portée d'une variable *xsl:variable* se limite à tous les nœuds descendants de l'élément parent de *xsl:variable*. Si une variable est définie dans un modèle, alors sa portée se limite à ce modèle et elle ne peut pas être utilisée en dehors. L'élément *xsl:variable* peut être utilisé aussi pour définir un ensemble de balises XML comme par exemple:

```
<xsl:variable name= "espace">
  <xsl:text> </xsl:text>
</xsl:variable>
<xsl:variable name= "titre_annee_avec_espace">
  <xsl:value-of select= "livre/titre" />
  <xsl:value-of select= "$espace" />
  <xsl:value-of select= "livre/parution" />
</xsl:variable>
```

Fréquemment il est nécessaire de pouvoir envoyer des paramètres à un modèle. Pour cela, il y a les instructions *xsl:param* et *xsl:with-param* qui le permettent. Dans l'exemple suivant (*exemple_03_13.xml* et *exemple_03_13.xsl*), on passe en paramètres les éléments *titre* et *auteur* lors de l'appel au modèle nommé *titre_avec_auteur*.

L'élément *<xsl:param>* définit un paramètre par son nom et, éventuellement, lui attribue une valeur par défaut. Lorsqu'il est utilisé comme élément de premier niveau, le paramètre est global. Utilisé dans un élément *<xsl:template>*, le paramètre est local à ce modèle. Dans ce dernier cas, il doit être le premier élément enfant du modèle. L'instruction *xsl:with-param* permet de passer des variables au modèle par la définition d'une valeur d'un paramètre à passer à un modèle.

```
<?xml version="1.0" encoding="UTF-8"?>
<xsl:stylesheet xmlns:xsl="http://www.w3.org/1999/XSL/Transform" version="1.0">
 <xsl:output method="text" indent="yes"/>
 <xsl:template match="/biblio/livre">
  <xsl:call-template name="titre_avec_auteur">
   <xsl:with-param name="titre">
    <xsl:value-of select="titre"/>
   </xsl:with-param>
   <xsl:with-param name="auteur">
    <xsl:value-of select="auteur"/>
   </xsl:with-param>
  </xsl:call-template>
 </xsl:template>
 <xsl:template name="titre_avec_auteur">
  <xsl:param name="titre">
   <xsl:value-of select="titre"/>
  </xsl:param>
  <xsl:param name="auteur">
   <xsl:value-of select="auteur"/>
  </xsl:param>
      Titre du livre : <xsl:value-of select="$titre"/>
      Auteur : <xsl:value-of select="$auteur"/>
 </xsl:template>
</xsl:stylesheet>
```

La figure 3.18 visualise le résultat obtenu par l'application de la feuille de style ci-dessus (*exemple_03_13.xsl*).

FIGURE 3.18

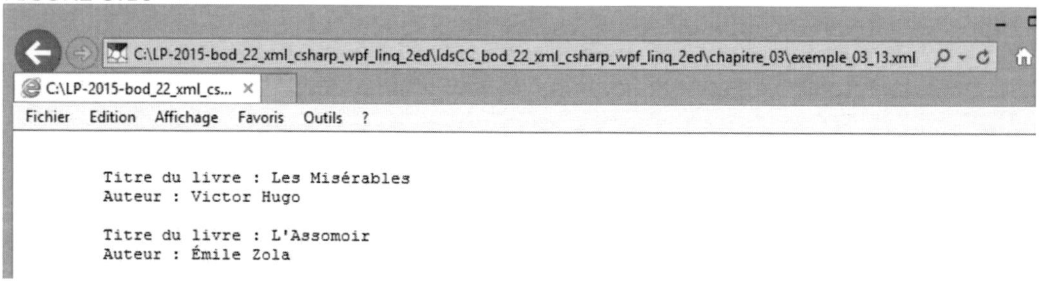

C:\LP-2015-bod_22_xml_csharp_wpf_linq_2ed\ldsCC_bod_22_xml_csharp_wpf_linq_2ed\chapitre_03\exemple_03_13.xml

C:\LP-2015-bod_22_xml_cs...

Fichier Edition Affichage Favoris Outils ?

```
Titre du livre : Les Misérables
Auteur : Victor Hugo

Titre du livre : L'Assomoir
Auteur : Émile Zola
```

Nous avons vu que les instructions *xsl:template* et *xsl:apply-templates* possèdent un attribut *mode*. Cet attribut *mode* est très pratique lorsque les mêmes éléments doivent être formatés différemment. Dans l'exemple suivant (*exemple_03_14.xml* et *exemple_03_14.xsl*), les titres de paragraphe ne sont pas formatés de la même façon dans la table des matières et dans le corps du texte. La figure 3.19 visualise le résultat obtenu: les titres de la table des matières apparaissent comme des liens alors que les titres dans le corps du texte sont écrits en gras.

FIGURE 3.19

Pour réaliser cela, on utilise l'attribut *mode* comme solution d'identification au modèle: un mode *tdm* pour la table des matières et un mode *corps* pour le corps du texte.

```
<?xml version="1.0" encoding="UTF-8"?>
<?xml-stylesheet href="exemple_03_14.xsl" type="text/xsl"?>
<chapitre titre="Le langage XSLT">
  <section>
    <titre>Présentation</titre>
    <paragraphe>XSLT est un langage de transformation qui permet de transformer
    un document XML en divers documents au format XML, HTML, RTF ou autres formats
    texte spécifiques.
    </paragraphe>
  </section>
  <section>
    <titre>Mise en place d'une transformation simple</titre>
    <paragraphe>Nous allons voir dans un premier temps, avec
    le logiciel XML Copy Editor, comment réaliser une feuille de
    style XSLT et comment faire pour qu'elle soit appliquée à un
    document XML spécifique. La visualisation des données après la
    transformation XSLT sera faite dans Internet Explorer par exemple.
    Le code source de programmation de cette étape se trouve dans le
    dossier chapitre_03.
    </paragraphe>
```

```
  </section>
</chapitre>

<?xml version="1.0" encoding="UTF-8"?>
<xsl:stylesheet xmlns:xsl="http://www.w3.org/1999/XSL/Transform" version="1.0">
  <xsl:output method="html" indent="yes"/>
  <xsl:template match="/">
    <html>
      <body>
        <h1>Table des matières</h1>
        <ul>
          <xsl:apply-templates select="chapitre/section/titre" mode="tdm"/>
        </ul>
        <h1>
          <xsl:value-of select="chapitre/@titre"/>
        </h1>
        <xsl:apply-templates select="chapitre/section/titre" mode="corps"/>
      </body>
    </html>
  </xsl:template>
  <xsl:template match="chapitre/section/titre" mode="tdm">
    <li>
      <a href="{concat('#',position())}">
        <xsl:value-of select="."/>
      </a>
    </li>
  </xsl:template>
  <xsl:template match="chapitre/section/titre" mode="corps">
    <h2>
      <a name="{position()}">
        <xsl:value-of select="."/>
      </a>
    </h2>
    <xsl:apply-templates select="../paragraphe"/>
  </xsl:template>
  <xsl:template match="chapitre/section/paragraphe">
    <p>
      <xsl:value-of select="."/>
    </p>
  </xsl:template>
</xsl:stylesheet>
```

Le langage de transformation XSL-FO 4

Nous avons vu dans le précédent chapitre que la transformation d'un document XML vers un autre format texte est prise en charge par le langage XSL. Mais, de par sa conception, le langage XSL ne peut produire des fichiers qu'au format texte. Or, de nos jours, de nombreuses applications génèrent des PDF (*Portable Document Format*) qui sont des documents imprimables, de poids assez faibles, et faciles à s'échanger. Le W3C a donc développé un langage de transformation, nommé XSL-FO (pour *XSL-Formatting Objects*), qui permet de produire un fichier au format imprimable comme le PDF.
Dans un premier temps, nous allons voir comment installer et utiliser un projet *open source* nommé Apache FOP, qui permet de générer un document PDF à partir d'un document XSL-FO, ou bien à partir d'un document XML avec une feuille de style XSL qui génère une structure XSL-FO. Dans un deuxième temps, nous verrons comment écrire une feuille de style XSL-FO, avec ses instructions, pour générer un document imprimable PDF.

1 - Installation et utilisation de Apache FOP

Depuis 2001, XSL-FO est une recommandation du W3C. Il s'agit d'une famille d'éléments de transformation XSL, qui ne sont pas supportés par les navigateurs web, et qui assurent la transformation d'un document XML en un document imprimable comme le PDF ou le Postscript. Les nombreuses solutions actuelles utilisent des outils côté serveur. Néanmoins, il existe une solution côté client avec l'outil Apache FOP. Le programme FOP est un programme *open source*, écrit en java. Il s'utilise sur l'ordinateur client (avec JAVA installé) depuis l'invité de commande sous Windows ou depuis un terminal sous Linux. Pour pouvoir utiliser FOP (figure 4.1), vous devez vous rendre sur la page *http://xmlgraphics.apache.org/fop/download.html* pour le télécharger. Cliquez sur le lien *FOP Distribution* (repère 1). Sur la page suivante, cliquez sur un des liens miroir (repère 2). Puis cliquez sur le dossier *binaries* (repère 3) et enfin, cliquez sur le lien *fop-2.0-bin.zip* pour télécharger la distribution FOP (repère 4). Ensuite, comme le montre la figure 4.2, il faut dézippé le fichier *fop-2.0-bin.zip* pour obtenir le dossier *fop-2.0* (repère 1). Ce répertoire contient un ensemble de fichiers et de dossiers. Le dossier *build* contient un exécutable écrit en JAVA (extension *.jar*), nommé *fop.jar* (repère 2). Le

FIGURE 4.1

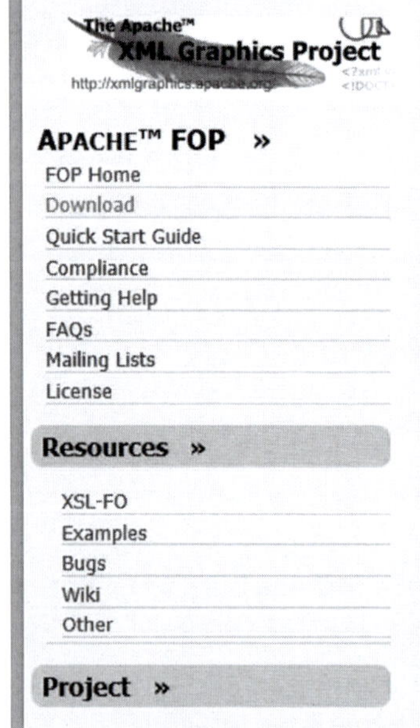

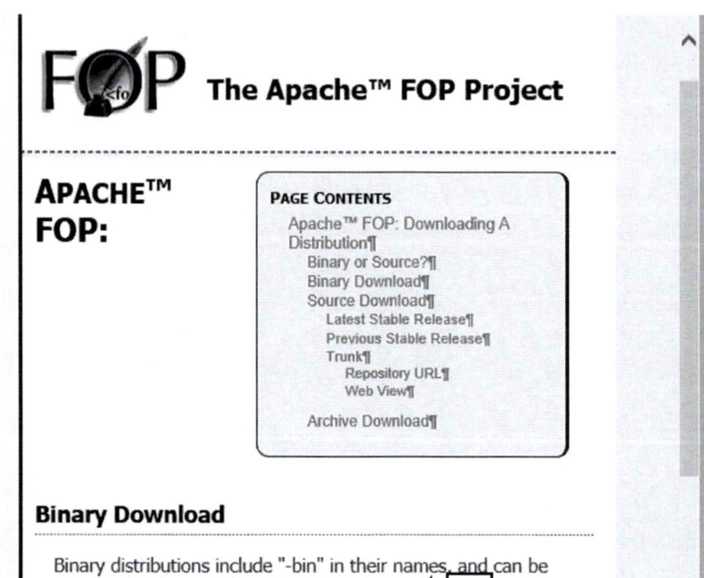

We suggest the following mirror site for your download:

http://mirrors.ircam.fr/pub/apache/xmlgraphics/fop 2

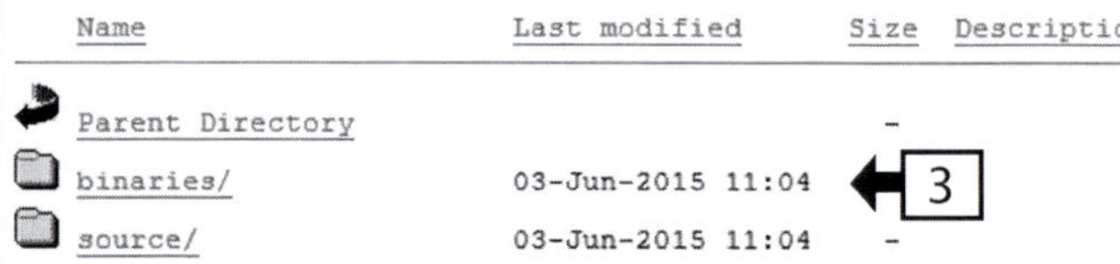

Index of /pub/apache/xmlgraphics/fop/binaries

Name	Last modified	Size	Description
fop-2.0-bin.tar.gz	03-Jun-2015 11:04	17M	
fop-2.0-bin.zip	03-Jun-2015 11:04	24M	4

dossier *lib* contient un ensemble d'exécutables écrits en JAVA qui sont des librairies d'extension à l'application (repère 3). Le fichier *fop.bat* (repère 4) est un fichier de commandes Windows nécessaires à l'utilisation de FOP.

FIGURE 4.2

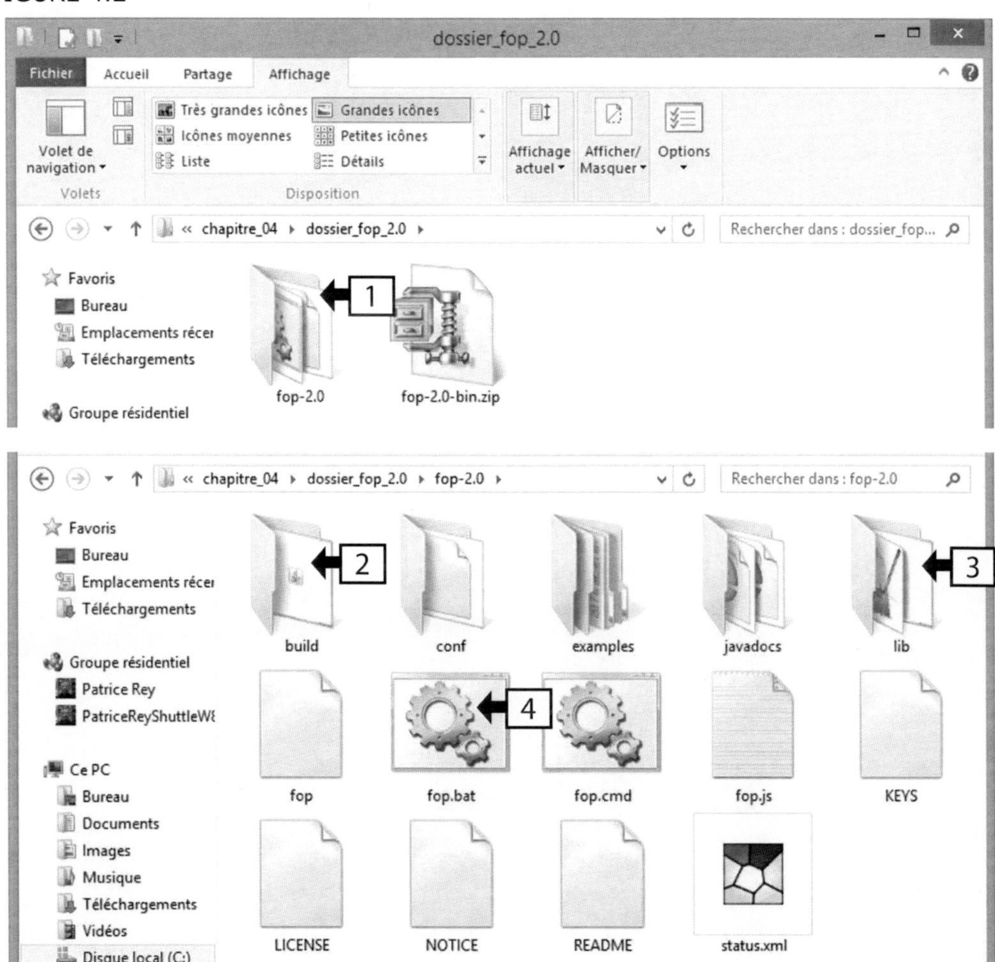

Nous allons voir maintenant, avec cette distribution, comment générer un PDF à partir d'un fichier XSL-FO. On commence par créer un dossier intitulé *«creer un PDF avec FOP 2.0»* sur le disque dur. Dans ce dossier, on copie l'intégralité des dossiers *build* et *lib* de la distribution (figure 4.3). On y copie également le fichier *fop.bat* de la distribution.

FIGURE 4.3

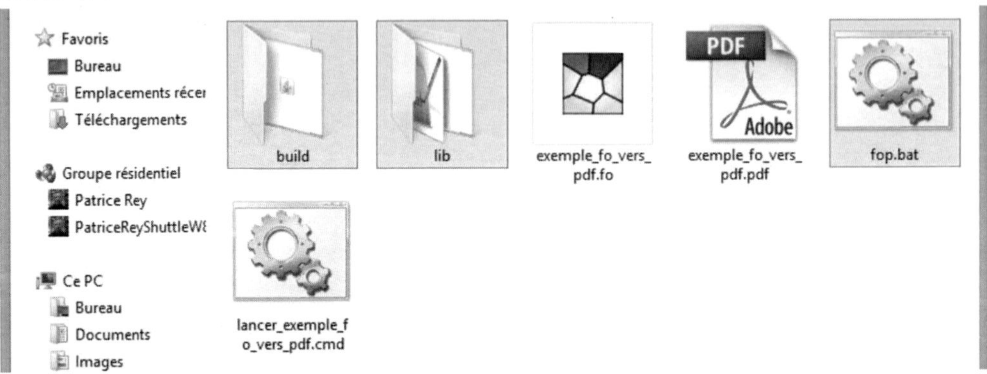

Ensuite, avec le logiciel XML Copy Editor, on crée un nouveau fichier de type XML, que l'on nomme *«exemple_fo_vers_pdf.fo»* et que l'on place dans le dossier *«creer un PDF avec FOP 2.0»*. Dans ce fichier au format *.fo*, on écrit le code XML suivant (nous verrons le détail de son contenu un peu plus loin):

```
<?xml version="1.0" encoding="UTF-8"?>
<fo:root xmlns:fo="http://www.w3.org/1999/XSL/Format">
  <fo:layout-master-set>
    <fo:simple-page-master master-name="simpleA4" page-height="29.7cm"
     page-width="21cm"
    margin-top="2cm" margin-bottom="2cm" margin-left="2cm" margin-right="2cm">
    <fo:region-body/>
    </fo:simple-page-master>
  </fo:layout-master-set>
  <fo:page-sequence master-reference="simpleA4">
    <fo:flow flow-name="xsl-region-body">
      <fo:block>Bonjour, voici votre première création PDF</fo:block>
    </fo:flow>
  </fo:page-sequence>
</fo:root>
```

Ce fichier XSL-FO consiste à créer une page A4 dans laquelle on écrit la chaîne *«Bonjour, voici votre première création PDF»*. Maintenant on va procéder à la génération du fichier PDF à partir du fichier XSL-FO. La distribution s'utilise avec l'invité de commande. On va donc créer un script de commande Windows. Par un clic droit, on ajoute un nouveau fichier texte que l'on nomme *lancer_exemple_fo_vers_pdf.cmd*. Ce fichier qui porte l'extension *.cmd* est un fichier de commande qui exécutera les commandes qu'il contient par l'invité de commande. Ouvrez ce fichier de commande avec un éditeur de texte, écrivez la commande *fop -fo exemple_fo_vers_pdf.fo -pdf exemple_fo_vers_pdf.pdf*, puis sauvegardez le fichier.

Cette commande consiste à lancer FOP en lui passant en arguments un fichier XSL-FO par *-fo* (nommé *exemple_fo_vers_pdf.fo*) et le nom d'un fichier PDF à générer par *-pdf* (*exemple_fo_vers_pdf.pdf*).

Pour générer le PDF, il suffit de double-cliquer sur le fichier de commande *lancer_exemple_fo_vers_pdf.cmd*. Cela ouvre l'invité de commande pour exécuter FOP avec ce qui est demandé. Dans le dossier *«creer un PDF avec FOP 2.0»* (figure 4.4), un fichier *exemple_fo_vers_pdf.pdf* est généré (repère 1). En double-cliquant sur ce fichier PDF, on peut le lire avec l'Adobe Reader par exemple (repère 2). Ce PDF est bien une page A4 dans laquelle est inscrit la chaîne *«Bonjour, voici votre première création PDF»*. Voilà comment, avec la distribution FOP, il est facile de générer un PDF à partir d'un document XSL-FO. Nous verrons une application C# pour son utilisation dans la deuxième partie du livre.

FIGURE 4.4

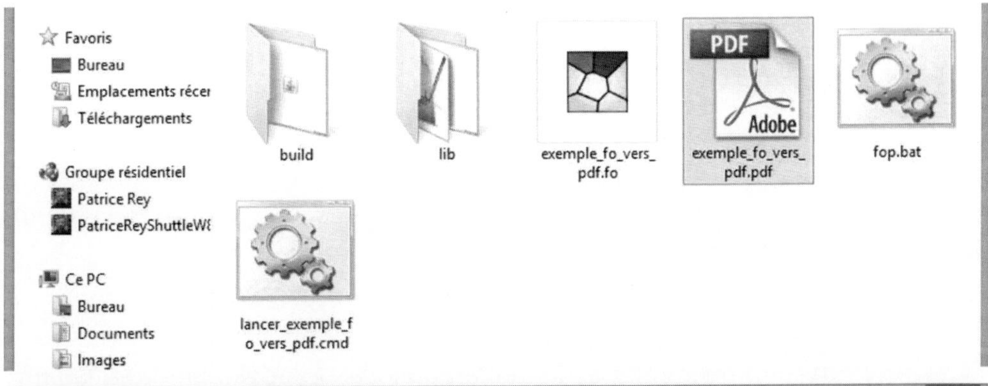

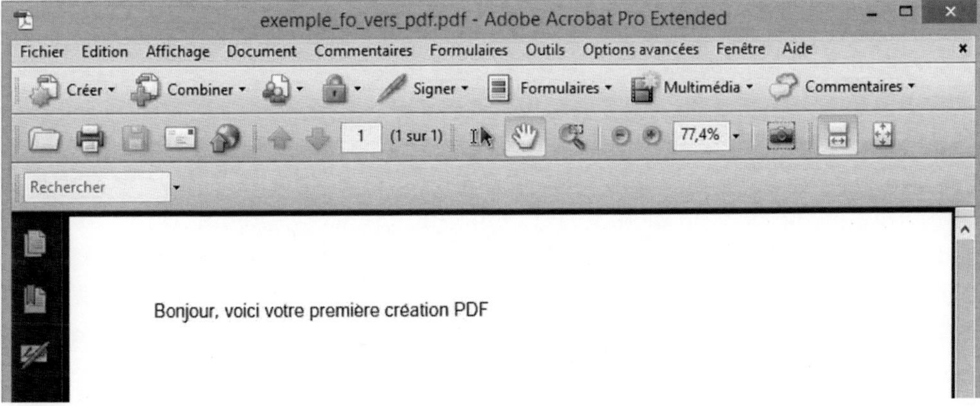

Le *Portable Document Format*, communément abrégé en PDF, est un langage de description de pages créé par la société Adobe Systems et dont la spécificité est de préserver la mise en forme d'un fichier (polices d'écritures, images, objets graphiques, etc.) telle qu'elle a été définie par son auteur, et cela quels que soient le logiciel, le système d'exploitation et l'ordinateur utilisés pour l'imprimer ou le visualiser. C'est pourquoi ce format est utilisé dans un ensemble large et varié de logiciels, de l'exportation dans les suites bureautiques grand public, aux manipulations par des programmes spécialisés de l'industrie artistique, en passant par la génération de factures électroniques via Internet. Le PDF s'est imposé comme un format d'échange (consultation d'écran, impression, etc.) et d'archivage de documents électroniques, il est devenu un «standard international».

2 - Dispositif de mise en forme d'une page

XSL-FO est une famille d'éléments de transformation XSL non supportés par les navigateurs web, qui assurent la transformation d'un document XML en un document imprimable comme le PDF. Ces éléments appartiennent à un espace de noms localisé à *http://www.w3.org/1999/XSL/Format*, c'est-à-dire des instructions XSL-FO qui définissent la forme exacte des éléments sélectionnés par un template XSL.

Le premier élément de toute feuille de style XSL-FO est l'élément racine *fo:root*. Son attribut *xmlns*, qui référence l'espace de noms localisé auquel il se réfère, et pour lequel on lui donne un préfixe (*fo*), est affecté de la valeur de l'espace de noms localisé (*<fo:root xmlns:fo='http://www.w3.org/1999/XSL/Format'>*). Les enfants de la racine ne peuvent être qu'un unique élément *fo:layout-master-set*, des éléments optionnels comme *fo:declarations* et *fo:bookmark-tree*, et un ou plusieurs éléments *fo:page-sequence* ou *fo:page-sequence-wrapper*.

L'élément *fo:layout-master-set* définit la géométrie des pages ainsi que l'ordonnancement de celle-ci, c'est-à-dire l'ordre dans lequel les types de pages doivent s'enchaîner. Les éléments *fo:page-sequence* contiennent les informations qui seront incluses dans les pages du document à produire.

La définition de la mise en page d'un document, que l'on appelle communément le modèle du document, est réalisé indépendamment de son contenu. XSL-FO définit des types de modèles dans l'élément *fo:layout-master-set* qui peut contenir soit des éléments *fo:simple-page-master*, soit des éléments *fo:page-master-sequence*. Nous allons étudier un exemple d'application intitulé *exemple_04_01.fo*, qui se trouve dans le sous-dossier *exemple_04_01* du dossier *chapitre_04*. La transformation en PDF s'effectue par le script de commande *lancer_exemple_04_01.cmd* (comme on l'a vu dans le précédent paragraphe). On souhaite avoir un document (*fo:layout-master-page*) composé de trois pages (*fo:simple-page-master*). Donc l'architecture

XSL-FO sera représentée graphiquement par le schéma suivant:

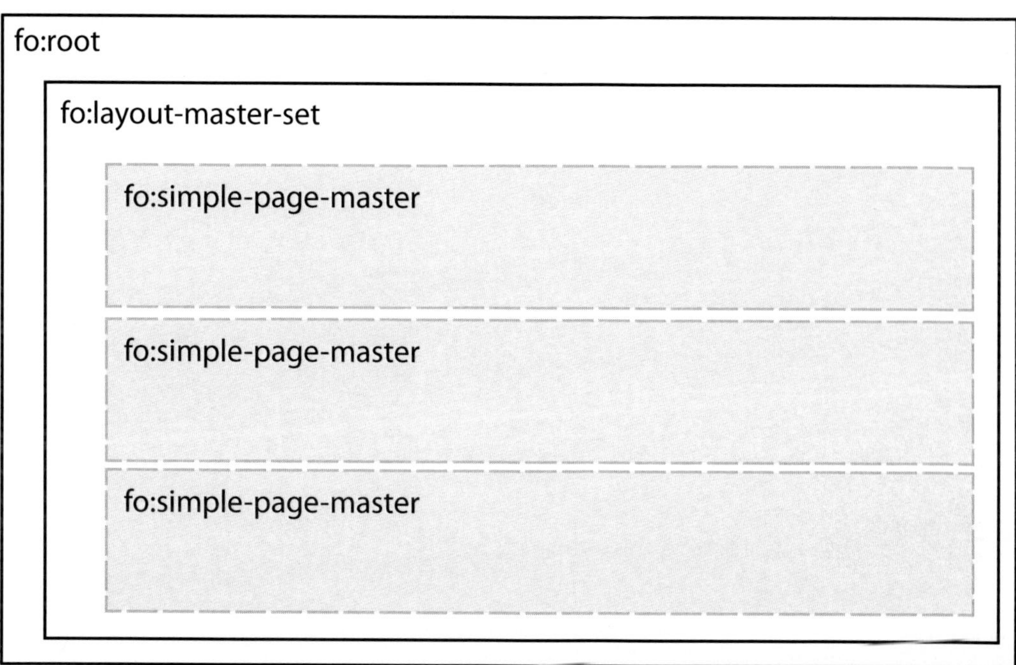

Les principaux attributs pour une page *fo:simple-page-master* sont:

- *master-name* qui définit le nom de référencement attribué au modèle de page.
- *page-width* et *page-height* qui définissent la largeur et la hauteur du modèle de page.
- *margin-top, margin-bottom, margin-left* et *margin-right*, qui définissent les marges extérieures du modèle de page (haute, basse, gauche et droite respectivement)

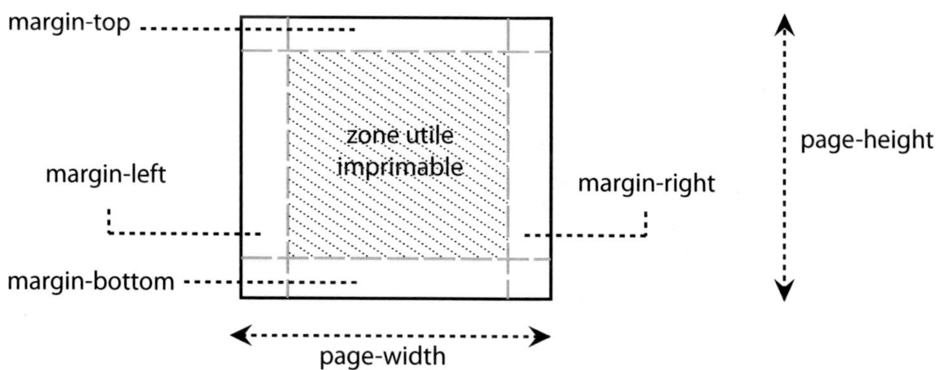

Les marges externes du modèle de page servent à déterminer une zone dite imprimable. Les éléments enfants de *fo:simple-page-master* sont appelés des régions et sont définis par *fo:region-body, fo-region-before, fo:region-after, fo:region-start* et *fo:region-end*.

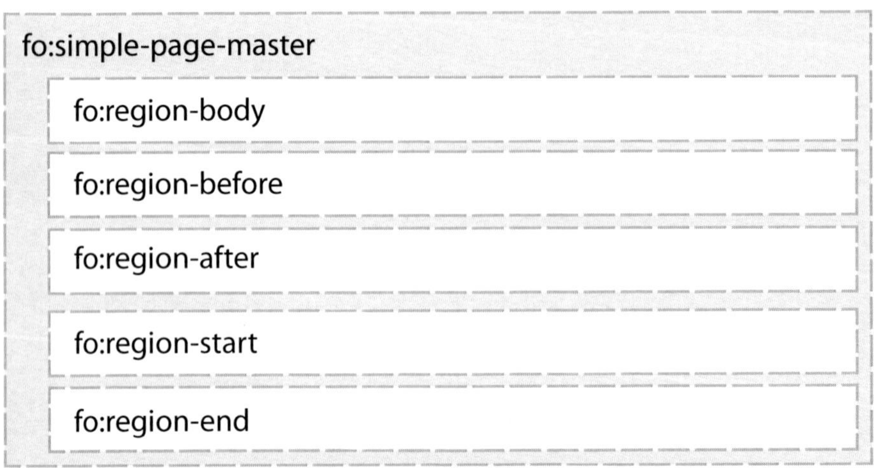

La région *fo:region-body* est la zone principale où l'on va écrire du contenu. Si elle est la seule région définie, avec ses attributs de marges définit par défaut à 0, elle occupera donc toute la zone imprimable. Dans le cas contraire, elle occupera une zone en fonction de ses marges.

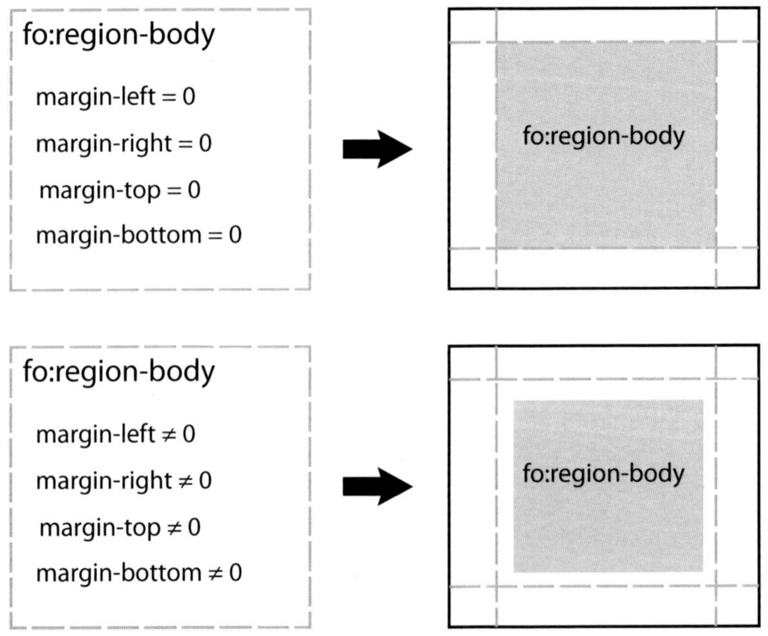

La région *fo:region-before* est une région d'entête et la région *fo:region-after* est une région de pied-de-page. La région *fo:region-start* est une région côté gauche et la région *fo:region-after* est une région côté droit. Quand ces quatre régions sont définies, elles occupent les zones suivantes:

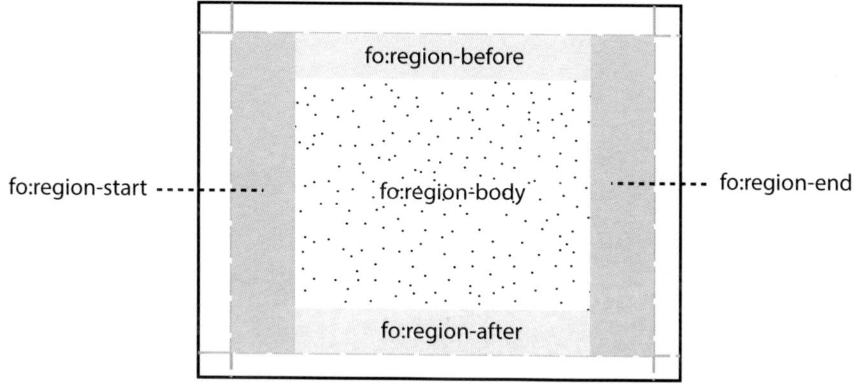

Si la région *fo:region-start* et/ou la région *fo:region-end* sont définies et que les régions *fo:region-before* et *fo:region-after* ne sont pas définies, on a la configuration suivante:

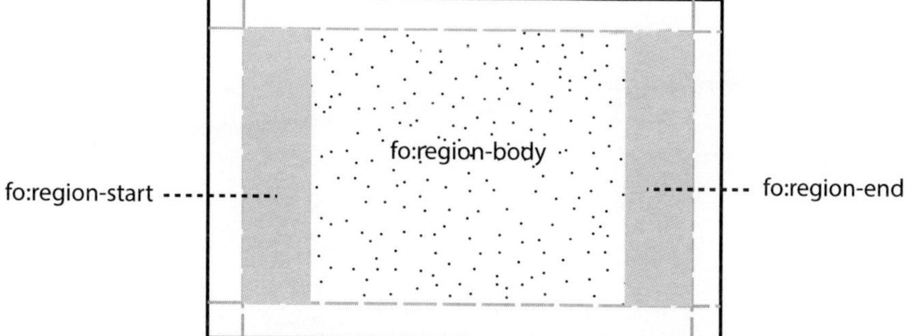

Si la région *fo:region-before* et/ou la région *fo:region-after* sont définies et que les régions *fo:region-start* et *fo:region-end* ne sont pas définies, on a la configuration suivante:

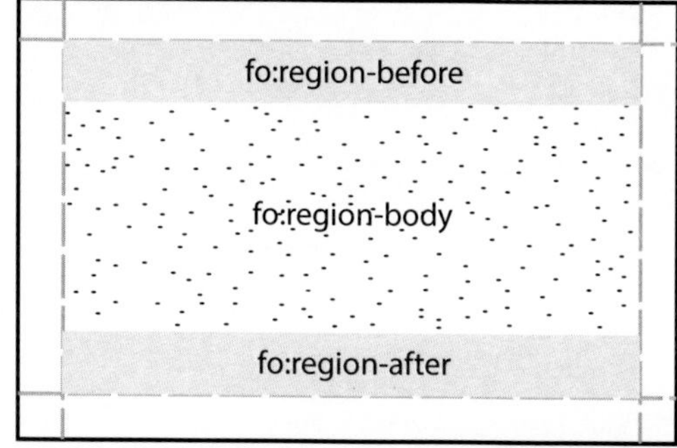

Attention, dès qu'une des régions de côté (*fo:region-before, fo:region-after, fo:region-start* et *fo:region-end*) est définie, il faut exprimer les attributs de marges de la région *fo:region-body* en tenant compte des largeurs et/ou des hauteurs des régions de côté. L'attribut *extend* est celui qui fixe la largeur ou la hauteur d'une région de côté (*fo:region-before, fo:region-after, fo:region-start* et *fo:region-end*). L'attribut *background-color* fixe la couleur de fond d'une région. Et l'attribut *region-name* identifie une région par un nom. Par exemple, la page numéro 3 de notre document est définie avec le code ci-dessous, accompagnée du résultat obtenu:

```
<fo:layout-master-set>
...
</fo:simple-page-master>
<!--mise en page de la page 3-->
  <fo:simple-page-master master-name="page_03" page-height="12cm"
    page-width="10cm"
    margin-top="2cm" margin-bottom="2cm" margin-left="1cm" margin-right="1cm">
  <fo:region-body margin-bottom="10mm" margin-top="10mm" margin-left="10mm"
    margin-right="10mm" region-name="region_page_03"
    background-color="rgb(230,230,230)"/>
  <fo:region-before extent="10mm" background-color="rgb(250,250,250)"/>
  <fo:region-after extent="10mm" background-color="rgb(245,245,245)"/>
  <fo:region-start extent="10mm" background-color="rgb(240,240,240)"/>
  <fo:region-end extent="10mm" background-color="rgb(235,235,235)" />
</fo:simple-page-master>
</fo:layout-master-set>
```

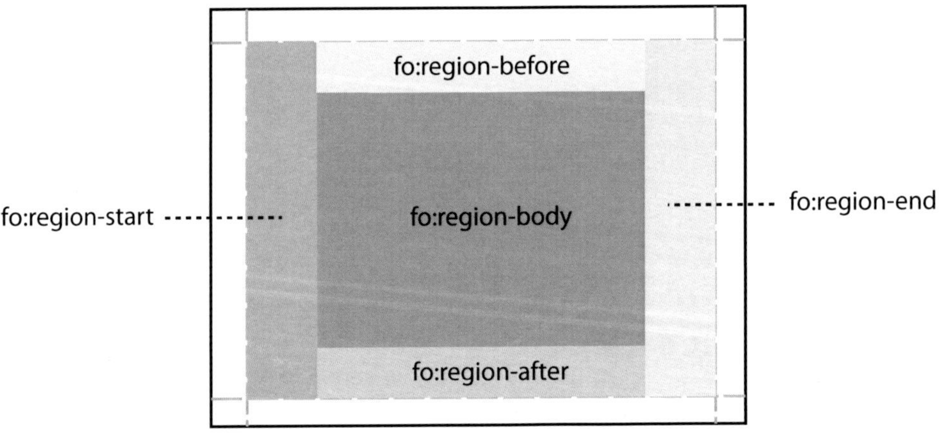

La génération d'une page se fait par l'intermédiaire de l'élément *fo:page-sequence*. Chaque page ainsi créée suit le modèle défini par la valeur de l'attribut *master-reference*. Ce qui donne un code schématique suivant:

```
<fo:layout-master-set>
  <fo:simple-page-master master-name="page_03"> ... </fo:simple-page-master>
</fo:layout-master-set>
<fo:page-sequence master-reference="page_03"> ... </fo:page-sequence>
```

Si dans notre document, nous avons trois pages (*fo:simple-page-master*), alors nous aurons trois éléments *fo:page-sequence*. La structure du document est alors la suivante:

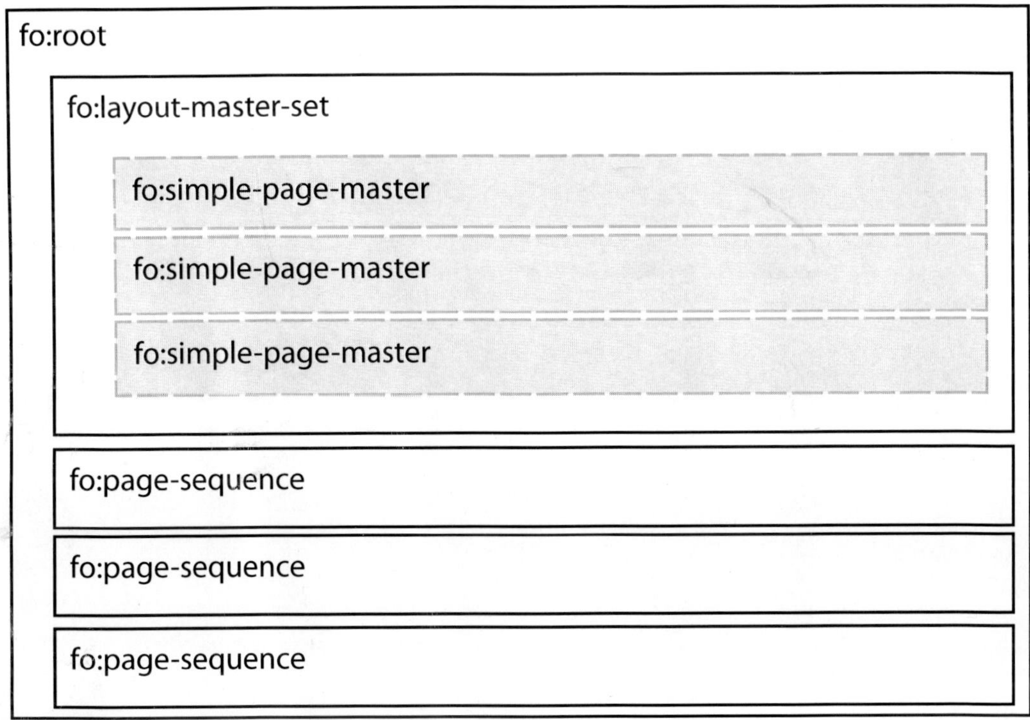

3 - Mise en forme du contenu

Quand le modèle général d'une page est défini, il ne reste qu'à placer et mettre en forme le contenu plus précisément. XSL-FO procède par blocs positionnés et mis en forme dans un flux (*flow* en anglais) de pages. Chaque bloc peut être mis en forme indépendamment des autres à l'aide de nombreux d'attributs. Les informations que l'on insère dans le document avec XSL-FO sont des flux. Un flux va être inséré dans une région qui elle-même est une page. C'est un procédé typique d'encapsulation qui ne s'arrête pas là. Les flux sont composés eux-mêmes de blocs qui contiennent des informations à insérer dans le document.

Un flux est représenté par un élément *fo:flow* dont l'attribut *flow-name* reçoit le nom de la région dans laquelle il va être inséré. Ce qui donne un code schématique suivant:

```
<fo:layout-master-set>
  <fo:simple-page-master master-name="page_03">
   <fo:region-body region-name= «region_page_03» />
  </fo:simple-page-master>
</fo:layout-master-set>
<fo:page-sequence master-reference="page_03">
  <fo:flow flow-name= «region_page_03» >
   ...
  </fo:flow>
</fo:page-sequence>
```

Les blocs sont représentés par les éléments *fo:block*. Les attributs de mise en forme des blocs s'appliquent aussi bien à la police d'écriture, au fond, aux espaces et marges prévus de chaque côté, à l'indentation du texte, etc. On peut forcer un saut de page après un bloc en utilisant l'attribut *break-after*, contrôler la présence de lignes veuves ou orphelines grâce aux attributs *widows* et *orphans* respectivement. Dans notre exemple, la page numéro 3 contient quatre blocs de texte dont on spécifie les attributs de la police d'écriture (*font-family*) et de la taille d'écriture (*font-size*).

```
<?xml version="1.0" encoding="UTF-8"?>
<fo:root xmlns:fo="http://www.w3.org/1999/XSL/Format">
  <fo:layout-master-set>
   ...
   <!--mise en page de la page 3-->
   <fo:simple-page-master master-name="page_03" page-height="12cm"
    page-width="10cm"
    margin-top="2cm" margin-bottom="2cm" margin-left="1cm"
    margin-right="1cm">
   <fo:region-body margin-bottom="10mm" margin-top="10mm" margin-left="10mm"
    margin-right="10mm" region-name="region_page_03"
   background-color="rgb(230,230,230)"/>
   <fo:region-before extent="10mm" background-color="rgb(250,250,250)"/>
   <fo:region-after extent="10mm" background-color="rgb(245,245,245)"/>
   <fo:region-start extent="10mm" background-color="rgb(240,240,240)"/>
   <fo:region-end extent="10mm" background-color="rgb(235,235,235)" />
   </fo:simple-page-master>
  </fo:layout-master-set>
   ...
  <!--contenu de la page 3-->
  <fo:page-sequence master-reference="page_03">
   <fo:flow flow-name="region_page_03">
    <fo:block font-size="14" font-family="Consolas">Voici le contenu de la page 3
    écrit avec la police Consolas en 14pt</fo:block>
```

```
    <fo:block font-family="Consolas" font-size="12">Voici le contenu de la page 3 écrit
     avec la police Consolas en 12pt</fo:block>
    <fo:block font-family="Verdana" font-size="14">Voici le contenu de la page 3 écrit
     avec la police Verdana en 14pt</fo:block>
    <fo:block font-family="Verdana" font-size="12">Voici le contenu de la page 3 écrit
     avec la police Verdana en 12pt</fo:block>
  </fo:flow>
 </fo:page-sequence>
</fo:root>
```

La figure 4.5 visualise le résultat obtenu de la page numéro 3.

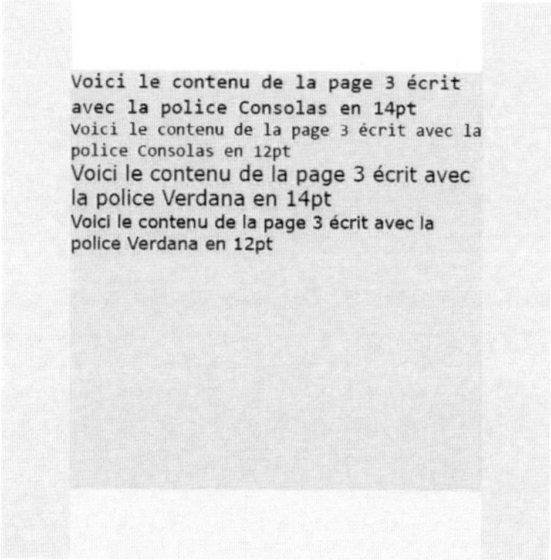

FIGURE 4.5

4 - Les fonctionnalités avancées

Nous allons voir dans ce paragraphe quelques fonctionnalités dites «avancées» parmi tout ce que propose XSL-FO, avec en particulier, les listes, les tableaux, les hyperliens, etc.

4.1 - Les listes

Une liste est déclarée à l'aide de l'élément *fo:list-block*, et chacun de ses items est un élément *fo:list-item* qui peut contenir lui-même des blocs. Chaque élément *fo:list-item* possède deux enfants. L'enfant *fo:list-item-label* définit le symbole, le caractère ou le chiffre que marquera l'item. L'enfant *fo:list-item-body* définit le contenu de l'item.

fo:list-block

fo:list-item

fo:list-item-label

fo:list-item-body

Nous allons étudier un exemple d'application sur les listes, intitulé *exemple_04_02.fo*, qui se trouve dans le sous-dossier *exemple_04_02* du dossier *chapitre_04*. La transformation en PDF s'effectue par le script de commande *lancer_exemple_04_02.cmd.*

L'élément *fo:list-item-label* est la partie qui définit l'intitulé de la ligne d'une liste que l'on nomme un label. Cet élément possède une longueur définit par les attributs *start-indent* et *end_indent*. Le calcul de ces valeurs se fait automatiquement par les fonctions *label-start()* et *label-end()* qui sont affectées aux attributs respectifs.

L'élément *fo:list-item-body* est la partie qui définit le contenu de la ligne d'une liste. Cet élément possède une longueur définit par les attributs *start-indent* et *end_indent*. Le calcul de ces valeurs se fait automatiquement par les fonctions *body-start()* et *body-end()* qui sont affectées aux attributs respectifs.

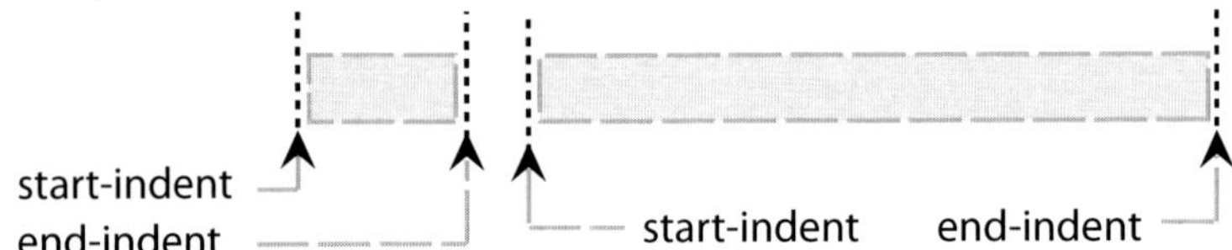

Dans la page numéro 1 de notre document, on positionne une liste dont les labels sont représentés par le caractère d'une puce (code UTF-8: 2022). Pour exprimer un caractère codé en UTF-8, il faut préfixer le code par *«&x»* et suffixé le code par *«;»*, ce qui donne pour une puce *«&x2022;»*. La figure 4.6 visualise le résultat obtenu.

```
<!-- liste a puces -->
<fo:list-block>
  <!-- liste item 1 -->
  <fo:list-item>
    <!-- on insere une puce -->
    <fo:list-item-label end-indent="label-end()">
      <fo:block>
        <fo:inline font-family="Consolas">&#x2022;</fo:inline>
      </fo:block>
```

```
    </fo:list-item-label>
    <!-- on insere un texte -->
    <fo:list-item-body start-indent="body-start()">
      <fo:block font-family="Consolas" font-size="12pt">c'est une ligne de texte
       dans un fo:list-item-body écrite en Consolas 12pt</fo:block>
    </fo:list-item-body>
  </fo:list-item>
  <!-- liste item 2 -->
  <fo:list-item>
    ...
  </fo:list-item>
  ....
</fo:list-block>
```

FIGURE 4.6

Utilisation de l'élément fo:list-block

Une simple liste avec des puces

- c'est une ligne de texte dans un fo:list-item-body écrite en Consolas 12pt
- *c'est une ligne de texte dans un fo:list-item-body écrite en Consolas 12pt italique*
- **c'est une ligne de texte dans un fo:list-item-body écrite en Consolas 12pt gras**
- ***c'est une ligne de texte dans un fo:list-item-body écrite en Consolas 12pt gras italique***

On peut faire une liste numérotée en donnant aux labels les valeurs des numéros à inscrire (page numéro 2 de l'exemple). Les codes UTF-8 pour les caractères 0 à 9 vont de 0030 à 0039, donc des caractères écrits de *«&x0030;»* à *«&x0039;»*. La figure 4.7 visualise le résultat obtenu de la liste numérotée.

```
<!-- liste a puces -->
<fo:list-block>
  <!-- liste item 1 -->
  <fo:list-item>
    <!-- on insere une puce -->
    <fo:list-item-label end-indent="label-end()">
      <fo:block>
        <fo:inline font-family= «Consolas»>&#x0031;</fo:inline>
      </fo:block>
    </fo:list-item-label>
    <!-- on insere un texte -->
    <fo:list-item-body start-indent="body-start()">
      <fo:block font-family="Consolas" font-size="12pt">c'est une ligne de texte
       dans un fo:list-item-body écrite en Consolas 12pt</fo:block>
    </fo:list-item-body>
  </fo:list-item>
  <!-- liste item 2 -->
```

```
<fo:list-item>
  <!-- on insere une puce -->
  <fo:list-item-label end-indent="label-end()">
    <fo:block>
      <fo:inline font-family= «Consolas»>&#x0032;</fo:inline>
    </fo:block>
  </fo:list-item-label>
  <!-- on insere un texte -->
  <fo:list-item-body start-indent="body-start()">
    <fo:block font-family="Consolas" font-size="12pt">c'est une ligne de texte
     dans un fo:list-item-body écrite en Consolas 12pt</fo:block>
  </fo:list-item-body>
</fo:list-item>
```

FIGURE 4.7

Utilisation de l'élément fo:list-block

Une simple liste avec des numéros

1 c'est une ligne de texte dans une liste numérotée
2 c'est une ligne de texte dans une liste numérotée
3 c'est une ligne de texte dans une liste numérotée

FIGURE 4.8

Utilisation de l'élément fo:list-block

Une simple liste personnalisée

0001 c'est une ligne de texte dans une liste numérotée
0002 c'est une ligne de texte dans une liste numérotée
0003 c'est une ligne de texte dans une liste numérotée

```
 <!-- liste personnalisée -->
<fo:list-block provisional-distance-between-starts="1.2cm"
 provisional-label-separation="0.15cm">
 <!-- liste item 1 -->
 <fo:list-item>
  <!-- on insere un numéro -->
  <fo:list-item-label end-indent="label-end()">
   <fo:block>
    <fo:inline font-family="Consolas">&#x0030;&#x0030;&#x0030;&#x0031;</fo:inline>
   </fo:block>
  </fo:list-item-label>
  <!-- on insere un texte -->
  <fo:list-item-body start-indent="body-start()">
   <fo:block font-family="Consolas" font-size="12pt">c'est une ligne de texte dans une
    liste numérotée</fo:block>
  </fo:list-item-body>
 </fo:list-item>
 ...
</fo:list-block>
```

On peut faire une liste personnalisée en donnant aux labels des valeurs personnalisées de format, de longueur, de couleur, etc. (page numéro 3 de l'exemple). La figure 4.8 donne un exemple de ce que l'on peut faire (c'est le cas des listings).

Il est possible de forcer les valeurs des longueurs du label et de l'espace entre le label et le contenu de la ligne de la liste, en précisant explicitement ces longueurs dans les attributs *provisional-distance-between-starts* et *provisional-label-separation* de l'élément *fo:list-block*. La figure suivante précise leurs portées.

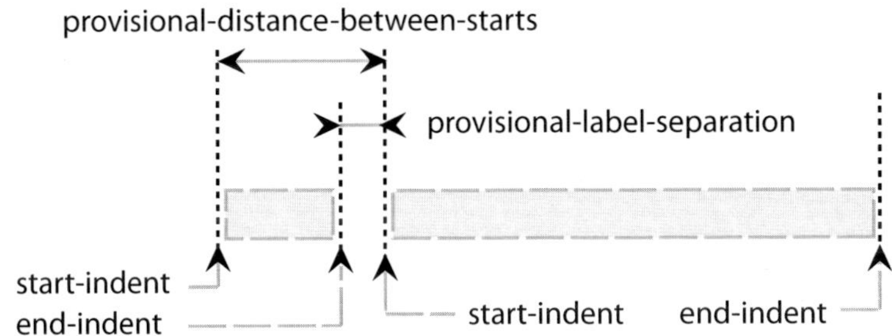

Dans la page numéro 3 de notre exemple, on force ces longueurs à *provisional-distance-between-starts= «1.2cm»* et *provisional-label-separation= «0.15cm».* Et on laisse l'attribut *end-indent* de *fo:list-item-label* à un calcul automatique (fonction *label-end*), et on laisse l'attribut *start-indent* de *fo:list-item-body* à un calcul automatique (fonction *body-start*).

Le label «*0001*», écrit avec la police Consolas et avec un fond transparent, se fera par un *<fo:inline font-family= «Consolas»>0001</fo:inline>*.Le label «*0002*», écrit avec la police Consolas et avec un fond coloré jaune, se fera par un *<fo:inline font-family= «Consolas» background-color= «yellow»>0002</fo:inline>*.

```
<fo:list-block provisional-distance-between-starts="1.2cm"
 provisional-label-separation="0.15cm">
 <!-- liste item 1 -->
 <fo:list-item>
  <!-- on insere un numéro -->
  <fo:list-item-label end-indent="label-end()">
   <fo:block>
     <fo:inline font-family="Consolas">&#x0030;&#x0030;&#x0030;&#x0031;
     </fo:inline>
   </fo:block>
  </fo:list-item-label>
  <!-- on insere un texte -->
  <fo:list-item-body start-indent="body-start()">
   <fo:block font-family="Consolas" font-size="12pt">c'est une ligne de texte dans
```

```
    une liste numérotée</fo:block>
  </fo:list-item-body>
 </fo:list-item>
 <!-- liste item 2 -->
 <fo:list-item>
  <!-- on insere un numéro -->
  <fo:list-item-label end-indent="label-end()">
    <fo:block>
      <fo:inline font-family="Consolas" background-color="yellow"
       >&#x0030;&#x0030;&#x0030;&#x0032;</fo:inline>
    </fo:block>
  </fo:list-item-label>
 <!-- on insere un texte -->
  <fo:list-item-body start-indent="body-start()">
    <fo:block font-family="Consolas" font-size="12pt">c'est une ligne de texte dans
     une liste numérotée</fo:block>
  </fo:list-item-body>
 </fo:list-item>
 ...
</fo:list-block>
```

En dessous de la liste personnalisée, nous avons placé un bloc, avec un fond gris clair, qui contient un code de programmation. Comme ce code est composé d'un texte avec plusieurs entités élémentaires et que l'on souhaite qu'il soit affiché tel qu'on l'a dans un éditeur de texte de programmation, on va donc placer dans ce bloc une balise CDATA avec son contenu (balise que nous avons vu en XML au premier chapitre). Le contenu d'une balise CDATA commence par *<![CDATA[* et se termine par *]]*>.

```
<!-- code -->
<fo:block font-size="10pt" font-family="Courier" line-height="10pt"
 text-align="start" space-before.optimum="0.7cm" white-space-collapse="false"
 white-space-treatment="preserve"
 linefeed-treatment="preserve" wrap-option="no-wrap"
 background-color="rgb(250,250,250)">
  <![CDATA[
  <!-- liste personnalisée -->
  <fo:list-block provisional-distance-between-starts="1.2cm"
   provisional-label-separation="0.15cm">
    <!-- liste item 1 -->
    <fo:list-item>
    <!-- on insere un numéro -->
     <fo:list-item-label end-indent="label-end()">
      <fo:block>
       <fo:inline font-family="Consolas">&#x0030;&#x0030;&#x0030;&#x0031;
       </fo:inline>
      </fo:block>
    </fo:list-item-label>
    <!-- on insere un texte -->
```

```
    <fo:list-item-body start-indent="body-start()">
     <fo:block font-family="Consolas" font-size="12pt">c'est une ligne de texte
      dans une liste numérotée</fo:block>
    </fo:list-item-body>
   </fo:list-item>
   ...
   </fo:list-block>
  ]]>
</fo:block>
```

Ce bloc *fo:block* a des attributs personnalisés de traitement comme *line-height, text-align, space-before.optimum, white-space-collapse, white-space-treatment, wrap-option* et *background-color.* Le détail de ces attributs est indiqué dans la recommandation du W3C (voir le site sur le web).

4.2 - Les tableaux

La conception des tableaux en XSL-FO est analogue à celle de XHTML. Un tableau est représenté par l'élément *fo:table*. Les principaux enfants de *fo:table* sont représentés par le corps du tableau (*fo:table-body*), un en-tête (*fo:table-header*) et une ligne de bas de page (*fo:table-footer*). Chaque ligne commence et se termine par une balise *fo:table-row*, et chaque cellule commence et se termine par une balise *fo:table-cell*. Le texte ou les informations à insérer dans les cellules doivent être dans des blocs.

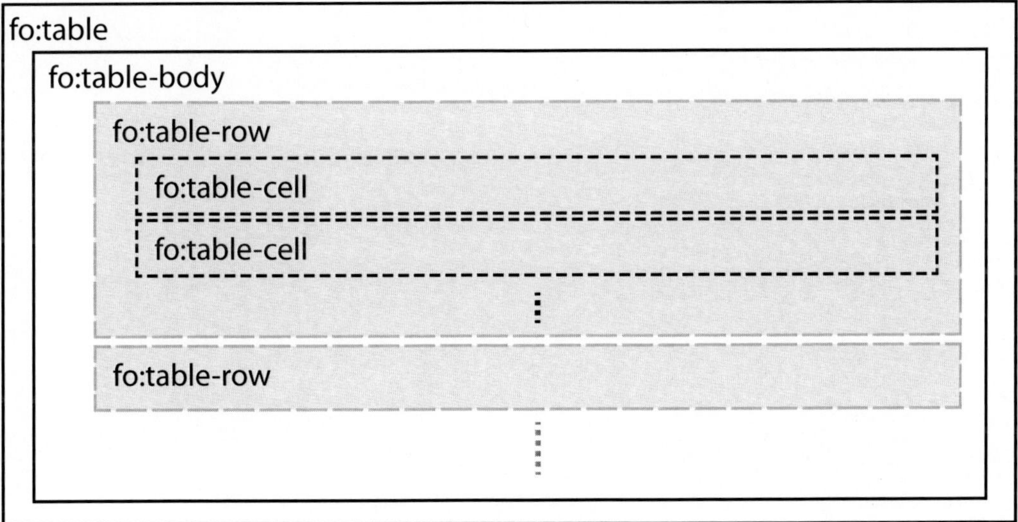

Nous allons étudier un exemple d'application sur les tableaux, intitulé *exemple_04_03.fo*, qui se trouve dans le sous-dossier *exemple_04_03* du dossier *chapitre_04*. La transformation en PDF s'effectue par le script de commande *lancer_exemple_04_03.cmd.* Sur la page numéro 1 de l'exemple, on ajoute un tableau simple, de 4 lignes et 3 colonnes, avec des colonnes de largeur 50 mm. Pour fixer une largeur de colonne, on affecte la valeur de largeur à l'attribut *column-width* de *fo:table-column* (*<fo:table-column column-width= «50mm»/>*).

```
<!-- tableau -->
<fo:table table-layout="fixed" width="100%" border-collapse="separate">
  <fo:table-column column-width="50mm"/>
  <fo:table-column column-width="50mm"/>
 <fo:table-column column-width="50mm"/>
  <fo:table-body>
    <fo:table-row>
      <fo:table-cell>
        <fo:block>cellule L1 C1</fo:block>
      </fo:table-cell>
      <fo:table-cell>
        <fo:block>cellule L1 C2</fo:block>
      </fo:table-cell>
      <fo:table-cell>
        <fo:block>cellule L1 C3</fo:block>
      </fo:table-cell>
    </fo:table-row>
    <fo:table-row>
      <fo:table-cell>
        <fo:block>cellule L2 C1</fo:block>
      </fo:table-cell>
      <fo:table-cell>
        <fo:block>cellule L2 C2</fo:block>
      </fo:table-cell>
      <fo:table-cell>
        <fo:block>cellule L2 C3</fo:block>
      </fo:table-cell>
    </fo:table-row>
    <fo:table-row>
      <fo:table-cell>
        <fo:block>cellule L3 C1</fo:block>
      </fo:table-cell>
      <fo:table-cell>
        <fo:block>cellule L3 C2</fo:block>
      </fo:table-cell>
      <fo:table-cell>
        <fo:block>cellule L3 C3</fo:block>
      </fo:table-cell>
    </fo:table-row>
    <fo:table-row>
      <fo:table-cell>
        <fo:block>cellule L3 C1</fo:block>
```

```
      </fo:table-cell>
      <fo:table-cell>
        <fo:block>cellule L3 C2</fo:block>
      </fo:table-cell>
      <fo:table-cell>
        <fo:block>cellule L3 C3</fo:block>
      </fo:table-cell>
    </fo:table-row>
  </fo:table-body>
</fo:table>
```

La figure 4.9 visualise notre tableau de 4 lignes et 3 colonnes, représentant un ensemble de 12 cellules.

FIGURE 4.9

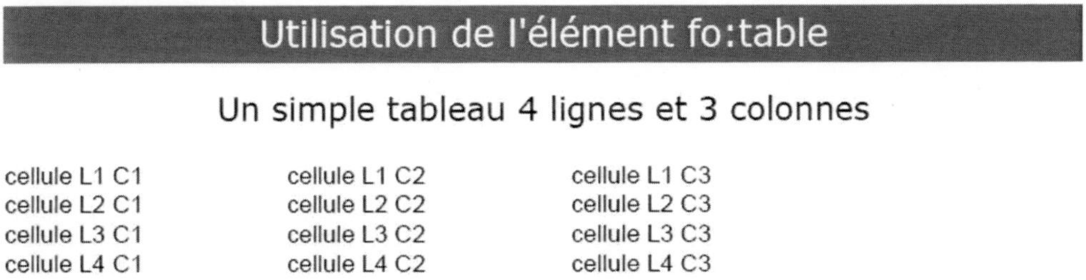

Utilisation de l'élément fo:table

Un simple tableau 4 lignes et 3 colonnes

cellule L1 C1	cellule L1 C2	cellule L1 C3
cellule L2 C1	cellule L2 C2	cellule L2 C3
cellule L3 C1	cellule L3 C2	cellule L3 C3
cellule L4 C1	cellule L4 C2	cellule L4 C3

FIGURE 4.10

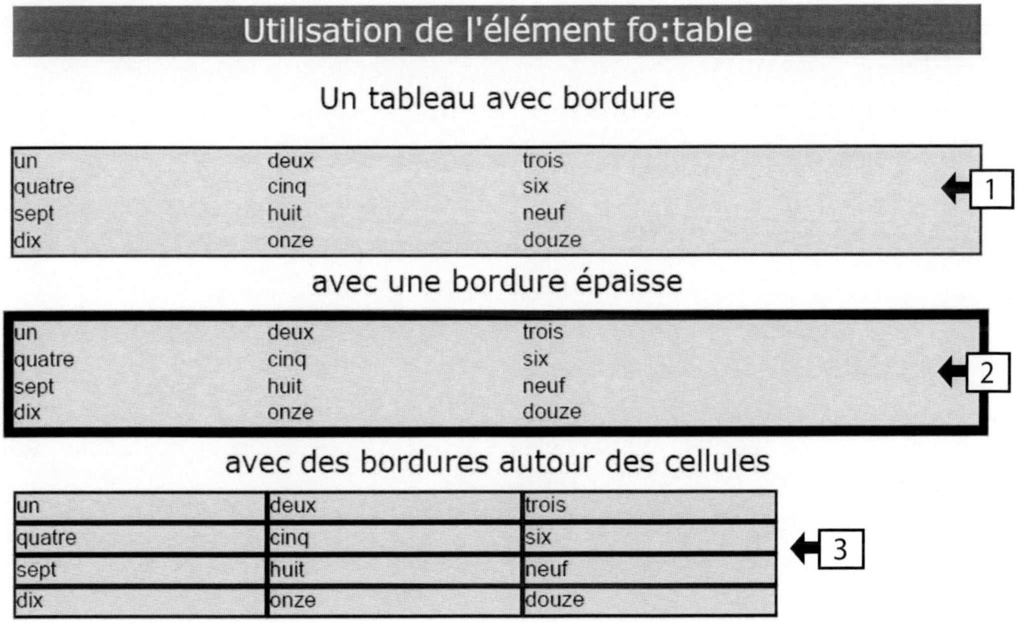

Utilisation de l'élément fo:table

Un tableau avec bordure

un	deux	trois
quatre	cinq	six
sept	huit	neuf
dix	onze	douze

1

avec une bordure épaisse

un	deux	trois
quatre	cinq	six
sept	huit	neuf
dix	onze	douze

2

avec des bordures autour des cellules

un	deux	trois
quatre	cinq	six
sept	huit	neuf
dix	onze	douze

3

Comme le montre la figure 4.10, différentes personnalisations peuvent être effectuées sur les tableaux en fonction des données à afficher (cet exemple de la page numéro 2 n'est pas exhaustive bien évidemment sur les possiblités offertes par XSL-FO).

L'attribut *width* de *fo:table* fixe une largeur de tableau (par exemple 100%). Avec l'attribut *border-width*, on fixe l'épaisseur de la bordure qui entoure le tableau, et avec *border-style*, on fixe le type de bordure (*solid* par exemple). L'attribut *background-color* fixe la couleur de fond du tableau. Le repère 1 de la figure 4.10 montre un tableau avec une épaisseur fine, et le repère 2 de la figure 4.10 montre un tableau avec une épaisseur importante. Pour fixer les bordures qui entourent une cellule, il faut modifier les attributs *border-width* et *border-style* de *fo:table-cell*. L'attribut *background-color* de *fo:table-cell* fixe la couleur de fond d'une cellule (repère 3 figure 4.10). On peut fusionner les cellules sur plusieurs colonnes par l'attribut *number-columns-spanned*, et on peut fusionner les cellules sur plusieurs lignes par l'attribut *number-rows-spanned*.

```
<fo:table-cell border-width="0.5mm" border-style="solid"
  background-color="yellow">
  <fo:block>un</fo:block>
</fo:table-cell>
```

4.3 - Les hyperliens

Un hyperlien, qui est un texte sur lequel on peut cliquer pour arriver à un autre emplacement du document ou bien à un autre document comme un site web, est réalisé par l'élément *fo:basic-link*. La mise en forme d'un hyperlien doit être précisée à chaque fois.

```
<fo:basic-link color="blue" text-decoration="underline"
 external destination="url(http://www.monsite.org)">Mon site perso
</fo:basic-link>
```

4.4 - Les notes de bas de page

Les notes de bas de page se font par l'élément *fo:footnote*. Il possède deux éléments enfants qui sont:

- *fo:inline* qui indique la manière de présenter le renvoi de note.
- *fo:footnote-body* qui indique le contenu de la note de bas de page.

```
<fo:block>
 un exemple
```

```
<fo:footnote>
 <fo:inline baseline-shift= "super" font-size= "10pt" color= "blue">(1)
 </fo:inline>
 <fo:footnote-body>
  <fo:block font-size= "10pt">1) première note.</fo:block>
</fo:footnote-body>
avec une note de bas de page
</fo:block>
```

4.5 - Les ressources externes

Il est possible d'insérer un fichier graphique externe dans un document XSL-FO par l'élément *fo:external-graphics.* Cet élément doit être au sein d'un élément *fo:block*. L'attribut *src* fournit l'adresse de la ressource locale ou bien extérieure par l'intermédiaire de la fonction *url(..)*. Les attributs *content-height* et *content-width* fixent la hauteur et la largeur du contenu. L'attribut *vertical-align* permet d'aligner verticalement le contenu extérieur par rapport aux autres contenus du flux.

Nous allons étudier un exemple d'application sur les ressources externes, intitulé *exemple_04_04.fo*, qui se trouve dans le sous-dossier *exemple_04_04* du dossier *chapitre_04*. La transformation en PDF s'effectue par le script de commande *lancer_exemple_04_04.cmd*. Dans notre exemple, nous chargeons un fichier

FIGURE 4.11

Utilisation de l'élément fo:external-graphic

Les ressources externes

Voici un logo de Microsoft venant d'une ressource extérieure:

Insérer un fichier graphique SVG

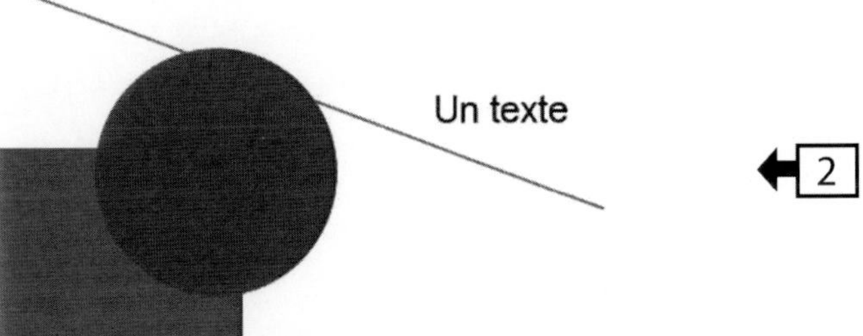

graphique émanant d'un site web en utilisant la fonction *url(..)* qui reçoit en paramètre une adresse web (*src= «url(http://experiencesvideoludiques.com/wp-content/uploads/2013/08/microsoft-logo.png)»*).La figure 4.11 visualise le résultat obtenu (repère 1).

```
<fo:block>
 Voici un logo de Microsoft venant d'une ressource extérieure:
 <fo:external-graphic
  src="url(http://experiencesvideoludiques.com/wp-content/uploads/2013/08/
  microsoft-logo.png)"
  content-height="2.5cm" vertical-align="middle" />
</fo:block>
```

Il est également possible d'insérer un objet extérieur, du type SVG, à l'intérieur du document XSL-FO par l'intermédiaire de l'élément *fo:instream-foreign-object*. Cet élément doit être inséré dans un *fo:block*.
Le SVG (*Scalable Vector Graphics*) est un format de données conçu pour décrire des ensembles de graphiques vectoriels, qui est basé sur XML. Ce format est spécifié par le W3C. Dans notre exemple, nous insérons un fichier graphique SVG contenant la représentation d'un carré à fond vert, d'un cercle à fond bleu, d'une ligne oblique rouge et d'un texte (repère 2 figure 4.11).

```
<fo:block>
  <fo:instream-foreign-object>
    <svg xmlns="http://www.w3.org/2000/svg" version="1.1" width="300"
     height="200">
     <rect width="100" height="80" x="0" y="70" fill="green" />
     <line x1="5" y1="5" x2="250" y2="95" stroke="red" />
     <circle cx="90" cy="80" r="50" fill="blue" />
     <text x="180" y="60">Un texte</text>
    </svg>
  </fo:instream-foreign-object>
</fo:block>
```

4.6 - Le positionnement absolu

L'élément *fo:block-container* permet de réaliser un positionnement absolu, donc un positionnement qui n'est pas réalisé en fonction des autres blocs dans le flux. Par exemple, il est possible de placer un bloc de texte au milieu d'une page ou d'une région. Ses attributs *height* et *width* déterminent sa hauteur et sa largeur. Ses attributs *top* et *left* déterminent son positionnement par rapport au bord haut et au bord gauche du conteneur parent. Son attribut *position* est fixé à *absolute*.

```
<fo:block-container  position="absolute" top= "5cm" left= "6cm" height= "15cm"
width= "9cm">
```

```
<fo:block border= "1px solid black">Ce texte est dans un bloc de 9 cm de large et
  de 15 cm de haut. Il est placé à 6 cm du bord gauche et 5 cm du bord haut de la
  page</fo:block>
</fo:block-container>
```

4.7 - La numérotation des pages

L'élément *fo:page-number* permet d'insérer une numérotation des pages. Mais cet élément ne doit pas être positionné n'importe où. Nous avons vu dans la définition des régions que l'on avait les régions *fo:region-before* et *fo:region-after*. Ces régions dans lesquelles il est possible d'inclure des flux et des blocs sont très utiles pour définir des en-têtes et des bas de page de document. Une zone *region-before* recevra un en-tête, et une zone *region-after* recevra un bas de page.

FIGURE 4.12

Nous allons étudier un exemple d'application sur la numérotation des pages, intitulé *exemple_04_05.fo*, qui se trouve dans le sous-dossier *exemple_04_05* du dossier *chapitre_04*. La transformation en PDF s'effectue par le script de commande *lancer_exemple_04_05.cmd*. La figure 4.12 montre le résultat obtenu pour une page contenant un en-tête composé d'un texte centré (repère 1), et d'un bas de page composé d'un texte contenant le numéro de page, qui est aligné à droite (repère 2). On remarque que le nombre total de pages est calculé automatiquement grâce à l'instruction *fo:page-number-citation*, laquelle fait référence à une page qui contient une marque. La valeur de cette marque est définie par *ref-id*.

```
<?xml version="1.0" encoding="UTF-8"?>
<fo:root xmlns:fo="http://www.w3.org/1999/XSL/Format">
  <fo:layout-master-set>
    <fo:simple-page-master margin-right="15mm" margin-left="15mm"
     margin-bottom="10mm" margin-top="10mm" page-width="210mm"
     page-height="200mm"
     master-name="bookpage">
      <fo:region-body margin-top="1cm" region-name="bookpage-region"/>
      <fo:region-before extent="1cm" region-name="haut-page" />
      <fo:region-after extent="1cm" region-name="bas-page" />
    </fo:simple-page-master>
  </fo:layout-master-set>
  <fo:page-sequence master-reference="bookpage">
    <fo:static-content flow-name="haut-page">
      <fo:block text-align="center" font-size="8pt">Chapitre 1</fo:block>
    </fo:static-content>
    <fo:static-content flow-name="bas-page">
      <fo:block text-align="right">Page <fo:page-number/> sur un total de
        <fo:page-number-citation ref-id="fin"/></fo:block>
    </fo:static-content>
    <fo:flow flow-name="bookpage-region">
      <fo:block>Cette page est numérotée</fo:block>
      <fo:block id="fin"/>
    </fo:flow>
  </fo:page-sequence>
</fo:root>
```

5 - Exemple d'application avec OXYGEN Editor 15

Nous allons voir maintenant un exemple d'application complet, réalisé dans un logiciel commercial de référence comme OXYGEN Editor en version 15. Vous pouvez télécharger une version d'évaluation complète de 30 jours, dotée d'une translation en français. Ce logiciel commercial, écrit en java et disponible pour les diverses plateformes de systèmes d'exploitations, est une référence sur le marché des éditeurs XML. L'adresse de téléchargement de la version d'évalution française est *http://www.oxygenxml.com/download_oxygenxml_editor.html.*

5.1 - Création d'un document XML

Nous allons créer un document XML, nommé *exemple_04_06.xml*, dans le dossier *chapitre_04*. Pour cela, choisissez le menu *Fichier -> Nouveau*. Dans la boite de dialogue qui s'ouvre (figure 4.13), cliquez sur *Document XML* (repère 1) puis sur le bouton *Personnaliser*. Dans le champ *Element racine* (repère 2), écrivez une racine intitulée *commande*, puis cliquez sur *Créer*. Le document s'ouvre dans un onglet de l'éditeur de texte, sauvegardez-le dans le dossier *chapitre_04* sous le nom *exemple_04_06.xml*.

FIGURE 4.13

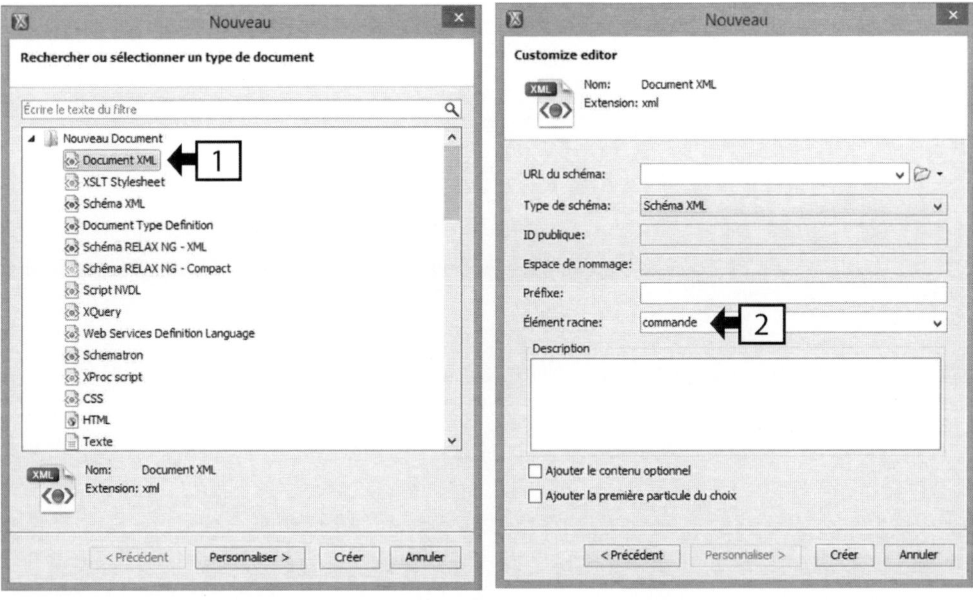

Notre document XML consiste à relater les données consécutives à un achat de stylos sur une boutique en ligne. Dans la racine *commande*, on va ajouter les nœuds enfants *expediteur*, *livraison*, et un ensemble de nœuds *ligne*. Les nœuds *expediteur* et *livraison* stockent les adresses complètes de la boutique et de l'acheteur respectivement. Les nœuds *ligne* détaillent l'achat de chaque article. Le code est le suivant:

```
<?xml version="1.0" encoding="UTF-8"?>
<?xml-stylesheet type="text/xsl" href="exemple_04_06.xsl"?>
<commande>
  <expediteur>
    <nom>Boutique en ligne</nom>
    <adresse>330 rue des Lilas</adresse>
    <ville code="33000">BORDEAUX</ville>
  </expediteur>
  <livraison>
    <nom>Palot</nom>
    <prenom>Laurent</prenom>
    <adresse>82, rue des pinsons</adresse>
    <ville code="33700">Mérignac</ville>
  </livraison>
  <ligne>
    <ref>1234</ref>
    <designation>stylo encre noir taille XS</designation>
    <quantite>2</quantite>
    <prix_unitaire_HT>2.00</prix_unitaire_HT>
    <prix_total>4</prix_total>
  </ligne>
  <ligne>
    <ref>2567</ref>
    <designation>stylo encre rouge taille XS</designation>
    <quantite>3</quantite>
    <prix_unitaire_HT>4.00</prix_unitaire_HT>
    <prix_total>12</prix_total>
  </ligne>
  <ligne>
    <ref>3564</ref>
    <designation>stylo encre vert taille XS</designation>
    <quantite>6</quantite>
    <prix_unitaire_HT>3.00</prix_unitaire_HT>
    <prix_total>18</prix_total>
  </ligne>
  <ligne>
    <ref>4587</ref>
    <designation>stylo encre bleu taille XS</designation>
    <quantite>2</quantite>
    <prix_unitaire_HT>4.50</prix_unitaire_HT>
    <prix_total>9</prix_total>
  </ligne>
</commande>
```

La vue "*Sommaire*" détaille le contenu du document XML sous forme d'une structure arborescente (figure 4.14). Pour afficher cette vue, choisissez le menu *Fenêtre -> Afficher la vue -> Sommaire.*

FIGURE 4.14

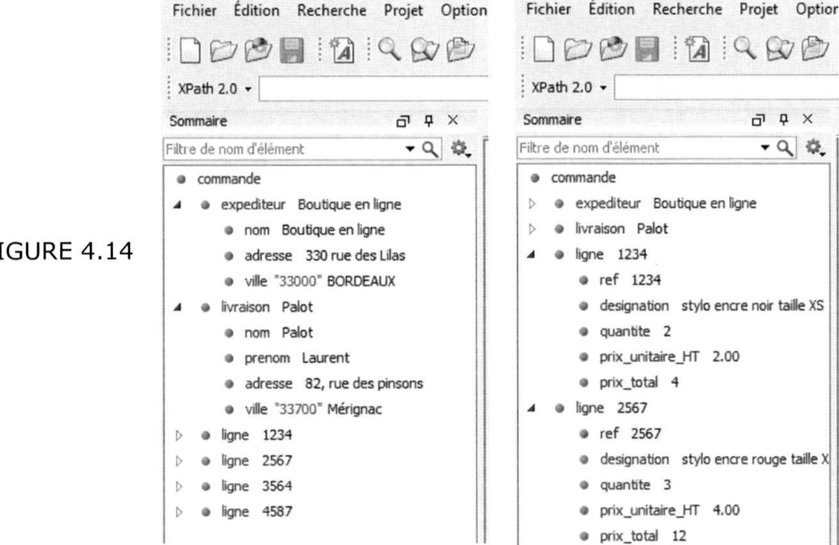

5.2 - Création d'un document XSLT

Nous allons créer une feuille de transformation XSLT, nommée *exemple_04_06.xsl*, dans le dossier *chapitre_04*. Pour cela, choisissez le menu *Fichier -> Nouveau.* Dans la boite de dialogue qui s'ouvre (figure 4.15), cliquez sur *XSLT Stylesheet*

FIGURE 4.15

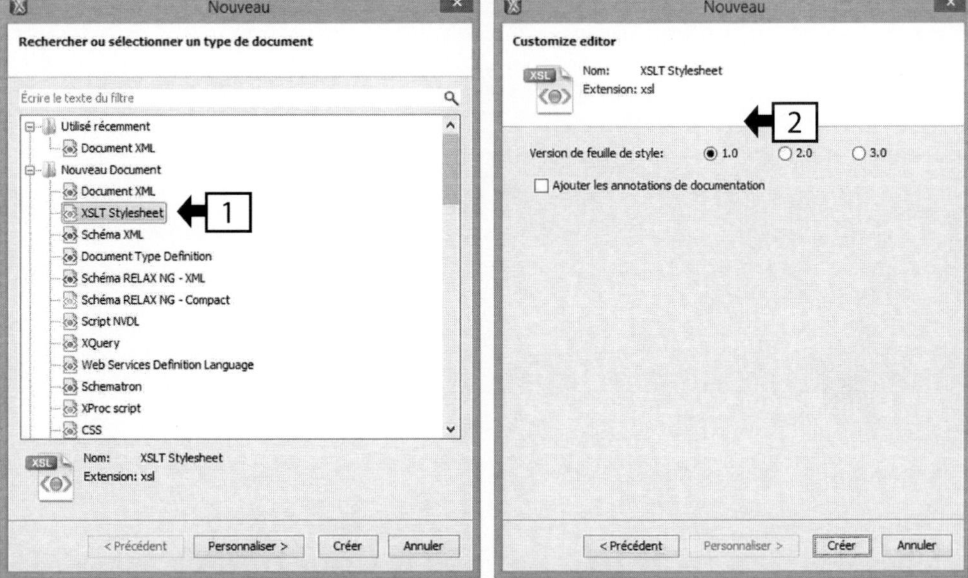

(repère 1) puis sur le bouton *Personnaliser*. Cochez la version *1.0* (repère 2), puis cliquez sur *Créer*. Le document s'ouvre dans un onglet de l'éditeur de texte, sauvegardez-le dans le dossier *chapitre_04* sous le nom *exemple_04_06.xsl*.

Comme on l'a déja vu, on réalise une feuille de transformation XSLT traditionnelle qui va traiter les données XML pour les afficher dans un navigateur web sous la forme d'une page HTML. On notera deux détails concernant la réalisation proprement dite:

- avec la fonction *sum()* du langage XPath, on ajoute un champ qui donne la valeur correspondant à la somme des différents prix d'achat HT (*<xsl:value-of select= «sum(//prix_total)»/>*) du nœud *ligne/prix_total*.
- avec la fonction *translate()* du langage XPath, on transforme le nom en minuscule de l'acheteur par un nom en majuscule (*<xsl:value-of select= «translate(nom,'abcdefghijklmnopqrstuvwxyz', 'ABCDEFGHIJKLMNOPQRSTUVWXYZ')»/>*).

Le code de la feuille de transformation XSLT, dans son intégralité, est donc le suivant:

```
<?xml version="1.0" encoding="UTF-8"?>
<xsl:stylesheet version="1.0" xmlns:xsl="http://www.w3.org/1999/XSL/Transform">
 <xsl:template match="/commande">
  <html>
   <head>
    <title>Commande</title>
   </head>
   <body>
    <p>
     <div style="font-size:15pt; font-weight:bold">Expéditeur</div>
     <xsl:apply-templates select="expediteur"/>
    </p>
    <p>
     <div style="font-size:15pt; font-weight:bold">Livraison</div>
     <xsl:apply-templates select="livraison"/>
    </p>
    <table border="1">
     <tr>
      <th>Référence</th>
      <th>Désignation</th>
      <th>Quantité</th>
      <th>Prix unitaire HT</th>
      <th>Prix total HT</th>
     </tr>
     <xsl:apply-templates select="ligne"/>
     <tr style="text-align:right; font-weight:bold">
      <td colspan="4">Total</td>
      <td>
```

```
      <xsl:value-of select="sum(//prix_total)"/>
     </td>
    </tr>
   </table>
  </body>
 </html>
</xsl:template>
<xsl:template match="commande/ligne">
 <tr>
  <td>
   <xsl:value-of select="ref"/>
  </td>
  <td>
   <xsl:value-of select="designation"/>
  </td>
  <td style="text-align:right">
   <xsl:value-of select="quantite"/>
  </td>
  <td style="text-align:right">
   <xsl:value-of select="prix_unitaire_HT"/>
  </td>
  <td style="text-align:right;font-weight:bold">
   <xsl:value-of select="prix_total"/>
  </td>
 </tr>
</xsl:template>
<xsl:template match="expediteur">
 <xsl:value-of select="nom"/>
 <br/>
 <xsl:value-of select="adresse"/>
 <br/>
 <xsl:value-of select="ville/@code"/>
 <xsl:text> </xsl:text>
 <xsl:value-of select="ville"/>
</xsl:template>
<xsl:template match="livraison">
<xsl:value-of select=
  "translate(nom,'abcdefghijklmnopqrstuvwxyz',
  'ABCDEFGHIJKLMNOPQRSTUVWXYZ')"/>
 <xsl:text> </xsl:text>
 <xsl:value-of select="prenom"/>
 <br/>
 <xsl:value-of select="adresse"/>
 <br/>
 <xsl:value-of select="ville/@code"/>
 <xsl:text> </xsl:text>
 <xsl:value-of select="ville"/>
</xsl:template>
</xsl:stylesheet>
```

La vue «*Sommaire*» détaille là aussi la structure arborescente du document de transformation XSLT (figure 4.16). En cliquant sur un des nœuds de la vue «*Sommaire*», le logiciel surligne la correspondance dans l'éditeur de texte.

FIGURE 4.16

FIGURE 4.17

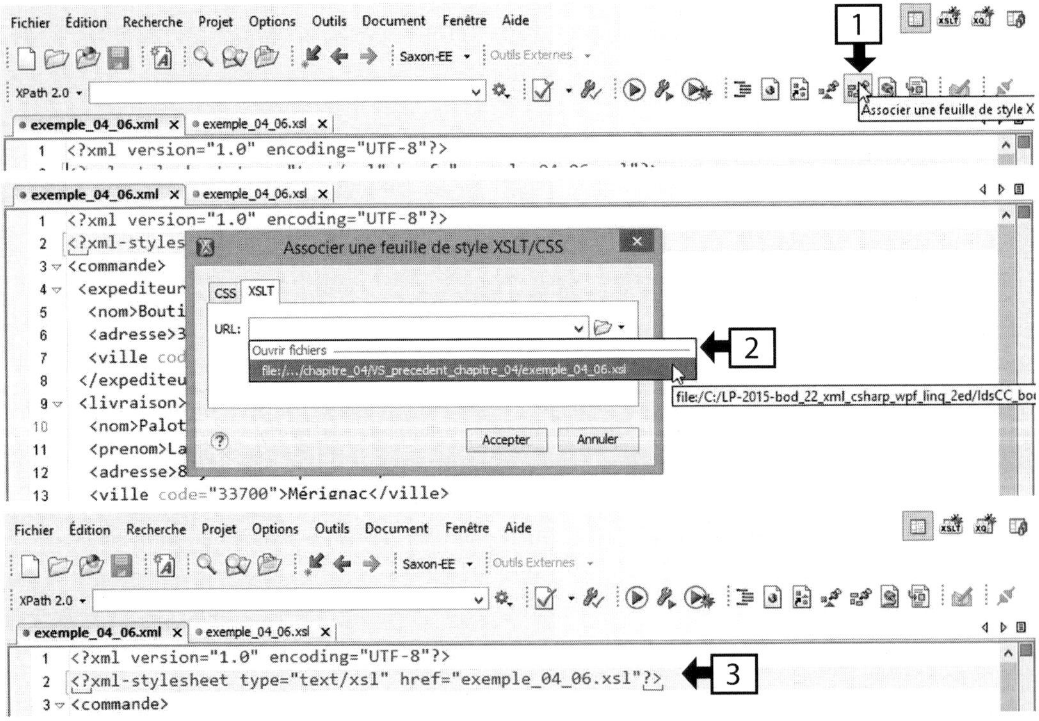

Fichier Édition Recherche Projet Options Outils Document Fenêtre Aide

Saxon-EE — Outils Externes — XPath 2.0

1 — Associer une feuille de style X

exemple_04_06.xml — exemple_04_06.xsl

```
<?xml version="1.0" encoding="UTF-8"?>
<?xml-styles
<commande>
  <expediteur
    <nom>Bouti
    <adresse>3
    <ville cod
  </expediteu
  <livraison>
    <nom>Palot
    <prenom>La
    <adresse>8
    <ville code="33700">Mérignac</ville>
```

Associer une feuille de style XSLT/CSS

CSS — XSLT

URL:

Ouvrir fichiers

file:/.../chapitre_04/VS_precedent_chapitre_04/exemple_04_06.xsl — 2

file:/C:/LP-2015-bod_22_xml_csharp_wpf_linq_2ed/ldsCC_bo

Accepter — Annuler

Fichier Édition Recherche Projet Options Outils Document Fenêtre Aide

Saxon-EE — Outils Externes — XPath 2.0

exemple_04_06.xml — exemple_04_06.xsl

```
<?xml version="1.0" encoding="UTF-8"?>
<?xml-stylesheet type="text/xsl" href="exemple_04_06.xsl"?>
<commande>
```

3

Il faut maintenant associer le document XML avec sa feuille de style personnalisée. Dans l'onglet *exemple_04_06.xml* (figure 4.17) choisissez le menu *Document -> Document XML -> Associer une feuille de style XSLT/CSS* (ou bien par l'icône correspondante, repère 1). Dans la boite de dialogue qui s'affiche (repère 2), sélectionnez la feuille *exemple_04_06.xsl*. En cliquant sur le bouton *Accepter*, le logiciel ajoute l'instruction de traitement adéquate dans le document XML (repère 3).

Le document XML avec sa feuille de transformation XSLT produit une feuille HTML visualisable dans le navigateur web. Pour effectuer cette visualisation, il faut créer un scénario de transformation. En premier on configure les scénarios de transformation par le menu *Document -> Transformation -> Configurer les scénarios de transformation* (figure 4.18) ou bien en cliquant sur l'icône correspondante (figure 4.19).

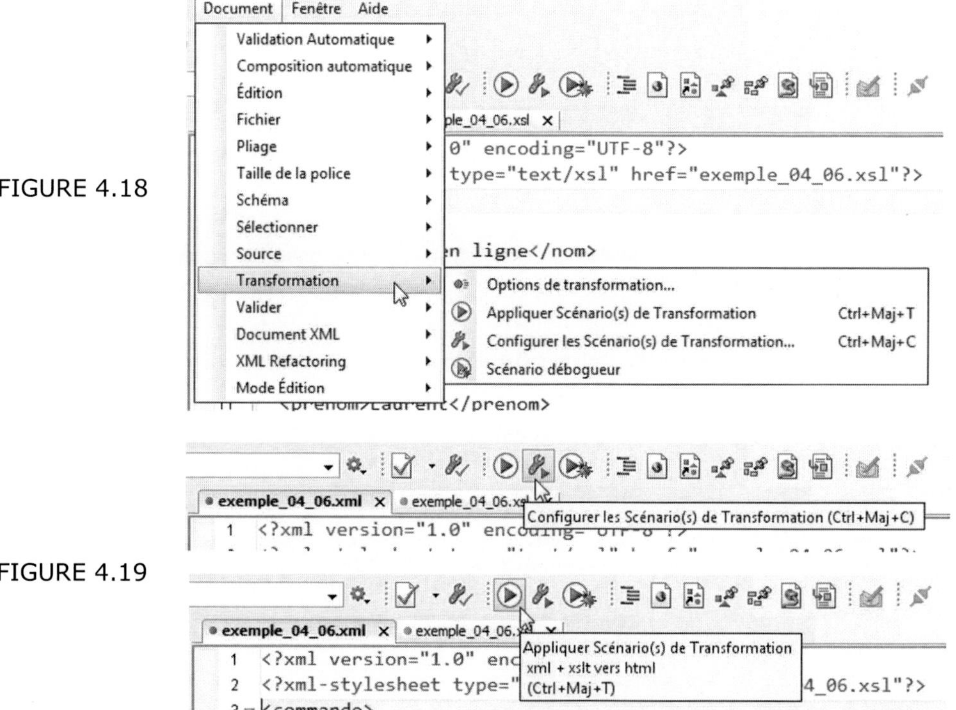

FIGURE 4.18

FIGURE 4.19

Dans la boite de dialogue qui s'ouvre (figure 4.20), cliquez sur le bouton *Nouveau*. Une autre boite de dialogue s'ouvre. Dans le champ *Nom* (repère 1), on inscrit un identifiant pour représenter l'action (ici on met par exemple *xml + xslt vers html*). Dans l'onglet XSLT (repère 1), remplir le champ *XML URL*, si ce n'est pas fait, par la chaîne *${currentFileURL}* (chaîne qui indique l'emplacement du fichier), puis cochez la case *Utiliser la déclaration xml-stylesheet*. Dans l'onglet *Sortie* (repère 2), on coche *Enregistrer sous* et on inscrit la chaîne *${cfd}\${cfn}.html* (emplacement et nom du fichier HTML généré). On coche *Ouvrir dans le navigateur* et on coche *Fichier sauvé*. On clique sur le bouton *Accepter* et le scénario *xml+xslt vers html* est coché. Cliquez sur *Enregistrer et fermer* (repère 3).

FIGURE 4.20

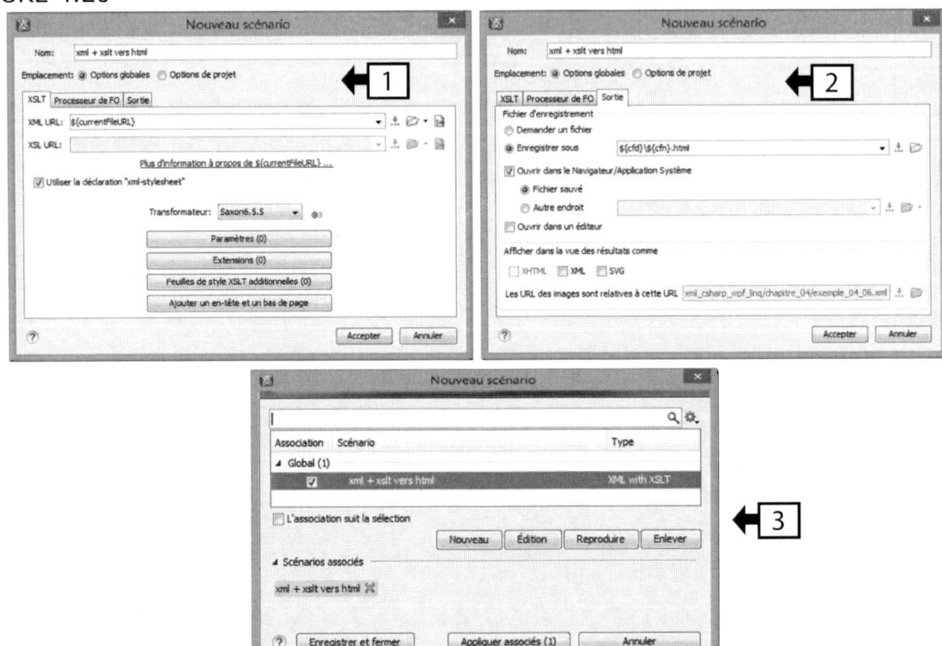

FIGURE 4.21

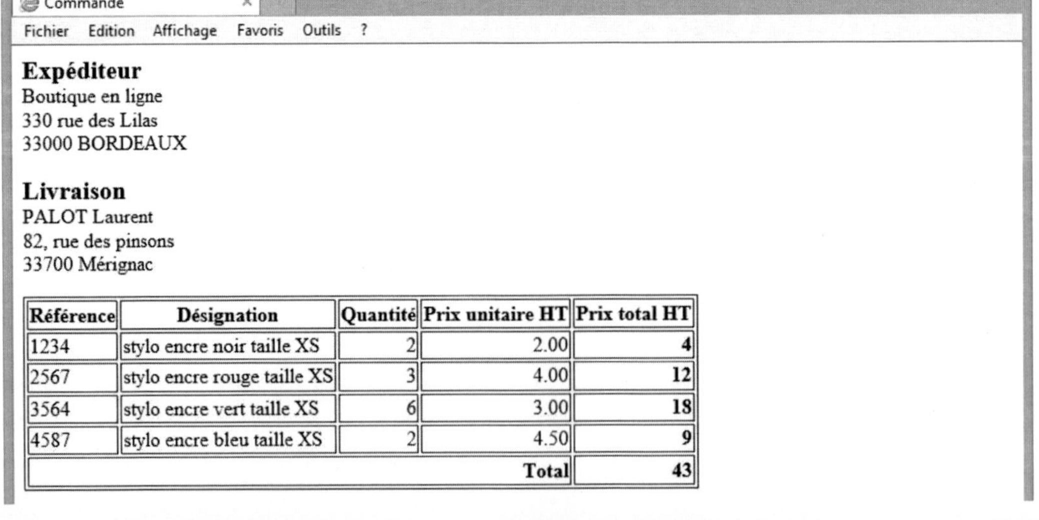

Commande

Fichier Edition Affichage Favoris Outils ?

Expéditeur
Boutique en ligne
330 rue des Lilas
33000 BORDEAUX

Livraison
PALOT Laurent
82, rue des pinsons
33700 Mérignac

Référence	Désignation	Quantité	Prix unitaire HT	Prix total HT
1234	stylo encre noir taille XS	2	2.00	**4**
2567	stylo encre rouge taille XS	3	4.00	**12**
3564	stylo encre vert taille XS	6	3.00	**18**
4587	stylo encre bleu taille XS	2	4.50	**9**
			Total	**43**

Il ne reste plus qu'à déclencher le scénario de transformation en choisissant le menu *Document -> Transformation -> Appliquer les scénarios de transformation* (figure 4.18) ou bien en cliquant sur l'icône correspondante (figure 4.19). Le navigateur par défaut s'ouvre en affichant la page HTML demandée (figure 4.21).

5.3 - Création d'un document XSL-FO et d'un PDF

Cette étape consiste à créer une feuille de transformation XSL qui va lire les données XML pour générer une feuille XSL-FO, puis cette feuille XSL-FO va être utilisée par Apache FOP pour générer le PDF imprimable.

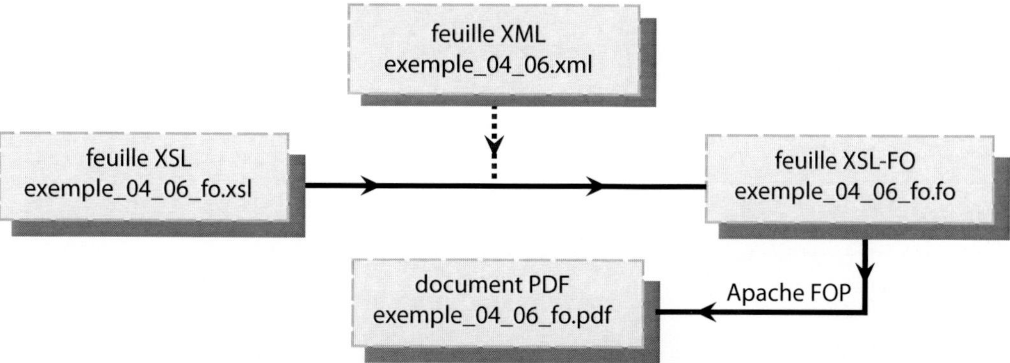

Cette fois, la feuille de transformation XSL intitulée *exemple_04_06_fo.xsl* va contenir à la fois des commandes XSLT et des commandes XSL-FO. En effet, il faut pouvoir lire les données XML et il faut pouvoir réaliser une mise en forme de ces données par des commandes XSL-FO. Le fichier généré, à partir de *exemple_04_06_fo.xsl* (extension *.xsl*) et *exemple_04_06.xml* (extension *.xml*), sera un fichier complet XSL-FO, nommé *exemple_04_06_fo.fo* (extension *.fo*), qui sera envoyé ensuite à Apache FOP pour générer un PDF imprimable intitulé *exemple_04_06_fo.pdf* (extension *.pdf*).
Voyons en détail la construction de la feuille de transformation *exemple_04_06_fo.xsl*. On commence par définir un élément *xsl:template* qui sélectionne la racine *commande* du document XML.

```
<?xml version="1.0" encoding="UTF-8"?>
<xsl:stylesheet version="1.0" xmlns:xsl="http://www.w3.org/1999/XSL/Transform">
 <xsl:template match="/commande">
  ...
 </xsl:template>
</xsl:stylesheet>
```

On positionne une infrastructure XSL-FO de mise en page qui va recevoir les éléments de type bloc, tableau, liste, etc. nécessaires à la mise en forme. A l'intérieur de ces éléments de mise en forme, on va inclure les données et autres calculs par des commandes XSL. Tout cela sera ajouté à un flux *fo:flow*.

```
<?xml version="1.0" encoding="UTF-8"?>
<xsl:stylesheet version="1.0" xmlns:xsl="http://www.w3.org/1999/XSL/Transform">
 <xsl:template match="/commande">
  <fo:root xmlns:fo="http://www.w3.org/1999/XSL/Format">
   <fo:layout-master-set>
    <fo:simple-page-master margin-right="10mm" margin-left="10mm"
     margin-bottom="10mm"
     margin-top="10mm" page-width="210mm" page-height="150mm"
     master-name="commande">
     <fo:region-body margin-top="1cm"
      region-name="commande-region"/>
    </fo:simple-page-master>
   </fo:layout-master-set>
   <fo:page-sequence master-reference="commande">
    <fo:flow flow-name="commande-region">
     ...
    </fo:flow>
   </fo:page-sequence>
  </fo:root>
 </xsl:template>
</xsl:stylesheet>
```

Pour l'affichage de l'adresse de l'expéditeur et de l'acheteur, on réalise un tableau à 2 cellules, doté d'un en-tête avec les intitulés nécessaires. On n'oublie pas d'encapsuler les valeurs *xsl:value-of* dans des blocs *fo:block*.

```
<fo:table table-layout="fixed" width="100%" border-collapse="collapse"
 font-size="10pt"
     font-family="Consolas" position="absolute" top="8cm" left="1cm">
     <fo:table-column width="6cm"/>
     <fo:table-column width="6cm"/>
     <!--entete tableau-->
     <fo:table-header font-weight="bold">
      <fo:table-row>
       <fo:table-cell>
        <fo:block>Expéditeur</fo:block>
       </fo:table-cell>
       <fo:table-cell>
        <fo:block>Destinataire</fo:block>
       </fo:table-cell>
      </fo:table-row>
     </fo:table-header>
     <!--contenu tableau-->
     <fo:table-body>
      <fo:table-row>
```

```
<!-- affichage de l'expéditeur *************************** -->
<fo:table-cell>
 <fo:block background-color="rgb(245,245,245)">
  <fo:block>
   <xsl:value-of select="expediteur/nom"/>
  </fo:block>
  <fo:block>
   <xsl:value-of select="expediteur/adresse"/>
  </fo:block>
  <fo:block>
   <xsl:value-of select="expediteur/ville/@code"/>
   <xsl:text> </xsl:text>
   <xsl:value-of select="expediteur/ville"/>
  </fo:block>
 </fo:block>
</fo:table-cell>
<!-- affichage de l'adresse de livraison *************************** -->
<fo:table-cell>
 <fo:block background-color="rgb(245,245,245)">
  <fo:block>
   <xsl:value-of
    select="translate(livraison/nom,'abcdefghijklmnopqrstuvwxyz',
     'ABCDEFGHIJKLMNOPQRSTUVWXYZ')"/>
   <xsl:text> </xsl:text>
   <xsl:value-of select="livraison/prenom"/>
  </fo:block>
  <fo:block>
   <xsl:value-of select="livraison/adresse"/>
  </fo:block>
  <fo:block>
  <xsl:value-of select="livraison/ville/@code"/>
   <xsl:text> </xsl:text>
   <xsl:value-of select="livraison/ville"/>
  </fo:block>
 </fo:block>
</fo:table-cell>
</fo:table-row>
</fo:table-body>
</fo:table>
```

Pour afficher le contenu de la commande, on génère un tableau doté de 6 colonnes avec les en-têtes *Référence*, *Désignation*, *Quantité*, *Prix unitaire HT* et *Prix total HT*. La structure de base du tableau est la suivante:

```
<!-- contenu de le commande ******************************** -->
<fo:table table-layout="fixed" border-collapse="collapse" font-size="9pt"
 font-family="Consolas">
 <fo:table-column column-width="2cm"/>
 <fo:table-column column-width="6cm"/>
 <fo:table-column column-width="2cm"/>
```

```
<fo:table-column column-width="4.5cm"/>
<fo:table-column column-width="4.5cm"/>
<!--entete tableau-->
<fo:table-header font-weight="bold" font-size="8pt">
 <fo:table-row>
  <fo:table-cell padding="2pt" border="1pt solid black">
   <fo:block text-align="center">Référence</fo:block>
  </fo:table-cell>
  <fo:table-cell padding="2pt" border="1pt solid black">
   <fo:block text-align="center">Désignation</fo:block>
  </fo:table-cell>
  <fo:table-cell padding="2pt" border="1pt solid black">
   <fo:block text-align="center">Quantité</fo:block>
  </fo:table-cell>
  <fo:table-cell padding="2pt" border="1pt solid black">
   <fo:block text-align="center">Prix unitaire HT</fo:block>
  </fo:table-cell>
  <fo:table-cell padding="2pt" border="1pt solid black">
   <fo:block text-align="center">Prix total HT</fo:block>
  </fo:table-cell>
 </fo:table-row>
</fo:table-header>
<!--contenu tableau-->
<fo:table-body>
  ...
</fo:table-body>
</fo:table>
```

Dans le contenu du tableau, on va insérer des lignes qui vont afficher les données dans les cellules correspondantes. Pour cela, avec une instruction *xsl:for-each*, on lit les données de chaque ligne, et pour chaque ligne, on applique un modèle nommé *modele_ligne* par l'instruction *xsl:call-template*.

```
<fo:table-body>
  <xsl:for-each select="ligne">
   <xsl:call-template name="modele_ligne"/>
  </xsl:for-each>
    ...
</fo:table-body>
<!--      modèle utilisé-->
 <xsl:template match="ligne" name="modele_ligne">
  <fo:table-row xmlns:fo="http://www.w3.org/1999/XSL/Format">
   <fo:table-cell padding="2pt" border="1pt solid black">
    <fo:block>
     <xsl:value-of select="ref"/>
    </fo:block>
   </fo:table-cell>
   <fo:table-cell padding="2pt" border="1pt solid black">
    <fo:block>
     <xsl:value-of select="designation"/>
```

```
   </fo:block>
  </fo:table-cell>
  <fo:table-cell padding="2pt" border="1pt solid black" text-align="right">
   <fo:block>
    <xsl:value-of select="quantite"/>
   </fo:block>
  </fo:table-cell>
  <fo:table-cell padding="2pt" border="1pt solid black" text-align="right">
   <fo:block>
    <xsl:value-of select="prix_unitaire_HT"/>
   </fo:block>
  </fo:table-cell>
  <fo:table-cell padding="2pt" border="1pt solid black" text-align="right">
   <fo:block>
    <xsl:value-of select="prix_total"/>
   </fo:block>
  </fo:table-cell>
 </fo:table-row>
</xsl:template>
```

On en profite pour ajouter une nouvelle ligne au tableau dans laquelle 3 cellules vont afficher la somme des valeurs inscrites dans les cellules de la colonne correspondante. On aura la somme des quantités, la somme des prix unitaire HT et la somme des prix total HT. Pour cela on utilise tout simplement la fonction XPath *sum(..)*.

```
<!--contenu tableau-->
 <fo:table-body>
  <xsl:for-each select="ligne">
   <xsl:call-template name="modele_ligne"/>
 </xsl:for-each>
  <fo:table-row>
   <fo:table-cell>
    <fo:block/>
   </fo:table-cell>
   <fo:table-cell>
    <fo:block/>
   </fo:table-cell>
   <fo:table-cell padding="2pt" border="1pt solid black" text-align="right"
    background-color="rgb(245,245,245)">
    <fo:block>
     <xsl:value-of select="sum(//quantite)"/>
    </fo:block>
   </fo:table-cell>
   <fo:table-cell padding="2pt" border="1pt solid black" text-align="right"
    background-color="rgb(245,245,245)">
    <fo:block>
     <xsl:value-of select="sum(//prix_unitaire_HT)"/>
    </fo:block>
```

```
</fo:table-cell>
<fo:table-cell padding="2pt" border="1pt solid black" text-align="right"
 background-color="rgb(245,245,245)">
 <fo:block>
  <xsl:value-of select="sum(//prix_total)"/>
 </fo:block>
</fo:table-cell>
</fo:table-row>
</fo:table-body>
```

Avec la feuille *exemple_04_06_fo.xsl* de prête, il faut ajouter un scénario de transformation pour la transformer d'un XSL vers un XSL-FO. On ajoute un scénario de transformation intitulé *xsl vers xsl-fo* (figure 4.22).

FIGURE 4.22

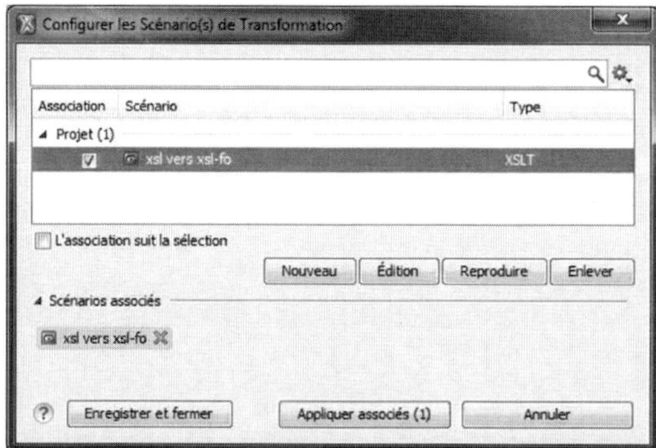

Dans l'onglet *XSLT* (figure 4.23), on spécifie le document XML de référence dans le champ *XML URL* par *exemple_04_06.xml* (repère 1). Dans l'onglet *Sortie*, on coche *Enregistrer sous* et on spécifie le nom du fichier généré (*exemple_04_06_fo.fo*) avec son emplacement (repère 2). On clique sur *Accepter* puis sur *Enregistrer et fermer*.

FIGURE 4.23

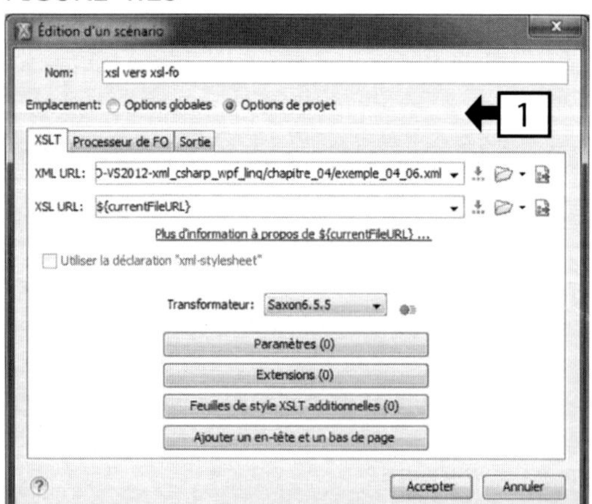

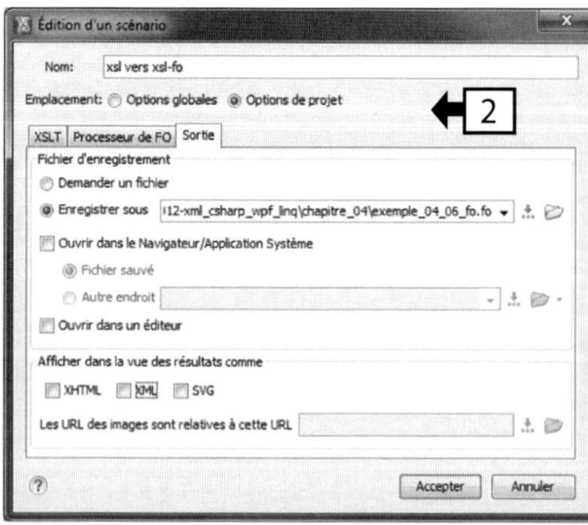

En choisissant maintenant le menu *Document -> Transformation -> Appliquer les scénarios de transformation*, le programme génère le fichier *exemple_04_06_fo.fo*. On ouvre ce fichier dans l'éditeur, et on constate que toutes les données sont affichées aux bons endroits dans la mise en forme XSL-FO.

Le logiciel OXYGEN possède une version de Apache FOP embarquée pour générer des PDF imprimables. On va dans la configuration des scénarios (figure 4.24) et on coche *FO PDF*. Puis en choisissant le menu *Document -> Transformation -> Appliquer les scénarios de transformation*, le programme génère le fichier *exemple_04_06_fo.pdf*, et il ouvre ce PDF avec l'éditeur de PDF installé sur le poste (par exemple Adobe Reader PDF). La figure 4.25 montre le résultat obtenu qui est bien conforme à ce que l'on a programmé.

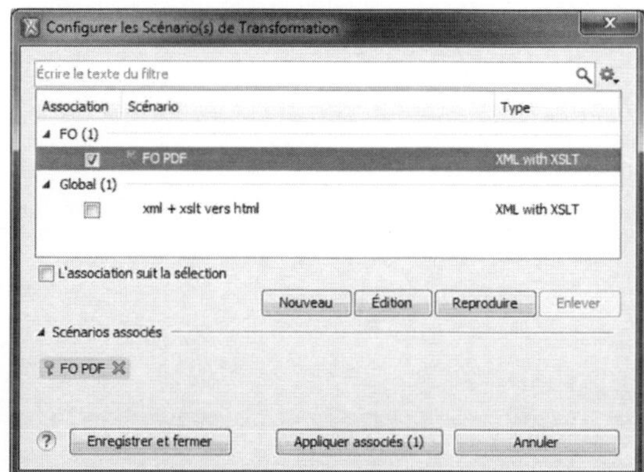

FIGURE 4.24

FIGURE 4.25

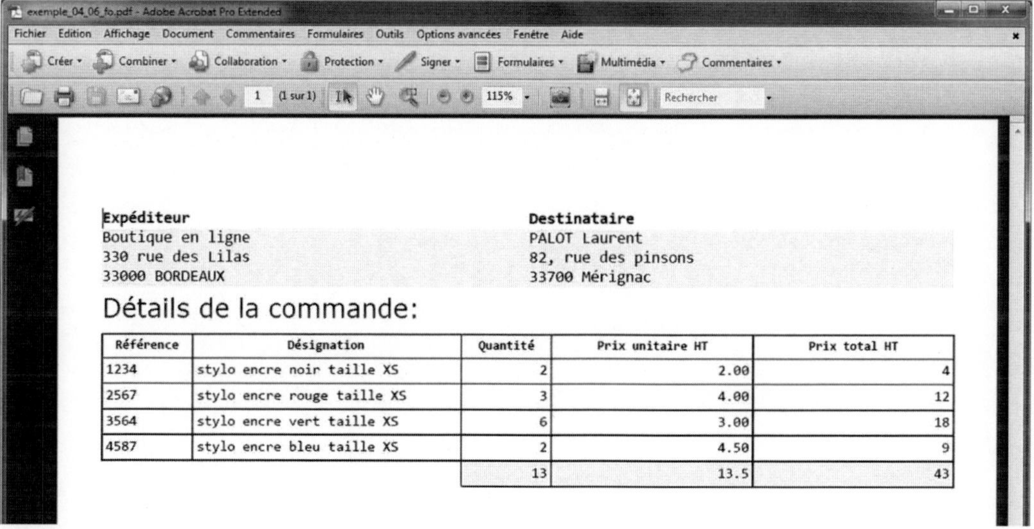

Expéditeur
Boutique en ligne
330 rue des Lilas
33000 BORDEAUX

Destinataire
PALOT Laurent
82, rue des pinsons
33700 Mérignac

Détails de la commande:

Référence	Désignation	Quantité	Prix unitaire HT	Prix total HT
1234	stylo encre noir taille XS	2	2.00	4
2567	stylo encre rouge taille XS	3	4.00	12
3564	stylo encre vert taille XS	6	3.00	18
4587	stylo encre bleu taille XS	2	4.50	9
		13	13.5	43

La déclaration de type de document (DTD) 5

Lors de la réalisation d'un document XML, le rédacteur a comme seul impératif celui de réaliser un document bien formé. Peu de règles sont définies sur le nom des balises ou l'existence d'attribut. Cette liberté est problématique dès lors qu'il y a une utilisation de documents XML dans des échanges d'informations entre applications. Si des balises attendues sont manquantes, un dysfonctionnement pourra avoir lieu. Les DTD (*Document Type Definition*, ou Déclaration de Type de Document en français) permettent de résoudre ce type de problème.

1 - Associer une DTD à un document XML

Nous allons commencer par voir un exemple complet constitué par un document XML nommé *exemple_05_01.xml*, un document XSLT nommé *exemple_05_01.xsl* et un document CSS nommé *exemple_05_01.css*. Tous ces fichiers se trouvent dans le dossier *chapitre_05* du code source de programmation. Dans le logiciel OXYGEN, on crée ces trois types de document. Le document *exemple_05_01.xml* est composé d'une racine *contact* qui contient un ensemble de nœuds *personne*. Chaque nœud *personne* contient des enfants *nom* et *prenom*. Notre document XML se présente donc de la façon suivante:

```
<?xml version="1.0" encoding="UTF-8"?>
<contact>
 <personne>
  <nom>Bruel</nom>
  <prenom>Patrick</prenom>
 </personne>
 <personne>
  <nom>Pagny</nom>
  <prenom>Florent</prenom>
 </personne>
 <personne>
  <nom>Lanton</nom>
  <prenom>Catherine</prenom>
 </personne>
</contact>
```

On crée une feuille de transformation XSLT que l'on sauvegarde sous le nom de *exemple_05_01.xsl*. On revient sur l'onglet du document XML et l'on va associer à ce document la feuille XSLT. Comme le montre la figure 5.1, on choisit le menu *Document -> Document XML -> Associer une feuille de style XSLT/CSS* (repère 2) ou bien l'icône correspondante (repère 1). Une boite de dialogue s'ouvre, et dans l'onglet XSLT, on sélectionne le fichier *exemple_05_01.xsl* (repère 3). En cliquant

FIGURE 5.1

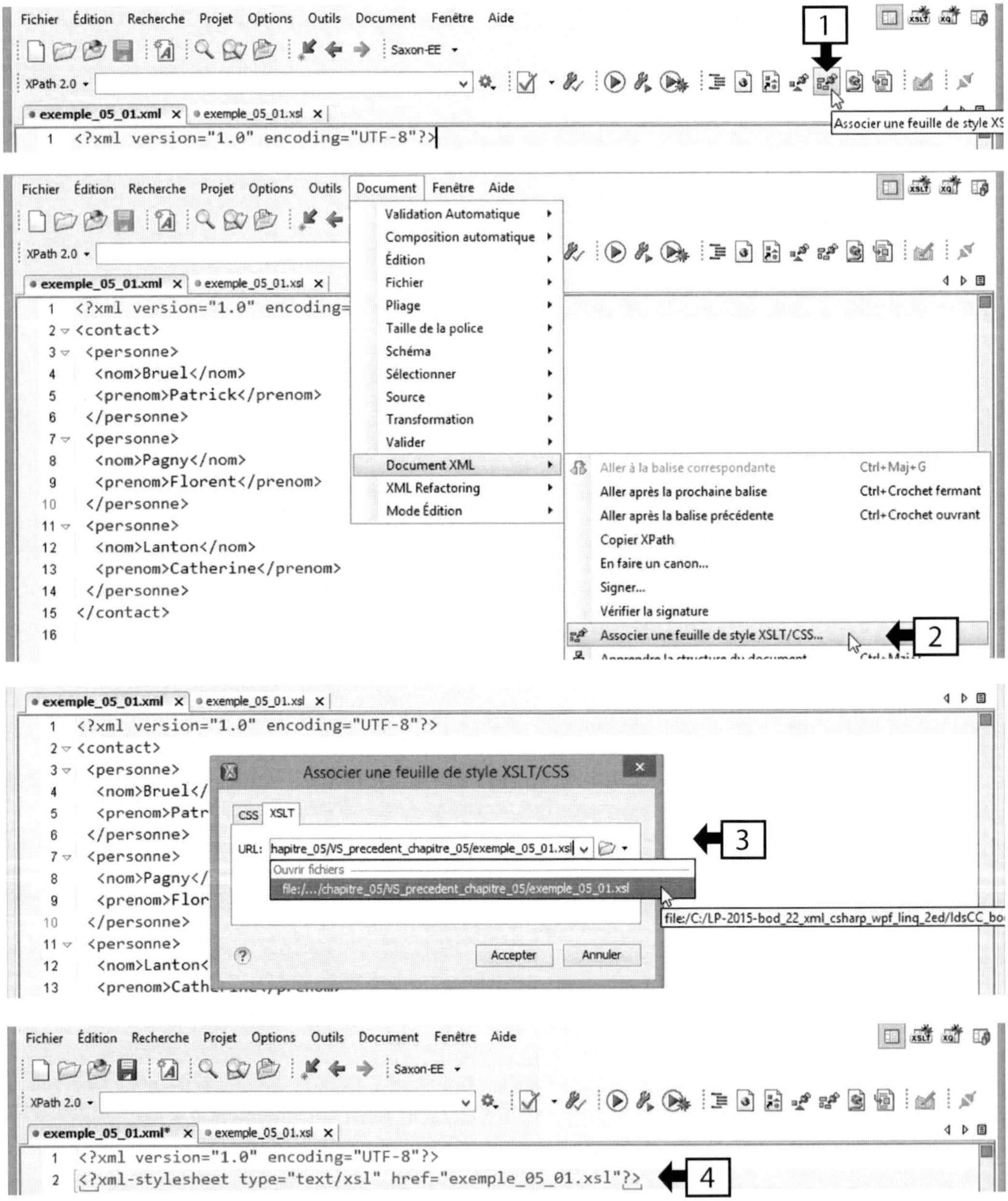

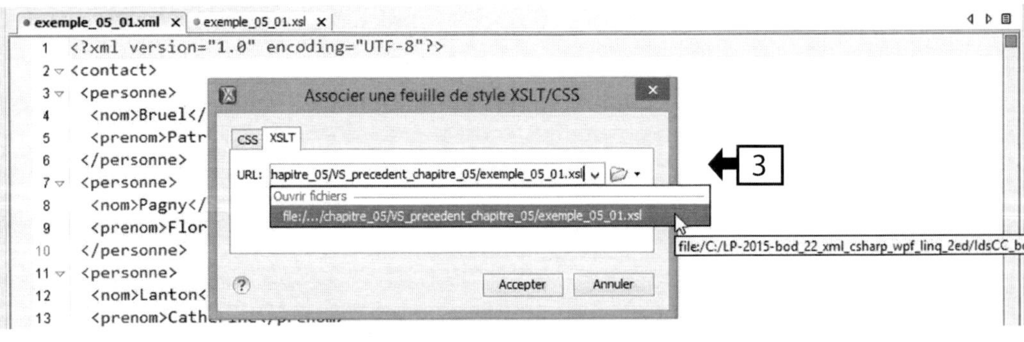

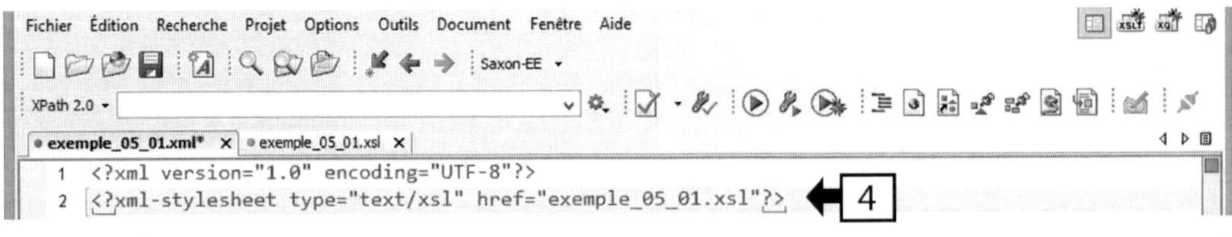

sur le bouton *Accepter*, l'instruction de traitement adéquate est écrite dans le document XML (repère 4). On écrit les éléments nécessaires dans la feuille de transformation XSLT pour traiter les données XML de façon à produire un fichier HTML (comme on l'a fait au chapitre 3). Notre feuille *exemple_05_01.xsl* est la suivante:

```
<?xml version="1.0" encoding="UTF-8"?>
<xsl:stylesheet xmlns:xsl="http://www.w3.org/1999/XSL/Transform" version="1.0">
 <xsl:template match="/">
  <html>
   <head>
    <title>Mon exemple_05_01</title>
    <link rel="stylesheet" type="text/css" href="exemple_05_01.css " media="all"/>
   </head>
   <body>
    <table border="0" cellspacing="2">
     <tr>
      <th class="entete">Nom</th>
      <th class="entete">Prénom</th>
     </tr>
     <xsl:apply-templates/>
    </table>
   </body>
  </html>
 </xsl:template>
 <xsl:template match="contact/personne">
  <tr>
   <td class="nom">
    <xsl:apply-templates select="nom"/>
   </td>
   <td class="prenom">
    <xsl:apply-templates select="prenom"/>
   </td>
  </tr>
 </xsl:template>
 <xsl:template match="nom">
  <xsl:value-of select="."/>
 </xsl:template>
 <xsl:template match="prenom">
  <xsl:value-of select="."/>
  <xsl:text> </xsl:text>
 </xsl:template>
</xsl:stylesheet>
```

De façon à réaliser une mise en page plus jolie, on personnalise le code HTML avec une feuille de style CSS que l'on sauvegarde sous le nom de *exemple_05_01.css*. Le contenu de notre feuille de style est le suivant:

```
@charset "utf-8";
```

```
/* CSS Document */
.nom {
        font-family: Consolas;
        font-size: 16px;
        font-style: normal;
        font-weight: normal;
        color: #000;
        display: block;
        height: 20px;
        width: 200px;
        background-color: #F5F5F5;
}
.entete {
        font-family: Tahoma;
        font-size: 16px;
        font-style: normal;
        font-weight: bold;
        color: #000;
        background-color: #FCC;
        text-align: center;
}
.prenom {
        font-family: Consolas;
        font-size: 16px;
        font-style: normal;
        font-weight: normal;
        color: #000;
        display: block;
        height: 20px;
        width: 200px;
        background-color: #F5F5F5;
}
```

FIGURE 5.2

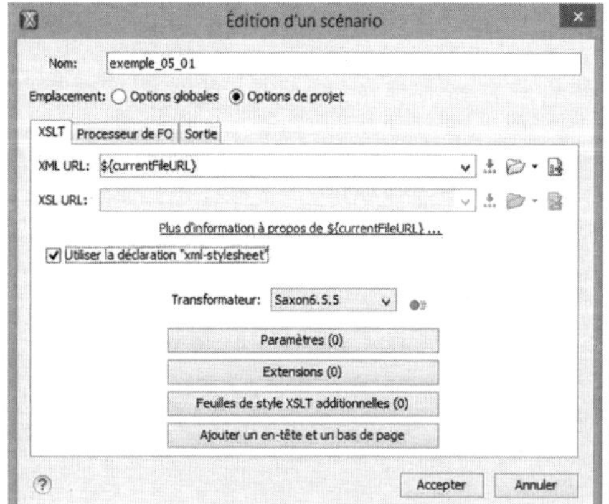

Pour visualiser le résultat obtenu dans le navigateur, avec l'onglet du document XML activé, on ajoute un scénario de transformation (figure 5.2). En cliquant sur l'icône Appliquer le scénario, le navigateur par défaut s'ouvre et les données XML sont affichées avec une mise en forme en fonction de la feuille de style CSS (figure 5.3).

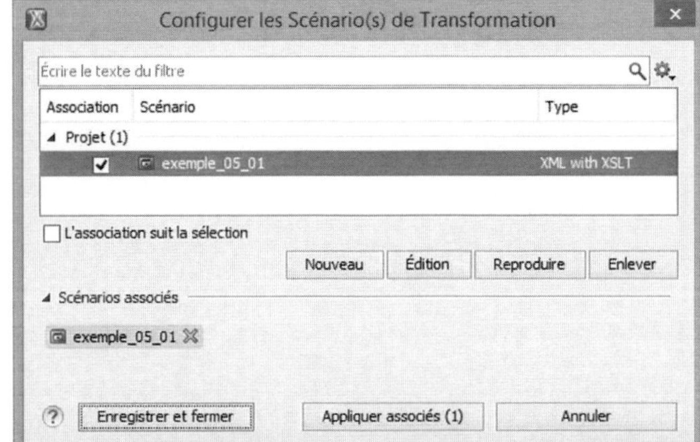

FIGURE 5.3

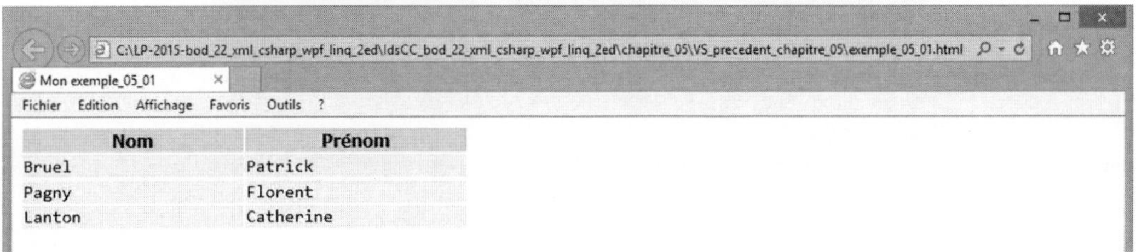

Pour l'instant, notre document XML est composé de balises que nous avons écrit. Or, à aucun moment, même si notre document XML est bien formé, une vérification n'est intervenue pour voir si les balises respectaient des règles définies. C'est pour cette raison que l'on doit ajouter une DTD qui est un fichier spécifique dans lequel les régles sont définies. A titre d'exemple, lors de la rédaction d'un fichier en HTML, de nombreuses règles doivent êtres respectées. Elles ont été définies par le W3C et elles assurent l'obtention systématique du même résultat visuel avec tout navigateur web. Un document XML sera considéré comme valide si il est bien formé et si il respecte les régles définies dans une DTD. Une DTD peut être associée de trois façons à un document XML: dans le cas de la DTD externe, toutes les règles à respecter sont décrites dans un fichier spécifique; dans le cas de la DTD interne, toutes les règles à respecter sont décrites dans le fichier XML; et dans le cas de la DTD mixte, les règles sont décrites à la fois dans un fichier spécifique et dans le document XML. Généralement c'est le cas de la DTD externe qui est le plus usité. Pour ajouter une DTD (figure 5.4), on choisit, dans le menu

FIGURE 5.4

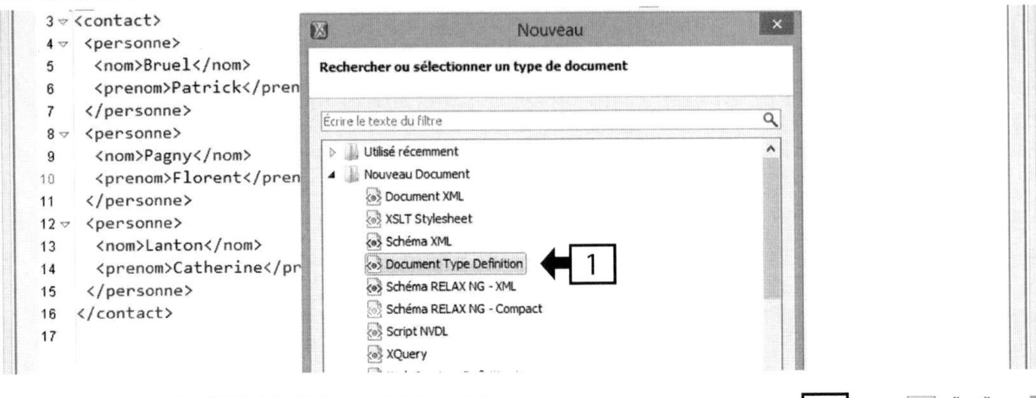

Nouveau
Rechercher ou sélectionner un type de document
Écrire le texte du filtre
Utilisé récemment
Nouveau Document
Document XML
XSLT Stylesheet
Schéma XML
Document Type Definition
Schéma RELAX NG - XML
Schéma RELAX NG - Compact
Script NVDL
XQuery
1

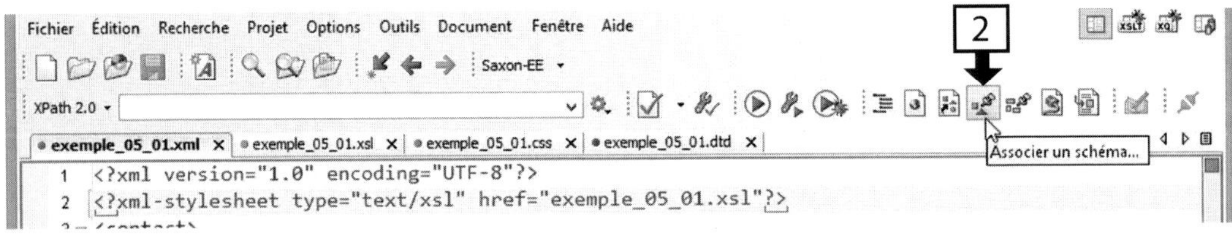

Fichier Édition Recherche Projet Options Outils Document Fenêtre Aide
Saxon-EE
XPath 2.0
exemple_05_01.xml
exemple_05_01.xsl
exemple_05_01.css
exemple_05_01.dtd
Associer un schéma...
2

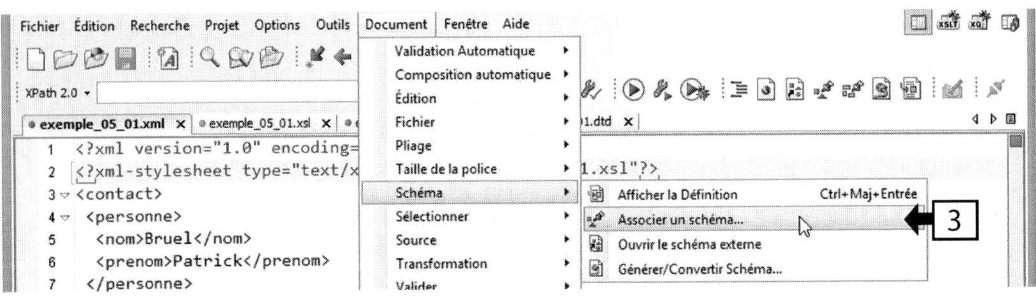

Document
Validation Automatique
Composition automatique
Édition
Fichier
Pliage
Taille de la police
Schéma
Sélectionner
Source
Transformation
Valider
Afficher la Définition Ctrl+Maj+Entrée
Associer un schéma...
Ouvrir le schéma externe
Générer/Convertir Schéma...
3

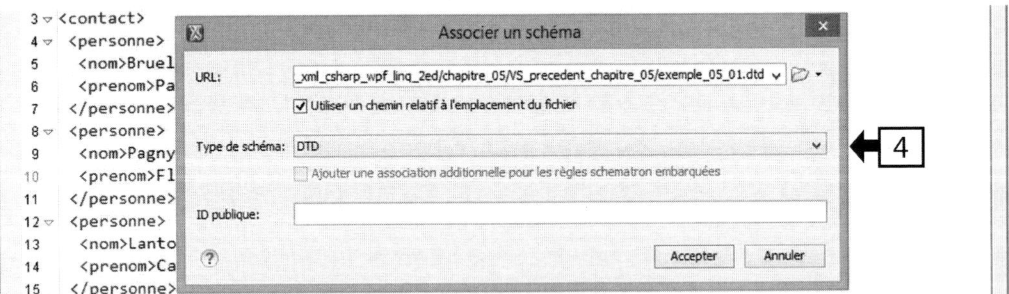

Associer un schéma
URL: _xml_csharp_wpf_linq_2ed/chapitre_05/VS_precedent_chapitre_05/exemple_05_01.dtd
Utiliser un chemin relatif à l'emplacement du fichier
Type de schéma: DTD
Ajouter une association additionnelle pour les règles schematron embarquées
ID publique:
Accepter
Annuler
4

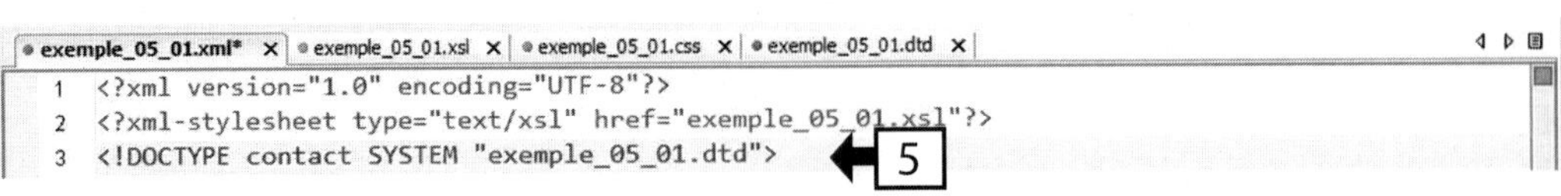

exemple_05_01.xml*
exemple_05_01.xsl
exemple_05_01.css
exemple_05_01.dtd
<?xml version="1.0" encoding="UTF-8"?>
<?xml-stylesheet type="text/xsl" href="exemple_05_01.xsl"?>
<!DOCTYPE contact SYSTEM "exemple_05_01.dtd">
5

Fichier -> Nouveau, un document de type *Document Type Definition* (repère 1). On sauvegarde ce document par *exemple_05_01.dtd* (extension *.dtd*). Dans l'onglet activé du document XML, on choisit le menu *Document -> Schéma -> Associer un schéma* (repère 3) ou bien l'icône correspondante (repère 2). Une boite de dialogue s'ouvre (repère 4). Dans le champ *URL*, on sélectionne la feuille DTD. Dans le sélecteur de type de schéma, on choisit *DTD*. On coche *Utiliser un chemin relatif à l'emplacement du fichier*. Et on clique sur *Accepter*. L'instruction de traitement *<!DOCTYPE contact SYSTEM «exemple_05_01.dtd»>* est ajouté au document XML. Maintenant on remplit la feuille DTD par le contenu ci-dessous. Nous verrons en détail dans les paragraphes suivants l'explication de ce contenu.

```
<?xml version="1.0" encoding="UTF-8"?>
<!ELEMENT contact (personne*) >
<!ELEMENT personne (nom,prenom) >
<!ELEMENT nom (#PCDATA) >
<!ELEMENT prenom (#PCDATA) >
```

Il ne nous reste plus qu'à vérifier que le document XML est bien formé et qu'il est bien valide. Comme le montre la figure 5.5, pour vérifier si un document XML est bien formé, on choisit l'item *Vérifier si le document est bien formé* (repère 1). Un message d'information («*le document est bien formé*») s'affiche dans la barre

FIGURE 5.5

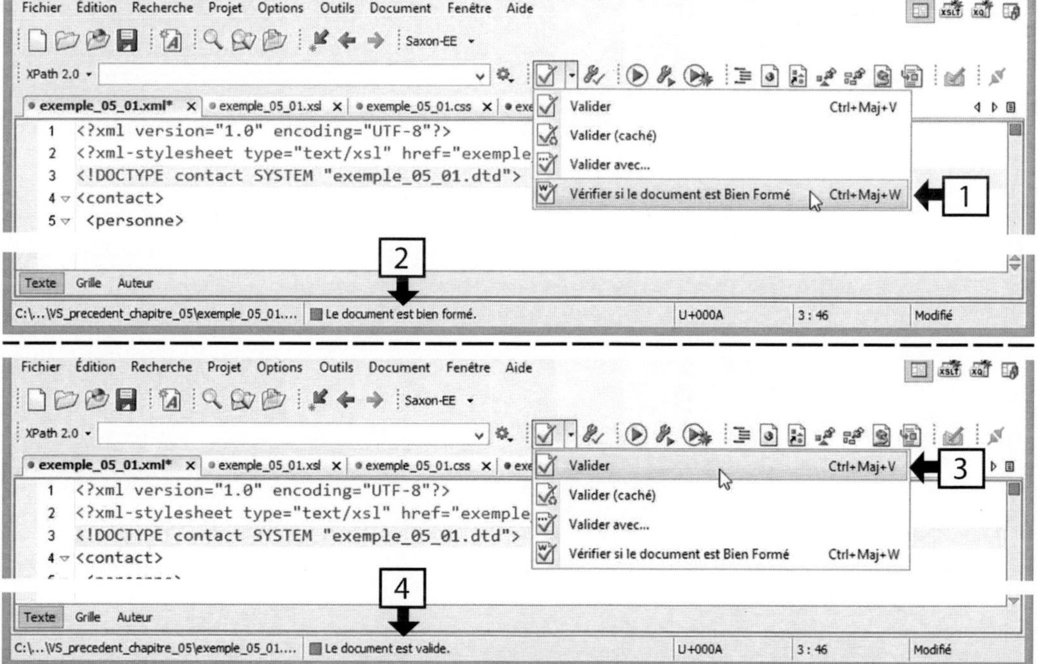

d'état au bas de la page (repère 2). Pour vérifier si un document XML est bien valide (sous-entendu qu'une DTD lui est associée), on choisit l'item *Valider* (repère 3). Un message d'information («*le document est valide*») s'affiche dans la barre d'état au bas de la page (repère 4).

L'association de notre DTD au document XML a consisté à ajouter un élément optionnel DOCTYPE juste derrière le prologue (*<!DOCTYPE contact SYSTEM «exemple_05_01.dtd»>*). L'absence de DOCTYPE autorise les navigateurs à interpréter la page qu'ils affichent selon l'idée qu'ils s'en font, eux.

Autrement dit, on leur laisse la main libre. Rien ne vous garantit qu'ils le feront correctement, d'autant moins que chaque navigateur dispose de son garde-fou particulier. La présence de DOCTYPE rend possible la validation du code. Le DOCTYPE est de la forme suivante:

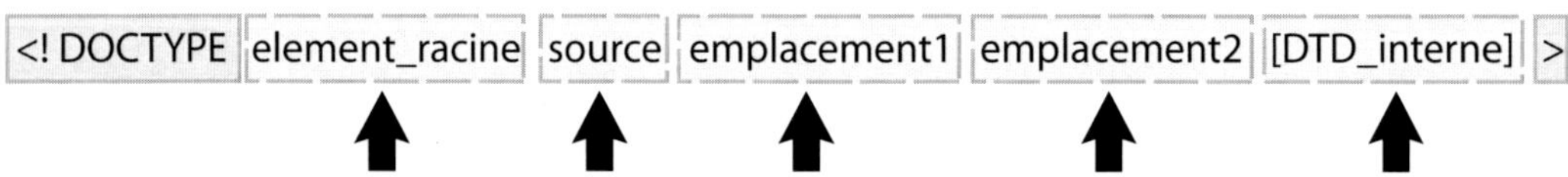

La déclaration DOCTYPE se compose des paramètres:

- *element_racine* qui représente le nom de l'élément racine du document XML.
- *source* qui représente un des deux mots clés PUBLIC ou SYSTEM.
- *emplacement1* et *emplacement2* qui représentent l'emplacement du fichier DTD.
- *DTD_interne* qui représente, dans le cas d'une déclaration mixte ou interne, la position des règles internes.

Les mots-clés PUBLIC et SYSTEM permettent d'établir une distinction entre les DTD publiques, disponibles sur l'Internet ou normalisées, et les DTD à usage privé, disponibles uniquement sur le système utiliseé pour valider le document XML.

Dans le cas de la DTD publique (type PUBLIC), deux emplacements doivent être indiqués. Si la DTD n'est pas disponible au premier emplacement, le second emplacement sera alors utilisé. Dans le cas d'une DTD à usage privé (type SYSTEM), un seul emplacement doit être spécifié.

Dans notre exemple, le DOCTYPE est *<!DOCTYPE contact SYSTEM "exemple_05_01.dtd">*. La racine est *contact*, la DTD est privé (type SYSTEM), et son emplacement est *exemple_05_01.dtd* (chemin relatif au document XML ici, ou chemin absolu si nécessaire).

2 - Le contenu d'une DTD

Si nous regardons en détail le contenu de notre DTD (figure 5.6), on constate qu'elle débute par un prologue XML (avec les attributs *version* et *encoding*), puis qu'elle contient un ensemble d'éléments. Les règles d'une DTD portent principalement sur les éléments et les attributs. Elles permettent de définir si un élément a le droit de contenir d'autres éléments ou bien de ne contenir que des données textuelles par exemple.

FIGURE 5.6

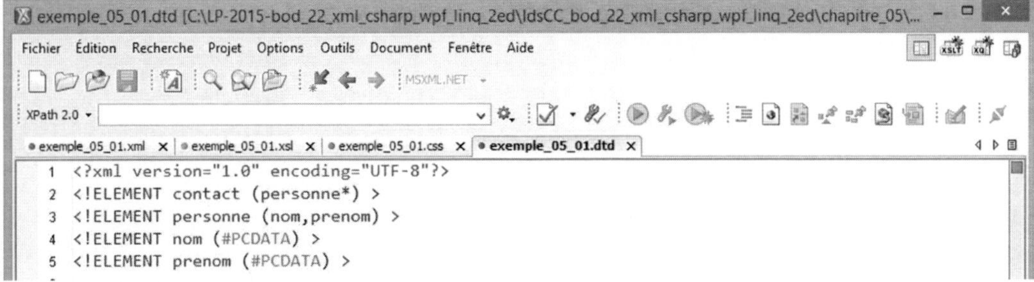

Dans une DTD, une règle s'écrit de la façon suivante:

- elle débute par les caractères «<!»,
- il vient ensuite un mot clé avec aucun espace entre les caractères du début et le mot-clé,
- il vient ensuite un ensemble de paramètres séparés par un ou plusieurs espaces,
- elle se termine par le caractère «>».

Une règle peut donc s'écrire des deux façons suivantes:

<! mot_cle parametre1 parametre2 ... >

<! mot_cle
parametre1
parametre2
...
>

Les mots-clés possibles sont ELEMENT, ATTLIST, ENTITY et NOTATION. Le mot-clé ELEMENT est relatif à un élément XML. Le mot-clé ATTLIST est relatif à un attribut d'élément XML. Le mot-clé ENTITY est relatif à des caractères spéciaux et à des macros texte. Et le mot-clé NOTATION est relatif à du contenu externe non XML et à l'application externe gérant ce contenu. Vous pourrez consulter le détail de tous ces mots-clés sur le site du W3C à l'adresse web *http://www.w3.org/TR/2000/REC-*

xml-20001006.

2.1 - Les règles sur les éléments

Les éléments sont les blocs fondamentaux des documents XML. Leur contenu peut prendre des formes multiples. Il peut être composé d'autres éléments imbriqués les uns dans les autres. Il peut être composé de données uniquement textuelles, appelées PCDATA. Il peut être aussi un mélange d'éléments et de PCDATA. Dans notre exemple, nous avons des nœuds *personne* qui contiennent des enfants *nom* et *prenom*. Ces enfants contiennent uniquement des données textuelles. Cela se traduit par les éléments suivants:

```
<!ELEMENT personne (nom,prenom) >
<!ELEMENT nom (#PCDATA) >
<!ELEMENT prenom (#PCDATA) >
```

L'élément personne est suivi d'un modèle de contenu (*nom,prenom*) qui se trouve entouré de parenthèses. Cela veut dire qu'un élément *personne* est composé d'un élément *nom* et d'un élément *prenom*. Il est possible d'être plus précis dans la définition du contenu d'un élément grâce aux modèles de contenu suivants:

- élément: le nom d'autre éléments.
- #PCDATA: type d'élément ne pouvant contenir que des données textuelles.
- mixte: type d'élément pouvant contenir du texte et/ou des éléments enfants.

Comme les éléments *nom* et *prenom* contiennent uniquement des données textuelles, on les déclare avec un #PCDATA.

```
<!ELEMENT nom (#PCDATA) >
<!ELEMENT prenom (#PCDATA) >
```

Les catégories de contenu peuvent être aussi ANY ou EMPTY:

- ANY représente un type d'élément pouvant contenir n'importe quel élément défini dans la DTD.
- EMPTY représente un type d'élément vide; seuls des attributs d'élément sont alors autorisés.

Il aurait été possible de donner moins de précision pour l'élément *nom* et *prenom*. Dans ce cas, la règle aurait été la suivante:

```
<!ELEMENT nom ANY >
<!ELEMENT prenom ANY >
```

Les modèles de contenu assurent la définition précise de la structure du contenu d'un élément. Dans le cas d'un contenu type élément, l'ordre utilisé pour préciser ces éléments a une importance. La liste délimitée entre parenthèses est appelée une liste ordonnée d'éléments. Dans notre exemple, la règle *<!ELEMENT personne (nom,prenom)>* précise que l'élément *personne* contient un premier élément enfant, l'élément *nom*, et un deuxième élément enfant, l'élément *prenom*. De plus, chaque élément enfant doit être obligatoirement défini dans la DTD. Les contenus de type mixte permettent d'accepter qu'un élément contienne à la fois du texte et d'autres éléments. Prenons le cas suivant d'un élément *livre* qui contient un contenu mixte:

```
<!DOCTYPE livre [
 <!ELEMENT livre (#PCDATA | nom_prenom | ville)* >
 <!ELEMENT nom_prenom (#PCDATA) >
 <!ELEMENT ville (#PCDATA) >
]>
<livre> voici l'illustration d'un contenu mixte
 <nom_prenom>Basile Boli</nom_prenom> avec du texte
 et des balises <nom_prenom>Marseille</nom_prenom>
 dans une ville<ville>Bordeaux</ville>
</livre>
```

Dans la définition des règles pour les éléments avec du contenu mixte, le mot-clé #PCDATA doit se situer en premier, suivi par les noms des éléments enfants. Par contre, l'ordre des éléments enfants n'a pas d'importance. Un exemple courant de modèle de contenu mixte XML est celui de la page HTML. Le contenu de l'élément *body* est composé à la fois de données textuelles et d'autres éléments. Et en plus, certains éléments peuvent être vides comme le retour à la ligne <br />. Lors de la description d'un modèle de contenu, il est possible de préciser le nombre d'éléments enfants admis grâce à des opérateurs de cardinalité. Ces opérateurs de cardinalité sont les suivants:

- opérateur «?» représente zéro ou un élément enfant facultatif.
- opérateur «*» représente zéro ou plusieurs éléments enfants facultatifs.
- opérateur «+» représente un ou plusieurs éléments enfants.

Pour exprimer les cardinalités, examinons le cas suivant:

```
<!DOCTYPE contact [
 <!ELEMENT contact (personne)>
 <!ELEMENT personne (nom, prenom, prenom_2?, adresse, telephone+) >
 <!ELEMENT nom (#PCDATA) >
 <!ELEMENT prenom (#PCDATA) >
 <!ELEMENT prenom_2 (#PCDATA) >
 <!ELEMENT adresse (#PCDATA) >
 <!ELEMENT telephone (#PCDATA) >
]>
<contact>
```

```
 <personne>
  <nom>Boli</nom>
  <prenom>Basile</prenom>
  <adresse>14 rue des lilas</adresse>
  <telephone>0102030405</telephone>
 <telephone>0203040506</telephone>
 </personne>
</contact>
```

Cette règle signifie qu'un élément *personne* devra avoir, dans cet ordre, les éléments *nom, prenom, prenom_2, adresse* et *telephone*. L'élément *prenom_2* pourra être absent et il pourra y avoir plusieurs occurrences de *telephone*. Quand un élément n'est pas suivi d'un opérateur de cardinalité, cela signifie que l'élément ne peut figurer qu'une fois. Les éléments *nom, prenom* et *adresse* doivent être uniques dans l'élément personne. Si l'élément *contact* doit contenir plusieurs occurrences, il faut alors ajouter un opérateur de cardinalité «+» à l'élément *contact*. La règle s'écrit par *<!ELEMENT contact (personne)+>.*

```
<!DOCTYPE contact [
 <!ELEMENT contact (personne)+>
 <!ELEMENT personne (nom, prenom, prenom_2?, adresse, telephone+) >
 <!ELEMENT nom (#PCDATA) >
 <!ELEMENT prenom (#PCDATA) >
 <!ELEMENT prenom_2 (#PCDATA) >
 <!ELEMENT adresse (#PCDATA) >
 <!ELEMENT telephone (#PCDATA) >
]>
<contact>
 <personne>
  <nom>Boli</nom>
  <prenom>Basile</prenom>
  <adresse>14 rue des lilas</adresse>
  <telephone>0102030405</telephone>
  <telephone>0203040506</telephone>
 </personne>
 <personne>
  <nom>Bruel</nom>
  <prenom>Patrick</prenom>
  <prenom_2>Alphonse</prenom_2>
  <adresse>330 place des obus</adresse>
  <telephone>0102030405</telephone>
 </personne>
</contact>
```

Par contre, si on autorise à avoir l'élément *contact* vide, il faut modifier la règle de *contact* par l'opérateur «*», comme ceci *<!ELEMENT contact (personne)*>* ou comme cela *<!ELEMENT contact (personne*)>*. Ce qui donne par exemple:

```
<!DOCTYPE contact [
 <!ELEMENT contact (personne)*>
 <!ELEMENT personne (nom, prenom, prenom_2?, adresse, telephone+) >
 <!ELEMENT nom (#PCDATA) >
 <!ELEMENT prenom (#PCDATA) >
 <!ELEMENT prenom_2 (#PCDATA) >
 <!ELEMENT adresse (#PCDATA) >
 <!ELEMENT telephone (#PCDATA) >
]>
<contact>
</contact>
```

Dans les modèles de contenu utilisés, le séparateur «,» (virgule) permet de réaliser des listes d'éléments enfants. Avec le caractère « | » (barre verticale), on définit des listes de choix. Dans le cas suivant, avec nos contacts téléphoniques, nous voulons ajouter le choix de pouvoir inscrire le titre de la personne (Mr, Mme ou Melle). Une liste de choix comme celle du titre de la personne s'écrira comme ceci entre parenthèses «*(Mr | Mme | Melle)*».

```
<!DOCTYPE contact [
 <!ELEMENT contact (personne)*>
 <!ELEMENT personne ((Mr | Mme | Melle), nom, prenom, prenom_2?, adresse,
  telephone+) >
 <!ELEMENT Mr EMPTY >
 <!ELEMENT Mme EMPTY >
 <!ELEMENT Melle EMPTY >
 <!ELEMENT nom (#PCDATA) >
 <!ELEMENT prenom (#PCDATA) >
 <!ELEMENT prenom_2 (#PCDATA) >
 <!ELEMENT adresse (#PCDATA) >
 <!ELEMENT telephone (#PCDATA) >
]>
<contact>
 <personne>
  <Mr/>
  <nom>Boli</nom>
  <prenom>Basile</prenom>
  <adresse>14 rue des lilas</adresse>
  <telephone>0102030405</telephone>
  <telephone>0203040506</telephone>
 </personne>
  <personne>
  <Melle/>
  <nom>Meignan</nom>
  <prenom>Laly</prenom>
  <prenom_2>Laurence</prenom_2>
  <adresse>330 place des obus</adresse>
  <telephone>0102030405</telephone>
 </personne>
```

```
</contact>
```

A noter qu'il ne faut pas oublier de déclarer les éléments qui sont compris dans une liste de choix. Ici on les déclare avec une catégorie EMPTY car on veut juste savoir quel est le titre de la personne. Si on estime que le titre de la personne est optionnel, on ajoute donc un opérateur de cardinalité «?». Ce qui donne:

```
<!DOCTYPE contact [
 <!ELEMENT contact (personne)*>
 <!ELEMENT personne ((Mr | Mme | Melle)?, nom, prenom, prenom_2?, adresse,
   telephone+) >
 <!ELEMENT Mr EMPTY >
 <!ELEMENT Mme EMPTY >
 <!ELEMENT Melle EMPTY >
 <!ELEMENT nom (#PCDATA) >
 <!ELEMENT prenom (#PCDATA) >
 <!ELEMENT prenom_2 (#PCDATA) >
 <!ELEMENT adresse (#PCDATA) >
 <!ELEMENT telephone (#PCDATA) >
]>
<contact>
 <personne>
  <Mr/>
  <nom>Boli</nom>
  <prenom>Basile</prenom>
  <adresse>14 rue des lilas</adresse>
  <telephone>0102030405</telephone>
  <telephone>0203040506</telephone>
 </personne>
 <personne>
  <nom>Meignan</nom>
  <prenom>Laly</prenom>
  <prenom_2>Laurence</prenom_2>
 <adresse>330 place des obus</adresse>
  <telephone>0102030405</telephone>
 </personne>
</contact>
```

2.2 - Les règles sur les attributs

Comme pour les éléments, les règles sur les attributs permettent de spécifier s'ils sont obligatoires ou pas. Toutes ces règles sont de la forme suivante:

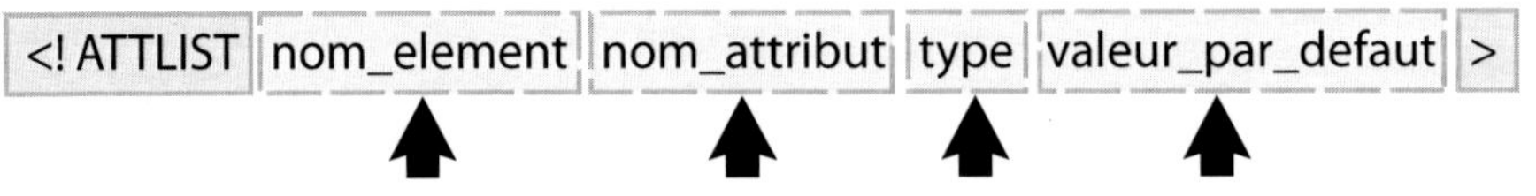

Une règle sur les attributs est définie comme suit:

- elle commence par «*<!ATTLIST*» et se termine par «>».
- *nom_element* est le nom XML valide pour lequel sera associé l'attribut.
- *nom_attribut* est le nom XML valide de l'attribut.
- *type* est le type associé à l'attribut.
- *valeur_par_defaut* est la valeur par défaut lors de la présence de l'attribut.

Le paramètre *valeur_par_defaut* peut prendre l'une des quatre valeurs suivantes:

- #REQUIRED indique que la présence de l'attribut est obligatoire.
- #IMPLIED indique que la présence de l'attribut est optionnelle.
- #FIXED indique que la présence de l'attribut est optionnelle, mais s'il est présent, alors sa valeur doit être identique à la valeur précisée après le paramètre #FIXED.
- une valeur qui sera utilisée comme valeur par défaut en cas d'absence de l'attribut; cette valeur est représentée par une chaîne entourée de guillemets doubles ou de guillemets simples, et de type identique au type déclaré de l'attribut.

Le paramètre *type* définit si l'attribut correspondant est juste une donnée textuelle ou bien une information plus complexe. Dans la norme XML 1.0, les types existants sont au nombre de dix. Nous allons voir les types d'attribut les plus usités. Le type le plus utilisé est le type CDATA pour définir un attribut dont la valeur est une donnée textuelle. Dans l'exemple suivant, la règle spécifie que l'élément *nom* doit posséder un attribut *titre* obligatoire qui est de type CDATA.

```
<!DOCTYPE contact [
 <!ELEMENT contact (personne)*>
 <!ELEMENT personne (nom) >
 <!ELEMENT nom (#PCDATA) >
<!ATTLIST nom titre CDATA #REQUIRED >
]>
<contact>
 <personne>
  <nom titre="Mr">Boli</nom>
 </personne>
 <personne>
  <nom titre="Melle">Boccolini</nom>
 </personne>
</contact>
```

Dans l'exemple suivant, l'attribut *version* est de type CDATA et possède une valeur par défaut quand il est présent (*<!ATTLIST document version CDATA «1.0»* >).

```
<!DOCTYPE contact [
 <!ELEMENT contact (document)*>
```

```
 <!ELEMENT document (#PCDATA) >
 <!ATTLIST document version CDATA "1.0" >
]>
<contact>
 <document version="1.0"></document>
 <document version="2.0"></document>
 <document></document>
</contact>
```

Par contre, si la règle de l'attribut *version* est *<!ATTLIST document version CDATA #FIXED «1.0» >*, alors deux cas possibles: si *version* est présent, il est alors égal à *«1.0»*, et s'il est absent, la règle le permet par #FIXED.

```
<!DOCTYPE contact [
 <!ELEMENT contact (document)*>
 <!ELEMENT document (#PCDATA) >
 <!ATTLIST document version CDATA #FIXED "1.0" >
]>
<contact>
 <document version="1.0"></document>
 <document></document>
</contact>
```

Il existe aussi le type dit type énuméré. Un attribut de type énuméré ne peut prendre qu'une valeur appartenant à l'énumération. Dans l'exemple suivant, l'attribut *titre* est obligatoire et doit être égal à une valeur de l'énumération (*Mr*, *Mme* ou *Melle*). Et l'attribut *nom_epouse* est optionnelle.

```
<!DOCTYPE contact [
 <!ELEMENT contact (personne)*>
 <!ELEMENT personne (nom) >
 <!ELEMENT nom (#PCDATA) >
 <!ATTLIST nom titre (Mr | Mme | Melle) #REQUIRED >
 <!ATTLIST nom nom_epouse CDATA #IMPLIED >
]>
<contact>
 <personne>
  <nom titre="Mr">Boli</nom>
 </personne>
 <personne>
  <nom titre="Mme" nom_epouse="Babel">Boccolini</nom>
 </personne>
</contact>
```

Les types ID, IDREF et IDREFS sont des types d'attributs qui permettent de définir des relations entre éléments. Le type ID indique que l'attribut possède une valeur qui doit être unique dans le document XML. De plus, le type de valeur par défaut associé à l'attribut ID ne peut être que #REQUIRED ou #IMPLIED. Dans l'exemple suivant, l'attribut *ID_personne* de type ID doit avoir une valeur unique au sein du document XML. On ne pourrait pas avoir l'attribut *ID_personne= «numero_1»* pour le deuxième élément *personne*.

```
<!DOCTYPE contact [
 <!ELEMENT contact (personne)*>
 <!ELEMENT personne (nom, prenom) >
 <!ATTLIST personne ID_personne ID #REQUIRED >
 <!ELEMENT nom (#PCDATA) >
 <!ELEMENT prenom (#PCDATA) >
]>
<contact>
 <personne ID_personne="numero_1">
  <nom>Boli</nom>
  <prenom>Basile</prenom>
 </personne>
 <personne ID_personne="numero_2">
  <nom>Bruel</nom>
  <prenom>Patrick</prenom>
 </personne>
</contact>
```

Le type IDREF permet d'établir un lien entre plusieurs éléments. Dans l'exemple suivant, l'attribut *residence* de *ville* fait référence à une personne par son attribut *ID_personne*.

```
<!DOCTYPE contact [
 <!ELEMENT contact (personne*, ville*)>
 <!ELEMENT personne (nom, prenom) >
 <!ATTLIST personne ID_personne ID #REQUIRED >
 <!ELEMENT nom (#PCDATA) >
 <!ELEMENT prenom (#PCDATA) >
 <!ELEMENT ville (#PCDATA) >
 <!ATTLIST ville residence IDREF #IMPLIED>
]>
<contact>
 <personne ID_personne="numero_1">
  <nom>Boli</nom>
  <prenom>Basile</prenom>
 </personne>
 <personne ID_personne="numero_2">
  <nom>Bruel</nom>
  <prenom>Patrick</prenom>
 </personne>
 <ville residence="numero_1">Marseille</ville>
 <ville residence="numero_2">Bordeaux</ville>
</contact>
```

Supposons maintenant que la ville de Marseille soit aussi un lieu de résidence pour les personnes avec les attributs *ID_personne= «numero_1»* et *ID_personne= «numero_2»*. Pour cela il faut modifier le type de l'attribut *residence* par le type IDREFS. En effet, le type IDREFS permet d'établir des liens multiples entre plusieurs éléments. Et alors, on peut écrire les données XML suivantes:

```
<!DOCTYPE contact [
 <!ELEMENT contact (personne*, ville*)>
 <!ELEMENT personne (nom, prenom) >
 <!ATTLIST personne ID_personne ID #REQUIRED >
 <!ELEMENT nom (#PCDATA) >
 <!ELEMENT prenom (#PCDATA) >
 <!ELEMENT ville (#PCDATA) >
 <!ATTLIST ville residence IDREFS #IMPLIED>
]>
<contact>
 <personne ID_personne="numero_1">
 <nom>Boli</nom>
  <prenom>Basile</prenom>
  </personne>
 <personne ID_personne="numero_2">
  <nom>Bruel</nom>
  <prenom>Patrick</prenom>
 </personne>
 <ville residence="numero_1 numero_2">Marseille</ville>
 <ville residence="numero_2">Bordeaux</ville>
</contact>
```

Les types NMTOKEN et NMTOKENS sont des types qui limitent les valeurs d'un attribut aux seuls caractères valides pour un nom XML. Ils offrent donc moins de souplesse dans l'expression des valeurs que le type CDATA dans lequel toute chaîne est acceptée. Le type NMTOKEN n'accepte pas les espaces et les caractères de ponctuation autres que «.» (point) et «-» (tiret). Le type NMTOKENS accepte les espaces et n'accepte pas les caractères de ponctuation autres que «.» (point) et «-» (tiret).

```
<!DOCTYPE biblio [
 <!ELEMENT biblio (livre*)>
 <!ELEMENT livre (#PCDATA) >
 <!ATTLIST livre annee NMTOKEN #REQUIRED >
 <!ATTLIST livre auteur NMTOKENS #REQUIRED >
]>
<biblio>
 <livre annee="2007" auteur="Patrick Bruel"></livre>
 <livre annee="2013" auteur="Laurence Boccolini Bruel"></livre>
</biblio>
```

Il reste trois autres types complexes très peu usités qui sont les types ENTITY,

ENTITIES et NOTATION. Vous pourrez consulter le détail de ces types sur le site du W3C à l'adresse web *http://www.w3.org/TR/2000/REC-xml-20001006*.

2.3 - Les DTD internes et externes

Pour une question de pratique, les DTD sont généralement déclarées en externe. Le document XML intitulé *exemple_05_02.xml*, dans le dossier *chapitre_05*, contient une DTD interne.

```
<?xml version="1.0" encoding="UTF-8"?>
<!DOCTYPE contact [
 <!ELEMENT contact (personne*, ville*)>

<?xml version="1.0" encoding="UTF-8"?>
<!DOCTYPE contact [
 <!ELEMENT contact (personne*, ville*)>
 <!ELEMENT personne (nom, prenom) >
 <!ATTLIST personne ID_personne ID #REQUIRED >
 <!ELEMENT nom (#PCDATA) >
 <!ELEMENT prenom (#PCDATA) >
 <!ELEMENT ville (#PCDATA) >
 <!ATTLIST ville residence IDREFS #IMPLIED>
]>
<contact>
 <personne ID_personne="numero_1">
  <nom>Boli</nom>
  <prenom>Basile</prenom>
 </personne>
 <personne ID_personne="numero_2">
  <nom>Bruel</nom>
  <prenom>Patrick</prenom>
 </personne>
 <ville residence="numero_1 numero_2">Marseille</ville>
 <ville residence="numero_2">Bordeaux</ville>
</contact>
```

Dans le cas d'une utilisation mixte, c'est-à-dire avec des règles de DTD dans un fichier en externe et d'autres règles en interne dans le document XML, la déclaration se fait comme ci-dessous (*exemple_05_03.xml* et *exemple_05_03.dtd*):

```
<?xml version="1.0" encoding="UTF-8"?>
<!DOCTYPE contact SYSTEM "exemple_05_03.dtd" [
 <!ELEMENT ville (#PCDATA) >
 <!ATTLIST ville residence IDREFS #IMPLIED>
]>
<contact>
 <personne ID_personne="numero_1">
  <nom>Boli</nom>
```

```
  <prenom>Basile</prenom>
 </personne>
 <personne ID_personne="numero_2">
  <nom>Bruel</nom>
  <prenom>Patrick</prenom>
 </personne>
 <ville residence="numero_1 numero_2">Marseille</ville>
 <ville residence="numero_2">Bordeaux</ville>
</contact>

<?xml version=»1.0» encoding=»UTF-8»?>
<!ELEMENT contact (personne*, ville*)>
<!ELEMENT personne (nom, prenom) >
<!ATTLIST personne ID_personne ID #REQUIRED >

<!ELEMENT nom (#PCDATA) >
<!ELEMENT prenom (#PCDATA) >
```

3 - Déclaration et utilisation des entités

Dans les DTD, il y a des fonctions avancées qui donnent la possibilité de définir des contenus remplaçables, c'est-à-dire des données souvent répétées dans un document. Ces dernières peuvent alors être définies dans un document externe et remplacées par un terme spécifique dans tous les documents. Ces fonctions avancées sont appelées entités. Il existe plusieurs types d'entités dont les deux principales sont les entités générales, qui sont utilisables dans un document XML, et les entités paramètres, qui sont utilisables uniquement dans les DTD. Les entités générales peuvent être internes donc définies dans la DTD, ou bien peuvent être externes donc définies dans un fichier externe. Enfin, il existe deux sortes d'entités: les entités analysables internes et externes, et les entités non analysables qui sont toujours externes.

3.1 - Les entités générales

Une entité générale analysable est un contenu bien formé appelé texte de remplacement. Cette entité peut être appelée par une référence d'entité. La déclaration d'une entité générale analysable est la suivante:

- elle commence par le mot-clé «*<!ENTITY*».
- elle est suivie du raccourci choisi.
- elle est suivie par le texte à répéter et placé entre des guillemets.
- elle se termine par le caractère «>».

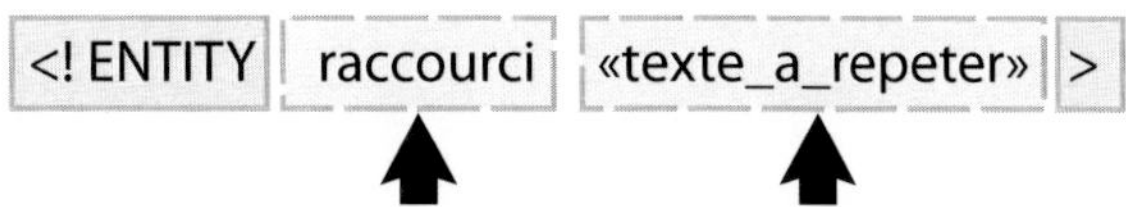

Les références d'entités analysables utilisent le caractère «&» (esperluette) comme délimiteur de début, et le caractère «;» (point-virgule) comme délimiteur de fin. L'emploi de ces entités permettent d'éviter de répéter plusieurs fois des chaînes de caractères dans un document. Prenons l'exemple suivant, intitulé *exemple_05_04.xml* dans le dossier *chapitre_05*, doté d'une DTD interne. On déclare une entité *chp* pour remplacer la chaîne « *chapitre numéro* », et une entité *pge* pour remplacer la chaîne « *à la page* ». L'écriture des données XML des éléments *livre* se trouve alors plus légère. On utilise les raccourcis *&chp;* et *&pge;* comme entités de remplacement.

```
<!DOCTYPE biblio  [
 <!ELEMENT biblio (livre*) >
 <!ELEMENT livre (#PCDATA) >
 <!ENTITY chp " chapitre numéro ">
 <!ENTITY pge " à la page " >
]>
<biblio>
 <livre>le mot "info" se trouve dans le &chp; 5 &pge; 136</livre>
 <livre>le mot "cours" se trouve dans le &chp; 2 &pge; 41</livre>
</biblio>
```

La figure 5.7 visualise le résultat obtenu dans le navigateur web avec Internet Explorer version 11 (repère 1) et Firefox version 39 (repère 2).
Les entités générales non analysables sont des entités externes. Elles définissent généralement des ressources externes comme des fichiers de type image et non plus simplement des données textuelles. Leur déclaration contiendra toujours soit le mot-clé PUBLIC, soit le mot-clé SYSTEM.
Leur déclaration se fait selon un des deux modèle suivants:

- *<!ENTITY nom SYSTEM «emplacement» NDATA type notation >*
- *<!ENTITY nom PUBLIC «emplacement1» «emplacement2» NDATA type notation >*

Le paramètre *nom* représente le nom de l'entité. Les paramètres *emplacement, emplacement1* et *emplacement2* représentent les chemins des ressources (chemin relatif ou chemin absolu). Le mot-clé NDATA décrit la façon dont le parseur XML devra analyser cette entité externe dont son format est représenté par le paramètre *type*.

FIGURE 5.7

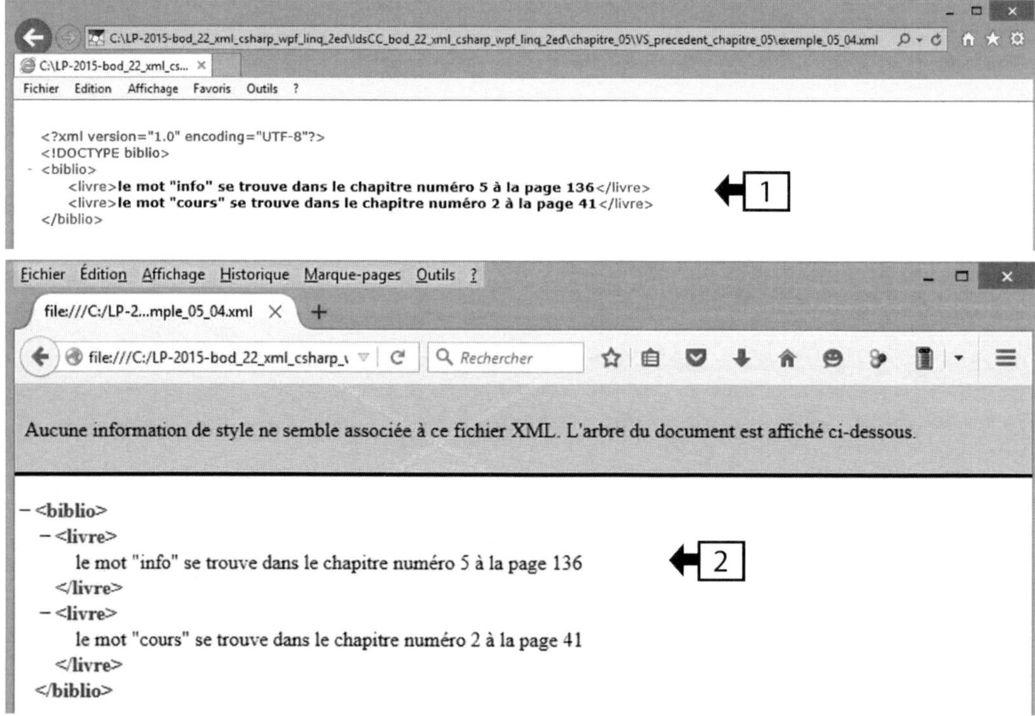

3.2 - Les entités paramètres

Les entités paramètres ne peuvent être utilisées que dans les DTD. Leur déclaration se distingue de celles des entités générales uniquement par l'ajout du caractère %. Leur déclaration est:

<!ENTITY % nom «chaine_a_representer» >

L'exemple *exemple_05_05.xml* utilise deux entités paramètres dans la DTD interne du document XML. Le code est le suivant:

```
<?xml version="1.0" encoding="ISO-8859-1"?>
<!DOCTYPE agenda [
 <!ENTITY % IdRef_Req "IDREFS #REQUIRED" >
 <!ENTITY % IdRef_Opt "IDREFS #REQUIRED" >
 <!ENTITY % CD_Req "CDATA #REQUIRED" >
 <!ELEMENT agenda (personne+) >
 <!ELEMENT personne (nom,prenom) >
 <!ATTLIST personne
          id_personne ID #REQUIRED
          id_connait %IdRef_Opt;
```

```
        id_ami %IdRef_Req;
 >
 <!ELEMENT nom (#PCDATA) >
 <!ATTLIST nom titre %CD_Req; >
 <!ELEMENT prenom (#PCDATA) >
]>
<agenda>
 <personne id_personne="pagny" id_ami="bruel">
  <nom titre="M">Pagny</nom>
  <prenom>Florent</prenom>
 </personne>
 <personne id_personne="bruel" id_connait="pagny" id_ami="pagny">
  <nom titre="M">Bruel</nom>
  <prenom>Patrick</prenom>
 </personne>
</agenda>
```

Le schéma XML 6

Nous avons vu que les DTD sont un moyen simple de définir les éléments et les attributs autorisés lors de la rédaction d'un document XML. Néanmoins, l'usage des DTD peut apparaître un peu frustrant par la non exploitation à sa pleine mesure des possibilités offertes par XML. Le W3C a donc développé un autre langage de définition de contenu qu'est le *XML Schema* (le schéma XML en français). Le schéma XML est de nos jours celui qui est le plus utilisé pour valider un document XML.

Dans ce chapitre, nous allons voir en détail la syntaxe de base, en commençant par les grandes lignes de la déclaration des éléments et des attributs, et en finissant par l'exploration de l'utilisation des types de données possibles avec les schémas XML.

1 - Comparaison entre la DTD et le schéma XML

Même si les DTD sont simples d'utilisation, dans les développements de projets complexes, les DTD présentent des limitations évidentes. D'où la création du format XML Schema par le W3C pour lever ces limitations.

Un fichier de DTD n'est pas un fichier XML. Pour manipuler et transformer en cas de besoin un fichier de DTD, il faut développer un ensemble de fonctionnalités supplémentaires par rapport à XML. De ce fait, les logiciels dédiés à la manipulation des documents XML doivent disposer en plus de modules dédiés aux traitements des DTD. *A contrario*, un schéma XML est justement un fichier XML. Il est donc manipulable par les mêmes outils que les documents XML qu'il permet de définir. De plus, il est possible de produire automatiquement la documentation associée à un schéma XML par l'application d'une feuille de transformation XSLT bien choisie.

Un document XML ne peut dépendre que d'une seule DTD même si cette dernière peut être étendue localement par une DTD interne. La constitution d'un document XML contenant des éléments provenant de divers langages (SVG, MathML, etc.) oblige à construire une DTD spéciale important les autres DTD. Par l'introduction des espaces de noms, le format du schéma XML permet d'incorporer à un document XML des éléments provenant de spécifications diverses, conçues indépendamment dans des schémas, et sans qu'il y ait la possibilité de conflit entre les définitions introduites.

Les données dans les DTD ne sont pas typées. Il est impossible dans une DTD de forcer la valeur d'un attribut pour en faire une date du calendrier. Cet inconvénient majeur des DTD n'existe pas dans le schéma XML puisque ce dernier introduit le typage des données.
Le schéma XML apporte quelques fonctionnalités techniques qui facilitent la tâche du concepteur. Les indicateurs d'occurrences des éléments peuvent être tout nombre entier positif ou nul. Les schémas sont très facilement concevables par modules. Une notion d'héritage introduite dans le schéma XML permet de regrouper des déclarations d'éléments ou d'attributs possédant en commun un certain nombre de caractéristiques.

2 - Associer un schéma XML à un document XML

Nous allons voir comment associer un schéma XML à un document XML. L'exemple présenté, intitulé *exemple_06_01.xml*, se trouve dans le dossier *chapitre_06* du code source de programmation. Le schéma XML qui lui sera associé est intitulé *exemple_06_01.xsd*. Dans le logiciel OXYGEN Editor 15, on crée un document XML dont les données représentent les détails d'une commande faite sur une boutique en ligne. Les données XML sont les suivantes:

```
<?xml version="1.0" encoding="UTF-8"?>
<ordre_achat xmlns:xsi="http://www.w3.org/2001/XMLSchema-instance"
 xsi:noNamespaceSchemaLocation="exemple_06_01.xsd" date_ordre="2013-10-20">
 <envoye_a pays="FR">
  <nom>Patrick Bruel</nom>
  <rue>330 impasse des lilas</rue>
  <ville>Bordeaux</ville>
  <departement>Gironde</departement>
  <code_postal>33000</code_postal>
 </envoye_a>
 <facture_a pays="FR">
  <nom>Patrick Bruel</nom>
  <rue>330 impasse des lilas</rue>
  <ville>Bordeaux</ville>
  <departement>Gironde</departement>
  <code_postal>33000</code_postal>
 </facture_a>
 <commentaire>prévenir client par téléphone dès l'envoi</commentaire>
 <items>
  <item numero_colis="872-AA">
   <nom_produit>plumier taille 30</nom_produit>
   <quantite>1</quantite>
   <FrPrixEuro>152.36</FrPrixEuro>
   <commentaire>plumier en bois de 30 stylos plume</commentaire>
```

```
  </item>
  <item numero_colis="926-AA">
   <nom_produit>boite 100 cartouches noires</nom_produit>
   <quantite>1</quantite>
   <FrPrixEuro>42.59</FrPrixEuro>
   <date_envoi>2013-11-02</date_envoi>
  </item>
 </items>
</ordre_achat>
```

Ensuite comme le montre la figure 6.1, par le menu *Fichier -> Nouveau*, on choisit un type de document *Schema XML* (repère 1) et on sauvegarde ce nouveau fichier sous le nom de *exemple_06_01.xsd* (extension *.xsd*). Pour associer ce schéma XML au document XML, on active l'onglet des données XML et on choisit le menu *Document -> Schéma -> Associer un schéma* (repère 2) ou bien on clique sur l'icône correspondante (repère 3). Dans la boite de dialogue qui s'ouvre (repère 4), on sélectionne *Schéma XML* dans la liste des types de schéma, dans le champ *URL* on sélectionne le fichier *exemple_06_01.xsd*, et on coche *Utiliser un chemin relatif à l'emplacement du fichier*. On clique sur *Accepter*, et le logiciel ajoute un pseudo-attribut relatif à l'espace de noms *xmlns:xsi= «http://www.w3.org/2001/XMLSchema-instance»* dont le préfixe est *xsi*. Cet espace de noms fournit la nomenclature des schémas XML. Maintenant on remplit le schéma XML par les données suivantes (on verra dans un prochain paragraphe le détail complet de toutes ces instructions).

```
<?xml version="1.0" encoding="UTF-8"?>
<xs:schema                          xmlns:xs="http://www.w3.org/2001/XMLSchema"
elementFormDefault="qualified">
 <xs:annotation>
  <xs:documentation xml:lang="fr"> Schéma d'un ordre d'achat dans une boutique en
   ligne.
  </xs:documentation>
 </xs:annotation>
 <xs:element name="ordre_achat" type="OrdreAchatType"/>
 <xs:element name="commentaire" type="xs:string"/>
 <xs:complexType name="OrdreAchatType">
  <xs:sequence>
   <xs:element name="envoye_a" type="FrAdresse"/>
   <xs:element name="facture_a" type="FrAdresse"/>
   <xs:element ref="commentaire" minOccurs="0"/>
   <xs:element name="items" type="items"/>
  </xs:sequence>
  <xs:attribute name="date_ordre" type="xs:date"/>
 </xs:complexType>
 <xs:complexType name="FrAdresse">
  <xs:sequence>
```

FIGURE 6.1

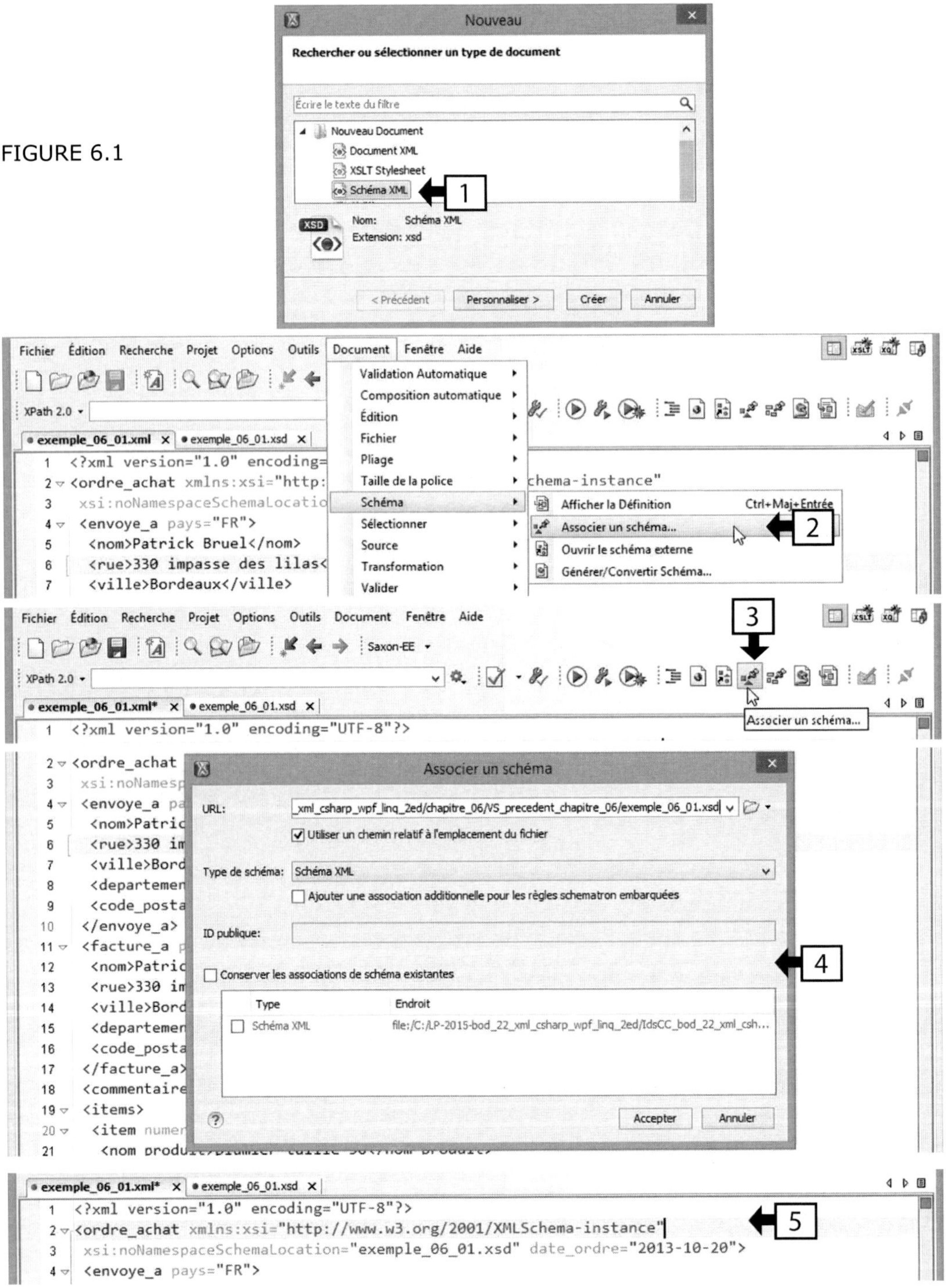

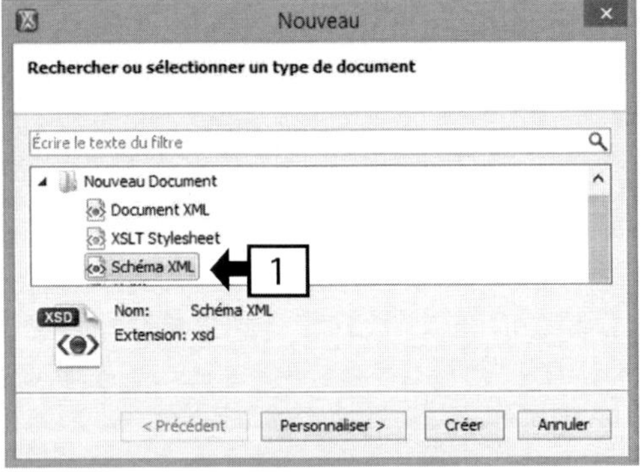
Nouveau
Rechercher ou sélectionner un type de document
Écrire le texte du filtre
Nouveau Document
Document XML
XSLT Stylesheet
Schéma XML
1
XSD
Nom: Schéma XML
Extension: xsd
< Précédent
Personnaliser >
Créer
Annuler
Fichier Édition Recherche Projet Options Outils Document Fenêtre Aide
XPath 2.0
exemple_06_01.xml
exemple_06_01.xsd
Validation Automatique
Composition automatique
Édition
Fichier
Pliage
Taille de la police
Schéma
Sélectionner
Source
Transformation
Valider
Afficher la Définition Ctrl+Maj+Entrée
Associer un schéma...
2
Ouvrir le schéma externe
Générer/Convertir Schéma...
3
Saxon-EE
Associer un schéma...
Associer un schéma
URL: _xml_csharp_wpf_linq_2ed/chapitre_06/VS_precedent_chapitre_06/exemple_06_01.xsd
Utiliser un chemin relatif à l'emplacement du fichier
Type de schéma: Schéma XML
Ajouter une association additionnelle pour les règles schematron embarquées
ID publique:
4
Conserver les associations de schéma existantes
Type
Endroit
Schéma XML
file:/C:/LP-2015-bod_22_xml_csharp_wpf_linq_2ed/IdsCC_bod_22_xml_csh...
Accepter
Annuler
5
<?xml version="1.0" encoding="UTF-8"?>
<ordre_achat xmlns:xsi="http://www.w3.org/2001/XMLSchema-instance"
xsi:noNamespaceSchemaLocation="exemple_06_01.xsd" date_ordre="2013-10-20">
<envoye_a pays="FR">

```
   <xs:element name="nom" type="xs:string"/>
   <xs:element name="rue" type="xs:string"/>
   <xs:element name="ville" type="xs:string"/>
   <xs:element name="departement" type="xs:string"/>
   <xs:element name="code_postal" type="xs:decimal"/>
  </xs:sequence>
  <xs:attribute name="pays" type="xs:NMTOKEN" fixed="FR"/>
 </xs:complexType>
 <xs:complexType name="items">
  <xs:sequence>
   <xs:element name="item" minOccurs="0" maxOccurs="unbounded">
    <xs:complexType>
     <xs:sequence>
      <xs:element name="nom_produit" type="xs:string"/>
      <xs:element name="quantite">
       <xs:simpleType>
        <xs:restriction base="xs:positiveInteger">
         <xs:maxExclusive value="100"/>
        </xs:restriction>
       </xs:simpleType>
      </xs:element>
      <xs:element name="FrPrixEuro" type="xs:decimal"/>
      <xs:element ref="commentaire" minOccurs="0"/>
      <xs:element name="date_envoi" type="xs:date" minOccurs="0"/>
     </xs:sequence>
     <xs:attribute name="numero_colis" type="SKU" use="required"/>
    </xs:complexType>
   </xs:element>
  </xs:sequence>
 </xs:complexType>
 <!-- SKU (Stock Keeping Unit) code identification colis -->
 <xs:simpleType name="SKU">
  <xs:restriction base="xs:string">
   <xs:pattern value="\d{3}-[A-Z]{2}"/>
  </xs:restriction>
 </xs:simpleType>
</xs:schema>
```

En activant l'onglet *exemple_06_01.xml* (figure 6.2), on vérifie que le document XML est bien formé (repère 1) et qu'il est bien valide grâce à son schéma XML (repère 2).
Si on ouvre le fichier *exemple_06_01.xml* dans un navigateur web (ici avec Internet Explorer 11), les données XML s'affichent correctement, et aucun message d'erreur n'est signalé par le navigateur (figure 6.3).

FIGURE 6.2

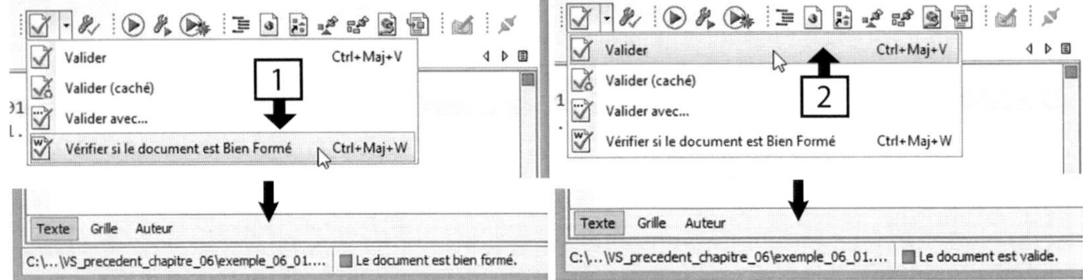

FIGURE 6.3

C:\LP-2015-bod_22_xml_csharp_wpf_linq_2ed\ldsCC_bod_22_xml_csharp_wpf_linq_2ed\chapitre_06\VS.

C:\LP-2015-bod_22_xml_cs...

Fichier Edition Affichage Favoris Outils ?

```
<?xml version="1.0" encoding="UTF-8"?>
- <ordre_achat date_ordre="2013-10-20" xsi:noNamespaceSchemaLocation="exemple_06_01.xsd"
  xmlns:xsi="http://www.w3.org/2001/XMLSchema-instance">
  - <envoye_a pays="FR">
        <nom>Patrick Bruel</nom>
        <rue>330 impasse des lilas</rue>
        <ville>Bordeaux</ville>
        <departement>Gironde</departement>
        <code_postal>33000</code_postal>
    </envoye_a>
  - <facture_a pays="FR">
        <nom>Patrick Bruel</nom>
        <rue>330 impasse des lilas</rue>
        <ville>Bordeaux</ville>
        <departement>Gironde</departement>
        <code_postal>33000</code_postal>
    </facture_a>
    <commentaire>prévenir client par téléphone dès l'envoi</commentaire>
  - <items>
      - <item numero_colis="872-AA">
            <nom_produit>plumier taille 30</nom_produit>
            <quantite>1</quantite>
            <FrPrixEuro>152.36</FrPrixEuro>
            <commentaire>plumier en bois de 30 stylos plume</commentaire>
        </item>
      - <item numero_colis="926-AA">
            <nom_produit>boite 100 cartouches noires</nom_produit>
            <quantite>1</quantite>
            <FrPrixEuro>42.59</FrPrixEuro>
            <date_envoi>2013-11-02</date_envoi>
        </item>
    </items>
</ordre_achat>
```

Un schéma XML est un fichier XML, et par conséquent il doit en respecter les conventions d'écriture. Tous les éléments autorisés par le schéma XML, définit par le W3C, sont localisés sur le site du W3C à l'adresse *http://www.w3.org/2001/XMLSchema*. Dans le schéma XML *exemple_06_01.xsd*, il faut ajouter à l'élément racine *xs:schema* un attribut *xmlns* (pour *XML namespace*) qui référence cet espace de noms. Généralement on préfixe cet espace de noms par *xs* ou bien *xsd*. L'extension d'un fichier représentant un schéma XML est «*.xsd*». Comme tout document XML, un schéma XML débutera par un prologue et possèdera un élément racine.

```
<?xml version="1.0" encoding="UTF-8"?>
<xs:schema xmlns:xs="http://www.w3.org/2001/XMLSchema">
 ...
</xs:schema>
```

Le vocabulaire de XML Schema est constitué d'une trentaine d'éléments et attributs, ce qui n'en fait pas un format complexe. A noter que contrairement aux DTD, l'ordre exact des déclarations dans un schéma XML a une importance. Le logiciel OXYGEN apporte, en plus de l'aide à la rédaction du contenu des schémas XML, une aide visuelle qui cartographie le travail en temps réel. Pour voir cette cartographie (figure 6.4), il faut cliquer sur la vue *Design* (en bas et à gauche de la fenêtre).

FIGURE 6.4

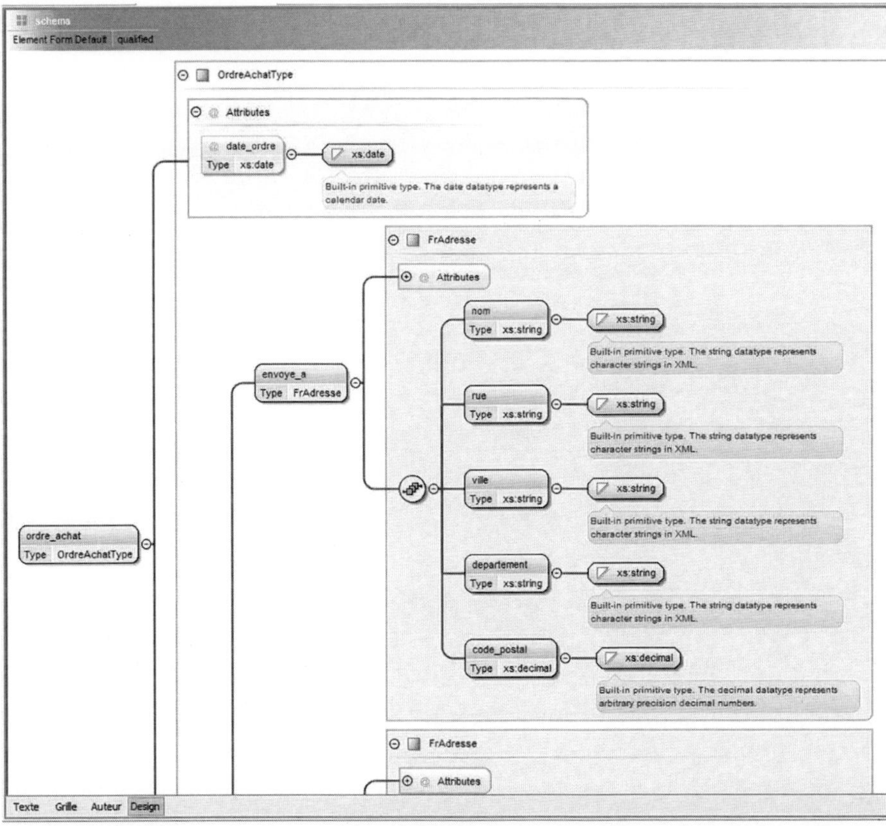

3 - Déclarer les éléments et les attributs

Tout comme dans une DTD, les éléments et les attributs doivent être déclarés. Un élément se déclare à l'aide de l'élément *element* dont on spécifie le nom de l'élément par l'attribut *name* et le type de l'élément par l'attribut *type*. Si l'attribut *type* n'est pas renseigné, alors son type est par défaut une chaîne de caractères (*xs:string*). Par définition, les éléments pouvant contenir des éléments enfants ou des attributs sont de type complexe, et les autres sont de type simple. L'exemple suivant, *apprentissage_06_01.xsd* et *apprentissage_06_01.xml,* déclare un élément *exemple* de type chaîne.

```
<?xml version="1.0" encoding="UTF-8"?>
<xs:schema xmlns:xs="http://www.w3.org/2001/XMLSchema"
  elementFormDefault="qualified">
 <xs:element name="exemple" type="xs:string"/>
</xs:schema>

<?xml version="1.0" encoding="UTF-8"?>
<exemple xmlns:xsi="http://www.w3.org/2001/XMLSchema-instance"
 xsi:noNamespaceSchemaLocation="apprentissage_06_01.xsd">
 une chaîne de caractère
</exemple>
```

Dans la vue *Design*, le logiciel représente notre élément *exemple* avec son type associé (figure 6.5).

FIGURE 6.5

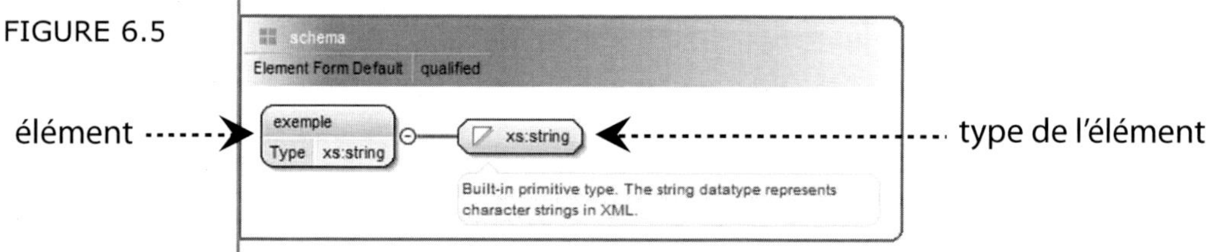

Lorsque l'élément *element* est de type simple, on peut lui donner une valeur par défaut avec l'attribut *default* qui reçoit une valeur du type de l'élément. Lorsque l'élément *element* est de type simple, on peut lui donner une valeur fixe avec l'attribut *fixed* qui reçoit une valeur du type de l'élément.

A la différence des éléments, un attribut ne peut être que de type simple. Un attribut ne peut contenir ni élément enfant, ni attribut (ce qui est d'ailleurs conforme aux DTD et à la notion de document XML bien formé). Un attribut se déclare à l'aide de l'élément *attribute* dont on spécifie le nom de l'attribut par l'attribut *name* et le type de l'attribut par l'attribut *type*. Par exemple, pour déclarer un attribut *une_* *date* de type *xs:date*, on écrira:

<xs:attribute name="une_date" type="xs:date"></xs:attribute>

Et dans la vue *Design*, on aura la schématisation suivante de l'attribut *une_date* de type *xs:date* (figure 6.6).

FIGURE 6.6

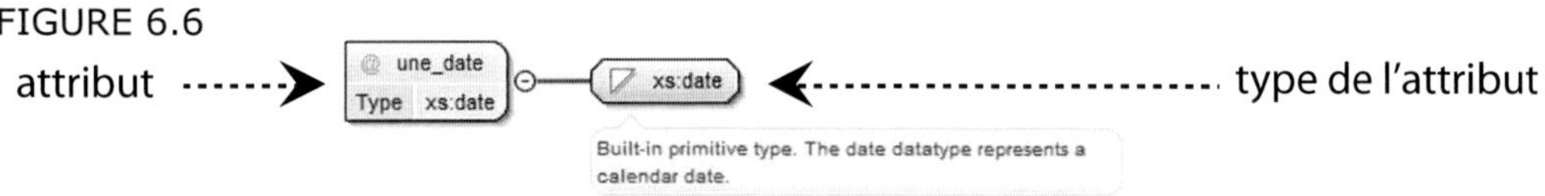

Par défaut, un attribut est optionnel. L'attribut *use* de l'élément *attribute* indique si l'attribut est optionnel (valeur *optional*), obligatoire (valeur *required*) ou interdit (valeur *prohibited*). L'élément *attribute* peut avoir une valeur par défaut avec l'attribut *default*, et une valeur fixe avec l'attribut *fixed*.

```
<xs:attribute name="une_date_un" type="xs:date"
 default="2013-03-02"/>
<xs:attribute name="une_date_deux" type="xs:date"
 fixed="2013-10-12"/>
```

On peut rassembler des définitions d'attributs à l'aide de l'élément *xs:attributeGroup*. Ce regroupement d'attributs peut être réutilisé dans une déclaration d'élément. Un élément *xs:attributeGroup* possède un nom par l'attribut *name*.

```
<xs:attributeGroup name="attributs_communs">
  <xs:attribute name="une_date_un" type="xs:date"
   default="2013-03-02"/>
  <xs:attribute name="une_date_deux" type="xs:date"
   fixed="2013-10-12"/>
</xs:attributeGroup>
```

Dans la vue *Design* (figure 6.7), on peut effectuer des glisser-déplacer pour ajouter des éléments, des attributs, etc. (repère 1) dans la zone de travail. En cliquant sur un élément de la zone de travail, on peut personnaliser ses attributs (repère 2) en cliquant dans les champs correspondants et en indiquant les valeurs souhaitées.

FIGURE 6.7

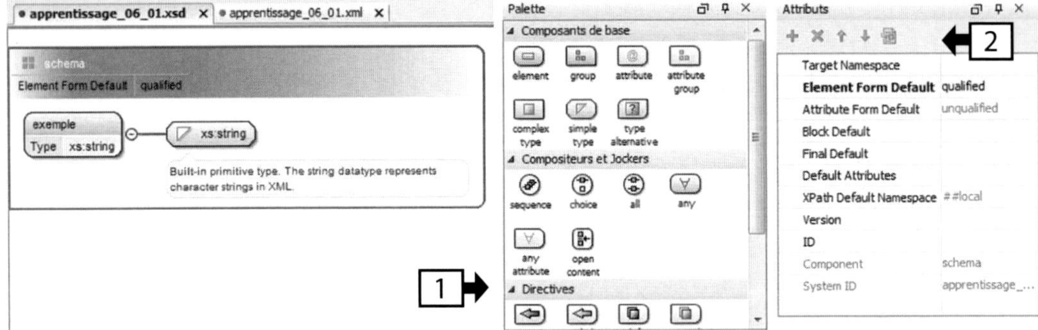

4 - Les types simples de données

Cette partie expose les types simples disponibles et définis dans la recommandation de XML Schema. Ces types prédéfinis s'avèrent insuffisants pour l'usage quotidien d'où la nécessité de définir de nouveaux types par dérivation des types prédéfinis.

4.1 - Les types simples définis dans la recommandation

Dans la spécification du W3C, les types primitifs sont des types qui ne sont pas dérivés à partir d'autres, et les types primitifs dérivés sont des types obtenus par dérivation directe des types primitifs. Ils servent de base à l'ensemble des autres types. Certains, comme *xs:int* et *xs:float*, proviennent des langages de programmation, certains comme *xs:date* et *xs:time* sont inspirés de normes ISO (ISO 8601 dans ce cas) et d'autres encore, comme *xs:ID*, sont hérités des DTD. Ces types autorisent l'écriture de schémas concis et très précis.

Les types primitifs sont:

- le type *xs:string* qui représente une chaîne de caractères.
- le type *xs:boolean* représente un type booléen dont la valeur booléenne est *true* ou 1 (pour vrai) et *false* ou 0 (pour faux).
- le type *xs:decimal* représente un type numérique sous la forme d'un nombre décimal limité à certaines écritures telles que *-2.36, 326548.54623, 1000.00, 420* (le point représente le séparateur décimal puisque la norme est rédigée en anglais); le signe est facultatif, et il est considéré comme étant + en cas d'omission.
- le type *xs:float* représente un type numérique qui utilise une notation par

mantisse et exposant, correspondant à un nombre codé sur 32 bits; de plus, ce type contient les chaînes de caractères *INF* (pour l'infini positif), *-INF* (pour l'infini négatif) et *NaN* (pour *Not a Number* dans le cas d'une division par zéro).

- le type *xs:double* représente un type numérique qui utilise une notation par mantisse et exposant, correspondant à un nombre codé sur 64 bits (avec une norme d'écriture identique à celle du *xs:float*).
- le type *xs:duration* représente une durée exprimée sous une forme assez complexe définie par la norme ISO 8601; par exemple, pour indiquer une durée de 1 année, 2 mois, 3 jours, 10 heures et 30 minutes, on écrit *P1Y2M3DT10H30M*; un signe «-» est possible en tête de la durée pour indiquer un intervalle de temps négatif; des formes courantes comme *P1Y6M* sont autorisées.
- le type *xs:dateTime* représente une date du calendrier grégorien, dont la forme générale est «*[-]yyyy-mm-ddThh:mm:ss[.s]+[zzzzzz]*»; «*yyyy*» désigne l'année (l'année 0000 est interdite mais le signe négatif est autorisé); «*mm*» désigne le numéro du mois; «*dd*» désigne le quantième du jour dans le mois; «*hh*» désigne l'heure; «*mm*» désigne les minutes; «*ss*» désigne les secondes; il est possible d'ajouter des fractions de secondes et d'indiquer un décalage horaire par rapport au temps universel qui sert de référence; par exemple, le 5 mars 2013 à 9h20 du matin à Moscou (UTC+3) est codé par *2013-03-05T09:20:00+03:00*.
- le type *xs:time* représente un format temporel donnant une heure de la journée sous la forme *hh:mm:ss.sss*; par exemple *09:20:10.000*.
- le type *xs:date* représente une date sous la forme «*[-]yyyy-mm-dd*»; par exemple *2013-03-05*.
- le type *xs:gYearMonth* représente un type associé à un mois du calendrier grégorien relatif à une année donnée, sous la forme «*[-]yyy-mm*»; par exemple *2013-03*.
- le type *xs:gYear* représente une année du calendrier grégorien sous la forme «*[-]yyyy*»; par exemple *2013* ou *-0026*.
- le type *xs:gMonthDay* représente un jour dans un mois donné du calendrier grégorien, sous la forme «*mm-dd*»; par exemple *03-05*.
- le type *xs:gDay* représente un jour dans un mois sous la forme «*dd*».
- le type *xs:gMonth* représente un mois sous la forme «*mm*»; il doit être compris entre 01 et 12.
- le type *xs:hexBinary* représente un entier en représentation hexadécimale comme 0FB6.
- le type *xs:base64Binary* représente un entier en base 64.
- le type *xs:anyURI* représente un URI (*Unique Resource Identifier*) qui est une

URL étendue indiquant l'emplacement d'une ressource sur l'Internet; elle peut être absolue ou relative; par exemple *http://www.reypatrice.fr*.

- le type *xs:Qname* représente un nom qualifié comprenant par exemple la référence à un espace de noms.
- le type *xs:NOTATION* représente un type de donnée analogue au type d'attribut NOTATION dans une DTD.

Les types dérivés des types primitifs sont:

- le type *xs:normalizedString* représente un type dérivé de *xs:string*; il s'agit d'une chaîne de caractères sans les tabulations, les retours à la ligne et les retours chariot.
- le type *xs:token* représente un type dérivé de *xs:normalizedString*; il s'agit d'une chaîne de caractères contenant les mêmes limitations que *xs:normalizedString*, mais dans laquelle les chaînes internes constituées de deux espaces ou plus sont simplifiées en un espace unique, qui ne débute ni se termine par un espace.
- le type *xs:language* représente une chaîne de caractères reprenant les définitions internationales de langue (norme RFC 3066); par exemple, *fr* pour le français, *de* pour l'allemand et *en/us* pour l'anglais parlé aux Etats-Unis.
- le type xs:*NMTOKEN* représente le type d'attribut NMTOKEN des DTD.
- le type xs:*NMTOKENS* représente le type d'attribut NMTOKENS des DTD.
- le type *xs:name* représente une chaîne commençant par une lettre ou un ou plusieurs signes de ponctuation, et continuant par des lettres, des chiffres, des signes de ponctuation, ou bien les caractères «_» (tiret bas), «:» (deux points) ou «.» (un point); les chaînes commençant par «*xml*» en majuscules ou en minuscules sont interdites.
- le type *xs:NCName* représente une chaîne avec les mêmes contraintes que *xs:name* mais ne contenant pas le caractère «:» (deux points).
- le type *xs:ID* représente le type d'attribut ID utilisé dans les DTD.
- le type *xs:IDREF* représente le type d'attribut IDREF utilisé dans les DTD.
- le type *xs:IDREFS* représente le type d'attribut IDREFS utilisé dans les DTD.
- le type *xs:ENTITY* représente le type d'attribut ENTITY utilisé dans les DTD.
- le type *xs:ENTITIES* représente le type d'attribut ENTITIES utilisé dans les DTD.
- le type *xs:integer* représente un type dérivé du type *xs:decimal* pour lequel il n'y a pas de chiffre après le séparateur décimal; par exemple *-25, 56*; le signe «+» en tête est interdit ainsi que les espaces au début.
- le type *xs:positiveInteger* représente un nombre entier relatif strictement supérieur à zéro.

- le type *xs:nonPositiveInteger* représente un nombre entier relatif inférieur ou égal à zéro.
- le type *xs:negativeInteger* représente un nombre entier relatif strictement inférieur à zéro.
- le type *xs:nonNegativeInteger* représente un nombre entier relatif supérieur ou égal à zéro.
- le type *xs:long* représente un entier compris entre -9 223 372 036 854 775 808 et 9 223 372 036 854 775 807.
- le type *xs:int* représente un entier compris entre -2 147 483 648 et 2 147 483 647.
- le type *xs:short* représente un entier compris entre -32 768 et 32 767.
- le type *xs:byte* représente un entier compris entre -128 et 127.
- le type *xs:unsignedLong* représente un type dérivé de *xs:nonNegativeInteger* pour lequel l'entier doit être inférieur ou égal à 18 446 744 073 709 551 615.
- le type *xs:unsignedInt* représente un type dérivé de *xs:unsignedLong* pour lequel l'entier doit être inférieur ou égal à 4 294 967 295.
- le type *xs:unsignedShort* représente un type dérivé de *xs:unsignedInt* pour lequel l'entier doit être inférieur ou égal à 65 535.
- le type *xs:unsignedByte* représente un type dérivé de *xs:unsignedShort* pour lequel l'entier doit être inférieur ou égal à 255.

4.2 - Les types simples définis par dérivation

La définition d'un nouveau type simple se fait à partir d'un type simple déjà existant. Ce nouveau type simple est dérivé en appliquant des restrictions au type initial, ou en établissant une liste ou une énumération de valeurs possibles. L'usage des restrictions est fonction du type original. Pour définir un nouveau type simple, on utilise l'élément *xs:simpleType* en indiquant son nom par l'attribut *name*.

```
<xs:simpleType name="nom_du_type_simple">
  <!--définition du type avec les restrictions, les listes et les unions-->
  ...
</xs:simpleType>
```

La définition d'un nouveau type à partir d'un type simple par restriction passe par l'utilisation de facettes (*facet* en anglais). Une facette permet de placer une contrainte sur l'ensemble des valeurs que peut prendre un type de base. Plusieurs facettes peuvent être appliquées à un même type. Une restriction est déclarée par l'élément *xs:restriction*, et son attribut *base* indique le type simple pour lequel la restriction est appliquée. Ensuite on applique une facette (comme par exemple *xs:maxExclusive* qui place une borne supérieure exclue à la plage de valeurs autorisées). Par exemple, le type simple nommé *entier_entre_0_et_199* limite les valeurs à la plage de valeurs entre 0 et 199.

```
<xs:simpleType name="entier_entre_0_et_199">
  <xs:restriction base="xs:nonNegativeInteger">
   <xs:maxExclusive value="199"></xs:maxExclusive>
  </xs:restriction>
</xs:simpleType>
```

Dans le mode *Design* (figure 6.8), on peut modifier les attributs (repère 1) et les facettes (repère 2) du type simple créé.

FIGURE 6.8

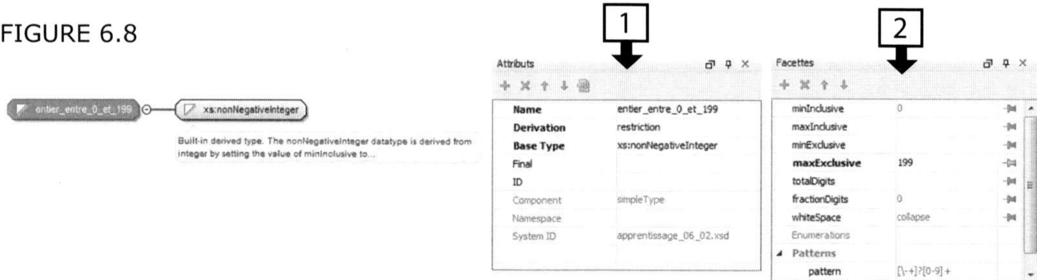

Les facettes qui servent à placer des contraintes sur les nombres et les dates sont *xs:minInclusive, xs:minExlusive, xs:maxInclusive* et *xs:maxExclusive*. Les facettes autorisées pour les chaînes de caractères sont *xs:length, xs:minLength* et *xs:maxLength*. Les facettes *xs:totalDigits* et *xs:fractionDigits* servent à spécifier respectivement le nombre total de chiffres et le nombre de chiffres après la virgule. Les facettes *xs:enumeration* et *xs:whitespace* servent respectivement à spécifier une liste de valeurs autorisées et la manière dont les espaces, les retours à la ligne et les retours chariot sont traités. La facette *xs:pattern* est d'un usage très général, pouvant être appliquée à n'importe quel type. Elle fait en sorte que les valeurs autorisées respectent une expression régulière. Pour exprimer des nombres réels en simple précision compris entre -42.6 et 25.9, on écrira le type de la façon suivante:

```
<xs:simpleType name="exemple_type">
  <xs:restriction base="xs:float">
   <xs:minInclusive value="-42.6"></xs:minInclusive>
   <xs:maxInclusive value="25.9"></xs:maxInclusive>
  </xs:restriction>
</xs:simpleType>
```

Pour limiter une date entre le 10 janvier 1996 (date inclue) et le 10 février 2013 (date exclue), on écrira le type de la façon suivante:

```
<xs:simpleType name="exemple_type">
  <xs:restriction base="xs:date">
  <xs:minInclusive value="1996-01-10"></xs:minInclusive>
   <xs:maxExclusive value="2013-02-10"></xs:maxExclusive>
  </xs:restriction>
</xs:simpleType>
```

Pour limiter une chaîne de caractères à une longueur de 10 caractères, on écrira le type de la façon suivante:

```
<xs:simpleType name="exemple_type">
  <xs:restriction base="xs:string">
   <xs:length value="10"></xs:length>
  </xs:restriction>
</xs:simpleType>
```

Pour limiter une chaîne de caractères à l'énumération «*rouge*», «*vert*» et «*bleu*», on écrira le type de la façon suivante:

```
<xs:simpleType name="exemple_type">
  <xs:restriction base="xs:string">
   <xs:enumeration value="rouge"></xs:enumeration>
   <xs:enumeration value="vert"></xs:enumeration>
   <xs:enumeration value="bleu"></xs:enumeration>
  </xs:restriction>
</xs:simpleType>
```

Pour limiter une chaîne de caractères aux minuscules, on écrira le type de la façon suivante:

```
<xs:simpleType name="exemple_type">
  <xs:restriction base="xs:string">
   <xs:pattern value="[a-z]*"></xs:pattern>
  </xs:restriction>
</xs:simpleType>
```

Les listes sont des suites de types simples, qui permettent d'indiquer comme format valable une suite de valeurs. Une liste se déclare par l'élément *xs:list* et son attribut *itemType* reçoit le nom du type pour les valeurs de la liste. Par exemple, si l'on veut exprimer un numéro de téléphone français (comme le numéro 01 02 03 04 05), on définira un type *numero_telephone* comme étant une liste de valeurs de type *entier_0_a_99* (type qui définit des valeurs entre 0 et 99 compris). On écrira le type de la façon suivante:

```
<xs:simpleType name="entier_0_a_99">
  <xs:restriction base="xs:nonNegativeInteger">
   <xs:maxInclusive value="99"></xs:maxInclusive>
```

```
</xs:restriction>
 </xs:simpleType>
 <xs:simpleType name="numero_telephone">
 <xs:list itemType="entier_0_a_99"></xs:list>
</xs:simpleType>
```

Les listes et les types simples intégrés ne permettent pas de choisir le type de contenu d'un élément. On peut désirer, par exemple, qu'un type autorise soit un nombre, soit une chaîne de caractères particuliers. Il est possible de le faire à l'aide d'une déclaration d'union. Une union se déclare par l'élément *xs:union* qui reçoit, dans son attribut *memberTypes*, les noms des types choisis. Par exemple, sous réserve que le type simple *numero_telephone* ait été préalablement défini, on peut déclarer:

```
<xs:simpleType name="entier_0_a_99">
 <xs:restriction base="xs:nonNegativeInteger">
  <xs:maxInclusive value="99"></xs:maxInclusive>
 </xs:restriction>
</xs:simpleType>
<xs:simpleType name="numero_telephone">
 <xs:list itemType="entier_0_a_99"></xs:list>
</xs:simpleType>
<xs:simpleType name="numero_mnemo_technique">
 <xs:union memberTypes="xs:string numero_telephone" />
</xs:simpleType>

<téléphone>18</téléphone>
<téléphone>Pompiers</téléphone>
```

5 - Les types complexes de données

Les définitions de types complexes vont de la simple définition d'un type d'élément contenant un attribut à la définition plus complexe de l'élément racine du document. Un type complexe est défini à l'aide de l'élément *xs:complexType*. Il permet de définir des séquences d'éléments, des types de choix ou des contraintes d'occurrences. Un élément vide qui possède des attributs est de type complexe. Par exemple, un élément *n_image* qui a les attributs *ressource*, *largeur* et *hauteur*, dont le type est *type_n_image*, s'écrira (exemples *apprentissage_06_02.xsd* et *apprentissage_06_02.xml*):

```
<xs:element name="exemple" type="type_exemple"/>
 <xs:complexType name="type_exemple">
  <xs:sequence>
  <xs:element name="n_image" type="type_n_image"/>
  </xs:sequence>
```

```
 </xs:complexType>
 <xs:complexType name="type_n_image">
  <xs:attribute name="ressource" type="xs:anyURI" use="required"/>
  <xs:attribute name="largeur" type="xs:nonNegativeInteger" use="required"/>
  <xs:attribute name="hauteur" type="xs:nonNegativeInteger" use="required"/>
</xs:complexType>
```

```
<exemple xmlns:xsi="http://www.w3.org/2001/XMLSchema-instance"
 xsi:noNamespaceSchemaLocation="apprentissage_06_02.xsd">
 <n_image ressource="http://www.reypatrice.fr/logo.png" largeur="100"
  hauteur="100"/>
</exemple>
```

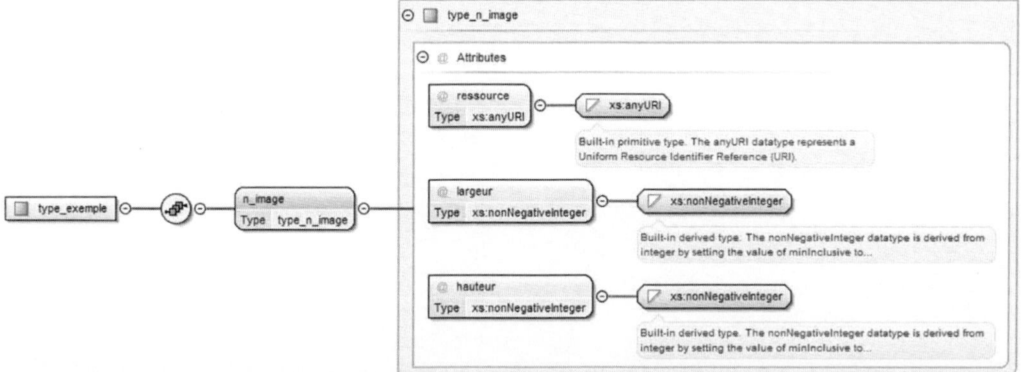

Un élément ayant des attributs peut contenir du texte aussi. Il est forcément de type complexe et pour posséder un contenu mixte, il faut passer son attribut *mixed* à la valeur *true* (*mixed* est *false* par défaut). On aura avec l'exemple *apprentissage_06_03.xsd* et *apprentissage_06_03.xml*:

```
<xs:element name="exemple" type="type_exemple"/>
 <xs:complexType name="type_exemple">
  <xs:sequence>
   <xs:element name="n_image" type="type_n_image"/>
  </xs:sequence>
 </xs:complexType>
 <xs:complexType name="type_n_image" mixed="true">
  <xs:attribute name="ressource" type="xs:anyURI" use="required"/>
  <xs:attribute name="largeur" type="xs:nonNegativeInteger" use="required"/>
  <xs:attribute name="hauteur" type="xs:nonNegativeInteger" use="required"/>
</xs:complexType>
```

```
<exemple xmlns:xsi="http://www.w3.org/2001/XMLSchema-instance"
 xsi:noNamespaceSchemaLocation="apprentissage_06_03.xsd">
 <n_image ressource="http://www.reypatrice.fr/logo.png" largeur="100"
 hauteur="100">lien</n_image>
</exemple>
```

Les attributs peuvent être définis dans des groupes et permettre à des types de faire appel à ces groupes d'attributs pour ne pas avoir à dupliquer sans cesse des attributs. L'attribut *name* de *xs:attributeGroup* permet de donner un nom à un groupe d'attributs, et l'attribut *ref* de *xs:attributeGroup* permet de faire référence à un groupe d'attributs. La syntaxe sera la suivante:

```
<xs:attributeGroup name="attributs_communs">
 ....
</xs:attributeGroup>
...
<xs:complexType name="type_1">
 <xs:attributeGroup ref=" attributs_communs" />
</xs:complexType>
<xs:complexType name="type_2">
 <xs:attributeGroup ref=" attributs_communs" />
</xs:complexType>
```

Pour permettre à un élément de pouvoir contenir une suite de sous-éléments dans un ordre déterminé, on utilise l'élément *xs:sequence*. Dans l'exemple *apprentissage_06_04.xsd* et *apprentissage_06_04.xml*, l'élément *exemple*, de type *type_exemple*, doit contenir dans l'ordre les éléments *n_titre*, *n_auteur*, *n_editeur* et *n_description*.

```
<xs:element name="exemple" type="type_exemple"/>
 <xs:complexType name="type_exemple">
  <xs:sequence>
   <xs:element name="n_titre" type="xs:string"/>
   <xs:element name="n_auteur" type="xs:string"/>
   <xs:element name="n_editeur" type="xs:string"/>
   <xs:element name="n_description" type="xs:string"/>
  </xs:sequence>
 </xs:complexType>

<exemple xmlns:xsi="http://www.w3.org/2001/XMLSchema-instance"
 xsi:noNamespaceSchemaLocation="apprentissage_06_04.xsd">
 <n_titre>mon titre</n_titre>
 <n_auteur>mon auteur</n_auteur>
 <n_editeur>mon editeur</n_editeur>
 <n_description>ma description</n_description>
</exemple>
```

L'élément *xs:choice* permet de choisir un élément parmi un ensemble d'éléments. Supposons que l'on souhaite afficher des éléments *n_livre* soit par un ensemble d'éléments composé de *n_titre*, *n_auteur*, *n_editeur* et *n_description*, soit par un ensemble d'éléments composé de *n_isbn* et *n_description*, alors on va utiliser un élément *xs:choice* pour choisir entre deux ensembles, sachant que *n_description* sera présent quelque soit le choix. L'exemple *apprentissage_06_05.xsd* et *apprentissage_06_05.xml* illustre ce choix.

```
<xs:element name="exemple" type="type_exemple"/>
 <xs:complexType name="type_exemple">
  <xs:sequence maxOccurs="unbounded">
   <xs:element name="livre" type="type_livre"></xs:element>
  </xs:sequence>
 </xs:complexType>
 <xs:complexType name="type_livre">
  <xs:sequence>
   <xs:choice>
    <xs:sequence>
     <xs:element name="n_titre" type="xs:string"/>
     <xs:element name="n_auteur" type="xs:string"/>
     <xs:element name="n_editeur" type="xs:string"/>
    </xs:sequence>
    <xs:element name="n_isbn" type="xs:nonNegativeInteger"></xs:element>
   </xs:choice>
   <xs:element name="n_description" type="xs:string"/>
  </xs:sequence>
</xs:complexType>
```

```
<exemple xmlns:xsi="http://www.w3.org/2001/XMLSchema-instance"
 xsi:noNamespaceSchemaLocation="apprentissage_06_05.xsd">
 <livre>
  <n_titre>mon titre</n_titre>
  <n_auteur>mon auteur</n_auteur>
  <n_editeur>mon éditeur</n_editeur>
  <n_description>ma description</n_description>
 </livre>
 <livre>
  <n_isbn>9782584561254</n_isbn>
  <n_description>ma description</n_description>
 </livre>
</exemple>
```

L'élément *xs:all* indique que les éléments enfants doivent apparaître une fois et dans n'importe quel ordre. Il s'agit là d'une innovation majeure par rapport aux DTD. L'exemple suivant (*apprentissage_06_06.xsd* et *apprentissage_06_06.xml*) illustre l'utilisation de *xs:all*.

```
<xs:element name="exemple" type="type_exemple"/>
 <xs:complexType name="type_exemple">
  <xs:sequence maxOccurs="unbounded">
   <xs:element name="livre" type="type_livre"></xs:element>
  </xs:sequence>
 </xs:complexType>
 <xs:complexType name="type_livre">
```

```
  <xs:all>
   <xs:element name="n_elem_1" type="xs:nonNegativeInteger"/>
   <xs:element name="n_elem_2" type="xs:nonNegativeInteger"/>
   <xs:element name="n_elem_3" type="xs:nonNegativeInteger"/>
  </xs:all>
</xs:complexType>

<exemple xmlns:xsi="http://www.w3.org/2001/XMLSchema-instance"
 xsi:noNamespaceSchemaLocation="apprentissage_06_06.xsd">
 <livre>
  <n_elem_1>001</n_elem_1>
  <n_elem_2>002</n_elem_2>
  <n_elem_3>003</n_elem_3>
 </livre>
 <livre>
  <n_elem_2>002</n_elem_2>
  <n_elem_1>001</n_elem_1>
  <n_elem_3>003</n_elem_3>
 </livre>
 <livre>
  <n_elem_3>003</n_elem_3>
  <n_elem_1>001</n_elem_1>
  <n_elem_2>002</n_elem_2>
 </livre>
</exemple>
```

L'indicateur d'occurrence permet d'indiquer le nombre de fois où un élément peut être présent ou pas. Les attributs utiles sont *minOccurs* et *maxOccurs*, qui indiquent respectivement les nombres minimal et maximal de fois où un élément peut apparaître. L'attribut *minOccurs* peut prendre la valeur *0, 1* ou *n*, et l'attribut *maxOccurs* peut prendre la valeur *1, n* ou *unbounded* (indéterminé). L'exemple *apprentissage_06_07.xsd* et *apprentissage_06_07.xml* illustre l'indicateur d'occurrence.

```
<xs:element name="exemple" type="type_exemple"/>
 <xs:complexType name="type_exemple">
  <xs:sequence maxOccurs="unbounded" minOccurs="1">
  <xs:element name="livre" type="xs:string"></xs:element>
  </xs:sequence>
</xs:complexType>

<exemple xmlns:xsi="http://www.w3.org/2001/XMLSchema-instance"
 xsi:noNamespaceSchemaLocation="apprentissage_06_07.xsd">
 <livre>livre un</livre>
 <livre>livre deux</livre>
</exemple>
```

Il est possible aussi de créer un type complexe à partir d'un type simple. Par exemple, on souhaiterait exprimer les données XML comme *<surface unite= «ha»>1</ surface>* pour une surface de 1 hectare ou bien *<surface unite= «m2»>1000</ surface>* pour une surface de 1000 m^2. Pour cela, il faut créer un élément *xs:simpleContent* (élément qui ne contient pas de sous-élément). A l'intérieur, on positionne une extension par l'élément *xs:extension* dont l'attribut *base* indique le type, et on insère l'attribut voulu par *xs:attribute*. L'exemple *apprentissage_06_08.xsd* et *apprentissage_06_08.xml* illustre cette possibilité.

```
<xs:element name="exemple" type="type_exemple"/>
 <xs:complexType name="type_exemple">
  <xs:sequence maxOccurs="unbounded"  minOccurs="1">
   <xs:element name="surface" type="type_surface"></xs:element>
  </xs:sequence>
 </xs:complexType>
 <xs:complexType name="type_surface">
  <xs:simpleContent>
   <xs:extension base="xs:positiveInteger">
    <xs:attribute name="unite" type="xs:string"></xs:attribute>
   </xs:extension>
  </xs:simpleContent>
 </xs:complexType>

<exemple xmlns:xsi="http://www.w3.org/2001/XMLSchema-instance"
 xsi:noNamespaceSchemaLocation="apprentissage_06_08.xsd">
 <surface unite="ha">1</surface>
 <surface unite="m2">1000</surface>
</exemple>
```

6 - Modularisation des schémas

Un schéma XML, doté de nombreuses fonctionnalités, a rapidement tendance à devenir verbeux. Il devient très vite suffisamment long pour que sa complexité apparente rebute l'oeil humain. D'où la necéssité de scinder en plusieurs morceaux le schéma XML. La manière d'inclure plusieurs schémas XML dans un seul schéma XML consiste à utiliser les éléments *xs:include* ou *xs:import*.

L'élément *xs:include* permet d'ajouter un schéma XML à un autre avec la même cible d'espace de noms. L'attribut *schemaLocation*, de type *xs:anyURI*, indique l'emplacement relatif ou absolu du schéma XML. L'élément *xs:import* permet d'ajouter un schéma XML à un autre avec une cible d'espace de noms différente. L'attribut *namespace*, de type *xs:anyURI*, spécifie l'URI de l'espace de noms à importer. L'attribut optionnel *schemaLocation*, de type *xs:anyURI*, spécifie l'URI du schéma XML pour l'espace de noms importé. Dans l'exemple *apprentissage_06_09.xsd*, on ajoute un élément *xs:include* pour inclure le schéma

XML *apprentissage_06_09_import.xsd.*

```
<xs:schema xmlns:xs="http://www.w3.org/2001/XMLSchema"
  elementFormDefault="qualified">
 <xs:include schemaLocation="apprentissage_06_09_import.xsd">
 </xs:include>
 <xs:element name="exemple" type="type_exemple"/>
 <xs:complexType name="type_exemple">
  <xs:sequence maxOccurs="unbounded" minOccurs="1">
   <xs:element name="surface" type="type_surface"></xs:element>
  </xs:sequence>
 </xs:complexType>
</xs:schema>

<xs:schema xmlns:xs="http://www.w3.org/2001/XMLSchema"
  elementFormDefault="qualified">
 <xs:complexType name="type_surface">
  <xs:simpleContent>
   <xs:extension base="xs:positiveInteger">
    <xs:attribute name="unite" type="xs:string">
    </xs:attribute>
   </xs:extension>
  </xs:simpleContent>
 </xs:complexType>
</xs:schema>

<exemple xmlns:xsi="http://www.w3.org/2001/XMLSchema-instance"
 xsi:noNamespaceSchemaLocation="apprentissage_06_08.xsd">
 <surface unite="ha">1</surface>
 <surface unite="m2">1000</surface>
</exemple>
```

7 - Documentation des schémas

Un schéma XML permet une gestion fine de la documentation avec, notamment, l'écriture d'une documentation propre à une cible donnée (cible humaine ou cible informatique). Chaque élément, attribut ou type dans un schéma XML peut être documenté par le développeur et pour le développeur à l'aide de l'élément *xs:documentation*. Avec l'élément *xs:appinfo*, on peut ajouter un commentaire à l'usage des applications chargées de traiter le schéma. Ces deux éléments, *xs:documentation* et *xs:appinfo*, se placent dans un élément *xs:annotation*. L'exemple *apprentissage_06_10.xsd* est documenté par des éléments *xs:documentation*.

```
<xs:schema xmlns:xs="http://www.w3.org/2001/XMLSchema"
elementFormDefault="qualified">
 <xs:element name="exemple" type="type_exemple"/>
```

```
<xs:complexType name="type_exemple">
 <xs:sequence maxOccurs="unbounded" minOccurs="1">
  <xs:annotation>
   <xs:documentation>Composition d'un livre</xs:documentation>
  </xs:annotation>
  <xs:element name="n_livre" type="type_livre"></xs:element>
 </xs:sequence>
</xs:complexType>
<xs:annotation>
 <xs:documentation>un livre est composé d'un titre n_titre et
 d'un ISBN n_isbn (type entier 13 chiffres)</xs:documentation>
</xs:annotation>
<xs:complexType name="type_livre">
 <xs:sequence>
  <xs:element name="n_titre" type="xs:string"></xs:element>
  <xs:element name="n_isbn" type="xs:positiveInteger"></xs:element>
 </xs:sequence>
</xs:complexType>
</xs:schema>

<exemple xmlns:xsi="http://www.w3.org/2001/XMLSchema-instance"
 xsi:noNamespaceSchemaLocation="apprentissage_06_10.xsd">
 <n_livre>
  <n_titre>un titre</n_titre>
  <n_isbn>9788561254587</n_isbn>
 </n_livre>
 <n_livre>
  <n_titre>un deuxième titre</n_titre>
  <n_isbn>9784873151548</n_isbn>
 </n_livre>
</exemple>
```

Dans la vue *Design* (l'icône de cette vue se trouve dans le bas de la fenêtre à gauche), le logiciel affiche la cartographie visuelle du fichier *apprentissage_06_10.xsd* (figure 6.9). Si le schéma XML est documenté correctement, les différents commentaires apparaissent dans cette cartographie visuelle (en n'oubliant pas que cette cartographie visuelle est interactive, et qu'elle peut être modifiée directement dans cette vue).

Le logiciel OXYGEN offre aussi une autre vue intitulée *Auteur* (l'icône de cette vue se trouve dans le bas de la fenêtre à gauche). Cette vue *Auteur* est sous la forme d'une arborescence à base de texte, que l'on qualifiera de vue conventionnelle (figure 6.10). La documentation du code apparaît dedans bien évidemment.

FIGURE 6.9

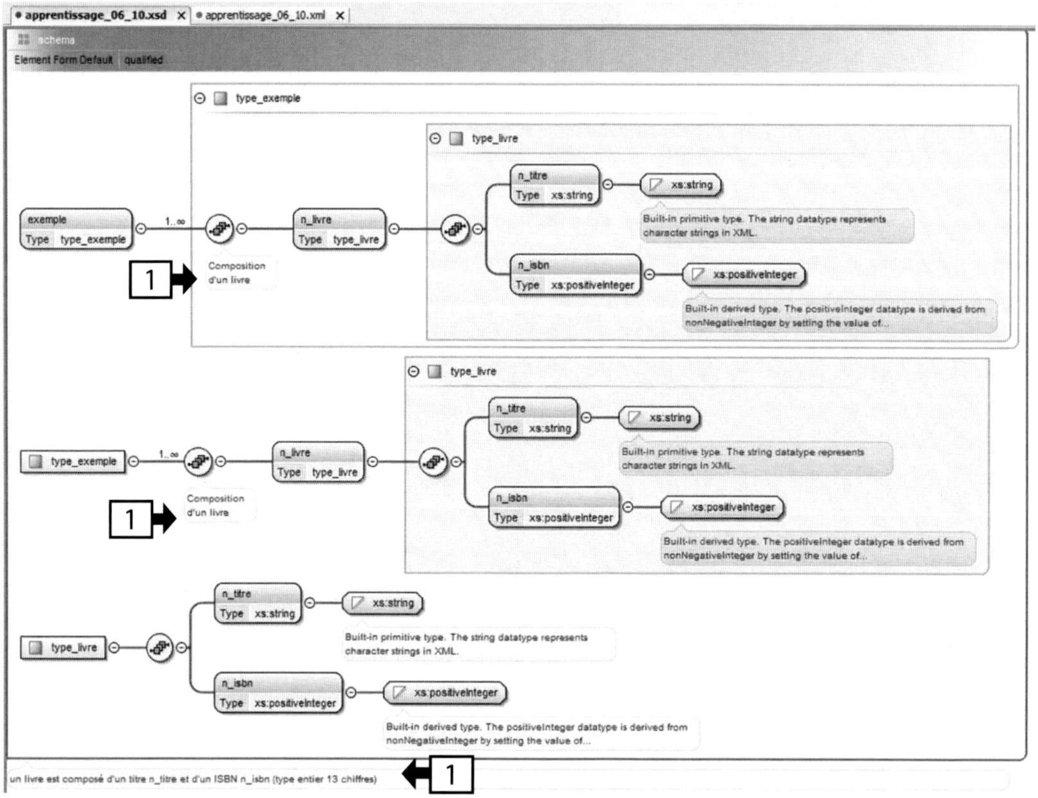

FIGURE 6.10

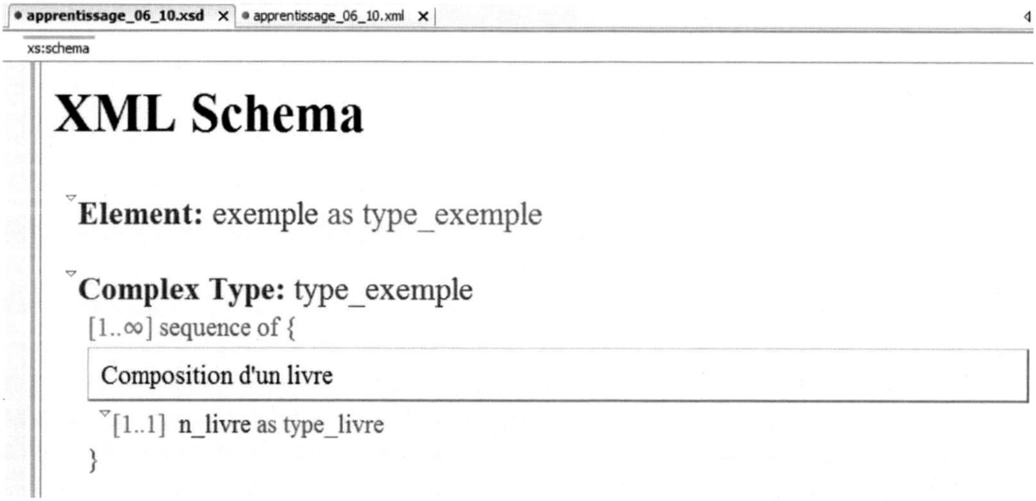

xs:schema

XML Schema

Element: exemple as type_exemple

Complex Type: type_exemple

[1..∞] sequence of {

Composition d'un livre

[1..1] n_livre as type_livre

}

Manipuler un document XML avec DOM

7

Le *Modèle Objet de Document* (DOM pour *Document Object Model*) est une interface de programmation d'application (API) pour des documents HTML valides et XML bien-formés. Il définit la structure logique d'un document et la manière d'y accéder et de le manipuler. Avec le DOM, les programmeurs peuvent construire des documents, naviguer dans leur structure ainsi qu'ajouter, modifier ou effacer des éléments et leur contenu. Tout ce qui se trouve dans un document HTML, ou XML, peut être touché, modifié, effacé ou ajouté en utilisant le Modèle Objet de Document. L'espace de noms *System.Xml* fournit un ensemble de classes qui permettent les manipulations du DOM d'un document XML. Nous allons voir dans ce chapitre les manipulations courantes d'un document XML, avec notamment comment charger un document XML, comment le manipuler, comment extraire des informations et comment le modifier.

1 - La classe *XmlDocument*

L'espace de noms *System.Xml* fournit un ensemble de classes qui permettent les manipulations du DOM d'un document XML. Dans .NET, la classe **XmlDocument** est au cœur des manipulations du DOM. Cette classe est le processeur XML du *framework .NET*. Elle implémente le noyau du modèle DOM W3C niveau 1 et le noyau du modèle DOM niveau 2. Le modèle DOM est une représentation d'arborescence en mémoire (cache) d'un document XML qui permet de naviguer dans ce document et de le modifier. Ce processeur XML charge le document XML en mémoire, puis il construit une représentation du document sous forme d'une arborescence (avec ses éléments, ses attributs, ses commentaires, etc.). La figure 7.1 visualise l'arbre d'héritage des classes de l'espace de noms *System.Xml*.
La classe **XmlNode** est la classe de base abstraite pour toutes les autres classes de l'espace de noms. La figure 7.2 visualise la classe **XmlNode** par ses propriétés. Elle représente la notion de nœud et possède de nombreuses propriétés dont les principales sont:

- la propriété *Name*, de type *string*, qui définit le nom qualifié d'un noeud.
- la propriété *NodeType*, de type *XmlNodeType*, qui définit le type de nœud (élément, commentaire, attribut, etc.) selon l'énumération *XmlNodeType*.
- la propriétés *Attributes* qui définit une collection d'objet de type **XmlAttribute**,

qui représente la collection des attributs d'un nœud.

- la propriété *Value* qui définit le contenu d'un nœud (qui peut être un texte simple, ou bien un ensemble textuel représentant un sous-ensemble de nœuds).

FIGURE 7.1

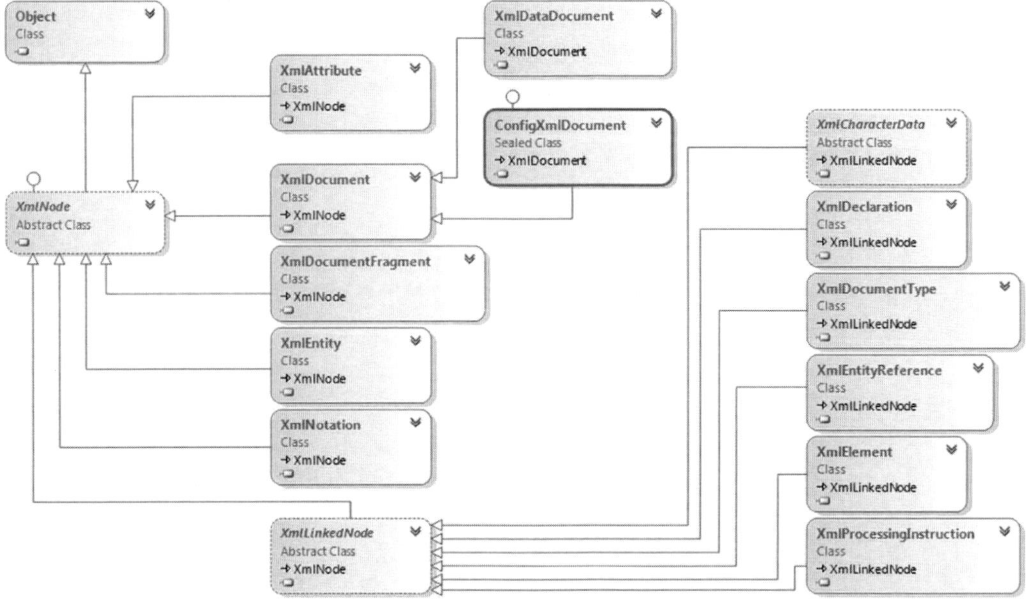

FIGURE 7.2

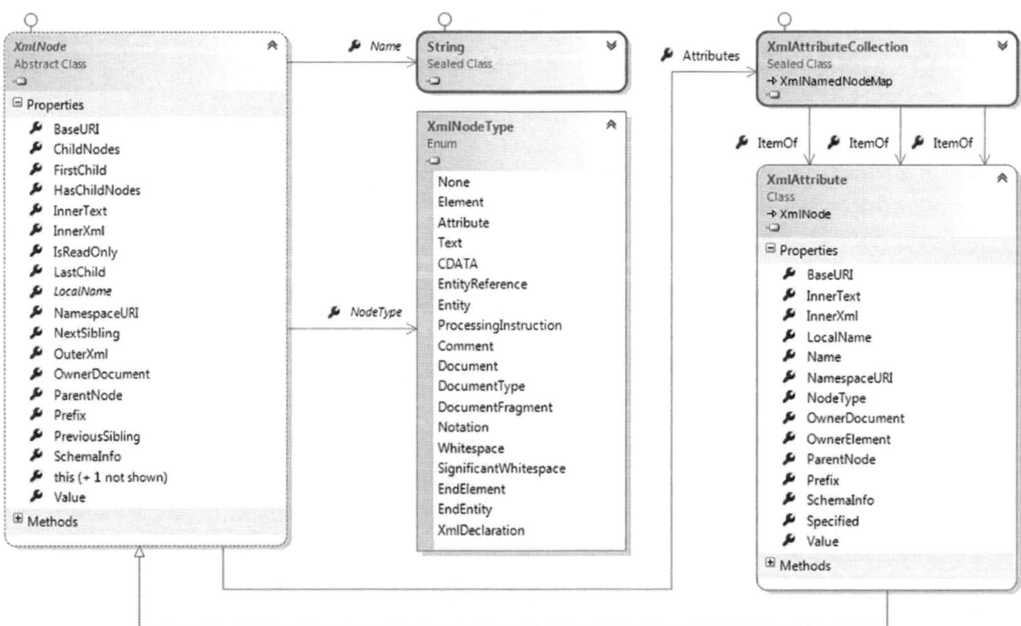

Un document XML est représenté par un objet **XmlDocument** (figure 7.3). La méthode *Load* permet de charger un document XML à partir d'un flux, d'une URL, ou d'un objet **TextReader** et **XmlReader**. La méthode *LoadXml* charge un document à partir d'une chaîne spécifiée. La propriété *DocumentElement* permet d'obtenir le nœud racine, et la propriété *ChildNodes* permet d'obtenir tous les nœuds enfants du nœud en cours.

FIGURE 7.3

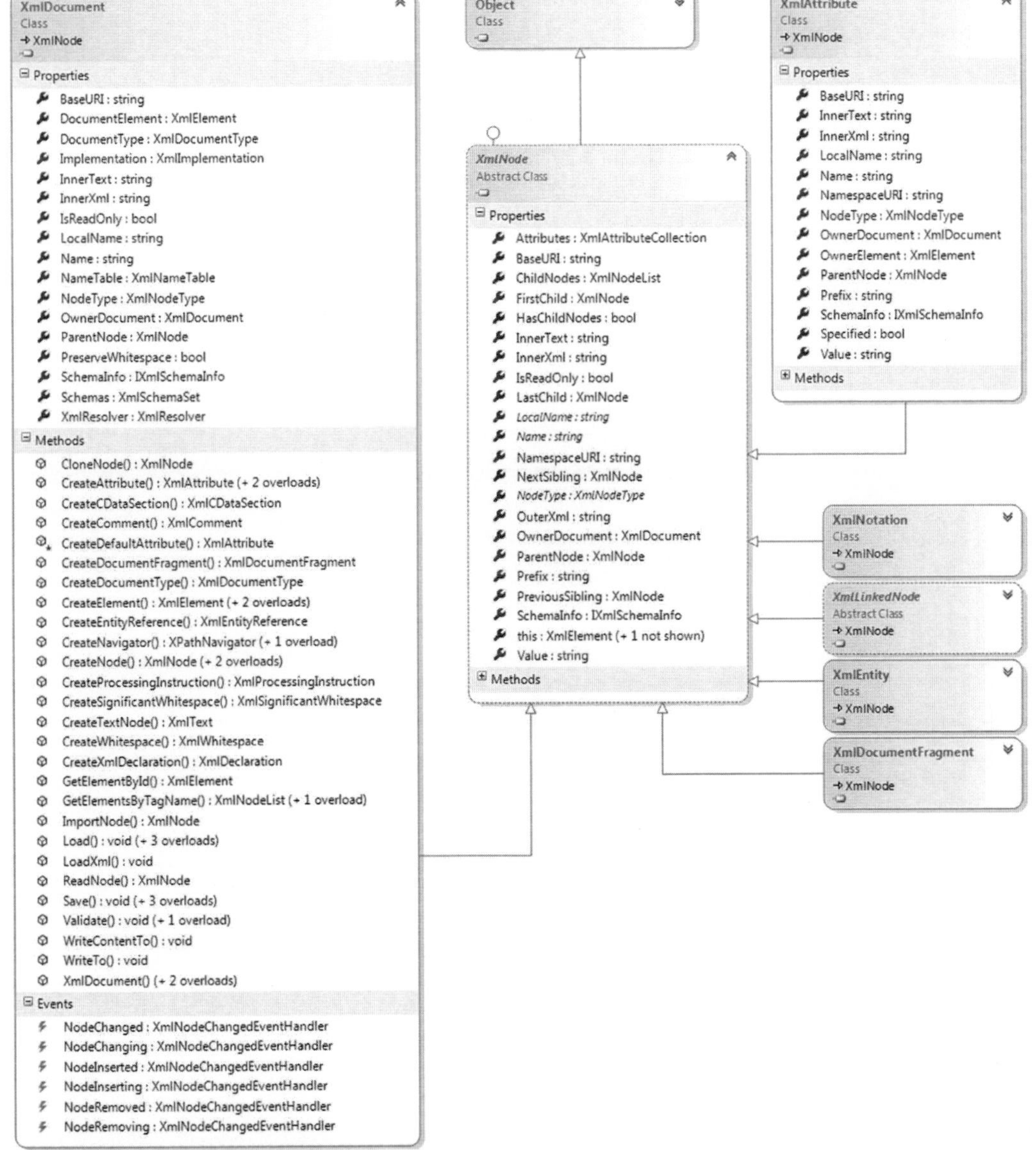

2 - Charger un document XML

La première des manipulations à apprendre consiste à charger un document XML dans un contrôle texte pour visualiser son contenu. Pour cela, la solution de projet *P07_01_OuvertureXml.sln*, placée dans le dossier *chapitre_07/P07_01_OuvertureXml*, illustre les différentes façons courantes pour visualiser le contenu d'un document XML. La figure 7.4 montre la configuration de l'application: on choisit une option (repère 1) en cochant une case à cocher, puis en cliquant sur le bouton *Charger le document XML* (repère 2), le flux XML est ouvert et son contenu est affiché dans un **TextBlock** (repère 3).

Dans la solution de projet, on ajoute un dossier *contenu* dans lequel on ajoute un fichier XML intitulé *exemple_07_01.xml*. Ce fichier est importé dans la solution en faisant un clic droit sur le dossier *contenu* et en choisissant *Ajouter -> Element existant* (la boite de dialogue qui s'ouvre permet de localiser le fichier XML dans l'arborescence des fichiers pour en importer une copie). On souhaite charger ce fichier localement depuis l'application à partir du dossier où se trouve l'exécutable. On choisit le dossier *EXE* comme étant le dossier dans lequel sera déployé le programme et ses dépendances nécessaires. Ce dossier se trouve dans le dossier *chapitre_07/P07_01_OuvertureXml*. On configure donc les propriétés du projet pour effectuer cette tâche (figure 7.5). Dans l'onglet *Générer* (repère 1), par l'intermédiaire du bouton *Parcourir*, on sélectionne le dossier de sortie (repère 2).

FIGURE 7.5

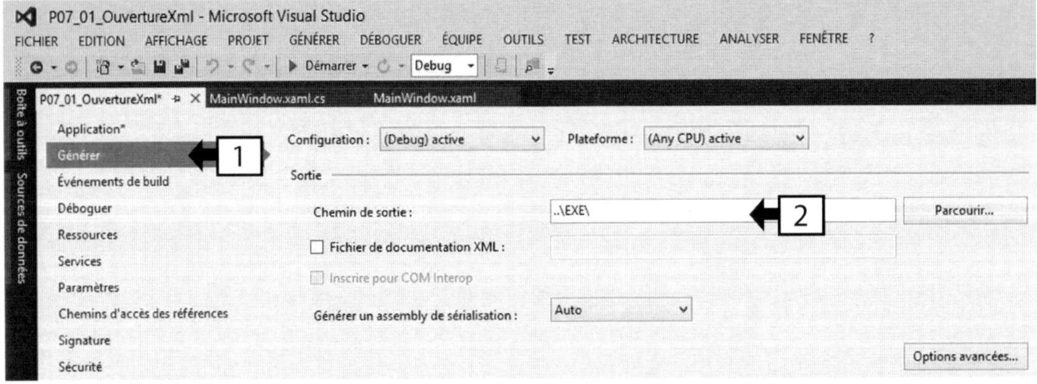

On en profite pour ajouter une icône représentative de l'application (repère 1 figure 7.6). Cette icône sera affichée dans la barre des tâches et dans la fenêtre de l'application.

FIGURE 7.4

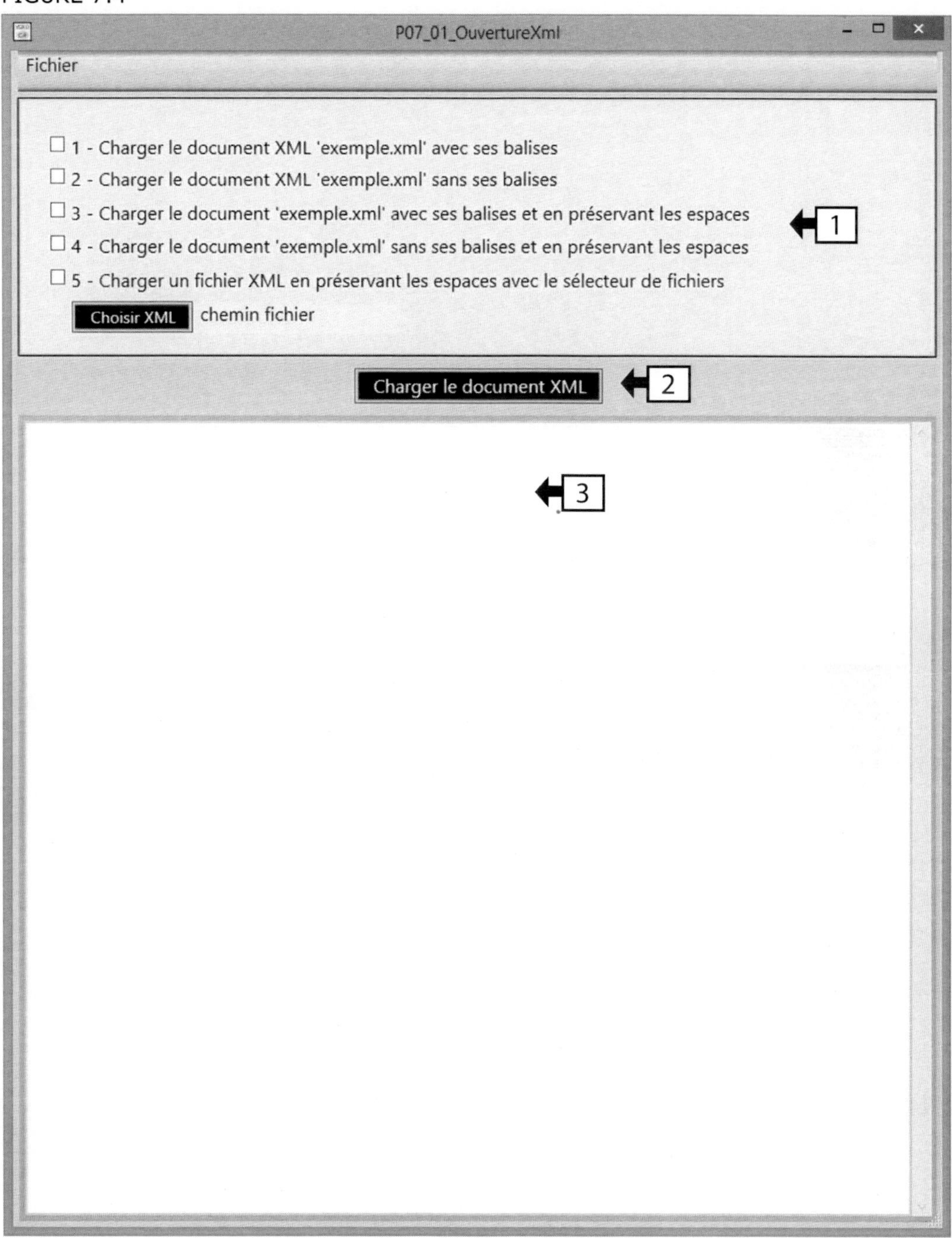
P07_01_OuvertureXml
Fichier
1 - Charger le document XML 'exemple.xml' avec ses balises
2 - Charger le document XML 'exemple.xml' sans ses balises
3 - Charger le document 'exemple.xml' avec ses balises et en préservant les espaces
4 - Charger le document 'exemple.xml' sans ses balises et en préservant les espaces
5 - Charger un fichier XML en préservant les espaces avec le sélecteur de fichiers
Choisir XML
chemin fichier
Charger le document XML
1
2
3

FIGURE 7.6

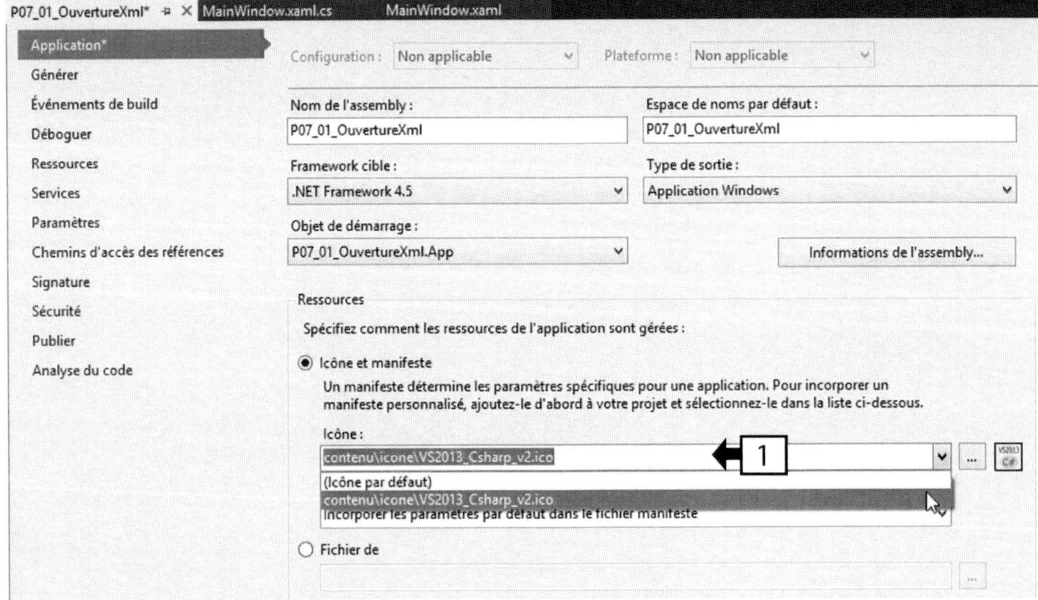

FIGURE 7.7

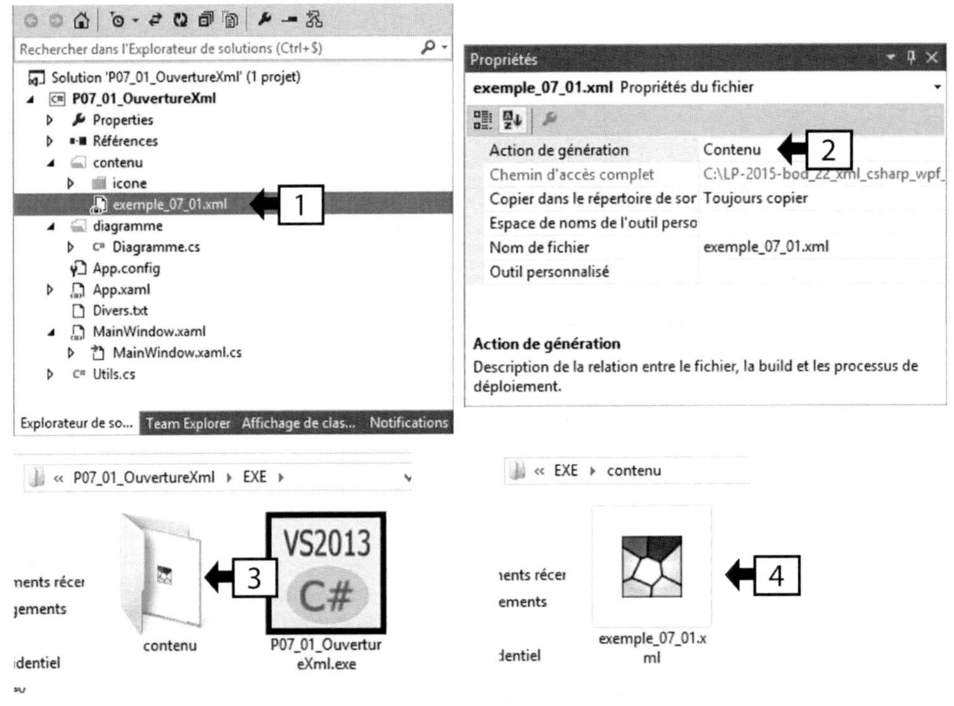

En sélectionnant le fichier *exemple.xml* (figure 7.7) par un clic dessus dans la solution de projet (repère 1), on fixe sa propriété *Action de génération* à la valeur *Contenu* (repère 2) avec une méthode d'écriture systématique (*Toujours copier* dans *Copier dans le répertoire de sortie*). De ce fait, dans le dossier de sortie de l'exécutable, le dossier *contenu* sera copié avec le fichier XML à l'intérieur (repère 3) à côté de l'exécutable (repère 4).

L'ouverture du flux XML se fait par l'intermédiaire de la méthode d'instance *Load* qui reçoit en paramètre un flux (objet **Stream**) ou une URL (une chaîne de type *string* représentant le chemin où se trouve le fichier). Cette ouverture de fichier est positionnée dans un bloc *try..catch* de façon à lever une exception en cas de problèmes. On commence par instancier un objet *doc* de type **XmlDocument**. Puis on lui applique la méthode *Load* qui reçoit le chemin de l'emplacement du fichier (la variable *v_doss_exe* de type *string* représente le chemin du dossier de sortie *v_doss_exe = Environment.CurrentDirectory*). Et pour afficher le contenu du fichier XML, on affecte à la propriété *Text* du **TextBlock** *x_tbl_infos*, le contenu de la propriété *InnerXml* de *doc*. La propriété *InnerXml* obtient le balisage représentant les enfants du nœud actuel (la racine ici).

```
if (v_case_coche_select == x_chbx_1) {
    //ouverture d'un doc xml avec ses balises
    try {
      XmlDocument doc = new XmlDocument();
      doc.Load(v_doss_exe + "contenu\\exemple_07_01.xml");
      x_tbl_infos.Text = doc.InnerXml;
    }
    catch (Exception ex) {
      MessageBox.Show(ex.Message);
    }
}
```

Comme le montre la figure 7.8, le fichier XML est bien écrit dans le **TextBlock** mais sans respecter les espaces entre chaque nœud (repère 1), ce qui rend la lecture plus difficile. Pour préserver les espaces, il faut passer la propriété *PreserveWhitespace* à la valeur *true*, ce qui donne le résultat du repère 2.

```
if (v_case_coche_select == x_chbx_3) {
  //ouverture d'un doc xml avec ses balises
  //et en préservant les espaces
  try {
    XmlDocument doc = new XmlDocument();
    doc.PreserveWhitespace = true;
    doc.Load(v_doss_exe + "contenu\\exemple_07_01.xml");
    x_tbl_infos.Text = doc.InnerXml;
  }
```

```
  catch (Exception ex) {
    MessageBox.Show(ex.Message);
  }
}
```

FIGURE 7.8

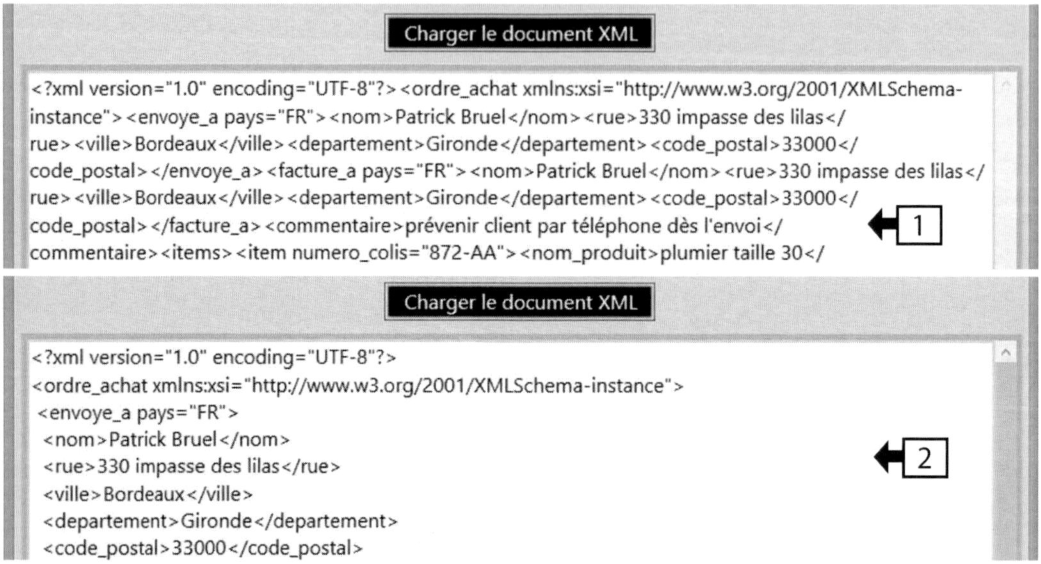

```
Charger le document XML

<?xml version="1.0" encoding="UTF-8"?><ordre_achat xmlns:xsi="http://www.w3.org/2001/XMLSchema-
instance"><envoye_a pays="FR"><nom>Patrick Bruel</nom><rue>330 impasse des lilas</
rue><ville>Bordeaux</ville><departement>Gironde</departement><code_postal>33000</
code_postal></envoye_a><facture_a pays="FR"><nom>Patrick Bruel</nom><rue>330 impasse des lilas</
rue><ville>Bordeaux</ville><departement>Gironde</departement><code_postal>33000</
code_postal></facture_a><commentaire>prévenir client par téléphone dès l'envoi</        1
commentaire><items><item numero_colis="872-AA"><nom_produit>plumier taille 30</
```

```
Charger le document XML

<?xml version="1.0" encoding="UTF-8"?>
<ordre_achat xmlns:xsi="http://www.w3.org/2001/XMLSchema-instance">
 <envoye_a pays="FR">
  <nom>Patrick Bruel</nom>
  <rue>330 impasse des lilas</rue>                                                    2
  <ville>Bordeaux</ville>
  <departement>Gironde</departement>
  <code_postal>33000</code_postal>
```

Il est possible d'afficher que le contenu textuel des nœuds sans le balisage XML. Pour cela il faut affecter à la propriété *Text* du **TextBlock** *x_tbl_infos*, le contenu de la propriété *InnerText* de *doc*. La figure 7.9 visualise le résultat obtenu (avec et sans la préservation des espaces). La propriété *InnerText* obtient les valeurs concaténées du nœud et de tous ses nœuds enfants.

```
if (v_case_coche_select == x_chbx_2) {
  //ouverture d'un doc xml sans ses balises
  try {
    XmlDocument doc = new XmlDocument();
    doc.Load(v_doss_exe + "contenu\\exemple_07_01.xml");
    x_tbl_infos.Text = doc.InnerText;
  }
  catch (Exception ex) {
    MessageBox.Show(ex.Message);
  }
}
if (v_case_coche_select == x_chbx_4) {
  //ouverture d'un doc xml sans ses balises
  //et en préservant les espaces
  try {
    XmlDocument doc = new XmlDocument();
    doc.PreserveWhitespace = true;
```

```
    doc.Load(v_doss_exe + "contenu\\exemple_07_01.xml");
    x_tbl_infos.Text = doc.InnerText;
  }
  catch (Exception ex) {
    MessageBox.Show(ex.Message);
  }
}
```

FIGURE 7.9

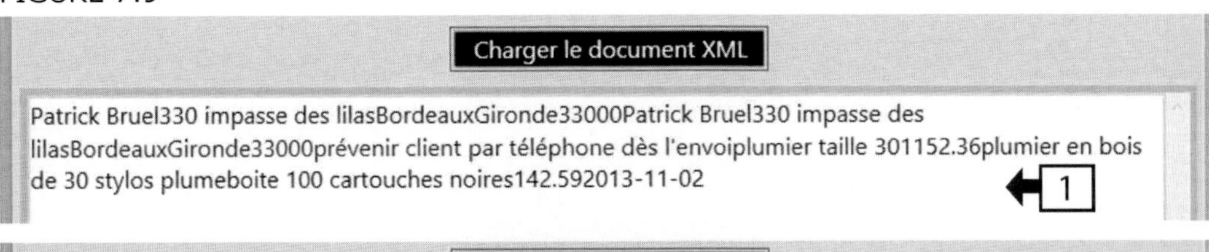

La case à cocher numéro 5 permet de sélectionner un fichier XML d'après la boite à dialogue d'ouverture des fichiers de Windows. La boite d'ouverture est du type **OpenFileDialog** dans l'espace de noms *System.Windows.Forms*.

```
//événement quand le bouton de sélection de fichier xml est cliqué
private void x_btn_fichier_Click(object sender, RoutedEventArgs e) {
  x_tbl_infos.Text = "";
  x_tbl_fichier.Text = "";
  System.Windows.Forms.OpenFileDialog boite =
    new System.Windows.Forms.OpenFileDialog();
  boite.Filter = "fichier XML | *.xml";
  boite.InitialDirectory = v_doss_exe + "contenu";
  boite.Title = "Sélectionnez un fichier XML";
  boite.Multiselect = false;
  if (boite.ShowDialog() == System.Windows.Forms.DialogResult.OK) {
    x_tbl_fichier.Text = boite.SafeFileName;
    v_chemin_fichier_xml = boite.FileName;
  }
}
```

Dans le dossier *References* du projet, il faut ajouter une référence à la librairie *System.Windows.Forms.dll*, et dans le code il faut ajouter une instruction *using*

System.Windows.Forms. On instancie un objet *boite* de type **OpenFileDialog**. Sa propriété *Filter* permet de filtrer les types de document que l'on souhaite ouvrir (ici des fichiers de type XML par la chaîne "*fichier XML | *.xml*"). La propriété *InitialDirectory* permet de sélectionner un emplacement d'ouverture par défaut à chaque lancement de la boite de dialogue (ici on ouvre par défaut le dossier *OuvertureXml_contenu*). La propriété *Multiselect* est fixée à *false* pour ne pouvoir sélectionner qu'un seul fichier à la fois. Et la propriété *Title* reçoit la chaîne que l'on souhaite afficher comme titre de la boite de dialogue. L'affichage de la boite d'ouverture se fait par la méthode *ShowDialog* qui reçoit un résultat *DialogResult. OK* si un fichier XML a bien été sélectionné avant l'appui sur le bouton *Ouvrir*. La propriété *SafeFileName* définit le nom du fichier avec son extension (*exemple_07_01.xml*), et la propriété *FileName* définit le chemin complet du fichier. La figure 7.10 visualise la boite de dialogue d'ouverture du fichier XML.

FIGURE 7.10

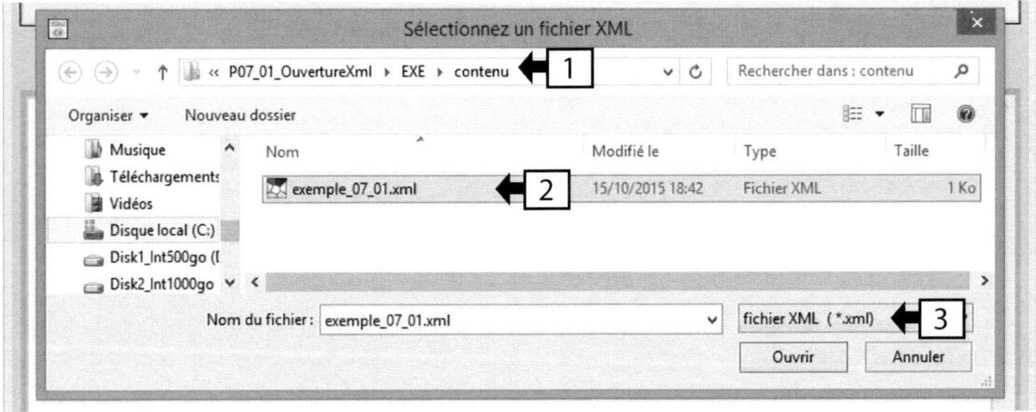

3 - Visualiser une arborescence XML

Un document XML consiste en un ensemble d'un ou plusieurs nœuds, et chaque nœud héberge d'autres nœuds qui sont appelés les nœuds enfants. Comme il s'agit d'une arborescence de balises XML qui contiennent des données textuelles, la meilleure représentation de cette arborescence est ce que l'on appelle un *arbre*. Le contrôle dédié pour visualiser une arborescence est le **TreeView**. Nous allons donc charger un document XML et visualiser l'arborescence de ses balises et de son contenu dans un **TreeView**. La solution de projet *P07_02_ArborescenceXml. sln*, située dans le dossier *chapitre_07/P07_02_ArborescenceXml*, illustre cette visualisation sous forme d'arborescence. La figure 7.11 montre le résultat obtenu

FIGURE 7.11

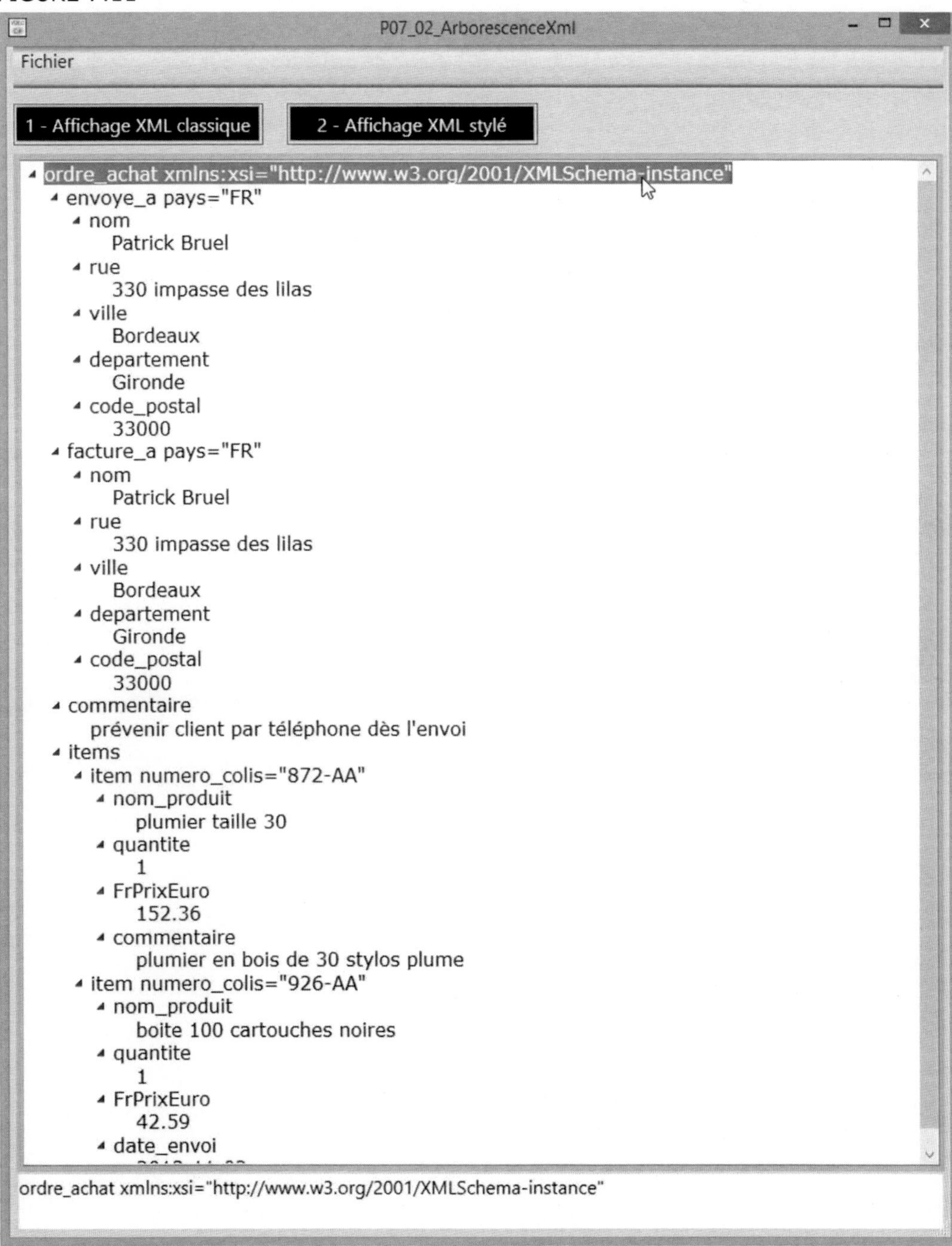
P07_02_ArborescenceXml
Fichier
1 - Affichage XML classique
2 - Affichage XML stylé
ordre_achat xmlns:xsi="http://www.w3.org/2001/XMLSchema-instance"
envoye_a pays="FR"
nom
Patrick Bruel
rue
330 impasse des lilas
ville
Bordeaux
departement
Gironde
code_postal
33000
facture_a pays="FR"
nom
Patrick Bruel
rue
330 impasse des lilas
ville
Bordeaux
departement
Gironde
code_postal
33000
commentaire
prévenir client par téléphone dès l'envoi
items
item numero_colis="872-AA"
nom_produit
plumier taille 30
quantite
1
FrPrixEuro
152.36
commentaire
plumier en bois de 30 stylos plume
item numero_colis="926-AA"
nom_produit
boite 100 cartouches noires
quantite
1
FrPrixEuro
42.59
date_envoi
ordre_achat xmlns:xsi="http://www.w3.org/2001/XMLSchema-instance"

après chargement du document XML dans un **TreeView** par l'intermédiaire du bouton "*1 - Affichage XML classique*". Dans le **TreeView**, il y a différentes sortes de nœuds:

- le nœud qui affiche le nom de la balise avec éventuellement ses attributs.
- le nœud qui affiche le contenu textuel d'une balise et qui ne peut pas avoir d'enfants.

Dans un contrôle **TreeView**, un nœud est représenté par un objet **TreeViewItem**. La propriété *Items* de **TreeView** contient une collection d'objets **TreeViewItem**. Et chaque objet **TreeViewItem** peut contenir une collection de **TreeViewItem** (c'est-à-dire un nœud parent qui contient des nœuds enfants). La propriété *Header* de **TreeViewItem** définit ce que l'on appelle l'étiquette du nœud c'est-à-dire ce qui est affiché pour représenter un nœud. La propriété *Header* possède un type *object*. Ce qui veut dire que l'on peut afficher une chaîne de caractère pour symboliser une étiquette simple, tout comme on pourrait afficher un objet plus complexe (comme on le verra un peu plus loin). La classe **XmlNode** possède une collection de nœuds enfants par sa propriété *ChildNodes*. De plus, elle possède un ensemble de propriétés qui permettent de naviguer à travers les nœuds. Ce sont les propriétés suivantes:

- la propriété *ParentNode* qui obtient le nœud parent (s'il existe) du nœud en cours.
- la propriété *FirstChild* qui obtient le premier enfant du nœud.
- la propriété *LastChild* qui obtient le dernier enfant du nœud.
- la propriété *NextSibling* qui obtient le nœud qui suit immédiatement le nœud en cours au même niveau.
- la propriété *PreviousSibling* qui obtient le nœud qui précède immédiatement ce nœud en cours.

Du fait qu'un nœud contient d'autres nœuds, on perçoit déjà que les parcours des nœuds vont faire intervenir la récursivité. En informatique les fonctions récursives sont des fonctions dont le calcul nécessite d'invoquer la fonction elle-même. Un traitement récursif va consister à appeler une fonction sur elle-même. Si on passe un nœud à une fonction récursive qui lit le contenu du nœud, on appellera cette même fonction sur les nœuds enfants du nœud en cours pour lire le contenu des nœuds enfants, et ainsi de suite.

Dans le **TreeView**, chaque nœud est représenté par un objet **TreeViewItem**. On déclare une classe **NoeudArbreXml** qui hérite de **TreeViewItem**. On déclare un champ *m_noeud* de type **XmlNode** et une propriété *Noeud* pour accéder en lecture à ce champ. Dans le constructeur de **NoeudArbreXml**, qui reçoit en paramètre un nœud de type **XmlNode**, on regarde si ce nœud est de type textuel (énumération *XmlNodeType.Text*). Si c'est le cas, c'est qu'on est en présence du contenu textuel d'une balise, et par conséquent, la propriété héritée *Header* reçoit le contenu textuel par la propriété *XmlNode.InnerText*. Si ce n'est pas le cas, c'est qu'on est en présence d'une balise, et par conséquent, la propriété héritée *Header* reçoit le nom qualifié de la balise (propriété *XmlNode.Name*) et les attributs de la balise (qui sont contenus dans la collection *XmlNode.Attributes*). Avec une boucle *foreach*, on parcourt les attributs, de type **XmlAttribute**, contenus dans la collection. Et on ajoute à la propriété *Header* le contenu de la propriété *OuterXml* du nœud. Quand on est sur une balise du type *<envoye_a pays= "FR">*, on ajoutera un nœud dont l'étiquette est *envoye_a pays= "FR"*. Et quand on est sur une balise du type *<nom>Patrick Bruel</nom>*, on ajoutera un nœud avec une étiquette *nom*, qui contient un nœud enfant avec une étiquette *Patrick Bruel*.

ordre_achat xmlns:xsi="http://www.w3.org/2001/XMLSchema-instance"
envoye_a pays="FR"
nom
Patrick Bruel

```
public class NoeudArbreXml : TreeViewItem {
  //champs
  private XmlNode m_noeud;
  //propriété
  public XmlNode Noeud {
    get { return m_noeud; }
  }
  //constructeur
  public NoeudArbreXml(XmlNode noeud) {
    m_noeud = noeud;
    if (noeud.NodeType == XmlNodeType.Text) {
      this.Header = noeud.InnerText;
    }
    else {
      this.Header = noeud.Name;
    }
    if (noeud.Attributes != null) {
      foreach (XmlAttribute attribut in noeud.Attributes) {
        this.Header += " " + attribut.OuterXml;
      }
    }
  }
}//end class
```

Le gestionnaire de l'événement *Click* du bouton *x_btn_aff_classique* va procéder au chargement du document XML pour le représenter par une arborescence dans le **TreeView**. Après avoir chargé le flux XML par la méthode *Load*, on instancie un objet *racine* de type **NoeudArbreXml** qui reçoit en paramètre la racine du flux XML par la propriété *DocumentElement*. Puis il faut passer cette racine à une fonction récursive qui va lire le contenu des nœuds, des nœuds enfants, etc.

```
//btn 1: affichage classique des données xml dans un treeview
private void x_btn_aff_classique_Click(object sender, RoutedEventArgs e) {
  x_tree_xml.Items.Clear();
  x_tbl_infos.Text = "";
  //ouverture d'un doc xml avec ses balises
  try {
    XmlDocument doc = new XmlDocument();
    doc.Load(v_doss_exe + "contenu\\exemple.xml");
    NoeudArbreXml racine = new NoeudArbreXml(doc.DocumentElement);
    racine.IsExpanded = true;
    x_tree_xml.Items.Add(racine);
    racine.Selected += noeud_Selected;
    RemplirArborescence(racine.Items, doc.DocumentElement.ChildNodes);
  }
  catch (Exception ex) {
    MessageBox.Show(ex.Message);
  }
}
```

La fonction *RemplirArborescence* est une fonction récursive. Elle reçoit en paramètre une collection de **TreeViewItem** (propriété *Items*) de type **ItemCollection** ainsi qu'une collection de nœuds (les enfants du nœud en cours) sous la forme d'une **XmlNodeList**. Cette fonction effectue un parcours des nœuds **XmlNode** dans la collection **XmlNodeList**. Et elle s'invoque elle-même pour descendre dans l'arborescence des nœuds.

```
private void RemplirArborescence(ItemCollection collect, XmlNodeList liste_noeud) {
  if (liste_noeud == null) {
    return;
  }
  foreach (XmlNode e in liste_noeud) {
    NoeudArbreXml noeud = new NoeudArbreXml(e);
    noeud.IsExpanded = true;
    noeud.Selected += noeud_Selected;
    collect.Add(noeud);
    RemplirArborescence(noeud.Items, e.ChildNodes);
  }
}
```

Quand on clique sur un contrôle **TreeViewItem** dans le **TreeView**, le contrôle **TreeViewItem** est sélectionné et sa propriété *IsSelected* passe de la valeur *false* à *true*. Ce passage déclenche un événement *Selected*. On implémente un gestionnaire de cet événement *Selected* de façon à récupérer le contenu du nœud pour l'afficher dans une zone de texte en bas de la fenêtre. Dans ce gestionnaire, *e.Handled = true* signifie que l'on prend en charge cet événement à ce niveau et donc que la propagation de l'événement est arrêtée ici. On récupère le nœud de type **NoeudArbreXml** qui a déclenché l'événement. Et on récupère le contenu de la propriété héritée *Header* qui contient l'intitulé du nœud. Il ne reste plus qu'à afficher cet intitulé dans une zone de texte.

```
private void noeud_Selected(object sender, RoutedEventArgs e) {
  e.Handled = true;
  NoeudArbreXml tw = (NoeudArbreXml)sender;
  x_tbl_infos.Text = (string)tw.Header;
}
```

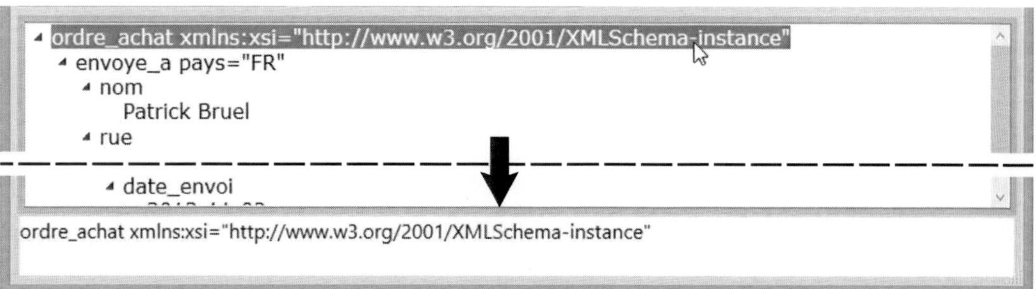

Après le chargement du **TreeView**, on voit que tous les nœuds sont ouverts. Cela a été possible en affectant à la propriété *IsExpanded* de chaque nœud la valeur *true* lors de leur création.

Maintenant, nous allons personnaliser l'étiquette d'affichage des nœuds du **TreeViewItem** un peu comme on le voit dans les logiciels commerciaux. Le nom de la balise XML sera écrit dans un rectangle à fond jaune et à bordure noire. L'attribut sera écrit dans un rectangle à fond marron et sans bordure. Un contenu textuel sera juste écrit en bleu. La figure ci-dessous montre ce que l'on va obtenir.

<ordre_achat> xmlns:xsi="http://www.w3.org/2001/XMLSchema-instance"
<envoye_a> pays="FR"
<nom>
Patrick Bruel
<rue>
330 impasse des lilas

La personnalisation de ces étiquettes est assez facile à réaliser avec l'utilisation des contrôles **TextBlock** et **StackPanel** de WPF. Dans un contrôle **StackPanel**, on empile des contrôles **TextBlock** les uns à côté des autres avec une orientation horizontale. Et quand toutes les données de l'étiquette sont traitées, on affecte à la propriété *Header* du **TreeViewItem**, un objet complexe cette fois de type **StackPanel** (et non une chaîne comme précédemment). On déclare une classe **NoeudArbreXml_v2** qui hérite de **TreeViewItem**, et qui est analogue à celle déclarée précédemment (classe **NoeudArbreXml**). Cette classe effectue les mêmes choses à une près: c'est que dans la propriété *Header*, on affecte un **StackPanel** qui est contient un empilement dans le sens horizontal d'objet **TextBlock**. Dans le constructeur, on instancie un **StackPanel** et on lui précise un ordre d'empilement horizontal (propriété *Orientation* égale à l'énumération *Orientation.Horizontal*). Par la propriété *Margin*, on fixe l'espacement autour du **StackPanel** quand il est dans son conteneur parent.

```
//constructeur
public NoeudArbreXml_v2(XmlNode noeud) {
  m_noeud = noeud;
  StackPanel stack = new StackPanel();
  stack.Orientation = Orientation.Horizontal;
  stack.Margin = new Thickness(0, 2, 0, 2);
   ...
  this.Header = stack;
}
```

Un contenu textuel est écrit dans un **TextBlock** en bleu avec une police Consolas de 16 points. Le **TextBlock** est ajouté au contenu du **StackPanel** par la méthode *Add*.

```
//constructeur
public NoeudArbreXml_v2(XmlNode noeud) {
  ...
  if (noeud.NodeType == XmlNodeType.Text) {
        string contenu_texte = noeud.InnerText;
        TextBlock tb = new TextBlock();
        tb.Background = new SolidColorBrush(Colors.Transparent);
        tb.Foreground = new SolidColorBrush(Colors.DarkBlue);
        tb.FontFamily = new FontFamily("Consolas");
        tb.FontSize = 16;
        tb.Text = contenu_texte;
        stack.Children.Add(tb);
        m_affichette += contenu_texte + " ";
  }
  ...
}
```

Une balise XML est écrite dans un **TextBlock**, à fond jaune (avec un **Color** *couleur_fond*), et avec une police Consolas de 16 points. Le **TextBlock** est entouré d'une bordure de couleur noir.

```
//constructeur
public NoeudArbreXml_v2(XmlNode noeud) {
  ...
 else {
       string nom_qualifie = noeud.Name;
       TextBlock tb = new TextBlock();
       Color couleur_fond = new Color();
       couleur_fond.R = 255;
       couleur_fond.G = 253;
       couleur_fond.B = 203;
       couleur_fond.A = 255;
       tb.Background = new SolidColorBrush(couleur_fond);
       tb.Foreground = new SolidColorBrush(Colors.Black);
       tb.FontFamily = new FontFamily("Consolas");
       tb.FontSize = 16;
       tb.Text = " <" + nom_qualifie + "> ";
       Border bordure = new Border();
       bordure.BorderBrush = new SolidColorBrush(Colors.Black);
       bordure.BorderThickness = new Thickness(1);
       bordure.Child = tb;
       stack.Children.Add(bordure);
       m_affichette += nom_qualifie + " ";
     }
  ...
}
```

Un attribut est écrit dans un **TextBlock**, à fond marron (avec un **Color** *couleur_fond*), et avec une police Consolas de 16 points. Le **TextBlock** est entouré d'une bordure de couleur transparent.

```
//constructeur
public NoeudArbreXml_v2(XmlNode noeud) {
  ...
 if (noeud.Attributes != null) {
       foreach (XmlAttribute attribut in noeud.Attributes) {
         string contenu_attribut = attribut.OuterXml;
         TextBlock tb = new TextBlock();
         Color couleur_fond = new Color();
         couleur_fond.R = 255;
         couleur_fond.G = 238;
         couleur_fond.B = 232;
         couleur_fond.A = 255;
         tb.Background = new SolidColorBrush(couleur_fond);
         tb.Foreground = new SolidColorBrush(Colors.Black);
        tb.FontFamily = new FontFamily("Consolas");
         tb.FontSize = 16;
         tb.Text = " " + contenu_attribut + " ";
         Border bordure = new Border();
         bordure.BorderBrush = new SolidColorBrush(Colors.Black);
```

FIGURE 7.12

P07_02_ArborescenceXml
Fichier
1 - Affichage XML classique
2 - Affichage XML stylé
<ordre_achat> xmlns:xsi="http://www.w3.org/2001/XMLSchema-instance"
<envoye_a> pays="FR"
<nom>
Patrick Bruel
<rue>
330 impasse des lilas
<ville>
Bordeaux
<departement>
Gironde
<code_postal>
33000
<facture_a> pays="FR"
<nom>
Patrick Bruel
<rue>
330 impasse des lilas
<ville>
Bordeaux
<departement>
Gironde
<code_postal>
33000
<commentaire>
prévenir client par téléphone dès l'envoi
<items>
<item> numero_colis="872-AA"
<nom_produit>
plumier taille 30
<quantite>
1
<FrPrixEuro>
152.36
<commentaire>
plumier en bois de 30 stylos plume
ordre_achat xmlns:xsi="http://www.w3.org/2001/XMLSchema-instance"

```
        bordure.BorderThickness = new Thickness(0);
        bordure.Child = tb;
        bordure.Margin = new Thickness(5, 0, 0, 0);
        stack.Children.Add(bordure);
        m_affichette += contenu_attribut + " ";
      }
  ...
}
```

La figure 7.12 montre le résultat obtenu quand on charge le document XML dans le **TreeView** en cliquant sur le bouton "*2 - Affichage XML stylé*".

4 - Rechercher des nœuds XML

La solution de projet *P07_03_ObtentionElement.sln*, placée dans le dossier *chapitre_07/P07_03_ObtentionElement*, illustre la recherche des nœuds (figure 7.13) dans un document XML. Après avoir chargé le flux XML dans un **TextBlock** (repère 1), une recherche est effectuée pour trouver tous les noms qualifiés des balises contenues dans le document XML. En choisissant une de ces balises dans un **ComboBox** (repère 2), on recherche tous les nœuds qui portent le nom de balise recherché. Ils s'affichent dans un **ListBox** (repère 3). En cliquant sur un item de la **ListBox**, on affiche le contenu du nœud dans une zone de texte (repère 4). En cliquant sur le bouton *Ouvrir*, on charge le contenu du document XML dans la zone de texte de type **TextBlock**. On recherche le nom qualifié de toutes les balises XML que l'on stocke dans une liste générique *v_liste_balise*, de type *List<string>*, par la méthode *RechercheBalise*. Ensuite on parcourt la liste pour compléter les contrôles **ComboBoxItem** contenus dans un **ComboBox** *x_cb_balise*.

```
//btn ouvrir doc xml
private void x_btn_ouvrir_Click(object sender, RoutedEventArgs e) {
  x_btn_ouvrir.IsEnabled = false;
  x_btn_ouvrir_bordure.Background = new SolidColorBrush(Colors.LightGray);
  //ouverture d'un doc xml avec ses balises
  //et en préservant les espaces
  try {
    v_doc_xml = new XmlDocument();
    v_doc_xml.PreserveWhitespace = true;
    v_doc_xml.Load(doss_exe + "/ObtentionElement_contenu/exemple.xml");
    x_tbl_info.Text = v_doc_xml.InnerXml + RC;
    v_liste_balise = new List<string>();
    XmlNode racine = v_doc_xml.DocumentElement;
    //x_tbl_info.Text += racine.Name+RC;
    v_liste_balise.Add(racine.Name);
    RechercheBalise(racine);
    v_liste_balise.Sort();
```

FIGURE 7.13

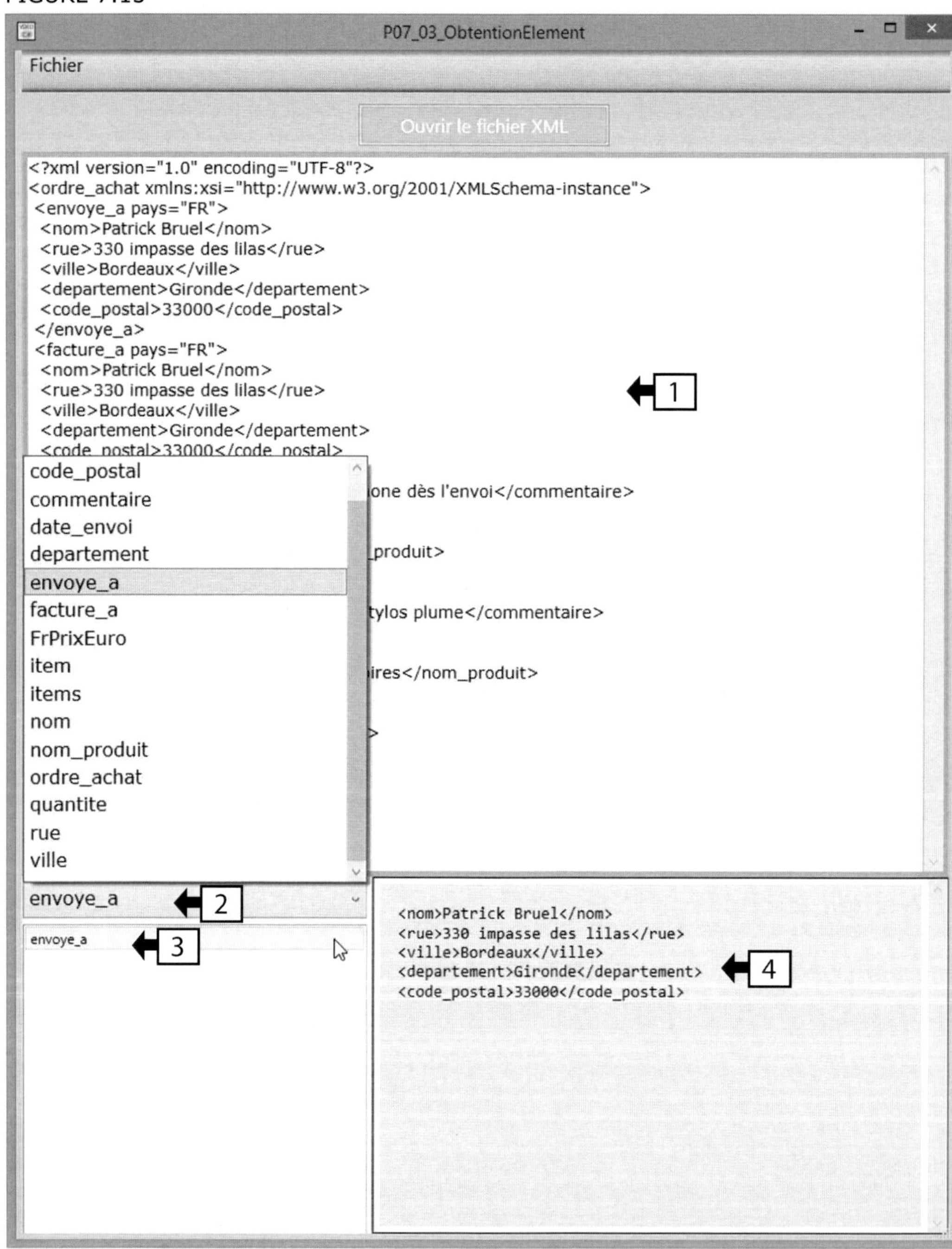
P07_03_ObtentionElement
Fichier
Ouvrir le fichier XML
<?xml version="1.0" encoding="UTF-8"?>
<ordre_achat xmlns:xsi="http://www.w3.org/2001/XMLSchema-instance">
<envoye_a pays="FR">
<nom>Patrick Bruel</nom>
<rue>330 impasse des lilas</rue>
<ville>Bordeaux</ville>
<departement>Gironde</departement>
<code_postal>33000</code_postal>
</envoye_a>
<facture_a pays="FR">
<nom>Patrick Bruel</nom>
<rue>330 impasse des lilas</rue>
<ville>Bordeaux</ville>
<departement>Gironde</departement>
1
code_postal
commentaire
date_envoi
departement
envoye_a
facture_a
FrPrixEuro
item
items
nom
nom_produit
ordre_achat
quantite
rue
ville
envoye_a
2
envoye_a
3
<nom>Patrick Bruel</nom>
<rue>330 impasse des lilas</rue>
<ville>Bordeaux</ville>
<departement>Gironde</departement>
<code_postal>33000</code_postal>
4

```
    for (int xx = 0; xx < v_liste_balise.Count; xx++) {
      ComboBoxItem cbi = new ComboBoxItem();
      cbi.Content = v_liste_balise[xx];
      x_cb_balise.Items.Add(cbi);
    }
  }
  catch (Exception ex) {
    MessageBox.Show(ex.Message);
  }
}
```

La méthode *RechercheBalise* est une méthode récursive. Elle prend en paramètre un nœud. Au premier passage, le nœud fourni est le nœud racine (*v_doc_xml.DocumentElement*). Une liste **XmlNodeList** *liste_noeud* récupère tous les enfants de ce nœud par la propriété *ChildNodes*. Un parcours des nœuds de cette liste est effectué par une boucle *foreach*. Si le nœud en cours de la collection est un nœud élément, donc de type *XmlNodeType.Element* (car c'est une balise), on récupère le nom qualifié et on l'ajoute à la liste *v_liste_balise* s'il n'est pas présent. Enfin, on invoque la méthode récursive *RechercheBalise* sur ce nœud en cours.

```
//recherche des balises de façon récursive
private void RechercheBalise(XmlNode noeud) {
  XmlNodeList liste_noeud = noeud.ChildNodes;
  foreach (XmlNode un_noeud in liste_noeud) {
    if (un_noeud.NodeType == XmlNodeType.Element) {
      //x_tbl_info.Text += un_noeud.Name + RC;
      if (BalisePresenteDansListe(un_noeud.Name) == false) {
        v_liste_balise.Add(un_noeud.Name);
      }
      RechercheBalise(un_noeud);
    }
  }
}
```

La recherche des nœuds en fonction d'un nom qualifié, s'effectue par la méthode *GetElementsByTagName*. Cette méthode retourne une liste de nœuds **XmlNodeList** contenant la liste de tous les éléments descendants qui correspondent au nom qualifié de balise qui a été spécifié. Un parcours de cette liste retournée permet de trouver les nœuds de type **XmlNode** et d'en afficher les noms qualifiés par la propriété *Name*.

```
private void x_cb_balise_SelectionChanged(object sender,
    SelectionChangedEventArgs e) {
  if (v_fen_charge_ok == true) {
    if (x_cb_balise.SelectedIndex != 0) {
      v_listbox_ok = false;
      ComboBoxItem cbi = (ComboBoxItem) x_cb_balise.Items[
```

```
          x_cb_balise.SelectedIndex];
        string balise =(string) cbi.Content;
        v_doc_xml = new XmlDocument();
        v_doc_xml.PreserveWhitespace = true;
        v_doc_xml.Load(doss_exe + "/ObtentionElement_contenu/exemple.xml");
        v_liste_noeud_tag_name = v_doc_xml.GetElementsByTagName(balise);
        x_listbox.Items.Clear();
        x_tbl_balise.Text = "";
        foreach (XmlNode noeud in v_liste_noeud_tag_name) {
          x_listbox.Items.Add(noeud.Name);
        }
        v_listbox_ok = true;
      }
    }
}
```

L'affichage du balisage XML d'un nœud, dans une zone de texte, se fait en récupérant la valeur de la propriété *XmlNode.InnerXml*.

```
private void x_listbox_SelectionChanged(object sender, SelectionChangedEventArgs e)
{
  if (v_listbox_ok == true) {
    x_tbl_balise.Text = v_liste_noeud_tag_name[x_listbox.SelectedIndex].InnerXml;
  }
}
```

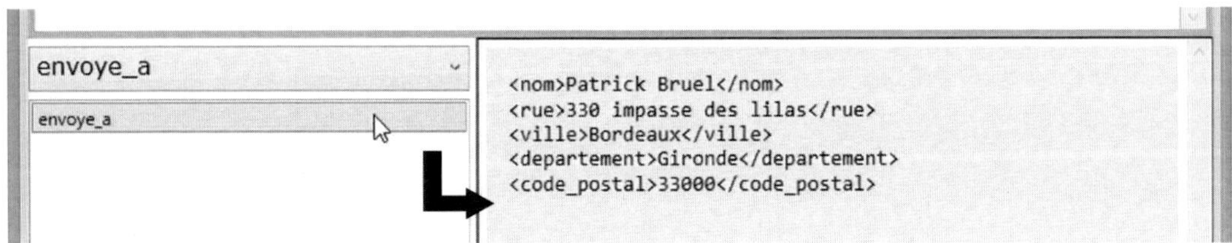

5 - Recherche dans un document XML validé par une DTD

La solution de projet *P07_04_ObtententionId.sln*, placée dans le dossier *chapitre_07/P07_04_ObtententionId*, illustre la recherche des nœuds dans un document XML qui est validé par une déclaration de type de document (DTD). Le fichier XML, intitulé *contact_plus_dtd.xml*, contient une DTD interne. Il est constitué de nœuds *personne* qui possède un attribut unique *ID_personne* de type *ID*, et un attribut *code*. Le contenu de ce fichier XML est le suivant:

```
<?xml version="1.0" encoding="UTF-8"?>
<!DOCTYPE contact [
  <!ELEMENT contact (personne*)>
```

```
  <!ELEMENT personne (nom, prenom, telephone?, ville?) >
  <!ATTLIST personne ID_personne ID #REQUIRED >
  <!ATTLIST personne code CDATA #REQUIRED >
  <!ELEMENT nom (#PCDATA) >
  <!ELEMENT prenom (#PCDATA) >
  <!ELEMENT telephone (#PCDATA) >
  <!ELEMENT ville (#PCDATA) >
]>
<contact>
  <personne ID_personne="numero_1" code="17000">
    <nom>Boli</nom>
    <prenom>Basile</prenom>
  </personne>
  <personne ID_personne="numero_2" code="33000">
    <nom>Bruel</nom>
    <prenom>Patrick</prenom>
    <telephone>01 02 03 04 05</telephone>
  </personne>
  <personne ID_personne="numero_3" code="22000">
    <nom>Pagny</nom>
    <prenom>Florent</prenom>
    <telephone>02 01 03 06 04</telephone>
    <ville>Marseille</ville>
  </personne>
</contact>
```

Après avoir chargé le contenu du flux XML dans une zone de texte, on affiche une fenêtre d'information qui affiche la DTD du document XML (figure 7.14). La propriété *DocumentType* de **XmlDocument** obtient le nœud contenant la déclaration DOCTYPE. On affiche ce nœud dans une fenêtre de type **MessageBox** par la méthode statique *Show*.

FIGURE 7.14

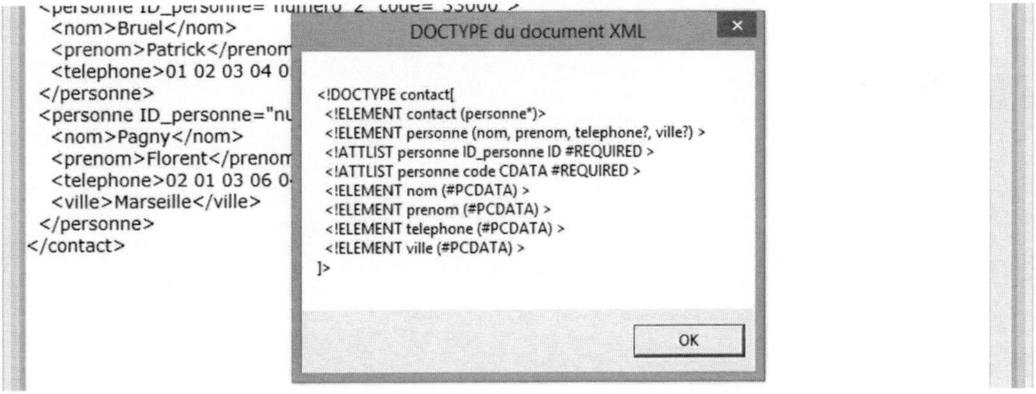

```
DOCTYPE du document XML

<!DOCTYPE contact[
  <!ELEMENT contact (personne*)>
  <!ELEMENT personne (nom, prenom, telephone?, ville?) >
  <!ATTLIST personne ID_personne ID #REQUIRED >
  <!ATTLIST personne code CDATA #REQUIRED >
  <!ELEMENT nom (#PCDATA) >
  <!ELEMENT prenom (#PCDATA) >
  <!ELEMENT telephone (#PCDATA) >
  <!ELEMENT ville (#PCDATA) >
]>

OK
```

```
private void x_btn_ouvrir_Click(object sender, RoutedEventArgs e) {
  x_btn_ouvrir.IsEnabled = false;
```

```
  x_btn_ouvrir_bordure.Background = new SolidColorBrush(Colors.LightGray);
  //ouverture d'un doc xml avec ses balises
  //et en préservant les espaces
  try {
    v_doc_xml = new XmlDocument();
    v_doc_xml.PreserveWhitespace = true;
    v_doc_xml.Load(v_doss_exe + "contenu\\contact_plus_dtd.xml");
    x_tbl_xml.Text = v_doc_xml.InnerXml + RC;
    MessageBox.Show(v_doc_xml.DocumentType.OuterXml, "DOCTYPE du document
     XML");
    v_liste_id = new List<string>();
    XmlNode racine = v_doc_xml.DocumentElement;
    RechercheBalise(racine);
    v_liste_id.Sort();
    for (int xx = 0; xx < v_liste_id.Count; xx++) {
      ComboBoxItem cbi = new ComboBoxItem();
      cbi.Content = v_liste_id[xx];
      x_cbx.Items.Add(cbi);
    }
  }
  catch (Exception ex) {
    MessageBox.Show(ex.Message);
  }
}
```

Le **ComboBox** doit être rempli avec le nom des attributs *ID_personne* qui sont des attributs uniques dans le document XML puisqu'ils sont de type *ID* d'après la DTD (*<!ATTLIST personne ID_personne ID #REQUIRED>*). Avec une méthode récursive *RechercheBalise*, on cherche tous les nœuds qui sont de type *XmlNodeType.Element* et qui ont un attribut nommé *ID_personne*. Cela nous retourne trois *ID_personne* dont le contenu est *numero_1*, *numero_2* et *numero_3*.

```
//recherche des balises de façon récursive
private void RechercheBalise(XmlNode noeud) {
  XmlNodeList liste_noeud = noeud.ChildNodes;
  foreach (XmlNode un_noeud in liste_noeud) {
    if (un_noeud.NodeType == XmlNodeType.Element) {
      if (un_noeud.Attributes.Count != 0) {
        XmlAttributeCollection collect_attr = un_noeud.Attributes;
        foreach (XmlAttribute attribut in collect_attr) {
          //x_tbl_balise.Text += attribut.Name + " -> " + attribut.Value + RC;
          if (attribut.Name == "ID_personne") {
            v_liste_id.Add(attribut.Value);
          }
        }
      }
      RechercheBalise(un_noeud);
    }
  } }
```

FIGURE 7.15

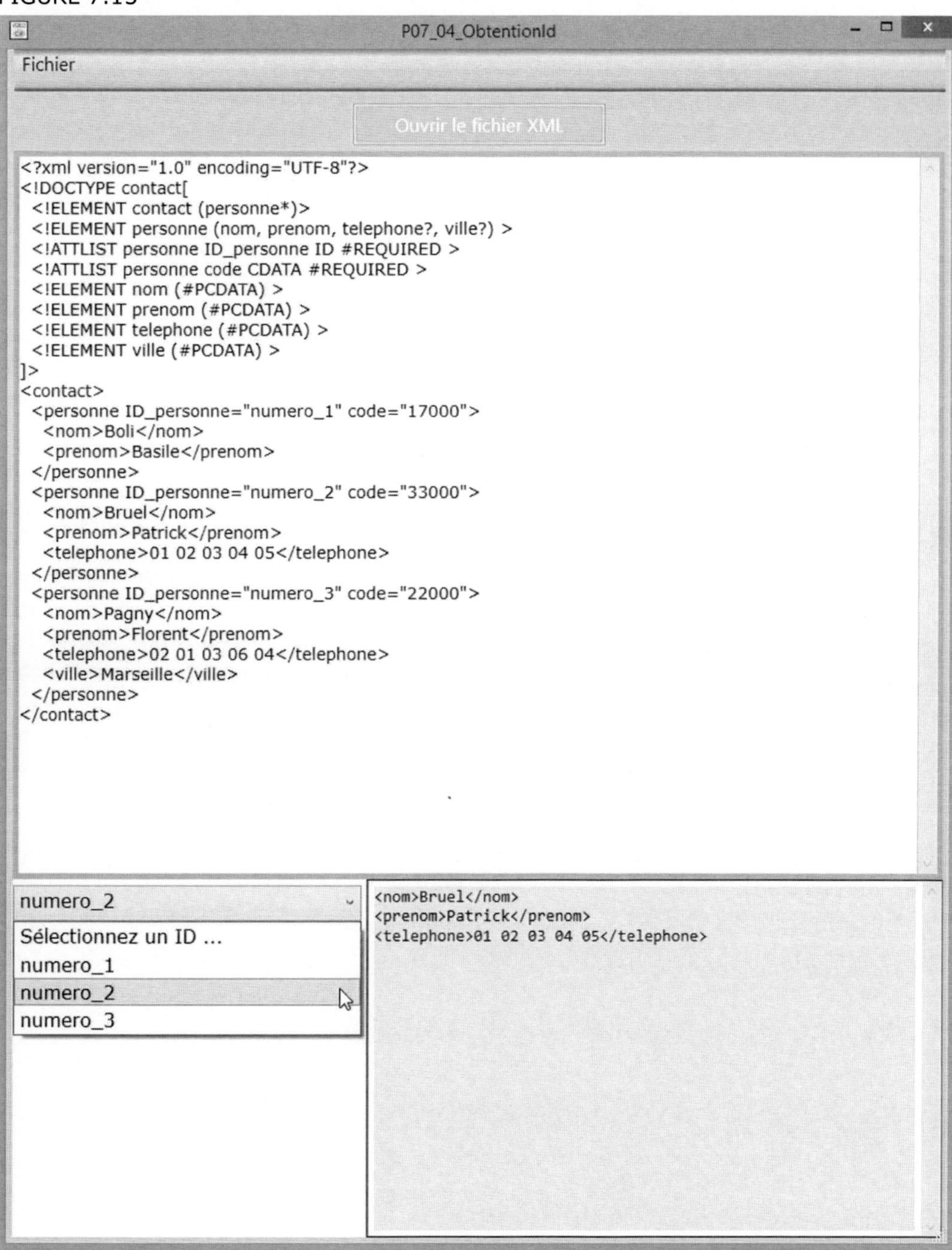
P07_04_ObtentionId
Fichier
Ouvrir le fichier XML
<?xml version="1.0" encoding="UTF-8"?>
<!DOCTYPE contact[
<!ELEMENT contact (personne*)>
<!ELEMENT personne (nom, prenom, telephone?, ville?) >
<!ATTLIST personne ID_personne ID #REQUIRED >
<!ATTLIST personne code CDATA #REQUIRED >
<!ELEMENT nom (#PCDATA) >
<!ELEMENT prenom (#PCDATA) >
<!ELEMENT telephone (#PCDATA) >
<!ELEMENT ville (#PCDATA) >
]>
<contact>
<personne ID_personne="numero_1" code="17000">
<nom>Boli</nom>
<prenom>Basile</prenom>
</personne>
<personne ID_personne="numero_2" code="33000">
<nom>Bruel</nom>
<prenom>Patrick</prenom>
<telephone>01 02 03 04 05</telephone>
</personne>
<personne ID_personne="numero_3" code="22000">
<nom>Pagny</nom>
<prenom>Florent</prenom>
<telephone>02 01 03 06 04</telephone>
<ville>Marseille</ville>
</personne>
</contact>
numero_2
Sélectionnez un ID ...
numero_1
numero_2
numero_3
<nom>Bruel</nom>
<prenom>Patrick</prenom>
<telephone>01 02 03 04 05</telephone>

La classe **XmlDocument** possède une méthode *GetElementById* qui recherche un nœud en fonction d'une chaîne passée représentant un attribut de type *ID* dans un document XML. Ce nœud est retourné sous forme d'un élément **XmlElement**. Si ce nœud retourné contient des nœuds enfants (propriété *HasChildNodes = true*), on récupère ces nœuds enfants dans une liste **XmlNodeList** *collect_noeud* par la propriété *XmlNode.ChildNodes*. Dès qu'un nœud est du type élément (*XmlNodeType.Element*), on affiche le balisage du nœud enfant, dans une zone de texte, par la propriété *OuterXml*.

```
private void x_cbx_balise_SelectionChanged(object sender,
   SelectionChangedEventArgs e) {
  if (v_fen_charge == true) {
   if (x_cbx.SelectedIndex != 0) {
    x_tbl.Text = "";
    ComboBoxItem cbi = (ComboBoxItem)x_cbx.Items[x_cbx.SelectedIndex];
    string id = (string)cbi.Content;
    XmlElement elem = v_doc_xml.GetElementById(id);
    if (elem.HasChildNodes == true) {
     XmlNodeList collect_noeud = elem.ChildNodes;
     foreach (XmlNode un_noeud in collect_noeud) {
      if (un_noeud.NodeType == XmlNodeType.Element) {
       x_tbl.Text += un_noeud.OuterXml + RC;
      }
     }
    }
   }
  }
}
```

La figure 7.15 visualise le résultat obtenu quand on recherche un élément *personne* dont l'attribut unique *ID_personne* est égal à la valeur *numero_2*. On remarquera que dans la DTD, les nœuds *telephone* et *ville* (*<!ELEMENT personne (nom, prenom, telephone?, ville?)* >) sont des nœuds optionnels (ils sont suivis d'un point d'interrogation dans leur définition).

6 - Recherche avec une requête XPath

Dans le chapitre 2, nous avons vu que le langage XPath permettait de rechercher et de cibler des informations, dans un document XML, par une requête XPath. La solution de projet *P07_05_SelectionNoeud.sln*, placée dans le dossier *chapitre_07/P07_05_SelectionNoeud*, illustre la recherche des nœuds dans un document XML par l'utilisation d'une requête XPath. La figure 7.16 montre le résultat obtenu. Après avoir chargé un flux XML dans une zone de texte (repère 1), on écrit une

FIGURE 7.16

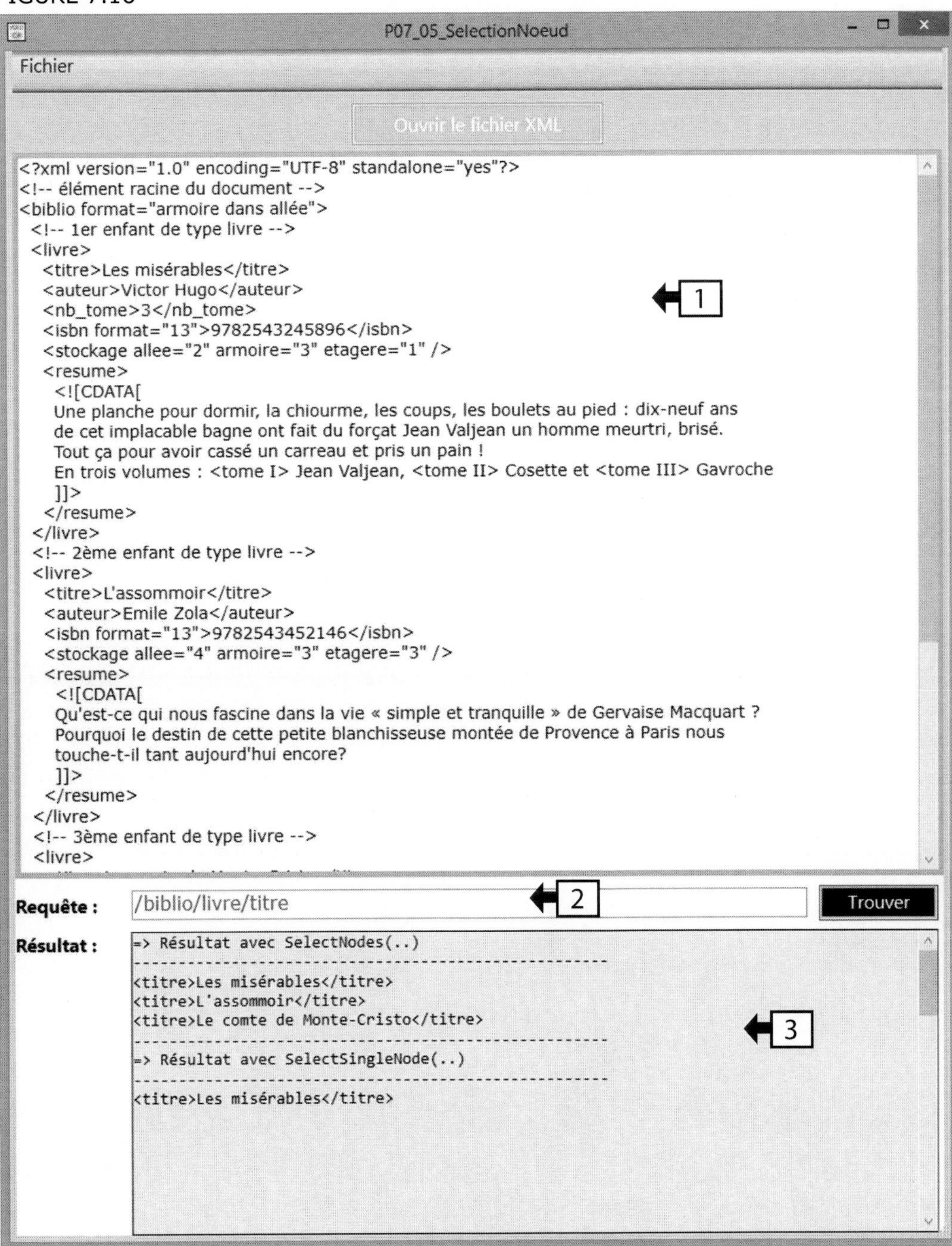
P07_05_SelectionNoeud
Fichier
Ouvrir le fichier XML
<?xml version="1.0" encoding="UTF-8" standalone="yes"?>
<!-- élément racine du document -->
<biblio format="armoire dans allée">
<!-- 1er enfant de type livre -->
<livre>
<titre>Les misérables</titre>
<auteur>Victor Hugo</auteur>
<nb_tome>3</nb_tome>
<isbn format="13">9782543245896</isbn>
<stockage allee="2" armoire="3" etagere="1" />
<resume>
<![CDATA[
Une planche pour dormir, la chiourme, les coups, les boulets au pied : dix-neuf ans
de cet implacable bagne ont fait du forçat Jean Valjean un homme meurtri, brisé.
Tout ça pour avoir cassé un carreau et pris un pain !
En trois volumes : <tome I> Jean Valjean, <tome II> Cosette et <tome III> Gavroche
]]>
</resume>
</livre>
<!-- 2ème enfant de type livre -->
<livre>
<titre>L'assommoir</titre>
<auteur>Emile Zola</auteur>
<isbn format="13">9782543452146</isbn>
<stockage allee="4" armoire="3" etagere="3" />
<resume>
<![CDATA[
Qu'est-ce qui nous fascine dans la vie « simple et tranquille » de Gervaise Macquart ?
Pourquoi le destin de cette petite blanchisseuse montée de Provence à Paris nous
touche-t-il tant aujourd'hui encore?
]]>
</resume>
</livre>
<!-- 3ème enfant de type livre -->
<livre>
1
Requête :
/biblio/livre/titre
2
Trouver
Résultat :
=> Résultat avec SelectNodes(..)
<titre>Les misérables</titre>
<titre>L'assommoir</titre>
<titre>Le comte de Monte-Cristo</titre>
3
=> Résultat avec SelectSingleNode(..)
<titre>Les misérables</titre>

requête XPath dans un contrôle **TextBox** (repère 2). En cliquant sur le bouton "*Trouver*", on exécute la requête XPath et on affiche son résultat dans une zone de texte (repère 3). L'exécution de la requête XPath se fait soit en cliquant sur le bouton **Button** *x_btn_requete*, soit en appuyant sur la touche "*Entree*" du clavier quand le **TextBox** *x_tbx_req* a le focus. Un gestionnaire pour l'événement *KeyDown* est ajouté au **TextBox**. La méthode *ExecuterRequeteXpath* permet d'exécuter la requête XPath.

```
<TextBox x:Name="x_tbx_req" Height="27" Canvas.Left="116"
  TextWrapping="Wrap"
  Text="/biblio/livre/titre" Canvas.Top="352" Width="604" Foreground="Red"
  FontFamily="Verdana" FontSize="16" KeyDown="x_tbx_req_KeyDown"/>

//btn requete xpath
private void x_btn_requete_Click(object sender, RoutedEventArgs e) {
  ExecuterRequeteXpath();
}
//
private void x_tbx_req_KeyDown(object sender, KeyEventArgs e) {
  if (e.Key == Key.Enter) {
    ExecuterRequeteXpath();
  }
}
```

Nous avons vu au chapitre 2 qu'une requête XPath retourne comme résultat un fragment qui est composé d'un nœud ou d'un ensemble de nœuds. La méthode héritée *XmlDocument.SelectNodes* sélectionne une liste de nœuds correspondant à une expression XPath. Elle reçoit en paramètre une expression XPath formulée sous forme d'une chaîne. Et elle retourne un fragment composé d'un ensemble de nœuds sous forme d'une liste **XmlNodeList**. Le parcours de cette liste permet d'obtenir les nœuds correspondant à la requête, que l'on exprime sous forme de leur balisage par la propriété *XmlNode.OuterXml*.

```
private void ExecuterRequeteXpath() {
  try {
    x_tbl_res_req.Text = "";
    v_doc_xml = new XmlDocument();
    v_doc_xml.PreserveWhitespace = true;
    v_doc_xml.Load(doss_exe + "/SelectionNoeud_contenu/biblio.xml");
    x_tbl_res_req.Text += "=> Résultat avec SelectNodes(..)" + RC;
    x_tbl_res_req.Text += "--------------------------------------------------" + RC;
    XmlNodeList fragment = v_doc_xml.SelectNodes(x_tbx_req.Text.Trim());
    foreach (XmlNode un_noeud in fragment) {
      x_tbl_res_req.Text += un_noeud.OuterXml + RC;
    }
    x_tbl_res_req.Text += "--------------------------------------------------" + RC;
```

```
    x_tbl_res_req.Text += "=> Résultat avec SelectSingleNode(..)" + RC;
    x_tbl_res_req.Text += "--------------------------------------------------" + RC;
    XmlNode noeud = v_doc_xml.SelectSingleNode(x_tbx_req.Text.Trim());
    if (noeud != null) {
      x_tbl_res_req.Text += noeud.OuterXml + RC;
    }
  }
  catch (XPathException ex) {
    MessageBox.Show(ex.Message);
  }
}
```

Le document XML utilisé est composé de nœuds *livre*, qui sont eux-même composés de nœuds *titre*, *auteur*, *nb_tome*, *isbn*, *stockage* et *resume*. Son contenu est le suivant:

```
<?xml version="1.0" encoding="UTF-8" standalone="yes"?>
<!-- élément racine du document -->
<biblio format="armoire dans allée">
  <!-- 1er enfant de type livre -->
  <livre>
    <titre>Les misérables</titre>
    <auteur>Victor Hugo</auteur>
    <nb_tome>3</nb_tome>
   <isbn format="13">9782543245896</isbn>
    <stockage allee="2" armoire="3" etagere="1"/>
    <resume><![CDATA[
     Une planche pour dormir, la chiourme, les coups, les boulets au pied : dix-neuf
     ans
     de cet implacable bagne ont fait du forçat Jean Valjean un homme meurtri, brisé.
     Tout ça pour avoir cassé un carreau et pris un pain !
     En trois volumes : <tome I> Jean Valjean, <tome II> Cosette et <tome III>
     Gavroche
     ]]>
    </resume>
  </livre>
  <!-- 2ème enfant de type livre -->
  <livre>
    <titre>L'assommoir</titre>
    <auteur>Emile Zola</auteur>
    <isbn format="13">9782543452146</isbn>
    <stockage allee="4" armoire="3" etagere="3"/>
    <resume>
     <![CDATA[
     Qu'est-ce qui nous fascine dans la vie « simple et tranquille » de Gervaise
     Macquart ?
     Pourquoi le destin de cette petite blanchisseuse montée de Provence à Paris nous
     touche-t-il tant aujourd'hui encore?
     ]]>
    </resume>
```

```
  </livre>
  ...
</biblio>
```

En exécutant la requête */biblio/livre/titre*, on obtient un fragment composé de tous les nœuds *titre* à l'intérieur de nœud *livre*. D'un point de vue du code, on écrira la requête par *XmlNodeList fragment = v_doc_xml.SelectNodes("/biblio/livre/titre").* Et on obtiendra le résultat suivant:

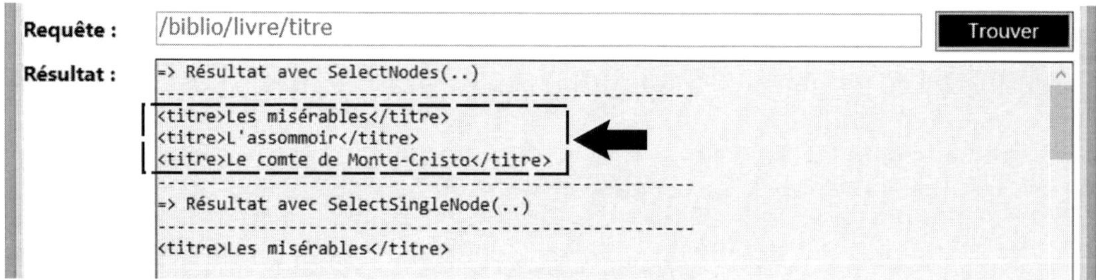

En exécutant la requête */biblio/livre/stockage[@armoire="3"]*, on obtient un fragment composé de tous les nœuds *stockage* à l'intérieur de nœud *livre*, ayant l'attribut *armoire* de valeur égale à 3. D'un point de vue du code, on écrira la requête par *XmlNodeList fragment = v_doc_xml.SelectNodes("/biblio/livre/stockage[@armoire='3']").* Et on obtiendra le résultat suivant:

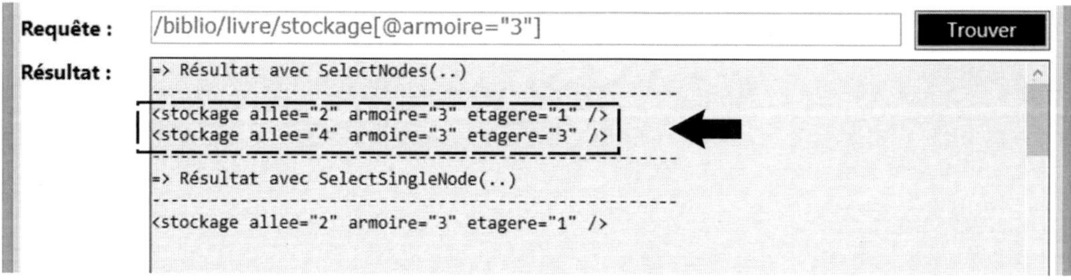

Si l'on souhaite sélectionner uniquement le premier nœud du résultat de la requête XPath, on utilisera la méthode héritée *XmlDocument.SelectSingleNode*, qui reçoit en paramètre une expression XPath sous forme d'une chaîne, et qui retourne un nœud de type **XmlNode**.

En exécutant la requête */biblio/livre/stockage[@armoire="3"]* avec la méthode *SelectSingleNode*, on obtient un fragment composé du premier nœud *stockage* à l'intérieur de nœud *livre*, ayant l'attribut *armoire* de valeur égale à 3. D'un point de vue du code, on écrira la requête par *XmlNode fragment = v_doc_xml. SelectSingleNode("/biblio/livre/stockage[@armoire='3']").* Et on obtiendra le résultat suivant:

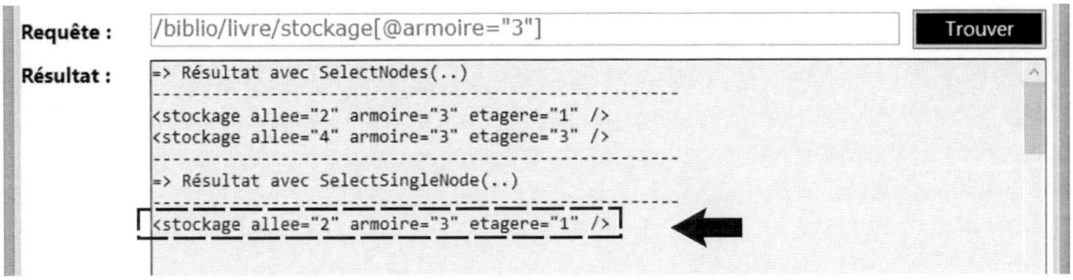

Requête : /biblio/livre/stockage[@armoire="3"] Trouver

Résultat :

```
=> Résultat avec SelectNodes(..)
--------------------------------------------------
<stockage allee="2" armoire="3" etagere="1" />
<stockage allee="4" armoire="3" etagere="3" />
--------------------------------------------------
=> Résultat avec SelectSingleNode(..)
--------------------------------------------------
<stockage allee="2" armoire="3" etagere="1" />
```

7 - Modifier des nœuds XML

La solution de projet *P07_06_ModificationXml.sln*, placée dans le dossier *chapitre_07/P07_06_ModificationXml*, illustre la modification d'éléments XML au travers de la valeur de ses attributs et de la valeur de son contenu textuel.
Comme le montre la figure 7.17, on charge le contenu d'un document XML dans une zone de texte (repère 1). Un sélecteur **ComboBox** affiche toutes les valeurs uniques des attributs *id* d'élément *livre* (repère 2). En choisissant un de ces attributs *id* dans le **ComboBox**, on retrouve le nœud *livre* correspondant, et on affiche le contenu de tous ses nœuds dans des champs **TextBox** (repère 3). On corrige éventuellement par modification des valeurs des **TextBox** concernés, et en cliquant sur le bouton "*Mise à jour*", on modifie le nœud *livre* correspondant dans le document XML (repère 4). Le document XML est alors sauvegardé après modification, puis son contenu est chargé à nouveau dans la zone de texte (repère 1).
La recherche concernant la liste des attributs *id* uniques dans le document s'effectue de la même façon que celle vue au paragraphe 4 précédent. Quand on choisit un item dans le sélecteur **ComboBox**, il faut rechercher l'élément *livre* correspondant, lire tous ses nœuds éléments et en extraire les valeurs des attributs et les valeurs textuelles pour les afficher dans des contrôles **TextBox** dédiés. La recherche s'effectue donc par l'intermédiaire d'une requête XPath qui sélectionne un élément *livre* pour un attribut *id* donné. D'un point de vue du code, on exprimera cette requête en utilisant la méthode héritée *XmlDocument.SelectSingleNode* par *XmlNode recup_noeud = v_doc_xml.SelectSingleNode("/biblio/livre[@id='" + id + "']")*. Le nœud *recup_noeud* obtenu est un nœud *livre* qui contient un ensemble de nœuds enfants (*titre, auteur, nb_tome,* etc.). On récupère les nœuds enfants par la propriété *XmlNode.ChildNodes* qui retourne une liste de type **XmlNodeList** (*XmlNodeList liste = recup_noeud.ChildNodes*). L'extraction des données recherchées se fait en parcourant la liste des nœuds.

FIGURE 7.17

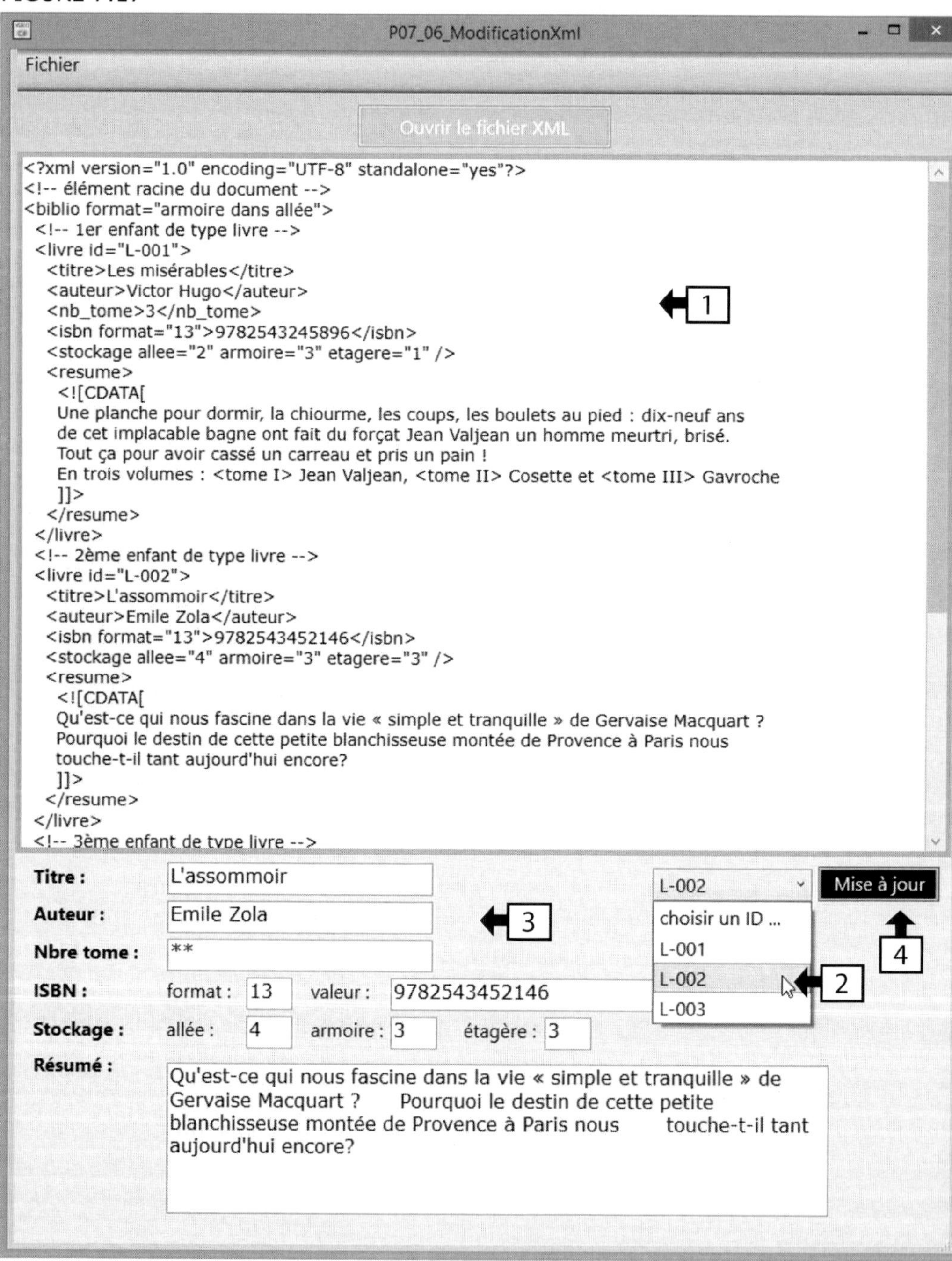
P07_06_ModificationXml
Fichier
Ouvrir le fichier XML
<?xml version="1.0" encoding="UTF-8" standalone="yes"?>
<!-- élément racine du document -->
<biblio format="armoire dans allée">
<!-- 1er enfant de type livre -->
<livre id="L-001">
<titre>Les misérables</titre>
<auteur>Victor Hugo</auteur>
<nb_tome>3</nb_tome>
<isbn format="13">9782543245896</isbn>
<stockage allee="2" armoire="3" etagere="1" />
<resume>
<![CDATA[
Une planche pour dormir, la chiourme, les coups, les boulets au pied : dix-neuf ans
de cet implacable bagne ont fait du forçat Jean Valjean un homme meurtri, brisé.
Tout ça pour avoir cassé un carreau et pris un pain !
En trois volumes : <tome I> Jean Valjean, <tome II> Cosette et <tome III> Gavroche
]]>
</resume>
</livre>
<!-- 2ème enfant de type livre -->
<livre id="L-002">
<titre>L'assommoir</titre>
<auteur>Emile Zola</auteur>
<isbn format="13">9782543452146</isbn>
<stockage allee="4" armoire="3" etagere="3" />
<resume>
<![CDATA[
Qu'est-ce qui nous fascine dans la vie « simple et tranquille » de Gervaise Macquart ?
Pourquoi le destin de cette petite blanchisseuse montée de Provence à Paris nous
touche-t-il tant aujourd'hui encore?
]]>
</resume>
</livre>
<!-- 3ème enfant de type livre -->
1
Titre : L'assommoir
Auteur : Emile Zola
Nbre tome : **
ISBN : format : 13 valeur : 9782543452146
Stockage : allée : 4 armoire : 3 étagère : 3
Résumé : Qu'est-ce qui nous fascine dans la vie « simple et tranquille » de Gervaise Macquart ? Pourquoi le destin de cette petite blanchisseuse montée de Provence à Paris nous touche-t-il tant aujourd'hui encore?
3
L-002
choisir un ID ...
L-001
L-002
L-003
2
Mise à jour
4

Chaque fois qu'un nœud est du type *XmlNodeType.Element* et en fonction de son nom qualifié (*XmlNode.Name*), on récupère son contenu textuel par la propriété *XmlNode.InnerText*, et s'il y a des attributs, on les récupère en explorant la collection *XmlNode.Attributes* (qui contient des éléments **XmlAttribute**).

```
private void x_select_id_SelectionChanged(object sender,
   SelectionChangedEventArgs e) {
  if (v_fen_charge == true) {
    if (x_select_id.SelectedIndex != 0) {
      ActiverBtnMAJ(true);
      ComboBoxItem cbi =
        (ComboBoxItem)x_select_id.Items[x_select_id.SelectedIndex];
      string id = (string)cbi.Content;
      XmlNode recup_noeud =
        v_doc_xml.SelectSingleNode("/biblio/livre[@id='" + id + "']");
      //MessageBox.Show(recup_noeud.InnerXml);
      if (recup_noeud != null) {
        XmlNodeList liste = recup_noeud.ChildNodes;
        foreach (XmlNode noeud in liste) {
          if (noeud.NodeType == XmlNodeType.Element) {
            if (noeud.Name == "titre") {
              x_tbx_req_titre.Text = noeud.InnerText;
            }
            if (noeud.Name == "auteur") {
              x_tbx_req_auteur.Text = noeud.InnerText;
            }
            if (noeud.Name == "nb_tome") {
              x_tbx_req_nb_tome.Text = noeud.InnerText;
            }
            if (noeud.Name == "isbn") {
              x_tbx_req_isbn_val.Text = noeud.InnerText;
              XmlAttributeCollection collect_attr = noeud.Attributes;
              foreach (XmlAttribute attribut in collect_attr) {
                if (attribut.Name == "format") {
                  x_tbx_req_isbn_attr.Text = attribut.Value;
                }
              }
            }
            if (noeud.Name == "stockage") {
              XmlAttributeCollection collect_attr = noeud.Attributes;
              foreach (XmlAttribute attribut in collect_attr) {
                if (attribut.Name == "allee") {
                  x_tbx_req_stoc_attr_allee.Text = attribut.Value;
                }
                if (attribut.Name == "armoire") {
                  x_tbx_req_stoc_attr_arm.Text = attribut.Value;
                }
                if (attribut.Name == "etagere") {
                  x_tbx_req_stoc_attr_eta.Text = attribut.Value;
```

```
            }
          }
        }
        if (noeud.Name == "resume") {
          x_tbx_req_resume.Text = noeud.InnerText.Trim().Replace("\n", "");
        }
      }
    }
  }
}
else {
  ActiverBtnMAJ(false);
  x_tbx_req_titre.Text = "**";
  x_tbx_req_auteur.Text = "**";
  x_tbx_req_nb_tome.Text = "**";
  x_tbx_req_isbn_attr.Text = "**";
  x_tbx_req_isbn_val.Text = "**";
  x_tbx_req_stoc_attr_allee.Text = "**";
  x_tbx_req_stoc_attr_arm.Text = "**";
  x_tbx_req_stoc_attr_eta.Text = "**";
  x_tbx_req_resume.Text = "**";
}
}
}
```

Une fois que les champs d'un livre, représentés par des contrôles **TextBox**, sont remplis, on peut corriger les erreurs ou modifier les valeurs en cliquant dans un **TextBox** souhaité. En cliquant sur le bouton "*Mise à jour*", on va réaliser de nouveaux nœuds (*titre*, *auteur*, etc.) et on va remplacer les anciens nœuds contenus dans le nœud *livre* par les nouveaux nœuds ainsi créés.

La méthode *XmlDocument.CreateElement* crée un élément avec le nom spécifié en paramètre. Par exemple, pour créer un élément *titre*, on écrira *XmlElement elem_titre = v_doc_xml.CreateElement("titre")*, ce qui correspond au balisage "*<titre></titre>*". Et pour apporter un contenu textuel à l'élément *titre*, on écrira *elem_titre.InnerText = "mon titre"*, ce qui correspond au balisage "*<titre>mon titre</titre>*". Ici, le contenu textuel sera récupéré par la valeur de la propriété *Text* du contrôle **TextBox** correspondant.

```
XmlElement elem_titre = v_doc_xml.CreateElement("titre");
elem_titre.InnerText = x_tbx_req_titre.Text.Trim();
```

L'élément *isbn* possède à la fois un contenu textuel et un attribut nommé *format*. L'instanciation d'un élément *isbn* se fait comme précédemment avec l'élément *titre*. Pour ajouter un attribut à un élément, on utilise la méthode *XmlElement.SetAttribute* qui reçoit en paramètre une chaîne représentant le nom de l'attribut, et une chaîne représentant la valeur de l'attribut. Notre élément *isbn* sera donc:

```
XmlElement elem_isbn = v_doc_xml.CreateElement("isbn");
elem_isbn.InnerText = x_tbx_req_isbn_val.Text.Trim();
elem_isbn.SetAttribute("format", x_tbx_req_isbn_attr.Text.Trim());
```

L'élément *stockage* ne contient pas de contenu textuel mais uniquement des attributs au nombre de trois. On procèdera de la même façon que précédemment.

```
XmlElement elem_stockage = v_doc_xml.CreateElement("stockage");
elem_stockage.SetAttribute("allee", x_tbx_req_stoc_attr_allee.Text.Trim());
elem_stockage.SetAttribute("armoire", x_tbx_req_stoc_attr_arm.Text.Trim());
elem_stockage.SetAttribute("etagere", x_tbx_req_stoc_attr_eta.Text.Trim());
```

L'élément *resume* est un élément qui contient une section CDATA, c'est-à-dire une portion qui ne sera pas analysé par le processeur XML. Pour créer une portion CDATA, il faut employer la méthode *XmlDocument.CreateCDataSection* qui reçoit en paramètre une chaîne représentant le contenu de la portion CDATA. Ensuite on instancie un élément *resume*, et on lui ajoute le nœud spécifié à la fin de la liste des nœuds enfants de ce nœud par la méthode héritée *XmlNode.AppendChild*. Ce qui donne:

```
XmlCDataSection elem_cdata =
  v_doc_xml.CreateCDataSection(x_tbx_req_resume.Text.Trim());
XmlElement elem_resume = v_doc_xml.CreateElement("resume");
elem_resume.AppendChild(elem_cdata);
```

Une fois que tous les éléments qui composent un élément *livre* sont créés, on récupère le nœud *livre* correspondant par la requête XPath (*XmlNode recup_noeud = v_doc_xml.SelectSingleNode("/biblio/livre[@id='" + id + "']");*) et on passe chaque élément créé ainsi que le nœud *livre* correspondant à la méthode *RemplacerNoeud*.

La méthode *RemplacerNoeud* consiste à échanger un ancien nœud par un nouveau nœud. En listant les nœuds contenus dans l'élément *livre*, on échange les nœuds de même nom qualifié par la méthode *XmlNode.ReplaceChild* qui reçoit en paramètre l'ancien nœud et le nouveau nœud.

```
private void RemplacerNoeud(XmlElement elem, XmlNode recup_noeud) {
  XmlNodeList liste = recup_noeud.ChildNodes;
  foreach (XmlNode noeud in liste) {
    if (noeud.Name == elem.Name) {
      recup_noeud.ReplaceChild(elem, noeud);
    }
  }
}
```

Le code du gestionnaire de l'événement *Click* du bouton **Button** *x_btn_maj* (pour la mise à jour) sera donc le suivant:

```
//btn maj des changements
  private void x_btn_maj_Click(object sender, RoutedEventArgs e) {
    v_doc_xml = new XmlDocument();
    v_doc_xml.PreserveWhitespace = true;
    v_doc_xml.Load(v_doss_exe + "contenu\\biblio.xml");
    ComboBoxItem cbi =
      (ComboBoxItem)x_select_id.Items[x_select_id.SelectedIndex];
    string id = (string)cbi.Content;
    XmlNode recup_noeud =
      v_doc_xml.SelectSingleNode("/biblio/livre[@id='" + id + "']");
    XmlElement elem_titre = v_doc_xml.CreateElement("titre");
    elem_titre.InnerText = x_tbx_req_titre.Text.Trim();
    RemplacerNoeud(elem_titre, recup_noeud);
    XmlElement elem_auteur = v_doc_xml.CreateElement("auteur");
    elem_auteur.InnerText = x_tbx_req_auteur.Text.Trim();
    RemplacerNoeud(elem_auteur, recup_noeud);
    XmlElement elem_nb_tome = v_doc_xml.CreateElement("nb_tome");
    elem_nb_tome.InnerText = x_tbx_req_nb_tome.Text.Trim();
    RemplacerNoeud(elem_nb_tome, recup_noeud);
    XmlElement elem_isbn = v_doc_xml.CreateElement("isbn");
    elem_isbn.InnerText = x_tbx_req_isbn_val.Text.Trim();
    elem_isbn.SetAttribute("format", x_tbx_req_isbn_attr.Text.Trim());
    RemplacerNoeud(elem_isbn, recup_noeud);
    XmlElement elem_stockage = v_doc_xml.CreateElement("stockage");
    elem_stockage.SetAttribute("allee", x_tbx_req_stoc_attr_allee.Text.Trim());
    elem_stockage.SetAttribute("armoire", x_tbx_req_stoc_attr_arm.Text.Trim());
    elem_stockage.SetAttribute("etagere", x_tbx_req_stoc_attr_eta.Text.Trim());
    RemplacerNoeud(elem_stockage, recup_noeud);
    XmlCDataSection elem_cdata =
      v_doc_xml.CreateCDataSection(x_tbx_req_resume.Text.Trim());
    XmlElement elem_resume = v_doc_xml.CreateElement("resume");
    elem_resume.AppendChild(elem_cdata);
    RemplacerNoeud(elem_resume, recup_noeud);
    v_doc_xml.Save(v_doss_exe + "contenu\\biblio.xml");
    v_doc_xml = new XmlDocument();
    v_doc_xml.PreserveWhitespace = true;
    v_doc_xml.Load(v_doss_exe + "contenu\\biblio.xml");
    x_tbl_xml.Text = v_doc_xml.InnerXml + RC;
  }
```

8 - Les espaces de noms

Les espace de noms XML permettent d'identifier des éléments appartenant à un groupe simplement en utilisant un nom qualifié qui référence ce groupe. Chaque espace de noms est identifié par un URI (*Uniform Resource Identifier* ou

FIGURE 7.18

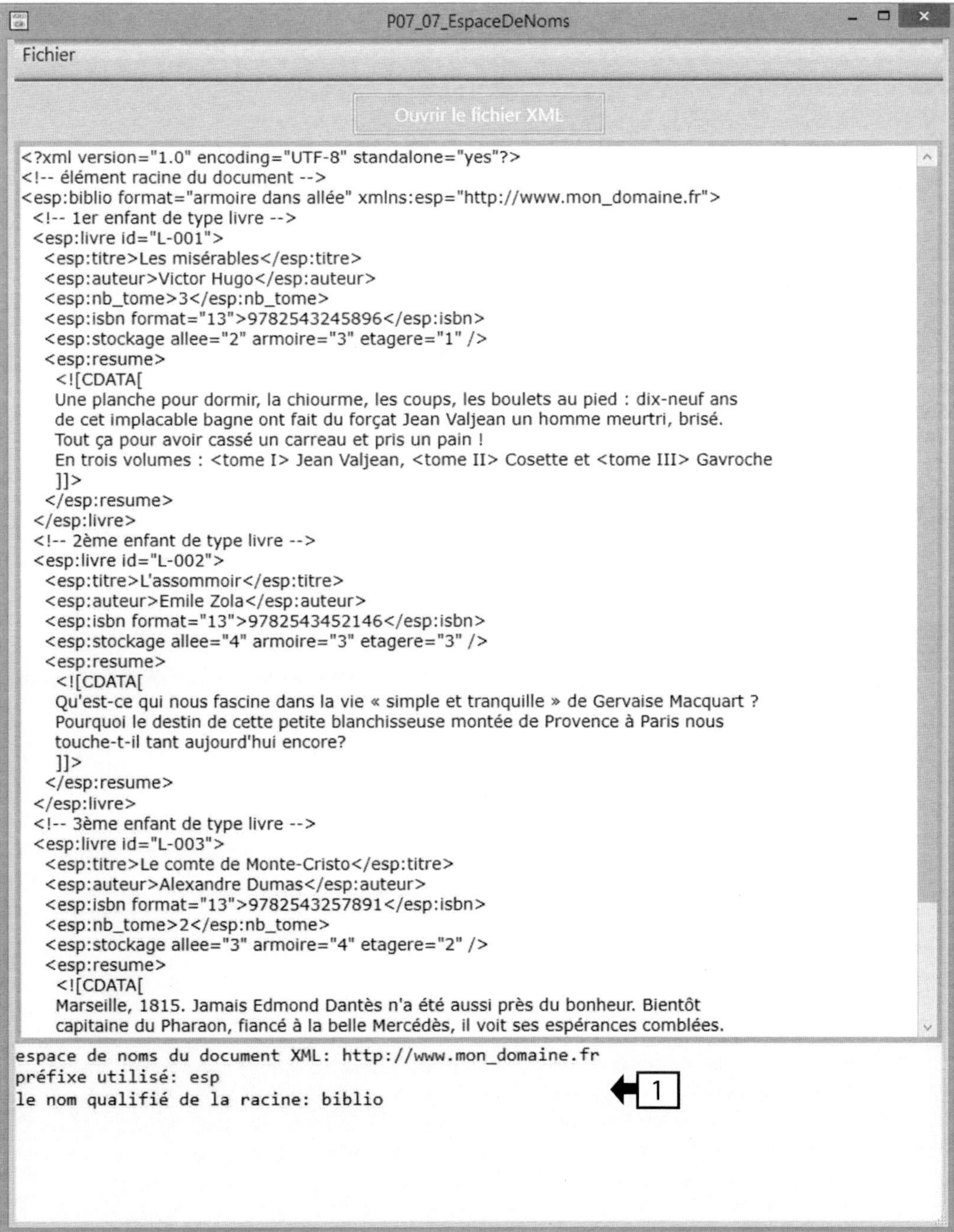


```
<?xml version="1.0" encoding="UTF-8" standalone="yes"?>
<!-- élément racine du document -->
<esp:biblio format="armoire dans allée" xmlns:esp="http://www.mon_domaine.fr">
  <!-- 1er enfant de type livre -->
  <esp:livre id="L-001">
    <esp:titre>Les misérables</esp:titre>
    <esp:auteur>Victor Hugo</esp:auteur>
    <esp:nb_tome>3</esp:nb_tome>
    <esp:isbn format="13">9782543245896</esp:isbn>
    <esp:stockage allee="2" armoire="3" etagere="1" />
    <esp:resume>
      <![CDATA[
      Une planche pour dormir, la chiourme, les coups, les boulets au pied : dix-neuf ans
      de cet implacable bagne ont fait du forçat Jean Valjean un homme meurtri, brisé.
      Tout ça pour avoir cassé un carreau et pris un pain !
      En trois volumes : <tome I> Jean Valjean, <tome II> Cosette et <tome III> Gavroche
      ]]>
    </esp:resume>
  </esp:livre>
  <!-- 2ème enfant de type livre -->
  <esp:livre id="L-002">
    <esp:titre>L'assommoir</esp:titre>
    <esp:auteur>Emile Zola</esp:auteur>
    <esp:isbn format="13">9782543452146</esp:isbn>
    <esp:stockage allee="4" armoire="3" etagere="3" />
    <esp:resume>
      <![CDATA[
      Qu'est-ce qui nous fascine dans la vie « simple et tranquille » de Gervaise Macquart ?
      Pourquoi le destin de cette petite blanchisseuse montée de Provence à Paris nous
      touche-t-il tant aujourd'hui encore?
      ]]>
    </esp:resume>
  </esp:livre>
  <!-- 3ème enfant de type livre -->
  <esp:livre id="L-003">
    <esp:titre>Le comte de Monte-Cristo</esp:titre>
    <esp:auteur>Alexandre Dumas</esp:auteur>
    <esp:isbn format="13">9782543257891</esp:isbn>
    <esp:nb_tome>2</esp:nb_tome>
    <esp:stockage allee="3" armoire="4" etagere="2" />
    <esp:resume>
      <![CDATA[
      Marseille, 1815. Jamais Edmond Dantès n'a été aussi près du bonheur. Bientôt
      capitaine du Pharaon, fiancé à la belle Mercédès, il voit ses espérances comblées.
```

```
espace de noms du document XML: http://www.mon_domaine.fr
préfixe utilisé: esp
le nom qualifié de la racine: biblio
```

identificateur uniforme de ressource). Dans un document XML, avec les espaces de noms, on peut ajouter des éléments provenant de différentes structures de données uniquement par une qualification des éléments en fonction du domaine pour lequel ils appartiennent.

La solution de projet *P07_07_EspaceDeNoms.sln*, placée dans le dossier *chapitre_07/P07_07_EspaceDeNoms*, illustre l'utilisation des espaces de noms pour l'ajout d'éléments XML.

Le document XML employé contient des éléments qui proviennent d'un espace de noms dont l'URI est *http://www.mon_domaine.fr* et dont le préfixe utilisé dans le document est *esp*. Tous les éléments qui appartiennent à cet espace de noms seront donc préfixé par *esp* (comme *esp:biblio*, *esp:livre*, etc.).

Comme le montre le repère 1 de la figure 7.18, après avoir chargé le document XML, on récupère la valeur représentant l'espace de noms par la propriété *DocumentElement.NamespaceURI*, le préfixe utilisé par la propriété *DocumentElement.Prefix*, et le nom qualifié par la propriété *DocumentElement.LocalName*.

```
//btn charger le document xml
private void x_btn_ouvrir_Click(object sender, RoutedEventArgs e) {
  x_btn_ouvrir.IsEnabled = false;
  x_btn_ouvrir_bordure.Background = new SolidColorBrush(Colors.LightGray);
  try {
    v_doc_xml = new XmlDocument();
    v_doc_xml.PreserveWhitespace = true;
    v_doc_xml.Load(v_doss_exe + "contenu\\biblio.xml");
    x_tbl_xml.Text = v_doc_xml.InnerXml + RC;
    XmlNode racine = v_doc_xml.DocumentElement;
    x_tbl_espace.Text = "espace de noms du document XML: " + racine.NamespaceURI
      + RC;
    x_tbl_espace.Text += "préfixe utilisé: " + racine.Prefix + RC;
    x_tbl_espace.Text += "le nom qualifié de la racine: " + racine.LocalName + RC;
  }
  catch (Exception ex) {
    MessageBox.Show(ex.Message);
  }
}
```

Lire et écrire des documents XML

8

Nous avons vu dans le précédent chapitre que le processeur XML du *framework .NET*, pour le parcours selon le modèle objet de document (DOM), été assuré par la classe **XmlDocument**. Dans ce chapitre, nous allons voir l'utilisation des classes **XmlReader** et **XmlWriter** qui assurent la lecture et l'écriture de document XML de façon optimisée.

1 - Utilisation de *XmlTextReader* et *XmlTextWriter*

L'utilisation d'un processeur XML implémentant le parcours du DOM est pratique uniquement si le document XML contient peu de données. Avec des documents XML contenant une quantité importante de données, l'accès par le modèle objet de document n'est pas adapté car le document doit être mis en mémoire dans son intégralité. C'est pour cette raison que le *framework .NET* fournit un ensemble de classes, **XmlReader** et **XmlWriter**, destinées à la lecture et à l'écriture de document XML de façon rapide et avec une mise en mémoire réduite. L'utilisation de ces deux classes est parfaite pour tous les documents XML, et notamment ceux qui contiennent un grand nombre de données. Avec ces deux classes, le document XML n'est jamais chargé dans son intégralité, seulement une petite partie est mise en mémoire au fur et à mesure du parcours. Cela permet d'optimiser la lecture et l'écriture de document XML grâce à une faible mise en mémoire, et par conséquent une grande vitesse de traitement.

Les classes **XmlReader** et **XmlWriter** sont des classes abstraites et donc non instanciables. L'espace de noms *System.Xml* contient justement les classes **XmlTextReader** et **XmlTextWriter**, qui héritent directement des deux classes abstraites respectives. La classe abstraite **XmlReader** possède trois classes dérivées qui sont les classes **XmlTextReader**, **XmlValidatingReader** et **XmlNodeReader**. La figure 8.1 visualise l'arbre d'héritage de la classe **XmlReader**. La classe **XmlTextReader** est utilisé pour parser un document XML. Cette classe possède une habilité à parcourir un document XML de façon extrémement rapide. Avant de parcourir un document XML, elle vérifie que le document est bien formé mais ne procède à aucune validation comme avec une DTD ou un schéma XML. La classe **XmlValidatingReader** peut valider un document XML comme une DTD ou un schéma XML. La classe **XmlNodeReader** permet de lire les données d'un document XML par la représentation de l'arborescence du modèle objet de document (DOM). Le constructeur de la classe reçoit un objet **XmlNode** obtenu par une requête XPath ou bien directement depuis la représentation de l'arborescence.

FIGURE 8.1

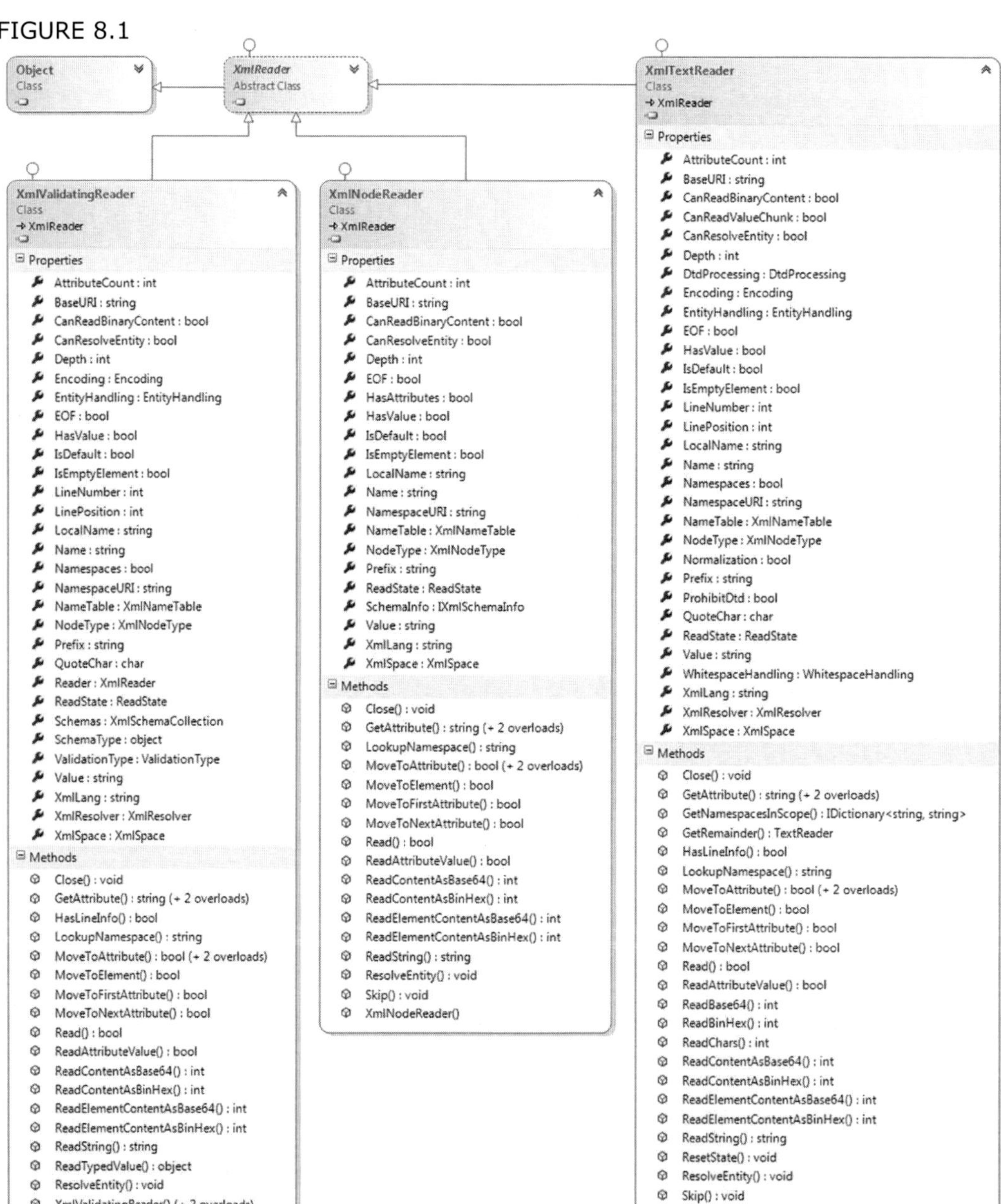

2 - Lire un document XML avec *XmlTextReader*

La solution de projet *P08_01_OuvertureXml.sln*, placée dans le dossier *chapitre_08/ P08_01_OuvertureXml*, illustre différentes façons de charger un document XML (par un URL, par un flux de fichier ou par un flux en mémoire), puis de parcourir le contenu du document XML pour en extraire les données (figure 8.2).

Le premier choix du sélecteur *x_cbx_select* permet de charger un document XML par un URL qui est passé en paramètre à une surcharge du constructeur **XmlTextReader**. La propriété *WhitespaceHandling* définit une valeur qui spécifie le mode de gestion de l'espace blanc (énumération *WhitespaceHandling. All*, *WhitespaceHandling.Significant* et *WhitespaceHandling.None*). La valeur par défaut est *WhitespaceHandling.All* (retourne les nœuds *Whitespace* et *SignificantWhitespace*). On englobe l'ouverture par un bloc *try...catch* de façon à lever une exception si besoin, et on termine par une instruction *finally* dans laquelle on referme *lecteur_xml* par la méthode *Close*.

Une boucle *while* permet de lire les nœuds d'une façon séquentielle par la méthode *Read*. Puis avec une instruction *switch*, en fonction de la propriété *NodeType* du nœud lu, de type *XmlNodeType*, on inscrit les données par la méthode *InscrireValeur*.

```
//ouverture xml avec en parametre un url
private void AnaOuvertureParamUrl() {
 try {
  lecteur_xml = new XmlTextReader(v_doss_exe + "contenu\\contact_plus_dtd.xml");
  lecteur_xml.WhitespaceHandling = WhitespaceHandling.Significant;
  int prof = 0;
  int cpt = 0;
  while (lecteur_xml.Read()) {
   prof = lecteur_xml.Depth;
   switch (lecteur_xml.NodeType) {
    case XmlNodeType.XmlDeclaration:
     InscrireValeur(cpt, "déclaration", prof, lecteur_xml.Value);
     break;
    case XmlNodeType.DocumentType:
     InscrireValeur(cpt, "déclaration du type de document", prof, "<!DOCTYPE "
      + lecteur_xml.Name + " [" + lecteur_xml.Value + "]");
     break;
    case XmlNodeType.Comment:
     InscrireValeur(cpt, "commentaire", prof, "<!--" + lecteur_xml.Value + "-->");
     break;
    case XmlNodeType.Element:
     InscrireValeur(cpt, "élément", prof, "<" + lecteur_xml.Name + ">");
     break;
```

FIGURE 8.2

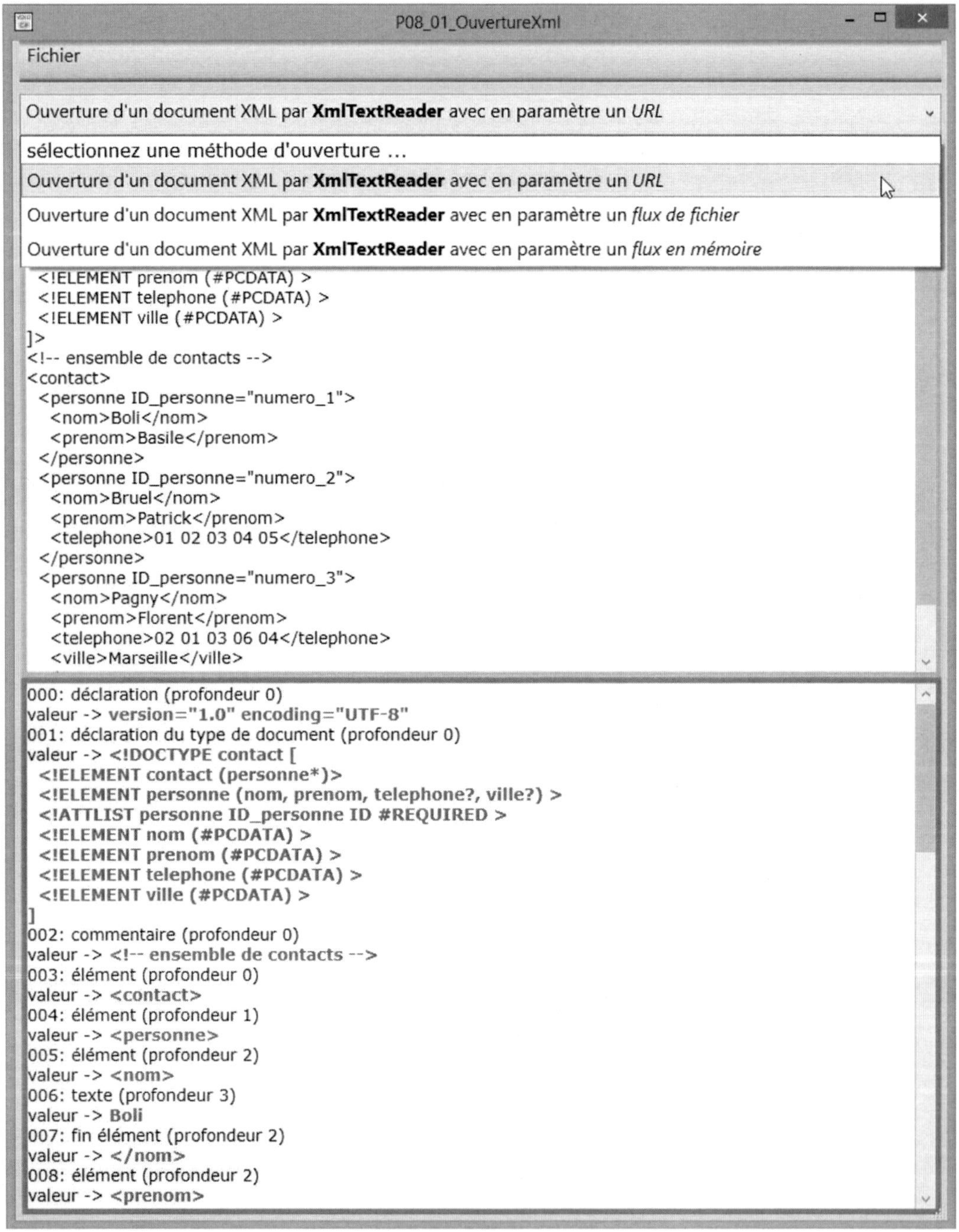

P08_01_OuvertureXml

Fichier

Ouverture d'un document XML par **XmlTextReader** avec en paramètre un *URL*

sélectionnez une méthode d'ouverture ...

Ouverture d'un document XML par **XmlTextReader** avec en paramètre un *URL*

Ouverture d'un document XML par **XmlTextReader** avec en paramètre un *flux de fichier*

Ouverture d'un document XML par **XmlTextReader** avec en paramètre un *flux en mémoire*

```
  <!ELEMENT prenom (#PCDATA) >
  <!ELEMENT telephone (#PCDATA) >
  <!ELEMENT ville (#PCDATA) >
]>
<!-- ensemble de contacts -->
<contact>
  <personne ID_personne="numero_1">
    <nom>Boli</nom>
    <prenom>Basile</prenom>
  </personne>
  <personne ID_personne="numero_2">
    <nom>Bruel</nom>
    <prenom>Patrick</prenom>
    <telephone>01 02 03 04 05</telephone>
  </personne>
  <personne ID_personne="numero_3">
    <nom>Pagny</nom>
    <prenom>Florent</prenom>
    <telephone>02 01 03 06 04</telephone>
    <ville>Marseille</ville>
```

```
000: déclaration (profondeur 0)
valeur -> version="1.0" encoding="UTF-8"
001: déclaration du type de document (profondeur 0)
valeur -> <!DOCTYPE contact [
  <!ELEMENT contact (personne*)>
  <!ELEMENT personne (nom, prenom, telephone?, ville?) >
  <!ATTLIST personne ID_personne ID #REQUIRED >
  <!ELEMENT nom (#PCDATA) >
  <!ELEMENT prenom (#PCDATA) >
  <!ELEMENT telephone (#PCDATA) >
  <!ELEMENT ville (#PCDATA) >
]
002: commentaire (profondeur 0)
valeur -> <!-- ensemble de contacts -->
003: élément (profondeur 0)
valeur -> <contact>
004: élément (profondeur 1)
valeur -> <personne>
005: élément (profondeur 2)
valeur -> <nom>
006: texte (profondeur 3)
valeur -> Boli
007: fin élément (profondeur 2)
valeur -> </nom>
008: élément (profondeur 2)
valeur -> <prenom>
```

```
        case XmlNodeType.EndElement:
          InscrireValeur(cpt, "fin élément", prof, "</" + lecteur_xml.Name + ">");
          break;
        case XmlNodeType.Text:
          InscrireValeur(cpt, "texte", prof, lecteur_xml.Value);
          break;
        default:
          InscrireValeur(cpt, "-----------", prof, "-----------------");
          break;
      }
      cpt++;
    }
  }
  catch (Exception ex) {
    MessageBox.Show(ex.Message);
  }
  finally {
    if (lecteur_xml != null)
      lecteur_xml.Close();
  }
}
```

La propriété *Depth* de **XmlTextReader** permet d'obtenir la profondeur des nœuds dans l'arborescence. Cela permet par exemple de pouvoir réaliser une indentation pour une sortie texte. Par la méthode *InscrireValeur*, on ajoute à la propriété *Inlines* du **TextBlock** des objets **Run** (du texte brut) dont on affecte une couleur d'écriture par la propriété *Foreground*. L'objet **Bold** permet de mettre en gras un texte brut **Run**. La figure 8.3 visualise la sortie texte ainsi obtenue.

FIGURE 8.3

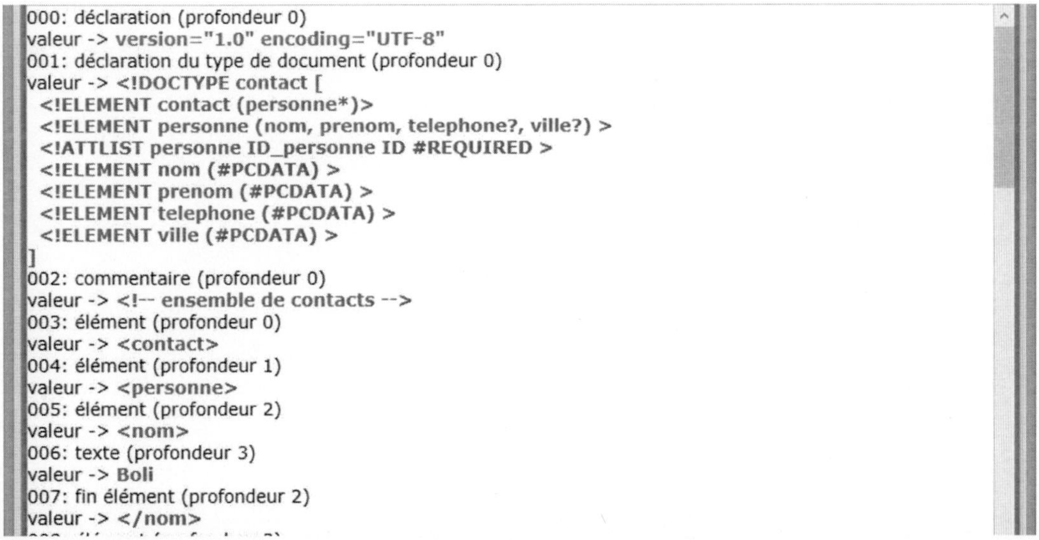

```
000: déclaration (profondeur 0)
valeur -> version="1.0" encoding="UTF-8"
001: déclaration du type de document (profondeur 0)
valeur -> <!DOCTYPE contact [
  <!ELEMENT contact (personne*)>
  <!ELEMENT personne (nom, prenom, telephone?, ville?) >
  <!ATTLIST personne ID_personne ID #REQUIRED >
  <!ELEMENT nom (#PCDATA) >
  <!ELEMENT prenom (#PCDATA) >
  <!ELEMENT telephone (#PCDATA) >
  <!ELEMENT ville (#PCDATA) >
]
002: commentaire (profondeur 0)
valeur -> <!-- ensemble de contacts -->
003: élément (profondeur 0)
valeur -> <contact>
004: élément (profondeur 1)
valeur -> <personne>
005: élément (profondeur 2)
valeur -> <nom>
006: texte (profondeur 3)
valeur -> Boli
007: fin élément (profondeur 2)
valeur -> </nom>
```

```
private void InscrireValeur(int cpt, string intitule, int prof, string valeur) {
  Run rr1 = new Run(cpt.ToString("000") + ": " + intitule + " (profondeur "
    + prof.ToString() + ")" + RC);
  x_tbl_detail.Inlines.Add(rr1);
  Run run = new Run(valeur);
  run.Foreground = new SolidColorBrush(Colors.Red);
  Bold bb = new Bold(run);
  x_tbl_detail.Inlines.Add(new Run("valeur -> "));
  x_tbl_detail.Inlines.Add(bb);
  x_tbl_detail.Inlines.Add(new Run(RC));
}
```

Le deuxième choix du sélecteur utilise une surcharge du constructeur **XmlTextReader** qui permet de charger un document XML à partir d'un flux de fichier. On instancie un flux de fichier de type **FileStream** par la méthode statique *File.OpenRead* qui reçoit en paramètre un URL sous forme de chaîne pour un document XML. Puis on passe ce flux à une surcharge du constructeur **XmlTextReader**. La lecture des données et l'écriture texte correspondante restent les mêmes. La fermeture du flux se fait par la méthode *Close*.

```
//ouverture xml avec en parametre un flux de fichier
private void AnaOuvertureParamFluxFichier() {
  FileStream flux = null;
  try {
    flux = File.OpenRead(v_doss_exe + "contenu\\contact_plus_dtd.xml");
    lecteur_xml = new XmlTextReader(flux);
    lecteur_xml.WhitespaceHandling = WhitespaceHandling.Significant;
    int prof = 0;
    int cpt = 0;
    while (lecteur_xml.Read()) {
     ...
    }
  }
  catch (Exception ex) {
    MessageBox.Show(ex.Message);
  }
  finally {
    flux.Close();
    lecteur_xml.Close();
  }
}
```

Le troisième choix du sélecteur *x_cbx_select* permet de charger un flux en mémoire puis de passer ce flux à un surcharge du constructeur **XmlTextReader**. Les flux de données constituent une préoccupation importante pour tout développeur. Il arrive fréquemment de devoir créer un flux avant d'avoir vraiment besoin de le stocker quelque part comme dans un fichier. La classe **MemoryStream** a pour fonction de créer des flux en mémoire. Pour créer un flux en mémoire, on instancie un objet **MemoryStream**. On récupère la chaîne XML au format texte (ici, elle est issue de la propriété *Text* d'un **TextBlock**), et on l'encode sous forme de *byte* passée à un tableau de *byte* qui la stocke. La méthode statique *ASCIIEncoding.ASCII* encode avec l'encodage ASCII et la méthode *GetBytes* transforme une chaîne en *byte*. La méthode *MemoryStream.Write* permet d'écrire les données sous forme de *byte* dans le flux de mémoire à partir du début. Et la méthode *MemoryStream.Seek* permet de repositionner la tête de lecture du flux de mémoire au début par *SeekOrigin.Begin*. A partir de là, le flux de mémoire peut être passé au constructeur **XmlTextReader** puis il peut être fermé par la méthode *Close*.

```
//ouverture xml avec en parametre un flux de memoire
private void AnaOuvertureParamFluxMemoire() {
  MemoryStream flux_memoire = null;
  try {
    flux_memoire = new MemoryStream();
    byte[] donnee = ASCIIEncoding.ASCII.GetBytes(x_tbl_xml.Text);
    flux_memoire.Write(donnee, 0, donnee.Length);
    flux_memoire.Seek(0, SeekOrigin.Begin);
    lecteur_xml = new XmlTextReader(flux_memoire);
    lecteur_xml.WhitespaceHandling = WhitespaceHandling.Significant;
    int prof = 0;
    int cpt = 0;
    while (lecteur_xml.Read()) {
      ...
    }
  }
  catch (Exception ex) {
    MessageBox.Show(ex.Message);
  }
  finally {
    flux_memoire.Close();
    lecteur_xml.Close();
  }
}
```

3 - Représenter l'arborescence XML par un *TreeView*

Le projet *Arborescence.sln*, dans la solution de projet *LectureEcriture.sln* placée dans le dossier *chapitre_08*, illustre la représentation de l'arborescence d'un document XML par un **TreeView** dans le cas d'une lecture des données XML avec le **XmlTextReader** (figure 8.4). Le bouton *x_btn_ouvrir* commence par charger un document XML pour afficher son contenu dans une zone de texte de type **TextBlock** avec son balisage (propriété *InnerXml*).

FIGURE 8.4

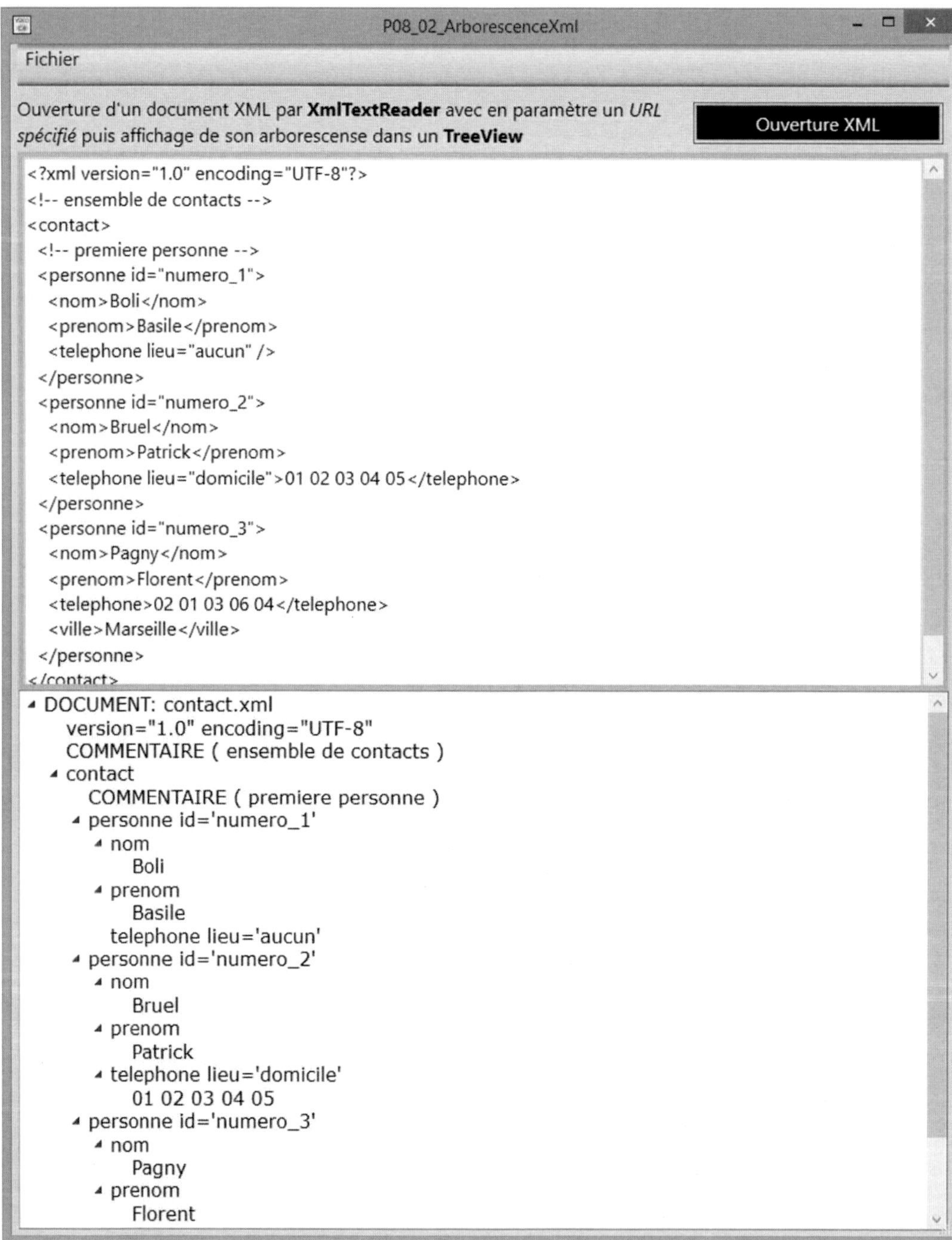
P08_02_ArborescenceXml
Fichier
Ouverture d'un document XML par **XmlTextReader** avec en paramètre un *URL spécifié* puis affichage de son arborescense dans un **TreeView**
Ouverture XML
<?xml version="1.0" encoding="UTF-8"?>
<!-- ensemble de contacts -->
<contact>
<!-- premiere personne -->
<personne id="numero_1">
<nom>Boli</nom>
<prenom>Basile</prenom>
<telephone lieu="aucun" />
</personne>
<personne id="numero_2">
<nom>Bruel</nom>
<prenom>Patrick</prenom>
<telephone lieu="domicile">01 02 03 04 05</telephone>
</personne>
<personne id="numero_3">
<nom>Pagny</nom>
<prenom>Florent</prenom>
<telephone>02 01 03 06 04</telephone>
<ville>Marseille</ville>
</personne>
DOCUMENT: contact.xml
version="1.0" encoding="UTF-8"
COMMENTAIRE (ensemble de contacts)
contact
COMMENTAIRE (premiere personne)
personne id='numero_1'
nom
Boli
prenom
Basile
telephone lieu='aucun'
personne id='numero_2'
nom
Bruel
prenom
Patrick
telephone lieu='domicile'
01 02 03 04 05
personne id='numero_3'
nom
Pagny
prenom
Florent

```
//ouverture du fichier xml
private void x_btn_ouvrir_Click(object sender, RoutedEventArgs e) {
  x_tv_xml.Items.Clear();
  x_tbl_xml.Text = "";
  //ouverture d'un doc xml avec ses balises et en préservant les espaces
  try {
    XmlDocument doc = new XmlDocument();
    doc.PreserveWhitespace = true;
    doc.Load(v_doss_exe + "contenu\\contact.xml");
    x_tbl_xml.Text = doc.InnerXml;
  }
  catch (Exception ex) {
    MessageBox.Show(ex.Message);
  }
  ...
}
```

Avec un *bloc try...catch...finally*, on charge le document XML, intitulé *contact.xml*, avec **XmlTextReader** qui reçoit un URL de fichier. La figure 8.5 visualise l'arbre d'héritage des contrôles **TreeView** et **TreeViewItem**. Ces deux contrôles sont des objets dérivés de **ItemsControl**, et possèdent donc la propriété héritée *Items* qui représente une collection d'objets de type *object*. On commence donc par ajouter au **TreeView** *x_tv* une racine qui sera un objet **TreeViewItem** *tvi_racine* dont l'étiquette (propriété *Header*) sera affectée de la chaîne *«DOCUMENT: contact.xml»*.

```
try {
    lecteur_xml = new XmlTextReader(v_doss_exe + "contenu\\contact.xml");
    lecteur_xml.WhitespaceHandling = WhitespaceHandling.Significant;
    TreeViewItem tvi_racine = new TreeViewItem();
    tvi_racine.Header = "DOCUMENT: contact.xml";
    tvi_racine.IsExpanded = true;
    x_tv_xml.Items.Add(tvi_racine);
    ...
}
catch (Exception ex) {
  MessageBox.Show(ex.Message);
}
finally {
  lecteur_xml.Close();
}
```

A partir de là, tous les autres nœuds créés seront des nœuds enfants, petits-enfants, etc. de la racine. Cela permettra de générer une arborescence cohérente en fonction du document XML. Ce qu'il va falloir maintenant gérer ce sont les nœuds et les sous-nœuds en fonction du type d'élément trouvé. On déclare un **TreeViewItem** *tvi* affecté de la valeur *null*, on démarre le parcours XML avec la

FIGURE 8.5

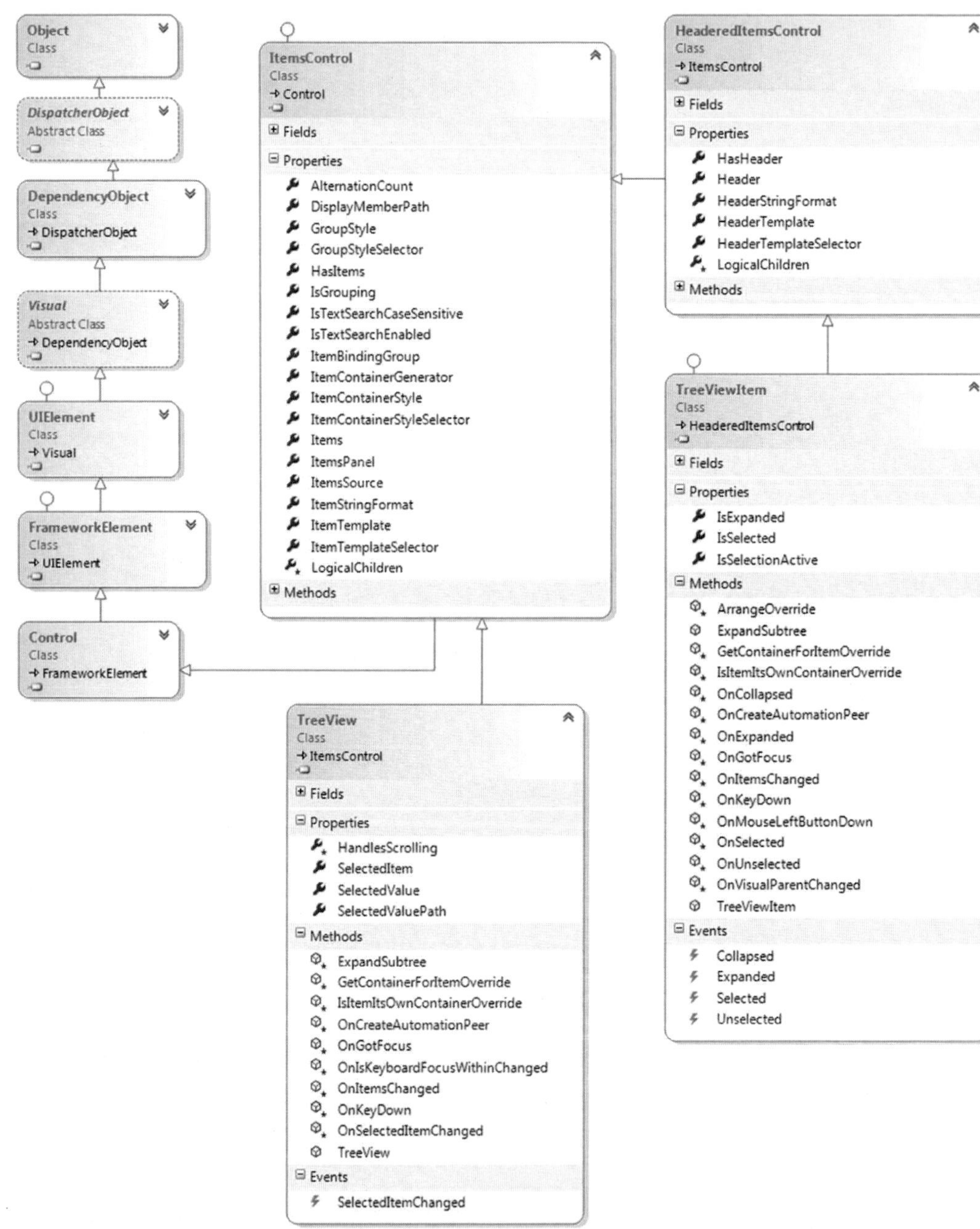

méthode *Read* dans une boucle *while*, et on instancie l'objet *tvi*.

```
TreeViewItem tvi = null;
while (lecteur_xml.Read()) {
```

```
  tvi = new TreeViewItem();
  ...
}
```

Si on tombe sur un élément de type *XmlDeclaration*, l'étiquette du *tvi* est affectée de la valeur *XmlNode.Value*, et on ajoute *tvi* à la collection *Items* de la racine *tvi_racine*.

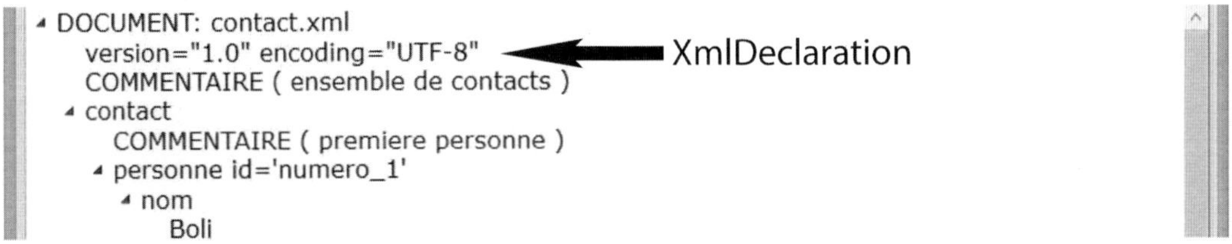

```
◢ DOCUMENT: contact.xml
    version="1.0" encoding="UTF-8"   ←— XmlDeclaration
    COMMENTAIRE ( ensemble de contacts )
  ◢ contact
      COMMENTAIRE ( premiere personne )
    ◢ personne id='numero_1'
      ◢ nom
          Boli
```

```
switch (lecteur_xml.NodeType) {
 case XmlNodeType.XmlDeclaration:
   tvi.Header = lecteur_xml.Value;
   tvi.IsExpanded = true;
   tvi_racine.Items.Add(tvi);
   break;
 ...
}
```

Si on tombe sur un élément de type *XmlComment* (un commentaire), l'étiquette du *tvi* est affectée de la valeur *XmlNode.Value*, et on ajoute *tvi* à la collection *Items* de la racine *tvi_racine*.

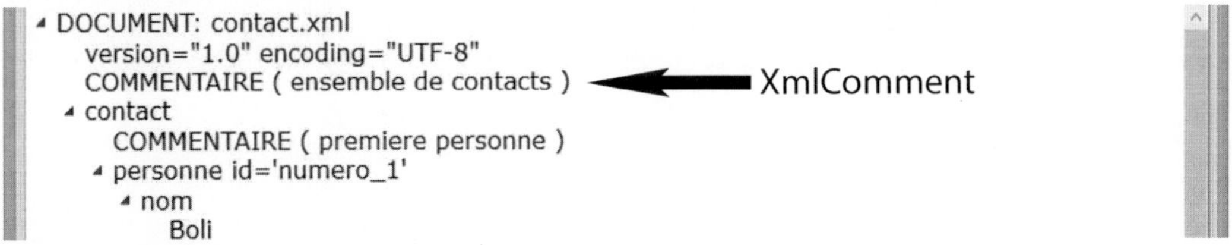

```
◢ DOCUMENT: contact.xml
    version="1.0" encoding="UTF-8"
    COMMENTAIRE ( ensemble de contacts )   ←— XmlComment
  ◢ contact
      COMMENTAIRE ( premiere personne )
    ◢ personne id='numero_1'
      ◢ nom
          Boli
```

```
switch (lecteur_xml.NodeType) {
 case XmlNodeType.Comment:
    tvi.Header = «COMMENTAIRE (« + lecteur_xml.Value + «)»;
    tvi.IsExpanded = true;
    tvi_racine.Items.Add(tvi);
    break;
  ...
}
```

Si on tombe sur un élément de type *XmlElement* (un élément), on commence par regarder si cet élément possède des attributs. Et si c'est le cas, on crée une chaîne qui représente la séquence de ces attributs (*nom_attribut* = *valeur_attribut*). La propriété booléenne *HasAttributes* indique si l'élément possède des attributs. Si l'élément possède des attributs, le parcours de ces attributs se fait par une boucle *while* qui passe d'un attribut à l'autre par la méthode *MoveToNextAttribute*. La propriété *Name* retourne le nom de l'attribut et la propriété *Value* retourne la valeur de l'attribut. Quand la lecture de tous les attributs est terminée, on remonte à l'élément par la méthode *MoveToElement*.

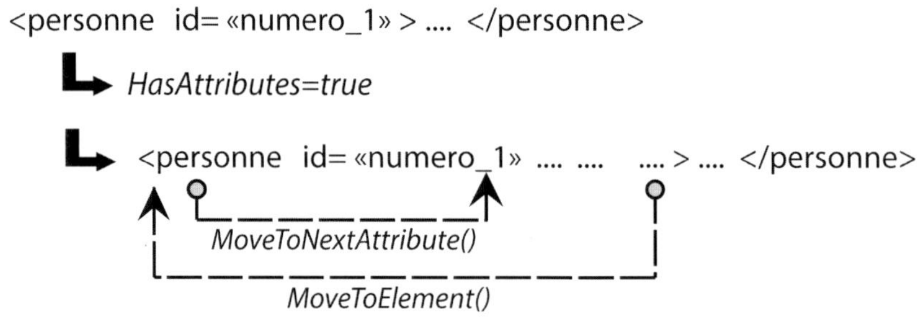

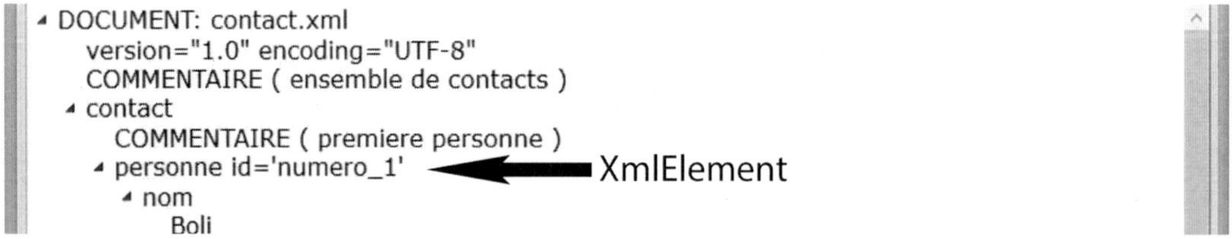

```
switch (lecteur_xml.NodeType) {
  case XmlNodeType.Element:
      string ch_attr = «»;
     if (lecteur_xml.HasAttributes == true) {
        while (lecteur_xml.MoveToNextAttribute()) {
          ch_attr += lecteur_xml.Name + «='» + lecteur_xml.Value + «' «;
         }
         lecteur_xml.MoveToElement();
       }
       ...
    break;
    ...
}
```

Si l'élément est vide (propriété booléenne IsEmptyElement), l'étiquette du *tvi* est affectée de la valeur *XmlNode.Name*, et on ajoute *tvi* à la collection *Items* de la racine *tvi_racine*. Si l'élément n'est pas vide c'est-à-dire qu'il contient des sous-nœuds, l'étiquette du *tvi* est affectée de la valeur *XmlNode.Name*, on ajoute le *tvi* à la collection *Items* de la racine *tvi_racine*, et *tvi_racine* est affecté de *tvi* (cela permet de descendre d'un cran pour avoir un nœud enfant).

```
switch (lecteur_xml.NodeType) {
  case XmlNodeType.Element:
      ...
```

```
    if (lecteur_xml.IsEmptyElement == true) {
      tvi.Header = lecteur_xml.Name + « « + ch_attr;
      tvi.IsExpanded = true;
      tvi_racine.Items.Add(tvi);
    }
    else {
       tvi.Header = lecteur_xml.Name + « « + ch_attr;
       tvi.IsExpanded = true;
       tvi_racine.Items.Add(tvi);
       tvi_racine = tvi;
     }
  break;
  ...
}
```

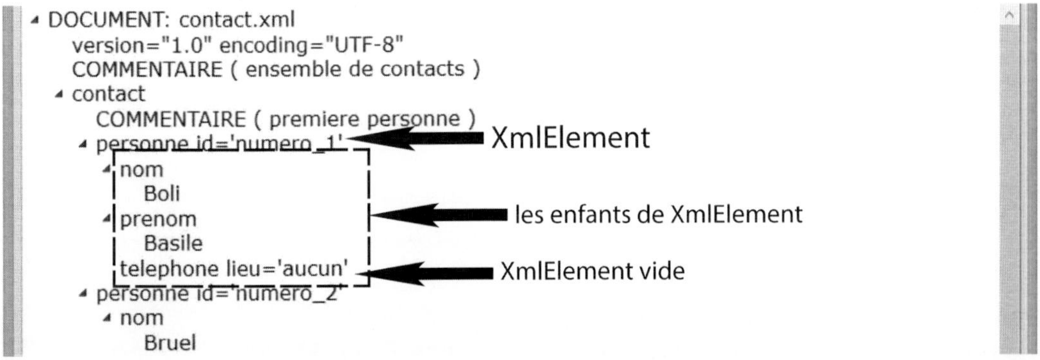

```
DOCUMENT: contact.xml
  version="1.0" encoding="UTF-8"
  COMMENTAIRE ( ensemble de contacts )
  contact
    COMMENTAIRE ( premiere personne )
    personne id='numero_1'        ← XmlElement
      nom
        Boli
      prenom                      ← les enfants de XmlElement
        Basile
      telephone lieu='aucun'      ← XmlElement vide
    personne id='numero_2'
      nom
        Bruel
```

Si on tombe sur un élément de type *XmlText* (contenu textuel de l'élément), l'étiquette du *tvi* est affectée de la valeur *XmlNode.Value*, et on ajoute *tvi* à la collection *Items* de la racine *tvi_racine*.

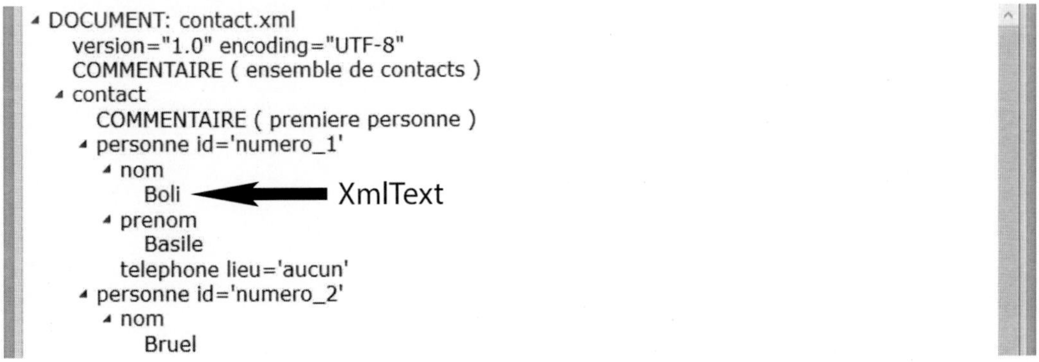

```
DOCUMENT: contact.xml
  version="1.0" encoding="UTF-8"
  COMMENTAIRE ( ensemble de contacts )
  contact
    COMMENTAIRE ( premiere personne )
    personne id='numero_1'
      nom
        Boli    ← XmlText
      prenom
        Basile
      telephone lieu='aucun'
    personne id='numero_2'
      nom
        Bruel
```

```
switch (lecteur_xml.NodeType) {
  case XmlNodeType.Text:
    tvi.Header = lecteur_xml.Value;
```

```
    tvi.IsExpanded = true;
    tvi_racine.Items.Add(tvi);
    break;
  ...
}
```

Si on tombe sur un élément de type *XmlEndElement* (fin de balise pour un élément), on n'écrit rien. Mais il faut remonter d'un cran dans l'arborescence en affectant au *tvi_racine* son nœud parent par la propriété *Parent*.

```
switch (lecteur_xml.NodeType) {
  case XmlNodeType.EndElement:
    tvi_racine = (TreeViewItem)tvi_racine.Parent;
    break;
  ...
}
```

4 - Se déplacer dans l'arborescence XML

La solution de projet *P08_03_DeplacementXml.sln*, placée dans le dossier *chapitre_08/P08_03_DeplacementXml*, illustre les différentes sortes de déplacement que l'on peut effectuer pour passer de nœud en nœud et cibler le contenu voulu. Il y a un sélecteur d'actions x_cbx_select qui permet de choisir une séquence à réaliser pour effectuer un ensemble de déplacements destinés à aller chercher de l'information dans le document XML.

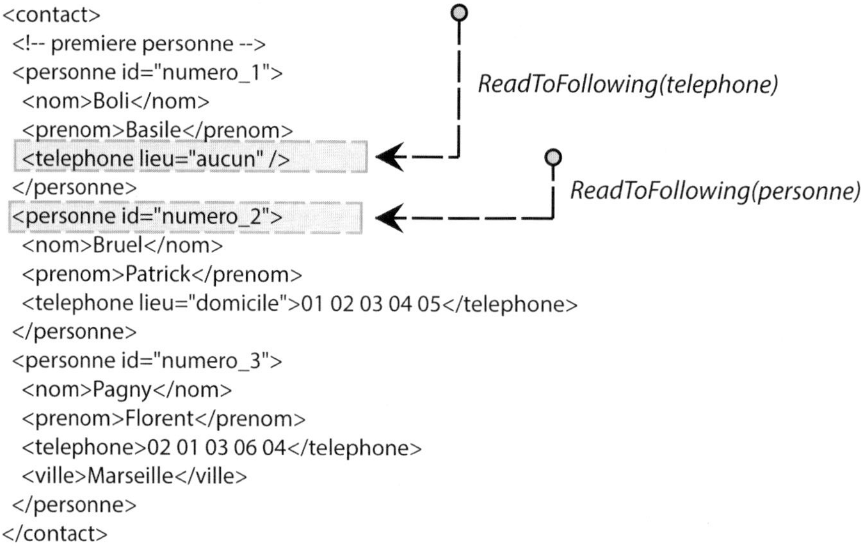

```
<contact>
 <!-- premiere personne -->
 <personne id="numero_1">
  <nom>Boli</nom>
  <prenom>Basile</prenom>
  <telephone lieu="aucun" />          <-- ReadToFollowing(telephone)
 </personne>
 <personne id="numero_2">             <-- ReadToFollowing(personne)
  <nom>Bruel</nom>
  <prenom>Patrick</prenom>
  <telephone lieu="domicile">01 02 03 04 05</telephone>
 </personne>
 <personne id="numero_3">
  <nom>Pagny</nom>
  <prenom>Florent</prenom>
  <telephone>02 01 03 06 04</telephone>
  <ville>Marseille</ville>
 </personne>
</contact>
```

La méthode *ReadToFollowing* lit jusqu'à trouver le premier élément avec le nom qualifié spécifié. Le parcours est effectué de façon séquentiel. En démarrant depuis le nœud en cours, dès que le premier nœud rencontré porte le nom qualifié de celui passé en paramètre à la méthode *ReadToFollowing*, le lecteur XML s'arrête. Par exemple, un déplacement *ReadToFollowing(telephone)* nous amène sur le premier nœud *telephone* rencontré. Puis un déplacement *ReadToFollowing(personne)* à la suite nous amène sur le premier nœud *personne* rencontré. La méthode *ReadOuterXml* lit le contenu du nœud en cours, y compris le balisage, représentant ce nœud et tous ses enfants.
Le premier choix du sélecteur réalise une séquence pour montrer l'utilisation de la méthode *ReadOuterXml*. On effectue une action *ReadToFollowing(contact)* puis une action *ReadOuterXml*. Le lecteur XML effectue un parcours des nœuds jusqu'à trouver le premier nœud *contact*, et affiche alors le balisage complet de ce nœud (c'est-à-dire le nœud *contact* plus ses enfants plus sa balise de fermeture). La figure 8.6 visualise le résultat obtenu pour l'action de ce bouton.

FIGURE 8.6

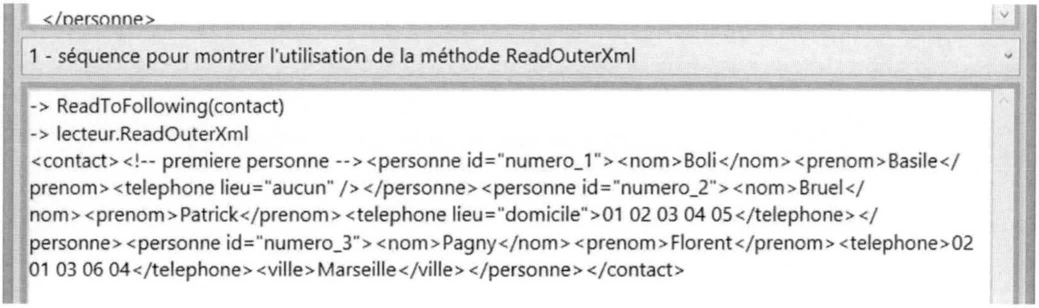

```
</personne>
1 - séquence pour montrer l'utilisation de la méthode ReadOuterXml
-> ReadToFollowing(contact)
-> lecteur.ReadOuterXml
<contact><!-- premiere personne --><personne id="numero_1"><nom>Boli</nom><prenom>Basile</
prenom><telephone lieu="aucun" /></personne><personne id="numero_2"><nom>Bruel</
nom><prenom>Patrick</prenom><telephone lieu="domicile">01 02 03 04 05</telephone></
personne><personne id="numero_3"><nom>Pagny</nom><prenom>Florent</prenom><telephone>02
01 03 06 04</telephone><ville>Marseille</ville></personne></contact>
```

```
//1 - séquence pour montrer l'utilisation de la méthode ReadOuterXml
private void Deplacement01() {
  try {
    lecteur_xml = new XmlTextReader(v_doss_exe + "contenu\\contact.xml");
    lecteur_xml.WhitespaceHandling = WhitespaceHandling.Significant;
    AfficherMessage("-> ReadToFollowing(contact)" + RC);
    AfficherMessage("-> lecteur.ReadOuterXml" + RC);
    lecteur_xml.ReadToFollowing("contact");
    AfficherMessage(lecteur_xml.ReadOuterXml() + RC);
  }
  catch (Exception ex) {
    MessageBox.Show(ex.Message);
  }
  finally {
    lecteur_xml.Close();
  }
}
```

La méthode *ReadInnerXml* lit tout le contenu, y compris le balisage, sous forme de chaîne concaténée, mais sans inclure le balisage du nœud en cours. Le second choix du sélecteur réalise une séquence pour montrer l'utilisation de la méthode *ReadInnerXml*. On effectue une action *ReadToFollowing(personne)* puis une action *ReadInnerXml.* Le lecteur réalise un parcours jusqu'au premier élément *personne*, et affiche tous les nœuds enfants de *personne* sans inclure le balisage de *personne* (figure 8.7).

FIGURE 8.7

</personne>

2 - séquence pour montrer l'utilisation de la méthode ReadInnerXml

-> ReadToFollowing(personne)
-> lecteur.ReadInnerXml
<nom>Boli</nom><prenom>Basile</prenom><telephone lieu="aucun" />

```
//2 - séquence pour montrer l'utilisation de la méthode ReadInnerXml
private void Deplacement02() {
  try {
    lecteur_xml = new XmlTextReader(v_doss_exe + "contenu\\contact.xml");
    lecteur_xml.WhitespaceHandling = WhitespaceHandling.Significant;
    AfficherMessage("-> ReadToFollowing(personne)" + RC);
    AfficherMessage("-> lecteur.ReadInnerXml" + RC);
    lecteur_xml.ReadToFollowing("personne");
    AfficherMessage(lecteur_xml.ReadInnerXml() + RC);
  }
  catch (Exception ex) {
    MessageBox.Show(ex.Message);
   }
 finally {
    lecteur_xml.Close();
  }
}
```

Le troisième choix du sélecteur réalise une séquence pour montrer l'utilisation de la méthode *ReadToFollowing*. On effectue un déplacement pour aller se positionner sur le deuxième élément *personne*, afficher le contenu des attributs de cet élément, puis aller sur le troisième élément *personne*, et afficher son contenu par *ReadOuterXml* (figure 8.8). La lecture des attributs s'effectue comme on l'a vu au paragraphe 3.

```
//3 - séquence pour montrer l'utilisation de la méthode ReadToFollowing
private void Deplacement03() {
  try {
    lecteur_xml = new XmlTextReader(v_doss_exe + "contenu\\contact.xml");
    lecteur_xml.WhitespaceHandling = WhitespaceHandling.Significant;
```

```
    AfficherMessage("-> ReadToFollowing(personne)" + RC);
    AfficherMessage("-> ReadToFollowing(personne)" + RC);
    lecteur_xml.ReadToFollowing("personne");
    lecteur_xml.ReadToFollowing("personne");
    AfficherMessage("-> lecture des attributs de l'élément personne" + RC);
    if (lecteur_xml.HasAttributes) {
      while (lecteur_xml.MoveToNextAttribute()) {
        AfficherMessage(lecteur_xml.Name + "=" + lecteur_xml.Value + RC);
      }
     //renvoyer le lecteur a l'element
      lecteur_xml.MoveToElement();
    }
    AfficherMessage("-> ReadToFollowing(personne)" + RC);
    lecteur_xml.ReadToFollowing("personne");
    AfficherMessage("-> lecteur.ReadOuterXml" + RC);
    AfficherMessage(lecteur_xml.ReadOuterXml() + RC);
  }
  catch (Exception ex) {
    MessageBox.Show(ex.Message);
  }
  finally {
    lecteur_xml.Close();
  }
}
```

FIGURE 8.8

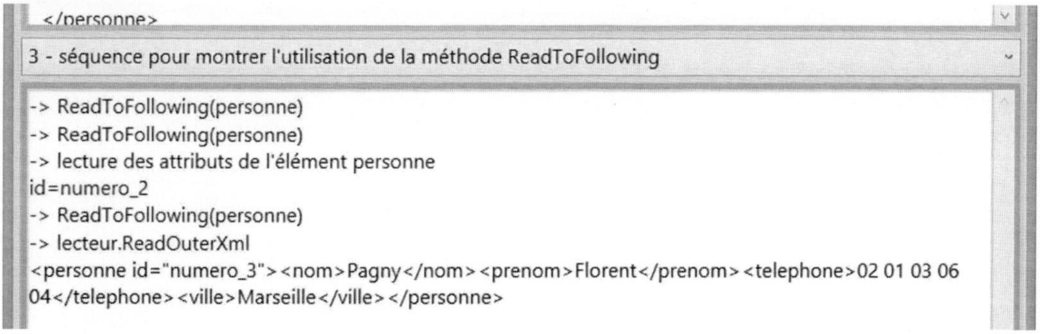

```
</personne>
3 - séquence pour montrer l'utilisation de la méthode ReadToFollowing
-> ReadToFollowing(personne)
-> ReadToFollowing(personne)
-> lecture des attributs de l'élément personne
id=numero_2
-> ReadToFollowing(personne)
-> lecteur.ReadOuterXml
<personne id="numero_3"><nom>Pagny</nom><prenom>Florent</prenom><telephone>02 01 03 06
04</telephone><ville>Marseille</ville></personne>
```

Le quatrième choix du sélecteur réalise une séquence pour montrer l'utilisation de la méthode *ReadSubtree*. L'action utilise la méthode *ReadSubtree* qui retourne une nouvelle instance de **XmlReader** qui permet de lire le nœud actuel, ainsi que tous ses descendants. En se positionnant sur le deuxième élément *personne* (figure 8.9), on effectue une extraction par *ReadSubtree* qui retourne un fragment XML intitulé *extract*. Pour pouvoir lire le contenu de ce fragment (soit avec *ReadOuterXml* ou avec *ReadInnerXml*), il faut appliquer à *extract* la méthode *MoveToContent*. La méthode *MoveToContent* vérifie si le nœud actuel est un nœud de contenu (texte non constitué d'espaces blancs, CDATA, *Element, EndElement, EntityReference* ou *EndEntity*). Si le nœud n'est pas un nœud de contenu, le lecteur avance jusqu'au nœud de contenu suivant ou jusqu'à la fin du fichier. Il ignore les nœuds possédant les types suivants : *ProcessingInstruction, DocumentType, Comment, Whitespace* ou *SignificantWhitespace*

FIGURE 8.9

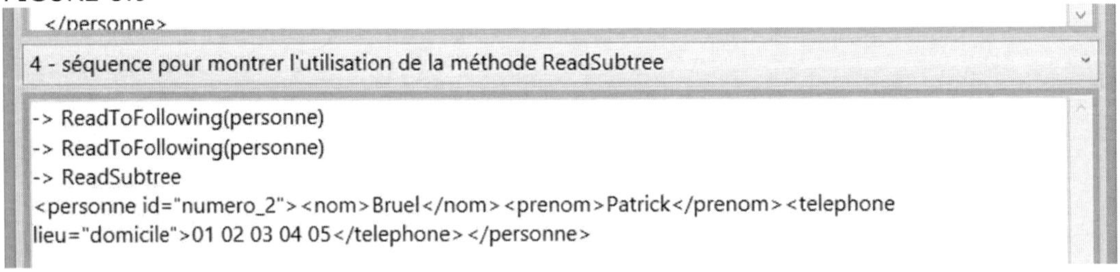

</personne>

4 - séquence pour montrer l'utilisation de la méthode ReadSubtree

-> ReadToFollowing(personne)
-> ReadToFollowing(personne)
-> ReadSubtree
<personne id="numero_2"><nom>Bruel</nom><prenom>Patrick</prenom><telephone lieu="domicile">01 02 03 04 05</telephone></personne>

```
//4 - séquence pour montrer l'utilisation de la méthode ReadSubtree
private void Deplacement04() {
  try {
    lecteur_xml = new XmlTextReader(v_doss_exe + "contenu\\contact.xml");
    lecteur_xml.WhitespaceHandling = WhitespaceHandling.Significant;
    AfficherMessage("-> ReadToFollowing(personne)" + RC);
    lecteur_xml.ReadToFollowing("personne");
    AfficherMessage("-> ReadToFollowing(personne)" + RC);
    lecteur_xml.ReadToFollowing("personne");
    AfficherMessage("-> ReadSubtree" + RC);
    XmlReader extract = lecteur_xml.ReadSubtree();
    extract.MoveToContent();
    AfficherMessage(extract.ReadOuterXml() + RC);
    extract.Close();
  }
  catch (Exception ex) {
    MessageBox.Show(ex.Message);
  }
  finally {
    lecteur_xml.Close();
  }
}
```

Le cinquième choix du sélecteur réalise une séquence pour montrer l'utilisation de la méthode *ReadToDescendant*. L'action utilise la méthode *ReadToDescendant* qui avance le lecteur vers l'élément descendant suivant (élément enfant) portant le nom qualifié spécifié. Pour aller sur l'élément *téléphone* du deuxième élément *personne*, on fait deux déplacements *ReadToFollowing(personne)* puis un déplacement *ReadToDescendant(telephone)*. La figure 8.10 visualise le résultat obtenu par la lecture de l'élément *telephone* avec *ReadOuterXml*.

FIGURE 8.10

```
</personne>
5 - séquence pour montrer l'utilisation de la méthode ReadToDescendant
-> ReadToFollowing(personne)
-> ReadToFollowing(personne)
-> ReadToDescendant(telephone)
-> lecteur.ReadOuterXml
<telephone lieu="domicile">01 02 03 04 05</telephone>
```

```
//5 - séquence pour montrer l'utilisation de la méthode ReadToDescendant
private void Deplacement05() {
  try {
    lecteur_xml = new XmlTextReader(v_doss_exe + "contenu\\contact.xml");
    lecteur_xml.WhitespaceHandling = WhitespaceHandling.Significant;
    AfficherMessage("-> ReadToFollowing(personne)" + RC);
    lecteur_xml.ReadToFollowing("personne");
    AfficherMessage("-> ReadToFollowing(personne)" + RC);
    lecteur_xml.ReadToFollowing("personne");
    AfficherMessage("-> ReadToDescendant(telephone)" + RC);
    lecteur_xml.ReadToDescendant("telephone");
    AfficherMessage("-> lecteur.ReadOuterXml" + RC);
    AfficherMessage(lecteur_xml.ReadOuterXml() + RC);
  }
  catch (Exception ex) {
    MessageBox.Show(ex.Message);
  }
  finally {
    lecteur_xml.Close();
  }
}
```

Le sixième choix du sélecteur réalise une séquence pour montrer l'utilisation de la méthode *ReadToNextSibling*. L'action utilise la méthode *ReadToNextSibling* qui avance le lecteur vers l'élément frère suivant portant le nom qualifié spécifié. On utilise deux déplacements *ReadToNextSibling* pour aller se positionner sur le troisième élément *personne*, puis descendre à l'élément *telephone* avec *ReadTodescendant* pour lire l'élément *telephone*. La figure 8.11 visualise le résultat des déplacements.

```
//6 - séquence pour montrer l'utilisation de la méthode ReadToNextSibling
private void Deplacement06() {
  try {
    lecteur_xml = new XmlTextReader(v_doss_exe + "contenu\\contact.xml");
    lecteur_xml.WhitespaceHandling = WhitespaceHandling.Significant;
    AfficherMessage("-> ReadToFollowing(personne)" + RC);
    lecteur_xml.ReadToFollowing("personne");
    AfficherMessage("-> ReadToNextSibling(personne)" + RC);
```

```
    lecteur_xml.ReadToNextSibling("personne");
    AfficherMessage("-> ReadToNextSibling(personne)" + RC);
    lecteur_xml.ReadToNextSibling("personne");
    AfficherMessage("-> ReadToDescendant(telephone)" + RC);
    lecteur_xml.ReadToDescendant("telephone");
    AfficherMessage("-> lecteur.ReadOuterXml" + RC);
    AfficherMessage(lecteur_xml.ReadOuterXml() + RC);
  }
  catch (Exception ex) {
    MessageBox.Show(ex.Message);
  }
  finally {
   lecteur_xml.Close();
  }
}
```

FIGURE 8.11

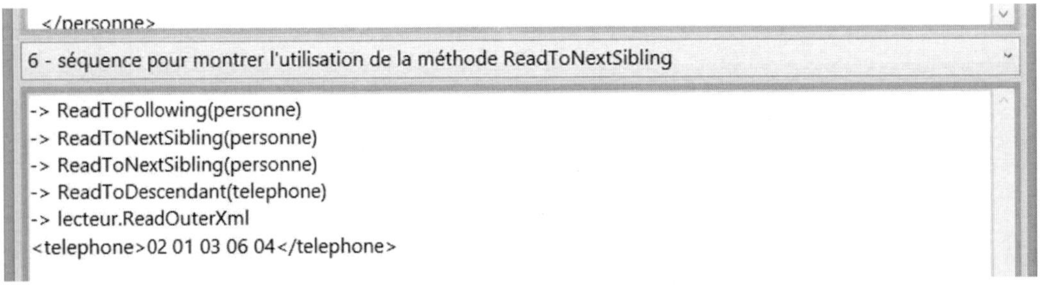

```
</personne>
6 - séquence pour montrer l'utilisation de la méthode ReadToNextSibling
-> ReadToFollowing(personne)
-> ReadToNextSibling(personne)
-> ReadToNextSibling(personne)
-> ReadToDescendant(telephone)
-> lecteur.ReadOuterXml
<telephone>02 01 03 06 04</telephone>
```

5 - Ecrire un document XML avec *XmlTextWriter*

Le projet *EcritureXml.sln*, dans la solution de projet *LectureEcriture.sln* placée dans le dossier *chapitre_08*, illustre l'utilisation de la classe **XmlTextWriter** pour écrire des données XML. Ce projet consiste à se connecter en local à une base de données, nommée *BookEnLigne.mdf*, de lire les données contenues dans des tables, et d'exporter ces données au format XML avec **XmlTextWriter**. La base de données est réalisée avec SQL SERVER 2012 Express (version de SQL SERVER 2012 dans sa version gratuite et complète).

5.1 - Utiliser SQL SERVER 2012 Express

SQL SERVER 2012 Express est la version gratuite de SQL SERVER 2012 de Microsoft. Pour télécharger cette version, il suffit de se rendre à l'adresse web *http://www.microsoft.com/fr-fr/download/details.aspx?id=29062*. En cliquant sur le bouton *Télécharger*, il faut cocher le package *FRA\x64\SQLEXPRADV_x64_FRA.exe* (version 64 bits) ou le package *FRA\x86\SQLEXPRADV_x86_FRA.exe* (version 32 bits). L'installation s'effectue en 10 minutes avec tous les choix proposés par défaut. Nous ne verrons pas ici la façon d'utiliser SQL SERVER 2012 car ce n'est pas le sujet du livre, mais seulement la réalisation des tables et l'entrée des données. Les bases de données relationnelles sont le type de base de données le plus utilisé. Une base de données relationnelle est composée de *relations* que l'on appelle plus couramment des tables. Une table est un ensemble de données organisées de façon tabulaire (comme dans Excel). La base de données que l'on va faire, de façon simple, s'appelle *BookEnLigne*, et elle a pour but de gérer des commandes de livres sur un site web. La première table est la table *Clients* (figure 8.12). La table *Clients* possède un certain nombre de colonnes (correspondant à un type d'information, repère 1) et plusieurs lignes correspondant aux différents clients (repère 2). Les lignes s'appellent des *enregistrements* ou des *tuples*.

FIGURE 8.12

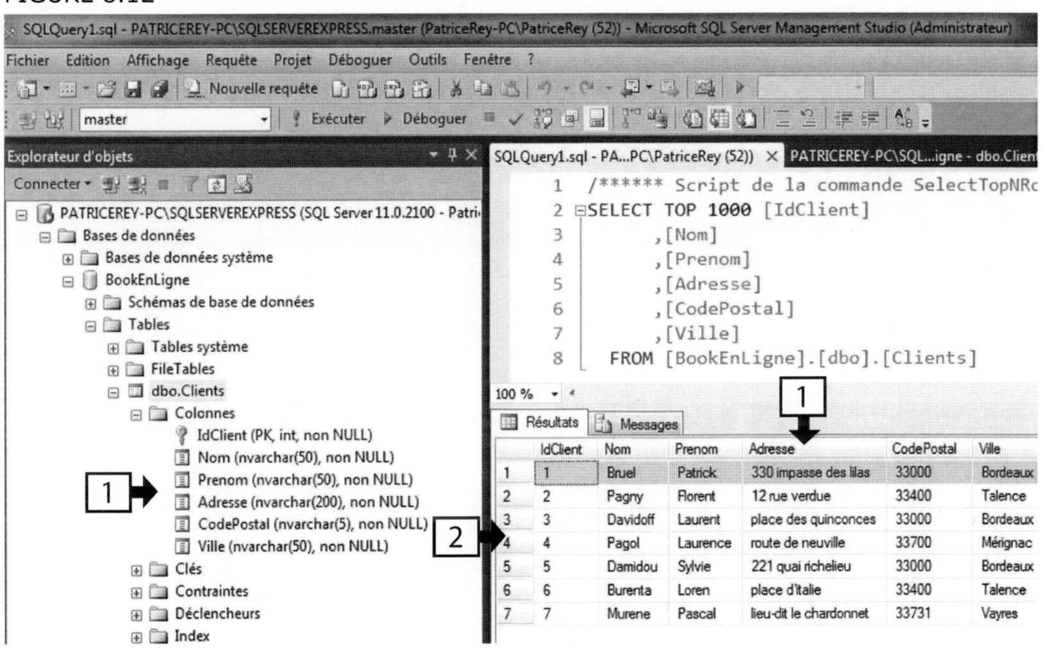

	IdClient	Nom	Prenom	Adresse	CodePostal	Ville
1	1	Bruel	Patrick	330 impasse des lilas	33000	Bordeaux
2	2	Pagny	Florent	12 rue verdue	33400	Talence
3	3	Davidoff	Laurent	place des quinconces	33000	Bordeaux
4	4	Pagol	Laurence	route de neuville	33700	Mérignac
5	5	Damidou	Sylvie	221 quai richelieu	33000	Bordeaux
6	6	Burenta	Loren	place d'italie	33400	Talence
7	7	Murene	Pascal	lieu-dit le chardonnet	33731	Vayres

Chaque colonne correspondant à un type d'information est typé. La table *Clients* possède les colonnes *IdClient*, *Nom*, *Prenom*, *Adresse*, *CodePostal* et *Ville*. Le type *nvarchar(50)* représente une chaîne de 50 caractères maximum. Et le type *int* est un type entier. De plus, le nombre entier de la colonne *IdClient* est un identificateur unique (figure 8.13).

FIGURE 8.13

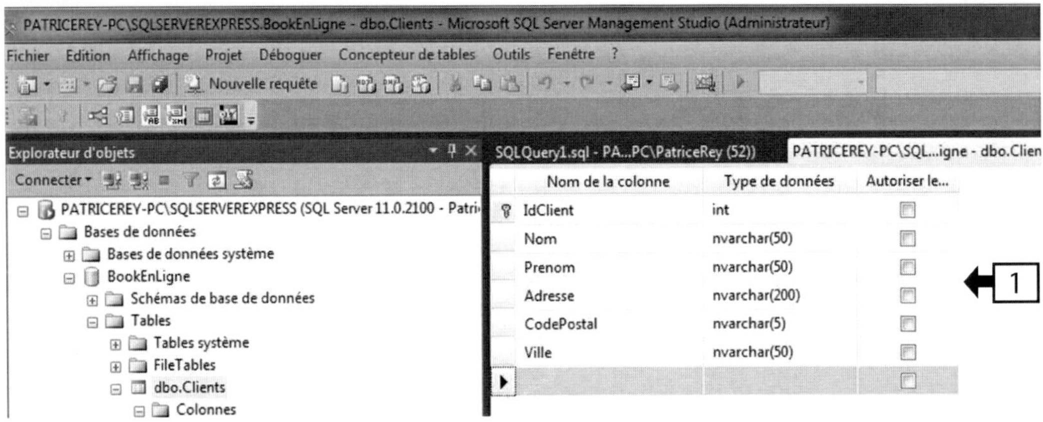

Il est généré comme un compteur automatique, incrémenté d'une unité à chaque fois, et ne possédant jamais deux fois la même valeur. Comme cet identificateur est créé artificiellement de toutes pièces, il garantit qu'il sera unique. La colonne d'identification (*IdClient*) est choisie comme étant la *clé primaire* de la table. Les bases de données contiennent généralement plusieurs tables et se servent des clés comme d'une référence d'une table à une autre. L'ensemble des structures des tables d'une base de données est appelé *schéma* de la base de données. Il s'agit d'une sorte de plan. Un schéma doit représenter les tables ainsi que leurs colonnes, la clé primaire de chaque table et toutes les clés étrangères. Une colonne qui stocke une clé primaire d'une autre table est appelée une *clé étrangère*. Notre table *Clients* sera représentée par le schéma suivant (la clé primaire est généralement soulignée et les clés étrangères sont écrites en italique):

Clients (<u>IdClient</u>, Nom, Prenom, Adresse, CodePostal, Ville)

Une deuxième table est la table *Commandes* (figure 8.14) et elle est composée des colonnes *IdCommande* (identificateur unique et clé primaire), *IdClient* (clé étrangère venant de la table *Clients*), *TotalEuro* (une valeur numérique) et *DateAchat* (une valeur de type date). Le schéma de la table *Commandes* sera le suivant:

Commandes (<u>IdCommande</u>, *IdClient*, TotalEuro, DateAchat)

Une clé étrangère représente une relation entre des données de deux tables. Le lien de la table *Commandes* vers la table *Clients* représente une relation entre une ligne de *Commandes* et une ligne de *Clients*. Il existe trois principaux types de relations dans une base de données relationnelle. Ces relations peuvent être classées en fonction du nombre d'éléments intervenant dans chaque membre de la relation: *un vers un*, *un vers plusieurs*, ou *plusieurs vers plusieurs*. Ici un client peut effectuer plusieurs commandes donc la relation entre *Clients* et *Commandes* est du type *un vers plusieurs*.

FIGURE 8.14

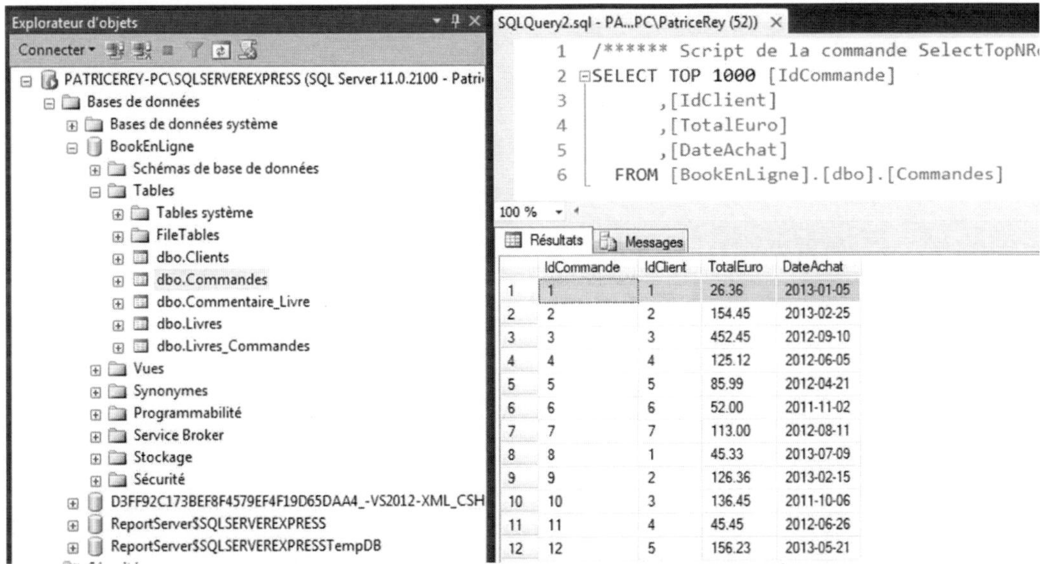

	IdCommande	IdClient	TotalEuro	DateAchat
1	1	1	26.36	2013-01-05
2	2	2	154.45	2013-02-25
3	3	3	452.45	2012-09-10
4	4	4	125.12	2012-06-05
5	5	5	85.99	2012-04-21
6	6	6	52.00	2011-11-02
7	7	7	113.00	2012-08-11
8	8	1	45.33	2013-07-09
9	9	2	126.36	2013-02-15
10	10	3	136.45	2011-10-06
11	11	4	45.45	2012-06-26
12	12	5	156.23	2013-05-21

La troisième table est la table *Livres* (figure 8.15). Elle est composée des colonnes *ISBN* (clé primaire), *Titre*, *Auteur* et *Prix*. On n'utilise pas ici d'identificateur unique puisque l'ISBN d'un livre est par définition un identificateur unique de livre. Donc on n'aura jamais deux ISBN identiques. Le schéma de la table *Livres* sera le suivant:

Livres (ISBN, Titre, Auteur, Prix)

Il faut pouvoir identifier la référence des livres commandés dans une commande. On ajoute donc une quatrième table *Livres_Commandes* (figure 8.16) avec les colonnes *IdCommande* (clé étrangère), *ISBN* (clé étrangère) et *Quantite* (valeur entière). Le schéma de la table *Livres_Commandes* sera le suivant:

Livres_Commandes (*IdCommande*, *ISBN*, Quantite)

La cinquième table *Commentaire_Livre* (figure 8.17) permet d'associer à chaque livre un commentaire. A partir d'un ISBN, on pourra répertorier tous les commentaires écrits. Cette table est composée des colonnes *ISBN* (clé étrangère) et *Commentaire*. Le schéma de cette table sera le suivant:

Commentaire_Livre (*ISBN*, Commentaire)

FIGURE 8.15

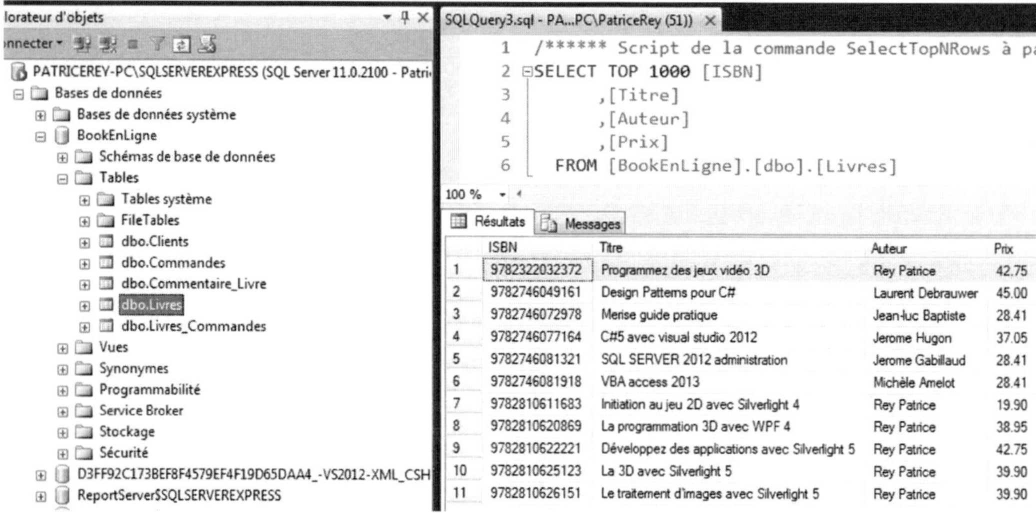

FIGURE 8.16

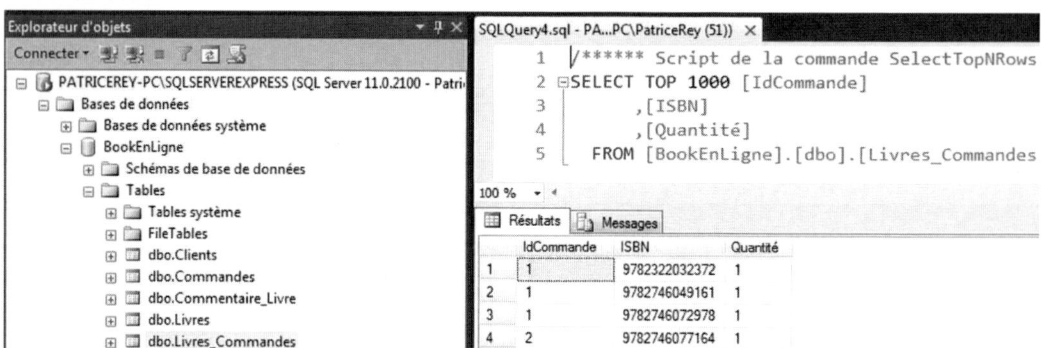

FIGURE 8.17

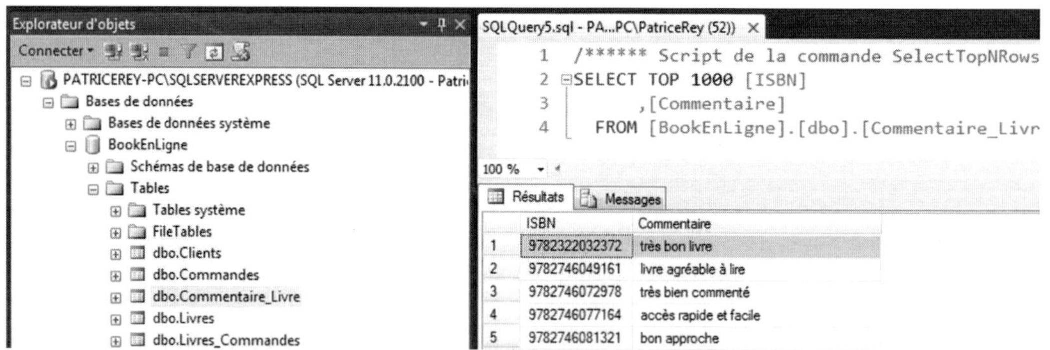

Le modèle relationnel de la base de données est visualisé sur la figure 8.18. Il exprime les relations entre les tables.

FIGURE 8.18

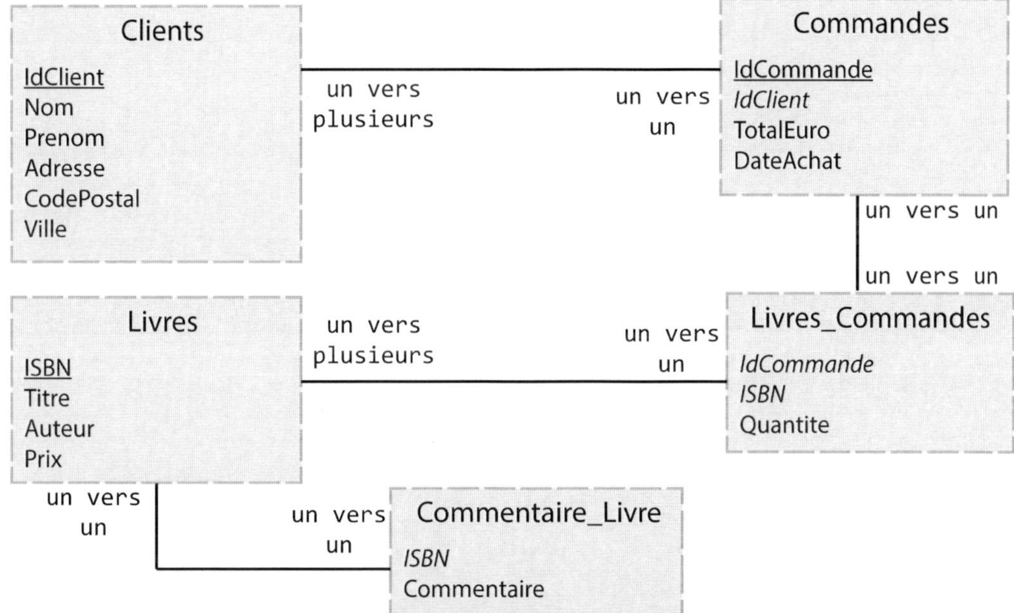

Les fichiers relatifs à la base de données se trouvent dans le dossier DATA (figure 8.19) stocké dans le répertoire de SQL SERVER. Il faudra importer dans le projet deux fichiers: *BookEnLigne.mdf* et *BookEnLigne.ldf*. Le premier fichier concerne la base elle-même avec ses tables et ses données. Le deuxième fichier est un fichier descripteur associé à la base.

FIGURE 8.19

5.2 - Exporter des données au format XML

La solution de projet *P08_04_EcritureXml.sln*, placée dans le dossier *chapitre_08/P08_04_EcritureXml*, illustre l'utilisation de la classe **XmlTextWriter** pour écrire des données XML. Ce projet consiste à se connecter en local à une base de données, nommée *BookEnLigne.mdf* (base créée dans le paragraphe précédent), de lire les données contenues dans les tables, et d'exporter ces données au format XML avec **XmlTextWriter**. La figure 8.20 montre le projet d'application.

FIGURE 8.20

Le premier bouton *x_btn_ouvrir_1* permet de tester la connexion à la base de données *BookEnLigne.mdf* en local (repère 1). Le second bouton *x_btn_ouvrir_2* permet de se connecter à la base de données puis d'exporter les enregistrements de la table *Clients* au format XML avec un objet **XmlTextWriter**. Le troisième bouton *x_btn_ouvrir_3* permet de se connecter à la base de données puis d'exporter les enregistrements de la table *Commandes* au format XML avec un objet **XmlTextWriter**.

L'espace de noms *System.Data.SqlClient* est le fournisseur de données du *framework* .NET pour SQL SERVER. Le fournisseur de données .NET pour SQL Server décrit une collection de classes utilisées pour accéder à une base de données SQL SERVER dans l'espace managé. La classe abstraite **DbConnection** (figure 8.21), qui représente une connexion à une base de données, possède quatre classes dérivées qui sont:

- la classe **OleDbConnection** représente une connexion ouverte (de type OLE pour *Object Linking and Embedding*) à une source de données.
- la classe **EntityConnection** contient une référence à un modèle conceptuel et une connexion de source de données.
- la classe **OdbcConnection** représente une connexion ouverte (de type ODBC, sigle de *Open Database Connectivity*) à une source de données.
- la classe **SqlConnection** représente une connexion ouverte à une base de données SQL Server.

FIGURE 8.21

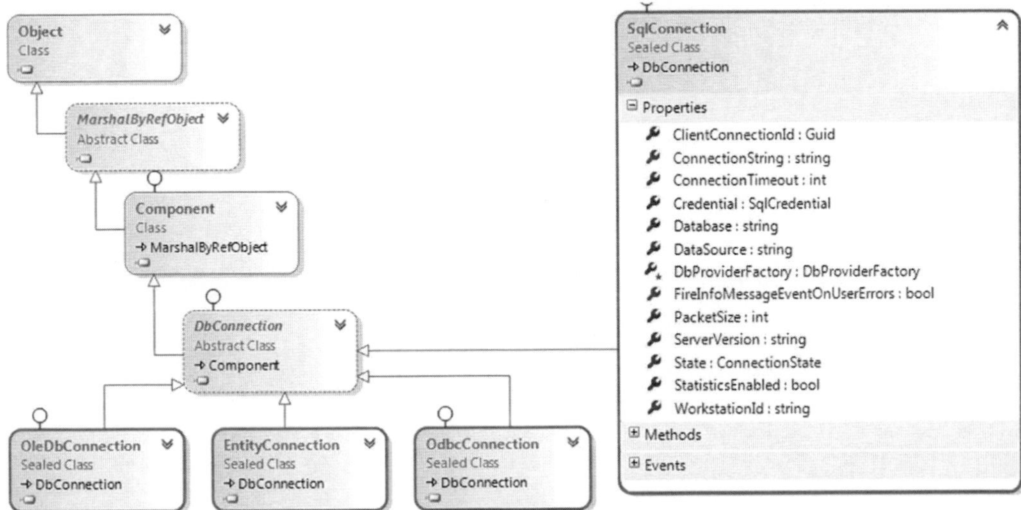

Dans le projet, il faut importer les fichiers *BookEnLigne.mdf* et *BookEnLigne.ldf*, que l'on place dans le dossier *contenu* et pour lesquels on leur applique une action *Action de géneraction* à la valeur *Contenu* dans les propriétés (fichiers que l'on copie dans le répertoire de l'exécutable). La connexion à une base de données SQL SERVER se fait par l'intermédiaire d'un objet **SqlConnection**. La propriété *ConnectionString* reçoit une chaîne de connexion sous forme d'une chaîne de caractères. La méthode *Open* ouvre la connexion et la méthode *Close* ferme la connexion. Pour déterminer la chaîne de connexion, on va utiliser l'assistant de configuration des sources de données de Visual Studio. Dans le menu *Projet* on choisit la rubrique *Ajouter une nouvelle source de données*. Une boite de dialogue s'ouvre dans laquelle (figure 8.22):

- on sélectionne *"base de données"* au repère 1.
- on sélectionne le modèle *"dataset"* au repère 2.
- on choisit notre base de données dans la liste déroulante au repère 3.
- on coche la case pour enregistrer la chaîne de connexion au repère 4.
- on coche la case *"tables"* pour que les tables soient importées au repère 5.

Visual Studio génère des balises XML supplémentaires dans le fichier *App.config* qui contient désormais le code suivant:

```
<?xml version="1.0" encoding="utf-8" ?>
<configuration>
   <configSections></configSections>
   <connectionStrings>
```

```
  <add name="P08_04_EcritureXml.Properties.Settings.BookEnLigneConnectionString"
   connectionString="Data Source=(LocalDB)\v11.0;
   AttachDbFilename=|DataDirectory|\contenu\BookEnLigne.mdf;
   Integrated Security=True"   providerName="System.Data.SqlClient" />
  </connectionStrings>
  <startup>
     <supportedRuntime version="v4.0" sku=".NETFramework,Version=v4.5" />
  </startup>
</configuration>
```

FIGURE 8.22

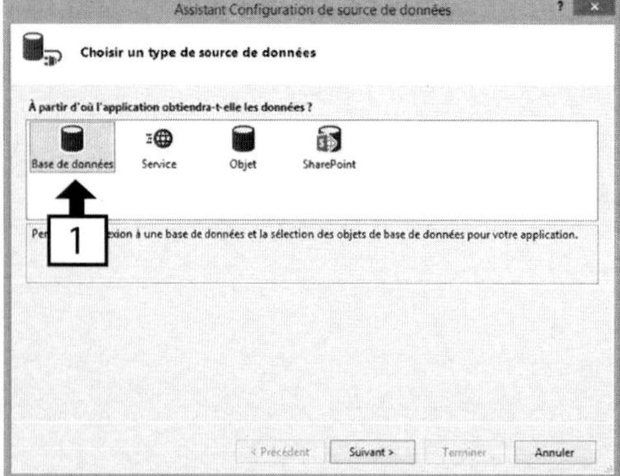

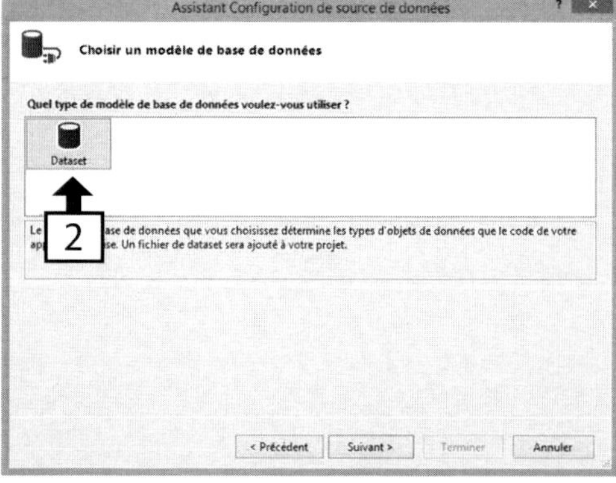

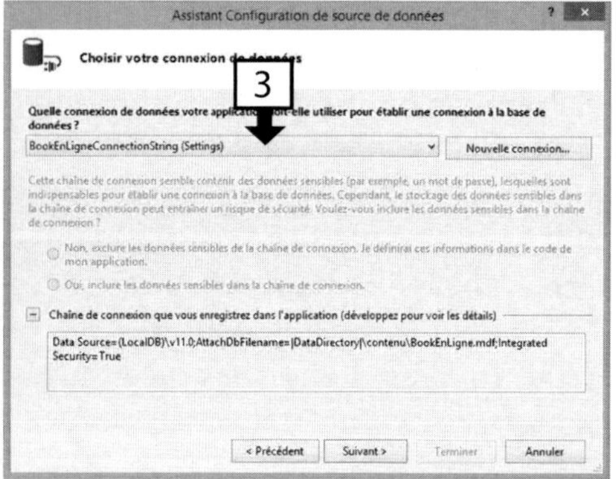

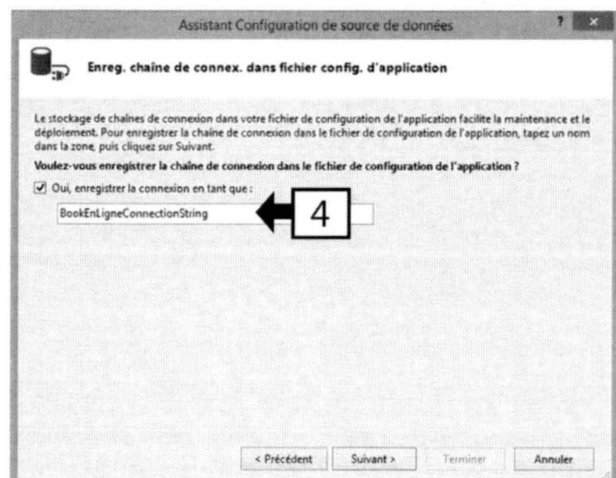

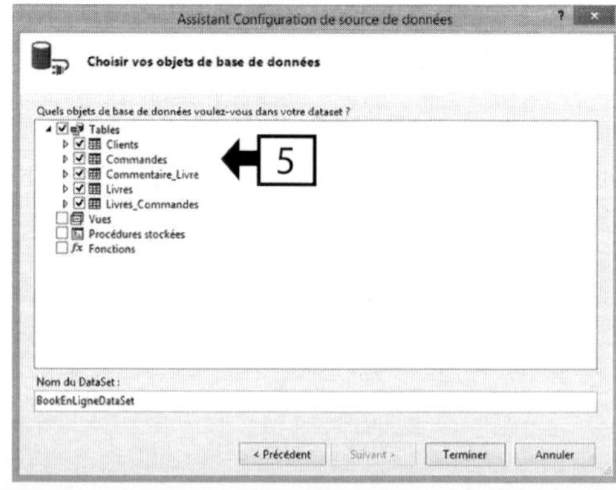

Le fichier nommé *App.config* est un fichier de configuration. En ouvrant ce fichier XML, on voit la présence d'une balise *connectionString* qui contient une balise *add* pourvue des attributs *name, connectionString* et *providerName*. Cette balise *add* représente la connexion à la base de données, et par conséquent, un moyen de se connecter consiste à aller chercher ces différentes indications pour les exploiter. Pour accéder au contenu du fichier *App.config,* il est nécessaire d'ajouter une référence à la librairie *System.Configuration.dll* et une instruction *using* pour l'espace de noms *System.Configuration*. La classe **ConfigurationManager** fournit un accès aux fichiers de configuration pour les applications clientes. La méthode statique *ConfigurationManager.ConnectionStrings* obtient les données *ConnectionStringsSection* pour la configuration par défaut de l'application actuelle. Un objet **ConnectionStringsSection** contient le contenu de la section *connectionStrings* du fichier de configuration. L'objet **ConnectionStringSettings** représente une chaîne de connexion nommée unique dans la section du fichier de configuration des chaînes de connexion.

On instancie un objet *chaine_connect* de type **ConnectionStringSettings** qui reçoit la collection, par la méthode statique *ConfigurationManager.ConnectionStrings,* pour l'objet de nom *P08_04_EcritureXml.Properties.Settings.BookEnLigneConnectionString* (valeur de l'attribut *name* de la balise *add*). Comme ce fichier de configuration contient la chaîne de connexion, il suffit d'instancier un objet **SqlConnection** par un de ses constructeurs surchargés qui reçoit en paramètre une chaîne de connexion (propriété *ConnectionString* de *chaine_connect*). A noter que l'on n'appelle pas la méthode *Open* dans ce cas précis pour ouvrir la connexion, mais que l'on appelera la méthode *Close* pour fermer la connexion. La propriété *ConnectionStringSettings.Name* retourne le nom de la connexion (attribut *name* de la balise *add*). La propriété *ConnectionStringSettings.ConnectionString* retourne la chaîne de connexion (attribut *connectionString* de la balise *add*). La propriété *ConnectionStringSettings.ProviderName* retourne le nom du fournisseur de la base de données (attribut *providerName* de la balise *add*).

```
//Se connecter à la base de données BookEnLigne.mdf se trouvant dans le dossier
//contenu grâce à une connection SQLConnection dont la chaîne
//de connection est stockée dans le fichier de configuration de l'application
private void x_btn_ouvrir_1_Click(object sender, RoutedEventArgs e) {
  x_tbl_mes.Text = "clic sur bouton 1:" + RC;
  try {
    ConnectionStringSettingsCollection css = ConfigurationManager.ConnectionStrings;
    for (int xx = 0; xx < css.Count; xx++) {
      AfficherMessage(xx.ToString("00") + ": Name -> " + css[xx].Name + RC);
      AfficherMessage(xx.ToString("00") + ": ProviderName -> " + css[xx].ProviderName
        + RC);
```

```
    AfficherMessage(xx.ToString("00") + ": ConnectionString -> "
      + css[xx].ConnectionString + RC);
  }
  //on obtient les donnees du fichier de configuration
  ConnectionStringSettings chaine_connect =
    ConfigurationManager.ConnectionStrings["P08_04_EcritureXml.Properties.Settings.
    BookEnLigneConnectionString"];
  SqlConnection connection = new SqlConnection(chaine_connect.ConnectionString);
  AfficherMessage("------------------------------------------------" + RC);
  AfficherMessage("-> connection ouverte à BookEnLigne.mdf" + RC);
  AfficherMessage("-> Name: " + chaine_connect.Name + RC);
  AfficherMessage("-> ProviderName: " + chaine_connect.ProviderName + RC);
  AfficherMessage("-> ConnectionString: " + chaine_connect.ConnectionString + RC);
  connection.Close();
  AfficherMessage("-> connection fermée" + RC);
 }
 catch (Exception ex) {
  MessageBox.Show(ex.Message);
 }
}
```

La figure 8.23 visualise le résultat obtenu dans la zone de texte pour l'ouverture d'une connexion à la base de données en passant par le fichier de configuration.

FIGURE 8.23

```
clic sur bouton 1:
00: Name -> LocalSqlServer
00: ProviderName -> System.Data.SqlClient
00: ConnectionString -> data source=.\SQLEXPRESS;Integrated Security=SSPI;AttachDBFilename=|
DataDirectory|aspnetdb.mdf;User Instance=true
01: Name -> P08_04_EcritureXml.Properties.Settings.BookEnLigneConnectionString
01: ProviderName -> System.Data.SqlClient
01: ConnectionString -> Data Source=(LocalDB)\v11.0;AttachDbFilename=|DataDirectory|\contenu
\BookEnLigne.mdf;Integrated Security=True
------------------------------------------------
-> connection ouverte à BookEnLigne.mdf
-> Name: P08_04_EcritureXml.Properties.Settings.BookEnLigneConnectionString
-> ProviderName: System.Data.SqlClient
-> ConnectionString: Data Source=(LocalDB)\v11.0;AttachDbFilename=|DataDirectory|\contenu
\BookEnLigne.mdf;Integrated Security=True
-> connection fermée
```

Le bouton *x_btn_ouvrir_2* permet de se connecter à la base de données en passant par le fichier de configuration, de lire les enregistrements de la table *Clients*, puis de les exporter au format XML avec **XmlTextWriter**.

L'objet **SqlConnection** permet de se connecter à la base de données. L'objet **SqlCommand** permet d'effectuer une requête SQL en utilisant le langage de requête *Transact-SQL* (T-SQL), qui est le langage de requête de SQL SERVER.

L'objet **SqlDataReader** est un conteneur qui stocke les enregistrements obtenus à la suite d'une requête T-SQL. La figure 8.24 donne un aperçu de la relation entre les classes **SqlConnection**, **SqlCommand** et **SqlDataReader**.

FIGURE 8.24

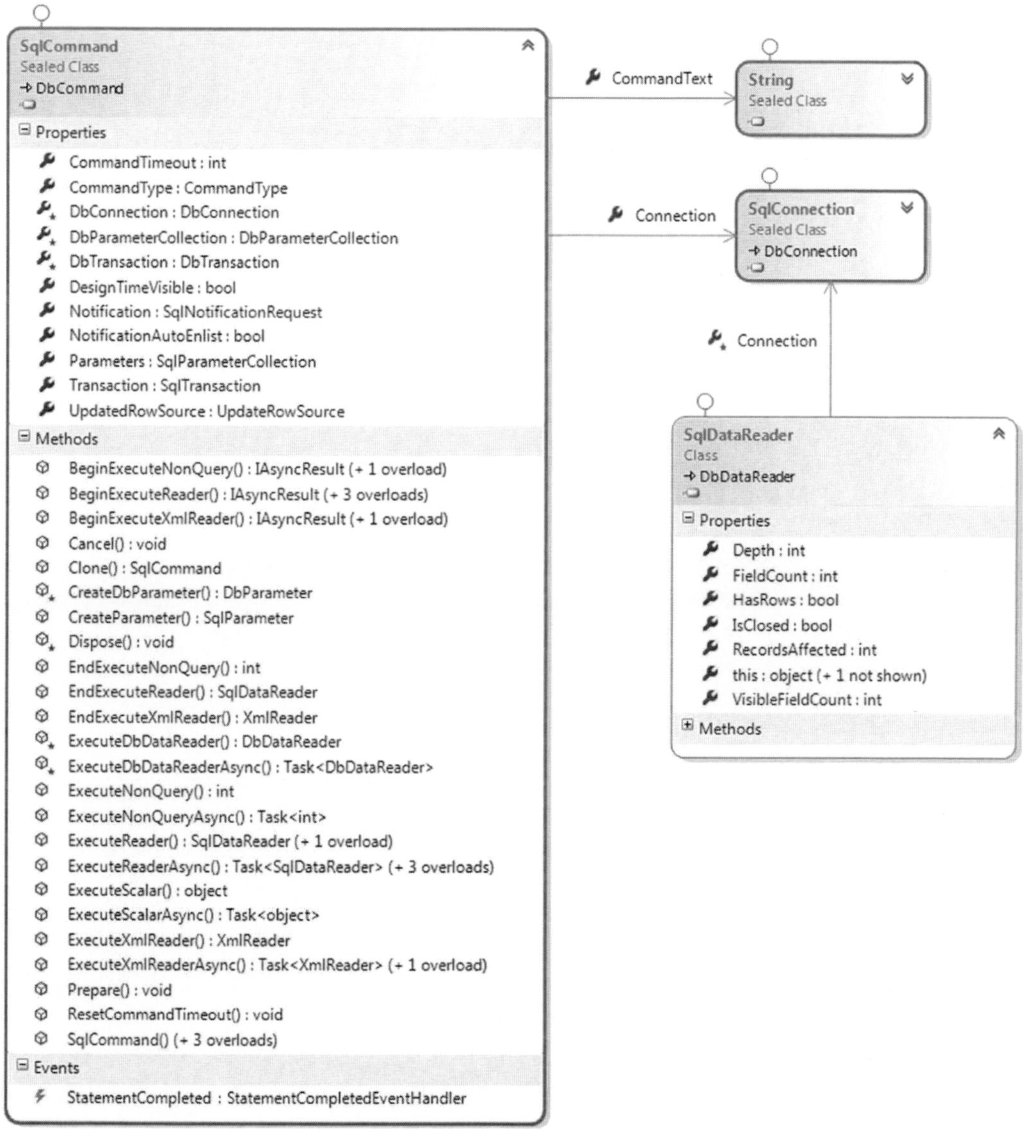

En instanciant une connexion SQL par un objet *connection_sql* de type **SqlConnection**, on affecte à sa propriété *ConnectionString* la chaîne de connexion, et on ouvre la connexion à la base de données par la méthode *Open*.

```
//Se connecter à la base de données BookEnLigne.mdf grâce à une connection
//SQLConnection puis lire la table Clients et exporter ses enregistrements
//sous forme d'un document XML avec XmlTextWriter
private void x_btn_ouvrir_2_Click(object sender, RoutedEventArgs e) {
  x_tbl_mes.Text = "clic sur bouton 2:" + RC;
  SqlConnection connection_sql = null;
  SqlDataReader lecteur_sql = null;
  XmlTextWriter writer = null;
  try {
    ConnectionStringSettings chaine_connect =
      ConfigurationManager.ConnectionStrings["P08_04_EcritureXml.Properties.Settings.
        BookEnLigneConnectionString"];
    connection_sql = new SqlConnection(chaine_connect.ConnectionString);
    connection_sql.Open();
    AfficherMessage("-> connection à la base ouverte" + RC);

    ...
}
```

Ensuite on instancie un objet *cmd_select_client* de type **SqlCommand**. On affecte à sa propriété *Connection* une connexion SQL ouverte (*connection_sql*), et on affecte à sa propriété *CommandText* une requête écrite en T-SQL. Pour sélectionner toutes les colonnes de la table *Clients*, on écrira la chaîne *«select * from Clients»*.

```
private void x_btn_ouvrir_2_Click(object sender, RoutedEventArgs e) {
  x_tbl_mes.Text = "clic sur bouton 2:" + RC;
  SqlConnection connection_sql = null;
  SqlDataReader lecteur_sql = null;
  XmlTextWriter writer = null;
  try {
    ...
    SqlCommand cmd_select_client = new SqlCommand();
    cmd_select_client.Connection = connection_sql;
    cmd_select_client.CommandText = "select * from Clients";
     ...
}
```

Pour récupérer les enregistrements de la requête, on affecte à un objet *lecteur_sql*, de type **SqlDataReader**, le résultat retourné par l'application de la méthode *ExecuteReader* à l'objet *cmd_select_client*.

```
private void x_btn_ouvrir_2_Click(object sender, RoutedEventArgs e) {
  x_tbl_mes.Text = "clic sur bouton 2:" + RC;
  SqlConnection connection_sql = null;
  SqlDataReader lecteur_sql = null;
  XmlTextWriter writer = null;
  try {
    ...
    AfficherMessage("-> requête Transact SQL" + RC);
```

```
    lecteur_sql = cmd_select_client.ExecuteReader();
    ...
}
```

La lecture des enregistrements se fait de manière séquentielle, en partant du premier enregistrement et en allant au dernier enregistrement. Pour chaque enregistrement, la lecture des colonnes se fait de gauche à droite. Avec une boucle *while*, on lit les enregistrements par la méthode *Read*. La propriété *FieldCount* retourne le nombre de colonnes présentes. La méthode *GetName* retourne le nom de la colonne, et la méthode *GetValue* retourne la valeur de la cellule concernée. La classe **XmlTextWriter** (figure 8.25) permet d'écrire des données au format

FIGURE 8.25

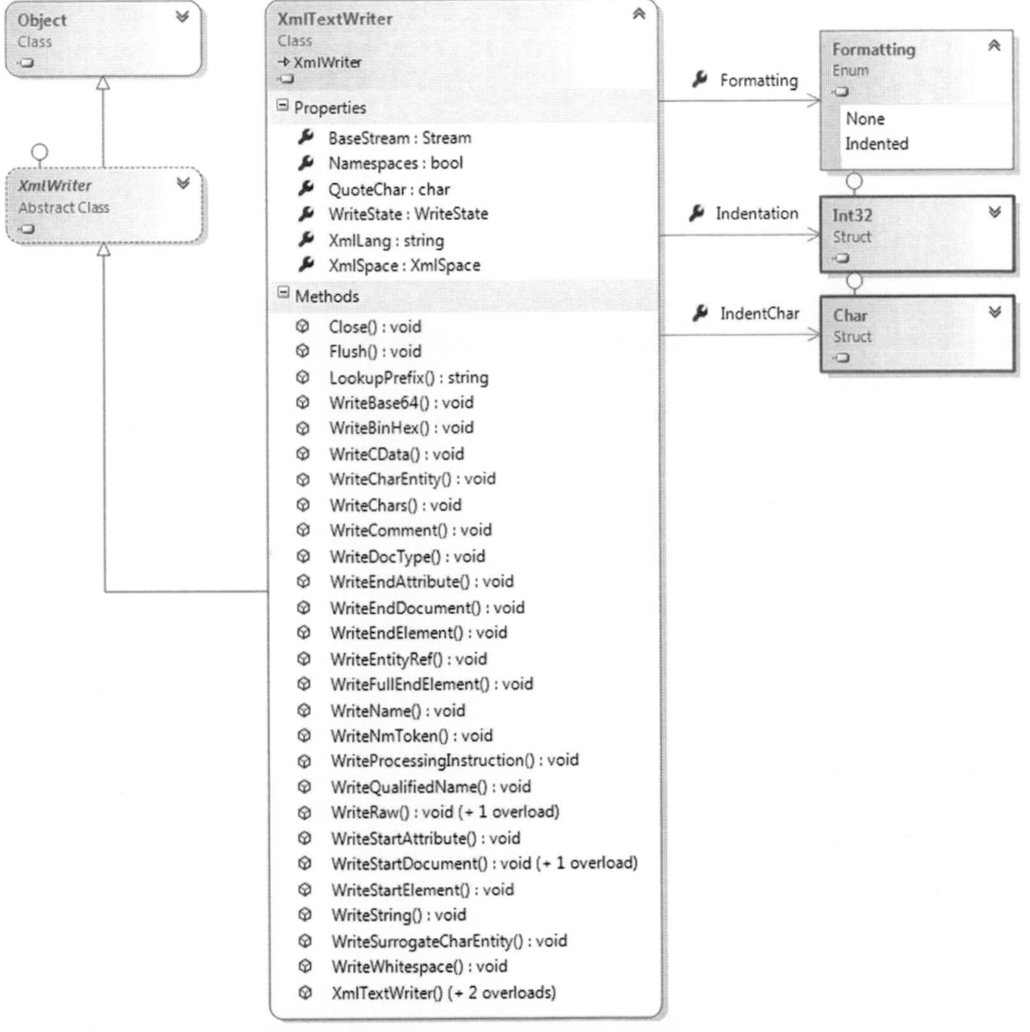

XML. Un des constructeurs surchargés de **XmlTextWriter** crée un document XML en lui spécifiant le nom du fichier dans lequel écrire et l'encodage à utiliser. La propriété *Formatting* indique la façon dont la sortie XML est mise en forme par l'énumération *Formatting.None* (aucune mise en forme spéciale n'est appliquée; il s'agit de la valeur par défaut) ou par l'énumération *Formatting.Indented* (ajuste le retrait des éléments enfants sur la base des propriétés *Indentation* et *IndentChar*). La propriété *Indentation* définit le nombre de caractères à écrire pour chaque niveau de la hiérarchie lorsque la propriété *Formatting* a la valeur *Formatting. Indented*. La propriété *IndentChar* définit le caractère à utiliser pour la mise en retrait lorsque la propriété *Formatting* a la valeur *Formatting.Indented*.
Les principales méthodes pour l'écriture de données XML sont les suivantes:

- la méthode *WriteStartDocument* écrit la déclaration XML avec la version «1.0».
- la méthode *WriteComment* écrit un commentaire (*<!--commentaire-->*) contenant le texte spécifié passé en paramètre.
- la méthode *WriteStartElement* écrit une balise de début avec le nom local spécifié (*<element>*) passé en paramètre.
- la méthode *WriteEndElement* ferme un élément (*</element>*).
- la méthode *WriteString* écrit le texte spécifié passé en paramètre.
- la méthode *WriteAttributeString* écrit l'attribut avec le nom local et la valeur spécifiée passés en paramètre pour l'élément en cours.

```
private void x_btn_ouvrir_2_Click(object sender, RoutedEventArgs e) {
  x_tbl_mes.Text = "clic sur bouton 2:" + RC;
  SqlConnection connection_sql = null;
  SqlDataReader lecteur_sql = null;
  XmlTextWriter writer = null;
  try {
    ...
    AfficherMessage("-> exportation de la table Clients => démarre" + RC);
    writer = new XmlTextWriter(v_doss_exe + "export_table_clients.xml",
      Encoding.UTF8);
    writer.Formatting = Formatting.Indented;
    writer.Indentation = 2;
    writer.WriteStartDocument();
    writer.WriteComment("Fichier exporté le " + DateTime.Now);
    writer.WriteStartElement("table_Clients");
    while (lecteur_sql.Read()) {
      writer.WriteStartElement("enregistrement");
      writer.WriteStartElement("format_ligne");
      for (int col = 0; col < lecteur_sql.FieldCount; col++) {
        writer.WriteStartElement(lecteur_sql.GetName(col));
        writer.WriteString(lecteur_sql.GetValue(col).ToString());
        writer.WriteEndElement();
      }
```

```
      writer.WriteEndElement();
      writer.WriteStartElement("format_attribut");
      for (int i = 0; i < lecteur_sql.FieldCount; i++) {
        writer.WriteAttributeString(lecteur_sql.GetName(i),
         lecteur_sql.GetValue(i).ToString());
      }
      writer.WriteEndElement();
      writer.WriteEndElement();//</enregistrement>
    }
    writer.WriteEndElement();//fin </table_Clients>
    AfficherMessage("-> exportation de la table Clients => terminé" + RC);
     ...
}
```

Le code complet de l'implémentation du bouton se trouve ci-dessous. Comme le montre la figure 8.26, le document est ouvert dans Internet Explorer. Dans chaque élément *enregistrement*, on exporte les lignes de données dans un élément *format_ligne* contenant autant d'éléments que de colonnes présentes (repère 1), et dans un élément *format_attribut* où les données sont écrites sous forme d'une suite d'attributs (repère 2).

FIGURE 8.26

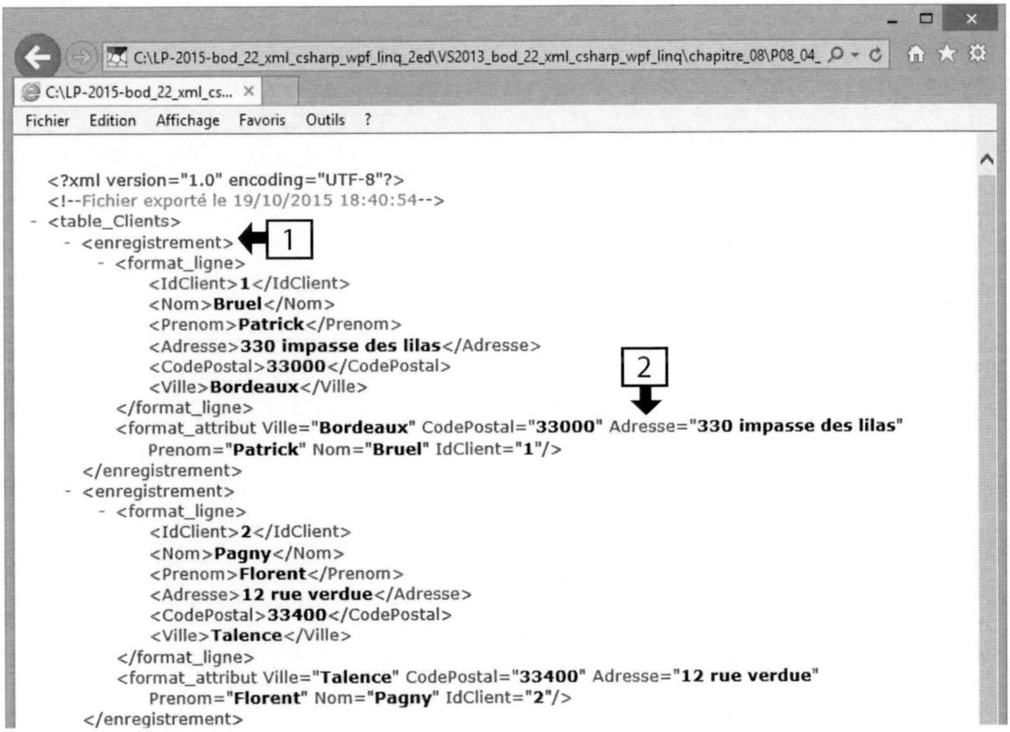

C:\LP-2015-bod_22_xml_csharp_wpf_linq_2ed\VS2013_bod_22_xml_csharp_wpf_linq\chapitre_08\P08_04_

C:\LP-2015-bod_22_xml_cs...

Fichier Edition Affichage Favoris Outils ?

```
<?xml version="1.0" encoding="UTF-8"?>
<!--Fichier exporté le 19/10/2015 18:40:54-->
- <table_Clients>
  - <enregistrement>  1
    - <format_ligne>
        <IdClient>1</IdClient>
        <Nom>Bruel</Nom>
        <Prenom>Patrick</Prenom>
        <Adresse>330 impasse des lilas</Adresse>
        <CodePostal>33000</CodePostal>               2
        <Ville>Bordeaux</Ville>
      </format_ligne>
      <format_attribut Ville="Bordeaux" CodePostal="33000" Adresse="330 impasse des lilas"
        Prenom="Patrick" Nom="Bruel" IdClient="1"/>
    </enregistrement>
  - <enregistrement>
    - <format_ligne>
        <IdClient>2</IdClient>
        <Nom>Pagny</Nom>
        <Prenom>Florent</Prenom>
        <Adresse>12 rue verdue</Adresse>
        <CodePostal>33400</CodePostal>
        <Ville>Talence</Ville>
      </format_ligne>
      <format_attribut Ville="Talence" CodePostal="33400" Adresse="12 rue verdue"
        Prenom="Florent" Nom="Pagny" IdClient="2"/>
    </enregistrement>
```

```
//Se connecter à la base de données BookEnLigne.mdf grâce à une connection
//SQLConnection puis lire la table Clients et exporter ses enregistrements
//sous forme d'un document XML avec XmlTextWriter
private void x_btn_ouvrir_2_Click(object sender, RoutedEventArgs e) {
  x_tbl_mes.Text = "clic sur bouton 2:" + RC;
  SqlConnection connection_sql = null;
  SqlDataReader lecteur_sql = null;
  XmlTextWriter writer = null;
  try {
    ConnectionStringSettings chaine_connect =
      ConfigurationManager.ConnectionStrings["P08_04_EcritureXml.Properties.Settings.
        BookEnLigneConnectionString"];
    connection_sql = new SqlConnection(chaine_connect.ConnectionString);
    connection_sql.Open();
    AfficherMessage("-> connection à la base ouverte" + RC);
    SqlCommand cmd_select_client = new SqlCommand();
    cmd_select_client.Connection = connection_sql;
    cmd_select_client.CommandText = "select * from Clients";
    AfficherMessage("-> requête Transact SQL" + RC);
    lecteur_sql = cmd_select_client.ExecuteReader();
    AfficherMessage("-> exportation de la table Clients => démarre" + RC);
    writer = new XmlTextWriter(v_doss_exe + "export_table_clients.xml",
      Encoding.UTF8);
    writer.Formatting = Formatting.Indented;
    writer.Indentation = 2;
    writer.WriteStartDocument();
    writer.WriteComment("Fichier exporté le " + DateTime.Now);
    writer.WriteStartElement("table_Clients");
    while (lecteur_sql.Read()) {
      writer.WriteStartElement("enregistrement");
      writer.WriteStartElement("format_ligne");
      for (int col = 0; col < lecteur_sql.FieldCount; col++) {
        writer.WriteStartElement(lecteur_sql.GetName(col));
        writer.WriteString(lecteur_sql.GetValue(col).ToString());
        writer.WriteEndElement();
      }
      writer.WriteEndElement();
      writer.WriteStartElement("format_attribut");
      for (int i = 0; i < lecteur_sql.FieldCount; i++) {
        writer.WriteAttributeString(lecteur_sql.GetName(i),
         lecteur_sql.GetValue(i).ToString());
      }
      writer.WriteEndElement();
      writer.WriteEndElement();//</enregistrement>
    }
    writer.WriteEndElement();//fin </table_Clients>
    AfficherMessage("-> exportation de la table Clients => terminé" + RC);
  }
  catch (Exception ex) {
    MessageBox.Show(ex.Message);
```

```
  }
  finally {
    AfficherMessage("-> connection à la base fermée" + RC);
    connection_sql.Close();
    lecteur_sql.Close();
    writer.Close();
  }
}
```

Le bouton *x_btn_ouvrir_3* permet de se connecter à la base de données en passant par le fichier de configuration, de lire les enregistrements de la table *Commandes*, puis de les exporter au format XML avec **XmlTextWriter**. Le procédé utilisé est le même que précédemment. La seule différence est que l'on souhaite écrire les éléments XML préfixés en fonction d'un espace de noms. Une deuxième surcharge de la méthode *WriteStartElement* permet d'écrire un élément préfixé en lui passant en paramètre un préfixe, le nom de l'élément et l'espace de noms souhaité. La figure 8.27 montre le résultat obtenu quand on visualise le document exporté dans Firefox.

```
//Se connecter à la base de données BookEnLigne.mdf grâce à une connection
//SQLConnection puis lire la table Commandes et exporter ses enregistrements
//sous forme d'un document XML avec XmlTextWriter et en préfixant par un espace de
//noms
private void x_btn_ouvrir_3_Click(object sender, RoutedEventArgs e) {
  x_tbl_mes.Text = "clic sur bouton 3:" + RC;
  SqlConnection connection_sql = null;
  SqlDataReader lecteur_sql = null;
  XmlTextWriter writer = null;
  try {
    ConnectionStringSettings chaine_connect =
      ConfigurationManager.ConnectionStrings["P08_04_EcritureXml.Properties.Settings.
        BookEnLigneConnectionString"];
    connection_sql = new SqlConnection(chaine_connect.ConnectionString);
    connection_sql.Open();
    AfficherMessage("-> connection à la base ouverte" + RC);
    SqlCommand cmd_select_client = new SqlCommand();
    cmd_select_client.Connection = connection_sql;
    cmd_select_client.CommandText = "select * from Commandes";
    AfficherMessage("-> requête Transact SQL" + RC);
    lecteur_sql = cmd_select_client.ExecuteReader();
    AfficherMessage("-> exportation de la table Commandes => démarre" + RC);
    writer = new XmlTextWriter(v_doss_exe + "export_table_commandes.xml",
      Encoding.UTF8);
    writer.Formatting = Formatting.Indented;
    writer.Indentation = 2;
    writer.WriteStartDocument();
    writer.WriteComment("Fichier exporté le " + DateTime.Now);
    string espace_nom = "http://www.monsite.com";
```

```
    string prefixe_ns = "commande";
    writer.WriteStartElement(prefixe_ns, "table_Commandes", espace_nom);
    while (lecteur_sql.Read()) {
      writer.WriteStartElement(prefixe_ns, "enregistrement", espace_nom);
      for (int col = 0; col < lecteur_sql.FieldCount; col++) {
        writer.WriteStartElement(prefixe_ns, lecteur_sql.GetName(col), espace_nom);
        writer.WriteString(lecteur_sql.GetValue(col).ToString());
        writer.WriteEndElement();
      }
      writer.WriteEndElement();
    }
    writer.WriteEndElement();//fin </table_Commandes>
    AfficherMessage("-> exportation de la table Commandes => terminé" + RC);
  }
  catch (Exception ex) {
    MessageBox.Show(ex.Message);
  }
  finally {
    AfficherMessage("-> connection à la base ermée" + RC);
    connection_sql.Close();
    lecteur_sql.Close();
    writer.Close();
  }
}
```

FIGURE 8.27

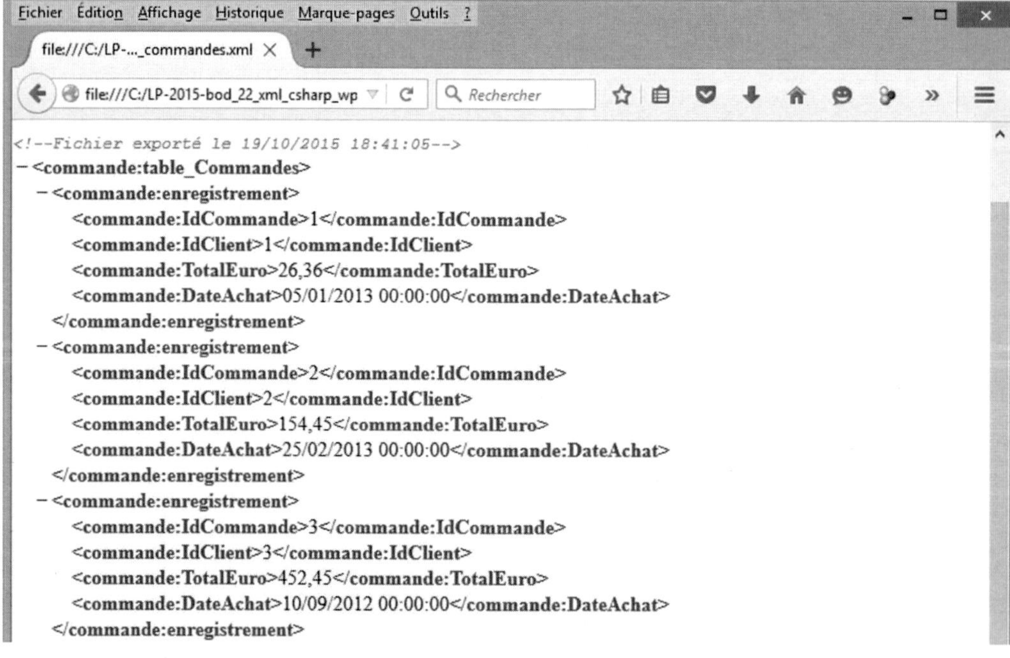

Les fichiers XML exportés se trouvent dans le répertoire de l'exécutable comme le montre la figure 8.28.

FIGURE 8.28

▸ Disque local (C:) ▸ LP-2015-bod_22_xml_csharp_wpf_linq_2ed ▸ VS2013_bod_22_xml_csharp_wpf_linq ▸ chapitre_08 ▸ P08_04_EcritureXml ▸ EXE ▸

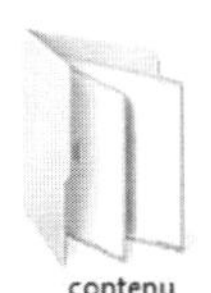

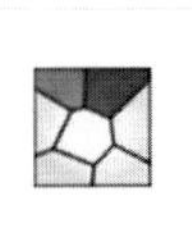

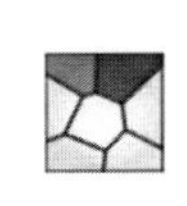

6 - Traiter les données non textuelles

Jusqu'à présent, nous avons utilisé **XmlTextReader** et **XmlTextWriter** pour lire et écrire des données textuelles. On peut faire de même pour lire et écrire des données non textuelles. Comme par exemple, on peut sérialiser des fichiers, de type image ou de type binaire, en données XML pour les passer par Internet afin d'éviter un blocage par un firewall.

La solution de projet *P08_05_SerialisationXml.sln,* placée dans le dossier *chapitre_08/P08_05_SerialisationXml,* illustre l'utilisation de **XmlTextReader** et **XmlTextWriter** pour lire et écrire des données non textuelles.

Comme le montre la figure 8.29, avec un premier bouton, on charge une image dans un contrôle **Image** (repère 1). Avec un deuxième bouton, on lit les pixels de l'image, on les transforme en un codage particulier et on réalise un document XML, avec **XmlTextWriter**, qui contient ces données codées non textuelles (repère 2). Avec un troisième bouton (repère 3), on affiche le contenu du document XML généré. Et avec un quatrième bouton, on charge et on lit ce document XML codé avec **XmlTextReader** pour reconstruire les pixels de l'image, et ainsi générer une représentation de l'image dans un nouveau contrôle **Image** (repère 4).

La classe **BitmapImage** (dans l'espace de noms *System.Windows.Media.Imaging)* est une classe spécialisée pour la prise en charge des ressources image. Elle hérite de la classe abstraite **BitmapSource** qui représente un seul jeu constant de pixels à une certaine taille et à une certaine résolution. La classe **WriteableBitmap** représente une classe qui fournit une source **BitmapSource** qui peut être modifiée et mise à jour. Nous allons utiliser principalement ces deux classes **BitmapImage** et **WriteableBitmap** (figure 8.30) pour la manipulation des pixels et pour la restitution des pixels en vue d'un affichage visuel.

FIGURE 8.29

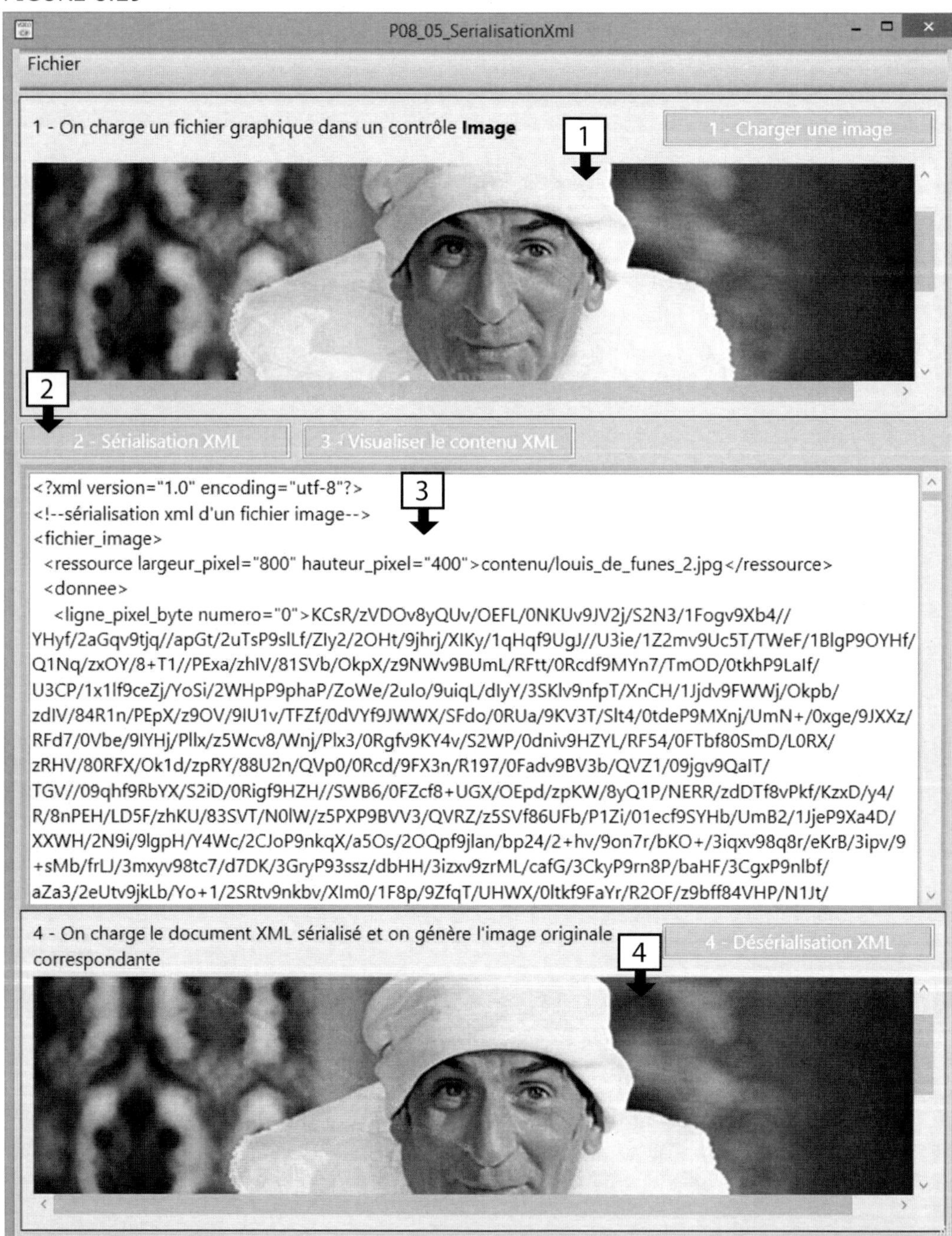
P08_05_SerialisationXml
Fichier
1 - On charge un fichier graphique dans un contrôle **Image**
1 - Charger une image
1
2
2 - Sérialisation XML
3 - Visualiser le contenu XML
3
<?xml version="1.0" encoding="utf-8"?>
<!--sérialisation xml d'un fichier image-->
<fichier_image>
<ressource largeur_pixel="800" hauteur_pixel="400">contenu/louis_de_funes_2.jpg</ressource>
<donnee>
<ligne_pixel_byte numero="0">KCsR/zVDOv8yQUv/OEFL/0NKUv9JV2j/S2N3/1Fogv9Xb4//
YHyf/2aGqv9tjq//apGt/2uTsP9slLf/Zly2/2OHt/9jhrj/XIKy/1qHqf9UgJ//U3ie/1Z2mv9Uc5T/TWeF/1BlgP9OYHf/
Q1Nq/zxOY/8+T1//PExa/zhlV/81SVb/OkpX/z9NWv9BUmL/RFtt/0Rcdf9MYn7/TmOD/0tkhP9LaIf/
U3CP/1x1lf9ceZj/YoSi/2WHpP9phaP/ZoWe/2ulo/9uiqL/dlyY/3SKlv9nfpT/XnCH/1Jjdv9FWWj/Okpb/
zdlV/84R1n/PEpX/z9OV/9lU1v/TFZf/0dVYf9JWWX/SFdo/0RUa/9KV3T/Slt4/0tdeP9MXnj/UmN+/0xge/9JXXz/
RFd7/0Vbe/9lYHj/Pllx/z5Wcv8/Wnj/Plx3/0Rgfv9KY4v/S2WP/0dniv9HZYL/RF54/0FTbf80SmD/L0RX/
zRHV/80RFX/Ok1d/zpRY/88U2n/QVp0/0Rcd/9FX3n/R197/0Fadv9BV3b/QVZ1/09jgv9QaIT/
TGV//09qhf9RbYX/S2iD/0Rigf9HZH//SWB6/0FZcf8+UGX/OEpd/zpKW/8yQ1P/NERR/zdDTf8vPkf/KzxD/y4/
R/8nPEH/LD5F/zhKU/83SVT/N0lW/z5PXP9BVV3/QVRZ/z5SVf86UFb/P1Zi/01ecf9SYHb/UmB2/1JjeP9Xa4D/
XXWH/2N9i/9lgpH/Y4Wc/2CJoP9nkqX/a5Os/2OQpf9jlan/bp24/2+hv/9on7r/bKO+/3iqxv98q8r/eKrB/3ipv/9
+sMb/frLJ/3mxyv98tc7/d7DK/3GryP93ssz/dbHH/3izxv9zrML/cafG/3CkyP9rn8P/baHF/3CgxP9nlbf/
aZa3/2eUtv9jkLb/Yo+1/2SRtv9nkbv/XIm0/1F8p/9ZfqT/UHWX/0ltkf9FaYr/R2OF/z9bff84VHP/N1Jt/
4 - On charge le document XML sérialisé et on génère l'image originale correspondante
4 - Désérialisation XML
4

FIGURE 8.30

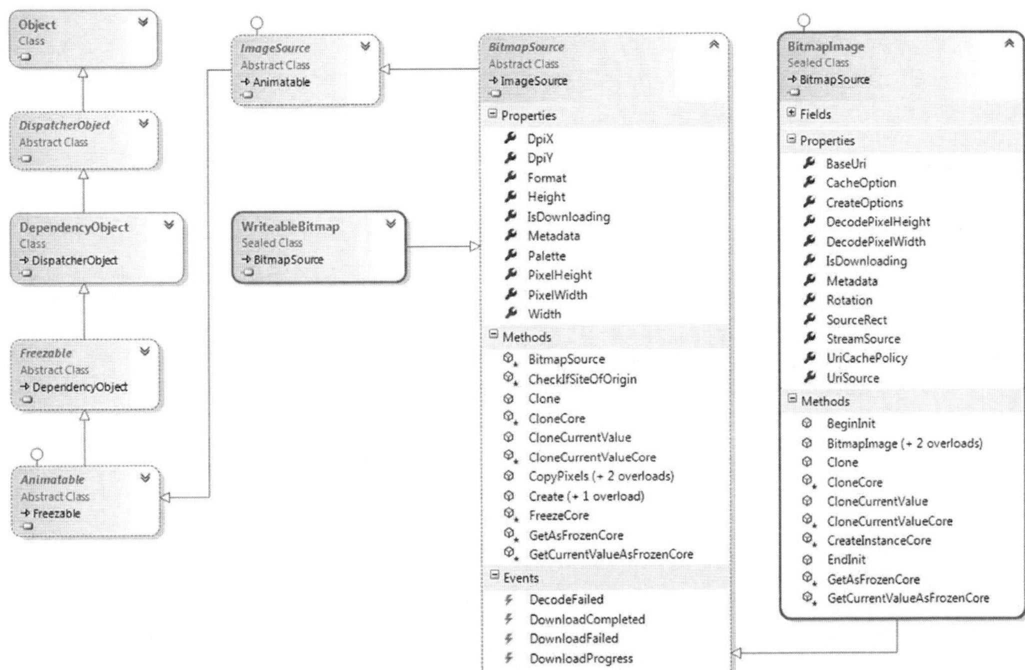

Le contrôle **Image** *x_img_depart* sert à afficher une ressource image. Ses propriétés *Width* et *Height* correspondent à la largeur et la hauteur de l'image hébergée. Sa propriété *Source* reçoit un objet **BitmapImage**. Un objet **BitmapImage** sert à charger une image à partir d'un URI. Sa propriété *UriSource* définit la source de l'image par un URI (ici pour charger l'image *louis_de_funes_2.jpg* placée dans le dossier *contenu*). Ses méthodes *BeginInit* et *EndInit* signalent le début et la fin de l'initialisation du **BitmapImage**. Ses propriétés *PixelWidth* et *PixelHeight* servent à obtenir respectivement la largeur et la hauteur de l'image en pixels.

```
//1 - charger une image
private void x_btn_charger_Click(object sender, RoutedEventArgs e) {
  ActiverBouton(x_btn_charger, x_btn_charger_bordure, false);
  try {
    BitmapImage bti = new BitmapImage();
    bti.BeginInit();
    bti.UriSource = new Uri("pack://application:,,,/contenu/louis_de_funes_2.jpg");
    bti.EndInit();
    v_img_largeur = bti.PixelWidth;
    v_img_hauteur = bti.PixelHeight;
    x_img_depart.Width = v_img_largeur;
    x_img_depart.Height = v_img_hauteur;
    x_img_depart.Source = bti;
    ActiverBouton(x_btn_seria, x_btn_seria_bordure, true);
```

```
  }
  catch (Exception ex) {
    MessageBox.Show(ex.Message);
  }
}
```

Une fois que l'image est chargée, il va falloir lire les pixels de l'image pour pouvoir les coder. Pour pouvoir accéder aux pixels de l'image (en lecture ou en écriture), il faut passer par un objet **WriteableBitmap**. Un des constructeurs de **WriteableBitmap** permet d'instancier un objet **WriteableBitmap** à partir d'un objet **BitmapImage** passé en paramètre. Sa propriété *BackBufferStride* définit une valeur indiquant le nombre d'octets d'une ligne unique de données de pixels. L'image chargée a comme taille 800 par 400 pixels. C'est une image dont les pixels sont exprimés par une couleur au format BGRA 32 (composante bleu, composante vert, composante rouge et composante alpha) sur 32 bits. Un pixel est donc codé par 4 bytes (soit 4 * 8 bits = 32 bits) et une ligne horizontale de l'image est codée par 4 bytes * 800 pixels soit 3200 bytes. Une ligne horizontale de pixels est ce que l'on appelle la *largeur de numérisation* et qui correspond à la propriété *BackBufferStride*. Pour stocker dans un tableau de byte, nommé *tab_pixel_byte*, tous les bytes qui composent les pixels codés de l'image, il faut déclarer un tableau de taille *nb_byte_par_ligne * v_img_hauteur* (*nb_byte_par_ligne* représente la propriété *BackBufferStride* et *v_img_hauteur* est la hauteur de l'image en pixels). La méthode d'instance *CopyPixels* de *WriteableBitmap* permet de copier tous les bytes des pixels codés de l'image dans un tableau *tab_pixel_byte* avec une largeur de numérisation *nb_byte_par_ligne*.

```
//2 - sérialisation xml
private void x_btn_seria_Click(object sender, RoutedEventArgs e) {
  ActiverBouton(x_btn_seria, x_btn_seria_bordure, false);
  try {
    BitmapImage bti = new BitmapImage();
    bti.BeginInit();
    bti.UriSource = new Uri("pack://application:,,,/contenu/louis_de_funes_2.jpg");
    bti.EndInit();
    WriteableBitmap wb = new WriteableBitmap(bti);
    int nb_byte_par_ligne = wb.BackBufferStride;
    byte[] tab_pixel_byte = new byte[nb_byte_par_ligne * v_img_hauteur];
    wb.CopyPixels(tab_pixel_byte, nb_byte_par_ligne, 0);
    ...
}
```

Pour optimiser le document XML que l'on veut produire, on va faire en sorte que ce dernier comporte des nœuds qui contiennent le codage d'une ligne horizontale entière de pixels. On va créer pour cela une liste générique *liste_tab_byte*, de type

List<byte[]>, qui va contenir 400 tableaux de bytes représentant chacun les bytes d'une ligne horizontale de pixels de l'image. Cette liste s'obtient facilement puisque l'on a le tableau initial *tab_pixel_byte*.

```
//2 - sérialisation xml
private void x_btn_seria_Click(object sender, RoutedEventArgs e) {
  ActiverBouton(x_btn_seria, x_btn_seria_bordure, false);
  try {
    ...
    List<byte[]> liste_tab_byte = new List<byte[]>();
    int cpt = 0;
    for (int lig = 0; lig < v_img_hauteur; lig++) {
      byte[] tab_pixel_byte_lig = new byte[nb_byte_par_ligne];
      for (int col = 0; col < nb_byte_par_ligne; col++) {
        tab_pixel_byte_lig[col] = tab_pixel_byte[cpt];
        cpt++;
      }
      liste_tab_byte.Add(tab_pixel_byte_lig);
    }
    ...
}
```

Et maintenant, il ne reste plus qu'à écrire au format XML avec **XmlTextWriter** les 400 lignes de bytes dans un codage particulier. On décide de choisir la présentation des données XML de la façon suivante:

- la racine du document porte le nom qualifié de *fichier_image*.
- une balise *ressource*, avec les attributs *largeur_pixel* et *hauteur_pixel*, indique l'emplacement de la ressource image.
- une balise *donnee* contient toutes les balises enfants *ligne_pixel_byte*.
- une balise *ligne_pixel_byte*, avec un attribut *numero* (pour représenter le numéro de la ligne de 0 à 399 pour 400 lignes de pixels), contient les données codées des bytes pour une ligne horizontale entière de pixels.

```
?xml version="1.0" encoding="utf-8"?>
<!--sérialisation xml d'un fichier image-->
<fichier_image>
  <ressource largeur_pixel="800" hauteur_pixel="400">contenu/louis_de_funes_2.
   jpg</ressource>
  <donnee>
    <ligne_pixel_byte numero="0"> ..... </ligne_pixel_byte>
    <ligne_pixel_byte numero="1"> ..... </ligne_pixel_byte>
     ....
 </donnee>
</fichier_image>
```

La méthode d'instance *WriteBase64 de XmlTextWriter* encode les octets binaires spécifiés au format *base64* et écrit le texte résultant. En informatique, *base64* est un codage de l'information utilisant 64 caractères plus le signe "=", choisis pour être disponibles sur la majorité des systèmes. Un alphabet de 65 caractères est utilisé pour permettre la représentation de 6 bits par un caractère simple. Le 65e caractère (signe "=") n'est utilisé qu'en complément final dans le processus de codage d'un message. Ce processus de codage consiste à coder chaque groupe de 24 bits successifs de données par une chaîne de 4 caractères simples. On procède de gauche à droite, en concaténant 3 octets pour créer un seul groupement de 24 bits (8 bits par octet). Ils sont alors séparés en 4 nombres de seulement 6 bits (qui, en binaire, ne permettent que 64 combinaisons). Chacune des 4 valeurs est enfin représentée (codée) par un caractère simple et prédéfini de l'alphabet retenu (table ci-dessous). Ainsi 3 octets quelconques sont remplacés par 4 caractères simples, choisis pour être compatibles avec tous les systèmes existants. Chaque valeur (chaque groupe de 6 bits) est utilisée comme index dans la table ci-dessous. Le caractère correspondant est indiqué dans la colonne codage.

n°	valeur	codage	n°	valeur	codage	n°	valeur	codage	n°	valeur	codage
0	000000	A	17	010001	R	34	100010	i	51	110011	z
1	000001	B	18	010010	S	35	100011	j	52	110100	0
2	000010	C	19	010011	T	36	100100	k	53	110101	1
3	000011	D	20	010100	U	37	100101	l	54	110110	2
4	000100	E	21	010101	V	38	100110	m	55	110111	3
5	000101	F	22	010110	W	39	100111	n	56	111000	4
6	000110	G	23	010111	X	40	101000	o	57	111001	5
7	000111	H	24	011000	Y	41	101001	p	58	111010	6
8	001000	I	25	011001	Z	42	101010	q	59	111011	7
9	001001	J	26	011010	a	43	101011	r	60	111100	8
10	001010	K	27	011011	b	44	101100	s	61	111101	9
11	001011	L	28	011100	c	45	101101	t	62	111110	+
12	001100	M	29	011101	d	46	101110	u	63	111111	
13	001101	N	30	011110	e	47	101111	v	complément		=
14	001110	O	31	011111	f	48	100000	w			
15	001111	P	32	100000	g	49	110001	x			
16	010000	Q	33	100001	h	50	110010	y			

En parcourant la liste *liste_tab_byte*, on récupère les tableaux de bytes et on les encode par la méthode *WriteBase64*. On spécifie comme caractéristiques pour le document XML une indentation de valeur 2 en utilisant le caractère espace.

```
//2 - sérialisation xml
private void x_btn_seria_Click(object sender, RoutedEventArgs e) {
  ActiverBouton(x_btn_seria, x_btn_seria_bordure, false);
  try {
    ...
    XmlTextWriter writer = new XmlTextWriter(
      v_doss_exe + "serialisation_louis_de_funes_2.xml", Encoding.UTF8);
```

```
    writer.Formatting = Formatting.Indented;
    writer.Indentation = 2;
    writer.IndentChar = ' ';
    writer.WriteStartDocument();
    writer.WriteComment("sérialisation xml d'un fichier image");
    writer.WriteStartElement("fichier_image");
    writer.WriteStartElement("ressource");
    writer.WriteAttributeString("largeur_pixel", v_img_largeur.ToString());
    writer.WriteAttributeString("hauteur_pixel", v_img_hauteur.ToString());
    writer.WriteString("contenu/louis_de_funes_2.jpg");
    writer.WriteEndElement();//</ressource>
    writer.WriteStartElement("donnee");
    for (int xx = 0; xx < liste_tab_byte.Count; xx++) {
      writer.WriteStartElement("ligne_pixel_byte");
      writer.WriteAttributeString("numero", xx.ToString());
      writer.WriteBase64(liste_tab_byte[xx], 0, liste_tab_byte[xx].Length);
      writer.WriteEndElement();//</ligne_pixel_byte>
    }
    writer.WriteEndElement();//</donnee>
    writer.WriteEndElement();//</fichier_image>
    writer.Close();
    ...
}
```

Ci-dessous le code complet de l'implémentation de la sérialisation XML pour le codage des pixels de l'image par un codage de l'information en *base64*.

```
//2 - sérialisation xml
private void x_btn_seria_Click(object sender, RoutedEventArgs e) {
  ActiverBouton(x_btn_seria, x_btn_seria_bordure, false);
  try {
    BitmapImage bti = new BitmapImage();
    bti.BeginInit();
    bti.UriSource = new Uri("pack://application:,,,/contenu/louis_de_funes_2.jpg");
    bti.EndInit();
    WriteableBitmap wb = new WriteableBitmap(bti);
    int nb_byte_par_ligne = wb.BackBufferStride;
    byte[] tab_pixel_byte = new byte[nb_byte_par_ligne * v_img_hauteur];
    wb.CopyPixels(tab_pixel_byte, nb_byte_par_ligne, 0);
    List<byte[]> liste_tab_byte = new List<byte[]>();
    int cpt = 0;
    for (int lig = 0; lig < v_img_hauteur; lig++) {
      byte[] tab_pixel_byte_lig = new byte[nb_byte_par_ligne];
      for (int col = 0; col < nb_byte_par_ligne; col++) {
        tab_pixel_byte_lig[col] = tab_pixel_byte[cpt];
        cpt++;
      }
      liste_tab_byte.Add(tab_pixel_byte_lig);
    }
    XmlTextWriter writer = new XmlTextWriter(
```

```
      v_doss_exe + "serialisation_louis_de_funes_2.xml", Encoding.UTF8);
    writer.Formatting = Formatting.Indented;
    writer.Indentation = 2;
    writer.IndentChar = ' ';
    writer.WriteStartDocument();
    writer.WriteComment("sérialisation xml d'un fichier image");
    writer.WriteStartElement("fichier_image");
    writer.WriteStartElement("ressource");
    writer.WriteAttributeString("largeur_pixel", v_img_largeur.ToString());
    writer.WriteAttributeString("hauteur_pixel", v_img_hauteur.ToString());
    writer.WriteString("contenu/louis_de_funes_2.jpg");
    writer.WriteEndElement();//</ressource>
    writer.WriteStartElement("donnee");
    for (int xx = 0; xx < liste_tab_byte.Count; xx++) {
      writer.WriteStartElement("ligne_pixel_byte");
      writer.WriteAttributeString("numero", xx.ToString());
      writer.WriteBase64(liste_tab_byte[xx], 0, liste_tab_byte[xx].Length);
      writer.WriteEndElement();//</ligne_pixel_byte>
    }
    writer.WriteEndElement();//</donnee>
    writer.WriteEndElement();//</fichier_image>
    writer.Close();
  }
  catch (Exception ex) {
    MessageBox.Show(ex.Message);
  }
  finally {
    ActiverBouton(x_btn_aff_xml, x_btn_aff_xml_bordure, true);
  }
}
```

Le troisième bouton sert à visualiser le contenu textuel du document XML dans la zone de texte appropriée *x_tbl_mes*.

```
//3 - affichage du contenu xml sérialisé
private void x_btn_aff_xml_Click(object sender, RoutedEventArgs e) {
  ActiverBouton(x_btn_aff_xml, x_btn_aff_xml_bordure, false);
  XmlDocument doc = new XmlDocument();
  doc.PreserveWhitespace = true;
  doc.Load(v_doss_exe + "serialisation_louis_de_funes_2.xml");
  x_tbl_mes.Text = doc.InnerXml;
  ActiverBouton(x_btn_deseria, x_btn_deseria_bordure, true);
}
```

Le quatrième bouton permet de charger le document XML, de lire les données, de les décoder et de reconstruire l'image pour l'afficher dans un contrôle **Image** *x_img_finale*. Il faut commencer par instancier un objet **WriteableBitmap** qui contiendra les pixels de l'image pour une dimension de 800 par 400 pixels en mode BGRA 32. Un des constructeurs permet d'instancier un **WriteableBitmap** en lui passant la largeur en pixel, la hauteur en pixel, la résolution horizontale (96 dpi ici pour l'écran), la résolution verticale (96 dpi), le mode de codage (énumération *PixelFormats.Bgra32* pour le BGRA 32), et un objet **BitmapPalette** (que l'on fixe à *null* ici).

La méthode *WritePixels* permet d'écrire des pixels dans l'image à partir d'un tableau de bytes unidimensionnel, d'une largeur de numérisation et d'une surface rectangle (de type **Int32Rect**) correspondant à la surface de l'image en pixels. Pour qu'un pixel soit de couleur grise, on affecte aux bytes qui représentent les composantes BGR une valeur de 200, et au byte qui représente la composante A, une transparence d'un niveau 255 (opacité). Ainsi, lors de l'affichage de l'image, si le résultat n'est pas correct, on aura une surface grise.

```
//4 - désérialisé pour générer l'image originale
private void x_btn_deseria_Click(object sender, RoutedEventArgs e) {
  ActiverBouton(x_btn_deseria, x_btn_deseria_bordure, false);
  //on initialise un wb rempli par une couleur grise
  WriteableBitmap wb = new WriteableBitmap(v_img_largeur, v_img_hauteur, 96, 96,
    PixelFormats.Bgra32, null);
  Int32Rect surf_rect = new Int32Rect(0, 0, v_img_largeur, v_img_hauteur);
  byte[] tab_pixel_byte = new byte[v_img_largeur * 4 * v_img_hauteur];
  for (int xx = 0; xx < tab_pixel_byte.Length; xx += 4) {
    tab_pixel_byte[xx] = 200;//B
    tab_pixel_byte[xx + 1] = 200;//G
    tab_pixel_byte[xx + 2] = 200;//R
    tab_pixel_byte[xx + 3] = 255;//A
  }
  Int32Rect rect = new Int32Rect(0, 0, v_img_largeur - 1, v_img_hauteur - 1);
  wb.WritePixels(rect, tab_pixel_byte, v_img_largeur * 4, 0);
  ...
}
```

Avec un **XmlTextReader**, on charge le document XML et on le lit pour récupérer les données XML. On se sert d'une liste additionnelle *liste_pixel_ligne_byte*, de type *List<Byte[]>* pour récupérer les tableaux de bytes qui composent les lignes horizontales. Pour décoder la chaîne encodée en *base64*, on utilise la méthode statique *Convert.FromBase64String* qui reçoit en paramètre une chaîne codée en *base64* et qui retourne un tableau de byte décodé. La classe **Convert** est une classe qui contient des méthodes statiques pour convertir un type de données de base en un autre type de données de base. Elle fait partie de l'espace de noms *System.Convert*.

```
//4 - désérialisé pour générer l'image originale
private void x_btn_deseria_Click(object sender, RoutedEventArgs e) {
  ...
  //on decode les donnees et on les stock dans une liste
```

```
  List<byte[]> liste_pixel_ligne_byte = new List<byte[]>();
  XmlTextReader lecteur = new XmlTextReader(
    v_doss_exe + "serialisation_louis_de_funes_2.xml");
  lecteur.WhitespaceHandling = WhitespaceHandling.None;
  while (lecteur.Read()) {
    if (lecteur.NodeType == XmlNodeType.Element) {
      if (lecteur.Name == "ligne_pixel_byte") {
        string chaine_codee = lecteur.ReadString();
        byte[] tab_pixel_ligne = Convert.FromBase64String(chaine_codee);
        liste_pixel_ligne_byte.Add(tab_pixel_ligne);
      }
    }
  }
  ...
}
```

Avec la liste *liste_pixel_ligne_byte*, il suffit de recomposer l'image par une écriture des pixels avec la méthode *WritePixels* comme on l'a vu précédemment.

```
//4 - désérialisé pour générer l'image originale
private void x_btn_deseria_Click(object sender, RoutedEventArgs e) {
  ...
  //on recompose l'image
  int cpt = 0;
  for (int xx = 0; xx < liste_pixel_ligne_byte.Count; xx++) {
    byte[] ligne_pixel = liste_pixel_ligne_byte[xx];
    for (int nn = 0; nn < ligne_pixel.Length; nn++) {
     tab_pixel_byte[cpt] = ligne_pixel[nn];
      cpt++;
    }
  }
  Int32Rect rect_nouv = new Int32Rect(0, 0, v_img_largeur - 1, v_img_hauteur - 1);
  wb.WritePixels(rect_nouv, tab_pixel_byte, v_img_largeur * 4, 0);
  ...
}
```

Et pour visualiser l'image, on affecte au contrôle **Image** *x_img_finale*, par sa propriété *Source*, l'objet **WriteableBitmap** que l'on a généré. Ne pas oublier de spécifier explicitement les propriétés *Width* et *Height* du contrôle *x_img_finale* de façon que l'image générée s'affiche correctement aux bonnes dimensions dans le contrôle **Image** hébergé par le **ScrollViewer**.

```
//4 - désérialisé pour générer l'image originale
private void x_btn_deseria_Click(object sender, RoutedEventArgs e) {
  ...
  //on affecte le wb au controle image
  x_img_finale.Width = v_img_largeur;
  x_img_finale.Height = v_img_hauteur;
  x_img_finale.Source = wb; }
```

Ci-dessous le code complet de l'implémentation de la désérialisation XML pour générer l'image originale codée.

```
//4 - désérialisé pour générer l'image originale
private void x_btn_deseria_Click(object sender, RoutedEventArgs e) {
  ActiverBouton(x_btn_deseria, x_btn_deseria_bordure, false);
  //on initialise un wb rempli par une couleur grise
  WriteableBitmap wb = new WriteableBitmap(v_img_largeur, v_img_hauteur, 96, 96,
    PixelFormats.Bgra32, null);
  Int32Rect surf_rect = new Int32Rect(0, 0, v_img_largeur, v_img_hauteur);
  byte[] tab_pixel_byte = new byte[v_img_largeur * 4 * v_img_hauteur];
  for (int xx = 0; xx < tab_pixel_byte.Length; xx += 4) {
    tab_pixel_byte[xx] = 200;//B
    tab_pixel_byte[xx + 1] = 200;//G
    tab_pixel_byte[xx + 2] = 200;//R
    tab_pixel_byte[xx + 3] = 255;//A
  }
  Int32Rect rect = new Int32Rect(0, 0, v_img_largeur - 1, v_img_hauteur - 1);
  wb.WritePixels(rect, tab_pixel_byte, v_img_largeur * 4, 0);
  //on decode les donnees et on les stock dans une liste
  List<byte[]> liste_pixel_ligne_byte = new List<byte[]>();
  XmlTextReader lecteur = new XmlTextReader(
    v_doss_exe + "serialisation_louis_de_funes_2.xml");
  lecteur.WhitespaceHandling = WhitespaceHandling.None;
  while (lecteur.Read()) {
    if (lecteur.NodeType == XmlNodeType.Element) {
      if (lecteur.Name == "ligne_pixel_byte") {
        string chaine_codee = lecteur.ReadString();
        byte[] tab_pixel_ligne = Convert.FromBase64String(chaine_codee);
        liste_pixel_ligne_byte.Add(tab_pixel_ligne);
      }
    }
  }
  //on recompose l'image
  int cpt = 0;
  for (int xx = 0; xx < liste_pixel_ligne_byte.Count; xx++) {
    byte[] ligne_pixel = liste_pixel_ligne_byte[xx];
    for (int nn = 0; nn < ligne_pixel.Length; nn++) {
     tab_pixel_byte[cpt] = ligne_pixel[nn];
      cpt++;
    }
  }
  Int32Rect rect_nouv = new Int32Rect(0, 0, v_img_largeur - 1, v_img_hauteur - 1);
  wb.WritePixels(rect_nouv, tab_pixel_byte, v_img_largeur * 4, 0);
  //on affecte le wb au controle image
  x_img_finale.Width = v_img_largeur;
  x_img_finale.Height = v_img_hauteur;
  x_img_finale.Source = wb;
}
```

Accéder aux données XML avec XPath 9

Dans le *framework* .NET, l'espace de noms *System.Xml.XPath* fournit un ensemble de classes qui permettent d'effectuer des requêtes et d'extraire des données dans un document XML en utilisant le modèle de données de XPath. Nous avons vu au chapitre 2 comment le langage XPath fonctionnait. Nous allons voir ici, en pratique avec C# et WPF, les différentes façons d'utiliser le modèle XPath.

1 - Naviguer dans un document avec *XPathNavigator*

Le modèle de données de XPath du *framework* .NET s'appuie principalement sur la classe **XPathNavigator** dans l'espace de noms *System.Xml.XPath*. La classe **XPathNavigator** est une classe abstraite qui fournit un modèle de navigation basé sur un curseur qui suit les éléments XML. Elle permet aussi l'édition de document XML. On peut obtenir une instance **XPathNavigator** depuis les classes qui implémentent l'interface **IXPathNavigable**. C'est le cas pour les classes **XmlDocument** et **XPathDocument** (figure 9.1).

La classe **XPathDocument** fournit une représentation en lecture seule d'un document XML en utilisant le modèle de données de XPath. Elle charge le document en mémoire et fournit naturellement des accès rapides pour aller dans différentes parties du document. L'instance **XPathNavigator** retournée par **XmlDocument** est éditable (donc modifiable et peut être sauvegardée) alors que celle retournée par **XPathDocument** ne l'est pas (en lecture seule uniquement).

L'obtention d'une instance **XPathNavigator** se fait par l'intermédiaire de la méthode *CreateNavigator* de **XmlDocument** et de **XPathDocument**.

La solution de projet *P09_01_DeplacementNavigator.sln*, placée dans le dossier *chapitre_09/P09_01_DeplacementNavigator*, illustre l'utilisation d'un objet **XPathNavigator** pour se déplacer dans l'arborescence d'un document XML. Comme le montre la figure 9.2, après avoir chargé un document XML avec **XPathDocument**, on utilise un objet **XPathNavigator** pour se déplacer dans le document, et on affiche dans une zone de texte le relevé des éléments traversés. Le constructeur de **XPathDocument** accepte un fichier XML spécifié par son emplacement. On instancie un **XPathDocument** *doc_xml* et on obtient une instance **XPathNavigator** *navig* par l'application de la méthode *CreateNavigator*.

FIGURE 9.1

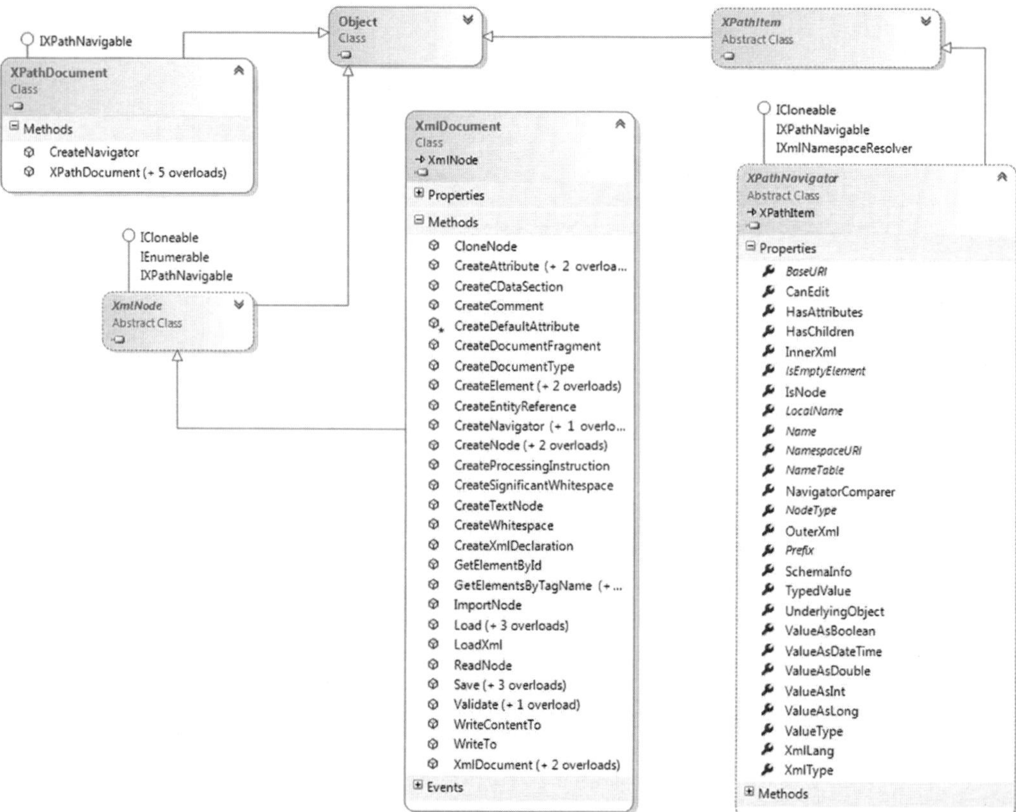

La méthode *MoveToRoot* permet de se positionner à la tête du document XML, et la méthode *MoveToFirstChild* permet de se déplacer jusqu'au premier nœud enfant rencontré (la racine du document). La méthode booléenne *MoveToNext* permet de se déplacer de nœud en nœud tant qu'il y a des nœuds à parcourir, d'où son emplacement dans une boucle *while*. La propriété *NodeType* retourne le type du nœud rencontré par l'énumération *XPathNodeType*.

```
//traiter avec navigator
 try {
   XPathDocument doc_xml = new XPathDocument(
     v_doss_exe + "contenu\\biblio.xml");
   XPathNavigator navig = doc_xml.CreateNavigator();
   navig.MoveToRoot();
   navig.MoveToFirstChild();
   v_cpt = 0;
   while (navig.MoveToNext()) {
     if (navig.NodeType == XPathNodeType.Element) {
       TraiterElement(navig);
```

FIGURE 9.2

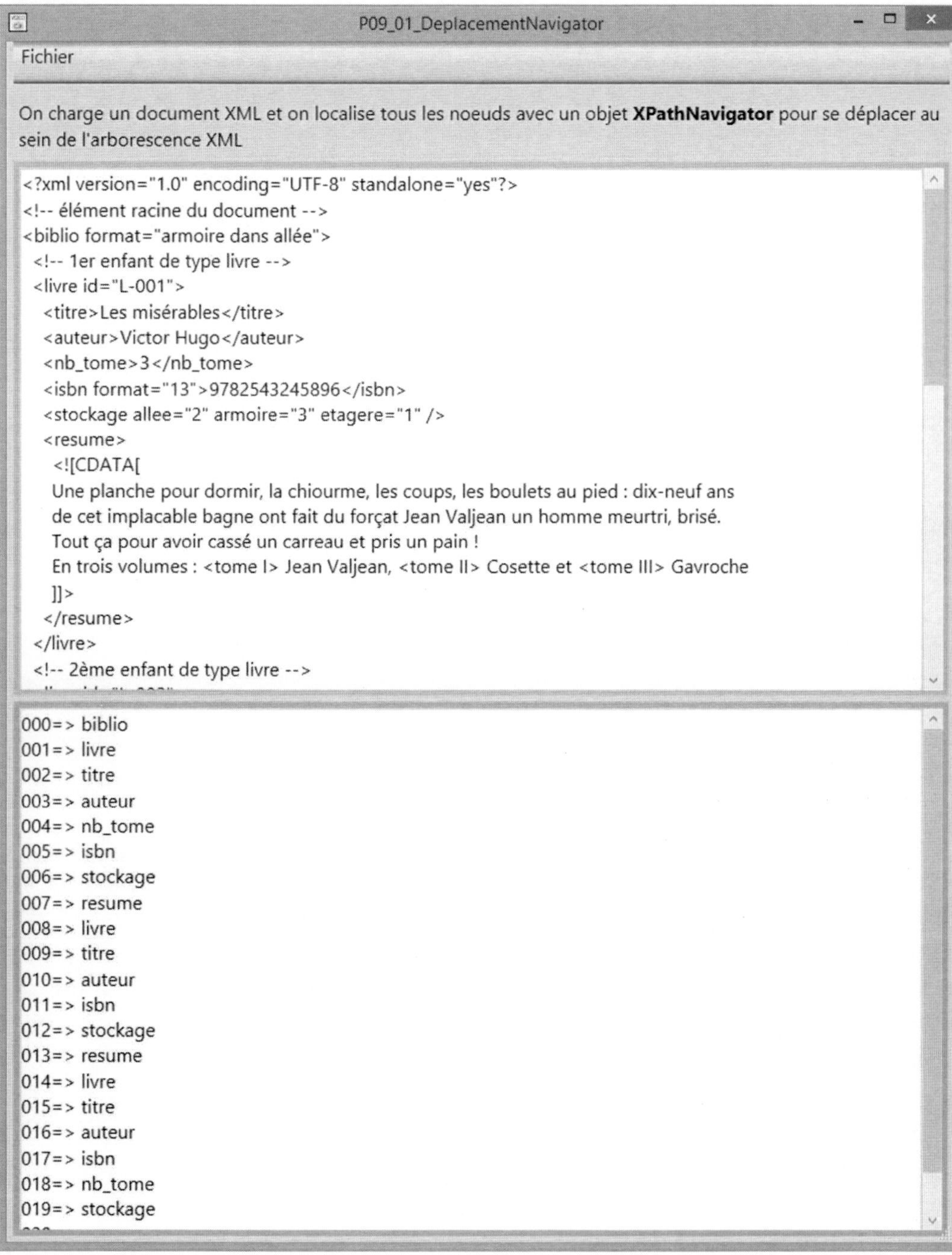
P09_01_DeplacementNavigator
Fichier
On charge un document XML et on localise tous les noeuds avec un objet **XPathNavigator** pour se déplacer au sein de l'arborescence XML
<?xml version="1.0" encoding="UTF-8" standalone="yes"?>
<!-- élément racine du document -->
<biblio format="armoire dans allée">
<!-- 1er enfant de type livre -->
<livre id="L-001">
<titre>Les misérables</titre>
<auteur>Victor Hugo</auteur>
<nb_tome>3</nb_tome>
<isbn format="13">9782543245896</isbn>
<stockage allee="2" armoire="3" etagere="1" />
<resume>
<![CDATA[
Une planche pour dormir, la chiourme, les coups, les boulets au pied : dix-neuf ans
de cet implacable bagne ont fait du forçat Jean Valjean un homme meurtri, brisé.
Tout ça pour avoir cassé un carreau et pris un pain !
En trois volumes : <tome I> Jean Valjean, <tome II> Cosette et <tome III> Gavroche
]]>
</resume>
</livre>
<!-- 2ème enfant de type livre -->
000=> biblio
001=> livre
002=> titre
003=> auteur
004=> nb_tome
005=> isbn
006=> stockage
007=> resume
008=> livre
009=> titre
010=> auteur
011=> isbn
012=> stockage
013=> resume
014=> livre
015=> titre
016=> auteur
017=> isbn
018=> nb_tome
019=> stockage

```
      }
    }
  }
  catch (Exception Exception) {
    MessageBox.Show(Exception.Message);
  }
```

```
<?xml version="1.0" encoding="UTF-8" standalone="yes"?>
<!-- élément racine du document -->
<biblio format="armoire dans allée">
  <!-- 1er enfant de type livre -->
  <livre id="L-001">
    <titre>Les misérables</titre>
    <auteur>Victor Hugo</auteur>
    <nb_tome>3</nb_tome>
    <isbn format="13">9782543245896</isbn>
    <stockage allee="2" armoire="3" etagere="1"/>
    <resume>
      <![CDATA[
      Une planche pour dormir, la chiourme, les coups, les boulets au pied : dix-neuf
      ans de cet implacable bagne ont fait du forçat Jean Valjean un homme meurtri,
      brisé.
      Tout ça pour avoir cassé un carreau et pris un pain !
      En trois volumes : <tome I> Jean Valjean, <tome II> Cosette et <tome III>
      Gavroche
      ]]>
    </resume>
  </livre>
    ...
</biblio>
```

La méthode *TraiterElement* permet de déterminer quand on est sur une balise XML, et d'afficher dans la zone texte le nom de la balise précédé d'un numéro de compteur. Quand on tombe sur un élément, on regarde s'il possède des enfants par la propriété *HasChildren*. Si c'est le cas, la méthode *MoveToFirstChild* permet de descendre d'un cran en se positionnant sur le premier enfant et permet de parcourir avec la méthode *MoveToNext* les enfants suivants. Si l'élément en cours n'a pas d'enfant, on se positionne sur l'élément frère de l'élément en cours par la méthode *MoveToNext*. La figure 9.3 montre le détail obtenu dans la zone de texte.

```
private void TraiterElement(XPathNavigator navig) {
  AfficherTexte(v_cpt.ToString("000") + "=> " + navig.Name + RC);
  v_cpt++;
  if (navig.HasChildren) {
    navig.MoveToFirstChild();
    if (navig.NodeType == XPathNodeType.Element) {
      AfficherTexte(v_cpt.ToString("000") + "=> " + navig.Name + RC);
      v_cpt++;
```

```
    }
    while (navig.MoveToNext()) {
      if (navig.NodeType == XPathNodeType.Element) {
        TraiterElement(navig);
        navig.MoveToParent();
      }
    }
  }
  else {
    navig.MoveToNext();
    TraiterElement(navig);
  }
}
```

FIGURE 9.3

```
000=> biblio
001=> livre
002=> titre
003=> auteur
004=> nb_tome
005=> isbn
006=> stockage
007=> resume
008=> livre
009=> titre
010=> auteur
011=> isbn
012=> stockage
013=> resume
014=> livre
015=> titre
016=> auteur
017=> isbn
018=> nb_tome
019=> stockage
```

2 - Evaluer une expression XPath

Nous avons vu au chapitre 2 les différentes façons pour évaluer une expression XPath au travers du langage XPath. Maintenant nous allons voir comment le mettre en pratique avec C# et WPF.

La solution de projet *P09_02_ExpressionXPath.sln*, placée dans le dossier *chapitre_09/P09_02_ExpressionXPath*, illustre la façon de faire pour évaluer une expression XPath et pour visualiser les données XML ciblées par l'expression (figure 9.4). Un sélecteur de type **ComboBox** permet de choisir une expression XPath à évaluer (repère 1), et une zone texte affiche le résultat de l'expression XPath évaluée (repère 2).

FIGURE 9.4

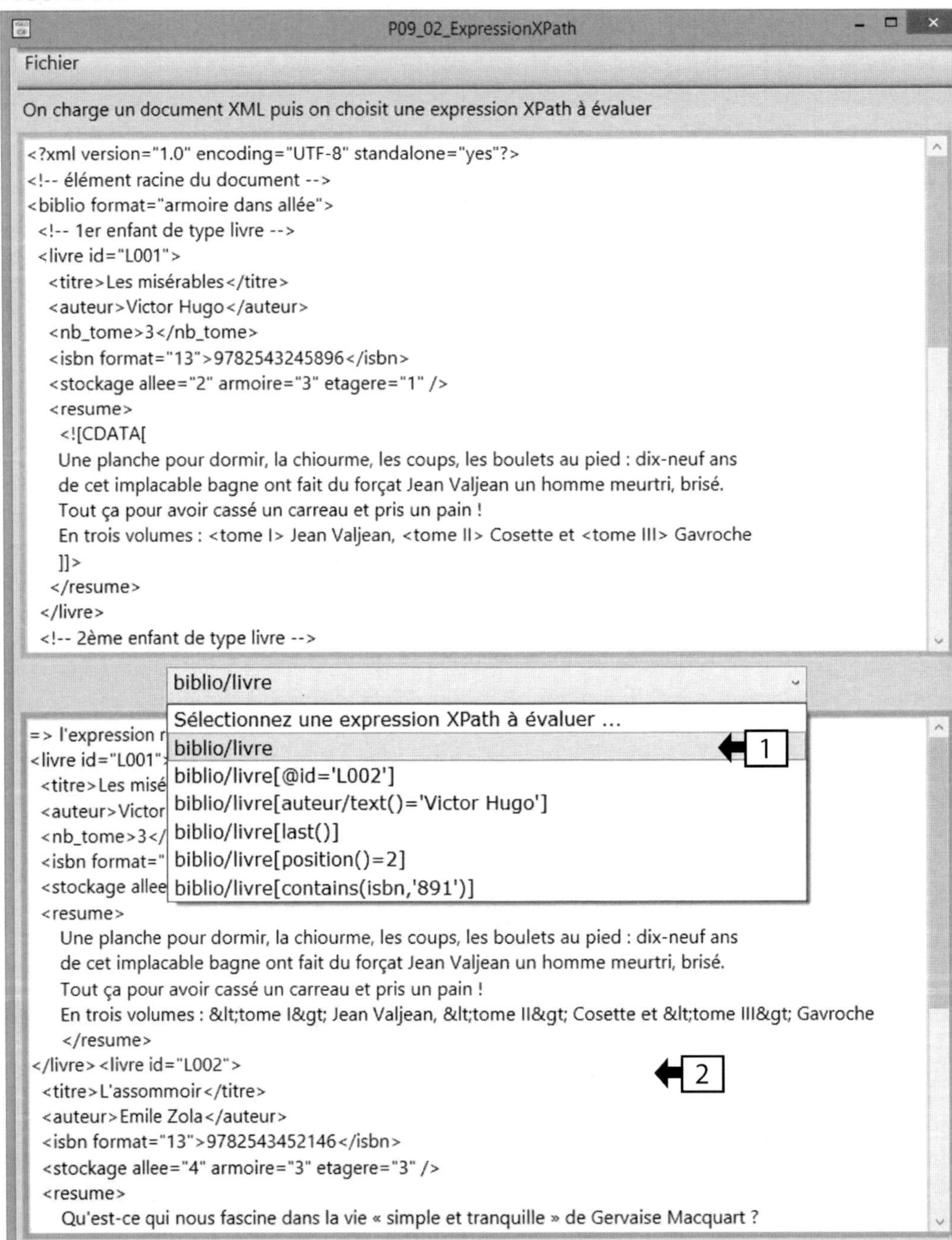
P09_02_ExpressionXPath
Fichier
On charge un document XML puis on choisit une expression XPath à évaluer
<?xml version="1.0" encoding="UTF-8" standalone="yes"?>
<!-- élément racine du document -->
<biblio format="armoire dans allée">
<!-- 1er enfant de type livre -->
<livre id="L001">
<titre>Les misérables</titre>
<auteur>Victor Hugo</auteur>
<nb_tome>3</nb_tome>
<isbn format="13">9782543245896</isbn>
<stockage allee="2" armoire="3" etagere="1" />
<resume>
<![CDATA[
Une planche pour dormir, la chiourme, les coups, les boulets au pied : dix-neuf ans
de cet implacable bagne ont fait du forçat Jean Valjean un homme meurtri, brisé.
Tout ça pour avoir cassé un carreau et pris un pain !
En trois volumes : <tome I> Jean Valjean, <tome II> Cosette et <tome III> Gavroche
]]>
</resume>
</livre>
<!-- 2ème enfant de type livre -->
biblio/livre
Sélectionnez une expression XPath à évaluer ...
biblio/livre
1
biblio/livre[@id='L002']
biblio/livre[auteur/text()='Victor Hugo']
biblio/livre[last()]
biblio/livre[position()=2]
biblio/livre[contains(isbn,'891')]
=> l'expression r
<livre id="L001"
<titre>Les misé
<auteur>Victor
<nb_tome>3</
<isbn format="
<stockage allee
<resume>
Une planche pour dormir, la chiourme, les coups, les boulets au pied : dix-neuf ans
de cet implacable bagne ont fait du forçat Jean Valjean un homme meurtri, brisé.
Tout ça pour avoir cassé un carreau et pris un pain !
En trois volumes : <tome I> Jean Valjean, <tome II> Cosette et <tome III> Gavroche
</resume>
</livre><livre id="L002">
2
<titre>L'assommoir</titre>
<auteur>Emile Zola</auteur>
<isbn format="13">9782543452146</isbn>
<stockage allee="4" armoire="3" etagere="3" />
<resume>
Qu'est-ce qui nous fascine dans la vie « simple et tranquille » de Gervaise Macquart ?

La classe **XPathExpression** fournit une classe typée qui représente une expression XPath compilée. Sa propriété *Expression* définit une représentation sous forme de chaîne d'une expression XPath à évaluer. Sa propriété *ReturnType* retourne le type de résultat de l'expression XPath. Sa méthode *Compile* compile l'expression XPath spécifiée et retourne un objet **XPathExpression** qui représente l'expression XPath évaluée. La classe **XPathExpression** est une classe abstraite et donc non instanciable. Cependant sa méthode *Compile* est une méthode statique qui permet d'obtenir un objet **XPathExpression**. La classe **XPathNodeIterator** fournit un itérateur pour un ensemble de nœuds sélectionné. Cet itérateur va permettre de parcourir le résultat de l'expression XPath évaluée par la méthode statique *XPathNodeIterator.Select*. La figure 9.5 visualise l'arbre d'héritage de **XPathExpression** et **XPathNodeIterator**.

FIGURE 9.5

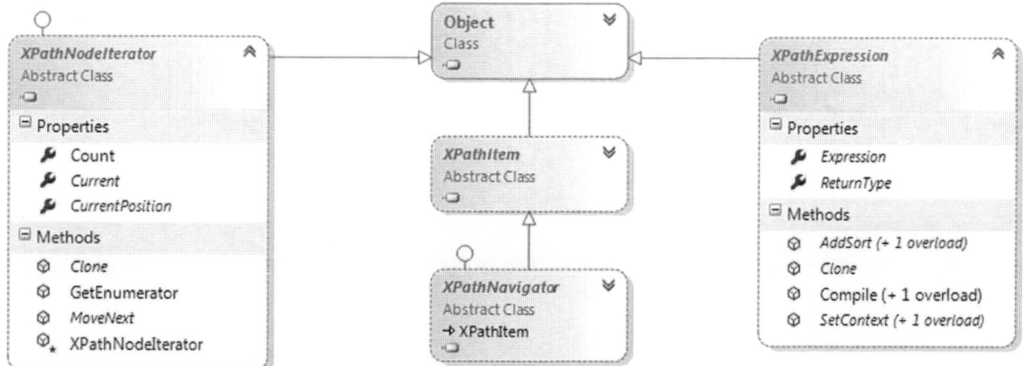

Le principe pour évaluer une expression XPath est le suivant:

- on instancie un objet **XPathDocument** *doc* pour charger une document XML.
- on instancie un objet **XPathNavigator** par la méthode *doc.CreateNavigator*.
- on établit une expression XPath sous forme d'une chaîne *requete* de type *string*.
- on évalue l'expression XPath en instanciant un objet **XPathExpression** *expression* par la méthode statique *XPathExpression.Compile(requete)*.
- on instancie un objet **XPathNodeIterator** *iterateur* par la méthode statique *XPathNodeIterator.Select(expression)*.

A partir de là, avec l'objet *iterateur* de type **XPathNodeIterator**, on peut parcourir la collection des nœuds contenus dont le nombre est retourné par la propriété *Count*. La méthode *MoveNext* permet de passer de nœud en nœud. Et la propriété *Current* permet d'obtenir le nœud en cours dont on peut visualiser le contenu par la propriété *OuterXml* par exemple.

```
private void x_cbx_select_SelectionChanged(object sender,
   SelectionChangedEventArgs e) {
  if (v_fen_charge == true) {
    x_tbl_res.Text = "";
    if (x_cbx_select.SelectedIndex != 0) {
      try {
        XPathDocument doc = new XPathDocument(
          v_doss_exe + "contenu\\biblio.xml");
        XPathNavigator navig = doc.CreateNavigator();
        string requete = (string)x_cbx_select.Items[x_cbx_select.SelectedIndex];
        XPathExpression expression = navig.Compile(requete);
        XPathNodeIterator iterateur = navig.Select(expression);
        x_tbl_res.Text = "=> l'expression retourne " + iterateur.Count
         + " noeud(s) -------------------- " + RC;
        if (iterateur.Count > 0) {
          while (iterateur.MoveNext()) {
            x_tbl_res.Text += iterateur.Current.OuterXml;
          }
        }
      }
      catch (Exception ex) {
        MessageBox.Show(ex.Message);
      }
    }
    else {
      x_tbl_res.Text = "";
    }
  }
}
```

L'expression XPath *"biblio/livre[@id='L002']"* permet de sélectionner l'élément *livre* possèdant l'attribut *id* égal à la valeur *L002*. Cela donne comme résultat:

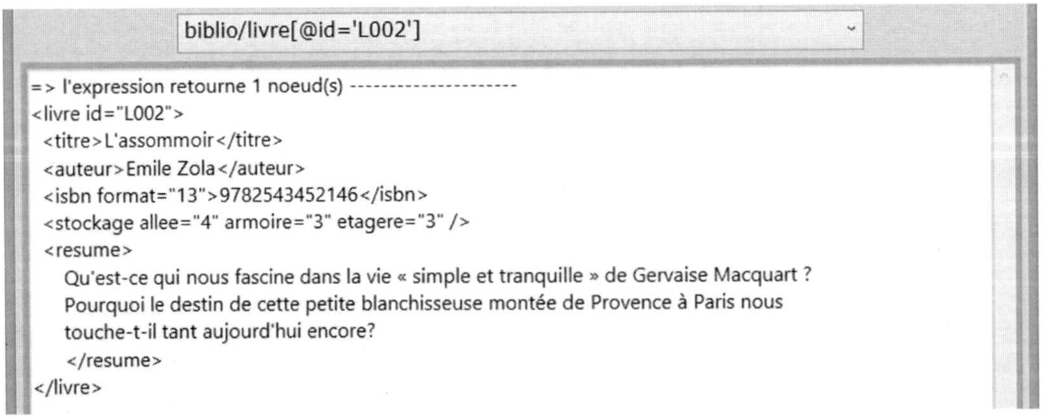

```
biblio/livre[@id='L002']

=> l'expression retourne 1 noeud(s) --------------------
<livre id="L002">
  <titre>L'assommoir</titre>
  <auteur>Emile Zola</auteur>
  <isbn format="13">9782543452146</isbn>
  <stockage allee="4" armoire="3" etagere="3" />
  <resume>
    Qu'est-ce qui nous fascine dans la vie « simple et tranquille » de Gervaise Macquart ?
    Pourquoi le destin de cette petite blanchisseuse montée de Provence à Paris nous
    touche-t-il tant aujourd'hui encore?
    </resume>
</livre>
```

L'expression XPath *"biblio/livre[auteur/text()='Victor Hugo']"* permet de sélectionner l'élément *livre* qui possède un élément *auteur* dont sa valeur textuelle est égale à la chaîne "*Victor Hugo*". On utilise la fonction XPath *text()* pour obtenir la valeur textuelle d'un élément. Cela donne comme résultat:

```
biblio/livre[auteur/text()='Victor Hugo']

=> l'expression retourne 1 noeud(s) --------------------
<livre id="L001">
  <titre>Les misérables</titre>
  <auteur>Victor Hugo</auteur>
  <nb_tome>3</nb_tome>
  <isbn format="13">9782543245896</isbn>
  <stockage allee="2" armoire="3" etagere="1" />
  <resume>
    Une planche pour dormir, la chiourme, les coups, les boulets au pied : dix-neuf ans
    de cet implacable bagne ont fait du forçat Jean Valjean un homme meurtri, brisé.
    Tout ça pour avoir cassé un carreau et pris un pain !
    En trois volumes : &lt;tome I&gt; Jean Valjean, &lt;tome II&gt; Cosette et &lt;tome III&gt; Gavroche
    </resume>
</livre>
```

L'expression XPath *"biblio/livre[last()]"* permet de sélectionner le dernier élément *livre* de l'élément *biblio*. Ici on emploie la fonction XPath *last()* qui retourne le dernier élément d'un élément donné. Cela donne comme résultat:

```
biblio/livre[last()]

=> l'expression retourne 1 noeud(s) --------------------
<livre id="L003">
  <titre>Le comte de Monte-Cristo</titre>
  <auteur>Alexandre Dumas</auteur>
  <isbn format="13">9782543257891</isbn>
  <nb_tome>2</nb_tome>
  <stockage allee="3" armoire="4" etagere="2" />
  <resume>
    Marseille, 1815. Jamais Edmond Dantès n'a été aussi près du bonheur. Bientôt
    capitaine du Pharaon, fiancé à la belle Mercédès, il voit ses espérances comblées.
    Et puis, soudain, le rêve se brise. Une dénonciation anonyme...
    </resume>
</livre>
```

L'expression XPath *"biblio/livre[position()=2]"* permet de sélectionner l'élément *livre* qui est le deuxième enfant de l'élément *biblio*. Ici on emploie la fonction XPath *position()* qui retourne l'élément pour une position donnée. Cela donne comme résultat:

```
biblio/livre[position()=2]

=> l'expression retourne 1 noeud(s) ---------------------
<livre id="L002">
  <titre>L'assommoir</titre>
  <auteur>Emile Zola</auteur>
  <isbn format="13">9782543452146</isbn>
  <stockage allee="4" armoire="3" etagere="3" />
  <resume>
    Qu'est-ce qui nous fascine dans la vie « simple et tranquille » de Gervaise Macquart ?
    Pourquoi le destin de cette petite blanchisseuse montée de Provence à Paris nous
    touche-t-il tant aujourd'hui encore?
    </resume>
</livre>
```

L'expression XPath *"biblio/livre[contains(isbn,'891')]"* permet de sélectionner l'élément *livre* qui possède un enfant *isbn* dont le contenu textuel contient la chaîne *"891"*. Ici on emploie la fonction XPath booléenne *contains()* qui indique la présence ou non d'une chaîne spécifique. Cela donne comme résultat:

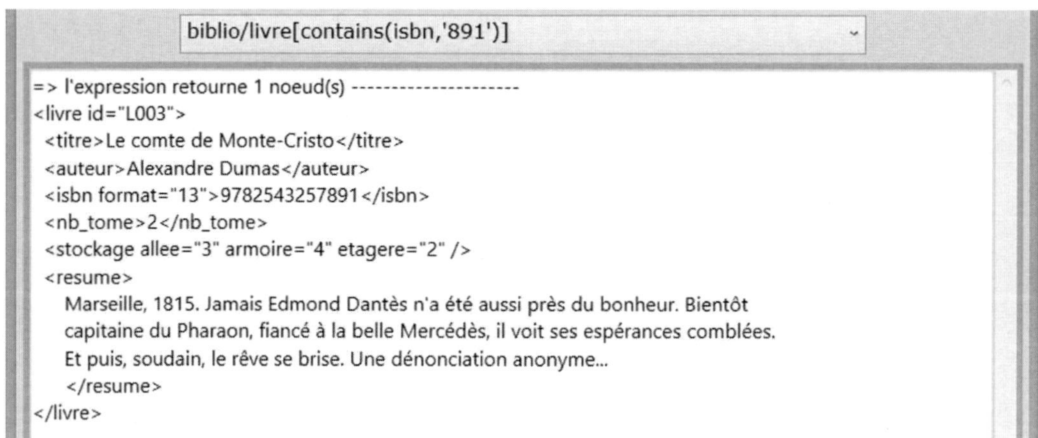

```
biblio/livre[contains(isbn,'891')]

=> l'expression retourne 1 noeud(s) ---------------------
<livre id="L003">
  <titre>Le comte de Monte-Cristo</titre>
  <auteur>Alexandre Dumas</auteur>
  <isbn format="13">9782543257891</isbn>
  <nb_tome>2</nb_tome>
  <stockage allee="3" armoire="4" etagere="2" />
  <resume>
    Marseille, 1815. Jamais Edmond Dantès n'a été aussi près du bonheur. Bientôt
    capitaine du Pharaon, fiancé à la belle Mercédès, il voit ses espérances comblées.
    Et puis, soudain, le rêve se brise. Une dénonciation anonyme...
    </resume>
</livre>
```

3 - Obtenir le premier noeud d'une expression évaluée

Dans le précédent paragraphe, nous avons vu que la méthode *XPathIterator.Select* retourne tous les noeuds obtenus après l'évaluation d'une expression XPath. Il existe une méthode *XPathNavigator.SelectSingleNode* qui exécute une expression XPath et qui retourne un objet **XPathNavigator** (et non pas un objet **XPathNodeIterator**) qui contient le premier noeud répondant à l'évaluation de l'expression XPath. La solution de projet *P09_03_SelectionExportation.sln*, placée dans le dossier *chapitre_09/P09_03_SelectionExportation*, illustre l'utilisation de la méthode *XPathNavigator.SelectSingleNode*. La figure 9.6 montre le résultat obtenu pour l'expression *"biblio/livre[@id='L001']"* à évaluer.

On exprime l'expression XPath à évaluer sous forme d'un objet *requete* de type *string*. On passe *requete* en paramètre à la méthode *SelectSingleNode*. Pour parcourir les éléments retournés, on place le curseur sur le premier noeud par la méthode *MoveToFirstChild*. Et on effectue un parcours de noeuds par la méthode *MoveToNext*.

```
//evenement fenetre loaded
private void Window_Loaded(object sender, RoutedEventArgs e) {
  x_cbx_select.Items.Add("biblio/livre[@id='L001']");
  x_cbx_select.Items.Add("biblio/livre[@id='L002']");
  x_cbx_select.Items.Add("biblio/livre[@id='L003']");
  ...
}
private XPathNavigator navig_res = null;
private void x_cbx_select_SelectionChanged(object sender,
      SelectionChangedEventArgs e) {
  if (v_fen_charge == true) {
    if (x_cbx_select.SelectedIndex != 0) {
      x_tbl_res.Text = "";
      string requete = (string)x_cbx_select.Items[x_cbx_select.SelectedIndex];
      try {
        XPathDocument doc = new XPathDocument(
          v_doss_exe + "contenu\\biblio.xml");
        XPathNavigator navig = doc.CreateNavigator();
        navig_res = navig.SelectSingleNode(requete);
        navig_res.MoveToFirstChild();
        x_tbl_res.Text += navig_res.Name + " : " + navig_res.Value + RC;
        while (navig_res.MoveToNext()) {
          x_tbl_res.Text += navig_res.Name + " : " + navig_res.Value + RC;
        }
        x_btn_export.IsEnabled = true;
        x_btn_export_bordure.Background = new SolidColorBrush(Colors.Black);
      }
      catch (Exception ex) {
        MessageBox.Show(ex.Message);
      }
    }
    else {
      x_tbl_res.Text = "";
      x_btn_export.IsEnabled = false;
      x_btn_export_bordure.Background = new SolidColorBrush(Colors.LightGray);
    }
  }
}
```

FIGURE 9.6

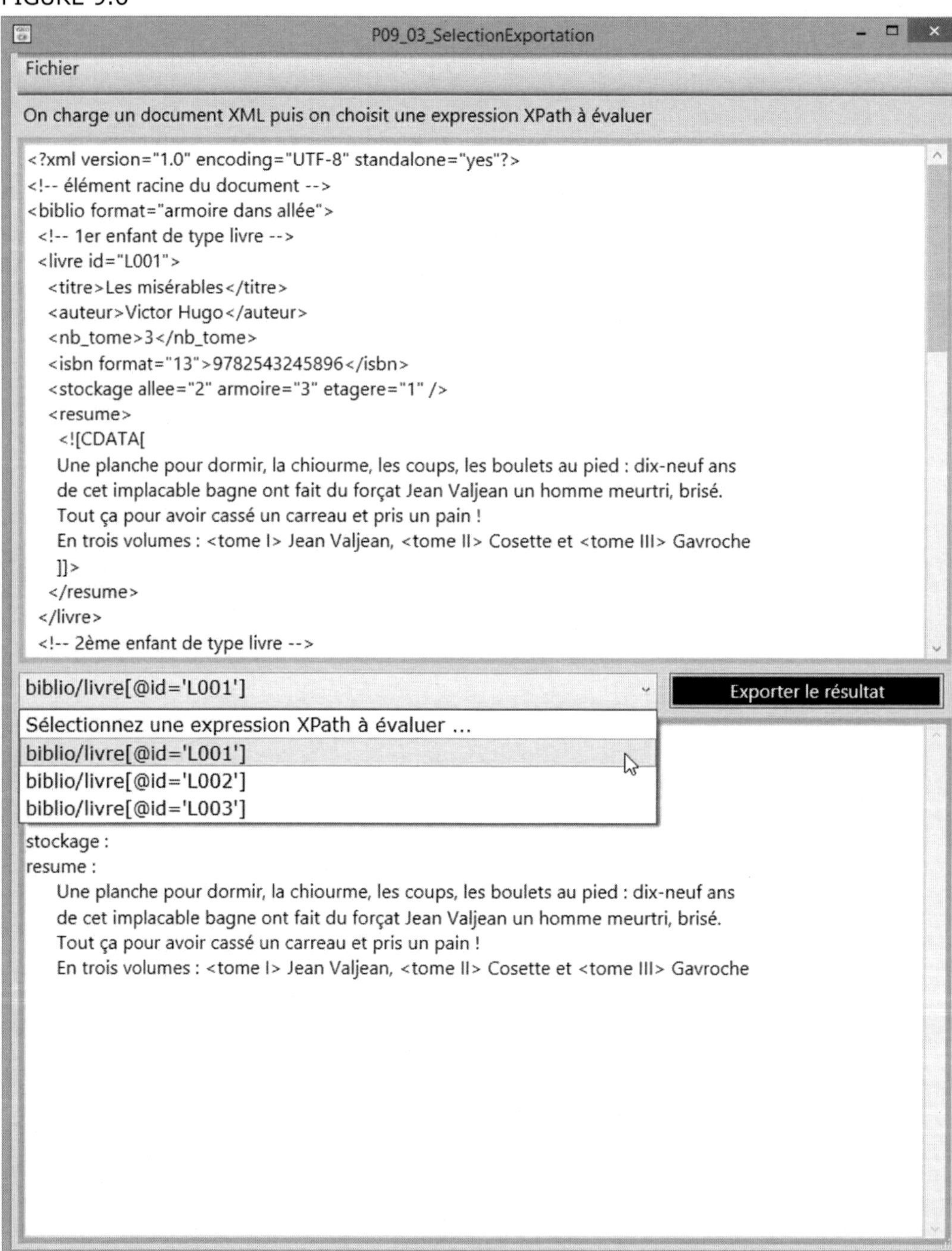
P09_03_SelectionExportation
Fichier
On charge un document XML puis on choisit une expression XPath à évaluer
<?xml version="1.0" encoding="UTF-8" standalone="yes"?>
<!-- élément racine du document -->
<biblio format="armoire dans allée">
<!-- 1er enfant de type livre -->
<livre id="L001">
<titre>Les misérables</titre>
<auteur>Victor Hugo</auteur>
<nb_tome>3</nb_tome>
<isbn format="13">9782543245896</isbn>
<stockage allee="2" armoire="3" etagere="1" />
<resume>
<![CDATA[
Une planche pour dormir, la chiourme, les coups, les boulets au pied : dix-neuf ans
de cet implacable bagne ont fait du forçat Jean Valjean un homme meurtri, brisé.
Tout ça pour avoir cassé un carreau et pris un pain !
En trois volumes : <tome I> Jean Valjean, <tome II> Cosette et <tome III> Gavroche
]]>
</resume>
</livre>
<!-- 2ème enfant de type livre -->
biblio/livre[@id='L001']
Exporter le résultat
Sélectionnez une expression XPath à évaluer ...
biblio/livre[@id='L001']
biblio/livre[@id='L002']
biblio/livre[@id='L003']
stockage :
resume :
Une planche pour dormir, la chiourme, les coups, les boulets au pied : dix-neuf ans
de cet implacable bagne ont fait du forçat Jean Valjean un homme meurtri, brisé.
Tout ça pour avoir cassé un carreau et pris un pain !
En trois volumes : <tome I> Jean Valjean, <tome II> Cosette et <tome III> Gavroche

En plus de la méthode *SelectSingleNode*, il y a trois autres méthodes spécialisées très utiles selon les contextes de parcours à effectuer:

- la méthode *SelectChildren* sélectionne tous les nœuds enfants du nœud actuel dotés du *XPathNodeType* correspondant.
- la méthode *SelectAncestors* sélectionne tous les nœuds ancêtres du nœud actuel qui possèdent un *XPathNodeType* correspondant.
- la méthode *SelectDescendants* sélectionne tous les nœuds descendants du nœud actuel qui possèdent un *XPathNodeType* correspondant.

La lecture des attributs d'un nœud se fait de la façon suivante:

- la propriété *HasAttributes* obtient une valeur indiquant si le nœud actuel possède des attributs.
- la méthode *MoveToFirstAttribute* déplace **XPathNavigator** vers le premier attribut du nœud actuel.
- la méthode *MoveToNextAttribut* déplace le **XPathNavigator** vers l'attribut suivant s'il y en a d'autres.

Très souvent, il s'avère pratique de pouvoir visualiser l'ensemble des nœuds consécutif au résultat d'une expression XPath évaluée. Pour cela, on ajoute un bouton *x_btn_export* (figure 9.6) qui va écrire le contenu de l'expression XPath évaluée dans un fichier *export.xml* au format XML par l'intermédiaire d'un objet **XmlTextWriter**. Une fois le document réalisé et enregistré sur le disque, on affiche son contenu dans une zone texte spécifique de type **TextBlock**.
Par la méthode *MoveToParent*, on remonte au niveau du nœud. On instancie un objet **XmlTextWriter** avec un emplacement de fichier et un encodage voulu. On précise à l'occasion les propriétés *Formatting*, *Indentation* et *IndentChar* (pour la mise en page du document XML). L'écriture du résultat se fait directement par la méthode *XPathNavigator.WriteSubtree* qui reçoit en paramètre l'objet **XmlTextWriter**. Il ne reste plus qu'à refermer **XmlTextWriter** et ensuite à ouvrir le fichier sauvegardé *export.xml* avec la méthode statique *File.ReadAllText* pour lire le contenu du fichier et pour le visualiser dans la zone texte spécifique (figure 9.7).

```
//exporter l'expression évaluée sous forme xml
private void x_btn_export_Click(object sender, RoutedEventArgs e) {
  x_grid_export.Visibility = Visibility.Visible;
  //sauvegarde
  navig_res.MoveToParent();
  XmlTextWriter writer = new XmlTextWriter(v_doss_exe + "contenu\\export.xml",
     Encoding.UTF8);
  writer.Formatting = Formatting.Indented;
  writer.Indentation = 2;
```

FIGURE 9.7

P09_03_SelectionExportation
Fichier
On charge un document XML puis on choisit une expression XPath à évaluer
<?xml version="1.0" encoding="UTF-8" standalone="yes"?>
<!-- élément racine du document -->
<biblio format="armoire dans allée">
<!-- 1er enfant de type livre -->
<livre id="L001">
<titre>Les misérables</titre>
<auteur>Victor Hugo</auteur>
<nb_tome>3</nb_tome>
<isbn format="13">9782543245896</isbn>
<stockage allee="2" armoire="3" etagere="1" />
<resume>
<![CDATA[
Une planche pour dormir, la chiourme, les coups, les boulets au pied : dix-neuf ans
de cet implacable bagne ont fait du forçat Jean Valjean un homme meurtri, brisé.
Tout ça pour avoir cassé un carreau et pris un pain !
En trois volumes : <tome I> Jean Valjean, <tome II> Cosette et <tome III> Gavroche
]]>
</resume>
</livre>
<!-- 2ème enfant de type livre -->
<livre id="L001">
<titre>Les misérables</titre>
<auteur>Victor Hugo</auteur>
<nb_tome>3</nb_tome>
<isbn format="13">9782543245896</isbn>
<stockage allee="2" armoire="3" etagere="1" />
<resume>
Une planche pour dormir, la chiourme, les coups, les boulets au pied : dix-neuf ans
de cet implacable bagne ont fait du forçat Jean Valjean un homme meurtri, brisé.
Tout ça pour avoir cassé un carreau et pris un pain !
En trois volumes : <tome I> Jean Valjean, <tome II> Cosette et <tome III>
</resume>
</livre>
Fermer

```
    writer.IndentChar = ' ';
    navig_res.WriteSubtree(writer);
    writer.Close();
    //ouverture pour visualisation
    x_tbl_export.Text= File.ReadAllText(v_doss_exe + "contenu\\export.xml",
      Encoding.UTF8);
}
```

En ouvrant le fichier sauvegardé *export.xml* dans le navigateur Internet Explorer (figure 9.8), on constate que l'on a bien extrait le fragment XML consécutif à l'expression XPath évaluée.

FIGURE 9.8

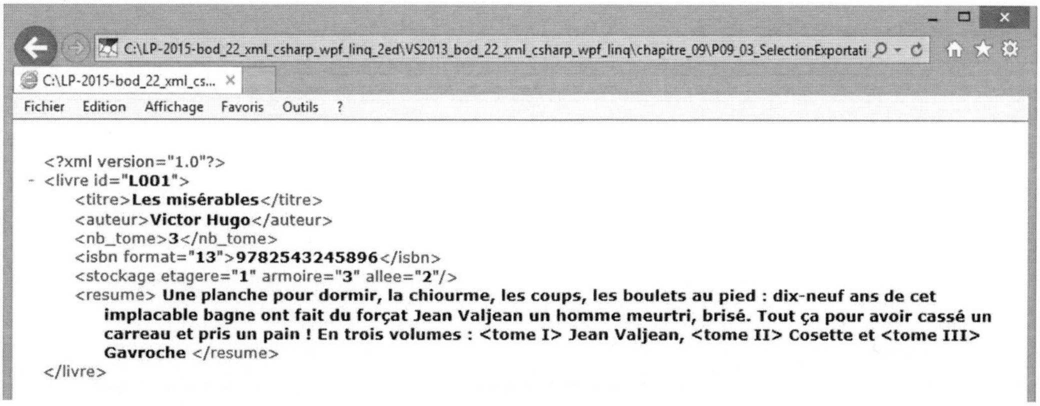

```
C:\LP-2015-bod_22_xml_csharp_wpf_linq_2ed\VS2013_bod_22_xml_csharp_wpf_linq\chapitre_09\P09_03_SelectionExportati
C:\LP-2015-bod_22_xml_cs...
Fichier  Edition  Affichage  Favoris  Outils  ?

  <?xml version="1.0"?>
- <livre id="L001">
      <titre>Les misérables</titre>
      <auteur>Victor Hugo</auteur>
      <nb_tome>3</nb_tome>
      <isbn format="13">9782543245896</isbn>
      <stockage etagere="1" armoire="3" allee="2"/>
      <resume> Une planche pour dormir, la chiourme, les coups, les boulets au pied : dix-neuf ans de cet
         implacable bagne ont fait du forçat Jean Valjean un homme meurtri, brisé. Tout ça pour avoir cassé un
         carreau et pris un pain ! En trois volumes : <tome I> Jean Valjean, <tome II> Cosette et <tome III>
         Gavroche </resume>
  </livre>
```

4 - Editer, modifier et sauvegarder

Jusqu'à maintenant, nous avons utilisé **XPathNavigator** pour se déplacer et lire des données depuis un document XML. Il est possible de modifier les données d'un document XML avec un objet **XPathNavigator** obtenu depuis un objet **XmlDocument**. L'instance **XPathNavigator** obtenu depuis un objet **XPathDocument** est en lecture seule uniquement, et donc n'est pas modifiable. Vous pouvez vérifier si une instance de **XPathNavigator** est modifiable par sa propriété *CanEdit* qui retourne la valeur *true* en cas de modification possible, sinon le contraire.

La solution de projet *P09_04_EditionSauvegarde.sln*, placée dans le dossier *chapitre_09/P09_04_EditionSauvegarde*, illustre le cas où l'on édite des éléments XML que l'on peut modifier, puis ensuite on sauvegarde le nouveau document XML modifié. Comme le montre la figure 9.9, on choisit un élément *livre* en évaluant une expression XPath (repère 1) et on édite la valeur de ses champs dans des contrôles **TextBox** modifiables (repère 2).

FIGURE 9.9

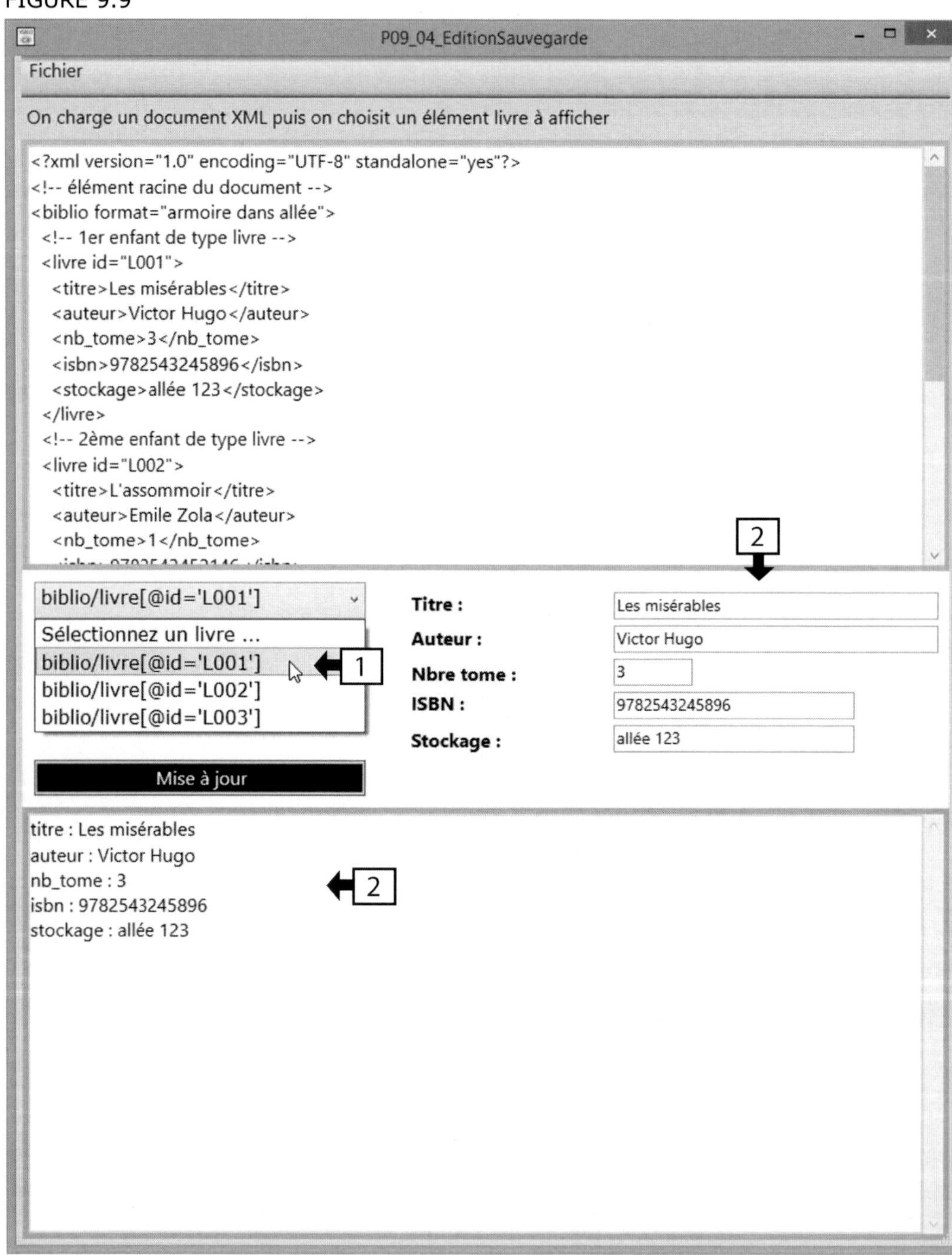
P09_04_EditionSauvegarde
Fichier
On charge un document XML puis on choisit un élément livre à afficher
<?xml version="1.0" encoding="UTF-8" standalone="yes"?>
<!-- élément racine du document -->
<biblio format="armoire dans allée">
<!-- 1er enfant de type livre -->
<livre id="L001">
<titre>Les misérables</titre>
<auteur>Victor Hugo</auteur>
<nb_tome>3</nb_tome>
<isbn>9782543245896</isbn>
<stockage>allée 123</stockage>
</livre>
<!-- 2ème enfant de type livre -->
<livre id="L002">
<titre>L'assommoir</titre>
<auteur>Emile Zola</auteur>
<nb_tome>1</nb_tome>
biblio/livre[@id='L001']
Sélectionnez un livre ...
biblio/livre[@id='L001']
biblio/livre[@id='L002']
biblio/livre[@id='L003']
1
2
Titre :
Les misérables
Auteur :
Victor Hugo
Nbre tome :
3
ISBN :
9782543245896
Stockage :
allée 123
Mise à jour
titre : Les misérables
auteur : Victor Hugo
nb_tome : 3
isbn : 9782543245896
stockage : allée 123
2

L'édition des champs de l'élément *livre* nécessite une simple lecture des données XML. Donc on utilise un objet **XPathDocument** pour charger le document XML, et un objet **XPathNavigator** pour parcourir le résultat du ciblage en fonction d'une évaluation d'une expression XPath. Le parcours des nœuds s'effectue de façon traditionnelle comme on l'a déjà vu précédemment.

```
private XPathNavigator navig_res = null;
//selecteur d'expression evaluee
private void x_cbx_select_SelectionChanged(object sender,
      SelectionChangedEventArgs e) {
  if (v_fen_charge == true) {
    if (x_cbx_select.SelectedIndex != 0) {
      x_tbl_res.Text = "";
      x_btn_maj.IsEnabled = true;
      x_btn_maj_bordure.Background = new SolidColorBrush(Colors.Black);
      try {
        XPathDocument doc = new XPathDocument(
          v_doss_exe + "contenu\\biblio.xml");
        XPathNavigator navig = doc.CreateNavigator();
        string requete = (string)x_cbx_select.Items[x_cbx_select.SelectedIndex];
        navig_res = navig.SelectSingleNode(requete);
        navig_res.MoveToFirstChild();
        if (navig_res.Name == "titre") {
          x_tbl_res.Text += navig_res.Name + " : " + navig_res.Value + RC;
        }
        x_tbx_titre.Text = navig_res.Value;
        while (navig_res.MoveToNext()) {
          x_tbl_res.Text += navig_res.Name + " : " + navig_res.Value + RC;
          switch (navig_res.Name) {
            case "auteur":
              x_tbx_auteur.Text = navig_res.Value;
              break;
            case "nb_tome":
              x_tbx_nb_tome.Text = navig_res.Value;
              break;
            case "isbn":
              x_tbx_isbn.Text = navig_res.Value;
              break;
            case "stockage":
              x_tbx_stockage.Text = navig_res.Value;
              break;
          }
        }
      }
      catch (Exception ex) {
        MessageBox.Show(ex.Message);
      }
    }
    else {
```

```
      x_tbl_res.Text = "";
      ViderLesChamps();
      x_btn_maj.IsEnabled = false;
      x_btn_maj_bordure.Background = new SolidColorBrush(Colors.LightGray);
    }
  }
}
```

Un clic sur le bouton *x_btn_maj* doit permettre de modifier les éléments ciblés dans le document XML. On charge donc le document XML par un objet **XmlDocument** avec sa méthode *Load*. On instancie un objet **XPathNavigator** par la méthode *CreateNavigator*. On évalue l'expression XPath par le retour de la méthode *SelectSingleNode*. On effectue un parcours d'éléments de façon traditionnelle, mais cette fois, il faut modifier les valeurs en fonction du contenu des champs **TextBox** de la fenêtre. Quand le curseur de lecture est positionné sur l'élément correspondant, on utilise la méthode *XPathNavigator.SetValue*, qui reçoit en paramètre une valeur sous forme de chaîne, pour modifier le contenu textuel de l'élément.

Pour sauvegarder le document modifié, il faut appliquer aussitôt la méthode *XmlDocument.Save* qui reçoit en paramètre l'emplacement du document XML. En rechargeant ce document XML modifié, on constate bien que les modifications apportées ont bien été sauvegardées.

Comme le montre la figure 9.10, on sélectionne le livre d'identifiant *id = "L001"* avec le sélecteur d'expression XPath à évaluer (repère 1). Les champs sont lus et les contrôles **TextBox** sont remplis avec les valeurs relevées (repère 2). On modifie le champ *stockage* en remplaçant la valeur *"allée 123"* par la valeur *"allée numéro 321"* (repère 2). On clique sur le bouton *x_btn_maj* pour réaliser la mise à jour. La zone de texte au repère 3 indique le nom du champ trouvé avec sa valeur correspondante (ligne commençant par *trouvé* =>) puis affiche en dessous le nom du champ avec sa valeur modifiée (ligne commençant par *remplacé par* =>). Le document XML modifié est sauvegardé sur le disque puis son contenu est de nouveau chargé dans le **TextBlock** du haut pour constater que la modification a bien été réalisée (repère 4).

```
//btn mise a jour des donnees sauvegardees
private void x_btn_maj_Click(object sender, RoutedEventArgs e) {
  try {
    x_tbl_res.Text = "";
    XmlDocument doc = new XmlDocument();
    doc.Load(v_doss_exe + "contenu\\biblio.xml");
    XPathNavigator navig = doc.CreateNavigator();
    string requete = (string)x_cbx_select.Items[x_cbx_select.SelectedIndex];
    navig_res = navig.SelectSingleNode(requete);
```

FIGURE 9.10

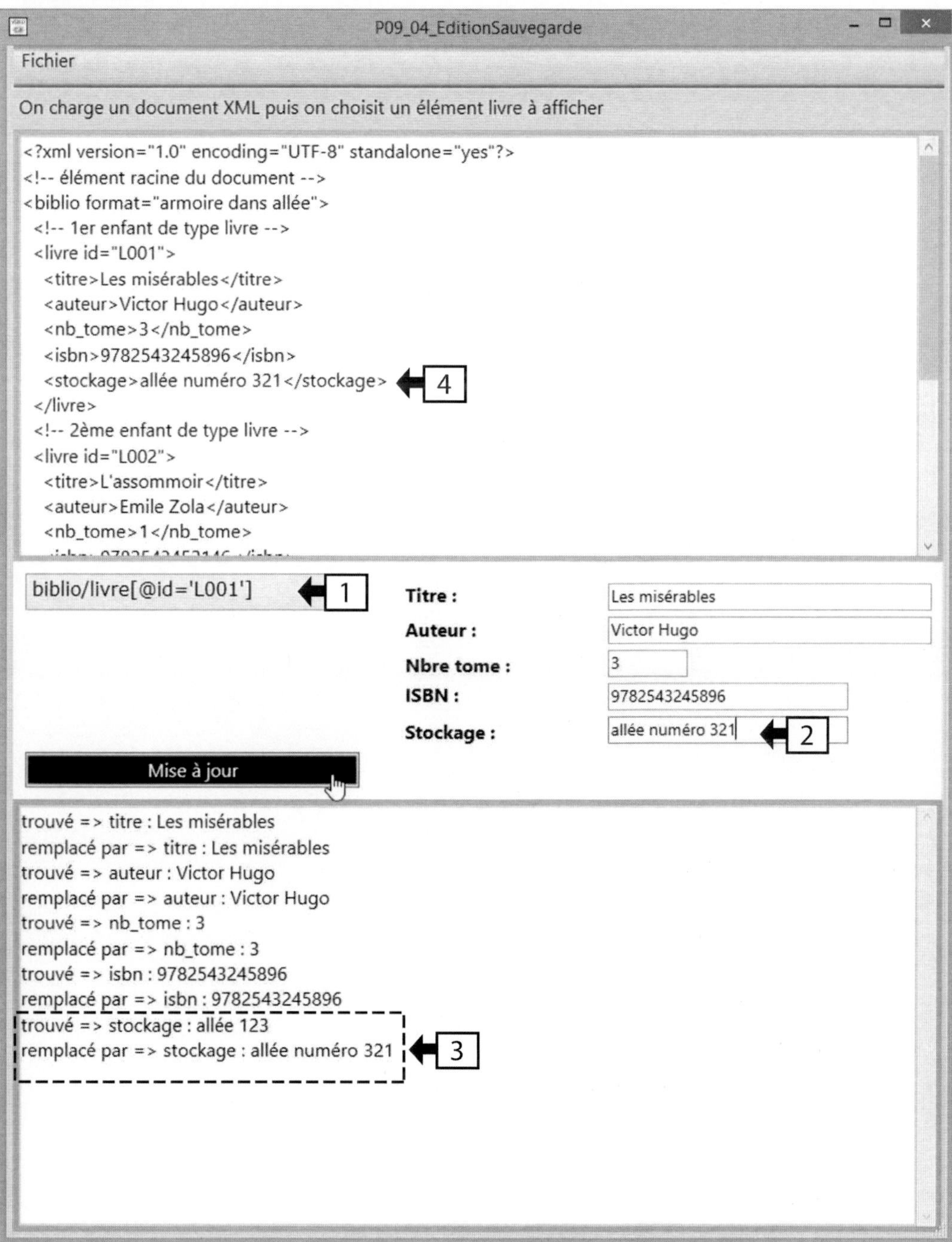
P09_04_EditionSauvegarde
Fichier
On charge un document XML puis on choisit un élément livre à afficher
<?xml version="1.0" encoding="UTF-8" standalone="yes"?>
<!-- élément racine du document -->
<biblio format="armoire dans allée">
<!-- 1er enfant de type livre -->
<livre id="L001">
<titre>Les misérables</titre>
<auteur>Victor Hugo</auteur>
<nb_tome>3</nb_tome>
<isbn>9782543245896</isbn>
<stockage>allée numéro 321</stockage>
4
</livre>
<!-- 2ème enfant de type livre -->
<livre id="L002">
<titre>L'assommoir</titre>
<auteur>Emile Zola</auteur>
<nb_tome>1</nb_tome>
biblio/livre[@id='L001']
1
Titre :
Les misérables
Auteur :
Victor Hugo
Nbre tome :
3
ISBN :
9782543245896
Stockage :
allée numéro 321
2
Mise à jour
trouvé => titre : Les misérables
remplacé par => titre : Les misérables
trouvé => auteur : Victor Hugo
remplacé par => auteur : Victor Hugo
trouvé => nb_tome : 3
remplacé par => nb_tome : 3
trouvé => isbn : 9782543245896
remplacé par => isbn : 9782543245896
trouvé => stockage : allée 123
remplacé par => stockage : allée numéro 321
3

```
    navig_res.MoveToFirstChild();
    x_tbl_res.Text +="trouvé => " + navig_res.Name + " : " + navig_res.Value + RC;
    if (navig_res.Name == "titre") {
      navig_res.SetValue(x_tbx_titre.Text);
      x_tbl_res.Text += "remplacé par => " + navig_res.Name + " : " + navig_res.Value
        + RC;
    }
    while (navig_res.MoveToNext()) {
      x_tbl_res.Text +="trouvé => " + navig_res.Name + " : " + navig_res.Value + RC;
      switch (navig_res.Name) {
        case "auteur":
          navig_res.SetValue(x_tbx_auteur.Text);
          x_tbl_res.Text += "remplacé par => " + navig_res.Name + " : "
           + navig_res.Value + RC;
          break;
        case "nb_tome":
          navig_res.SetValue(x_tbx_nb_tome.Text);
          x_tbl_res.Text += "remplacé par => " + navig_res.Name + " : "
            + navig_res.Value + RC;
          break;
        case "isbn":
          navig_res.SetValue(x_tbx_isbn.Text);
          x_tbl_res.Text += "remplacé par => " + navig_res.Name + " : "
           + navig_res.Value + RC;
          break;
        case "stockage":
          navig_res.SetValue(x_tbx_stockage.Text);
          x_tbl_res.Text += "remplacé par => " + navig_res.Name + " : "
           + navig_res.Value + RC;
          break;
      }
    }
    doc.Save(v_doss_exe + "contenu\\biblio.xml");
    //visualisation
    XmlDocument doc_sauver = new XmlDocument();
    doc_sauver.PreserveWhitespace = true;
    doc_sauver.Load(v_doss_exe + "contenu\\biblio.xml");
    x_tbl_xml.Text = doc_sauver.InnerXml;
  }
  catch (Exception ex) {
    MessageBox.Show(ex.Message);
  }
}
```

Valider un document XML 10

Nous avons vu au chapitre 5 comment concevoir et réaliser une déclaration de type de document (DTD), et nous avons vu au chapitre 6 comment concevoir et réaliser un schéma XML (*XML Schema*). La DTD est la façon la plus ancienne de représenter la structure d'un document XML. Le schéma XML représente l'effort le plus récent effectué pour fournir une standardisation de la structure XML d'un document. La spécification du schéma XML est fournie par une recommandation du W3C. Un des points forts du schéma XML est qu'il supporte le typage des données. De nos jours, l'emploi du schéma XML est préféré à l'emploi de la DTD. Nous allons voir comment valider un document XML dans le cas où il possède une DTD interne ou externe, et dans le cas où il possède un schéma XML. A l'occasion, nous verrons comment utiliser l'outil de définition de schéma XML de Visual Studio 2013 sur la plateforme Windows 8.1.

1 - Outil de définition de schéma XML

L'outil de définition de schéma XML (*XML Schema Definition Tool*), représenté par l'exécutable *xsd.exe*, génère des classes du CLR (*Common Language Runtime*) et du schéma XML à partir de fichiers aux formats XDR, XML et XSD ou à partir de classes figurant dans un *assembly*. Cet outil se trouve dans le dossier *C:\Program Files (x86)\Microsoft SDKs\Windows\v8.1A\bin\NETFX 4.5.1 Tools* pour la plateforme Windows 8.1. Par une recherche effectuée sur le terme *"xsd.exe"* (figure 10.1), on localise l'exécutable *xsd.exe* à copier.

FIGURE 10.1

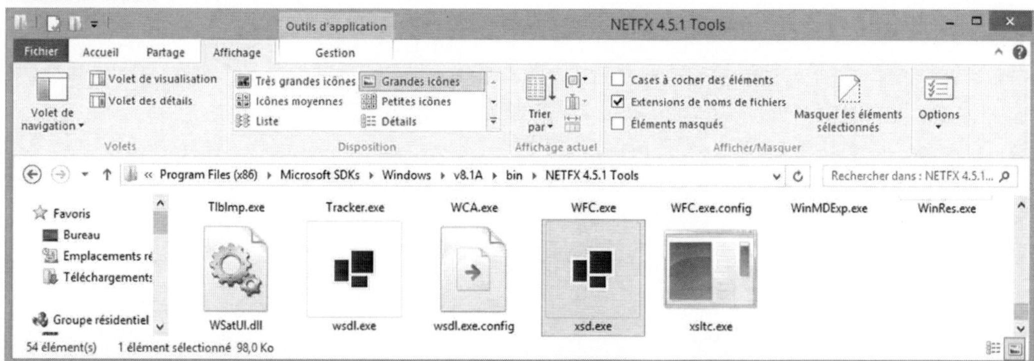

Dans le dossier *chapitre_10/generer_XSD_depuis_XML*, on copie l'exécutable *xsd.exe*, et nous allons voir comment l'utiliser pour générer un schéma XML à partir de son exécution en ligne de commande. La figure 10.2 visualise le contenu du dossier.

FIGURE 10.2

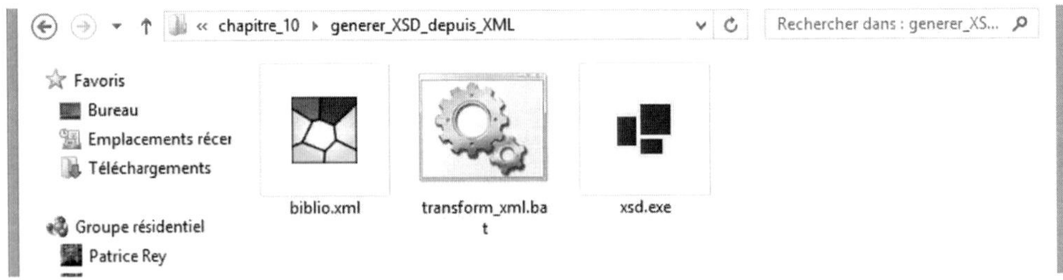

L'exécutable *xsd.exe* vous permet uniquement de manipuler les schémas XML conformes au langage *XML Schema Definition* proposé par la recommandation du W3C. Nous avons un document XML nommé *biblio.xml*. Pour utiliser *xsd.exe* en ligne de commande, on crée un fichier texte nommé *transform_xml*, et on change son extension *.txt* par l'extension *.bat*. Dans ce fichier intitulé maintenant *transform_xml.bat*, on écrit les commandes suivantes:

```
@echo transformation xml vers xsd
xsd.exe biblio.xml /outputdir:
pause
```

La commande *echo* permet d'afficher le texte *"transformation xml vers xsd"*. La commande *pause* permet d'obliger l'utilisateur à appuyer sur une touche pour refermer l'invité de commande (de cette façon, on voit écrit le résultat de l'opération et les messages d'erreurs éventuels). L'utilisation de *xsd.exe* s'effectue en indiquant, en arguments, le nom du fichier XML (*biblio.xml*) puis le paramètre */outputdir* (qui indique que le fichier généré, nommé *biblio.xsd* par défaut, sera placé dans le même répertoire). Les utilisations de *xsd.exe*, au travers de ses paramètres, sont assez nombreuses. Vous trouverez le détail à l'adresse web *http://msdn.microsoft.com/fr-fr/library/x6c1kb0s(v=vs.90).aspx*.

```
xsd file.xdr [/outputdir:directory][/parameters:file.xml]
xsd file.xml [/outputdir:directory] [/parameters:file.xml]
xsd file.xsd {/classes | /dataset} [/element:element]
          [/enableLinqDataSet] [/language:language]
                    [/namespace:namespace] [/outputdir:directory] [URI:uri]
                   [/parameters:file.xml]
xsd {file.dll | file.exe} [/outputdir:directory] [/type:typename [...]][/parameters:file.
xml]
```

En exécutant le fichier de commande *transform_xml.bat* (figure 10.3) en double-cliquant dessus, on obtient le fichier *biblio.xsd* (repère 2) qui définit le schéma XML du document XML *biblio.xml* (repère 1).

FIGURE 10.3

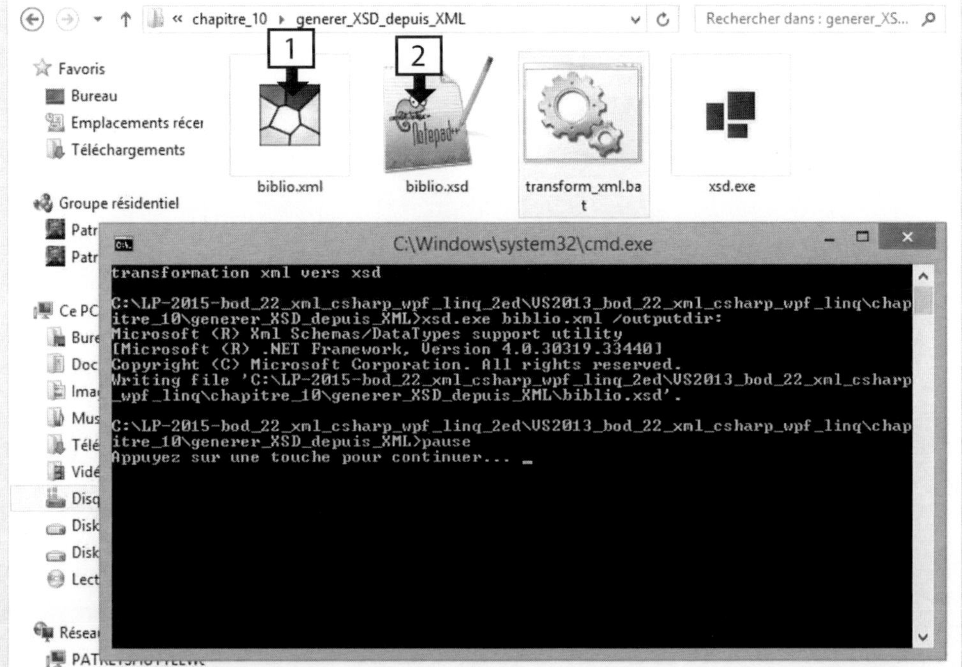

En ouvrant le fichier *biblio.xsd* avec *Notepad* par exemple, on constate bien que le contenu du schéma XML est la représentation de la structure du document XML (comme on l'a vu au chapitre 7).

Contenu du fichier biblio.xml:

```
<?xml version="1.0" encoding="UTF-8" standalone="yes"?>
<!-- élément racine du document -->
<biblio format="armoire dans allée">
  <!-- 1er enfant de type livre -->
  <livre id="L-001">
    <titre>Les misérables</titre>
    <auteur>Victor Hugo</auteur>
    <nb_tome>3</nb_tome>
    <isbn format="13">9782543245896</isbn>
    <stockage allee="2" armoire="3" etagere="1"/>
  </livre>
  <!-- 2ème enfant de type livre -->
  <livre id="L-002">
    <titre>L'assommoir</titre>
```

```
    <auteur>Emile Zola</auteur>
    <isbn format="13">9782543452146</isbn>
    <stockage allee="4" armoire="3" etagere="3"/>
  </livre>
  <!-- 3ème enfant de type livre -->
  <livre id="L-003">
    <titre>Le comte de Monte-Cristo</titre>
    <auteur>Alexandre Dumas</auteur>
    <isbn format="13">9782543257891</isbn>
    <nb_tome>2</nb_tome>
    <stockage allee="3" armoire="4" etagere="2"/>
  </livre>
</biblio>
```

Contenu du fichier biblio.xsd:

```
<?xml version="1.0" encoding="utf-8"?>
<xs:schema id="NewDataSet" xmlns="" xmlns:xs="http://www.w3.org/2001/
 XMLSchema" xmlns:msdata="urn:schemas-microsoft-com:xml-msdata">
  <xs:element name="biblio">
    <xs:complexType>
      <xs:sequence>
        <xs:element name="livre" minOccurs="0" maxOccurs="unbounded">
          <xs:complexType>
            <xs:sequence>
              <xs:element name="titre" type="xs:string" minOccurs="0"
                msdata:Ordinal="0" />
              <xs:element name="auteur" type="xs:string" minOccurs="0"
                msdata:Ordinal="1" />
              <xs:element name="nb_tome" type="xs:string" minOccurs="0"
               msdata:Ordinal="2" />
              <xs:element name="isbn" nillable="true" minOccurs="0"
              maxOccurs="unbounded">
                <xs:complexType>
                  <xs:simpleContent msdata:ColumnName="isbn_Text"
                   msdata:Ordinal="1">
                    <xs:extension base="xs:string">
                      <xs:attribute name="format" type="xs:string" />
                    </xs:extension>
                  </xs:simpleContent>
                </xs:complexType>
              </xs:element>
              <xs:element name="stockage" minOccurs="0" maxOccurs="unbounded">
                <xs:complexType>
                  <xs:attribute name="allee" type="xs:string" />
                  <xs:attribute name="armoire" type="xs:string" />
                  <xs:attribute name="etagere" type="xs:string" />
                </xs:complexType>
              </xs:element>
            </xs:sequence>
            <xs:attribute name="id" type="xs:string" />
```

```
        </xs:complexType>
      </xs:element>
    </xs:sequence>
    <xs:attribute name="format" type="xs:string" />
  </xs:complexType>
</xs:element>
<xs:element name="NewDataSet" msdata:IsDataSet="true"
  msdata:UseCurrentLocale="true">
  <xs:complexType>
    <xs:choice minOccurs="0" maxOccurs="unbounded">
      <xs:element ref="biblio" />
    </xs:choice>
  </xs:complexType>
</xs:element>
</xs:schema>
```

Maintenant nous allons voir comment générer un fichier XSD à partir d'un *assembly* au format *.dll* c'est-à-dire à partir d'une bibliothèque de classes. La solution de projet *P10_01_GenererDllPourXsd.sln,* placée dans le dossier *chapitre_10/ P10_01_GenererDllPourXsd,* illustre cette façon de faire. Ce projet a pour but de générer un *assembly* nommé *P10_01_GenererDllPourXsd.dll* dans le dossier de sortie de l'exécutable. Pour créer une bibliothèque de classes, on choisit dans *Nouveau projet* le modèle *Bibliothèque de classes* en ciblant le *framework 4.5* qui est utilisé sur la plateforme Windows 8.1 (figure 10.4).

FIGURE 10.4

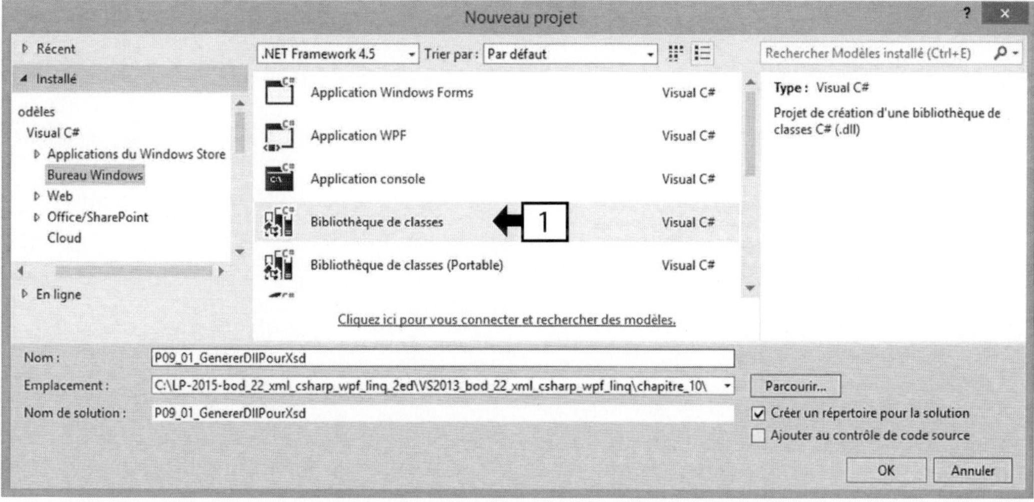

On déclare une classe **CLivre** dotée de champs et de propriétés comme *ID, Titre, Auteur, Nb_tome, P_isbn* et *P_stockage*. La propriété *P_isbn* est de type de la structure *st_isbn*, et la propriété *P_stockage* est de type de la structure *st_*

stockage.

```
public class CLivre {
  //structure isbn
  public struct st_isbn {
    public string format;
    public string valeur;
    public st_isbn(string un_format, string une_valeur) {
      format = un_format;
      valeur = une_valeur;
    }
  }
  //structure stockage
  public struct st_stockage {
    public string allee;
    public string armoire;
    public string etagere;
    public st_stockage(string une_allee, string une_armoire, string une_etagere) {
      allee = une_allee;
      armoire = une_armoire;
      etagere = une_etagere;
    }
  }
  //champs
  private int m_id = 1;
  private string m_titre = string.Empty;
  private string m_auteur = string.Empty;
  private string m_nb_tome = string.Empty;
  private st_isbn m_isbn;
  private st_stockage m_stockage;
  //propriete
  public int ID {
    get { return m_id; }
    set { value = m_id; }
  }
  public string Titre {
    get { return m_titre; }
    set { value = m_titre; }
  }
  public string Auteur {
    get { return m_auteur; }
    set { value = m_auteur; }
  }
  public string Nb_tome {
    get { return m_nb_tome; }
    set { value = m_nb_tome; }
  }
  public st_isbn P_isbn {
    get { return m_isbn; }
    set { value = m_isbn; }
```

```
    }
    public st_stockage P_stockage {
      get { return m_stockage; }
      set { value = m_stockage; }
    }
}//end class
```

On déclare une classe **CBiblio** qui contient une liste générique d'objets de type **CLivre**. La propriété *P_liste_livre* accède en lecture et écriture au champ *m_liste_livre*.

```
public class CBiblio {
    //champs
    private List<CLivre> m_liste_livre;
    //propriete
    public List<CLivre> P_liste_livre {
      get { return m_liste_livre; }
      set { value = m_liste_livre; }
    }
}
```

On compile le projet par le raccourci F6 de façon à générer un assembly nommé *P09_01_GenererDllPourXsd.dll* dans le répertoire de sortie de l'exécutable. Dans le dossier *chapitre_10*, on ajoute un sous-dossier *DLL_generer_schema_xml* dans lequel on copie la bibliothèque *P09_01_GenererDllPourXsd.dll* et l'outil de définition *xsd.exe*. Puis on réalise un fichier de commandes, nommé *transform_dll.bat*, qui contient les commandes suivantes:

```
@echo transformation DLL vers xsd
xsd.exe P10_01_GenererDllPourXsd.dll /outputdir:
pause
```

En exécutant ce fichier de commandes, on obtient le schéma XML, nommé *schema0.xsd* par défaut, qui contient une représentation d'une structure XML en fonction des classes **CBiblio** et **CLivre** formulées dans l'assembly *P10_01_GenererDllPourXsd.dll* (figure 10.5). Ci-dessous le contenu du schéma XML généré.

```
<?xml version="1.0" encoding="utf-8"?>
<xs:schema elementFormDefault="qualified"
  xmlns:xs="http://www.w3.org/2001/XMLSchema">
  <xs:element name="CBiblio" nillable="true" type="CBiblio" />
  <xs:complexType name="CBiblio">
    <xs:sequence>
      <xs:element minOccurs="0" maxOccurs="1" name="P_liste_livre"
        type="ArrayOfCLivre" />
    </xs:sequence>
  </xs:complexType>
  <xs:complexType name="ArrayOfCLivre">
```

```
    <xs:sequence>
   <xs:element minOccurs="0" maxOccurs="unbounded" name="CLivre" nillable="true"
    type="CLivre" />
    </xs:sequence>
  </xs:complexType>
  <xs:complexType name="CLivre">
    <xs:sequence>
      <xs:element minOccurs="1" maxOccurs="1" name="ID" type="xs:int" />
      <xs:element minOccurs="0" maxOccurs="1" name="Titre" type="xs:string" />
      <xs:element minOccurs="0" maxOccurs="1" name="Auteur" type="xs:string" />
     <xs:element minOccurs="0" maxOccurs="1" name="Nb_tome" type="xs:string" />
      <xs:element minOccurs="1" maxOccurs="1" name="P_isbn" type="st_isbn" />
      <xs:element minOccurs="1" maxOccurs="1" name="P_stockage"
        type="st_stockage" />
    </xs:sequence>
  </xs:complexType>
  <xs:complexType name="st_isbn">
    <xs:sequence>
      <xs:element minOccurs="0" maxOccurs="1" name="format" type="xs:string" />
      <xs:element minOccurs="0" maxOccurs="1" name="valeur" type="xs:string" />
    </xs:sequence>
  </xs:complexType>
  <xs:complexType name="st_stockage">
    <xs:sequence>
      <xs:element minOccurs="0" maxOccurs="1" name="allee" type="xs:string" />
      <xs:element minOccurs="0" maxOccurs="1" name="armoire" type="xs:string" />
      <xs:element minOccurs="0" maxOccurs="1" name="etagere" type="xs:string" />
    </xs:sequence>
  </xs:complexType>
  <xs:element name="CLivre" nillable="true" type="CLivre" />
</xs:schema>
```

FIGURE 10.5

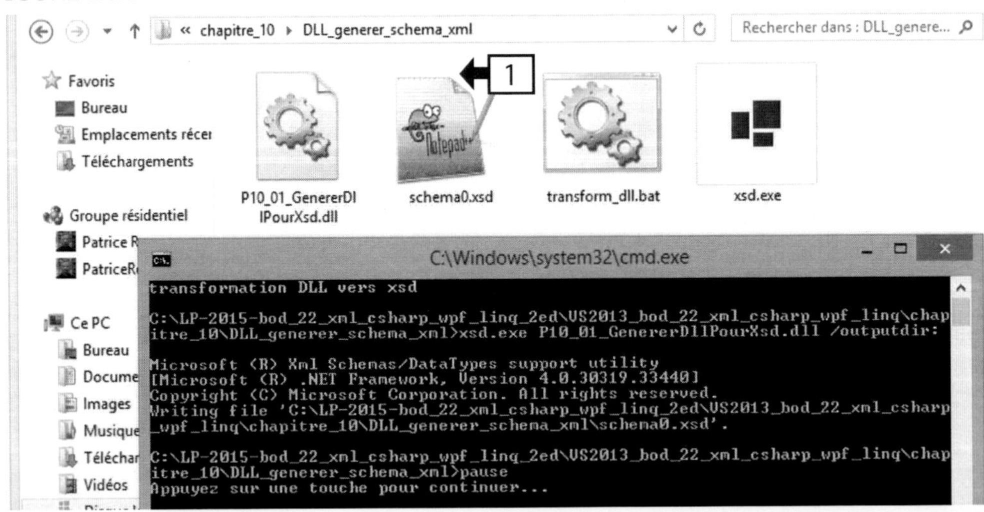

2 - Générer un schéma XML par programmation

Le *framework* .NET vous permet de réaliser des schémas XML complet par programmation. Vous pouvez charger des schémas existants ou bien en créer des nouveaux de toutes pièces. Vous pouvez manipuler le schéma XML en ajoutant ou en enlevant différentes parties comme les éléments, les attributs, les types simples et les types complexes. Une fois les manipulations effectuées sur le schéma XML, vous pouvez le compiler. La compilation d'un schéma XML garantit qu'il n'y a aucune erreur dans la structure du schéma.
Pour effectuer ce travail, le *framework* .NET fournit un ensemble de classes appelées SOM (*Schema Object Model* ou en français *modèle objet de schéma*). Ces classes SOM réside dans l'espace de noms *System.Xml.Schema*. Les classes SOM représentent pour les schémas ce que DOM représente pour le document XML. La figure 10.6 visualise l'arbre d'héritage de la classe abstraite de base **XmlSchemaObjet**. De nombreuses classes dérivées permettent de composer un schéma XML complet par programmation.

FIGURE 10.6

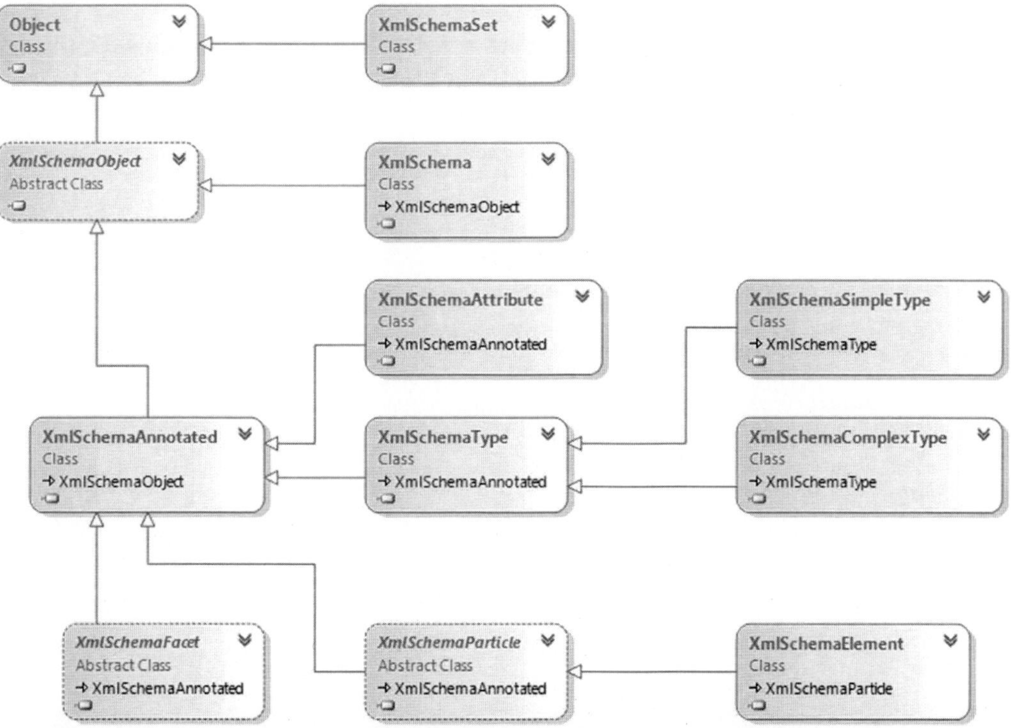

La classe **XmlSchema** représente un schéma XML complet au travers d'une représentation en mémoire d'un schéma XML tel qu'il est spécifié dans les spécifications "*XML Schema Part 1: Structures*" et "*XML Schema Part 2: Datatypes*" du W3C. Les classes fournies sont nombreuses. Par une vue globale, avec **XmlSchema**, vous pouvez lire, écrire et compiler un schéma XML. La classe **XmlSchemaType** est la classe de base de tous les types simples et complexes. La classe **XmlSchemaAttribute** représente l'élément *attribute* issu d'un schéma XML. La classe **XmlSchemaParticle** est la classe de base de tous les types de particules comme **XmlSchemaElement**.

La solution de projet *P10_02_GenererSchemaXml.sln*, placée dans le dossier *chapitre_10/P10_02_GenererSchemaXml*, illustre la façon de faire pour réaliser un schéma XML par programmation. La figure 10.7 visualise le résultat obtenu. Au lancement de l'application, on charge le document XML *biblio.xml* et on affiche son contenu dans la zone de texte spécifique du haut (repère 1). Puis on génère par programmation le schéma XML correspondant que l'on sauvegarde sur le disque à l'emplacement *contenu/schema.xsd*. Enfin on ouvre le document *schema.xsd* et on affiche son contenu dans la zone de texte spécifique du bas (repère 2). Ce schéma XML, que l'on réalise par programmation, est destiné à représenter la structure du document XML suivant (nommé *biblio.xml*):

```
<?xml version="1.0" encoding="utf-8" ?>
<biblio>
  <livre id="L-001" taille="33">
    <titre>Les misérables</titre>
    <auteur>Victor Hugo</auteur>
    <nb_tome>3</nb_tome>
    <isbn format="13">9782543245896</isbn>
    <stockage allee="2" armoire="3" etagere="1"/>
  </livre>
  <livre id="L-002" taille="12">
    <titre>L'assommoir</titre>
    <auteur>Emile Zola</auteur>
    <nb_tome>3</nb_tome>
    <isbn format="13">9782543452146</isbn>
    <stockage allee="4" armoire="3" etagere="3"/>
  </livre>
  <livre id="L-003" taille="22">
    <titre>Le comte de Monte-Cristo</titre>
    <auteur>Alexandre Dumas</auteur>
    <nb_tome>2</nb_tome>
    <isbn format="13">9782543257891</isbn>
    <stockage allee="3" armoire="4" etagere="2"/>
  </livre>
</biblio>
```

FIGURE 10.7

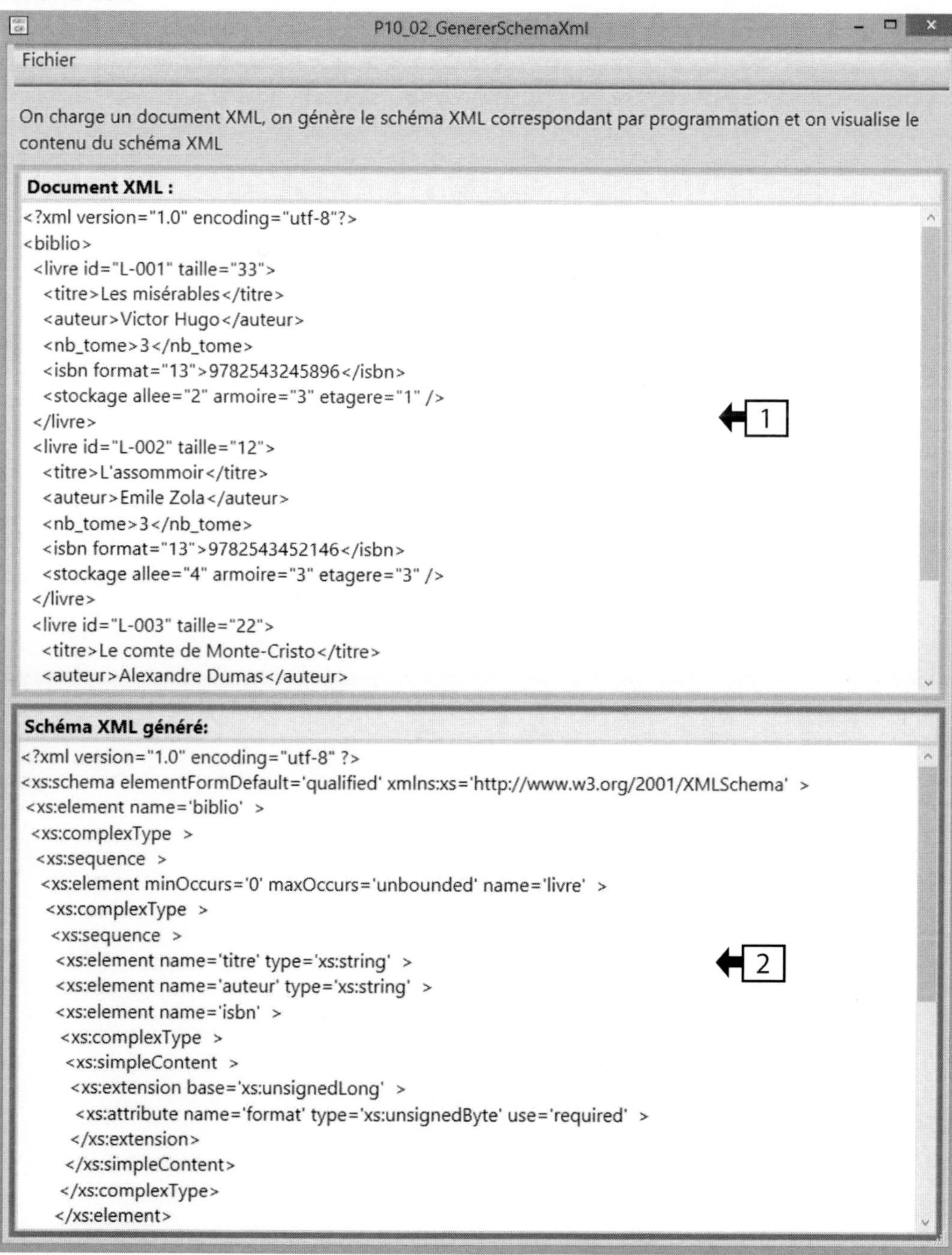
P10_02_GenererSchemaXml
Fichier
On charge un document XML, on génère le schéma XML correspondant par programmation et on visualise le contenu du schéma XML
Document XML :
<?xml version="1.0" encoding="utf-8"?>
<biblio>
<livre id="L-001" taille="33">
<titre>Les misérables</titre>
<auteur>Victor Hugo</auteur>
<nb_tome>3</nb_tome>
<isbn format="13">9782543245896</isbn>
<stockage allee="2" armoire="3" etagere="1" />
</livre>
<livre id="L-002" taille="12">
<titre>L'assommoir</titre>
<auteur>Emile Zola</auteur>
<nb_tome>3</nb_tome>
<isbn format="13">9782543452146</isbn>
<stockage allee="4" armoire="3" etagere="3" />
</livre>
<livre id="L-003" taille="22">
<titre>Le comte de Monte-Cristo</titre>
<auteur>Alexandre Dumas</auteur>
1
Schéma XML généré:
<?xml version="1.0" encoding="utf-8" ?>
<xs:schema elementFormDefault='qualified' xmlns:xs='http://www.w3.org/2001/XMLSchema' >
<xs:element name='biblio' >
<xs:complexType >
<xs:sequence >
<xs:element minOccurs='0' maxOccurs='unbounded' name='livre' >
<xs:complexType >
<xs:sequence >
<xs:element name='titre' type='xs:string' >
<xs:element name='auteur' type='xs:string' >
<xs:element name='isbn' >
<xs:complexType >
<xs:simpleContent >
<xs:extension base='xs:unsignedLong' >
<xs:attribute name='format' type='xs:unsignedByte' use='required' >
</xs:extension>
</xs:simpleContent>
</xs:complexType>
</xs:element>
2

FIGURE 10.8

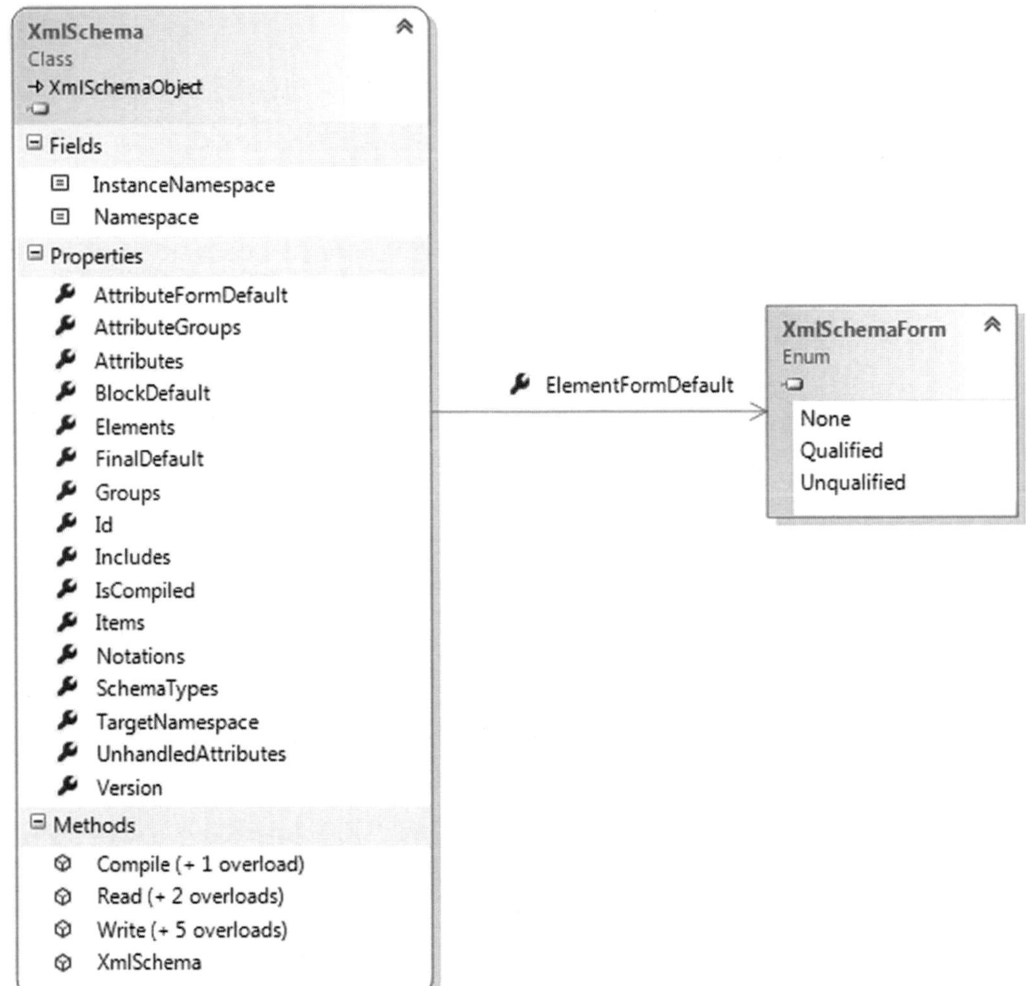

L'élément racine *biblio* contient un ensemble d'éléments *livre*. Un élément *livre* contient un ensemble d'éléments enfants qui sont les éléments *titre, auteur, nb_tome, isbn* et *stockage*. Certains de ces éléments sont de type simple (type intégré de la norme), d'autres sont de types complexes. Nous allons voir comment programmer tout cela. La classe **XmlSchema** définit la représentation en mémoire d'un schéma XML tel qu'il est spécifié dans les spécifications du W3C. Elle expose principalement les propriétés et les méthodes suivantes (figure 10.8):

- la propriété *ElementFormDefault* définit le formulaire pour les éléments déclarés de l'espace de noms cible du schéma, en recevant une valeur de l'énumération *XmlSchemaForm* qui sont *XmlSchemaForm.None* (la forme de l'élément n'est pas spécifiée dans le schéma), *XmlSchemaForm.Qualified* (les éléments de l'espace de noms doivent être qualifiés à l'aide du préfixe de l'espace de noms), et *XmlSchemaForm.Unqualified*.

- la propriété *TargetNamespace* définit l'URI de l'espace de noms cible du schéma.
- la propriété booléenne *IsCompiled* indique si le schéma a été compilé.
- la méthode *Read* lit un schéma XML à partir d'un flux de données fourni, d'un objet **TextReader** ou d'un objet **XmlReader**.
- la méthode *Write* écrit un schéma XML dans un flux de données fourni, dans un objet **TextReader** ou dans un objet **XmlReader**.

On instancie un **XmlSchema** *schema* et on fixe sa propriété *ElementFormDefault* pour afficher les noms qualifiés des éléments. On génère ainsi la balise: *<xs:schema elementFormDefault= "qualified" xmlns:xs= "http://www.w3.org/2001/ XMLSchema">.*

```
//schema du doc
XmlSchema schema = new XmlSchema();
schema.ElementFormDefault = XmlSchemaForm.Qualified;
...
```

FIGURE 10.9

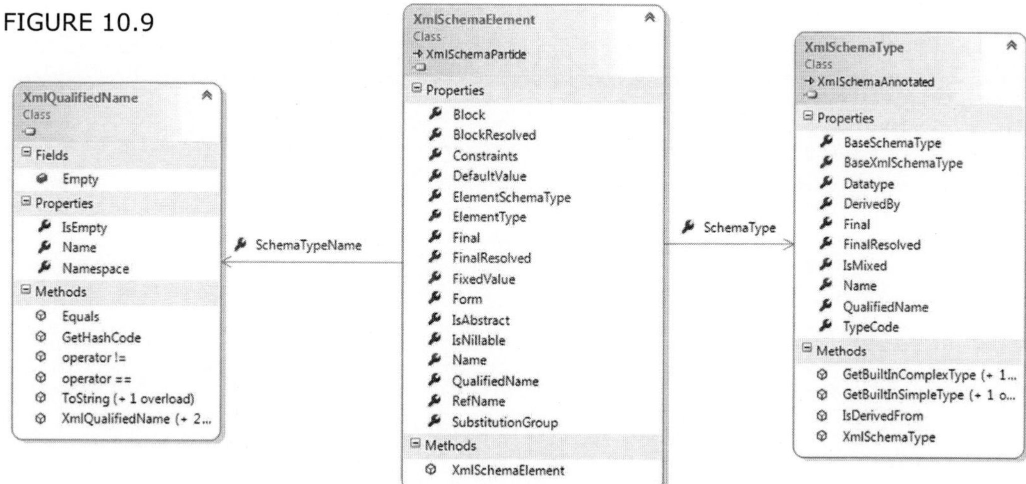

La balise XML *titre* est *<titre>Les misérables</titre>*. C'est un élément de type **XmlSchemaElement** (figure 10.9) avec un nom qualifié égal à la valeur *titre* et qui contient une donnée typée de type chaîne (type intégré *string*). On affecte à la propriété *Name* le nom qualifié de l'élément et à la propriété *SchemaTypeName* le type de l'élément (dans le cas ou le type représente un type intégré). La classe **XmlQualifiedName** représente un nom qualifié XML. *XmlSchema.Namespace*

est une constante qui représente l'espace de noms du schéma XML. On génère ainsi, dans le schéma XML, la balise *<xs:element name= "titre" type= "xs:string" />*.

```
//element titre
XmlSchemaElement elem_titre = new XmlSchemaElement();
elem_titre.Name = "titre";
elem_titre.SchemaTypeName =
  new XmlQualifiedName("string", XmlSchema.Namespace);
...
```

La balise XML *auteur* est *<auteur>Victor Hugo</auteur>*. On procède de la même façon pour obtenir la balise *<xs:element name= "auteur" type= "xs:string" />* dans le schéma XML.

```
//element auteur
XmlSchemaElement elem_auteur = new XmlSchemaElement();
elem_auteur.Name = "auteur";
elem_auteur.SchemaTypeName =
  new XmlQualifiedName("string", XmlSchema.Namespace);
...
```

La balise XML *nb_tome* est *<nb_tome>3</nb_tome>*. Son contenu est de type entier, donc on déclare un type intégré *unsignedByte* dans le schéma XML.

```
//element nb_tome
XmlSchemaElement elem_nb_tome = new XmlSchemaElement();
elem_nb_tome.Name = "nb_tome";
elem_nb_tome.SchemaTypeName =
  new XmlQualifiedName("unsignedByte", XmlSchema.Namespace);
...
```

Ce qui donne la séquence suivante dans le schéma XML:

<xs:element name= "nb_tome" type= "xs:unsignedByte" />.

La balise XML *isbn* est *<isbn format= "13">9782543245896</isbn>*. Son contenu textuel représente un type entier, et elle possède en plus un attribut, nommé *format*, qui est de type entier. La représentation *isbn* dans le schéma est plus compliqué car il s'agit d'un type complexe (comme on l'a vu dans le chapitre 7 en apprentissage).
On instancie un élément **XmlSchemaElement** *elem_isbn* et on lui donne un nom qualifié de valeur *"isbn"*, et on affecte à sa propriété *SchemaType*, un type complexe nommé *elem_isbn_type* de type **XmlSchemaComplexType**.

```
//element isbn
XmlSchemaElement elem_isbn = new XmlSchemaElement();
elem_isbn.Name = "isbn";
XmlSchemaComplexType elem_isbn_type = new XmlSchemaComplexType();
```

```
...
elem_isbn.SchemaType = elem_isbn_type;
```

Ce qui donne la séquence suivante dans le schéma XML:

```
<xs:element name="isbn">
  <xs:complexType>
    ...
  </xs:complexType>
</xs:element>
```

Quand une balise XML est de type complexe et qu'elle contient un contenu textuel, le type du contenu est exprimé dans un élément *xs:extension* du schéma dont la propriété *base* exprime le type de donnée. De plus, un élément *xs:extension* d'un schéma est hébergé dans un élément *xs:simpleContent* du schéma.
En déclarant un **XmlSchemaSimpleContent** *elem_isbn_sc*, on l'affecte à la propriété *ContentModel* du type complexe **XmlSchemaComplexType** *elem_isbn_sc*. En déclarant un **XmlSchemaSimpleContentExtension** *elem_isbn_extension*, on l'affecte à la propriété *Content* de **XmlSchemaSimpleContent** *elem_isbn_sc*.

```
XmlSchemaSimpleContent elem_isbn_sc = new XmlSchemaSimpleContent();
XmlSchemaSimpleContentExtension elem_isbn_extension =
  new XmlSchemaSimpleContentExtension();
elem_isbn_extension.BaseTypeName = new XmlQualifiedName("unsignedLong",
  XmlSchema.Namespace);
...
elem_isbn_sc.Content = elem_isbn_extension;
elem_isbn_type.ContentModel = elem_isbn_sc;
```

Ce qui donne la séquence suivante dans le schéma XML:

```
<xs:complexType>
  <xs:simpleContent>
    <xs:extension base="xs:unsignedLong">
      ...
    </xs:extension>
  </xs:simpleContent>
</xs:complexType>
```

La balise XML *isbn* possède un attribut de nom *format* et de valeur de type entier. Un élément *xs:attribute* se déclare par un **XmlSchemaAttribute**. Sa propriété *Name* reçoit le nom qualifié de l'attribut. Sa propriété *SchemaTypeName* reçoit un type intégré par un objet **XmlQualifiedName**. Et sa propriété *Use* reçoit une énumération *XmlSchemaUse* (qui peut être *Required, None, Prohibited* ou *Optional*). Cet attribut est ajouté ensuite à la collection *Attributes* de l'élément **XmlSchemaSimpleContentExtension**.

```
...
XmlSchemaAttribute elem_isbn_attr = new XmlSchemaAttribute();
elem_isbn_attr.Name = "format";
elem_isbn_attr.SchemaTypeName = new XmlQualifiedName("unsignedByte",
  XmlSchema.Namespace);
elem_isbn_attr.Use = XmlSchemaUse.Required;
elem_isbn_extension.Attributes.Add(elem_isbn_attr);
...
```

Ce qui donne la séquence suivante dans le schéma XML:

```
<xs:complexType>
  <xs:simpleContent>
    <xs:extension base="xs:unsignedLong">
      <xs:attribute name="format" type="xs:unsignedByte"
       use="required" />
     </xs:extension>
   </xs:simpleContent>
</xs:complexType>
```

Le code complet du schéma XML pour la balise *isbn* par programmation est donc le suivant:

```
//element isbn
XmlSchemaElement elem_isbn = new XmlSchemaElement();
elem_isbn.Name = "isbn";
XmlSchemaComplexType elem_isbn_type = new XmlSchemaComplexType();
XmlSchemaSimpleContent elem_isbn_sc = new XmlSchemaSimpleContent();
XmlSchemaSimpleContentExtension elem_isbn_extension =
  new XmlSchemaSimpleContentExtension();
elem_isbn_extension.BaseTypeName =
  new XmlQualifiedName("unsignedLong", XmlSchema.Namespace);
XmlSchemaAttribute elem_isbn_attr = new XmlSchemaAttribute();
elem_isbn_attr.Name = "format";
elem_isbn_attr.SchemaTypeName =
  new XmlQualifiedName("unsignedByte", XmlSchema.Namespace);
elem_isbn_attr.Use = XmlSchemaUse.Required;
elem_isbn_extension.Attributes.Add(elem_isbn_attr);
elem_isbn_sc.Content = elem_isbn_extension;
elem_isbn_type.ContentModel = elem_isbn_sc;
elem_isbn.SchemaType = elem_isbn_type;
```

```
<xs:element name="isbn">
  <xs:complexType>
    <xs:simpleContent>
      <xs:extension base="xs:unsignedLong">
       <xs:attribute name="format" type="xs:unsignedByte" use="required" />
      </xs:extension>
    </xs:simpleContent>
```

```
  </xs:complexType>
</xs:element>
```

La balise XML *stockage* est une balise vide (sans contenu textuel) mais possèdant trois attributs *<stockage allee= "2" armoire= "3" etagere= "1"/>*. On aura donc un élément *xs:element* avec un nom qualifié "*stockage*", qui sera de type complexe *xs:complexType*. Les trois attributs seront ajoutés à la collection *Attributes* du type complexe.

```
//element stockage
XmlSchemaElement elem_stockage = new XmlSchemaElement();
elem_stockage.Name = "stockage";
XmlSchemaComplexType elem_stockage_type = new XmlSchemaComplexType();
elem_stockage.SchemaType = elem_stockage_type;
XmlSchemaAttribute elem_stockage_attr_allee = new XmlSchemaAttribute();
elem_stockage_attr_allee.Name = "allee";
elem_stockage_attr_allee.SchemaTypeName =
  new XmlQualifiedName("unsignedByte", XmlSchema.Namespace);
elem_stockage_attr_allee.Use = XmlSchemaUse.Required;
XmlSchemaAttribute elem_stockage_attr_armoire = new XmlSchemaAttribute();
elem_stockage_attr_armoire.Name = "armoire";
elem_stockage_attr_armoire.SchemaTypeName =
  new XmlQualifiedName("unsignedByte", XmlSchema.Namespace);
elem_stockage_attr_armoire.Use = XmlSchemaUse.Required;
XmlSchemaAttribute elem_stockage_attr_etagere = new XmlSchemaAttribute();
elem_stockage_attr_etagere.Name = "etagere";
elem_stockage_attr_etagere.SchemaTypeName =
  new XmlQualifiedName("unsignedByte", XmlSchema.Namespace);
elem_stockage_attr_etagere.Use = XmlSchemaUse.Required;
elem_stockage_type.Attributes.Add(elem_stockage_attr_allee);
elem_stockage_type.Attributes.Add(elem_stockage_attr_armoire);
elem_stockage_type.Attributes.Add(elem_stockage_attr_etagere);
```

Ce qui donne la séquence suivante dans le schéma XML:

```
<xs:element name="stockage">
  <xs:complexType>
    <xs:attribute name="allee" type="xs:unsignedByte" use="required" />
    <xs:attribute name="armoire" type="xs:unsignedByte" use="required" />
    <xs:attribute name="etagere" type="xs:unsignedByte" use="required" />
  </xs:complexType>
</xs:element>
```

Une balise XML *livre*, comme *<livre id= "L-001" taille= "33"> ... </livre>* possède deux attributs (*id* et *taille*). Elle est composée d'une séquence de balises *titre, auteur, isbn, nb_tome* et *stockage*. On déclare donc un élément **XmlSchemaElement** *elem_livre* avec une propriété *Name* égale à "*livre*", et une propriété *SchemaType* qui reçoit un type complexe **XmlSchemaComplexType** *elem_livre_type*.

```
//element livre
XmlSchemaElement elem_livre = new XmlSchemaElement();
elem_livre.Name = "livre";
...
XmlSchemaComplexType elem_livre_type = new XmlSchemaComplexType();
elem_livre.SchemaType = elem_livre_type;
```

Ce qui donne la séquence suivante dans le schéma XML:

```
<xs:element name="livre">
  <xs:complexType>
    ...
  </xs:complexType>
</xs:element>
```

Le type complexe est constitué d'une séquence d'éléments *titre, auteur, isbn, nb_tome* et *stockage*. On déclare une séquence par un objet **XmlSchemaSequence** *elem_livre_seq*. On ajoute à sa propriété *Items* (collection d'objets) les différents éléments (*elem_titre, elem_auteur*, etc.) par la méthode *Add*. Et on affecte cette séquence à la propriété *Particle* du type complexe **XmlSchemaComplexType** *elem_livre_type*.

```
XmlSchemaSequence elem_livre_seq = new XmlSchemaSequence();
elem_livre_seq.Items.Add(elem_titre);
elem_livre_seq.Items.Add(elem_auteur);
elem_livre_seq.Items.Add(elem_isbn);
elem_livre_seq.Items.Add(elem_stockage);
elem_livre_type.Particle = elem_livre_seq;
```

Ce qui donne la séquence suivante dans le schéma XML:

```
<xs:element name="livre">
  <xs:complexType>
    <xs:sequence>
     ...
     </xs:sequence>
  </xs:complexType>
</xs:element>
```

Les deux attributs, *id* et *taille*, sont déclarés par des **XmlSchemaAttribut**, puis ils sont ajoutés à la collection *Attributes* du type complexe par la méthode *Add*.

```
XmlSchemaAttribute elem_livre_attr_id = new XmlSchemaAttribute();
elem_livre_attr_id.Name = "id";
elem_livre_attr_id.SchemaTypeName =
  new XmlQualifiedName("string", XmlSchema.Namespace);
elem_livre_attr_id.Use = XmlSchemaUse.Required;
XmlSchemaAttribute elem_livre_attr_taille = new XmlSchemaAttribute();
elem_livre_attr_taille.Name = "taille";
elem_livre_attr_taille.SchemaTypeName =
```

```
  new XmlQualifiedName("string", XmlSchema.Namespace);
elem_livre_attr_taille.Use = XmlSchemaUse.Required;
elem_livre_type.Attributes.Add(elem_livre_attr_id);
elem_livre_type.Attributes.Add(elem_livre_attr_taille);
```

Ce qui donne la séquence suivante dans le schéma XML:

```
<xs:element name="livre">
  <xs:complexType>
    <xs:sequence>
     ...
    </xs:sequence>
    <xs:attribute name="id" type="xs:string" use="required" />
    <xs:attribute name="taille" type="xs:unsignedByte" use="required" />
  </xs:complexType>
</xs:element>
```

Comme la balise racine *biblio* peut contenir zéro à un nombre indéterminé de balise *livre*, on affecte, pour l'élément **XmlSchemaElement** *elem_livre*, à la propriété *MinOccurs* la valeur *0* (qui veut dire zéro occurrence) et à la propriété *MaxOccursString* la valeur *unbounded* (chaîne qui représente une valeur indéterminée). Si l'on souhaitait par exemple 40 occurrences au maximum, on aurait affecté la valeur *40* à la propriété *MaxOccurs*.

```
//element livre
XmlSchemaElement elem_livre = new XmlSchemaElement();
elem_livre.Name = "livre";
elem_livre.MinOccurs = 0;
elem_livre.MaxOccursString = "unbounded";
```

Ce qui donne la séquence suivante dans le schéma XML:

```
<xs:element minOccurs="0" maxOccurs="unbounded" name="livre">
```

La racine est la balise XML *biblio*, donc un élément **XmlSchemaElement** *racine* avec un nom qualifié "*biblio*", et de type complexe **XmlSchemaComplexType** *racine_type*. Elle est composée d'une séquence d'élément *livre* donc d'un **XmlSchemaSequence** *racine_seq*, affecté à la propriété *Particle* de *racine_type*. La racine doit être ajoutée au schéma **XmlSchema** *schema* à sa collection *Items* par la méthode *Add*.

```
//element racine biblio
XmlSchemaElement racine = new XmlSchemaElement();
racine.Name = "biblio";
schema.Items.Add(racine);
XmlSchemaComplexType racine_type = new XmlSchemaComplexType();
racine.SchemaType = racine_type;
XmlSchemaSequence racine_seq = new XmlSchemaSequence();
```

```
racine_seq.Items.Add(elem_livre);
racine_type.Particle = racine_seq;
```

Ce qui donne la séquence suivante dans le schéma XML:

```
<xs:element name="biblio">
  <xs:complexType>
    <xs:sequence>
     ...
     </xs:sequence>
  </xs:complexType>
</xs:element>
```

Maintenant que le schéma est programmé intégralement par code, on ajoute une boucle *try ... catch* dans laquelle on va compiler le schéma pour vérifier que sa structure est conforme (et éventuellement pour lever une exception en cas de problèmes). Ensuite on va écrire ce schéma dans un fichier avec un objet **XmlTextWriter**. Enfin, on va afficher le contenu du fichier contenant la description XML du schéma dans une zone texte avec un objet **XmlTextReader**.
Pour vérifier la structure du schéma XML, on utilise un objet de la classe **XmlSchemaSet** qui contient un cache de schémas en langage XSD (*XML Schema Definition*). Par la méthode *Add*, on ajoute le schéma réalisé et par la méthode *Compile*, on compile le schéma. En cas d'erreur dans la structure du schéma, une exception est levée.

```
try {
  ...
  //compiler le schema
  XmlSchemaSet set = new XmlSchemaSet();
  set.Add(schema);
  set.Compile();
  ...
}
catch (Exception ex) {
  MessageBox.Show(ex.Message);
}
```

Pour sauvegarder le schéma sous forme d'un fichier XML, on utilise un objet **XmlTextWriter** en lui spécifiant un emplacement de fichier et un encodage voulu. On en profite pour indiquer l'indentation voulue par les propriétés *Formatting*, *Indentation* et *IndentChar*. Puis on écrit avec la méthode *XmlSchema.Write* qui reçoit en paramètre un objet **XmlTextWriter**.

```
try {
  ...
  //sauvegarde du schema
```

```
  XmlTextWriter writer = new XmlTextWriter(v_doss_exe + "contenu\\schema.xsd",
    Encoding.UTF8);
  writer.Formatting = Formatting.Indented;
  writer.Indentation = 1;
  writer.IndentChar = '\t';
  schema.Write(writer);
  writer.Close();
  //affichage
  AfficherContenuSchema();
}
catch (Exception ex) {
  MessageBox.Show(ex.Message);
}
```

La méthode *AfficherContenuSchema* va permettre d'ouvrir le fichier XML sauvegardé, de le lire et d'afficher son contenu dans un **TextBlock**. Le parcours du contenu XML avec le **XmlTextReader** se fait comme on l'a déjà vu. La seule différence cette fois est que l'on indente les sorties textes en fonction de la profondeur des balises. Pour cela, on utilise la propriété *XmlTextReader.Depth* qui retourne la profondeur du nœud en cours de lecture dans l'arborescence du document XML. Et on convertit cette profondeur en caractère espace pour envoyer dans la sortie texte. La figure 10.10 visualise le résultat obtenu.

```
private void AfficherContenuSchema() {
  try {
    XmlTextReader lecteur = new XmlTextReader(v_doss_exe + "contenu\\schema.xsd");
    lecteur.WhitespaceHandling = WhitespaceHandling.None;
    int prof = 0;
    while (lecteur.Read()) {
      prof = lecteur.Depth;
      if (lecteur.NodeType == XmlNodeType.XmlDeclaration) {
        AfficherTexte(Indenter(prof) + "<?" + lecteur.Name + " " + lecteur.Value + " ?>"
          + RC);
      }
      if (lecteur.NodeType == XmlNodeType.Element) {
        AfficherTexte(Indenter(prof) + "<" + lecteur.Name + " ");
        string val_attr = "";
        if (lecteur.HasAttributes) {
          lecteur.MoveToFirstAttribute();
          val_attr += lecteur.Name + "='" + lecteur.Value + "' ";
          while (lecteur.MoveToNextAttribute()) {
            val_attr += lecteur.Name + "='" + lecteur.Value + "' ";
          }
        }
        AfficherTexte(val_attr + " >" + RC);
      }
      if (lecteur.NodeType == XmlNodeType.EndElement) {
        AfficherTexte(Indenter(prof) + "</" + lecteur.Name + ">" + RC);
```

```
      }
    }
    lecteur.Close();
  }
  catch (Exception Exception) {
    MessageBox.Show(Exception.Message);
  }
}
```

FIGURE 10.10

Schéma XML généré:

```
<?xml version="1.0" encoding="utf-8" ?>
<xs:schema elementFormDefault='qualified' xmlns:xs='http://www.w3.org/2001/XMLSchema' >
 <xs:element name='biblio' >
  <xs:complexType >
   <xs:sequence >
    <xs:element minOccurs='0' maxOccurs='unbounded' name='livre' >
     <xs:complexType >
      <xs:sequence >
       <xs:element name='titre' type='xs:string' >
       <xs:element name='auteur' type='xs:string' >
       <xs:element name='isbn' >
        <xs:complexType >
         <xs:simpleContent >
          <xs:extension base='xs:unsignedLong' >
           <xs:attribute name='format' type='xs:unsignedByte' use='required' >
          </xs:extension>
```

FIGURE 10.11

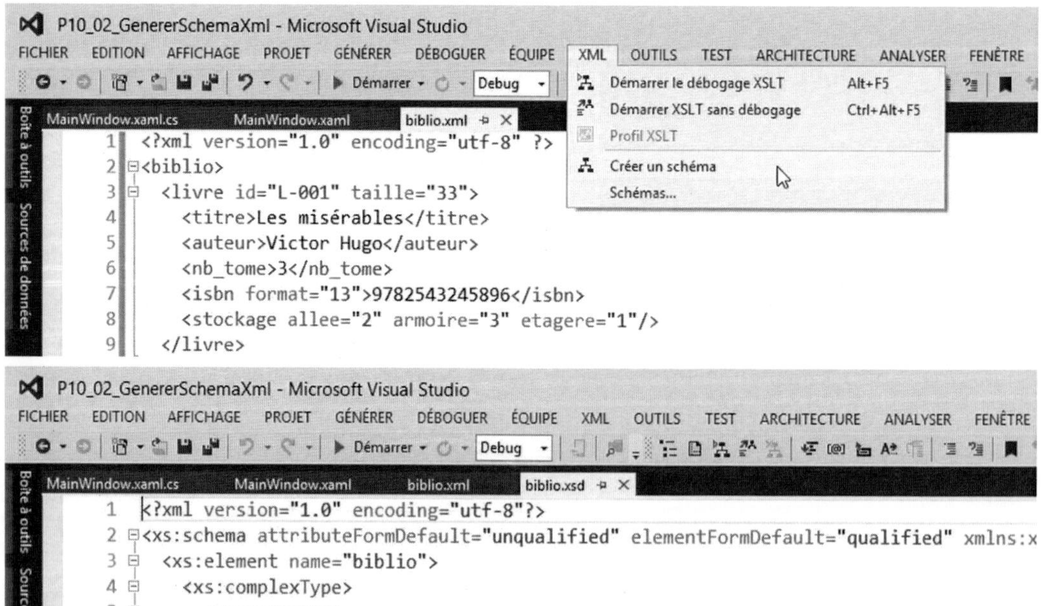

Visual Studio 2013 intègre une création de schéma automatique (en utilisant l'exécutable *xsd.exe*). Comme le montre la figure 10.11, quand on a un fichier XML ouvert dans un onglet, en choisissant le menu *XML -> Créer un schéma*, Visual Studio génère le schéma XML qu'il affiche dans un autre onglet.

3 - La validation d'un document XML

Nous allons voir l'illustration du concept de validation de document XML quand il est doté d'une DTD interne, quand il est doté d'une DTD externe, et quand il est doté d'un schéma XML externe. La validation d'un document XML par une DTD ou un schéma XML consiste à vérifier que les données XML contenues dans le document XML répondent correctement à la structure des données définie par la DTD ou le schéma XML.
La validation de document XML va passer par l'utilisation des classes **XmlReader** et **XmlReaderSettings** (figure 10.12). La classe **XmlReaderSettings** spécifie un jeu de fonctionnalités à prendre en charge sur l'objet **XmlReader**. Elle expose principalement les propriété suivantes:

- la propriété *ValidationType* qui définit une valeur indiquant si le **XmlReader** doit effectuer la validation ou l'assignation de type lors de la lecture; cette valeur est une énumération *ValidationType* qui peut être *ValidationType.DTD* (la validation s'effectue à l'aide d'une définition de type de document, et la propriété *DtdProcessing* doit également avoir la valeur *Parse*), *ValidationType.Schema* (la validation et l'assignation de type se font à l'aide d'un schéma en langage XSD), ou *ValidationType.None* (pas de validation de données et pas d'assignation de type).
- la propriété *DtdProcessing* qui définit une valeur qui détermine le traitement de la DTD; la valeur affectée est une énumération *DtdProcessing* qui peut être soit *DtdProcessing.Parse* (utilisée pour l'analyse des DTD), *DtdProcessing.Prohibit* (spécifie que lorsqu'une DTD est rencontrée, un **XmlException** est levé avec un message signalant que les DTD sont interdites; il s'agit du comportement par défaut), ou soit *Dtd.Ignore* (entraîne le fait que l'élément DOCTYPE est ignoré; aucun traitement de DTD ne se poursuit).
- la propriété *ValidationFlags* qui définit une valeur indiquant les paramètres de validation du schéma; ce paramètre s'applique aux objets **XmlReader** validant des schémas (propriété *ValidationType* ayant la valeur *ValidationType.Schema*).

De plus, la classe **XmlReaderSettings** possède la gestion de l'événement

ValidationEventHandler qui se produit lorsque le lecteur trouve des erreurs de validation. Cet événement survient lors de la lecture d'une instance de document XML si le *ValidationType* a la valeur *DTD* ou *Schema*. Si le paramètre *ReportValidationWarnings* a été activé sur la propriété *ValidationFlags*, cet événement se produit également lorsque des avertissements de validation sont trouvés.

La classe **XmlReader** est une classe abstraite qui représente un lecteur fournissant un accès rapide, non mis en cache vers les données XML. Elle possède une méthode statique *XmlReader.Create* qui permet de créer une instance de **XmlReader** avec l'URI spécifié et un objet **XmlReaderSettings** qui spécifie un jeu de fonctionnalités à prendre en charge.

FIGURE 10.12

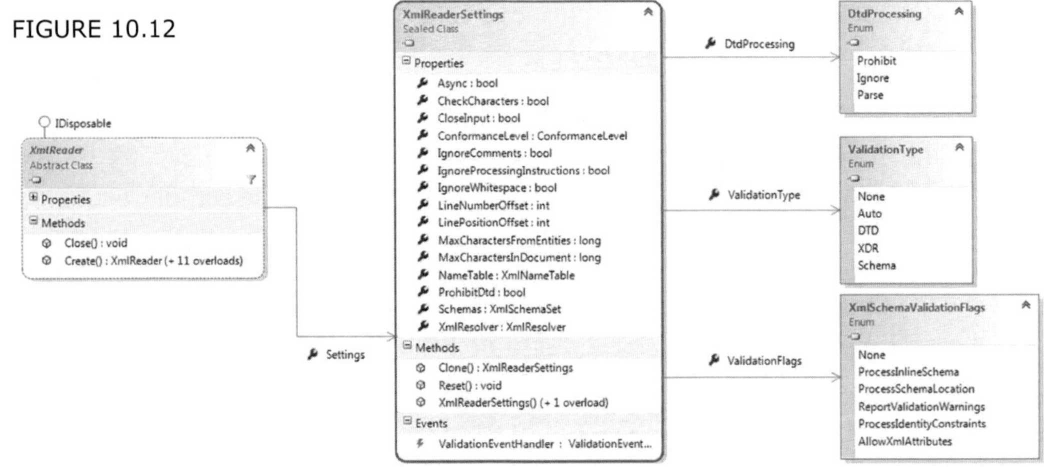

3.1 - Valider un document XML doté d'une DTD

La solution de projet *P10_03_ValiderXmlDtdInterne.sln*, placée dans le dossier *chapitre10/P10_03_ValiderXmlDtdInterne*, illustre le concept de validation d'un document XML doté d'une DTD interne. On choisit de valider le document XML, nommé *doc_xml_dtd_interne.xml*, possédant une DTD interne. Le contenu de ce document XML est le suivant:

```
<?xml version="1.0" encoding="UTF-8"?>
<!DOCTYPE contact [
  <!ELEMENT contact (personne*)>
  <!ELEMENT personne (nom, prenom, telephone?, ville?) >
  <!ATTLIST personne ID_personne ID #REQUIRED >
  <!ELEMENT nom (#PCDATA) >
```

```
  <!ELEMENT prenom (#PCDATA) >
  <!ELEMENT telephone (#PCDATA) >
  <!ELEMENT ville (#PCDATA) >
]>
<contact>
  <personne ID_personne="numero_1">
    <nom>Boli</nom>
    <prenom>Basile</prenom>
  </personne>
  <personne ID_personne="numero_2">
    <nom>Bruel</nom>
    <prenom>Patrick</prenom>
    <telephone>01 02 03 04 05</telephone>
  </personne>
  <personne ID_personne="numero_3">
    <nom>Pagny</nom>
    <prenom>Florent</prenom>
    <telephone>02 01 03 06 04</telephone>
    <ville>Marseille</ville>
  </personne>
</contact>
```

La méthode *ValiderAvecDTDInterne* procède à la validation du document XML doté de sa DTD interne. On définit donc un objet **XmlReaderSettings** *caract_xml* avec la propriété *DtdProcessing* affectée de la valeur *DtdProcessing.Parse*, et la propriété *ValidationType* affectée de la valeur *ValidationType.DTD*. On ajoute un gestionnaire pour la prise en charge de l'événement *ValidationEventHandler*. Avec la méthode statique *XmlReader.Create*, on charge le document XML avec l'objet **XmlReaderSettings** défini.

```
//valider avec une DTD interne
private void ValiderAvecDTDInterne() {
  try {
    XmlReaderSettings caract_xml = new XmlReaderSettings();
    caract_xml.DtdProcessing = DtdProcessing.Parse;
    caract_xml.ValidationType = ValidationType.DTD;
    caract_xml.ValidationEventHandler += caract_xml_ValidationEventHandler;
    XmlReader reader = XmlReader.Create(
      v_doss_exe + "contenu\\doc_xml_dtd_interne.xml", caract_xml);
    while (reader.Read()) {
      //travail a effectuer
    }
    reader.Close();
    AfficherErreur("-> Validation avec la DTD interne est terminée" + RC);
  }
  catch (Exception ex) {
    AfficherErreur("=> EXCEPTION: " + ex.Message + RC);
  }
}
```

FIGURE 10.13

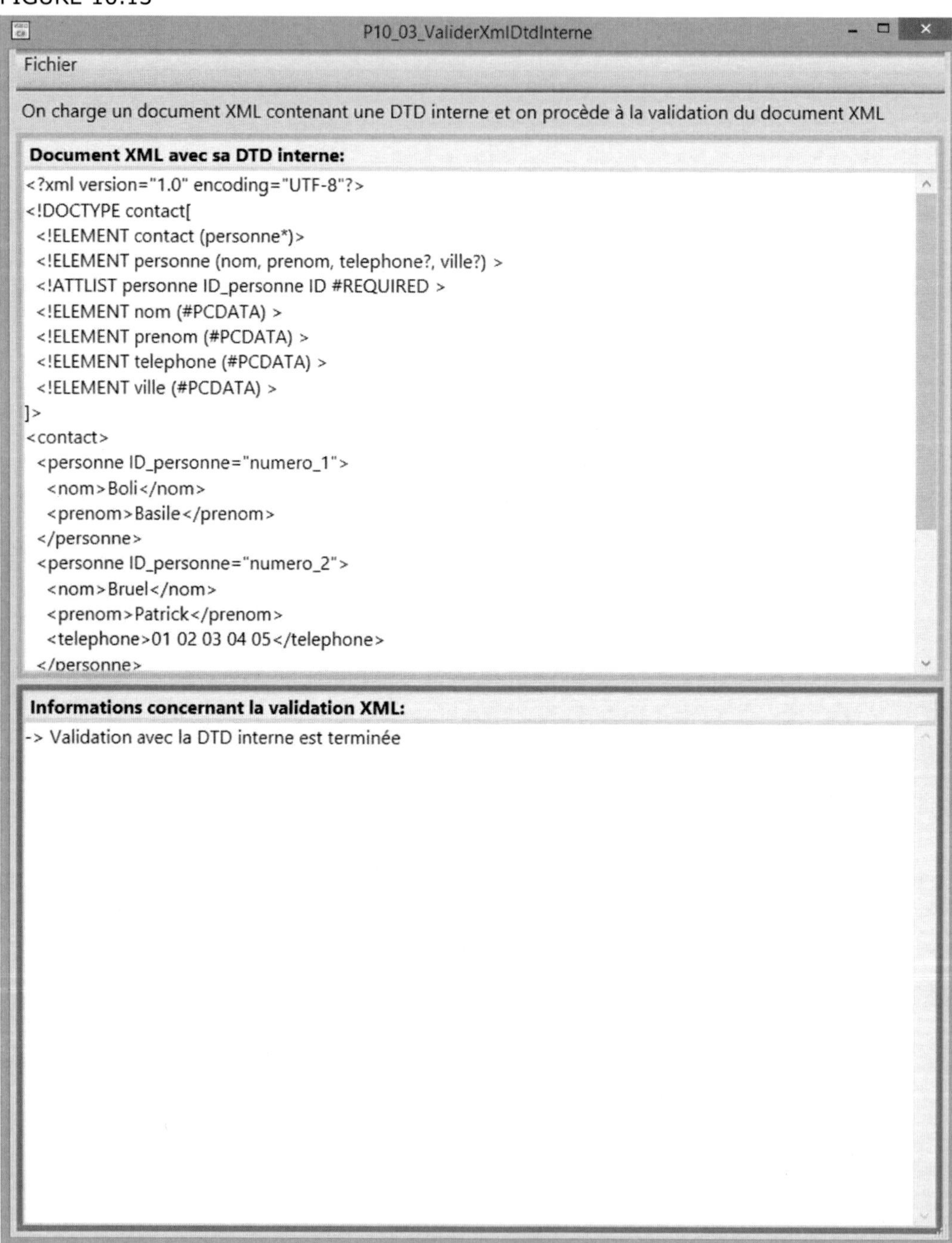
P10_03_ValiderXmlDtdInterne
Fichier
On charge un document XML contenant une DTD interne et on procède à la validation du document XML
Document XML avec sa DTD interne:
<?xml version="1.0" encoding="UTF-8"?>
<!DOCTYPE contact[
<!ELEMENT contact (personne*)>
<!ELEMENT personne (nom, prenom, telephone?, ville?) >
<!ATTLIST personne ID_personne ID #REQUIRED >
<!ELEMENT nom (#PCDATA) >
<!ELEMENT prenom (#PCDATA) >
<!ELEMENT telephone (#PCDATA) >
<!ELEMENT ville (#PCDATA) >
]>
<contact>
<personne ID_personne="numero_1">
<nom>Boli</nom>
<prenom>Basile</prenom>
</personne>
<personne ID_personne="numero_2">
<nom>Bruel</nom>
<prenom>Patrick</prenom>
<telephone>01 02 03 04 05</telephone>
</personne>
Informations concernant la validation XML:
-> Validation avec la DTD interne est terminée

FIGURE 10.14

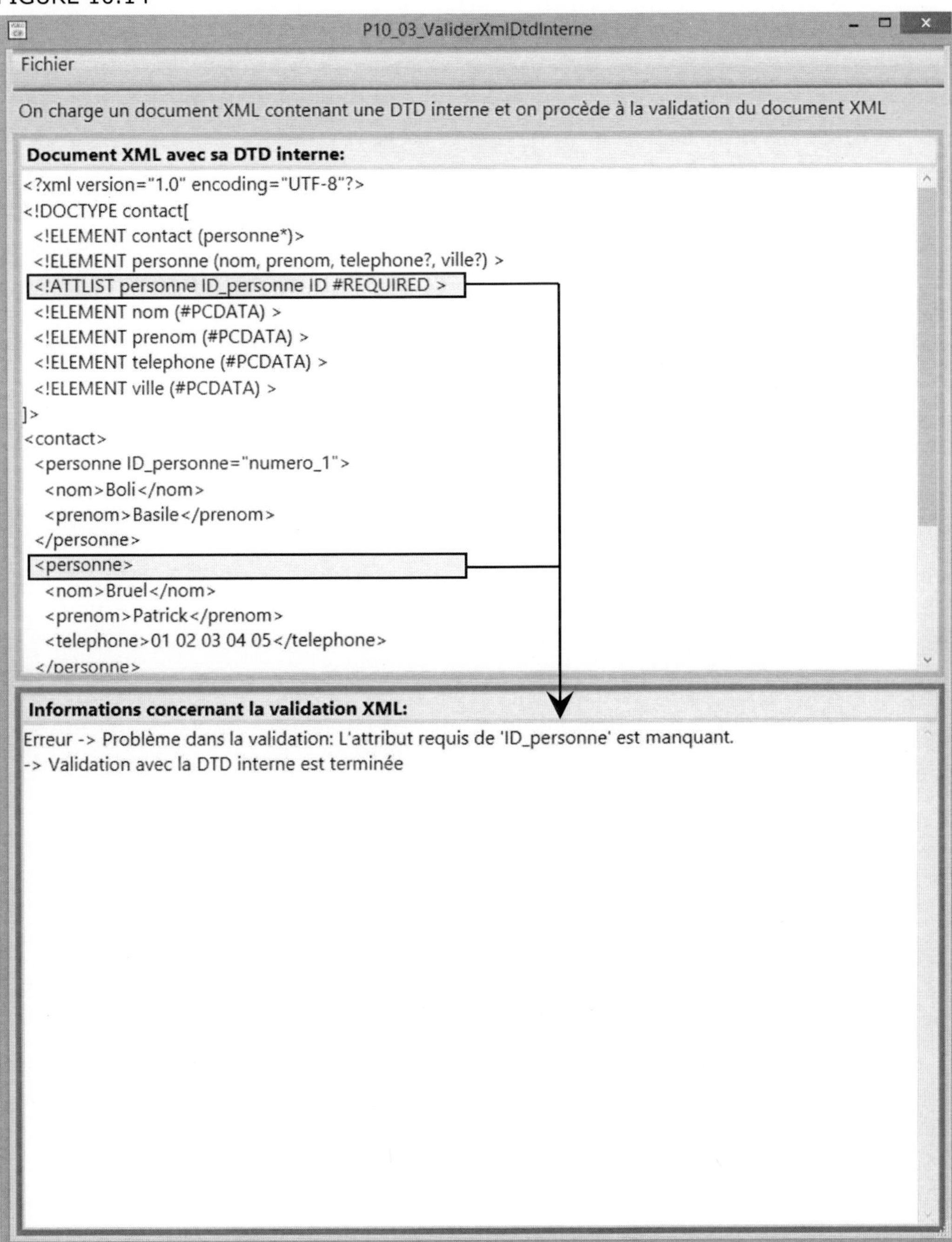
P10_03_ValiderXmlDtdInterne
Fichier
On charge un document XML contenant une DTD interne et on procède à la validation du document XML
Document XML avec sa DTD interne:
<?xml version="1.0" encoding="UTF-8"?>
<!DOCTYPE contact[
<!ELEMENT contact (personne*)>
<!ELEMENT personne (nom, prenom, telephone?, ville?) >
<!ATTLIST personne ID_personne ID #REQUIRED >
<!ELEMENT nom (#PCDATA) >
<!ELEMENT prenom (#PCDATA) >
<!ELEMENT telephone (#PCDATA) >
<!ELEMENT ville (#PCDATA) >
]>
<contact>
<personne ID_personne="numero_1">
<nom>Boli</nom>
<prenom>Basile</prenom>
</personne>
<personne>
<nom>Bruel</nom>
<prenom>Patrick</prenom>
<telephone>01 02 03 04 05</telephone>
</personne>
Informations concernant la validation XML:
Erreur -> Problème dans la validation: L'attribut requis de 'ID_personne' est manquant.
-> Validation avec la DTD interne est terminée

```
//en cas d'erreur de validation
private void caract_xml_ValidationEventHandler(object sender,
    ValidationEventArgs e) {
  AfficherErreur("Erreur -> Problème dans la validation: " + e.Message + RC);
}
```

Un message s'affiche dans la zone de texte pour indiquer le moment où la validation est terminée. Sur la figure 10.13, la validation s'effectue normalement et elle ne détecte aucun problème. Sur la figure 10.14, on a volontairement enlevé l'attribut *ID_personne* de la deuxième balise *<personne>*, et lors de la validation du document XML, une erreur est détectée en indiquant dans la zone texte le message *"l'attribut requis ID_personne est manquant"*.

Le processus de validation d'un document XML avec une DTD externe se réalise évidemment sur le même principe. La solution de projet *P10_04_ValiderXmlDtdExt.sln*, placée dans le dossier *chapitre10/P10_04_ValiderXmlDtdExt*, illustre le concept de validation d'un document XML doté d'une DTD externe. On choisit de valider le document XML, nommé *doc_xml_dtd_externe.xml*, possédant une DTD externe nommée *dtd_externe.dtd*. Le contenu de ce document XML avec sa DTD externe est le suivant:

Fichier doc_xml_dtd_externe.xml:

```
<?xml version="1.0" encoding="UTF-8"?>
<!DOCTYPE contact SYSTEM "dtd_externe.dtd">
<contact>
  <personne ID_personne="numero_1">
    <nom>Boli</nom>
    <prenom>Basile</prenom>
  </personne>
  <personne ID_personne="numero_2">
    <nom>Bruel</nom>
    <prenom>Patrick</prenom>
    <telephone>01 02 03 04 05</telephone>
  </personne>
  <personne ID_personne="numero_3">
    <nom>Pagny</nom>
    <prenom>Florent</prenom>
    <telephone>02 01 03 06 04</telephone>
    <ville>Marseille</ville>
  </personne>
</contact>
```

Fichier dtd_externe.dtd:

```
<?xml version="1.0" encoding="utf-8" ?>
<!ELEMENT contact (personne*)>
<!ELEMENT personne (nom, prenom, telephone?, ville?) >
<!ATTLIST personne ID_personne ID #REQUIRED >
```

FIGURE 10.15

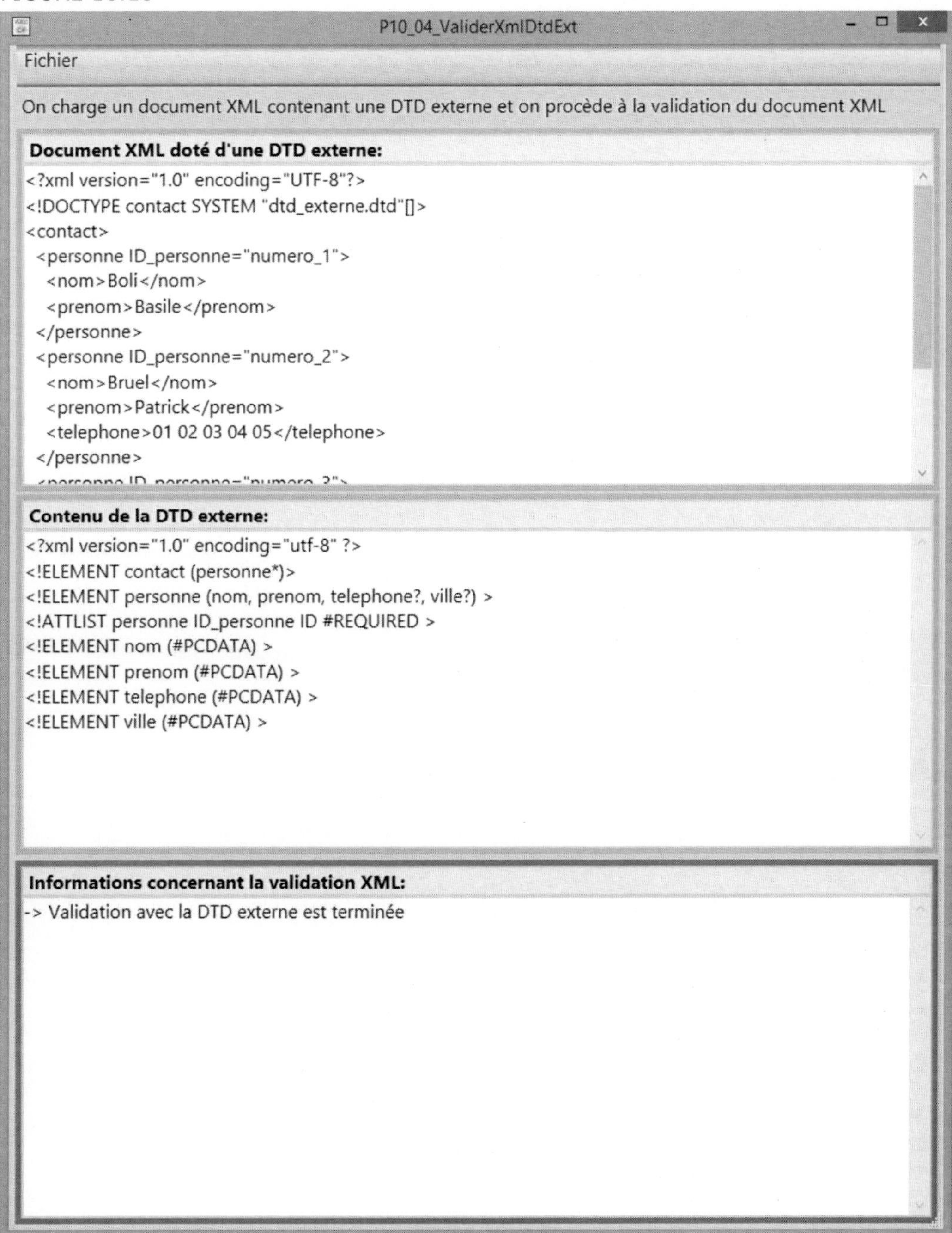
P10_04_ValiderXmlDtdExt
Fichier
On charge un document XML contenant une DTD externe et on procède à la validation du document XML
Document XML doté d'une DTD externe:
<?xml version="1.0" encoding="UTF-8"?>
<!DOCTYPE contact SYSTEM "dtd_externe.dtd"[]>
<contact>
<personne ID_personne="numero_1">
<nom>Boli</nom>
<prenom>Basile</prenom>
</personne>
<personne ID_personne="numero_2">
<nom>Bruel</nom>
<prenom>Patrick</prenom>
<telephone>01 02 03 04 05</telephone>
</personne>
Contenu de la DTD externe:
<?xml version="1.0" encoding="utf-8" ?>
<!ELEMENT contact (personne*)>
<!ELEMENT personne (nom, prenom, telephone?, ville?) >
<!ATTLIST personne ID_personne ID #REQUIRED >
<!ELEMENT nom (#PCDATA) >
<!ELEMENT prenom (#PCDATA) >
<!ELEMENT telephone (#PCDATA) >
<!ELEMENT ville (#PCDATA) >
Informations concernant la validation XML:
-> Validation avec la DTD externe est terminée

FIGURE 10.16

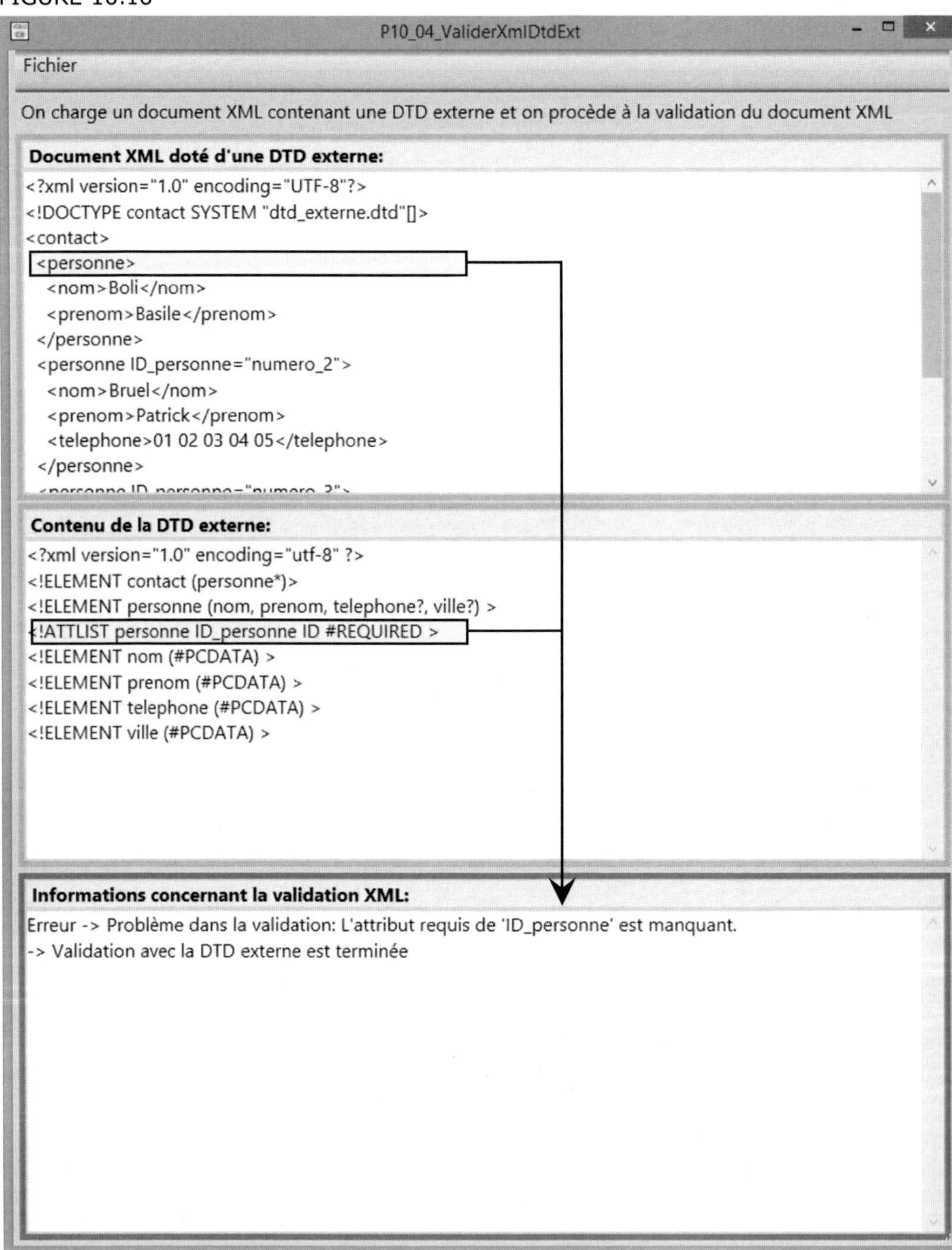
P10_04_ValiderXmlDtdExt
Fichier
On charge un document XML contenant une DTD externe et on procède à la validation du document XML
Document XML doté d'une DTD externe:
<?xml version="1.0" encoding="UTF-8"?>
<!DOCTYPE contact SYSTEM "dtd_externe.dtd"[]>
<contact>
<personne>
<nom>Boli</nom>
<prenom>Basile</prenom>
</personne>
<personne ID_personne="numero_2">
<nom>Bruel</nom>
<prenom>Patrick</prenom>
<telephone>01 02 03 04 05</telephone>
</personne>
Contenu de la DTD externe:
<?xml version="1.0" encoding="utf-8" ?>
<!ELEMENT contact (personne*)>
<!ELEMENT personne (nom, prenom, telephone?, ville?) >
<!ATTLIST personne ID_personne ID #REQUIRED >
<!ELEMENT nom (#PCDATA) >
<!ELEMENT prenom (#PCDATA) >
<!ELEMENT telephone (#PCDATA) >
<!ELEMENT ville (#PCDATA) >
Informations concernant la validation XML:
Erreur -> Problème dans la validation: L'attribut requis de 'ID_personne' est manquant.
-> Validation avec la DTD externe est terminée

```
<!ELEMENT nom (#PCDATA) >
<!ELEMENT prenom (#PCDATA) >
<!ELEMENT telephone (#PCDATA) >
<!ELEMENT ville (#PCDATA) >
```

La méthode *ValiderAvecDTDExterne* procède à la validation du document XML doté de sa DTD externe.

```
//valider avec une DTD externe
private void ValiderAvecDTDExterne() {
  try {
    XmlReaderSettings caract_xml = new XmlReaderSettings();
    caract_xml.DtdProcessing = DtdProcessing.Parse;
    caract_xml.ValidationType = ValidationType.DTD;
    caract_xml.ValidationEventHandler += caract_xml_ValidationEventHandler;
    XmlReader reader = XmlReader.Create(
      v_doss_exe + "contenu\\doc_xml_dtd_externe.xml", caract_xml);
    while (reader.Read()) {
      //travail a effectuer
    }
    reader.Close();
    AfficherErreur("-> Validation avec la DTD externe est terminée" + RC);
  }
  catch (Exception ex) {
    AfficherErreur("=> EXCEPTION: " + ex.Message + RC);
  }
}
//en cas d'erreur de validation
private void caract_xml_ValidationEventHandler(object sender,
    ValidationEventArgs e) {
  AfficherErreur("Erreur -> Problème dans la validation: " + e.Message + RC);
}
```

Un message s'affiche dans la zone de texte pour indiquer le moment où la validation est terminée. Sur la figure 10.15, la validation s'effectue normalement et elle ne détecte aucun problème. Sur la figure 10.16, on a volontairement enlevé l'attribut *ID_personne* de la première balise *<personne>*, et lors de la validation du document XML, une erreur est détectée en indiquant dans la zone texte le message *"l'attribut requis ID_personne est manquant"*.

3.2 - Valider un document XML doté d'un schéma

La solution de projet *P10_05_ValiderXmlAvecSchema.sln*, placée dans le dossier *chapitre10/P10_05_ValiderXmlAvecSchema*, illustre le concept de validation d'un document XML doté d'un schéma XML. On choisit de valider le document XML nommé *biblio.xml* doté du schéma XML nommé *biblio_schema.xsd*. Le contenu de ce document XML avec son schéma XML est le suivant:

=> Fichier biblio.xml:

```
<?xml version="1.0" encoding="utf-8" ?>
<biblio xmlns:xs="http://www.w3.org/2001/XMLSchema-instance"
 xs:noNamespaceSchemaLocation="biblio_schema.xsd">
  <livre id="L-001" taille="33">
    <titre>Les misérables</titre>
    <auteur>Victor Hugo</auteur>
    <nb_tome>3</nb_tome>
    <isbn format="13">9782543245896</isbn>
    <stockage allee="2" armoire="3" etagere="1"/>
  </livre>
  <livre id="L-002" taille="12">
    <titre>L'assommoir</titre>
    <auteur>Emile Zola</auteur>
    <nb_tome>3</nb_tome>
    <isbn format="13">9782543452146</isbn>
    <stockage allee="4" armoire="3" etagere="3"/>
  </livre>
  <livre id="L-003" taille="22">
    <titre>Le comte de Monte-Cristo</titre>
    <auteur>Alexandre Dumas</auteur>
    <nb_tome>2</nb_tome>
    <isbn format="13">9782543257891</isbn>
    <stockage allee="3" armoire="4" etagere="2"/>
  </livre>
</biblio>
```

=> Fichier biblio_schema.xsd:

```
<?xml version="1.0" encoding="utf-8"?>
<xs:schema attributeFormDefault="unqualified" elementFormDefault="qualified"
 xmlns:xs="http://www.w3.org/2001/XMLSchema">
  <xs:element name="biblio">
    <xs:complexType>
      <xs:sequence>
        <xs:element maxOccurs="unbounded" name="livre">
          <xs:complexType>
            <xs:sequence>
              <xs:element name="titre" type="xs:string" />
              <xs:element name="auteur" type="xs:string" />
              <xs:element name="nb_tome" type="xs:unsignedByte" />
              <xs:element name="isbn">
                <xs:complexType>
                  <xs:simpleContent>
                    <xs:extension base="xs:unsignedLong">
                    <xs:attribute name="format" type="xs:unsignedByte" use="required" />
                    </xs:extension>
                  </xs:simpleContent>
                </xs:complexType>
              </xs:element>
```

```
        <xs:element name="stockage">
          <xs:complexType>
            <xs:attribute name="allee" type="xs:unsignedByte" use="required" />
            <xs:attribute name="armoire" type="xs:unsignedByte" use="required" />
            <xs:attribute name="etagere" type="xs:unsignedByte" use="required" />
          </xs:complexType>
        </xs:element>
      </xs:sequence>
      <xs:attribute name="id" type="xs:string" use="required" />
      <xs:attribute name="taille" type="xs:unsignedByte" use="required" />
     </xs:complexType>
    </xs:element>
   </xs:sequence>
  </xs:complexType>
 </xs:element>
</xs:schema>
```

On choisit de valider le document XML nommé *biblio.xml* doté du schéma XML *biblio_schema.xsd*. On définit un objet **XmlReaderSettings** *caract_cas_schema* avec la propriété *ValidationType* affectée de la valeur *ValidationType.Schema*, et la propriété *ValidationFlags* affectée des choix *XmlSchemaValidationFlags.ProcessSchemaLocation* et *XmlSchemaValidationFlags.ReportValidationWarnings* (à noter l'emploi de l'opérateur "|=" pour faire une séléction). L'énumération *XmlSchemaValidationFlags* propose:

- *XmlSchemaValidationFlags.None* ne traite pas les contraintes d'identité, les schémas internes, les indications relatives à l'emplacement du schéma et ne signale pas les avertissements de validation du schéma.
- *XmlSchemaValidationFlags.ProcessInlineSchema* traite les schémas internes trouvés lors de la validation.
- *XmlSchemaValidationFlags.ProcessSchemaLocation* traite les indications relatives à l'emplacement du schéma (*xs:schemaLocation* et *xs:noNamespaceSchemaLocation*) trouvées pendant la validation.
- *XmlSchemaValidationFlags.ReportValidationWarnings* signale les avertissements de validation du schéma trouvés lors de la validation.
- *XmlSchemaValidationFlags.ProcessIdentityConstraints* traite les contraintes d'identité (*xs:ID, xs:IDREF, xs:key, xs:keyref, xs:unique*) trouvées lors de la validation.
- *XmlSchemaValidationFlags.AllowXmlAttributes* autorise les attributs *xml* même s'ils ne sont pas définis dans le schéma; les attributs sont validés selon leur type de données.

```
//valider avec un schema
private void ValiderAvecSchema() {
```

```
 try {
  XmlReaderSettings caract_cas_schema = new XmlReaderSettings();
  caract_cas_schema.ValidationType = ValidationType.Schema;
  caract_cas_schema.ValidationFlags |=
   XmlSchemaValidationFlags.ProcessSchemaLocation;
  caract_cas_schema.ValidationFlags |=
   XmlSchemaValidationFlags.ReportValidationWarnings;
  caract_cas_schema.ValidationEventHandler +=
   caract_cas_schema_ValidationEventHandler;
  XmlReader reader = XmlReader.Create(
   v_doss_exe + "contenu\\biblio.xml", caract_cas_schema);
  while (reader.Read()) {
   //travail a effectuer
  }
  reader.Close();
  AfficherErreur("-> Validation avec le schéma XML est terminée" + RC);
 }
 catch (Exception ex) {
  AfficherErreur("=> EXCEPTION: " + ex.Message + RC);
 }
}
```

On ajoute un gestionnaire pour la prise en charge de l'événement *ValidationEventHandler*. Le gestionnaire d'événements de validation utilise l'énumération *XmlSeverityType* pour faire la différence entre avertissements et erreurs. L'énumération *XmlSeverityType.Warning* indique qu'un événement de validation qui n'est pas une erreur s'est produit, et *XmlSeverityType.Error* indique une erreur de validation intervenue lors de la validation de l'instance de document.

```
private void caract_cas_schema_ValidationEventHandler(object sender,
   ValidationEventArgs e) {
 if (e.Severity == XmlSeverityType.Warning) {
  AfficherErreur("Erreur -> Schéma XML non trouvé: " + e.Message + RC);
 }
 else {
  AfficherErreur("Erreur -> Problème dans la validation avec schéma XML: " + e.Message
   + RC);
 }
}
```

Un message s'affiche dans la zone de texte pour indiquer le moment où la validation est terminée. Sur la figure 10.17, la validation s'effectue normalement et elle ne détecte aucun problème. Sur la figure 10.18, on a volontairement remplacé la valeur *33* de l'attribut *taille* du premier enfant *<livre>* par la valeur *adcdef*, et lors de la validation du document XML, une erreur est détectée en indiquant dans la zone texte le message *"la chaîne adcdef n'est pas une valeur Byte valide"*.

FIGURE 10.17

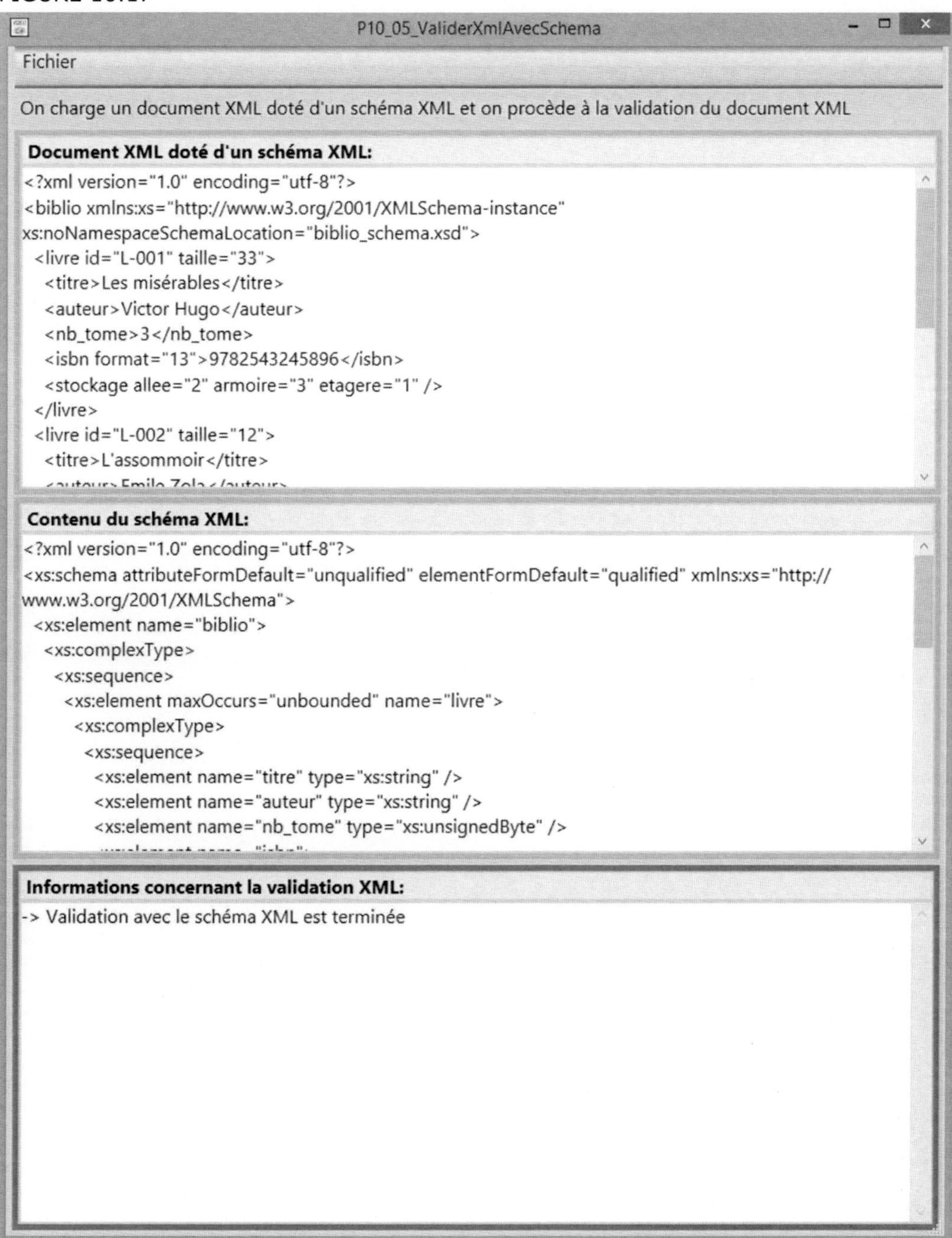
P10_05_ValiderXmlAvecSchema
Fichier
On charge un document XML doté d'un schéma XML et on procède à la validation du document XML
Document XML doté d'un schéma XML:
<?xml version="1.0" encoding="utf-8"?>
<biblio xmlns:xs="http://www.w3.org/2001/XMLSchema-instance" xs:noNamespaceSchemaLocation="biblio_schema.xsd">
<livre id="L-001" taille="33">
<titre>Les misérables</titre>
<auteur>Victor Hugo</auteur>
<nb_tome>3</nb_tome>
<isbn format="13">9782543245896</isbn>
<stockage allee="2" armoire="3" etagere="1" />
</livre>
<livre id="L-002" taille="12">
<titre>L'assommoir</titre>
Contenu du schéma XML:
<?xml version="1.0" encoding="utf-8"?>
<xs:schema attributeFormDefault="unqualified" elementFormDefault="qualified" xmlns:xs="http://www.w3.org/2001/XMLSchema">
<xs:element name="biblio">
<xs:complexType>
<xs:sequence>
<xs:element maxOccurs="unbounded" name="livre">
<xs:complexType>
<xs:sequence>
<xs:element name="titre" type="xs:string" />
<xs:element name="auteur" type="xs:string" />
<xs:element name="nb_tome" type="xs:unsignedByte" />
Informations concernant la validation XML:
-> Validation avec le schéma XML est terminée

FIGURE 10.18

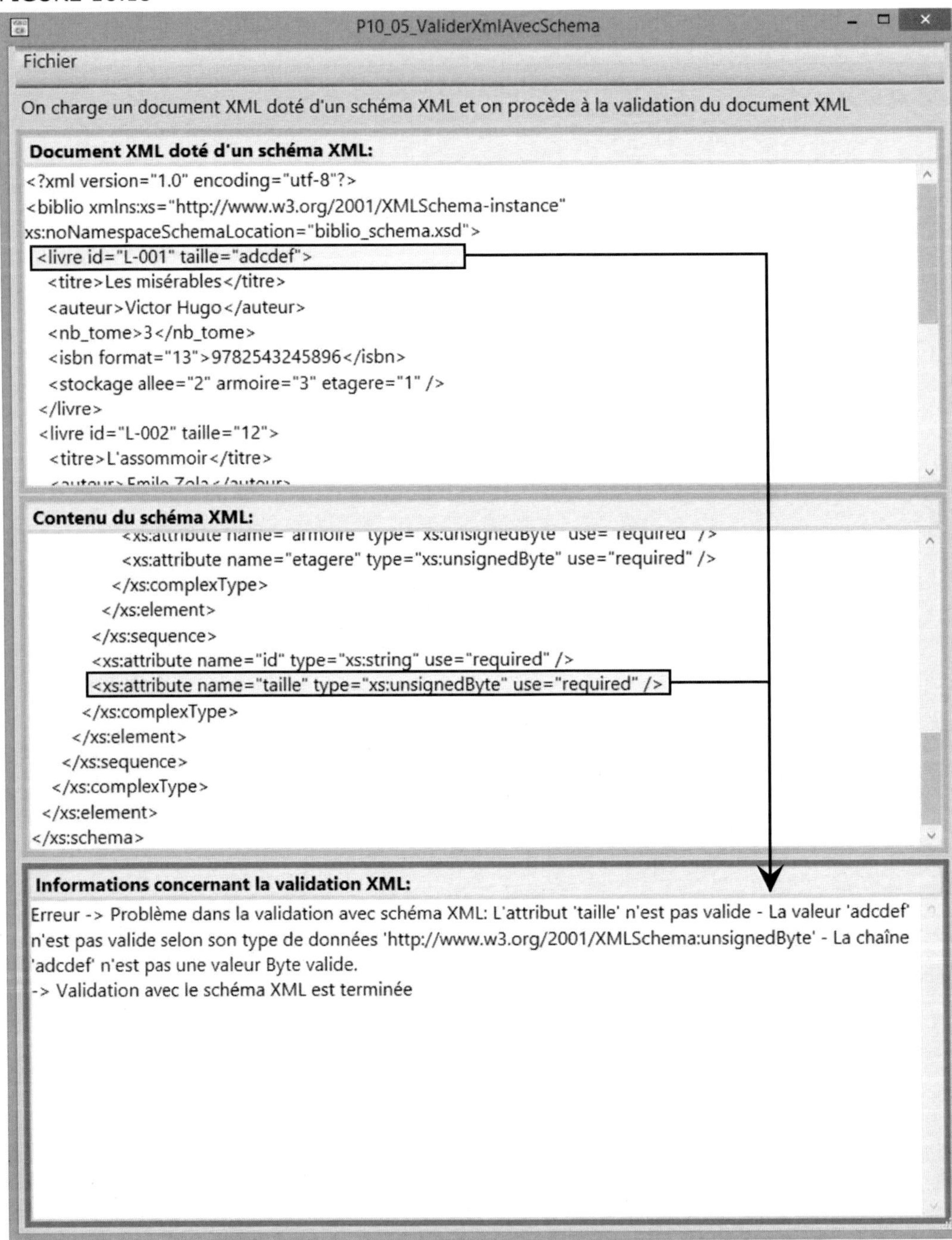
P10_05_ValiderXmlAvecSchema
Fichier
On charge un document XML doté d'un schéma XML et on procède à la validation du document XML
Document XML doté d'un schéma XML:
<?xml version="1.0" encoding="utf-8"?>
<biblio xmlns:xs="http://www.w3.org/2001/XMLSchema-instance"
xs:noNamespaceSchemaLocation="biblio_schema.xsd">
<livre id="L-001" taille="adcdef">
<titre>Les misérables</titre>
<auteur>Victor Hugo</auteur>
<nb_tome>3</nb_tome>
<isbn format="13">9782543245896</isbn>
<stockage allee="2" armoire="3" etagere="1" />
</livre>
<livre id="L-002" taille="12">
<titre>L'assommoir</titre>
Contenu du schéma XML:
<xs:attribute name="etagere" type="xs:unsignedByte" use="required" />
</xs:complexType>
</xs:element>
</xs:sequence>
<xs:attribute name="id" type="xs:string" use="required" />
<xs:attribute name="taille" type="xs:unsignedByte" use="required" />
</xs:complexType>
</xs:element>
</xs:sequence>
</xs:complexType>
</xs:element>
</xs:schema>
Informations concernant la validation XML:
Erreur -> Problème dans la validation avec schéma XML: L'attribut 'taille' n'est pas valide - La valeur 'adcdef' n'est pas valide selon son type de données 'http://www.w3.org/2001/XMLSchema:unsignedByte' - La chaîne 'adcdef' n'est pas une valeur Byte valide.
-> Validation avec le schéma XML est terminée

Les transformations avec XSLT 11

XSLT est un langage de transformation qui permet de transformer un document XML en divers documents au format XML, HTML, RTF ou autres formats texte spécifiques. Grâce à des expressions XPath qui permettent l'extraction d'un sous-ensemble de données dans un document XML de départ, XSLT permet de réaliser un nouveau document de ces données extraites par une transformation. Cette transformation est réalisée grâce à des règles décrites dans un fichier XML nommé feuille de style.
Nous allons voir dans ce chapitre comment obtenir un document final issu de la transformation d'un document XML par une feuille de transformation XSLT. Nous verrons aussi comment passer des paramètres personnalisés à la feuille de transformation XSLT pour obtenir un document final personnalisé.

1 - La classe *XslCompiledTransform*

Au chapitre 3, nous avons vu comment réaliser une feuille de transformation XSLT avec le langage XSLT, et comment attacher cette feuille de transformation à un document XML pour obtenir un document final (dit aussi document résultat). Maintenant nous allons voir comment effectuer cette démarche par programmation. Par exemple, vous pourriez générer des données XML à la volée puis les transformer par une feuille XSLT pour obtenir un nouveau document. La classe qui s'occupe de la transformation XSLT est la classe **XslCompiledTransform** (figure 11.1). Elle appartient à l'espace de noms *System.Xml.Xsl* et elle représente le processeur XSLT du *framework* .NET. L'espace de noms *System.Xml.Xsl* prend en charge les transformations XSLT (*Extensible Stylesheet Transformation*). Il est conforme à la recommandation du W3C intitulée "*XSL Transformations (XSLT) Version 1.0*".
Les principales classes utilisées pour effectuer et pour contrôler les transformations XSLT sont **XslCompiledTransform**, **XsltCompileException**, **XsltException** et **XsltSettings.**
La classe **XslCompiledTransform** transforme des données XML à l'aide d'une feuille de style XSLT. La classe **XsltCompileException** définit l'exception levée par la méthode *Load* lorsqu'une erreur se produit dans la feuille de style XSLT. La classe **XsltException** définit l'exception levée lorsqu'une erreur se produit

lors du traitement d'une transformation XSLT. La classe **XsltSettings** spécifie les fonctionnalités XSLT à prendre en charge lors de l'exécution de la feuille de style XSLT.

FIGURE 11.1

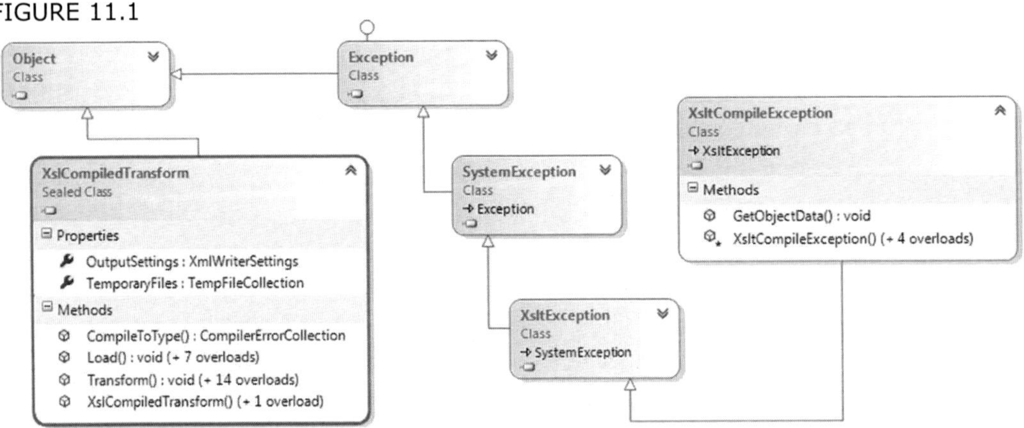

La classe **XslCompiledTransform** expose principalement les propriétés et les méthodes suivantes:

- la propriété *OutputSettings* obtient un objet **XmlWriterSettings** qui contient les informations de sortie dérivées de l'élément *xsl:output* de la feuille de style.
- la méthode *Load* charge et compile la feuille de style se trouvant à l'URI spécifié, ou bien contenue dans un objet **XmlReader**.
- la méthode *Transform* exécute la transformation à l'aide du document d'entrée spécifié (de différentes manières) et renvoie les résultats vers un fichier.
- la méthode statique *CompileToType* qui compile une feuille de style XSLT dans un type spécifié.

La classe **XslCompiledTransform** est un processeur XSLT qui prend en charge la syntaxe de XSLT 1.0. Il s'agit d'une implémentation qui présente des avantages en matière de performance. La méthode *Load* charge et compile la feuille de style, alors que la méthode *Transform* exécute la transformation XSLT. Les données XML à transformer peuvent se présenter sous différentes formes:

- un objet qui implémente l'interface **IXPathNavigator** (comme **XmlNode** ou **XPathDocument**).
- un objet **XmlReader**.
- un URL ou bien un emplacement de fichier XML (un URI).

Le résultat de la transformation XSLT peut prendre la forme de:

- celui d'un objet **XmlWriter**.

- celui d'un fichier physique sur le disque.
- celui d'un flux (objet **MemoryStream** ou **FileStream**).
- celui d'un objet qui dérive de la classe abstraite **TextWriter** (comme les classes **StringWriter** et **StreamWriter**).

La prise en charge de la fonction *document()* du langage XSLT et des blocs de script incorporés est désactivée par défaut. Vous pouvez activer ces fonctionnalités en créant un objet **XsltSettings** et en le passant à la méthode *Load*.

2 - Réaliser une transformation XSLT

La solution de projet *P11_01_TransformerXslt.sln,* placée dans le dossier *chapitre_11/P11_01_TransformerXslt,* illustre la pratique de la transformation XSLT par programmation (figure 11.2). On charge le fichier XML nommé *biblio_document.xml* et on affiche son contenu dans la zone texte spécifique du haut (repère 1). On charge la feuille de transformation XSLT nommée *biblio_transformation.xslt* et on affiche son contenu dans la zone texte spécifique du milieu (repère 2). Par programmation, on produit la feuille HTML nommée *biblio.html* qui résulte de l'application de la feuille de transformation XSLT aux données XML et on affiche son contenu dans un contrôle **WebBrowser** dans le bas de la fenêtre (repère 3). Ci-dessous le contenu des fichiers *biblio_document.xml* (données XML) et *biblio_transformation.xslt* (feuille de transformation).

=> Fichier biblio_document.xml:

```
<?xml version="1.0" encoding="UTF-8" standalone="yes"?>
<biblio format="armoire dans allée">
  <livre id="L-001">
    <titre>Les misérables</titre>
    <auteur>Victor Hugo</auteur>
    <nb_tome>3</nb_tome>
    <isbn format="13">9782543245896</isbn>
    <stockage allee="2" armoire="3" etagere="1"/>
  </livre>
  <livre id="L-002">
    <titre>L'assommoir</titre>
    <auteur>Emile Zola</auteur>
    <nb_tome>1</nb_tome>
    <isbn format="13">9782543452146</isbn>
    <stockage allee="4" armoire="3" etagere="3"/>
  </livre>
  <livre id="L-003">
    <titre>Le comte de Monte-Cristo</titre>
    <auteur>Alexandre Dumas</auteur>
    <isbn format="13">9782543257891</isbn>
```

FIGURE 11.2

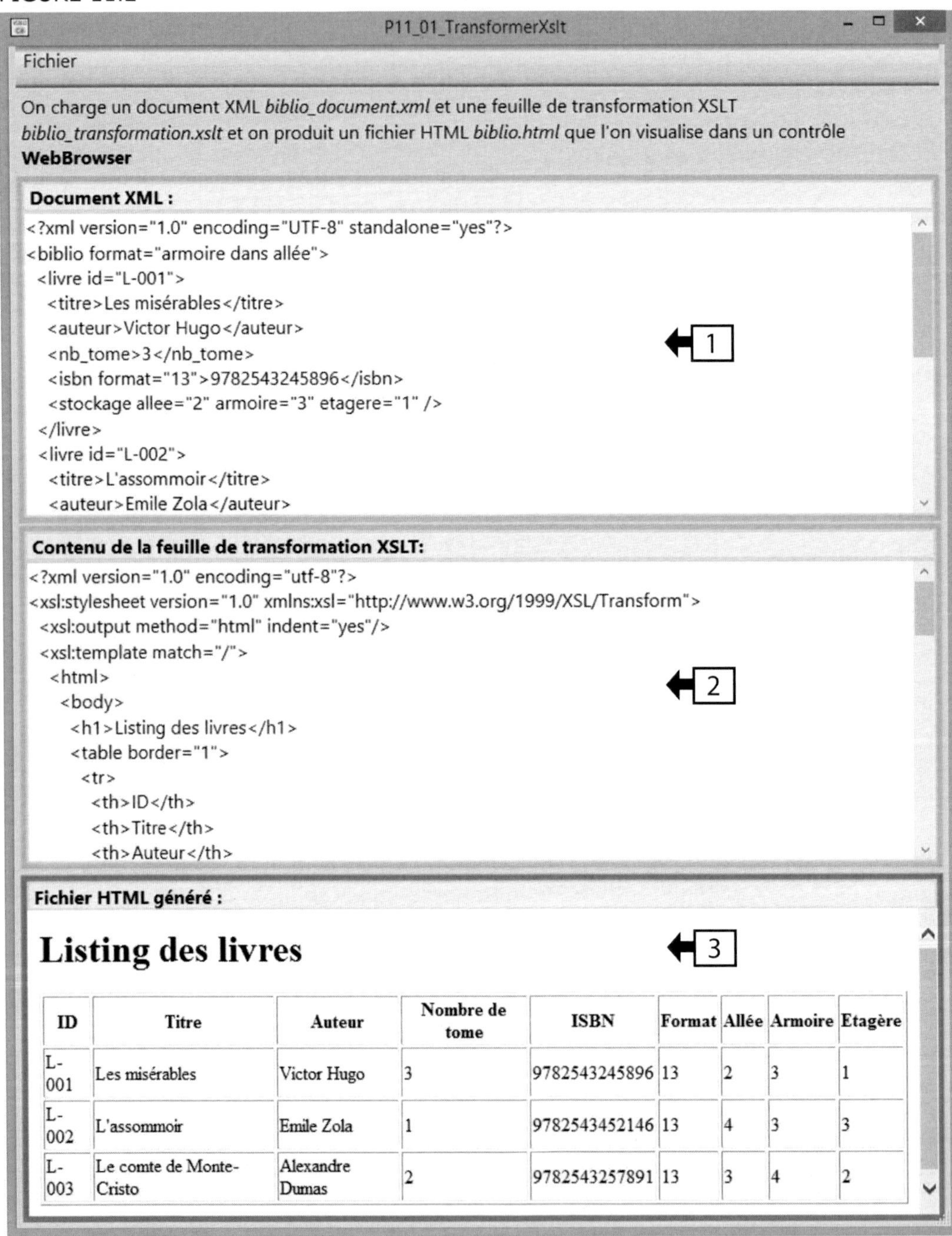

ID	Titre	Auteur	Nombre de tome	ISBN	Format	Allée	Armoire	Etagère
L-001	Les misérables	Victor Hugo	3	9782543245896	13	2	3	1
L-002	L'assommoir	Emile Zola	1	9782543452146	13	4	3	3
L-003	Le comte de Monte-Cristo	Alexandre Dumas	2	9782543257891	13	3	4	2

```
    <nb_tome>2</nb_tome>
    <stockage allee="3" armoire="4" etagere="2"/>
  </livre>
</biblio>
```

=> Fichier biblio_transformation.xslt:

```
<?xml version="1.0" encoding="utf-8"?>
<xsl:stylesheet version="1.0" xmlns:xsl="http://www.w3.org/1999/XSL/Transform">
  <xsl:output method="html" indent="yes"/>
  <xsl:template match="/">
    <html>
      <body>
        <h1>Listing des livres</h1>
        <table border="1">
          <tr>
            <th>ID</th>
            <th>Titre</th>
            <th>Auteur</th>
            <th>Nombre de tome</th>
            <th>ISBN</th>
            <th>Format</th>
            <th>Allée</th>
            <th>Armoire</th>
            <th>Etagère</th>
          </tr>
          <xsl:for-each select="biblio/livre">
            <tr>
              <td>
                <xsl:value-of select="@id"/>
              </td>
              <td>
                <xsl:value-of select="titre"/>
              </td>
              <td>
                <xsl:value-of select="auteur"/>
              </td>
              <td>
                <xsl:value-of select="nb_tome"/>
              </td>
              <td>
                <xsl:value-of select="isbn"/>
              </td>
              <td>
                <xsl:value-of select="isbn/@format"/>
              </td>
              <td>
                <xsl:value-of select="stockage/@allee"/>
              </td>
              <td>
                <xsl:value-of select="stockage/@armoire"/>
              </td>
```

```
          <td>
            <xsl:value-of select="stockage/@etagere"/>
          </td>
        </tr>
      </xsl:for-each>
    </table>
  </body>
 </html>
 </xsl:template>
</xsl:stylesheet>
```

Dans la feuille de transformation XSLT, pour atteindre l'attribut *id* de *livre*, on utilise la notation *@id*, et pour atteindre l'attribut *allee* de l'élément *stockage* qui est un enfant de l'élément *livre*, on utilise la notation *stockage/@allee*.
On instancie un objet **XslCompiledTransform** *xslt* et on charge la feuille de transformation XSLT, nommée *biblio_transformation.xslt*, par la méthode *Load*. La méthode *Transform* effectue la transformation XSLT sur le document XML *biblio_document.xml* passé en paramètre, et sauvegarde le document final sous forme du fichier *biblio.html* dont l'URI est passé aussi en paramètre. Le contrôle **WebBrowser** *x_wbs* est alors activé et on lui passe à sa méthode *Navigate* l'URI du document final *biblio.html* obtenu pour qu'il le visualise. En procédant ainsi avec un contrôle **WebBrowser**, on n'a plus besoin de lancer un processus externe pour visualiser le document HTML obtenu (avec Internet Explorer ou Firefox par exemple).

```
//evenement fenetre loaded
private void Window_Loaded(object sender, RoutedEventArgs e) {
  v_fen_charge = true;
  x_tbl_xml.Text = "";
  x_tbl_xml_schema.Text = "";
  try {
    //contenu xml
    XmlDocument doc_xml = new XmlDocument();
    doc_xml.PreserveWhitespace = true;
    doc_xml.Load(v_doss_exe + "contenu\\biblio_document.xml");
    x_tbl_xml.Text = doc_xml.InnerXml;
    //contenu de la feuille de transformation XSLT
    x_tbl_xml_schema.Text = File.ReadAllText(
      v_doss_exe + "contenu\\biblio_transformation.xslt");
    RealiserTransformXslt();
  }
  catch (Exception Exception) {
    MessageBox.Show(Exception.Message);
  }
}
//transformation avec la feuille xslt
private void RealiserTransformXslt() {
```

```
  //chargement et transformation
  XslCompiledTransform xslt = new XslCompiledTransform();
  xslt.Load(v_doss_exe + "contenu\\biblio_transformation.xslt");
  xslt.Transform(v_doss_exe +
    "contenu\\biblio_document.xml", v_doss_exe + "contenu\\biblio.html");
  //visualisation resultat obtenu
  x_wbs.IsEnabled = true;
  x_wbs.Navigate(v_doss_exe + "contenu\\biblio.html");
}
```

3 - Passer des paramètres à une transformation XSLT

Dans le précédent paragraphe, la transformation XSLT consistait à afficher tout le contenu des données XML dans un document HTML. Très souvent, on ne veut afficher que certains éléments qui répondent à un critère particulier récupéré depuis l'interface utilisateur du programme. Il faut par conséquent pouvoir modifier la feuille de transformation de façon qu'elle reçoive un paramètre issu de l'interface utilisateur, et qu'elle ne retourne que les données qui répondent au critère issu de l'interface utilisateur.

Nous avons vu au chapitre 3 que le langage XSLT permettait de déclarer des paramètres utilisables ensuite dans la feuille de transformation. Le passage de paramètre à une feuille de transformation de type **XslCompiledTransform** se fait par un objet de type **XsltArgumentList**.

La classe **XsltArgumentList** (figure 11.3) contient un nombre variable d'arguments qui sont soit des paramètres XSLT, soit des objets d'extension. Cette classe est utilisée par la méthode *XslCompiledTransform.Transform*. Elle permet d'appeler les paramètres et les objets d'extension à partir de la feuille de style. Lorsque les paramètres et les objets sont ajoutés à **XsltArgumentList**, ils sont associés à un nom qualifié d'espace de noms et à un URI d'espace de noms, respectivement.

FIGURE 11.3

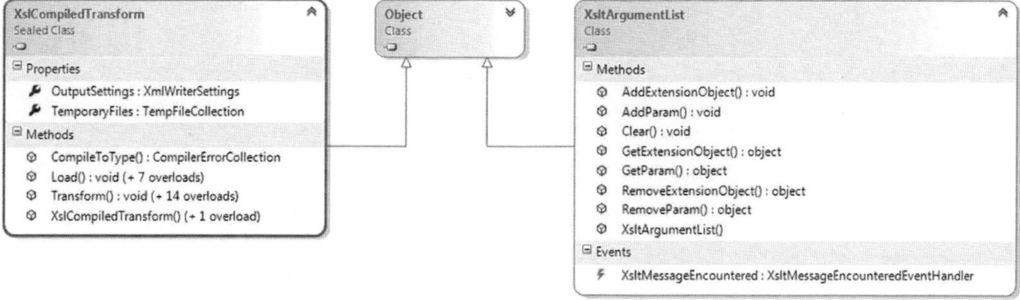

La classe **XsltArgumentList** expose principalement:

- la méthode *AddParam* qui ajoute un paramètre à **XsltArgumentList** et l'associe au nom qualifié d'espace de noms.
- la méthode *AddExtensionObject* qui ajoute un nouvel objet à **XsltArgumentList** et l'associe à l'URI d'espace de noms.
- la méthode *Clear* qui supprime tous les paramètres et tous les objets d'extension de **XsltArgumentList**.
- l'événement *XsltMessageEncountered* qui se produit lorsqu'un message est spécifié dans la feuille de style par l'élément *xsl:message*.

La solution de projet *P11_02_PassageArgument.sln*, placée dans le dossier *chapitre_11/P11_02_PassageArgument*, illustre la pratique de la transformation XSLT par programmation avec passage de paramètres personnalisés (figure 11.4). On dispose du document *biblio_document.xml* du précédent paragraphe, et d'une feuille de transformation XSLT nommée *biblio_transformation.xslt*. Le sélecteur *x_cbx_select* permet de cibler un élément *livre* par son attribut *id* (repère 1). On applique la feuille de transformation XSLT au document XML en recevant le paramètre choisi du sélecteur. Le contrôle **WebBrowser** affiche le document HTML produit (*biblio.html*) en fonction du paramètre passé en argument à la feuille de transformation XSLT (repère 2).
En pratique, il faut permettre à la feuille de transformation XSLT de disposer d'un paramètre, puis d'utiliser ce paramètre pour ne sélectionner que les éléments *livre* répondant au critère. Dans la feuille *biblio_transformation.xslt*, avant l'établissement du modèle par la balise *xsl:template*, on ajoute un paramètre par une balise *xsl:param* dont le nom d'identification est *id_livre* (*<xsl:param name= "id_livre"/>*). Dans la boucle de lecture des différents éléments *livre* (*<xsl:for-each select= "biblio/livre">*), on ajoute un test conditionnel par une balise *xsl:if* (*<xsl:if test= "@id=$id_livre">*) qui teste l'attribut *id* de l'élément *livre* (obtenu par *biblio/livre/@id*) pour voir s'il est égal au paramètre passé *id_livre*. On remarque au passage de l'emploi du caractère $ devant le nom d'une variable (vu au chapitre 3).

```
<xsl:stylesheet version="1.0" xmlns:xsl="http://www.w3.org/1999/XSL/Transform">
  <xsl:output method="html" indent="yes"/>
  <xsl:param name="id_livre"/>
  <xsl:template match="/">
    <html>
      <body>
        <h1>Listing des livres</h1>
        <table border="1">
          <tr>
            <th>ID</th>
            <th>Titre</th>
```

FIGURE 11.4

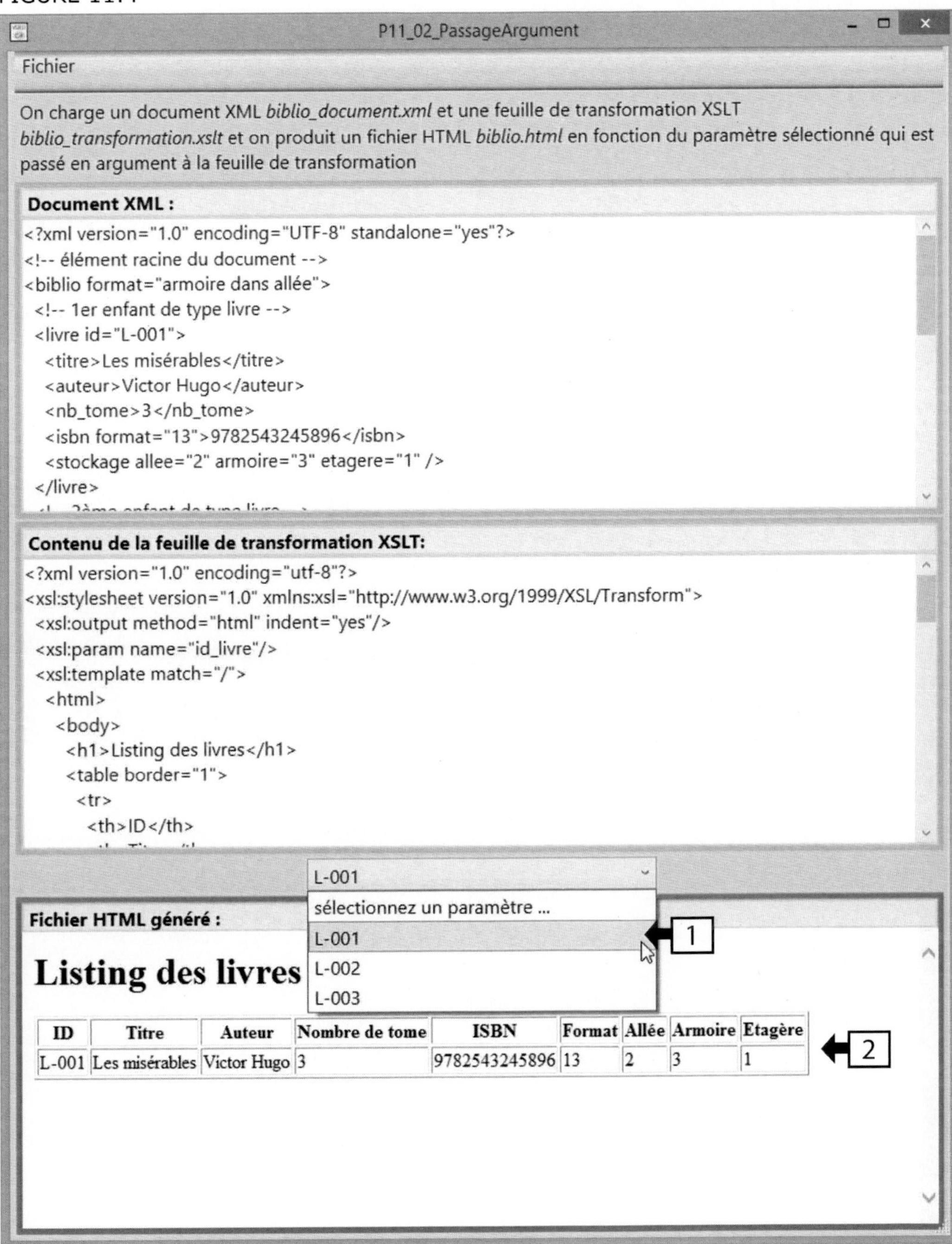
P11_02_PassageArgument
Fichier
On charge un document XML *biblio_document.xml* et une feuille de transformation XSLT *biblio_transformation.xslt* et on produit un fichier HTML *biblio.html* en fonction du paramètre sélectionné qui est passé en argument à la feuille de transformation
Document XML :
<?xml version="1.0" encoding="UTF-8" standalone="yes"?>
<!-- élément racine du document -->
<biblio format="armoire dans allée">
<!-- 1er enfant de type livre -->
<livre id="L-001">
<titre>Les misérables</titre>
<auteur>Victor Hugo</auteur>
<nb_tome>3</nb_tome>
<isbn format="13">9782543245896</isbn>
<stockage allee="2" armoire="3" etagere="1" />
</livre>
Contenu de la feuille de transformation XSLT:
<?xml version="1.0" encoding="utf-8"?>
<xsl:stylesheet version="1.0" xmlns:xsl="http://www.w3.org/1999/XSL/Transform">
<xsl:output method="html" indent="yes"/>
<xsl:param name="id_livre"/>
<xsl:template match="/">
<html>
<body>
<h1>Listing des livres</h1>
<table border="1">
<tr>
<th>ID</th>
L-001
sélectionnez un paramètre ...
L-001
L-002
L-003
1
Fichier HTML généré :
Listing des livres
ID Titre Auteur Nombre de tome ISBN Format Allée Armoire Etagère
L-001 Les misérables Victor Hugo 3 9782543245896 13 2 3 1
2

```
          <th>Auteur</th>
          <th>Nombre de tome</th>
          <th>ISBN</th>
          <th>Format</th>
          <th>Allée</th>
          <th>Armoire</th>
          <th>Etagère</th>
        </tr>
        <xsl:for-each select="biblio/livre">
          <xsl:if test="@id=$id_livre">
            <tr>
              <td>
                <xsl:value-of select="@id"/>
              </td>
              <td>
                <xsl:value-of select="titre"/>
              </td>
              <td>
                <xsl:value-of select="auteur"/>
              </td>
              <td>
                <xsl:value-of select="nb_tome"/>
              </td>
              <td>
                <xsl:value-of select="isbn"/>
              </td>
              <td>
                <xsl:value-of select="isbn/@format"/>
              </td>
              <td>
                <xsl:value-of select="stockage/@allee"/>
              </td>
              <td>
                <xsl:value-of select="stockage/@armoire"/>
              </td>
              <td>
                <xsl:value-of select="stockage/@etagere"/>
              </td>
            </tr>
          </xsl:if>
        </xsl:for-each>
      </table>
    </body>
  </html>
 </xsl:template>
</xsl:stylesheet>
```

Maintenant que la feuille de transformation XSLT est prête à recevoir des paramètres et à les utiliser, il faut passer ces paramètres par programmation. On instancie un objet **XslCompiledTransform** *xslt*, et on charge la feuille de transformation *biblio_transformation.xslt* par la méthode *Load*. On instancie un objet **XsltArgumentList** *arguments* et on lui ajoute le paramètre récupéré depuis le sélecteur par la méthode *AddParam*, qui associe le paramètre *id_livre* dans la feuille XSLT au paramètre récupéré du sélecteur (la chaîne *"L-001"*, *"L-002"* ou *"L-003"*). On instancie un flux de données **FileStream** *flux* qui va recevoir le flux des données du document résultat (fichier HTML). Et par la méthode *Transform*, on effectue la transformation en fonction du document XML initial, de la liste des paramètres et du flux de données, passés en paramètre. Il ne reste plus qu'à visualiser le document HTML produit dans le contrôle **WebBrowser** par la méthode *Navigate*.

```
//transformation avec passage d'argument
private void TransformerArgument() {
  XslCompiledTransform xslt = new XslCompiledTransform();
  xslt.Load(v_doss_exe + "contenu\\biblio_transformation.xslt");
  XsltArgumentList arguments = new XsltArgumentList();
  string parametre = (string)x_cbx_select.Items[x_cbx_select.SelectedIndex];
  arguments.AddParam("id_livre", "", parametre);
  FileStream flux = new FileStream(v_doss_exe + "contenu\\biblio.html",
    FileMode.Create);
  xslt.Transform(v_doss_exe + "contenu\\biblio_document.xml", arguments, flux);
  flux.Close();
  //affiche le resultat dans un webbrowser
  x_wbs.Navigate(v_doss_exe + "contenu\\biblio.html"); }
```

4 - Le compilateur XSLT de Visual Studio 2015

Le compilateur XSLT de Visual Studio 2015 (*xsltc.exe*) compile des feuilles de style XSLT. Il est intégré au logiciel et peut être utilisé aussi en ligne de commande. Quand on a un fichier XML ouvert dans un onglet (figure 11.5), en choisissant le menu *XML -> Démarrer XSLT sans débogage* (repère 1), le logiciel ouvre une boite de dialogue dans laquelle vous indiquez un emplacement de fichier XSLT nécessaire (repère 2). En cliquant sur *Ouvrir*, le logiciel génère la sortie HTML qu'il visualise directement dans un deuxième onglet (repère 3).
Le compilateur XSLT nommé *xsltc.exe* peut s'utiliser aussi en ligne de commande pour produire un document résultat. Comme le montre la figure 11.6, il se trouve dans le même répertoire que celui de l'outil de définition des schémas (répertoire *C:\Program Files (x86)\Microsoft SDKs\Windows\v8.1A\bin\NETFX 4.5.1 Tools* pour Windows 8.1). Vous pouvez aller à l'adresse web suivante *http://msdn.microsoft.com/fr-fr/library/bb399405(v=vs.90).aspx* pour connaître les paramètres de commandes à utiliser.

FIGURE 11.5

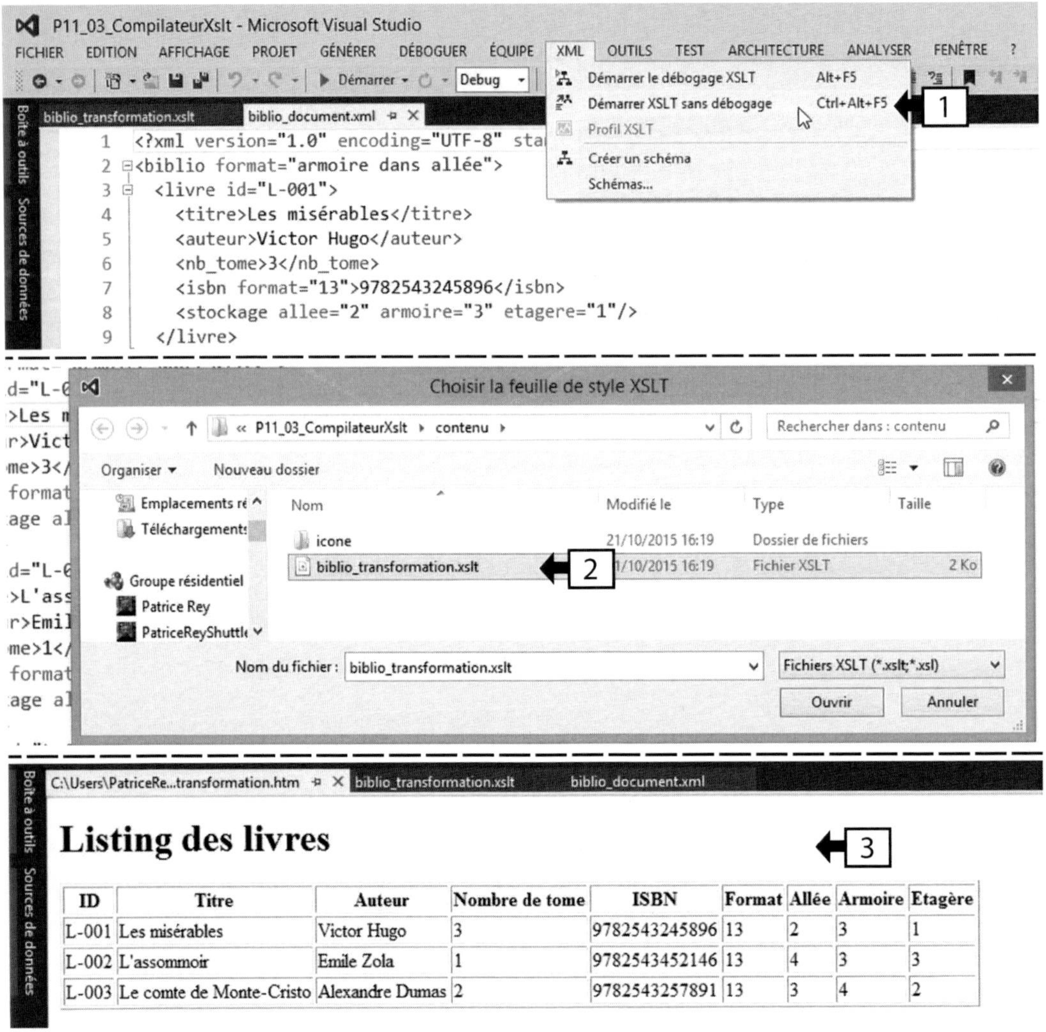

P11_03_CompilateurXslt - Microsoft Visual Studio
FICHIER EDITION AFFICHAGE PROJET GÉNÉRER DÉBOGUER ÉQUIPE XML OUTILS TEST ARCHITECTURE ANALYSER FENÊTRE ?
Démarrer Debug
Démarrer le débogage XSLT Alt+F5
Démarrer XSLT sans débogage Ctrl+Alt+F5
Profil XSLT
Créer un schéma
Schémas...
1
biblio_transformation.xslt
biblio_document.xml
Boite à outils
Sources de données
<?xml version="1.0" encoding="UTF-8" sta
<biblio format="armoire dans allée">
<livre id="L-001">
<titre>Les misérables</titre>
<auteur>Victor Hugo</auteur>
<nb_tome>3</nb_tome>
<isbn format="13">9782543245896</isbn>
<stockage allee="2" armoire="3" etagere="1"/>
</livre>
Choisir la feuille de style XSLT
« P11_03_CompilateurXslt › contenu ›
Rechercher dans : contenu
Organiser Nouveau dossier
Emplacements ré
Téléchargements
Groupe résidentiel
Patrice Rey
PatriceReyShuttle
Nom
Modifié le
Type
Taille
icone
21/10/2015 16:19
Dossier de fichiers
biblio_transformation.xslt
2
/10/2015 16:19
Fichier XSLT
2 Ko
Nom du fichier : biblio_transformation.xslt
Fichiers XSLT (*.xslt;*.xsl)
Ouvrir
Annuler
C:\Users\PatriceRe...transformation.htm
biblio_transformation.xslt
biblio_document.xml
Listing des livres
3
ID Titre Auteur Nombre de tome ISBN Format Allée Armoire Etagère
L-001 Les misérables Victor Hugo 3 9782543245896 13 2 3 1
L-002 L'assommoir Emile Zola 1 9782543452146 13 4 3 3
L-003 Le comte de Monte-Cristo Alexandre Dumas 2 9782543257891 13 3 4 2

FIGURE 11.6

Outils d'application
NETFX 4.5.1 Tools
Fichier Accueil Partage Affichage Gestion
Copier Coller Couper Copier le chemin d'accès Coller le raccourci
Presse-papiers
Déplacer vers Copier vers Supprimer Renommer
Organiser
Nouveau dossier Nouvel élément Accès rapide
Nouveau
Propriétés Ouvrir Modifier Historique
Ouvrir
Sélectionner tout Aucun Inverser la sélection
Sélectionner
« Program Files (x86) › Microsoft SDKs › Windows › v8.1A › bin › NETFX 4.5.1 Tools
Rechercher dans : NETFX 4.5.1...
Favoris
Bureau
Emplacements ré
Téléchargements
WSatUI.dll
wsdl.exe
wsdl.exe.config
xsd.exe
xsltc.exe
54 élément(s) 1 élément sélectionné 59,0 Ko

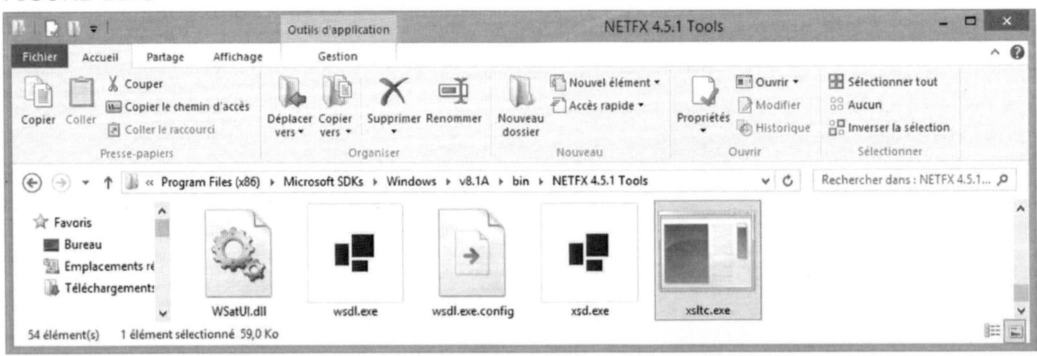

Chargement XML avec LINQ 12

LINQ (*Language Integrated Query*) est un ensemble de fonctionnalités introduites dans le *framework .NET* version 3.5 qui permet de rapprocher le monde des objets et le monde des données. Depuis la version de Visual Studio 2008, LINQ fournit des fonctions de requête puissantes à la syntaxe des langages C# et Visual Basic. LINQ introduit des modèles standards et facilement assimilables pour l'interrogation et la mise à jour des données. La technologie peut être étendue pour prendre en charge potentiellement tout type de magasin de données. Visual Studio inclut des *assemblys* de fournisseur LINQ qui permettent d'utiliser LINQ avec des collections du *framework .NET,* des bases de données SQL SERVER, des groupes de données ADO.NET et des documents XML.
L'API LINQ to XML fournit une interface de programmation XML en mémoire qui exploite le cadre de LINQ dans le *framework .NET*. LINQ To XML utilise les capacités du langage du *framework .NET* les plus récentes et s'apparente à une interface de programmation XML DOM (*Document Object Model*) améliorée et mise à jour. La famille de technologies LINQ fournit une expérience de requête cohérente pour les objets ("*LINQ To Object*"), les bases de données relationnelles ("*LINQ To SQL*") et le code XML ("*LINQ To XML*"). Nous allons voir comment s'organise l'arborescence des classes des objets de LINQ To XML. Ensuite nous verrons les différentes façons de charger un document XML par programmation.

1 - Les atouts de l'API LINQ To XML

Le langage XML a été largement adopté comme méthode pour mettre en forme des données dans de nombreux contextes. Par exemple, on trouve du code XML sur le web, dans les fichiers de configuration, dans les fichiers Microsoft Office Word, dans les bases de données, etc.
LINQ To XML est une approche qui a été pensée pour la programmation avec XML. Elle propose les fonctionnalités de modification des documents en mémoire du modèle objet de document (DOM ou *Document Object Model*) et prend en charge les expressions de requête LINQ. Bien que ces expressions de requête soient syntaxiquement différentes de XPath, elles procurent la même fonctionnalité.
LINQ To XML cible un large éventail de développeurs. Pour un développeur qui souhaite simplement se faciliter la tâche, LINQ To XML rend le XML plus abordable

en fournissant une expérience de requête semblable à SQL. Un rapide apprentissage permettra aux programmeurs d'écrire des requêtes succinctes et puissantes dans le langage de programmation de leur choix. Les développeurs professionnels peuvent utiliser LINQ to XML pour accroître considérablement leur productivité. Avec LINQ To XML, ils peuvent écrire moins de code mais qui est plus expressif, plus compact et plus puissant. Ils peuvent utiliser simultanément des expressions de requête de plusieurs domaines de données.

On peut se poser alors la question suivante: qu'est-ce-que LINQ To XML? L'API LINQ To XML s'apparente au modèle objet de document (DOM) dans le sens où elle place le document XML en mémoire. Vous pouvez interroger et modifier le document, et après l'avoir modifié, vous pouvez l'enregistrer dans un fichier ou le sérialiser et l'envoyer via Internet. Toutefois, l'interface LINQ To XML diffère du modèle DOM : elle procure un nouveau modèle objet qui est plus léger et plus facile à manipuler, et qui tire parti des améliorations du langage C#. Le principal avantage de LINQ To XML est son intégration avec LINQ. Cette intégration vous permet d'écrire des requêtes sur le document XML en mémoire afin de récupérer des collections d'éléments et d'attributs. La capacité de requête de LINQ To XML est comparable en terme de fonctionnalités (mais pas en terme de syntaxe) à XQuery et XPath. L'intégration de LINQ dans le langage C# fournit un typage plus fort, une vérification au moment de la compilation et une prise en charge de débogage améliorée.

LINQ To XML présente également l'avantage de pouvoir utiliser des résultats de requête en tant que paramètres de constructeurs d'objets (**XElement** et **XAttribute** par exemple) ce qui constitue une approche puissante pour la création d'arborescences XML. Cette approche, appelée *construction fonctionnelle*, permet aux développeurs de transformer facilement des arborescences XML d'une forme à une autre.

Pour exécuter les exemples pratiques, il faut ajouter les références *using* aux espaces de noms *System.Linq*, *System.Xml.Linq* et *System.Collections.Generic*:

- l'espace de noms *System.Linq* contient les types qui prennent en charge les requêtes utilisant LINQ; il s'agit notamment des types qui représentent les requêtes sous forme d'objets dans les arborescences des expressions.
- l'espace de noms *System.Xml.Linq* contient les classes LINQ To XML.
- l'espace de noms *System.Collections.Generic* contient des interfaces et des classes qui définissent des collections génériques permettant aux utilisateurs de créer des collections fortement typées; celles-ci fournissent une cohérence des types et des performances meilleures que les collections fortement typées non génériques.

2 - Le modèle objet LINQ To XML

L'espace de noms *System.Xml.Linq* contient une arborescence de classes pour la technologie LINQ To XML (figure 12.1). LINQ To XML est une interface de programmation XML en mémoire qui vous permet de modifier des documents XML efficacement et facilement.

La classe abstraite **XObject** représente un nœud ou un attribut dans une arborescence XML. Ses deux classes dérivées sont:

- la classe **XAttribute** qui représente un attribut XML.
- la classe abstraite **XNode** qui représente le concept abstrait d'un nœud (élément, commentaire, type de document, instruction de traitement ou nœud de texte) de l'arborescence XML.

Les classes dérivées, directement ou indirectement, de la classe **XNode** sont les suivantes:

- la classe **XComment** représente un commentaire XML.
- la classe **XContainer** représente un nœud qui peut contenir d'autres nœuds.
- la classe **XDocument**, qui dérive de **XContainer**, représente un document XML.
- la classe **XElement**, qui dérive de **XContainer**, représente un élément XML.
- la classe **XDocumentType** représente une définition de type de document (DTD) XML.
- la classe **XProcessingInstruction** représente une instruction de traitement XML.
- la classe **XText** représente un nœud de texte.
- la classe **XCData**, qui dérive de **XText**, représente un nœud de texte qui contient des données CDATA.

La classe **XDeclaration** représente une déclaration XML. La classe scellée **XName** représente un nom d'un attribut ou d'un élément XML. La classe scellée **XNamespace** représente un espace de noms XML.

La classe **XStreamingElement** représente les éléments d'une arborescence XML qui prend en charge la sortie de diffusion en continu différée. La classe scellée **XNodeEqualityComparer** compare des nœuds pour déterminer s'ils sont égaux. Et la classe scellée **XNodeDocumentOrderComparer** contient les fonctionnalités qui permettent de comparer l'ordre des documents de nœuds.

FIGURE 12.1

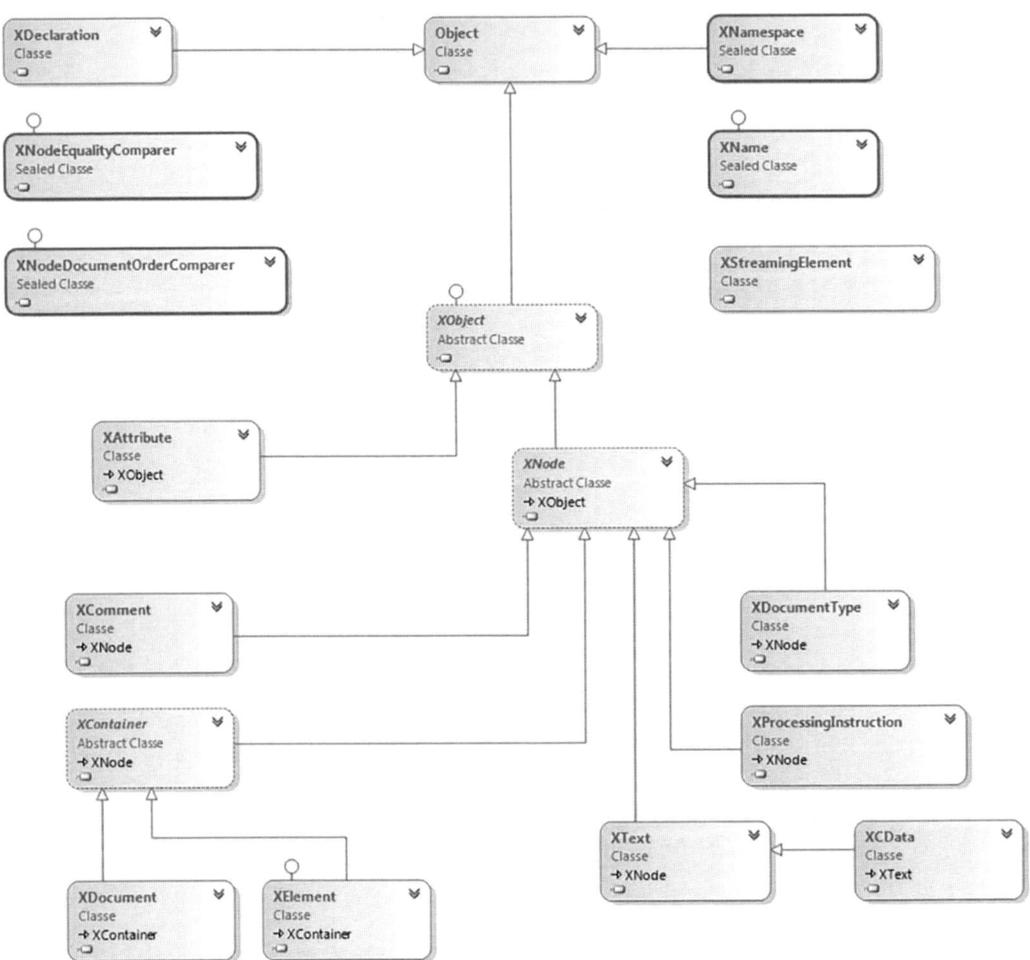

3 - Charger un document XML externe

La classe **XDocument**, qui dérive de la classe abstraite **XContainer** (figure 12.2), représente un document XML. Un objet **XDocument** possède plusieurs méthodes statiques surchargées *Load* qui permettent de charger un contenu XML de différentes façons. Une fois le contenu XML chargé, les principales propriétés exposées par l'objet **XDocument** sont:

- la propriété *Root* qui retourne l'élément racine de l'arborescence XML pour ce document; cette propriété est utile lorsque l'on souhaite composer des requêtes LINQ To XML.

- la propriété *Declaration* qui définit ou qui retourne la déclaration XML pour ce document; parfois, il est nécessaire de créer une déclaration XML pour un document; pour indiquer qu'un document est autonome, vous devez utiliser cette propriété; pour encoder votre document avec un encodage autre que UTF-8, vous pouvez spécifier un encodage par le biais d'un objet **XDeclaration**.
- la propriété *DocumentType* retourne la définition de type de document (DTD) pour ce document.
- la propriété *NodeType* retourne le type de nœud de ce nœud; parce que toutes les classes qui dérivent de **XObject** contiennent une propriété *NodeType*, vous pouvez écrire du code qui fonctionne sur les collections d'objets dans lesquelles le type de chacun est une sous-classe de **XObject**; votre code peut ensuite tester le type de nœud de chaque objet de la collection.

FIGURE 12.2

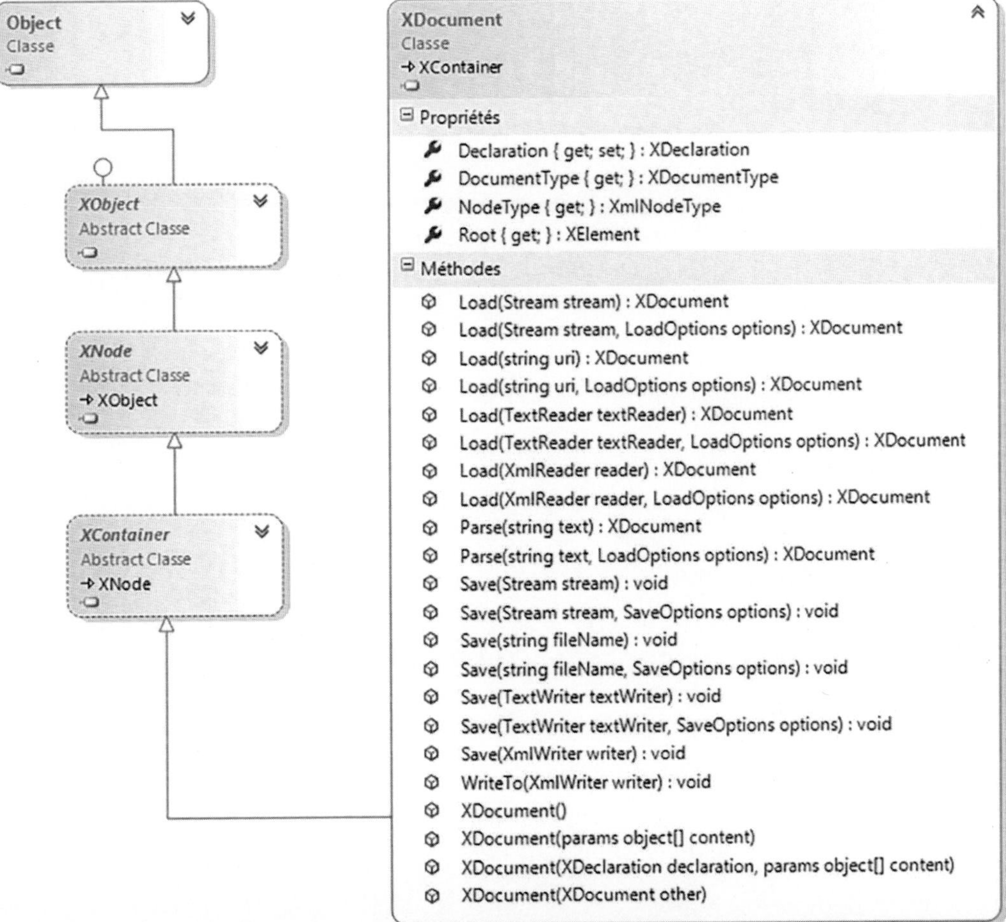

La solution de projet *P12_01_LinqChargerXmlExt.sln*, qui se trouve dans le dossier *chapitre_12/P12_01_LinqChargerXmlExt*, consiste à charger un document XML externe à l'exécutable (fichier *exemple_biblio.xml* placé dans le dossier *ressource_externe* au même niveau que l'exécutable).

Dans le dossier de la solution de projet, on ajoute un dossier nommé *EXE* pour stocker les fichiers compilés de l'application (figure 12.3). Après la compilation effectuée, l'exécutable de l'application *P12_01_LinqChargerXmlExt.exe* est généré, et le dossier *ressource_externe* avec à l'intérieur le fichier *exemple_biblio.xml* sont copiés. La figure 12.3 montre le résultat obtenu quand on est sous Windows 8.1.

FIGURE 12.3

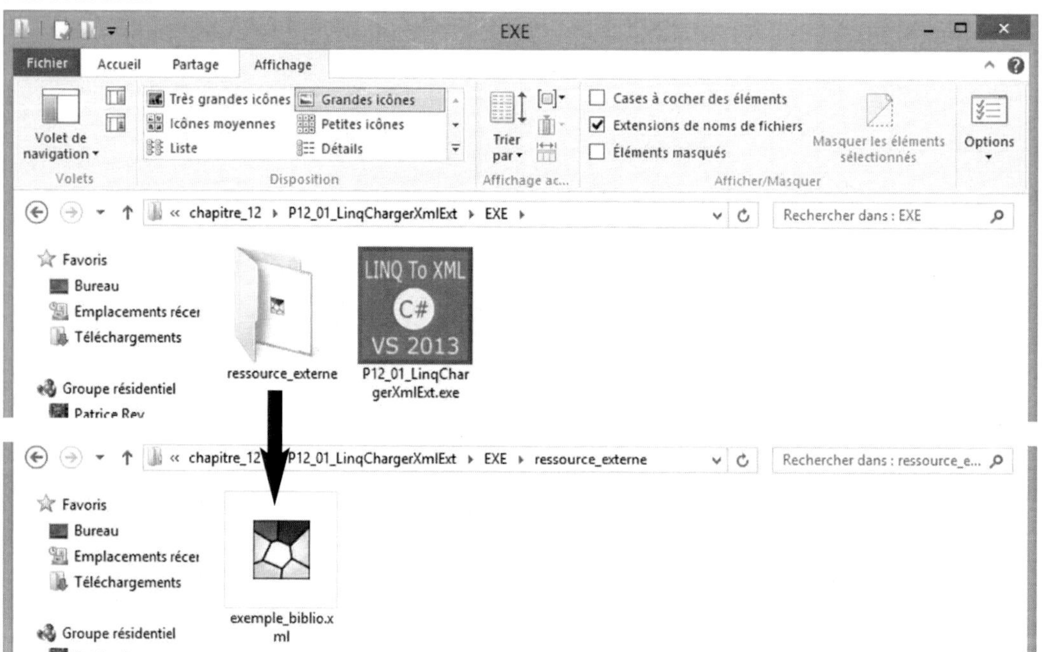

Une fois l'exécutable démarré *P12_01_LinqChargerXmlExt.exe*, on obtient le résultat de la figure 12.4 sous Windows 8.1. Un **TextBlock** (au repère 1) affiche le code de programmation utilisé et un **TextBlock** (au repère 2) affiche le contenu du document XML chargé.

Pour charger un document XML externe, on déclare une variable *doc_xml* de type **XDocument** et on lui affecte le résultat de la méthode statique *XDocument.Load* qui reçoit l'URI du fichier XML à charger. A noter que la variable *Environment.CurrentDirectory* retourne le chemin qualifié complet du répertoire de travail actif.

FIGURE 12.4

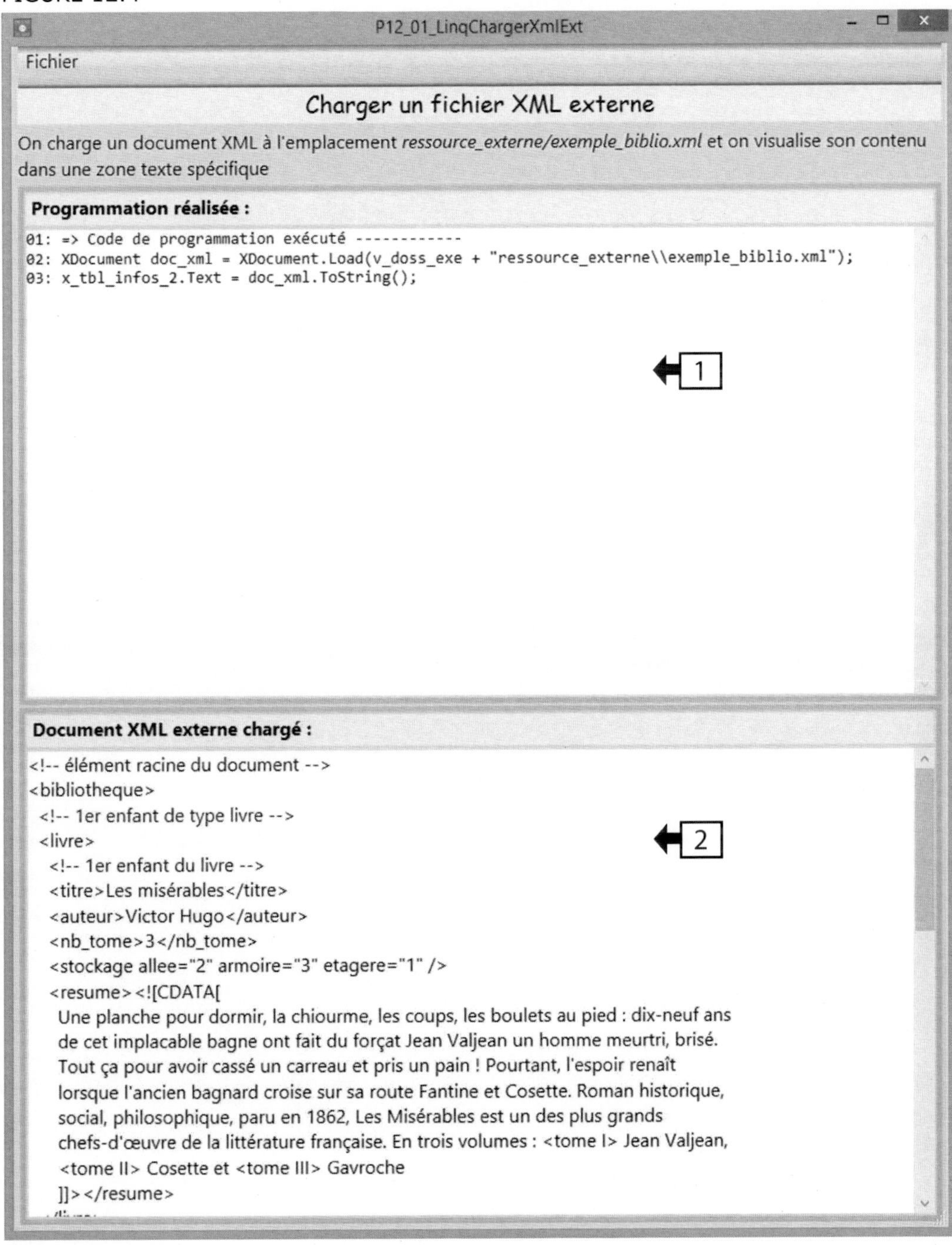
P12_01_LinqChargerXmlExt
Fichier
Charger un fichier XML externe
On charge un document XML à l'emplacement *ressource_externe/exemple_biblio.xml* et on visualise son contenu dans une zone texte spécifique
Programmation réalisée :
01: => Code de programmation exécuté ------------
02: XDocument doc_xml = XDocument.Load(v_doss_exe + "ressource_externe\\exemple_biblio.xml");
03: x_tbl_infos_2.Text = doc_xml.ToString();
1
Document XML externe chargé :
<!-- élément racine du document -->
<bibliotheque>
<!-- 1er enfant de type livre -->
<livre>
2
<!-- 1er enfant du livre -->
<titre>Les misérables</titre>
<auteur>Victor Hugo</auteur>
<nb_tome>3</nb_tome>
<stockage allee="2" armoire="3" etagere="1" />
<resume><![CDATA[
Une planche pour dormir, la chiourme, les coups, les boulets au pied : dix-neuf ans
de cet implacable bagne ont fait du forçat Jean Valjean un homme meurtri, brisé.
Tout ça pour avoir cassé un carreau et pris un pain ! Pourtant, l'espoir renaît
lorsque l'ancien bagnard croise sur sa route Fantine et Cosette. Roman historique,
social, philosophique, paru en 1862, Les Misérables est un des plus grands
chefs-d'œuvre de la littérature française. En trois volumes : <tome I> Jean Valjean,
<tome II> Cosette et <tome III> Gavroche
]]></resume>

```
//donnees
private string g_doss_exe = Environment.CurrentDirectory;
//fenetre => evenement Loaded
private void Window_Loaded(object sender, RoutedEventArgs e) {
  XDocument doc_xml = XDocument.Load(
    v_doss_exe + "ressource_externe\\exemple_biblio.xml");
  x_tbl_infos_2.Text = doc_xml.ToString();
}
```

La méthode *ToString* appliquée à *doc_xml* retourne le code XML mis en retrait pour ce nœud (nœud racine du document). Ce code XML est ensuite affecté à la propriété *Text* du **TextBlock** pour son affichage.
A noter que pour créer un répertoire spécifique de sortie à l'application, il faut aller dans les propriétés du projet (menu *PROJET* à la rubrique *Propriétés de P12_01_LinqChargerXmlExt ...*), et dans l'onglet *Générer* (figure 12.5 repère 1), il faut sélectionner un répertoire de sortie (figure 12.5 repère 2) en cliquant sur le bouton *"Parcourir ..."*.

FIGURE 12.5

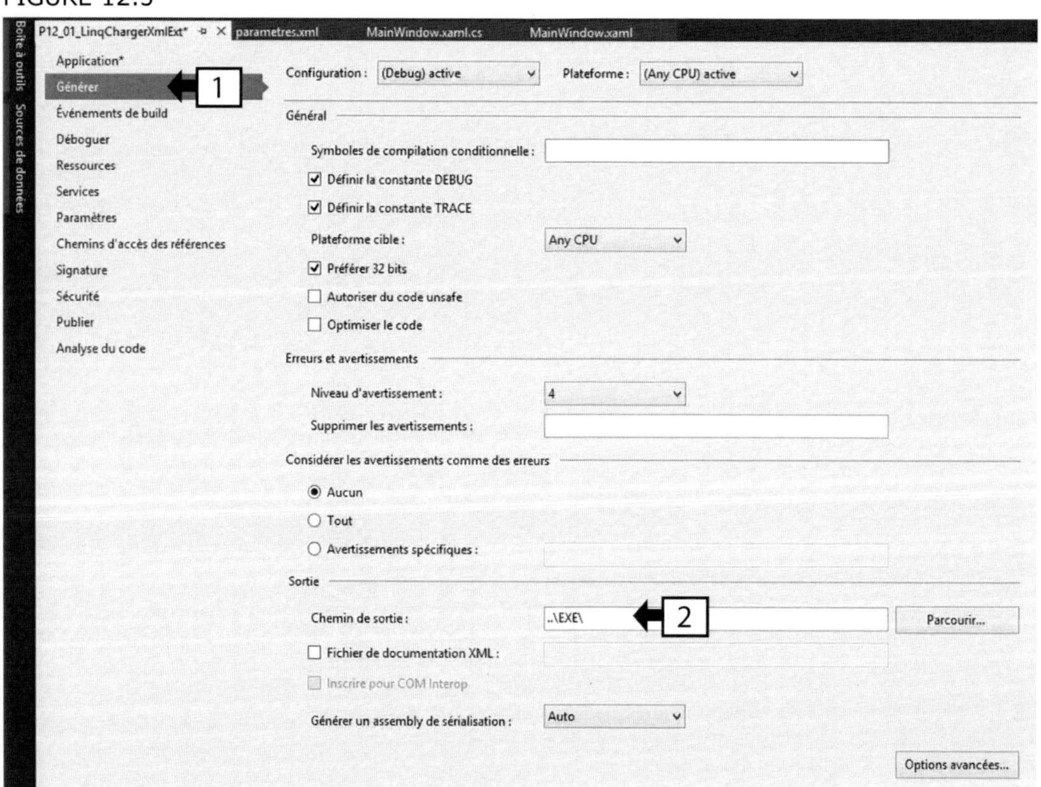

Comme vous l'avez remarqué sur la figure 12.3, on utilise une icone personnalisée pour matérialiser l'exécutable. Dans la solution de projet, on ajoute un dossier *contenu* avec à l'intérieur un sous-dossier *icone*. Dans le sous-dossier *icone*, on ajoute un élément existant (menu contextuel *Ajouter* puis *Elément existant*) en sélectionnant le fichier *VS2013_Csharp_v6.ico* sur l'ordinateur (figure 12.6 repère 1).

Comme il s'agit d'une ressource embarquée, dans les propriétés de l'icone (figure 12.6 repère 2), on choisit *Resource* dans la liste déroulante de la rubrique *Action de la génération*. Et dans les propriétés du projet à l'onglet *Application*, on sélectionne l'icone apportée dans la liste déroulante (figure 12.6 repère 3). Il suffit alors de compiler le projet et de se rendre dans le répertoire de l'exécutable pour constater la matérialisation de l'exécutable par l'icone choisie.

FIGURE 12.6

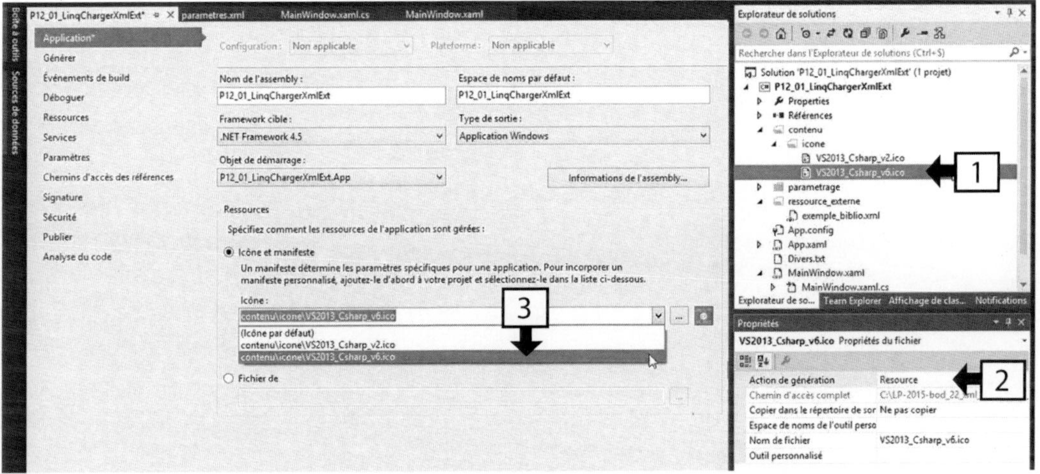

Pour disposer à la compilation du projet du dossier *ressource_externe* avec à l'intérieur le fichier *exemple_biblio.xml*, dans la solution de projet on ajoute un dossier nommé *ressource_externe* et on ajoute, à l'intérieur de celui-ci (figure 12.7 repère 1), un élément existant (en sélectionnant le chemin où se trouve le fichier XML). Dans les propriétés du fichier *exemple_biblio.xml*, on choisit la rubrique *Contenu* dans *Action de génération* (figure 12.7 repère 2) et la rubrique *Toujours copier* dans *Copier dans le répertoire de sortie* (figure 12.7 repère 3).

De cette manière, à chaque compilation du projet, le dossier *ressource_externe* sera copié dans le répertoire de sortie où se trouve l'exécutable avec, à l'intérieur, le fichier *exemple_biblio.xml*.

FIGURE 12.7

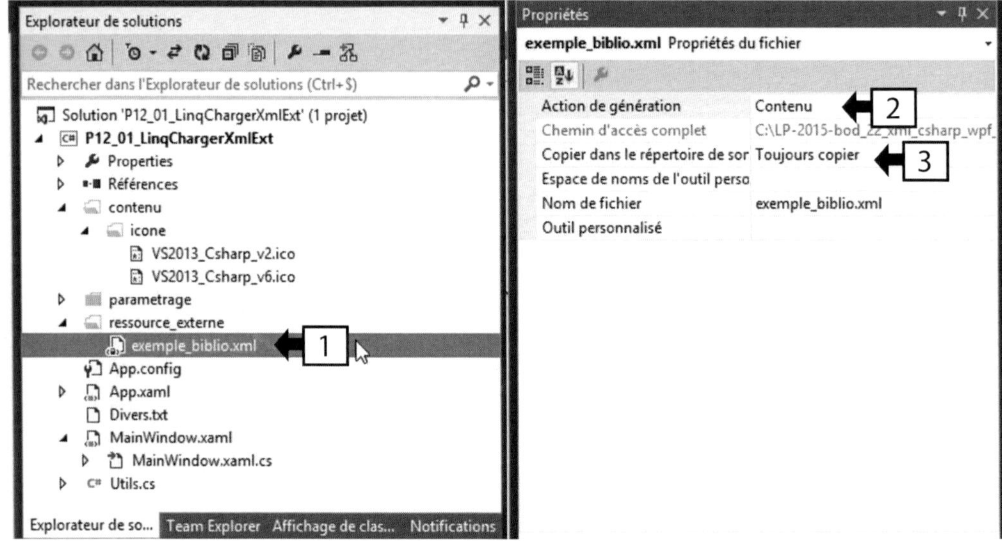

4 - Charger une chaîne de caractères XML

La solution de projet *P12_02_LinqChargerChaineXml.sln*, qui se trouve dans le dossier *chapitre_12/P12_02_LinqChargerChaineXml*, consiste à charger une chaîne de caractères qui représente une arborescence XML.

On dispose d'une chaîne de caractères *chaine_xml* de type *string* qui stocke une arborescence de nœuds XML par concaténation. Cette chaîne commence par une déclaration de version et d'encodage XML, et est suivie d'un ensemble de nœuds avec un nœud racine *<bibliotheque>*. La chaine *chaine_xml* est réalisée de façon à respecter une indentation d'arborescence par insertion de caractères espace.

```
private void Window_Loaded(object sender, RoutedEventArgs e) {
  string chaine_xml = "";
  chaine_xml += "<?xml version='1.0' encoding='UTF-8' standalone='yes'?>";
  chaine_xml += "<!-- élément racine du document -->";
  chaine_xml += "<bibliotheque>";
  chaine_xml += "  <!-- 1er enfant de type livre -->";
  chaine_xml += "  <livre>";
  chaine_xml += "    <titre>Les misérables</titre>";
  chaine_xml += "    <auteur>Victor Hugo</auteur>";
  chaine_xml += "    <nb_tome>3</nb_tome>";
  chaine_xml += "    <stockage allee='2' armoire='3' etagere='1'/>";
  chaine_xml += "  </livre>";
  chaine_xml += "  <livre>";
```

```
  chaine_xml += "    <titre>L'assomoir</titre>";
  chaine_xml += "    <auteur>Emile Zola</auteur>";
  chaine_xml += "    <stockage allee='4' armoire='1' etagere='3'/>";
  chaine_xml += "  </livre>";
  chaine_xml += "  <livre>";
  chaine_xml += "    <titre>Le comte de Monte Cristo</titre>";
  chaine_xml += "    <auteur>Alexandre Dumas</auteur>";
  chaine_xml += "    <nb_tome>2</nb_tome>";
  chaine_xml += "    <stockage allee='3' armoire='4' etagere='2'/>";
  chaine_xml += "  </livre>";
  chaine_xml += "</bibliotheque>";
  ...
}
```

Pour transformer une chaîne qui contient du code XML en une arborescence XML, il faut utiliser une des surcharges de la méthode statique *XDocument.Parse*. Une des surcharges de la méthode statique *XDocument.Parse* reçoit en paramètre une chaîne de type *string*, et retourne un objet **XDocument** à partir de cette chaîne. La figure 12.8 montre le résultat obtenu dans lequel la méthode *Parse* instancie un objet **XDocument** à partir de la variable *chaine_xml* pour en créer une arborescence XML dont le contenu est ensuite affiché dans un **TextBlock**.

```
private void Window_Loaded(object sender, RoutedEventArgs e) {
  v_fen_charge = true;
  string chaine_xml = "";
  chaine_xml += "<?xml version='1.0' encoding='UTF-8' standalone='yes'?>";
  ...
  XDocument doc_xml = XDocument.Parse(chaine_xml);
  x_tbl_infos_2.Text = doc_xml.ToString();
}
```

On constate que l'arborescence XML générée (variable *doc_xml* de type **XDocument**) conserve les informations de ligne (chaque nouveau nœud est affiché avec une indentation en fonction de son positionnement en profondeur dans l'arborescence XML). On constate aussi que la déclaration du code XML n'est pas affichée dans l'arborescence générée (comme on l'avait vu à la figure 12.4). Si, dans la concaténation de la chaîne *chaine_xml*, on ne respecte pas une indentation des nœuds par insertion d'espace, le résultat obtenu de l'arborescence XML (figure 12.9) reste identique (les informations de ligne sont conservées).

```
private void Window_Loaded(object sender, RoutedEventArgs e) {
  v_fen_charge = true;
  string chaine_xml = "";
  chaine_xml += "<?xml version='1.0' encoding='UTF-8' standalone='yes'?>";
  chaine_xml += "<!-- élément racine du document -->";
  chaine_xml += "<bibliotheque>";
  chaine_xml += "<!-- 1er enfant de type livre -->";
```

FIGURE 12.8

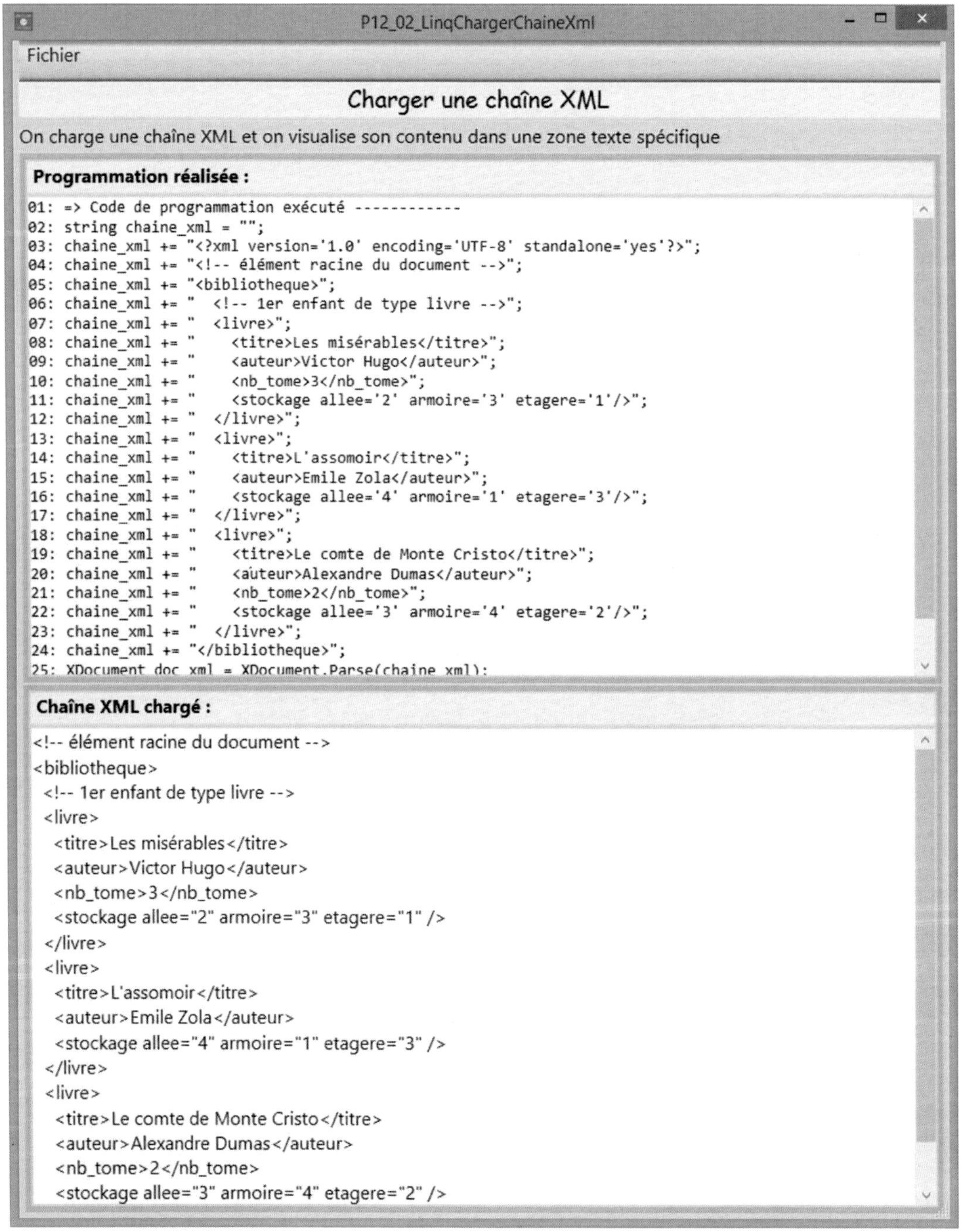
P12_02_LinqChargerChaineXml
Fichier
Charger une chaîne XML
On charge une chaîne XML et on visualise son contenu dans une zone texte spécifique
Programmation réalisée :
01: => Code de programmation exécuté ------------
02: string chaine_xml = "";
03: chaine_xml += "<?xml version='1.0' encoding='UTF-8' standalone='yes'?>";
04: chaine_xml += "<!-- élément racine du document -->";
05: chaine_xml += "<bibliotheque>";
06: chaine_xml += " <!-- 1er enfant de type livre -->";
07: chaine_xml += " <livre>";
08: chaine_xml += "   <titre>Les misérables</titre>";
09: chaine_xml += "   <auteur>Victor Hugo</auteur>";
10: chaine_xml += "   <nb_tome>3</nb_tome>";
11: chaine_xml += "   <stockage allee='2' armoire='3' etagere='1'/>";
12: chaine_xml += " </livre>";
13: chaine_xml += " <livre>";
14: chaine_xml += "   <titre>L'assomoir</titre>";
15: chaine_xml += "   <auteur>Emile Zola</auteur>";
16: chaine_xml += "   <stockage allee='4' armoire='1' etagere='3'/>";
17: chaine_xml += " </livre>";
18: chaine_xml += " <livre>";
19: chaine_xml += "   <titre>Le comte de Monte Cristo</titre>";
20: chaine_xml += "   <auteur>Alexandre Dumas</auteur>";
21: chaine_xml += "   <nb_tome>2</nb_tome>";
22: chaine_xml += "   <stockage allee='3' armoire='4' etagere='2'/>";
23: chaine_xml += " </livre>";
24: chaine_xml += "</bibliotheque>";
25: XDocument doc_xml = XDocument.Parse(chaine_xml);
Chaîne XML chargé :
<!-- élément racine du document -->
<bibliotheque>
  <!-- 1er enfant de type livre -->
  <livre>
    <titre>Les misérables</titre>
    <auteur>Victor Hugo</auteur>
    <nb_tome>3</nb_tome>
    <stockage allee="2" armoire="3" etagere="1" />
  </livre>
  <livre>
    <titre>L'assomoir</titre>
    <auteur>Emile Zola</auteur>
    <stockage allee="4" armoire="1" etagere="3" />
  </livre>
  <livre>
    <titre>Le comte de Monte Cristo</titre>
    <auteur>Alexandre Dumas</auteur>
    <nb_tome>2</nb_tome>
    <stockage allee="3" armoire="4" etagere="2" />

FIGURE 12.9

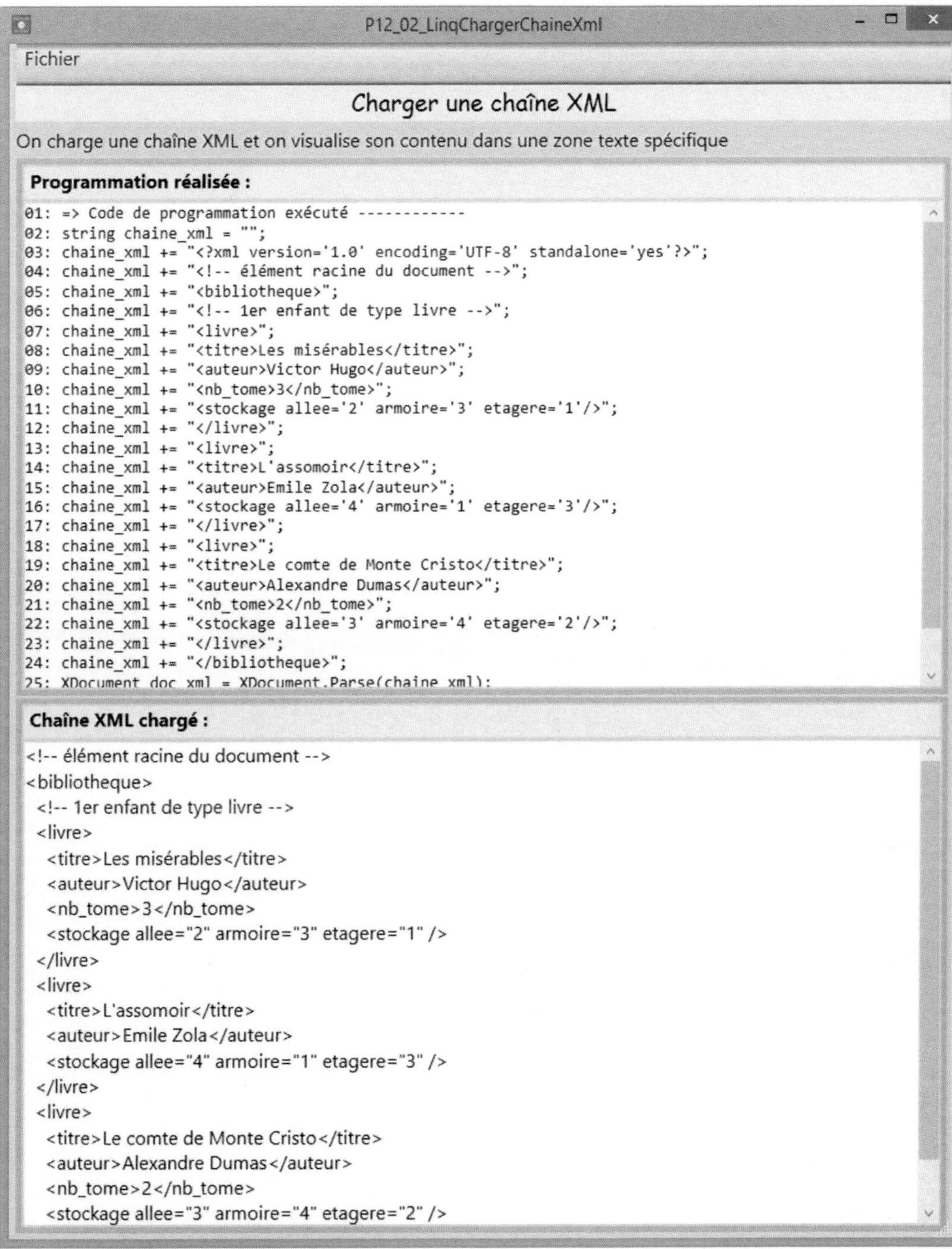
P12_02_LinqChargerChaineXml
Fichier
Charger une chaîne XML
On charge une chaîne XML et on visualise son contenu dans une zone texte spécifique
Programmation réalisée :
=> Code de programmation exécuté ------------
string chaine_xml = "";
chaine_xml += "<?xml version='1.0' encoding='UTF-8' standalone='yes'?>";
chaine_xml += "<!-- élément racine du document -->";
chaine_xml += "<bibliotheque>";
chaine_xml += "<!-- 1er enfant de type livre -->";
chaine_xml += "<livre>";
chaine_xml += "<titre>Les misérables</titre>";
chaine_xml += "<auteur>Victor Hugo</auteur>";
chaine_xml += "<nb_tome>3</nb_tome>";
chaine_xml += "<stockage allee='2' armoire='3' etagere='1'/>";
chaine_xml += "</livre>";
chaine_xml += "<livre>";
chaine_xml += "<titre>L'assomoir</titre>";
chaine_xml += "<auteur>Emile Zola</auteur>";
chaine_xml += "<stockage allee='4' armoire='1' etagere='3'/>";
chaine_xml += "</livre>";
chaine_xml += "<livre>";
chaine_xml += "<titre>Le comte de Monte Cristo</titre>";
chaine_xml += "<auteur>Alexandre Dumas</auteur>";
chaine_xml += "<nb_tome>2</nb_tome>";
chaine_xml += "<stockage allee='3' armoire='4' etagere='2'/>";
chaine_xml += "</livre>";
chaine_xml += "</bibliotheque>";
XDocument doc_xml = XDocument.Parse(chaine_xml);
Chaîne XML chargé :
<!-- élément racine du document -->
<bibliotheque>
<!-- 1er enfant de type livre -->
<livre>
<titre>Les misérables</titre>
<auteur>Victor Hugo</auteur>
<nb_tome>3</nb_tome>
<stockage allee="2" armoire="3" etagere="1" />
</livre>
<livre>
<titre>L'assomoir</titre>
<auteur>Emile Zola</auteur>
<stockage allee="4" armoire="1" etagere="3" />
</livre>
<livre>
<titre>Le comte de Monte Cristo</titre>
<auteur>Alexandre Dumas</auteur>
<nb_tome>2</nb_tome>
<stockage allee="3" armoire="4" etagere="2" />

```
 chaine_xml += "<livre>";
 chaine_xml += "<titre>Les misérables</titre>";
 chaine_xml += "<auteur>Victor Hugo</auteur>";
 chaine_xml += "<nb_tome>3</nb_tome>";
 chaine_xml += "<stockage allee='2' armoire='3' etagere='1'/>";
 chaine_xml += "</livre>";
 chaine_xml += "<livre>";
 chaine_xml += "<titre>L'assomoir</titre>";
 chaine_xml += "<auteur>Emile Zola</auteur>";
 chaine_xml += "<stockage allee='4' armoire='1' etagere='3'/>";
 chaine_xml += "</livre>";
 chaine_xml += "<livre>";
 chaine_xml += "<titre>Le comte de Monte Cristo</titre>";
 chaine_xml += "<auteur>Alexandre Dumas</auteur>";
 chaine_xml += "<nb_tome>2</nb_tome>";
 chaine_xml += "<stockage allee='3' armoire='4' etagere='2'/>";
 chaine_xml += "</livre>";
 chaine_xml += "</bibliotheque>";
 XDocument doc_xml = XDocument.Parse(chaine_xml);
 x_tbl_infos_2.Text = doc_xml.ToString();
}
```

Une deuxième surcharge de la méthode statique *XDocument.Parse* reçoit en paramètre une chaîne XML de type *string* et une valeur de l'énumération *LoadOptions*. L'énumération *LoadOptions* spécifie les options de charge lors de l'analyse du code XML contenu dans la chaîne passée. Cette énumération possède un attribut *FlagsAttribute* qui permet la combinaison d'opérations de bits (opérateur OR dont la représentation est le caractère "|") de ses valeurs de membres. Mais attention car, en fonction du contexte, certaines options ne donneront pas les résultats escomptés. Les valeurs possibles de l'énumération sont:

- la valeur *LoadOptions.None* signifie de ne pas conserver les espaces blancs non significatifs ou de ne pas charger l'URI de base et les informations de ligne.
- la valeur *LoadOptions.PreserveWhitespace* signifie de conserver les espaces blancs non significatifs lors de l'analyse.
- la valeur *LoadOptions.SetBaseUri* signifie de demander les informations d'URI de base au **XmlReader** sous-jacent, et de les rendre disponibles via la propriété *BaseUri*.
- la valeur *LoadOptions.SetLineInfo* signifie de demander les informations de ligne au **XmlReader** sous-jacent, et de les rendre disponibles via des propriétés sur l'objet **XObject** en utilisant l'interface *IXmlLineInfo*.

Si vous conservez les espaces blancs lors du chargement, tout espace blanc non significatif de l'arborescence XML est matérialisé tel quel dans l'arborescence XML. Si vous ne conservez pas les espaces blancs, tout espace blanc non

significatif est ignoré. Une perte de performances se produit si vous définissez les indicateurs *SetBaseUri* et *SetLineInfo*. L'URI de base et les informations de ligne sont disponibles immédiatement après le chargement du document XML. Si vous modifiez l'arborescence XML après le chargement du document, l'URI de base et les informations de ligne peuvent perdre leur signification. Si le **XmlReader** sous-jacent n'a pas d'URI de base ou d'informations de ligne, la définition des indicateurs *SetBaseUri* et *SetLineInfo* n'aura aucun effet. Ce type *LoadOptions* vous permet de contrôler la façon dont LINQ To XML gère les espaces blancs lors du chargement ou de l'analyse du code XML.
La solution de projet *P12_03_LinqLoadOptions.sln*, qui se trouve dans le dossier *chapitre_12/P12_03_LinqLoadOptions*, consiste à charger un document XML externe en utilisant une combinaison des options de charge *LoadOptions*. Le document XML, nommé *exemple_biblio.xml*, est chargé dans un objet *doc_xml* de type **XDocument** par la méthode statique *XDocument.Load* avec l'activation des informations de ligne (*LoadOptions.SetLineInfo*) et l'activation des informations d'URI (*LoadOptions.SetBaseUri*). La combinaison de ces options de charge s'effectue par l'utilisation de l'opérateur "|" (opérateur OR) en écrivant "*LoadOptions.SetLineInfo | LoadOptions.SetBaseUri*".

```
private void Window_Loaded(object sender, RoutedEventArgs e) {
  AjouterInfos("-----------------------------------------------------" + RC);
  AjouterInfos("Contenu du document XML chargé " + RC);
  AjouterInfos("-----------------------------------------------------" + RC);
  XDocument doc_xml = XDocument.Load(
    g_doss_exe + "/ressource_externe/exemple_biblio.xml",
    LoadOptions.SetLineInfo | LoadOptions.SetBaseUri);
  AjouterInfos(doc_xml.ToString() + RC);
  ...
}
```

Une fois le document chargé, on cible le premier élément *titre* trouvé dans l'arborescence XML par l'écriture "*elem_titre = doc_xml.Descendants("titre").First()*" (nous verrons plus loin l'explication de cette écriture).

```
private void Window_Loaded(object sender, RoutedEventArgs e) {
  AjouterInfos("-----------------------------------------------------" + RC);
  AjouterInfos("Contenu du document XML chargé " + RC);
  AjouterInfos("-----------------------------------------------------" + RC);
  XDocument doc_xml = XDocument.Load(
    g_doss_exe + "/ressource_externe/exemple_biblio.xml",
    LoadOptions.SetLineInfo | LoadOptions.SetBaseUri);
  AjouterInfos(doc_xml.ToString() + RC);
  AjouterInfos("-----------------------------------------------------" + RC);
  XElement elem_titre = doc_xml.Descendants("titre").First();
```

```
  ...
}
```

Comme nous avons activé les informations de ligne (*LoadOptions.SetLineInfo*), nous allons pouvoir déterminer à quelle ligne et à quelle position (dans cette ligne) se trouve la balise *<titre>* ciblée. La variable *elem_titre*, de type **XElement**, représente un élément XML. En remontant dans l'arborescence des classes héritées de **XElement** (figure 12.10), on trouve la classe abstraite **XObject** qui implémente l'interface *IXmlLineInfo*. L'interface *IXmlLineInfo* possède une méthode booléenne *HasLineInfo* qui indique si les informations de ligne sont disponibles, une propriété *LineNumber* qui retourne le numéro de ligne (si disponible) et une propriété *LinePosition* qui retourne la position sur cette ligne (si disponible).

FIGURE 12.10

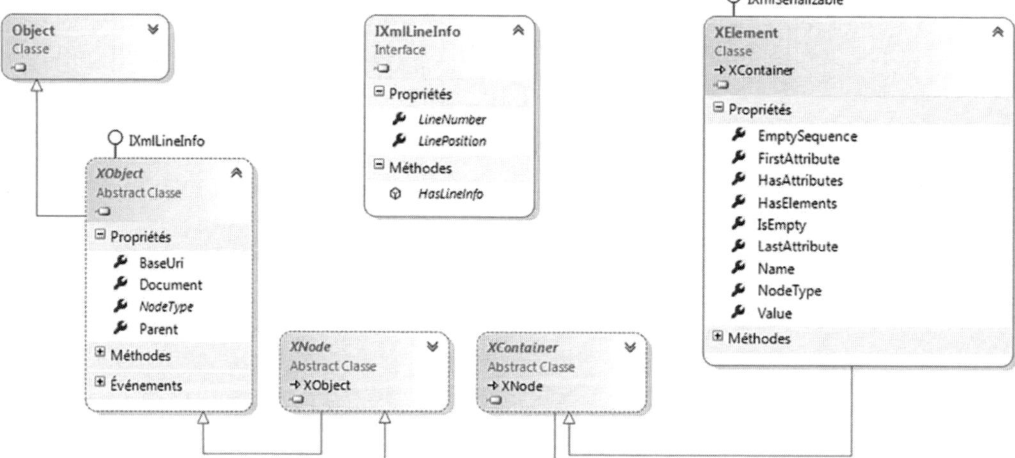

Pour tester si les informations de ligne sont disponibles, il faudra effectuer un *cast* de la variable *elem_titre* en *IXmlLineInfo* pour appeler la méthode booléenne *HasLineInfo* par l'écriture "*((IXmlLineInfo)elem_titre).HasLineInfo()*". L'information de ligne sera obtenue par la propriété *LineNumber* après avoir effectué un *cast* de la variable *elem_titre* en *IXmlLineInfo* par l'écriture "*((IXmlLineInfo)elem_titre).LineNumber.ToString()*". Et l'information de position sera obtenue par la propriété *LinePosition* après avoir effectué un *cast* de la variable *elem_titre* en *IXmlLineInfo* par l'écriture "*((IXmlLineInfo)elem_titre).LinePosition.ToString()*". Quand le *cast* est effectif, l'*intellisense* de Visual Studio propose les méthodes et les propriétés de l'interface *IXmlLineInfo* (figure 12.11).

FIGURE 12.11

```
string message = "le premier noeud <titre> se trouve en => ";
message += "ligne: " + ((IXmlLineInfo)elem_titre).LineNumber.ToString() + " ";
message += "position: " + ((IXmlLineInfo)elem_titre). + " ";
AjouterInfos(message + RC);
}
else {
  AjouterInfos("informations de ligne NON disponibles"
}
AjouterInfos("-------------------------------------------
AjouterInfos("adresse URI de l'élément <titre> est :" + RC);
```

Equals
GetHashCode
GetType
HasLineInfo
LineNumber
LinePosition
ToString

int IXmlLineInfo.LinePosition
Obtient la position de la ligne active.

```
string message = "le premier noeud <titre> se trouve en => ";
message += "ligne: " + ((IXmlLineInfo)elem_titre). + " ";
message += "position: " + ((IXmlLineInfo)elem_titr        on.ToString() + " ";
AjouterInfos(message + RC);
}
else {
  AjouterInfos("informations de ligne NON disponible
}
AjouterInfos("-------------------------------------------     -----" + RC);
```

Equals
GetHashCode
GetType
HasLineInfo
LineNumber
LinePosition
ToString

int IXmlLineInfo.LineNumber
Obtient le numéro de la ligne active.

La propriété *BaseUri* de la classe abstraite **XObject** (propriété héritée pour **XElement**) fournit l'URI de base pour l'élément en cours *elem_titre* (par l'écriture "*elem_titre.BaseUri*").

```
private void Window_Loaded(object sender, RoutedEventArgs e) {
 ... XDocument doc_xml = XDocument.Load(
   g_doss_exe + "/ressource_externe/exemple_biblio.xml",
   LoadOptions.SetLineInfo | LoadOptions.SetBaseUri);
 ...
 XElement elem_titre = doc_xml.Descendants("titre").First();
 if (((IXmlLineInfo)elem_titre).HasLineInfo()) {
   AjouterInfos("informations de ligne disponibles" + RC);
   string message = "le premier noeud <titre> se trouve en => ";
   message += "ligne: " + ((IXmlLineInfo)elem_titre).LineNumber.ToString() + " ";
   message += "position: " + ((IXmlLineInfo)elem_titre).LinePosition.ToString();
   AjouterInfos(message + RC);
 }
 else {
   AjouterInfos("informations de ligne NON disponibles" + RC);
 }
 AjouterInfos("-------------------------------------------------------" + RC);
 AjouterInfos("adresse URI de l'élément <titre> est :" + RC);
 AjouterInfos(elem_titre.BaseUri);
}
```

La figure 12.12 montre le résultat obtenu. La première balise *<titre>* se trouve à la ligne 7 de l'arborescence XML et commence à la position 6 de cette ligne. Si on compare avec le document XML d'origine, on s'aperçoit que la première balise

FIGURE 12.12

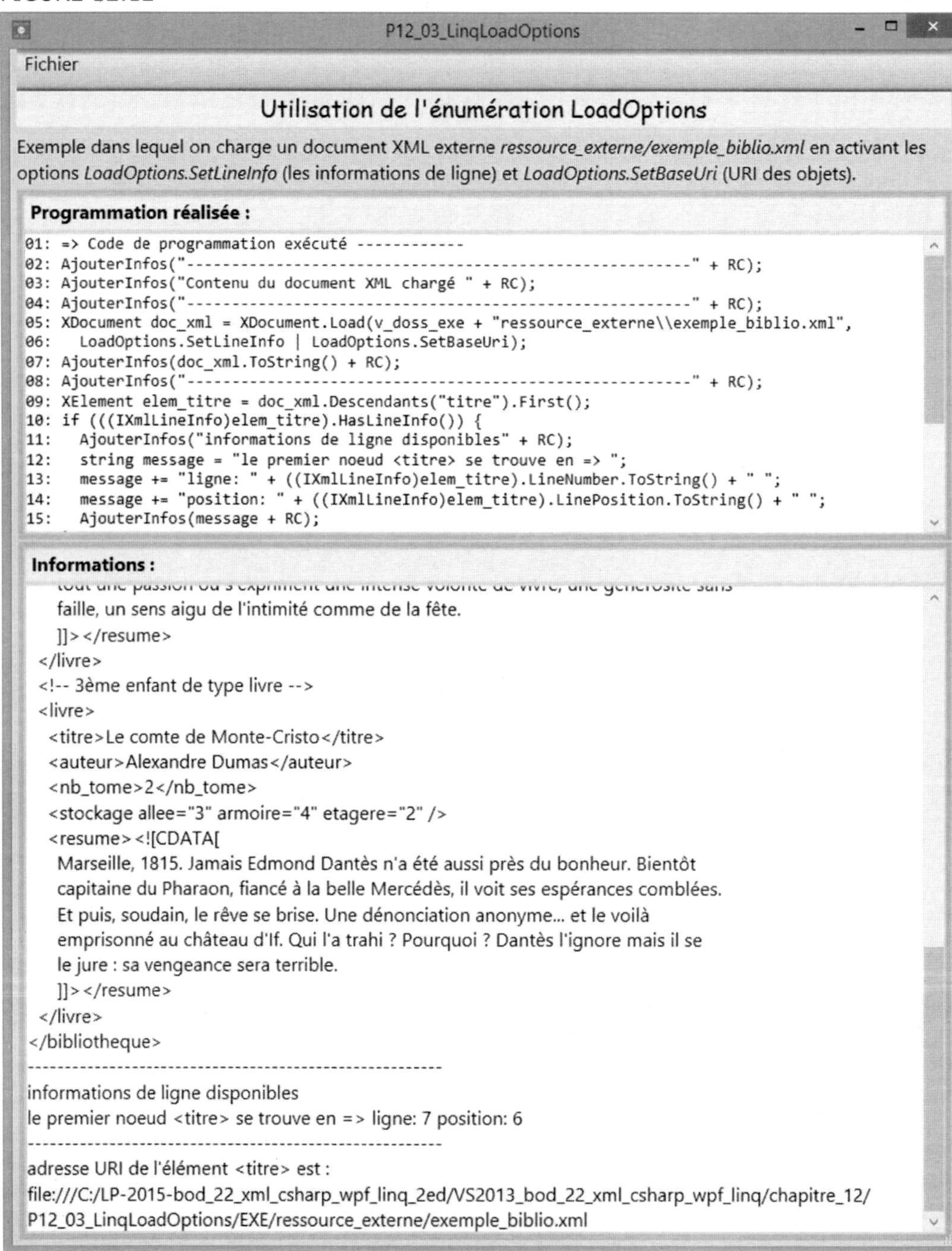
P12_03_LinqLoadOptions
Fichier
Utilisation de l'énumération LoadOptions
Exemple dans lequel on charge un document XML externe ressource_externe/exemple_biblio.xml en activant les options LoadOptions.SetLineInfo (les informations de ligne) et LoadOptions.SetBaseUri (URI des objets).
Programmation réalisée :
01: => Code de programmation exécuté ------------
02: AjouterInfos("--" + RC);
03: AjouterInfos("Contenu du document XML chargé " + RC);
04: AjouterInfos("--" + RC);
05: XDocument doc_xml = XDocument.Load(v_doss_exe + "ressource_externe\\exemple_biblio.xml",
06: LoadOptions.SetLineInfo | LoadOptions.SetBaseUri);
07: AjouterInfos(doc_xml.ToString() + RC);
08: AjouterInfos("--" + RC);
09: XElement elem_titre = doc_xml.Descendants("titre").First();
10: if (((IXmlLineInfo)elem_titre).HasLineInfo()) {
11: AjouterInfos("informations de ligne disponibles" + RC);
12: string message = "le premier noeud <titre> se trouve en => ";
13: message += "ligne: " + ((IXmlLineInfo)elem_titre).LineNumber.ToString() + " ";
14: message += "position: " + ((IXmlLineInfo)elem_titre).LinePosition.ToString() + " ";
15: AjouterInfos(message + RC);
Informations :
faille, un sens aigu de l'intimité comme de la fête.
]]></resume>
</livre>
<!-- 3ème enfant de type livre -->
<livre>
<titre>Le comte de Monte-Cristo</titre>
<auteur>Alexandre Dumas</auteur>
<nb_tome>2</nb_tome>
<stockage allee="3" armoire="4" etagere="2" />
<resume><![CDATA[
Marseille, 1815. Jamais Edmond Dantès n'a été aussi près du bonheur. Bientôt
capitaine du Pharaon, fiancé à la belle Mercédès, il voit ses espérances comblées.
Et puis, soudain, le rêve se brise. Une dénonciation anonyme... et le voilà
emprisonné au château d'If. Qui l'a trahi ? Pourquoi ? Dantès l'ignore mais il se
le jure : sa vengeance sera terrible.
]]></resume>
</livre>
</bibliotheque>
----
informations de ligne disponibles
le premier noeud <titre> se trouve en => ligne: 7 position: 6
----
adresse URI de l'élément <titre> est :
file:///C:/LP-2015-bod_22_xml_csharp_wpf_linq_2ed/VS2013_bod_22_xml_csharp_wpf_linq/chapitre_12/
P12_03_LinqLoadOptions/EXE/ressource_externe/exemple_biblio.xml

<titre> se trouve bien au niveau 7 de l'arborescence mais dans la sortie XML inscrite dans le **TextBlock**, la balise se trouve en ligne 6. Cela est normal puisque la sortie texte de **XDocument** n'écrit pas la déclaration XML comme on l'a déjà constaté auparavant. Tant qu'à la propriété *BaseUri* de **XElement**, elle fournit bien l'URI du fichier dans lequel la balise ciblée est issue.

```
<?xml version="1.0" encoding="UTF-8" standalone="yes"?>
<!-- élément racine du document -->
<bibliotheque>
  <!-- 1er enfant de type livre -->
  <livre>
    <!-- 1er enfant du livre -->
    <titre>Les misérables</titre>
    <auteur>Victor Hugo</auteur>
    <nb_tome>3</nb_tome>
    <stockage allee="2" armoire="3" etagere="1"/>
  </livre>
  <!-- 2ème enfant de type livre -->
  <livre>
    <titre>L'assommoir</titre>
    <auteur>Emile Zola</auteur>
    <stockage allee="4" armoire="1" etagere="3"/>
  </livre>
  ...
</bibliotheque>
```

5 - Charger avec un objet *XmlReader*

La solution de projet *P12_04_LinqChargerXmlReader.sln*, qui se trouve dans le dossier *chapitre_12/P12_04_LinqChargerXmlReader*, consiste à charger un document XML externe en utilisant un objet **XmlReader** sous-jacent et en utilisant une combinaison des options de charge *LoadOptions*.

Pour charger un document XML en utilisant un objet **XmlReader**, on affecte à une variable *lecteur_xml*, de type **XmlReader**, le retour de la méthode statique *XmlReader.Create*, méthode statique qui reçoit en paramètre un URI pour le document XML à charger. Puis on déclare une variable *doc_xml*, de type **XDocument**, et on lui affecte le retour de la méthode statique *XDocument.Load*, méthode statique surchargée qui reçoit en paramètre un objet **XmlReader** et accessoirement des options de charge de type *LoadOptions*.

La figure 12.13 montre le résultat obtenu. Au repère 1, on voit à quoi ressemble l'arborescence XML générée par **XDocument**. On constate que la déclaration du document est absente et elle est remplacée par un espace blanc.

FIGURE 12.13

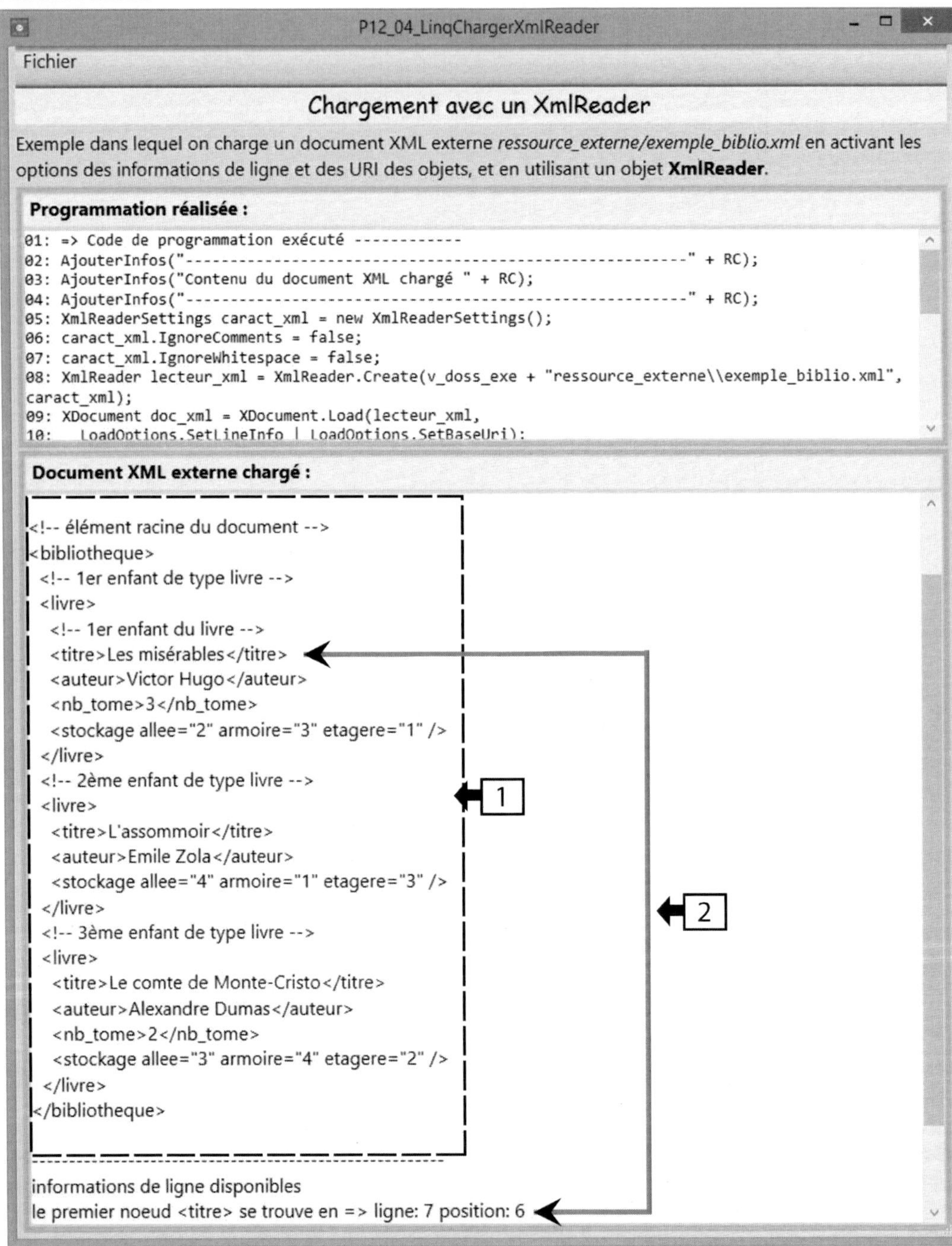
P12_04_LinqChargerXmlReader
Fichier
Chargement avec un XmlReader
Exemple dans lequel on charge un document XML externe *ressource_externe/exemple_biblio.xml* en activant les options des informations de ligne et des URI des objets, et en utilisant un objet **XmlReader**.
Programmation réalisée :
01: => Code de programmation exécuté ------------
02: AjouterInfos("--" + RC);
03: AjouterInfos("Contenu du document XML chargé " + RC);
04: AjouterInfos("--" + RC);
05: XmlReaderSettings caract_xml = new XmlReaderSettings();
06: caract_xml.IgnoreComments = false;
07: caract_xml.IgnoreWhitespace = false;
08: XmlReader lecteur_xml = XmlReader.Create(v_doss_exe + "ressource_externe\\exemple_biblio.xml", caract_xml);
09: XDocument doc_xml = XDocument.Load(lecteur_xml,
Document XML externe chargé :
<!-- élément racine du document -->
<bibliotheque>
<!-- 1er enfant de type livre -->
<livre>
<!-- 1er enfant du livre -->
<titre>Les misérables</titre>
<auteur>Victor Hugo</auteur>
<nb_tome>3</nb_tome>
<stockage allee="2" armoire="3" etagere="1" />
</livre>
<!-- 2ème enfant de type livre -->
<livre>
<titre>L'assommoir</titre>
<auteur>Emile Zola</auteur>
<stockage allee="4" armoire="1" etagere="3" />
</livre>
<!-- 3ème enfant de type livre -->
<livre>
<titre>Le comte de Monte-Cristo</titre>
<auteur>Alexandre Dumas</auteur>
<nb_tome>2</nb_tome>
<stockage allee="3" armoire="4" etagere="2" />
</livre>
</bibliotheque>
1
2
informations de ligne disponibles
le premier noeud <titre> se trouve en => ligne: 7 position: 6

```
private void Window_Loaded(object sender, RoutedEventArgs e) {
  v_fen_charge = true;
  x_tbl_infos_2.Text = "";
  AjouterInfos("----------------------------------------------------" + RC);
  AjouterInfos("Contenu du document XML chargé " + RC);
  AjouterInfos("----------------------------------------------------" + RC);
  XmlReader lecteur_xml = XmlReader.Create(
    v_doss_exe + "ressource_externe\\exemple_biblio.xml");
  XDocument doc_xml = XDocument.Load(lecteur_xml,
   LoadOptions.SetLineInfo | LoadOptions.SetBaseUri);
  AjouterInfos(doc_xml.ToString() + RC);
  AjouterInfos("----------------------------------------------------" + RC);
  XElement elem_titre = doc_xml.Descendants("titre").First();
  if (((IXmlLineInfo)elem_titre).HasLineInfo()) {
   AjouterInfos("informations de ligne disponibles" + RC);
   string message = "le premier noeud <titre> se trouve en => ";
   message += "ligne: " + ((IXmlLineInfo)elem_titre).LineNumber.ToString() + " ";
   message += "position: " + ((IXmlLineInfo)elem_titre).LinePosition.ToString() + " ";
   AjouterInfos(message + RC);
  }
  else {
   AjouterInfos("informations de ligne NON disponibles" + RC);
  }
  AjouterInfos("----------------------------------------------------" + RC);
  AjouterInfos("adresse URI de l'élément <titre> est :" + RC);
  AjouterInfos(elem_titre.BaseUri);
}
```

Un objet **XmlReader** fournit un accès en avant uniquement et en lecture seule à un flux de données XML. La classe **XmlReader** respecte les recommandations du W3C intitulées *Extensible Markup Language* (XML) 1.0 et *Namespaces in XML*. La méthode statique *XmlReader.Create* possède un ensemble de surcharges avec notamment la possibilité de définir certaines caractéristiques de chargement par l'intermédiaire d'un objet **XmlReaderSettings**. La figure 12.14 montre les différentes signatures des méthodes surchargées de la méthode *XmlReader.Create*, et montre le détail des propriétés d'un objet **XmlReaderSettings** (propriété *Settings* de **XmlReader**).

Pour activer des caractéristiques de charge liées à un objet **XmlReader**, on instancie un objet *caract_xml* de type **XmlReaderSettings**, et on fixe les valeurs de ses différentes propriétés. Puis on passe à la méthode statique surchargée *XmlReader.Create* en paramètre un URI de fichier XML et les caractéristiques *caract_xml*. Par exemple sur la figure 12.15, on fixe la propriété *IgnoreWhitespace* de *caract_xml* à *true* pour signifier la non prise en charge des espaces blancs non significatifs, et on fixe la propriété *IgnoreComments* de *caract_xml* à *true* pour signifier la non prise en charge des commentaires trouvés dans le fichier XML.

FIGURE 12.14

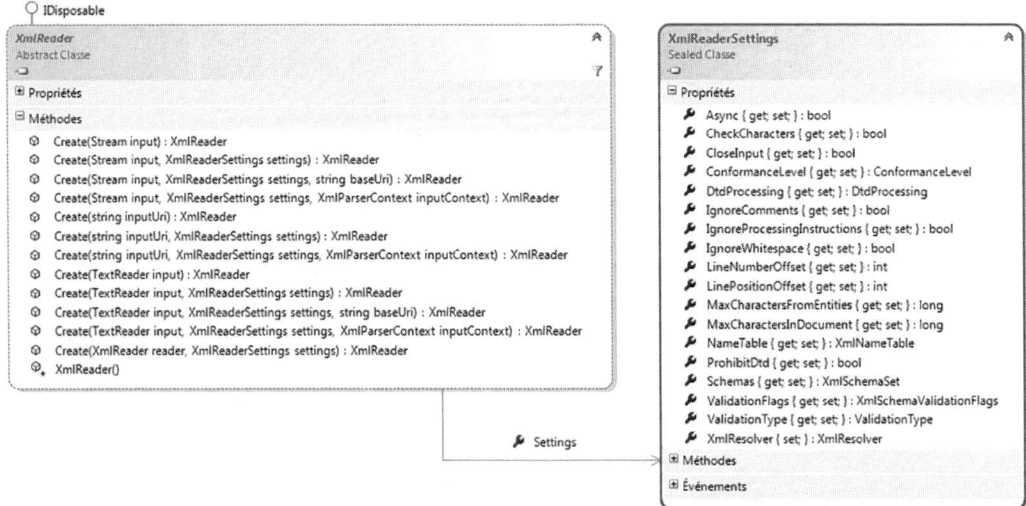

Au repère 1 de la figure 12.15 par rapport au repère 1 de la figure 12.13, on voit bien que tous les espaces blancs ont été nettoyés et les différents commentaires présents dans le fichier XML ont été supprimés. Les informations de ligne de *doc_xml* de type **XDocument** restent inchangées (repère 2 des figures 2.15 et 2.13).

```
private void Window_Loaded(object sender, RoutedEventArgs e) {
  v_fen_charge = true;
  x_tbl_infos_2.Text = "";
  AjouterInfos("-------------------------------------------------------" + RC);
  AjouterInfos("Contenu du document XML chargé " + RC);
  AjouterInfos("-------------------------------------------------------" + RC);
  XmlReaderSettings caract_xml = new XmlReaderSettings();
  caract_xml.IgnoreComments = true;
  caract_xml.IgnoreWhitespace = true;
  XmlReader lecteur_xml = XmlReader.Create(
    v_doss_exe + "ressource_externe\\exemple_biblio.xml", caract_xml);
  XDocument doc_xml = XDocument.Load(lecteur_xml,
    LoadOptions.SetLineInfo | LoadOptions.SetBaseUri);
  AjouterInfos(doc_xml.ToString() + RC);
  AjouterInfos("-------------------------------------------------------" + RC);
  XElement elem_titre = doc_xml.Descendants("titre").First();
  if (((IXmlLineInfo)elem_titre).HasLineInfo()) {
    AjouterInfos("informations de ligne disponibles" + RC);
    string message = "le premier noeud <titre> se trouve en => ";
    message += "ligne: " + ((IXmlLineInfo)elem_titre).LineNumber.ToString() + " ";
    message += "position: " + ((IXmlLineInfo)elem_titre).LinePosition.ToString() + " ";
    AjouterInfos(message + RC);
  }
```

FIGURE 12.15

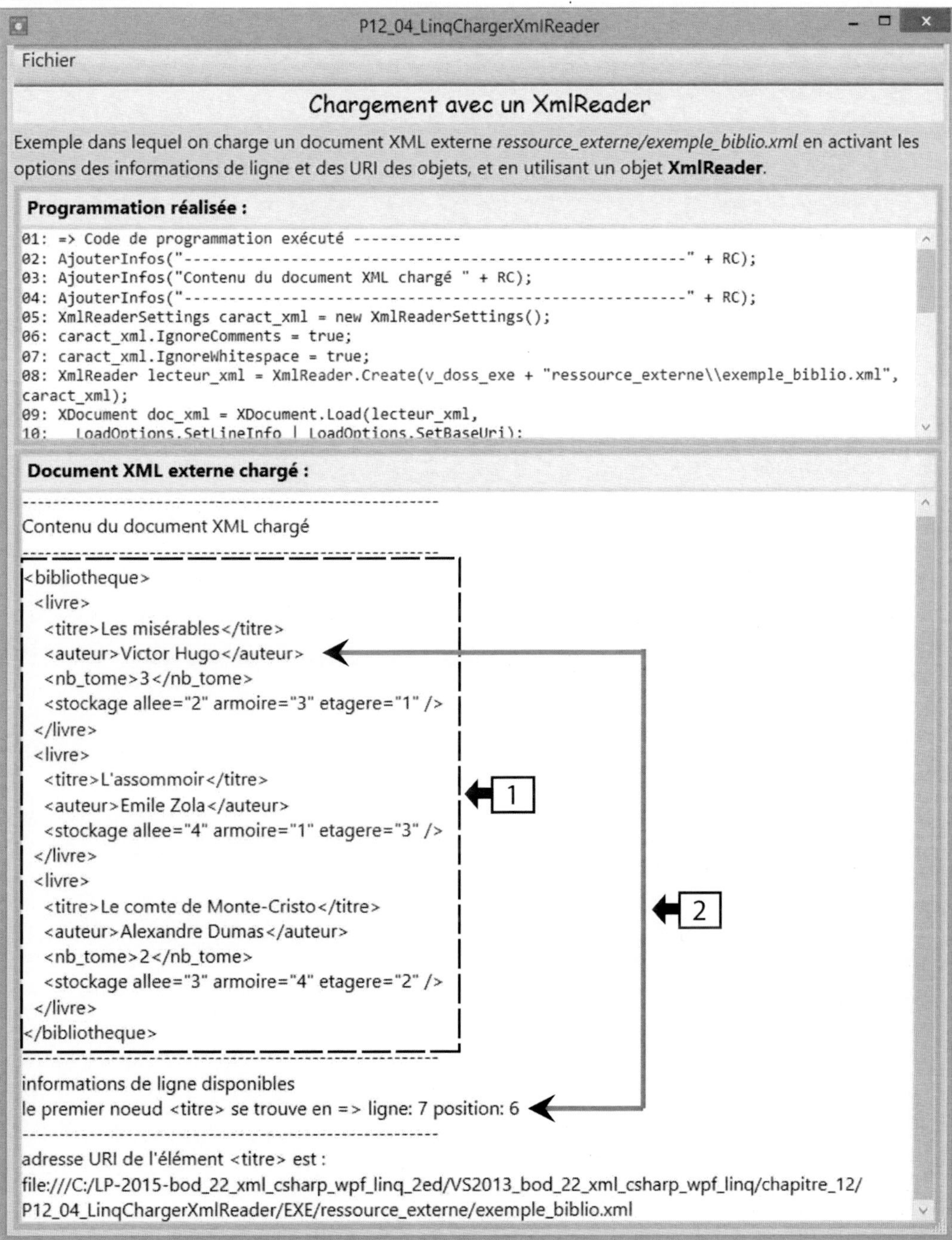
P12_04_LinqChargerXmlReader
Fichier
Chargement avec un XmlReader
Exemple dans lequel on charge un document XML externe ressource_externe/exemple_biblio.xml en activant les options des informations de ligne et des URI des objets, et en utilisant un objet XmlReader.
Programmation réalisée :
01: => Code de programmation exécuté ------------
02: AjouterInfos("--" + RC);
03: AjouterInfos("Contenu du document XML chargé " + RC);
04: AjouterInfos("--" + RC);
05: XmlReaderSettings caract_xml = new XmlReaderSettings();
06: caract_xml.IgnoreComments = true;
07: caract_xml.IgnoreWhitespace = true;
08: XmlReader lecteur_xml = XmlReader.Create(v_doss_exe + "ressource_externe\\exemple_biblio.xml", caract_xml);
09: XDocument doc_xml = XDocument.Load(lecteur_xml,
10: LoadOptions.SetLineInfo | LoadOptions.SetBaseUri);
Document XML externe chargé :
Contenu du document XML chargé
<bibliotheque>
<livre>
<titre>Les misérables</titre>
<auteur>Victor Hugo</auteur>
<nb_tome>3</nb_tome>
<stockage allee="2" armoire="3" etagere="1" />
</livre>
<livre>
<titre>L'assommoir</titre>
<auteur>Emile Zola</auteur>
<stockage allee="4" armoire="1" etagere="3" />
</livre>
<livre>
<titre>Le comte de Monte-Cristo</titre>
<auteur>Alexandre Dumas</auteur>
<nb_tome>2</nb_tome>
<stockage allee="3" armoire="4" etagere="2" />
</livre>
</bibliotheque>
1
2
informations de ligne disponibles
le premier noeud <titre> se trouve en => ligne: 7 position: 6
adresse URI de l'élément <titre> est :
file:///C:/LP-2015-bod_22_xml_csharp_wpf_linq_2ed/VS2013_bod_22_xml_csharp_wpf_linq/chapitre_12/
P12_04_LinqChargerXmlReader/EXE/ressource_externe/exemple_biblio.xml

```
  else {
    AjouterInfos("informations de ligne NON disponibles" + RC);
  }
  AjouterInfos("------------------------------------------------------" + RC);
  AjouterInfos("adresse URI de l'élément <titre> est :" + RC);
  AjouterInfos(elem_titre.BaseUri);
}
```

La création d'arbres XML avec LINQ

13

La construction fonctionnelle de LINQ To XML facilite grandement la création à la volée d'un arbre XML à partir de données avec des formats variés. Dans ce chapitre, nous allons passer en revue la création des divers éléments XML au travers des principales classes pour générer des arborescences XML directement manipulables pour leur exploitation future.

1 - Création des éléments avec *XElement*

La classe **XElement** (figure 13.1) représente un élément XML. Elle hérite de la classe abstraite **XContainer** qui représente un nœud qui peut contenir d'autres nœuds, et de la classe abstraite **XNode** qui représente le concept abstrait d'un nœud (élément, commentaire, type de document, instruction de traitement ou nœud de texte) de l'arborescence XML. La classe **XElement** possède un constructeur avec 5 signatures différentes qui sont:

- *XElement(XElement)* qui initialise une nouvelle instance de la classe **XElement** à partir d'un autre objet **XElement**.
- *XElement(XName)* qui initialise une nouvelle instance de la classe **XElement** avec le nom spécifié.
- *XElement(XStreamingElement)* qui initialise une nouvelle instance de la classe **XElement** à partir d'un objet **XStreamingElement**.
- *XElement(XName, Object)* qui initialise une nouvelle instance de la classe **XElement** avec le nom et le contenu spécifiés.
- *XElement(XName, Object[])* qui initialise une nouvelle instance de la classe **XElement** avec le nom et le contenu spécifiés.

La classe **XElement** expose principalement les propriétés suivantes:

- *EmptySequence* qui obtient une collection d'éléments vide.
- *FirstAttribute* qui obtient le premier attribut de cet élément.
- *HasAttributes* qui obtient une valeur indiquant si cet élément a au moins un attribut.
- *HasElements* qui obtient une valeur indiquant si cet élément a au moins un élément enfant.
- *IsEmpty* qui obtient une valeur indiquant si cet élément ne contient aucun

contenu.

- *LastAttribute* qui obtient le dernier attribut de cet élément.
- *Name* qui obtient ou définit le nom de cet élément.
- *NodeType* qui obtient le type de nœud de ce nœud.
- *Value* qui obtient ou définit le contenu de texte concaténé de cet élément.

FIGURE 13.1

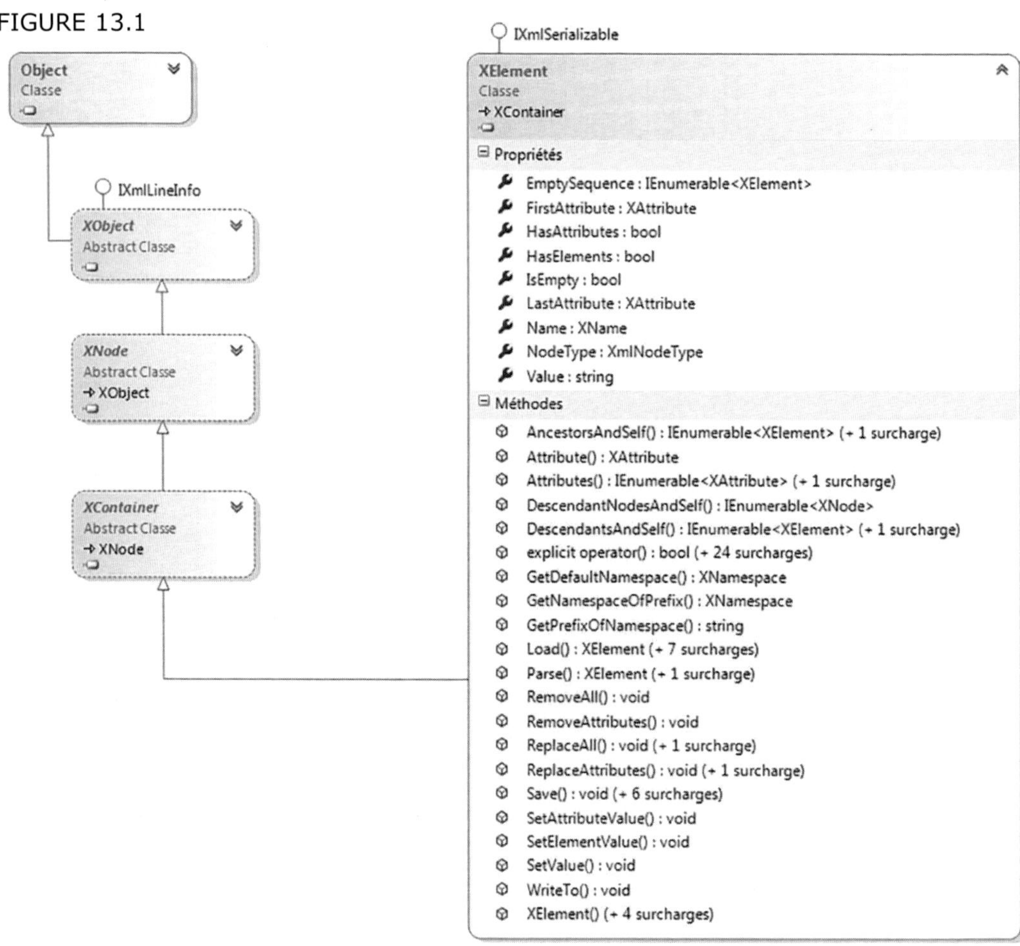

Par exemple, avec la déclaration *XElement elem = new XElement("nom", "BRUEL")*, le premier argument du constructeur est un objet **XName**. Cet objet sera créé en convertissant de façon implicite la chaîne passée en entrée en un **XName**. Le deuxième argument représente la valeur de l'élément. Une valeur sous forme de chaîne est convertit automatiquement en un objet **XText**. L'exécution de *elem.ToString()* retourne *<nom>BRUEL</nom>* et le *cast* de l'élément *elem* par *(string)*

elem retourne *BRUEL*. Même si bon nombre d'éléments sont stockés sous la forme de chaînes, vous pouvez les lire dans leur format d'origine en utilisant les opérateurs de *casting* appropriés. Le comportement de l'insertion d'objet dans un **XElement** se fera en fonction du type de l'objet:

- type *string*: un objet de type *string* ou une chaîne est converti en **XText**.
- type **XText**: un tel objet peut avoir une valeur *string* ou **XText**; il est ajouté comme nœud enfant de l'élément mais considéré comme le contenu texte de l'élément.
- type **XCData**: un tel objet peut avoir une valeur *string* ou **XCData**; il est ajouté comme nœud enfant de l'élément mais considéré comme le contenu CData de l'élément.
- type **XElement**: cet objet est ajouté en tant qu'élément enfant.
- type **XAttribute**: cet objet est ajouté en tant qu'attribut.
- type **XProcessingInstruction**: cet objet est ajouté en tant que contenu enfant.
- type **XComment**: cet objet est ajouté en tant que contenu enfant.
- type **IEnumerable**: cet objet est énuméré et la manipulation des types est appliquée de façon récursive.
- type *null*: cet objet est ignoré.
- autres types: la méthode *ToString* est appelée et la valeur résultante est traitée en tant qu'une chaîne de caractères.

La solution de projet *P13_01_CreationXElement.sln*, qui se trouve dans le dossier *chapitre_13/P13_01_CreationXElement*, consiste à apprendre comment utiliser les différentes surcharges du constructeur de l'objet **XElement** pour générer une arborescence XML.

FIGURE 13.2

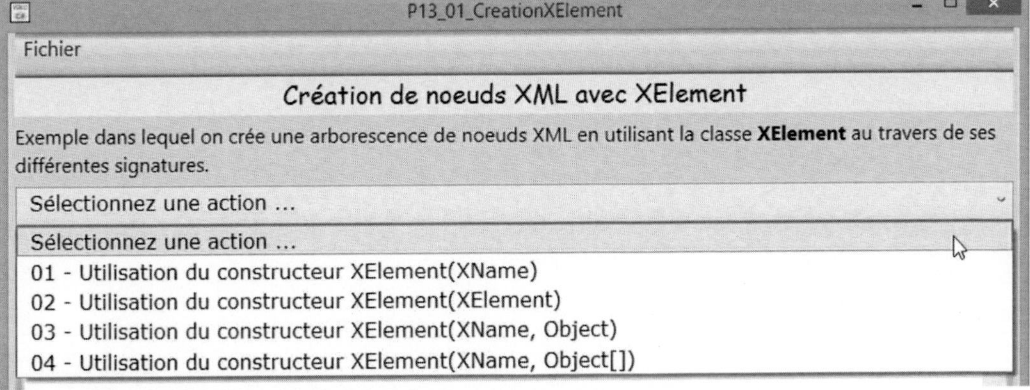

Un sélecteur d'actions *x_cbx_choix* de type **ComboBox** (figure 13.2) permet de sélectionner une action à réaliser parmi un choix de quatre signatures du constructeur **XElement**. Le **TextBlock** *x_tbl_code* affiche le code de programmation utilisé et le **TextBlock** *x_tbl_resultat* affiche le résultat obtenu.

Au premier choix du sélecteur (figure 13.3), avec la déclaration *elem_nom = new XElement("nom","BRUEL")*, le premier argument du constructeur est un objet **XName**. Cet objet est créé en convertissant de façon implicite la chaîne passée en entrée en un **XName**. Le deuxième argument représente la valeur de l'élément. Une valeur sous forme de chaîne est convertit automatiquement en un objet **XText**. L'exécution de *elem_nom.ToString()* retourne *<nom>BRUEL</nom>* et le *cast* de l'élément *elem_nom* par *(string)elem* retourne *BRUEL*.

FIGURE 13.3

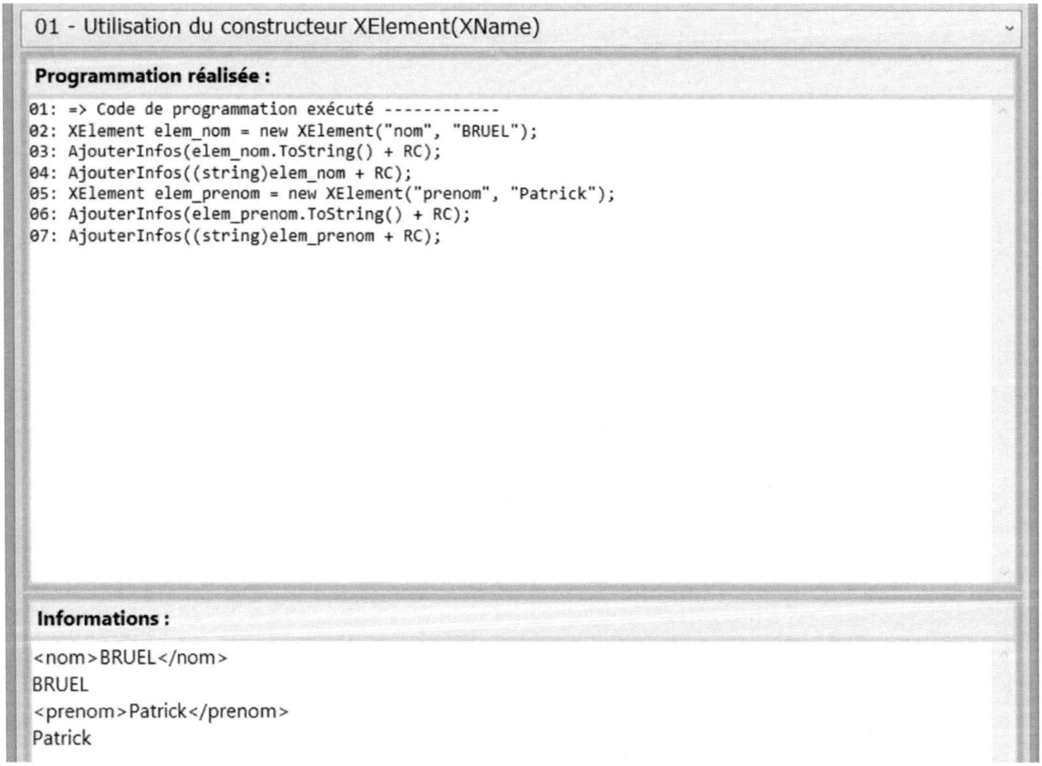

01 - Utilisation du constructeur XElement(XName)

Programmation réalisée :

```
=> Code de programmation exécuté ------------
XElement elem_nom = new XElement("nom", "BRUEL");
AjouterInfos(elem_nom.ToString() + RC);
AjouterInfos((string)elem_nom + RC);
XElement elem_prenom = new XElement("prenom", "Patrick");
AjouterInfos(elem_prenom.ToString() + RC);
AjouterInfos((string)elem_prenom + RC);
```

Informations :

<nom>BRUEL</nom>
BRUEL
<prenom>Patrick</prenom>
Patrick

```
//XElement(XName)
private void Utilisation_1() {
  XElement elem_nom = new XElement("nom", "BRUEL");
  AjouterInfos(elem_nom.ToString() + RC);
  AjouterInfos((string)elem_nom + RC);
  XElement elem_prenom = new XElement("prenom", "Patrick");
```

```
  AjouterInfos(elem_prenom.ToString() + RC);
  AjouterInfos((string)elem_prenom + RC);
  AttacherLeBindingPourLeCode(1);
}
```

Au second choix du sélecteur (figure 13.4), le constructeur **XElement** reçoit en paramètre un autre objet *elem_nom* de type **XElement**.

```
//XElement(XElement)
private void Utilisation_2() {
  XElement elem_nom = new XElement("nom", "PAGNY");
  XElement elem = new XElement(elem_nom);
  AjouterInfos(elem.ToString() + RC);
  AjouterInfos((string)elem + RC);
  AttacherLeBindingPourLeCode(2);
}
```

FIGURE 13.4

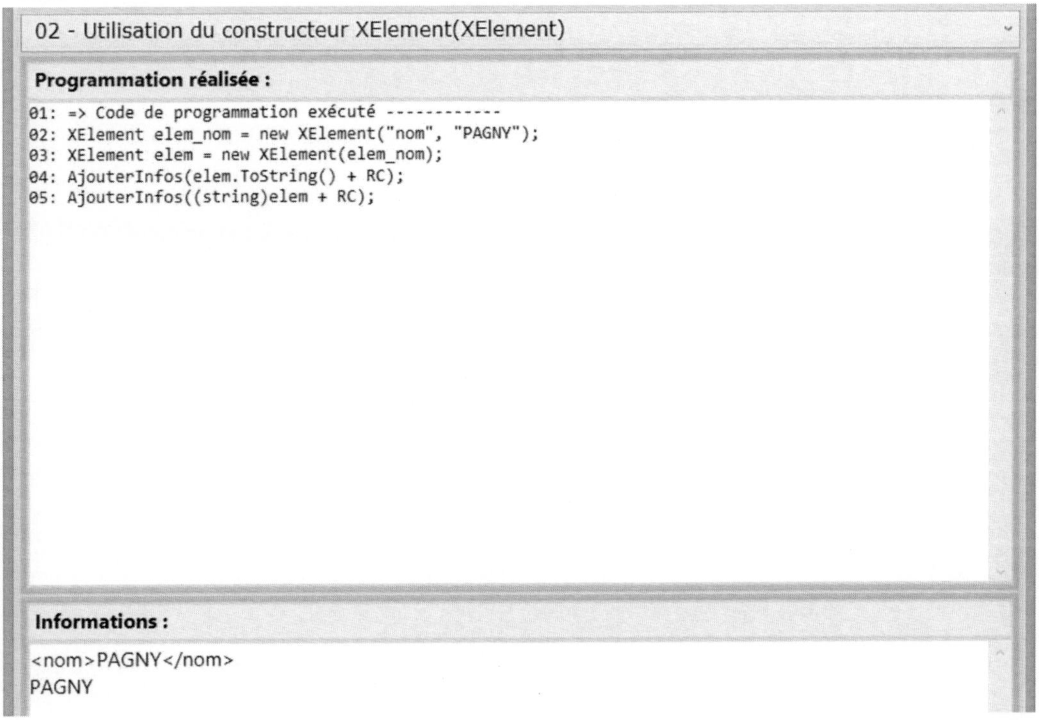

02 - Utilisation du constructeur XElement(XElement)

Programmation réalisée :

```
01: => Code de programmation exécuté ------------
02: XElement elem_nom = new XElement("nom", "PAGNY");
03: XElement elem = new XElement(elem_nom);
04: AjouterInfos(elem.ToString() + RC);
05: AjouterInfos((string)elem + RC);
```

Informations :

<nom>PAGNY</nom>
PAGNY

Au troisième choix du sélecteur (figure 13.5), on crée un élément *elem_personnalite* de type **XElement** et on lui ajoute comme élément enfant un élément *elem_nom* de type **XElement**. En écrivant *elem_personnalite.ToString()*, on retrouve bien l'arborescence générée parent avec enfant.

```
//XElement(XName, Object)
private void Utilisation_3() {
  XElement elem_nom = new XElement("nom", "PAGNY");
  XElement elem_personnalite = new XElement("personnalite", elem_nom);
  AjouterInfos("=> elem_personnalite.ToString() ------------------------" + RC);
  AjouterInfos(elem_personnalite.ToString() + RC);
  AjouterInfos("=> elem_nom.ToString() ------------------------" + RC);
  AjouterInfos(elem_nom.ToString() + RC);
  AttacherLeBindingPourLeCode(3);
}
```

FIGURE 13.5

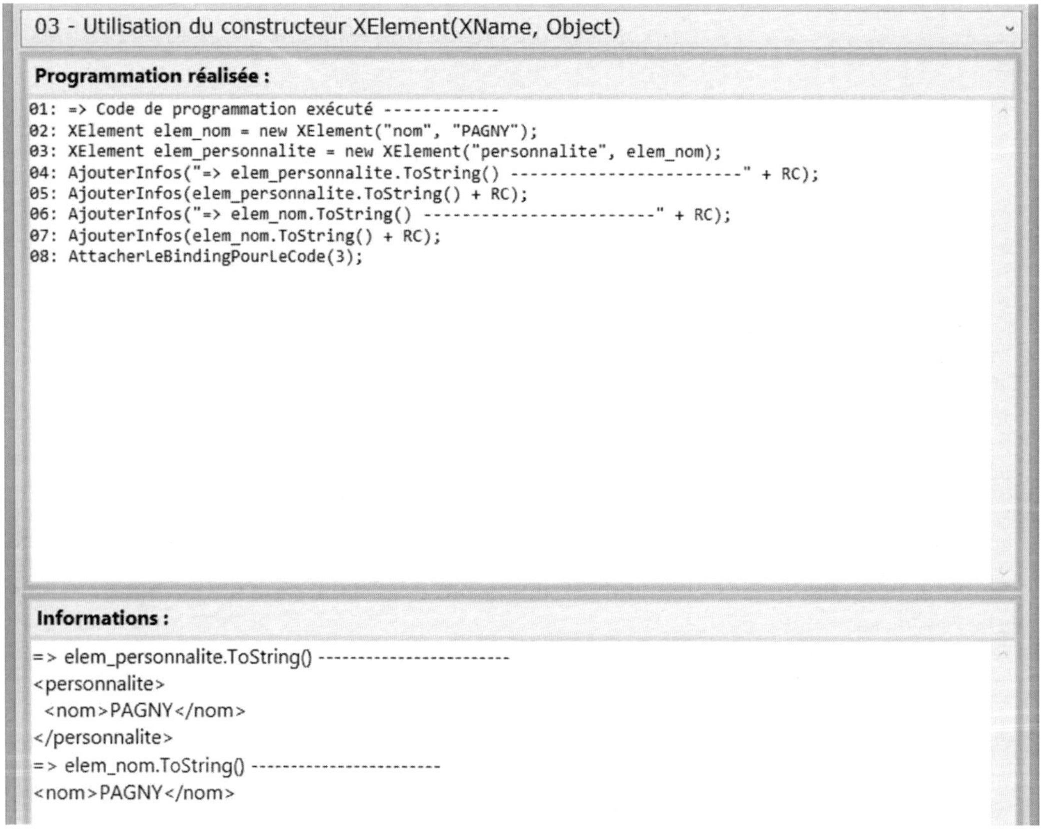

03 - Utilisation du constructeur XElement(XName, Object)

Programmation réalisée :

```
=> Code de programmation exécuté ------------
XElement elem_nom = new XElement("nom", "PAGNY");
XElement elem_personnalite = new XElement("personnalite", elem_nom);
AjouterInfos("=> elem_personnalite.ToString() ------------------------" + RC);
AjouterInfos(elem_personnalite.ToString() + RC);
AjouterInfos("=> elem_nom.ToString() ------------------------" + RC);
AjouterInfos(elem_nom.ToString() + RC);
AttacherLeBindingPourLeCode(3);
```

Informations :

```
=> elem_personnalite.ToString() ------------------------
<personnalite>
  <nom>PAGNY</nom>
</personnalite>
=> elem_nom.ToString() ------------------------
<nom>PAGNY</nom>
```

Au quatrième choix du sélecteur (figure 13.6), on crée une arborescence dont la racine est l'élément *elem_personnalite*. On utilise la surcharge du constructeur *XElement(XName,Object[])* qui consiste à passer en paramètre un nom de balise et un ensemble d'objets **XElement**. Les éléments *elem_nom* et *elem_prenom* sont classiques comme formulation. L'élément *elem_poids* a un nom de balise *<poids>* et une valeur de type *double* (le type *double* subit un *cast* adéquate). L'élément *elem_date* a un nom de balise *<releve_date>* et une valeur de type **DateTime** pour définir une date sous un certain format (le type **DateTime** subit un *cast* adéquate). Le tableau *tab_elem* est un tableau contenant une collection d'objets **XElement**. L'élément *elem_chansons* a un nom de balise *<titres_chansons>* et ses éléments enfants sont représentés par la collection *tab_elem*. La construction de cette arborescence parent / enfant se fait en écrivant *elem_chansons = new XElement("titres_chansons", tab_elem)*. Enfin, pour ajouter tous ces différents éléments au nœud racine *elem_personnalite*, on écrira *elem_personnalite = new XElement("personnalite", elem_nom, elem_prenom, elem_poids, elem_date, elem_chansons)*.

FIGURE 13.6

04 - Utilisation du constructeur XElement(XName, Object[])

Programmation réalisée :

```
=> Code de programmation exécuté ------------
XElement elem_nom = new XElement("nom", "PAGNY");
XElement elem_prenom = new XElement("prenom", "Florent");
double poids = 72.53;
XElement elem_poids = new XElement("poids", poids);
DateTime dt = new DateTime(2015, 01, 14, 12, 30, 00);
XElement elem_date = new XElement("releve_date", dt);
XElement[] tab_elem = {
  new XElement("chanson_1", "ma liberté de penser"),
  new XElement("chanson_2", "savoir aimer"),
  new XElement("chanson_3", "le soldat")
};
XElement elem_chansons = new XElement("titres_chansons", tab_elem);
XElement elem_personnalite = new XElement("personnalite", elem_nom, elem_prenom,
  elem_poids, elem_date, elem_chansons);
AjouterInfos("=> elem_personnalite.ToString() ------------------------" + RC);
AjouterInfos(elem_personnalite.ToString() + RC);
```

Informations :

```
=> elem_personnalite.ToString() -----------------------
<personnalite>
  <nom>PAGNY</nom>
  <prenom>Florent</prenom>
  <poids>72.53</poids>
  <releve_date>2015-01-14T12:30:00</releve_date>
  <titres_chansons>
    <chanson_1>ma liberté de penser</chanson_1>
    <chanson_2>savoir aimer</chanson_2>
    <chanson_3>le soldat</chanson_3>
  </titres_chansons>
</personnalite>
```

```
//XElement(XName, Object[])
private void Utilisation_4() {
  XElement elem_nom = new XElement("nom", "PAGNY");
  XElement elem_prenom = new XElement("prenom", "Florent");
  double poids = 72.53;
  XElement elem_poids = new XElement("poids", poids);
  DateTime dt = new DateTime(2015, 01, 14, 12, 30, 00);
  XElement elem_date = new XElement("releve_date", dt);
  XElement[] tab_elem = {
    new XElement("chanson_1", "ma liberté de penser"),
    new XElement("chanson_2", "savoir aimer"),
    new XElement("chanson_3", "le soldat")
  };
  XElement elem_chansons = new XElement("titres_chansons", tab_elem);
  XElement elem_personnalite = new XElement("personnalite", elem_nom,
     elem_prenom,  elem_poids, elem_date, elem_chansons);
  AjouterInfos("=> elem_personnalite.ToString() -----------------------" + RC);
  AjouterInfos(elem_personnalite.ToString() + RC);
  AttacherLeBindingPourLeCode(4);
}
```

2 - Création des attributs avec *XAttribute*

Un attribut XML est une paire *nom/valeur* associée à un élément XML de type **XElement**. Chaque élément **XElement** contient une liste d'attributs. Les attributs doivent avoir un nom qualifié propre à l'élément. Les attributs ne sont pas dérivés de **XNode** donc ils ne représentent pas des nœuds de l'arborescence XML. Ils représentent simplement des paires *nom/valeur* associées à un élément. Les attributs sont conservés dans l'arborescence XML dans l'ordre dans lequel ils ont été ajoutés à l'élément. Lorsqu'une collection d'attributs est retournée par la méthode *XElement.Attributes*, ils sont retournés dans l'ordre dans lequel ils ont été ajoutés à l'élément, et ne sont pas triés. La classe **XAttribute** (figure 13.7) dérive de la classe abstraite **XObject**. Vous pouvez par conséquent ajouter des annotations aux attributs, et observer leurs événements.

La classe **XAttribute** expose principalement les propriétés et les méthodes suivantes:

- propriété *EmptySequence* qui obtient une collection d'attributs vide.
- propriété *IsNamespaceDeclaration* qui détermine si cet attribut est une déclaration d'espace de noms.
- propriété *Name* qui obtient le nom développé de cet attribut.
- propriété *NextAttribute* qui obtient l'attribut suivant de l'élément parent.
- propriété *NodeType* qui obtient le type de nœud de ce nœud.

- propriété *PreviousAttribute* qui obtient l'attribut précédent de l'élément parent.
- propriété *Value* qui obtient ou définit la valeur de l'attribut.
- méthode *Remove* qui supprime cet attribut de son élément parent.
- méthode *SetValue* qui définit la valeur de cet attribut.

FIGURE 13.7

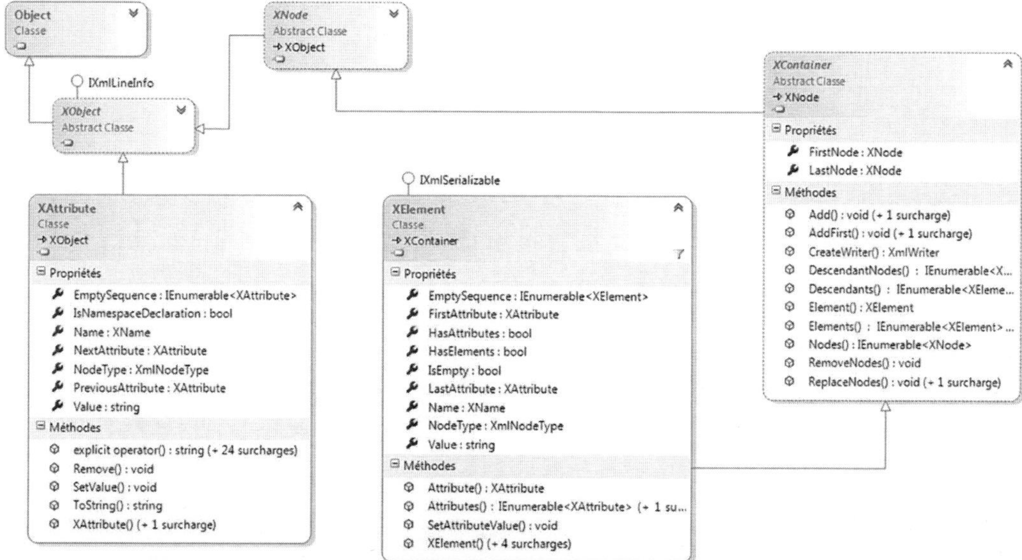

La solution de projet *P13_02_CreationXAttribute.sln*, qui se trouve dans le dossier *chapitre_13/P13_02_CreationXAttribute*, consiste à apprendre comment utiliser les différentes surcharges du constructeur de l'objet **XAttribute** pour générer une arborescence XML avec des nœuds dotés d'attributs. Un sélecteur d'actions *x_cbx_choix* de type **ComboBox** (figure 13.8) permet de sélectionner une action à réaliser parmi un ensemble de choix.

FIGURE 13.8

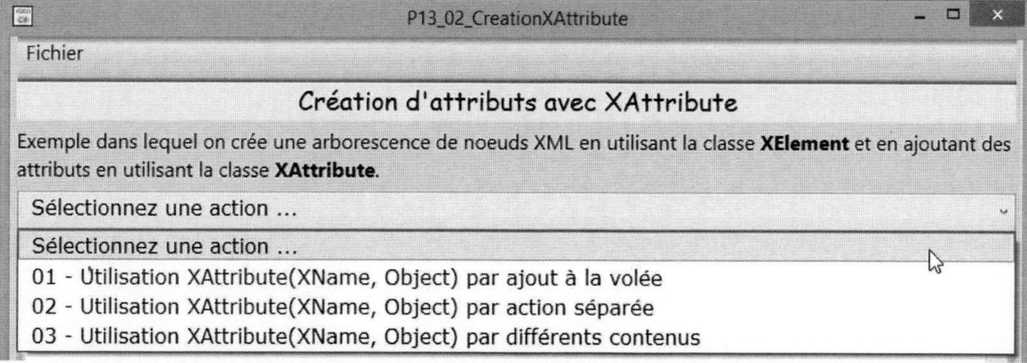

La première action du sélecteur (figure 13.9) permet de définir une déclaration d'attributs à la volée et de l'ajouter à un document XML en utilisant la construction fonctionnelle. On ajoute à l'élément *elem_personne* un attribut dont le nom est *role* et dont la valeur est *compositeur*.

```
//XAttribute(XName, Object)
private void Utilisation_1() {
  XElement elem_personne = new XElement("personne",
    new XAttribute("role", "compositeur"));
  AjouterInfos("=> elem_personne.ToString() ------------------------" + RC);
  AjouterInfos(elem_personne.ToString() + RC);
}
```

FIGURE 13.9

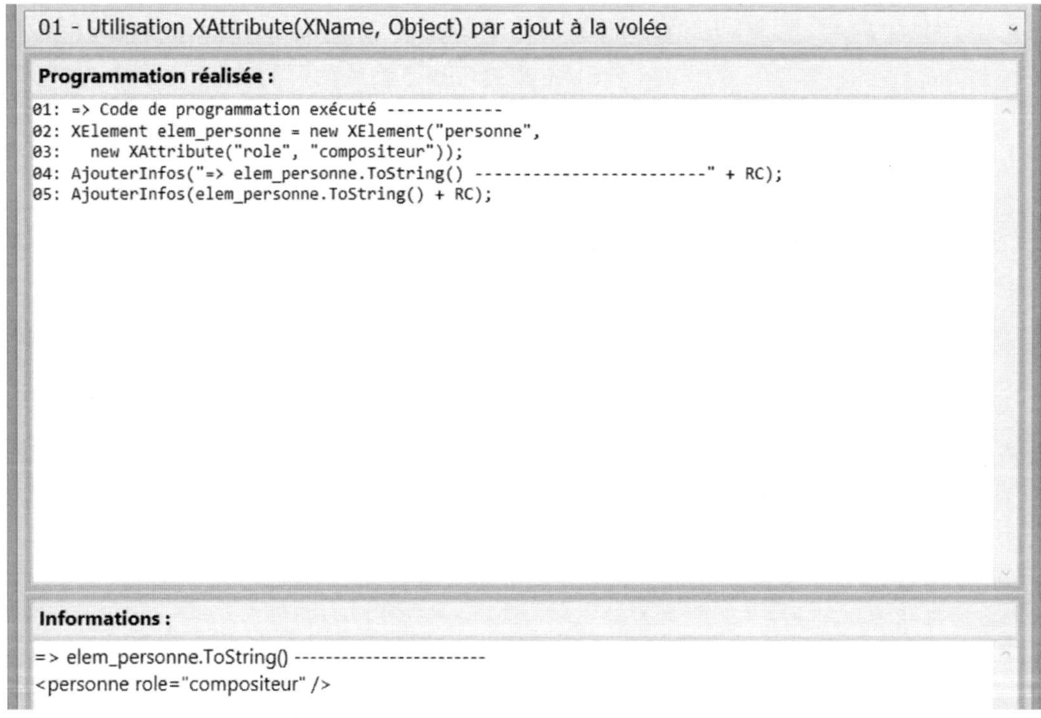

Parfois, il n'est pas possible de créer un attribut pendant la construction de l'élément. La création de l'élément et la création de l'attribut se font lors de deux actions séparées, et on utilise la méthode *Add* de **XElement** pour ajouter l'attribut à l'élément. La seconde action du sélecteur (figure 13.10) permet d'ajouter des attributs par deux actions séparées. L'attribut *att_personne_1* de type **XAttribute** est instancié puis il est ajouté à l'élément *elem_personne_1* de type **XElement** par la méthode *Add*. La méthode *Add* permet d'ajouter une collection d'attributs comme les attributs *att1_personne_2* et *att2_personne_2* à l'élément *elem_personne_2*.

```
//XAttribute(XName, Object)
private void Utilisation_2() {
  XElement elem_personne_1 = new XElement("personne", "Patrick BRUEL");
  XAttribute att_personne_1 = new XAttribute("role", "compositeur");
  elem_personne_1.Add(att_personne_1);
  AjouterInfos("=> elem_personne_1.ToString() -----------------------" + RC);
  AjouterInfos(elem_personne_1.ToString() + RC);
  XElement elem_personne_2 = new XElement("personne", "Florent PAGNY");
  XAttribute att1_personne_2 = new XAttribute("role", "compositeur");
  XAttribute att2_personne_2 = new XAttribute("nationalite", "française");
  elem_personne_2.Add(att1_personne_2, att2_personne_2);
  AjouterInfos("=> elem_personne_2.ToString() -----------------------" + RC);
  AjouterInfos(elem_personne_2.ToString() + RC);
}
```

FIGURE 13.10

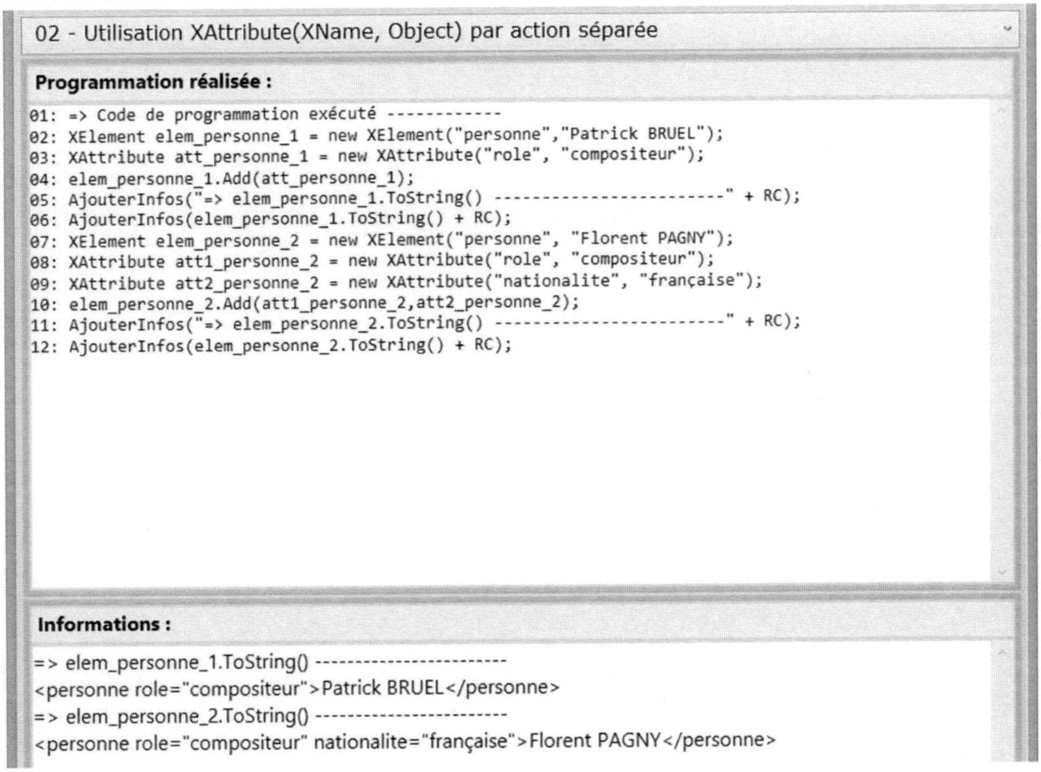

02 - Utilisation XAttribute(XName, Object) par action séparée

Programmation réalisée :

```
=> Code de programmation exécuté ------------
XElement elem_personne_1 = new XElement("personne","Patrick BRUEL");
XAttribute att_personne_1 = new XAttribute("role", "compositeur");
elem_personne_1.Add(att_personne_1);
AjouterInfos("=> elem_personne_1.ToString() -----------------------" + RC);
AjouterInfos(elem_personne_1.ToString() + RC);
XElement elem_personne_2 = new XElement("personne", "Florent PAGNY");
XAttribute att1_personne_2 = new XAttribute("role", "compositeur");
XAttribute att2_personne_2 = new XAttribute("nationalite", "française");
elem_personne_2.Add(att1_personne_2,att2_personne_2);
AjouterInfos("=> elem_personne_2.ToString() -----------------------" + RC);
AjouterInfos(elem_personne_2.ToString() + RC);
```

Informations :

```
=> elem_personne_1.ToString() -----------------------
<personne role="compositeur">Patrick BRUEL</personne>
=> elem_personne_2.ToString() -----------------------
<personne role="compositeur" nationalite="française">Florent PAGNY</personne>
```

La troisième action du sélecteur (figure 13.11) permet d'ajouter à l'élément *elem_caract* une collection d'attributs dont les valeurs sont de différents types (*double*, **DateTime**, tableau d'attributs, etc.). Les valeurs des attributs sont converties implicitement pour les types connus.

```
//XAttribute(XName, Object)
private void Utilisation_3() {
  XElement elem_caract;
  double poids = 65.56;
  XAttribute[] tab_att = {
    new XAttribute("age", 46),
    new XAttribute("couleur", "blanc"),
    new XAttribute("hauteur_cm", 180.0)
  };
  DateTime date_releve = new DateTime(2015, 01, 15, 13, 45, 00);
  elem_caract = new XElement("caracteristiques",
    //contenu de type double
      new XAttribute("poids_kgs", poids),
    //contenu de type DateTime
      new XAttribute("date_releve", date_releve),
    //contenu sous forme de tableau d'attributs
      tab_att
  );
  AjouterInfos("=> elem_caract.ToString() -----------------------" + RC);
  AjouterInfos(elem_caract.ToString() + RC);
}
```

FIGURE 13.11

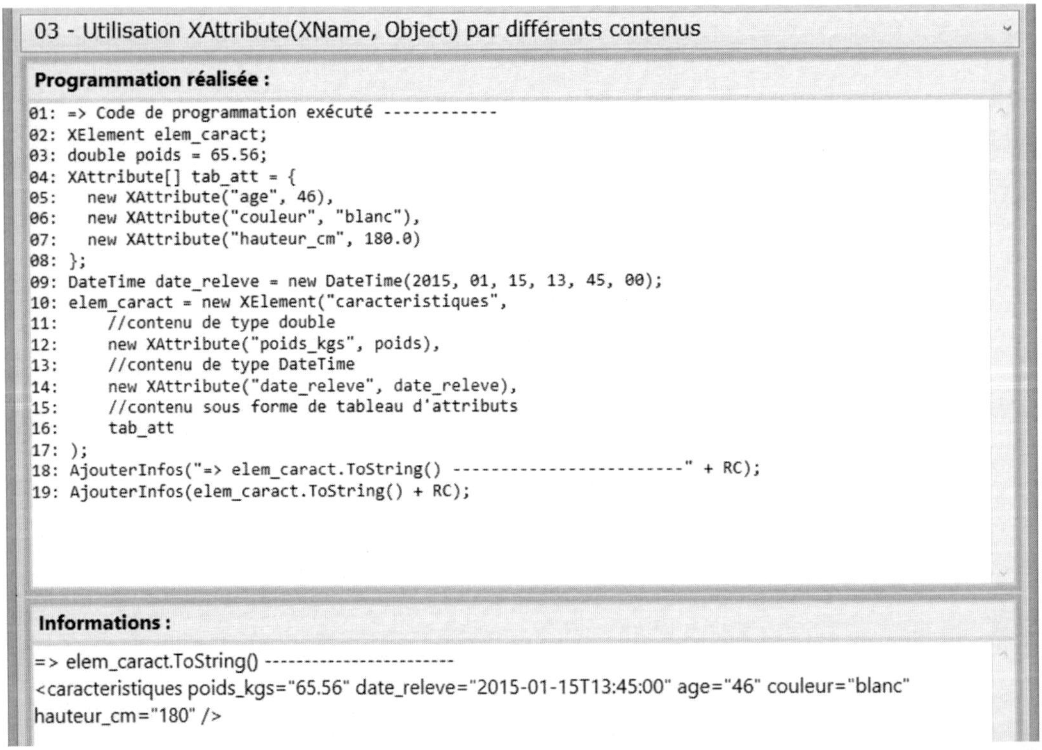

03 - Utilisation XAttribute(XName, Object) par différents contenus

Programmation réalisée :

```
01: => Code de programmation exécuté -----------
02: XElement elem_caract;
03: double poids = 65.56;
04: XAttribute[] tab_att = {
05:   new XAttribute("age", 46),
06:   new XAttribute("couleur", "blanc"),
07:   new XAttribute("hauteur_cm", 180.0)
08: };
09: DateTime date_releve = new DateTime(2015, 01, 15, 13, 45, 00);
10: elem_caract = new XElement("caracteristiques",
11:     //contenu de type double
12:     new XAttribute("poids_kgs", poids),
13:     //contenu de type DateTime
14:     new XAttribute("date_releve", date_releve),
15:     //contenu sous forme de tableau d'attributs
16:     tab_att
17: );
18: AjouterInfos("=> elem_caract.ToString() -----------------------" + RC);
19: AjouterInfos(elem_caract.ToString() + RC);
```

Informations :

```
=> elem_caract.ToString() -----------------------
<caracteristiques poids_kgs="65.56" date_releve="2015-01-15T13:45:00" age="46" couleur="blanc"
hauteur_cm="180" />
```

3 - Création des commentaires avec *XComment*

La classe **XComment** (figure 13.12) représente un commentaire XML. Vous pouvez ajouter un commentaire XML en tant que nœud enfant d'un élément. Vous pouvez également ajouter un commentaire XML à un **XDocument** en tant que frère du nœud d'élément racine. La propriété *NodeType* obtient le type de nœud de ce nœud. La propriété *Value* obtient ou définit la valeur de chaîne de ce commentaire. La méthode *WriteTo* permet d'écrire le commentaire dans un **XmlWriter**.

FIGURE 13.12

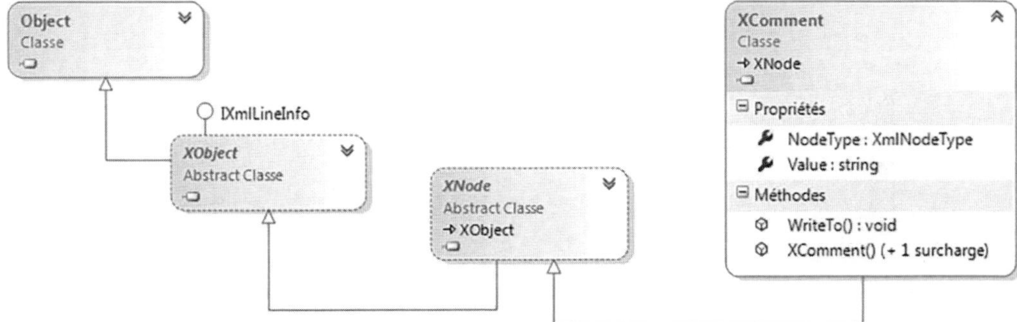

La solution de projet *P13_03_CreationXComment.sln*, qui se trouve dans le dossier *chapitre_13/P13_03_CreationXComment*, consiste à apprendre comment ajouter des commentaires à une arborescence XML (figure 13.13).

FIGURE 13.13

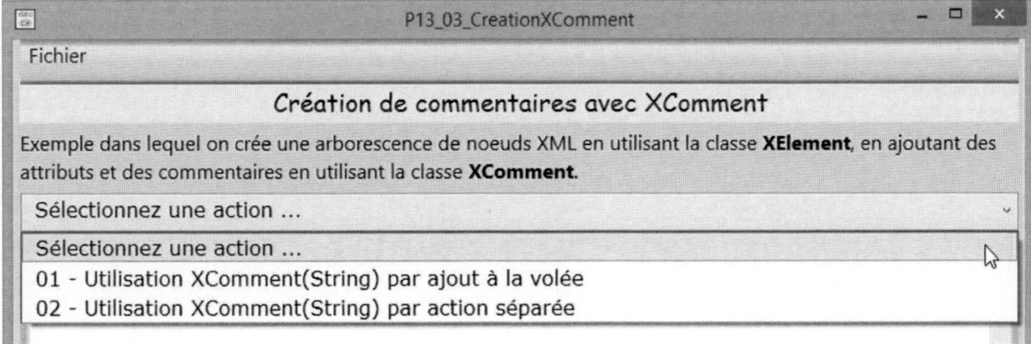

La première action du sélecteur (figure 13.14) permet d'ajouter un commentaire de type **XComment** en le liant à un élément à la volée par l'utilisation de la construction fonctionnelle. L'élément *elem_contact* reçoit comme nœuds enfants à la volée un commentaire (par l'écriture *new XComment("il s'agit d'un auteur compositeur")*) et un nouvel élément (par l'écriture *new XElement("nom_prenom", "BRUEL Patrick")*). La méthode *ToString* appliquée à l'élément *elem_contact* permet d'afficher l'arborescence XML générée. Le nœud commentaire y est bien présent avec son balisage.

```
//XComment(String)
private void Utilisation_1() {
  XElement elem_contact = new XElement("personnalite",
    new XComment("il s'agit d'un auteur compositeur"),
    new XElement("nom_prenom", "BRUEL Patrick"));
  AjouterInfos("=> elem_contact.ToString() ------------------------" + RC);
  AjouterInfos(elem_contact.ToString() + RC);
}
```

FIGURE 13.14

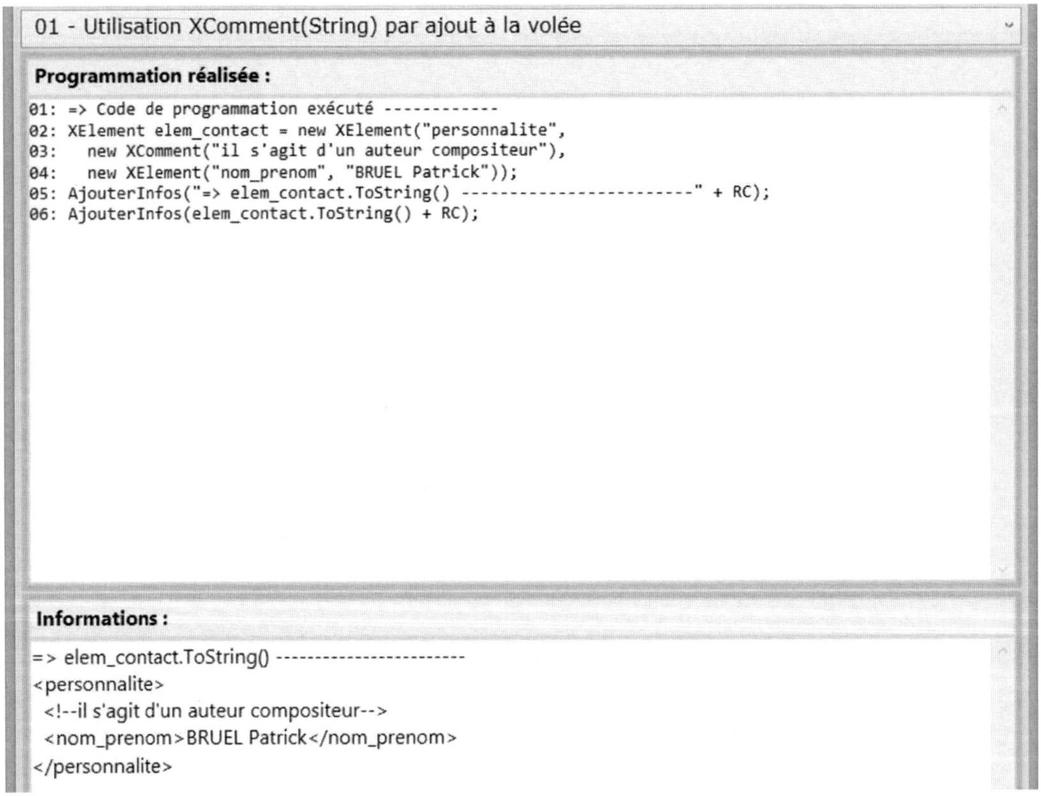

01 - Utilisation XComment(String) par ajout à la volée

Programmation réalisée :

```
=> Code de programmation exécuté ------------
XElement elem_contact = new XElement("personnalite",
  new XComment("il s'agit d'un auteur compositeur"),
  new XElement("nom_prenom", "BRUEL Patrick"));
AjouterInfos("=> elem_contact.ToString() ------------------------" + RC);
AjouterInfos(elem_contact.ToString() + RC);
```

Informations :

```
=> elem_contact.ToString() ------------------------
<personnalite>
  <!--il s'agit d'un auteur compositeur-->
  <nom_prenom>BRUEL Patrick</nom_prenom>
</personnalite>
```

Parfois, il n'est pas possible de définir un commentaire lors de la construction de l'élément à la volée par l'utilisation de la construction fonctionnelle. Pour cela, on utlise là aussi la méthode *Add* pour ajouter l'élément commentaire instancié. La seconde action du sélecteur (figure 13.15) permet d'ajouter un commentaire de type **XComment** par l'utilisation de la méthode *Add*.

```
//XComment(String)
private void Utilisation_2() {
  XElement elem_contact = new XElement("personnalite");
  XComment comment = new XComment("il s'agit d'un auteur compositeur");
  elem_contact.Add(comment);
  XElement elem_nom_prenom = new XElement("nom_prenom", "BRUEL Patrick");
  elem_nom_prenom.Add(new XAttribute("age", 46));
  elem_contact.Add(elem_nom_prenom);
  AjouterInfos("=> elem_contact.ToString() ------------------------" + RC);
  AjouterInfos(elem_contact.ToString() + RC);
}
```

FIGURE 13.15

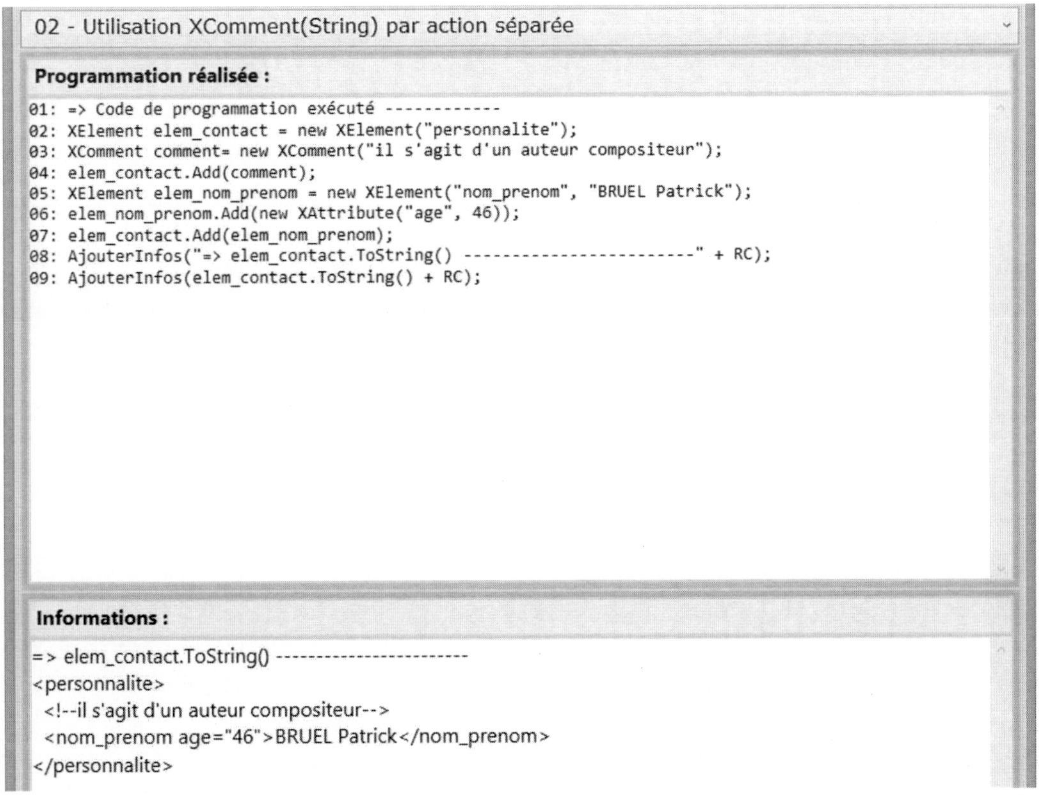

02 - Utilisation XComment(String) par action séparée

Programmation réalisée :

```
=> Code de programmation exécuté ------------
XElement elem_contact = new XElement("personnalite");
XComment comment= new XComment("il s'agit d'un auteur compositeur");
elem_contact.Add(comment);
XElement elem_nom_prenom = new XElement("nom_prenom", "BRUEL Patrick");
elem_nom_prenom.Add(new XAttribute("age", 46));
elem_contact.Add(elem_nom_prenom);
AjouterInfos("=> elem_contact.ToString() ------------------------" + RC);
AjouterInfos(elem_contact.ToString() + RC);
```

Informations :

```
=> elem_contact.ToString() ------------------------
<personnalite>
  <!--il s'agit d'un auteur compositeur-->
  <nom_prenom age="46">BRUEL Patrick</nom_prenom>
</personnalite>
```

4 - Création des conteneurs avec *XContainer*

La classe abstraite **XContainer** (figure 13.16) représente un nœud qui peut contenir d'autres nœuds. Elle ne peut pas être instanciée car c'est une classe abstraite mais ses classes dérivées, **XDocument** et **XElement**, peuvent l'être. La classe **XContainer** apporte des méthodes importantes notamment pour **XElement**, par héritage, qui sont principalement:

- la méthode *Add* qui ajoute le contenu spécifié en tant qu'enfant de ce **XContainer**.
- la méthode *CreateWriter* qui crée un **XmlWriter** qui peut être utilisé pour ajouter des nœuds au **XContainer**.
- la méthode *Node* qui retourne une collection des nœuds enfants de cet élément ou de ce document, dans l'ordre des documents.

FIGURE 13.16

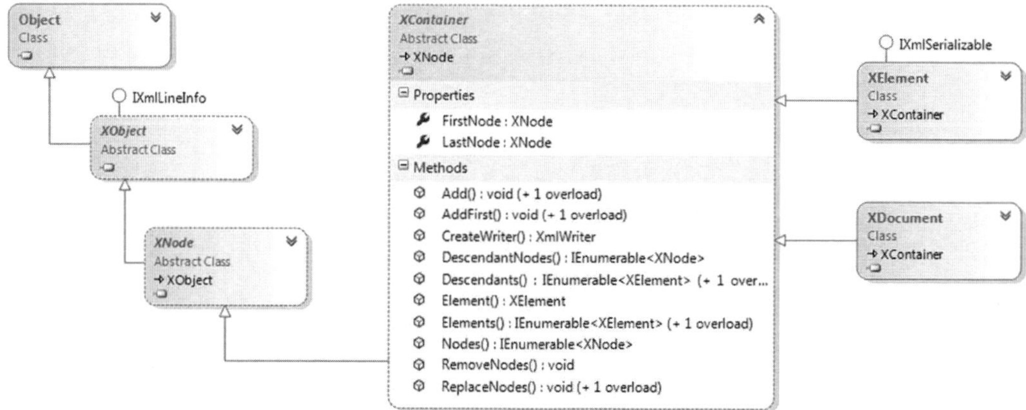

5 - Création de déclaration XML avec *XDeclaration*

La classe **XDeclaration** (figure 13.17) représente une déclaration XML. Une déclaration XML est utilisée pour déclarer la version XML, l'encodage, et si oui ou non le document XML est autonome. Cette classe représente le concept XML d'une déclaration XML. Tout comme dans la norme XML, les déclarations sont associées à un document. Lorsque vous créez un document, vous pouvez spécifier sa déclaration. La classe **XDocument** contient la propriété *Declaration*, qui vous permet de définir ou d'obtenir la déclaration. La classe **XDeclaration** expose principalement:

- la propriété *Encoding* qui obtient ou définit l'encodage pour ce document.
- la propriété *Version* qui obtient ou définit la propriété de version pour ce document.

- la propriété *Standalone* qui obtient ou définit la propriété d'autonomie pour ce document.

FIGURE 13.17

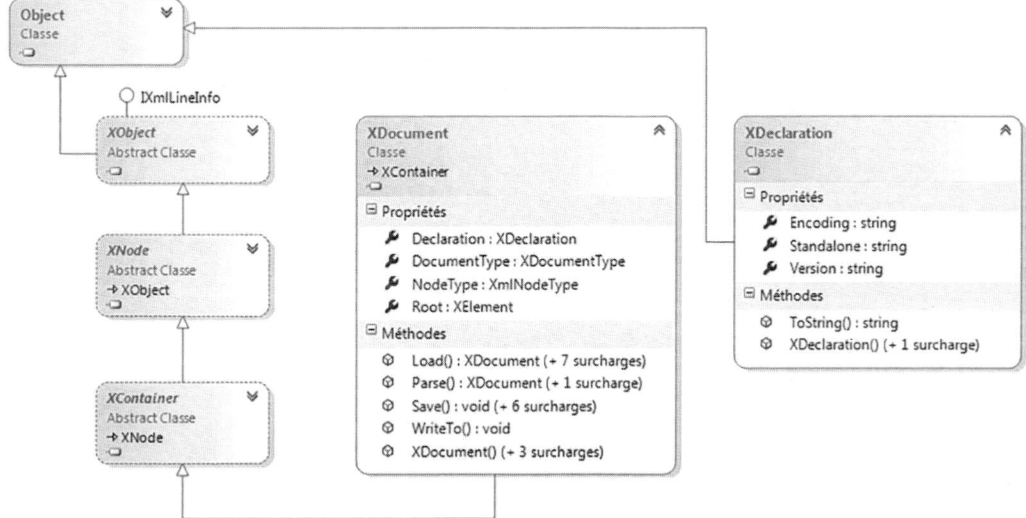

La solution de projet *P13_04_CreationXDeclaration.sln*, qui se trouve dans le dossier *chapitre_13/P13_04_CreationXDeclaration*, consiste à apprendre comment ajouter une déclaration XML de type **XDeclaration** à un document XML de type **XDocument** (figure 13.18).

FIGURE 13.18

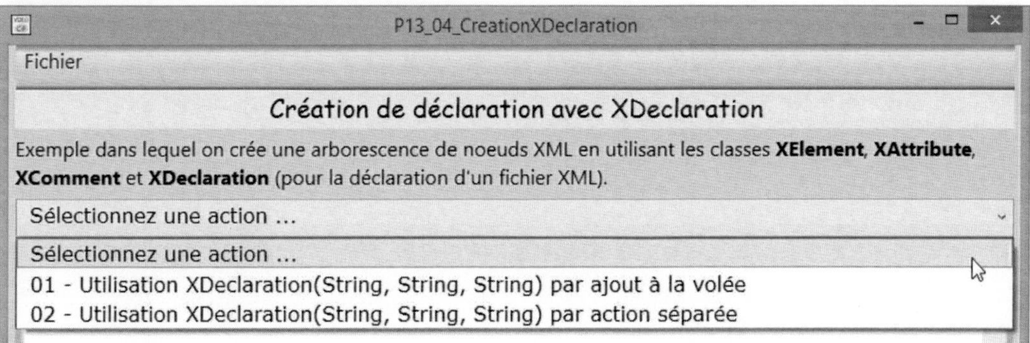

L'objet **XDeclaration** permet d'ajouter une déclaration XML à un document. Contrairement à la plupart des autres classes de l'API LINQ To XML, les déclarations s'ajoutent au document XML (type **XDocument**) et non pas à un élément XML (de type **XElement**). Par inadvertance, il est donc possible d'ajouter une déclaration à un élément en utilisant la méthode *Add* de **XElement**. Cependant le résultat obtenu ne sera pas celui escompté (levée d'une erreur).

Dans le premier choix du sélecteur (figure 13.19), on ajoute une déclaration XML de type **XDeclaration** au document XML *doc_xml* de type **XDocument** par l'utilisation de la programmation fonctionnelle (en écrivant *new XDeclaration("1.0", "utf-8", "yes")*). On sauvegarde le fichier XML généré sous le nom *personnalite_v1.xml* dans le répertoire de sortie en utilisant la méthode *Save* de **XDocument**.

FIGURE 13.19

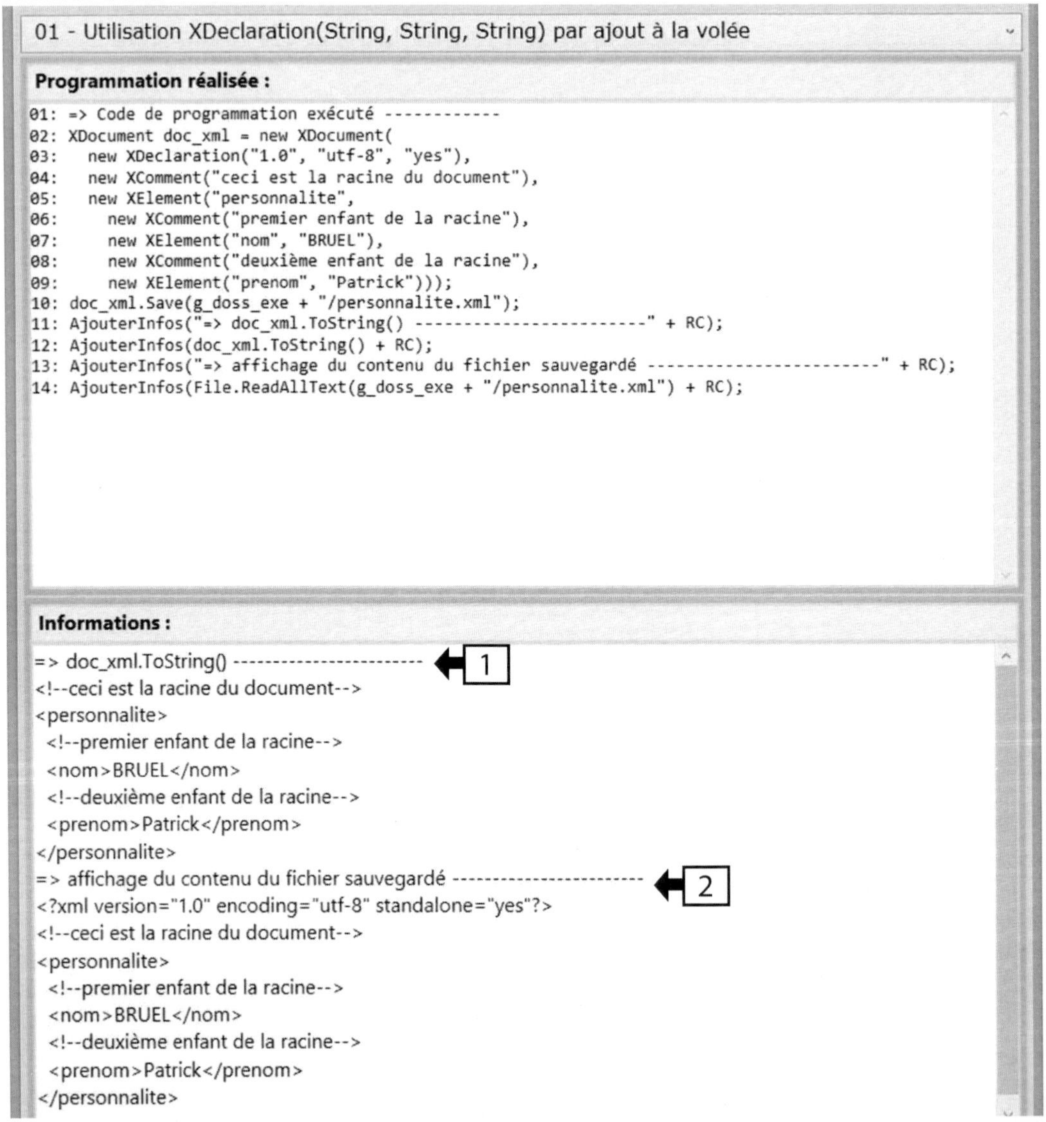
01 - Utilisation XDeclaration(String, String, String) par ajout à la volée
Programmation réalisée :
01: => Code de programmation exécuté ------------
02: XDocument doc_xml = new XDocument(
03: new XDeclaration("1.0", "utf-8", "yes"),
04: new XComment("ceci est la racine du document"),
05: new XElement("personnalite",
06: new XComment("premier enfant de la racine"),
07: new XElement("nom", "BRUEL"),
08: new XComment("deuxième enfant de la racine"),
09: new XElement("prenom", "Patrick")));
10: doc_xml.Save(g_doss_exe + "/personnalite.xml");
11: AjouterInfos("=> doc_xml.ToString() ------------------------" + RC);
12: AjouterInfos(doc_xml.ToString() + RC);
13: AjouterInfos("=> affichage du contenu du fichier sauvegardé ------------------------" + RC);
14: AjouterInfos(File.ReadAllText(g_doss_exe + "/personnalite.xml") + RC);
Informations :
=> doc_xml.ToString() ------------------------
1
<!--ceci est la racine du document-->
<personnalite>
<!--premier enfant de la racine-->
<nom>BRUEL</nom>
<!--deuxième enfant de la racine-->
<prenom>Patrick</prenom>
</personnalite>
=> affichage du contenu du fichier sauvegardé ------------------------
2
<?xml version="1.0" encoding="utf-8" standalone="yes"?>
<!--ceci est la racine du document-->
<personnalite>
<!--premier enfant de la racine-->
<nom>BRUEL</nom>
<!--deuxième enfant de la racine-->
<prenom>Patrick</prenom>
</personnalite>

Puis on charge le contenu de ce fichier XML sauvegardé pour vérifier que la déclaration XML soit bien inscrite.

```
//XDeclaration(String, String, String)
private void Utilisation_1() {
  XDocument doc_xml = new XDocument(
    new XDeclaration("1.0", "utf-8", "yes"),
    new XComment("ceci est la racine du document"),
    new XElement("personnalite",
      new XComment("premier enfant de la racine"),
      new XElement("nom", "BRUEL"),
      new XComment("deuxième enfant de la racine"),
      new XElement("prenom", "Patrick")));
  doc_xml.Save(v_doss_exe + "personnalite_v1.xml");
  AjouterInfos("=> doc_xml.ToString() ------------------------" + RC);
  AjouterInfos(doc_xml.ToString() + RC);
  AjouterInfos("=> affichage du contenu du fichier sauvegardé ------------------------"
    + RC);
  AjouterInfos(File.ReadAllText(v_doss_exe + "personnalite_v1.xml") + RC);
}
```

Parfois, il n'est pas possible de définir la déclaration lors de la construction du document. Pour cela, il faut instancier une déclaration *declaration_xml* de type **XDeclaration**, puis il faut l'affecter à la propriété *Declaration* de *doc_xml* de type **XDocument**. C'est ce que l'on fait dans le second choix du sélecteur (figure 13.20). On sauvegarde le fichier XML généré sous le nom *personnalite_v2.xml* dans le répertoire de sortie en utilisant la méthode *Save* de **XDocument**. Puis on charge le contenu de ce fichier XML sauvegardé pour vérifier que la déclaration XML soit bien inscrite.

```
//XDeclaration(String, String, String)
private void Utilisation_2() {
  XDocument doc_xml = new XDocument();
  XDeclaration declaration_xml = new XDeclaration("1.0", "utf-8", "yes");
  doc_xml.Declaration = declaration_xml;
  doc_xml.Add(new XComment("ceci est la racine du document"));
  XElement elem_racine = new XElement("personnalite");
  elem_racine.Add(
     new XComment("premier enfant de la racine"),
     new XElement("nom", "BRUEL"),
     new XComment("deuxième enfant de la racine"),
     new XElement("prenom", "Patrick"));
  doc_xml.Add(elem_racine);
  doc_xml.Save(v_doss_exe + "personnalite_v2.xml");
  AjouterInfos("=> doc_xml.ToString() ------------------------" + RC);
  AjouterInfos(doc_xml.ToString() + RC);
  AjouterInfos("=> affichage du contenu du fichier sauvegardé ------------------------"
    + RC);
```

```
  AjouterInfos(File.ReadAllText(v_doss_exe + "personnalite_v2.xml") + RC);
}
```

FIGURE 13.20

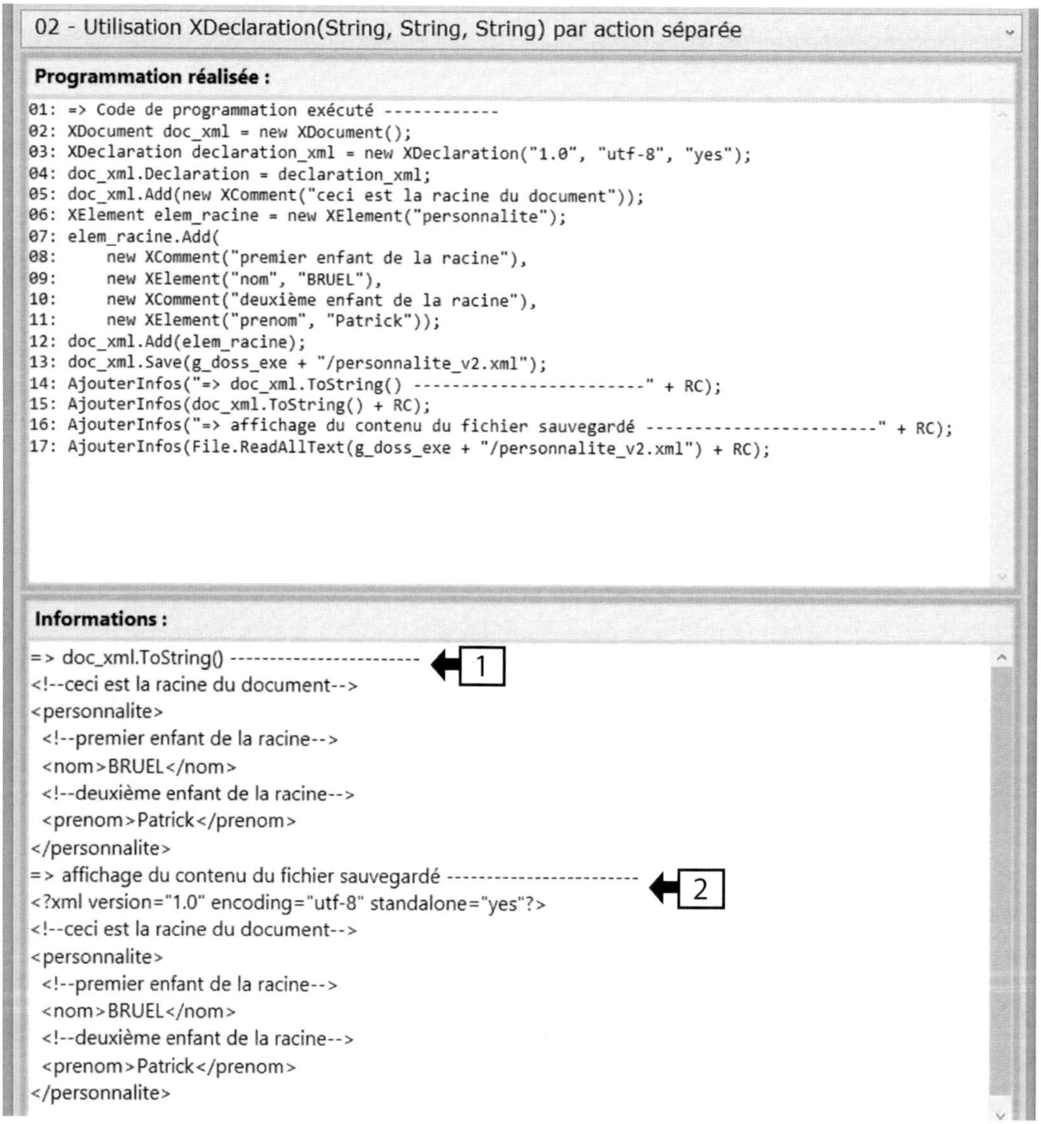
02 - Utilisation XDeclaration(String, String, String) par action séparée
Programmation réalisée :
01: => Code de programmation exécuté ------------
02: XDocument doc_xml = new XDocument();
03: XDeclaration declaration_xml = new XDeclaration("1.0", "utf-8", "yes");
04: doc_xml.Declaration = declaration_xml;
05: doc_xml.Add(new XComment("ceci est la racine du document"));
06: XElement elem_racine = new XElement("personnalite");
07: elem_racine.Add(
08:     new XComment("premier enfant de la racine"),
09:     new XElement("nom", "BRUEL"),
10:     new XComment("deuxième enfant de la racine"),
11:     new XElement("prenom", "Patrick"));
12: doc_xml.Add(elem_racine);
13: doc_xml.Save(g_doss_exe + "/personnalite_v2.xml");
14: AjouterInfos("=> doc_xml.ToString() ------------------------" + RC);
15: AjouterInfos(doc_xml.ToString() + RC);
16: AjouterInfos("=> affichage du contenu du fichier sauvegardé ------------------------" + RC);
17: AjouterInfos(File.ReadAllText(g_doss_exe + "/personnalite_v2.xml") + RC);
Informations :
=> doc_xml.ToString() ------------------------
1
<!--ceci est la racine du document-->
<personnalite>
<!--premier enfant de la racine-->
<nom>BRUEL</nom>
<!--deuxième enfant de la racine-->
<prenom>Patrick</prenom>
</personnalite>
=> affichage du contenu du fichier sauvegardé ------------------------
2
<?xml version="1.0" encoding="utf-8" standalone="yes"?>
<!--ceci est la racine du document-->
<personnalite>
<!--premier enfant de la racine-->
<nom>BRUEL</nom>
<!--deuxième enfant de la racine-->
<prenom>Patrick</prenom>
</personnalite>

Quand on effectue la sortie texte du contenu du document *doc_xml* de type **XDocument** par la méthode *ToString*, on s'aperçoit que la déclaration XML n'est pas inscrite. En fait, la déclaration est bien présente et on peut s'en rendre compte en mode débogage en plaçant un point d'arrêt (figure 13.21).

FIGURE 13.21

```
private void Utilisation_1() {
  XDocument doc_xml = new XDocument(
    new XDeclaration("1.0", "utf-8", "yes"),
    new XComment("ceci est la racine du document"),
    new XElement("personnalite",
      new XComment("premier enfant de la racine"),
      new XElement("nom", "BRUEL"),
      new XComment("deuxième enfant de la racine"),
      new XElement("prenom", "Patrick")));
  doc_xml.Save(g_doss_exe + "/personnalite_v1.xml");
  AjouterInfos("=> doc_xml.ToString() -----------------------" + RC);
  AjouterInfos(doc_xml.ToString() + RC);
  AjouterInfos("=> affichage du contenu du fichier sauvegardé ------------------------" + RC);
  AjouterInfos(File.ReadAllText(g_doss_exe + "/personnalite_v1.xml") + RC);
}
```

Nom	Valeur	Type
this	{CreationXDeclaration.MainWindow}	CreationXDeclaration.MainWindo
doc_xml	<!--ceci est la racine du document--><personnalite> <!--premier enfant de la racine-->	System.Xml.Linq.XDocument
base	<!--ceci est la racine du document--><personnalite> <!--premier enfant de la racine-->	System.Xml.Linq.XContainer {Syst
Declaration	{<?xml version="1.0" encoding="utf-8" standalone="yes"?>}	System.Xml.Linq.XDeclaration
encoding	"utf-8"	string
Encoding	"utf-8"	string
standalone	"yes"	string
Standalone	"yes"	string
Version	"1.0"	string
version	"1.0"	string
declaration	{<?xml version="1.0" encoding="utf-8" standalone="yes"?>}	System.Xml.Linq.XDeclaration
DocumentType	null	System.Xml.Linq.XDocumentType
NodeType	Document	System.Xml.XmlNodeType
Root	<personnalite> <!--premier enfant de la racine--> <nom>BRUEL</nom> <!--deuxièm	System.Xml.Linq.XElement

6 - Création de types de documents avec *XDocumentType*

La classe **XDocumentType** (figure 13.22) représente une définition de type de document (DTD) XML. En langage XML, les définitions de types de données (DTD) permettent d'effectuer les opérations suivantes :

- valider des arborescences XML dans une certaine mesure.
- développer des entités, ce qui représente une forme de remplacement de texte.
- fournir des attributs par défaut.

Cette classe **XDocumentType** représente le concept XML d'une DTD. La prise en charge des DTD dans LINQ To XML est limitée. LINQ To XML développera des entités internes par défaut, mais ne résoudra pas les références d'entités externes à moins qu'un **XmlReader** avec un **XmlResolver** associé ne soit utilisé pour charger l'arborescence XML. LINQ To XML ne validera pas de document par rapport à une DTD, mais vous pouvez utiliser un **XmlReader** de validation pour effectuer la validation d'une DTD, si nécessaire. Pour valider une arborescence LINQ To XML par rapport à un schéma XML, utilisez la méthode *Validate*. Lorsqu'un document contient des références d'entités définies dans une DTD, celles-ci sont développées après la création de l'arborescence XML. Toutefois, lorsque vous sérialisez ou enregistrez l'arborescence XML, le contenu des entités développées est conservé, mais les références d'entités ne le sont pas. Les attributs par défaut de la DTD seront matérialisés comme des attributs normaux de l'arborescence XML. Après la matérialisation d'un attribut par défaut de la DTD, il est impossible de déterminer si l'attribut était un attribut par défaut de la DTD. Vous pouvez remplir une arborescence XML avec un document XML qui contient une DTD interne. L'arborescence XML contiendra alors un nœud **DocumentType**. Lorsque vous sérialisez ou enregistrez l'arborescence, la DTD interne est également enregistrée en tant que partie du document.

FIGURE 13.22

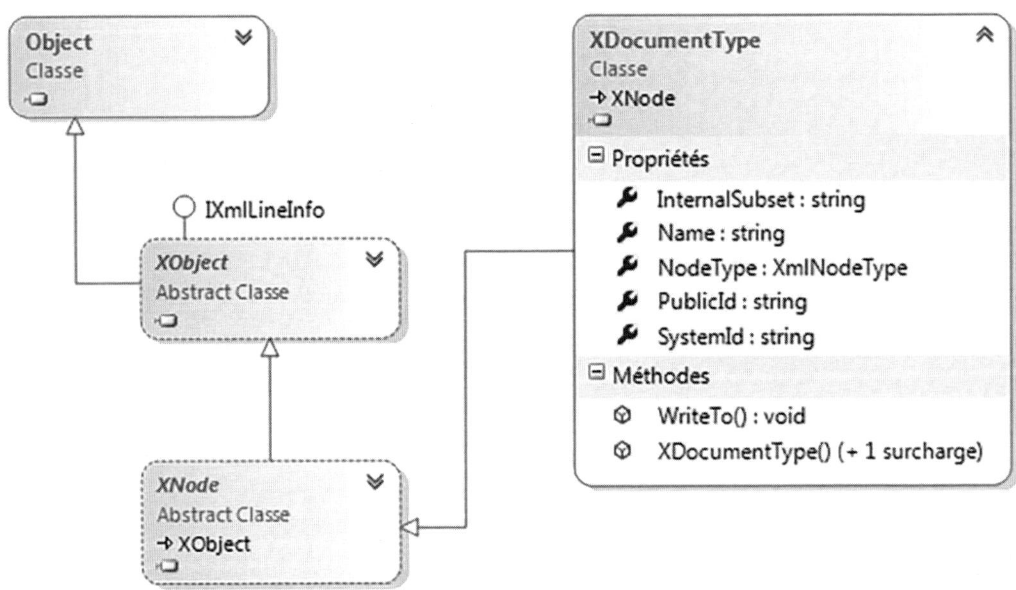

La solution de projet *P13_05_CreationXDocumentType.sln*, qui se trouve dans le dossier *chapitre_13/P13_05_CreationXDocumentType*, consiste à apprendre comment ajouter une définition de type de document (DTD) XML de type **XDocumentType** (figure 13.23).

L'objet **XDocumentType** permet d'ajouter une définition de type de document à un document XML. Contrairement à la plupart des autres classes de l'API LINQ To XML, les définitions de type de document s'ajoutent au document XML (type **XDocument**) et non pas à un élément XML (de type **XElement**). Par inadvertance, il est donc possible d'ajouter une définition de type de document à un élément en utilisant la méthode *Add* de **XElement**. Cependant le résultat obtenu ne sera pas celui escompté (levée d'une erreur).

FIGURE 13.23

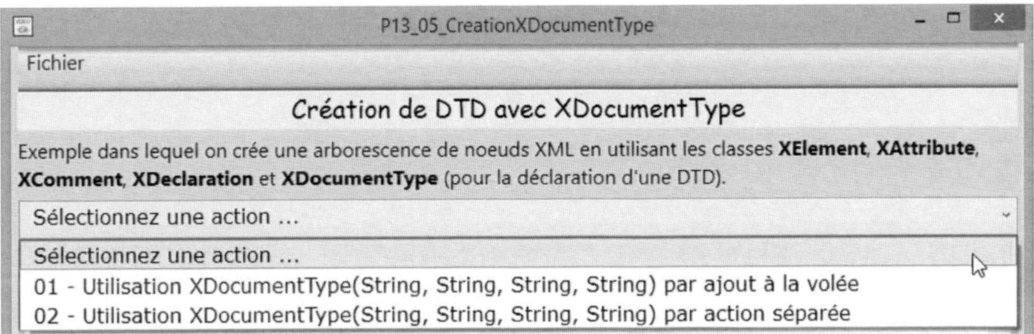

Dans le premier choix du sélecteur (figure 13.24), on ajoute une définition de type de document, nommée *dtd_contact.dtd*, de type **XDocumentType** au document XML *doc_xml* de type **XDocument** par l'utilisation de la programmation fonctionnelle (en écrivant *new XDocumentType("contact", null, "dtd_contact.dtd", null)*).

On sauvegarde le fichier XML généré sous le nom *personnalite_v1.xml* dans le répertoire de sortie en utilisant la méthode *Save* de **XDocument**. Puis on charge le contenu de ce fichier XML sauvegardé pour vérifier que la définition de type de document soit bien inscrite.

```
//XDocumentType(String, String, String, String)
private void Utilisation_1() {
  XDocument doc_xml = new XDocument(
    new XDeclaration("1.0", "utf-8", "yes"),
    new XDocumentType("contact", null, "dtd_contact.dtd", null),
    new XElement("personnalite",
      new XComment("premier enfant de la racine"),
      new XElement("nom", "BRUEL"),
      new XComment("deuxième enfant de la racine"),
      new XElement("prenom", "Patrick")));
  doc_xml.Save(v_doss_exe + "personnalite_v1.xml");
  AjouterInfos("=> doc_xml.ToString() -----------------------" + RC);
  AjouterInfos(doc_xml.ToString() + RC);
  AjouterInfos("=> affichage du contenu du fichier sauvegardé -----------------------"
    + RC);
  AjouterInfos(File.ReadAllText(v_doss_exe + "personnalite_v1.xml") + RC);
}
```

FIGURE 13.24

01 - Utilisation XDocumentType(String, String, String, String) par ajout à la volée

Programmation réalisée :

```
=> Code de programmation exécuté ------------
XDocument doc_xml = new XDocument(
  new XDeclaration("1.0", "utf-8", "yes"),
  new XDocumentType("contact", null, "dtd_contact.dtd", null),
  new XElement("personnalite",
    new XComment("premier enfant de la racine"),
    new XElement("nom", "BRUEL"),
    new XComment("deuxième enfant de la racine"),
    new XElement("prenom", "Patrick")));
doc_xml.Save(g_doss_exe + "/personnalite_v1.xml");
AjouterInfos("=> doc_xml.ToString() ------------------------" + RC);
AjouterInfos(doc_xml.ToString() + RC);
AjouterInfos("=> affichage du contenu du fichier sauvegardé ------------------------" + RC);
AjouterInfos(File.ReadAllText(g_doss_exe + "/personnalite_v1.xml") + RC);
```

Informations :

```
=> doc_xml.ToString() -----------------------
<!DOCTYPE contact SYSTEM "dtd_contact.dtd">
<personnalite>
  <!--premier enfant de la racine-->
  <nom>BRUEL</nom>
  <!--deuxième enfant de la racine-->
  <prenom>Patrick</prenom>
</personnalite>
=> affichage du contenu du fichier sauvegardé -----------------------
<?xml version="1.0" encoding="utf-8" standalone="yes"?>
<!DOCTYPE contact SYSTEM "dtd_contact.dtd">
<personnalite>
  <!--premier enfant de la racine-->
  <nom>BRUEL</nom>
  <!--deuxième enfant de la racine-->
  <prenom>Patrick</prenom>
</personnalite>
```

Parfois, il n'est pas possible de définir la définition de type de document lors de la construction du document. Pour cela, il faut instancier une définition de type de document *dtd* de type **XDocumentType**, puis il faut l'ajouter au document *doc_xml* de type **XDocument** par la méthode *Add*. C'est ce que l'on fait dans le second choix du sélecteur (figure 13.25). On sauvegarde le fichier XML généré sous le nom *personnalite_v2.xml* dans le répertoire de sortie en utilisant la méthode *Save* de

XDocument. Puis on charge le contenu de ce fichier XML sauvegardé pour vérifier que la définition de type de document soit bien inscrite.

FIGURE 13.25

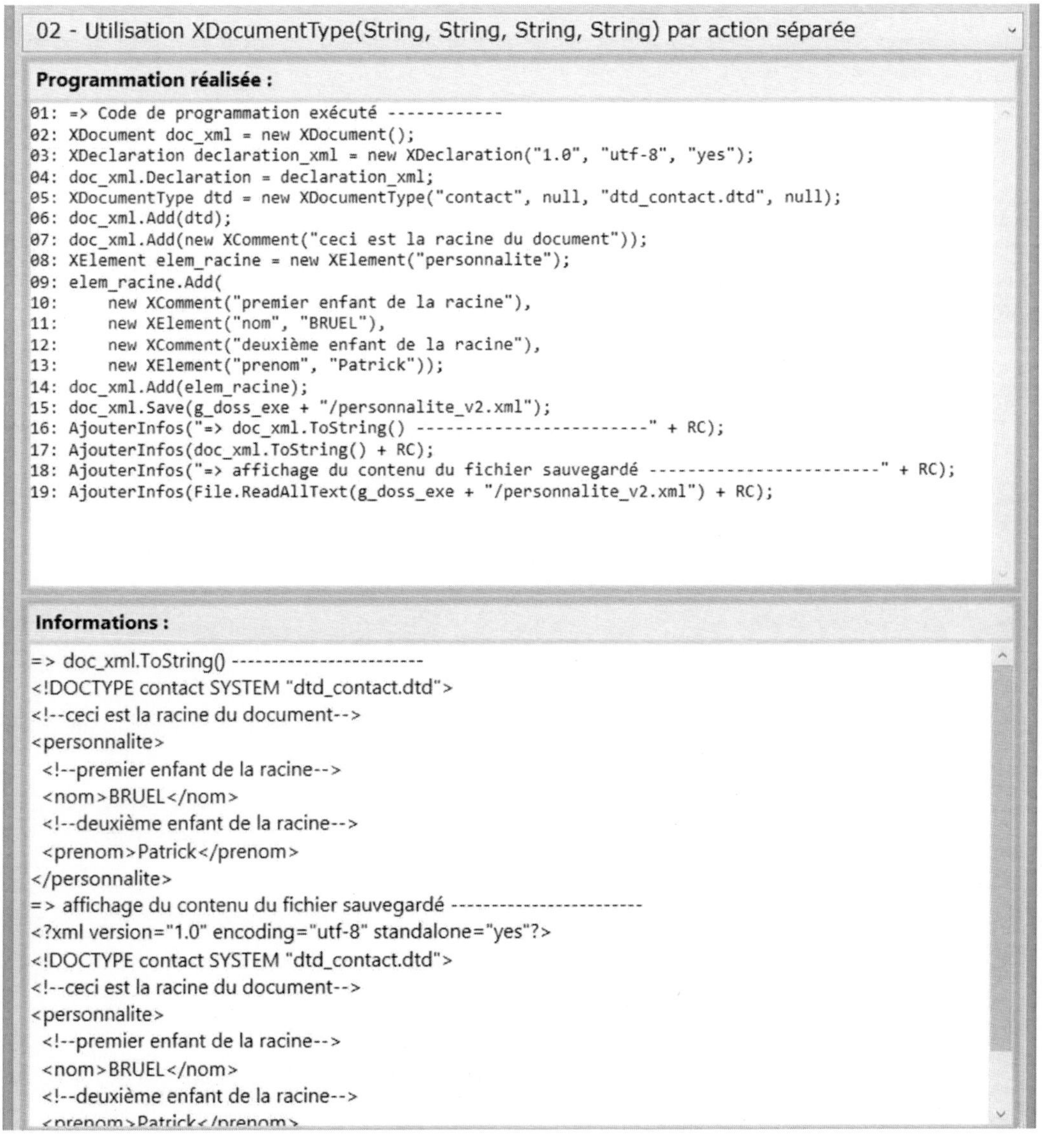

02 - Utilisation XDocumentType(String, String, String, String) par action séparée

Programmation réalisée :

```
=> Code de programmation exécuté ------------
XDocument doc_xml = new XDocument();
XDeclaration declaration_xml = new XDeclaration("1.0", "utf-8", "yes");
doc_xml.Declaration = declaration_xml;
XDocumentType dtd = new XDocumentType("contact", null, "dtd_contact.dtd", null);
doc_xml.Add(dtd);
doc_xml.Add(new XComment("ceci est la racine du document"));
XElement elem_racine = new XElement("personnalite");
elem_racine.Add(
    new XComment("premier enfant de la racine"),
    new XElement("nom", "BRUEL"),
    new XComment("deuxième enfant de la racine"),
    new XElement("prenom", "Patrick"));
doc_xml.Add(elem_racine);
doc_xml.Save(g_doss_exe + "/personnalite_v2.xml");
AjouterInfos("=> doc_xml.ToString() ------------------------" + RC);
AjouterInfos(doc_xml.ToString() + RC);
AjouterInfos("=> affichage du contenu du fichier sauvegardé ------------------------" + RC);
AjouterInfos(File.ReadAllText(g_doss_exe + "/personnalite_v2.xml") + RC);
```

Informations :

```
=> doc_xml.ToString() ------------------------
<!DOCTYPE contact SYSTEM "dtd_contact.dtd">
<!--ceci est la racine du document-->
<personnalite>
  <!--premier enfant de la racine-->
  <nom>BRUEL</nom>
  <!--deuxième enfant de la racine-->
  <prenom>Patrick</prenom>
</personnalite>
=> affichage du contenu du fichier sauvegardé ------------------------
<?xml version="1.0" encoding="utf-8" standalone="yes"?>
<!DOCTYPE contact SYSTEM "dtd_contact.dtd">
<!--ceci est la racine du document-->
<personnalite>
  <!--premier enfant de la racine-->
  <nom>BRUEL</nom>
  <!--deuxième enfant de la racine-->
  <prenom>Patrick</prenom>
```

```
//XDocumentType(String, String, String, String)
private void Utilisation_2() {
  XDocument doc_xml = new XDocument();
  XDeclaration declaration_xml = new XDeclaration("1.0", "utf-8", "yes");
  doc_xml.Declaration = declaration_xml;
  XDocumentType dtd = new XDocumentType("contact", null, "dtd_contact.dtd", null);
```

```
    doc_xml.Add(dtd);
    doc_xml.Add(new XComment("ceci est la racine du document"));
    XElement elem_racine = new XElement("personnalite");
    elem_racine.Add(
        new XComment("premier enfant de la racine"),
        new XElement("nom", "BRUEL"),
        new XComment("deuxième enfant de la racine"),
        new XElement("prenom", "Patrick"));
    doc_xml.Add(elem_racine);
    doc_xml.Save(v_doss_exe + "personnalite_v2.xml");
    AjouterInfos("=> doc_xml.ToString() ------------------------" + RC);
    AjouterInfos(doc_xml.ToString() + RC);
    AjouterInfos("=> affichage du contenu du fichier sauvegardé ------------------------"
      + RC);
    AjouterInfos(File.ReadAllText(v_doss_exe + "personnalite_v2.xml") + RC);
}
```

7 - Création des documents avec *XDocument*

La classe **XDocument**, qui dérive de la classe abstraite **XContainer**, représente un document XML au travers d'une arborescence de nœuds. La figure 13.26 affiche le diagramme d'héritage de cette classe.

La classe **XDocument** représente un document XML et elle expose principalement:

- la propriété *Declaration* qui obtient ou définit la déclaration XML pour ce document.
- la propriété *DocumentType* qui obtient la définition de type de document (DTD) pour ce document.
- la propriété *NodeType* qui obtient le type de nœud de ce nœud.
- la propriété *Root* qui obtient l'élément racine de l'arborescence XML pour ce document.
- la méthode *Load* qui crée une nouvelle instance de **XDocument** soit par un flux spécifié, soit à partir d'un fichier, soit à partir d'un **TextReader**, soit à partir d'un **XmlReader**.
- la méthode *Parse* qui crée un **XDocument** à partir d'une chaîne.
- la méthode *Save* qui sérialise ce **XDocument** vers un **TextWriter**, vers un **XmlWriter**, vers un flux de données spécifié.
- la méthode *WriteTo* qui écrit ce document vers un **XmlWriter** .

Les scénarios pour lesquels un **XDocument** doit être instancié sont peu nombreux. Au lieu de cela, vous pouvez généralement créer vos arborescences XML avec un nœud racine **XElement**. À moins que vous n'ayez un besoin spécifique de créer un document (par exemple, parce que vous devez créer des instructions et des commentaires de traitement au niveau supérieur ou parce que vous devez prendre en charge certains types de documents), il est souvent plus pratique d'utiliser **XElement** comme votre nœud racine.

FIGURE 13.26

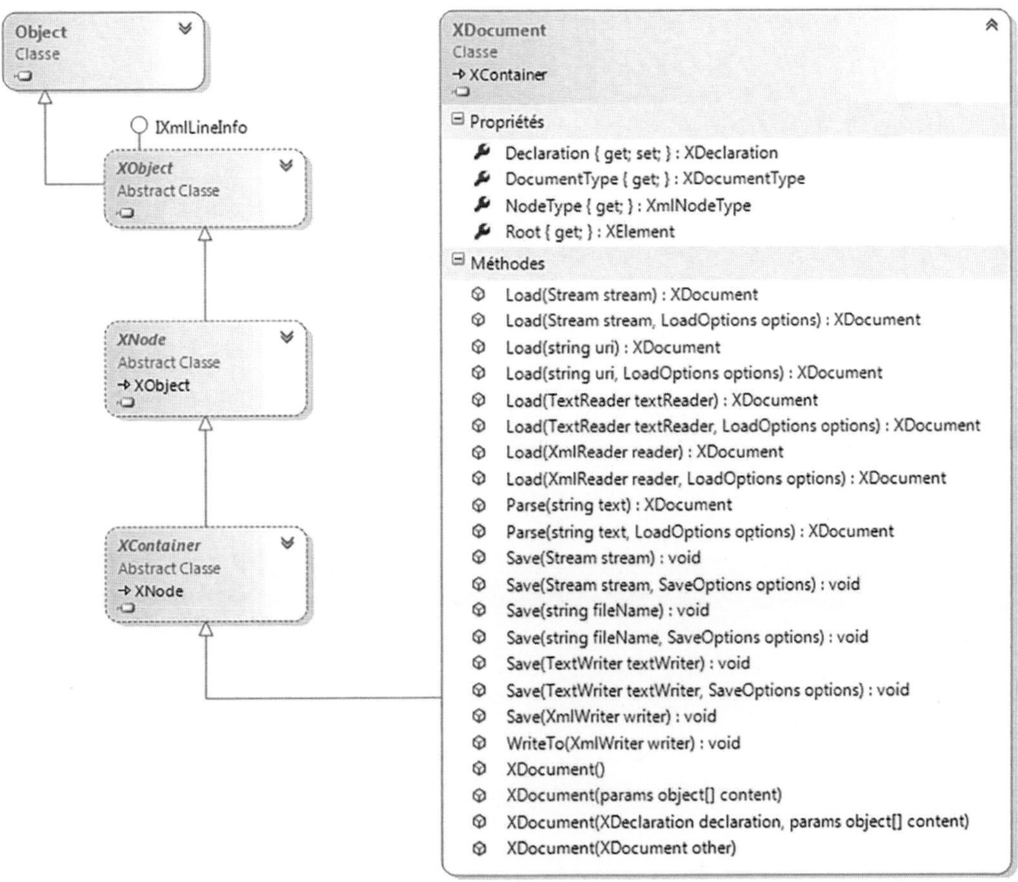

8 - Création des noms avec *XName*

La classe **XName** (figure 13.27) représente un nom d'un attribut ou d'un élément XML. Les noms XML incluent un espace de noms et un nom local. Un nom qualifié complet est la combinaison de l'espace de noms et du nom local.

La classe **XName** ne contient pas de constructeur public. Au lieu de cela, cette classe fournit une conversion implicite de *string* qui vous permet de créer un **XName**. La situation la plus courante dans laquelle vous utilisez cette conversion est lors de la construction d'un élément ou d'un attribut: le premier argument du constructeur **XElement** est un **XName**. En passant une chaîne, vous tirez parti de la conversion implicite. La classe **XName** expose principalement:

- la propriété *LocalName* qui obtient la partie locale (non qualifiée) du nom.
- la propriété *Namespace* qui obtient la partie de l'espace de noms du nom qualifié complet.
- la propriété *NamespaceName* qui retourne l'URI du **XNamespace** pour ce **XName**.

Quand on instancie un élément **XElement** *elem = new XElement("contact")*, l'objet **XName** *contact* est automatiquement créé et affecté à la propriété *Name* de l'objet **XElement**. Comme aucun espace de noms n'est spécifié, la propriété *Namespace* est vide.

FIGURE 13.27

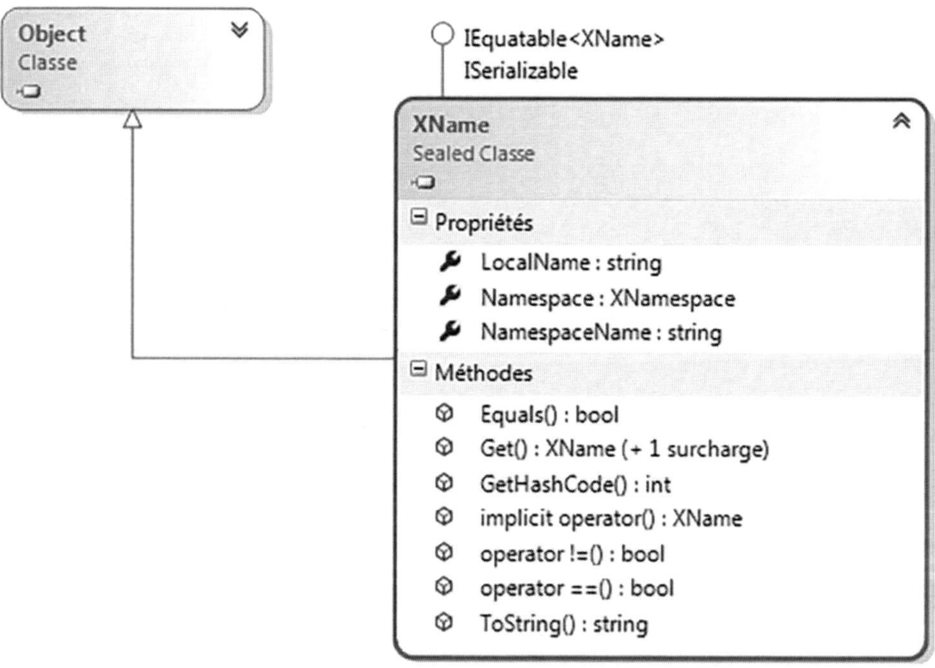

9 - Création des espaces de noms avec *XNamespace*

La classe **XNamespace** (figure 13.28) représente la construction XML d'espaces de noms. Chaque **XName** contient un **XNamespace**. Même si un élément ne se trouve pas dans un espace de noms, le **XName** de l'élément contient tout de même un espace de noms *XNamespace.None*. La propriété *XName.Namespace* n'a jamais la valeur *null*. La classe **XNamespace** expose principalement:

- la propriété *NamespaceName* qui obtient l'URI de cet espace de noms.
- la propriété *None* qui obtient l'objet **XNamespace** qui ne correspond à aucun espace de noms.
- la propriété *Xml* qui obtient l'objet **XNamespace** qui correspond à l'URI XML (*http://www.w3.org/XML/1998/namespace*).
- la propriété *Xmlns* qui obtient l'objet **XNamespace** qui correspond à l'URI *xmlns* (*http://www.w3.org/2000/xmlns/*).

FIGURE 13.28

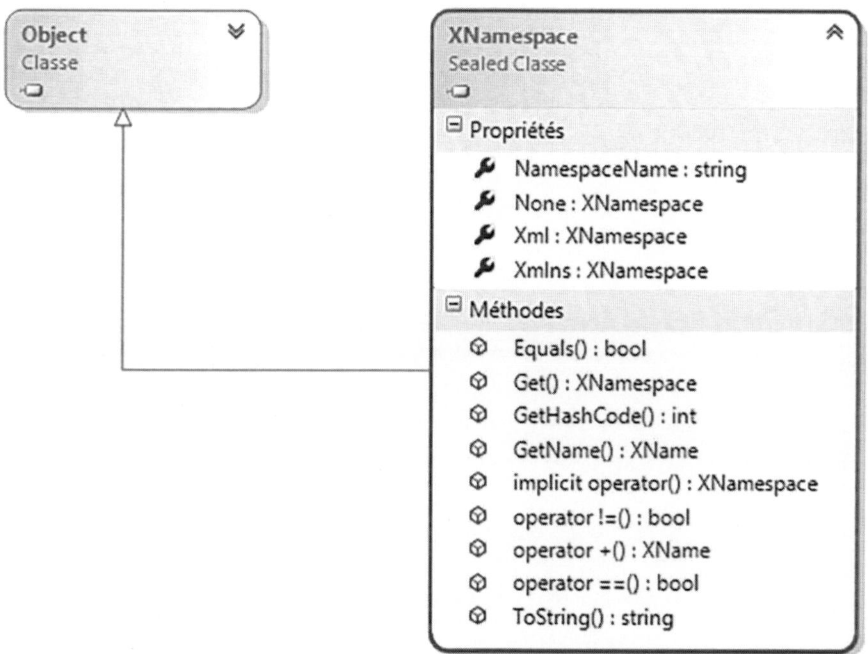

10 - Création des instructions de traitement

La classe **XProcessingInstruction** (figure 13.29) représente une instruction de traitement XML. Vous pouvez utiliser les instructions de traitement en XML pour indiquer qu'un document XML peut être traité avec un certain processeur, tel que XSLT par exemple. Les instructions de traitement sont des nœuds de l'arborescence XML. Lorsqu'une instruction de traitement est détectée dans le code XML analysé, LINQ To XML crée un nœud **XProcessingInstruction**. La classe **XProcessingInstruction** expose principalement:

- la propriété *Data* qui obtient ou définit la valeur de chaîne de cette instruction de traitement.
- la propriété *NodeType* qui obtient le type de nœud de ce nœud.
- la propriété *Target* qui obtient ou définit une chaîne contenant l'application cible pour cette instruction de traitement.

L'écriture *process_inst = new XProcessingInstruction("xml-stylesheet", "type = 'text/xsl' href = 'bonjour.xsl' ")* produit la sortie suivante *<?xml-stylesheet type = 'text/xsl' href = 'bonjour.xsl'?>* par l'obtention de *process_inst.ToString()*.

FIGURE 13.29

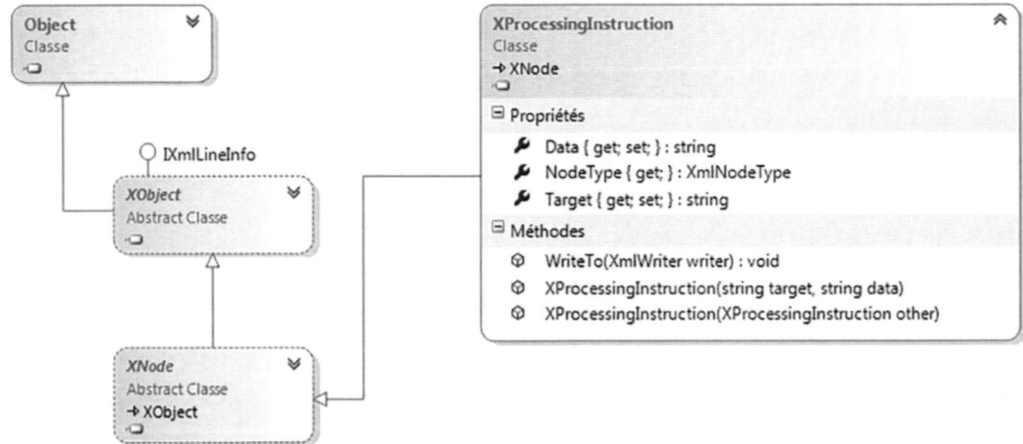

11 - Création des éléments *XStreamingElement*

La classe **XStreamingElement** (figure 13.30) représente les éléments d'une arborescence XML qui prend en charge la sortie de diffusion en continu différée. Vous utilisez cette classe pour créer une arborescence XML pratiquement comme vous le feriez pour créer une arborescence à l'aide de **XElement**. Toutefois, il y a une différence fondamentale. Lorsque vous utilisez une requête LINQ pour spécifier le contenu lors de la création d'une arborescence XML à l'aide de **XElement**, la variable de requête est parcourue au moment de la construction de l'arborescence XML, et les résultats de la requête sont ajoutés à l'arborescence XML. À l'inverse, lorsque vous créez une arborescence XML à l'aide de **XStreamingElement**, une référence à la variable de requête est stockée dans l'arborescence XML sans être parcourue. Les requêtes sont uniquement parcourues lors de la sérialisation. Cela vous permet de créer de plus grandes arborescences XML tout en limitant l'encombrement mémoire. Si vous transmettez en continu à partir d'une source d'entrée, telle qu'un fichier texte, vous pouvez alors lire un fichier texte très volumineux et générer un document XML de grande taille tout en limitant l'encombrement mémoire. Un autre scénario est celui dans lequel une arborescence XML de grande taille a été chargée dans la mémoire et dans lequel vous voulez créer une version transformée du document. Si vous créez un document à l'aide de **XElement**, vous aurez alors deux arborescences XML de grande taille en mémoire une fois la transformation terminée. Toutefois, si vous créez l'arborescence XML à l'aide de **XStreamingElement**, votre jeu de travail sera alors effectivement divisé par deux.

FIGURE 13.30

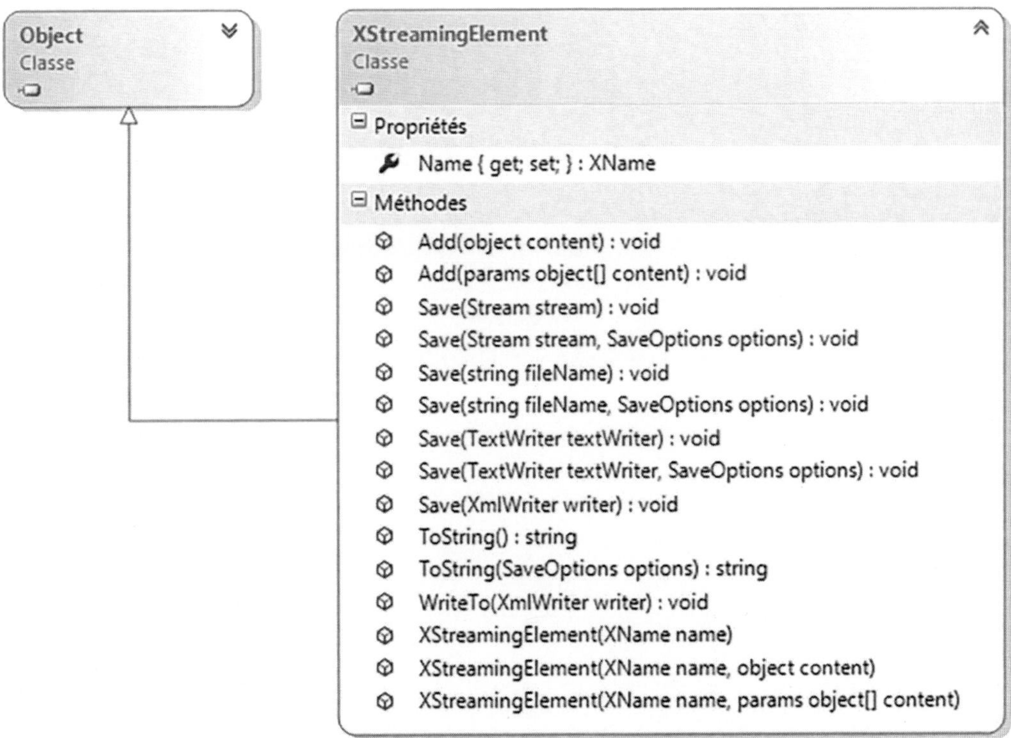

La classe **XStreamingElement** expose principalement:

- la propriété *Name* qui obtient ou définit le nom de cet élément de diffusion en continu.
- la méthode *Add* qui ajoute le contenu spécifié en tant qu'enfant à ce

XStreamingElement.

- la méthode *Save* qui sérialise cet élément de diffusion en continu vers un fichier, vers un **TextWriter**, vers un **XmlWriter**, vers un flux de données spécifié.
- la méthode *ToString* qui retourne le code XML mis en forme (en retrait) pour cet élément de diffusion en continu.

Dans le code suivant, le quatrième élément du tableau *ens_noms* est modifié, et lorque nous affichons les valeurs de l'objet **XElement**, l'arbre XML contient les données originales (listing 18 sur la figure 13.31). Ceci vient du fait que l'élément *elem_name* a été entièrement créé avant que l'élément du tableau *ens_noms* n'ait été modifié.

```
string[] ens_noms = { "John", "Paul", "George", "Pete" };
XElement elem_name = new XElement("Beatles",
    from n in ens_noms
    select new XElement("Name", n));
ens_noms[3] = "Ringo";
AfficherXml(elem_name.ToString());
```

Il faut donc que la construction de l'arbre XML soit différée. Cela se fait en utilisant des éléments **XStreamingElement** à la place des éléments **XElement**. Le code suivant permet d'obtenir la modification (listing 19 de la figure 13.31).

```
string[] ens_noms = { "John", "Paul", "George", "Pete" };
XStreamingElement elem_xstream = new XStreamingElement("Beatles",
   from n in ens_noms
   select new XElement("Name", n));
ens_noms[3] = "Ringo";
AfficherXml(elem_xstream.ToString());
```

FIGURE 13.31

Listing 18 :

```
<Beatles>
  <Name>John</Name>
  <Name>Paul</Name>
  <Name>George</Name>
  <Name>Pete</Name>
</Beatles>
```

Listing 19 :

```
<Beatles>
  <Name>John</Name>
  <Name>Paul</Name>
  <Name>George</Name>
  <Name>Ringo</Name>
</Beatles>
```

12 - Création des textes avec *XText* et *XCData*

La classe **XText** (figure 13.32) représente un nœud de texte. Les éléments XML peuvent contenir du texte. Parfois le contenu est simple (l'élément contient seulement du texte), parfois le contenu est mixte (l'élément contient à la fois du texte et d'autres éléments). Dans les deux cas, chaque segment de texte est représenté comme un nœud **XText**. Les développeurs LINQ To XML doivent souvent écrire du code pour gérer des arborescences LINQ To XML arbitraires qu'ils n'ont pas créées. Si vous écrivez du code qui doit fonctionner avec des arborescences LINQ To XML dont vous ne contrôlez pas la création, vous devez connaître certains comportements des nœuds **XText**. Lorsque vous traitez le contenu d'une arborescence XML au niveau des nœuds, vous devez savoir que plusieurs nœuds **XText** peuvent être adjacents. De même, vous devez savoir que des nœuds **XText** peuvent ne pas contenir de texte. Grâce à certaines méthodes LINQ To XML, il est possible de supprimer du contenu d'un nœud de texte. Toutefois, LINQ To XML ne supprime pas automatiquement le nœud. Le nœud a une identité et peut avoir des annotations, c'est pourquoi LINQ To XML autorise les nœuds de longueur nulle dans l'arborescence. La classe **XText** expose principalement:

- la propriété *NodeType* qui obtient le type de nœud de ce nœud.
- la propriété *Value* qui obtient ou définit la valeur de ce nœud.
- la méthode *WriteTo* qui écrit ce nœud vers un **XmlWriter**.

FIGURE 13.32

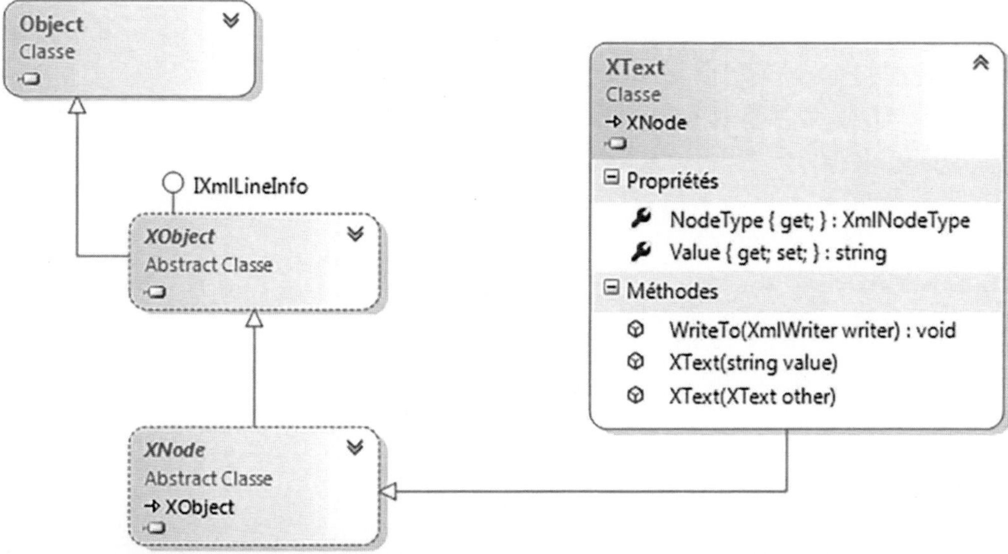

La solution de projet *P13_06_CreationXTextXCData.sln*, qui se trouve dans le dossier *chapitre_13/P13_06_CreationXTextXCData*, consiste à apprendre l'utilisation des objets **XText** et **XCData** (figure 13.33).

FIGURE 13.33

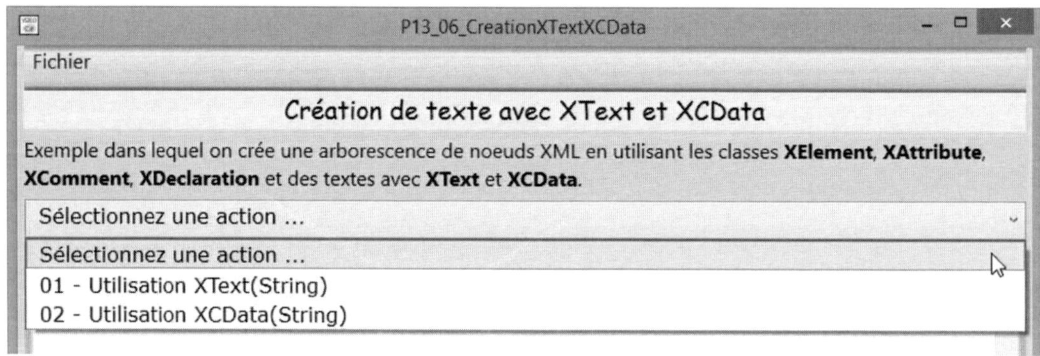

Lors du premier choix du sélecteur (figure 13.34), on instancie un élément *elem_contact_1* de type **XElement** en passant en paramètre les chaînes *"contact"* et *"le facteur bordelais"*. La sortie texte de *elem_contact_1* donne la chaîne *<contact>le facteur bordelais</contact>*. En fait, la chaîne *"le facteur bordelais"* est transformée en un objet **XText** avant d'être ajoutée à l'objet **XElement**. En examinant l'objet *elem_contact_1* dans le débogueur, on se rend compte qu'il contient un seul nœud: un objet **XText** de valeur *"le facteur bordelais"*. Etant donné que cette conversion est automatique, dans la plupart des cas vous ne serez pas obligé de construire un objet **XText**.

Cependant, si cela est nécessaire, il suffira d'instancier un objet *elem_txt* de type **XText** et de le passer en second argument à un élément *elem_contact_2* de type **XElement**. La sortie texte de *elem_contact_2* donnera la même chaîne *<contact>le facteur bordelais</contact>*.

```
//XText(String)
private void Utilisation_1() {
  XElement elem_contact_1 = new XElement("contact", "le facteur bordelais");
  AjouterInfos("=> elem_contact_1.ToString() ------------------------" + RC);
  AjouterInfos(elem_contact_1.ToString() + RC);
  XText elem_txt = new XText("le facteur bordelais");
  XElement elem_contact_2 = new XElement("contact", elem_txt);
  AjouterInfos("=> elem_contact_2.ToString() ------------------------" + RC);
  AjouterInfos(elem_contact_2.ToString() + RC);
}
```

FIGURE 13.34

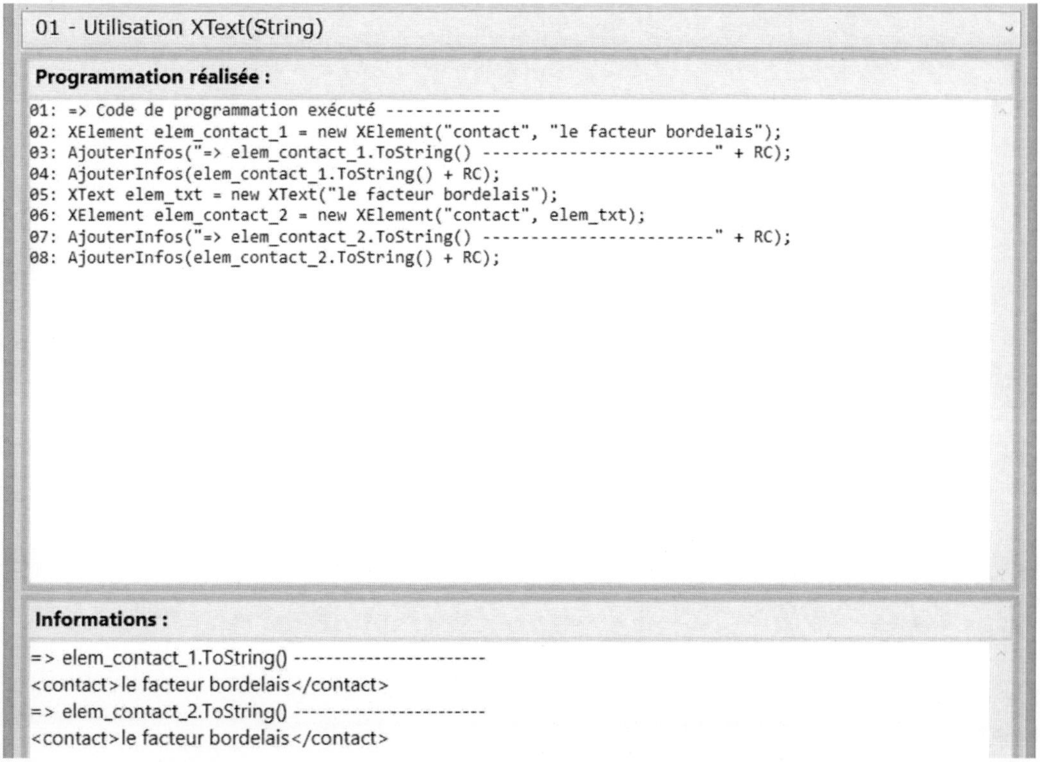

01 - Utilisation XText(String)
Programmation réalisée :
01: => Code de programmation exécuté ------------
02: XElement elem_contact_1 = new XElement("contact", "le facteur bordelais");
03: AjouterInfos("=> elem_contact_1.ToString() ------------------------" + RC);
04: AjouterInfos(elem_contact_1.ToString() + RC);
05: XText elem_txt = new XText("le facteur bordelais");
06: XElement elem_contact_2 = new XElement("contact", elem_txt);
07: AjouterInfos("=> elem_contact_2.ToString() ------------------------" + RC);
08: AjouterInfos(elem_contact_2.ToString() + RC);
Informations :
=> elem_contact_1.ToString() -----------------------
<contact>le facteur bordelais</contact>
=> elem_contact_2.ToString() -----------------------
<contact>le facteur bordelais</contact>

La classe **XCData** (figure 13.35) représente un nœud de texte qui contient une section CDATA. Une section CDATA en XML vous permet de stocker pratiquement toutes les chaînes arbitraires en tant que contenu d'un élément XML.

FIGURE 13.35

Object
Classe
IXmlLineInfo
XObject
Abstract Classe
XNode
Abstract Classe
→ XObject
XText
Classe
→ XNode
Propriétés
NodeType { get; } : XmlNodeType
Value { get; set; } : string
Méthodes
WriteTo(XmlWriter writer) : void
XText(string value)
XText(XText other)
XCData
Classe
→ XText
Propriétés
NodeType { get; } : XmlNodeType
Méthodes
WriteTo(XmlWriter writer) : void
XCData(string value)
XCData(XCData other)

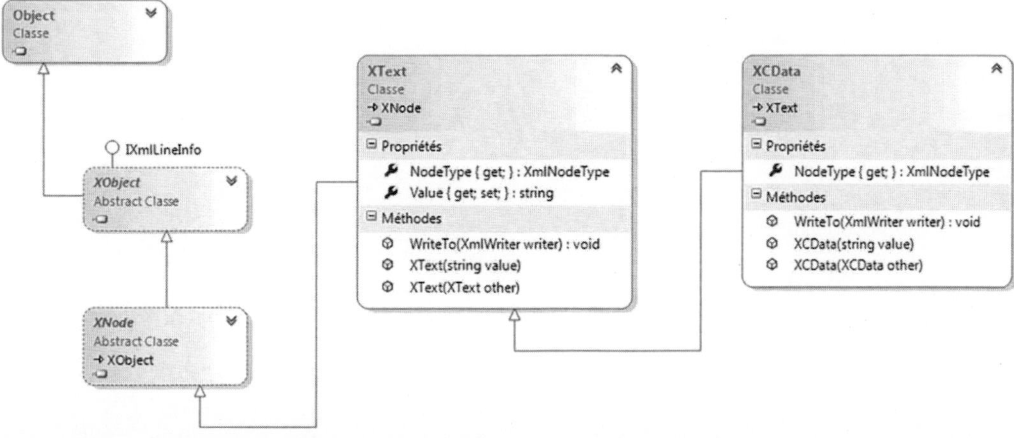

La classe **XCData** représente le concept XML d'un nœud de texte CDATA. Cette classe dérive de **XText**, qui représente le texte XML. Les sections CDATA sont des cas spéciaux de texte XML. La classe **XCData** expose principalement:

- la propriété *NodeType* qui obtient le type de nœud de ce nœud.
- la méthode *WriteTo* qui écrit cet objet CDATA vers un **XmlWriter**.

Lors du deuxième choix du sélecteur (figure 13.36), l'écriture *new XElement("parcours", new XCData("le facteur passe les lundi et mardi à 14 heures."))* définit un nœud *<parcours>* contenant une section CDATA dont le contenu est fourni en argument au constructeur **XCData**. On obtient l'écriture XML suivante:

<parcours>
<![CDATA[le facteur passe les lundi et mardi à 14 heures.]]>
</parcours>

FIGURE 13.36

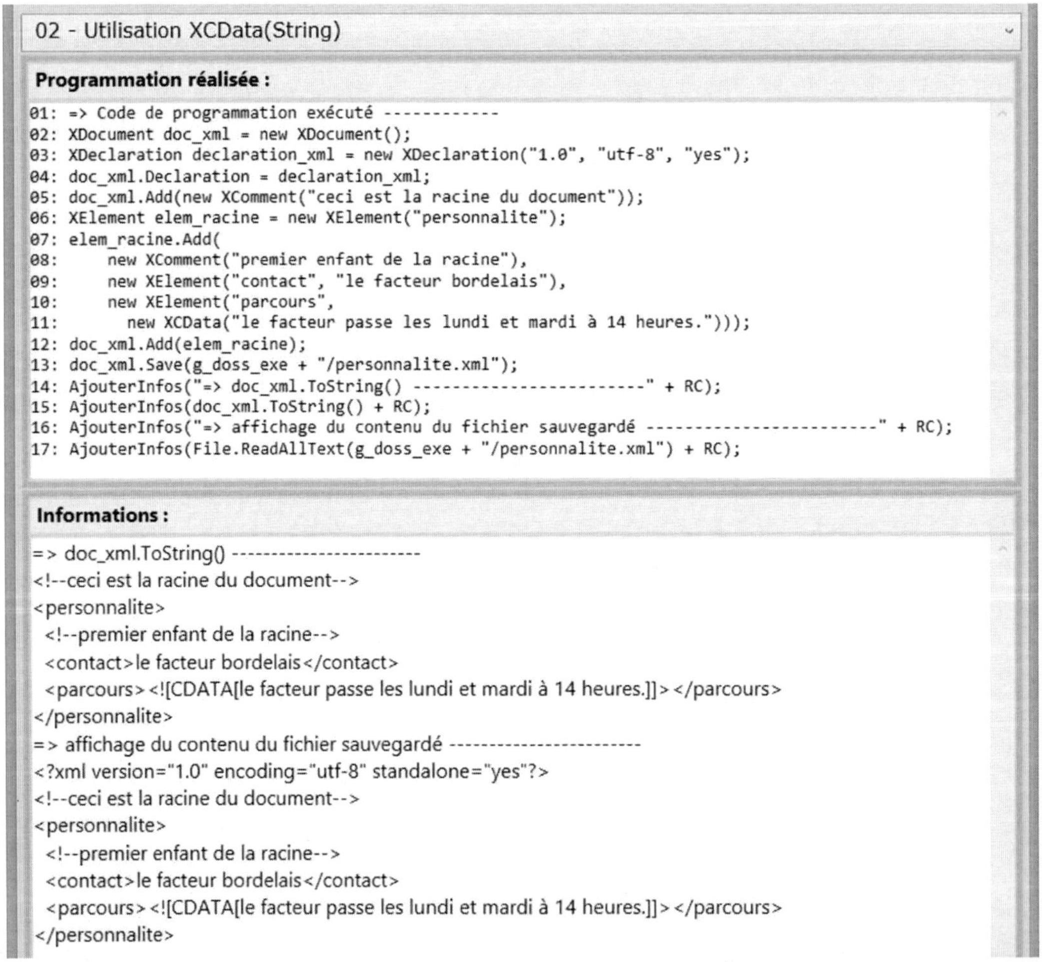
02 - Utilisation XCData(String)
Programmation réalisée :
01: => Code de programmation exécuté ------------
02: XDocument doc_xml = new XDocument();
03: XDeclaration declaration_xml = new XDeclaration("1.0", "utf-8", "yes");
04: doc_xml.Declaration = declaration_xml;
05: doc_xml.Add(new XComment("ceci est la racine du document"));
06: XElement elem_racine = new XElement("personnalite");
07: elem_racine.Add(
08:     new XComment("premier enfant de la racine"),
09:     new XElement("contact", "le facteur bordelais"),
10:     new XElement("parcours",
11:       new XCData("le facteur passe les lundi et mardi à 14 heures.")));
12: doc_xml.Add(elem_racine);
13: doc_xml.Save(g_doss_exe + "/personnalite.xml");
14: AjouterInfos("=> doc_xml.ToString() ------------------------" + RC);
15: AjouterInfos(doc_xml.ToString() + RC);
16: AjouterInfos("=> affichage du contenu du fichier sauvegardé ------------------------" + RC);
17: AjouterInfos(File.ReadAllText(g_doss_exe + "/personnalite.xml") + RC);
Informations :
=> doc_xml.ToString() ------------------------
<!--ceci est la racine du document-->
<personnalite>
<!--premier enfant de la racine-->
<contact>le facteur bordelais</contact>
<parcours><![CDATA[le facteur passe les lundi et mardi à 14 heures.]]></parcours>
</personnalite>
=> affichage du contenu du fichier sauvegardé ------------------------
<?xml version="1.0" encoding="utf-8" standalone="yes"?>
<!--ceci est la racine du document-->
<personnalite>
<!--premier enfant de la racine-->
<contact>le facteur bordelais</contact>
<parcours><![CDATA[le facteur passe les lundi et mardi à 14 heures.]]></parcours>
</personnalite>

```
//XCData(String)
private void Utilisation_2() {
  XDocument doc_xml = new XDocument();
  XDeclaration declaration_xml = new XDeclaration("1.0", "utf-8", "yes");
  doc_xml.Declaration = declaration_xml;
  doc_xml.Add(new XComment("ceci est la racine du document"));
  XElement elem_racine = new XElement("personnalite");
  elem_racine.Add(
      new XComment("premier enfant de la racine"),
      new XElement("contact", "le facteur bordelais"),
      new XElement("parcours",
        new XCData("le facteur passe les lundi et mardi à 14 heures.")));
  doc_xml.Add(elem_racine);
  doc_xml.Save(v_doss_exe + "personnalite.xml");
  AjouterInfos("=> doc_xml.ToString() ------------------------" + RC);
  AjouterInfos(doc_xml.ToString() + RC);
  AjouterInfos("=> affichage du contenu du fichier sauvegardé ------------------------"
    + RC);
  AjouterInfos(File.ReadAllText(v_doss_exe + "personnalite.xml") + RC);
}
```

13 - Sauvegarder un document XML

La classe **XDocument** propose plusieurs prototypes pour la méthode *Save* qui sont:

- *Save(Stream)* qui renvoie ce **XDocument** vers le flux spécifié.
- *Save(String)* qui sérialise ce **XDocument** dans un fichier, en remplaçant un fichier existant, le cas échéant.
- *Save(TextWriter)* qui sérialise ce **XDocument** vers un **TextWriter**.
- *Save(XmlWriter)* qui sérialise ce **XDocument** vers un **XmlWriter**.
- *Save(Stream, SaveOptions)* qui génère ce **XDocument** vers le flux spécifié, en précisant le cas échéant le comportement de mise en forme.
- *Save(String, SaveOptions)* qui sérialise ce **XDocument** vers un fichier, en désactivant éventuellement la mise en forme.
- *Save(TextWriter, SaveOptions)* qui sérialise ce **XDocument** vers un **TextWriter**, en désactivant éventuellement la mise en forme.

L'énumération *SaveOptions* peut prendre les valeurs:

- *SaveOptions.None* pour mettre en forme (en retrait) le code XML lors de la sérialisation.
- *SaveOptions.DisableFormatting* pour conserver tout espace blanc non significatif lors de la sérialisation.
- *SaveOptions.OmitDuplicateNamespaces* pour supprimer les déclarations

d'espace de noms en double lors de la sérialisation.

La classe **XElement** propose aussi une méthode *Save* avec les mêmes prototypes que ceux de la classe **XDocument** (figure 13.37). A noter que les méthodes *Save* de **XDocument** et *Save* de **XElement** sont des méthodes d'instances donc elles sont appelées sur des objets de la classe (des instances de la classe).

FIGURE 13.37

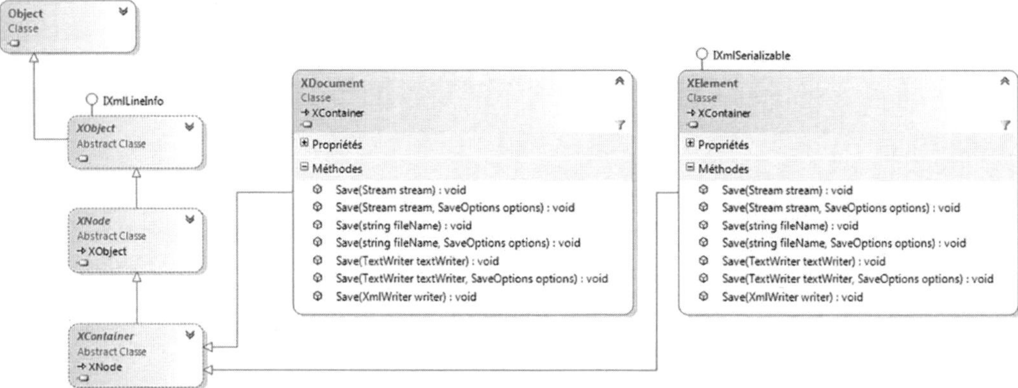

La solution de projet *P13_07_SauvegardeXml.sln*, qui se trouve dans le dossier *chapitre_13/P13_07_SauvegardeXml*, consiste à apprendre l'utilisation de la méthode *Save* pour les objets de type **XDocument** et **XElement** (figure 13.38).

FIGURE 13.38

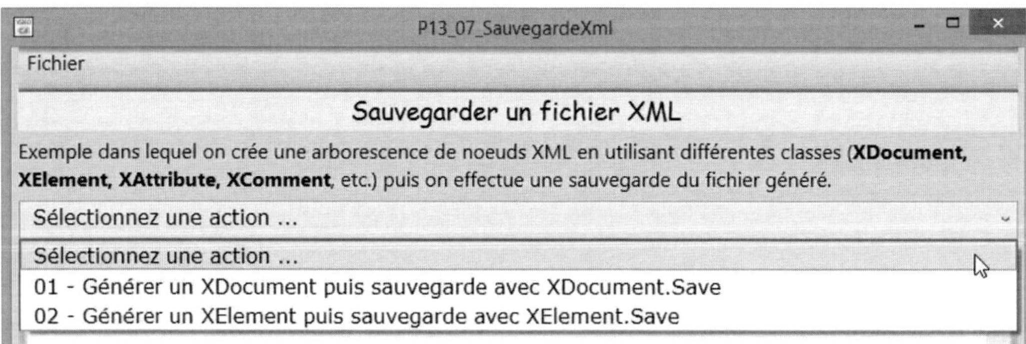

Pour le premier choix du sélecteur (figure 13.39), on génère une arborescence XML *doc_xml* de type **XDocument** dont on affiche le contenu textuel dans le **TextBlock** du haut. On sauvegarde cette arborescence XML dans le répertoire de sortie dans un fichier nommé *sauver_xdocument.xml*. Enfin, on ouvre le fichier sauvegardé et on affiche son contenu dans le **TextBlock** du bas.

FIGURE 13.39

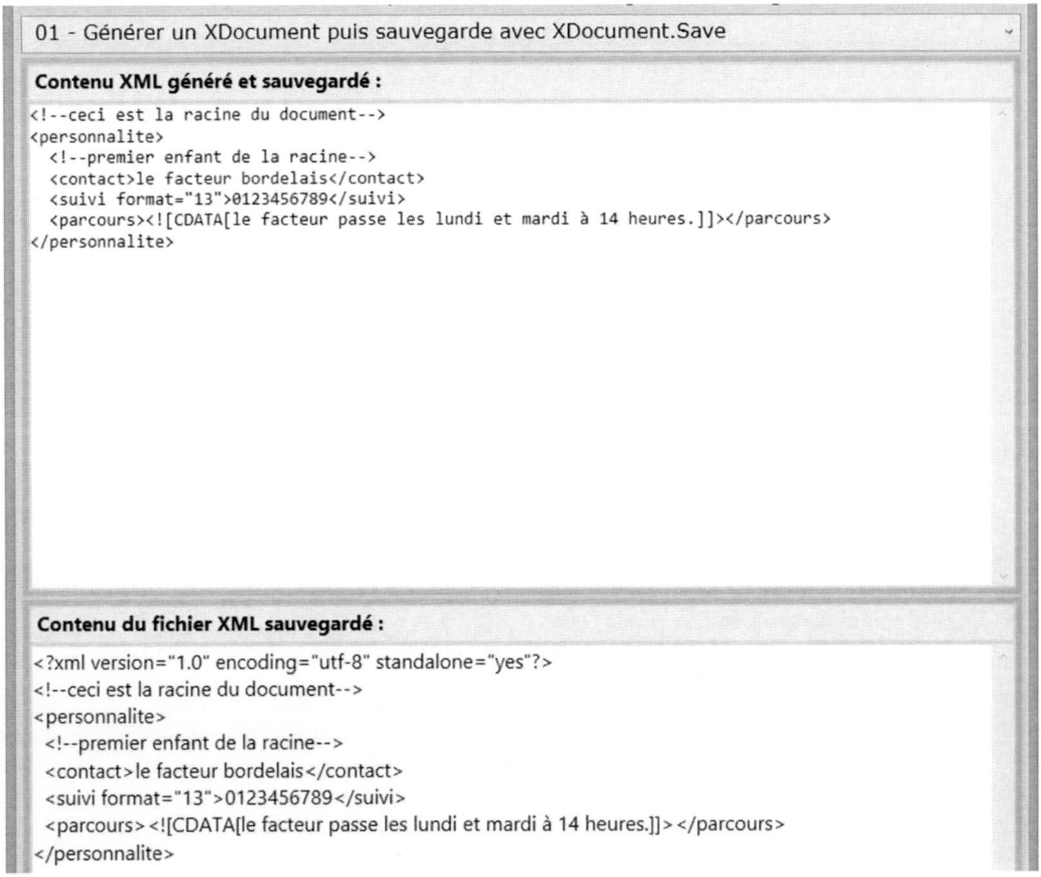

01 - Générer un XDocument puis sauvegarde avec XDocument.Save

Contenu XML généré et sauvegardé :

```
<!--ceci est la racine du document-->
<personnalite>
  <!--premier enfant de la racine-->
  <contact>le facteur bordelais</contact>
  <suivi format="13">0123456789</suivi>
  <parcours><![CDATA[le facteur passe les lundi et mardi à 14 heures.]]></parcours>
</personnalite>
```

Contenu du fichier XML sauvegardé :

```
<?xml version="1.0" encoding="utf-8" standalone="yes"?>
<!--ceci est la racine du document-->
<personnalite>
  <!--premier enfant de la racine-->
  <contact>le facteur bordelais</contact>
  <suivi format="13">0123456789</suivi>
  <parcours><![CDATA[le facteur passe les lundi et mardi à 14 heures.]]></parcours>
</personnalite>
```

```
//sauvegarde xdocument
private void Utilisation_1() {
  //creation xdocument
  XDocument doc_xml = new XDocument();
  XDeclaration declaration_xml = new XDeclaration("1.0", "utf-8", "yes");
  doc_xml.Declaration = declaration_xml;
  doc_xml.Add(new XComment("ceci est la racine du document"));
  XElement elem_racine = new XElement("personnalite");
  elem_racine.Add(new XComment("premier enfant de la racine"));
  XElement elem_contact = new XElement("contact", "le facteur bordelais");
  elem_racine.Add(elem_contact);
  XElement elem_suivi = new XElement("suivi", "0123456789");
  elem_suivi.SetAttributeValue("format", 13);
  elem_racine.Add(elem_suivi);
  XElement elem_parcours = new XElement("parcours",
       new XCData("le facteur passe les lundi et mardi à 14 heures."));
  elem_racine.Add(elem_parcours);
```

```
  doc_xml.Add(elem_racine);
  //sauvegarde xdocument
  doc_xml.Save(v_doss_exe + "sauver_xdocument.xml");
  x_tbl_xml.Text = doc_xml.ToString();
  //lecture contenu fichier xml sauvegardé
  x_tbl_fichier_xml.Text = File.ReadAllText(v_doss_exe + "sauver_xdocument.xml");
}
```

Pour le second choix du sélecteur (figure 13.40), on génère une arborescence XML *elem_racine* de type **XElement** dont on affiche le contenu textuel dans le **TextBlock** du haut. On sauvegarde cette arborescence XML dans le répertoire de sortie dans un fichier nommé *sauver_xelement.xml*. Enfin, on ouvre le fichier sauvegardé et on affiche son contenu dans le **TextBlock** du bas.

FIGURE 13.40

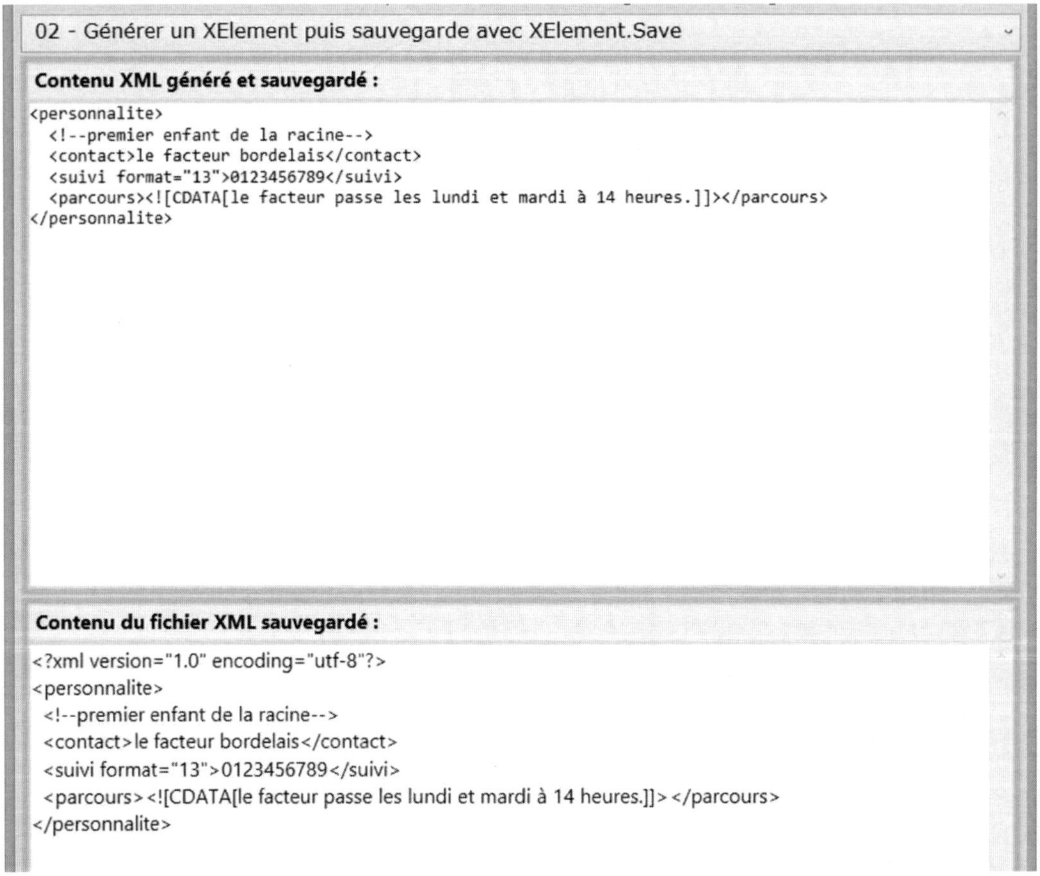

02 - Générer un XElement puis sauvegarde avec XElement.Save

Contenu XML généré et sauvegardé :

```
<personnalite>
  <!--premier enfant de la racine-->
  <contact>le facteur bordelais</contact>
  <suivi format="13">0123456789</suivi>
  <parcours><![CDATA[le facteur passe les lundi et mardi à 14 heures.]]></parcours>
</personnalite>
```

Contenu du fichier XML sauvegardé :

```
<?xml version="1.0" encoding="utf-8"?>
<personnalite>
  <!--premier enfant de la racine-->
  <contact>le facteur bordelais</contact>
  <suivi format="13">0123456789</suivi>
  <parcours><![CDATA[le facteur passe les lundi et mardi à 14 heures.]]></parcours>
</personnalite>
```

```
//sauvegarde xelement
private void Utilisation_2() {
  //creation xelement
```

```
 XElement elem_racine = new XElement("personnalite");
 elem_racine.Add(new XComment("premier enfant de la racine"));
 XElement elem_contact = new XElement("contact", "le facteur bordelais");
 elem_racine.Add(elem_contact);
 XElement elem_suivi = new XElement("suivi", "0123456789");
 elem_suivi.SetAttributeValue("format", 13);
 elem_racine.Add(elem_suivi);
 XElement elem_parcours = new XElement("parcours",
     new XCData("le facteur passe les lundi et mardi à 14 heures."));
 elem_racine.Add(elem_parcours);
 //sauvegarde xelement
 elem_racine.Save(v_doss_exe + "sauver_xelement.xml");
 x_tbl_xml.Text = elem_racine.ToString();
 //lecture contenu fichier xml sauvegardé
 x_tbl_fichier_xml.Text = File.ReadAllText(v_doss_exe + "sauver_xelement.xml");
}
```

Se déplacer dans l'arborescence XML avec LINQ 14

Quand on charge une arborescence XML à partir d'un fichier XML donné ou bien que l'on crée une arborescence XML de toute pièce avec LINQ To XML, il faut pouvoir se déplacer au sein de l'arborescence XML pour lire les données recherchées, pour modifier le cas échéant certaines données, pour écrire et pour ajouter des données XML.

Au cours de ce chapitre, nous allons voir dans un premier temps comment parcourir une arborescence XML pour lire les données et pour représenter les données XML par des affichages intuitifs. Puis dans un second temps, nous verrons les différentes procédures prévues par LINQ To XML pour se déplacer rapidement et efficacement au sein d'une arborescence XML pour cibler les données recherchées (données qui sont destinées à être lues, à être modifiées, etc.).

1 - Parcourir une arborescence XML

Nous avons vu au chapitre précédent comment générer une arborescence XML au travers d'un objet **XDocument** et comment charger un fichier XML donné dans un objet **XDocument**. Dans ce chapitre, nous allons commencer par charger un fichier XML dans un objet **XDocument**. Puis nous allons voir comment parcourir l'arborescence XML chargée pour lire les données. Enfin, nous verrons comment réaliser une mise en forme des données XML lues pour obtenir un affichage stylisé (sous un format texte et sous un format graphique) pour rendre au premier coup d'œil les données XML lues plus compréhensibles. La solution de projet *P14_01_ParcoursXml.sln*, qui se trouve dans le dossier *chapitre_14/P14_01_ParcoursXml*, consiste à apprendre à parcourir une arborescence XML et à réaliser un affichage stylisé des données lues (figure 14.1).

FIGURE 14.1

Sélectionnez une action ...

Sélectionnez une action ...
01 - Afficher le contenu du fichier XML à parcourir
02 - Collecte d'informations lors du parcours des noeuds
03 - Affichage stylisé au format texte de l'arborescence XML parcourue
04 - Affichage stylisé au format graphique de l'arborescence XML parcourue

Dans le répertoire de sortie de la solution de projet où se trouve l'exécutable, nous avons un fichier XML nommé *exemple_biblio.xml* qui se trouve à l'intérieur du dossier *ressource_externe*. Le premier choix du sélecteur consiste à visualiser le contenu de ce fichier XML dans un objet *tbl* de type **TextBlock**. De cette façon, à tout moment on peut revenir à ce choix pour voir quelles sont les données XML de départ. On utilise la méthode statique *File.ReadAllText* qui reçoit en paramètre un chemin pointant vers le fichier à lire. Cette méthode statique ouvre un fichier texte, lit toutes les lignes du fichier puis referme le fichier. Elle retourne une chaîne de type *string* contenant l'intégralité des données lues. Les données lues sont alors affectées à la propriété *Text* du **TextBlock** pour l'affichage. La figure 14.2 montre le résultat obtenu.

```
//-----------------------------------------------------------------
// 01 - affichage du contenu du fichier XML chargé
//-----------------------------------------------------------------
private void Utilisation_1() {
  TextBlock tbl = new TextBlock();
  tbl.FontSize = 14;
  tbl.FontFamily = new FontFamily("Consolas");
  tbl.Text = File.ReadAllText(g_doss_exe + "/ressource_externe/exemple_biblio.xml");
  x_scroll_contenu.Content = tbl;
}
```

En observant le contenu du fichier *exemple_biblio.xml*, on constate que la première ligne représente une déclaration XML (avec une version XML 1.0 et avec un encodage UTF-8). La seconde ligne est un commentaire. Ensuite nous avons une racine du document XML représentée par la balise *<bibliotheque>*. La balise racine *<bibliotheque>* contient principalement trois enfants sous forme de balise *<livre>*. Et chaque balise *<livre>* contient un ensemble d'enfants au travers des balises *<titre>*, *<auteur>*, *<nb_tome>*, *<stockage>* et *<resume>*. A noter que la balise *<resume>* contient des données CDATA.

Le second choix du sélecteur, intitulé *"02 - Collecte d'informations lors du parcours des nœuds"*, consiste à apprendre dans un premier temps à parcourir cette arborescence XML chargée pour lire les données. Il s'agit d'acquérir les mécanismes de base pour parcourir rapidement et efficacement l'arborescence XML dans le but de collecter un ensemble d'informations et de les afficher au format texte dans un contrôle **TextBlock**. La figure 14.3 montre le résultat obtenu. Nous verrons comment styliser ces données collectées lors des deux prochains choix du sélecteur. Le chargement d'un fichier XML s'effectue par la méthode statique *XDocument.Load* de la classe **XDocument**. Cette méthode statique reçoit en paramètre l'URI du fichier XML à charger ainsi que les options choisies par une

FIGURE 14.2

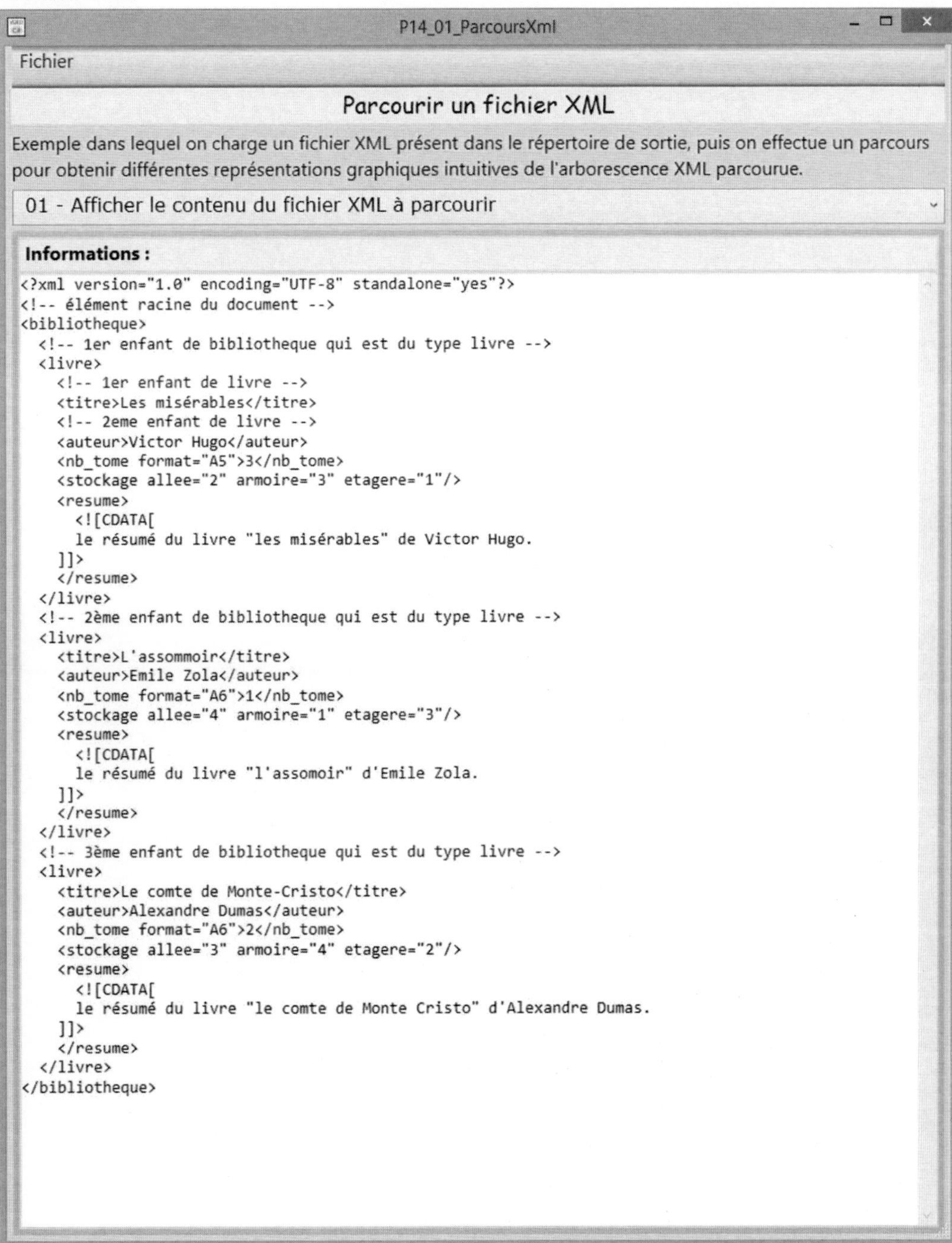
P14_01_ParcoursXml
Fichier
Parcourir un fichier XML
Exemple dans lequel on charge un fichier XML présent dans le répertoire de sortie, puis on effectue un parcours pour obtenir différentes représentations graphiques intuitives de l'arborescence XML parcourue.
01 - Afficher le contenu du fichier XML à parcourir
Informations :
<?xml version="1.0" encoding="UTF-8" standalone="yes"?>
<!-- élément racine du document -->
<bibliotheque>
<!-- 1er enfant de bibliotheque qui est du type livre -->
<livre>
<!-- 1er enfant de livre -->
<titre>Les misérables</titre>
<!-- 2eme enfant de livre -->
<auteur>Victor Hugo</auteur>
<nb_tome format="A5">3</nb_tome>
<stockage allee="2" armoire="3" etagere="1"/>
<resume>
<![CDATA[
le résumé du livre "les misérables" de Victor Hugo.
]]>
</resume>
</livre>
<!-- 2ème enfant de bibliotheque qui est du type livre -->
<livre>
<titre>L'assommoir</titre>
<auteur>Emile Zola</auteur>
<nb_tome format="A6">1</nb_tome>
<stockage allee="4" armoire="1" etagere="3"/>
<resume>
<![CDATA[
le résumé du livre "l'assomoir" d'Emile Zola.
]]>
</resume>
</livre>
<!-- 3ème enfant de bibliotheque qui est du type livre -->
<livre>
<titre>Le comte de Monte-Cristo</titre>
<auteur>Alexandre Dumas</auteur>
<nb_tome format="A6">2</nb_tome>
<stockage allee="3" armoire="4" etagere="2"/>
<resume>
<![CDATA[
le résumé du livre "le comte de Monte Cristo" d'Alexandre Dumas.
]]>
</resume>
</livre>
</bibliotheque>

FIGURE 14.3

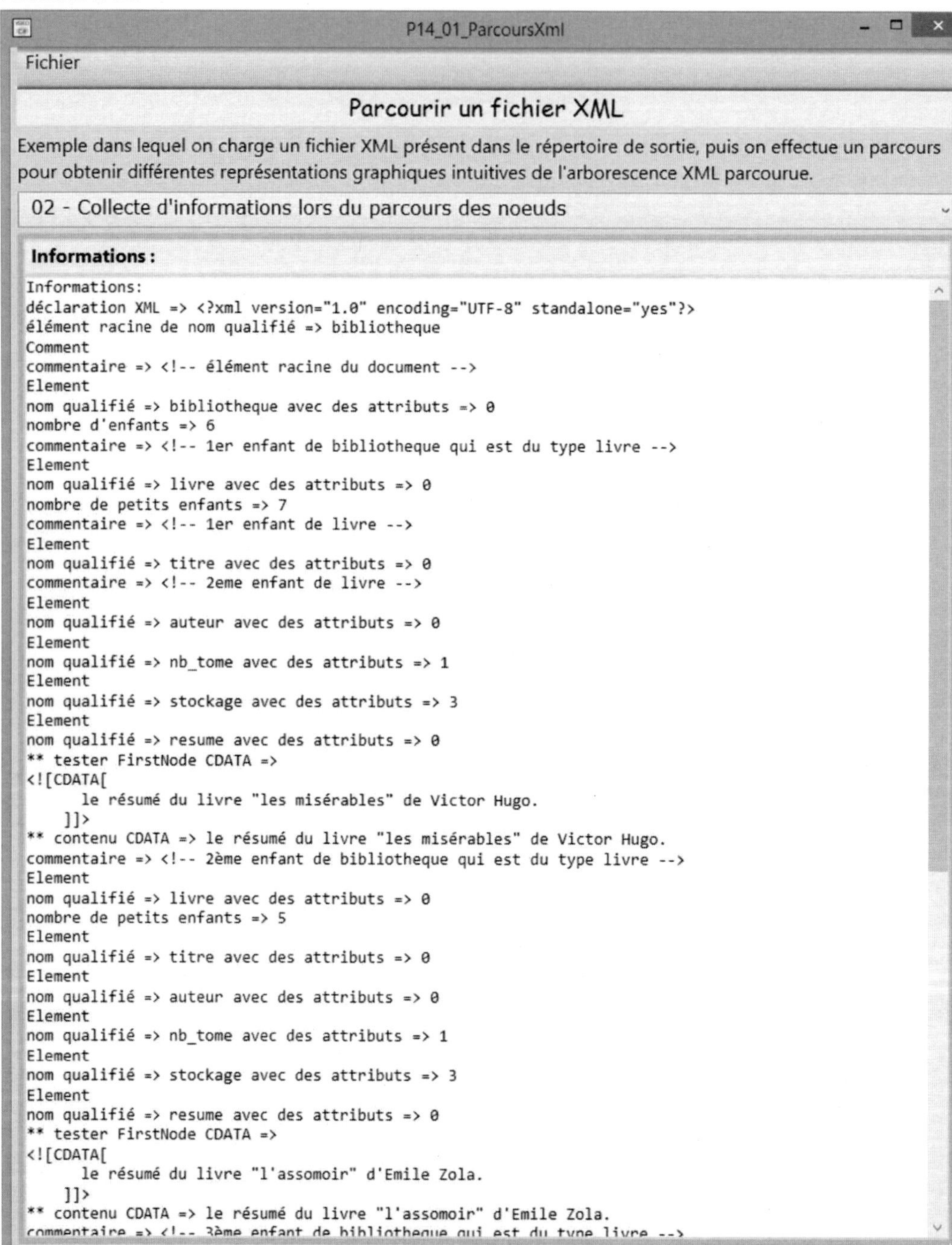
P14_01_ParcoursXml
Fichier
Parcourir un fichier XML
Exemple dans lequel on charge un fichier XML présent dans le répertoire de sortie, puis on effectue un parcours pour obtenir différentes représentations graphiques intuitives de l'arborescence XML parcourue.
02 - Collecte d'informations lors du parcours des noeuds
Informations :
Informations:
déclaration XML => <?xml version="1.0" encoding="UTF-8" standalone="yes"?>
élément racine de nom qualifié => bibliotheque
Comment
commentaire => <!-- élément racine du document -->
Element
nom qualifié => bibliotheque avec des attributs => 0
nombre d'enfants => 6
commentaire => <!-- 1er enfant de bibliotheque qui est du type livre -->
Element
nom qualifié => livre avec des attributs => 0
nombre de petits enfants => 7
commentaire => <!-- 1er enfant de livre -->
Element
nom qualifié => titre avec des attributs => 0
commentaire => <!-- 2eme enfant de livre -->
Element
nom qualifié => auteur avec des attributs => 0
Element
nom qualifié => nb_tome avec des attributs => 1
Element
nom qualifié => stockage avec des attributs => 3
Element
nom qualifié => resume avec des attributs => 0
** tester FirstNode CDATA =>
<![CDATA[
le résumé du livre "les misérables" de Victor Hugo.
]]>
** contenu CDATA => le résumé du livre "les misérables" de Victor Hugo.
commentaire => <!-- 2ème enfant de bibliotheque qui est du type livre -->
Element
nom qualifié => livre avec des attributs => 0
nombre de petits enfants => 5
Element
nom qualifié => titre avec des attributs => 0
Element
nom qualifié => auteur avec des attributs => 0
Element
nom qualifié => nb_tome avec des attributs => 1
Element
nom qualifié => stockage avec des attributs => 3
Element
nom qualifié => resume avec des attributs => 0
** tester FirstNode CDATA =>
<![CDATA[
le résumé du livre "l'assomoir" d'Emile Zola.
]]>
** contenu CDATA => le résumé du livre "l'assomoir" d'Emile Zola.
commentaire => <!-- 3ème enfant de bibliotheque qui est du type livre -->

combinaison de valeurs de l'énumération *LoadOptions*. La figure 14.4 montre un diagramme de classe partiel de façon à garder à l'esprit un certain nombre de concepts.

FIGURE 14.4

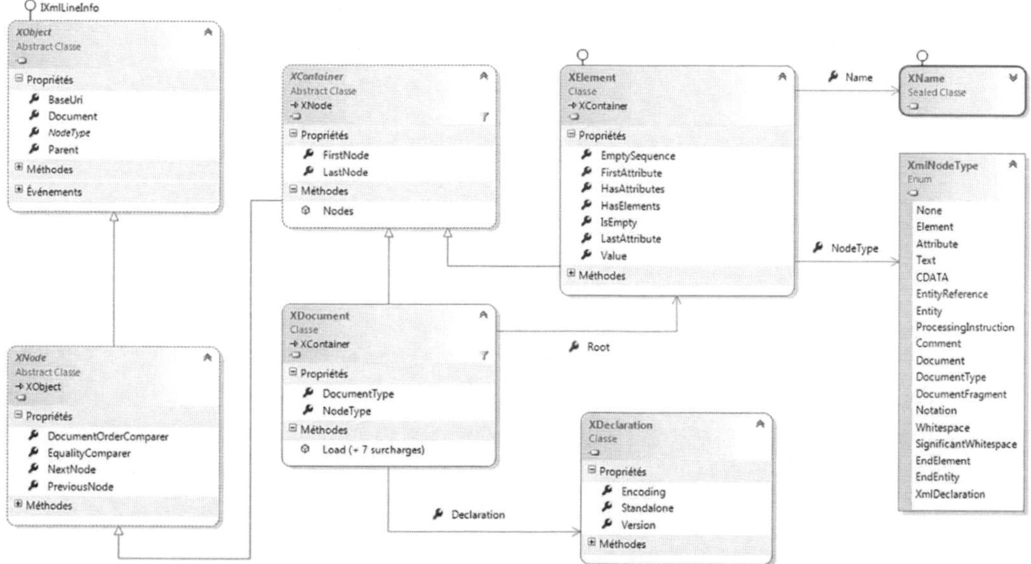

Un objet *doc_xml* de type **XDocument** est instancié par retour de la méthode statique *XDocument.Load*. La propriété *Declaration* de **XDocument** retourne la déclaration XML du fichier XML chargé sous forme d'un objet **XDeclaration**. La méthode *ToString* de **XDeclaration** retourne le contenu de la déclaration XML sous la forme par exemple ici de *"<?xml version="1.0" encoding="UTF-8" standalone="yes"?>"*. La propriété *Root* de **XDocument** retourne l'élément racine de l'arborescence XML sous la forme d'un objet **XElement**. La propriété *Name* de **XElement** retourne le nom qualifié de la balise. Pour obtenir le nom qualifié de la racine du document *doc_xml*, on écrira *doc_xml.Root.Name.ToString()*.

La classe **XDocument** hérite de la classe abstraite **XContainer**. La classe abstraite **XContainer** fournit une méthode d'instance *Nodes* qui retourne une collection des nœuds enfants du document. Cette collection est une collection générique du type *IEnumerable<XNode>* c'est-à-dire une collection qui expose un énumérateur qui prend en charge une itération simple sur une collection d'un type spécifié.

```
//-----------------------------------------------------------------
// 02 - collecte d'informations lors du parcours
//-----------------------------------------------------------------
private void Utilisation_2() {
```

```
  string infos = "Informations:" + RC;
  XDocument doc_xml = XDocument.Load(
    g_doss_exe + "/ressource_externe/exemple_biblio.xml",
    LoadOptions.None | LoadOptions.SetLineInfo);
  infos += "déclaration XML => " + doc_xml.Declaration.ToString() + RC;
  infos += "élément racine de nom qualifié => " + doc_xml.Root.Name.ToString()
    + RC;
  IEnumerable<XNode> ens_noeuds = doc_xml.Nodes();
  ...
}
```

La classe **XNode** est une classe abstraite qui représente le concept abstrait d'un nœud (élément, commentaire, type de document, instruction de traitement ou nœud de texte) de l'arborescence XML. La classe **XNode** est une classe de base commune abstraite pour les types **XComment**, **XContainer**, **XDocumentType**, **XProcessingInstruction**, **XText**, **XDocument** et **XElement**. N'oubliez pas qu'un attribut de type **XAttribute** n'est pas un **XNode**. Les attributs sont conservés sous forme de liste de paires nom/valeur sur un élément.

La collection des nœuds constituant l'arborescence complète XML, nommée *ens_noeuds* et de type *IEnumerable<XNode>*, est récupérée par la méthode *Nodes* de *doc_xml*. Avec une boucle *foreach*, on peut réaliser une itération sur cette collection composée d'objet **XNode**. La propriété *NodeType* de **XNode** (qui est une propriété héritée de **XObject**) retourne le type de nœud pour l'objet **XNode** lu. Comme toutes les classes qui dérivent de **XObject** contiennent une propriété *NodeType*, vous pouvez écrire du code qui fonctionne sur les collections de la sous-classe concrète de **XObject**. Votre code peut ensuite tester le type de nœud de chaque nœud de la collection. La propriété *NodeType* retourne une valeur de l'énumération *XmlNodeType* qui spécifie le type de nœud. Les valeurs de cette énumération sont (figure 4.4):

- *XmlNodeType.Element* est un élément (par exemple, <personne>); un nœud *Element* peut posséder les types de nœuds enfants suivants : *Element, Text, Comment, ProcessingInstruction, CDATA* et *EntityReference*; il peut être l'enfant des nœuds *Document, DocumentFragment, EntityReference* et *Element*.
- *XmlNodeType.Attribute* est un attribut (par exemple, id="123"); un nœud *Attribute* peut posséder les types de nœuds enfants suivants : *Text* et *EntityReference*; le nœud *Attribute* n'est pas le nœud enfant d'un autre type de nœud; il n'est pas considéré comme un nœud enfant de *Element*.
- *XmlNodeType.Text* est le texte d'un nœud; un nœud *Text* ne peut pas posséder de nœuds enfants; il peut être l'enfant des nœuds *Attribute, DocumentFragment, Element* et *EntityReference*.

- *XmlNodeType.CDATA* est une section CDATA (par exemple *<![CDATA[mon contenu cdata]]>*); les sections CDATA sont utilisées pour l'échappement des blocs de texte qui seraient reconnus comme du balisage dans un autre contexte; un nœud CDATA ne peut pas posséder de nœuds enfants; il peut être l'enfant des nœuds *DocumentFragment, EntityReference* et *Element*.
- *XmlNodeType.EntityReference* est une référence à une entité (par exemple *#*); un nœud *EntityReference* peut posséder les types de nœuds enfants suivants : *Element, ProcessingInstruction, Comment, Text, CDATA* et *EntityReference*; il peut être l'enfant des nœuds *Attribute, DocumentFragment, Element* et *EntityReference*.
- *XmlNodeType.Entity* est une déclaration d'entité (par exemple *<!ENTITY...>*); un nœud *Entity* peut posséder des nœuds enfants représentant l'entité développée (par exemple les nœuds *Text* et *EntityReference*); il peut être l'enfant du nœud *DocumentType*.
- *XmlNodeType.ProcessingInstruction* est une instruction de traitement (par exemple *<?pi test?>*); un nœud *ProcessingInstruction* ne peut pas posséder de nœuds enfants; il peut être l'enfant des nœuds *Document, DocumentFragment, Element* et *EntityReference*.
- *XmlNodeType.Comment* est un commentaire (par exemple *<!-- mon commentaire -->*); un nœud *Comment* ne peut pas posséder de nœuds enfants; il peut être l'enfant des nœuds *Document, DocumentFragment, Element* et *EntityReference*.
- *XmlNodeType.Document* est l'objet document qui, en tant que racine de l'arborescence de documents, permet d'accéder à l'intégralité du document XML; un nœud *Document* peut posséder les types de nœuds enfants suivants: *XmlDeclaration, Element* (un au maximum), *ProcessingInstruction, Comment* et *DocumentType*; il ne peut pas être l'enfant des types de nœuds.
- *XmlNodeType.DocumentType* est une déclaration de type du document, indiquée par la balise *<!DOCTYPE...>*; un nœud *DocumentType* peut posséder les types de nœuds enfants suivants : *Notation* et *Entity*; il peut être l'enfant du nœud *Document*.
- *XmlNodeType.DocumentFragment* est un fragment de document; le nœud *DocumentFragment* associe un nœud ou un sous-arbre à un document sans être réellement contenu dans le document; un nœud *DocumentFragment* peut posséder les types de nœuds enfants suivants : *Element, ProcessingInstruction, Comment, Text, CDATA* et *EntityReference*; il ne peut pas être l'enfant des types de nœuds.
- *XmlNodeType.Notation* est une notation dans la déclaration de type du

document (par exemple *<!NOTATION...>*); un nœud *Notation* ne peut pas posséder de nœuds enfants; il peut être l'enfant du nœud *DocumentType*.

- *XmlNodeType.Whitespace* est un espace blanc entre le balisage.
- *XmlNodeType.SignificantWhitespace* est un espace blanc entre le balisage dans un modèle de contenu mixte ou espace blanc dans la portée *xml:space="preserve"*.
- *XmlNodeType.EndElement* est une balise d'élément de fin (par exemple *</personne>*); les nœuds *EndElement* sont retournés lorsque le **XmlReader** sous-jacent parvient à la fin d'un élément.
- *XmlNodeType.EndEntity* est retourné lorsque le **XmlReader** parvient à la fin du remplacement de l'entité à la suite d'un appel à la méthode *ResolveEntity*.
- *XmlNodeType.XmlDeclaration* est la déclaration XML (par exemple *<?xml version='1.0'?>*); le nœud *XmlDeclaration* doit être le premier nœud du document; il ne peut pas posséder d'enfants; il est un enfant du nœud *Document*; il peut posséder des attributs fournissant des informations sur la version et l'encodage.
- *XmlNodeType.None* est retourné par le **XmlReader** si aucune méthode *Read* n'a été appelée.

Dans notre exemple, l'écriture *noeud.NodeType.ToString()* permet d'afficher le type du noeud lu (une valeur de l'énumération *XmlNodeType*).

```
...
IEnumerable<XNode> ens_noeuds = doc_xml.Nodes();
foreach (XNode noeud in ens_noeuds) {
  infos += noeud.NodeType.ToString() + RC;
  ...
}
...
```

Si le noeud lu est un commentaire (type *XmlNodeType.Comment*), l'écriture *noeud.ToString()* retournera la chaîne *"<!-- élément racine du document -->"*. Si le noeud lu est un élément (type *XmlNodeType.Element*), on effectue un *cast* de l'objet **XNode** en **XElement** par l'écriture *XElement elem = (XElement)noeud*. Et l'écriture *elem.Name.ToString()* retourne alors le nom qualifiée de la balise.

```
...
IEnumerable<XNode> ens_noeuds = doc_xml.Nodes();
foreach (XNode noeud in ens_noeuds) {
  infos += noeud.NodeType.ToString() + RC;
  if (noeud.NodeType == XmlNodeType.Comment) {
    infos += "commentaire => " + noeud.ToString() + RC;
  }
  if (noeud.NodeType == XmlNodeType.Element) {
```

```
    XElement elem = (XElement)noeud;
    infos += "nom qualifié => " + elem.Name.ToString() + " avec des attributs => ";
    ...
  }
  ...
}
...
```

Une balise de type **XElement** peut avoir ou non des attributs. La propriété booléenne *HasAttributes* (figure 14.4) permet de savoir si l'élément possède des attributs. Si l'élément possède des attributs, la méthode *Attributes* retourne une collection contenant ces attributs de type **XAttribute**. Les attributs de la collection retournée sont dans l'ordre dans lequel ils ont été ajoutés à l'élément. La collection retournée est de type *IEnumerable<XAttribute>* et la méthode d'instance *Count* appliquée à cette collection retourne le nombre total d'éléments contenus dans la collection.

```
...
IEnumerable<XNode> ens_noeuds = doc_xml.Nodes();
foreach (XNode noeud in ens_noeuds) {
  ...
  if (noeud.NodeType == XmlNodeType.Element) {
    XElement elem = (XElement)noeud;
    infos += "nom qualifié => " + elem.Name.ToString() + " avec des attributs => ";
    if (elem.HasAttributes == false) {
      infos += "0" + RC;
    }
    else {
      infos += elem.Attributes().Count().ToString() + RC;
    }
  }
  ...
}
...
```

La propriété booléenne *HasElements* de **XElement** (figure 14.4) indique si l'élément possède au moins un enfant. On a vu qu'un élément de type **XElement** est un nœud dont la propriété *NodeType* est de valeur *XmlNodeType.Element*. Il peut posséder les types de nœuds enfants suivants : *XmlNodeType.Element, XmlNodeType.Text, XmlNodeType.Comment, XmlNodeType.ProcessingInstruction, XmlNodeType.CDATA* et *XmlNodeType.EntityReference*. Il peut être l'enfant des nœuds *XmlNodeType.Document, XmlNodeType.DocumentFragment, XmlNodeType.EntityReference* et *XmlNodeType.Element*.

Si l'élément possède des enfants (propriété *HasElements* à *true*), alors on récupère la collection des enfants par la propriété *Nodes* qui retourne une collection de type

IEnumerable<XNode>. On peut alors effectuer le même type de parcours pour énumérer les nœuds et effectuer l'action requise en fonction du type de nœud (valeur énumérée *XmlNodeType*).

Le problème qui va se poser est le moment où le nœud contient une section CDATA. On a vu qu'un élément de type *XmlNodeType.CDATA* représente une section CDATA (par exemple *<![CDATA[mon contenu cdata]]>)*. Un nœud CDATA ne peut pas posséder de nœuds enfants, mais il peut être l'enfant des nœuds *XmlNodeType.DocumentFragment*, *XmlNodeType.EntityReference* et *XmlNodeType.Element*.

L'objet **XElement** possède une propriété *FirstNode* (figure 14.4) qui retourne le premier nœud enfant (de type **XNode**) de ce nœud. Si cette propriété testée a pour valeur *null*, cela veut dire que le nœud étudié ne possède pas de nœud enfant. Si cette propriété testée retourne une valeur différente de *null*, cela veut dire que le nœud étudié possède un ou plusieurs nœuds enfants. Si le nœud étudié possède une section CDATA, cela veut dire que le nœud étudié possède un seul enfant qui est de type *XmlNodeType.CDATA*.

Si le nœud étudié possède une section CDATA, alors on récupère le nœud par la propriété *FirstNode* et on réalise un *cast* du nœud en un objet **XCData** (par l'écriture *XCData elem_xcdata = (XCData) elem_petit_enfant.FirstNode*). Si la balise CDATA est composée par exemple de *<![CDATA[mon contenu cdata]]>*, l'écriture *elem_xcdata.ToString()* (méthode *ToString* de **XCData**) retournera la chaîne "*<![CDATA[mon contenu cdata]]>*", et l'écriture *elem_xcdata.Value* (propriété *Value* de **XCData**) retournera la chaîne "*mon contenu cdata*".

```
...
IEnumerable<XNode> ens_noeuds = doc_xml.Nodes();
foreach (XNode noeud in ens_noeuds) {
 ...
 if (noeud.NodeType == XmlNodeType.Element) {
  XElement elem = (XElement)noeud;
  infos += "nom qualifié => " + elem.Name.ToString() + " avec des attributs => ";
  if (elem.HasAttributes == false) {
   infos += "0" + RC;
  }
  else {
   infos += elem.Attributes().Count().ToString() + RC;
  }
  if (elem_enfant.HasElements == true) {
   IEnumerable<XNode> ens_noeuds_petit_enfants = elem_enfant.Nodes();
   infos += "nombre de petits enfants => " + elem_enfant.Nodes().Count() + RC;
   foreach (XNode noeud_petit_enfant in ens_noeuds_petit_enfants) {
    if (noeud_petit_enfant.NodeType == XmlNodeType.Comment) {
     infos += "commentaire => " + noeud_petit_enfant.ToString() + RC;
    }
```

```
        if (noeud_petit_enfant.NodeType == XmlNodeType.Element) {
          XElement elem_petit_enfant = (XElement)noeud_petit_enfant;
          infos += elem_petit_enfant.NodeType.ToString() + RC;
          infos += "nom qualifié => " + elem_petit_enfant.Name.ToString()
            + " avec des attributs => ";
          if (elem_petit_enfant.HasAttributes == false) {
            infos += "0" + RC;
          }
          else {
            infos += elem_petit_enfant.Attributes().Count().ToString() + RC;
          }
          if (elem_petit_enfant.FirstNode != null &&
           elem_petit_enfant.FirstNode.NodeType == XmlNodeType.CDATA) {
            infos += "** tester FirstNode CDATA => " + RC
              + elem_petit_enfant.FirstNode.ToString() + RC;
            XCData xcdata = (XCData)elem_petit_enfant.FirstNode;
            infos += "** contenu CDATA => " + xcdata.Value.Trim() + RC;
          }
        }
      }
    }
}
...
...
```

Maintenant que nous avons vu comment parcourir l'arborescence XML en lecture pour obtenir les données, nous allons voir comment styliser l'affichage pour rendre les données XML compréhensibles au premier coup d'œil. Le troisième choix du sélécteur permet de réaliser un affichage stylisé des données XML lues au format texte. La figure 14.5 montre le résultat obtenu. Comme vous pouvez vous en rendre compte, l'affichage stylisé permet de comprendre au premier coup d'œil comment les données XML sont architecturées. On utilise un espacement à gauche qui est représentatif de la profondeur où l'on se trouve dans l'arborescence XML parcourue. Par exemple, quand on est sur une balise de déclaration XML, la sortie texte est par exemple *"déclaration XML: <?xml version="1.0" encoding="UTF-8" standalone="yes"?>"*. Quand on est sur une balise commentaire, la sortie texte est par exemple *"commentaire XML: <!-- élément racine du document -->"*. Quand on est sur une balise **XElement**, la sortie texte est:

- par exemple *"balise XML: <bibliotheque>"* pour un élément sans attributs et sans contenu textuel.
- par exemple *"balise XML: <titre>Les misérables"* pour un élément sans attributs et avec un contenu textuel.
- par exemple *"balise XML: <nb_tome format="A5">3"* pour un élément avec un attribut *format* de valeur *A5* et un contenu textuel de valeur *3*.

- par exemple *"balise XML: <resume>"* suivie par *"CDATA => le résumé du livre"* pour une balise *<resume>* contenant une section CDATA.

Avec l'espacement à gauche de l'écriture qui est fonction de la profondeur où l'on se trouve dans l'arborescence XML, au premier coup d'œil on voit que la racine du document porte le nom qualifié *bibliotheque*. Cette racine possède trois nœuds de nom qualifié *livre*. Et chaque balise *<livre>* possède un ensemble d'enfants avec les balises *<titre>, <auteur>, <nb_tome>, <stockage>* et *<resume>*.
Quand le fichier XML est chargé, on a *doc_xml* de type **XDocument** qui est instancié. On récupère la déclaration XML du document par la propriété *Declaration* de **XDocument** que l'on stocke dans la variable *decla_xml* de type **XDeclaration**. Et on utilise la méthode *AjouterXDeclaration* pour générer un contrôle **TextBlock** qui va afficher la chaîne *"déclaration XML: <?xml version="1.0" encoding="UTF-8" standalone="yes"?>"* et qui va être ajouté au contenu d'un conteneur de type **StackPanel** avec un mode de remplissage à la verticale (propriété *Orientation* égale à la valeur *Orientation.Vertical*).

```
//-------------------------------------------------------------------
// 03 - affichage stylisé au format texte
//-------------------------------------------------------------------
private void Utilisation_3() {
  StackPanel conteneur_stp = new StackPanel();
  conteneur_stp.HorizontalAlignment = HorizontalAlignment.Left;
  conteneur_stp.Width = x_scroll_contenu.ActualWidth - 20;
  conteneur_stp.VerticalAlignment = VerticalAlignment.Top;
  conteneur_stp.Background = new SolidColorBrush(Colors.Transparent);
  conteneur_stp.Orientation = Orientation.Vertical;
  x_scroll_contenu.Content = conteneur_stp;
  conteneur_stp.UpdateLayout();
  XDocument doc_xml = XDocument.Load(
    g_doss_exe + "/ressource_externe/exemple_biblio.xml",
    LoadOptions.None | LoadOptions.SetLineInfo);
 int profondeur = 0;
  XDeclaration decla_xml = doc_xml.Declaration;
  AjouterXDeclaration(decla_xml, conteneur_stp, profondeur);
  ...
}
private void AjouterXDeclaration(XDeclaration decla_xml, StackPanel stp,
    int profondeur) {
  TextBlock tbl = new TextBlock();
  tbl.HorizontalAlignment = HorizontalAlignment.Left;
  tbl.Width = stp.ActualWidth;
  //tbl.VerticalAlignment = VerticalAlignment.Stretch;
  //tbl.Height = 30;
  tbl.Margin = new Thickness(5, 2, 0, 2);
  tbl.Background = new SolidColorBrush(Colors.AliceBlue);
```

FIGURE 14.5

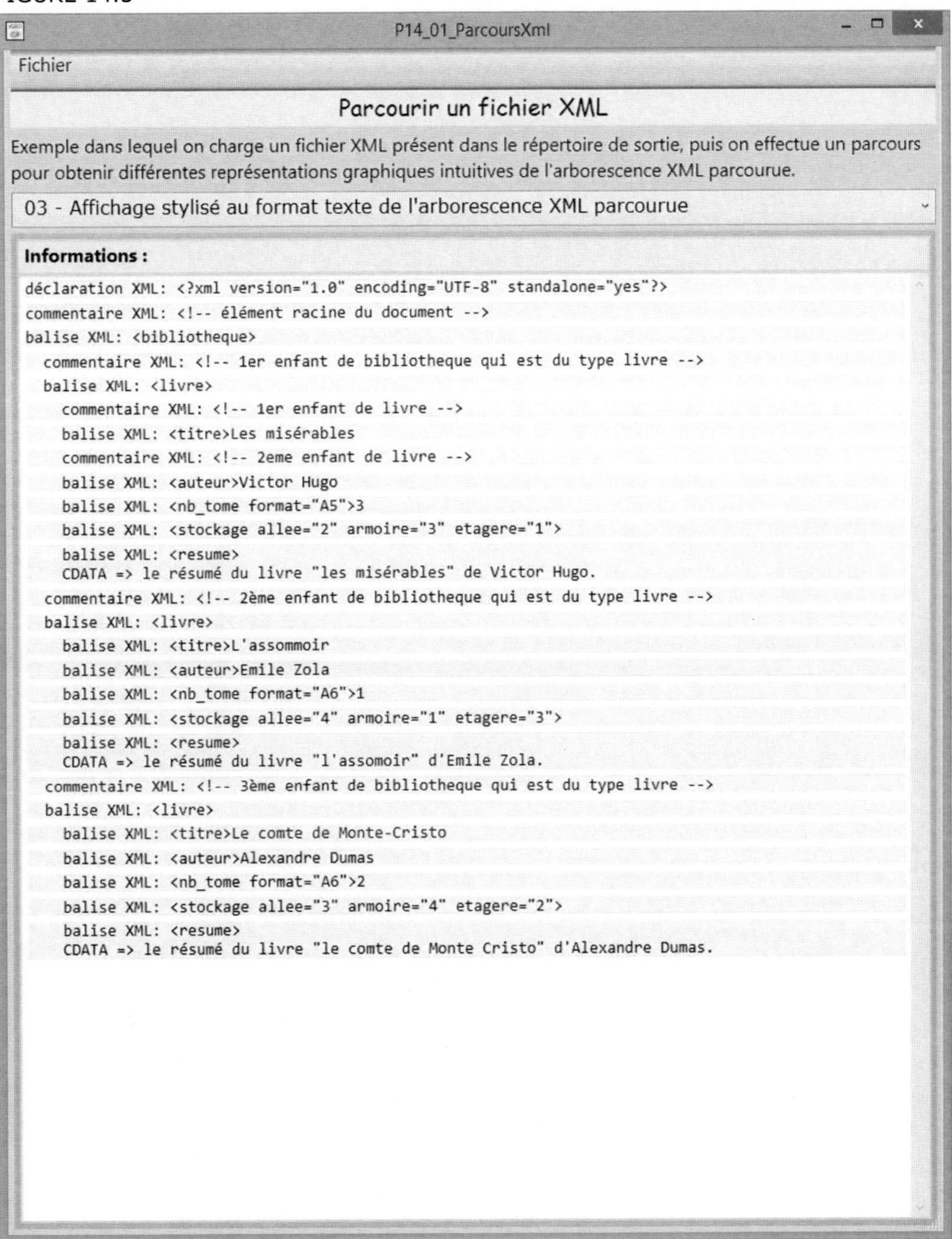
P14_01_ParcoursXml
Fichier
Parcourir un fichier XML
Exemple dans lequel on charge un fichier XML présent dans le répertoire de sortie, puis on effectue un parcours pour obtenir différentes représentations graphiques intuitives de l'arborescence XML parcourue.
03 - Affichage stylisé au format texte de l'arborescence XML parcourue
Informations :
déclaration XML: <?xml version="1.0" encoding="UTF-8" standalone="yes"?>
commentaire XML: <!-- élément racine du document -->
balise XML: <bibliotheque>
commentaire XML: <!-- 1er enfant de bibliotheque qui est du type livre -->
balise XML: <livre>
commentaire XML: <!-- 1er enfant de livre -->
balise XML: <titre>Les misérables
commentaire XML: <!-- 2eme enfant de livre -->
balise XML: <auteur>Victor Hugo
balise XML: <nb_tome format="A5">3
balise XML: <stockage allee="2" armoire="3" etagere="1">
balise XML: <resume>
CDATA => le résumé du livre "les misérables" de Victor Hugo.
commentaire XML: <!-- 2ème enfant de bibliotheque qui est du type livre -->
balise XML: <livre>
balise XML: <titre>L'assommoir
balise XML: <auteur>Emile Zola
balise XML: <nb_tome format="A6">1
balise XML: <stockage allee="4" armoire="1" etagere="3">
balise XML: <resume>
CDATA => le résumé du livre "l'assomoir" d'Emile Zola.
commentaire XML: <!-- 3ème enfant de bibliotheque qui est du type livre -->
balise XML: <livre>
balise XML: <titre>Le comte de Monte-Cristo
balise XML: <auteur>Alexandre Dumas
balise XML: <nb_tome format="A6">2
balise XML: <stockage allee="3" armoire="4" etagere="2">
balise XML: <resume>
CDATA => le résumé du livre "le comte de Monte Cristo" d'Alexandre Dumas.

```
  tbl.FontSize = 14;
  tbl.FontFamily = new FontFamily("Consolas");
  tbl.Text = "";
  for (int xx = 0; xx < profondeur; xx++) {
    tbl.Text += "  ";
  }
  tbl.Text += "déclaration XML: " + decla_xml.ToString();
  tbl.TextWrapping = TextWrapping.Wrap;
  stp.Children.Add(tbl);
}
```

Ensuite on définit une profondeur d'arborescence par la variable *profondeur* que l'on initialise à 0. On récupère l'ensemble des nœuds du document par la méthode *Nodes* de **XDocument** que l'on affecte à la variable *ens_noeuds* de type *IEnumerable<XNode>*. Enfin on passe en paramètre à la méthode *TraiterLesNoeuds* la collection *ens_noeuds* retournée, le conteneur **StackPanel** pour le stockage et la profondeur d'arborescence.

```
private void Utilisation_3() {
  StackPanel conteneur_stp = new StackPanel();
  ...
  conteneur_stp.Orientation = Orientation.Vertical;
  x_scroll_contenu.Content = conteneur_stp;
  conteneur_stp.UpdateLayout();
  XDocument doc_xml = XDocument.Load(
    g_doss_exe + "/ressource_externe/exemple_biblio.xml",
    LoadOptions.None | LoadOptions.SetLineInfo);
  int profondeur = 0;
  XDeclaration decla_xml = doc_xml.Declaration;
  AjouterXDeclaration(decla_xml, conteneur_stp, profondeur);
  IEnumerable<XNode> ens_noeuds = doc_xml.Nodes();
  TraiterLesNoeuds(ens_noeuds, conteneur_stp, profondeur);
}
```

Comme une arborescence XML représente un ensemble de balises qui contiennent des balises enfants, puis les balises enfants contiennent elles-mêmes aussi d'autres balises enfants, etc., cela sous-entend que le traitement des balises va être un traitement récursif. Il faut donc que la méthode *TraiterLesNoeuds*, qui reçoit un ensemble de nœuds, puisse énumérer chaque nœud, chaque sous-nœud d'un nœud, etc., en s'invoquant elle-même (principe d'un processus récursif).
Lors du premier passage, la méthode *TraiterLesNoeuds* reçoit la collection des nœuds du document entier. Avec une boucle *foreach*, on effectue une itération sur la collection des objets **XNode**. Si le nœud rencontré est un commentaire (type *XmlNodeType.Comment*), on traite ce nœud en le passant à la méthode *AjouterXComment* qui reçoit en paramètre le nœud, le conteneur d'affichage et

la profondeur en cours. Si le nœud rencontré est un élément (type *XmlNodeType.Element*), on effectue trois actions:

- on commence par réaliser un *cast* de ce nœud en **XElement**.
- on appelle la méthode *AjouterXElementBalise* en lui passant en paramètre l'élément, le conteneur d'affichage et la profondeur incrémentée de 1.
- et on finit par l'appel de la méthode *TraiterLesNoeuds* en lui passant en paramètre les nœuds de l'élément en cours (collection de **XNode** retournée par la méthode *Nodes*), le conteneur d'affichage et la profondeur décrémentée de 1 (on décrémente la profondeur car, si l'élément n'a pas d'enfants, on doit remonter d'un cran vers le haut pour aller à l'élément parent suivant).

```
private void TraiterLesNoeuds(IEnumerable<XNode> ens_noeuds, StackPanel stp,
    int profondeur) {
  foreach (XNode noeud in ens_noeuds) {
    if (noeud.NodeType == XmlNodeType.Comment) {
      AjouterXComment(noeud, stp, profondeur);
    }
    if (noeud.NodeType == XmlNodeType.Element) {
      XElement elem = (XElement)noeud;
      AjouterXElementBalise(elem, stp, profondeur++);
      TraiterLesNoeuds(elem.Nodes(), stp, profondeur--);
    }
  }
}
```

La méthode *AjouterXComment* reçoit en paramètre un nœud de type **XComment**, un conteneur d'affichage de type **StackPanel** et une profondeur de type *int*. Cette méthode consiste à instancier un contrôle *tbl* de type **TextBlock**, à personnaliser les propriétés d'affichage (*FontSize, FontFamily, Background, Foreground*), à remplir le texte à afficher (propriété *Text*), et à ajouter ce contrôle au conteneur d'affichage *stp* de type **StackPanel**. Pour obtenir l'écriture comme par exemple *"commentaire XML: <!-- élément racine du document -->"*, on écrira le code *tbl.Text += "commentaire XML: " + noeud.ToString()* avec la variable *noeud* de type **XNode**. Et pour tenir compte de la profondeur où l'on se trouve dans l'arborescence XML (variable *profondeur*), on ajoute au début de la chaîne à écrire deux caractères espace pour une unité de profondeur.

```
private void AjouterXComment(XNode noeud, StackPanel stp, int profondeur) {
  TextBlock tbl = new TextBlock();
  tbl.HorizontalAlignment = HorizontalAlignment.Left;
  tbl.Width = stp.ActualWidth;
  //tbl.VerticalAlignment = VerticalAlignment.Stretch;
  //tbl.Height = 30;
  tbl.Margin = new Thickness(5, 2, 0, 2);
```

```
  tbl.Background = new SolidColorBrush(Colors.AliceBlue);
  tbl.FontSize = 14;
  tbl.FontFamily = new FontFamily("Consolas");
  tbl.Text = "";
  for (int xx = 0; xx < profondeur; xx++) {
    tbl.Text += "  ";
  }
  tbl.Text += "commentaire XML: " + noeud.ToString();
  tbl.TextWrapping = TextWrapping.Wrap;
  stp.Children.Add(tbl);
}
```

La méthode *AjouterXElementBalise* reçoit en paramètre un élément *elem* de type **XElement**, un conteneur d'affichage *stp* de type **StackPanel** et une profondeur *profondeur* de type *int*. L'obtention du nom qualifié de la balise se fait par la lecture de la propriété *Name* de l'élément *elem*. On ajoute ce nom qualifié à la sortie texte (propriété *Text* de *tbl*).

La propriété booléenne *HasAttributes* nous informe si la balise contient des attributs. Si c'est le cas, il faut récupérer la collection *ens_attributs* des attributs de l'élément *elem* par application de la méthode *Attributes*. Cette collection contient les attributs, de type **XAttribute**, de l'élément *elem*. On effectue un parcours de la collection par l'intermédiaire d'une boucle *foreach*, et on ajoute à la sortie texte le nom de l'attribut (propriété *Name* de **XAttribute**) et sa valeur (propriété *Value* de **XAttribute**).

```
private void AjouterXElementBalise(XElement elem, StackPanel stp,
     int profondeur) {
  TextBlock tbl = new TextBlock();
  ...
  tbl.Text = "";
  for (int xx = 0; xx < profondeur; xx++) {
    tbl.Text += "  ";
  }
  tbl.Text += "balise XML: <" + elem.Name.ToString();
  if (elem.HasAttributes == true) {
    IEnumerable<XAttribute> ens_attributs = elem.Attributes();
    foreach (XAttribute attribut in ens_attributs) {
      tbl.Text += " " + attribut.Name.ToString() + "=\"" + attribut.Value + "\"";
    }
  }
  ...
  tbl.TextWrapping = TextWrapping.Wrap;
  stp.Children.Add(tbl);
}
```

Ensuite il faut tester la propriété *FirstNode* de l'élément *elem* pour savoir si le nœud étudié possède d'autre nœud. Si l'élément *elem* possède d'autre nœud

(propriété *FirstNode* différente de la valeur *null*), alors on s'intéresse uniquement au nœud qui contient un contenu textuel (de type *XmlNodeType.Text*) et au nœud qui contient une section CDATA (de type *XmlNodeType.CDATA*).
Si le nœud est un contenu textuel (*elem.FirstNode.NodeType == XmlNodeType.Text*), alors on ajoute à la sortie texte le contenu textuel obtenu par *elem.FirstNode.ToString()*.
Si le nœud est une section CDATA (*elem.FirstNode.NodeType == XmlNodeType.CDATA*), on récupère l'objet *cdata* de type **XCData** en effectuant un *cast* de *elem.FirstNode* en **XCData** par l'écriture de *cdata = (XCData)elem.FirstNode*. Et on ajoute à la sortie texte le contenu de la section CDATA par retour de la propriété *Value* de **XCData**.

```
private void AjouterXElementBalise(XElement elem, StackPanel stp,
    int profondeur) {
  TextBlock tbl = new TextBlock();
  tbl.HorizontalAlignment = HorizontalAlignment.Left;
  tbl.Width = stp.ActualWidth;
  //tbl.VerticalAlignment = VerticalAlignment.Stretch;
  //tbl.Height = 30;
  tbl.Margin = new Thickness(5, 2, 0, 2);
  tbl.Background = new SolidColorBrush(Colors.AliceBlue);
  tbl.FontSize = 14;
  tbl.FontFamily = new FontFamily("Consolas");
  tbl.Text = "";
  for (int xx = 0; xx < profondeur; xx++) {
    tbl.Text += "  ";
  }
  tbl.Text += "balise XML: <" + elem.Name.ToString();
  if (elem.HasAttributes == true) {
    IEnumerable<XAttribute> ens_attributs = elem.Attributes();
    foreach (XAttribute attribut in ens_attributs) {
      tbl.Text += " " + attribut.Name.ToString() + "=\"" + attribut.Value + "\"";
    }
  }
  tbl.Text += ">";
  if (elem.FirstNode != null) {
   if (elem.FirstNode.NodeType == XmlNodeType.Text) {
      tbl.Text += elem.FirstNode.ToString();
    }
    if (elem.FirstNode.NodeType == XmlNodeType.CDATA) {
      XCData cdata = (XCData)elem.FirstNode;
      tbl.Text += RC;
      for (int xx = 0; xx < profondeur; xx++) {
        tbl.Text += "  ";
      }
      tbl.Text += "CDATA => " + cdata.Value.Trim();
    }
```

```
    }
    tbl.TextWrapping = TextWrapping.Wrap;
    stp.Children.Add(tbl);
}
```

Le logiciel commercial *OXYGEN XML Editor* est une référence en matière de logiciel pour réaliser des assemblages XML. Il propose de nombreux affichages graphiques et textes pour faciliter l'utilisation de données XML. Le troisième choix du sélecteur nous a permis de générer un affichage stylisé au format texte justement pour mieux appréhender l'architecture des données XML chargées. Maintenant, nous allons voir comment effectuer un affichage stylisé graphique des données XML chargées. La figure 14.6 montre le résultat obtenu. Chaque ligne qui est affichée dans le **ScrollViewer** est en fait un contrôle utilisateur qui est personnalisé en fonction de la donnée à analyser.

Le dossier *UcGraphique* contient les contrôles utilisateur employés qui sont **UcXDeclaration**, **UcXComment** et **UcXElement**. Le contrôle utilisateur **UcXDeclaration**, qui hérite de **UserControl**, a sa définition graphique exprimée en *xaml* dans le fichier *UcXDeclaration.xaml* et son code C# de programmation exprimé dans le fichier *UcXDeclaration.xaml.cs*. Le contrôle **UcXDeclaration** permet d'afficher la déclaration XML d'un fichier XML donné (figure 14.7 au repère 1). Le contrôle utilisateur **UcXComment**, qui hérite de **UserControl**, a sa définition graphique exprimée en *xaml* dans le fichier *UcXComment.xaml* et son code C# de programmation exprimé dans le fichier *UcXComment.xaml.cs*. Le contrôle **UcXComment** permet d'afficher un commentaire XML (figure 14.7 au repère 2).

FIGURE 14.7

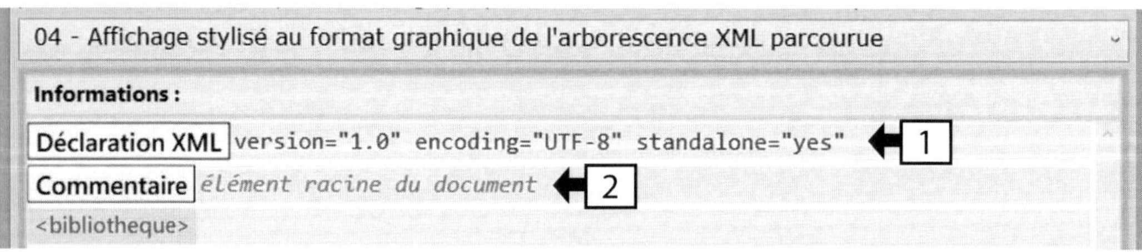

Le contrôle utilisateur **UcXElement**, qui hérite de **UserControl**, a sa définition graphique exprimée en *xaml* dans le fichier *UcXElement.xaml* et son code C# de programmation exprimé dans le fichier *UcXElement.xaml.cs*. Le contrôle **UcXElement** permet d'afficher une balise XML:

- il peut s'agir d'une balise sans attributs et contenant des éléments enfants comme sur la figure 14.8 au repère 1 avec la balise *<livre>*.

FIGURE 14.6

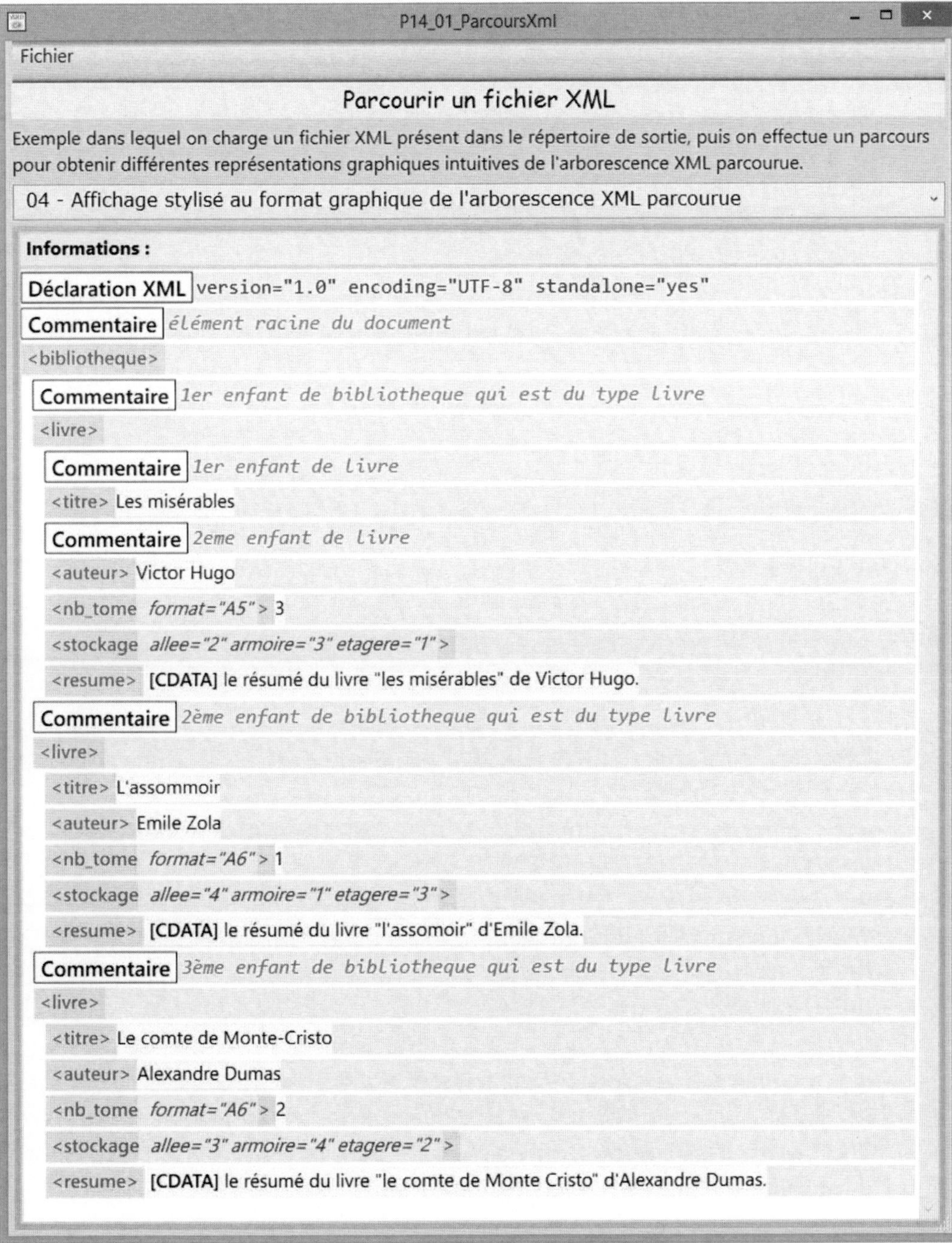
P14_01_ParcoursXml
Fichier
Parcourir un fichier XML
Exemple dans lequel on charge un fichier XML présent dans le répertoire de sortie, puis on effectue un parcours pour obtenir différentes représentations graphiques intuitives de l'arborescence XML parcourue.
04 - Affichage stylisé au format graphique de l'arborescence XML parcourue
Informations :
Déclaration XML version="1.0" encoding="UTF-8" standalone="yes"
Commentaire élément racine du document
<bibliotheque>
Commentaire 1er enfant de bibliotheque qui est du type livre
<livre>
Commentaire 1er enfant de livre
<titre> Les misérables
Commentaire 2eme enfant de livre
<auteur> Victor Hugo
<nb_tome format="A5"> 3
<stockage allee="2" armoire="3" etagere="1">
<resume> [CDATA] le résumé du livre "les misérables" de Victor Hugo.
Commentaire 2ème enfant de bibliotheque qui est du type livre
<livre>
<titre> L'assommoir
<auteur> Emile Zola
<nb_tome format="A6"> 1
<stockage allee="4" armoire="1" etagere="3">
<resume> [CDATA] le résumé du livre "l'assomoir" d'Emile Zola.
Commentaire 3ème enfant de bibliotheque qui est du type livre
<livre>
<titre> Le comte de Monte-Cristo
<auteur> Alexandre Dumas
<nb_tome format="A6"> 2
<stockage allee="3" armoire="4" etagere="2">
<resume> [CDATA] le résumé du livre "le comte de Monte Cristo" d'Alexandre Dumas.

- il peut s'agir d'une balise sans attributs, ne contenant pas d'éléments enfants mais ayant un contenu textuel comme sur la figure 14.8 au repère 2 avec la balise *<titre>*.
- il peut s'agir d'une balise avec attributs, ne contenant pas d'éléments enfants mais ayant un contenu textuel comme sur la figure 14.8 au repère 3 avec la balise *<nb_tome>*.
- il peut s'agir d'une balise avec attributs, ne contenant pas d'éléments enfants et n'ayant pas de contenu textuel (balise vide) comme sur la figure 14.8 au repère 4 avec la balise *<stockage>*.
- il peut s'agir d'une balise sans attributs et contenant une section CDATA comme sur la figure 14.8 au repère 5 avec la balise *<resume>*.

FIGURE 14.8

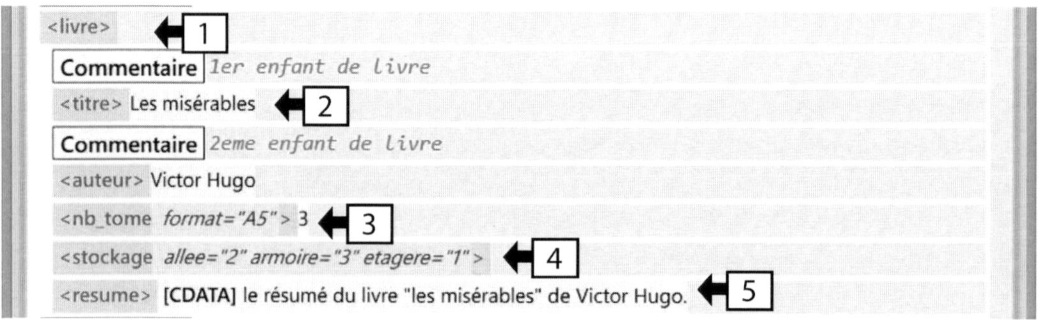

En fonction de la profondeur du nœud XML étudié, le contrôle utilisateur instancié est décalé vers la droite lors de son ajout dans le conteneur d'affichage. Le conteneur d'affichage est un conteneur de type **StackPanel** dont l'empilement se fait à la verticale (propriété *Orientation* de valeur *Orientation.Vertical*).

Un objet *doc_xml* de type **XDocument** est instancié par la méthode statique *XDocument .Load* en chargeant un fichier de données XML situé dans le répertoire de sortie. La déclaration XML du fichier XML est stockée dans la variable *decla_xml*, de type **XDeclaration**, par le retour de la propriété *Declaration* de *doc_xml*. La méthode *GraphiqueAjouterUcXDeclaration* permet d'instancier et de personnaliser un contrôle **UcXDeclaration** pour être ajouté ensuite au conteneur d'affichage. Cette méthode reçoit en paramètre la déclaration XML *decla_xml* de type **XDeclaration**, le conteneur d'affichage *conteneur_stp* de type **StackPanel** et la profondeur (variable *profondeur* de type *int*).

```
//--------------------------------------------------------------
// 04 - affichage stylisé graphique
//--------------------------------------------------------------
```

```
private void Utilisation_4() {
   StackPanel conteneur_stp = new StackPanel();
    conteneur_stp.HorizontalAlignment = HorizontalAlignment.Left;
    conteneur_stp.Width = x_scroll_contenu.ActualWidth - 20;
    conteneur_stp.VerticalAlignment = VerticalAlignment.Top;
    conteneur_stp.Background = new SolidColorBrush(Colors.Transparent);
    conteneur_stp.Orientation = Orientation.Vertical;
    x_scroll_contenu.Content = conteneur_stp;
    conteneur_stp.UpdateLayout();
    XDocument doc_xml = XDocument.Load(
      g_doss_exe + "/ressource_externe/exemple_biblio.xml",
      LoadOptions.None | LoadOptions.SetLineInfo);
    int profondeur = 0;
    XDeclaration decla_xml = doc_xml.Declaration;
    GraphiqueAjouterUcXDeclaration(decla_xml, conteneur_stp, profondeur);
    ...
}
private void GraphiqueAjouterUcXDeclaration(XDeclaration decla_xml,
    StackPanel conteneur_stp, int profondeur) {
  UcXDeclaration uc_xdeclaration = new UcXDeclaration(decla_xml);
  uc_xdeclaration.Margin = new Thickness(profondeur * 10, 2, 0, 2);
  conteneur_stp.Children.Add(uc_xdeclaration);
}
```

Le contrôle **UcXDeclaration** (figure 14.9) est composé d'un **Canvas** *x_cnv_root* doté d'un fond bleu sur lequel on positionne un **TextBlock** *x_tbl_titre* mentionnant la chaîne *"Déclaration XML"* sur fond jaune avec une bordure noire, et un **TextBlock** *x_tbl_declaration* dont la propriété *Text* recevra un contenu personnalisé.

FIGURE 14.9

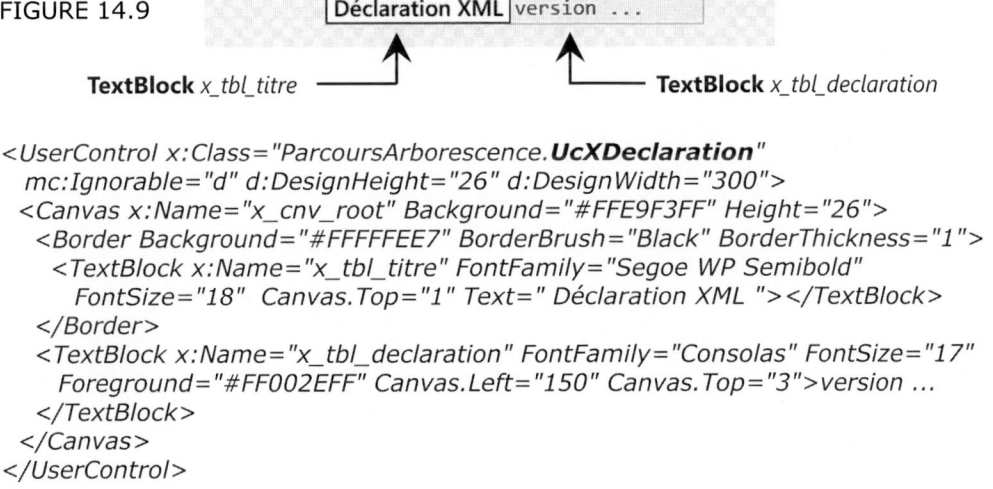

```
<UserControl x:Class="ParcoursArborescence.UcXDeclaration"
  mc:Ignorable="d" d:DesignHeight="26" d:DesignWidth="300">
  <Canvas x:Name="x_cnv_root" Background="#FFE9F3FF" Height="26">
    <Border Background="#FFFFFEE7" BorderBrush="Black" BorderThickness="1">
      <TextBlock x:Name="x_tbl_titre" FontFamily="Segoe WP Semibold"
        FontSize="18"  Canvas.Top="1" Text=" Déclaration XML "></TextBlock>
    </Border>
    <TextBlock x:Name="x_tbl_declaration" FontFamily="Consolas" FontSize="17"
      Foreground="#FF002EFF" Canvas.Left="150" Canvas.Top="3">version ...
    </TextBlock>
  </Canvas>
</UserControl>
```

Dans le code C# du contrôle utilisateur **UcXDeclaration**, on ajoute un constructeur surchargé qui reçoit en paramètre un objet *declaration* de type **XDeclaration**. Puis on affecte à la propriété *Text* de *x_tbl_declaration* une chaîne personnalisée en fonction des propriétés *Version*, *Encoding* et *Standalone* de l'objet *declaration*. Ne pas oublier que dans un constructeur surchargé d'un contrôle utilisateur, il faut appeler en premier la méthode *InitializeComponent* pour faire appel à la définition graphique *xaml* du composant.

```
public partial class UcXDeclaration : UserControl {
  //constructeur par défaut
  public UcXDeclaration() {
    InitializeComponent();
  }
  //constructeur surchargé
  public UcXDeclaration(XDeclaration declaration) {
    InitializeComponent();
    x_tbl_declaration.Text = "version=\"";
    x_tbl_declaration.Text += declaration.Version + "\" ";
    x_tbl_declaration.Text += "encoding=\"";
    x_tbl_declaration.Text += declaration.Encoding + "\" ";
    x_tbl_declaration.Text += "standalone=\"";
    x_tbl_declaration.Text += declaration.Standalone + "\" ";
  }
}//end class
```

Ensuite on récupère l'ensemble des nœuds *ens_noeuds*, de type *IEnumerable<XNode>*, du document XML *doc_xml* par la méthode *Nodes* de **XDocument**. Et on passe en paramètre à la méthode *GraphiqueTraiterLesNoeuds* la collection *ens_noeuds*, le conteneur d'affichage et la profondeur.

```
//-----------------------------------------------------------------
// 04 - affichage stylisé graphique
//-----------------------------------------------------------------
private void Utilisation_4() {
   StackPanel conteneur_stp = new StackPanel();
   conteneur_stp.HorizontalAlignment = HorizontalAlignment.Left;
   conteneur_stp.Width = x_scroll_contenu.ActualWidth - 20;
   conteneur_stp.VerticalAlignment = VerticalAlignment.Top;
   conteneur_stp.Background = new SolidColorBrush(Colors.Transparent);
   conteneur_stp.Orientation = Orientation.Vertical;
   x_scroll_contenu.Content = conteneur_stp;
   conteneur_stp.UpdateLayout();
   XDocument doc_xml = XDocument.Load(
     g_doss_exe + "/ressource_externe/exemple_biblio.xml",
     LoadOptions.None | LoadOptions.SetLineInfo);
   int profondeur = 0;
   XDeclaration decla_xml = doc_xml.Declaration;
   GraphiqueAjouterUcXDeclaration(decla_xml, conteneur_stp, profondeur);
   IEnumerable<XNode> ens_noeuds = doc_xml.Nodes();
```

```
  GraphiqueTraiterLesNoeuds(ens_noeuds, conteneur_stp, profondeur);
}
```

Lors du premier passage, la méthode *GraphiqueTraiterLesNoeuds* reçoit la collection des nœuds du document entier. Avec une boucle *foreach*, on effectue une itération sur la collection des objets **XNode**. Si le nœud rencontré est un commentaire (type *XmlNodeType.Comment*), on traite ce nœud en le passant à la méthode *GraphiqueAjouterXComment* qui reçoit en paramètre le nœud, le conteneur d'affichage et la profondeur en cours. Si le nœud rencontré est un élément (type *XmlNodeType.Element*), on effectue trois actions:

- on commence par réaliser un *cast* de ce nœud en **XElement**.
- on appelle la méthode *GraphiqueAjouterXElementBalise* en lui passant en paramètre l'élément, le conteneur d'affichage et la profondeur incrémentée de 1.
- et on finit par l'appel de la méthode *GraphiqueTraiterLesNoeuds* en lui passant en paramètre les nœuds de l'élément en cours (collection de **XNode** retournée par la méthode *Nodes*), le conteneur d'affichage et la profondeur décrémentée de 1 (on décrémente la profondeur car, si l'élément n'a pas d'enfants, on doit remonter d'un cran vers le haut pour aller à l'élément parent suivant).

```
private void GraphiqueTraiterLesNoeuds(IEnumerable<XNode> ens_noeuds,
    StackPanel conteneur_stp, int profondeur) {
  foreach (XNode noeud in ens_noeuds) {
    if (noeud.NodeType == XmlNodeType.Comment) {
      GraphiqueAjouterXComment(noeud, conteneur_stp, profondeur);
    }
    if (noeud.NodeType == XmlNodeType.Element) {
      XElement elem = (XElement)noeud;
      GraphiqueAjouterXElementBalise(elem, conteneur_stp, profondeur++);
      GraphiqueTraiterLesNoeuds(elem.Nodes(), conteneur_stp, profondeur--);
    }
  }
}
```

La méthode *GraphiqueAjouterXComment* reçoit en paramètre un nœud **XNode**, un conteneur d'affichage et une profondeur dans l'arborescence. Cette méthode instancie un contrôle utilisateur **UcXComment** en lui passant un objet **XComment** en paramètre (un *cast* est effectué pour passer la variable *noeud* en **XComment**). Puis le contrôle **UcXComment** est ajouté au conteneur d'affichage.

```
private void GraphiqueAjouterXComment(XNode noeud, StackPanel conteneur_stp,
    int profondeur) {
  UcXComment uc_commentaire = new UcXComment((XComment)noeud);
  uc_commentaire.Margin = new Thickness(profondeur * 10, 2, 0, 2);
```

```
  conteneur_stp.Children.Add(uc_commentaire);
}
```

Le contrôle **UcXComment** (figure 14.10) est composé d'un **Canvas** *x_cnv_root* doté d'un fond bleu sur lequel on positionne un **TextBlock** *x_tbl_titre* mentionnant la chaîne *"Commentaire"* sur fond jaune avec une bordure noire, et un **TextBlock** *x_tbl_commentaire* dont la propriété *Text* recevra un contenu personnalisé.

FIGURE 14.10

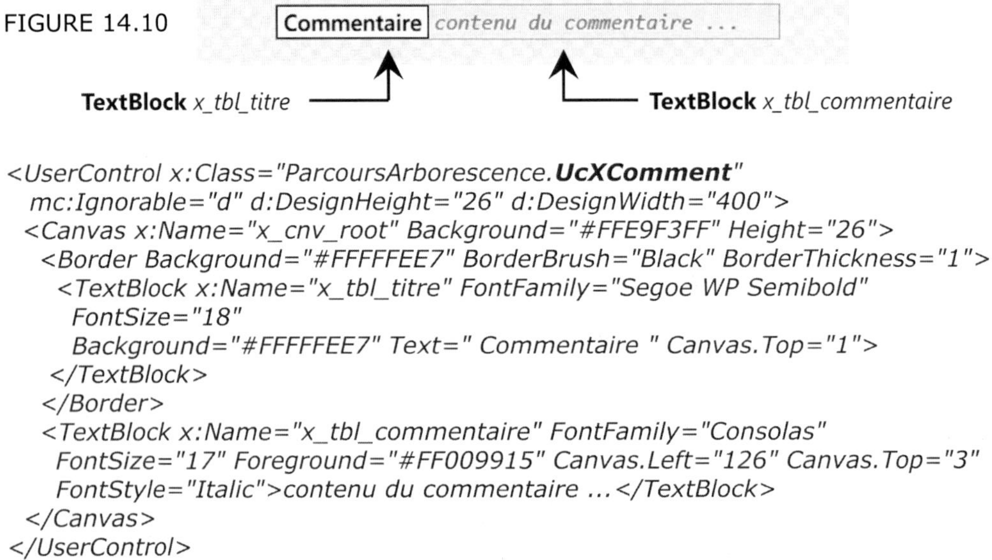


```
<UserControl x:Class="ParcoursArborescence.UcXComment"
  mc:Ignorable="d" d:DesignHeight="26" d:DesignWidth="400">
 <Canvas x:Name="x_cnv_root" Background="#FFE9F3FF" Height="26">
   <Border Background="#FFFFFEE7" BorderBrush="Black" BorderThickness="1">
     <TextBlock x:Name="x_tbl_titre" FontFamily="Segoe WP Semibold"
       FontSize="18"
       Background="#FFFFFEE7" Text=" Commentaire " Canvas.Top="1">
    </TextBlock>
   </Border>
   <TextBlock x:Name="x_tbl_commentaire" FontFamily="Consolas"
    FontSize="17" Foreground="#FF009915" Canvas.Left="126" Canvas.Top="3"
    FontStyle="Italic">contenu du commentaire ...</TextBlock>
 </Canvas>
</UserControl>
```

Dans le code C# du contrôle utilisateur **UcXComment**, on ajoute un constructeur surchargé qui reçoit en paramètre un objet *commentaire* de type **XComment**. Puis on affecte à la propriété *Text* de *x_tbl_commentaire* une chaîne personnalisée en fonction de la propriété *Value* de *commentaire*. Ne pas oublier que dans un constructeur surchargé d'un contrôle utilisateur, il faut appeler en premier la méthode *InitializeComponent* pour faire appel à la définition graphique *xaml* du composant.

```
public partial class UcXComment : UserControl {
   //
   public UcXComment() {
     InitializeComponent();
   }
   //
   public UcXComment(XComment commentaire) {
     InitializeComponent();
     x_tbl_commentaire.Text = commentaire.Value.Trim();
   }
 }//end class
```

La méthode *GraphiqueAjouterXElementBalise* reçoit en paramètre un élément **XElement**, un conteneur d'affichage et une profondeur dans l'arborescence. Cette méthode instancie un contrôle utilisateur **UcXElement** en lui passant un objet **XElement** en paramètre. Puis le contrôle **UcXElement** est ajouté au conteneur d'affichage.

```
private void GraphiqueAjouterXElementBalise(XElement elem,
   StackPanel conteneur_stp, int profondeur) {
  UcXElement uc_element = new UcXElement(elem);
  uc_element.Margin = new Thickness(profondeur * 10, 2, 0, 2);
  conteneur_stp.Children.Add(uc_element);
}
```

Le contrôle **UcXElement** (figure 14.11) est composé d'un **Canvas** *x_cnv_root* doté d'un fond bleu sur lequel on positionne un **StackPanel** qui empile selon l'horizontale divers éléments:

- un **TextBlock** *x_tbl_balise_nom* pour afficher le nom de la balise en rouge sur fond vert.
- un **TextBlock** *x_tbl_liste_attribut* pour afficher la liste des attributs sous forme de paire/valeur, avec une écriture foncée sur un fond bleu clair.
- un **TextBlock** *x_tbl_balise_nom_fin* pour afficher un caractère ">" en rouge sur fond vert.
- un **TextBlock** *x_tbl_balise_cdata* pour afficher la chaîne "CDATA" si la balise contient une section CDATA (propriété *Visibility* à *Collapsed* par défaut).
- un **TextBlock** *x_tbl_balise_contenu* pour afficher le contenu textuel de la balise, en noir sur fond jaune.

FIGURE 14.11

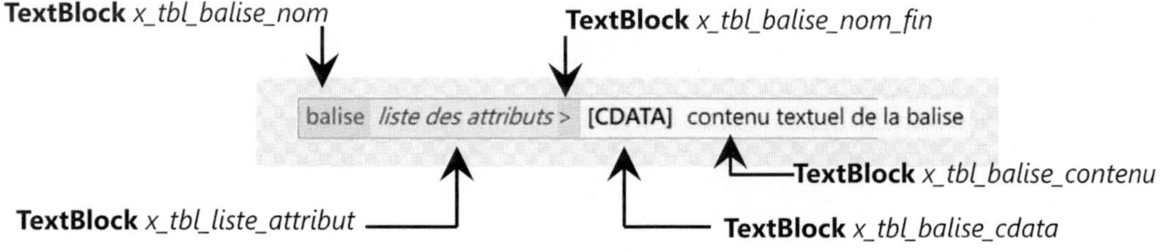


```
<UserControl x:Class="ParcoursArborescence.UcXElement"
  mc:Ignorable="d" d:DesignHeight="26" d:DesignWidth="400">
  <Canvas x:Name="x_cnv_root" Background="#FFE9F3FF" Height="26">
   <StackPanel x:Name="x_stack" Height="26"  Orientation="Horizontal">
    <TextBlock x:Name="x_tbl_balise_nom" FontFamily="Segoe WP Semibold"
     FontSize="16" Background="#FFD4FFD4"
     Text=" balise "  Foreground="Red"></TextBlock>
```

```
    <TextBlock x:Name="x_tbl_liste_attribut" FontFamily="Segoe WP" FontSize="16"
      Foreground="#FF004C78"
      Text=" liste des attributs " Background="#FFDBF5FF" FontStyle="Italic" >
    </TextBlock>
    <TextBlock x:Name="x_tbl_balise_nom_fin" FontFamily="Segoe WP Semibold"
      FontSize="16" Background="#FFD4FFD4"
      Text="> "  Foreground="Red"></TextBlock>
    <TextBlock x:Name="x_tbl_balise_cdata" FontFamily="Segoe WP Semibold"
      FontSize="16" Background="#FFFCFFDB"
      Text=" [CDATA] "  Foreground="Black" Visibility="Collapsed"></TextBlock>
    <TextBlock x:Name="x_tbl_balise_contenu" FontFamily="Segoe WP"
      FontSize="16" Foreground="Black"
      Text=" contenu textuel de la balise " Background="#FFFCFFDB" />
   </StackPanel>
  </Canvas>
</UserControl>
```

Dans le code C# du contrôle utilisateur **UcXElement**, on ajoute un constructeur surchargé qui reçoit en paramètre un objet *xelement* de type **XElement**. On commence par afficher le nom qualifié de la balise en lisant la propriété *Name* de *xelement*. Si la propriété booléenne *HasAttributes* retourne *true*, on établit une chaîne personnalisée pour afficher les attributs avec leurs valeurs (propriétés *Name* et *Value* de **XAttribute**). Si la propriété booléenne *HasElements* retourne *true*, alors la propriété *Text* de *x_tbl_balise_contenu* n'affiche rien. Si la propriété booléenne *HasElements* retourne *false*, alors on teste la propriété *FirstNode* de *xelement*. Si la propriété *FirstNode* de *xelement* est différente de *null* et que la propriété *NodeType* de *xelement* est de type *XmlNodeType.Text*, alors on affiche le contenu textuel de l'élément dans la propriété *Text* de *x_tbl_balise_contenu*. Si la propriété *FirstNode* de *xelement* est différente de *null* et que la propriété *NodeType* de *xelement* est de type *XmlNodeType.CDATA*, alors on est en présence d'une section CDATA: on rend visible *x_tbl_balise_cdata* (propriété *Visibility* à *Visible*) et on affiche le contenu de la section CDATA dans la propriété *Text* de *x_tbl_balise_contenu* en allant relever la propriété *Value* de la variable *cdata* (la variable *cdata* est un *cast* en **XCData** de *xelement.FirstNode*).

```
public UcXElement(XElement xelement) {
  InitializeComponent();
  x_tbl_balise_nom.Text = " <" + xelement.Name.ToString();
  if (xelement.HasAttributes == true) {
    IEnumerable<XAttribute> ens_attributs = xelement.Attributes();
    string ch_attribut = "";
    foreach (XAttribute attribut in ens_attributs) {
      ch_attribut += " " + attribut.Name.ToString() + "=\"" + attribut.Value + "\"";
    }
    x_tbl_liste_attribut.Text = " " + ch_attribut + " ";
```

```
  }
  else {
    x_tbl_liste_attribut.Text = "";
  }
  if (xelement.HasElements == true) {
    x_tbl_balise_contenu.Text = "";
  }
  else {
   if (xelement.FirstNode != null) {
      if (xelement.FirstNode.NodeType == XmlNodeType.Text) {
        x_tbl_balise_contenu.Text = xelement.FirstNode.ToString();
      }
      if (xelement.FirstNode.NodeType == XmlNodeType.CDATA) {
        XCData cdata = (XCData)xelement.FirstNode;
        x_tbl_balise_cdata.Visibility = Visibility.Visible;
        x_tbl_balise_contenu.Text = cdata.Value.Trim();
      }
    }
    else {
      x_tbl_balise_contenu.Text = "";
    }
  }
}
```

2 - Se déplacer dans une arborescence

Lors du précédent paragraphe, nous avons vu comment réaliser un affichage stylisé graphique d'une arborescence XML chargée dans un objet **XDocument**. Dans ce paragraphe, nous allons voir comment nous déplacer au sein de cette arborescence XML pour partir à la recherche d'informations spécifiques. LINQ To XML propose un ensemble de propriétés et de méthodes qui permettent de cibler des nœuds spécifiques pour une recherche des données. Pour procéder à une lecture des données ou à des modifications des données dans une arborescence XML, il faut pouvoir se déplacer de nœud en nœud pour cibler le nœud ou les nœuds qui sont recherchés.

La solution de projet *P14_02_LinqDeplacement.sln*, qui se trouve dans le dossier *chapitre_14/P14_02_LinqDeplacement*, consiste à apprendre à se déplacer dans une arborescence XML par l'intermédiaire des propriétés et des méthodes fournies par LINQ To XML (figures 14.12 et 14.13).

Un contrôle de type **TabControl** (figure 14.12) permet d'héberger deux onglets de type **TabItem**: un onglet intitulé *"Fichier XML chargé"* (propriété *Header* de **TabItem**) et un onglet intitulé *"Résultat de l'action choisie"* (propriété *Header* de *TabItem*). Lors du démarrage du projet (lors de l'émission de l'événement *Loaded* de la fenêtre), le contenu du fichier XML, nommé *exemple_biblio.xml* et situé dans le répertoire de sortie, est lu et est affiché dans un **TextBlock** qui est placé dans le premier onglet. Un sélecteur d'actions *x_cbx_choix* de type **ComboBox** (figure 14.13) propose différents choix pour réaliser des déplacements dans le fichier XML. Lors de la sélection d'un choix, l'action proposée est réalisée puis le résultat est affiché dans un **TextBlock** qui est placé dans le second onglet. De cette façon, en permanence on peut visualiser le fichier XML d'origine (onglet de gauche) et on peut visualiser le résultat obtenu de l'action (onglet de droite).

FIGURE 14.12

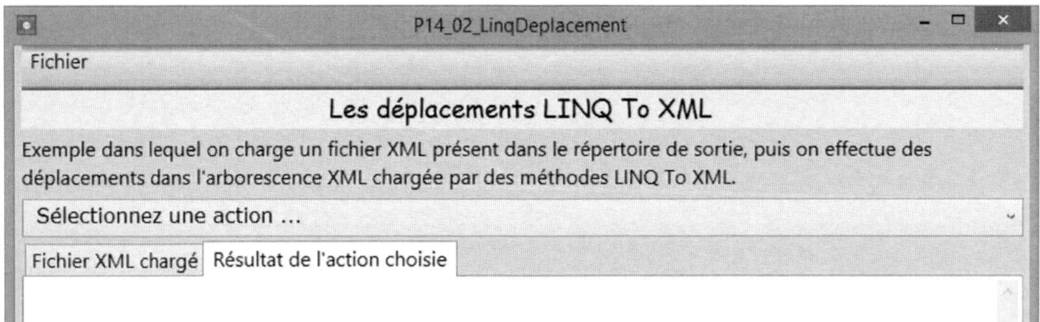

FIGURE 14.13

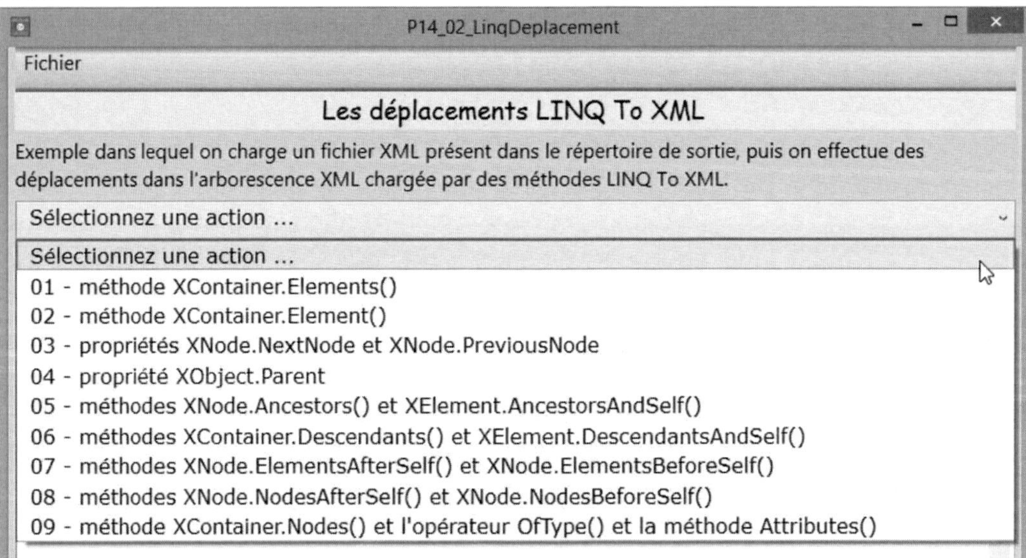

La figure 14.14 montre par exemple le premier onglet avec le contenu du fichier XML chargé, et la figure 14.15 montre le second onglet avec le résultat obtenu pour la première action du sélecteur.

FIGURE 14.14

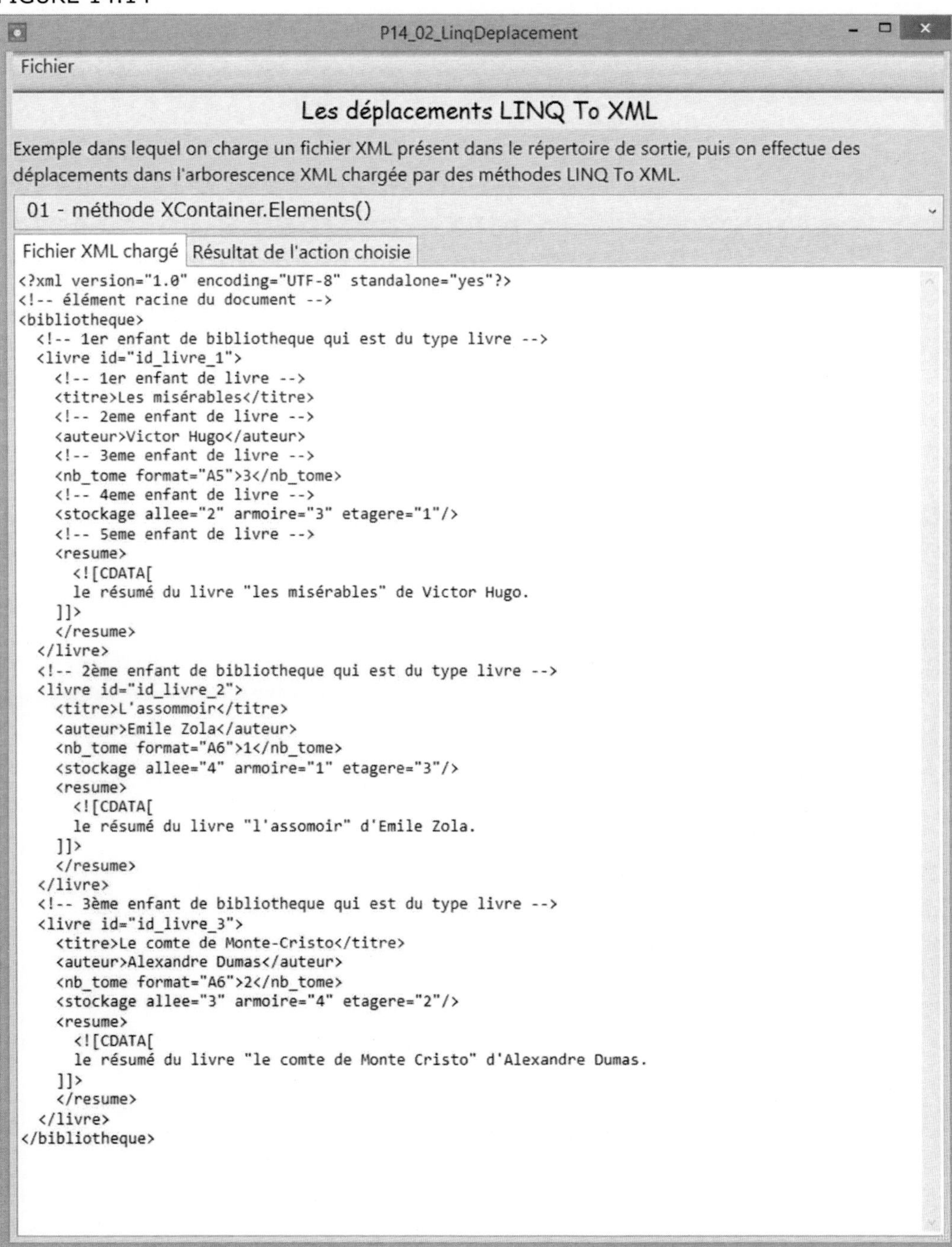
P14_02_LinqDeplacement
Fichier
Les déplacements LINQ To XML
Exemple dans lequel on charge un fichier XML présent dans le répertoire de sortie, puis on effectue des déplacements dans l'arborescence XML chargée par des méthodes LINQ To XML.
01 - méthode XContainer.Elements()
Fichier XML chargé
Résultat de l'action choisie
<?xml version="1.0" encoding="UTF-8" standalone="yes"?>
<!-- élément racine du document -->
<bibliotheque>
<!-- 1er enfant de bibliotheque qui est du type livre -->
<livre id="id_livre_1">
<!-- 1er enfant de livre -->
<titre>Les misérables</titre>
<!-- 2eme enfant de livre -->
<auteur>Victor Hugo</auteur>
<!-- 3eme enfant de livre -->
<nb_tome format="A5">3</nb_tome>
<!-- 4eme enfant de livre -->
<stockage allee="2" armoire="3" etagere="1"/>
<!-- 5eme enfant de livre -->
<resume>
<![CDATA[
le résumé du livre "les misérables" de Victor Hugo.
]]>
</resume>
</livre>
<!-- 2ème enfant de bibliotheque qui est du type livre -->
<livre id="id_livre_2">
<titre>L'assommoir</titre>
<auteur>Emile Zola</auteur>
<nb_tome format="A6">1</nb_tome>
<stockage allee="4" armoire="1" etagere="3"/>
<resume>
<![CDATA[
le résumé du livre "l'assomoir" d'Emile Zola.
]]>
</resume>
</livre>
<!-- 3ème enfant de bibliotheque qui est du type livre -->
<livre id="id_livre_3">
<titre>Le comte de Monte-Cristo</titre>
<auteur>Alexandre Dumas</auteur>
<nb_tome format="A6">2</nb_tome>
<stockage allee="3" armoire="4" etagere="2"/>
<resume>
<![CDATA[
le résumé du livre "le comte de Monte Cristo" d'Alexandre Dumas.
]]>
</resume>
</livre>
</bibliotheque>

FIGURE 14.15

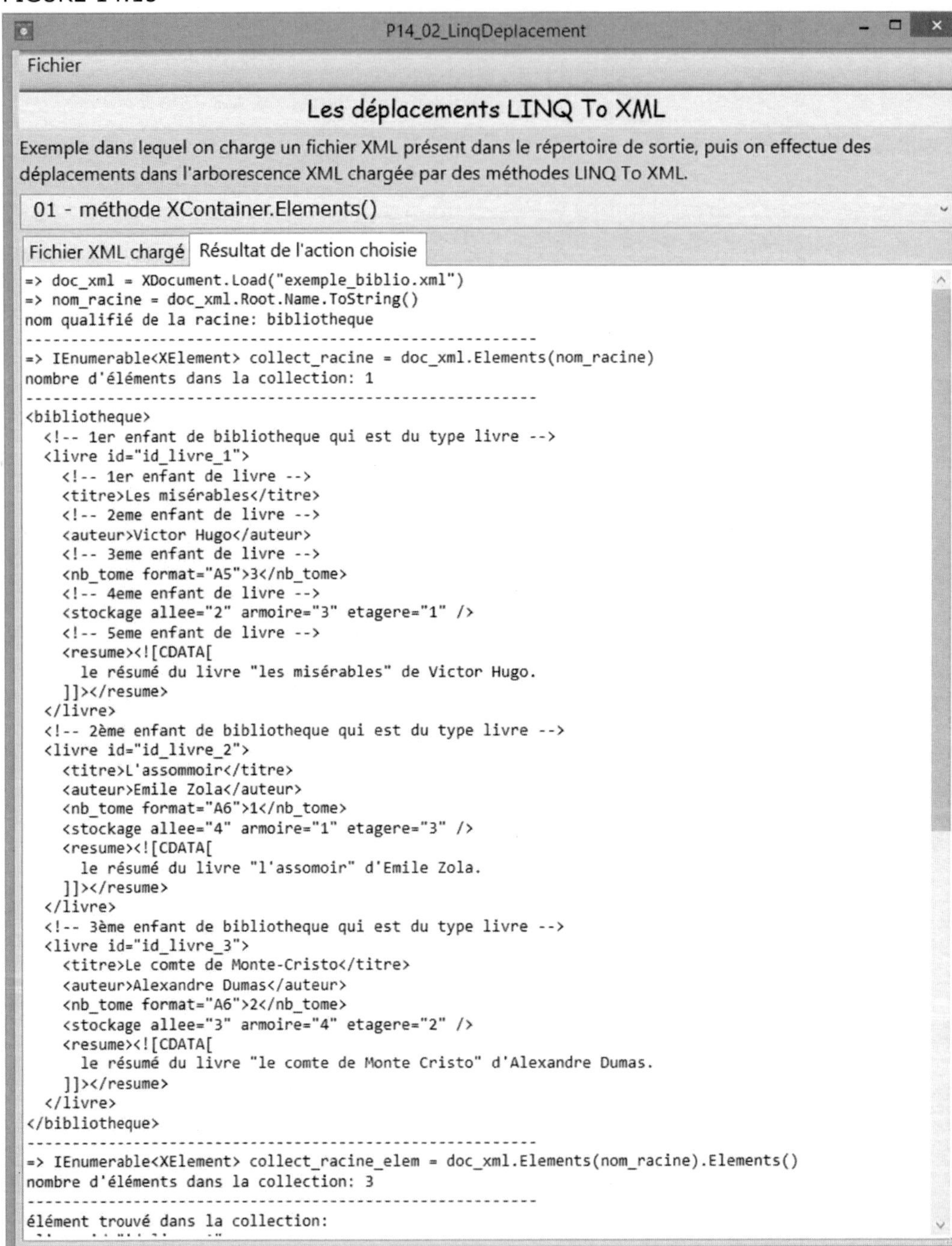
P14_02_LinqDeplacement
Fichier
Les déplacements LINQ To XML
Exemple dans lequel on charge un fichier XML présent dans le répertoire de sortie, puis on effectue des déplacements dans l'arborescence XML chargée par des méthodes LINQ To XML.
01 - méthode XContainer.Elements()
Fichier XML chargé
Résultat de l'action choisie
=> doc_xml = XDocument.Load("exemple_biblio.xml")
=> nom_racine = doc_xml.Root.Name.ToString()
nom qualifié de la racine: bibliotheque

=> IEnumerable<XElement> collect_racine = doc_xml.Elements(nom_racine)
nombre d'éléments dans la collection: 1

<bibliotheque>
<!-- 1er enfant de bibliotheque qui est du type livre -->
<livre id="id_livre_1">
<!-- 1er enfant de livre -->
<titre>Les misérables</titre>
<!-- 2eme enfant de livre -->
<auteur>Victor Hugo</auteur>
<!-- 3eme enfant de livre -->
<nb_tome format="A5">3</nb_tome>
<!-- 4eme enfant de livre -->
<stockage allee="2" armoire="3" etagere="1" />
<!-- 5eme enfant de livre -->
<resume><![CDATA[
le résumé du livre "les misérables" de Victor Hugo.
]]></resume>
</livre>
<!-- 2ème enfant de bibliotheque qui est du type livre -->
<livre id="id_livre_2">
<titre>L'assommoir</titre>
<auteur>Emile Zola</auteur>
<nb_tome format="A6">1</nb_tome>
<stockage allee="4" armoire="1" etagere="3" />
<resume><![CDATA[
le résumé du livre "l'assomoir" d'Emile Zola.
]]></resume>
</livre>
<!-- 3ème enfant de bibliotheque qui est du type livre -->
<livre id="id_livre_3">
<titre>Le comte de Monte-Cristo</titre>
<auteur>Alexandre Dumas</auteur>
<nb_tome format="A6">2</nb_tome>
<stockage allee="3" armoire="4" etagere="2" />
<resume><![CDATA[
le résumé du livre "le comte de Monte Cristo" d'Alexandre Dumas.
]]></resume>
</livre>
</bibliotheque>

=> IEnumerable<XElement> collect_racine_elem = doc_xml.Elements(nom_racine).Elements()
nombre d'éléments dans la collection: 3

élément trouvé dans la collection:

La figure 14.16 visualise un diagramme partiel des classes de LINQ To XML qui vont être utilisées pour les déplacements XML. Les propriétés utiles pour les déplacements XML sont:

- la propriété *Parent* (héritée de **XObject**),
- les propriétés *NextNode* et *PreviousNode* (héritées de **XNode**),
- les propriétés *FirstNode* et *LastNode* (héritées de **XContainer**).

Les méthodes utiles pour les déplacements XML sont:

- les méthodes héritées de la classe abstraite **XNode** qui sont *Ancestors, ElementsAfterSelf, ElementsBeforeSelf, NodesAfterSelf* et *NodesBeforeSelf.*
- les méthodes héritées de la classe abstraite **XContainer** qui sont *Descendants, DescendantNodes, Element, Elements* et *Nodes.*
- les méthodes héritées de la classe **XElement** qui sont *AncestorsAndSelf, Attributes, DescendantNodesAndSelf* et *DescendantsAndSelf.*

FIGURE 14.16

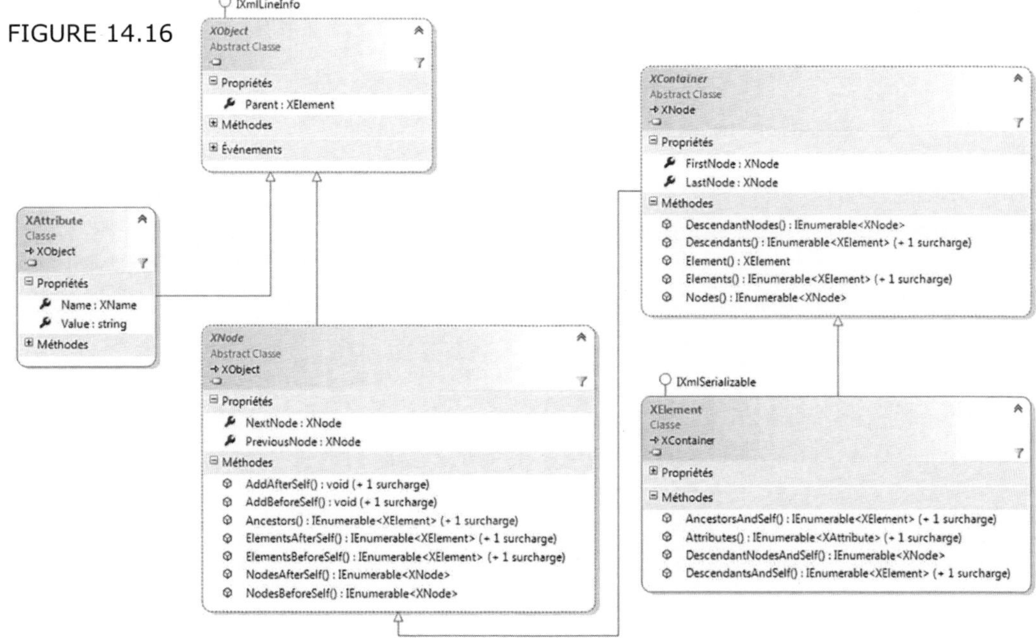

2.1 - Méthodes *Elements* et *Element*

Le premier choix du sélecteur montre l'utilisation de la méthode héritée *Elements* de **XContainer**. L'API LINQ To XML étant centrée sur les éléments, Microsoft a défini la méthode *Elements* pour retourner une collection constituée des éléments enfants d'un élément.

On instancie un objet *doc_xml* de type **XDocument** par retour de la méthode statique *XDocument.Load* qui charge un fichier XML situé dans le répertoire de sortie. L'application de la méthode *Elements* à *doc_xml* retourne une collection de nœuds *collect_racine* de type *IEnumerable<XElement>*. Cette collection est constituée de la racine du document et de tous ses nœuds enfants. Pour obtenir le nombre des objets qui sont contenus dans la collection de type *IEnumerable*, il faut appliquer la méthode *Count* à la collection. Avec une boucle *foreach*, on peut réaliser un parcours de la collection pour afficher les objets trouvés.

```
XDocument doc_xml = XDocument.Load(
   g_doss_exe + "/ressource_externe/exemple_biblio.xml",
   LoadOptions.None | LoadOptions.SetLineInfo);
string infos = "";
infos += "=> doc_xml = XDocument.Load(\"exemple_biblio.xml\")" + RC;
IEnumerable<XElement> collect_racine = doc_xml.Elements();
infos += "nombre d'éléments dans la collection: " + collect_racine.Count() + RC;
infos += "----------------------------------------------------------" + RC;
foreach (XElement elem in collect_racine) {
  infos += elem.ToString() + RC;
}
```

Une autre surcharge de la méthode *Elements* permet d'obtenir une collection des nœuds contenus en lui passant en paramètre le nom de la balise ciblée. Pour obtenir les nœuds de la racine avec cette méthode surchargée, on détermine le nom qualifié *nom_racine* de la racine du document par l'écriture *nom_racine = doc_xml.Root.Name.ToString()* c'est-à-dire en passant par la propriété *Root* de **XDocument**. Et on obtient la collection des nœuds par l'écriture *collect_racine = doc_xml.Elements(nom_racine)* c'est-à-dire en passant en paramètre à la méthode *Elements* la chaîne *nom_racine* qui est du type implicite **XName**.

```
XDocument doc_xml = XDocument.Load(
   g_doss_exe + "/ressource_externe/exemple_biblio.xml",
   LoadOptions.None | LoadOptions.SetLineInfo);
string infos = "";
infos += "=> doc_xml = XDocument.Load(\"exemple_biblio.xml\")" + RC;
string nom_racine = doc_xml.Root.Name.ToString();
infos += "=> nom_racine = doc_xml.Root.Name.ToString()" + RC;
infos += "nom qualifié de la racine: " + nom_racine + RC;
//
infos += "----------------------------------------------------------" + RC;
infos += "=> IEnumerable<XElement> collect_racine =
  doc_xml.Elements(nom_racine) " + RC;
IEnumerable<XElement> collect_racine = doc_xml.Elements(nom_racine);
infos += "nombre d'éléments dans la collection: " + collect_racine.Count() + RC;
infos += "----------------------------------------------------------" + RC;
```

foreach (XElement elem in collect_racine) {
infos += elem.ToString() + RC;
}

FIGURE 14.17

XDocument *doc_xml*

IEnumerable<XElement> collect_racine = doc_xml.Elements(nom_racine)

```
<bibliotheque>
  <!-- 1er enfant de bibliotheque qui est du type livre -->
  <livre id="id_livre_1">
    <!-- 1er enfant de livre -->
    <titre>Les misérables</titre>
    <!-- 2eme enfant de livre -->
    <auteur>Victor Hugo</auteur>
    <!-- 3eme enfant de livre -->
    <nb_tome format="A5">3</nb_tome>
    <!-- 4eme enfant de livre -->
    <stockage allee="2" armoire="3" etagere="1"/>
    <!-- 5eme enfant de livre -->
    <resume>
      <![CDATA[
      le résumé du livre "les misérables" de Victor Hugo.
    ]]>
    </resume>
  </livre>
  <!-- 2ème enfant de bibliotheque qui est du type livre -->
  <livre id="id_livre_2">
    <titre>L'assommoir</titre>
    <auteur>Emile Zola</auteur>
    <nb_tome format="A6">1</nb_tome>
    <stockage allee="4" armoire="1" etagere="3"/>
    <resume>
      <![CDATA[
      le résumé du livre "l'assomoir" d'Emile Zola.
    ]]>
    </resume>
  </livre>
  <!-- 3ème enfant de bibliotheque qui est du type livre -->
  <livre id="id_livre_3">
    <titre>Le comte de Monte-Cristo</titre>
    <auteur>Alexandre Dumas</auteur>
    <nb_tome format="A6">2</nb_tome>
    <stockage allee="3" armoire="4" etagere="2"/>
    <resume>
      <![CDATA[
      le résumé du livre "le comte de Monte Cristo" d'Alexandre Dumas.
    ]]>
    </resume>
  </livre>
</bibliotheque>
```

Dans notre exemple, la racine est *<bibliotheque>* et la méthode *Elements* appliquée à *doc_xml* (qui constitue l'objet **XDocument**) retourne la racine avec

FIGURE 14.18

IEnumerable<XElement> collect_racine_elem = doc_xml.Elements(nom_racine).Elements()

```
<livre id="id_livre_1">
    <!-- 1er enfant de livre -->
    <titre>Les misérables</titre>
    <!-- 2eme enfant de livre -->
    <auteur>Victor Hugo</auteur>
    <!-- 3eme enfant de livre -->
    <nb_tome format="A5">3</nb_tome>
    <!-- 4eme enfant de livre -->
    <stockage allee="2" armoire="3" etagere="1"/>
    <!-- 5eme enfant de livre -->
    <resume>
      <![CDATA[
      le résumé du livre "les misérables" de Victor Hugo.
    ]]>
    </resume>
</livre>
```

```
<livre id="id_livre_2">
    <titre>L'assommoir</titre>
    <auteur>Emile Zola</auteur>
    <nb_tome format="A6">1</nb_tome>
    <stockage allee="4" armoire="1" etagere="3"/>
    <resume>
      <![CDATA[
      le résumé du livre "l'assomoir" d'Emile Zola.
    ]]>
    </resume>
</livre>
```

```
<livre id="id_livre_3">
    <titre>Le comte de Monte-Cristo</titre>
    <auteur>Alexandre Dumas</auteur>
    <nb_tome format="A6">2</nb_tome>
    <stockage allee="3" armoire="4" etagere="2"/>
    <resume>
      <![CDATA[
      le résumé du livre "le comte de Monte Cristo" d'Alexandre
Dumas.
    ]]>
    </resume>
</livre>
```

tous ses nœuds contenus (figure 14.17). La racine est composée de différents types de nœuds comme le type **XElement** et le type **XComment**. L'écriture *collect_racine_elem = doc_xml.Elements(nom_racine).Elements()*, qui consiste à appliquer la méthode *Elements* à la collection obtenue de la racine, retourne tous les nœuds contenus dans la racine qui sont de type **XElement**. On obtient alors une collection *collect_racine_elem* de trois objets (figure 14.18) qui est constituée des nœuds *<livre>* (les nœuds de type **XComment** qui correspondent aux commentaires sont retirés).

Le deuxième choix du sélecteur montre l'utilisation de la méthode *Element* héritée de **XContainer**. La méthode *Element* retourne le premier élément enfant de l'élément passé en argument. Contrairement à la méthode précédente *Elements*, c'est non pas une séquence qui est retournée mais un élément unique de type **XElement**. L'écriture *elem_racine = doc_xml.Element(nom_racine)* permet d'obtenir tout le contenu de la racine du document au travers de l'élément *elem_racine* de type **XElement**. En écrivant *elem_livre = elem_racine.Element("livre")*, on obtient le premier élément de la racine c'est-à-dire le premier élément *<livre>* (figure 14.19). Et en écrivant *elem_nb_tome = elem_livre.Element("nb_tome")*, on obtient le premier élément *<nb_tome>* du premier élément *<livre>*.

FIGURE 14.19

XElement elem_livre = elem_racine.Element("livre")

```
<livre id="id_livre_1">
    <!-- 1er enfant de livre -->
    <titre>Les misérables</titre>
    <!-- 2eme enfant de livre -->
    <auteur>Victor Hugo</auteur>
    <!-- 3eme enfant de livre -->
    <nb_tome format="A5">3</nb_tome>
    <!-- 4eme enfant de livre -->
    <stockage allee="2" armoire="3" etagere="1"/>
    <!-- 5eme enfant de livre -->
    <resume>
      <![CDATA[
      le résumé du livre "les misérables" de Victor Hugo.
    ]]>
    </resume>
</livre>
```

XElement elem_nb_tome = elem_livre.Element("nb_tome")

```
<nb_tome format="A5">3</nb_tome>
```

2.2 - Propriétés *NextNode*, *PreviousNode* et *Parent*

Le troisième choix du sélecteur montre l'utilisation des propriétés *NextNode* et *PreviousNode* (propriétés héritées de **XNode**). On commence par cibler le premier élément *<livre>* de la racine dans la variable *elem_livre_1* de type **XElement**. Pour cela, on récupère la collection *collect_racine_elem* de type *IEnumerable<XElement>* par l'écriture *collect_racine_elem = doc_xml.Elements(nom_racine).Elements()*. Et pour obtenir *elem_livre_1*, on applique la méthode *ElementAt* à la collection en lui passant une valeur d'index qui est ici 0 pour obtenir le premier élément de la collection.

La propriété *NextNode* permet d'obtenir le nœud frère du nœud courant (le nœud obtenu est du type **XNode**). En écrivant *noeud_suivant_1 = elem_livre_1.NextNode*, on obtient le nœud *noeud_suivant_1* qui est le frère du nœud courant *elem_livre_1*. Dans notre exemple, *noeud_suivant_1* est un nœud commentaire. En écrivant *noeud_suivant_2 = noeud_suivant_1.NextNode*, on obtient le nœud frère de *noeud_suivant_1*. Le nœud *noeud_suivant_2* est un nœud *<livre>*.

La propriété *PreviousNode* permet d'obtenir le nœud frère précédent du nœud courant (le nœud obtenu est du type **XNode**). En écrivant *noeud_precedent = noeud_suivant_2.PreviousNode*, on obtient le nœud frère précédent *noeud_precedent* du nœud courant *noeud_suivant_2*. Les propriétés *NextNode* et *PreviousNode* permettent de passer au nœud frère suivant et précédent par rapport au nœud courant (figure 14.20).

```
XDocument doc_xml = XDocument.Load(
     g_doss_exe + "/ressource_externe/exemple_biblio.xml",
     LoadOptions.None | LoadOptions.SetLineInfo);
string infos = "";
IEnumerable<XElement> collect_racine_elem =
  doc_xml.Elements(nom_racine).Elements();
infos += "nombre d'éléments dans la collection: " + collect_racine_elem.Count()
  + RC;
infos += "-------------------------------------------------------" + RC;
XElement elem_livre_1 = collect_racine_elem.ElementAt(0);
infos += "=> elem_livre_1 = collect_racine_elem.ElementAt(0) " + RC;
infos += "RESULTAT: élément à l'index 0 " + RC;
infos += elem_livre_1.ToString() + RC;
infos += "-------------------------------------------------------" + RC;
XNode noeud_suivant_1 = elem_livre_1.NextNode;
infos += "le noeud frère suivant est de type: " +
  noeud_suivant_1.NodeType.ToString() + RC;
infos += "et son contenu est: " + RC;
infos += noeud_suivant_1.ToString() + RC;
infos += "-------------------------------------------------------" + RC;
XNode noeud_suivant_2 = noeud_suivant_1.NextNode;
infos += "le noeud frère suivant est de type: " +
  noeud_suivant_2.NodeType.ToString() + RC;
infos += "et son contenu est: " + RC;
infos += noeud_suivant_2.ToString() + RC;
infos += "-------------------------------------------------------" + RC;
XNode noeud_precedent = noeud_suivant_2.PreviousNode;
```

infos += "le noeud frère précédent est de type: " +
noeud_precedent.NodeType.ToString() + RC;
infos += "et son contenu est: " + RC;

infos += noeud_precedent.ToString() + RC;

FIGURE 14.20

```
<bibliotheque>
  <!-- 1er enfant de bibliotheque qui est du type livre -->
  <livre id="id_livre_1">
    <!-- 1er enfant de livre -->
    <titre>Les misérables</titre>
    <!-- 2eme enfant de livre -->
    <auteur>Victor Hugo</auteur>
    <!-- 3eme enfant de livre -->
    <nb_tome format="A5">3</nb_tome>
    <!-- 4eme enfant de livre -->
    <stockage allee="2" armoire="3" etagere="1"/>
    <!-- 5eme enfant de livre -->
    <resume>
      <![CDATA[
      le résumé du livre "les misérables" de Victor Hugo.
    ]]>
    </resume>
  </livre>
  <!-- 2ème enfant de bibliotheque qui est du type livre -->
  <livre id="id_livre_2">
    <titre>L'assommoir</titre>
    <auteur>Emile Zola</auteur>
    <nb_tome format="A6">1</nb_tome>
    <stockage allee="4" armoire="1" etagere="3"/>
    <resume>
      <![CDATA[
      le résumé du livre "l'assomoir" d'Emile Zola.
    ]]>
    </resume>
  </livre>
  <!-- 3ème enfant de bibliotheque qui est du type livre -->
  <livre id="id_livre_3">
    <titre>Le comte de Monte-Cristo</titre>
    <auteur>Alexandre Dumas</auteur>
    <nb_tome format="A6">2</nb_tome>
    <stockage allee="3" armoire="4" etagere="2"/>
    <resume>
      <![CDATA[
```

NextNode
NextNode
PreviousNode

Le quatrième choix du sélecteur montre l'utilisation de la propriété *Parent* (propriété héritée de **XObject**). La propriété *Parent* permet d'obtenir l'élément parent d'un objet **XElement**. On définit l'élément *elem_auteur* de type **XElement** comme étant l'élément courant représentant la balise *<auteur>* du deuxième livre

<livre id="id_livre_2">.

```
XDocument doc_xml = XDocument.Load(
    g_doss_exe + "/ressource_externe/exemple_biblio.xml",
    LoadOptions.None | LoadOptions.SetLineInfo);
string infos = "";
IEnumerable<XElement> collect_racine_elem =
  doc_xml.Elements(nom_racine).Elements();
infos += "nombre d'éléments dans la collection: " + collect_racine_elem.Count()
  + RC;
infos += "-------------------------------------------------------" + RC;
XElement elem_livre_2 = collect_racine_elem.ElementAt(1);
infos += "=> elem_livre_2 = collect_racine_elem.ElementAt(1) " + RC;
infos += "RESULTAT: élément à l'index 1 " + RC;
infos += elem_livre_2.ToString() + RC;
infos += "-------------------------------------------------------" + RC;
XElement elem_auteur = (XElement)elem_livre_2.Element("auteur");
infos += elem_auteur.ToString() + RC;
```

En écrivant *elem_auteur_parent = elem_auteur.Parent*, on obtient l'élément parent *elem_auteur_parent*, de type **XElement**, de l'élément *elem_auteur* (*elem_auteur_parent* est donc un élément *<livre id="id_livre_2">*). Et en écrivant *elem_auteur_parent_2 = elem_auteur_parent.Parent*, on obtient l'élément parent *elem_auteur_parent_2*, de type **XElement**, de l'élément *elem_auteur_parent* (*elem_auteur_parent_2* est donc un élément *<bibliotheque>*).

```
XElement elem_livre_2 = collect_racine_elem.ElementAt(1);
infos += "=> elem_livre_2 = collect_racine_elem.ElementAt(1) " + RC;
infos += "RESULTAT: élément à l'index 1 " + RC;
infos += elem_livre_2.ToString() + RC;
infos += "-------------------------------------------------------" + RC;
XElement elem_auteur = (XElement)elem_livre_2.Element("auteur");
infos += elem_auteur.ToString() + RC;
infos += "-------------------------------------------------------" + RC;
XElement elem_auteur_parent = elem_auteur.Parent;
infos += elem_auteur_parent.ToString() + RC;
infos += "-------------------------------------------------------" + RC;
XElement elem_auteur_parent_2 = elem_auteur_parent.Parent;
infos += elem_auteur_parent_2.ToString() + RC;
```

2.3 - Méthodes *Ancestors* et *AncestorsAndSelf*

Le cinquième choix du sélecteur montre l'utilisation de la méthode *Ancestors* (méthode héritée de **XNode**) et de la méthode *AncestorsAndSelf* (méthode héritée de **XElement**).

On a vu que la propriété *Parent* permettait d'obtenir l'ancêtre direct (le parent) d'un nœud. Pour obtenir une séquence contenant tous les ancêtres d'un nœud, jusqu'au niveau hiérarchique le plus élevé, il faut utiliser la méthode *Ancestors*. Seuls les éléments (et non tous les nœuds) ancêtres sont retournés. Dans notre exemple, on cible le nœud courant *<nb_tome>* du deuxième livre *<livre id="id_livre_2">* en définissant un élément *elem_nb_tome* de type **XElement**.

```
XDocument doc_xml = XDocument.Load(
     g_doss_exe + "/ressource_externe/exemple_biblio.xml",
     LoadOptions.None | LoadOptions.SetLineInfo);
string infos = "";
IEnumerable<XElement> collect_racine_elem =
  doc_xml.Elements(nom_racine).Elements();
infos += "nombre d'éléments dans la collection: " + collect_racine_elem.Count()
infos += "-----------------------------------------------------------" + RC;
XElement elem_livre_2 = collect_racine_elem.ElementAt(1);
infos += "=> elem_livre_2 = collect_racine_elem.ElementAt(1) " + RC;
infos += "RESULTAT: élément à l'index 1 " + RC;
infos += elem_livre_2.ToString() + RC;
infos += "-----------------------------------------------------------" + RC;
XElement elem_nb_tome = (XElement)elem_livre_2.Element("nb_tome");
infos += elem_nb_tome.ToString() + RC;
```

En appliquant la méthode *Ancestors* à *elem_nb_tome*, on obtient une collection *collect_ancetres* de type *IEnumerable<XElement>*. Et en parcourant cette collection d'éléments, la propriété *Name* de **XElement** nous retourne le nom du nœud ancêtre jusqu'au niveau hiérarchique le plus élevé (c'est-à-dire la racine). Dans notre cas, nous obtenons les deux éléments *<livre>* et *<bibliotheque>* dans cet ordre (figure 14.21).

```
IEnumerable<XElement> collect_ancetres = elem_nb_tome.Ancestors();
infos += "nombre d'éléments dans la collection: " + collect_ancetres.Count() + RC;
foreach (XElement elem in collect_ancetres) {
  infos += "-> élément trouvé dans la collection:" + RC;
  //infos += elem.ToString() + RC;
  infos += "propriété Name = " + elem.Name.ToString() + RC;
}
```

La méthode *AncestorsAndSelf* est comparable à la méthode *Ancestors*, avec une seule différence puisqu'elle retourne dans ses résultats l'élément sur lequel s'effectue la recherche. En appliquant la méthode *AncestorsAndSelf* à *elem_nb_tome*, on obtient une collection *collect_ancetres_self* de type *IEnumerable<XElement>*. Et en parcourant cette collection d'éléments, la propriété *Name* de **XElement** nous retourne le nom du nœud ancêtre jusqu'au niveau hiérarchique le plus élevé (c'est-à-dire la racine). Dans notre cas, nous obtenons les trois éléments *<nb_tome>*, *<livre>* et *<bibliotheque>* dans cet ordre.

FIGURE 14.21

```
<bibliotheque>
    <!-- 1er enfant de bibliotheque qui est du type livre -->
    <livre id="id_livre_1">
      <!-- 1er enfant de livre -->
      <titre>Les misérables</titre>
      <!-- 2eme enfant de livre -->
      <auteur>Victor Hugo</auteur>
      <!-- 3eme enfant de livre -->
      <nb_tome format="A5">3</nb_tome>
      <!-- 4eme enfant de livre -->
      <stockage allee="2" armoire="3" etagere="1"/>
      <!-- 5eme enfant de livre -->
      <resume>
        <![CDATA[
        le résumé du livre "les misérables" de Victor Hugo.
      ]]>
      </resume>
    </livre>
    <!-- 2ème enfant de bibliotheque qui est du type livre -->
    <livre id="id_livre_2">
      <titre>L'assommoir</titre>
      <auteur>Emile Zola</auteur>
      <nb_tome format="A6">1</nb_tome>        <-- noeud courant
      <stockage allee="4" armoire="1" etagere="3"/>
      <resume>
        <![CDATA[
        le résumé du livre "l'assomoir" d'Emile Zola.
      ]]>
      </resume>
    </livre>
```

```
infos += "-----------------------------------------------------" + RC;
IEnumerable<XElement> collect_ancetres_self =
   elem_nb_tome.AncestorsAndSelf();
infos += "nombre d'éléments dans la collection: " + collect_ancetres_self.Count()
   + RC;
foreach (XElement elem in collect_ancetres_self) {
  infos += "-> élément trouvé dans la collection:" + RC;
  //infos += elem.ToString() + RC;
  infos += "propriété Name = " + elem.Name.ToString() + RC;
}
```

Sur la figure 14.22, si le nœud courant est *<element_22>*, la méthode *Ancestors* retourne *<element_2>* et *<racine>*, et la méthode *AncestorsAndSelf* retourne *<element_22>*, *<element_2>* et *<racine>*.

FIGURE 14.22

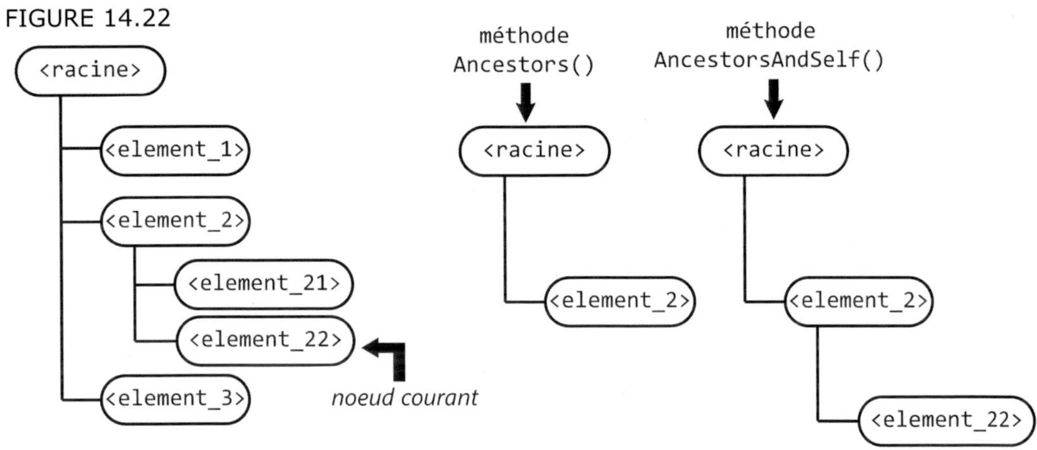

2.4 - Méthodes *Descendants* et *DescendantsAndSelf*

Le sixième choix du sélecteur montre l'utilisation de la méthode *Descendants* (méthode héritée de **XContainer**) et de la méthode *DescendantsAndSelf* (méthode héritée de **XElement**).

La méthode *Descendants* permet d'obtenir une séquence contenant tous les éléments descendant d'un nœud. A ne pas confondre avec la méthode *DescendantNodes* qui retourne une séquence contenant tous les nœuds descendant d'un autre nœud. Dans notre exemple, on cible le nœud courant *<livre id="id_livre_2">* c'est-à-dire le deuxième livre en définissant un élément *elem_livre_2* de type **XElement**.

```
XDocument doc_xml = XDocument.Load(
     g_doss_exe + "/ressource_externe/exemple_biblio.xml",
     LoadOptions.None | LoadOptions.SetLineInfo);
string infos = "";
infos += "=> doc_xml = XDocument.Load(\"exemple_biblio.xml\")" + RC;
string nom_racine = doc_xml.Root.Name.ToString();
infos += "=> collect_racine_elem = doc_xml.Elements(nom_racine).Elements() "
  + RC;
IEnumerable<XElement> collect_racine_elem =
  doc_xml.Elements(nom_racine).Elements();
infos += "nombre d'éléments dans la collection: " + collect_racine_elem.Count()
   + RC;
infos += "---------------------------------------------------" + RC;
XElement elem_livre_2 = collect_racine_elem.ElementAt(1);
infos += "=> elem_livre_2 = collect_racine_elem.ElementAt(1) " + RC;
infos += "RESULTAT: élément à l'index 1 " + RC;
infos += elem_livre_2.ToString() + RC;
```

En appliquant la méthode *Descendants* à l'élément *elem_livre_2*, on obtient une collection *collect_descendants_livre_2* de type *IEnumerable<XElement>*. En parcourant les objets de cette collection qui sont au nombre de 5, on obtient les noms des éléments descendants par la propriété *Name* de **XElement**, ce qui donne *<titre>*, *<auteur>*, *<nb_tome>*, *<stockage>* et *<resume>* (figure 14.23).

```
infos += "----------------------------------------------------" + RC;
IEnumerable<XElement> collect_descendants_livre_2
  = elem_livre_2.Descendants();
infos += "nombre d'éléments dans la collection: "
   + collect_descendants_livre_2.Count() + RC;
foreach (XElement elem in collect_descendants_livre_2) {
  infos += "-> élément trouvé dans la collection:" + RC;
  //infos += elem.ToString() + RC;
  infos += "propriété Name = " + elem.Name.ToString() + RC;
}
```

FIGURE 14.23

```
<livre id="id_livre_2">          ⬅ noeud courant
  <titre>L'assommoir</titre>
  <auteur>Emile Zola</auteur>
  <nb_tome format="A6">1</nb_tome>
  <stockage allee="4" armoire="1" etagere="3"/>
  <resume>
    <![CDATA[
    le résumé du livre "l'assomoir" d'Emile Zola.
  ]]>
  </resume>
</livre>
```

La méthode *DescendantsAndSelf* (héritée de **XElement**) est le pendant de la méthode *AncestorsAndSelf*. Cette méthode renvoie les descendants de l'élément sur lequel porte la requête en y incluant l'élément lui-même. En appliquant la méthode *DescendantsAndSelf* à l'élément *elem_livre_2*, on obtient une collection *collect_descendants_self_livre_2* de type *IEnumerable<XElement>*. En parcourant les objets de cette collection qui sont au nombre de 6 cette fois, on obtient les noms des éléments descendants par la propriété *Name* de **XElement**, ce qui donne *<livre>*, *<titre>*, *<auteur>*, *<nb_tome>*, *<stockage>* et *<resume>*.

```
infos += "----------------------------------------------------" + RC;
IEnumerable<XElement> collect_descendants_self_livre_2
   = elem_livre_2.DescendantsAndSelf();
infos += "nombre d'éléments dans la collection: "
   + collect_descendants_self_livre_2.Count() + RC;
foreach (XElement elem in collect_descendants_self_livre_2) {
  infos += "-> élément trouvé dans la collection:" + RC;
```

```
  //infos += elem.ToString() + RC;
  infos += "propriété Name = " + elem.Name.ToString() + RC;
}
```

2.5 - Méthodes *ElementsAfterSelf* et *ElementsBeforeSelf*

Le septième choix du sélecteur montre l'utilisation des méthodes *ElementsAfterSelf* et *ElementsBeforeSelf* (méthodes héritées de **XNode**). La méthode *ElementsAfterSelf* retourne les éléments frères suivants de l'élément courant et la méthode *ElementsBeforeSelf* retourne les éléments frères précédents de l'élément courant. Le retour de ces éléments est une séquence ordonnée d'objets **XElement**.

Dans notre exemple, on cible le nœud courant *<livre id="id_livre_2">* c'est-à-dire le deuxième livre en définissant un élément *elem_livre_2* de type **XElement**. En appliquant la méthode *ElementsAfterSelf* à *elem_livre_2*, on obtient une collection *collect_elem_after* de type *IEnumerable<XElement>* qui contient les éléments frères suivants de l'élément *<livre id="id_livre_2">*. Cette collection contient alors un seul élément qui est *<livre id="id_livre_3">*. Les éléments frères qui ne sont pas du type **XElement** (comme le type **XComment**) ne sont pas intégrés.

En appliquant la méthode *ElementsBeforeSelf* à *elem_livre_2*, on obtient une collection *collect_elem_before* de type *IEnumerable<XElement>* qui contient les éléments frères précédents de l'élément *<livre id="id_livre_2">*. Cette collection contient alors un seul élément qui est *<livre id="id_livre_1">*.

```
XDocument doc_xml = XDocument.Load(
    g_doss_exe + "/ressource_externe/exemple_biblio.xml",
    LoadOptions.None | LoadOptions.SetLineInfo);
string infos = "";
infos += "=> doc_xml = XDocument.Load(\"exemple_biblio.xml\")" + RC;
string nom_racine = doc_xml.Root.Name.ToString();
infos += "=> collect_racine_elem = doc_xml.Elements(nom_racine).Elements() "
  + RC;
IEnumerable<XElement> collect_racine_elem =
  doc_xml.Elements(nom_racine).Elements();
infos += "nombre d'éléments dans la collection: " + collect_racine_elem.Count()
   + RC;
infos += "-----------------------------------------------------" + RC;
XElement elem_livre_2 = collect_racine_elem.ElementAt(1);
infos += "=> elem_livre_2 = collect_racine_elem.ElementAt(1) " + RC;
infos += "RESULTAT: élément à l'index 1 " + RC;
infos += elem_livre_2.ToString() + RC;
infos += "avec ElementsAfterSelf:" + RC;
IEnumerable<XElement> collect_elem_after = elem_livre_2.ElementsAfterSelf();
foreach (XElement elem in collect_elem_after) {
```

```
  infos += "-> élément trouvé dans la collection:" + RC;
  infos += elem.ToString() + RC;
  //infos += "propriété Name = " + elem.Name.ToString() + RC;
}
infos += "--------------------------------------------------------" + RC;
infos += "avec ElementsBeforeSelf:" + RC;
IEnumerable<XElement> collect_elem_before = elem_livre_2.ElementsBeforeSelf();
foreach (XElement elem in collect_elem_before) {
  infos += "-> élément trouvé dans la collection:" + RC;
  infos += elem.ToString() + RC;
  //infos += "propriété Name = " + elem.Name.ToString() + RC;
}
```

2.6 - Méthodes *NodesAfterSelf* et *NodesBeforeSelf*

Le huitième choix du sélecteur montre l'utilisation des méthodes *NodesAfterSelf* et *NodesBeforeSelf* (méthodes héritées de **XNode**). La méthode *NodesAfterSelf* retourne les nœuds frères suivants du nœud ciblé et la méthode *NodesBeforeSelf* retourne les nœuds frères précédents du nœud ciblé . Le retour de ces éléments est une séquence ordonnée d'objets **XNode**. Tous les types de nœud sont retournés comme le type **XComment**. Dans notre exemple, on cible l'élément *<auteur>* du premier livre *<livre id="id_livre_1">* par *elem_cible* de type **XElement**.

```
XDocument doc_xml = XDocument.Load(
     g_doss_exe + "/ressource_externe/exemple_biblio.xml",
     LoadOptions.None | LoadOptions.SetLineInfo);
string infos = "";
infos += "=> doc_xml = XDocument.Load(\"exemple_biblio.xml\")" + RC;
string nom_racine = doc_xml.Root.Name.ToString();
infos += "=> collect_racine_elem = doc_xml.Elements(nom_racine).Elements() "
  + RC;
IEnumerable<XElement> collect_racine_elem =
  doc_xml.Elements(nom_racine).Elements();
infos += "nombre d'éléments dans la collection: " + collect_racine_elem.Count()
   + RC;
infos += "--------------------------------------------------------" + RC;
XElement elem_livre_1 = collect_racine_elem.ElementAt(0);
infos += "=> elem_livre_2 = collect_racine_elem.ElementAt(0) " + RC;
infos += "RESULTAT: élément à l'index 1 " + RC;
infos += elem_livre_1.ToString() + RC;
infos += "--------------------------------------------------------" + RC;
XElement elem_cible = elem_livre_1.Element("auteur");
infos += "noeud ciblé:" + RC;
infos += elem_cible.ToString() + RC;
```

En appliquant la méthode *NodesAfterSelf* à *elem_cible*, on obtient une collection *collect_node_after* de type *IEnumerable<XNode>* qui contient tous les nœuds frères suivants du nœud ciblé. Comme le montre la figure 14.24 au repère 1, on obtient tous les nœuds contenus du premier livre *<livre id="id_livre_1">*, comme ceux du type **XElement** et ceux du type **XComment**, qui sont des nœuds frères suivants de *<auteur>*.

En appliquant la méthode *NodesBeforeSelf* à *elem_cible*, on obtient une collection *collect_node_before* de type *IEnumerable<XNode>* qui contient tous les nœuds frères précédents du nœud ciblé. Comme le montre la figure 14.24 au repère 2, on obtient tous les nœuds contenus du premier livre *<livre id="id_livre_1">*, comme ceux du type **XElement** et ceux du type **XComment**, qui sont des nœuds frères précédents de *<auteur>*.

```
infos += "-----------------------------------------------------" + RC;
infos += "EMPLOI de NodesAfterSelf" + RC;
IEnumerable<XNode> collect_node_after = elem_cible.NodesAfterSelf();
foreach (XNode noeud in collect_node_after) {
  infos += "-> noeud trouvé dans la collection:" + RC;
  infos += noeud.ToString() + RC;
}
infos += "-----------------------------------------------------" + RC;
infos += "EMPLOI de NodesBeforeSelf" + RC;
IEnumerable<XNode> collect_node_before = elem_cible.NodesBeforeSelf();
foreach (XNode noeud in collect_node_before) {
  infos += "-> noeud trouvé dans la collection:" + RC;
  infos += noeud.ToString() + RC;
}
```

FIGURE 14.24

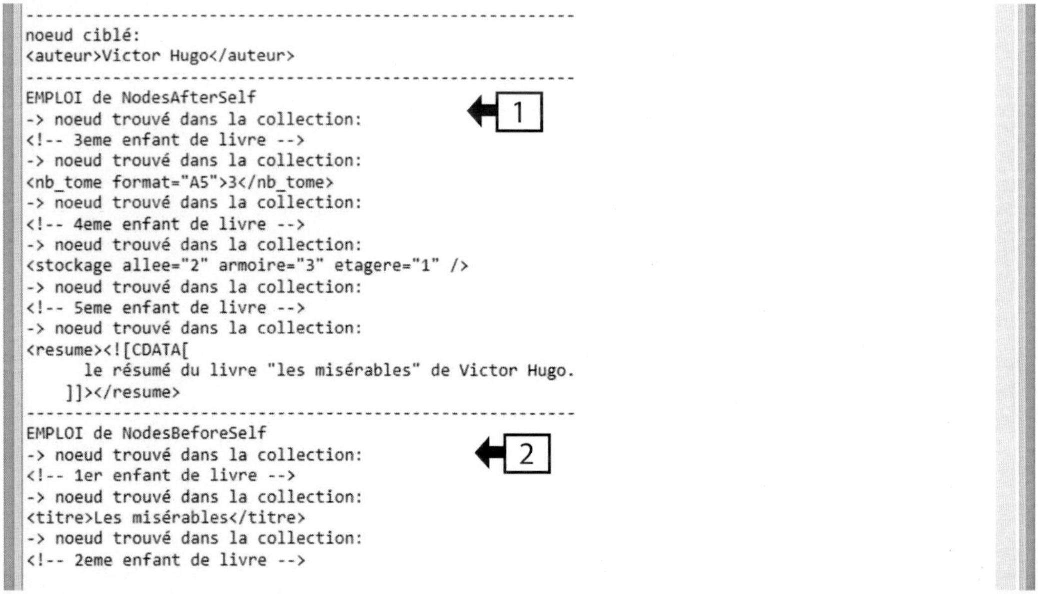

```
-----------------------------------------------------
noeud ciblé:
<auteur>Victor Hugo</auteur>
-----------------------------------------------------
EMPLOI de NodesAfterSelf                          1
-> noeud trouvé dans la collection:
<!-- 3eme enfant de livre -->
-> noeud trouvé dans la collection:
<nb_tome format="A5">3</nb_tome>
-> noeud trouvé dans la collection:
<!-- 4eme enfant de livre -->
-> noeud trouvé dans la collection:
<stockage allee="2" armoire="3" etagere="1" />
-> noeud trouvé dans la collection:
<!-- 5eme enfant de livre -->
-> noeud trouvé dans la collection:
<resume><![CDATA[
      le résumé du livre "les misérables" de Victor Hugo.
    ]]></resume>
-----------------------------------------------------
EMPLOI de NodesBeforeSelf                         2
-> noeud trouvé dans la collection:
<!-- 1er enfant de livre -->
-> noeud trouvé dans la collection:
<titre>Les misérables</titre>
-> noeud trouvé dans la collection:
<!-- 2eme enfant de livre -->
```

2.7 - Méthodes Nodes et Attributes

Le neuvième choix du sélecteur montre l'utilisation de la méthode *Nodes* héritée de **XContainer**, et de la méthode *Attributes* héritée de **XElement**. La méthode *Nodes* retourne une collection de nœuds enfants de type **XNode** de l'élément spécifié. Dans notre exemple, on cible l'élément *elem_livre_1* de type **XElement** c'est-à-dire le premier livre *<livre id="id_livre_1">*.

```
<livre id="id_livre_1">
   <!-- 1er enfant de livre -->
   <titre>Les misérables</titre>
   <!-- 2eme enfant de livre -->
   <auteur>Victor Hugo</auteur>
   <!-- 3eme enfant de livre -->
   <nb_tome format="A5">3</nb_tome>
   <!-- 4eme enfant de livre -->
   <stockage allee="2" armoire="3" etagere="1"/>
   <!-- 5eme enfant de livre -->
   <resume>
     <![CDATA[
    le résumé du livre "les misérables" de Victor Hugo.
   ]]>
   </resume>
</livre>
```

```
XDocument doc_xml = XDocument.Load(
     g_doss_exe + "/ressource_externe/exemple_biblio.xml",
     LoadOptions.None | LoadOptions.SetLineInfo);
string infos = "";
infos += "=> doc_xml = XDocument.Load(\"exemple_biblio.xml\")" + RC;
string nom_racine = doc_xml.Root.Name.ToString();
infos += "=> collect_racine_elem = doc_xml.Elements(nom_racine).Elements() "
  + RC;
IEnumerable<XElement> collect_racine_elem =
  doc_xml.Elements(nom_racine).Elements();
infos += "nombre d'éléments dans la collection: " + collect_racine_elem.Count()
  + RC;
infos += "-----------------------------------------------------" + RC;
XElement elem_livre_1 = collect_racine_elem.ElementAt(0);
infos += "=> elem_livre_1 = collect_racine_elem.ElementAt(0) " + RC;
infos += "RESULTAT: élément à l'index 0 " + RC;
infos += elem_livre_1.ToString() + RC;
```

En appliquant la méthode Nodes à *elem_livre_1*, on obtient une collection *collect_noeud* de type *IEnumerable<XNode>*. Cette collection contient 10 nœuds avec des nœuds de type **XElement** et **XComment** (figure 14.25).

```
infos += "--------------------------------------------------------" + RC;
IEnumerable<XNode> collect_noeud = elem_livre_1.Nodes();
infos += "la méthode Nodes() retourne un nombre de noeuds de: "
  + collect_noeud.Count() + RC;
foreach (XNode noeud in collect_noeud) {
  infos += noeud.ToString() + RC;
}
```

FIGURE 14.25

```
--------------------------------------------------------
la méthode Nodes() retourne un nombre de noeuds de: 10
<!-- 1er enfant de livre -->
<titre>Les misérables</titre>
<!-- 2eme enfant de livre -->
<auteur>Victor Hugo</auteur>
<!-- 3eme enfant de livre -->
<nb_tome format="A5">3</nb_tome>
<!-- 4eme enfant de livre -->
<stockage allee="2" armoire="3" etagere="1" />
<!-- 5eme enfant de livre -->
<resume><![CDATA[
      le résumé du livre "les misérables" de Victor Hugo.
    ]]></resume>
--------------------------------------------------------
```

Si lors de cette énumération des nœuds, on ne souhaite afficher uniquement les nœuds de type **XElement** par exemple, on utilise alors l'opérateur *OfType<T>* qui filtre l'énumération en fonction du type *T* choisi. En appliquant à la méthode *Nodes* l'opérateur de filtrage *OfType<XElement>*, on filtre la collection énumérée pour n'afficher que les nœuds de type **XElement** (figure 14.26).

```
infos += "--------------------------------------------------------" + RC;
IEnumerable<XNode> collect_noeud_filtree_1 = elem_livre_1.Nodes()
   .OfType<XElement>();
infos += "la méthode Nodes().OfType<XElement>() retourne un nombre de noeuds
   de: " + collect_noeud_filtree_1.Count() + RC;
foreach (XNode noeud in collect_noeud_filtree_1) {
  infos += noeud.ToString() + RC;
}
```

FIGURE 14.26

```
--------------------------------------------------------
la méthode Nodes().OfType<XElement>() retourne un nombre de noeuds de: 5
<titre>Les misérables</titre>
<auteur>Victor Hugo</auteur>
<nb_tome format="A5">3</nb_tome>
<stockage allee="2" armoire="3" etagere="1" />
<resume><![CDATA[
      le résumé du livre "les misérables" de Victor Hugo.
    ]]></resume>
--------------------------------------------------------
```

Si on ne voulait afficher que les commentaires présents, on appliquerait à la méthode *Nodes* l'opérateur de filtrage *OfType<XComment>* pour filtrer la collection énumérée pour n'afficher que les nœuds de type **XComment** (figure 14.27).

```
infos += "---------------------------------------------------------" + RC;
IEnumerable<XNode> collect_noeud_filtree_2 = elem_livre_1.Nodes()
  .OfType<XComment>();
infos += "la méthode Nodes().OfType<XComment>() retourne un nombre de noeuds
   de: " + collect_noeud_filtree_2.Count() + RC;
foreach (XNode noeud in collect_noeud_filtree_2) {
  infos += noeud.ToString() + RC;
}
```

FIGURE 14.27

```
--------------------------------------------------------
la méthode Nodes().OfType<XComment>() retourne un nombre de noeuds de: 5
<!-- 1er enfant de livre -->
<!-- 2eme enfant de livre -->
<!-- 3eme enfant de livre -->
<!-- 4eme enfant de livre -->
<!-- 5eme enfant de livre -->
--------------------------------------------------------
```

En appliquant à la méthode *Nodes* l'opérateur de filtrage *OfType<XElement>*, on filtre la collection énumérée pour n'afficher que les nœuds de type **XElement**. Pour savoir si un élément ciblé possède des attributs, on effectue un *cast* du nœud **XNode** en élément **XElement**, et on regarde si la propriété booléenne *HasAttributes* retourne la valeur *true*. Si c'est le cas, on applique la méthode *Attributes* de **XElement** qui retourne une collection ordonnée des attributs du nœud courant (attributs de type **XAttribute**). En parcourant cette collection, on récupère le nom de l'attribut par la propriété *Name* de **XAttribute** et la valeur de l'attribut par la propriété *Value* de **XAttribute**. Sur la figure 14.28, on affiche en sortie les paires nom/valeur des attributs. Ne pas oublier que les attributs ne sont pas des nœuds de l'arbre XML mais des paires nom/valeur attachées à l'élément.

```
infos += "---------------------------------------------------------" + RC;
IEnumerable<XNode> collect_noeud_filtree_3 = elem_livre_1.Nodes()
   .OfType<XElement>();
infos += "la méthode Nodes().OfType<XElement>() retourne un nombre de noeuds
   de: " + collect_noeud_filtree_3.Count() + RC;
foreach (XNode noeud in collect_noeud_filtree_3) {
  XElement elem = (XElement)noeud;
  if (elem.HasAttributes == true) {
    infos +="noeud contenant des attributs: " + noeud.ToString() + RC;
    IEnumerable<XAttribute> collect_attribut = elem.Attributes();
    foreach (XAttribute attribut in collect_attribut) {
      infos += "clé= " + attribut.Name + " / " + "valeur= " + attribut.Value + RC;
    }
  }
}
```

FIGURE 14.28

```
--------------------------------------------------------
la méthode Nodes().OfType<XElement>() retourne un nombre de noeuds de: 5
noeud contenant des attributs: <nb_tome format="A5">3</nb_tome>
clé= format / valeur= A5
noeud contenant des attributs: <stockage allee="2" armoire="3" etagere="1" />
clé= allee / valeur= 2
clé= armoire / valeur= 3
clé= etagere / valeur= 1
```

La gestion des données XML avec LINQ **15**

Une arborescence XML sert à présenter et à architecturer les données sous une forme facilement utilisable pour permettre des échanges de données entre les systèmes, les logiciels, les serveurs, etc. Toutes ces données doivent être en permanence mises à jour et elles nécessitent pour cela une gestion approfondie. Dans ce chapitre, nous allons voir en détail comment procéder aux modifications des données (ajout, remplacement, effacement, mise à jour) et comment effectuer une gestion des nœuds XML.

1 - Modifier les données

LINQ To XML fournit un ensemble de méthodes dédiées pour ajouter, modifier ou supprimer les nœuds ou les éléments de votre choix. Le diagramme partiel de la figure 15.1 situe les classes au travers d'un graphe d'héritage avec leurs méthodes utilisées. Nous verrons principalement l'utilisation:

- des méthodes héritées de **XNode** avec *AddAfterSelf, AddBeforeSelf* et *Remove*.
- des méthodes héritées de **XContainer** avec *Add* et *AddFirst*.
- des méthodes héritées de **XElement** avec *RemoveAll, ReplaceAll* et *SetElementValue*.

La solution de projet *P15_01_LinqModification.sln*, qui se trouve dans le dossier *chapitre_15/P15_01_LinqModification*, consiste à mettre en pratique les principales techniques utilisées pour la modification des données XML. Un sélecteur permet de choisir une action à réaliser (figure 15.2). Le contrôle *x_tbl_xml* du haut, de type **TextBlock**, affiche le contenu du fichier XML de départ qui est chargé et le contrôle *x_tbl_resultat* du bas, de type **TextBlock**, affiche le contenu du fichier XML après modification.

1.1 - Méthodes *Add* et *AddFirst*

La méthode *Add*, héritée de la classe **XContainer**, ajoute un nœud après le dernier nœud enfant du nœud spécifié. Le premier choix du sélecteur consiste à utiliser la méthode *Add* pour ajouter des éléments. La figure 15.3 montre le résultat obtenu.

FIGURE 15.1

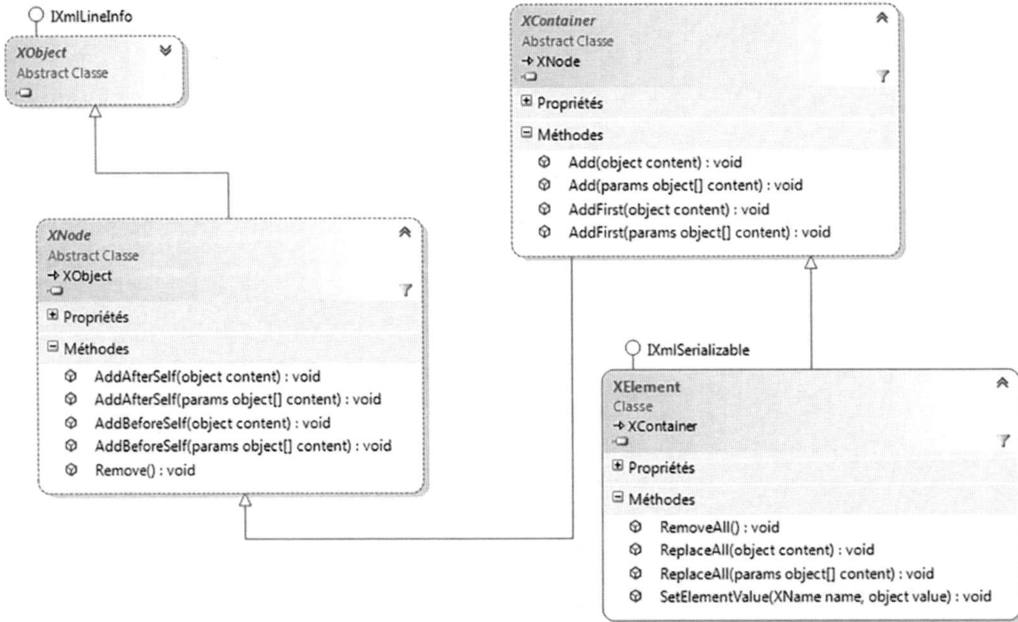

FIGURE 15.2

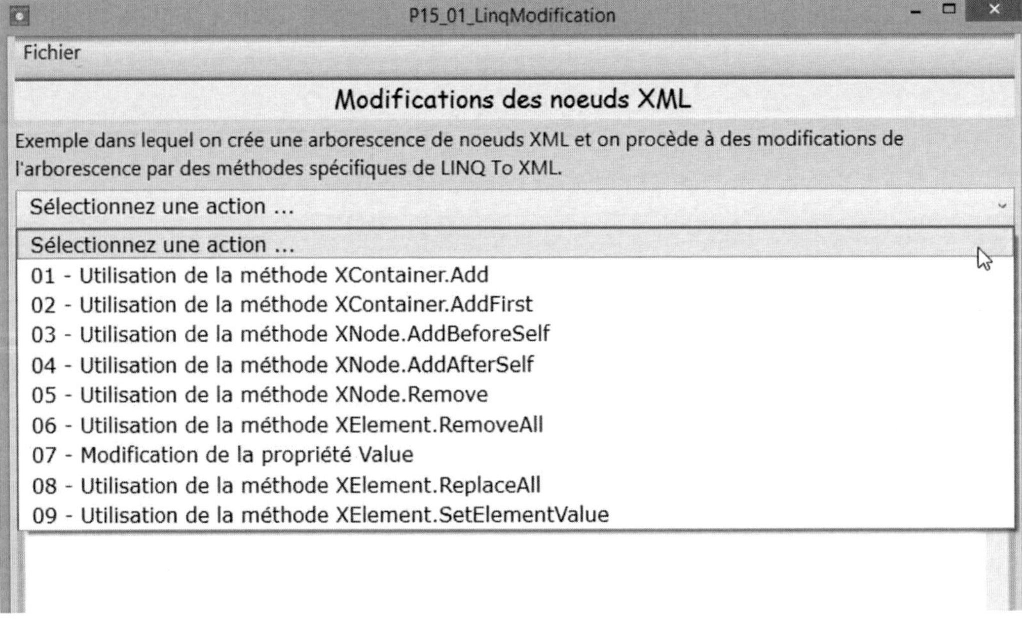

FIGURE 15.3

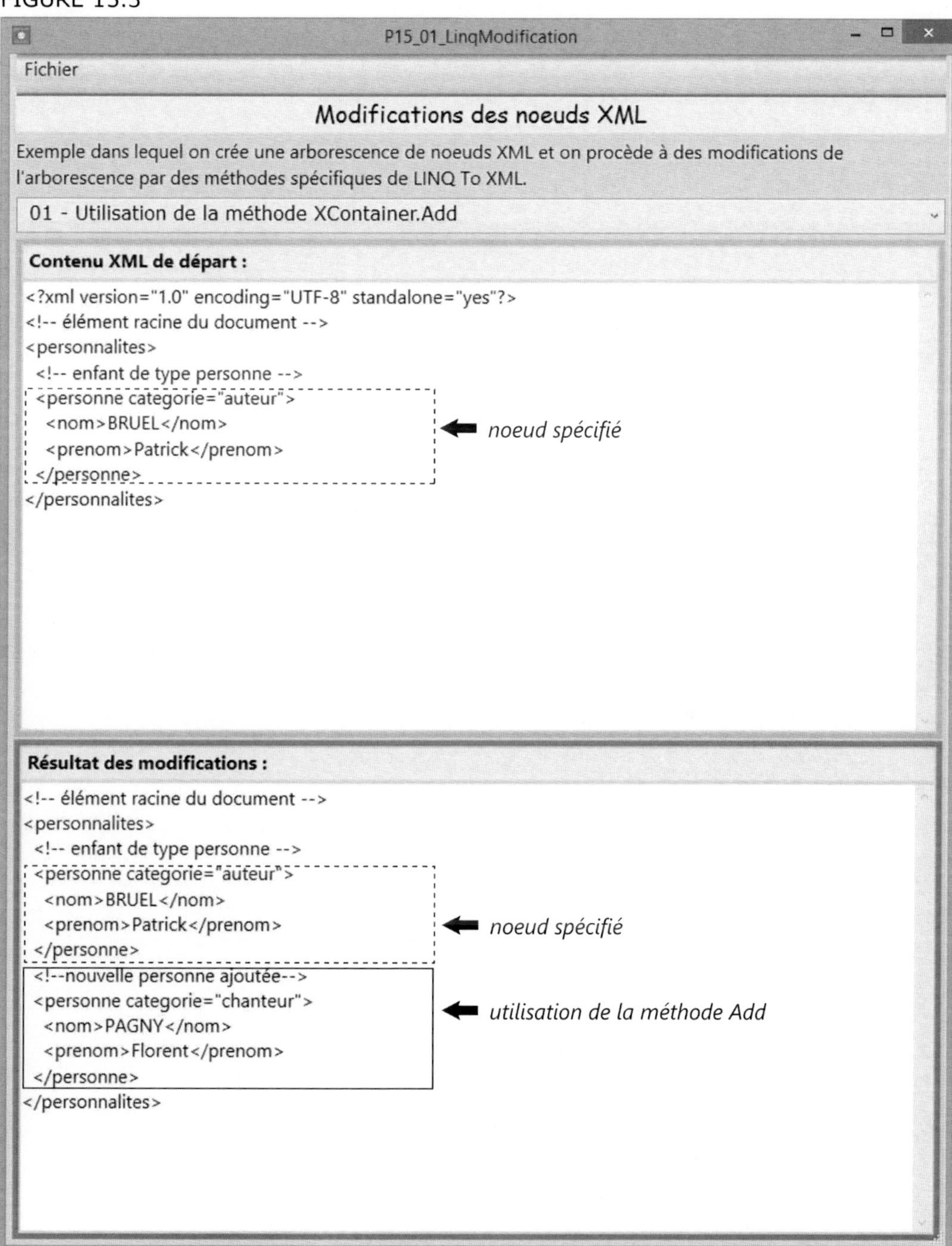
P15_01_LinqModification
Fichier
Modifications des noeuds XML
Exemple dans lequel on crée une arborescence de noeuds XML et on procède à des modifications de l'arborescence par des méthodes spécifiques de LINQ To XML.
01 - Utilisation de la méthode XContainer.Add
Contenu XML de départ :
<?xml version="1.0" encoding="UTF-8" standalone="yes"?>
<!-- élément racine du document -->
<personnalites>
<!-- enfant de type personne -->
<personne categorie="auteur">
<nom>BRUEL</nom>
<prenom>Patrick</prenom>
</personne>
</personnalites>
noeud spécifié
Résultat des modifications :
<!-- élément racine du document -->
<personnalites>
<!-- enfant de type personne -->
<personne categorie="auteur">
<nom>BRUEL</nom>
<prenom>Patrick</prenom>
</personne>
<!--nouvelle personne ajoutée-->
<personne categorie="chanteur">
<nom>PAGNY</nom>
<prenom>Florent</prenom>
</personne>
</personnalites>
noeud spécifié
utilisation de la méthode Add

On a un élément *<personnalites>* qui contient comme éléments enfants un élément commentaire et un élément *<personne>*. Si on cible l'élément *<personnalites>* et qu'on lui applique la méthode *Add*, cela permettra d'ajouter après le dernier élément (élément *<personne>*) un contenu composé d'un élément ou d'un ensemble d'éléments.
La méthode *Add* permet d'ajouter le contenu spécifié en tant qu'enfants à l'élément ciblé. Elle reçoit en paramètre l'élément à ajouter ou bien une série d'éléments à ajouter. Ici on instancie un objet *elem_com* de type **XComment** pour définir un commentaire et on instancie un objet *elem_personne* de type **XElement** pour définir un élément *<personne>* avec ses attributs (*categorie*) et ses enfants *<nom>* et *<prenom>*. Pour obtenir le nœud racine du document, on écrit *doc_xml.Element("personnalites")* qui retourne le nœud *<personnalites>*. Et pour ajouter un contenu spécifié (*elem_com* et *elem_personne*) après le dernier nœud enfant, on applique la méthode *Add* en lui passant la série d'objets *elem_com* et *elem_personne* dans cet ordre.

```
//méthode XContainer.Add
private void Utilisation_1() {
  //chargement du contenu du fichier xml
  x_tbl_xml.Text = File.ReadAllText(
    v_doss_exe + "ressource_externe\\exemple_pour_01_02.xml");
  //traitement effectué
  try {
    XDocument doc_xml = XDocument.Load(
      v_doss_exe + "ressource_externe\\exemple_pour_01_02.xml");
    XElement elem_personne = new XElement("personne",
      new XAttribute("categorie", "chanteur"),
      new XElement("nom", "PAGNY"),
      new XElement("prenom", "Florent")
    );
    XComment elem_com = new XComment("nouvelle personne ajoutée");
    doc_xml.Element("personnalites").Add(elem_com, elem_personne);
    x_tbl_resultat.Text = doc_xml.ToString();
  }
  catch (Exception ex) {
    MessageBox.Show(ex.Message);
  }
}
```

La méthode *AddFirst*, héritée de la classe **XContainer**, ajoute un nœud en première position des nœuds enfants du nœud spécifié. Le second choix du sélecteur consiste à utiliser la méthode *AddFirst* pour ajouter des éléments. La figure 15.4 montre le résultat obtenu.
On a un élément *<personnalites>* qui contient comme éléments enfants un élément

commentaire et un élément <*personne*>. Si on cible l'élément <*personnalites*> et qu'on lui applique la méthode *AddFirst*, cela permettra d'ajouter comme premier élément enfant un contenu composé d'un élément ou d'un ensemble d'éléments. La méthode *AddFirst* permet d'ajouter le contenu spécifié en tant que premiers enfants de l'élément ciblé. Elle reçoit en paramètre l'élément à ajouter ou bien une série d'éléments à ajouter (avec un ordre choisi).

Ici on instancie un objet *elem_com* de type **XComment** pour définir un commentaire et on instancie un objet *elem_personne* de type **XElement** pour définir un élément <*personne*> avec ses attributs (*categorie*) et ses enfants <*nom*> et <*prenom*>. Pour obtenir le nœud racine du document, on écrit *doc_xml.Element("personnalites")* qui retourne le nœud <*personnalites*> avec son contenu. Et pour ajouter un contenu spécifié (*elem_com* et *elem_personne*) comme les premiers enfants de <*personnalites*>, on applique la méthode *AddFirst* en lui passant la série d'objets *elem_com* et *elem_personne* dans cet ordre.

L'ordre des éléments passés à la méthode *AddFirst* comme à la méthode *Add* vue précédemment est impératif puisque l'ordre du contenu spécifié est l'ordre utilisé dans l'ajout des éléments.

```
//méthode XContainer.AddFirst
private void Utilisation_2() {
  //chargement du contenu du fichier xml
  x_tbl_xml.Text = File.ReadAllText(
     v_doss_exe + "ressource_externe\\exemple_pour_01_02.xml");
  //traitement effectué
  try {
    XDocument doc_xml = XDocument.Load(
      v_doss_exe + "ressource_externe\\exemple_pour_01_02.xml");
    XElement elem_personne = new XElement("personne",
      new XAttribute("categorie", "chanteur"),
      new XElement("nom", "PAGNY"),
      new XElement("prenom", "Florent")
    );
    XComment elem_com = new XComment("nouvelle personne ajoutée");
    doc_xml.Element("personnalites").AddFirst(elem_com, elem_personne);
    x_tbl_resultat.Text = doc_xml.ToString();
  }
  catch (Exception ex) {
    MessageBox.Show(ex.Message);
  }
}
...
```

FIGURE 15.4

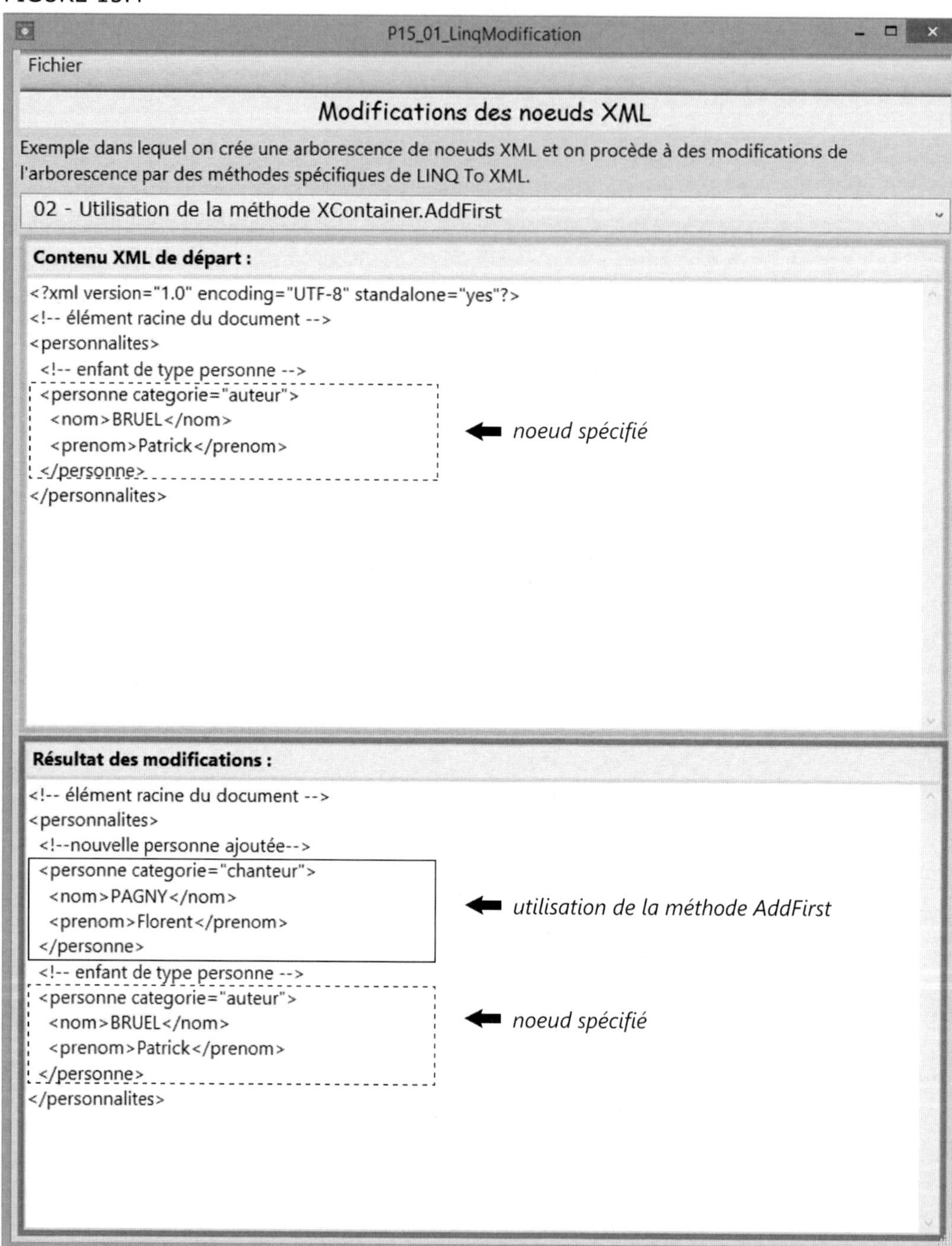
P15_01_LinqModification
Fichier
Modifications des noeuds XML
Exemple dans lequel on crée une arborescence de noeuds XML et on procède à des modifications de l'arborescence par des méthodes spécifiques de LINQ To XML.
02 - Utilisation de la méthode XContainer.AddFirst
Contenu XML de départ :
<?xml version="1.0" encoding="UTF-8" standalone="yes"?>
<!-- élément racine du document -->
<personnalites>
<!-- enfant de type personne -->
<personne categorie="auteur">
<nom>BRUEL</nom>
<prenom>Patrick</prenom>
</personne>
</personnalites>
noeud spécifié
Résultat des modifications :
<!-- élément racine du document -->
<personnalites>
<!--nouvelle personne ajoutée-->
<personne categorie="chanteur">
<nom>PAGNY</nom>
<prenom>Florent</prenom>
</personne>
<!-- enfant de type personne -->
<personne categorie="auteur">
<nom>BRUEL</nom>
<prenom>Patrick</prenom>
</personne>
</personnalites>
utilisation de la méthode AddFirst
noeud spécifié

1.2 - Méthodes *AddBeforeSelf* et *AddAfterSelf*

La méthode héritée *AddBeforeSelf*, héritée de **XNode**, permet d'insérer un nœud à un emplacement bien défini dans une liste de nœuds enfants. L'insertion se fait devant le nœud référencé. Le troisième choix du sélecteur consiste à utiliser la méthode *AddBeforeSelf* pour insérer des éléments. La figure 15.5 montre le résultat obtenu.

La racine *<personnalites>* possède comme enfants deux éléments *<personne>* et deux commentaires. Le nœud que l'on cible est un nœud *<personne>* dont l'attribut *identification* a pour valeur *id_02*. Une pratique courante consiste à déclarer une variable *ref_elem* de type **XElement**, à lui affecter la valeur *null* pour l'initialiser, et à effectuer un parcours pour trouver sa valeur. Ici on effectue un parcours de la collection *collect_personnalites* de type *IEnumerable<XElement>* qui contient tous les enfants de *<personnalites>*. Quand les conditions recherchées sont trouvées, on affecte à *ref_elem* l'élément ciblé. Il ne reste plus alors qu'à appliquer la méthode *AddBeforeSelf* à *ref_elem* pour insérer le contenu spécifié avant l'élément *ref_elem*. A noter que l'application de la méthode *Descendants* à la racine permet d'obtenir une collection filtrée de tous les nœuds enfants de type **XElement**.

```
try {
  XDocument doc_xml = XDocument.Load(
    g_doss_exe + "/ressource_externe/exemple_pour_03_04.xml");
  XComment elem_com = new XComment("nouvelle personne ajoutée");
  XElement elem_personne = new XElement("personne",
    new XAttribute("identification", "id_nouveau"),
    new XAttribute("categorie", "compositeur"),
    new XElement("nom", "HALLIDAY"),
    new XElement("prenom", "Johnny") );
  XElement ref_elem = null;
  IEnumerable<XElement> collect_personnalites =
    doc_xml.Elements("personnalites").Descendants();
  foreach (XElement elem in collect_personnalites) {
    if (elem.HasAttributes == true) {
      IEnumerable<XAttribute> collect_attribut = elem.Attributes();
      foreach (XAttribute attribut in collect_attribut) {
        if (attribut.Name == "identification" && attribut.Value == "id_02") {
          ref_elem = elem; }
      }
    }
  }
  ref_elem.AddBeforeSelf(elem_com, elem_personne);
  x_tbl_resultat.Text = doc_xml.ToString(); }
```

FIGURE 15.5

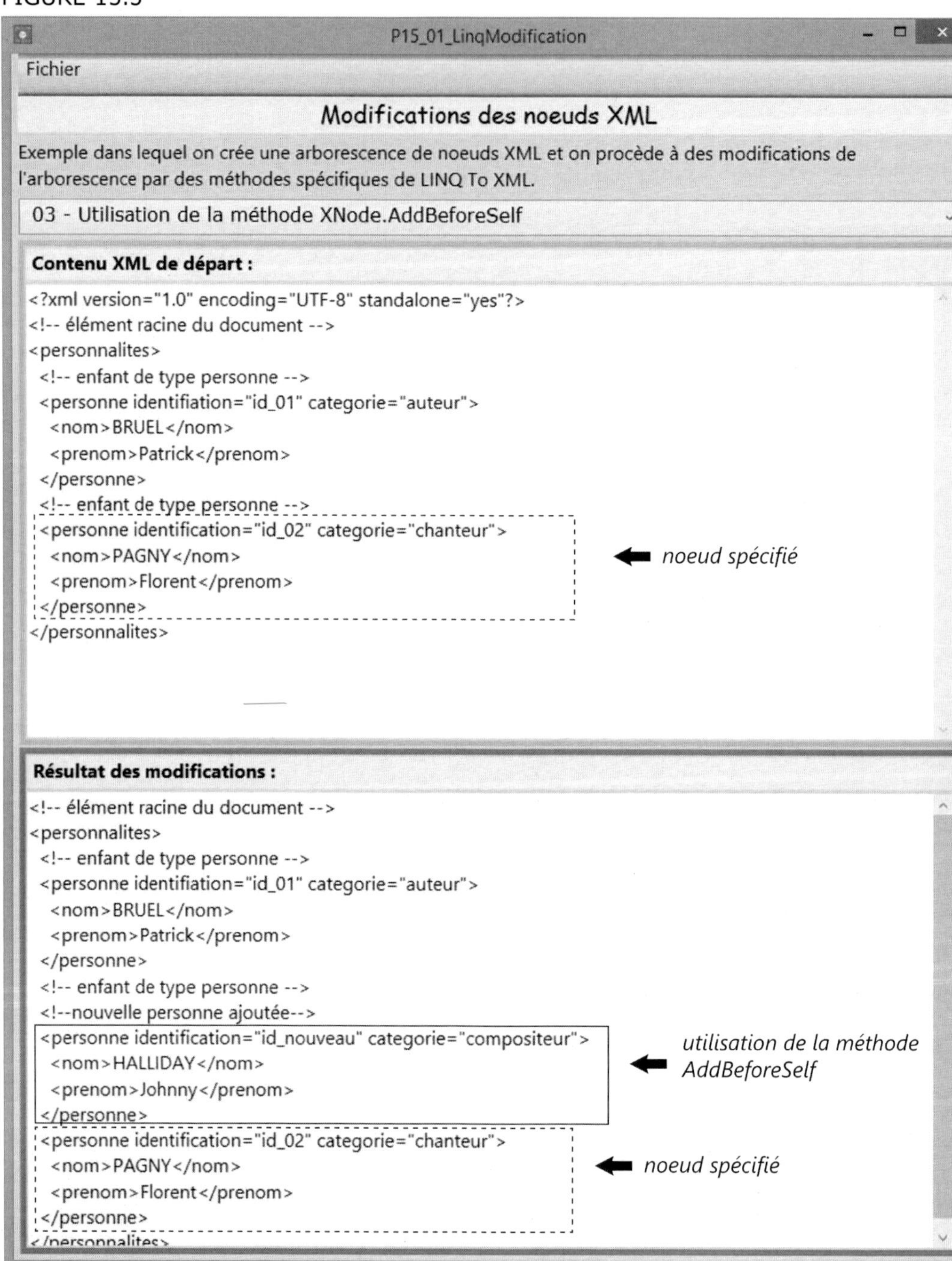
P15_01_LinqModification
Fichier
Modifications des noeuds XML
Exemple dans lequel on crée une arborescence de noeuds XML et on procède à des modifications de l'arborescence par des méthodes spécifiques de LINQ To XML.
03 - Utilisation de la méthode XNode.AddBeforeSelf
Contenu XML de départ :
<?xml version="1.0" encoding="UTF-8" standalone="yes"?>
<!-- élément racine du document -->
<personnalites>
<!-- enfant de type personne -->
<personne identifiation="id_01" categorie="auteur">
<nom>BRUEL</nom>
<prenom>Patrick</prenom>
</personne>
<!-- enfant de type personne -->
<personne identification="id_02" categorie="chanteur">
<nom>PAGNY</nom>
<prenom>Florent</prenom>
</personne>
</personnalites>
noeud spécifié
Résultat des modifications :
<!-- élément racine du document -->
<personnalites>
<!-- enfant de type personne -->
<personne identifiation="id_01" categorie="auteur">
<nom>BRUEL</nom>
<prenom>Patrick</prenom>
</personne>
<!-- enfant de type personne -->
<!--nouvelle personne ajoutée-->
<personne identification="id_nouveau" categorie="compositeur">
<nom>HALLIDAY</nom>
<prenom>Johnny</prenom>
</personne>
utilisation de la méthode AddBeforeSelf
<personne identification="id_02" categorie="chanteur">
<nom>PAGNY</nom>
<prenom>Florent</prenom>
</personne>
noeud spécifié
</personnalites>

La méthode *AddAfterSelf*, héritée de **XNode**, permet d'insérer un nœud à un emplacement bien défini dans une liste de nœuds enfants. L'insertion se fait après le nœud référencé. Le quatrième choix du sélecteur consiste à utiliser la méthode *AddAfterSelf* pour insérer des éléments. La figure 15.6 montre le résultat obtenu. La racine *<personnalites>* possède comme enfants deux éléments *<personne>* et deux commentaires. Le nœud que l'on cible est un nœud *<personne>* dont l'attribut *identification* a pour valeur *id_02*. On déclare une variable *ref_elem* de type **XElement**, on lui affecte la valeur *null* pour l'initialiser, et on effectue un parcours pour trouver sa valeur. Ici on effectue un parcours de la collection *collect_personnalites* de type *IEnumerable<XElement>* qui contient tous les enfants de *<personnalites>*. Quand les conditions recherchées sont trouvées, on affecte à *ref_elem* l'élément ciblé. Il ne reste plus alors qu'à appliquer la méthode *AddAfterSelf* à *ref_elem* pour insérer le contenu spécifié après l'élément *ref_elem*. A noter que l'application de la méthode *Descendants* à la racine permet d'obtenir une collection filtrée de tous les nœuds enfants de type **XElement**.

```
//traitement effectué
try {
  XDocument doc_xml = XDocument.Load(
    g_doss_exe + "/ressource_externe/exemple_pour_03_04.xml");
  XComment elem_com = new XComment("nouvelle personne ajoutée");
  XElement elem_personne = new XElement("personne",
    new XAttribute("identification", "id_nouveau"),
    new XAttribute("categorie", "compositeur"),
    new XElement("nom", "HALLIDAY"),
    new XElement("prenom", "Johnny")
  );
  XElement ref_elem = null;
  IEnumerable<XElement> collect_personnalites =
    doc_xml.Elements("personnalites").Descendants();
  foreach (XElement elem in collect_personnalites) {
    if (elem.HasAttributes == true) {
      IEnumerable<XAttribute> collect_attribut = elem.Attributes();
      foreach (XAttribute attribut in collect_attribut) {
        if (attribut.Name == "identification" && attribut.Value == "id_02") {
          ref_elem = elem;
        }
      }
    }
  }
  ref_elem.AddAfterSelf(elem_com, elem_personne);
  x_tbl_resultat.Text = doc_xml.ToString();
}
catch (Exception ex) {
  MessageBox.Show(ex.Message); }
```

FIGURE 15.6

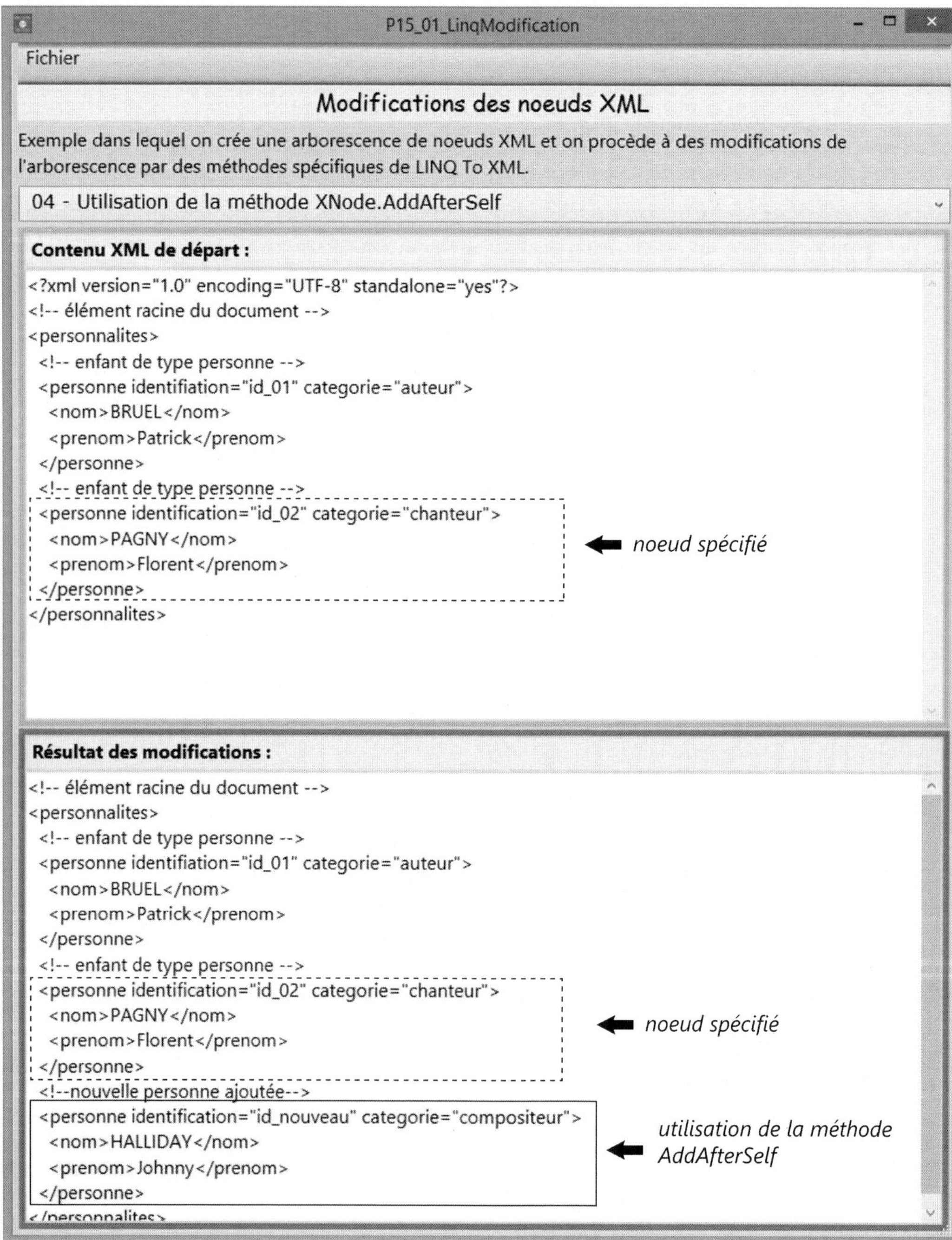
P15_01_LinqModification
Fichier
Modifications des noeuds XML
Exemple dans lequel on crée une arborescence de noeuds XML et on procède à des modifications de l'arborescence par des méthodes spécifiques de LINQ To XML.
04 - Utilisation de la méthode XNode.AddAfterSelf
Contenu XML de départ :
<?xml version="1.0" encoding="UTF-8" standalone="yes"?>
<!-- élément racine du document -->
<personnalites>
<!-- enfant de type personne -->
<personne identifiation="id_01" categorie="auteur">
<nom>BRUEL</nom>
<prenom>Patrick</prenom>
</personne>
<!-- enfant de type personne -->
<personne identification="id_02" categorie="chanteur">
<nom>PAGNY</nom>
<prenom>Florent</prenom>
</personne>
</personnalites>
noeud spécifié
Résultat des modifications :
<!-- élément racine du document -->
<personnalites>
<!-- enfant de type personne -->
<personne identifiation="id_01" categorie="auteur">
<nom>BRUEL</nom>
<prenom>Patrick</prenom>
</personne>
<!-- enfant de type personne -->
<personne identification="id_02" categorie="chanteur">
<nom>PAGNY</nom>
<prenom>Florent</prenom>
</personne>
<!--nouvelle personne ajoutée-->
<personne identification="id_nouveau" categorie="compositeur">
<nom>HALLIDAY</nom>
<prenom>Johnny</prenom>
</personne>
noeud spécifié
utilisation de la méthode AddAfterSelf

1.3 - Méthodes *Remove* et *RemoveAll*

Deux méthodes permettent de supprimer des nœuds: la méthode *Remove* et la méthode *RemoveAll*. La méthode *Remove*, héritée de **XNode**, permet de supprimer un nœud quelconque dans un arbre XML. Le cinquième choix du sélecteur consiste à utiliser la méthode *Remove* pour supprimer un nœud. La figure 15.7 montre le résultat obtenu.
La racine *<personnalites>* possède comme enfants trois éléments *<personne>* et trois commentaires. Le nœud que l'on cible est un nœud *<personne>* dont l'attribut *identification* a pour valeur *id_02*. On déclare une variable *ref_elem* de type **XElement**, on lui affecte la valeur *null* pour l'initialiser, et on effectue un parcours pour trouver sa valeur. Ici on effectue un parcours de la collection *collect_personnalites* de type *IEnumerable<XElement>* qui contient tous les enfants de *<personnalites>*. Quand les conditions recherchées sont trouvées, on affecte à *ref_elem* l'élément ciblé. Pour supprimer cet élément, il suffit d'appliquer la méthode *Remove* à l'élément *ref_elem*. A noter que la méthode *Remove* ne doit pas être appliquée à l'élément à supprimer dans la boucle *foreach* lors du parcours. D'où le côté pratique de l'utilisation d'une référence à l'élément ciblé.

```
//chargement du contenu du fichier xml
x_tbl_xml.Text = File.ReadAllText(
   g_doss_exe + "/ressource_externe/exemple_pour_05_06.xml");
//traitement effectué
try {
  XDocument doc_xml = XDocument.Load(
    g_doss_exe + "/ressource_externe/exemple_pour_05_06.xml");
  XElement ref_elem = null;
  IEnumerable<XElement> collect_personnalites = doc_xml.Descendants();
  foreach (XElement elem in collect_personnalites) {
    if (elem.HasAttributes == true) {
      IEnumerable<XAttribute> collect_attribut = elem.Attributes();
      foreach (XAttribute attribut in collect_attribut) {
        if (attribut.Name == "identification" && attribut.Value == "id_02") {
          ref_elem = elem;
        }
      }
    }
  }
  ref_elem.Remove();
  x_tbl_resultat.Text = doc_xml.ToString();
}
catch (Exception ex) {
  MessageBox.Show(ex.Message); }
```

FIGURE 15.7

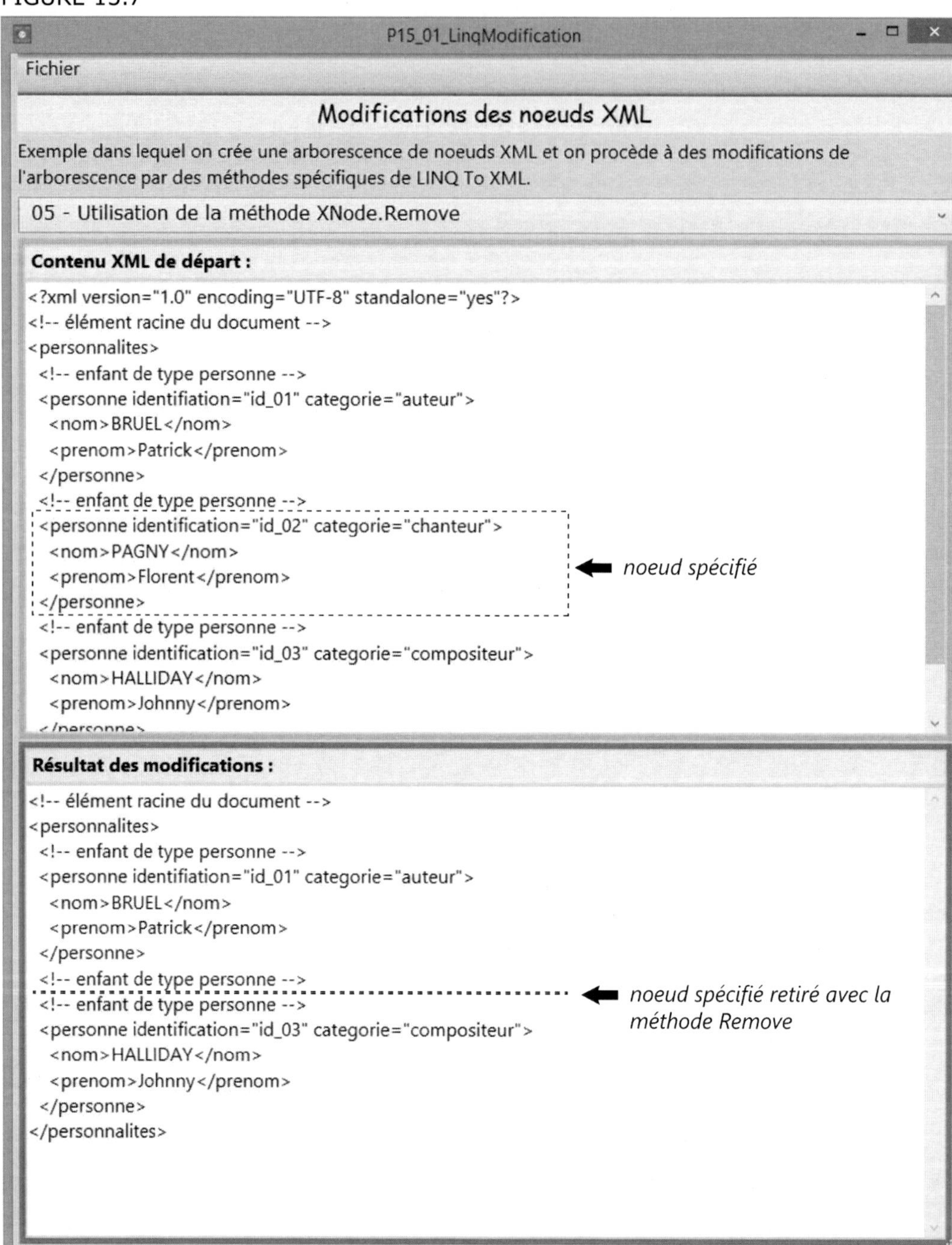

P15_01_LinqModification
Fichier
Modifications des noeuds XML
Exemple dans lequel on crée une arborescence de noeuds XML et on procède à des modifications de l'arborescence par des méthodes spécifiques de LINQ To XML.
05 - Utilisation de la méthode XNode.Remove
Contenu XML de départ :
<?xml version="1.0" encoding="UTF-8" standalone="yes"?>
<!-- élément racine du document -->
<personnalites>
<!-- enfant de type personne -->
<personne identifiation="id_01" categorie="auteur">
<nom>BRUEL</nom>
<prenom>Patrick</prenom>
</personne>
<!-- enfant de type personne -->
<personne identification="id_02" categorie="chanteur">
<nom>PAGNY</nom>
<prenom>Florent</prenom>
</personne>
noeud spécifié
<!-- enfant de type personne -->
<personne identification="id_03" categorie="compositeur">
<nom>HALLIDAY</nom>
<prenom>Johnny</prenom>
Résultat des modifications :
<!-- élément racine du document -->
<personnalites>
<!-- enfant de type personne -->
<personne identifiation="id_01" categorie="auteur">
<nom>BRUEL</nom>
<prenom>Patrick</prenom>
</personne>
<!-- enfant de type personne -->
noeud spécifié retiré avec la méthode Remove
<!-- enfant de type personne -->
<personne identification="id_03" categorie="compositeur">
<nom>HALLIDAY</nom>
<prenom>Johnny</prenom>
</personne>
</personnalites>

Parfois il est nécessaire de supprimer le contenu d'un élément mais pas l'élément lui-même. Pour cela il y a la méthode *RemoveAll*, héritée de **XElement**, qui supprime des nœuds et des attributs de l'élément ciblé. Le sixième choix du sélecteur consiste à utiliser la méthode *RemoveAll* pour supprimer le contenu d'un nœud. La figure 15.8 montre le résultat obtenu.

La racine *<personnalites>* possède comme enfants trois éléments *<personne>* et trois commentaires. Le nœud que l'on cible est un nœud *<personne>* dont l'attribut *identification* a pour valeur *id_02*. On déclare une variable *ref_elem* de type **XElement**, on lui affecte la valeur *null* pour l'initialiser, et on effectue un parcours pour trouver sa valeur. Ici on effectue un parcours de la collection *collect_personnalites* de type *IEnumerable<XElement>* qui contient tous les enfants de *<personnalites>*.

Quand les conditions recherchées sont trouvées, on affecte à *ref_elem* l'élément ciblé. Pour vider le contenu de cet élément (attributs de l'élément ainsi que tous les enfants), il suffit d'appliquer la méthode *RemoveAll* à l'élément *ref_elem*. La balise résultante après le passage de la méthode *RemoveAll* est une balise vide avec l'expression *<personne />*.

```
//chargement du contenu du fichier xml
x_tbl_xml.Text = File.ReadAllText(
  g_doss_exe + "/ressource_externe/exemple_pour_05_06.xml");
//traitement effectué
try {
 XDocument doc_xml = XDocument.Load(
   g_doss_exe + "/ressource_externe/exemple_pour_05_06.xml");
 XElement ref_elem = null;
 IEnumerable<XElement> collect_personnalites = doc_xml.Descendants();
 foreach (XElement elem in collect_personnalites) {
   if (elem.HasAttributes == true) {
     IEnumerable<XAttribute> collect_attribut = elem.Attributes();
     foreach (XAttribute attribut in collect_attribut) {
       if (attribut.Name == "identification" && attribut.Value == "id_02") {
         ref_elem = elem;
       }
     }
   }
 }
 ref_elem.RemoveAll();
 x_tbl_resultat.Text = doc_xml.ToString();
}
catch (Exception ex) {
 MessageBox.Show(ex.Message);
}
```

FIGURE 15.8

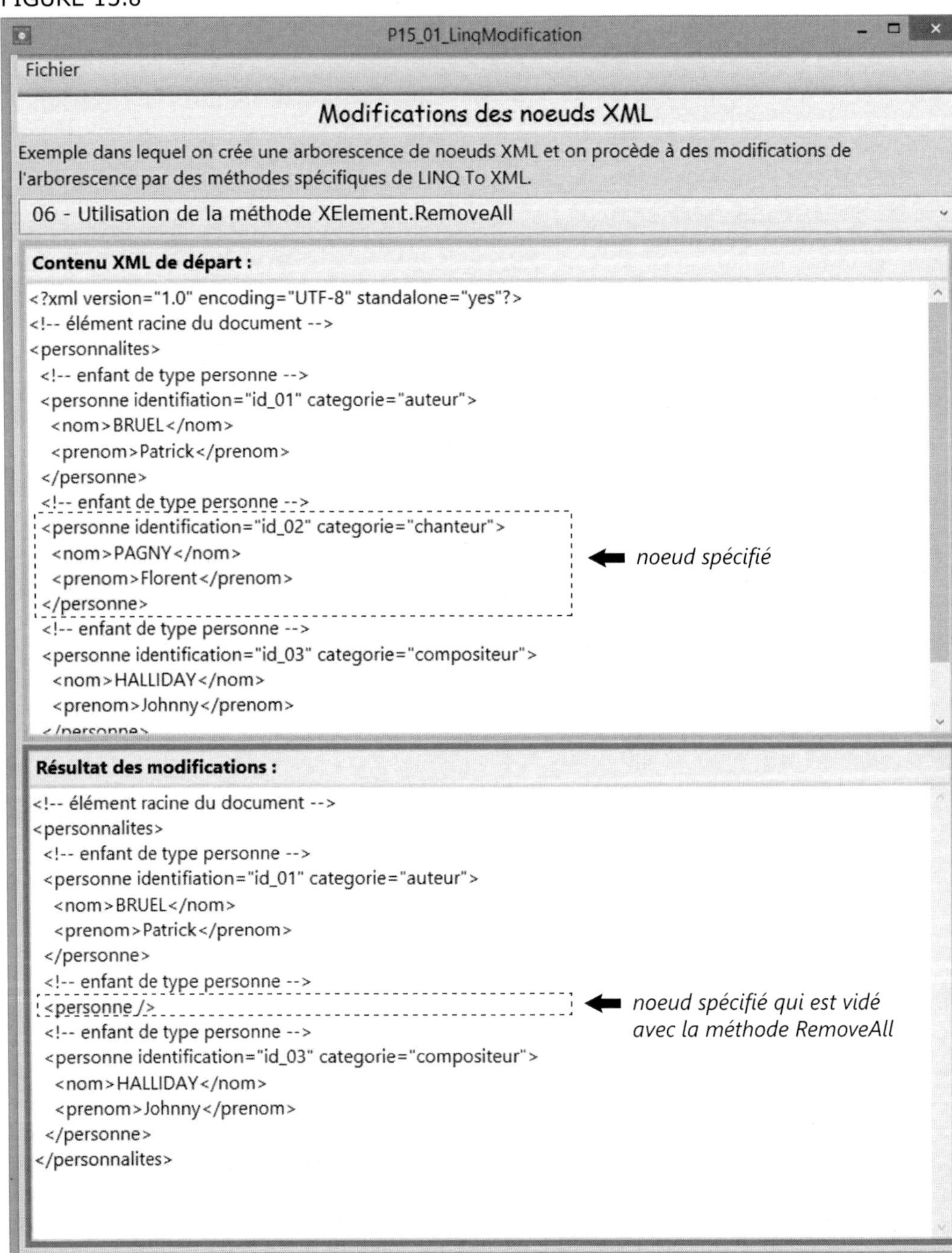
P15_01_LinqModification
Fichier
Modifications des noeuds XML
Exemple dans lequel on crée une arborescence de noeuds XML et on procède à des modifications de l'arborescence par des méthodes spécifiques de LINQ To XML.
06 - Utilisation de la méthode XElement.RemoveAll
Contenu XML de départ :
<?xml version="1.0" encoding="UTF-8" standalone="yes"?>
<!-- élément racine du document -->
<personnalites>
<!-- enfant de type personne -->
<personne identifiation="id_01" categorie="auteur">
<nom>BRUEL</nom>
<prenom>Patrick</prenom>
</personne>
<!-- enfant de type personne -->
<personne identification="id_02" categorie="chanteur">
<nom>PAGNY</nom>
<prenom>Florent</prenom>
</personne>
noeud spécifié
<!-- enfant de type personne -->
<personne identification="id_03" categorie="compositeur">
<nom>HALLIDAY</nom>
<prenom>Johnny</prenom>
Résultat des modifications :
<!-- élément racine du document -->
<personnalites>
<!-- enfant de type personne -->
<personne identifiation="id_01" categorie="auteur">
<nom>BRUEL</nom>
<prenom>Patrick</prenom>
</personne>
<!-- enfant de type personne -->
<personne />
noeud spécifié qui est vidé avec la méthode RemoveAll
<!-- enfant de type personne -->
<personne identification="id_03" categorie="compositeur">
<nom>HALLIDAY</nom>
<prenom>Johnny</prenom>
</personne>
</personnalites>

1.4 - Modification de la propriété *Value*

La propriété *Value* des objets **XElement**, **XText** et **XComment**, peut être directement modifiée. Le septième choix du sélecteur consiste à effectuer des modifications de l'élément ciblé par la modification de la valeur de la propriété *Value*. La figure 15.9 montre le résultat obtenu.

Ici on souhaite modifier l'élément *<personne>* dont l'attribut *identification* a pour valeur *id_02*. Quand on a trouvé cet élément (*ref_elem* référençant cet élément), on peut alors procéder aux modifications:

- l'écriture *ref_elem.Element("nom").Value = "PAGNY"* permet de modifier le contenu de l'enfant *<nom>* de *<personne>*.
- l'écriture *ref_elem.Nodes().OfType<XComment>().First().Value = "description de la personne"* permet de modifier le contenu du premier commentaire trouvé.
- l'écriture *ref_elem.Element("prenom").Value = "Florent"* permet de modifier le contenu de l'enfant *<prenom>* de *<personne>*.
- l'écriture *ref_elem.Nodes().Last().AddAfterSelf(new XElement("telephone", "01 02 03 04 555"))* permet d'ajouter un élément *<telephone>* comme dernier enfant de *<personne>*.
- l'écriture *ref_elem.Element("telephone").Value = "01 02 03 04 05"* permet de modifier le contenu de *<telephone>* venant d'être ajouté comme dernier enfant de *<personne>*.

```
XDocument doc_xml = XDocument.Load(
  g_doss_exe + "/ressource_externe/exemple_pour_07.xml");
XElement ref_elem = null;
IEnumerable<XElement> collect_personnalites = doc_xml.Descendants();
foreach (XElement elem in collect_personnalites) {
  if (elem.HasAttributes == true) {
    IEnumerable<XAttribute> collect_attribut = elem.Attributes();
    foreach (XAttribute attribut in collect_attribut) {
      if (attribut.Name == "identification" && attribut.Value == "id_02") {
        ref_elem = elem;    }  }  }
}
ref_elem.Element("nom").Value = "PAGNY";
ref_elem.Nodes().OfType<XComment>().First().Value =
   "description de la personne";
ref_elem.Element("prenom").Value = "Florent";
ref_elem.Nodes().Last().AddAfterSelf(
   new XElement("telephone", "01 02 03 04 555"));
ref_elem.Element("telephone").Value = "01 02 03 04 05";
... }
```

FIGURE 15.9

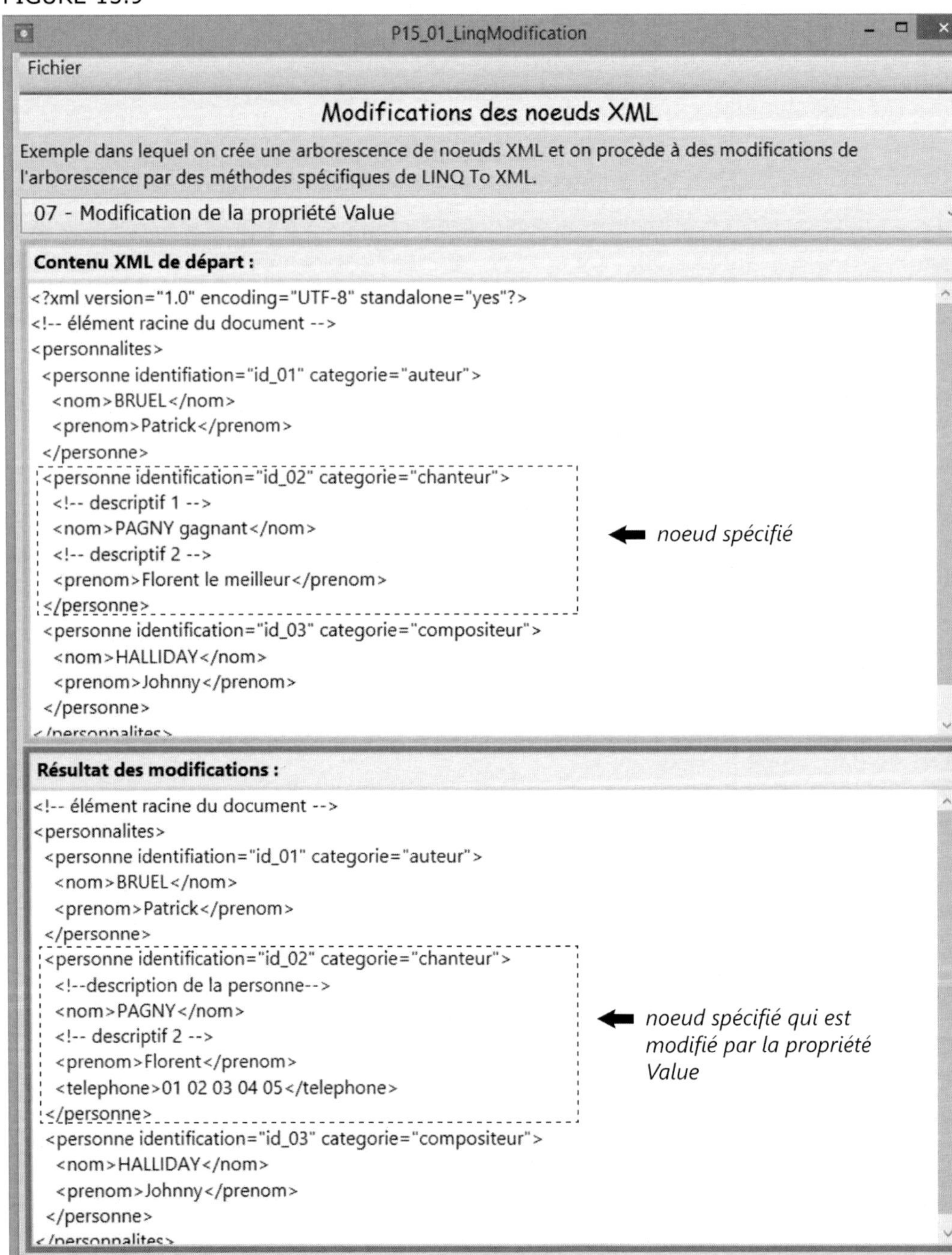
P15_01_LinqModification
Fichier
Modifications des noeuds XML
Exemple dans lequel on crée une arborescence de noeuds XML et on procède à des modifications de l'arborescence par des méthodes spécifiques de LINQ To XML.
07 - Modification de la propriété Value
Contenu XML de départ :
<?xml version="1.0" encoding="UTF-8" standalone="yes"?>
<!-- élément racine du document -->
<personnalites>
<personne identifiation="id_01" categorie="auteur">
<nom>BRUEL</nom>
<prenom>Patrick</prenom>
</personne>
<personne identification="id_02" categorie="chanteur">
<!-- descriptif 1 -->
<nom>PAGNY gagnant</nom>
<!-- descriptif 2 -->
<prenom>Florent le meilleur</prenom>
</personne>
noeud spécifié
<personne identification="id_03" categorie="compositeur">
<nom>HALLIDAY</nom>
<prenom>Johnny</prenom>
</personne>
Résultat des modifications :
<!-- élément racine du document -->
<personnalites>
<personne identifiation="id_01" categorie="auteur">
<nom>BRUEL</nom>
<prenom>Patrick</prenom>
</personne>
<personne identification="id_02" categorie="chanteur">
<!--description de la personne-->
<nom>PAGNY</nom>
<!-- descriptif 2 -->
<prenom>Florent</prenom>
<telephone>01 02 03 04 05</telephone>
</personne>
noeud spécifié qui est modifié par la propriété Value
<personne identification="id_03" categorie="compositeur">
<nom>HALLIDAY</nom>
<prenom>Johnny</prenom>
</personne>

1.5 - Méthode *ReplaceAll*

La méthode *ReplaceAll* de **XElement** permet de remplacer l'arbre XML relatif à un élément. Elle remplace les nœuds enfants et les attributs de l'élément ciblé par le contenu spécifié. Elle utilise la sémantique des instantanés, c'est-à-dire qu'elle crée une copie séparée du nouveau contenu avant de remplacer le contenu de l'élément actuel par le nouveau contenu. Elle reçoit en paramètre un élément ou bien une série d'éléments. Le huitième choix du sélecteur consiste à remplacer les attributs et les éléments enfants de l'élément ciblé. La figure 15.10 montre le résultat obtenu.

Ici on souhaite modifier l'élément *<personne>* dont l'attribut *identification* a pour valeur *id_03*. On passe en paramètre à la méthode *ReplaceAll* que l'on applique à l'élément ciblé *ref_elem*:

- un tableau *tab_attributs* de type **XAttribute** qui contient les attributs à ajouter à l'élément *<personne>* ciblé.
- un ensemble d'éléments avec des commentaires de type **XComment** et des éléments de type **XElement** selon un ordre défini.

```
try {
  XDocument doc_xml = XDocument.Load(
    g_doss_exe + "/ressource_externe/exemple_pour_08_09.xml");
  XElement ref_elem = null;
  IEnumerable<XElement> collect_personnalites = doc_xml.Descendants();
  foreach (XElement elem in collect_personnalites) {
    if (elem.HasAttributes == true) {
      IEnumerable<XAttribute> collect_attribut = elem.Attributes();
      foreach (XAttribute attribut in collect_attribut) {
        if (attribut.Name == "identification" && attribut.Value == "id_03") {
          ref_elem = elem;      }    }  }
  }
  XAttribute[] tab_attributs = {
      new XAttribute("identification", "id_03"),
      new XAttribute("categorie", "chanteur"),
      new XAttribute("pays", "France")
  };
  ref_elem.ReplaceAll(tab_attributs,
    new XComment("descriptif 1"),
    new XElement("nom", "HALLIDAY"),
    new XComment("descriptif 2"),
    new XElement("prenom", "Johnny"),
    new XElement("telephone", "01 02 03 04 05")
  );
  x_tbl_resultat.Text = doc_xml.ToString(); }
```

FIGURE 15.10

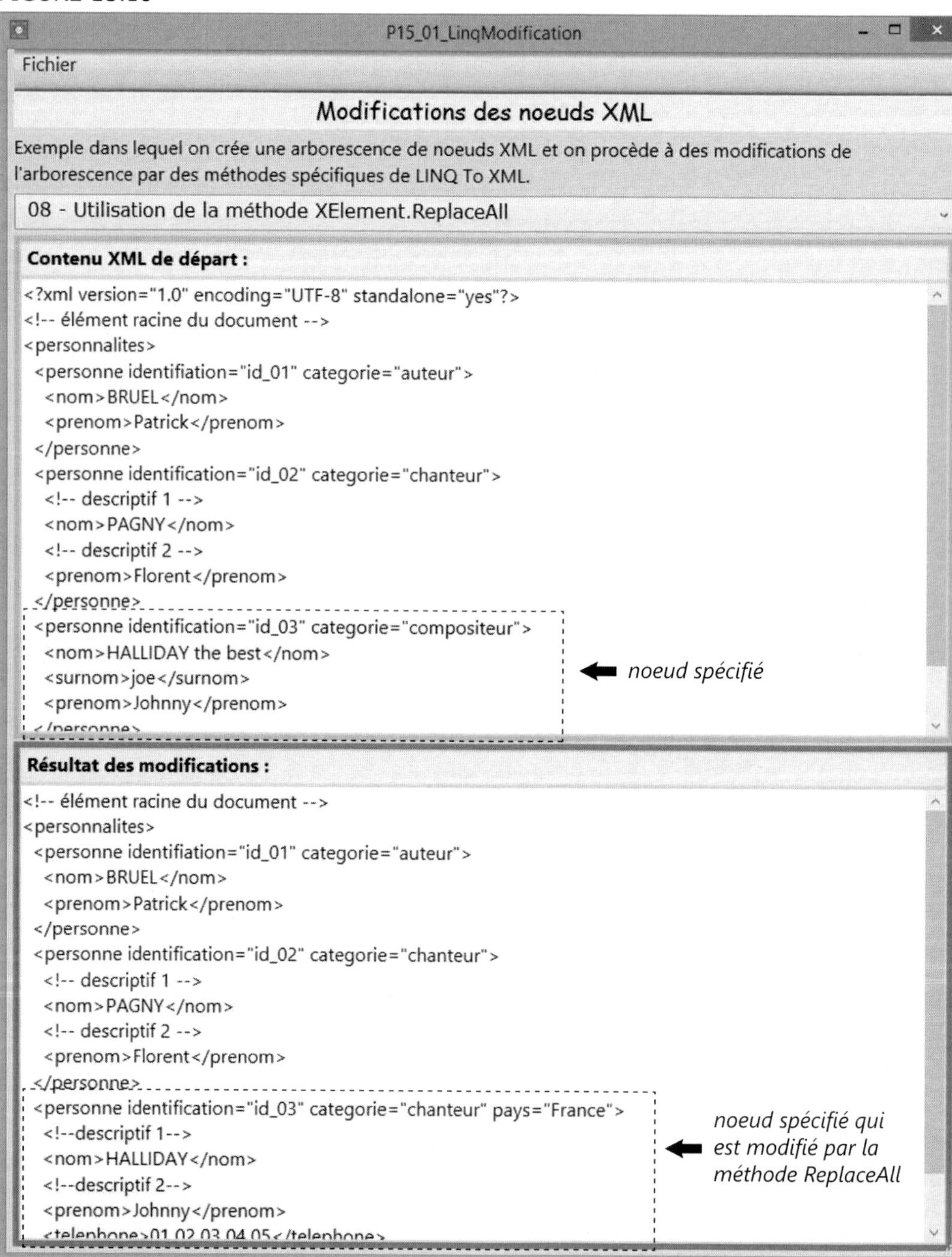
P15_01_LinqModification
Fichier
Modifications des noeuds XML
Exemple dans lequel on crée une arborescence de noeuds XML et on procède à des modifications de l'arborescence par des méthodes spécifiques de LINQ To XML.
08 - Utilisation de la méthode XElement.ReplaceAll
Contenu XML de départ :
<?xml version="1.0" encoding="UTF-8" standalone="yes"?>
<!-- élément racine du document -->
<personnalites>
<personne identifiation="id_01" categorie="auteur">
<nom>BRUEL</nom>
<prenom>Patrick</prenom>
</personne>
<personne identification="id_02" categorie="chanteur">
<!-- descriptif 1 -->
<nom>PAGNY</nom>
<!-- descriptif 2 -->
<prenom>Florent</prenom>
</personne>
<personne identification="id_03" categorie="compositeur">
<nom>HALLIDAY the best</nom>
<surnom>joe</surnom>
<prenom>Johnny</prenom>
noeud spécifié
Résultat des modifications :
<!-- élément racine du document -->
<personnalites>
<personne identifiation="id_01" categorie="auteur">
<nom>BRUEL</nom>
<prenom>Patrick</prenom>
</personne>
<personne identification="id_02" categorie="chanteur">
<!-- descriptif 1 -->
<nom>PAGNY</nom>
<!-- descriptif 2 -->
<prenom>Florent</prenom>
</personne>
<personne identification="id_03" categorie="chanteur" pays="France">
<!--descriptif 1-->
<nom>HALLIDAY</nom>
<!--descriptif 2-->
<prenom>Johnny</prenom>
noeud spécifié qui est modifié par la méthode ReplaceAll

1.6 - Méthode *SetElementValue*

La méthode *SetElementValue* de **XElement** est une méthode très puissante qui permet d'ajouter, de modifier et de supprimer les éléments enfants de l'élément sur lequel elle est appelée. Cette méthode admet deux paramètres: le nom de l'élément enfant à atteindre et la valeur qui doit lui être affectée. Si un enfant portant ce nom est trouvé, et si la valeur passée est différente de *null*, l'enfant est mis à jour. Si la valeur passée vaut *null*, l'enfant est supprimé. Si aucun enfant portant ce nom n'est trouvé, il est créé et la valeur spécifiée lui est affectée. La méthode n'affecte que le premier élément enfant portant le nom spécifié. Si un ou plusieurs autres éléments enfants portent le même nom, ils ne sont pas affectés. Le neuvième choix du sélecteur consiste à utiliser la méthode *SetElementValue* pour effectuer des modifications de l'élément ciblé. La figure 15.11 montre le résultat obtenu. Ici on souhaite modifier l'élément *<personne>* dont l'attribut *identification* a pour valeur *id_03*. Par l'écriture *ref_elem.SetElementValue("nom", "HALLIDAY")*, on modifie le contenu de l'élément *<nom>* de *<personne>* (cas où l'élément enfant *<nom>* est trouvé, et la valeur passée est différente de *null*). Par l'écriture *ref_elem.SetElementValue("surnom", null)*, on supprime l'élément *<surnom>* (cas où l'élément enfant *<surnom>* est trouvé, et la valeur passée est *null*). Par l'écriture *ref_elem.SetElementValue("telephone", "01 02 03 04 05")*, on ajoute l'élément *<telephone>* en lui affectant la valeur *"01 02 03 04 05"* (cas où aucun élément enfant n'est trouvé).

```
XDocument doc_xml = XDocument.Load(
   g_doss_exe + "/ressource_externe/exemple_pour_08_09.xml");
XElement ref_elem = null;
IEnumerable<XElement> collect_personnalites = doc_xml.Descendants();
foreach (XElement elem in collect_personnalites) {
  if (elem.HasAttributes == true) {
    IEnumerable<XAttribute> collect_attribut = elem.Attributes();
    foreach (XAttribute attribut in collect_attribut) {
      if (attribut.Name == "identification" && attribut.Value == "id_03") {
        ref_elem = elem;
      }
    }
  }
}
ref_elem.SetElementValue("nom", "HALLIDAY");
ref_elem.SetElementValue("surnom", null);
ref_elem.SetElementValue("telephone", "01 02 03 04 05");
x_tbl_resultat.Text = doc_xml.ToString();
```

FIGURE 15.11

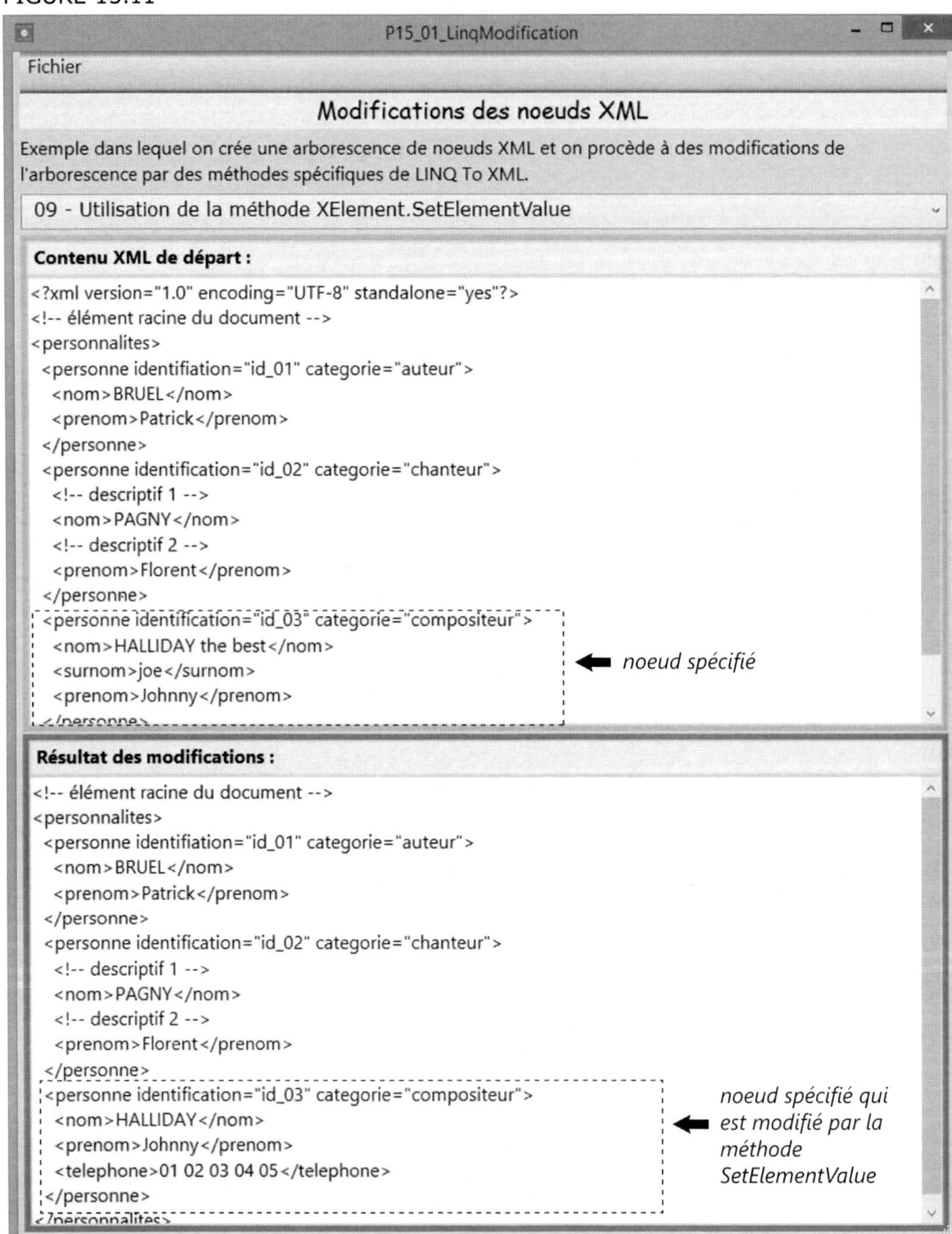
P15_01_LinqModification
Fichier
Modifications des noeuds XML
Exemple dans lequel on crée une arborescence de noeuds XML et on procède à des modifications de l'arborescence par des méthodes spécifiques de LINQ To XML.
09 - Utilisation de la méthode XElement.SetElementValue
Contenu XML de départ :
<?xml version="1.0" encoding="UTF-8" standalone="yes"?>
<!-- élément racine du document -->
<personnalites>
<personne identifiation="id_01" categorie="auteur">
<nom>BRUEL</nom>
<prenom>Patrick</prenom>
</personne>
<personne identification="id_02" categorie="chanteur">
<!-- descriptif 1 -->
<nom>PAGNY</nom>
<!-- descriptif 2 -->
<prenom>Florent</prenom>
</personne>
<personne identification="id_03" categorie="compositeur">
<nom>HALLIDAY the best</nom>
<surnom>joe</surnom>
<prenom>Johnny</prenom>
noeud spécifié
Résultat des modifications :
<!-- élément racine du document -->
<personnalites>
<personne identifiation="id_01" categorie="auteur">
<nom>BRUEL</nom>
<prenom>Patrick</prenom>
</personne>
<personne identification="id_02" categorie="chanteur">
<!-- descriptif 1 -->
<nom>PAGNY</nom>
<!-- descriptif 2 -->
<prenom>Florent</prenom>
</personne>
<personne identification="id_03" categorie="compositeur">
<nom>HALLIDAY</nom>
<prenom>Johnny</prenom>
<telephone>01 02 03 04 05</telephone>
</personne>
noeud spécifié qui est modifié par la méthode SetElementValue

2 - La gestion des attributs

Avec LINQ To XML, les attributs sont implémentés dans la classe **XAttribute**, et ils n'héritent pas d'un nœud. La figure 15.12 visualise un diagramme partiel des classes où sont localisées les propriétés et les méthodes qui permettent d'accéder aux attributs. Nous verrons principalement l'utilisation des propriétés héritées de **XAttribute** avec *NextAttribute* et *PreviousAttribute*, de la méthode héritée de **XAttribute** avec *Remove*, des propriétés héritées de **XElement** avec *FirstAttribute* et *LastAttribute*, et des méthodes héritées de **XElement** avec *Attribute, Attributes, SetAttributeValue, RemoveAttributes* et *ReplaceAttributes*.

FIGURE 15.12

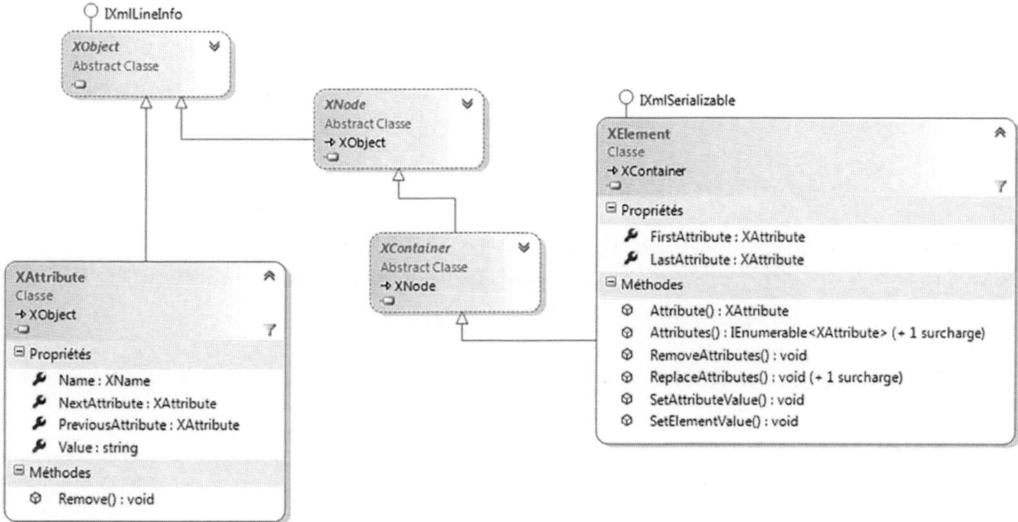

La solution de projet *P15_02_LinqAttribut.sln*, qui se trouve dans le dossier *chapitre_15/P15_02_LinqAttribut*, consiste à mettre en pratique les principales techniques utilisées pour la gestion des attributs pour un élément XML. Un sélecteur permet de choisir une action à réaliser (figure 15.13).

FIGURE 15.13

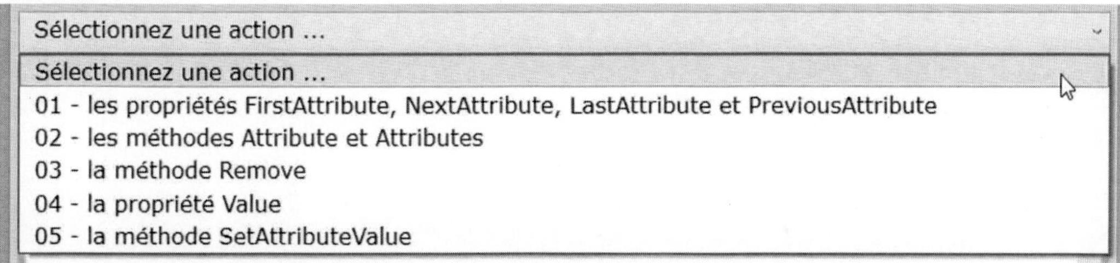

Le premier choix du sélecteur permet de montrer l'utilisation des propriétés *FisrtAttribute, NextAttribute, LastAttribute* et *PreviousAttribute*. La figure 15.14 montre le résultat obtenu.

On cible l'élément *<personne>* ayant l'attribut *identification* avec la valeur *id_01* et on affecte à la variable *ref_elem*, de type **XElement**, cet élément ciblé. Les attributs sont stockés dans l'élément avec l'ordre dans lequel ils ont été ajoutés à l'élément.

La propriété *FirstAttribute*, héritée de **XElement**, retourne le premier attribut trouvé de l'élément ciblé. En écrivant *attr_premier = ref_elem.FirstAttribute*, on affecte à la variable *attr_premier* le premier attribut trouvé de type **XAttribute**. Et l'écriture *attr_premier.ToString()* retourne la chaîne *identification="id_01"*.

La propriété *LastAttribute*, héritée de **XElement**, retourne le dernier attribut trouvé de l'élément ciblé. En écrivant *attr_dernier = ref_elem.LastAttribute*, on affecte à la variable *attr_dernier* le dernier attribut trouvé de type **XAttribute**. Et l'écriture *attr_dernier.ToString()* retourne la chaîne *age="40"*.

La propriété *NextAttribute*, héritée de **XAttribute**, retourne l'attribut suivant de la collection des attributs de l'élément. En écrivant *attr_prem_next = ref_elem.FirstAttribute.NextAttribute*, on obtient le deuxième attribut de l'élément. Si aucun attribut n'est trouvé, c'est la valeur *null* qui est retournée.

La propriété *PreviousAttribute*, héritée de **XAttribute**, retourne l'attribut précédent de la collection des attributs de l'élément. En écrivant *attr_dern_prec = ref_elem.LastAttribute.PreviousAttribute*, on obtient l'avant-dernier attribut de l'élément. Si aucun attribut n'est trouvé, c'est la valeur *null* qui est retournée.

```
x_tbl_xml.Text = File.ReadAllText(
   g_doss_exe + "/ressource_externe/exemple_pour_01.xml");
XDocument doc_xml = XDocument.Load(
   g_doss_exe + "/ressource_externe/exemple_pour_01.xml");
XElement ref_elem = null;
IEnumerable<XElement> collect_personnalites =
   doc_xml.Elements("personnalites").Descendants();
foreach (XElement elem in collect_personnalites) {
  if (elem.HasAttributes == true) {
   IEnumerable<XAttribute> collect_attribut = elem.Attributes();
   foreach (XAttribute attribut in collect_attribut) {
     if (attribut.Name == "identification" && attribut.Value == "id_01") {
       ref_elem = elem;   }   }   }  }
XAttribute attr_premier = ref_elem.FirstAttribute;
x_tbl_resultat.Text += "élément ciblé (identification = id_01): " + RC;
x_tbl_resultat.Text += "propriété FirstAttribute => " + attr_premier.ToString() + RC;
XAttribute attr_dernier = ref_elem.LastAttribute;
x_tbl_resultat.Text += "propriété LastAttribute => " + attr_dernier.ToString() + RC;
XAttribute attr_prem_next = ref_elem.FirstAttribute.NextAttribute;
XAttribute attr_dern_prec = ref_elem.LastAttribute.PreviousAttribute;
```

FIGURE 15.14

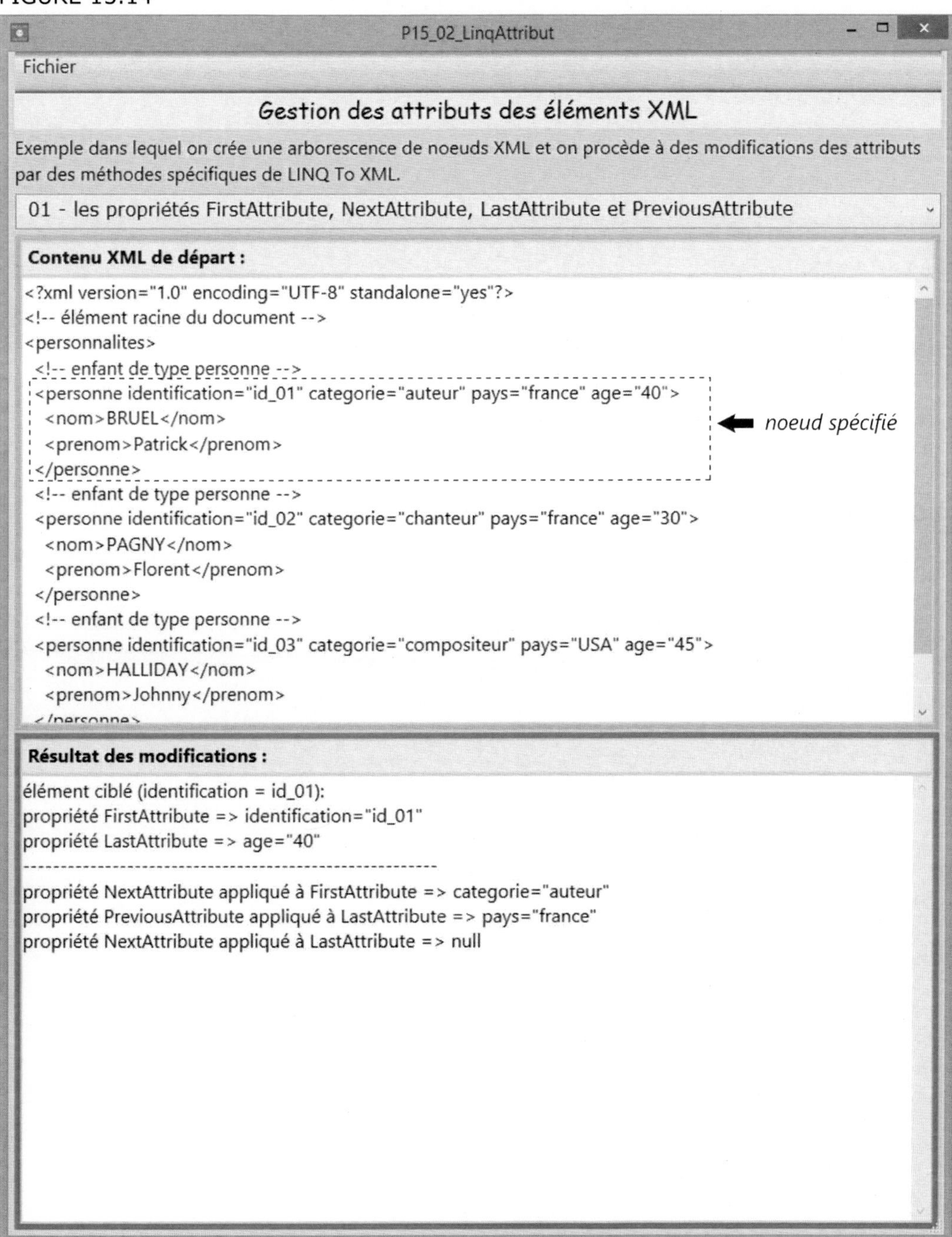
P15_02_LinqAttribut
Fichier
Gestion des attributs des éléments XML
Exemple dans lequel on crée une arborescence de noeuds XML et on procède à des modifications des attributs par des méthodes spécifiques de LINQ To XML.
01 - les propriétés FirstAttribute, NextAttribute, LastAttribute et PreviousAttribute
Contenu XML de départ :
<?xml version="1.0" encoding="UTF-8" standalone="yes"?>
<!-- élément racine du document -->
<personnalites>
<!-- enfant de type personne -->
<personne identification="id_01" categorie="auteur" pays="france" age="40">
<nom>BRUEL</nom>
<prenom>Patrick</prenom>
</personne>
noeud spécifié
<!-- enfant de type personne -->
<personne identification="id_02" categorie="chanteur" pays="france" age="30">
<nom>PAGNY</nom>
<prenom>Florent</prenom>
</personne>
<!-- enfant de type personne -->
<personne identification="id_03" categorie="compositeur" pays="USA" age="45">
<nom>HALLIDAY</nom>
<prenom>Johnny</prenom>
Résultat des modifications :
élément ciblé (identification = id_01):
propriété FirstAttribute => identification="id_01"
propriété LastAttribute => age="40"
propriété NextAttribute appliqué à FirstAttribute => categorie="auteur"
propriété PreviousAttribute appliqué à LastAttribute => pays="france"
propriété NextAttribute appliqué à LastAttribute => null

Le deuxième choix du sélecteur permet de montrer l'utilisation des méthodes *Attribute* et *Attributes*. La figure 15.15 montre le résultat obtenu. On cible l'élément *<personne>* ayant l'attribut *identification* avec la valeur *id_02* et on affecte à la variable *ref_elem*, de type **XElement**, cet élément ciblé.

La méthode *Attribute*, héritée de **XElement**, retourne l'attribut de type **XAttribute** de l'élément ciblé **XElement** qui possède le nom, de type **XName** spécifié, passé en paramètre. En écrivant *attr_1 = ref_elem.Attribute("categorie")*, on obtient l'attribut *categorie* de l'élément ciblé. On peut afficher le nom de l'attribut par la propriété *Name*, et la valeur de l'attribut par la propriété *Value*.

La méthode *Attributes*, héritée de **XElement**, retourne une collection d'attributs de l'élément ciblé, collection qui est du type *IEnumerable<XAttribute>*. Les attributs de la collection retournée sont dans l'ordre dans lequel ils ont été ajoutés à l'élément. Par un parcours de cette collection, on peut énumérer les attributs par leurs propriétés *Name* et *Value*.

```
//chargement du contenu du fichier xml
x_tbl_xml.Text = File.ReadAllText(
   g_doss_exe + "/ressource_externe/exemple_pour_02.xml");
//traitement effectué
try {
  XDocument doc_xml = XDocument.Load(
     g_doss_exe + "/ressource_externe/exemple_pour_02.xml");
  XElement ref_elem = null;
  IEnumerable<XElement> collect_personnalites =
    doc_xml.Elements("personnalites").Descendants();
  foreach (XElement elem in collect_personnalites) {
    if (elem.HasAttributes == true) {
      IEnumerable<XAttribute> collect_attribut = elem.Attributes();
      foreach (XAttribute attribut in collect_attribut) {
        if (attribut.Name == "identification" && attribut.Value == "id_02") {
          ref_elem = elem;   }
      }
    }
  }
  XAttribute attr_1 = ref_elem.Attribute("categorie");
  x_tbl_resultat.Text += "élément ciblé (identification = id_02): " + RC;
  x_tbl_resultat.Text += "(nom/valeur) ref_elem.Attribute(\"categorie\") => "
    + attr_1.Name + " / " + attr_1.Value + RC;
  x_tbl_resultat.Text += "-------------------------------------------------------" + RC;
  x_tbl_resultat.Text += "ref_elem.Attributes()" + RC;
  IEnumerable<XAttribute> collect_attr = ref_elem.Attributes();
  foreach (XAttribute attribut in collect_attr) {
    x_tbl_resultat.Text += "(nom/valeur) => " + attribut.Name + " / "
      + attribut.Value  + RC;
  }
}
```

FIGURE 15.15

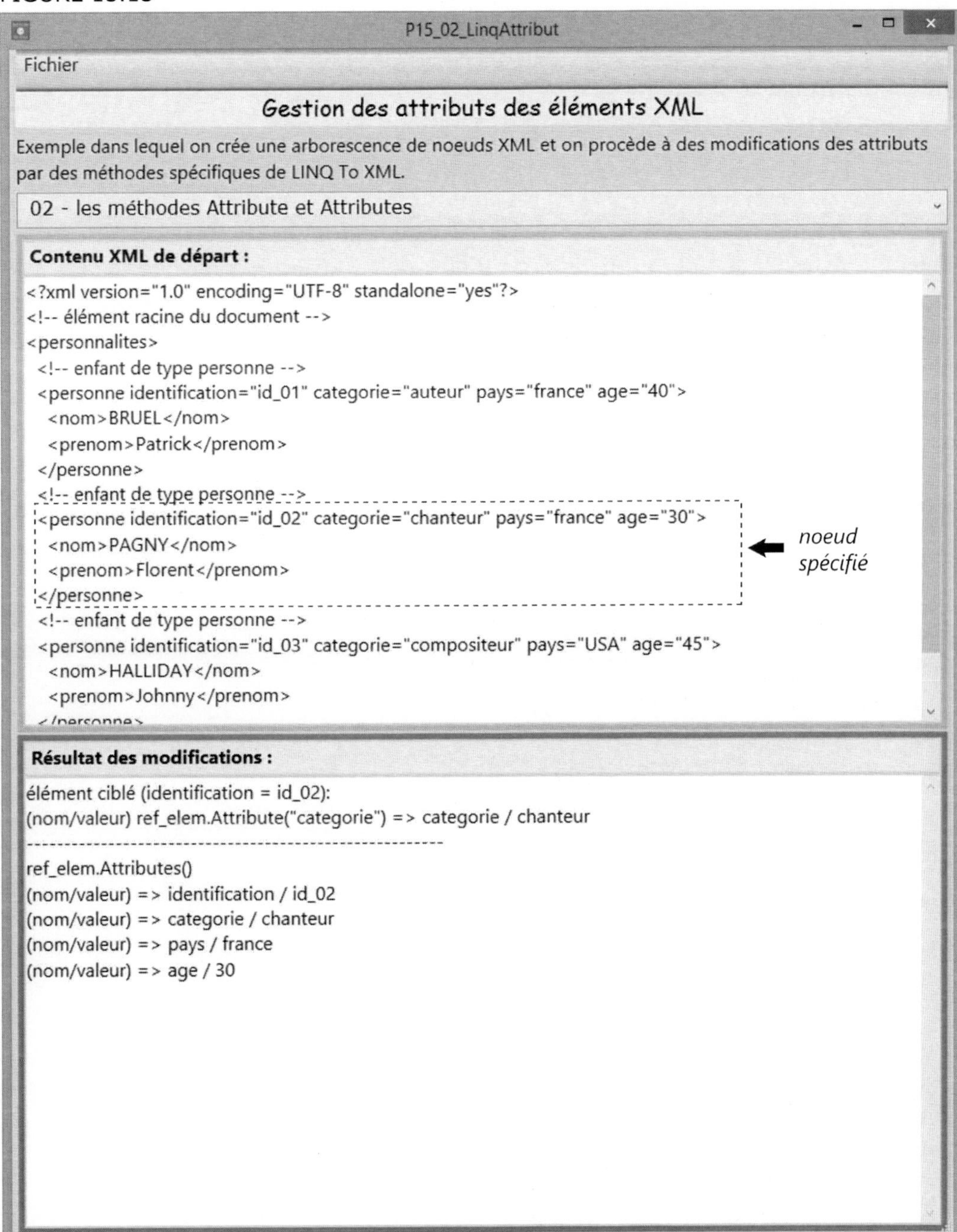
P15_02_LinqAttribut
Fichier
Gestion des attributs des éléments XML
Exemple dans lequel on crée une arborescence de noeuds XML et on procède à des modifications des attributs par des méthodes spécifiques de LINQ To XML.
02 - les méthodes Attribute et Attributes
Contenu XML de départ :
<?xml version="1.0" encoding="UTF-8" standalone="yes"?>
<!-- élément racine du document -->
<personnalites>
<!-- enfant de type personne -->
<personne identification="id_01" categorie="auteur" pays="france" age="40">
<nom>BRUEL</nom>
<prenom>Patrick</prenom>
</personne>
<!-- enfant de type personne -->
<personne identification="id_02" categorie="chanteur" pays="france" age="30">
<nom>PAGNY</nom>
<prenom>Florent</prenom>
</personne>
noeud spécifié
<!-- enfant de type personne -->
<personne identification="id_03" categorie="compositeur" pays="USA" age="45">
<nom>HALLIDAY</nom>
<prenom>Johnny</prenom>
Résultat des modifications :
élément ciblé (identification = id_02):
(nom/valeur) ref_elem.Attribute("categorie") => categorie / chanteur
ref_elem.Attributes()
(nom/valeur) => identification / id_02
(nom/valeur) => categorie / chanteur
(nom/valeur) => pays / france
(nom/valeur) => age / 30

Le troisième choix du sélecteur permet de montrer l'utilisation de la méthode *Remove*. La figure 15.16 montre le résultat obtenu. Par *ref_elem_id_02*, on cible l'élément *<personne>* ayant l'attribut *identification="id_02"*, et par *ref_elem_id_03*, on cible l'élément *<personne>* ayant l'attribut *identification="id_03"*.
La méthode *Remove* de **XAttribute** permet de supprimer un attribut. En écrivant *ref_elem_id_02.Attribute("categorie").Remove()*, on supprime l'attribut nommé *categorie* de l'élément *ref_elem_id_02*. Dans ce cas, la méthode *Remove* s'applique à l'attribut nommé et permet de retirer cet attribut nommé. Si on souhaite enlever tous les attributs de l'élément, il faut appliquer la méthode *Remove* à la collection obtenue. La méthode *IEnumerable<T>.Remove* de la classe **XAttribute** permet de supprimer une séquence d'attributs. En écrivant *ref_elem_id_03.Attributes().Remove()*, on enlève tous les attributs de l'élément *ref_elem_id_03*.

```
//chargement du contenu du fichier xml
x_tbl_xml.Text = File.ReadAllText(
   g_doss_exe + "/ressource_externe/exemple_pour_03.xml");
//traitement effectué
try {
  XDocument doc_xml = XDocument.Load(
    g_doss_exe + "/ressource_externe/exemple_pour_03.xml");
  XElement ref_elem_id_02 = null;
  XElement ref_elem_id_03 = null;
  IEnumerable<XElement> collect_personnalites =
    doc_xml.Elements("personnalites").Descendants();
  foreach (XElement elem in collect_personnalites) {
    if (elem.HasAttributes == true) {
      IEnumerable<XAttribute> collect_attribut = elem.Attributes();
      foreach (XAttribute attribut in collect_attribut) {
        if (attribut.Name == "identification" && attribut.Value == "id_02") {
          ref_elem_id_02 = elem;
        }
        if (attribut.Name == "identification" && attribut.Value == "id_03") {
          ref_elem_id_03 = elem;
        }
      }
    }
  }
  ref_elem_id_02.Attribute("categorie").Remove();
  ref_elem_id_02.Attribute("age").Remove();
  ref_elem_id_03.Attributes().Remove();
  x_tbl_resultat.Text += doc_xml.ToString();
}
catch (Exception ex) {
  MessageBox.Show(ex.Message);
}
```

FIGURE 15.16

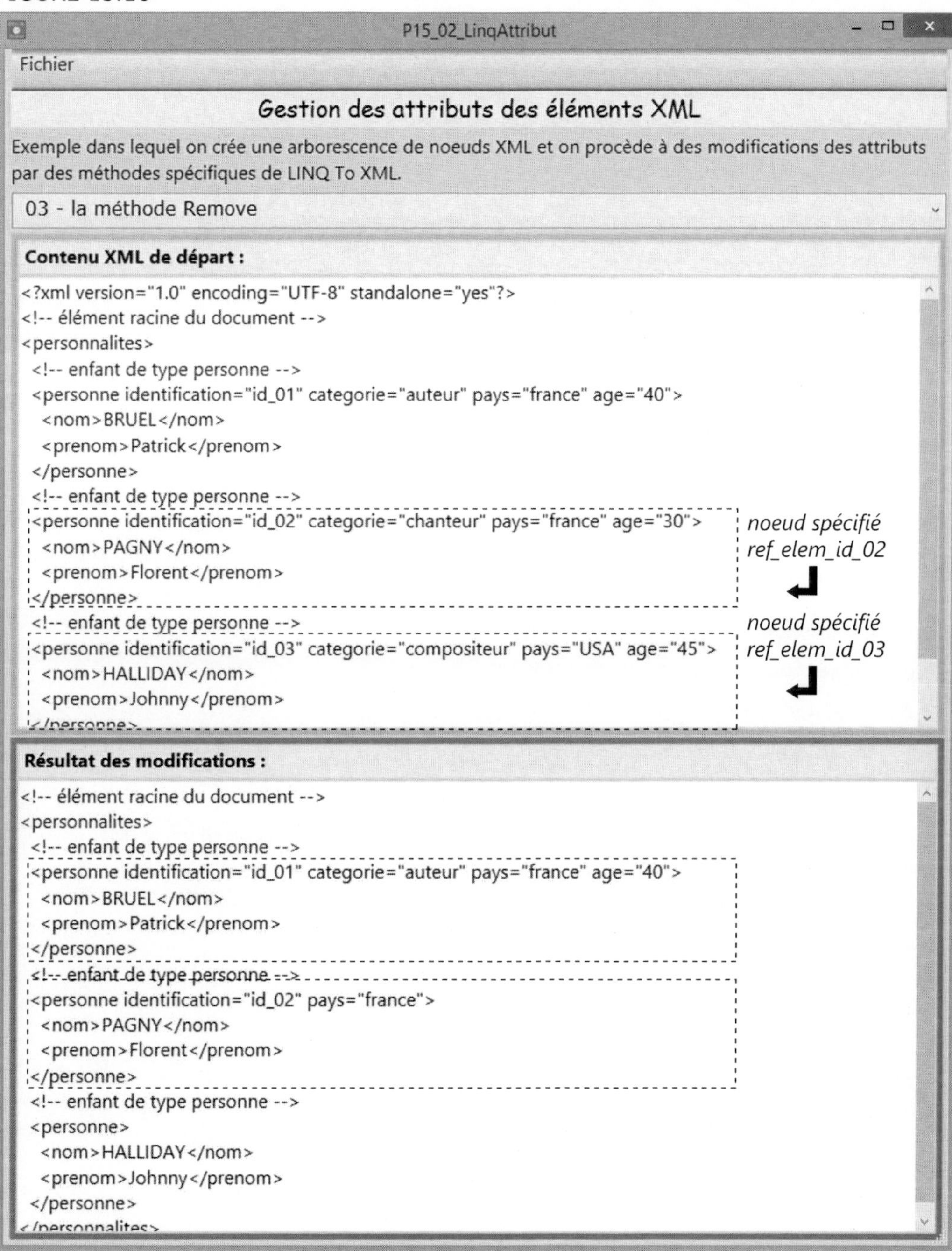
P15_02_LinqAttribut
Fichier
Gestion des attributs des éléments XML
Exemple dans lequel on crée une arborescence de noeuds XML et on procède à des modifications des attributs par des méthodes spécifiques de LINQ To XML.
03 - la méthode Remove
Contenu XML de départ :
<?xml version="1.0" encoding="UTF-8" standalone="yes"?>
<!-- élément racine du document -->
<personnalites>
<!-- enfant de type personne -->
<personne identification="id_01" categorie="auteur" pays="france" age="40">
<nom>BRUEL</nom>
<prenom>Patrick</prenom>
</personne>
<!-- enfant de type personne -->
<personne identification="id_02" categorie="chanteur" pays="france" age="30">
<nom>PAGNY</nom>
<prenom>Florent</prenom>
</personne>
<!-- enfant de type personne -->
<personne identification="id_03" categorie="compositeur" pays="USA" age="45">
<nom>HALLIDAY</nom>
<prenom>Johnny</prenom>
noeud spécifié
ref_elem_id_02
noeud spécifié
ref_elem_id_03
Résultat des modifications :
<!-- élément racine du document -->
<personnalites>
<!-- enfant de type personne -->
<personne identification="id_01" categorie="auteur" pays="france" age="40">
<nom>BRUEL</nom>
<prenom>Patrick</prenom>
</personne>
<!-- enfant de type personne -->
<personne identification="id_02" pays="france">
<nom>PAGNY</nom>
<prenom>Florent</prenom>
</personne>
<!-- enfant de type personne -->
<personne>
<nom>HALLIDAY</nom>
<prenom>Johnny</prenom>
</personne>

Le quatrième choix du sélecteur permet de montrer l'utilisation de la propriété *Value*. La figure 15.17 montre le résultat obtenu. Par *ref_elem_id_02*, on cible l'élément *<personne>* ayant l'attribut *identification="id_02"*, et par *ref_elem_id_03*, on cible l'élément *<personne>* ayant l'attribut *identification="id_03"*.

La propriété *Value* de **XAttribute** permet de modifier la valeur d'un attribut. En appliquant à un élément ciblé la méthode *Attribute*, qui reçoit en paramètre le nom d'un attribut, on obtient l'attribut de type **XAttribute**. Et pour modifier la valeur de l'attribut, on affecte à la propriété *Value* de **XAttribute** une nouvelle valeur. L'écriture *ref_elem_id_02.Attribute("categorie").Value = "auteur et compositeur"* par exemple permet de modifier la valeur de l'attribut *categorie* par la nouvelle chaîne d'affectation pour l'élément ciblé *ref_elem_id_02*. L'écriture *ref_elem_id_03.Attribute("pays").Value = "france"* par exemple permet de modifier la valeur de l'attribut *pays* par la nouvelle chaîne d'affectation pour l'élément ciblé *ref_elem_id_03*.

```
//chargement du contenu du fichier xml
x_tbl_xml.Text = File.ReadAllText(
  g_doss_exe + "/ressource_externe/exemple_pour_03.xml");
//traitement effectué
try {
  XDocument doc_xml = XDocument.Load(
    g_doss_exe + "/ressource_externe/exemple_pour_03.xml");
  XElement ref_elem_id_02 = null;
  XElement ref_elem_id_03 = null;
  IEnumerable<XElement> collect_personnalites =
    doc_xml.Elements("personnalites").Descendants();
  foreach (XElement elem in collect_personnalites) {
    if (elem.HasAttributes == true) {
      IEnumerable<XAttribute> collect_attribut = elem.Attributes();
      foreach (XAttribute attribut in collect_attribut) {
        if (attribut.Name == "identification" && attribut.Value == "id_02") {
          ref_elem_id_02 = elem;
        }
        if (attribut.Name == "identification" && attribut.Value == "id_03") {
          ref_elem_id_03 = elem;
        }
      }
    }
  }
  ref_elem_id_02.Attribute("categorie").Value = "auteur et compositeur";
  ref_elem_id_03.Attribute("pays").Value = "france";
  x_tbl_resultat.Text += doc_xml.ToString();
}
catch (Exception ex) {
  MessageBox.Show(ex.Message);
}
```

FIGURE 15.17

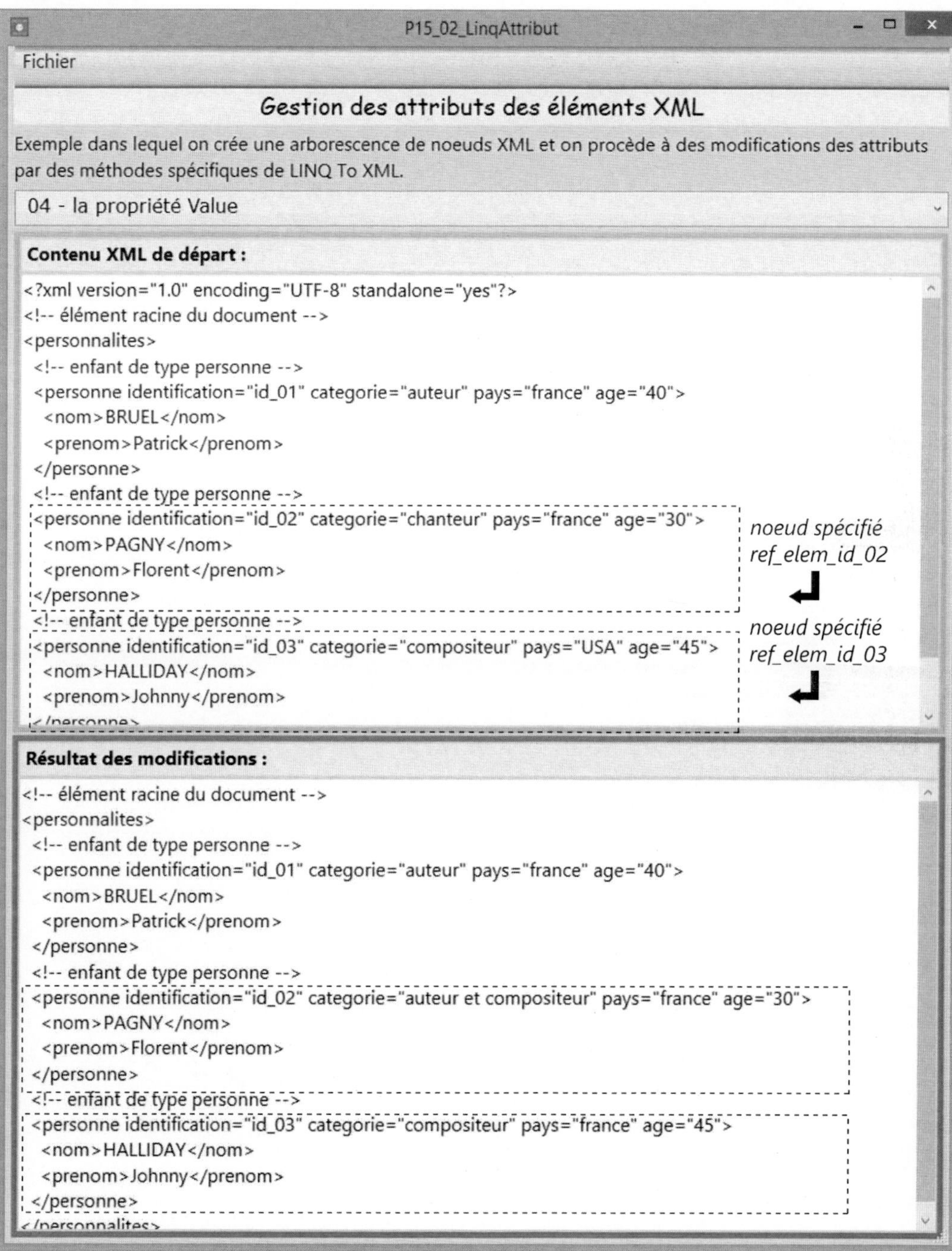
P15_02_LinqAttribut
Fichier
Gestion des attributs des éléments XML
Exemple dans lequel on crée une arborescence de noeuds XML et on procède à des modifications des attributs par des méthodes spécifiques de LINQ To XML.
04 - la propriété Value
Contenu XML de départ :
<?xml version="1.0" encoding="UTF-8" standalone="yes"?>
<!-- élément racine du document -->
<personnalites>
<!-- enfant de type personne -->
<personne identification="id_01" categorie="auteur" pays="france" age="40">
<nom>BRUEL</nom>
<prenom>Patrick</prenom>
</personne>
<!-- enfant de type personne -->
<personne identification="id_02" categorie="chanteur" pays="france" age="30">
<nom>PAGNY</nom>
<prenom>Florent</prenom>
</personne>
<!-- enfant de type personne -->
<personne identification="id_03" categorie="compositeur" pays="USA" age="45">
<nom>HALLIDAY</nom>
<prenom>Johnny</prenom>
noeud spécifié
ref_elem_id_02
noeud spécifié
ref_elem_id_03
Résultat des modifications :
<!-- élément racine du document -->
<personnalites>
<!-- enfant de type personne -->
<personne identification="id_01" categorie="auteur" pays="france" age="40">
<nom>BRUEL</nom>
<prenom>Patrick</prenom>
</personne>
<!-- enfant de type personne -->
<personne identification="id_02" categorie="auteur et compositeur" pays="france" age="30">
<nom>PAGNY</nom>
<prenom>Florent</prenom>
</personne>
<!-- enfant de type personne -->
<personne identification="id_03" categorie="compositeur" pays="france" age="45">
<nom>HALLIDAY</nom>
<prenom>Johnny</prenom>
</personne>

Le cinquième choix du sélecteur permet de montrer l'utilisation de la méthode *SetAttributeValue*. La figure 5.18 montre le résultat obtenu. Par *ref_elem_id_02*, on cible l'élément *<personne>* ayant l'attribut *identification="id_02"*, et par *ref_elem_id_03*, on cible l'élément *<personne>* ayant l'attribut *identification="id_03"*. La méthode *SetAttributeValue* de **XElement** est une méthode puissante qui permet d'ajouter, de supprimer et de modifier la valeur d'un attribut. Elle est conçue pour faciliter la gestion d'une liste de paires nom/valeur sous la forme d'un jeu d'attributs. Elle reçoit en paramètre un nom d'attribut de type **XName** et une valeur de type **Object**. Si le nom d'attribut passé existe et que la valeur passée n'est pas *null*, l'attribut est mis à jour avec la valeur passée. Si le nom d'attribut passé existe et que la valeur passée est *null*, l'attribut est alors suprimé. Si le nom d'attribut passé n'existe pas, alors un nouvel attribut est ajouté en dernier avec le nom passé et la valeur passée. Ici on met à jour l'attribut *catégorie* de *ref_elem_id_02*, on supprime l'attribut *pays* de *ref_elem_id_02*, et on ajoute un nouvel attribut *score*, avec la valeur *100*, à *ref_elem_id_02*.

```
//chargement du contenu du fichier xml
x_tbl_xml.Text = File.ReadAllText(
   g_doss_exe + "/ressource_externe/exemple_pour_03.xml");
//traitement effectué
try {
  XDocument doc_xml = XDocument.Load(
    g_doss_exe + "/ressource_externe/exemple_pour_03.xml");
  XElement ref_elem_id_02 = null;
  XElement ref_elem_id_03 = null;
  IEnumerable<XElement> collect_personnalites =
    doc_xml.Elements("personnalites").Descendants();
  foreach (XElement elem in collect_personnalites) {
    if (elem.HasAttributes == true) {
      IEnumerable<XAttribute> collect_attribut = elem.Attributes();
      foreach (XAttribute attribut in collect_attribut) {
        if (attribut.Name == "identification" && attribut.Value == "id_02") {
          ref_elem_id_02 = elem;
        }
        if (attribut.Name == "identification" && attribut.Value == "id_03") {
          ref_elem_id_03 = elem;    } } }
  }
  //mise a jour
  ref_elem_id_02.SetAttributeValue("categorie", "auteur compositeur");
  //suppression
  ref_elem_id_02.SetAttributeValue("pays", null);
  //ajout d'attribut
  ref_elem_id_02.SetAttributeValue("score", "100");
  x_tbl_resultat.Text += doc_xml.ToString();
}
```

FIGURE 15.18

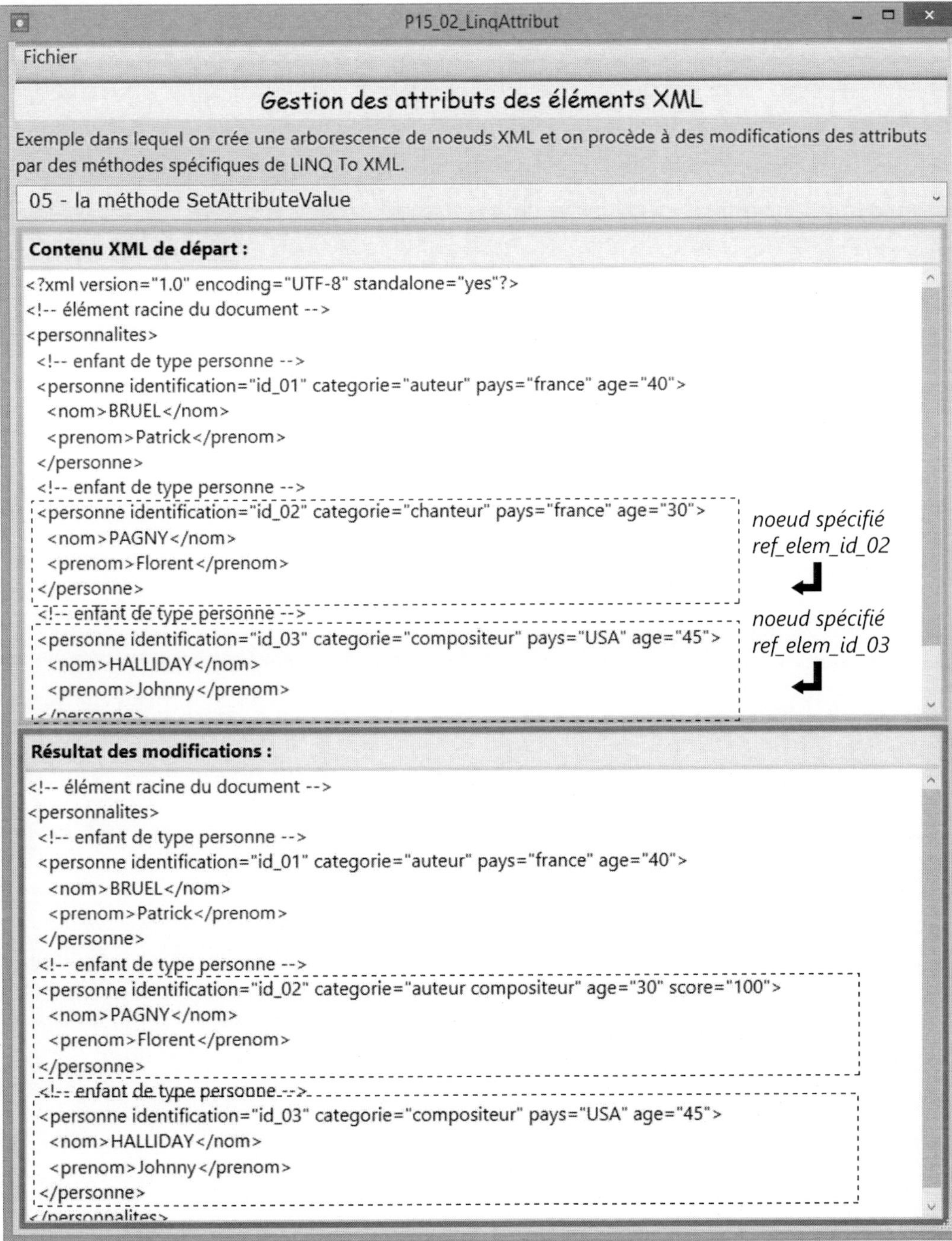
P15_02_LinqAttribut
Fichier
Gestion des attributs des éléments XML
Exemple dans lequel on crée une arborescence de noeuds XML et on procède à des modifications des attributs par des méthodes spécifiques de LINQ To XML.
05 - la méthode SetAttributeValue
Contenu XML de départ :
<?xml version="1.0" encoding="UTF-8" standalone="yes"?>
<!-- élément racine du document -->
<personnalites>
<!-- enfant de type personne -->
<personne identification="id_01" categorie="auteur" pays="france" age="40">
<nom>BRUEL</nom>
<prenom>Patrick</prenom>
</personne>
<!-- enfant de type personne -->
<personne identification="id_02" categorie="chanteur" pays="france" age="30">
<nom>PAGNY</nom>
<prenom>Florent</prenom>
</personne>
<!-- enfant de type personne -->
<personne identification="id_03" categorie="compositeur" pays="USA" age="45">
<nom>HALLIDAY</nom>
<prenom>Johnny</prenom>
noeud spécifié
ref_elem_id_02
noeud spécifié
ref_elem_id_03
Résultat des modifications :
<!-- élément racine du document -->
<personnalites>
<!-- enfant de type personne -->
<personne identification="id_01" categorie="auteur" pays="france" age="40">
<nom>BRUEL</nom>
<prenom>Patrick</prenom>
</personne>
<!-- enfant de type personne -->
<personne identification="id_02" categorie="auteur compositeur" age="30" score="100">
<nom>PAGNY</nom>
<prenom>Florent</prenom>
</personne>
<!-- enfant de type personne -->
<personne identification="id_03" categorie="compositeur" pays="USA" age="45">
<nom>HALLIDAY</nom>
<prenom>Johnny</prenom>
</personne>

3 - La gestion des annotations

Par le biais des annotations de l'API LINQ To XML, il est possible d'associer une donnée utilisateur à une classe quelconque qui hérite de la classe **XObject**. Par exemple, on peut affecter une donnée spécifique (clé supplémentaire, objet) à un élément, à un document ou à un autre objet dérivé de **XObject**. Le diagramme partiel des classes de la figure 15.19 visualise les méthodes dédiées aux annotations.

FIGURE 15.19

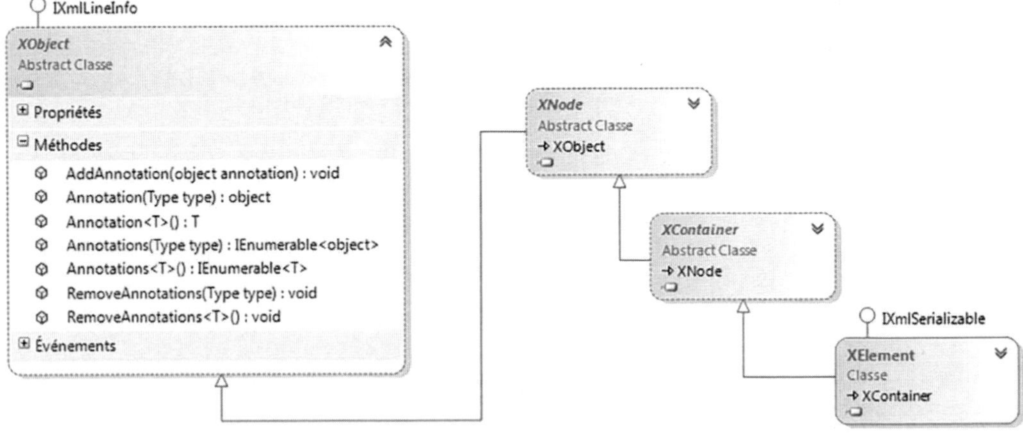

Ces méthodes sont héritées de la classe abstraite **XObject**, et donc elles permettent de gérer des annotations pour tous les objets dérivés de cette classe comme ceux du type **XNode**, **XContainer** et **XElement**. Ces méthodes sont *AddAnnotation*, *Annotation<T>*, *Annotations<T>* et *RemoveAnnotations<T>*.

FIGURE 15.20

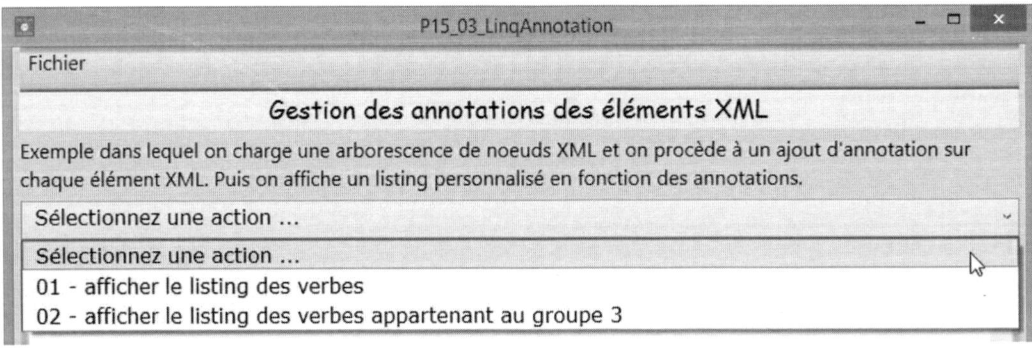

La solution de projet *P15_03_LinqAnnotation.sln*, qui se trouve dans le dossier *chapitre_15/P15_03_LinqAnnotation*, consiste à mettre en pratique les principales techniques utilisées pour la gestion des annotations. Un sélecteur permet de choisir une action à réaliser (figure 15.20).

Le fichier XML, nommé *dico_scrabble.xml* et placé dans le répertoire de sortie, est composé d'une racine *<mon_contenu>* qui possède un ensemble d'éléments enfants *<entree>*. Chaque élément *<entree>* possède deux attributs, *categorie* et *groupe*, pour indiquer que l'élément est un verbe et qu'il appartient à un groupe numéroté de conjugaison (1 pour 1er groupe, 2 pour 2ème groupe, etc.). Un élément *<entree>* possède deux enfants: l'enfant *<intitule>* représente le nom du verbe et l'enfant *<definition>* apporte une information réduite pour la définition du verbe.

```
<?xml version="1.0" encoding="UTF-8" standalone="yes"?>
<!-- élément racine du document -->
<mon_contenu>
  <entree categorie="verbe" groupe="1">
    <intitule>voyager</intitule>
    <definition>faire un voyage</definition>
  </entree>
  <entree categorie="verbe" groupe="3">
    <intitule>entretenir</intitule>
    <definition>tenir dans le même état, faire durer, faire persévérer</definition>
  </entree>
  <entree categorie="verbe" groupe="1">
    <intitule>soulever</intitule>
    <definition>lever à une faible hauteur</definition>
  </entree>
  <entree categorie="verbe" groupe="3">
    <intitule>sortir</intitule>
    <definition>aller hors d'un lieu, en parlant des êtres animés</definition>
  </entree>
  <entree categorie="verbe" groupe="3">
    <intitule>partir</intitule>
    <definition>se mettre en mouvement pour quitter un lieu</definition>
  </entree>
  <entree categorie="verbe" groupe="1">
    <intitule>décamper</intitule>
    <definition>s'en aller précipitamment</definition>
  </entree>
  <entree categorie="verbe" groupe="2">
    <intitule>déguerpir</intitule>
    <definition>s'en aller précipitamment</definition>
  </entree>
</mon_contenu>
```

Pour gérer les annotations, on déclare une classe **AnnotationEntree** dotée d'une propriété *P_ElementXml* qui retourne l'élément **XElement** associé à l'annotation. Le constructeur surchargé *AnnotationEntree* reçoit en paramètre un élément **XElement**. La méthode d'instance *Affichage* retourne un affichage au format texte caractérisant l'élément **XElement** sous-jacent. Et la méthode d'instance *AffichageParValeurGroupe*, qui reçoit en paramètre une valeur entière pour représenter un groupe de conjugaison (1,2 ou 3), retourne un affichage au format texte caractérisant l'élément **XElement** sous-jacent pour le groupe correspondant.

```
public class AnnotationEntree {
  //donnees et proprietes
  private XElement v_element_xml = null;
  public XElement P_ElementXml {
    get { return v_element_xml; }
  }
  //constructeur
  public AnnotationEntree(XElement element_xml) {
    v_element_xml = element_xml;
  }
  //
  public string Affichage() {
    string retour = "";
    XAttribute attr_categorie = v_element_xml.Attribute("categorie");
    XAttribute attr_groupe = v_element_xml.Attribute("groupe");
    retour += attr_categorie.Value + " "
       + v_element_xml.Element("intitule").Value.ToUpper();
    retour += " du groupe " + attr_groupe.Value;
    retour += " => " + v_element_xml.Element("definition").Value;
    return retour;
  }
  //
  public string AffichageParValeurGroupe(int valeur_groupe) {
    string retour = "";
    XAttribute attr_groupe = v_element_xml.Attribute("groupe");
    if (attr_groupe.Value == valeur_groupe.ToString()) {
      retour = Affichage();
    }
    else {
      retour = string.Empty;
    }
    return retour;
  }
}//end class
```

Le premier choix du sélecteur consiste à ajouter une annotation personnalisée, de type **AnnonationEntree**, à chaque élément <*entree*> trouvé. Puis on effectue un parcours pour lire la collection des annotations, et pour chaque annotation trouvée, on ajoute une sortie texte par la méthode *Affichage* de **AnnotationEntree**. La figure 15.21 au repère 1 montre l'affichage texte obtenu.

FIGURE 15.21

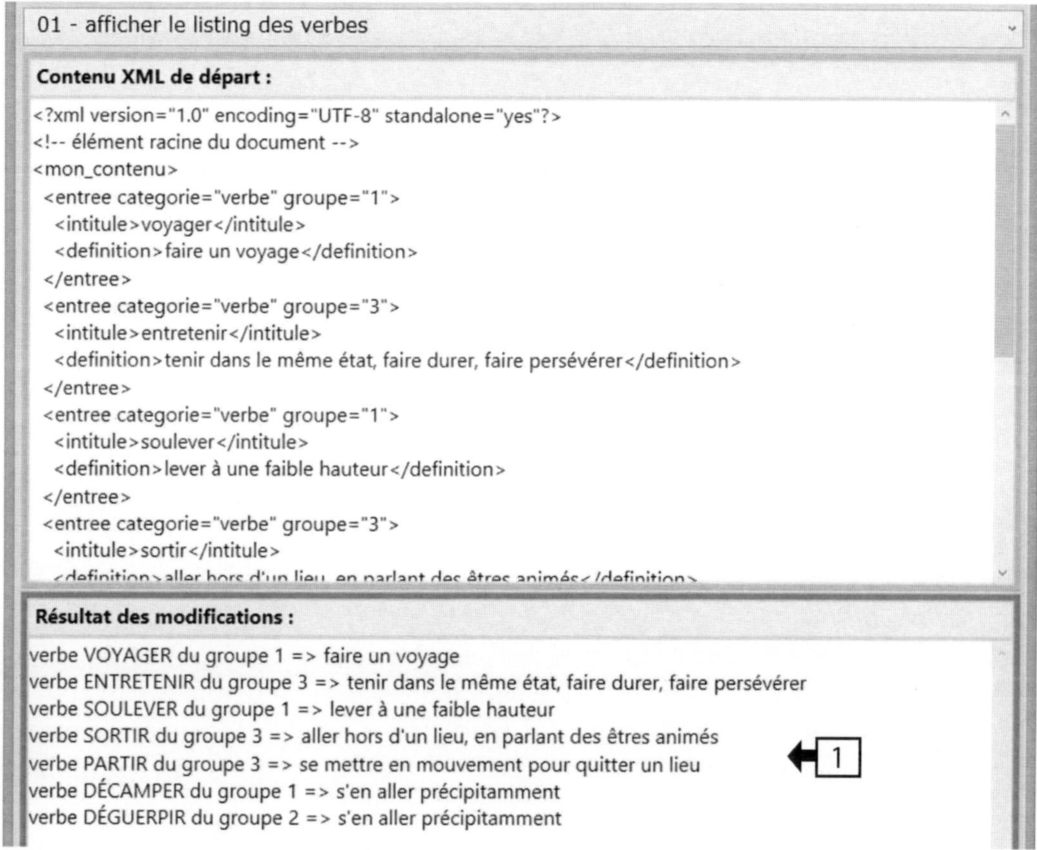

01 - afficher le listing des verbes
Contenu XML de départ :
<?xml version="1.0" encoding="UTF-8" standalone="yes"?>
<!-- élément racine du document -->
<mon_contenu>
<entree categorie="verbe" groupe="1">
<intitule>voyager</intitule>
<definition>faire un voyage</definition>
</entree>
<entree categorie="verbe" groupe="3">
<intitule>entretenir</intitule>
<definition>tenir dans le même état, faire durer, faire persévérer</definition>
</entree>
<entree categorie="verbe" groupe="1">
<intitule>soulever</intitule>
<definition>lever à une faible hauteur</definition>
</entree>
<entree categorie="verbe" groupe="3">
<intitule>sortir</intitule>
Résultat des modifications :
verbe VOYAGER du groupe 1 => faire un voyage
verbe ENTRETENIR du groupe 3 => tenir dans le même état, faire durer, faire persévérer
verbe SOULEVER du groupe 1 => lever à une faible hauteur
verbe SORTIR du groupe 3 => aller hors d'un lieu, en parlant des êtres animés
verbe PARTIR du groupe 3 => se mettre en mouvement pour quitter un lieu
verbe DÉCAMPER du groupe 1 => s'en aller précipitamment
verbe DÉGUERPIR du groupe 2 => s'en aller précipitamment
1

On commence par établir la collection *collect_entree*, de type *IEnumerable<XElement>*, contenant tous les éléments *<entree>* du document XML. Pour chaque élément trouvé, on instancie une annotation *anno_entree* de type **AnnotationEntree** en lui passant en paramètre l'élément *<entree>*. Et par la méthode *AddAnnotation* de **XElement** (méthode héritée), on ajoute une annotation à l'élément. Pour afficher toutes les chaînes au format texte des annotations retournées par la méthode d'instance *Affichage*, on effectue un parcours de la collection *collect_entree*. Pour chaque élément trouvé, on récupère l'annotation *anno_entree* de type **AnnotationEntree** par application de la méthode *Annotation<T>* où *T* représente le type recherché, qui est **AnnotationEntree**, en écrivant *anno_entree = elem.Annotation<AnnotationEntree>()*. Et on applique la méthode d'instance *Affichage* qui nous retourne une chaîne que l'on ajoute à la sortie texte.

```
//chargement du contenu du fichier xml
x_tbl_xml.Text = File.ReadAllText(
  g_doss_exe + "/ressource_externe/dico_scrabble.xml");
//traitement effectué
try {
  XDocument doc_xml = XDocument.Load(
    g_doss_exe + "/ressource_externe/dico_scrabble.xml");
 IEnumerable<XElement> collect_entree =
    doc_xml.Elements("mon_contenu").Elements();
  foreach (XElement elem in collect_entree) {
    //x_tbl_resultat.Text += elem.ToString() + RC;
    AnnotationEntree anno_entree = new AnnotationEntree(elem);
    elem.AddAnnotation(anno_entree);
  }
  string listing = "";
  foreach (XElement elem in collect_entree) {
    AnnotationEntree anno_entree = elem.Annotation<AnnotationEntree>();
    if (anno_entree != null) {
      listing += anno_entree.Affichage() + RC;
    }
  }
  x_tbl_resultat.Text = listing;
}
```

Le deuxième choix du sélecteur consiste à ajouter une annotation personnalisée, de type **AnnonationEntree**, à chaque élément *<entree>* trouvé. Puis on effectue un parcours pour lire la collection des annotations, et pour chaque annotation trouvée dont l'attribut *groupe* est de valeur 3, on ajoute une sortie texte par la méthode *Affichage* de **AnnotationEntree**. La figure 15.22 au repère 1 montre l'affichage texte obtenu où l'on visualise uniquement les verbes dont le groupe est de valeur 3.

Pour chaque élément trouvé, on récupère l'annotation *anno_entree* de type **AnnotationEntree** par application de la méthode *Annotation<T>* où *T* représente le type recherché, qui est **AnnotationEntree**, en écrivant *anno_entree = elem.Annotation<AnnotationEntree>()*. Et, si la méthode d'instance *AffichageParValeurGroupe* avec la valeur 3 passée en paramètre et appliquée à l'élément, retourne une chaîne non vide (différente de *string.Empty*), alors on ajoute à la sortie texte la chaîne retournée.

```
//chargement du contenu du fichier xml
x_tbl_xml.Text = File.ReadAllText(
  g_doss_exe + "/ressource_externe/dico_scrabble.xml");
//traitement effectué
try {
  XDocument doc_xml = XDocument.Load(
```

```
    g_doss_exe + "/ressource_externe/dico_scrabble.xml");
  IEnumerable<XElement> collect_entree =
    doc_xml.Elements("mon_contenu").Elements();
  foreach (XElement elem in collect_entree) {
    //x_tbl_resultat.Text += elem.ToString() + RC;
    AnnotationEntree anno_entree = new AnnotationEntree(elem);
    elem.AddAnnotation(anno_entree);
  }
  string listing = "";
  foreach (XElement elem in collect_entree) {
    AnnotationEntree anno_entree = elem.Annotation<AnnotationEntree>();
    if (anno_entree != null) {
      if (anno_entree.AffichageParValeurGroupe(3) != string.Empty) {
        listing += anno_entree.AffichageParValeurGroupe(3) + RC;
      }
    }
  }
  x_tbl_resultat.Text = listing;
}
```

FIGURE 15.22

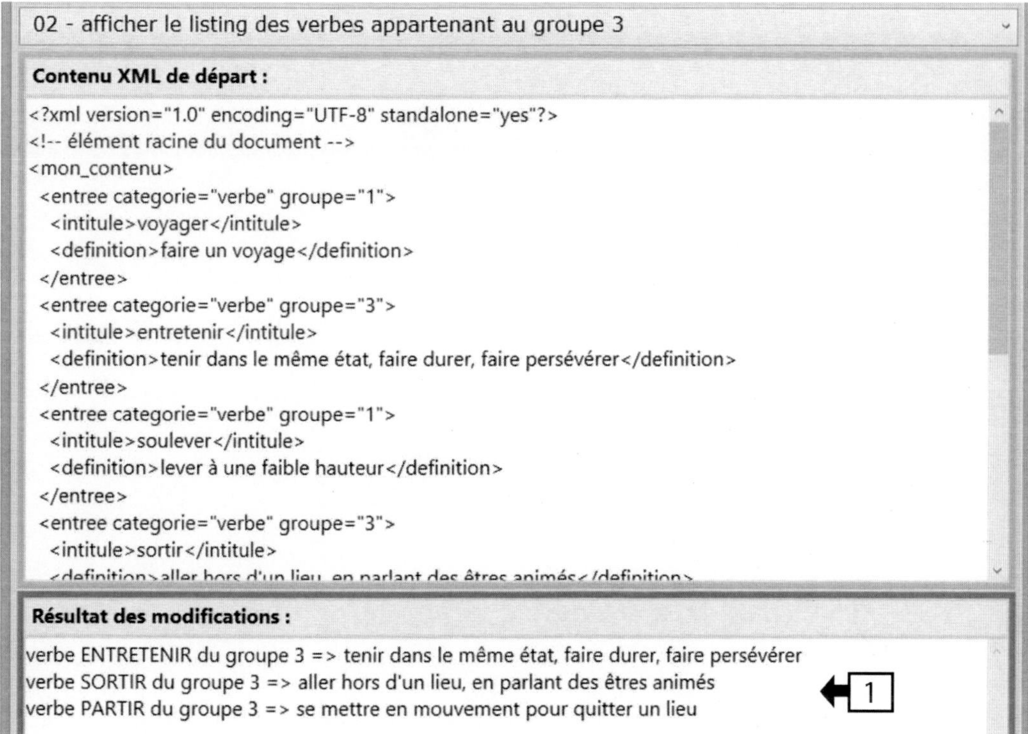

Ainsi on obtient le listing des verbes appartenant au troisième groupe de conjugaison par analyse des annotations. Il est possible d'ajouter plusieurs types d'annotations par la méthode *AddAnnotation*. Il suffit alors, lors du parcours des éléments, de fixer correctement le type de l'annotation recherchée par application de la méthode *Annotation<T>* où *T* représente le type recherché.

4 - Les événements XML

Avec l'API LINQ To XML, vous pouvez demander à être informé à tout moment de la modification des objets qui héritent de la classe **XObject**. La figure 15.23 visualise les événements gérés par **XObject** dans un diagramme partiel de classes. Les événements sont uniquement déclenchés lorsqu'une arborescence XML est modifiée, pas lors de sa construction. En effet, vous devez ajouter un gestionnaire d'événements à un événement pour pouvoir recevoir des événements, mais vous ne pouvez pas ajouter de gestionnaire d'événements avant d'avoir une référence à un **XObject**. Vous ne pouvez pas obtenir de référence à un **XObject** avant la construction de l'arborescence XML. Cela signifie que pendant la construction fonctionnelle d'une arborescence XML, vous ne recevrez pas d'événement.

FIGURE 15.23

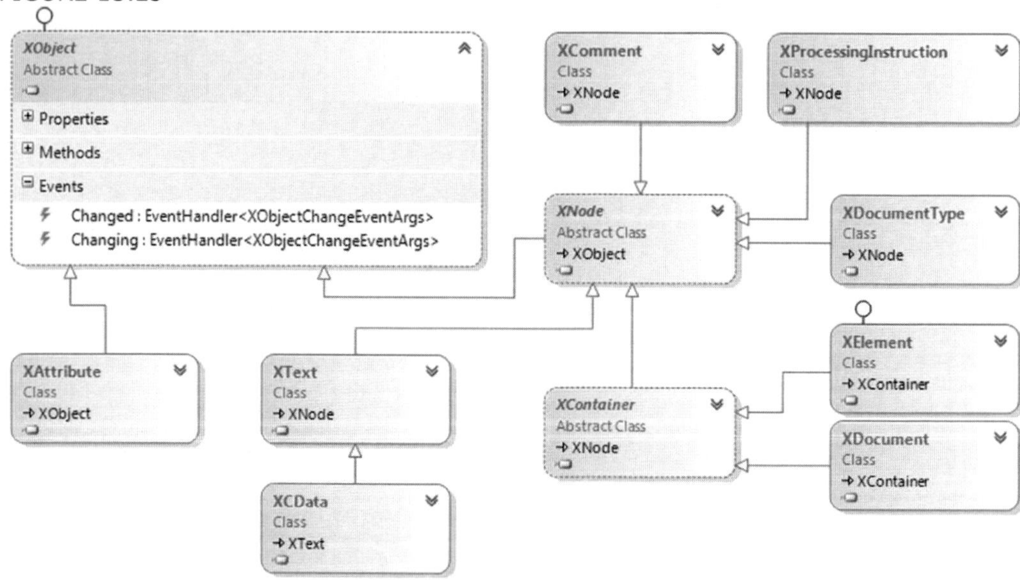

Soyez prudent lors de la modification d'une arborescence XML dans le cadre de l'un de ces événements, elle pourrait entraîner des résultats inattendus. Par exemple, si vous recevez un événement *Changing* et que, tandis que l'événement est en cours de traitement, vous supprimez le nœud de l'arborescence, vous pourrez ne pas recevoir l'événement *Changed*. Lorsqu'un événement est en cours de traitement, il est possible de modifier une arborescence XML autre que celle qui contient le nœud qui le reçoit et il est également possible de modifier l'arborescence qui le reçoit tant que les modifications n'affectent pas les nœuds spécifiques sur lesquels l'événement a été déclenché. Toutefois, si vous modifiez la zone de l'arborescence qui contient le nœud recevant l'événement, les événements que vous recevez et l'impact sur l'arborescence sont indéfinis.

Requêtes et méthodes d'extensions avec LINQ — 16

LINQ (*Language Integrated Query*) est le nom d'un ensemble de technologies qui est basé sur l'intégration de fonctions de requête directement dans le langage C#. Avec LINQ, une requête est une construction de langage de premier ordre comme les classes, les méthodes, les événements, etc. LINQ To XML fournit une interface de programmation XML en mémoire qui exploite le cadre du *framework .NET* au travers de LINQ. LINQ To XML utilise les capacités de langage du *framework* les plus récentes et s'apparente à une interface de programmation XML DOM (*Document Object Model*) améliorée et mise à jour.
Dans ce chapitre, nous allons voir dans un premier temps comment utiliser et mettre en pratique les expressions de requêtes LINQ pour extraire des données dans le cadre de la technologie LINQ To XML. Dans un second temps, nous verrons comment utiliser et mettre en pratique les méthodes spécifiques au XML qui sont fournies par l'intermédiaire des méthodes d'extensions de LINQ To XML.

1 - Les expressions de requête LINQ

Pour un développeur qui écrit des requêtes, la partie "intégrée par langage" la plus visible de LINQ est l'expression de requête. Les expressions de requête sont écrites dans une *syntaxe de requête* déclarative, introduite dans le *framework* C# 3.0. En utilisant la syntaxe de requête, il est possible d'effectuer des opérations de filtrage, de classement et de regroupement complexes sur les sources de données avec une quantité minimale de code. Les mêmes modèles de base d'expression de requête sont utilisés pour interroger et pour transformer des données dans les bases de données SQL, les groupes de données du ADO.NET, les documents XML et les flux de données, ainsi que les collections du *framework* .NET.
La solution de projet *P16_01_LinqRequete.sln*, qui se trouve dans le dossier *chapitre_16/P16_01_LinqRequete*, consiste à mettre en pratique les principales techniques utilisées pour les expressions de requête au sein de LINQ To XML. Un sélecteur permet de choisir une action à réaliser (figure 16.1 au repère 1). L'onglet de gauche intitulé *"Fichier XML chargé"* (figure 16.1 au repère 2) affiche le contenu du fichier XML servant de référence pour l'expression des requêtes. L'onglet du milieu intitulé *"Résultat de l'action choisie"* (figure 16.1 au repère 3) permet d'afficher au format texte dans un **TextBlock** les informations relatives

à l'expression de requête. Et l'onglet de droite intitulé *"Listing avec le ListView"* (figure 16.1 au repère 4) permet d'afficher les données extraites dans un contrôle **ListView** (contrôle qui est fréquemment utilisé et qui est parfaitement adapté à l'affichage des données par des lignes et des colonnes).

FIGURE 16.1

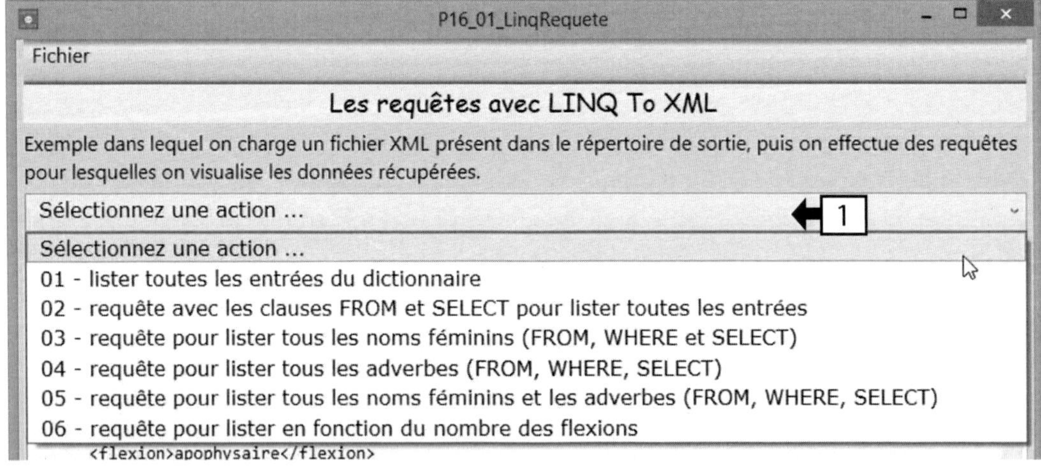

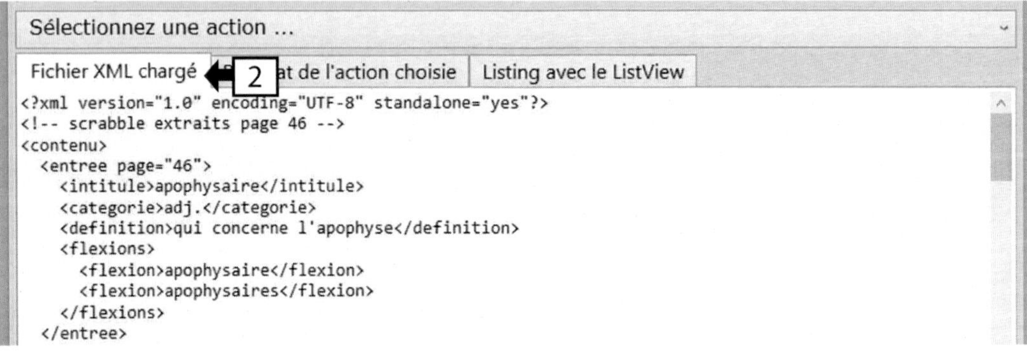

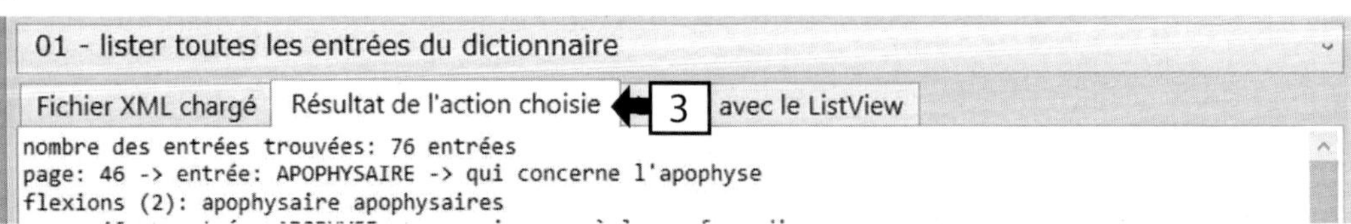

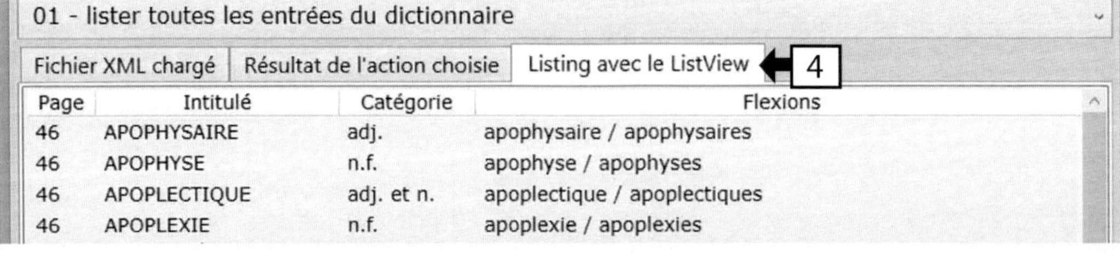

1.1 - Utilisation du contrôle *ListView*

Dans le cadre de cet exemple, nous allons utiliser les données extraites du livre *"l'officiel du jeu du Scrabble"* à la page 46. Ce livre est un dictionnaire qui recence les mots autorisés au jeu du Scrabble. Après avoir scanné la page 46 du livre avec une résolution de 600 dpi et après avoir effectué une reconnaissance de caractères, nous avons extrait un ensemble de 76 entrées qui ont été enregistrées au format XML selon l'architecture suivante:

- la racine du document est constituée par la balise *<contenu>*.
- une entrée du dictionnaire est représentée par une balise *<entree>* dotée d'un attribut *page* dont la valeur référence la page du dictionnaire où le mot se trouve.
- une entrée contient une balise enfant *<intitule>* qui affiche le mot tel qu'il est relevé dans le dictionnaire.
- une entrée contient une balise enfant *<categorie>* qui affiche le type de mot (*adj.* pour adjectif, *n.f.* pour nom féminin, etc.).
- une entrée contient une balise *<definition>* qui affiche une définition succincte de référence pour le mot.
- une entrée contient une balise enfant *<flexions>* qui est composée de balise enfant *<flexion>*; tous les enfants de *<flexions>* sont des balises *<flexion>* qui affichent une orthographe autorisée du mot.

Par exemple, la première entrée du dictionnaire à la page 46 est le mot "*apophysaire*" qui est un adjectif (balise *<categorie>adj.</categorie>*), dont la définition est "*qui concerne l'apophyse*" (balise *<definition>qui concerne l'apophyse</definition>*), et dont les orthographes autorisées sont "*apophysaire*" (balise *<flexion>apophysaire</flexion>*) et "*apophysaires*" (balise *<flexion>apophysaires</flexion>*). Pour limiter la visualisation des orthographes par les balises *<flexion>*, on ne prend en compte:

- pour tous les mots qui ne sont pas des verbes: le masculin, le féminin, le singulier et le pluriel.
- pour les verbes: on ne prend en compte que l'infinitif du verbe.

```
<?xml version="1.0" encoding="UTF-8" standalone="yes"?>
<!-- scrabble extraits page 46 -->
<contenu>
  <entree page="46">
    <intitule>apophysaire</intitule>
    <categorie>adj</categorie>
    <definition>qui concerne l'apophyse</definition>
```

```
    <flexions>
      <flexion>apophysaire</flexion>
      <flexion>apophysaires</flexion>
    </flexions>
  </entree>
  <entree page="46">
    <intitule>apophyse</intitule>
    <categorie>n.f.</categorie>
    <definition>excroissance à la surface d'un os</definition>
    <flexions>
      <flexion>apophyse</flexion>
      <flexion>apophyses</flexion>
    </flexions>
  </entree>
    ...
</contenu>
```

La première action du sélecteur consiste à lister toutes les entrées trouvées qui sont au nombre de 76. L'énumération de ces entrées au format texte est visualisée sur la figure 16.2 où l'onglet du milieu affiche un **TextBlock** contenant la sortie texte. On charge le fichier XML dans un objet *doc_xml* de type **XDocument**. On récupère la collection des entrées *<entree>* dans un objet *collect_racine* de type *IEnumerable<XElement>* en appliquant à *doc_xml* la méthode *Descendants*, recevant en paramètre la chaîne "*contenu*" (nom de la balise racine), et la méthode *Elements* (sans paramètre) qui retourne la collection des enfants. Par une boucle *foreach*, on énumère les objets *elem_entree* de la collection:

- pour en obtenir l'attribut *page* de *<entree>* par *elem_entree.Attribute("page").Value*,
- pour en obtenir le mot récupéré (balise *<intitule>*) que l'on affiche en lettre capitale par *elem_entree.Element("intitule").Value.ToUpper()*,
- pour en obtenir la définition succincte (balise *<definition>*) par *elem_entree.Element("definition").Value*,
- pour en obtenir la collection des orthographes autorisées *collect_flexions*, en listant les enfants *<flexion>* du parent *<flexions>* par *collect_flexions = elem_entree.Element("flexions").Descendants()*; chaque orthographe autorisée est un élément *elem_flexion* de type **XElement** dans *collect_flexions*; la propriété *Value* de *elem_flexion* affiche son contenu textuel.

```
XDocument doc_xml = XDocument.Load(
   g_doss_exe + "/ressource_externe/scrabble_page_046.xml",
   LoadOptions.None | LoadOptions.SetLineInfo);
//remplissage de l'onglet: "Résultat de l'action choisie"
string infos = "";
IEnumerable<XElement> collect_racine =
```

FIGURE 16.2

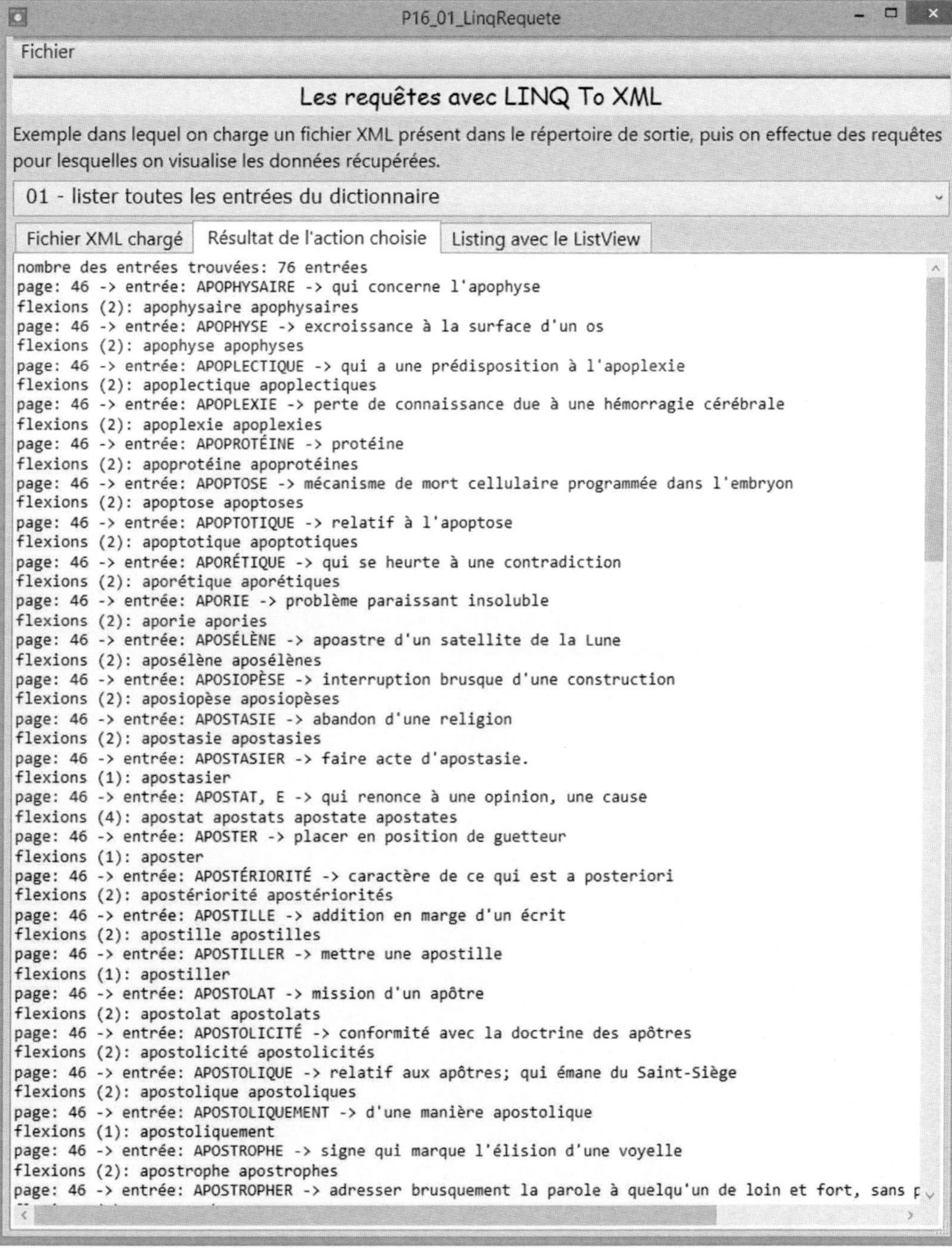
P16_01_LinqRequete
Fichier
Les requêtes avec LINQ To XML
Exemple dans lequel on charge un fichier XML présent dans le répertoire de sortie, puis on effectue des requêtes pour lesquelles on visualise les données récupérées.
01 - lister toutes les entrées du dictionnaire
Fichier XML chargé
Résultat de l'action choisie
Listing avec le ListView
nombre des entrées trouvées: 76 entrées
page: 46 -> entrée: APOPHYSAIRE -> qui concerne l'apophyse
flexions (2): apophysaire apophysaires
page: 46 -> entrée: APOPHYSE -> excroissance à la surface d'un os
flexions (2): apophyse apophyses
page: 46 -> entrée: APOPLECTIQUE -> qui a une prédisposition à l'apoplexie
flexions (2): apoplectique apoplectiques
page: 46 -> entrée: APOPLEXIE -> perte de connaissance due à une hémorragie cérébrale
flexions (2): apoplexie apoplexies
page: 46 -> entrée: APOPROTÉINE -> protéine
flexions (2): apoprotéine apoprotéines
page: 46 -> entrée: APOPTOSE -> mécanisme de mort cellulaire programmée dans l'embryon
flexions (2): apoptose apoptoses
page: 46 -> entrée: APOPTOTIQUE -> relatif à l'apoptose
flexions (2): apoptotique apoptotiques
page: 46 -> entrée: APORÉTIQUE -> qui se heurte à une contradiction
flexions (2): aporétique aporétiques
page: 46 -> entrée: APORIE -> problème paraissant insoluble
flexions (2): aporie apories
page: 46 -> entrée: APOSÉLÈNE -> apoastre d'un satellite de la Lune
flexions (2): aposélène aposélènes
page: 46 -> entrée: APOSIOPÈSE -> interruption brusque d'une construction
flexions (2): aposiopèse aposiopèses
page: 46 -> entrée: APOSTASIE -> abandon d'une religion
flexions (2): apostasie apostasies
page: 46 -> entrée: APOSTASIER -> faire acte d'apostasie.
flexions (1): apostasier
page: 46 -> entrée: APOSTAT, E -> qui renonce à une opinion, une cause
flexions (4): apostat apostats apostate apostates
page: 46 -> entrée: APOSTER -> placer en position de guetteur
flexions (1): aposter
page: 46 -> entrée: APOSTÉRIORITÉ -> caractère de ce qui est a posteriori
flexions (2): apostériorité apostériorités
page: 46 -> entrée: APOSTILLE -> addition en marge d'un écrit
flexions (2): apostille apostilles
page: 46 -> entrée: APOSTILLER -> mettre une apostille
flexions (1): apostiller
page: 46 -> entrée: APOSTOLAT -> mission d'un apôtre
flexions (2): apostolat apostolats
page: 46 -> entrée: APOSTOLICITÉ -> conformité avec la doctrine des apôtres
flexions (2): apostolicité apostolicités
page: 46 -> entrée: APOSTOLIQUE -> relatif aux apôtres; qui émane du Saint-Siège
flexions (2): apostolique apostoliques
page: 46 -> entrée: APOSTOLIQUEMENT -> d'une manière apostolique
flexions (1): apostoliquement
page: 46 -> entrée: APOSTROPHE -> signe qui marque l'élision d'une voyelle
flexions (2): apostrophe apostrophes
page: 46 -> entrée: APOSTROPHER -> adresser brusquement la parole à quelqu'un de loin et fort, sans p

```
  doc_xml.Descendants("contenu").Elements();
infos += "nombre des entrées trouvées: " + collect_racine.Count() + " entrées" + RC;
foreach (XElement elem_entree in collect_racine) {
  infos += "page: " + elem_entree.Attribute("page").Value;
  infos += " -> entrée: " + elem_entree.Element("intitule").Value.ToUpper();
  infos += " -> " + elem_entree.Element("definition").Value + RC;
  IEnumerable<XElement> collect_flexions =
    elem_entree.Element("flexions").Descendants();
  infos += "flexions (" + collect_flexions.Count().ToString() + "): ";
  foreach (XElement elem_flexion in collect_flexions) {
    infos += elem_flexion.Value + " ";
  }
  infos += RC;
}
TextBlock tbl = new TextBlock();
tbl.HorizontalAlignment = HorizontalAlignment.Left;
tbl.VerticalAlignment = VerticalAlignment.Stretch;
tbl.FontSize = 14;
tbl.FontFamily = new FontFamily("Consolas");
tbl.Text = infos;
tbl.TextWrapping = TextWrapping.Wrap;
x_scroll_xml_res.Content = tbl;
```

Pour obtenir une visualisation pratique et optimale de toutes ces données, on va se servir d'un contrôle **ListView** pour réaliser cet affichage. L'onglet de droite contient un objet *x_listview_donnees* de type **ListView** pour afficher ces données (figure 16.3). L'affichage de ces données dans un **ListView** est ici personnalisé par un ensemble de 4 colonnes:

- une colonne "*Page*" affiche le numéro de la page d'extraction (valeur de l'attribut *page* de <*entree*>),
- une colonne "*Intitulé*" affiche le mot répertorié du dictionnaire (balise enfant <*intitule*>),
- une colonne "*Catégorie*" affiche le type du mot répertorié (balise enfant <*categorie*>),
- une colonne "*Flexions*" affiche une chaîne de caractères qui est une concaténation des orthographes autorisées (les balises enfants <*flexion*> du parent <*flexions*>) avec l'utilisation d'un séparateur "/" pour l'affichage.

Un contrôle **ListView** représente un contrôle qui affiche une liste d'éléments de données. Le **ListView** est un contrôle dérivé de la classe **ItemsControl** (figure 16.4), ce qui signifie qu'il peut contenir une collection d'objets de tout type (tel que chaîne, image ou panneau). Sa propriété héritée *ItemsSource*, de type **IEnumerable**, reçoit la collection des données à utiliser. La présentation des éléments de données dans un **ListView** est définie par son mode d'affichage, qui

FIGURE 16.3

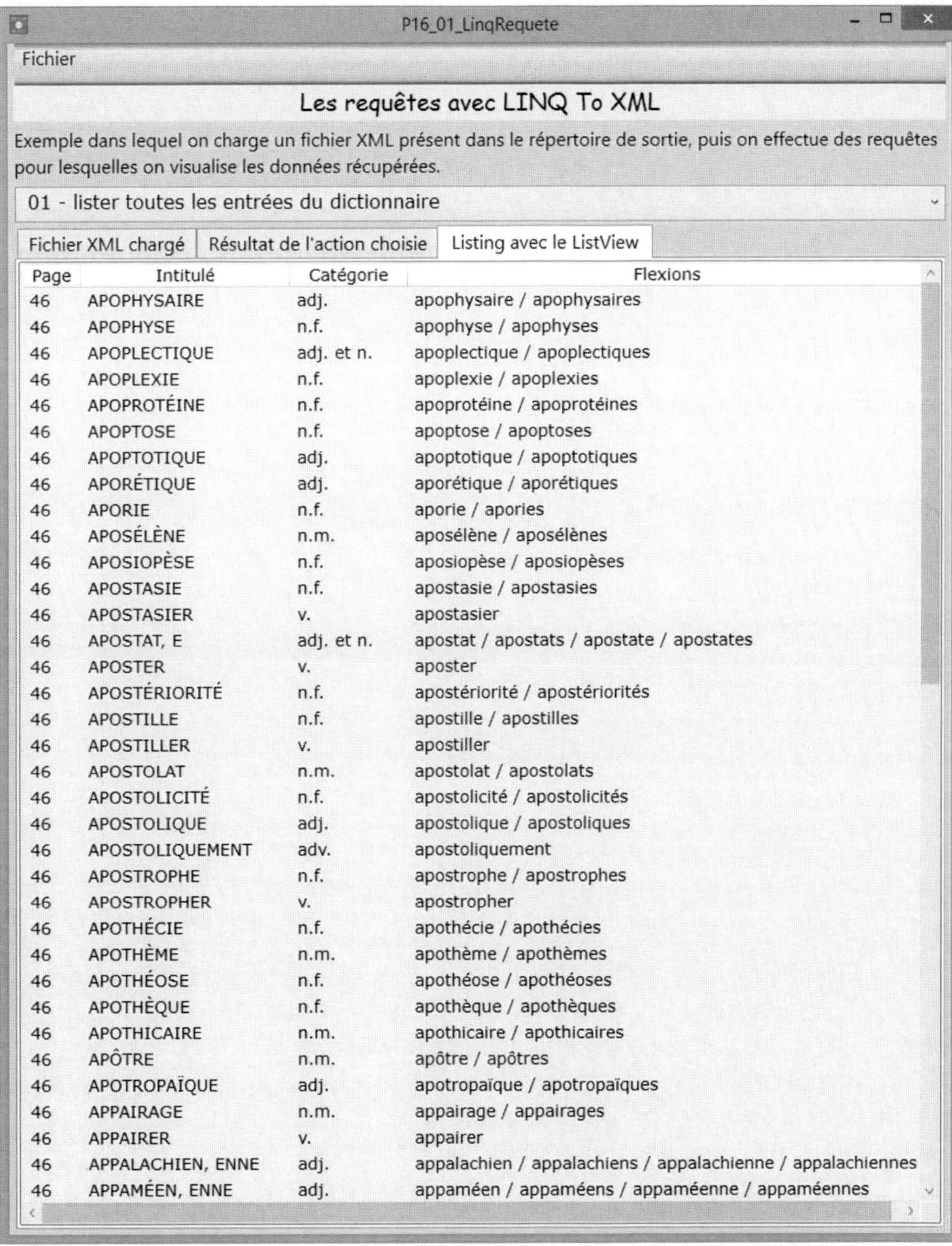
P16_01_LinqRequete

Fichier

Les requêtes avec LINQ To XML

Exemple dans lequel on charge un fichier XML présent dans le répertoire de sortie, puis on effectue des requêtes pour lesquelles on visualise les données récupérées.

01 - lister toutes les entrées du dictionnaire

Fichier XML chargé | Résultat de l'action choisie | Listing avec le ListView

Page	Intitulé	Catégorie	Flexions
46	APOPHYSAIRE	adj.	apophysaire / apophysaires
46	APOPHYSE	n.f.	apophyse / apophyses
46	APOPLECTIQUE	adj. et n.	apoplectique / apoplectiques
46	APOPLEXIE	n.f.	apoplexie / apoplexies
46	APOPROTÉINE	n.f.	apoprotéine / apoprotéines
46	APOPTOSE	n.f.	apoptose / apoptoses
46	APOPTOTIQUE	adj.	apoptotique / apoptotiques
46	APORÉTIQUE	adj.	aporétique / aporétiques
46	APORIE	n.f.	aporie / apories
46	APOSÉLÈNE	n.m.	aposélène / aposélènes
46	APOSIOPÈSE	n.f.	aposiopèse / aposiopèses
46	APOSTASIE	n.f.	apostasie / apostasies
46	APOSTASIER	v.	apostasier
46	APOSTAT, E	adj. et n.	apostat / apostats / apostate / apostates
46	APOSTER	v.	aposter
46	APOSTÉRIORITÉ	n.f.	apostériorité / apostériorités
46	APOSTILLE	n.f.	apostille / apostilles
46	APOSTILLER	v.	apostiller
46	APOSTOLAT	n.m.	apostolat / apostolats
46	APOSTOLICITÉ	n.f.	apostolicité / apostolicités
46	APOSTOLIQUE	adj.	apostolique / apostoliques
46	APOSTOLIQUEMENT	adv.	apostoliquement
46	APOSTROPHE	n.f.	apostrophe / apostrophes
46	APOSTROPHER	v.	apostropher
46	APOTHÉCIE	n.f.	apothécie / apothécies
46	APOTHÈME	n.m.	apothème / apothèmes
46	APOTHÉOSE	n.f.	apothéose / apothéoses
46	APOTHÈQUE	n.f.	apothèque / apothèques
46	APOTHICAIRE	n.m.	apothicaire / apothicaires
46	APÔTRE	n.m.	apôtre / apôtres
46	APOTROPAÏQUE	adj.	apotropaïque / apotropaïques
46	APPAIRAGE	n.m.	appairage / appairages
46	APPAIRER	v.	appairer
46	APPALACHIEN, ENNE	adj.	appalachien / appalachiens / appalachienne / appalachiennes
46	APPAMÉEN, ENNE	adj.	appaméen / appaméens / appaméenne / appaméennes

est spécifié par la propriété *View*. WPF fournit un mode d'affichage par un objet **GridView** qui partitionne le contenu d'éléments de données **ListView** dans des colonnes. Les propriétés et les méthodes sur le **GridView** et ses classes connexes appliquent des styles et spécifient le contenu des colonnes.

FIGURE 16.4

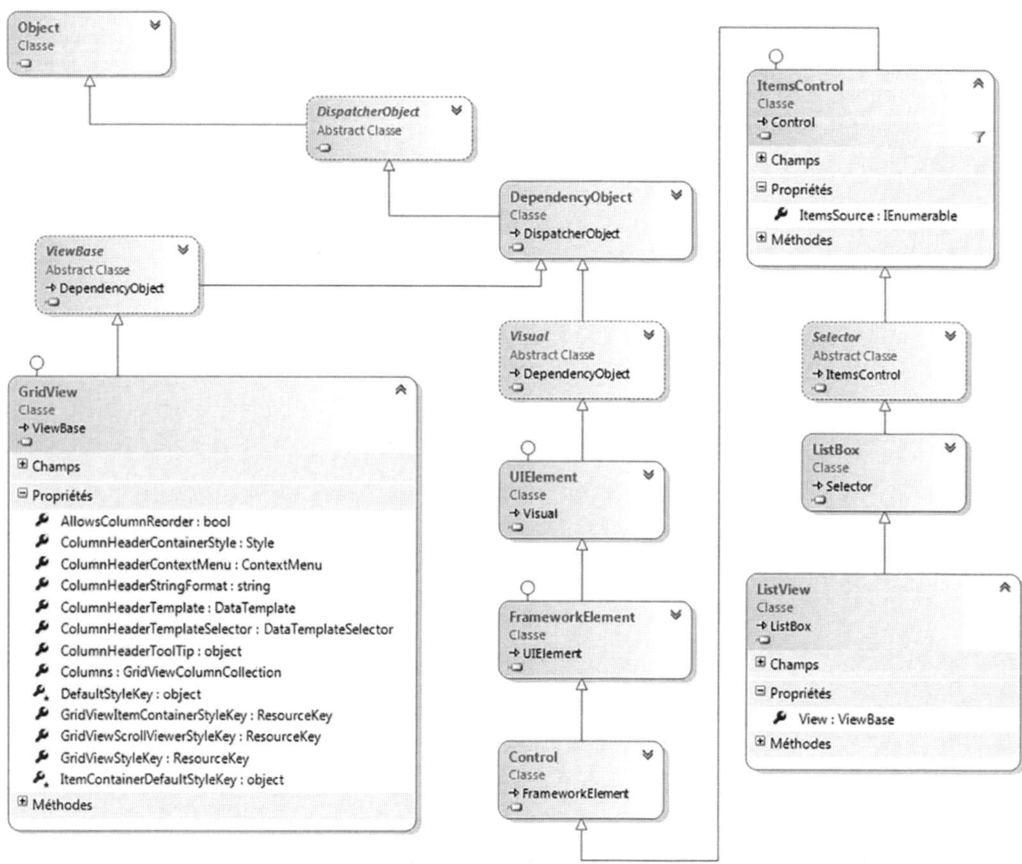

Vous pouvez également définir des vues personnalisées en créant une classe qui dérive de **ViewBase**. Si vous définissez un **ItemContainerStyle** personnalisé pour un contrôle **ListView** en plus d'un **ItemTemplate**, vous devez inclure un **ContentPresenter** dans le **ItemContainerStyle**. Le **ContentPresenter** est requis pour que le **ItemTemplate** fonctionne correctement. Pour éviter les problèmes d'alignement en mode d'affichage **GridView**, n'ajoutez pas de contenu et ne définissez aucune propriété risquant d'affecter la largeur d'un élément dans le **ItemContainerStyle** d'un **ListView**. Pour empêcher les problèmes d'alignement, utilisez les propriétés et les modèles définis pour le mode d'affichage **GridView**. Cela inclut les propriétés et les modèles définis pour les classes utilisées en mode d'affichage **GridView**, tel que **GridViewColumn** et **GridViewColumnHeader**. Deux contrôles **ListView** ne peuvent pas partager la même vue. Pour spécifier une vue pouvant être utilisée plusieurs fois, utilisez des modèles ou des styles. N'utilisez pas les propriétés *HorizontalContentAlignment* et *VerticalContentAlignment* pour le contenu **ListView** affiché à l'aide d'un **GridView**. Pour spécifier l'alignement du contenu d'une colonne d'un **GridView**, définissez un **CellTemplate**.

Nous avons un contrôle **ListView** *x_listview_donnees* en XAML que l'on va personnaliser en fonctions des données récoltées à afficher. La propriété héritée *ItemsSource* représente la source des données et elle définit une collection utilisée pour générer le contenu de type **ItemsControl**. Cette collection utilisée, qui représente la source des données, est généralement du type **ObservableCollection<T>** dans l'espace de noms *System.Collections.ObjectModel* (une instruction *using System.Collections.ObjectModel* est à ajouter). La classe **ObservableCollection<T>** définit une collection générique où le type *T* représente le type de données à utiliser. Cette classe représente une collection de données dynamiques qui fournit des notifications lorsque des éléments sont ajoutés, supprimés ou lorsque la liste entière est actualisée.

Dans de nombreux cas, les données que vous utilisez sont une collection d'objets. Par exemple, un scénario courant de liaison de données consiste à utiliser un contrôle **ItemsControl** tel que **ListBox**, **ListView** ou **TreeView** pour afficher une collection d'enregistrements. Vous pouvez énumérer toute collection qui implémente l'interface **IEnumerable**. Toutefois, pour paramétrer des liaisons dynamiques afin que les insertions ou suppressions dans la collection mettent automatiquement à jour l'interface utilisateur, la collection doit implémenter l'interface **INotifyCollectionChanged**. Cette interface expose l'événement *CollectionChanged* qui doit être déclenché à chaque fois que la collection sous-jacente est modifiée. WPF fournit la classe **ObservableCollection<T>**, qui est une implémentation intégrée d'une collection de données qui implémente l'interface **INotifyCollectionChanged**.

Le type générique *T* que nous allons utiliser est le type **CEntreeDico**, et par conséquent la source de données sera une collection générique typée de type **ObservableCollection<CEntreeDico>.** Pour cela, on déclare une classe **CEntreeDico** et on dote cette classe par un ensemble de propriétés:

- la propriété *P_PageLivre* qui stocke la valeur de l'attribut *page* de *<entree>*,
- la propriété *P_Intitule* qui stocke le mot répertorié issu de la balise *<intitule>*,
- la propriété *P_Categorie* qui stocke le type de mot issu de la balise *<categorie>*,
- la propriété *P_Definition* qui stocke la définition du mot issue de la balise *<definition>*,

- la propriété *P_Flexions* qui stocke dans un tableau d'objets de type *string* les différentes orthographes autorisées (les balises enfants *<flexion>* du parent *<flexions>*),
- la propriété *P_FlexionsAffiche* qui stocke une chaîne concaténée de l'ensemble des orthographes autorisées qui sont issues des balises *<flexion>*,
- la propriété *P_FlexionsQuantite* qui stocke par un entier le nombre des balises enfants *<flexion>* du parent *<flexions>*.

Le constructeur surchargé *CEntreeDico* reçoit en paramètre un élément *elem_entree* de type **XElement**, représentant une balise *<entree>* du fichier XML. Il se charge de remplir la valeur des propriétés de l'objet par l'intermédiaire des champs prévus.

```
public class CEntreeDico {
   //données
   private string v_page_livre = "00";
   public string P_PageLivre {
     get { return v_page_livre; }
   }
   private string v_intitule = "intitule";
   public string P_Intitule {
     get { return v_intitule; }
   }
   private string v_categorie = "categorie";
   public string P_Categorie {
     get { return v_categorie; }
   }
   private string v_definition = "definition";
   public string P_Definition {
     get { return v_definition; }
   }
   private string[] v_flexions;
   public string[] P_Flexions {
     get { return v_flexions; }
   }
  private string v_flexions_affiche = "xx";
   public string P_FlexionsAffiche {
     get { return v_flexions_affiche; }
   }
   private int v_flexions_quantite;
   public int P_FlexionsQuantite {
     get { return v_flexions_quantite; }
   }
   //constructeur
  public CEntreeDico(XElement elem_entree) {
    v_page_livre = elem_entree.Attribute("page").Value;
    v_intitule = elem_entree.Element("intitule").Value.ToUpper();
    v_categorie = elem_entree.Element("categorie").Value;
```

```
    v_definition = elem_entree.Element("definition").Value;
    IEnumerable<XElement> collect_flexions =
      elem_entree.Element("flexions").Descendants();
    v_flexions_quantite = collect_flexions.Count();
    v_flexions = new string[v_flexions_quantite];
    v_flexions_affiche = "";
    for (int xx = 0; xx < v_flexions_quantite; xx++) {
      XElement elem_flexion = collect_flexions.ElementAt(xx);
      v_flexions[xx] = elem_flexion.Value;
      v_flexions_affiche += v_flexions[xx];
      if (xx < collect_flexions.Count() - 1) {
        v_flexions_affiche += " / ";
      }
    }
  }
}//end class
```

En déclarant une collection générique par la variable *collect_obs_entrees* de type **ObservableCollection<CEntreeDico>**, on énumère la collection des éléments de *collect_racine* dans une boucle *foreach*. Pour chaque élément *elem_entree*, on ajoute à la collection *collect_obs_entrees* une nouvelle entrée **CEntreeDico**, avec en paramètre *elem_entree*, par la méthode *Add* de la collection générique. Une fois la collection générée, on affecte à la propriété *ItemsSource* du **ListView** la collection.

```
ObservableCollection<CEntreeDico> collect_obs_entrees =
   new ObservableCollection<CEntreeDico>();
foreach (XElement elem_entree in collect_racine) {
  collect_obs_entrees.Add(new CEntreeDico(elem_entree));
}
x_listview_donnees.ItemsSource = collect_obs_entrees;
```

Maintenant que la source de données est fixée, il ne reste plus qu'à établir la vue d'affichage pour être affectée à la propriété *View* de **ListView**. La vue d'affichage est un objet **GridView** qui est affecté à la propriété *View* de **ListView** et qui se sert des données de la collection *collect_obs_entrees* affectée à la propriété *ItemsSource* de **ListView**.

On instancie un objet *mon_gridview* de type **GridView**. En affectant la valeur *false* à la propriété *AllowsColumnReorder*, on interdit le déplacement des colonnes par un glisser-déplacer avec la souris dans la vue d'affichage. Pour ajouter une colonne, on instancie un objet **GridViewColumn** et on l'ajoute à la propriété *Columns* de **GridView** par la méthode *Add*. La propriété *Columns* est une collection générique ordonnée d'objets **GridViewColumn**. Un objet **GridViewColumn** est personnalisé de la façon suivante: sa propriété *Header* reçoit la chaîne au format texte à afficher, et sa propriété *Width* fixe la largeur de colonne en pixels. L'absence de valeur affectée à la propriété *Width* entraîne un calcul de largeur de la colonne de façon automatique en fonction de la première ligne de donnée pour la colonne considérée. On ajoute ainsi les colonnes intitulées *Page, Intitulé, Catégorie, Qte* et *Flexions* (dans cet ordre).

```
GridView mon_gridview = new GridView();
mon_gridview.AllowsColumnReorder = false;
GridViewColumn gv_col1 = new GridViewColumn();
...
gv_col1.Header = "Page";
gv_col1.Width = 50;
mon_gridview.Columns.Add(gv_col1);
GridViewColumn gv_col2 = new GridViewColumn();
...
gv_col2.Header = "Intitulé";
mon_gridview.Columns.Add(gv_col2);
GridViewColumn gv_col3 = new GridViewColumn();
...
gv_col3.Header = "Catégorie";
gv_col3.Width = 100;
mon_gridview.Columns.Add(gv_col3);
GridViewColumn gv_col5 = new GridViewColumn();
...
gv_col5.Header = "Qte";
gv_col5.Width = 30;
mon_gridview.Columns.Add(gv_col5);
GridViewColumn gv_col4 = new GridViewColumn();
...
gv_col4.Header = "Flexions";
mon_gridview.Columns.Add(gv_col4);
x_listview_donnees.View = mon_gridview;
```

Enfin, il faut établir la relation entre le contenu à afficher dans une case et un objet **CEntreeDico** de la source de données. Cela se fait par un mappage des propriétés concernées de **CEntreeDico** avec les colonnes correspondantes de **GridViewColumn**. La propriété *DisplayMemberBinding* de **GridViewColumn** définit l'élément de données à lier pour la colonne concernée. Cette propriété reçoit un objet dérivé de la classe abstraite **BindingBase** comme un objet **Binding**. La classe **Binding** (dans l'espace de noms *System.Windows.Data*) fournit un accès de niveau supérieur à la définition d'une liaison, qui connecte les propriétés d'objets de cible de liaison (en général des éléments WPF) et toute source de données (par exemple une base de données, un fichier XML ou tout objet qui contient des données). Le constructeur de l'objet **Binding** reçoit en paramètre sous forme d'une chaîne le nom de la propriété ciblée pour le mappage. Par exemple la colonne *gv_col1* de type **GridViewColumn** doit afficher la donnée issue de la propriété *P_*

PageLivre de **CEntreeDico**. Pour effectuer cette relation avec un objet **Binding**, on écrira *gv_col1.DisplayMemberBinding = new Binding("P_PageLivre")*.

```
GridView mon_gridview = new GridView();
mon_gridview.AllowsColumnReorder = false;
GridViewColumn gv_col1 = new GridViewColumn();
gv_col1.DisplayMemberBinding = new Binding("P_PageLivre");
gv_col1.Header = "Page";
gv_col1.Width = 50;
mon_gridview.Columns.Add(gv_col1);
GridViewColumn gv_col2 = new GridViewColumn();
gv_col2.DisplayMemberBinding = new Binding("P_Intitule");
gv_col2.Header = "Intitulé";
mon_gridview.Columns.Add(gv_col2);
GridViewColumn gv_col3 = new GridViewColumn();
gv_col3.DisplayMemberBinding = new Binding("P_Categorie");
gv_col3.Header = "Catégorie";
gv_col3.Width = 100;
mon_gridview.Columns.Add(gv_col3);
GridViewColumn gv_col5 = new GridViewColumn();
gv_col5.DisplayMemberBinding = new Binding("P_FlexionsQuantite");
gv_col5.Header = "Qte";
gv_col5.Width = 30;
mon_gridview.Columns.Add(gv_col5);
GridViewColumn gv_col4 = new GridViewColumn();
gv_col4.DisplayMemberBinding = new Binding("P_FlexionsAffiche");
gv_col4.Header = "Flexions";
mon_gridview.Columns.Add(gv_col4);
x_listview_donnees.View = mon_gridview;
```

Lors du passage d'un choix à l'autre dans le sélecteur des actions, il est nécessaire de vider le **ListView** pour afficher un nouveau jeu de données en fonction de l'action requise. Pour vider un **ListView** il faut impérativement affecter la valeur *null* aux propriétés *ItemsSource* et *View* ce qui correspond à vider la source des données et à supprimer la vue d'affichage par le **GridView**.

1.2 - Expression d'une requête LINQ

Une *requête* est une expression qui récupère les données d'une source de données. En général, les requêtes sont exprimées dans un langage de requête spécialisé. Au fil du temps, différents langages ont été développés pour les divers types de sources de données, comme par exemple SQL pour les bases de données relationnelles et XQuery pour le XML. Par conséquent, les développeurs ont dû apprendre un nouveau langage de requête pour chaque type de source de données ou format de données qu'ils doivent prendre en charge. LINQ simplifie cette situation en proposant un modèle cohérent qui permet d'utiliser des données de types de sources et de formats divers. Dans une requête LINQ, vous travaillez toujours avec des objets. Vous utilisez les mêmes modèles de codage de base pour interroger et transformer des données en documents XML, en bases de données SQL, en groupes de données ADO.NET, en collections .NET et en tout autre format pour lesquels un fournisseur LINQ est disponible.

Toutes les opérations de requête LINQ comportent trois actions distinctes : en premier l'obtention de la source de données, en second la création de la requête et en dernier l'exécution de la requête. L'illustration de la figure 16.5 présente la totalité de l'opération de requête. Dans LINQ, l'exécution de la requête est distincte de la requête elle-même. En d'autres termes, vous n'avez pas récupéré de données en créant simplement une variable de requête. Il faut itérer la variable de requête pour obtenir les données.

FIGURE 16.5

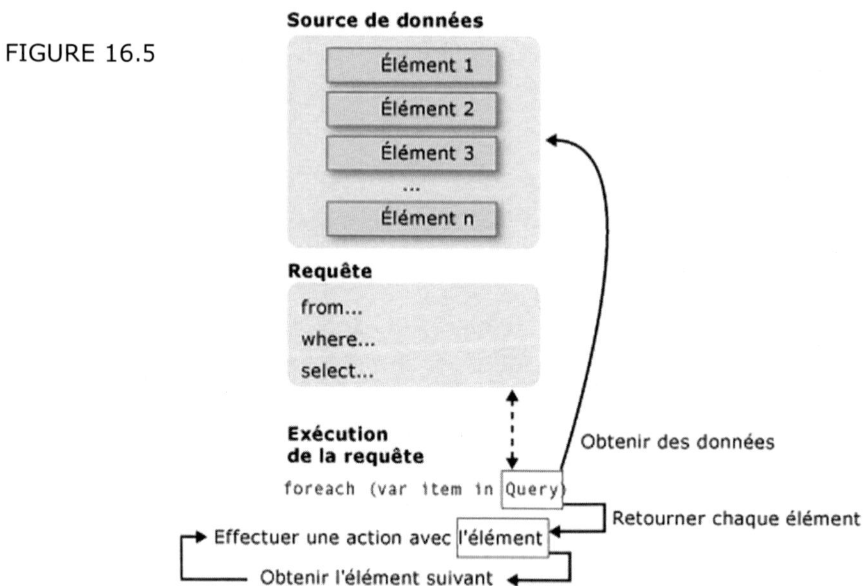

Comme une requête est exécutée dans une instruction *foreach* et que l'instruction *foreach* requiert une collection de données de type **IEnumerable** ou **IEnumerable<T>**, les types qui prennent en charge **IEnumerable<T>** ou une interface dérivée telle que **IQueryable<T>** générique sont des types pouvant être interrogés. Un type requêtable ne nécessite aucune modification ni traitement spécial pour servir de source de données LINQ. Si les données sources ne sont pas déjà en mémoire comme type requêtable, le fournisseur LINQ doit les représenter comme telles. Par exemple, LINQ to XML charge un document

XML dans un type **XElement** requêtable. La requête spécifie les informations à récupérer de la source ou des sources de données. Elle peut également spécifier la manière dont ces informations doivent être triées, regroupées et mises en forme avant d'être retournées. Une requête est stockée dans une variable de requête et initialisée avec une expression de requête. C# a introduit une nouvelle syntaxe de requête pour simplifier l'écriture des requêtes.

La variable de requête elle-même stocke simplement les commandes de requête. L'exécution réelle de la requête est différée jusqu'à ce que vous itériez la variable de requête dans une instruction *foreach*. Ce concept est connu sous le nom de l'*exécution différée*. Étant donné que la variable de requête elle-même ne contient jamais les résultats de la requête, vous pouvez l'exécuter aussi souvent que vous le souhaitez. Par exemple, vous pouvez mettre à jour une base de données continuellement à l'aide d'une application séparée. Dans votre application, vous pouvez créer une requête qui récupère les données les plus récentes et l'exécuter à plusieurs reprises à un intervalle donné pour récupérer des résultats différents à chaque fois.

Jusqu'à présent on écrivait *IEnumerable<XElement> collect_racine = doc_xml. Descendants("contenu").Elements()* pour obtenir tous les éléments *<entree>* de *<contenu>*. Maintenant on écrira cela avec une expression de requête LINQ qui sera la suivante:

```
IEnumerable<XElement> collect_racine =
    from element in doc_xml.Descendants("contenu").Elements()
    select element;
```

C'est ce que l'on fait par l'intermédiaire du deuxième choix du sélecteur. L'obtention des données dans *collect_racine* sont identiques que lors du premier choix du sélecteur. On s'aperçoit que le contenu de la requête contient des nouveaux mots-clés, nommés clauses, qui sont *from*, *in* et *select*.

Dans une requête LINQ, la première étape consiste à spécifier la source de données. En C# comme dans la plupart des langages de programmation, une variable doit être déclarée avant de pouvoir être utilisée. Dans une requête LINQ, la clause *from* apparaît en premier pour introduire la source de données "*doc_xml.Descendants("contenu").Elements()*" et la variable de portée "*element*". La requête commence par l'opérateur **FROM**, elle est suivie de la variable de portée choisie (ici *element*), puis elle est suivie de l'opérateur **IN**, et elle se termine par la source de données.

from *element* **in** *doc_xml.Descendants("contenu").Elements()*

La variable de portée est similaire à la variable d'itération dans une boucle *foreach* à la différence qu'aucune itération réelle ne se produit dans une expression de requête. Lorsque la requête est exécutée, la variable de portée servira de référence à chaque élément consécutif dans "*doc_xml.Descendants("contenu").Elements()*". Étant donné que le compilateur peut déduire le type de la variable de portée *element*, vous n'avez pas à le spécifier explicitement. Vous pouvez remplacer le terme *IEnumerable<XElement>* par le mot-clé *var*. La code de la requête s'écrit alors:

```
var collect_racine =
    from element in doc_xml.Descendants("contenu").Elements()
    select element;
```

Une variable locale implicitement typée par le type *var* est fortement typée comme si vous aviez déclaré le type vous-même, le compilateur déterminant le type par lui-même. La deuxième partie de la requête s'exprime par l'opérateur **SELECT** suivi par la variable de portée *element* dans une version minimale ou par une expression choisie. Dans une expression de requête, la clause *select* spécifie la "forme" ou le type de chaque élément retourné qui seront générés lors de l'exécution de la requête. Le résultat est basé sur l'évaluation de toutes les clauses précédentes et sur toutes les expressions de la clause *select* elle-même. Une expression de requête doit se terminer par une clause *select*. Par exemple, vous pouvez spécifier si vos résultats se composeront d'objets complets, d'un seul membre, d'un sous-ensemble de membres ou d'un type de résultat complètement différent basé sur un calcul ou une création d'objet. Lorsque la clause *select* produit autre chose qu'une copie de l'élément source, l'opération est appelée *projection*. L'utilisation de projections pour transformer des données est une fonction puissante des expressions de requête LINQ. Ici, avec la clause *select element*, on sélectionne l'élément <*entree*> dans sa totalité. La figure 16.6 nous montre qu'avec notre expression de requête LINQ nous obtenons bien les 76 entrées du document XML de départ.

FIGURE 16.6

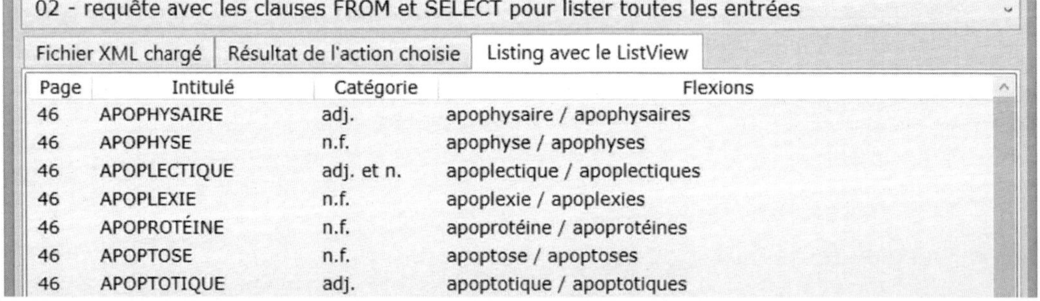

02 - requête avec les clauses FROM et SELECT pour lister toutes les entrées

Fichier XML chargé | Résultat de l'action choisie | Listing avec le ListView

Page	Intitulé	Catégorie	Flexions
46	APOPHYSAIRE	adj.	apophysaire / apophysaires
46	APOPHYSE	n.f.	apophyse / apophyses
46	APOPLECTIQUE	adj. et n.	apoplectique / apoplectiques
46	APOPLEXIE	n.f.	apoplexie / apoplexies
46	APOPROTÉINE	n.f.	apoprotéine / apoprotéines
46	APOPTOSE	n.f.	apoptose / apoptoses
46	APOPTOTIQUE	adj.	apoptotique / apoptotiques

1.3 - La clause WHERE

La clause *where* est utilisée dans une expression de requête pour spécifier les éléments de la source de données qui seront retournés dans l'expression de requête. L'opérateur *where* applique une condition booléenne (c'est le prédicat) à chaque élément source (élément référencé par la variable de portée) et retourne ceux pour lesquels la condition spécifiée est remplie. Une expression de requête unique peut contenir plusieurs clauses *where*, et une clause unique peut contenir plusieurs sous-expressions de prédicat.

Pour le troisième choix du sélecteur, on ajoute à l'expression de requête une clause *where* pour ne sélectionner que les entrées du dictionnaire qui sont des noms féminins (c'est-à-dire quand la balise *<categorie>* a pour valeur "*n.f.*". L'expression de la requête pour l'obtention des noms féminins uniquement est donc la suivante:

```
IEnumerable<XElement> collect_racine =
    from element in doc_xml.Descendants("contenu").Elements()
    where (string)element.Element("categorie") == "n.f."
    select element;
```

La figure 16.7 montre le résultat obtenu avec l'obtention de 20 éléments qui contiennent tous une balise *<categorie>n.f.</categorie>*.

FIGURE 16.7

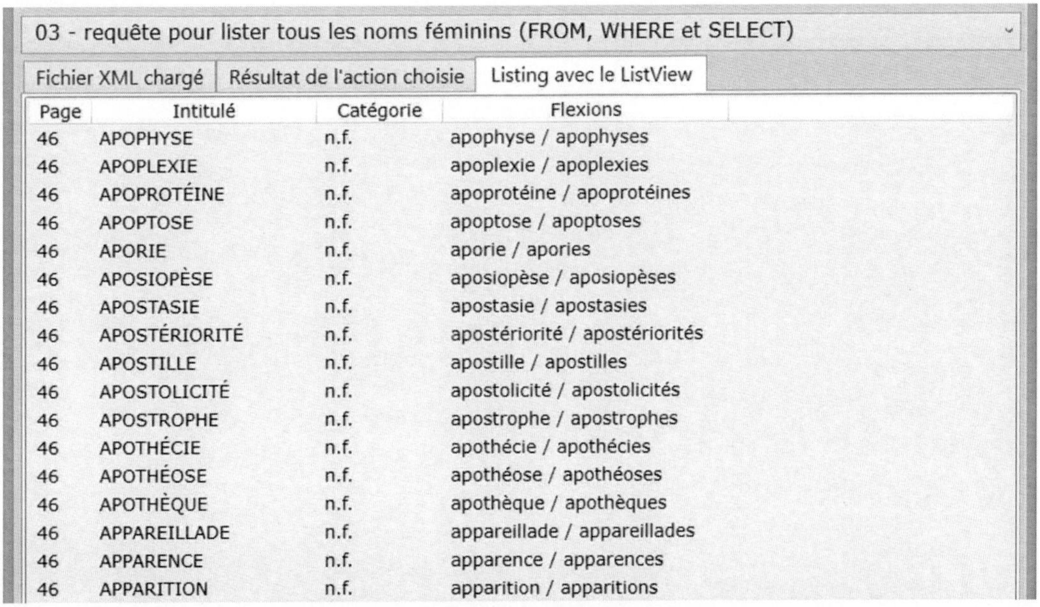

03 - requête pour lister tous les noms féminins (FROM, WHERE et SELECT)

Fichier XML chargé | Résultat de l'action choisie | Listing avec le ListView

Page	Intitulé	Catégorie	Flexions
46	APOPHYSE	n.f.	apophyse / apophyses
46	APOPLEXIE	n.f.	apoplexie / apoplexies
46	APOPROTÉINE	n.f.	apoprotéine / apoprotéines
46	APOPTOSE	n.f.	apoptose / apoptoses
46	APORIE	n.f.	aporie / apories
46	APOSIOPÈSE	n.f.	aposiopèse / aposiopèses
46	APOSTASIE	n.f.	apostasie / apostasies
46	APOSTÉRIORITÉ	n.f.	apostériorité / apostériorités
46	APOSTILLE	n.f.	apostille / apostilles
46	APOSTOLICITÉ	n.f.	apostolicité / apostolicités
46	APOSTROPHE	n.f.	apostrophe / apostrophes
46	APOTHÉCIE	n.f.	apothécie / apothécies
46	APOTHÉOSE	n.f.	apothéose / apothéoses
46	APOTHÈQUE	n.f.	apothèque / apothèques
46	APPAREILLADE	n.f.	appareillade / appareillades
46	APPARENCE	n.f.	apparence / apparences
46	APPARITION	n.f.	apparition / apparitions

La clause *where* s'exprime ici par l'écriture *where (string)element. Element("categorie") == "n.f."*. Vous remarquerez l'utilisation de l'opérateur de casting "*(string)*" devant "*element.Element("categorie")*" pour estimer si l'élément *element.Element("categorie")* est bien égal à la chaîne "*n.f.*". Vous pouvez utiliser les opérateurs logiques && (opérateur ET) et || (opérateur OU) habituels pour appliquer autant d'expressions de filtre que nécessaire dans la clause *where*.
La clause *where* est un mécanisme de filtrage. Elle peut être placée à presque n'importe quel endroit d'une expression de requête au détail près qu'elle ne peut pas être ni la première clause et ni la dernière clause. Si un prédicat spécifié n'est pas valide pour les éléments de la source de données, une erreur de compilation est générée. C'est l'un des avantages de la vérification de type fort qui est fournie par LINQ.

```
//remplissage de l'onglet: "Résultat de l'action choisie"
string infos = "";
IEnumerable<XElement> collect_racine =
   from element in doc_xml.Descendants("contenu").Elements()
   where (string)element.Element("categorie") == "n.f."
   select element;
infos += "nombre des entrées trouvées: " + collect_racine.Count() + " entrées" + RC;
foreach (XElement elem_entree in collect_racine) {
  infos += "page: " + elem_entree.Attribute("page").Value;
  infos += " -> entrée: " + elem_entree.Element("intitule").Value.ToUpper();
  infos += " -> " + elem_entree.Element("definition").Value + RC;
  IEnumerable<XElement> collect_flexions =
    elem_entree.Element("flexions").Descendants();
  infos += "flexions (" + collect_flexions.Count().ToString() + "): ";
  foreach (XElement elem_flexion in collect_flexions) {
    infos += elem_flexion.Value + " ";
  }
  infos += RC;
}
...
//remplissage de l'onglet: "Listing avec le ListView"
ObservableCollection<CEntreeDico> collect_obs_entrees =
   new ObservableCollection<CEntreeDico>();
foreach (XElement elem_entree in collect_racine) {
  collect_obs_entrees.Add(new CEntreeDico(elem_entree));
}
x_listview_donnees.ItemsSource = collect_obs_entrees;
GridView mon_gridview = new GridView();
mon_gridview.AllowsColumnReorder = false;
GridViewColumn gv_col1 = new GridViewColumn();
gv_col1.DisplayMemberBinding = new Binding("P_PageLivre");
gv_col1.Header = "Page";
gv_col1.Width = 50;
...
```

```
x_listview_donnees.View = mon_gridview;
```

Dans le quatrième choix du sélecteur, on décide d'afficher uniquement les entrées du dictionnaire qui sont des adverbes (balise *<categorie>adv.</categorie>)*. La figure 16.8 montre le résultat obtenu dans lequel on trouve 3 entrées. Et le code ci-dessous montre le détail de la requête avec une clause *where*.

```
IEnumerable<XElement> collect_racine =
    from element in doc_xml.Descendants("contenu").Elements()
    where (string)element.Element("categorie") == "adv."
    select element;
```

FIGURE 16.8

04 - requête pour lister tous les adverbes (FROM, WHERE, SELECT)

Fichier XML chargé | Résultat de l'action choisie | Listing avec le ListView

Page	Intitulé	Catégorie	Flexions
46	APOSTOLIQUEMENT	adv.	apostoliquement
46	APPAREMMENT	adv.	apparemment
46	APPASSIONATO	adv.	appassionato

Dans le cinquième choix du sélecteur, on décide d'afficher uniquement les entrées du dictionnaire qui sont des adverbes (balise *<categorie>adv.</categorie>)* et les entrées du dictionnaire qui sont des noms féminins (balise *<categorie>n.f.</categorie>)*. La figure 16.9 montre le résultat obtenu dans lequel on trouve 23 entrées (20 entrées pour les noms féminins et 3 entrées pour les adverbes). Le code ci-dessous montre le détail de la requête avec une clause *where* adaptée: on utilise l'opérateur logique "||" (opérateur OR) pour évaluer le prédicat.

FIGURE 16.9

05 - requête pour lister tous les noms féminins et les adverbes (FROM, WHERE, SELECT)

Fichier XML chargé | Résultat de l'action choisie | Listing avec le ListView

Page	Intitulé	Catégorie	Flexions
46	APOPHYSE	n.f.	apophyse / apophyses
46	APOPLEXIE	n.f.	apoplexie / apoplexies
46	APOPROTÉINE	n.f.	apoprotéine / apoprotéines
46	APOPTOSE	n.f.	apoptose / apoptoses
46	APORIE	n.f.	aporie / apories
46	APOSIOPÈSE	n.f.	aposiopèse / aposiopèses
46	APOSTASIE	n.f.	apostasie / apostasies
46	APOSTÉRIORITÉ	n.f.	apostériorité / apostériorités
46	APOSTILLE	n.f.	apostille / apostilles
46	APOSTOLICITÉ	n.f.	apostolicité / apostolicités
46	APOSTOLIQUEMENT	adv.	apostoliquement
46	APOSTROPHE	n.f.	apostrophe / apostrophes
46	APOTHÉCIE	n.f.	apothécie / apothécies
46	APOTHÉOSE	n.f.	apothéose / apothéoses

```
IEnumerable<XElement> collect_racine =
  from element in doc_xml.Descendants("contenu").Elements()
  where ((string)element.Element("categorie") == "n.f."
     || (string)element.Element("categorie") == "adv.")
  select element;
```

1.4 - Les clauses LET et ORDERBY

Le sixième choix du sélecteur (figure 16.10) permet d'afficher uniquement les entrées qui possèdent un nombre de flexions supérieures ou égales à 2, et par ordre décroissant du nombre de flexions.

FIGURE 16.10

06 - requête pour lister en fonction du nombre des flexions

Fichier XML chargé | Résultat de l'action choisie | Listing avec le ListView

Page	Intitulé	Catégorie	Qte	Flexions
46	APOSTAT, E	adj. et n.	4	apostat / apostats / apostate / apostates
46	APPALACHIEN, ENNE	adj.	4	appalachien / appalachiens / appalachienne / appalachienne
46	APPAMÉEN, ENNE	adj.	4	appaméen / appaméens / appaméenne / appaméennes
46	APPAREILLEUR, EUSE	n.	4	appareilleur / appareilleurs / appareilleuse / appareilleuses
46	APPARENT, E	adj.	4	apparent / apparents / apparente / apparentes
46	APPARITEUR, TRICE	n.	4	appariteur / appariteurs / appariitrice / appariitrices
46	APPARTENANT, E	adj.	4	appartenant / appartenants / appartenante / appartenantes
46	APPELANT, E	adj. et n.	4	appelant / appelants / appelante / appelantes
46	APPELLATIF, IVE	adj. et n.m.	4	appellatif / appellatifs / appellative / appellatives
46	APPARATCHIK	n.m.	3	apparatchik / apparatchiks / apparatchiki
46	APOPHYSAIRE	adj.	2	apophysaire / apophysaires
46	APOPHYSE	n.f.	2	apophyse / apophyses
46	APOPLECTIQUE	adj. et n.	2	apoplectique / apoplectiques
46	APOPLEXIE	n.f.	2	apoplexie / apoplexies
46	APOPROTÉINE	n.f.	2	apoprotéine / apoprotéines
46	APOPTOSE	n.f.	2	apoptose / apoptoses
46	APOPTOTIQUE	adj.	2	apoptotique / apoptotiques
46	APORÉTIQUE	adj.	2	aporétique / aporétiques
46	APORIE	n.f.	2	aporie / apories
46	APOSÉLÈNE	n.m.	2	aposélène / aposélènes
46	APOSIOPÈSE	n.f.	2	aposiopèse / aposiopèses
46	APOSTASIE	n.f.	2	apostasie / apostasies
46	APOSTÉRIORITÉ	n.f.	2	apostériorité / apostériorités
46	APOSTILLE	n.f.	2	apostille / apostilles
46	APOSTOLAT	n.m.	2	apostolat / apostolats
46	APOSTOLICITÉ	n.f.	2	apostolicité / apostolicités
46	APOSTOLIQUE	adj.	2	apostolique / apostoliques
46	APOSTROPHE	n.f.	2	apostrophe / apostrophes
46	APOTHÉCIE	n.f.	2	apothécie / apothécies
46	APOTHÈME	n.m.	2	apothème / apothèmes
46	APOTHÉOSE	n.f.	2	apothéose / apothéoses
46	APOTHÈQUE	n.f.	2	apothèque / apothèques

Le code ci-dessous affiche le détail de cette requête et l'on voit l'utilisation de deux nouvelles clauses: la clause *let* et la clause *orderby*.

```
IEnumerable<XElement> collect_racine =
   from element in doc_xml.Descendants("contenu").Elements()
   let nbre_flexion = element.Element("flexions").Descendants().Count()
   orderby nbre_flexion descending
   where nbre_flexion >= 2
   select element;
```

Dans une expression de requête, il est parfois utile de stocker le résultat d'une sous-expression pour l'utiliser dans les clauses suivantes. Vous pouvez faire ceci avec le mot clé **LET** qui crée une variable de portée et l'initialise avec le résultat de l'expression que vous fournissez. Une fois initialisée avec une valeur, la variable de portée ne peut pas être utilisée pour stocker une autre valeur. Toutefois, si la variable de portée contient un type requêtable, elle peut être interrogée.
Dans notre exemple, nous avons besoin d'évaluer pour chaque entrée le nombre de flexions qu'elle possède. On sait que la balise parent *<flexions>* possède une collection de balises enfants *<flexion>*. L'expression de la variable de portée *element.Element("flexions").Descendants().Count()* nous retourne la quantité des objets présents dans la collection. Cette quantité est alors stockée dans une variable intermédiaire *nbre_flexion* introduite par une clause *let* d'où l'écriture *let nbre_flexion = element.Element("flexions").Descendants().Count()*. Pour ne sélectionner que les éléments dont la quantité est supérieure ou égale à 2, on fixe la clause *where* par l'écriture *where nbre_flexion* >= 2. Si on exécute la requête, on obtient un listing affichant les 23 entrées sans aucun tri. A noter que l'on ajoute une nouvelle colonne intitulée "*Qte*" pour afficher le nombre de flexions d'une entrée en relation avec la propriété *P_FlexionsQuantite* de l'objet **CEntreeDico**.

```
//remplissage de l'onglet: "Listing avec le ListView"
ObservableCollection<CEntreeDico> collect_obs_entrees =
  new ObservableCollection<CEntreeDico>();
foreach (XElement elem_entree in collect_racine) {
  collect_obs_entrees.Add(new CEntreeDico(elem_entree));
}
x_listview_donnees.ItemsSource = collect_obs_entrees;
GridViewColumn gv_col5 = new GridViewColumn();
gv_col5.DisplayMemberBinding = new Binding("P_FlexionsQuantite");
gv_col5.Header = "Qte";
gv_col5.Width = 30;
mon_gridview.Columns.Add(gv_col5);
...
x_listview_donnees.View = mon_gridview;
```

Pour afficher des données triées, il faut utiliser une clause **ORDERBY**. La clause *orderby* entraîne le tri par ordre croissant ou décroissant de la séquence ou de la sous-séquence (groupe) retournées dans une expression de requête. Plusieurs clés peuvent être spécifiées pour effectuer une ou plusieurs opérations de tri secondaires. Le tri est effectué par le comparateur par défaut pour le type de l'élément. L'ordre de tri par défaut est le tri croissant. Vous pouvez également spécifier un comparateur personnalisé. Toutefois, il est uniquement disponible en utilisant la syntaxe fondée sur une méthode.

Dans notre exemple, pour trier les éléments par ordre décroissant en fonction de la quantité de flexions qu'ils possèdent, on ajoute une clause *orderby*. Cette clause *orderby* est suivie par la variable à trier qui est ici *nbre_flexion* et par l'ordre de tri souhaité (mot-clé *descending* pour un ordre décroissant et mot-clé *ascending* pour un ordre croissant). Si on ne précise pas l'ordre c'est l'ordre croissant qui est utilisé par défaut. Maintenant que notre requête est complète, on obtient bien un listing où les entrées sont triées par ordre décroissant de leur quantité de flexions.

```
XDocument doc_xml = XDocument.Load(
   g_doss_exe + "/ressource_externe/scrabble_page_046.xml",
   LoadOptions.None | LoadOptions.SetLineInfo);
//remplissage de l'onglet: "Résultat de l'action choisie"
string infos = "";
IEnumerable<XElement> collect_racine =
  from element in doc_xml.Descendants("contenu").Elements()
  let nbre_flexion = element.Element("flexions").Descendants().Count()
  orderby nbre_flexion descending
  where nbre_flexion >= 2
  select element;
infos += "nombre des entrées trouvées: " + collect_racine.Count() + " entrées" + RC;
foreach (XElement elem_entree in collect_racine) {
  infos += "page: " + elem_entree.Attribute("page").Value;
  infos += " -> entrée: " + elem_entree.Element("intitule").Value.ToUpper();
  infos += " -> " + elem_entree.Element("definition").Value + RC;
  IEnumerable<XElement> collect_flexions =
    elem_entree.Element("flexions").Descendants();
  infos += "flexions (" + collect_flexions.Count().ToString() + "): ";
  foreach (XElement elem_flexion in collect_flexions) {
    infos += elem_flexion.Value + " ";
  }
  infos += RC;
}
...
//remplissage de l'onglet: "Listing avec le ListView"
ObservableCollection<CEntreeDico> collect_obs_entrees =
   new ObservableCollection<CEntreeDico>();
foreach (XElement elem_entree in collect_racine) {
  collect_obs_entrees.Add(new CEntreeDico(elem_entree));
}
```

x_listview_donnees.ItemsSource = collect_obs_entrees;
...

2 - Les méthodes d'extensions

L'API LINQ To XML étend les opérateurs de requête standart de LINQ To Objects en y ajoutant des opérateurs spécifiques au XML. Ces opérateurs spécifiques sont des méthodes d'extensions définies dans la classe statique **Extensions** (dans l'espace de noms *System.Xml.Linq.Extensions*) qui joue le rôle d'une classe conteneur. Chacune de ces méthodes d'extensions est appelée sur une séquence d'un type de donnée LINQ To XML et effectue une action sur chacune des entrées de cette séquence. L'application d'une méthode d'extension retourne par exemple tous les ancêtres ou tous les descendants des différentes entrées trouvées.
Virtuellement, chacune de ces méthodes d'extensions XML décrites ici a un équivalent vu au chapitre 14 dans le paragraphe 2. Ces méthodes vues au chapitre 14 dans le paragraphe 2 ne s'appliquent qu'à un objet unique dérivé de **XNode** alors que les méthodes d'extensions que nous allons voir dans ce chapitre ne

FIGURE 16.11

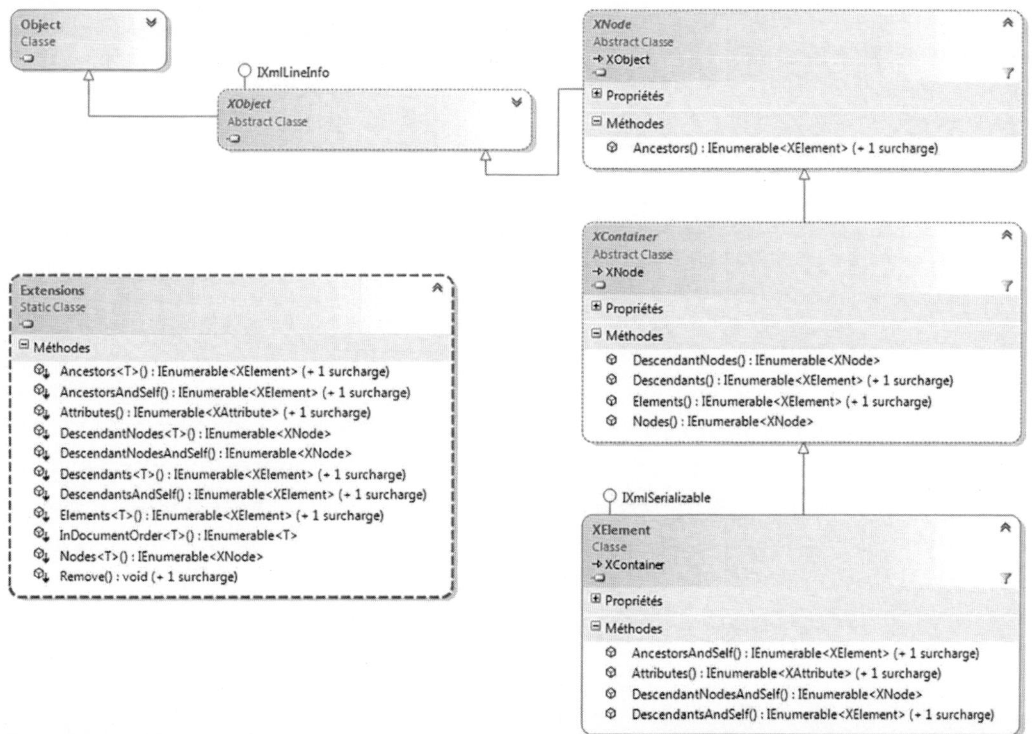

s'appliquent qu'à une séquence d'objets dont chacun est dérivé de **XNode**. La figure 16.11 visualise un diagramme partiel de classes qui montre la différence. La solution de projet *P16_02_LinqExtension.sln*, qui se trouve dans le dossier *chapitre_16/P16_02_LinqExtension*, consiste à mettre en pratique les principales techniques utilisées pour l'utilisation des méthodes d'extensions de LINQ To XML. Un sélecteur permet de choisir une action à réaliser par l'utilisation d'une méthode d'extension (figure 16.12). L'onglet de gauche intitulé *"Fichier XML chargé"* affiche le contenu du fichier XML servant de référence, et l'onglet de droite intitulé "*Résultat au format texte*" affiche le résultat de l'action choisie.

FIGURE 16.12

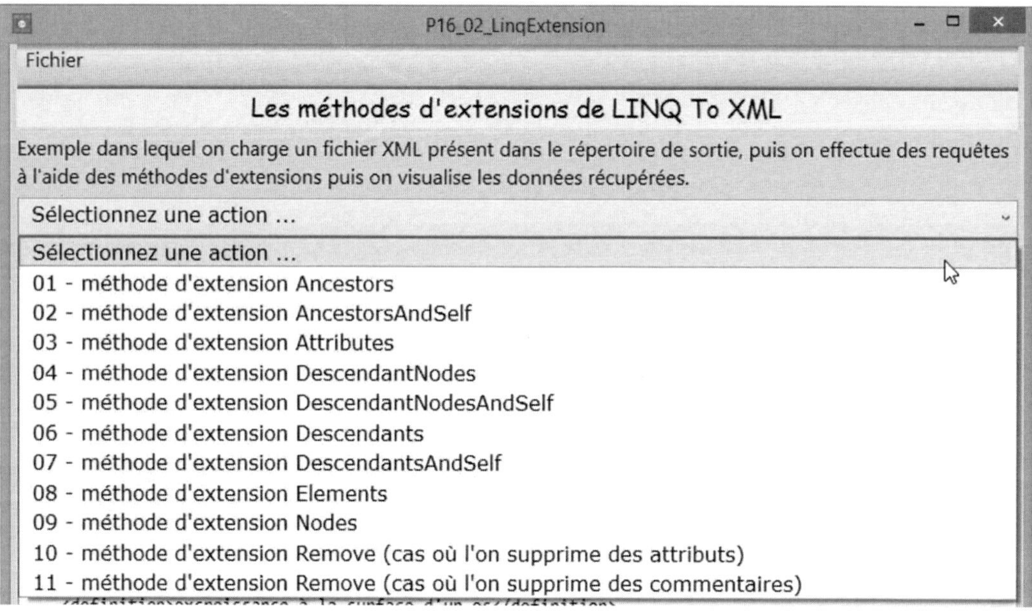

2.1 - L'extension *Ancestors*

La méthode d'extension *Ancestors* est appelée sur une séquence de nœuds. Elle retourne une séquence qui contient les éléments ancêtres de chacun des nœuds sources. Cette méthode d'extension possède deux prototypes. Le premier prototype de cette méthode d'extension peut être appelé sur une séquence de nœuds ou d'objets dérivés de **XNode**. Il retourne une séquence d'éléments contenant les ancêtres de chacun des nœuds de la séquence source.

```
public static IEnumerable<XElement> Ancestors<T>(
   this IEnumerable<T> source
) where T : XNode
```

Le second prototype de cette méthode d'extension est identique au premier prototype mais, ici, avec un nom qui est passé en paramètre. Il retourne les ancêtres, qui correspondent au nom passé, dans une séquence de sortie.

```
public static IEnumerable<XElement> Ancestors<T>(
   this IEnumerable<T> source,
   XName name
) where T : XNode
```

Le fichier XML, nommé *scrabble_page_046.xml*, sert de référence pour les données à traiter. Il contient dans une racine *<contenu>* trois mots du dictionnaire représentés par des balises *<entree>*.

```
<?xml version="1.0" encoding="UTF-8" standalone="yes"?>
<!-- scrabble extraits page 46 -->
<contenu>
  <entree page="46" identification="id_01">
    <intitule>apophysaire</intitule>
    <categorie>adj.</categorie>
    <definition>qui concerne l'apophyse</definition>
    <flexions>
      <flexion>apophysaire</flexion>
      <flexion>apophysaires</flexion>
    </flexions>
  </entree>
  <entree page="46" identification="id_02">
    <intitule>apophyse</intitule>
    <categorie>n.f.</categorie>
    <definition>excroissance à la surface d'un os</definition>
    <flexions>
      <flexion>apophyse</flexion>
      <flexion>apophyses</flexion>
    </flexions>
  </entree>
  <entree page="46" identification="id_03">
    <intitule>apoplectique</intitule>
    <categorie>adj. et n.</categorie>
    <definition>qui a une prédisposition à l'apoplexie</definition>
    <flexions>
      <flexion>apoplectique</flexion>
      <flexion>apoplectiques</flexion>
    </flexions>
  </entree>
</contenu>
```

On commence par récupérer la collection *collect_intitule* composée de tous les éléments *<intitule>* de chacun des éléments *<entree>* par la réalisation d'une requête LINQ.

```
XDocument doc_xml = XDocument.Load(
   g_doss_exe + "/ressource_externe/scrabble_page_046.xml",
   LoadOptions.None | LoadOptions.SetLineInfo);
//remplissage de l'onglet: "Résultat de l'action choisie"
string infos = "";
IEnumerable<XElement> collect_intitule =
  from elem in doc_xml.Element("contenu").Descendants("intitule")
  select elem;
infos += "nombre d'objets trouvés: " + collect_intitule.Count() + RC;
infos += "type de la collection: " + collect_intitule.GetType().ToString() + RC;
infos += "type d'un objet de la collection: " +
   collect_intitule.ElementAt(0).GetType().ToString() + RC;
```

Dans le code ci-dessous, on applique la méthode *Ancestors* sur chaque élément de la collection comme on l'a vu au chapitre 14 dans le paragraphe 2. Cela nécessite l'utilisation de deux boucles *foreach* imbriquées. La figure 16.13 au repère 1 montre le résultat obtenu.

```
infos += "----------------------------------------------------------------------" + RC;
infos += "cas de l'application de la méthode Ancestors() sur les éléments trouvés"
  + RC;
infos += "----------------------------------------------------------------------" + RC;
foreach (XElement elem_intitule in collect_intitule) {
  infos += "élément trouvé: " + elem_intitule.ToString() + RC;
  foreach (XElement elem_ancetre in elem_intitule.Ancestors()) {
    infos += "-> ancetre: " + elem_ancetre.Name.ToString() + RC;
  }
}
```

Pour appliquer la méthode d'extension *Ancestors* comme dans le code ci-dessous, on a juste besoin d'une seule boucle *foreach* dans laquelle on applique la méthode d'extension *Ancestors* à chaque élément de la collection. La figure 16.13 au repère 2 montre le résultat obtenu qui est bien évidemment identique au précédent.

```
infos += "----------------------------------------------------------------------" + RC;
infos += "cas de l'application de la méthode d'extension Ancestors() sur la collection
trouvée" + RC;
infos += "----------------------------------------------------------------------" + RC;
foreach (XElement elem_intitule in collect_intitule.Ancestors()) {
  infos += "ancetre trouvé: " + elem_intitule.Name.ToString() + RC;
}
```

La méthode d'extension *Ancestors* retourne tous les éléments ancêtres de chaque nœud sous la forme d'une séquence de nœuds. La séquence utilisée est composée d'éléments, mais cela ne pose pas de problème puisque les éléments sont dérivés de **XNode**. Ce qui est important ici c'est de bien faire la différence entre la méthode d'extension *Ancestors* (appartenant à la classe statique **Extensions**) qui est appelée sur une séquence de nœuds et la méthode *Ancestors* (méthode héritée de **XNode**) qui est appelée sur un élément dérivé de **XNode**.

FIGURE 16.13

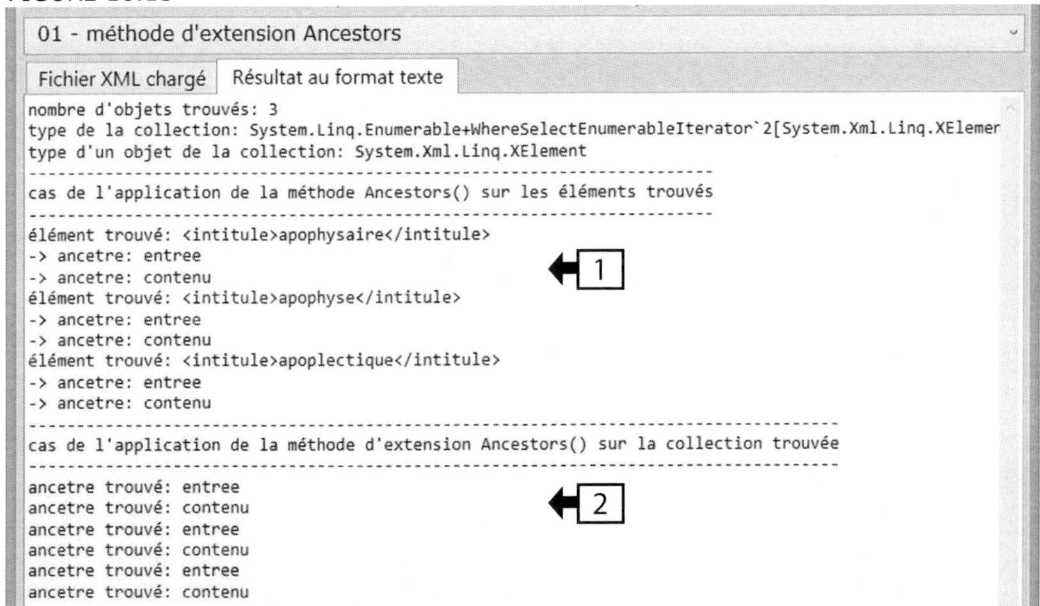

2.2 - L'extension *AncestorsAndSelf*

La méthode d'extension *AncestorsAndSelf* est appelée sur une séquence d'éléments. Elle retourne une séquence qui contient les éléments ancêtres de chacun des éléments sources, ainsi que l'élément source. Cette méthode d'extension est assez proche de la méthode d'extension *Ancestors*, si ce n'est qu'elle ne peut être appelée que sur les éléments et qu'elle inclut l'élément source dans la séquence de sortie. Cette méthode d'extension possède deux prototypes. Le premier prototype de cette méthode d'extension peut être appélé sur une séquence d'éléments. Il retourne une séquence d'éléments contenant les éléments sources et leurs éléments ancêtres.

```
public static IEnumerable<XElement> AncestorsAndSelf(
   this IEnumerable<XElement> source
)
```

Le second prototype de cette méthode d'extension est identique au premier prototype mais, ici, avec un nom qui est passé en paramètre. Il retourne les éléments sources et les ancêtres, qui correspondent au nom passé, dans une séquence de sortie.

```
public static IEnumerable<XElement> AncestorsAndSelf(
    this IEnumerable<XElement> source,
    XName name
)
```

Dans le code ci-dessous, on commence par l'application de la méthode *AncestorsAndSelf* (héritée de **XElement**) sur chaque élément dérivé de **XNode** (comme vu au chapitre 14 dans le paragraphe 2) par l'intermédiaire de deux boucles *foreach* imbriquées (résultat obtenu au repère 1 de la figure 16.14).

```
string infos = "";
IEnumerable<XElement> collect_intitule =
  from elem in doc_xml.Element("contenu").Descendants("intitule")
  select elem;
...
infos += "------------------------------------------------------------------" + RC;
infos += "cas de l'application de la méthode AncestorsAndSelf() sur les éléments
  trouvés" + RC;
infos += "------------------------------------------------------------------" + RC;
foreach (XElement elem_intitule in collect_intitule) {
  infos += "élément trouvé: " + elem_intitule.ToString() + RC;
  foreach (XElement elem_ancetre in elem_intitule.AncestorsAndSelf()) {
    infos += "-> ancetre: " + elem_ancetre.Name.ToString() + RC;
  }
}
```

FIGURE 16.14

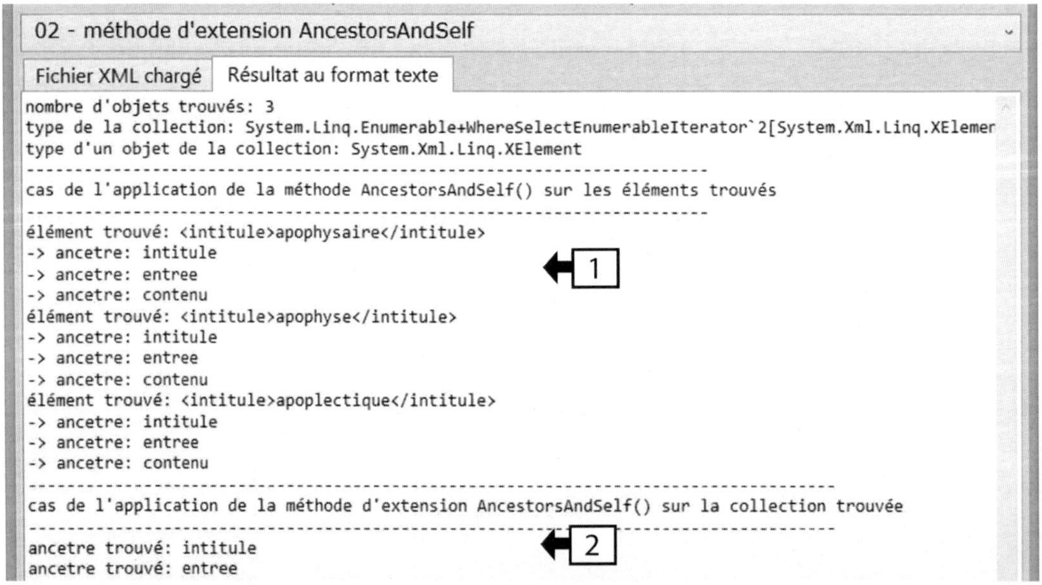

```
02 - méthode d'extension AncestorsAndSelf
Fichier XML chargé | Résultat au format texte
nombre d'objets trouvés: 3
type de la collection: System.Linq.Enumerable+WhereSelectEnumerableIterator`2[System.Xml.Linq.XElemer
type d'un objet de la collection: System.Xml.Linq.XElement
------------------------------------------------------------------
cas de l'application de la méthode AncestorsAndSelf() sur les éléments trouvés
------------------------------------------------------------------
élément trouvé: <intitule>apophysaire</intitule>
-> ancetre: intitule
-> ancetre: entree                                    1
-> ancetre: contenu
élément trouvé: <intitule>apophyse</intitule>
-> ancetre: intitule
-> ancetre: entree
-> ancetre: contenu
élément trouvé: <intitule>apoplectique</intitule>
-> ancetre: intitule
-> ancetre: entree
-> ancetre: contenu
------------------------------------------------------------------------------
cas de l'application de la méthode d'extension AncestorsAndSelf() sur la collection trouvée
------------------------------------------------------------------------------
ancetre trouvé: intitule                              2
ancetre trouvé: entree
```

Puis on termine par l'application de la méthode d'extension *AncestorsAndSelf* sur chaque élément de la collection (résultat obtenu au repère 2 de la figure 16.14).

```
infos += "------------------------------------------------------------------------" + RC;
infos += "cas de l'application de la méthode d'extension AncestorsAndSelf() sur la
collection trouvée" + RC;
infos += "------------------------------------------------------------------------" + RC;
foreach (XElement elem_intitule in collect_intitule.AncestorsAndSelf()) {
  infos += "ancetre trouvé: " + elem_intitule.Name.ToString() + RC;
}
```

2.3 - L'extension *Attributes*

La méthode d'extension *Attributes* est appelée sur une séquence d'éléments. Elle retourne une séquence contenant les attributs de chacun des éléments sources. Elle possède deux prototypes. Son premier prototype est appelé sur une séquence d'éléments. Il retourne une séquence contenant tous les attributs (de type **XAttribute**) des éléments sources.

```
public static IEnumerable<XAttribute> Attributes(
   this IEnumerable<XElement> source
)
```

Son second prototype est identique au premier mais, ici, seuls les attributs qui correspondent au nom passé en paramètre sont retournés dans la séquence de sortie.

```
public static IEnumerable<XAttribute> Attributes(
   this IEnumerable<XElement> source,
   XName name
)
```

Par une requête, on détermine la collection *collect_entree* composée de tous les éléments *<entree>*. Dans un premier temps, on applique à chaque élément *<entree>* la méthode *Attributes* héritée de **XElement** pour afficher les attributs de chaque élément *<entree>* sous forme d'une paire nom/valeur (résultat obtenu sur la figure 16.15 au repère 1). Dans un second temps, on applique la méthode d'extension *Attributes* sur chaque élément de la collection pour afficher les attributs de chaque élément *<entree>* sous forme d'une paire nom/valeur (résultat obtenu sur la figure 16.15 au repère 2).

```
IEnumerable<XElement> collect_entree =
  from elem in doc_xml.Element("contenu").Descendants("entree")
  select elem;
infos += "nombre d'objets trouvés: " + collect_entree.Count() + RC;
```

```
infos += "type de la collection: " + collect_entree.GetType().ToString() + RC;
infos += "----------------------------------------------------------------" + RC;
infos += "cas de l'application de la méthode Attributes() sur les éléments trouvés"
  + RC;
infos += "----------------------------------------------------------------" + RC;
foreach (XElement elem_entree in collect_entree) {
  infos += "élément trouvé: " + elem_entree.Name.ToString() + RC;
  foreach (XAttribute  attr in elem_entree.Attributes()) {
    infos += "-> attribut nom/valeur: " + attr.Name + " / " + attr.Value + RC;
  }
}
infos += "--------------------------------------------------------------------" + RC;
infos += "cas de l'application de la méthode d'extension Attributes() sur la collection
trouvée" + RC;
infos += "--------------------------------------------------------------------" + RC;
foreach (XAttribute attr in collect_entree.Attributes()) {
  infos += "-> attribut nom/valeur: " + attr.Name + " / " + attr.Value + RC;
}
```

FIGURE 16.15

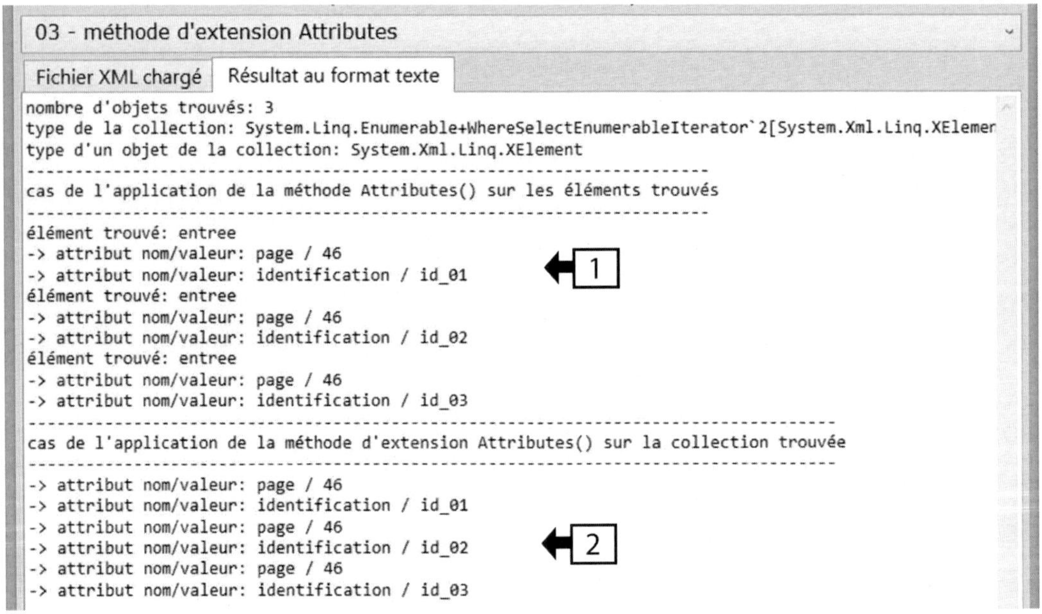

03 - méthode d'extension Attributes

Fichier XML chargé | Résultat au format texte

```
nombre d'objets trouvés: 3
type de la collection: System.Linq.Enumerable+WhereSelectEnumerableIterator`2[System.Xml.Linq.XElemen
type d'un objet de la collection: System.Xml.Linq.XElement
-------------------------------------------------------------------
cas de l'application de la méthode Attributes() sur les éléments trouvés
-------------------------------------------------------------------
élément trouvé: entree
-> attribut nom/valeur: page / 46
-> attribut nom/valeur: identification / id_01        ⬅ 1
élément trouvé: entree
-> attribut nom/valeur: page / 46
-> attribut nom/valeur: identification / id_02
élément trouvé: entree
-> attribut nom/valeur: page / 46
-> attribut nom/valeur: identification / id_03
-------------------------------------------------------------------------------
cas de l'application de la méthode d'extension Attributes() sur la collection trouvée
-------------------------------------------------------------------------------
-> attribut nom/valeur: page / 46
-> attribut nom/valeur: identification / id_01
-> attribut nom/valeur: page / 46
-> attribut nom/valeur: identification / id_02        ⬅ 2
-> attribut nom/valeur: page / 46
-> attribut nom/valeur: identification / id_03
```

2.4 - L'extension *DescendantNodes*

La méthode d'extension *DescendantNodes* est appelée sur une séquence d'éléments ou de documents. Elle retourne une séquence contenant les nœuds descendants de chacun des éléments ou documents sources. Elle possède un seul

FIGURE 16.16

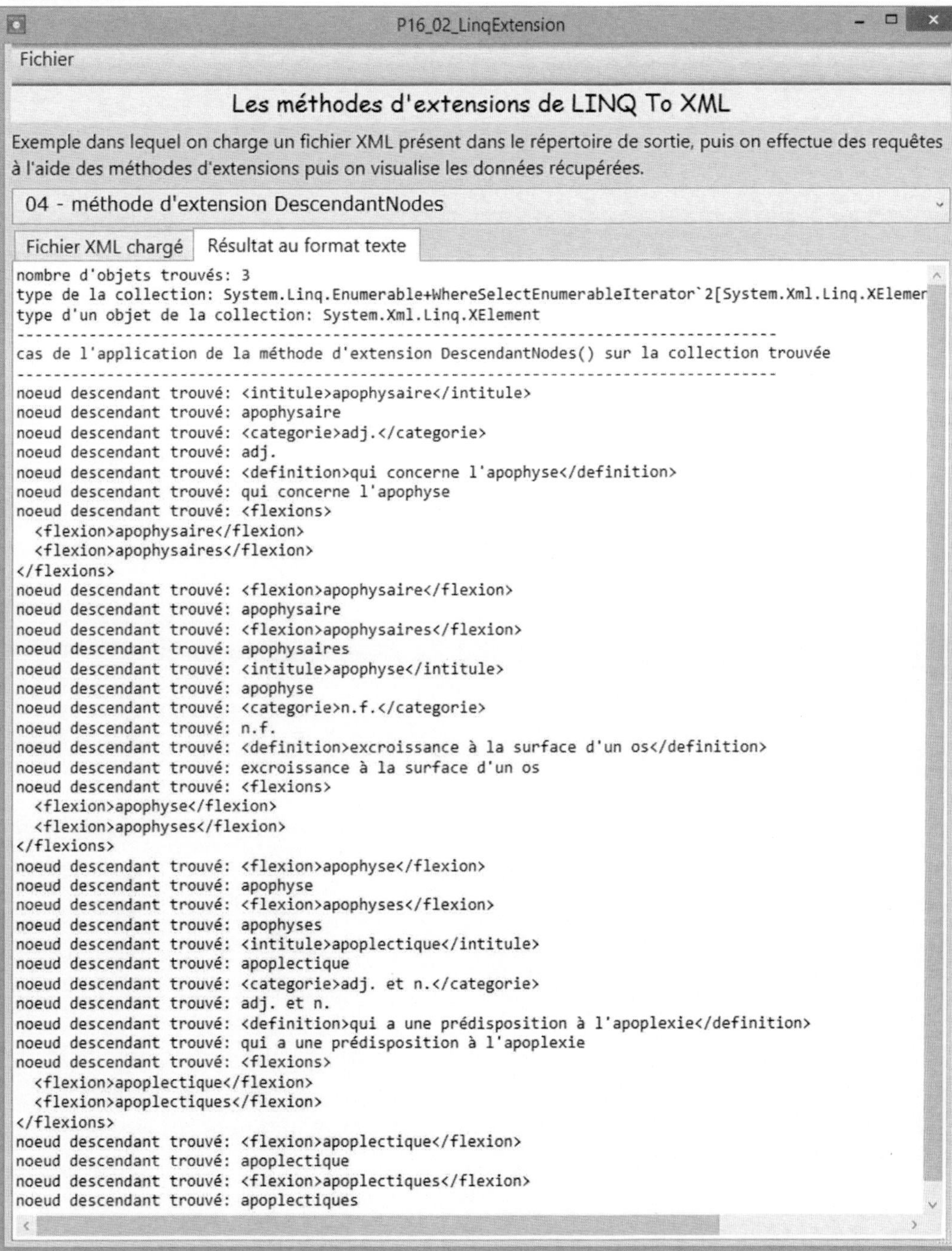
P16_02_LinqExtension
Fichier
Les méthodes d'extensions de LINQ To XML
Exemple dans lequel on charge un fichier XML présent dans le répertoire de sortie, puis on effectue des requêtes à l'aide des méthodes d'extensions puis on visualise les données récupérées.
04 - méthode d'extension DescendantNodes
Fichier XML chargé
Résultat au format texte
nombre d'objets trouvés: 3
type de la collection: System.Linq.Enumerable+WhereSelectEnumerableIterator`2[System.Xml.Linq.XElemen
type d'un objet de la collection: System.Xml.Linq.XElement
cas de l'application de la méthode d'extension DescendantNodes() sur la collection trouvée
noeud descendant trouvé: <intitule>apophysaire</intitule>
noeud descendant trouvé: apophysaire
noeud descendant trouvé: <categorie>adj.</categorie>
noeud descendant trouvé: adj.
noeud descendant trouvé: <definition>qui concerne l'apophyse</definition>
noeud descendant trouvé: qui concerne l'apophyse
noeud descendant trouvé: <flexions>
<flexion>apophysaire</flexion>
<flexion>apophysaires</flexion>
</flexions>
noeud descendant trouvé: <flexion>apophysaire</flexion>
noeud descendant trouvé: apophysaire
noeud descendant trouvé: <flexion>apophysaires</flexion>
noeud descendant trouvé: apophysaires
noeud descendant trouvé: <intitule>apophyse</intitule>
noeud descendant trouvé: apophyse
noeud descendant trouvé: <categorie>n.f.</categorie>
noeud descendant trouvé: n.f.
noeud descendant trouvé: <definition>excroissance à la surface d'un os</definition>
noeud descendant trouvé: excroissance à la surface d'un os
noeud descendant trouvé: <flexions>
<flexion>apophyse</flexion>
<flexion>apophyses</flexion>
</flexions>
noeud descendant trouvé: <flexion>apophyse</flexion>
noeud descendant trouvé: apophyse
noeud descendant trouvé: <flexion>apophyses</flexion>
noeud descendant trouvé: apophyses
noeud descendant trouvé: <intitule>apoplectique</intitule>
noeud descendant trouvé: apoplectique
noeud descendant trouvé: <categorie>adj. et n.</categorie>
noeud descendant trouvé: adj. et n.
noeud descendant trouvé: <definition>qui a une prédisposition à l'apoplexie</definition>
noeud descendant trouvé: qui a une prédisposition à l'apoplexie
noeud descendant trouvé: <flexions>
<flexion>apoplectique</flexion>
<flexion>apoplectiques</flexion>
</flexions>
noeud descendant trouvé: <flexion>apoplectique</flexion>
noeud descendant trouvé: apoplectique
noeud descendant trouvé: <flexion>apoplectiques</flexion>
noeud descendant trouvé: apoplectiques

prototype qui s'applique sur une séquence d'éléments ou de documents.

```
public static IEnumerable<XNode> DescendantNodes<T>(
   this IEnumerable<T> source )  where T : XContainer
```

Le quatrième choix du sélecteur permet l'application de la méthode d'extension *DescendantNodes* à chaque élément de la collection *collect_entree* composée d'éléments <*entree*> (figure 16.16). Ne pas oublier que les éléments retournés sont de type **XElement**. Un élément **XComment** sera aussi retourné comme un élément **XText**.

```
string infos = "";
IEnumerable<XElement> collect_entree =
  from elem in doc_xml.Element("contenu").Descendants("entree")
  select elem;
infos += "nombre d'objets trouvés: " + collect_entree.Count() + RC;
infos += "type de la collection: " + collect_entree.GetType().ToString() + RC;
infos += "type d'un objet de la collection: " +
  collect_entree.ElementAt(0).GetType().ToString() + RC;
infos += "-----------------------------------------------------------------------" + RC;
infos += "cas de l'application de la méthode d'extension DescendantNodes() sur la
collection trouvée" + RC;
infos += "-----------------------------------------------------------------------" + RC;
foreach (XNode un_noeud in collect_entree.DescendantNodes()) {
  infos += "noeud descendant trouvé: " + un_noeud.ToString() + RC;
}
```

2.5 - L'extension *DescendantNodesAndSelf*

La méthode d'extension *DescendantNodesAndSelf* est appelée sur une séquence d'éléments. Elle retourne une séquence contenant les éléments sources et leurs nœuds descendants. Elle possède un seul prototype.

```
public static IEnumerable<XNode> DescendantNodesAndSelf(
   this IEnumerable<XElement> source
)
```

Le cinquième choix du sélecteur permet l'application de la méthode d'extension *DescendantNodesAndSelf* à chaque élément de la collection *collect_entree* composée d'éléments <*entree*> (figure 16.17). La principale différence par rapport à la méthode d'extension précédente est que l'élément source est retourné.

```
IEnumerable<XElement> collect_entree =
  from elem in doc_xml.Element("contenu").Descendants("entree")
  select elem;
infos += "-----------------------------------------------------------------------" + RC;
```

FIGURE 16.17

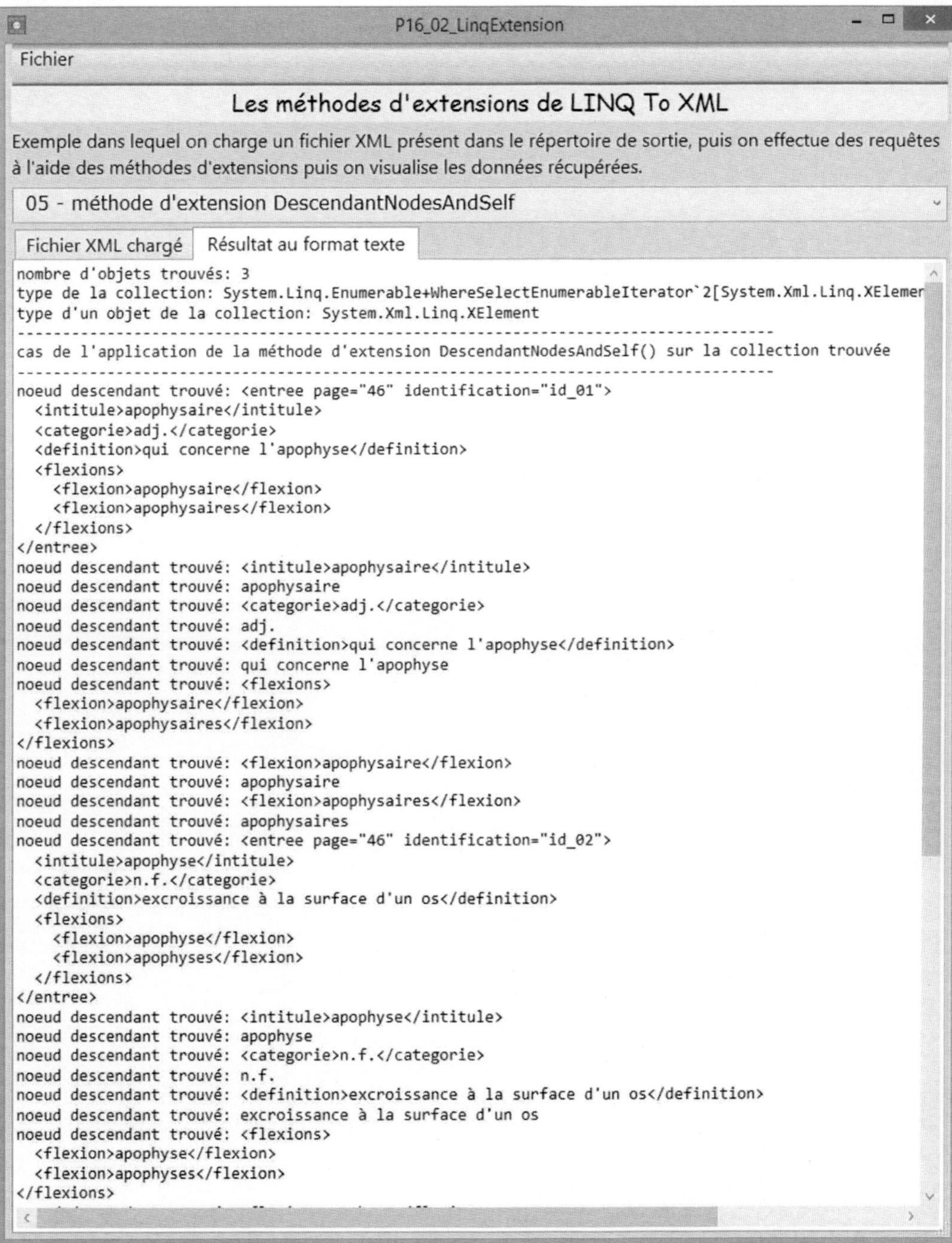
P16_02_LinqExtension
Fichier
Les méthodes d'extensions de LINQ To XML
Exemple dans lequel on charge un fichier XML présent dans le répertoire de sortie, puis on effectue des requêtes à l'aide des méthodes d'extensions puis on visualise les données récupérées.
05 - méthode d'extension DescendantNodesAndSelf
Fichier XML chargé
Résultat au format texte
nombre d'objets trouvés: 3
type de la collection: System.Linq.Enumerable+WhereSelectEnumerableIterator`2[System.Xml.Linq.XElemer
type d'un objet de la collection: System.Xml.Linq.XElement
----
cas de l'application de la méthode d'extension DescendantNodesAndSelf() sur la collection trouvée
----
noeud descendant trouvé: <entree page="46" identification="id_01">
<intitule>apophysaire</intitule>
<categorie>adj.</categorie>
<definition>qui concerne l'apophyse</definition>
<flexions>
<flexion>apophysaire</flexion>
<flexion>apophysaires</flexion>
</flexions>
</entree>
noeud descendant trouvé: <intitule>apophysaire</intitule>
noeud descendant trouvé: apophysaire
noeud descendant trouvé: <categorie>adj.</categorie>
noeud descendant trouvé: adj.
noeud descendant trouvé: <definition>qui concerne l'apophyse</definition>
noeud descendant trouvé: qui concerne l'apophyse
noeud descendant trouvé: <flexions>
<flexion>apophysaire</flexion>
<flexion>apophysaires</flexion>
</flexions>
noeud descendant trouvé: <flexion>apophysaire</flexion>
noeud descendant trouvé: apophysaire
noeud descendant trouvé: <flexion>apophysaires</flexion>
noeud descendant trouvé: apophysaires
noeud descendant trouvé: <entree page="46" identification="id_02">
<intitule>apophyse</intitule>
<categorie>n.f.</categorie>
<definition>excroissance à la surface d'un os</definition>
<flexions>
<flexion>apophyse</flexion>
<flexion>apophyses</flexion>
</flexions>
</entree>
noeud descendant trouvé: <intitule>apophyse</intitule>
noeud descendant trouvé: apophyse
noeud descendant trouvé: <categorie>n.f.</categorie>
noeud descendant trouvé: n.f.
noeud descendant trouvé: <definition>excroissance à la surface d'un os</definition>
noeud descendant trouvé: excroissance à la surface d'un os
noeud descendant trouvé: <flexions>
<flexion>apophyse</flexion>
<flexion>apophyses</flexion>
</flexions>

```
infos += "cas de l'application de la méthode d'extension DescendantNodesAndSelf()
  sur la collection trouvée" + RC;
infos += "--------------------------------------------------------------------" + RC;
foreach (XNode un_noeud in collect_entree.DescendantNodesAndSelf()) {
  infos += "noeud descendant trouvé: " + un_noeud.ToString() + RC;
}
```

2.6 - L'extension *Descendants*

La méthode d'extension *Descendants* peut être appelée sur une séquence d'éléments ou de documents. Elle retourne une séquence qui contient tous les éléments descendants des éléments ou documents sources. Elle possède deux prototypes. Avec le premier prototype, elle retourne une collection d'éléments filtrée qui contient les éléments descendants de tous les éléments et tous les documents de la collection source. Avec le second prototype, seuls les éléments avec un **XName** correspondant (passé en paramètre) sont inclus dans la collection.

```
public static IEnumerable<XElement> Descendants<T>(
   this IEnumerable<T> source
)
where T : XContainer
public static IEnumerable<XElement> Descendants<T>(
   this IEnumerable<T> source,  XName name
)
where T : XContainer
```

Le sixième choix du sélecteur permet l'application de la méthode d'extension *Descendants* à chaque élément de la collection *collect_entree* composée d'éléments <*entree*> (figure 16.18). La séquence de sortie est composée uniquement des éléments descendants. Ces éléments descendants apparaissent en tant qu'éléments et non en tant que nœuds. Les éléments descendants de type **XComment** ne sont pas retournés car ce sont des nœuds. Les éléments descendants de type **XText** ne sont pas retournés car ce ne sont pas des **XElement**.

```
IEnumerable<XElement> collect_entree =
  from elem in doc_xml.Element("contenu").Descendants("entree")
  select elem;
infos += "nombre d'objets trouvés: " + collect_entree.Count() + RC;
infos += "type de la collection: " + collect_entree.GetType().ToString() + RC;
infos += "type d'un objet de la collection: " +
  collect_entree.ElementAt(0).GetType().ToString() + RC;
infos += "--------------------------------------------------------------------" + RC;
infos += "cas de l'application de la méthode d'extension Descendants() sur la
  collection trouvée" + RC;
infos += "--------------------------------------------------------------------" + RC;
foreach (XNode un_noeud in collect_entree.Descendants()) {
```

```
  infos += "élément descendant trouvé: " + un_noeud.ToString() + RC;
}
```

FIGURE 16.18

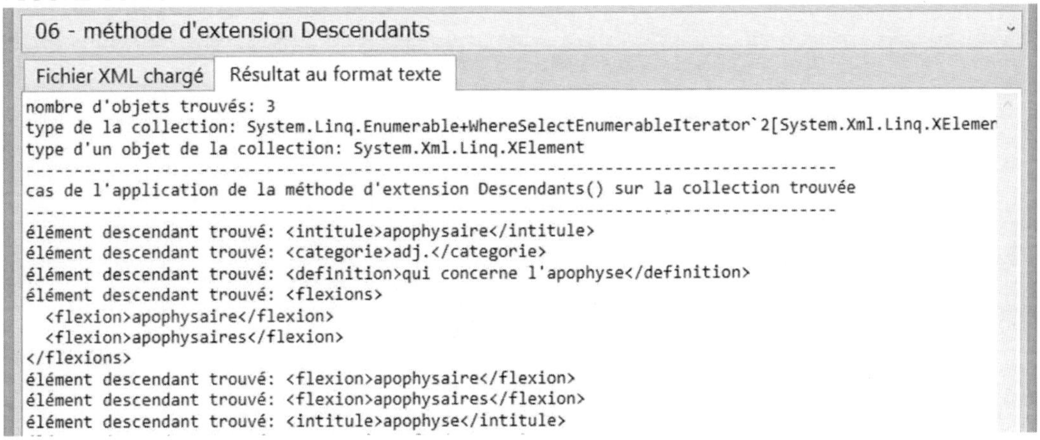

```
06 - méthode d'extension Descendants

Fichier XML chargé | Résultat au format texte

nombre d'objets trouvés: 3
type de la collection: System.Linq.Enumerable+WhereSelectEnumerableIterator`2[System.Xml.Linq.XElemen
type d'un objet de la collection: System.Xml.Linq.XElement
-------------------------------------------------------------------------------------
cas de l'application de la méthode d'extension Descendants() sur la collection trouvée
-------------------------------------------------------------------------------------
élément descendant trouvé: <intitule>apophysaire</intitule>
élément descendant trouvé: <categorie>adj.</categorie>
élément descendant trouvé: <definition>qui concerne l'apophyse</definition>
élément descendant trouvé: <flexions>
  <flexion>apophysaire</flexion>
  <flexion>apophysaires</flexion>
</flexions>
élément descendant trouvé: <flexion>apophysaire</flexion>
élément descendant trouvé: <flexion>apophysaires</flexion>
élément descendant trouvé: <intitule>apophyse</intitule>
```

2.7 - L'extension *DescendantsAndSelf*

La méthode d'extension *DescendantsAndSelf* est appelée sur une séquence d'éléments. Elle retourne une séquence qui contient tous les éléments descendants des éléments sources. Elle possède deux prototypes. Le premier prototype est appelé sur une séquence d'éléments. Il retourne une séquence qui contient tous les éléments de la séquence et leurs descendants. Le second prototype est semblable au premier, mais seuls les éléments qui correspondent au paramètre passé sont retournés dans la séquence de sortie.

```
public static IEnumerable<XElement> DescendantsAndSelf(
   this IEnumerable<XElement> source
)
public static IEnumerable<XElement> DescendantsAndSelf(
   this IEnumerable<XElement> source, XName name
)
```

Le septième choix du sélecteur permet l'application de la méthode d'extension *DescendantsAndSelf* à chaque élément de la collection *collect_entree* composée d'éléments *<entree>* (figure 16.19).

```
IEnumerable<XElement> collect_entree =
   from elem in doc_xml.Element("contenu").Descendants("entree")
  select elem;
infos += "nombre d'objets trouvés: " + collect_entree.Count() + RC;
infos += "type de la collection: " + collect_entree.GetType().ToString() + RC;
infos += "type d'un objet de la collection: " +
```

```
   collect_entree.ElementAt(0).GetType().ToString() + RC;
infos += "--------------------------------------------------------------" + RC;
infos += "cas de l'application de la méthode d'extension DescendantsAndSelf() sur la
   collection trouvée" + RC;
infos += "--------------------------------------------------------------------" + RC;
foreach (XNode un_noeud in collect_entree.DescendantsAndSelf()) {
  infos += "élément descendant trouvé: " + un_noeud.ToString() + RC;
}
```

FIGURE 16.19

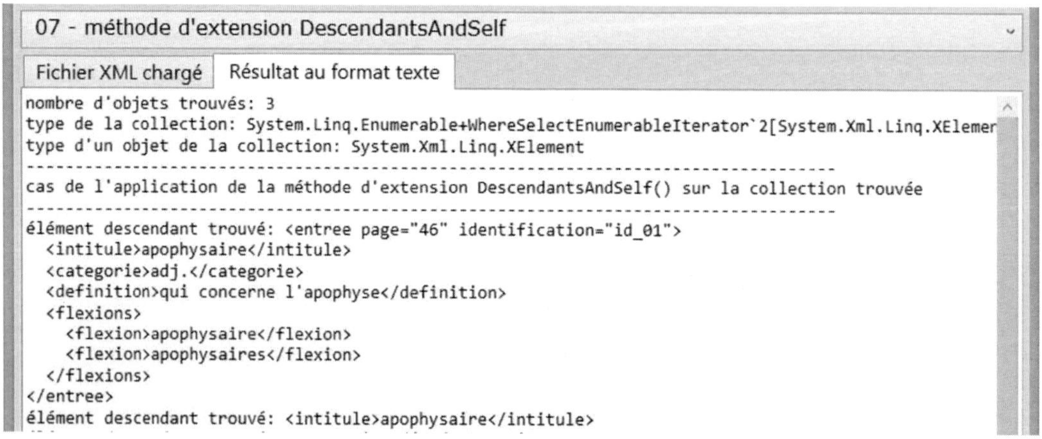

07 - méthode d'extension DescendantsAndSelf

Fichier XML chargé | Résultat au format texte

```
nombre d'objets trouvés: 3
type de la collection: System.Linq.Enumerable+WhereSelectEnumerableIterator`2[System.Xml.Linq.XElemer
type d'un objet de la collection: System.Xml.Linq.XElement
------------------------------------------------------------------------------
cas de l'application de la méthode d'extension DescendantsAndSelf() sur la collection trouvée
------------------------------------------------------------------------------
élément descendant trouvé: <entree page="46" identification="id_01">
  <intitule>apophysaire</intitule>
  <categorie>adj.</categorie>
  <definition>qui concerne l'apophyse</definition>
  <flexions>
    <flexion>apophysaire</flexion>
    <flexion>apophysaires</flexion>
  </flexions>
</entree>
élément descendant trouvé: <intitule>apophysaire</intitule>
```

2.8 - L'extension *Elements*

La méthode d'extension *Elements* peut être appelée sur une séquence d'éléments ou de documents. Elle retourne une séquence d'éléments qui contient tous les éléments enfants des éléments ou documents sources. Les méthodes d'extensions *Elements* et *Descendants* sont différentes. En effet, la méthode d'extension *Elements* ne retourne que les éléments enfants de premier niveau alors que la méthode d'extension *Descendants* retourne tous les enfants de la séquence d'entrée, en parcourant récursivement tous les niveaux hiérarchiques de l'arborescence.

La méthode d'extension *Elements* possède deux prototypes. Son premier prototype est appelé sur une séquence d'éléments ou de documents. Il retourne une séquence d'éléments qui contient tous les éléments enfants des éléments ou documents sources. Son second prototype est identique au premier mais, ici, seuls les éléments correspondant au paramètre passé à la méthode d'extension sont retournés dans la séquence de sortie.

```
public static IEnumerable<XElement> Elements<T>(
   this IEnumerable<T> source
```

```
)
where T : XContainer
public static IEnumerable<XElement> Elements<T>(
   this IEnumerable<T> source, XName name
)
where T : XContainer
```

Le huitième choix du sélecteur permet l'application de la méthode d'extension *Elements* à chaque élément de la collection *collect_entree* composée d'éléments *<entree>* (figure 16.20).

```
IEnumerable<XElement> collect_entree =
   from elem in doc_xml.Element("contenu").Descendants("entree")
   select elem;
infos += "nombre d'objets trouvés: " + collect_entree.Count() + RC;
infos += "type de la collection: " + collect_entree.GetType().ToString() + RC;
infos += "type d'un objet de la collection: " +
   collect_entree.ElementAt(0).GetType().ToString() + RC;
infos += "------------------------------------------------------------------------" + RC;
infos += "cas de l'application de la méthode d'extension Elements() sur la collection
   trouvée" + RC;
infos += "------------------------------------------------------------------------" + RC;
foreach (XElement elem in collect_entree.Elements()) {
  infos += "élément trouvé: " + elem.ToString() + RC;
}
```

FIGURE 16.20

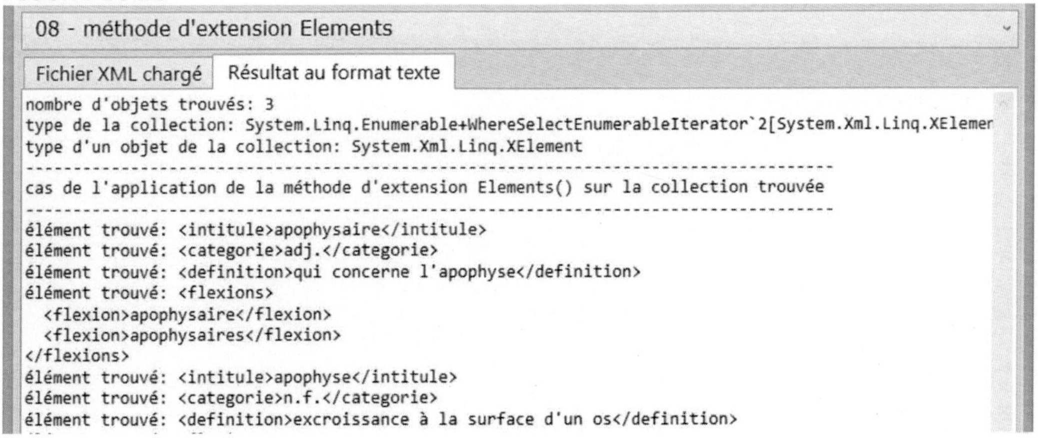

```
08 - méthode d'extension Elements
Fichier XML chargé | Résultat au format texte
nombre d'objets trouvés: 3
type de la collection: System.Linq.Enumerable+WhereSelectEnumerableIterator`2[System.Xml.Linq.XElemen
type d'un objet de la collection: System.Xml.Linq.XElement
--------------------------------------------------------------------------------
cas de l'application de la méthode d'extension Elements() sur la collection trouvée
--------------------------------------------------------------------------------
élément trouvé: <intitule>apophysaire</intitule>
élément trouvé: <categorie>adj.</categorie>
élément trouvé: <definition>qui concerne l'apophyse</definition>
élément trouvé: <flexions>
  <flexion>apophysaire</flexion>
  <flexion>apophysaires</flexion>
</flexions>
élément trouvé: <intitule>apophyse</intitule>
élément trouvé: <categorie>n.f.</categorie>
élément trouvé: <definition>excroissance à la surface d'un os</definition>
```

2.9 - L'extension *Nodes*

La méthode d'extension *Nodes* peut être appelée sur une séquence d'éléments ou de documents. Elle retourne une séquence de nœuds composée des nœuds enfants des éléments sources ou des documents sources. Cette méthode d'extension est différente de la méthode d'extension *DescendantNodes* car elle ne retourne que les éléments enfants de premier niveau, alors que la méthode d'extension *DescendantNodes* retourne tous les enfants de la séquence d'entrée en parcourant récursivement tous les niveaux hiérarchiques de l'arborescence. La méthode d'extension *Nodes* possède un seul prototype.

```
public static IEnumerable<XNode> Nodes<T>(
   this IEnumerable<T> source
)
where T : XContainer
```

Le neuvième choix du sélecteur permet l'application de la méthode d'extension *Nodes* à chaque élément de la collection *collect_entree* composée d'éléments *<entree>* (figure 16.21). Lors du parcours de la collection, les éléments subissent un *cast* en **XNode**.

FIGURE 16.21

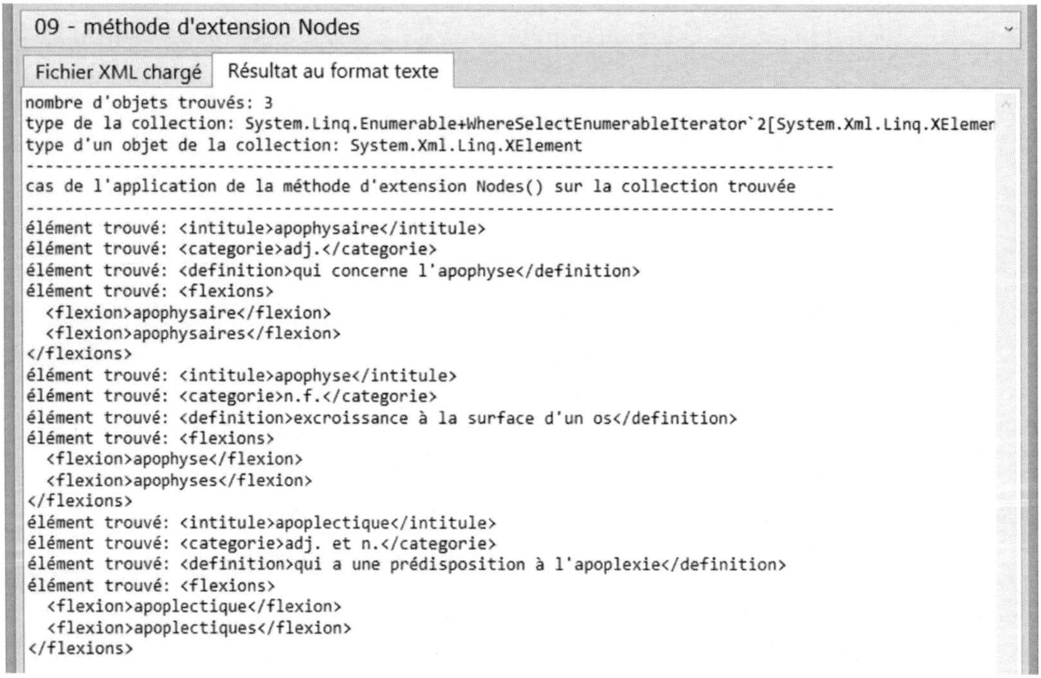

```
09 - méthode d'extension Nodes
Fichier XML chargé | Résultat au format texte
nombre d'objets trouvés: 3
type de la collection: System.Linq.Enumerable+WhereSelectEnumerableIterator`2[System.Xml.Linq.XElemer
type d'un objet de la collection: System.Xml.Linq.XElement
-------------------------------------------------------------------------------
cas de l'application de la méthode d'extension Nodes() sur la collection trouvée
-------------------------------------------------------------------------------
élément trouvé: <intitule>apophysaire</intitule>
élément trouvé: <categorie>adj.</categorie>
élément trouvé: <definition>qui concerne l'apophyse</definition>
élément trouvé: <flexions>
  <flexion>apophysaire</flexion>
  <flexion>apophysaires</flexion>
</flexions>
élément trouvé: <intitule>apophyse</intitule>
élément trouvé: <categorie>n.f.</categorie>
élément trouvé: <definition>excroissance à la surface d'un os</definition>
élément trouvé: <flexions>
  <flexion>apophyse</flexion>
  <flexion>apophyses</flexion>
</flexions>
élément trouvé: <intitule>apoplectique</intitule>
élément trouvé: <categorie>adj. et n.</categorie>
élément trouvé: <definition>qui a une prédisposition à l'apoplexie</definition>
élément trouvé: <flexions>
  <flexion>apoplectique</flexion>
  <flexion>apoplectiques</flexion>
</flexions>
```

```
IEnumerable<XElement> collect_entree =
   from elem in doc_xml.Element("contenu").Descendants("entree")
   select elem;
infos += "nombre d'objets trouvés: " + collect_entree.Count() + RC;
infos += "type de la collection: " + collect_entree.GetType().ToString() + RC;
infos += "type d'un objet de la collection: " +
   collect_entree.ElementAt(0).GetType().ToString() + RC;
```

```
infos += "----------------------------------------------------------------------" + RC;
infos += "cas de l'application de la méthode d'extension Nodes() sur la collection
 trouvée" + RC;
infos += "----------------------------------------------------------------------" + RC;
foreach (XNode un_noeud in collect_entree.Nodes()) {
  infos += "élément trouvé: " + un_noeud.ToString() + RC;
}
```

2.10 - L'extension *Remove*

La méthode d'extension *Remove* est appelée sur une séquence de nœuds ou d'attributs à supprimer. Elle possède deux prototypes. Son premier prototype est appelé sur une séquence d'attributs. Il supprime tous les attributs de la séquence d'entrée.

```
public static void Remove(
   this IEnumerable<XAttribute> source
)
```

Son second prototype est appelé sur une séquence de nœuds (ou d'autres types qui en sont dérivés). Il supprime tous les nœuds de la séquence d'entrée.

```
public static void Remove<T>(
   this IEnumerable<T> source
)
where T : XNode
```

Le dixième choix du sélecteur permet l'application de la méthode d'extension *Remove* avec l'utilisation de son premier prototype (figure 16.22). On récupère une collection *collect_attributs* qui est composée de tous les attributs, de type **XAttribute**, des éléments <*entree*>. On visualise chaque objet **XAttribute** de cette collection en affichant l'attribut sous une forme nom/valeur. Comme on a trois éléments <*entree*> qui possèdent chacun deux attributs (*page* et *identification*), cela nous donne un jeu de 6 objets de type **Attribute** (figure 16.22 au repère 1). Par l'écriture *collect_attributs.Remove()*, on applique la méthode d'extension *Remove* à la séquence d'attributs pour supprimer tous les attributs. Enfin, on affiche le contenu de *doc_xml* pour vérifier que tous les attributs des éléments <*entree*> ont bien été enlevés (ce qui est le cas comme le montre la figure 16.22 au repère 2).

```
XDocument doc_xml = XDocument.Load(
   g_doss_exe + "/ressource_externe/scrabble_page_046.xml",
   LoadOptions.None | LoadOptions.SetLineInfo);
//remplissage de l'onglet: "Résultat de l'action choisie"
string infos = "";
```

FIGURE 16.22

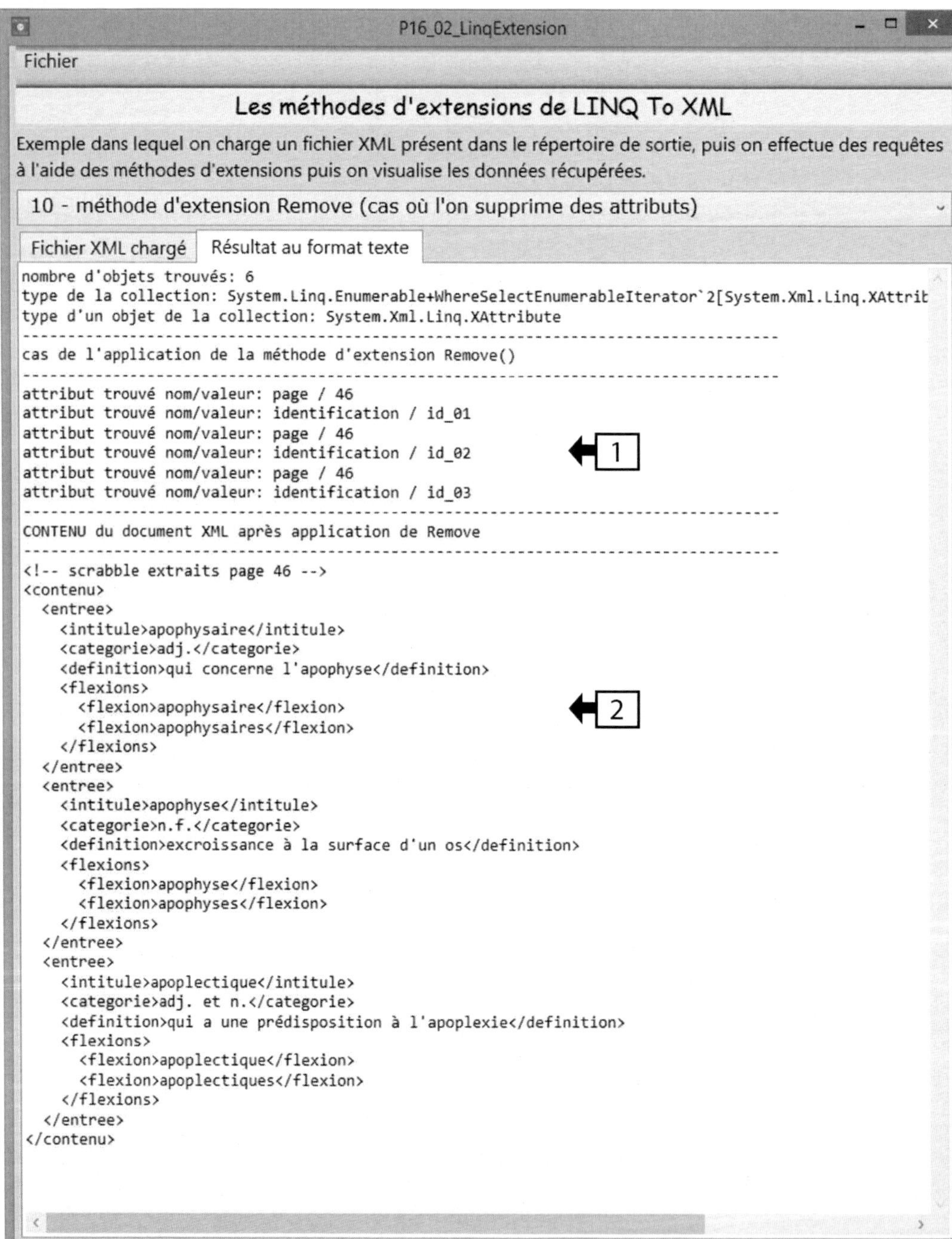
P16_02_LinqExtension
Fichier
Les méthodes d'extensions de LINQ To XML
Exemple dans lequel on charge un fichier XML présent dans le répertoire de sortie, puis on effectue des requêtes à l'aide des méthodes d'extensions puis on visualise les données récupérées.
10 - méthode d'extension Remove (cas où l'on supprime des attributs)
Fichier XML chargé
Résultat au format texte
nombre d'objets trouvés: 6
type de la collection: System.Linq.Enumerable+WhereSelectEnumerableIterator`2[System.Xml.Linq.XAttrib
type d'un objet de la collection: System.Xml.Linq.XAttribute
cas de l'application de la méthode d'extension Remove()
attribut trouvé nom/valeur: page / 46
attribut trouvé nom/valeur: identification / id_01
attribut trouvé nom/valeur: page / 46
attribut trouvé nom/valeur: identification / id_02
attribut trouvé nom/valeur: page / 46
attribut trouvé nom/valeur: identification / id_03
1
CONTENU du document XML après application de Remove
<!-- scrabble extraits page 46 -->
<contenu>
<entree>
<intitule>apophysaire</intitule>
<categorie>adj.</categorie>
<definition>qui concerne l'apophyse</definition>
<flexions>
<flexion>apophysaire</flexion>
<flexion>apophysaires</flexion>
</flexions>
</entree>
<entree>
<intitule>apophyse</intitule>
<categorie>n.f.</categorie>
<definition>excroissance à la surface d'un os</definition>
<flexions>
<flexion>apophyse</flexion>
<flexion>apophyses</flexion>
</flexions>
</entree>
<entree>
<intitule>apoplectique</intitule>
<categorie>adj. et n.</categorie>
<definition>qui a une prédisposition à l'apoplexie</definition>
<flexions>
<flexion>apoplectique</flexion>
<flexion>apoplectiques</flexion>
</flexions>
</entree>
</contenu>
2

```
IEnumerable<XAttribute> collect_attributs =
  from attribut in doc_xml.Element("contenu").Elements("entree").Attributes()
  select attribut;
infos += "nombre d'objets trouvés: " + collect_attributs.Count() + RC;
infos += "type de la collection: " + collect_attributs.GetType().ToString() + RC;
infos += "type d'un objet de la collection: " +
   collect_attributs.ElementAt(0).GetType().ToString() + RC;
infos += "----------------------------------------------------------------------" + RC;
infos += "cas de l'application de la méthode d'extension Remove() " + RC;
infos += "--------------------------------------------------------------------" + RC;
foreach (XAttribute un_attribut in collect_attributs) {
  infos += "attribut trouvé nom/valeur: " + un_attribut.Name + " / " + un_attribut.
Value + RC;
}
collect_attributs.Remove();
infos += "----------------------------------------------------------------" + RC;
infos += "CONTENU du document XML après application de Remove" + RC;
infos += "------------------------------------------------------------------" + RC;
infos += doc_xml.ToString() + RC;
```

Le onzième choix du sélecteur permet l'application de la méthode d'extension *Remove* avec l'utilisation de son second prototype (figure 16.23). Pour illustrer cette action, on utilise le fichier XML nommé *scrabble_page_046_v2.xml* qui est identique au fichier XML utilisé jusqu'à présent mais avec chaque élément <*entree*> qui possède en plus parmi ses enfants des nœuds de type **XComment**.
L'action consiste donc à déterminer une collection d'objets, de type **XComment**, composée par tous les nœuds commentaires se trouvant parmi les éléments enfants de <*entree*>. Le contenu du fichier XML de départ *scrabble_page_046_v2.xml* est le suivant, avec des éléments <*entree*> qui possèdent des nœuds commentaires:

```
<?xml version="1.0" encoding="UTF-8" standalone="yes"?>
<!-- scrabble extraits page 46 -->
<contenu>
  <entree page="46" identification="id_01">
    <!-- entrée 1: mot répertorié du dico -->
    <intitule>apophysaire</intitule>
    <!-- entrée 1: type de mot -->
    <categorie>adj.</categorie>
    <!-- entrée 1: définition du mot -->
    <definition>qui concerne l'apophyse</definition>
    <!-- entrée 1: orthographes autorisées du mot -->
    <flexions>
      <flexion>apophysaire</flexion>
      <flexion>apophysaires</flexion>
    </flexions>
  </entree>
  <entree page="46" identification="id_02">
    <!-- entrée 2: mot répertorié du dico -->
```

```
    <intitule>apophyse</intitule>
    <!-- entrée 2: type de mot -->
    <categorie>n.f.</categorie>
    <!-- entrée 2: définition du mot -->
    <definition>excroissance à la surface d'un os</definition>
    <!-- entrée 2: orthographes autorisées du mot -->
    <flexions>
      <flexion>apophyse</flexion>
      <flexion>apophyses</flexion>
    </flexions>
  </entree>
  <entree page="46" identification="id_03">
    <!-- entrée 3: mot répertorié du dico -->
    <intitule>apoplectique</intitule>
    <!-- entrée 3: type de mot -->
    <categorie>adj. et n.</categorie>
    <!-- entrée 3: définition du mot -->
    <definition>qui a une prédisposition à l'apoplexie</definition>
    <!-- entrée 3: orthographes autorisées du mot -->
    <flexions>
      <flexion>apoplectique</flexion>
      <flexion>apoplectiques</flexion>
    </flexions>
  </entree>
</contenu>
```

Comme le montre la figure 16.23 au repère 1, on liste tous les objets **XComment** de la collection *collect_commentaires* qui stocke tous les éléments commentaires relevés dans des éléments <*entree*>. Pour établir cette collection, la requête doit obtenir tous les éléments <*entree*>, puis doit sélectionner tous les nœuds d'un élément <*entree*>, et enfin doit ne retenir que les nœuds commentaires en utilisant le filtre générique *OfType<T>* où *T* est un type **XComment**. Une fois la requête établie, on applique la méthode d'extension *Remove* à la collection *collect_commentaires*. Enfin, on affiche le contenu de *doc_xml* (figure 16.23 au repère 2) pour vérifier que tous les commentaires présents comme éléments enfants de <*entree*> ont bien été supprimés.

```
IEnumerable<XComment> collect_commentaires =
  from commentaire in doc_xml.Element("contenu").Elements("entree").Nodes()
    .OfType<XComment>()
  select commentaire;
infos += "nombre d'objets trouvés: " + collect_commentaires.Count() + RC;
infos += "type de la collection: " + collect_commentaires.GetType().ToString() + RC;
infos += "type d'un objet de la collection: " +
  collect_commentaires.ElementAt(0).GetType().ToString() + RC;
infos += "------------------------------------------------------------------------" + RC;
infos += "cas de l'application de la méthode d'extension Remove() " + RC;
```

FIGURE 16.23

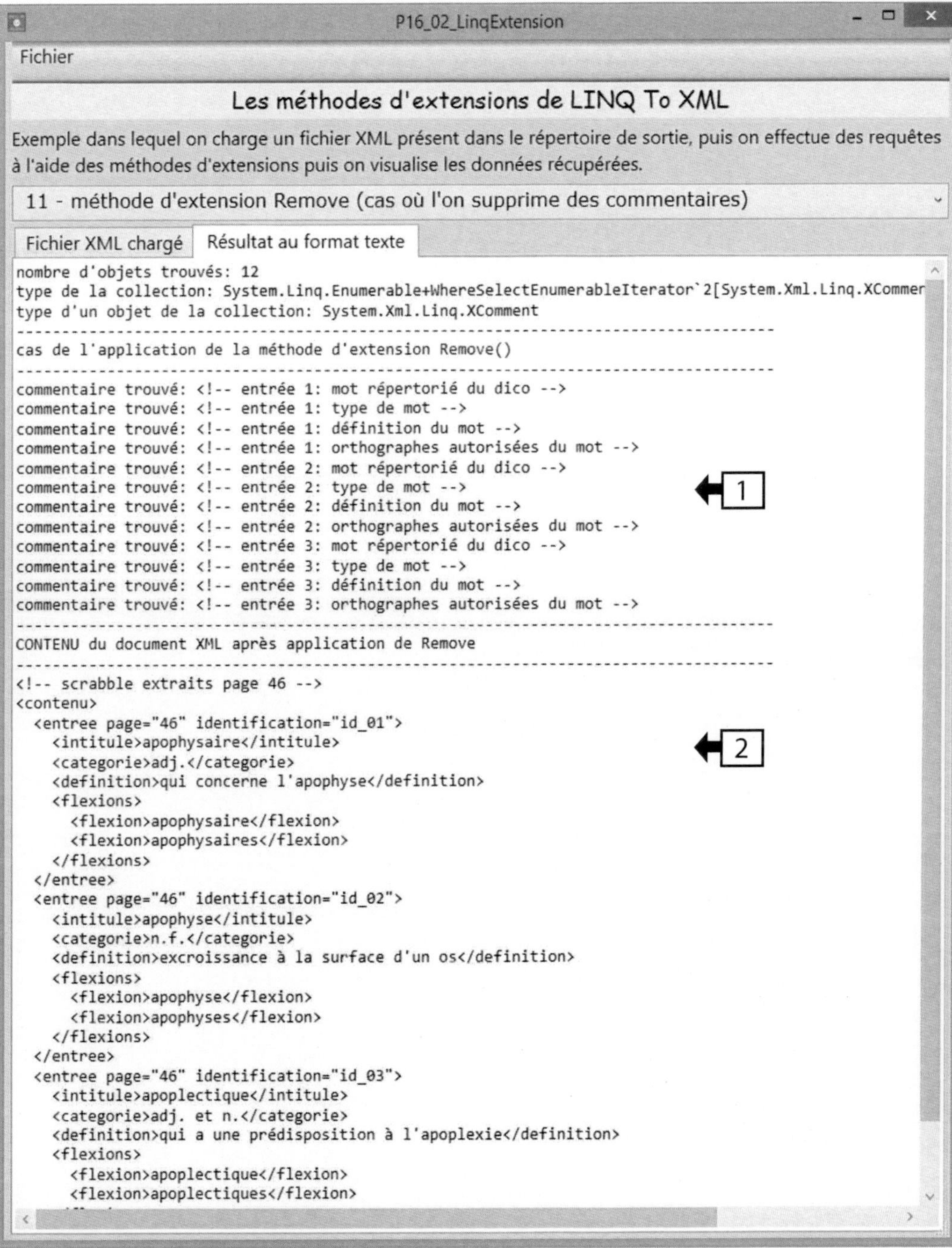
P16_02_LinqExtension
Fichier
Les méthodes d'extensions de LINQ To XML
Exemple dans lequel on charge un fichier XML présent dans le répertoire de sortie, puis on effectue des requêtes à l'aide des méthodes d'extensions puis on visualise les données récupérées.
11 - méthode d'extension Remove (cas où l'on supprime des commentaires)
Fichier XML chargé
Résultat au format texte
nombre d'objets trouvés: 12
type de la collection: System.Linq.Enumerable+WhereSelectEnumerableIterator`2[System.Xml.Linq.XCommen
type d'un objet de la collection: System.Xml.Linq.XComment
cas de l'application de la méthode d'extension Remove()
commentaire trouvé: <!-- entrée 1: mot répertorié du dico -->
commentaire trouvé: <!-- entrée 1: type de mot -->
commentaire trouvé: <!-- entrée 1: définition du mot -->
commentaire trouvé: <!-- entrée 1: orthographes autorisées du mot -->
commentaire trouvé: <!-- entrée 2: mot répertorié du dico -->
commentaire trouvé: <!-- entrée 2: type de mot -->
commentaire trouvé: <!-- entrée 2: définition du mot -->
commentaire trouvé: <!-- entrée 2: orthographes autorisées du mot -->
commentaire trouvé: <!-- entrée 3: mot répertorié du dico -->
commentaire trouvé: <!-- entrée 3: type de mot -->
commentaire trouvé: <!-- entrée 3: définition du mot -->
commentaire trouvé: <!-- entrée 3: orthographes autorisées du mot -->
CONTENU du document XML après application de Remove
<!-- scrabble extraits page 46 -->
<contenu>
<entree page="46" identification="id_01">
<intitule>apophysaire</intitule>
<categorie>adj.</categorie>
<definition>qui concerne l'apophyse</definition>
<flexions>
<flexion>apophysaire</flexion>
<flexion>apophysaires</flexion>
</flexions>
</entree>
<entree page="46" identification="id_02">
<intitule>apophyse</intitule>
<categorie>n.f.</categorie>
<definition>excroissance à la surface d'un os</definition>
<flexions>
<flexion>apophyse</flexion>
<flexion>apophyses</flexion>
</flexions>
</entree>
<entree page="46" identification="id_03">
<intitule>apoplectique</intitule>
<categorie>adj. et n.</categorie>
<definition>qui a une prédisposition à l'apoplexie</definition>
<flexions>
<flexion>apoplectique</flexion>
<flexion>apoplectiques</flexion>
1
2

```
infos += "--------------------------------------------------------------------" + RC;
foreach (XComment un_commentaire in collect_commentaires) {
  infos += "commentaire trouvé: " + un_commentaire.ToString() + RC;
}
collect_commentaires.Remove();
infos += "--------------------------------------------------------------------" + RC;
infos += "CONTENU du document XML après application de Remove" + RC;
infos += "--------------------------------------------------------------------" + RC;
infos += doc_xml.ToString() + RC;
```

3 - Réaliser une requête complexe

Jusqu'à présent nous avons réalisé des requêtes à partir des données d'un fichier XML unique. Dans ce paragraphe, nous allons voir comment extraire des données par l'intermédiaire d'une requête en croisant 2 fichiers XML sources qui fournissent des données différentes.

La solution de projet *P16_03_LinqRequeteComplexe.sln*, qui se trouve dans le dossier *chapitre_16/P16_03_LinqRequeteComplexe*, consiste à mettre en pratique les principales techniques utilisées pour la réalisation d'une requête dite complexe avec deux fichiers de données XML sources. Comme le montre la figure 16.24, l'onglet de gauche intitulé *"Fichier XML chargé n°1"* affiche le contenu du premier fichier XML servant de référence (fichier *scrabble_page_046.xml*), l'onglet du milieu intitulé *"Fichier XML chargé n°2"* affiche le contenu du second fichier XML servant de référence (fichier *traceur_creation.xml*) et l'onglet de droite intitulé "*Résultat de la requête*" affiche le résultat de l'action choisie dans le sélecteur.

Le premier fichier XML servant de référence pour les données est le fichier *scrabble_page_046.xml* qui contient 76 entrées du dictionnaire du Scrabble. La racine du document <*contenu*> contient un ensemble d'éléments <*entree*> qui représentent les mots du dictionnaire. Chaque entrée est représentée par un élément <*entree*> et possède un attribut *page* et un attribut *identification*. Le code ci-dessous visualise le début de ce fichier avec la première entrée.

```
<?xml version="1.0" encoding="UTF-8" standalone="yes"?>
<!-- scrabble extraits page 46 -->
<contenu>
 <entree page="46" identification="id_01">
   <intitule>apophysaire</intitule>
   <categorie>adj.</categorie>
   <definition>qui concerne l'apophyse</definition>
   <flexions>
     <flexion>apophysaire</flexion>
     <flexion>apophysaires</flexion>
   </flexions>
```

```
  </entree>
  ...
</contenu>
```

FIGURE 16.24

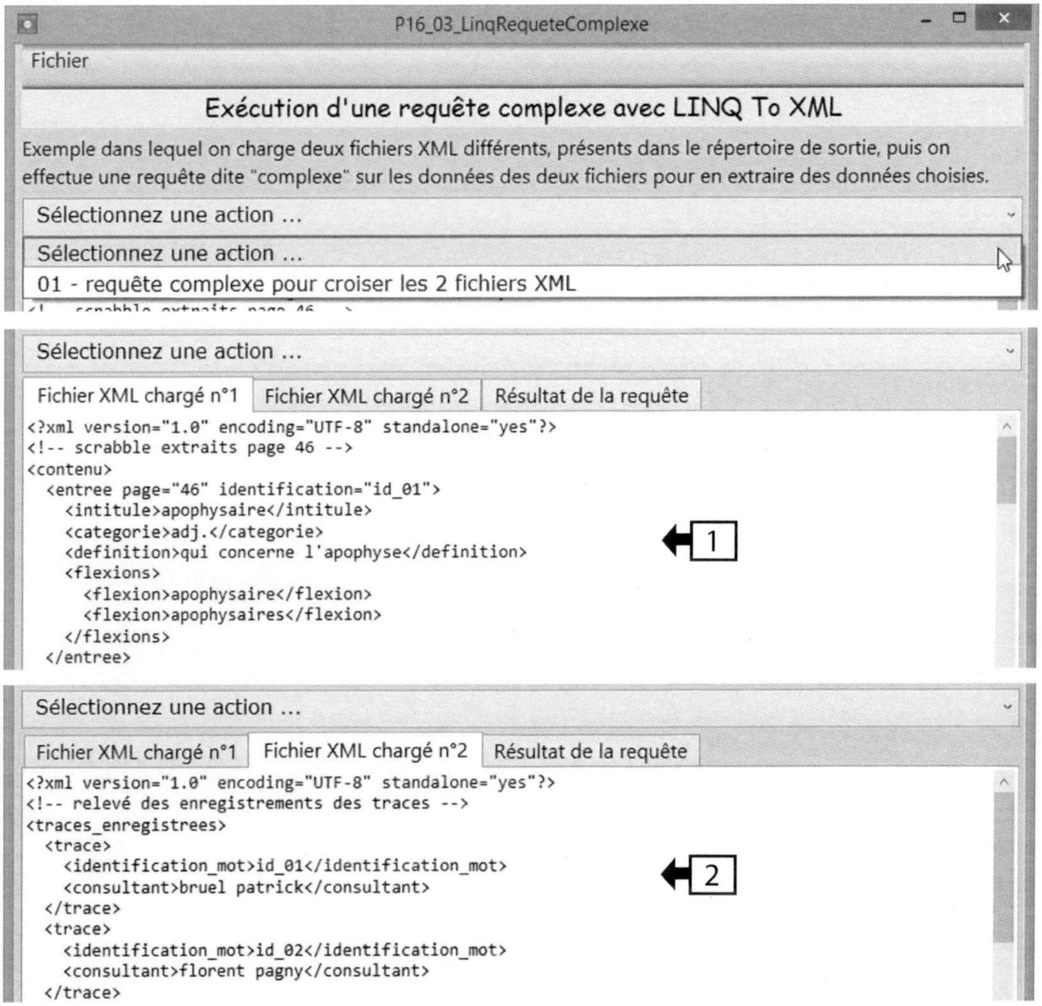

P16_03_LinqRequeteComplexe

Fichier

Exécution d'une requête complexe avec LINQ To XML

Exemple dans lequel on charge deux fichiers XML différents, présents dans le répertoire de sortie, puis on effectue une requête dite "complexe" sur les données des deux fichiers pour en extraire des données choisies.

Sélectionnez une action ...

Sélectionnez une action ...

01 - requête complexe pour croiser les 2 fichiers XML

Sélectionnez une action ...

Fichier XML chargé n°1 | Fichier XML chargé n°2 | Résultat de la requête

```
<?xml version="1.0" encoding="UTF-8" standalone="yes"?>
<!-- scrabble extraits page 46 -->
<contenu>
  <entree page="46" identification="id_01">
    <intitule>apophysaire</intitule>
    <categorie>adj.</categorie>
    <definition>qui concerne l'apophyse</definition>
    <flexions>
      <flexion>apophysaire</flexion>
      <flexion>apophysaires</flexion>
    </flexions>
  </entree>
```

1

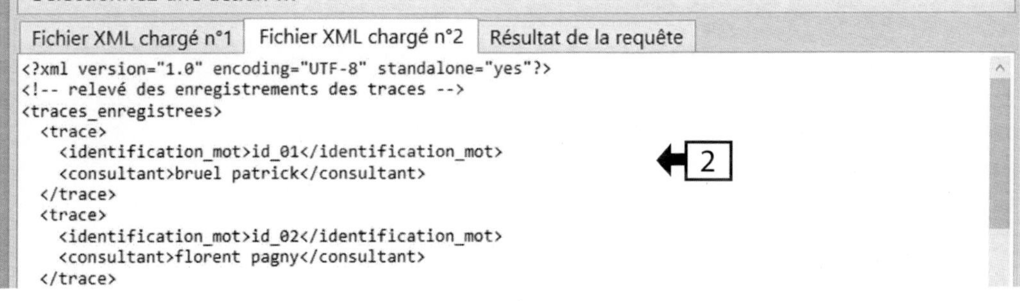

Le second fichier XML servant de référence pour les données est le fichier *traceur_creation.xml* qui contient 76 éléments *<trace>* au sein d'une racine *<traces_enregistrees>*. Chaque élément *<trace>* est composé de deux enfants: l'enfant *<identification_mot>* contient l'identifiant d'un mot du dictionnaire du premier fichier XML, et l'enfant *<consultant>* contient un nom et prénom d'une personne. Ce second fichier XML stocke les traces relevées lors de la création des mots du dictionnaire du premier fichier XML. Chaque fois qu'une entrée du dictionnaire est créée, une trace est enregistrée pour associer l'identifiant d'un mot créé et la personne qui a réalisé cette création. Le code ci-dessous visualise le début de ce fichier avec les trois premières traces enregistrées.

```
<?xml version="1.0" encoding="UTF-8" standalone="yes"?>
<!-- relevé des enregistrements des traces -->
<traces_enregistrees>
  <trace>
    <identification_mot>id_01</identification_mot>
    <consultant>bruel patrick</consultant>
  </trace>
  <trace>
    <identification_mot>id_02</identification_mot>
    <consultant>florent pagny</consultant>
  </trace>
  <trace>
    <identification_mot>id_03</identification_mot>
    <consultant>basile boli</consultant>
  </trace>
...
</ traces_enregistrees>
```

L'action du sélecteur doit permettre de croiser ces deux fichiers XML pour réaliser un listing mettant en relation l'attribut *identification* de l'élément <*entree*> issu du premier fichier et l'élément <*consultant*> correspondant (la personne qui a créé cette entrée du dictionnaire) issu du second fichier XML. Comme le montre la figure 16.25, le listing permet d'éditer l'association d'un identifiant correspondant à un mot créé avec une personne.
Par l'écriture *doc_xml_entree = XDocument.Load(g_doss_exe + "/ressource_externe/scrabble_page_046.xml")*, on charge le premier fichier XML dans un objet *doc_xml_entree* de type **XDocument**. Le code ci-dessous réalise une requête *ma_requete_1* qui permet de sélectionner tous les éléments <*entree*> de la racine <*contenu*> du premier fichier XML.

```
var ma_requete_1 =
  from elem_entree in doc_xml_entree.Element("contenu").Elements("entree")
  select elem_entree;
foreach (XElement elem in ma_requete_1) {
  infos += "trouvé => " + elem.ToString() + RC;
}
```

Par l'écriture *doc_xml_trace = XDocument.Load(g_doss_exe + "/ressource_externe/traceur_creation.xml")*, on charge le second fichier XML dans un objet *doc_xml_trace* de type **XDocument**. Le code ci-dessous réalise une requête *ma_requete_2* qui permet de sélectionner tous les éléments <*trace*> de la racine

FIGURE 16.25

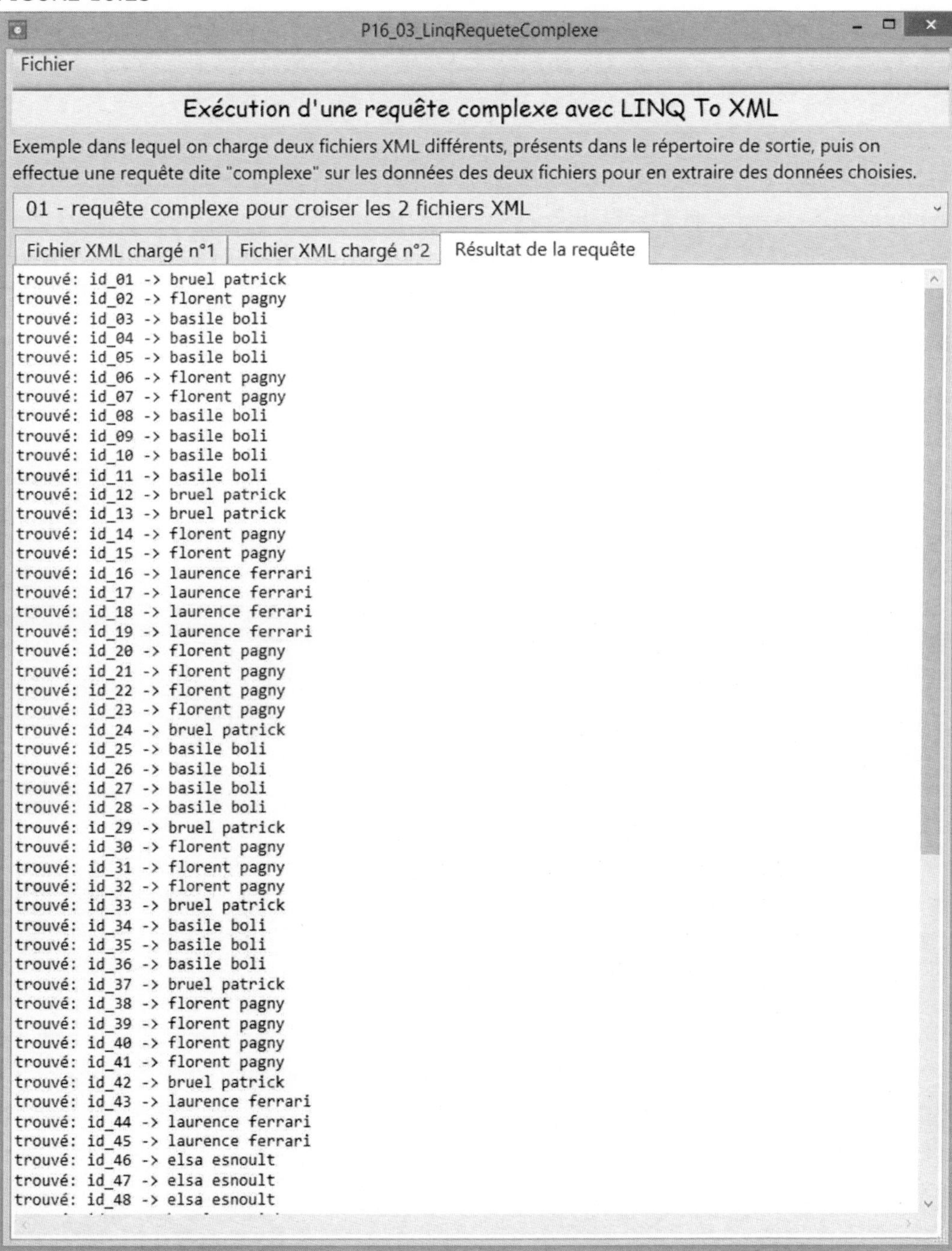
P16_03_LinqRequeteComplexe
Fichier
Exécution d'une requête complexe avec LINQ To XML
Exemple dans lequel on charge deux fichiers XML différents, présents dans le répertoire de sortie, puis on effectue une requête dite "complexe" sur les données des deux fichiers pour en extraire des données choisies.
01 - requête complexe pour croiser les 2 fichiers XML
Fichier XML chargé n°1
Fichier XML chargé n°2
Résultat de la requête
trouvé: id_01 -> bruel patrick
trouvé: id_02 -> florent pagny
trouvé: id_03 -> basile boli
trouvé: id_04 -> basile boli
trouvé: id_05 -> basile boli
trouvé: id_06 -> florent pagny
trouvé: id_07 -> florent pagny
trouvé: id_08 -> basile boli
trouvé: id_09 -> basile boli
trouvé: id_10 -> basile boli
trouvé: id_11 -> basile boli
trouvé: id_12 -> bruel patrick
trouvé: id_13 -> bruel patrick
trouvé: id_14 -> florent pagny
trouvé: id_15 -> florent pagny
trouvé: id_16 -> laurence ferrari
trouvé: id_17 -> laurence ferrari
trouvé: id_18 -> laurence ferrari
trouvé: id_19 -> laurence ferrari
trouvé: id_20 -> florent pagny
trouvé: id_21 -> florent pagny
trouvé: id_22 -> florent pagny
trouvé: id_23 -> florent pagny
trouvé: id_24 -> bruel patrick
trouvé: id_25 -> basile boli
trouvé: id_26 -> basile boli
trouvé: id_27 -> basile boli
trouvé: id_28 -> basile boli
trouvé: id_29 -> bruel patrick
trouvé: id_30 -> florent pagny
trouvé: id_31 -> florent pagny
trouvé: id_32 -> florent pagny
trouvé: id_33 -> bruel patrick
trouvé: id_34 -> basile boli
trouvé: id_35 -> basile boli
trouvé: id_36 -> basile boli
trouvé: id_37 -> bruel patrick
trouvé: id_38 -> florent pagny
trouvé: id_39 -> florent pagny
trouvé: id_40 -> florent pagny
trouvé: id_41 -> florent pagny
trouvé: id_42 -> bruel patrick
trouvé: id_43 -> laurence ferrari
trouvé: id_44 -> laurence ferrari
trouvé: id_45 -> laurence ferrari
trouvé: id_46 -> elsa esnoult
trouvé: id_47 -> elsa esnoult
trouvé: id_48 -> elsa esnoult

<*traces_enregistrees*> du second fichier XML.

```
var ma_requete_2 =
  from elem_trace in doc_xml_trace.Element("traces_enregistrees").Elements("trace")
  select elem_trace;
foreach (XElement elem in ma_requete_2) {
  infos += "trouvé => " + elem.ToString() + RC;
}
```

Maintenant on va réaliser une requête *ma_requete* pour croiser les deux fichiers et obtenir les données recherchées. Pour sélectionner tous les éléments <*entree*> du premier fichier XML on écrit *from elem_entree in doc_xml_entree. Element("contenu").Elements("entree")*. Pour récupérer l'attribut *identification* d'un élément <*entree*>, par une clause *let*, on stocke la valeur de l'attribut dans une variable *v_identification* d'où l'écriture *let v_identification = elem_entree. Attribute("identification").Value*. Pour croiser cette variable *v_identification* avec des données du second fichier, il faut réaliser ce que l'on appelle une jointure par l'utilisation d'une clause *join*.

La clause **JOIN** est utile pour associer des éléments de séquences source différentes qui n'ont aucune relation directe dans le modèle objet. La seule spécification est que les éléments de chaque source partagent une valeur qui peut être comparée pour déterminer leur égalité. Une clause *join* prend deux séquences sources comme des entrées. Les éléments de chaque séquence doivent être ou contenir une propriété qui peut être comparée à une propriété correspondante dans l'autre séquence. La clause *join* compare les clés spécifiées pour déterminer leur égalité en utilisant le mot-clé spécial *equals*. Toutes les jointures effectuées par la clause *join* sont des équijointures. La forme de la sortie d'une clause *join* dépend du type spécifique de jointure que vous effectuez. Les trois types de jointures les plus courants sont la jointure interne, la jointure groupée et la jointure externe gauche. Dans notre cas, il faut effectuer une jointure avec les éléments <*trace*> du second fichier XML. En écrivant *join elem_trace in doc_xml_trace. Element("traces_enregistrees").Elements("trace")*, on effectue une jointure avec les éléments <*trace*> du second fichier XML. Puis il faut effectuer une comparaison entre la variable *v_identification* établie avec le premier fichier XML par une clause *let* et l'élément enfant <*identification_mot*> de l'élément parent <*trace*> du second fichier XML. Cette comparaison est introduite par le mot-clé *on* et elle est suivie de la comparaison à effectuer. En écrivant *on v_identification equals (string)elem_ trace.Element("identification_mot")*, on compare la variable *v_identification* au contenu de l'élément enfant <*identification_mot*> (en utilisant un *cast* avec *string*) par l'utilisation du mot-clé *equals*. Pour une valeur de *v_identification*, on regarde quel est l'élément *<trace>* qui possède une élément enfant *<identification_mot>* dont la valeur textuelle est égale à *v_identification*.

```
var ma_requete =
    from elem_entree in doc_xml_entree.Element("contenu").Elements("entree")
    let v_identification = elem_entree.Attribute("identification").Value
    join elem_trace in
      doc_xml_trace.Element("traces_enregistrees").Elements("trace")
    on v_identification equals (string)elem_trace.Element("identification_mot")
    select ... ;
```

Enfin, il faut terminer la requête par une clause *select* pour déterminer le contenu à retenir. Ici on va introduire un type anonyme pour stocker le contenu de *v_identification* et le contenu de l'élément enfant *<consultant>* de *<trace>* découlant de la comparaison éxecutée.

Les types anonymes permettent d'encapsuler un ensemble de propriétés en lecture seule dans un unique objet sans avoir à définir explicitement un type. Le nom du type est généré par le compilateur et n'est pas disponible au niveau du code source. Le type de chaque propriété est déduit par le compilateur. Vous créez des types anonymes en utilisant l'opérateur *new* avec un initialiseur d'objet.

En écrivant *select new { ... }*, on déclare un type anonyme dans lequel on signifie les propriétés à encapsuler (propriétés à inscrire entre les deux accolades et séparées par une virgule). On définit

- la propriété *ValeurIdentifiant* et on lui affecte la valeur *v_identification* en écrivant *ValeurIdentifiant = v_identification*.
- la propriété *Consultant* et on lui affecte la valeur de l'élément enfant *<consultant>* de *<trace>* en écrivant *Consultant = (string)elem_trace.Element("consultant")*.

Vous remarquerez que nous avons utilisé le mot-clé *var* devant *ma_requete* pour laisser le compilateur déterminer le type retourné (objet de type anonyme ici).

```
var ma_requete =
    from elem_entree in doc_xml_entree.Element("contenu").Elements("entree")
    let v_identification = elem_entree.Attribute("identification").Value
    join elem_trace in
      doc_xml_trace.Element("traces_enregistrees").Elements("trace")
    on v_identification equals (string)elem_trace.Element("identification_mot")
    select new {
      ValeurIdentifiant = v_identification,
      Consultant = (string)elem_trace.Element("consultant")
};
```

Il ne reste plus qu'à itérer la collection *ma_requete* de type anonyme pour éditer le résultat recherché. Dans une boucle *foreach*, on effectue un parcours de la collection *ma_requete* au travers d'une variable *elem* précédée du mot-clé *var*. En écrivant *elem.ValeurIdentifiant*, on récupère la propriété *ValeurIdentifiant* du type anonyme et en écrivant *elem.Consultant*, on récupère la propriété *Consultant* du type anonyme.

```
try {
  ...
  var ma_requete =
    from elem_entree in doc_xml_entree.Element("contenu").Elements("entree")
    let v_identification = elem_entree.Attribute("identification").Value
    join elem_trace in
      doc_xml_trace.Element("traces_enregistrees").Elements("trace")
    on v_identification equals (string)elem_trace.Element("identification_mot")
    select new {
      ValeurIdentifiant = v_identification,
      Consultant = (string)elem_trace.Element("consultant")
    };
  foreach (var elem in ma_requete) {
    infos += "trouvé: " + elem.ValeurIdentifiant + " -> " + elem.Consultant + RC;
  }
  TextBlock tbl = new TextBlock();
  tbl.HorizontalAlignment = HorizontalAlignment.Left;
  tbl.VerticalAlignment = VerticalAlignment.Stretch;
  tbl.FontSize = 14;
  tbl.FontFamily = new FontFamily("Consolas");
  tbl.Text = infos;
  tbl.TextWrapping = TextWrapping.Wrap;
  x_scroll_xml_res.Content = tbl;
}
```

Ainsi, avec une requête complexe, on a pu établir un croisement entre l'attribut *identification* d'un élément *<entree>* du premier fichier XML et un élément *<identification_mot>* du second fichier XML pour éditer un listing avec des correspondances.

Exemples pratiques avec LINQ To XML 17

Ce chapitre est consacré à la mise en pratique de LINQ To XML dans des applications usuelles. Au travers d'un ensemble de projets, vous allez pouvoir constater comment mettre à profit l'utilisation de LINQ To XML lors de la réalisation de différentes applications. Nous aurons l'occasion d'aborder l'encodage des images par un fichier d'échange au format XML et le décodage des images par l'exploitation d'un fichier d'échange XML avec LINQ To XML. Nous verrons comment sauvegarder puis charger une scène graphique 2D et 3D par un fichier d'échange XML. Nous verrons aussi, au travers d'une application spécifique, comment visualiser un contenu XML sous un format de représentation des données purement graphique.

1 - Encodage et décodage des images

Cette application a pour but de montrer le principe d'encodage des pixels d'une image sous un format d'échange XML, puis le principe de décodage des données XML représentant les pixels d'une image avec LINQ To XML pour retrouver les pixels de l'image originale, et par conséquent pour reconstruire l'image pour être visualisée dans un contrôle adéquate. C'est pour cette raison que nous allons passer par la réalisation d'une fiche de cinéma simpliste, composée d'une image et de deux textes. L'application permettra de réaliser un fichier d'échange XML comportant le codage complet de la fiche (texte + image). Ce fichier d'échange sera sauvegardé sur l'ordinateur. Et dans un dernier temps, on chargera ce fichier d'échange XML pour lire les données stockées avec LINQ To XML et on effectuera une nouvelle création de la fiche de cinéma avec les textes et l'image.
La solution de projet *P17_01_EncodageDecodage.sln*, qui se trouve dans le dossier *chapitre_17/P17_01_EncodageDecodage*, permet de réaliser cette application avec un fichier d'échange XML contenant l'encodage d'une image et l'encodage de textes. Dans un premier onglet intitulé "*Fiche de cinéma*", on visualise une fiche signalétique de cinéma composée d'une image et de deux textes (un titre et un paragraphe). Dans un second onglet intitulé "*Générer le fichier d'échange XML*", un bouton nous permet de réaliser un fichier d'échange XML composé de balises qui contiennent les données textuelles des textes et de l'image. Ce fichier d'échange XML est sauvegardé dans le répertoire de sortie après sa réalisation. Enfin, dans un troisième onglet intitulé "*Décodage du fichier d'échange XML*",

un bouton permet de charger le fichier d'échange XML, de lire les données XML avec LINQ To XML, puis de recréer la fiche signalétique de cinéma avec les textes et l'image.

1.1 - Réalisation d'une fiche de cinéma

Le premier onglet intitulé "*Fiche de cinéma*" visualise une fiche signalétique de cinéma comme le montre la figure 17.1. Elle est composée de trois contrôles:

- un contrôle *x_ong_1_tbl_fiche_titre* de type **TextBlock** (figure 17.1 au repère 1) définit un champ texte contenant le titre du film.
- un contrôle *x_ong_1_tbl_fiche_texte* de type **TextBlock** (figure 17.1 au repère 2) définit un champ texte contenant un ensemble de lignes décrivant le film.
- un contrôle *x_ong_1_img_fiche* de type **Image** (figure 17.1 au repère 3) définit un champ image pour visualiser une ressource image, embarquée en ressource dans le projet, qui est nommée *laile_ou_la_cuisse_450x644_96dpi.jpg* et qui est placée dans le dossier *contenu*.

Le fichier graphique nommé *laile_ou_la_cuisse_450x644_96dpi.jpg*, qui est placé dans le dossier *contenu*, est une ressource image typée. L'action de génération appliquée à cette image est "*Resource*" (dans le panneau des propriétés de l'image). Par un clic gauche sur le fichier graphique (figure 17.2 au repère 1), on sélectionne le fichier dans l'explorateur de la solution. Et dans le champ "*Action de génération*" de la fenêtre des propriétés (figure 17.2 au repère 3), on choisit dans la liste déroulante la valeur "*Resource*". Généralement quand l'action de génération d'un fichier a

FIGURE 17.2

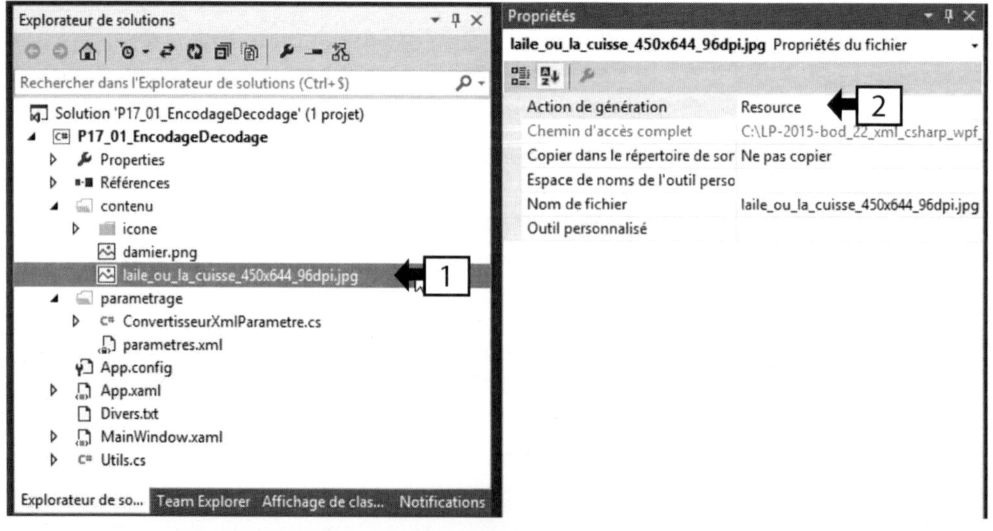

FIGURE 17.1

P17_01_EncodageDecodage
Fichier
Fichier d'échange XML avec encodage et décodage d'une image
Exemple dans lequel on a une fiche de cinéma qui contient une image couleur et des champs texte. On transforme cette fiche sous un format d'échange XML avec un encodage de l'image. Puis on charge le fichier d'échange XML en le décodant pour retrouver la fiche de départ.
Fiche de cinéma
Générer le fichier d'échange XML
Décodage du fichier d'échange XML
LOUIS DE FUNÈS | COLUCHE
L'AILE OU LA CUISSE
UN FILM DE
CLAUDE ZIDI
L'aile ou la cuisse
1
Charles Duchemin, le directeur d'un guide gastronomique qui vient d'être élu à l'Académie Française, se trouve un adversaire de taille en la personne de Jacques Tricatel, le PDG d'une chaîne de restaurants. Son fils Gérard anime en cachette une petite troupe de cirque.
2
3

pour valeur "*Resource*", cela veut dire que le fichier est une ressource dite typée (un fichier image avec l'extension *.jpg* est une ressource typée représentant une image, un fichier XML avec l'extension *.xml* est une ressource typée représentant un fichier de données XML, etc.).

Les ressources typées sont embarquées dans l'*assembly*, ou dans une DLL (*Dynamic Link Library*), avec des informations de type comme *String*, *Image*, *Icons*, etc. Le principal avantage d'une ressource embarquée (typée ou non typée) c'est qu'on peut référencer la ressource en indiquant un chemin qui conduit à son emplacement dans l'*assembly* (ou la DLL) pour être utilisée. De cette façon, pour référencer l'image *contenu/laile_ou_la_cuisse_450x644_96dpi.jpg* embarquée en ressource typée, on affecte à la propriété *Source* de *x_ong_1_img_fiche*, de type **Image**, le chemin qui conduit à son emplacement à savoir la chaîne *"contenu/laile_ou_la_cuisse_450x644_96dpi.jpg"*. Cette chaîne représente la syntaxe de l'URI *pack* ciblant cette ressource de l'*assembly* principal. C'est une chaîne qui est exprimée dans sa version réduite et couramment utilisée en XAML, car elle peut être écrite aussi dans sa version complète par *"pack://application:,,,/contenu/laile_ou_la_cuisse_450x644_96dpi.jpg"* notamment par code C#.

```
<!-- onglet 1 : contenu de la fiche de cinéma -->
<TabItem Header="Fiche de cinéma">
  <Canvas Background="#FFFFF7E7">
    <TextBlock x:Name="x_ong_1_tbl_fiche_titre" Canvas.Left="467" Canvas.
Top="14"
       Width="277" Foreground="#FF00487A" FontFamily="Verdana" FontSize="22"
       Background="#FFFFEAEA">L'aile ou la cuisse</TextBlock>
    <Border Canvas.Left="10" Canvas.Top="14" BorderBrush="Black"
       BorderThickness="1">
      <Image x:Name="x_ong_1_img_fiche" Height="644"  Width="450"
        Source="contenu/laile_ou_la_cuisse_450x644_96dpi.jpg"/>
    </Border>
   <TextBlock x:Name="x_ong_1_tbl_fiche_texte" Canvas.Left="471" Canvas.
      Top="46" Width="273" Foreground="Black" FontSize="18" Height="614"
      Background="#FFE7F7FF" TextWrapping="Wrap">
        Charles Duchemin, le directeur d'un guide gastronomique qui vient d'être élu à
        l'Académie Française, se trouve un adversaire de taille en la personne de Jacques
        Tricatel, le PDG d'une chaîne de
        restaurants. Son fils Gérard anime en cachette une petite troupe de cirque.
     </TextBlock>
  </Canvas>
</TabItem>
```

WPF intègre un système de fichiers de ressources grâce au support des *URI pack*. Le standard *Open Packaging Conventions* (OPC) définit l'organisation arborescente d'un document XML composite empaquetée dans un fichier ZIP ou dans un package. Les fichiers *Open XML* pour Office et les fichiers XPS répondent à cette norme. Un système d'URI a été défini pour préciser l'emplacement d'un élément dans ce type de package: l'URI à en-tête *pack* dit URI *pack*. WPF exploite ce type d'URI pour référencer les fichiers embarqués par l'application (fichiers de ressources et fichiers de contenus). La syntaxe de l'*URI pack* ciblant une ressource de l'*assembly* principal d'une application répond au modèle suivant *"pack://autorité/chemin"*. L'autorité est elle-même un URI qui, dans le cas de WPF, peut prendre deux valeurs:

- *"application:///"* pour référencer les fichiers embarqués par l'application (fichiers de ressources et fichiers de contenus).
- *"siteoforigin:///"* pour référencer les fichiers du site d'origine de l'application.

Du fait de cette imbrication, les caractères «///» sont remplacés par les caractères «,,,» au sein de l'URI *pack* qui prend donc la forme suivante dans le cas de l'autorité *"application///"*: *pack://application:,,,/chemin*. Cette syntaxe est valable pour un fichier de ressources embarqué dans l'*assembly* ou un fichier de contenu externe. En cas de conflit de noms, c'est le fichier de contenu qui a la priorité. Dans le cas d'un fichier de ressources stocké dans un autre *assembly* que l'*assembly* principal, la syntaxe est la suivante: *pack://application,,,/nom_assembly[;vX.X.X.X];component/chemin* (à noter que la version, entre les crochets, est facultative). Dans notre exemple, la propriété *Source* de l'image *x_ong_1_img_fiche* de type **Image** peut s'écrire de trois façons différentes:

- la version réduite couramment utilisée en XAML avec *Source = "contenu/laile_ou_la_cuisse_450x644_96dpi.jpg"*.
- la version complète avec *Source = "pack://application:,,,/contenu/laile_ou_la_cuisse_450x644_96dpi.jpg"*.
- la version complète ciblant l'*assembly EncodageDecodageImage* avec *Source = "pack://application:,,,/EncodageDecodageImage;component/contenu/laile_ou_la_cuisse_450x644_96dpi.jpg"*.

1.2 - Générer un fichier d'échange XML

Dans le second onglet intitulé "*Générer le fichier d'échange XML*", un bouton nous permet de réaliser un fichier d'échange XML composé de balises qui contiennent les données textuelles des textes et de l'image. Comme le montre la figure 17.3, le bouton *x_ong_2_btn_generer* de type **Button** (au repère 1) permet de démarrer un processus en arrière-plan pour réaliser le fichier d'échange XML et pour le sauvegarder dans le répertoire de sortie. Une fois le processus terminé, un champ texte déroulant *x_ong_2_tbl_echange_xml* de type **TextBox** affiche le contenu du fichier d'échange XML généré (au repère 2).

```
<!-- onglet 2 : génération du fichier d'échange xml -->
<TabItem Header="Générer le fichier d'échange XML">
  <Grid Background="#FFFFF7E7">
    <Grid.RowDefinitions>
      <RowDefinition Height="40"></RowDefinition>
      <RowDefinition Height="*"></RowDefinition>
    </Grid.RowDefinitions>
    <Button x:Name="x_ong_2_btn_generer" Cursor="Hand" IsTabStop="False"
     Focusable="False"
     Grid.Row="0" Click="x_ong_2_btn_generer_Click" Foreground="Red"
     FontFamily="Verdana" Content="Générer le fichier XML" Margin="0,4,534,5"/>
    <ScrollViewer Grid.Row="1" Background="WhiteSmoke">
      <TextBlock x:Name="x_ong_2_tbl_echange_xml" Margin="2"
       TextWrapping="Wrap" ScrollViewer.HorizontalScrollBarVisibility="Visible"
       ScrollViewer.CanContentScroll="True">fichier d'échange xml</TextBlock>
    </ScrollViewer>
  </Grid>
</TabItem>
```

Nous allons avoir besoin de définir un processus en arrière-plan pour la composition du fichier d'échange XML en temps réel par l'utilisation d'un objet **BackgroundWorker** dédié. La classe **BackgroundWorker** se trouve dans l'espace de noms *System.ComponentModel*. Pour utiliser un objet **BackgroundWorker**, il est nécessaire d'ajouter une instruction *using* (par *using System.ComponentModel*). La classe **BackgroundWorker** vous permet d'exécuter une opération sur un thread séparé, dédié au processus d'arrière-plan. Les opérations longues comme par exemple les téléchargements, les calculs spécifiques et les transactions de base de données peuvent vous donner l'impression que votre interface utilisateur a cessé de répondre au cours de leur exécution. Si vous souhaitez une interface utilisateur réactive et que vous êtes confronté à de longs délais associés à ce type d'opérations, la classe **BackgroundWorker** fournit une solution pratique. Pour exécuter une longue opération en arrière-plan, vous créez un objet **BackgroundWorker** et vous écoutez les événements qui indiquent la progression de votre opération et quand celle-ci se termine. La figure 17.4 affiche le diagramme de classes de la classe **BackgroundWorker**.

La classe **BackgroundWorker** expose principalement les propriétés, les méthodes et les événements suivants:

- la propriété *WorkerReportsProgress* définit une valeur qui indique si l'objet **BackgroundWorker** peut signaler des mises à jour de progression.
- la propriété *WorkerSupportsCancellation* définit une valeur qui indique si l'objet **BackgroundWorker** prend en charge l'annulation asynchrone.

FIGURE 17.3

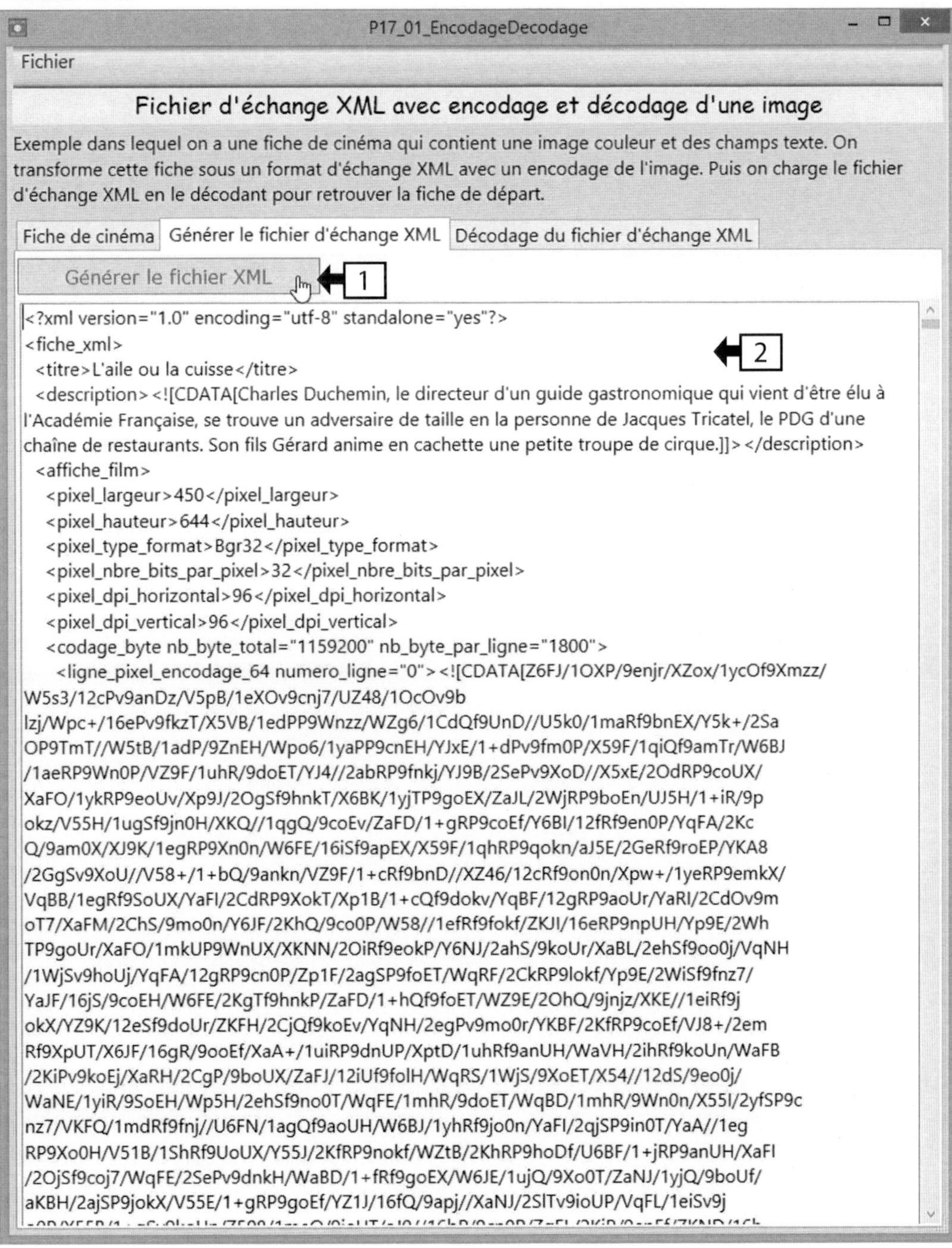
P17_01_EncodageDecodage
Fichier
Fichier d'échange XML avec encodage et décodage d'une image
Exemple dans lequel on a une fiche de cinéma qui contient une image couleur et des champs texte. On transforme cette fiche sous un format d'échange XML avec un encodage de l'image. Puis on charge le fichier d'échange XML en le décodant pour retrouver la fiche de départ.
Fiche de cinéma
Générer le fichier d'échange XML
Décodage du fichier d'échange XML
Générer le fichier XML
1
2
<?xml version="1.0" encoding="utf-8" standalone="yes"?>
<fiche_xml>
<titre>L'aile ou la cuisse</titre>
<description><![CDATA[Charles Duchemin, le directeur d'un guide gastronomique qui vient d'être élu à l'Académie Française, se trouve un adversaire de taille en la personne de Jacques Tricatel, le PDG d'une chaîne de restaurants. Son fils Gérard anime en cachette une petite troupe de cirque.]]></description>
<affiche_film>
<pixel_largeur>450</pixel_largeur>
<pixel_hauteur>644</pixel_hauteur>
<pixel_type_format>Bgr32</pixel_type_format>
<pixel_nbre_bits_par_pixel>32</pixel_nbre_bits_par_pixel>
<pixel_dpi_horizontal>96</pixel_dpi_horizontal>
<pixel_dpi_vertical>96</pixel_dpi_vertical>
<codage_byte nb_byte_total="1159200" nb_byte_par_ligne="1800">
<ligne_pixel_encodage_64 numero_ligne="0"><![CDATA[Z6FJ/1OXP/9enjr/XZox/1ycOf9Xmzz/
W5s3/12cPv9anDz/V5pB/1eXOv9cnj7/UZ48/1OcOv9b
lzj/Wpc+/16ePv9fkzT/X5VB/1edPP9Wnzz/WZg6/1CdQf9UnD//U5k0/1maRf9bnEX/Y5k+/2Sa
OP9TmT//W5tB/1adP/9ZnEH/Wpo6/1yaPP9cnEH/YJxE/1+dPv9fm0P/X59F/1qiQf9amTr/W6BJ
/1aeRP9Wn0P/VZ9F/1uhR/9doET/YJ4//2abRP9fnkj/YJ9B/2SePv9XoD//X5xE/2OdRP9coUX/
XaFO/1ykRP9eoUv/Xp9J/2OgSf9hnkT/X6BK/1yjTP9goEX/ZaJL/2WjRP9boEn/UJ5H/1+iR/9p
okz/V55H/1ugSf9jn0H/XKQ//1qgQ/9coEv/ZaFD/1+gRP9coEf/Y6BI/12fRf9en0P/YqFA/2Kc
Q/9am0X/XJ9K/1egRP9Xn0n/W6FE/16iSf9apEX/X59F/1qhRP9qokn/aJ5E/2GeRf9roEP/YKA8
/2GgSv9XoU//V58+/1+bQ/9ankn/VZ9F/1+cRf9bnD//XZ46/12cRf9on0n/Xpw+/1yeRP9emkX/
VqBB/1egRf9SoUX/YaFI/2CdRP9XokT/Xp1B/1+cQf9dokv/YqBF/12gRP9aoUr/YaRI/2CdOv9m
oT7/XaFM/2ChS/9mo0n/Y6JF/2KhQ/9co0P/W58//1efRf9fokf/ZKJI/16eRP9npUH/Yp9E/2Wh
TP9goUr/XaFO/1mkUP9WnUX/XKNN/2OiRf9eokP/Y6NJ/2ahS/9koUr/XaBL/2ehSf9oo0j/VqNH
/1WjSv9hoUj/YqFA/12gRP9cn0P/Zp1F/2agSP9foET/WqRF/2CkRP9lokf/Yp9E/2WiSf9fnz7/
YaJF/16jS/9coEH/W6FE/2KgTf9hnkP/ZaFD/1+hQf9foET/WZ9E/2OhQ/9jnjz/XKE//1eiRf9j
okX/YZ9K/12eSf9doUr/ZKFH/2CjQf9koEv/YqNH/2egPv9mo0r/YKBF/2KfRP9coEf/VJ8+/2em
Rf9XpUT/X6JF/16gR/9ooEf/XaA+/1uiRP9dnUP/XptD/1uhRf9anUH/WaVH/2ihRf9koUn/WaFB
/2KiPv9koEj/XaRH/2CgP/9boUX/ZaFJ/12iUf9folH/WqRS/1WjS/9XoEt/X54//12dS/9eo0j/
WaNE/1yiR/9SoEH/Wp5H/2ehSf9no0T/WqFE/1mhR/9doET/WqBD/1mhR/9Wn0n/X55I/2yfSP9c
nz7/VKFQ/1mdRf9fnj//U6FN/1agQf9aoUH/W6BJ/1yhRf9jo0n/YaFI/2qjSP9in0T/YaA//1eg
RP9Xo0H/V51B/1ShRf9UoUX/Y55J/2KfRP9nokf/WZtB/2KhRP9hoDf/U6BF/1+jRP9anUH/XaFI
/2OjSf9coj7/WqFE/2SePv9dnkH/WaBD/1+fRf9goEX/W6JE/1ujQ/9Xo0T/ZaNJ/1yjQ/9boUf/
aKBH/2ajSP9jokX/V55E/1+gRP9goEf/YZ1J/16fQ/9apj//XaNJ/2SlTv9ioUP/VqFL/1eiSv9j

- la propriété *CancellationPending* définit une valeur qui indique si l'application a demandé l'annulation d'une opération d'arrière-plan.
- la méthode *RunWorkerAsync* démarre l'exécution d'une opération en arrière-plan.
- la méthode *ReportProgress* déclenche l'événement *ProgressChanged* en vue d'informer l'utilisateur de la progression du processus.
- l'événement *DoWork* se produit lorsque la méthode *RunWorkerAsync* est appelée.
- l'événement *ProgressChanged* se produit lorsque la méthode *ReportProgress* est appelée.
- l'événement *RunWorkerCompleted* se produit lorsque l'opération d'arrière-plan est terminée, a été annulée ou a levé une exception.
- l'événement *Disposed* se produit lorsque le composant est supprimé par un appel à la méthode *Dispose*.

FIGURE 17.4

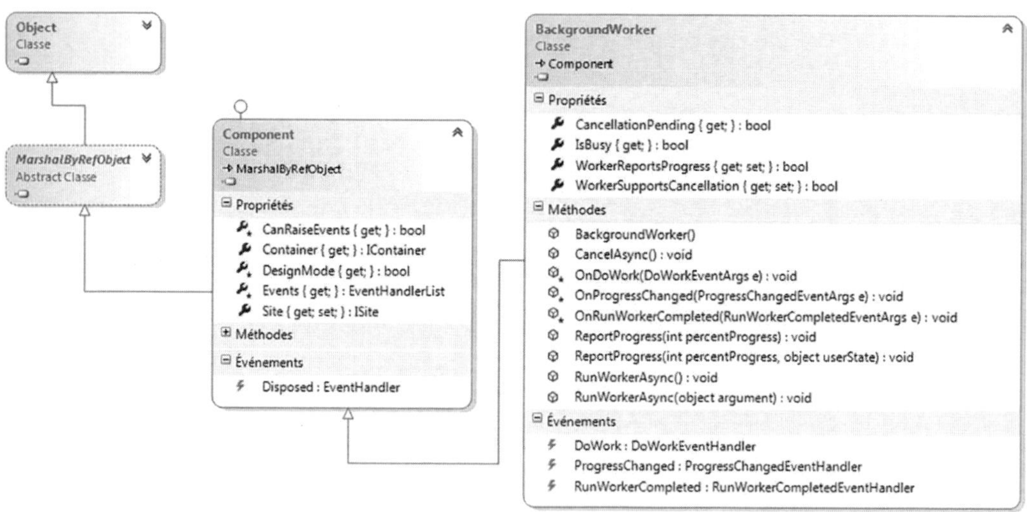

Pour configurer une opération d'arrière-plan, vous ajoutez un gestionnaire d'événements pour l'événement *DoWork*. Vous effectuez votre longue opération dans ce gestionnaire d'événements. Pour démarrer l'opération, vous appelez la méthode *RunWorkerAsync*. Pour recevoir la notification des mises à jour de la progression du processus, vous traitez l'événement *ProgressChanged*. Pour recevoir une notification lorsque l'opération est terminée, vous gérez l'événement *RunWorkerCompleted*. Si votre opération en arrière-plan requiert un paramètre, vous appelez la méthode *RunWorkerAsync* en lui passant votre paramètre.

À l'intérieur du gestionnaire d'événements *DoWork*, vous pouvez extraire le paramètre de la propriété *Argument* du gestionnaire **DoWorkEventArgs**.

A noter que dans le gestionnaire de l'événement *DoWork* il est interdit de faire des appels à des éléments de l'interface utilisateur, sinon une levée d'exception se produit (car l'interface utilisateur et l'objet **BackgroundWorker** s'exécutent sur des threads séparés). Si vous avez besoin de passer des valeurs issues de l'interface utilisateur, vous les passez en paramètre à la méthode *RunWorkerAsync* et vous récupérez ces valeurs dans le gestionnaire de l'événement *DoWork* par l'intermédiaire de la propriété *Argument* de **DoWorkEventArgs**. Si au cours du processus vous voulez communiquer avec l'interface utilisateur, vous ne pouvez le faire que dans l'implémentation des gestionnaires *ProgressChanged* (processus en cours d'activité) et *RunWorkerCompleted* (processus terminé).

Dans le gestionnaire de l'événement *Click* du bouton *x_ong_2_btn_generer*, on instancie un objet *v_bgw* de type **BackgroundWorker**. On fixe sa propriété *WorkerReportsProgress* à *true* pour indiquer que l'on signalera des mises à jour de progression avec l'interface utilisateur. On ajoute des gestionnaires pour les événements *DoWork* (implémentant le travail à effectuer), *ProgressChanged* (implémentant les mises à jour de la progression), et *RunWorkerCompleted* (implémentation la fin du processus). Pour déclencher le lancement du processus, on appelle la méthode *RunWorkerAsync* et on lui passe en paramètre le contenu textuel des **TextBlock** *x_ong_1_tbl_fiche_titre* et *x_ong_1_tbl_fiche_texte*. Ce passage des paramètres à la méthode se fait uniquement sous forme d'un tableau d'objets de type **Object** d'où l'écriture *v_bgw.RunWorkerAsync(new string[ ] { x_ong_1_tbl_fiche_titre.Text.Trim(), x_ong_1_tbl_fiche_texte.Text.Trim() })*. Le code ci-dessous affiche l'architecture de l'objet **BackgroundWorker** utilisé.

```
private void x_ong_2_btn_generer_Click(object sender, RoutedEventArgs e) {
   ...
   v_bgw = new BackgroundWorker();
   v_bgw.WorkerReportsProgress = true;
   v_bgw.DoWork += v_bgw_DoWork;
   v_bgw.ProgressChanged += v_bgw_ProgressChanged;
  v_bgw.RunWorkerCompleted += v_bgw_RunWorkerCompleted;
   v_bgw.RunWorkerAsync(
     new string[] {
       x_ong_1_tbl_fiche_titre.Text.Trim(),
       x_ong_1_tbl_fiche_texte.Text.Trim() });
 }
//
private void v_bgw_DoWork(object sender, DoWorkEventArgs e) {
  ... }
//
```

```
private void v_bgw_ProgressChanged(object sender, ProgressChangedEventArgs e)
{
  ...
}
//
private void v_bgw_RunWorkerCompleted(object sender,
   RunWorkerCompletedEventArgs e) {
  ...
}
```

Dans le gestionnaire *DoWork* de *v_bgw*, nous allons devoir lire les pixels de l'image, qui contiennent des composantes couleurs, pour les transformer en une représentation textuelle pour être ajoutées au fichier d'échange XML. Pour lire et pour modifier les pixels d'une image, il faut faire appel aux classes **BitmapImage** et **WriteableBitmap**. Avant de poursuivre, commençons par détailler le comportement et l'utilisation de ces deux classes. La figure 7.5 affiche le diagramme de classes correspondant aux classes **BitmapImage** et **WriteableBitmap**.
La classe **BitmapImage**, qui hérite de la classe **BitmapSource**, est une classe importante à bien connaître qui expose principalement (figure 17.5):

- les propriétés héritées *PixelWidth* et *PixelHeight* qui représentent les dimensions de l'image en pixels physiques (en lecture seule).
- les propriétés héritées *Width* et *Height* qui représentent les dimensions de l'image en DIP (*Device Independant Pixel*); le DIP est l'unité d'affichage 2D de WPF qui est indépendante du périphérique, et qui ne correspond à un pixel physique que lorsque le système est réglé sur 96 DPI.
- les propriétés héritées *DpiX* et *DpiY* qui représentent la résolution horizontale et verticale en nombre de pixels par pouce.
- la propriété héritée *Format* qui représente le format graphique de l'image avec le nombre de bits par pixels et les masques de bits.
- la propriété héritée *Palette* qui représente la palette des couleurs.
- la propriété *UriSource* qui représente la source de l'image sous forme d'un URI qui pointe vers un fichier graphique.
- la propriété *StreamSource* qui représente la source de flux pour alimenter l'objet.
- la propriété *CacheOption* qui spécifie la façon dont une image bitmap bénéficie de la mise en mémoire cache (énumération *Defaut, None, OnDemand* et *OnLoad*).
- la propriété *CreateOptions* qui spécifie des options d'initialisation pour les images bitmap (énumération *None, DelayCreation, IgnoreColorProfile, IgnoreImageCache* et *PreservePixelFormat*).

- les méthodes *BeginInit* et *EndInit* qui signalent le début et la fin de l'initialisation d'une image bitmap; un objet **BitmapImage** doit être encadré par ces méthodes lors de l'initialisation; la modification des propriétés est sans effet ensuite.

FIGURE 17.5

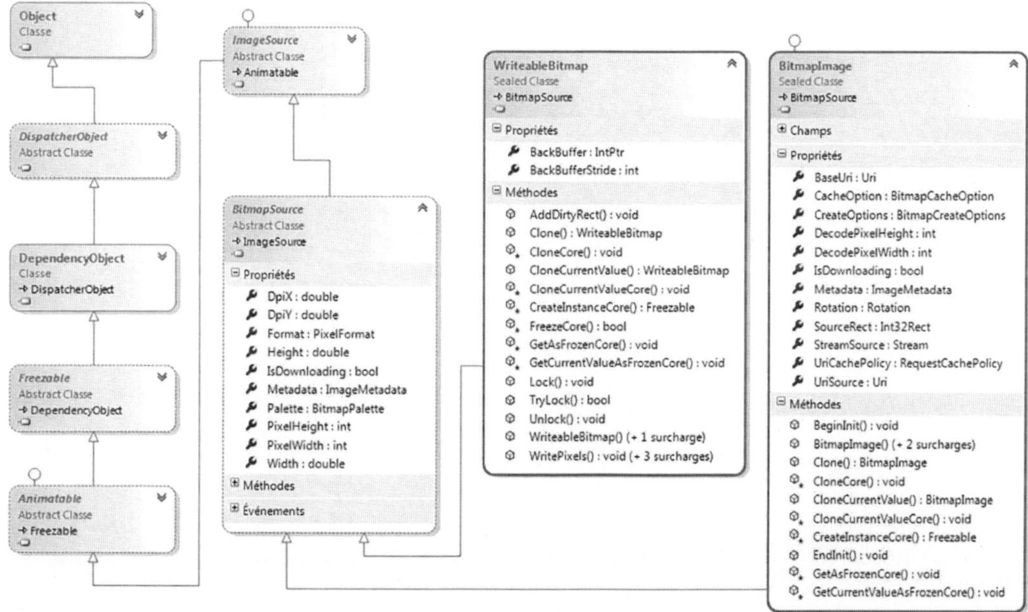

Une image est entièrement chargée en mémoire par WPF même si sa définition est supérieure à celle de la zone d'affichage. Pour économiser la mémoire, il faut spécifier les propriétés *DecodePixelWidth* et *DecodePixelHeigth* de **BitmapImage**. Cela indique au décodeur sous-jacent de créer un objet correspondant aux dimensions indiquées. L'initialisation d'un objet **BitmapImage** par le code doit être encadrée par des appels aux méthodes *BeginInit* et *EndInit*. La modification des propriétés est sans effet par la suite. La propriété énumérée *Rotation* permet de faire pivoter l'image à gauche (*Rotate270*), à droite (*Rotate90*) ou d'un demi-tour (*Rotate180*). Dans certains cas en fonction du format de l'image et du décodeur utilisé, une rotation ne peut pas être appliquée simultanément avec une mise à l'échelle via *DecodePixelWidth* ou *DecodePixelHeight* (une exception de type **InvalidOperationException** est levée).

Le décodage consiste à transformer un flux binaire image en un format utilisable par WPF. Au sein de WIC, il existe un type de décodeur par type de fichier image. Dans WPF, une classe correspond à chaque type de décodeur: **BmpBitmapDecoder**, **PngBitmapDecoder**, etc. Le décodeur adéquat est automatiquement déterminé et mis en œuvre lors de l'initialisation d'un objet **BitmapImage** par un URI. Mais tous les fichiers image peuvent être ouverts par la classe générale **BitmapDecoder**. L'encodage est l'opération inverse du décodage qui consiste à créer un flux binaire dans un format de fichier image donné. Au sein de WIC, il existe un type d'encodeur par type de fichier image. Dans WPF, une classe correspond à chaque type d'encodeur: **BmpBitmapEncoder**, **PngBitmapEncoder**, etc.

La classe **WriteableBitmap** représente une image supportant les opérations en écriture sur ses pixels et permettant la génération de bitmap par le code. Elle permet de créer une image point par point. Elle gère dans la mémoire principale deux mémoires tampon (*buffer*): une mémoire tampon d'arrière-plan (*backbuffer*) et une mémoire tampon d'avant-plan (*frontbuffer*). Le *backbuffer* est utilisé pour écrire les données alors que le *frontbuffer* contient les données affichées qui sont transmises à la mémoire vidéo. La méthode *WritePixels* automatise ces opérations. Chaque donnée représente un pixel et contient sa couleur. Le format de bitmap est déterminé par la propriété *Format*, de type **PixelFormat**, indiquant le nombre de bits par pixel. Si les données sont issues d'un calcul intensif, il est préférable de réaliser celui-ci dans un thread spécifique. La classe **WriteableBitmap** ne peut être manipulée que dans le thread principal, mais peut recevoir ses données à partir d'un tableau rempli dans un thread secondaire. la figure 7.5 affiche le diagramme de classes de la classe **WriteableBitmap** qui expose un ensemble de propriétés et de méthodes qui sont principalement:

- des propriétés héritées de **BitmapSource** qui sont *PixelWidth* et *PixelHeight* (dimensions en pixels),
- des propriétés héritées *Width* et *Height* (dimensions en pixels indépendantes du périphérique),
- des propriétés héritées *DpiX* et *DpiY* (résolution horizontale et verticale),
- de la propriété *Format* (format de codage pour exprimer le nombre de bits par pixel),
- de la propriété *BackBuffer* qui est un pointeur vers la mémoire tampon d'arrière-plan,
- de la propriété *BackBufferStride* qui est une valeur indiquant le nombre d'octets d'une ligne unique de données de pixels,
- de la méthode *CopyPixels* pour copier les données de pixels de l'image bitmap dans un tableau de pixels avec la largeur de numérisation spécifiée et en commençant à l'offset spécifié,
- de la méthode *WritePixels* pour mettre à jour les pixels dans la zone spécifiée pour la bitmap,
- de la méthode *Clone* pour créer un clone modifiable de l'objet **WriteableBitmap**

en copiant intégralement toutes ses valeurs,

- de la méthode *Lock* qui vérouille la mémoire tampon d'arrière-plan aux mises à jour,
- de la méthode *Unlock* qui libère la mémoire tampon d'arrière-plan afin qu'elle soit disponible pour l'affichage,
- de la méthode statique *BitmapSource.Create* qui permet de générer un nouveau **BitmapSource** à partir d'un tableau de pixels.

Après avoir exposé l'utilisation des objets **BitmapImage** et **WriteableBitmap**, nous allons voir comment récupérer les composantes couleurs des pixels pour les stocker dans un tableau avant de procéder à leur encodage. L'image de la fiche de cinéma que nous avons ici est stockée sous forme d'une ressource typée dans l'*assembly* du projet. On instancie un objet *bti* de type **BitmapImage** et on fait appel successivement aux méthodes *BeginInit* et *EndInit* (méthodes qui signalent le début et la fin de l'initialisation d'une image bitmap). Entre ces deux appels, on procède aux initialisations nécessaires de *bti*. La propriété *UriSource* d'un objet **BitmapImage** représente la source de l'image sous forme d'un URI qui pointe vers un fichier graphique. A notre objet *bti*, on fixe sa propriété *UriSource* par un objet **URI** qui reçoit en premier paramètre le chemin de la ressource typée sous forme d'un URI *pack* d'où l'écriture *bti.UriSource = new Uri("pack://application:,,,/EncodageDecodageImage;component/contenu/laile_ou_la_cuisse_450x644_96dpi.jpg", UriKind.Absolute)*. Le deuxième paramètre d'un objet **URI** est une valeur de l'énumération *UriKind*: *UriKind.Absolute* indique que l'URI est un URI absolu, *UriKind.Relative* indique que l'URI est un URI relatif, et *UriKind.RelativeOrAbsolute* indique que le type d'URI est indéterminé. Ici on passe la valeur *UriKind.Absolute* car l'URI de la ressource typée est un URI absolu (pointant vers un emplacement déterminé dans l'*assembly*). Une fois l'initialisation terminée de *bti* (après l'appel de la méthode *EndInit*), on stocke dans les variables *pixel_largeur* et *pixel_hauteur* les dimensions de l'image en pixels.

```
private void v_bgw_DoWork(object sender, DoWorkEventArgs e) {
  //concernant l'image
  v_bgw.ReportProgress(0, "-> début du calcul sur l'image");
  BitmapImage bti = new BitmapImage();
  bti.BeginInit();
  bti.UriSource = new Uri(
    "pack://application:,,,/EncodageDecodageImage;component/contenu/laile_ou_la_
   cuisse_450x644_96dpi.jpg",
    UriKind.Absolute);
  bti.EndInit();
  int pixel_largeur = bti.PixelWidth;
  int pixel_hauteur = bti.PixelHeight;
```

```
  ...
}
```

Connaissant l'objet *bti* qui référence la ressource image, on peut instancier un objet *wb* de type **WriteableBitmap** en lui passant en paramètre l'objet *bti* (un des deux constructeurs de **WriteableBitmap** nécessite un objet **BitmapImage** en paramètre). On stocke dans la variable *nb_byte_par_ligne* la valeur de la propriété *BackBufferStride* de *wb*. La propriété *BackBufferStride* définit la valeur indiquant le nombre d'octets d'une ligne unique de données de pixels. Elle représente le nombre d'octets nécessaires (de type *byte*) pour représenter une ligne de pixels de l'image selon sa largeur. Le tableau unidimensionnel, composé d'objets de type *byte*, nécessaire au stockage devra avoir une dimension (une longueur) représentée par le produit de *nb_byte_par_ligne* par la hauteur *pixel_hauteur* de l'image. On déclare alors un tableau unidimensionnel *tab_pixel_byte* par *tab_pixel_byte = new byte[nb_byte_par_ligne * pixel_hauteur]*. Et on appelle la méthode *CopyPixels* de *wb* en lui passant en paramètre le tableau *tab_pixel_byte* dans lequel il faut écrire les valeurs des composantes couleurs, la largeur de numérisation représentée par la variable *nb_byte_par_ligne*, et un offset de départ pour l'écriture (valeur 0 pour commencer l'écriture à l'index 0 du tableau).

```
private void v_bgw_DoWork(object sender, DoWorkEventArgs e) {
  //concernant l'image
  v_bgw.ReportProgress(0, "-> début du calcul sur l'image");
  BitmapImage bti = new BitmapImage();
  ...
  WriteableBitmap wb = new WriteableBitmap(bti);
  int nb_byte_par_ligne = wb.BackBufferStride;
  byte[] tab_pixel_byte = new byte[nb_byte_par_ligne * pixel_hauteur];
  wb.CopyPixels(tab_pixel_byte, nb_byte_par_ligne, 0);
  ...
}
```

A ce moment là, le tableau unidimensionnel *tab_pixel_byte* contient tous les octets de codage des pixels de l'image les uns à la suite des autres. Notre image est une image couleur codée en 32 bits. La valeur texte de la propriété *Format* de *wb* obtenue est *Bgr32* qui correspond à la valeur de l'énumération *PixelFormats. Bgr32* (valeur d'énumération qui correspond à un codage de pixels sur 32 bits avec 8 bits pour le bleu, 8 bits pour le vert, 8 bits pour le rouge et 8 bits pour la canal de transparence). Comme notre image a une largeur de 450 pixels et que chaque pixel est codé sur 32 bits, la largeur de numérisation, qui est représentée ici par la valeur *nb_byte_par_ligne*, sera de 450 * 4 soit 1800 octets (donc une largeur de numérisation représentée par 1800 valeurs de type *byte*). Compte tenu que notre image a une hauteur de 644 pixels, la dimension du tableau unidimensionnel *tab_pixel_byte* sera de 1800 * 644 soit un ensemble de 1 159 200 valeurs de type *byte*. Pour une question de pratique comme nous le verrons par la suite, nous allons construire une liste générique de type *List<byte[]>* composée d'objets qui représentent un tableau unidimensionnel de *byte*. Chaque tableau de *byte* qui est ajouté à la liste générique représentera le codage d'une ligne de pixels de l'image. Cela nous permettra par la suite d'ajouter au fichier d'échange XML une représentation textuelle de chaque ligne de pixels (soit une largeur de numérisation), et donc d'ajouter 644 représentations compte tenu que l'image possède 644 pixels en hauteur. Le remplissage de la liste générique *liste_tab_byte* de type *List<byte[]>* se fait simplement par un parcours de deux boucles *for* imbriquées.

```
private void v_bgw_DoWork(object sender, DoWorkEventArgs e) {
  //concernant l'image
  v_bgw.ReportProgress(0, "-> début du calcul sur l'image");
  BitmapImage bti = new BitmapImage();
  ...
  WriteableBitmap wb = new WriteableBitmap(bti);
  int nb_byte_par_ligne = wb.BackBufferStride;
  byte[] tab_pixel_byte = new byte[nb_byte_par_ligne * pixel_hauteur];
  wb.CopyPixels(tab_pixel_byte, nb_byte_par_ligne, 0);
  //MessageBox.Show(tab_pixel_byte.Length.ToString());
  //MessageBox.Show(wb.Format.ToString());
  List<byte[]> liste_tab_byte = new List<byte[]>();
  int cpt = 0;
  for (int lig = 0; lig < pixel_hauteur; lig++) {
    byte[] tab_pixel_byte_lig = new byte[nb_byte_par_ligne];
    for (int col = 0; col < nb_byte_par_ligne; col++) {
      tab_pixel_byte_lig[col] = tab_pixel_byte[cpt];
      cpt++;
    }
    liste_tab_byte.Add(tab_pixel_byte_lig);
  }
  v_bgw.ReportProgress(0, "-> fin du calcul sur l'image");
  ...
}
```

Maintenant que nous avons toutes les variables de travail à disposition, nous pouvons procéder à l'élaboration du fichier d'échange XML. On commence par récupérer les paramètres passés à la méthode *RunWorkerAsync* par l'intermédiaire de la propriété *Argument* de l'événement *e* de type **DoWorkEventArgs** en les stockant dans un tableau *obj_passes*. On instancie un nouveau document XML *doc_xml* de type **XDocument** et on lui ajoute une déclaration XML par la propriété *Declaration*. On ajoute une racine XML *<fiche_xml>* par un élément *elem_racine* de type **XElement**.

```
private void v_bgw_DoWork(object sender, DoWorkEventArgs e) {
  ...
  //generation du fichier d'echange xml
  v_bgw.ReportProgress(0, "-> début de la génération du fichier XML");
  string[] obj_passes = (string[])e.Argument;
  XDocument doc_xml = new XDocument();
  doc_xml.Declaration = new XDeclaration("1.0", "UTF-8", "yes");
  XElement elem_racine = new XElement("fiche_xml");
  doc_xml.Add(elem_racine);
  ...
}
```

```
<?xml version="1.0" encoding="utf-8" standalone="yes"?>
<fiche_xml>
</fiche_xml>
```

La racine <*fiche_xml*> contient un ensemble d'enfants avec l'élément <*titre*> et l'élément <*description*>. L'élément <*titre*> contient le titre du film qui est passé en paramètre comme premier objet du tableau *obj_passes* (objet récupéré par *obj_passes[0]*). L'élément <*description*> contient la description du film qui est passée en paramètre comme second objet du tableau *obj_passes* (objet récupéré par *obj_passes[1]*). Cette chaîne textuelle est placée dans une balise CDATA au sein de l'élément <*description*>.

```
private void v_bgw_DoWork(object sender, DoWorkEventArgs e) {
  ...
  elem_racine.Add(new XElement("titre", obj_passes[0]));
  XElement elem_description = new XElement("description");
  XCData elem_description_cdata = new XCData(obj_passes[1]);
  elem_description.Add(elem_description_cdata);
  elem_racine.Add(elem_description);
  ...
}
```

```
<?xml version="1.0" encoding="utf-8" standalone="yes"?>
<fiche_xml>
  <titre>L'aile ou la cuisse</titre>
  <description>
    <![CDATA[Charles Duchemin, le directeur d'un guide gastronomique
    qui vient d'être élu à l'Académie Française, se trouve un adversaire de taille en
    la personne de Jacques Tricatel, le PDG d'une chaîne de restaurants. Son fils
    Gérard anime en cachette une petite troupe de cirque.]]>
  </description>
</fiche_xml>
```

Le troisième enfant de <*fiche_xml*> est un élément <*affiche_film*> auquel on va ajouter un certain nombre d'éléments enfants. L'élément enfant *<pixel_largeur>* définit la largeur de l'image en pixels (variable *pixel_largeur*) et l'élément enfant *<pixel_hauteur>* définit la hauteur de l'image en pixels (variable *pixel_hauteur*). L'élément enfant *<pixel_type_format>* définit le format de codage de l'image obtenu de la propriété *Format* de *wb*. L'élément enfant *<pixel_nbre_bits_par_pixel>* définit le nombre de bits utilisés par le codage de l'image obtenu de la propriété *BitsPerPixel* de la propriété *Format* de *wb*. Les éléments enfants *<pixel_dpi_horizontal>* et *<pixel_dpi_vertical>* définissent les résolutions horizontale et verticale de l'image obtenues des propriétés *DpiX* et *DpiY* de *wb*. L'élément *<codage_byte>* représente l'élément qui va contenir le codage des 644 lignes de pixels sous forme de 644 éléments enfants. On lui passe en attribut le nombre d'octets total du tableau des pixels (attribut *"nb_byte_total"* de valeur celle de la longueur du tableau *tab_pixel_byte*) et la largeur de numérisation en octets (attribut *"nb_byte_par_ligne"* de valeur celle de la variable *nb_byte_par_ligne*).

```
private void v_bgw_DoWork(object sender, DoWorkEventArgs e) {
  ...
  XElement elem_image = new XElement("affiche_film");
  elem_racine.Add(elem_image);
  elem_image.Add(new XElement("pixel_largeur", pixel_largeur));
  elem_image.Add(new XElement("pixel_hauteur", pixel_hauteur));
  elem_image.Add(new XElement("pixel_type_format", bti.Format.ToString()));
  elem_image.Add(
    new XElement("pixel_nbre_bits_par_pixel", bti.Format.BitsPerPixel.ToString()));
  elem_image.Add(new XElement("pixel_dpi_horizontal", bti.DpiX.ToString()));
  elem_image.Add(new XElement("pixel_dpi_vertical", bti.DpiY.ToString()));
  XElement elem_codage_byte = new XElement("codage_byte");
  elem_codage_byte.Add(new XAttribute("nb_byte_total", tab_pixel_byte.Length));
  elem_codage_byte.Add(new XAttribute("nb_byte_par_ligne", nb_byte_par_ligne));
  elem_image.Add(elem_codage_byte);
  ...
}
```

```xml
<?xml version="1.0" encoding="utf-8" standalone="yes"?>
<fiche_xml>
  <titre>L'aile ou la cuisse</titre>
  <description>
    <![CDATA[Charles Duchemin, le directeur d'un guide gastronomique
    qui vient d'être élu à l'Académie Française, se trouve un adversaire de taille en
    la personne de Jacques Tricatel, le PDG d'une chaîne de restaurants. Son fils
   Gérard  anime en cachette une petite troupe de cirque.]]>
  </description>
  <affiche_film>
    <pixel_largeur>450</pixel_largeur>
    <pixel_hauteur>644</pixel_hauteur>
    <pixel_type_format>Bgr32</pixel_type_format>
```

```
    <pixel_nbre_bits_par_pixel>32</pixel_nbre_bits_par_pixel>
    <pixel_dpi_horizontal>96</pixel_dpi_horizontal>
    <pixel_dpi_vertical>96</pixel_dpi_vertical>
    <codage_byte nb_byte_total="1159200" nb_byte_par_ligne="1800">
    </codage_byte>
  </affiche_film>
</fiche_xml>
```

A l'élément parent *<codage_byte>*, on va ajouter des éléments enfants *<ligne_pixel_encodage_64>* qui possèdent un attribut *numero_ligne* dont la valeur est celle de la ligne de pixels traitée (en partant de l'index 0), et qui possèdent un contenu textuel positionné dans une balise CDATA qui contient le codage d'un tableau d'octets au format *base64*. Pour obtenir un codage au format *base64*, on utilise la méthode statique *Convert.ToBase64String* qui reçoit en paramètre un tableau d'objets de type *byte* et qui retourne une chaîne de type *string* représentant le codage au format *base64*. La classe statique **Convert**, dans l'espace de noms *System.Convert*, contient différentes méthodes statiques pour convertir un type de données de base en un autre type de données de base.

```
private void v_bgw_DoWork(object sender, DoWorkEventArgs e) {
  ...
  for (int xx = 0; xx < liste_tab_byte.Count; xx++) {
    byte[] tab = liste_tab_byte[xx];
    string ch_encodage_64 = Convert.ToBase64String(tab);
    XElement elem_ligne = new XElement("ligne_pixel_encodage_64");
    elem_ligne.Add(new XAttribute("numero_ligne", xx));
    XCData cdata = new XCData(ch_encodage_64);
    elem_ligne.Add(cdata);
    elem_codage_byte.Add(elem_ligne);
  }
  ...
}
```

```
<?xml version="1.0" encoding="utf-8" standalone="yes"?>
<fiche_xml>
  <titre>L'aile ou la cuisse</titre>
  <description>
     <![CDATA[Charles Duchemin, le directeur d'un guide gastronomique
     qui vient d'être élu à l'Académie Française, se trouve un adversaire de taille en
     la personne de Jacques Tricatel, le PDG d'une chaîne de restaurants. Son fils
    Gérard  anime en cachette une petite troupe de cirque.]]>
  </description>
  <affiche_film>
    <pixel_largeur>450</pixel_largeur>
    <pixel_hauteur>644</pixel_hauteur>
    <pixel_type_format>Bgr32</pixel_type_format>
    <pixel_nbre_bits_par_pixel>32</pixel_nbre_bits_par_pixel>
```

```
    <pixel_dpi_horizontal>96</pixel_dpi_horizontal>
    <pixel_dpi_vertical>96</pixel_dpi_vertical>
    <codage_byte nb_byte_total="1159200" nb_byte_par_ligne="1800">
     <ligne_pixel_encodage_64 numero_ligne="0">
       <![CDATA[
        +vr6//v5+v/7+fr/+/n6//75+v/9+Pr/8+7v/
        ....
        f/++/v//vv7//36+v/9+vr//vv7///9/f/9+vr/
       ]]>
    </ligne_pixel_encodage_64>
    ....
    </codage_byte>
  </affiche_film>
</fiche_xml>
```

En informatique, le codage au format *base64* est un codage de l'information utilisant 64 caractères plus le signe "=", choisis pour être disponibles sur la majorité des systèmes. Un alphabet de 65 caractères est utilisé pour permettre la représentation de 6 bits par un caractère simple. Le 65e caractère (signe "=") n'est utilisé qu'en complément final dans le processus de codage d'un message.

Ce processus de codage consiste à coder chaque groupe de 24 bits successifs de données par une chaîne de 4 caractères simples. On procède de gauche à droite, en concaténant 3 octets pour créer un seul groupement de 24 bits (8 bits par octet). Ils sont alors séparés en 4 nombres de seulement 6 bits (qui, en binaire, ne permettent que 64 combinaisons). Chacune des 4 valeurs est enfin représentée (codée) par un caractère simple et prédéfini de l'alphabet retenu (table de la figure 17.6). Ainsi 3 octets quelconques sont remplacés par 4 caractères simples, choisis pour être compatibles avec tous les systèmes existants. Chaque valeur (chaque

FIGURE 17.6

n°	valeur	codage	n°	valeur	codage	n°	valeur	codage	n°	valeur	codage
0	000000	A	17	010001	R	34	100010	i	51	110011	z
1	000001	B	18	010010	S	35	100011	j	52	110100	0
2	000010	C	19	010011	T	36	100100	k	53	110101	1
3	000011	D	20	010100	U	37	100101	l	54	110110	2
4	000100	E	21	010101	V	38	100110	m	55	110111	3
5	000101	F	22	010110	W	39	100111	n	56	111000	4
6	000110	G	23	010111	X	40	101000	o	57	111001	5
7	000111	H	24	011000	Y	41	101001	p	58	111010	6
8	001000	I	25	011001	Z	42	101010	q	59	111011	7
9	001001	J	26	011010	a	43	101011	r	60	111100	8
10	001010	K	27	011011	b	44	101100	s	61	111101	9
11	001011	L	28	011100	c	45	101101	t	62	111110	+
12	001100	M	29	011101	d	46	101110	u	63	111111	
13	001101	N	30	011110	e	47	101111	v	complément		=
14	001110	O	31	011111	f	48	100000	w			
15	001111	P	32	100000	g	49	110001	x			
16	010000	Q	33	100001	h	50	110010	y			

groupe de 6 bits) est utilisée comme index dans la table ci-dessous (figure 17.6). Le caractère correspondant est indiqué dans la colonne codage.
Maintenant que le document XML *doc_xml* est complétement terminé, on utilise la méthode *Save* de **XDocument** pour enregistrer le fichier XML dans le répertoire de sortie sous le nom de *sauvegarde_echange.xml*.

```
private void v_bgw_DoWork(object sender, DoWorkEventArgs e) {
  ...
  //sauvegarde du fichier d'echange xml
  doc_xml.Save(g_doss_exe + "/sauvegarde_echange.xml");
  v_bgw.ReportProgress(0, "-> fichier XML sauvegardé");
}
```

Quand on réalise une processus en arrière-plan comme on le fait ici, il faut pouvoir tenir l'utilisateur au courant de ce qui se passe dans la progression du processus. Pour cela en XAML, on ajoute un **Grid** *x_grid_couverture* qui devient visible uniquement après le clic sur le bouton. La figure 17.7 au repère 1 montre le **Grid** quand il est visible. Au centre de ce **Grid** est positionné un **TextBlock** *x_tbl_couverture_infos* qui affiche des messages au cours de la progression du processus.

```
<!-- grid de couverture pour le calcul -->
<Grid x:Name="x_grid_couverture" Grid.Row="4" Grid.Column="1"
  Background="#BFFDFFED" Visibility="Collapsed">
  <Border BorderThickness="1" BorderBrush="Black" Width="400" Height="200">
    <Canvas  Background="#FFCFE5FF" HorizontalAlignment="Center"
     VerticalAlignment="Center" Width="398" Height="198">
     <TextBlock FontFamily="Impact" FontSize="48" Width="388" Canvas.
       Left="7">Calcul en cours ...</TextBlock>
     <TextBlock x:Name="x_tbl_couverture_infos" FontSize="16"
       FontFamily="Consolas" Canvas.Left="10" Canvas.Top="64" Width="385"
       Height="124" TextWrapping="Wrap" Foreground="Red">informations
     </TextBlock>
    </Canvas>
  </Border>
</Grid>
private void x_ong_2_btn_generer_Click(object sender, RoutedEventArgs e) {
  x_ong_2_tbl_echange_xml.Text = "";
  x_grid_couverture.Visibility = Visibility.Visible;
  x_tbl_couverture_infos.Text = "";
  ...
}
```

Au cours de la progression du processus dans le gestionnaire de l'événement *DoWork*, on peut envoyer des signaux à l'interface utilisateur par l'intermédiaire de la méthode *ReportProgress* de **BackgroundWorker**. Cette méthode reçoit en paramètre un indicateur de progression sous forme d'une valeur de type *int* et un

FIGURE 17.7

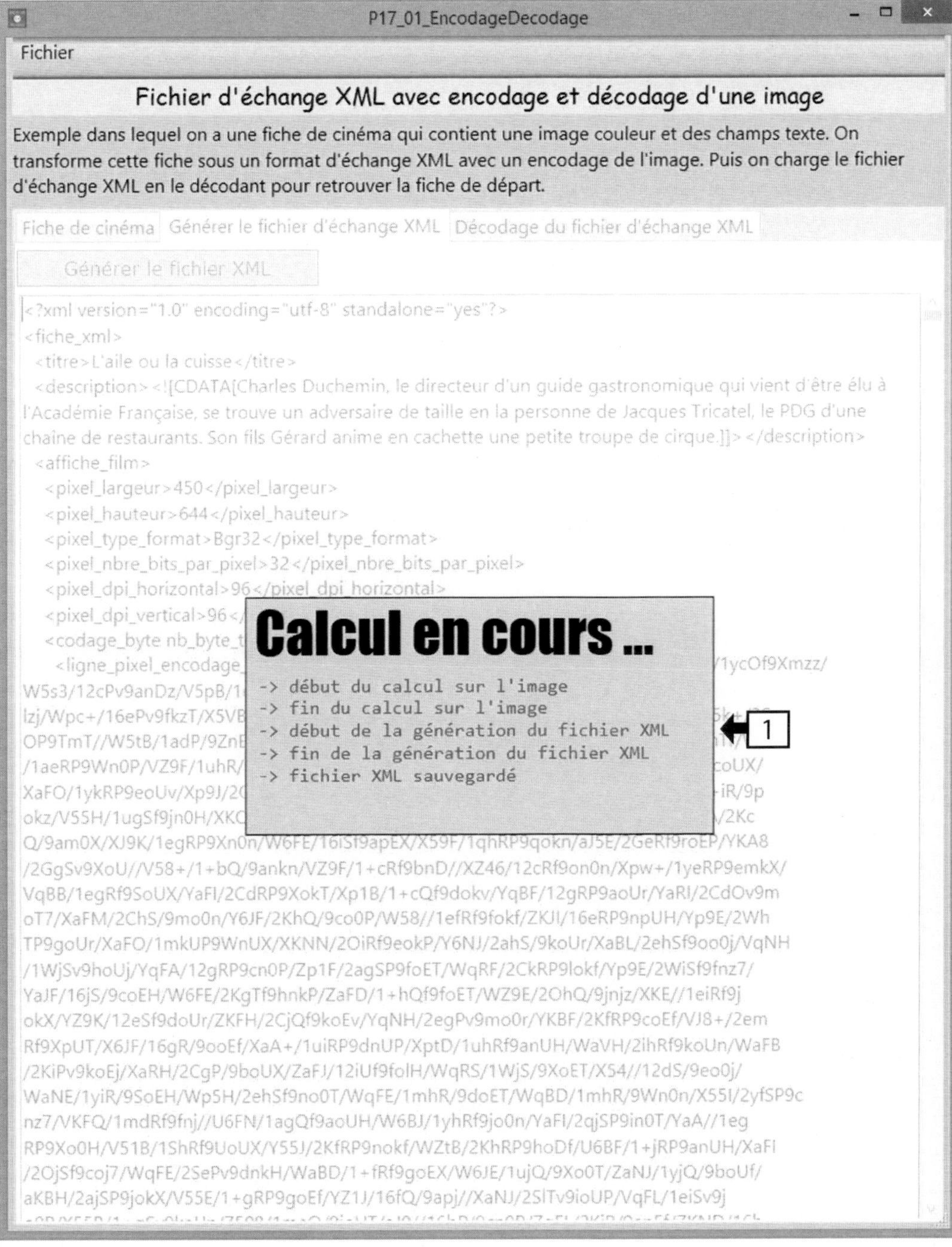
P17_01_EncodageDecodage
Fichier
Fichier d'échange XML avec encodage et décodage d'une image
Exemple dans lequel on a une fiche de cinéma qui contient une image couleur et des champs texte. On transforme cette fiche sous un format d'échange XML avec un encodage de l'image. Puis on charge le fichier d'échange XML en le décodant pour retrouver la fiche de départ.
Fiche de cinéma
Générer le fichier d'échange XML
Décodage du fichier d'échange XML
Générer le fichier XML
<?xml version="1.0" encoding="utf-8" standalone="yes"?>
<fiche_xml>
<titre>L'aile ou la cuisse</titre>
<description><![CDATA[Charles Duchemin, le directeur d'un guide gastronomique qui vient d'être élu à l'Académie Française, se trouve un adversaire de taille en la personne de Jacques Tricatel, le PDG d'une chaîne de restaurants. Son fils Gérard anime en cachette une petite troupe de cirque.]]></description>
<affiche_film>
<pixel_largeur>450</pixel_largeur>
<pixel_hauteur>644</pixel_hauteur>
<pixel_type_format>Bgr32</pixel_type_format>
<pixel_nbre_bits_par_pixel>32</pixel_nbre_bits_par_pixel>
<pixel_dpi_horizontal>96</pixel_dpi_horizontal>
Calcul en cours ...
-> début du calcul sur l'image
-> fin du calcul sur l'image
-> début de la génération du fichier XML
-> fin de la génération du fichier XML
-> fichier XML sauvegardé
1

objet utilisateur de type **Object**. Ici on passe la valeur 0 comme indicateur et une chaîne représentant un message à afficher comme objet utilisateur à la méthode *ReportProgress*.

```
private void v_bgw_DoWork(object sender, DoWorkEventArgs e) {
  //concernant l'image
  v_bgw.ReportProgress(0, "-> début du calcul sur l'image");
  ...
  v_bgw.ReportProgress(0, "-> fin du calcul sur l'image");
  //generation du fichier d'echange xml
  v_bgw.ReportProgress(0, "-> début de la génération du fichier XML");
  ...
}
```

Dans le gestionnaire de l'événement *ProgressChanged* du **BackgroundWorker**, on récupère la valeur de l'indicateur de type *int* par la propriété *ProgressPercentage*, et on récupère l'objet utilisateur par la propriété *UserState* de l'événement *e* de type **ProgressChangedEventArgs**. On effectue un *cast* pour obtenir l'objet récupéré et on peut alors affecter sa valeur à une propriété d'un contrôle appartenant à l'interface utilisateur. C'est de cette façon que l'on affiche les messages en temps réel au **TextBlock** *x_tbl_couverture_infos* placé sur le **Grid** (figure 17.7).

```
private void v_bgw_ProgressChanged(object sender,
    ProgressChangedEventArgs e) {
  string message = (string)e.UserState;
  x_tbl_couverture_infos.Text += message + RC;
  ...
}
```

Quand le processus est terminé, l'événement *RunWorkerCompleted* se produit. Dans le gestionnaire de cet événement, on rend invisible le **Grid** *x_grid_couverture* en modifiant sa propriété *Visibility* à *false*. Et on charge dans la propriété *Text* du **TextBlock** le contenu du fichier XML sauvegardé dans le répertoire de sortie pour visualiser son contenu (figure 17.3 au repère 2).

```
private void v_bgw_RunWorkerCompleted(object sender,
    RunWorkerCompletedEventArgs e) {
  x_grid_couverture.Visibility = Visibility.Collapsed;
  //ouverture du fichier sauvegardé pour la lecture de son contenu
  x_ong_2_tbl_echange_xml.Text =
    File.ReadAllText(g_doss_exe + "/sauvegarde_echange.xml");
  x_ong_3_btn_decoder.IsEnabled = true;
  x_ong_3_btn_infos.IsEnabled = true;
  ...
}
```

1.3 - Décodage et génération d'une image

Le troisième onglet intitulé *"Décodage du fichier d'échange XML"* permet par l'intermédiaire d'un bouton de charger le fichier XML sauvegardé, de le lire avec les primitives de LINQ To XML pour récupérer les données, et d'afficher de nouveau la fiche signalétique de cinéma avec le titre, la description et l'image générée. La figure 17.8 montre ce que l'on a avant le clic sur le bouton et la figure 17.9 montre ce que l'on obtient après la génération issue des données XML lues. On commence par instancier un objet *doc_xml* de type **XDocument** par retour de la méthode statique *XDocument.Load* pour charger le fichier XML *sauvegarde_echange.xml*. Par l'écriture *recup_titre = (string)doc_xml.Element("fiche_xml").Element("titre")*, on récupère le titre stocké dans l'élément *<titre>* pour être affecté au **TextBlock** correspondant. Par l'écriture *recup_description = (string)doc_xml.Element("fiche_xml").Element("description")*, on récupère la description stockée dans l'élément *<description>* au sein d'une balise CDATA pour être affectée au **TextBlock** correspondant.

```
private void x_ong_3_btn_decoder_Click(object sender, RoutedEventArgs e) {
  try {
    XDocument doc_xml = XDocument.Load(
      g_doss_exe + "/sauvegarde_echange.xml");
    string recup_titre = (string)doc_xml.Element("fiche_xml").Element("titre");
    x_ong_3_tbl_fiche_titre.Text = recup_titre;
    string recup_description =
      (string)doc_xml.Element("fiche_xml").Element("description");
    x_ong_3_tbl_fiche_texte.Text = recup_description;
    ...
}
```

Ensuite, il faut récupérer tous les éléments *<ligne_pixel_encodage_64>*, au nombre de 644, qui contiennent chacun une ligne de pixels codée au format *base64*. On établit une requête *ma_requete*, de façon traditionnelle avec LINQ To XML, pour obtenir la collection de ces 644 lignes. On instancie une liste générique *liste_lig_byte* de type *List<byte[]>* dans laquelle on va ajouter le tableau d'objets de type *byte* qui correspond au décodage du contenu de l'élément *<ligne_pixel_encodage_64>*. On s'aide de la méthode statique *Convert.FromBase64String* qui reçoit une chaîne codée au format *base64* et qui retourne un tableau d'objets de type *byte*.

```
private void x_ong_3_btn_decoder_Click(object sender, RoutedEventArgs e) {
  try {
```

FIGURE 17.8

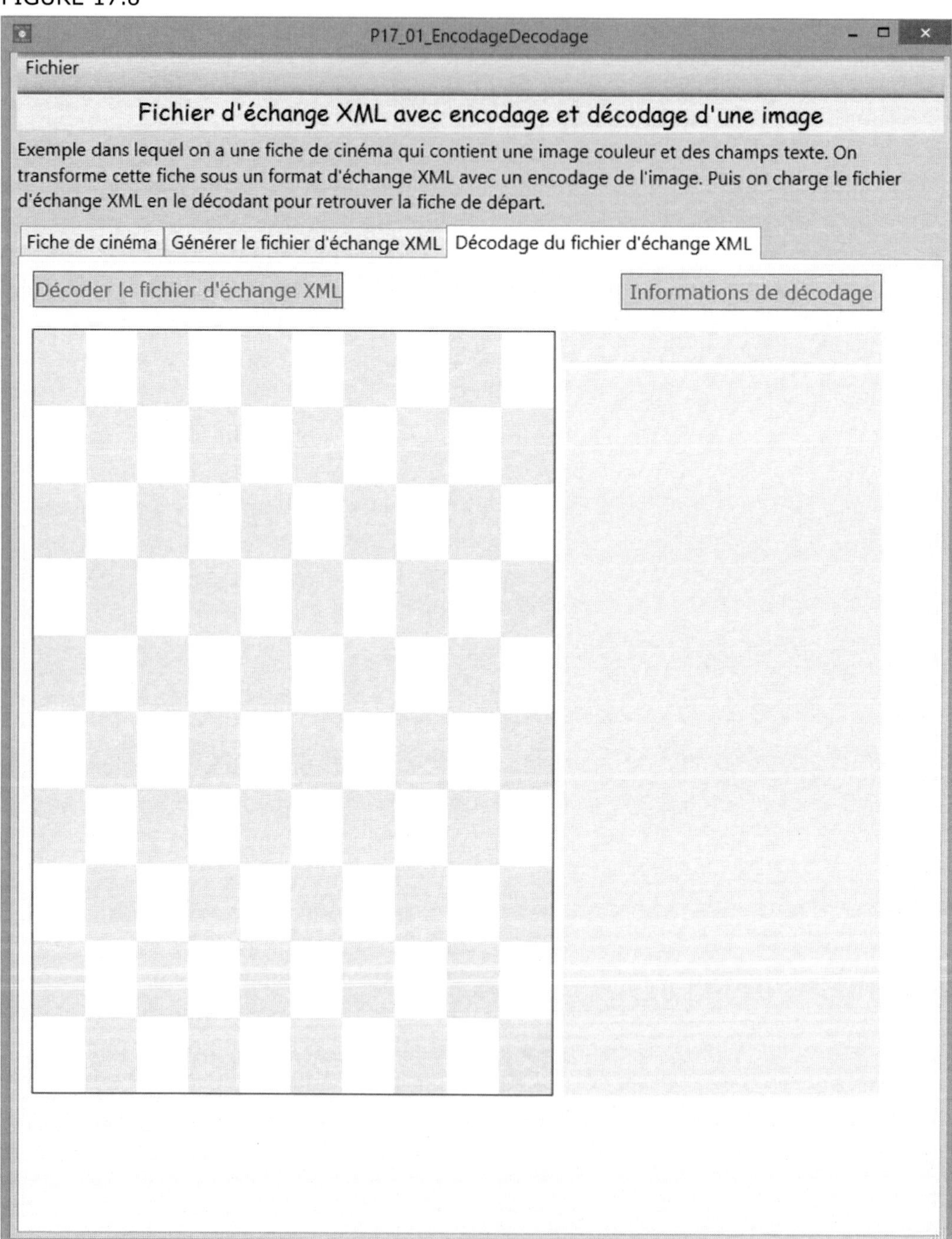
P17_01_EncodageDecodage
Fichier
Fichier d'échange XML avec encodage et décodage d'une image
Exemple dans lequel on a une fiche de cinéma qui contient une image couleur et des champs texte. On transforme cette fiche sous un format d'échange XML avec un encodage de l'image. Puis on charge le fichier d'échange XML en le décodant pour retrouver la fiche de départ.
Fiche de cinéma
Générer le fichier d'échange XML
Décodage du fichier d'échange XML
Décoder le fichier d'échange XML
Informations de décodage

FIGURE 17.9

P17_01_EncodageDecodage
Fichier
Fichier d'échange XML avec encodage et décodage d'une image
Exemple dans lequel on a une fiche de cinéma qui contient une image couleur et des champs texte. On transforme cette fiche sous un format d'échange XML avec un encodage de l'image. Puis on charge le fichier d'échange XML en le décodant pour retrouver la fiche de départ.
Fiche de cinéma
Générer le fichier d'échange XML
Décodage du fichier d'échange XML
Décoder le fichier d'échange XML
1
Informations de décodage
LOUIS DE FUNÈS | COLUCHE
L'AILE OU LA CUISSE
UN FILM DE
CLAUDE ZIDI
L'aile ou la cuisse
Charles Duchemin, le directeur d'un guide gastronomique qui vient d'être élu à l'Académie Française, se trouve un adversaire de taille en la personne de Jacques Tricatel, le PDG d'une chaîne de restaurants. Son fils Gérard anime en cachette une petite troupe de cirque.

```
    ...
    var ma_requete =
      from elem in doc_xml.Element("fiche_xml").Element("affiche_film")
        .Element("codage_byte").Elements("ligne_pixel_encodage_64")
      select elem;
    int nbre = ma_requete.Count();
    List<byte[]> liste_lig_byte = new List<byte[]>();
    for (int xx = 0; xx < nbre; xx++) {
      string recup_ch_64 = ma_requete.ElementAt(xx).Value;
      byte[] tab_byte = Convert.FromBase64String(recup_ch_64);
      liste_lig_byte.Add(tab_byte);
    }
    ...
}
```

Il faut maintenant récupérer la largeur de l'image en pixels par l'élément *<pixel_largeur>* que l'on stocke dans la variable *pixel_largeur*, et récupérer la hauteur de l'image en pixels par l'élément *<pixel_hauteur>* que l'on stocke dans la variable *pixel_hauteur*. Avec un constructeur surchargé de **WriteableBitmap**, on instancie un objet *wb* vide de type **WriteableBitmap** en lui passant en paramètre la largeur en pixels (*pixel_largeur*), la hauteur en pixels (*pixel_hauteur*), les résolutions horizontale et verticale (valeur 96 pour 96 dpi correspondant à l'écran), un format de codage par la valeur de l'énumération *PixelFormats.Bgr32*, et la valeur *null* pour indiquer que l'on a pas de palette de couleurs à utiliser.
A partir de là, on peut recréer le tableau unidimensionnel *tab_uni* de type *byte[]* contenant toutes les composantes couleurs. La longueur de ce tableau sera de *pixel_largeur * 4 * pixel_hauteur* compte tenu qu'il faut 4 valeurs de type *byte* pour coder un pixel. Avec deux boucles imbriquées, on remplit ce tableau *tab_uni* à partir des données de la liste générique *liste_lig_byte* de type *List<byte[]>*.

```
private void x_ong_3_btn_decoder_Click(object sender, RoutedEventArgs e) {
  try {
    ...
    int pixel_largeur = int.Parse(doc_xml.Element("fiche_xml")
      .Element("affiche_film").Element("pixel_largeur").Value);
    int pixel_hauteur = int.Parse(doc_xml.Element("fiche_xml")
      .Element("affiche_film").Element("pixel_hauteur").Value);
    WriteableBitmap wb = new WriteableBitmap(pixel_largeur, pixel_hauteur, 96, 96,
      PixelFormats.Bgr32, null);
    byte[] tab_uni = new byte[pixel_largeur * 4 * pixel_hauteur];
    int cpt = 0;
    for (int xx = 0; xx < liste_lig_byte.Count; xx++) {
      byte[] tab = liste_lig_byte[xx];
      for (int yy = 0; yy < tab.Length; yy++) {
        tab_uni[cpt] = tab[yy];
        cpt++;
```

```
      }
    }
    ...
}
```

Enfin on applique la méthode *WritePixels* à *wb* pour écrire les composantes couleurs des pixels. Cette méthode reçoit en paramètre:

- une surface rectangle *rect_nouveau* de type **Int32Rect** correspondant à la surface en largeur et en hauteur, à partir d'un point donné, pour l'écriture des pixels.
- un tableau unidimensionnel *tab_uni* contenant les composantes des pixels les unes à la suite des autres.
- une largeur de numérisation correspondant au produit de la largeur en pixels par 4 pour un codage d'une couleur sur 32 bits.
- un offset correspondant à l'index du tableau *tab_uni* à partir duquel on lit les valeurs des composantes.

Quand cette méthode *WritePixels* est appliquée à *wb*, alors on dispose d'un objet **WriteableBitmap** fonctionnel qui peut être directement visualisé en l'affectant à la propriété *Source* d'un contrôle de type **Image**. On obtient ainsi la visualisation de l'image comme sur la figure 17.9.

```
private void x_ong_3_btn_decoder_Click(object sender, RoutedEventArgs e) {
  try {
    ...
    Int32Rect rect_nouv = new Int32Rect(0, 0, pixel_largeur - 1, pixel_hauteur - 1);
    wb.WritePixels(rect_nouv, tab_uni, pixel_largeur * 4, 0);
    //on affecte le wb au controle image
    x_ong_3_img_fiche.Width = pixel_largeur;
    x_ong_3_img_fiche.Height = pixel_hauteur;
    x_ong_3_img_fiche.Source = wb;
  }
}
```

Pour bien se rendre compte de la correspondance entre une chaîne textuelle encodée au format *base64* et le contenu des composantes couleurs de type *byte* qu'elles représentent, on ajoute un bouton qui permet l'affichage dans deux **TextBlock** distincts les valeurs de la première chaîne encodée en *base64* et la correspondance des composantes couleurs. La figure 17.10 montre le résultat obtenu. Les composantes couleurs sont éditées dans l'ordre *bleu/vert/rouge/alpha* (codage de type *PixelFormats.Bgr32* c'est-à-dire *blue/green/red/alpha*).

```
private void x_ong_3_btn_infos_Click(object sender, RoutedEventArgs e) {
  try {
    x_grid_decodage.Visibility = Visibility.Visible;
```

FIGURE 17.10

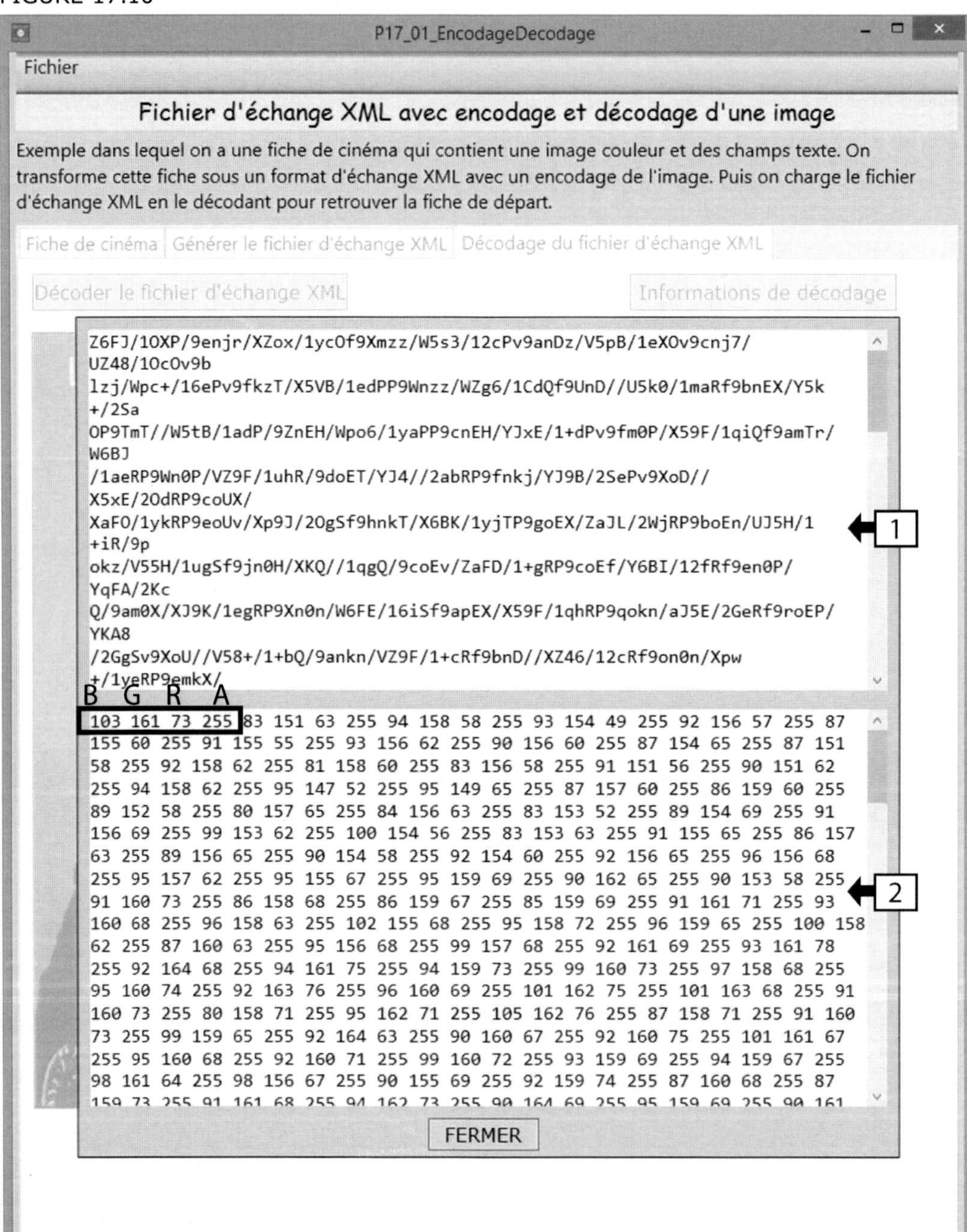
P17_01_EncodageDecodage
Fichier
Fichier d'échange XML avec encodage et décodage d'une image
Exemple dans lequel on a une fiche de cinéma qui contient une image couleur et des champs texte. On transforme cette fiche sous un format d'échange XML avec un encodage de l'image. Puis on charge le fichier d'échange XML en le décodant pour retrouver la fiche de départ.
Fiche de cinéma
Générer le fichier d'échange XML
Décodage du fichier d'échange XML
Décoder le fichier d'échange XML
Informations de décodage
Z6FJ/1OXP/9enjr/XZox/1ycOf9Xmzz/W5s3/12cPv9anDz/V5pB/1eXOv9cnj7/
UZ48/1OcOv9b
lzj/Wpc+/16ePv9fkzT/X5VB/1edPP9Wnzz/WZg6/1CdQf9UnD//U5k0/1maRf9bnEX/Y5k
+/2Sa
OP9TmT//W5tB/1adP/9ZnEH/Wpo6/1yaPP9cnEH/YJxE/1+dPv9fm0P/X59F/1qiQf9amTr/
W6BJ
/1aeRP9Wn0P/VZ9F/1uhR/9doET/YJ4//2abRP9fnkj/YJ9B/2SePv9XoD//
X5xE/2OdRP9coUX/
XaFO/1ykRP9eoUv/Xp9J/2OgSf9hnkT/X6BK/1yjTP9goEX/ZaJL/2WjRP9boEn/UJ5H/1
+iR/9p
okz/V55H/1ugSf9jn0H/XKQ//1qgQ/9coEv/ZaFD/1+gRP9coEf/Y6BI/12fRf9en0P/
YqFA/2Kc
Q/9am0X/XJ9K/1egRP9Xn0n/W6FE/16iSf9apEX/X59F/1qhRP9qokn/aJ5E/2GeRf9roEP/
YKA8
/2GgSv9XoU//V58+/1+bQ/9ankn/VZ9F/1+cRf9bnD//XZ46/12cRf9on0n/Xpw
+/1yeRP9emkX/
B G R A
103 161 73 255 83 151 63 255 94 158 58 255 93 154 49 255 92 156 57 255 87
155 60 255 91 155 55 255 93 156 62 255 90 156 60 255 87 154 65 255 87 151
58 255 92 158 62 255 81 158 60 255 83 156 58 255 91 151 56 255 90 151 62
255 94 158 62 255 95 147 52 255 95 149 65 255 87 157 60 255 86 159 60 255
89 152 58 255 80 157 65 255 84 156 63 255 83 153 52 255 89 154 69 255 91
156 69 255 99 153 62 255 100 154 56 255 83 153 63 255 91 155 65 255 86 157
63 255 89 156 65 255 90 154 58 255 92 154 60 255 92 156 65 255 96 156 68
255 95 157 62 255 95 155 67 255 95 159 69 255 90 162 65 255 90 153 58 255
91 160 73 255 86 158 68 255 86 159 67 255 85 159 69 255 91 161 71 255 93
160 68 255 96 158 63 255 102 155 68 255 95 158 72 255 96 159 65 255 100 158
62 255 87 160 63 255 95 156 68 255 99 157 68 255 92 161 69 255 93 161 78
255 92 164 68 255 94 161 75 255 94 159 73 255 99 160 73 255 97 158 68 255
95 160 74 255 92 163 76 255 96 160 69 255 101 162 75 255 101 163 68 255 91
160 73 255 80 158 71 255 95 162 71 255 105 162 76 255 87 158 71 255 91 160
73 255 99 159 65 255 92 164 63 255 90 160 67 255 92 160 75 255 101 161 67
255 95 160 68 255 92 160 71 255 99 160 72 255 93 159 69 255 94 159 67 255
98 161 64 255 98 156 67 255 90 155 69 255 92 159 74 255 87 160 68 255 87
1
2
FERMER

```
    XDocument doc_xml = XDocument.Load(
      g_doss_exe + "/sauvegarde_echange.xml");
    var ma_requete =
      from elem in doc_xml.Element("fiche_xml").Element("affiche_film")
        .Element("codage_byte").Elements("ligne_pixel_encodage_64")
      select elem;
    //MessageBox.Show(ma_requete.Count().ToString());
    string recup_ch_64 = ma_requete.ElementAt(0).Value;
    x_tbl_decodage_infos_1.Text = recup_ch_64;
    byte[] tab_byte = Convert.FromBase64String(recup_ch_64);
    string recup_ch_byte = "";
    for (int xx = 0; xx < tab_byte.Length; xx++) {
      recup_ch_byte += tab_byte[xx].ToString() + " ";
    }
    x_tbl_decodage_infos_2.Text = recup_ch_byte;
}
```

2 - Sauvegarder et charger une scène graphique 2D

L'application réalisée dans ce paragraphe consiste dans un premier temps à générer des formes 2D et à les ajouter à un canevas situé en haut de la fenêtre. Dans un second temps, on effectue un relevé des formes 2D présentes dans le canevas du haut et on réalise un fichier d'échange XML avec LINQ To XML capable d'enregistrer les données graphiques des formes. Le fichier d'échange XML généré est sauvegardé dans le répertoire de sortie. Dans un dernier temps, par un clic sur un bouton, on charge le fichier d'échange XML sauvegardé, on lit les données qu'il contient avec LINQ To XML et on reconstruit la scène graphique 2D dans un nouveau canevas situé dans le bas de la fenêtre.
La solution de projet *P17_02_SceneGraphique2d.sln*, qui se trouve dans le dossier *chapitre_17/P17_02_SceneGraphique2d*, permet de réaliser cette application avec un fichier d'échange XML contenant les données des objets graphiques de la scène 2D.

2.1 - Générer et ajouter des objets 2D à la scène

Dans ce type d'application, qui consiste à générer et à ajouter des formes 2D dans une scène graphique, il faut la concevoir de façon à pouvoir générer des objets dont on peut facilement sauvegarder leurs propriétés en vue d'une reconstruction. Comme le montre la figure 17.11 au repère 1, le canevas du haut *x_cnv_haut* de type **Canvas** contient un ensemble d'objets comme des rectangles, des cercles et des ellipses. Pour cela, on va ajouter une classe

FigRectangle2d qui va nous permettre de dessiner des formes rectangulaires (carré et rectangle) et une classe **FigCercle2d** qui va nous permettre de dessiner des formes circulaires (cercle et ellipse). Ces deux classes possèdent un ensemble de propriétés qui sont propres à leurs représentations, et elles implémentent une interface déclarée **InterFigure2d** pour les obliger à disposer d'une méthode de sauvegarde sous forme d'un élément **XElement**. La figure 17.12 visualise le diagramme des classes **FigRectangle2d**, **FigCercle2d** et de l'interface **InterFigure2d**. La classe **FigRectangle2d** expose les propriétés suivantes:

- les propriétés *P_PositionX* et *P_PositionY* définissent la position du coin haut gauche du rectangle.
- les propriétés *P_Largeur* et *P_Hauteur* définissent la largeur et la hauteur du rectangle.
- les propriétés *P_PinceauFond* et *P_PinceauBordure* définissent le pinceau utilisé pour peindre le fond et la bordure du rectangle (dérivées du type **Brush**).
- la propriété *P_BordureEpaisseur* définit l'épaisseur de la bordure en pixels.
- la propriété *P_FormeRectangle* retourne la forme sous un objet de type **Rectangle**.

La classe **FigCercle2d** expose les propriétés suivantes:

- les propriétés *P_CentreX* et *P_CentreY* définissent la position du centre d'une forme circulaire (cercle ou ellipse).
- les propriétés *P_RayonX* et *P_RayonY* définissent les rayons de la forme circulaire suivant X et Y.
- les propriétés *P_PinceauFond* et *P_PinceauBordure* définissent le pinceau utilisé pour peindre le fond et la bordure du cercle (dérivées du type **Brush**).
- la propriété *P_BordureEpaisseur* définit l'épaisseur de la bordure en pixels.
- la propriété *P_FormeCercle* retourne la forme sous un objet de type **Ellipse**.

Les classes **FigRectangle2d** et **FigCercle2d** exposent une méthode *RenduForme* qui calcule le rendu de la forme en fixant les propriétés adéquates et une méthode explicite *SauvegardeXml*, demandée par l'interface **InterFigure2d** qui permet de sauvegarder les données graphiques dans un objet **XElement**. La classe **FigRectangle2d** expose aussi une méthode *RotationParRapportCoinHautGauche* qui permet de faire tourner la forme d'un certain angle autour du point représenté par le coin haut gauche de la forme.

```
interface InterFigure2d {
   XElement SauvegardeXml();
}//end interface
```

FIGURE 17.11

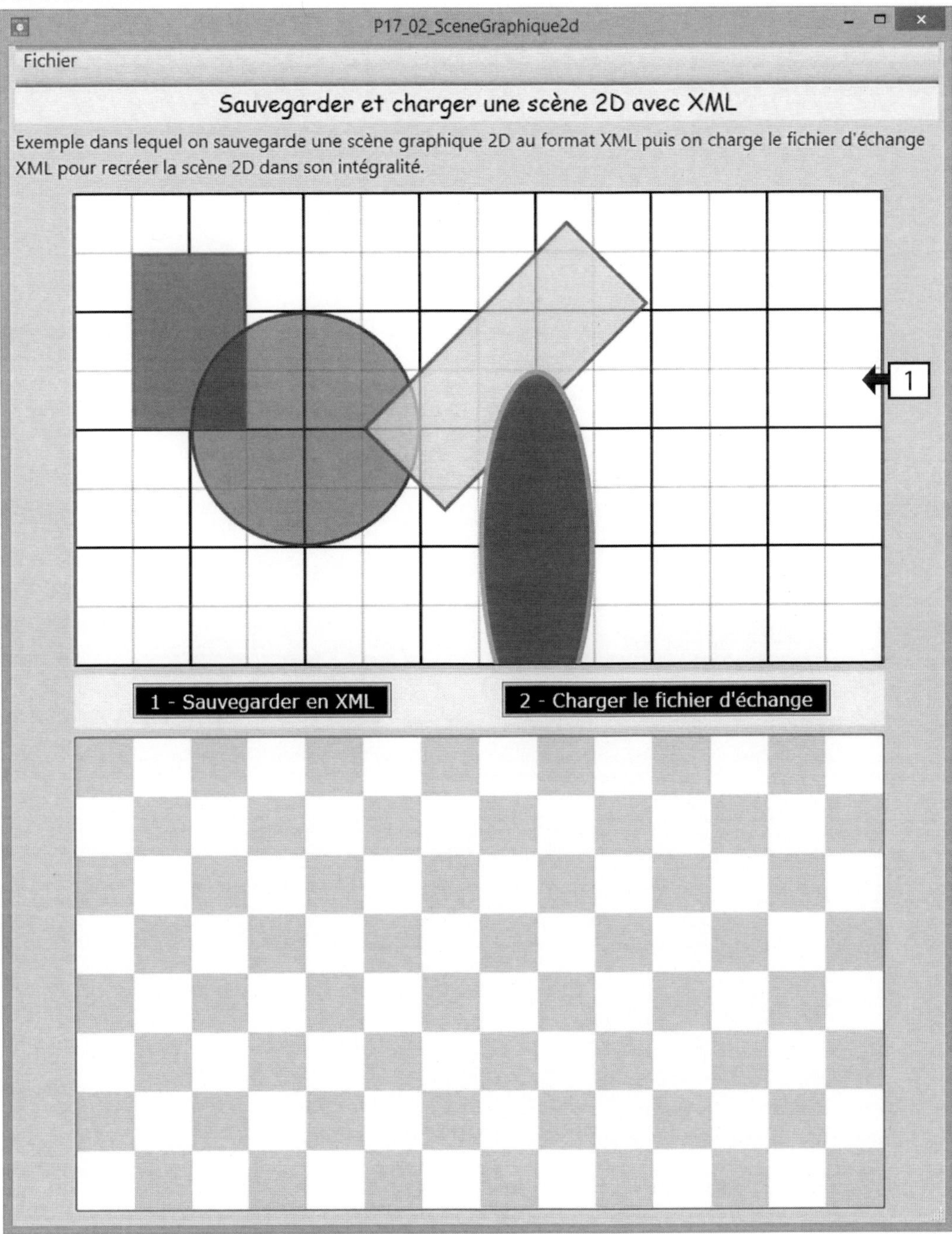
P17_02_SceneGraphique2d
Fichier
Sauvegarder et charger une scène 2D avec XML
Exemple dans lequel on sauvegarde une scène graphique 2D au format XML puis on charge le fichier d'échange XML pour recréer la scène 2D dans son intégralité.
1
1 - Sauvegarder en XML
2 - Charger le fichier d'échange

FIGURE 17.12

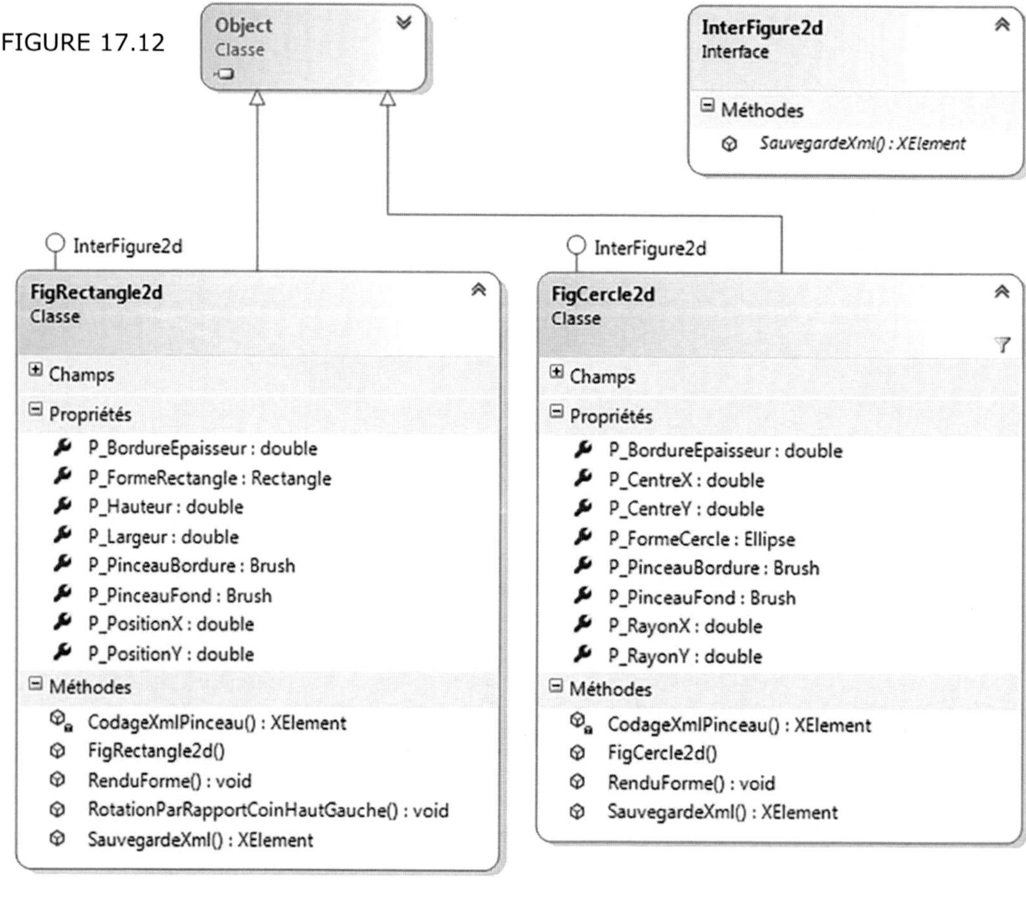


```
public class FigRectangle2d : InterFigure2d {
  ...
  public FigRectangle2d() {
    v_rectangle = new Rectangle();
  }
  public void RenduForme() {
    v_rectangle.Width = this.P_Largeur;
    v_rectangle.Height = this.P_Hauteur;
    v_rectangle.Fill = this.P_PinceauFond;
    v_rectangle.Stroke = this.P_PinceauBordure;
    v_rectangle.StrokeThickness = this.P_BordureEpaisseur;
    Canvas.SetLeft(v_rectangle, this.P_PositionX);
    Canvas.SetTop(v_rectangle, this.P_PositionY);
  }
  public void RotationParRapportCoinHautGauche(double angle_degres) {
    v_angle_rotation = angle_degres;
    v_rectangle.RenderTransform = new RotateTransform(v_angle_rotation);
  }
```

```
    public XElement SauvegardeXml() {
      XElement elem_rect = new XElement("figure_2d");
      elem_rect.Add(new XAttribute("classe", this.GetType().Name));
      elem_rect.Add(new XElement("position_x", this.P_PositionX));
      elem_rect.Add(new XElement("position_y", this.P_PositionY));
      elem_rect.Add(new XElement("largeur", this.P_Largeur));
      elem_rect.Add(new XElement("hauteur", this.P_Hauteur));
      SolidColorBrush scb_pinceau_fond = (SolidColorBrush)this.P_PinceauFond;
      elem_rect.Add(CodageXmlPinceau("couleur_pinceau_fond", scb_pinceau_fond));
      elem_rect.Add(new XElement("epaisseur_bordure", this.P_BordureEpaisseur));
      SolidColorBrush scb_pinceau_bordure = (SolidColorBrush)this.P_PinceauBordure;
      elem_rect.Add(CodageXmlPinceau("couleur_pinceau_bordure",
        scb_pinceau_bordure));
      elem_rect.Add(new XElement("rotation_angle", this.P_AngleRotation));
      return elem_rect;
    }
}
public class FigCercle2d:InterFigure2d {
    ...
  public FigCercle2d() {
      v_cercle = new Ellipse();
    }
    public void RenduForme() {
      v_cercle.Width = 2 * this.P_RayonX;
      v_cercle.Height = 2 * this.P_RayonY;
      v_cercle.Fill = this.P_PinceauFond;
      v_cercle.Stroke = this.P_PinceauBordure;
      v_cercle.StrokeThickness = this.P_BordureEpaisseur;
      Canvas.SetLeft(v_cercle, this.P_CentreX - this.P_RayonX);
      Canvas.SetTop(v_cercle, this.P_CentreY - this.P_RayonY);
    }
    public XElement SauvegardeXml() {
      XElement elem_rect = new XElement("figure_2d");
      elem_rect.Add(new XAttribute("classe", this.GetType().Name));
      elem_rect.Add(new XElement("centre_x", this.P_CentreX));
      elem_rect.Add(new XElement("centre_y", this.P_CentreY));
      elem_rect.Add(new XElement("rayon_x", this.P_RayonX));
      elem_rect.Add(new XElement("rayon_y", this.P_RayonY));
      SolidColorBrush scb_pinceau_fond = (SolidColorBrush)this.P_PinceauFond;
      elem_rect.Add(CodageXmlPinceau("couleur_pinceau_fond", scb_pinceau_fond));
      elem_rect.Add(new XElement("epaisseur_bordure", this.P_BordureEpaisseur));
      SolidColorBrush scb_pinceau_bordure = (SolidColorBrush)this.P_PinceauBordure;
      elem_rect.Add(CodageXmlPinceau("couleur_pinceau_bordure",
        scb_pinceau_bordure));
      return elem_rect;
    }
    private XElement CodageXmlPinceau(string nom_balise,
        SolidColorBrush pinceau) {
      XElement elem_xml = new XElement(nom_balise);
      Color couleur_pinceau_fond = pinceau.Color;
```

```
    elem_xml.Add(new XAttribute("A", couleur_pinceau_fond.A));
    elem_xml.Add(new XAttribute("R", couleur_pinceau_fond.R));
    elem_xml.Add(new XAttribute("G", couleur_pinceau_fond.G));
    elem_xml.Add(new XAttribute("B", couleur_pinceau_fond.B));
    return elem_xml;
  }
}
```

On déclare une liste générique *v_liste_figure* de type *List<object>* dans laquelle on stocke les objets de type **FigRectangle2d** et **FigCercle2d**. On instancie quatre objets avec *figure_1* et *figure_3* de type **FigRectangle2d**, et *figure_2* et *figure_4* de type **FigCercle2d**. On ajoute ces objets à la liste générique par la méthode *Add*. Les propriétés *P_PinceauFond* et *P_PinceauBordure* sont d'un type hérité de la classe abstraite de **Brush**. On utilise ici uniquement des pinceaux qui délivrent une couleur unie, opaque ou semi-transparente, par l'utilisation d'un objet **SolidColorBrush**. Il y a des couleurs toutes prêtes qui sont fournies par la classe statique **Brushes** avec *Brushes.Red* pour le rouge, *Brushes.CornFlowerBlue* pour une nuance de bleu, etc. Une surcharge du constructeur **SolidColorBrush** demande un objet **Color** en paramètre pour définir une couleur. Un objet **Color** est une structure dotée d'une méthode statique *Color.FromArgb* qui définit une couleur en fonction des composantes A, R, G et B, de type *byte*, passées en paramètre (A pour la transparence, R pour le rouge, G pour le vert et B pour le bleu). L'écriture *new SolidColorBrush(Color.FromArgb(255, 255, 0, 0))* produira un pinceau délivrant une couleur rouge opaque, et l'écriture *new SolidColorBrush(Color.FromArgb(127, 255,0, 0))* produira un pinceau délivrant une couleur rouge semi-transparente (coefficient A à 127 soit 50%).

```
v_liste_figure = new List<object>();
FigRectangle2d figure_1 = new FigRectangle2d() {
  P_PositionX = 50,
  P_PositionY = 50,
  P_Largeur = 100,
  P_Hauteur = 150,
  P_PinceauFond = Brushes.CornflowerBlue,
  P_PinceauBordure = Brushes.Red,
  P_BordureEpaisseur = 2
};
figure_1.RenduForme();
v_liste_figure.Add(figure_1);
FigCercle2d figure_2 = new FigCercle2d() {
  P_CentreX = 200,
  P_CentreY = 200,
  P_RayonX = 100,
  P_RayonY = 100,
  P_PinceauFond = new SolidColorBrush(Color.FromArgb(127, 255, 0, 0)),
```

```
  P_PinceauBordure = Brushes.BlueViolet,
  P_BordureEpaisseur = 3 };
figure_2.RenduForme();
v_liste_figure.Add(figure_2);
FigRectangle2d figure_3 = new FigRectangle2d() {
  P_PositionX = 250,
  P_PositionY = 200,
  P_Largeur = 250,
  P_Hauteur = 100,
  P_PinceauFond = new SolidColorBrush(Color.FromArgb(200, 255, 204, 29)),
  P_PinceauBordure = Brushes.Green,
  P_BordureEpaisseur = 3 };
figure_3.RenduForme();
figure_3.RotationParRapportCoinHautGauche(-45);
v_liste_figure.Add(figure_3);
FigCercle2d figure_4 = new FigCercle2d() {
  P_CentreX = 400,
  P_CentreY = 300,
  P_RayonX = 50,
  P_RayonY = 150,
  P_PinceauFond = new SolidColorBrush(Color.FromArgb(255, 29, 121, 255)),
 P_PinceauBordure = Brushes.DarkTurquoise,
  P_BordureEpaisseur = 4
};
figure_4.RenduForme();
v_liste_figure.Add(figure_4);
```

En effectuant un parcours de la liste générique qui contient des objets **FigRectangle2d** et **FigCercle2d**, on détermine le type de l'objet par la méthode *GetType* et en fonction du type trouvé, on récupère la forme par la propriété *P_FormeRectangle* pour un objet **FigRectangle2d** et par la propriété *P_FormeCercle* pour un objet **FigCercle2d**. Les formes retournées sont des élements **Rectangle** et **Ellipse** qui peuvent être ajoutés au canevas *x_cnv_haut* par l'intermédiaire de la propriété *Children* de **Canvas** (les objets **Rectangle** et **Ellipse** sont des objets dérivés de **FrameworkElement**).

```
//ajouter les figures au canvas du haut
for (int xx = 0; xx < v_liste_figure.Count; xx++) {
  if (v_liste_figure[xx].GetType() == typeof(FigRectangle2d)) {
    FigRectangle2d forme_2d = (FigRectangle2d)v_liste_figure[xx];
    x_cnv_haut.Children.Add(forme_2d.P_FormeRectangle);
  }
  if (v_liste_figure[xx].GetType() == typeof(FigCercle2d)) {
    FigCercle2d forme_2d = (FigCercle2d)v_liste_figure[xx];
    x_cnv_haut.Children.Add(forme_2d.P_FormeCercle);
  }
}
```

2.2 - Dessiner un quadrillage sur un Canvas

Le contôle *x_cnv_haut* de type **Canvas** est doté d'un quadrillage (figure 17.13) dessiné en arrière-plan qui est affecté à sa propriété *Background*. Ce canevas, aux dimensions de 700 par 400 pixels, possède un quadrillage principal dont les lignes noires sont positionnées tous les 100 pixels horizontalement et verticalement (figure 17.13 au repère 1). Ce canevas possède aussi un quadrillage secondaire qui affiche des lignes bleues dessinées en pointillé à mi-distance de deux lignes noires du quadrillage principal (soit une sous-unité de 50 pixels) horizontalement et verticalement (figure 17.13 au repère 2).

Ce quadrillage va être dessiné entièrement en XAML à l'aide de primitives adéquates par une personnalisation de la propriété *Background* de **Canvas**, propriété qui va recevoir non pas la définition d'un pinceau délivrant une couleur mais la définition d'un pinceau délivrant un motif à peindre sur toute la surface. En XAML, on fixe les propriétés du **Canvas** par 700 en largeur (propriété *Width*) et 400 en hauteur (propriété *Height*). On fixe la valeur *true* à la propriété *ClipToBounds* de façon à empêcher que le **Canvas** n'affiche des objets hors de sa surface physique (les objets qui dépassent de la surface physique de 700 par 400 sont découpés comme sur la figure 17.11 au repère 1 où l'ellipse du bas est découpée). La propriété *Background* de **Canvas** n'affiche que le quadrillage (lignes noires et lignes bleues en pointillé). Pour obtenir un fond blanc par exemple en arrière-plan, on positionne le **Canvas** à l'intérieur d'un contrôle **Border** dont sa propriété *Background* est fixée à la valeur

FIGURE 17.13

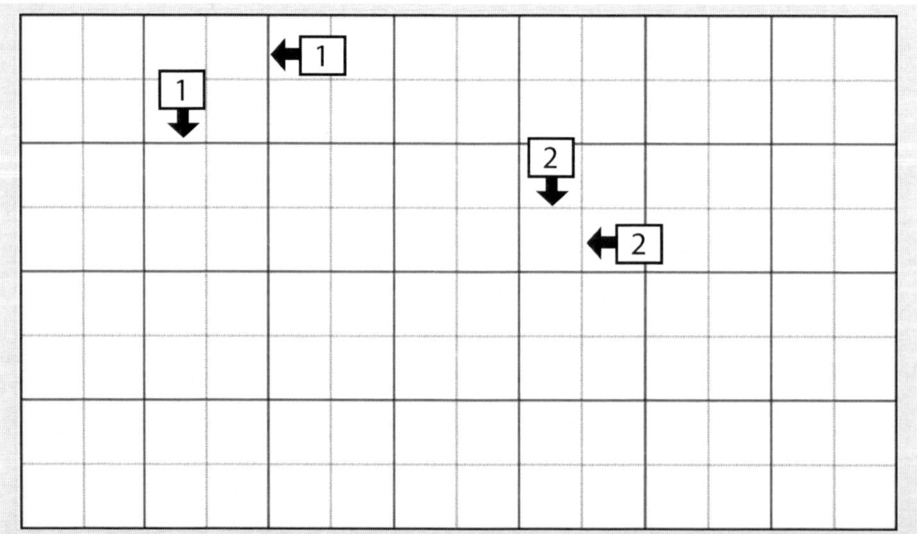

White. A noter qu'un contrôle **Border** accepte uniquement un seul enfant dans sa propriété implicite *Child* (une propriété implicite n'a pas besoin d'être exprimée en XAML). Cet enfant peut être un contrôle simple comme un **TextBlock** ou bien un contrôle composite comme un conteneur **Canvas** qui héberge lui-même un ensemble d'autres contrôles.

```
<Border Grid.Column="1" Grid.Row="4" BorderBrush="Black" BorderThickness="1"
  Width="702" Height="402" Background="White">
  <Canvas x:Name="x_cnv_haut" Width="700" Height="400" ClipToBounds="True">
    ...
  </Canvas>
</Border>
```

Pour personnaliser la propriété *Background* de **Canvas** par l'affectation d'un objet complexe, on écrit explicitement en XAML la propriété *Background* sous la forme *<Canvas.Background>* et on lui affecte la définition de l'objet complexe.

```
<Border Grid.Column="1" Grid.Row="4" BorderBrush="Black" BorderThickness="1"
  Width="702" Height="402" Background="White">
  <Canvas x:Name="x_cnv_haut" Width="700" Height="400" ClipToBounds="True">
   <Canvas.Background>
     ...
   </Canvas.Background>
  </Canvas>
</Border>
```

L'objet complexe qui représente ici le quadrillage est un objet de type **DrawingBrush** (dans l'espace de noms *System.Windows.Media*). La figure 17.14 visualise le diagramme d'héritage de la classe **DrawingBrush** et des classes dérivées de la classe abstraite **Drawing** (dans l'espace de noms *System.Windows.Media*).

```
<Canvas x:Name="x_cnv_haut" Width="700" Height="400" ClipToBounds="True">
   <Canvas.Background>
    <DrawingBrush>
     ...
    </DrawingBrush>
   </Canvas.Background>
</Canvas>
```

La classe abstraite **Drawing** décrit un dessin 2D par un contenu visuel tel qu'une image vectorielle simple ou évoluée, une image bitmap, du texte ou de la vidéo. Ses classes dérivées définissent les différents types de contenu avec:

- la classe **GeometryDrawing** qui définit un dessin vectoriel par l'association d'une géométrie, d'un pinceau et d'une plume.
- la classe **ImageDrawing** qui définit une image bitmap.

- la classe **GlyphRunDrawing** qui définit la représentation visuelle d'un texte.
- la classe **VideoDrawing** qui diffuse un fichier audio ou vidéo.
- la classe **DrawingGroup** qui définit un objet **Drawing** issu du regroupement de plusieurs objets **Drawing**; cette classe dispose par ailleurs de fonctionnalités plus évoluées et supporte la transparence, les transformations et les opérations graphiques comme le découpage et les masques.

FIGURE 17.14

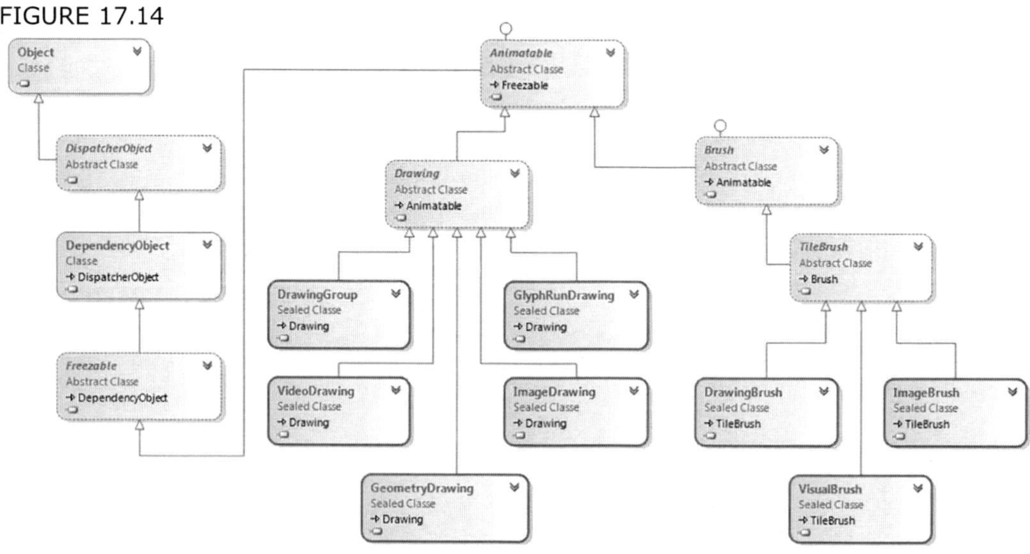

Un objet **Drawing** ne s'affiche pas directement. Pour le visualiser, il est nécessaire d'utiliser soit un **DrawingImage** soit un **DrawingBrush**. Ces deux classes exposent chacune une propriété *Drawing* qui permet de leur associer un objet **Drawing**. La classe **DrawingBrush** définit un pinceau composé d'un objet **Drawing** spécifié dans sa propriété *Drawing*. Ce pinceau peint une zone avec un objet **Drawing** qui peut inclure des formes, du texte, de la vidéo, des images ou d'autres dessins.

Les classes **DrawingBrush** (figure 17.15), **VisualBrush** et **ImageBrush** héritent de la classe **TileBrush**. La classe **TileBrush** centralise la gestion de l'affichage en mosaïque. La propriété *Viewbox*, de type **Rect**, définit la portion du motif du pinceau à afficher. Les coordonnées sont exprimées en relatif (entre 0 et 1) par rapport à une projection fictive du motif sur un carré. La valeur par défaut est (0,0)(1,1). Par défaut, la position du motif est relative au support du pinceau. Un positionnement absolu est possible. Le mode de positionnement est déterminé par la propriété énumérée *ViewboxUnits*. La propriété *Viewport*, de type **Rect**, détermine la portion de surface utilisant le pinceau. Les coordonnées sont exprimées en relatif (entre 0 et 1) par rapport à une projection fictive de la surface sur un carré. La valeur par défaut est (0,0)(1,1). Le mode d'étirement appliqué au *Viewport* est défini au moyen de la propriété *Stretch* qui reçoit une des valeurs énumérées *Stretch.None, Stretch.Fill, Stretch.Uniform* ou *Stretch.UniformToFill*. Une mosaïque peut être réalisée au moyen de la propriété *TileMode* à condition que le *Viewport* corresponde à une zone de dimensions inférieures à celles du *Viewbox*. La mosaïque est réalisée par répétition du motif contenu par le *Viewport*, avec ou sans inversion du motif (figure 17.16):

- la valeur *TileMode.Tile* définit une répétition sans inversion,
- la valeur *TileMode.FlipX* définit une répétition avec une inversion horizontale,
- la valeur *TileMode.FlipY* définit une répétition avec une inversion verticale,
- la valeur *TileMode.FlipXY* définit une répétition avec une inversion horizontale et verticale,
- la valeur *TileMode.None* définit l'absence de répétition.

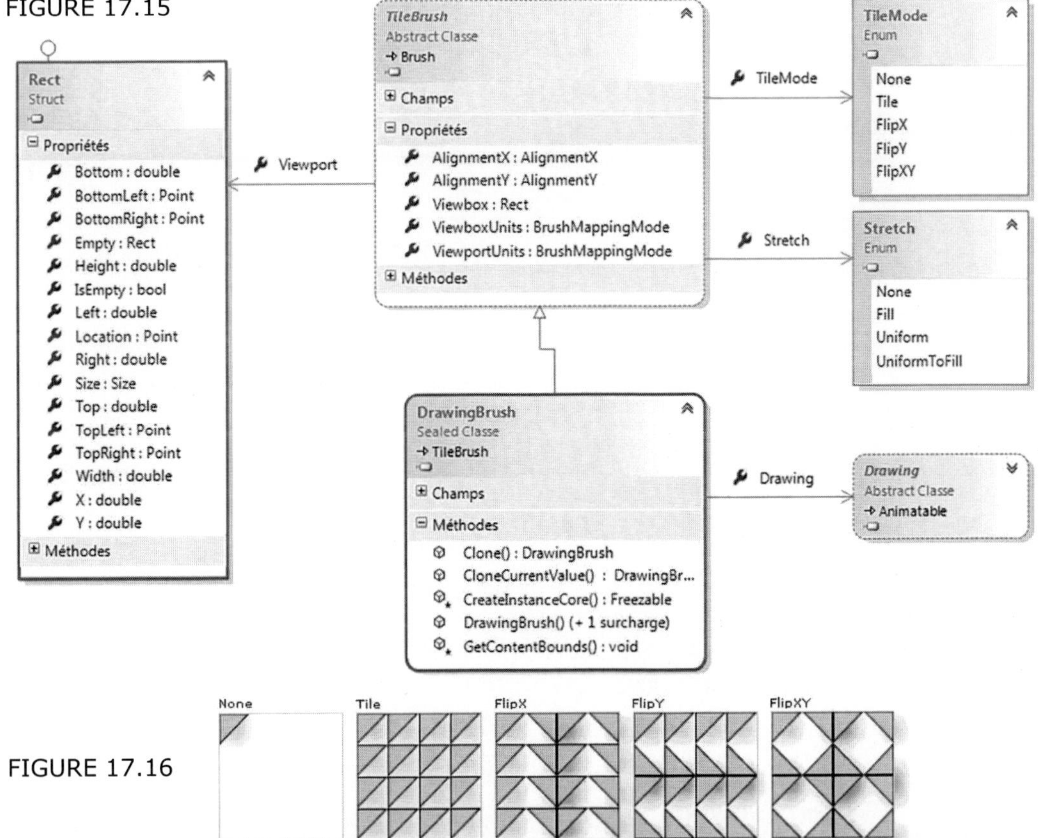

FIGURE 17.15

FIGURE 17.16

Dans notre exemple, en réalisant un motif aux dimensions de 100 par 100 pixels, on peut répéter ce motif pour réaliser une mosaïque. En exprimant la propriété *Viewport* du **DrawingBrush** par *Viewport="0,0,0.1428,0.25"* et la propriété *TileMode* par *TileMode.None*, cela permet de sélectionner une portion du **Canvas** dans lequel on dessine le motif. Les valeurs de la propriété *Viewport* sont exprimées en relatif:

- en écrivant la valeur en relatif *"0,0,1,1"*, cela veut dire que l'on sélectionne toute la surface du **Canvas**.
- en écrivant la valeur en relatif *"0,0,0.1428,0.25"*, cela veut dire que l'on sélectionne une partie de la surface du **Canvas**; le canevas a ici des dimensions de 700 par 400 pixels; pour faire des cases de 100 par 100 pixels, il faut diviser la largeur du canevas par 7 (soit en relatif 1/7 = 0.1428) et la hauteur du canevas par 4 (soit en relatif 1/4 = 0.25).

Sur la figure 17.17, on visualise dans un **DrawingBrush** l'effet de la modification de la propriété *Viewport* pour un motif de 100 par 100 pixels avec la propriété *TileMode* fixée à *None* (aucune répétition): en haut à gauche avec *Viewport="0,0,0.1428,0.25"*, en haut à droite avec *Viewport="0,0,1,0.5"*, en bas à gauche avec *Viewport="0,0,1,1"* et en bas à droite avec *Viewport="0,0,0.5,1"*.

FIGURE 17.17

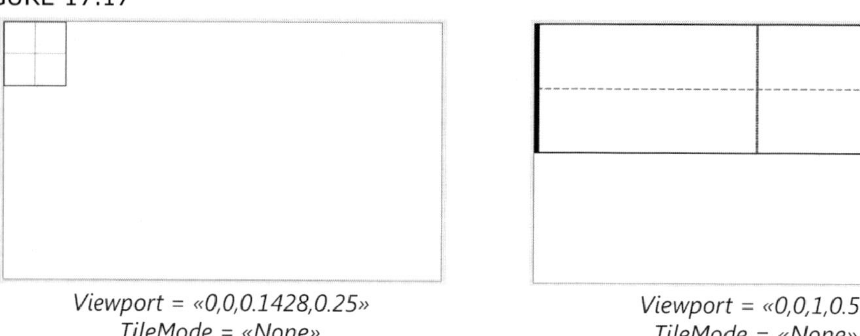

Viewport = «0,0,0.1428,0.25»
TileMode = «None»

Viewport = «0,0,1,0.5»
TileMode = «None»

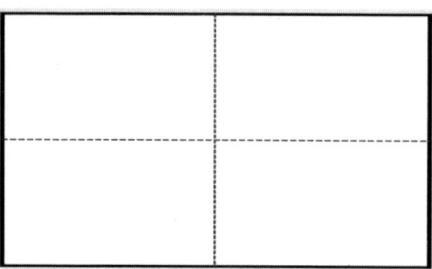

Viewport = «0,0,1,1»
TileMode = «None»

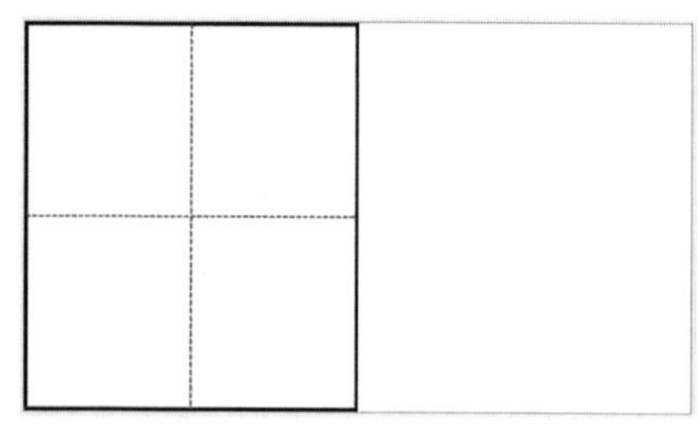

Viewport = «0,0,0.5,1»
TileMode = «None»

En fixant la propriété *Viewport* à *Viewport="0,0,0.1428,0.25"* et en fixant la propriété *TileMode* à *TileMode = "None"*, on affiche une répétition du motif de 100 par 100 pixels sans inversion. Regardons maintenant comment construire le motif proprement dit. La propriété *Drawing* de **DrawingBrush** contient la définition du motif du pinceau et cette propriété s'exprime explicitement en XAML par *<DrawingBrush.Drawing>*. Pour associer plusieurs géométries dans la composition du motif, on ajoute un objet **DrawingGroup** qui représente une collection de dessins qui peuvent être traités comme un seul dessin composite. Puisque **DrawingGroup** est également un **Drawing**, il peut contenir aussi d'autres objets **DrawingGroup**.

```
<Canvas x:Name="x_cnv_haut" Width="700" Height="400" ClipToBounds="True">
  <Canvas.Background>
    <DrawingBrush>
      <DrawingBrush.Drawing>
        <DrawingGroup>
          ...
        </DrawingGroup>
      </DrawingBrush.Drawing>
    </DrawingBrush>
  </Canvas.Background>
</Canvas>
```

Le motif est composé de trois objets de type **GeometryDrawing**: le premier affiche un rectangle de 100 par 100 pixels avec une bordure noire et un fond transparent, le second affiche une ligne horizontale de couleur bleu en pointillé à mi-hauteur, et le troisième affiche une ligne verticale de couleur bleu en pointillé à mi-longueur.

Un objet **GeometryDrawing** définit un dessin vectoriel par l'association d'une géométrie, d'un pinceau et d'une plume (arbre d'héritage sur la figure 17.18). La propriété *Geometry* de **GeometryDrawing** définit la géométrie du dessin vectoriel par un objet qui dérive de la classe abstraite **Geometry** avec:

- la classe **LineGeometry** qui représente une ligne droite reliant deux points donnés.
- la classe **RectangleGeometry** qui représente un rectangle de dimensions données.
- la classe **EllipseGeometry** qui représente une ellipse inscrite dans un rectangle fictif.
- la classe **PathGeometry** qui représente un ensemble de figures (classe **PathFigure**) composées chacune d'une suite de segments droits ou courbes connectés.

- la classe **StreamGeometry** qui représente une géométrie équivalente à **PathGeometry** mais optimisée et en lecture seule.
- la classe **CombinedGeometry** qui représente une géométrie issue du regroupement de deux géométries au moyen d'une opération binaire (union, intersection, OU exclusif et exclusion).
- la classe **GeometryGroup** qui représente une géométrie issue du regroupement de plusieurs géométries.

FIGURE 17.18

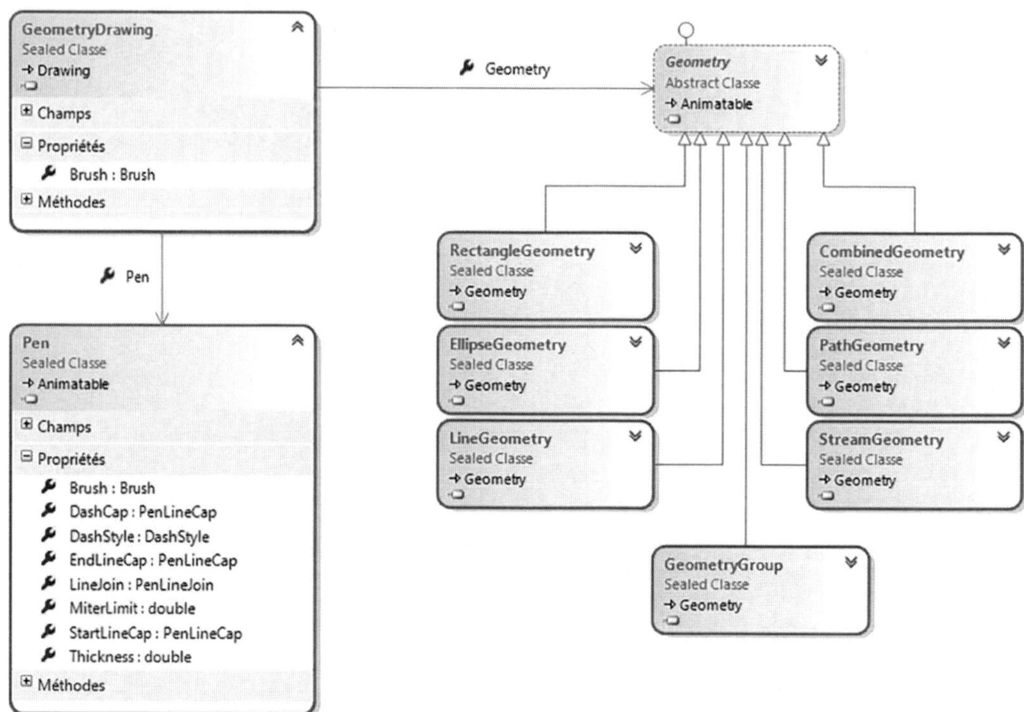

La propriété *Brush* de **GeometryDrawing** définit le pinceau utilisé pour remplir l'intérieur de la forme décrite, pinceau qui est d'un type dérivé de la classe **Brush** avec les classes **SolidColorBrush** (pinceau délivrant un motif de couleur unie), **LinearGradientBrush** (pinceau délivrant un motif en dégradé de couleur), **RadialGradientBrush** (pinceau délivrant un motif en dégradé circulaire de couleur), **ImageBrush** (pinceau délivrant un motif basé sur une image), **VisualBrush** (pinceau délivrant un motif basé sur un objet hérité de **Visual**), et **DrawingBrush** (pinceau délivrant un motif basé sur un objet hérité de **Drawing**). La propriété *Pen* de **GeometryDrawing** définit le pinceau utilisé pour le contour

de la forme esquissée, pinceau qui est du type **Pen** et qui possède lui-même un ensemble de propriétés (*Brush, Thickness, DashStyle*, etc.).
Le premier objet de notre motif est un rectangle de 100 par 100 pixels dont le fond est transparent et la bordure est noire avec une épaisseur de 1 pixel. On ajoute pour cela un objet **GeometryDrawing** et on affecte à sa propriété *Geometry* une géométrie de type **RectangleGeometry**. Les dimensions du rectangle sont fixées par la propriété *Rect* de **RectangleGeometry** qui reçoit un objet de type **Rect** (la chaîne *"0,0,100,100"* spécifie une largeur de 100 et une hauteur de 100 à partir du coin haut gauche de la forme). La propriété *Brush* de **GeometryDrawing** définit le pinceau utilisé pour peindre l'intérieur de la forme. On lui affecte ici un objet **SolidColorBrush** dont la propriété *Color* a pour valeur *Transparent*. La bordure de la géométrie est représentée par la propriété *Pen* de **GeometryDrawing**. On lui affecte un objet de type **Pen** avec sa propriété *Brush* fixée à *Black* et sa propriété *Thickness* fixée à 1 (bordure noire d'épaisseur 1 pixel).

```
<Canvas x:Name="x_cnv_haut" Width="700" Height="400" ClipToBounds="True">
  <Canvas.Background>
   <DrawingBrush>
    <DrawingBrush.Drawing>
     <DrawingGroup>
      <!-- rectangle de 100 par 100 -->
      <GeometryDrawing>
       <GeometryDrawing.Geometry>
        <RectangleGeometry Rect="0,0,100,100"></RectangleGeometry>
       </GeometryDrawing.Geometry>
      <GeometryDrawing.Brush>
        <SolidColorBrush Color="Transparent"></SolidColorBrush>
       </GeometryDrawing.Brush>
       <GeometryDrawing.Pen>
        <Pen Brush="Black" Thickness="1"></Pen>
       </GeometryDrawing.Pen>
      </GeometryDrawing>
       ...
     </DrawingGroup>
    </DrawingBrush.Drawing>
   </DrawingBrush>
  </Canvas.Background>
</Canvas>
```

Pour dessiner une ligne horizontale de couleur bleu et en pointillé, on ajoute un objet **GeometryDrawing**. On affecte à sa propriété *Geometry* une géométrie de type **LineGeometry**: les propriétés *StartPoint* et *EndPoint* de **LineGeometry** définissent les coordonnées des points de début et de fin de la ligne avec *StartPoint="0,50"* et *EndPoint="100,50"* pour dessiner une ligne horizontale à mi-hauteur du rectangle. La propriété *Pen* de **GeometryDrawing** permet de fixer le pinceau pour dessiner la ligne. On ajoute un objet **Pen** avec une propriété *Brush* de valeur *Blue* (couleur bleu), avec une propriété *Thickness* de valeur *0.5* (épaisseur de 0.5 pixel) et une propriété *DashStyle* qui représente les pointillés (sa propriété *Dashes* de valeur *"2,2"* indique une séquence de deux pixels pour un trait plein puis deux pixels pour une absence de trait).

```
<Canvas x:Name="x_cnv_haut" Width="700" Height="400" ClipToBounds="True">
  <Canvas.Background>
   <DrawingBrush>
    <DrawingBrush.Drawing>
     <DrawingGroup>
       ...
      <!-- ligne pointillee horizontale  -->
      <GeometryDrawing>
       <GeometryDrawing.Geometry>
        <LineGeometry StartPoint="0,50" EndPoint="100,50"></LineGeometry>
       </GeometryDrawing.Geometry>
       <GeometryDrawing.Pen>
        <Pen Brush="Blue" Thickness="0.5">
         <Pen.DashStyle>
          <DashStyle Dashes="2,2"></DashStyle>
         </Pen.DashStyle>
        </Pen>
       </GeometryDrawing.Pen>
      </GeometryDrawing>
       ...
     </DrawingGroup>
    </DrawingBrush.Drawing>
   </DrawingBrush>
  </Canvas.Background>
</Canvas>
```

Pour dessiner une ligne verticale de couleur bleu et en pointillé, on ajoute un objet **GeometryDrawing**. On affecte à sa propriété *Geometry* une géométrie de type **LineGeometry**: les propriétés *StartPoint* et *EndPoint* de **LineGeometry** définissent les coordonnées des points de début et de fin de la ligne avec *StartPoint="50,0"* et *EndPoint="50,100"* pour dessiner une ligne verticale à mi-longueur du rectangle. La propriété *Pen* de **GeometryDrawing** permet de fixer le pinceau pour dessiner la ligne. On ajoute un objet **Pen** identique à celui de la ligne horizontale.

```
<Canvas x:Name="x_cnv_haut" Width="700" Height="400" ClipToBounds="True">
  <Canvas.Background>
   <DrawingBrush>
    <DrawingBrush.Drawing>
     <DrawingGroup>
```

```
          ...
          <!-- ligne pointillee verticale  -->
          <GeometryDrawing>
            <GeometryDrawing.Geometry>
              <LineGeometry StartPoint="50,0" EndPoint="50,100"></LineGeometry>
            </GeometryDrawing.Geometry>
            <GeometryDrawing.Pen>
              <Pen Brush="Blue" Thickness="0.5">
                <Pen.DashStyle>
                  <DashStyle Dashes="2,2"></DashStyle>
                </Pen.DashStyle>
              </Pen>
            </GeometryDrawing.Pen>
          </GeometryDrawing>
        </DrawingGroup>
      </DrawingBrush.Drawing>
    </DrawingBrush>
  </Canvas.Background>
</Canvas>
```

2.3 - Sauvegarder les données graphiques avec XML

La sauvegarde des données graphiques des objets de la scène s'effectue sous la forme de données XML. Un fichier nommé *sauvegarde_scene_2d.xml* est généré et il est sauvegardé dans le répertoire de sortie. Après sa sauvegarde, son contenu est visualisé dans un **TextBlock** comme le montre la figure 17.19. Ce document XML contient une racine *<sauvegarde_scene_2d>* qui est composée de quatre enfants *<figure_2d>* qui correspondent aux quatre objets de la scène.
Les classes **FigRectangle2d** et **FigCercle2d** implémentent l'interface **InterFigure2d**, et par conséquent, elles exposent de façon explicite une méthode héritée *SauvegardeXml*. En parcourant la liste générique *v_liste_figure*, on applique la méthode d'instance *SauvegardeXml* à chaque objet de la collection. Comme cette méthode retourne un objet **XElement** personnalisé en fonction du type d'objet, il ne reste plus qu'à l'ajouter comme enfant de la racine du document.

```
//bouton 1: sauvegarder en xml
private void x_btn_sauve_xml_Click(object sender, RoutedEventArgs e) {
  //cosntruction du fichier d'échange xml
  XDocument doc_xml = new XDocument();
  doc_xml.Declaration = new XDeclaration("1.0", "UTF-8", "yes");
  XElement elem_racine = new XElement("sauvegarde_scene_2d");
  doc_xml.Add(elem_racine);
  for (int xx = 0; xx < v_liste_figure.Count; xx++) {
    if (v_liste_figure[xx].GetType() == typeof(FigRectangle2d)) {
      FigRectangle2d forme_2d = (FigRectangle2d)v_liste_figure[xx];
      XElement elem_figure = forme_2d.SauvegardeXml();
```

FIGURE 17.19

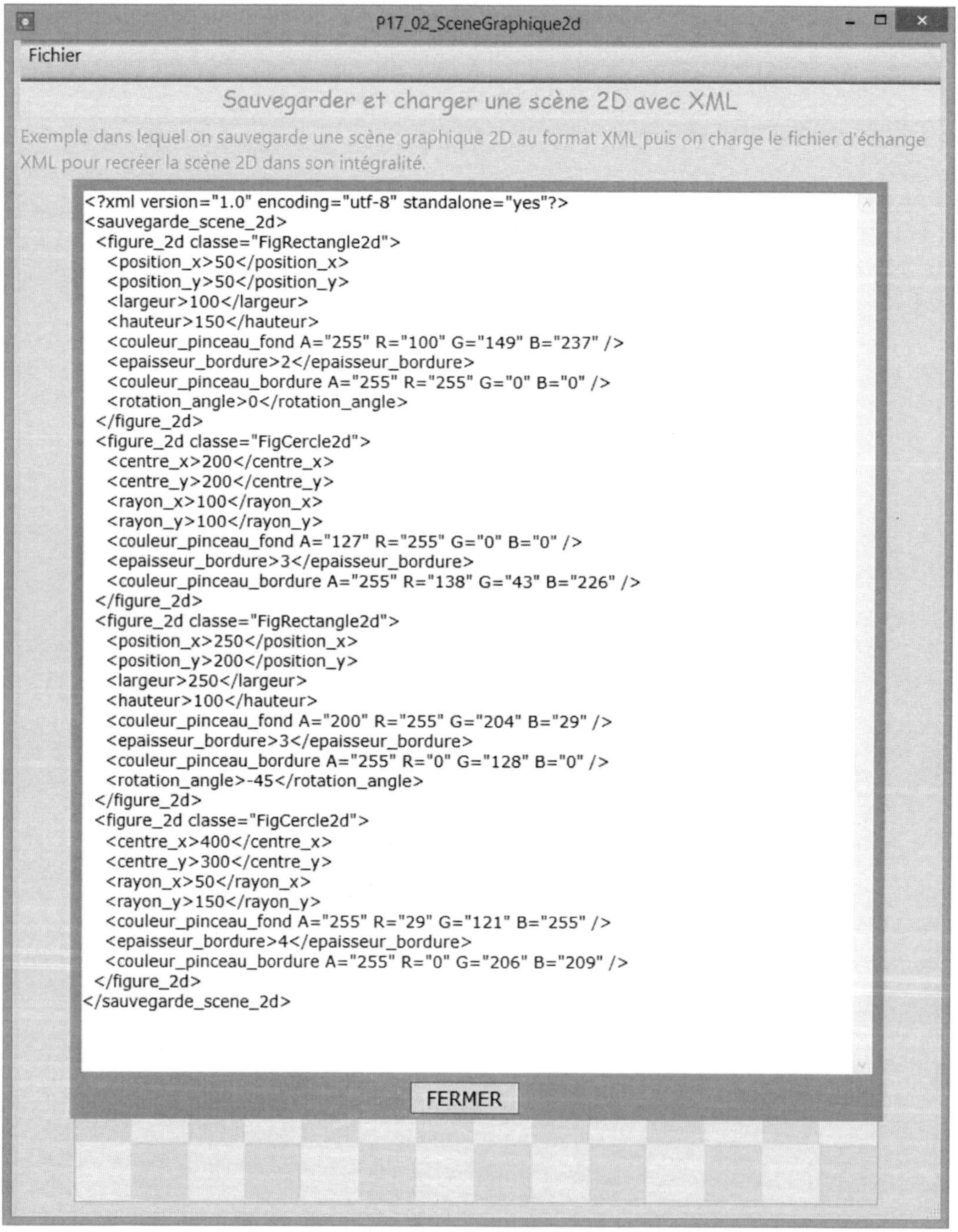

P17_02_SceneGraphique2d

Fichier

Sauvegarder et charger une scène 2D avec XML

Exemple dans lequel on sauvegarde une scène graphique 2D au format XML puis on charge le fichier d'échange XML pour recréer la scène 2D dans son intégralité.

```xml
<?xml version="1.0" encoding="utf-8" standalone="yes"?>
<sauvegarde_scene_2d>
  <figure_2d classe="FigRectangle2d">
    <position_x>50</position_x>
    <position_y>50</position_y>
    <largeur>100</largeur>
    <hauteur>150</hauteur>
    <couleur_pinceau_fond A="255" R="100" G="149" B="237" />
    <epaisseur_bordure>2</epaisseur_bordure>
    <couleur_pinceau_bordure A="255" R="255" G="0" B="0" />
    <rotation_angle>0</rotation_angle>
  </figure_2d>
  <figure_2d classe="FigCercle2d">
    <centre_x>200</centre_x>
    <centre_y>200</centre_y>
    <rayon_x>100</rayon_x>
    <rayon_y>100</rayon_y>
    <couleur_pinceau_fond A="127" R="255" G="0" B="0" />
    <epaisseur_bordure>3</epaisseur_bordure>
    <couleur_pinceau_bordure A="255" R="138" G="43" B="226" />
  </figure_2d>
  <figure_2d classe="FigRectangle2d">
    <position_x>250</position_x>
    <position_y>200</position_y>
    <largeur>250</largeur>
    <hauteur>100</hauteur>
    <couleur_pinceau_fond A="200" R="255" G="204" B="29" />
    <epaisseur_bordure>3</epaisseur_bordure>
    <couleur_pinceau_bordure A="255" R="0" G="128" B="0" />
    <rotation_angle>-45</rotation_angle>
  </figure_2d>
  <figure_2d classe="FigCercle2d">
    <centre_x>400</centre_x>
    <centre_y>300</centre_y>
    <rayon_x>50</rayon_x>
    <rayon_y>150</rayon_y>
    <couleur_pinceau_fond A="255" R="29" G="121" B="255" />
    <epaisseur_bordure>4</epaisseur_bordure>
    <couleur_pinceau_bordure A="255" R="0" G="206" B="209" />
  </figure_2d>
</sauvegarde_scene_2d>
```

FERMER

```
      elem_racine.Add(elem_figure);
    }
    if (v_liste_figure[xx].GetType() == typeof(FigCercle2d)) {
      FigCercle2d forme_2d = (FigCercle2d)v_liste_figure[xx];
      XElement elem_figure = forme_2d.SauvegardeXml();
      elem_racine.Add(elem_figure);
    }
  }
  //sauvegarde du fichier d'échange xml
  doc_xml.Save(g_doss_exe + "/sauvegarde_scene_2d.xml");
  //affichage du contenu du fichier d'échange xml
  x_grid_infos.Visibility = Visibility.Visible;
  x_tbl_infos.Text = File.ReadAllText(g_doss_exe + "/sauvegarde_scene_2d.xml");
}
```

Pour la forme rectangulaire, l'élément *<figure_2d>* reçoit un attribut *classe* de valeur le nom de la classe ce qui donne *<figure_2d classe="FigRectangle2d">*. Les enfants *<position_x>* et *<position_y>* stockent la position du coin haut gauche de la forme. Les enfants *<largeur>* et *<hauteur>* stockent les dimensions de la forme. L'enfant *<epaisseur_bordure>* stocke l'épaisseur en pixels de la bordure de la forme. Les enfants *<couleur_pinceau_fond>* et *<couleur_pinceau_bordure>* stockent la couleur du fond de la forme et de la bordure de la forme par l'intermédiaire de quatre attributs nommés *A*, *R*, *G* et *B* (la valeur stockée étant en *byte* pour représenter la valeur de la composante). L'enfant *<rotation_angle>* stocke la valeur de l'angle de la rotation qui est éventuellement appliquée à la forme.

```
public XElement SauvegardeXml() {
  XElement elem_rect = new XElement("figure_2d");
  elem_rect.Add(new XAttribute("classe", this.GetType().Name));
 elem_rect.Add(new XElement("position_x", this.P_PositionX));
  elem_rect.Add(new XElement("position_y", this.P_PositionY));
  elem_rect.Add(new XElement("largeur", this.P_Largeur));
  elem_rect.Add(new XElement("hauteur", this.P_Hauteur));
  SolidColorBrush scb_pinceau_fond = (SolidColorBrush)this.P_PinceauFond;
  elem_rect.Add(CodageXmlPinceau("couleur_pinceau_fond", scb_pinceau_fond));
  elem_rect.Add(new XElement("epaisseur_bordure", this.P_BordureEpaisseur));
  SolidColorBrush scb_pinceau_bordure = (SolidColorBrush)this.P_PinceauBordure;
  elem_rect.Add(CodageXmlPinceau("couleur_pinceau_bordure",
    scb_pinceau_bordure));
  elem_rect.Add(new XElement("rotation_angle", this.P_AngleRotation));
  return elem_rect;
}
```

```
<figure_2d classe="FigRectangle2d">
    <position_x>50</position_x>
    <position_y>50</position_y>
    <largeur>100</largeur>
    <hauteur>150</hauteur>
```

```
    <couleur_pinceau_fond A="255" R="100" G="149" B="237" />
    <epaisseur_bordure>2</epaisseur_bordure>
    <couleur_pinceau_bordure A="255" R="255" G="0" B="0" />
    <rotation_angle>0</rotation_angle>
</figure_2d>
```

Pour la forme circulaire, l'élément *<figure_2d>* reçoit un attribut *classe* de valeur le nom de la classe ce qui donne *<figure_2d classe="FigCercle2d">*. Les enfants *<centre_x>* et *<centre_y>* stockent la position du centre de la forme circulaire. Les enfants *<rayon_x>* et *<rayon_y>* stockent les rayons de la forme circulaire suivant X et Y. L'enfant *<epaisseur_bordure>* stocke l'épaisseur en pixels de la bordure de la forme. Les enfants *<couleur_pinceau_fond>* et *<couleur_pinceau_bordure>* stockent la couleur du fond de la forme et de la bordure de la forme par l'intermédiaire de quatre attributs nommés *A*, *R*, *G* et *B* (la valeur stockée étant en *byte* pour représenter la valeur de la composante).

```
public XElement SauvegardeXml() {
  XElement elem_rect = new XElement("figure_2d");
  elem_rect.Add(new XAttribute("classe", this.GetType().Name));
  elem_rect.Add(new XElement("centre_x", this.P_CentreX));
  elem_rect.Add(new XElement("centre_y", this.P_CentreY));
  elem_rect.Add(new XElement("rayon_x", this.P_RayonX));
  elem_rect.Add(new XElement("rayon_y", this.P_RayonY));
  SolidColorBrush scb_pinceau_fond = (SolidColorBrush)this.P_PinceauFond;
  elem_rect.Add(CodageXmlPinceau("couleur_pinceau_fond", scb_pinceau_fond));
  elem_rect.Add(new XElement("epaisseur_bordure", this.P_BordureEpaisseur));
  SolidColorBrush scb_pinceau_bordure = (SolidColorBrush)this.P_PinceauBordure;
  elem_rect.Add(CodageXmlPinceau("couleur_pinceau_bordure",
     scb_pinceau_bordure));
  return elem_rect;
}
```

```
<figure_2d classe="FigCercle2d">
    <centre_x>200</centre_x>
    <centre_y>200</centre_y>
    <rayon_x>100</rayon_x>
    <rayon_y>100</rayon_y>
    <couleur_pinceau_fond A="127" R="255" G="0" B="0" />
    <epaisseur_bordure>3</epaisseur_bordure>
    <couleur_pinceau_bordure A="255" R="138" G="43" B="226" />
</figure_2d>
```

2.4 - Reconstruction de la scène 2D

Le bouton "*2 - Charger le fichier d'échange*" permet de charger le contenu du fichier d'échange XML sauvegardé dans un élément *doc_xml* de type **XDocument**, de le lire avec LINQ To XML pour en extraire les données, et de reconstruire la scène dans le canevas du bas de la fenêtre (*x_cnv_bas* de type **Canvas**). La figure 17.20 montre le résultat obtenu où l'on reconstruit la scène de façon identique avec les quatre objets. La procédure de reconstruction est toujours la même. Avec une requête LINQ *ma_requete*, on récupère tous les enfants *<figure_2d>* de la racine du document. On instancie une liste générique *liste_figure_recup* de type *List<object>* pour stocker les objets instanciés et ajoutés. Et on effectue un parcours des éléments de la collection *ma_requete* avec une boucle *foreach*.

```
x_cnv_bas.Children.Clear();
XDocument doc_xml = XDocument.Load(g_doss_exe + "/sauvegarde_scene_2d.xml");
var ma_requete =
  from elem  in doc_xml.Element("sauvegarde_scene_2d").Elements("figure_2d")
  select elem;
//MessageBox.Show(ma_requete.Count().ToString());
//string infos = "";
List<object> liste_figure_recup = new List<object>();
foreach (var elem in ma_requete) {
  ...
}
```

Pour chaque élément *<figure_2d>*, on lit l'attribut *classe* qui nous indique le type de l'objet à instancier. On relève le contenu des balises spécifiques en fonction des objets. On s'aide de la méthode statique *double.Parse* pour convertir une chaîne représentant une valeur de type *double* en un nombre de type *double*. Une fois toutes les valeurs récupérées, on instancie un objet correspondant auquel on affecte à ses propriétés les valeurs récupérées adéquates. Et on ajoute l'objet à la liste générique *liste_figure_recup*.

```
string ch_type_classe = elem.Attribute("classe").Value;
if (ch_type_classe == typeof(FigRectangle2d).Name) {
 double position_x = double.Parse(elem.Element("position_x").Value);
  double position_y = double.Parse(elem.Element("position_y").Value);
  double largeur = double.Parse(elem.Element("largeur").Value);
  double hauteur = double.Parse(elem.Element("hauteur").Value);
  double epaisseur_bordure =
    double.Parse(elem.Element("epaisseur_bordure").Value);
  Color couleur_pinceau_fond =
    ConvertirBaliseXmlCouleur(elem.Element("couleur_pinceau_fond"));
  Color couleur_pinceau_bordure =
    ConvertirBaliseXmlCouleur(elem.Element("couleur_pinceau_bordure"));
  double rotation_angle = double.Parse(elem.Element("rotation_angle").Value);
  FigRectangle2d figure_2d = new FigRectangle2d() {
    P_PositionX = position_x,
    P_PositionY = position_y,
    P_Largeur = largeur,
```

FIGURE 17.20

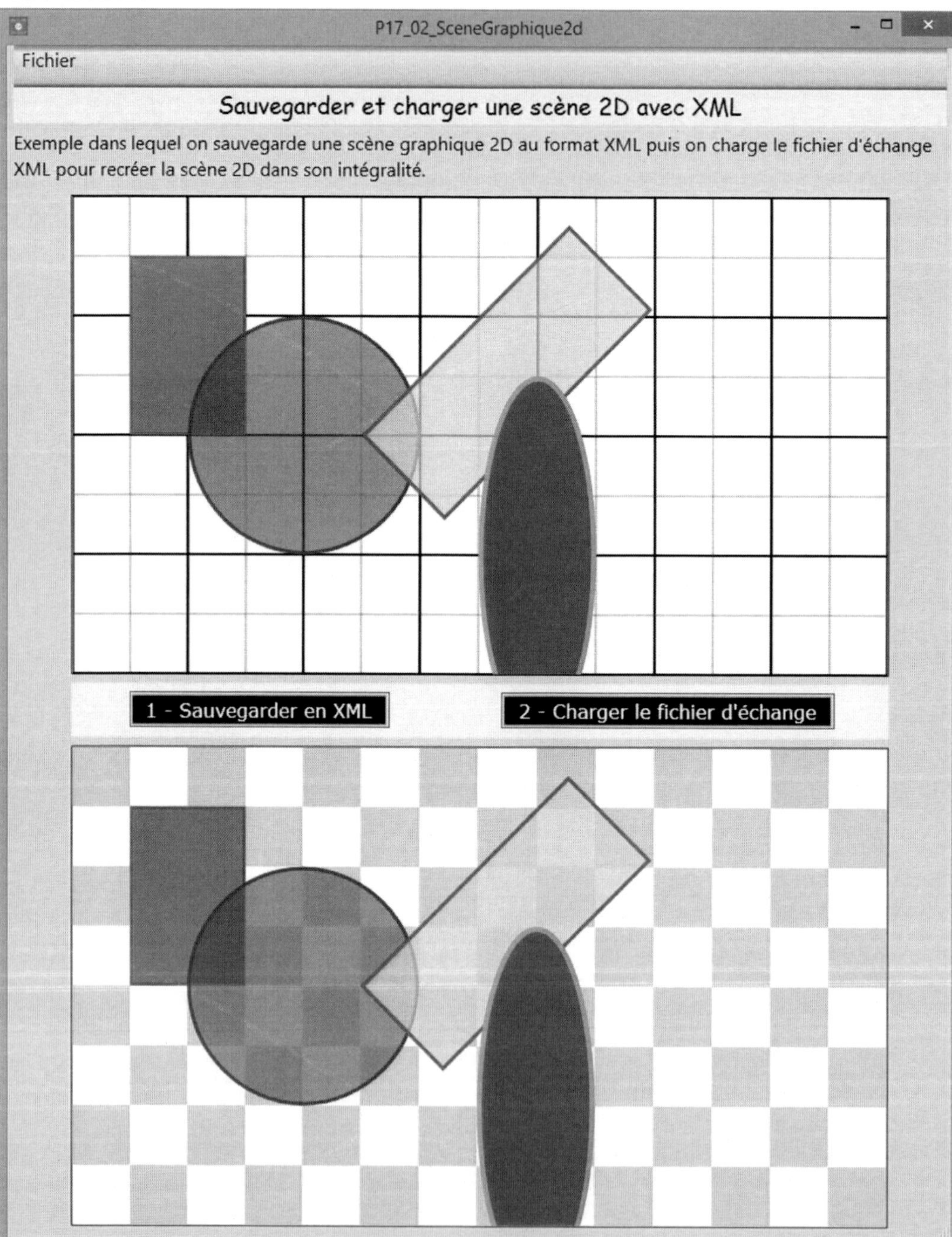
P17_02_SceneGraphique2d
Fichier
Sauvegarder et charger une scène 2D avec XML
Exemple dans lequel on sauvegarde une scène graphique 2D au format XML puis on charge le fichier d'échange XML pour recréer la scène 2D dans son intégralité.
1 - Sauvegarder en XML
2 - Charger le fichier d'échange

```
    P_Hauteur = hauteur,
    P_BordureEpaisseur = epaisseur_bordure,
    P_PinceauFond = new SolidColorBrush(couleur_pinceau_fond),
    P_PinceauBordure = new SolidColorBrush(couleur_pinceau_bordure)
  };
  figure_2d.RenduForme();
  figure_2d.RotationParRapportCoinHautGauche(rotation_angle);
  liste_figure_recup.Add(figure_2d);
}
if (ch_type_classe == typeof(FigCercle2d).Name) {
  double centre_x = double.Parse(elem.Element("centre_x").Value);
  double centre_y = double.Parse(elem.Element("centre_y").Value);
  double rayon_x = double.Parse(elem.Element("rayon_x").Value);
  double rayon_y = double.Parse(elem.Element("rayon_y").Value);
  double epaisseur_bordure =
    double.Parse(elem.Element("epaisseur_bordure").Value);
  Color couleur_pinceau_fond = ConvertirBaliseXmlCouleur(
    elem.Element("couleur_pinceau_fond"));
  Color couleur_pinceau_bordure = ConvertirBaliseXmlCouleur(
    elem.Element("couleur_pinceau_bordure"));
  FigCercle2d figure_2d = new FigCercle2d() {
    P_CentreX = centre_x,
    P_CentreY = centre_y,
    P_RayonX = rayon_x,
    P_RayonY = rayon_y,
    P_BordureEpaisseur = epaisseur_bordure,
    P_PinceauFond = new SolidColorBrush(couleur_pinceau_fond),
    P_PinceauBordure = new SolidColorBrush(couleur_pinceau_bordure)
  };
  figure_2d.RenduForme();
  liste_figure_recup.Add(figure_2d);
}
```

Par un parcours de la liste générique *liste_figure_recup*, on peut ajouter les formes des objets au canevas du bas par la propriété *P_FormeRectangle* de **FigRectangle2d** et la propriété *P_FormeCercle* de **FigCercle2d**.

```
//on ajoute les objets recuperes au canvas du bas
for (int xx = 0; xx < liste_figure_recup.Count; xx++) {
  if (liste_figure_recup[xx].GetType() == typeof(FigRectangle2d)) {
    FigRectangle2d forme_2d = (FigRectangle2d)liste_figure_recup[xx];
    x_cnv_bas.Children.Add(forme_2d.P_FormeRectangle);
  }
  if (liste_figure_recup[xx].GetType() == typeof(FigCercle2d)) {
    FigCercle2d forme_2d = (FigCercle2d)liste_figure_recup[xx];
    x_cnv_bas.Children.Add(forme_2d.P_FormeCercle);
  }
}
```

Vous remarquerez que le canevas du bas ne possède pas un quadrillage comme le canevas du haut mais un damier (figure 17.20). On utilise la même technique que celle du canevas du haut pour générer un damier par l'intermédiaire d'un objet **DrawingBrush** affecté à la propriété *Background* du **Canvas** *x_cnv_bas* (l'objet **DrawingBrush** contient une géométrie **GeometryDrawing** composée de deux **RectangleGeometry** qui représentent les deux carrés gris dans une case de 100 par 100 pixels).

```
<!-- canvas du bas -->
<Border Grid.Column="1" Grid.Row="6" BorderBrush="Black" BorderThickness="1"
 Width="702" Height="402" Background="White">
 <Canvas x:Name="x_cnv_bas" Width="700" Height="400" ClipToBounds="True">
   <Canvas.Background>
     <DrawingBrush Viewport="0,0,0.1428,0.25" Stretch="None" TileMode="Tile">
       <DrawingBrush.Drawing>
         <DrawingGroup>
           <!-- motif damier composé de deux carrés gris  -->
           <GeometryDrawing>
             <GeometryDrawing.Geometry>
               <GeometryGroup>
                 <RectangleGeometry Rect="0,0,50,50"></RectangleGeometry>
                 <RectangleGeometry Rect="50,50,50,50"></RectangleGeometry>
               </GeometryGroup>
             </GeometryDrawing.Geometry>
             <GeometryDrawing.Brush>
               <SolidColorBrush Color="LightGray"></SolidColorBrush>
             </GeometryDrawing.Brush>
           </GeometryDrawing>
         </DrawingGroup>
       </DrawingBrush.Drawing>
     </DrawingBrush>
   </Canvas.Background>
 </Canvas>
</Border>
```

3 - Fichier d'échange XML pour les modèles 3D

La technologie LINQ To XML permet aussi par exemple de sauvegarder et de charger des données XML pour des modèles 3D dans une scène graphique 3D. C'est ce que nous allons voir dans ce paragraphe pour réaliser une mise en pratique de l'enregistrement des données d'un modèle 3D avec un cube depuis une première scène 3D, puis le chargement de ces données enregistrées pour générer un nouveau cube que l'on affichera dans une seconde scène 3D.
La solution de projet *P17_03_SceneGraphique3d.sln*, qui se trouve dans le dossier *chapitre_17/P17_03_SceneGraphique3d*, permet de réaliser cette application

avec un fichier d'échange XML contenant les données des objets graphiques 3D de la scène 3D. Comme le montre la figure 17.21, une scène 3D aux dimensions finies est positionnée sur le haut de la fenêtre. Cette scène 3D possède un plateau qui est texturé avec une image représentant la texture d'une marqueterie en bois. Sur ce plateau est positionné un cube dont les 6 faces sont texturées avec un fichier image représentant des affiches de films. Une glissière permet de faire tourner la scène autour de l'axe Y en fonction de la valeur qu'elle délivre (un champ texte au-dessus de la glissière affiche la valeur de l'angle compris entre -180 et +180 degrés). La figure 17.22 schématise les différents contrôles utilisés. La glissière est du type **Slider** et la valeur qu'elle délivre correspond à une valeur d'angle à appliquer à une transformation de rotation qui fait tourner la caméra *x_camera_haut* (de type **PerspectiveCamera**).

FIGURE 17.22

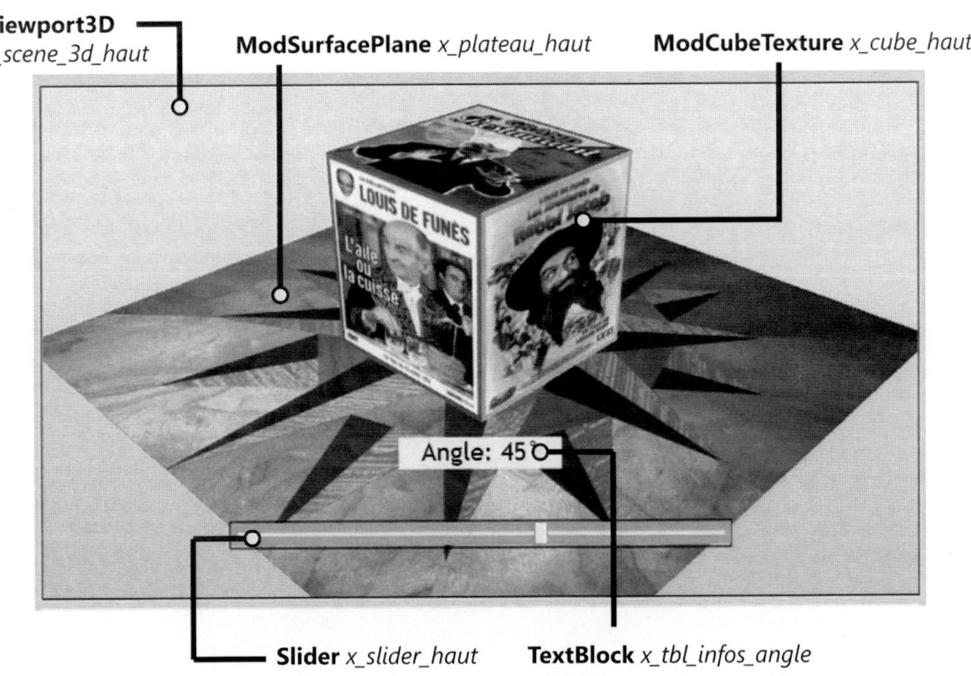

Le contrôle *x_scene_3d_haut* de type **Viewport3D** représente la zone de rendu 2D de la scène 3D. L'origine du repère des coordonnées 3D se trouve au milieu de la zone de rendu *x_scene_3d_haut*, dont les dimensions sont de 700 par 400 pixels. La propriété *Camera* de **Viewport3D** contient la caméra, de type **PerspectiveCamera**, qui est positionnée à un endroit de l'espace 3D (propriété *Position* de type **Point3D**), qui pointe sur la scène selon une direction (propriété

FIGURE 17.21

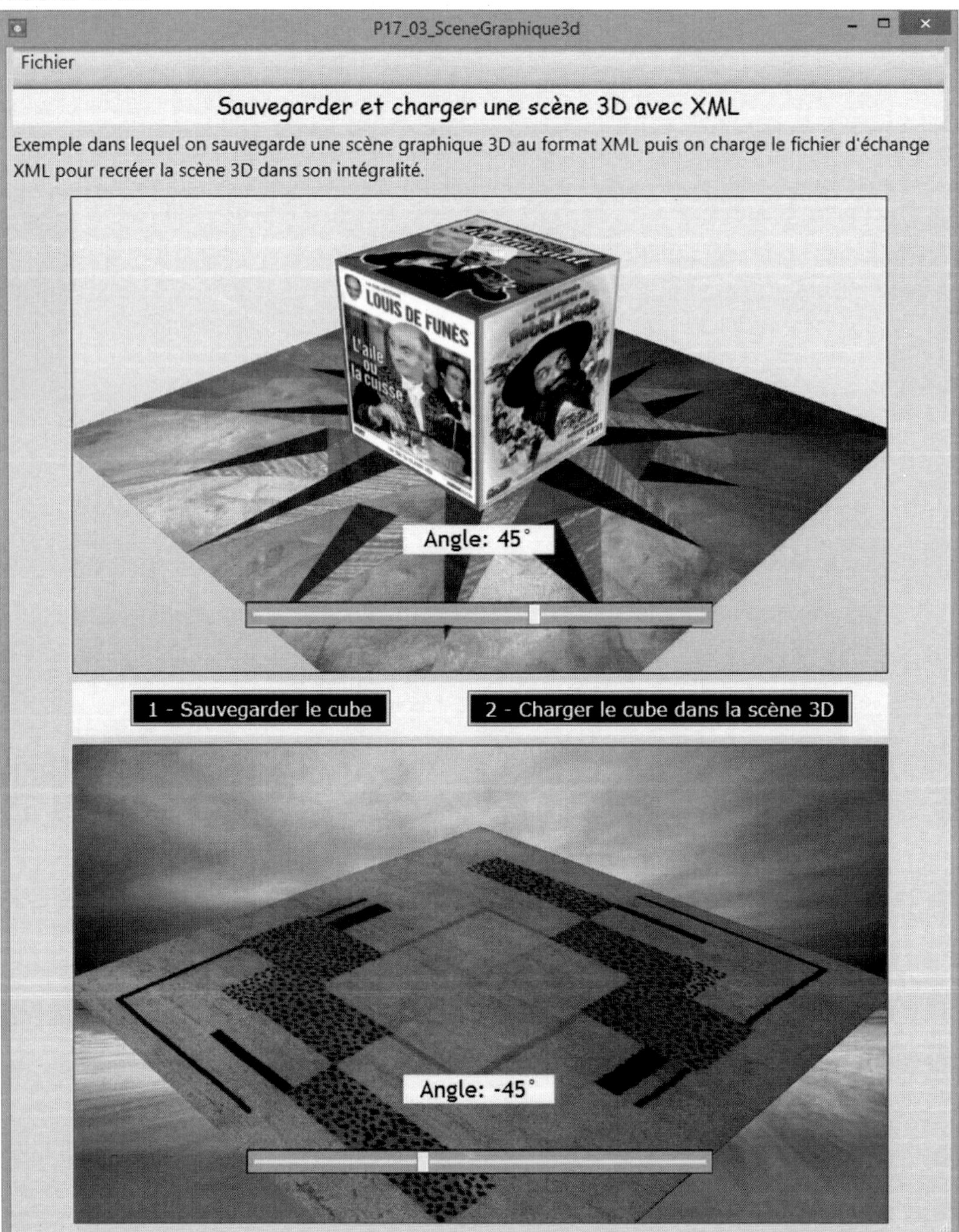
P17_03_SceneGraphique3d
Fichier
Sauvegarder et charger une scène 3D avec XML
Exemple dans lequel on sauvegarde une scène graphique 3D au format XML puis on charge le fichier d'échange XML pour recréer la scène 3D dans son intégralité.
LOUIS DE FUNÈS
L'aile ou la cuisse
Angle: 45°
1 - Sauvegarder le cube
2 - Charger le cube dans la scène 3D
Angle: -45°

LookDirection de type **Vector3D**) et qui possède un angle de vue (propriété *FieldOfView* de type *double*). La propriété *NearPlaneDistance* de type *double* représente la distance entre la position de la caméra et le plan de près (qui est le plan de projection 2D sur lequel le volume d'observation est projeté pour définir un rendu 2D), et la propriété *FarPlaneDistance* de type *double* représente la distance entre la position de la caméra et le plan de loin. Le volume d'observation est la portion de l'espace comprise entre le plan de près et le plan de loin. Tout ce qui se trouve dans ce volume d'observation est projeté sur le plan de près pour obtenir un rendu 2D, et tout ce qui est en dehors du volume d'observation ne fait l'objet d'aucun rendu 2D. En fonction des caractéristiques de la caméra, le contrôle **Viewport3D** peut effectuer un rendu 2D de la scène 3D à l'intérieur de ses limites. La figure 17.23 schématise le détail d'une caméra dite caméra perspective.

```
<!-- zone de rendu 3d -->
<Viewport3D x:Name="x_scene_3d_haut" ClipToBounds="True" Width="700"
 Height="400">
 <!-- camera perspective -->
 <Viewport3D.Camera>
  <PerspectiveCamera x:Name="x_camera_haut" Position="0,3,5"
   LookDirection="0,-3,-5" UpDirection="0,1,0" FieldOfView="50"
   NearPlaneDistance="1" FarPlaneDistance="50">
   <PerspectiveCamera.Transform>
    <RotateTransform3D>
     <RotateTransform3D.Rotation>
      <AxisAngleRotation3D Axis="0,1,0" Angle="0"></AxisAngleRotation3D>
     </RotateTransform3D.Rotation>
    </RotateTransform3D>
   </PerspectiveCamera.Transform>
  </PerspectiveCamera>
 </Viewport3D.Camera>
  ...
</Viewport3D>
```

La représentation d'une scène 3D dépend de la position du point de vue, et de la direction du regard. Ces paramètres sont gérés par un objet **Camera**. La projection 2D d'une scène 3D est définie par la caméra qui spécifie quelle partie de la scène 3D devant être restituée par l'élément **Viewport3DVisual** ou **Viewport3D**. La classe de base abstraite **Camera** gère les différents types de caméra. La figure 17.24 visualise son arbre d'héritage. Ses classes dérivées sont:

- la classe **ProjectionCamera** qui est une classe de base abstraite pour les caméras à projection perspective et à projection orthographique (ou parallèle).
- la classe **MatrixCamera** qui définit une caméra qui spécifie les transformations de projection et d'affichage comme des objets de type **Matrix3D**.

FIGURE 17.23

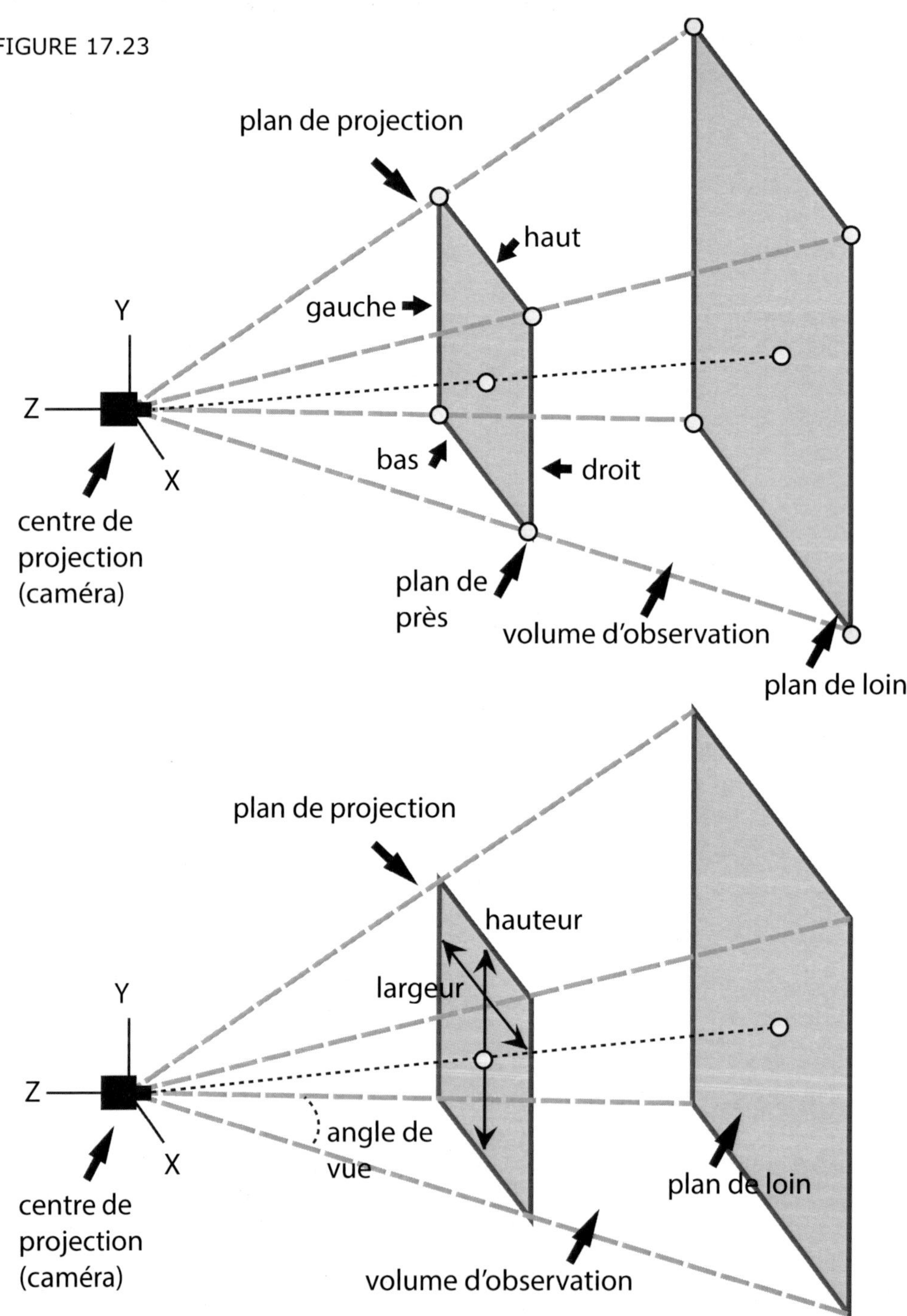
plan de projection
haut
gauche
Y
Z
X
bas
droit
centre de projection (caméra)
plan de près
volume d'observation
plan de loin
plan de projection
hauteur
largeur
Y
Z
X
angle de vue
plan de loin
centre de projection (caméra)
volume d'observation

La classe abstraite **ProjectionCamera** possède deux classes dérivées qui sont:

- la classe **PerspectiveCamera** qui représente une caméra avec une projection de type perspective.
- la classe **OrthographicCamera** qui représente une caméra avec une projection de type orthographique (ou parallèle).

FIGURE 17.24

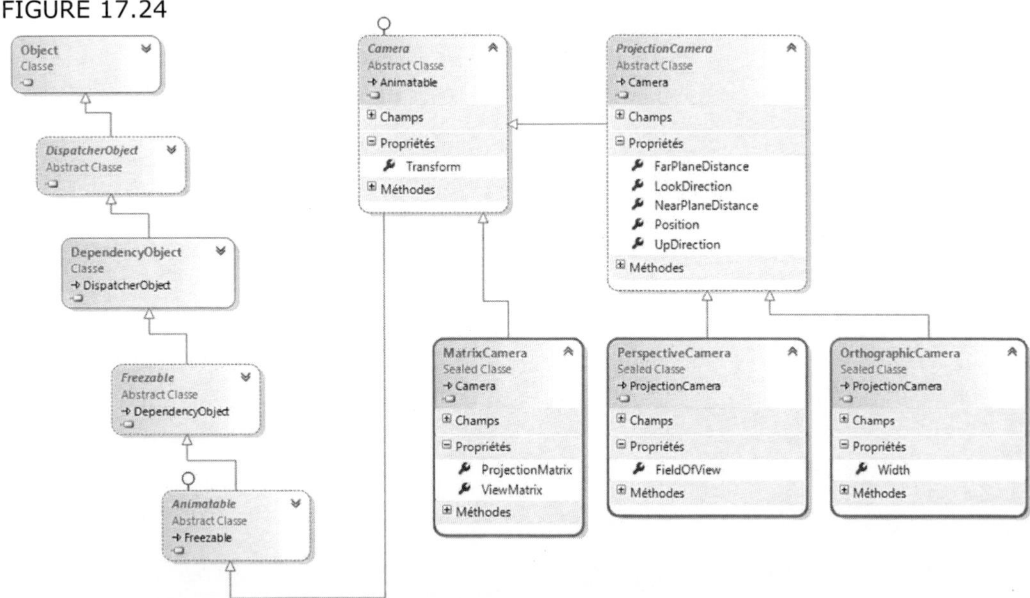

Un objet **PerspectiveCamera** définit une projection de type perspective c'est-à-dire contenant un point vers lequel convergent toutes les lignes de fuite. Un objet **OrthographicCamera** définit une projection de type orthographique (ou parallèle) sans perspective. Les dimensions de la représentation d'un élément sont fixes et indépendantes de sa position. Les classes **PerspectiveCamera** et **OrthographicCamera** exposent principalement les propriétés suivantes:

- *Position* qui définit la position de la caméra en coordonnées universelles.
- *LookDirection* qui définit un vecteur **Vector3D** qui représente la direction de visée de la caméra en coordonnées universelles.
- *UpDirection* qui définit un vecteur **Vector3D** qui indique l'inclinaison de la caméra; par défaut, sa valeur est (0,1,0) ce qui signifie que la verticale de l'image correspond à l'axe Y, valeurs positives vers le haut.
- *NearPlaneDistance* et *FarPlaneDistance* qui indiquent les limites de la zone de rendu des éléments visuels respectivement à l'avant-plan et à l'arrière-plan par rapport à la caméra; les parties des éléments au-delà des limites sont invisibles; les valeurs par défaut sont respectivement 0.125 et l'infini.

De plus, l'objet **PerspectiveCamera** expose la propriété *FieldOfView* qui détermine le champ de vision horizontal de la caméra. Une valeur élevée correspond à une vue de type grand-angle, et une valeur faible correspond à une vue de type téléobjectif. La figure 17.25 visualise les principales propriétés de la caméra perspective. Quant à l'objet **OrthographicCamera**, il expose la propriété *Width* qui représente la largeur de la zone d'affichage.

FIGURE 17.25

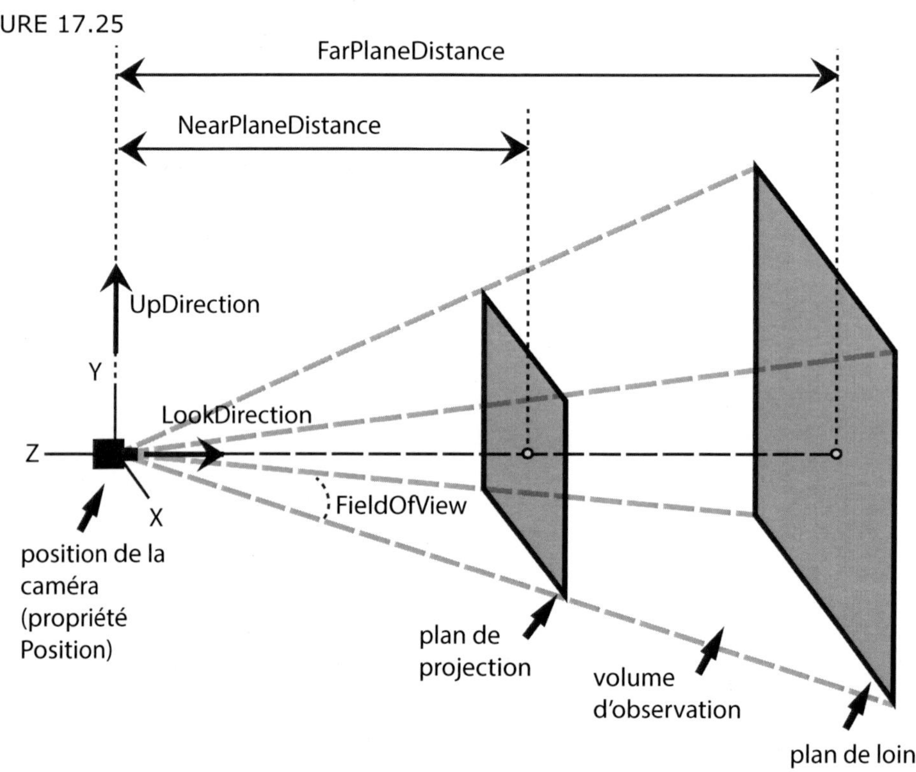

Dans notre exemple, nous utilisons une projection de type perspective pour effectuer le rendu 2D de notre scène 3D. Pour cela il faut affecter à la propriété *Camera* de **Viewport3D** un objet de type **PerspectiveCamera** qui représente une projection perspective. En XAML, quand on doit ajouter un objet complexe à une propriété comme à la propriété *Camera* de **Viewport3D** qui doit recevoir un objet **PerspectiveCamera**, il faut spécifier la propriété concernée par la balise *<Viewport3D.Camera>* puis il faut ajouter l'objet concerné en personnalisant ses propriétés. On ajoute ici un objet *x_camera_haut* de type **PerspectiveCamera**, et on fixe:

- sa propriété *Position* de type **Point3D** aux coordonnées (0,3,5),

- sa propriété *LookDirection* de type **Vector3D** par le vecteur de coordonnées (0,-3,-5),
- sa propriété *UpDirection* de type **Vector3D** par le vecteur de coordonnées (0,1,0) correspondant à l'axe Y avec une orientation côté positif,
- sa propriété *NearPlaneDistance* de type *double* à la valeur 1 (pour une distance de 1 unité entre le plan de projection de près et la position de la caméra),
- sa propriété *FarPlaneDistance* de type double à la valeur 50 (pour une distance de 50 unités entre le plan de projection de loin et la position de la caméra),
- sa propriété *FieldOfView* de type *double* avec la valeur 50 (pour un angle de vue global de 50 degrés).

Pour avoir une direction de visée de la caméra qui passe systématiquement par l'origine du repère des coordonnées, il faut affecter un vecteur de type **Vector3D** à la propriété *LookDirection* dont les composantes sont des valeurs opposées aux composantes de la position de la caméra (propriété *Position*). Avec une position aux coordonnées (0,3,5), si la direction de visée est représentée par le vecteur (-0,-3,-5), alors la droite qui part de la position (0,3,5) avec une direction sous forme du vecteur (0,-3,-5) passera forcément par l'origine (0,0,0). De cette façon, la caméra visera toujours l'origine.

La propriété *Transform* de *x_camera_haut* reçoit une matrice de transformation correspondant à un ensemble de transformations à appliquer à la caméra. Pour ajouter une matrice de transformation à la propriété *Transform* de **PerspectiveCamera**, on écrit en XAML *<PerspectiveCamera.Transform>* et on ajoute un objet contenant une matrice de transformation. Pour faire tourner la caméra autour de l'axe Y, il faut ajouter un objet **RotateTransform3D** et il faut affecter à sa propriété *Rotation* une matrice correspondant à une rotation par l'intermédiaire d'un objet **AxisAngleRotation3D**. Un objet **AxisAngleRotation3D** représente une matrice de rotation qui permet de réaliser une rotation d'un angle donné, affecté à sa propriété *Angle* (de type *double*), autour d'un axe donné, affecté à sa propriété *Axis* (de type **Vector3D**). Si la propriété *Axis* est de valeur "0,1,0", cela veut dire que l'axe de rotation est l'axe Y du côté positif. Si la propriété *Angle* est de valeur 45, cela veut dire que l'angle de rotation est de 45 degrés dans le sens des aiguilles d'une montre. La glissière *x_slider_haut* de type **Slider** délivre une valeur d'angle comprise entre -180 et +180 degrés. En établissant une liaison de données entre la propriété *Value* de *x_slider_haut* et la propriété *Transform* de *x_camera_haut*, on permet à la caméra de tourner autour de l'axe Y en fonction de la valeur délivrée par la glissière. Cette liaison de données se fait par un objet **Binding** qui cible la propriété *Angle* de l'objet **AxisAngleRotation3D**, objet affecté à la propriété *Rotation* d'un objet **RotateTransform3D** qui lui-même est affecté à la propriété *Transform* de *PerspectiveCamera* (d'où l'écriture *Value="{Binding Transform.Rotation.Angle, ElementName=x_camera_haut}"* où *ElementName* cible l'objet dont la propriété doit être modifiée). Dès que la caméra bouge (figure 17.26), le **Viewport3D** recalcule en temps réel le rendu 2D du plan de projection et il visualise ce rendu 2D à l'intérieur de ses limites. C'est pour cette raison que l'on voit la scène qui tourne lors du déplacement du curseur de la glissière.

FIGURE 17.26

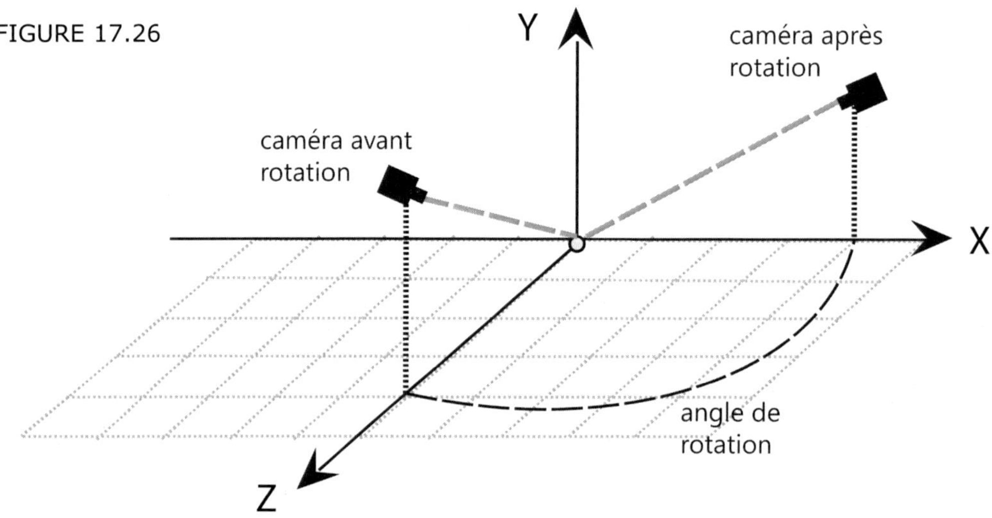


```
<!-- zone de rendu 3d -->
<Viewport3D x:Name="x_scene_3d_haut" ClipToBounds="True" Width="700"
 Height="400">
 <!-- camera perspective -->
 <Viewport3D.Camera>
  <PerspectiveCamera x:Name="x_camera_haut" Position="0,3,5"
   LookDirection="0,-3,-5" UpDirection="0,1,0" FieldOfView="50"
   NearPlaneDistance="1" FarPlaneDistance="50">
    <PerspectiveCamera.Transform>
     <RotateTransform3D>
      <RotateTransform3D.Rotation>
       <AxisAngleRotation3D Axis="0,1,0" Angle="0"></AxisAngleRotation3D>
      </RotateTransform3D.Rotation>
     </RotateTransform3D>
    </PerspectiveCamera.Transform>
  </PerspectiveCamera>
 </Viewport3D.Camera>
 ...
</Viewport3D>
<Slider x:Name="x_slider_haut" Minimum="-180" Maximum="180"
 Background="#FFFFA0A0" Cursor="Hand"
```

```
Value="{Binding Transform.Rotation.Angle, ElementName=x_camera_haut}"
LargeChange="50" SmallChange="25"/>
```

Les objets 3D dans une scène 3D doivent être éclairés pour qu'ils soient visibles. Un objet **AmbientLight** est un modèle 3D qui représente une lumière ambiante qui applique uniformément de la lumière sur tous les objets, indépendamment de leur forme, de leur positionnement sur la scène et de leur inclinaison. Pour positionner des modèles 3D, on utilise des conteneurs de type **ContainerUIElement3D** et on ajoute les modèles 3D à la propriété *Children* des conteneurs.

```
<Viewport3D x:Name="x_scene_3d_haut" ClipToBounds="True" Width="700"
 Height="400">
 ...
 <!-- conteneur des modeles pour l'éclairage -->
 <ContainerUIElement3D x:Name="x_conteneur_3d_haut_lumiere">
   <ModelUIElement3D >
     <ModelUIElement3D.Model>
       <Model3DGroup>
         <AmbientLight Color="White"></AmbientLight>
       </Model3DGroup>
     </ModelUIElement3D.Model>
   </ModelUIElement3D>
 </ContainerUIElement3D>
  ...
</Viewport3D>
```

La classe abstraite **UIElement3D** est apparue dans le *framework .NET 3.5*, et elle est une classe de base pour les implémentations au niveau du noyau WPF reposant sur les éléments de WPF et les caractéristiques de présentation de base. Elle est accompagnée de deux classe dérivées (figure 17.27) qui sont **ModelUIElement3D** et **ContainerUIElement3D**. La classe abstraite **UIElement3D** hérite de **Visual3D** et apporte une gestion de haut niveau de l'interactivité (gestion du focus, support du clavier, du stylet, du toucher et de la souris). Son interface est proche de celle de **UIElement**. La classe **ModelUIElement3D** permet d'afficher un modèle défini par un **Model3D** (soit avec un **GeometryModel3D** ou soit avec un **Model3DGroup**) spécifié dans la propriété *Model*. La classe **ContainerUIElement3D** peut contenir d'autres objets **Visual3D** spécifiés dans la propriété *Children*.

Il existe deux techniques pour créer des modèles composites, mais ici en exploitant deux classes différentes:

- soit assembler des **Visual3D** au sein d'un **ContainerUIElement3D**.
- soit assembler des **Model3D** au sein d'un **Model3DGroup** assigné à la propriété *Model* d'un **ModelUIElement3D**.

FIGURE 17.27

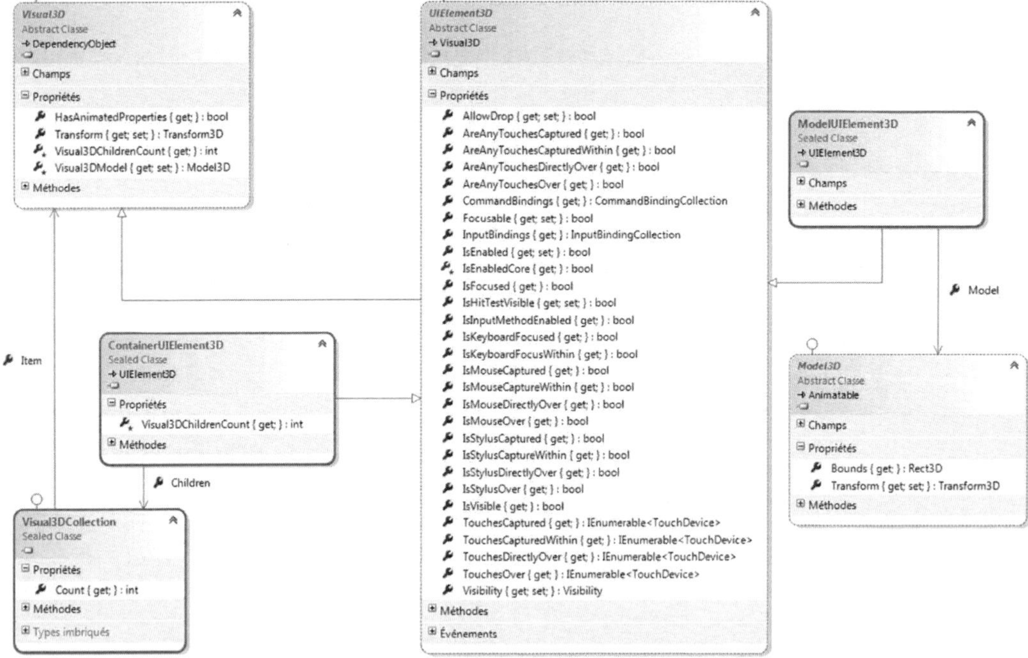

Voici un exemple d'ossature de modèle **ModelUIElement3D** composite, en XAML, regroupant plusieurs objets **GeometryModel3D**:

```
<ModelUIElement3D>
  <ModelUIElement3D.Model>
    <Model3DGroup>
      <GeometryModel3D></GeometryModel3D>
      <GeometryModel3D></GeometryModel3D>
      <GeometryModel3D></GeometryModel3D>
      ...
    </Model3DGroup>
  </ModelUIElement3D.Model>
</ModelUIElement3D>
```

Et voici un exemple d'ossature de modèle composite, en XAML, regroupant plusieurs **ContainerUIElement3D** dans la propriété *Children* d'un objet hôte de type **ContainerUIElement3D**:

```
<ContainerUIElement3D>
  <ContainerUIElement3D>
    ...
  </ContainerUIElement3D>
  <ContainerUIElement3D>
    ...
```

```
  </ContainerUIElement3D>
  <ContainerUIElement3D>
    ...
  </ContainerUIElement3D>
    ...
</ContainerUIElement3D>
```

La classe abstraite **Model3D** fournit des fonctionnalités pour les modèles 3D. Elle représente une description d'objet 3D. Un objet **Model3D** peut être utilisé pour restituer le visuel d'un objet **Visual3D**. Comme le montre l'arbre d'héritage de la figure 17.28, les classes concrètes qui dérivent de **Model3D** sont:

- la classe **GeometryModel3D** qui définit un modèle basé sur une géométrie 3D.
- la classe **Model3DGroup** qui permet l'utilisation de plusieurs modèles **Model3D** en tant qu'unité.
- la classe abstraite **Light** qui représente un objet **Model3D** pour définir l'éclairage appliqué à une scène 3D.

FIGURE 17.28

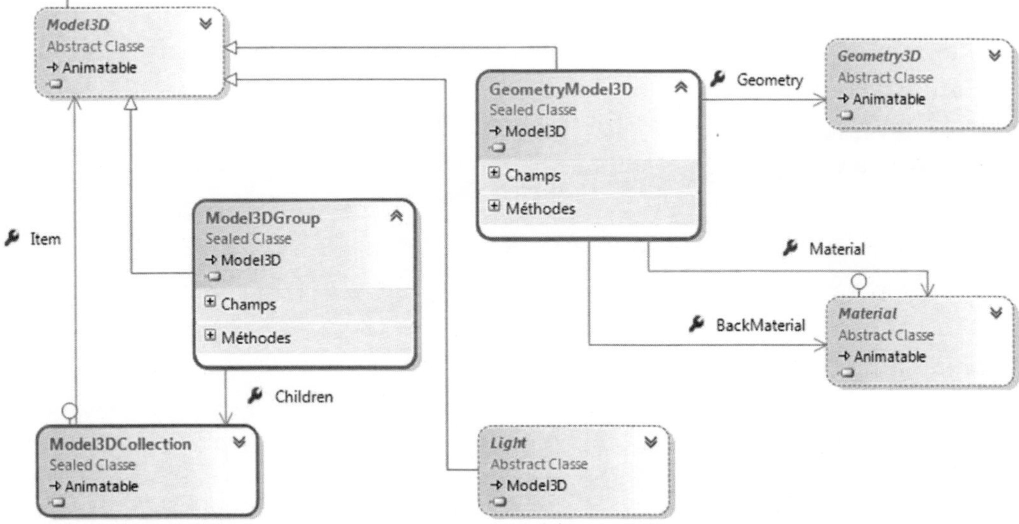

Un objet **GeometryModel3D** définit un modèle basé sur une géométrie 3D (figure 17.28). Il sert à réaliser un modèle 3D au moyen de ses propriétés:

- *Geometry* qui représente une géométrie 3D.
- *Material* qui représente une matière pour la face avant spécifiée.
- *BackMaterial* qui représente une matière pour la face arrière spécifiée (propriété facultative).

Un objet **GeometryModel3D** définit un modèle basé sur une géométrie 3D et sa propriété *Geometry*, qui représente une géométrie 3D, reçoit un objet dérivé de la classe abstraite **Geometry3D**. La figure 17.29 visualise l'ensemble de ces relations. La classe **Geometry3D** est une classe abstraite qui sert de classe de base pour la géométrie 3D. Les classes qui dérivent de cette classe de base abstraite définissent des formes géométriques 3D. De plus, la classe d'objets **Geometry3D** peut être utilisée pour le test d'atteinte et pour le rendu des données graphiques 3D. Une géométrie 3D contient les données d'un modèle mais ne sait pas s'afficher elle-même. Le seul type de géométrie hérité de la classe abstraite **Geometry3D** est le type **MeshGeometry3D**.

La figure 17.29 visualise l'arbre d'héritage de la classe **Geometry3D**. La classe **MeshGeometry3D** définit le maillage d'un modèle 3D au moyen des propriétés suivantes:

- la propriété *Positions* représente une collection des points formant les sommets (*vertex*) du maillage (de type **Point3D**).
- la propriété *TriangleIndices* représente une collection des indices des positions formant les triangles des faces du maillage (du type *Int32*).
- la propriété *Normals* représente une collection des vecteurs normaux qui sont utilisés pour le calcul de l'angle de réflexion des rayons lumineux sur la surface.
- la propriété *TextureCoordinates* représente une collection des points 2D de la texture (le contenu dans le pinceau) correspondant aux positions des sommets du maillage.

Pour que la production d'un contenu soit visible, la géométrie doit au moins définir les propriétés *Positions* et *TriangleIndices*. Une valeur par défaut est calculée automatiquement pour la propriété *Normals*.

L'initialisation de *TextureCoordinates* n'est pas nécessaire tant qu'une matière sans texture est utilisée. La base des maillages est le triangle. Un modèle 3D est un assemblage de facettes triangulaires. Le triangle est la surface la plus simple qui puisse exister. En effet, trois points suffisent pour définir un triangle. Les triangles du modèle sont définis au moyen des points formant les sommets du maillage.

La propriété *TriangleIndices* contient des séries de trois valeurs correspondant aux indices des sommets (qui sont indiqués dans la propriété *Positions*) formant chacune un triangle. L'ordre dans lequel les indices d'un triangle sont spécifiés détermine le côté, avant ou arrière, sur lequel la face est représentée par rapport à la position du point de vue courant. Pour être face à l'observateur, les indices doivent être spécifiés dans l'ordre inverse des aiguilles d'une montre.

FIGURE 17.29

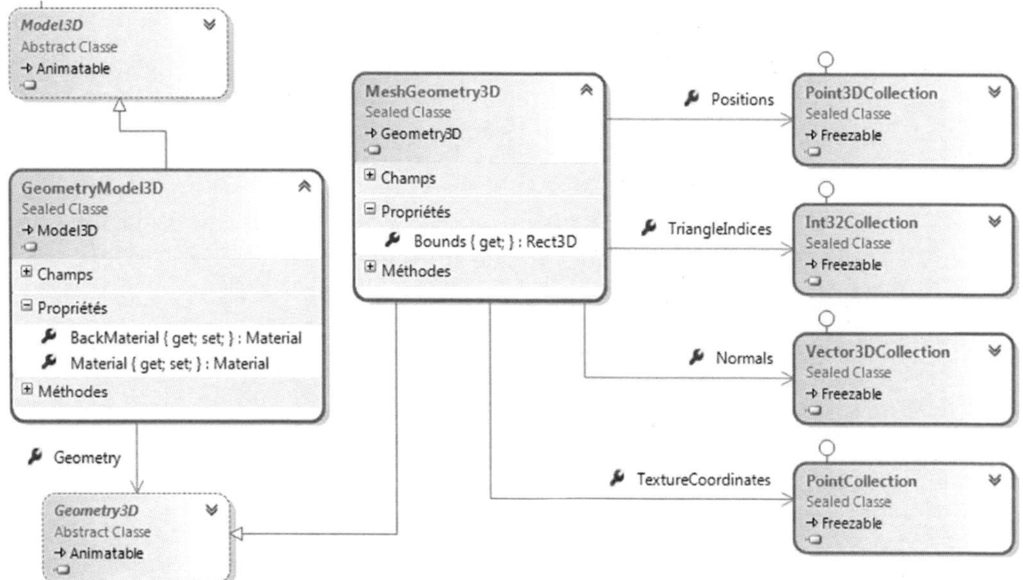

Le plateau de la scène 3D est du type **ModSurfacePlane** et le cube positionné sur le plateau est du type **ModCubeTexture**. Pour pouvoir ajouter en XAML des modèles 3D de type **ModSurfacePlane** et **ModCubeTexture**, il faut que ces objets dérivent de **UIElement3D**. La figure 17.30 montre le diagramme d'héritage de ces deux classes. Le plateau de type **ModSurfacePlane** possède les propriétés suivantes:

- la propriété *P_Largeur* de type *double* définit la longueur du plateau suivant l'axe X.
- la propriété *P_Hauteur* de type *double* définit la longueur du plateau suivant l'axe Z.
- la propriété *P_PointReference* définit le point de type **Point3D** à partir duquel on positionne tous les autres points pour définir le maillage.
- la propriété *P_Materiau* de type **Material** définit le type de texture qui est appliqué sur la face avant (avec une couleur bleu par défaut).
- la propriété *P_MateriauFaceCachee* de type **Material** définit le type de texture qui est appliqué sur la face arrière (avec une couleur jaune par défaut).

Le cube de type **ModCubeTexture** possède les propriétés suivantes:

- la propriété *P_LargeurX* de type *double* définit la longueur du cube suivant l'axe X.

- la propriété *P_HauteurY* de type *double* définit la longueur du cube suivant l'axe Y.
- la propriété *P_ProfondeurZ* de type *double* définit la longueur du cube suivant l'axe Z.
- la propriété *P_PointReference* définit le point de type **Point3D** à partir duquel on positionne tous les autres points pour définir le maillage.
- la propriété *P_TextureImage* de type **ImageBrush** définit le motif du pinceau avec lequel la surface du cube est peinte; dans le cas d'un **ImageBrush**, le motif est celui d'un fichier image référencé par l'intermédiaire de sa propriété *ImageSource*.

FIGURE 17.30

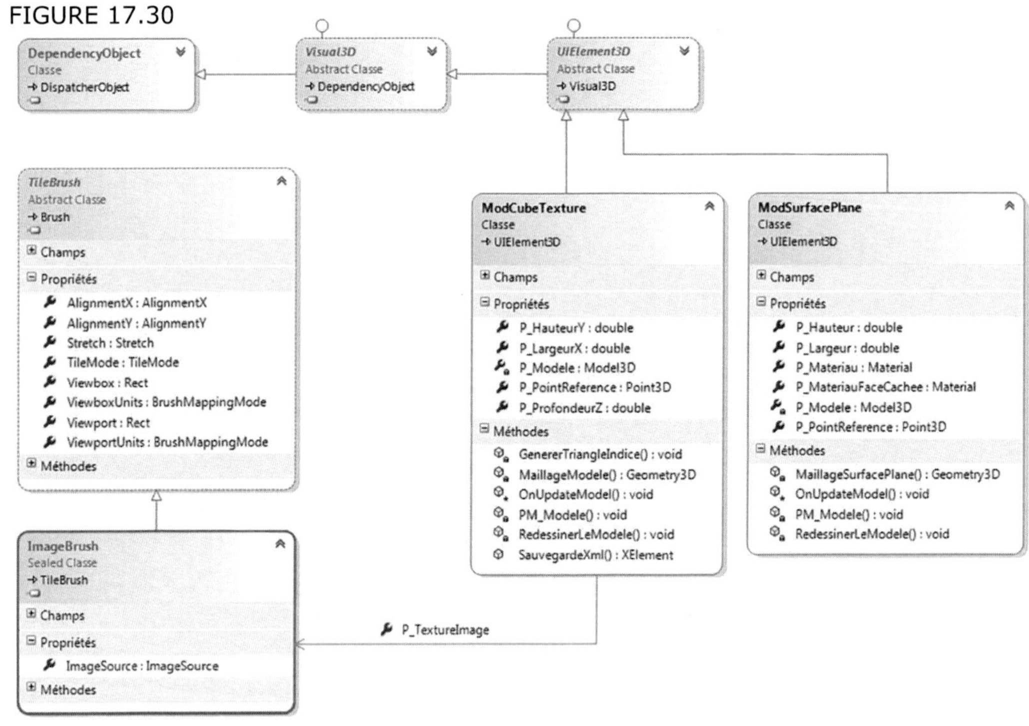

Pour ajouter ces deux types d'objets en XAML, on commence par définir une référence à l'espace de noms qui contient la définition des classes par l'ajout d'une balise *xmlns* préfixée par le nom arbitraire *projet* (*xmlns:projet="clr-namespace:P17_03_SceneGraphique3d"*). On place un conteneur de modèles 3D *x_conteneur_3d_haut* de type **ContainerUIElement3D**, et dans la propriété implicite *Children* du conteneur, on place des instances de l'objet **ModSurfacePlane** par une balise *<projet:ModSurfacePlane>* et de l'objet **ModCubeTexture** par une balise *<projet:ModCubeTexture>*. Pour chaque objet placé, on personnalise les propriétés en leur affectant les valeurs requises en fonction de leurs types.

```
<ContainerUIElement3D x:Name="x_conteneur_3d_haut">
 <projet:ModSurfacePlane x:Name="x_plateau_haut" P_Largeur="4"
  P_Hauteur="4" P_PointReference="-2,0,2">
  <projet:ModSurfacePlane.P_Materiau>
   <MaterialGroup>
    <DiffuseMaterial>
     <DiffuseMaterial.Brush>
      <ImageBrush ImageSource="modele_3d/texture_marqueterie_v2.jpg">
      </ImageBrush>
     </DiffuseMaterial.Brush>
    </DiffuseMaterial>
   </MaterialGroup>
  </projet:ModSurfacePlane.P_Materiau>
 </projet:ModSurfacePlane>
 <projet:ModCubeTexture x:Name="x_cube_haut" P_LargeurX="1.2" P_
 HauteurY="1.2" P_ProfondeurZ="1.2" P_PointReference="-0.6,0,0.6">
  <projet:ModCubeTexture.P_TextureImage>
   <ImageBrush TileMode="Tile"
    ImageSource="modele_3d/texture_cube_cinema_v2.png"/>
  </projet:ModCubeTexture.P_TextureImage>
 </projet:ModCubeTexture></ContainerUIElement3D>
```

Le gestionnaire de l'événement *Click* du bouton *x_btn_sauve_xml* de type **Button** permet de sauvegarder au format XML les données essentielles du cube pour pouvoir être utilisées pour une nouvelle création du modèle 3D. Comme le montre la figure 17.31, une fois le fichier XML sauvegardé, son contenu est affiché dans un **TextBlock** pour la vérification. La racine du document est un élément <*sauvegarde_scene_2d*> qui contient des enfants <*objet_3d*>. Comme on ne sauvegarde que le cube, il y aura qu'un seul enfant <*objet_3d*> dont l'attribut *classe* aura comme valeur le nom du type de l'objet. Pour le cube de type **ModCubeTexture**, les données essentielles à sauvegarder sont:

- la longueur du cube suivant l'axe X (élément <*largeur_x*> correspondant à la propriété *P_LargeurX*).
- la longueur du cube suivant l'axe Y (élément <*hauteur_y*> correspondant à la propriété *P_HauteurY*).
- la longueur du cube suivant l'axe Z (élément <*profondeur_z*> correspondant à la propriété *P_Profondeur_Z*).
- le point de référence pour la construction du maillage par un élément <*point_de_reference*> dont les attributs *coord_x*, *coord_y* et *coord_z*, stockent les coordonnées du point de référence.
- le chemin qui référence le fichier de la texture (élément <*chemin_texture_image*>).

FIGURE 17.31

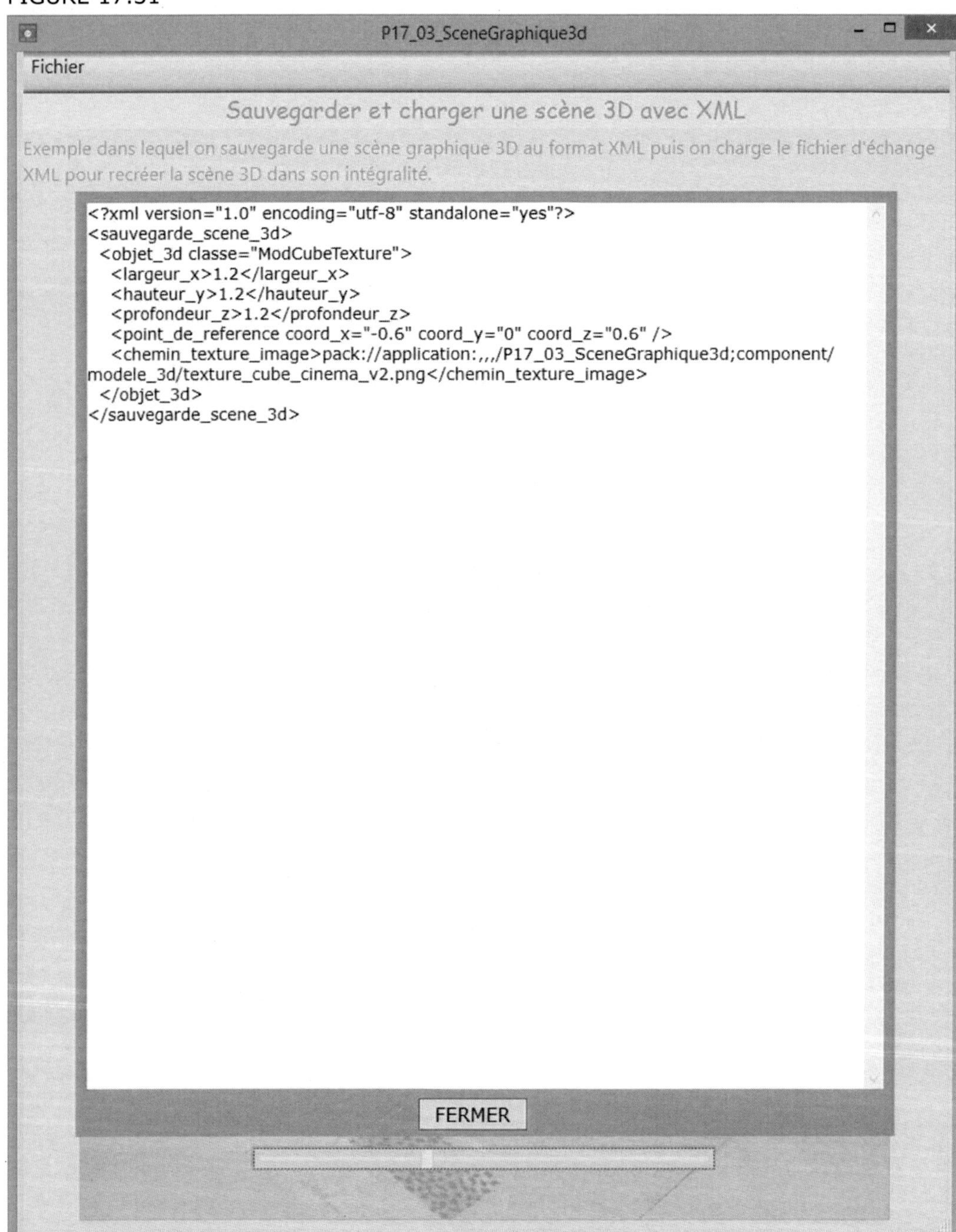
P17_03_SceneGraphique3d
Fichier
Sauvegarder et charger une scène 3D avec XML
Exemple dans lequel on sauvegarde une scène graphique 3D au format XML puis on charge le fichier d'échange XML pour recréer la scène 3D dans son intégralité.
<?xml version="1.0" encoding="utf-8" standalone="yes"?>
<sauvegarde_scene_3d>
<objet_3d classe="ModCubeTexture">
<largeur_x>1.2</largeur_x>
<hauteur_y>1.2</hauteur_y>
<profondeur_z>1.2</profondeur_z>
<point_de_reference coord_x="-0.6" coord_y="0" coord_z="0.6" />
<chemin_texture_image>pack://application:,,,/P17_03_SceneGraphique3d;component/modele_3d/texture_cube_cinema_v2.png</chemin_texture_image>
</objet_3d>
</sauvegarde_scene_3d>
FERMER

La méthode *SauvegardeXml* de **ModCubeTexture** permet de retourner les données essentielles du cube sous forme d'un objet **XElement** qui stocke toutes les propriétés de la composition du cube.

```
//sauvegarde du cube en element xml
public XElement SauvegardeXml() {
  XElement elem = new XElement("objet_3d");
  elem.Add(new XAttribute("classe", this.GetType().Name));
  elem.Add(new XElement("largeur_x", this.P_LargeurX));
  elem.Add(new XElement("hauteur_y", this.P_HauteurY));
  elem.Add(new XElement("profondeur_z", this.P_ProfondeurZ));
  XElement elem_point_de_reference = new XElement("point_de_reference");
  elem_point_de_reference.Add(new XAttribute("coord_x", this.P_PointReference.X));
  elem_point_de_reference.Add(new XAttribute("coord_y", this.P_PointReference.Y));
  elem_point_de_reference.Add(new XAttribute("coord_z", this.P_PointReference.Z));
  elem.Add(elem_point_de_reference);
  elem.Add(new XElement("chemin_texture_image",
    this.P_TextureImage.ImageSource));
  return elem;
}
```

Le fichier d'échange XML est sauvegardé dans le répertoire de sortie sous le nom de *sauvegarde_scene_3d.xml*.

```
//bouton 1: sauvegarder en xml le cube de la scene
private void x_btn_sauve_xml_Click(object sender, RoutedEventArgs e) {
  //cosntruction du fichier d'échange xml
  XDocument doc_xml = new XDocument();
  doc_xml.Declaration = new XDeclaration("1.0", "UTF-8", "yes");
  XElement elem_racine = new XElement("sauvegarde_scene_3d");
  doc_xml.Add(elem_racine);
  for (int xx = 0; xx < v_liste_objet_3d.Count; xx++) {
    if (v_liste_objet_3d[xx].GetType() == typeof(ModCubeTexture)) {
      ModCubeTexture objet_3d = (ModCubeTexture)v_liste_objet_3d[xx];
      XElement elem_objetd_3d = objet_3d.SauvegardeXml();
      elem_racine.Add(elem_objetd_3d);
    }
  }
  //sauvegarde du fichier d'échange xml
  doc_xml.Save(g_doss_exe + "/sauvegarde_scene_3d.xml");
  //affichage du contenu du fichier d'échange xml
  x_grid_infos.Visibility = Visibility.Visible;
  x_tbl_infos.Text = File.ReadAllText(g_doss_exe + "/sauvegarde_scene_3d.xml");
}
```

Le gestionnaire de l'événement *Click* du bouton *x_btn_charge_xml* de type **Button** permet de lire les données du fichier XML et de les exploiter pour instancier un nouveau cube de type **ModCubeTexture** que l'on place dans la scène 3D du bas de la fenêtre. La figure 17.32 montre le résultat obtenu où le cube généré est positionné

FIGURE 17.32

P17_03_SceneGraphique3d
Fichier
Sauvegarder et charger une scène 3D avec XML
Exemple dans lequel on sauvegarde une scène graphique 3D au format XML puis on charge le fichier d'échange XML pour recréer la scène 3D dans son intégralité.
LOUIS DE FUNÈS
L'aile ou la cuisse
Angle: 45°
1 - Sauvegarder le cube
2 - Charger le cube dans la scène 3D
LA FOLIE DES GRANDEURS
LOUIS DE FUNÈS
L'aile ou la cuisse
Angle: -45°

au centre d'un plateau (la glissière permettant de faire tourner aussi la scène 3D). Le principe de la récupération des données est toujours la même en utilisant une requête LINQ To XML pour récupérer les objets et en ciblant les éléments enfants requis. Il est à noter qu'ici on a des valeurs textuelles récupérées comme *"1.2"* qu'il faut transformer en type *double*. L'utilisation de la méthode statique *double.Parse* permet cette transformation comme on l'a déjà vu au paragraphe précédent. Cependant il faut appliquer à la chaîne récupérée *"1.2"* la méthode *Replace* pour changer le point décimal en virgule (*"1.2"* donne *"1,2"*) sinon la méthode statique *double.Parse* déclenche une exception concernant la conversion. L'élément *<chemin_texture_image>* contient le chemin absolu vers le fichier qui sert pour l'application de la texture au cube. La propriété *P_TextureImage* de **ModCubeTexture** reçoit un objet **ImageBrush** (pinceau qui peint avec une image). La propriété *ImageSource* de **ImageBrush** contient une référence qui pointe vers la ressource ciblée. A cette propriété *ImageSource*, il faut lui affecter un objet **BitmapImage** pour lequel on passe en paramètre un objet **Uri**. Et c'est l'objet **Uri** qui reçoit en premier paramètre la valeur de *<chemin_texture_image>* et en second paramètre une valeur énumérée *UriKind.Absolute* (qui indique le type de chemin). Vous constaterez que la valeur *<chemin_texture_image>* est exprimée sous un format que nous avons déjà vu (par *pack://application:,,,/SceneGraphique3d;component/modele_3d/texture_cube_cinema_v2.png*).

```
x_conteneur_3d_bas_objets.Children.Clear();
XDocument doc_xml = XDocument.Load(g_doss_exe + "/sauvegarde_scene_3d.xml");
var ma_requete =
  from elem in doc_xml.Element("sauvegarde_scene_3d").Elements("objet_3d")
  select elem;
List<object> liste_recup_objet_3d = new List<object>();
foreach (var elem in ma_requete) {
  string ch_type_classe = elem.Attribute("classe").Value;
  if (ch_type_classe == typeof(ModCubeTexture).Name) {
    double largeur_x = double.Parse(elem.Element("largeur_x").Value
      .Replace(".", ","));
    double hauteur_y = double.Parse(elem.Element("hauteur_y").Value
      .Replace(".", ","));
    double profondeur_z = double.Parse(elem.Element("profondeur_z").Value
      .Replace(".", ","));
    double pt_ref_coord_x = double.Parse(elem.Element("point_de_reference")
     .Attribute("coord_x").Value.Replace(".", ","));
    double pt_ref_coord_y = double.Parse(elem.Element("point_de_reference")
     .Attribute("coord_y").Value.Replace(".", ","));
    double pt_ref_coord_z = double.Parse(elem.Element("point_de_reference")
     .Attribute("coord_z").Value.Replace(".", ","));
    string chemin_texture_image = elem.Element("chemin_texture_image").Value;
    ModCubeTexture cube = new ModCubeTexture() {
```

```
        P_LargeurX = largeur_x,
        P_HauteurY = hauteur_y,
       P_ProfondeurZ = profondeur_z,
        P_PointReference =
          new Point3D(pt_ref_coord_x, pt_ref_coord_y, pt_ref_coord_z),
        P_TextureImage = new ImageBrush() {
          TileMode = TileMode.Tile,
          ImageSource = new BitmapImage(
            new Uri(chemin_texture_image, UriKind.Absolute))
        }
      };
      x_conteneur_3d_bas_objets.Children.Add(cube);
    }
  }
```

4 - Représentation graphique de données XML

Le but de cette application est de lire des données XML avec LINQ To XML et de traduire les données lues en une représentation purement graphique pour mettre en avant la pertinence des données XML. Comme le montre la figure 17.33, les données contenues dans le fichier XML sont lues avec LINQ To XML puis sont affichées dans un **TextBlock**. Et comme le montre la figure 17.34, une représentation purement graphique des données XML lues permet de mettre en évidence la pertinence des données XML.

A partir d'un élément XML <*entree*>, composé par un ensemble d'éléments enfants XML (à gauche sur la figure 17.35), on réalise une représentation purement graphique (à droite sur la figure 17.35) dans laquelle on met en évidence la pertinence des données lues: d'un point de vue intellectuel, on visualise instantanément le mot servant de référence dans le livre, avec sa catégorie d'appartenance, une définition succincte de rappel pour sa mémorisation, et l'affichage des différentes orthographes autorisées pour lesquelles on affiche l'ordre lexicographique en lettres capitales.

FIGURE 17.35

```
<entree dico="ODS" page="46">
  <intitule>apophysaire</intitule>
  <categorie>adj.</categorie>
  <definition>qui concerne l'apophyse</definition>
  <flexions>
    <flexion>apophysaire</flexion>
    <flexion>apophysaires</flexion>
  </flexions>
</entree>
```

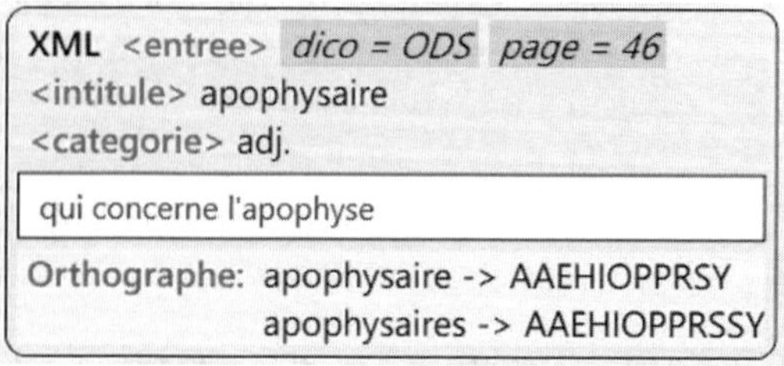

XML <entree> *dico = ODS* *page = 46*
<intitule> apophysaire
<categorie> adj.

qui concerne l'apophyse

Orthographe: apophysaire -> AAEHIOPPRSY
apophysaires -> AAEHIOPPRSSY

FIGURE 17.33

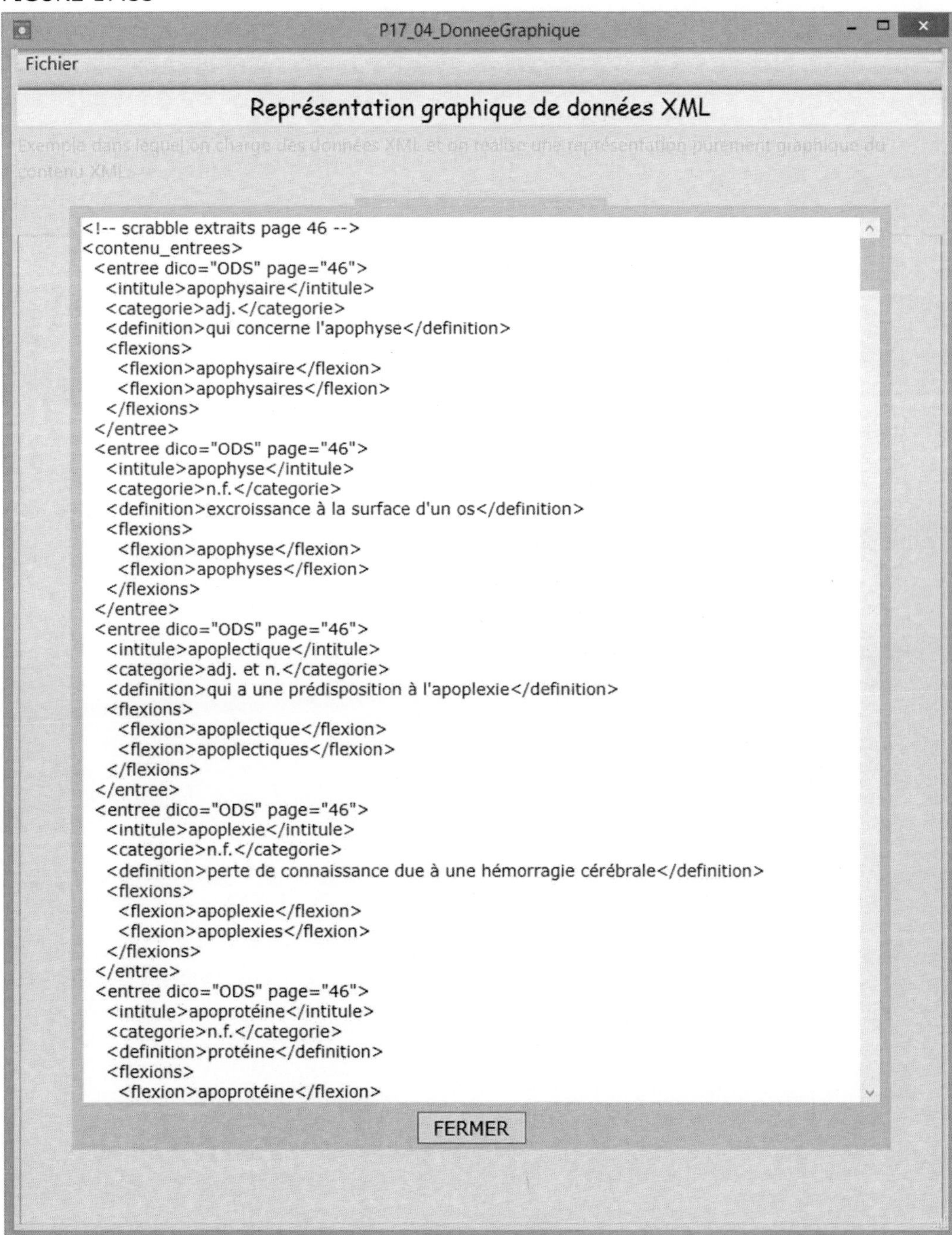
P17_04_DonneeGraphique
Fichier
Représentation graphique de données XML
Exemple dans lequel on charge des données XML et on réalise une représentation purement graphique du contenu XML.
<!-- scrabble extraits page 46 -->
<contenu_entrees>
<entree dico="ODS" page="46">
<intitule>apophysaire</intitule>
<categorie>adj.</categorie>
<definition>qui concerne l'apophyse</definition>
<flexions>
<flexion>apophysaire</flexion>
<flexion>apophysaires</flexion>
</flexions>
</entree>
<entree dico="ODS" page="46">
<intitule>apophyse</intitule>
<categorie>n.f.</categorie>
<definition>excroissance à la surface d'un os</definition>
<flexions>
<flexion>apophyse</flexion>
<flexion>apophyses</flexion>
</flexions>
</entree>
<entree dico="ODS" page="46">
<intitule>apoplectique</intitule>
<categorie>adj. et n.</categorie>
<definition>qui a une prédisposition à l'apoplexie</definition>
<flexions>
<flexion>apoplectique</flexion>
<flexion>apoplectiques</flexion>
</flexions>
</entree>
<entree dico="ODS" page="46">
<intitule>apoplexie</intitule>
<categorie>n.f.</categorie>
<definition>perte de connaissance due à une hémorragie cérébrale</definition>
<flexions>
<flexion>apoplexie</flexion>
<flexion>apoplexies</flexion>
</flexions>
</entree>
<entree dico="ODS" page="46">
<intitule>apoprotéine</intitule>
<categorie>n.f.</categorie>
<definition>protéine</definition>
<flexions>
<flexion>apoprotéine</flexion>
FERMER

FIGURE 17.34

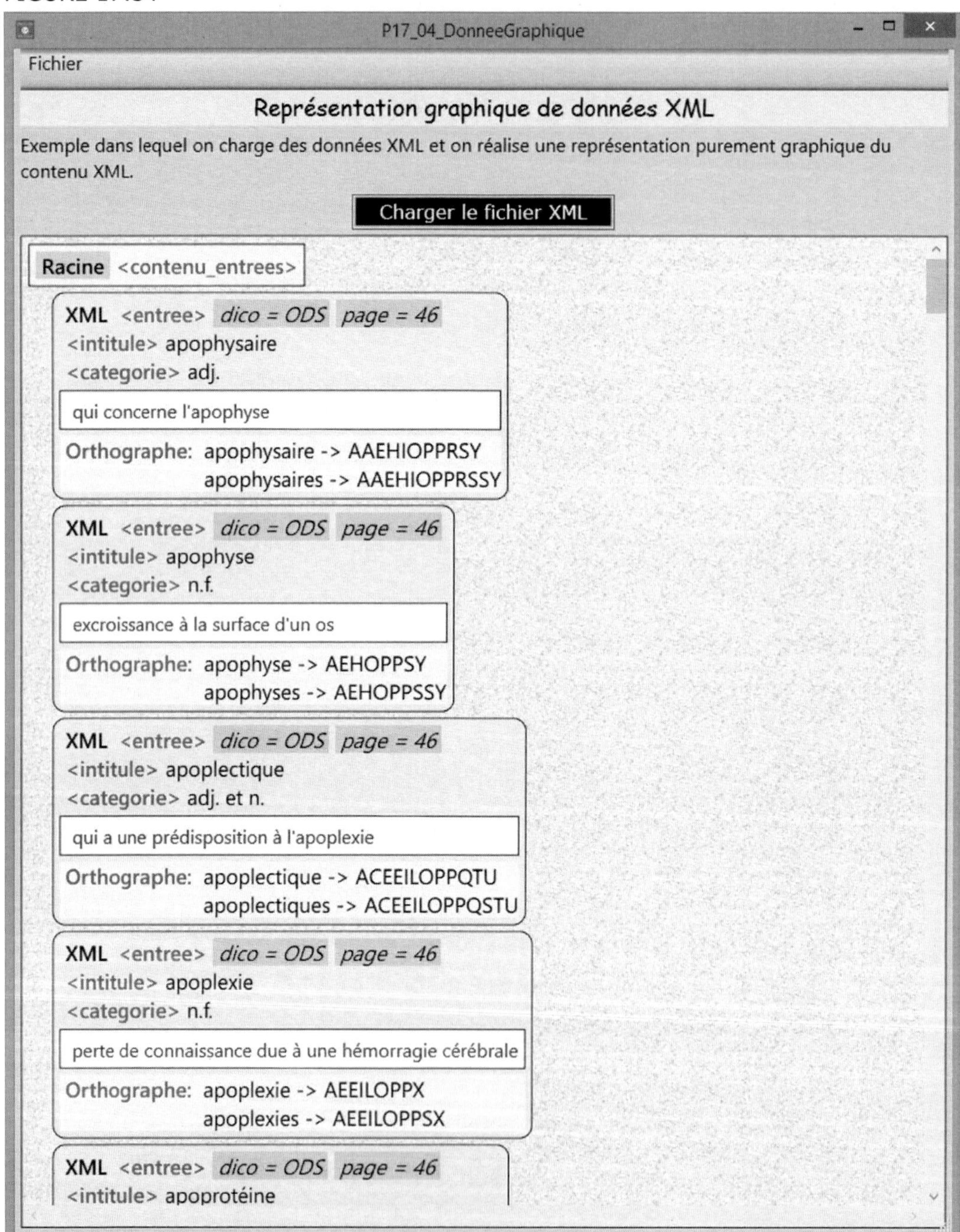
P17_04_DonneeGraphique
Fichier
Représentation graphique de données XML
Exemple dans lequel on charge des données XML et on réalise une représentation purement graphique du contenu XML.
Charger le fichier XML
Racine <contenu_entrees>
XML <entree> dico = ODS page = 46
<intitule> apophysaire
<categorie> adj.
qui concerne l'apophyse
Orthographe: apophysaire -> AAEHIOPPRSY
apophysaires -> AAEHIOPPRSSY
XML <entree> dico = ODS page = 46
<intitule> apophyse
<categorie> n.f.
excroissance à la surface d'un os
Orthographe: apophyse -> AEHOPPSY
apophyses -> AEHOPPSSY
XML <entree> dico = ODS page = 46
<intitule> apoplectique
<categorie> adj. et n.
qui a une prédisposition à l'apoplexie
Orthographe: apoplectique -> ACEEILOPPQTU
apoplectiques -> ACEEILOPPQSTU
XML <entree> dico = ODS page = 46
<intitule> apoplexie
<categorie> n.f.
perte de connaissance due à une hémorragie cérébrale
Orthographe: apoplexie -> AEEILOPPX
apoplexies -> AEEILOPPSX
XML <entree> dico = ODS page = 46
<intitule> apoprotéine

La solution de projet *P17_04_DonneeGraphique.sln*, qui se trouve dans le dossier *chapitre_17/P17_04_DonneeGraphique*, permet de réaliser cette application avec les données du fichier XML nommé *scrabble_page_046.xml* (fichier XML embarqué dans l'*assembly* en ressource incorporée).

4.1 - Charger une ressource incorporée

Le fichier XML nommé *scrabble_page_046.xml* est placé dans le dossier *contenu* et il est embarqué dans l'*assembly* comme une ressource incorporée. Dans la fenêtre des propriétés, son action de génération est fixée à la valeur *"Ressource incorporée"* (figure 17.36 au repère 2).

FIGURE 17.36

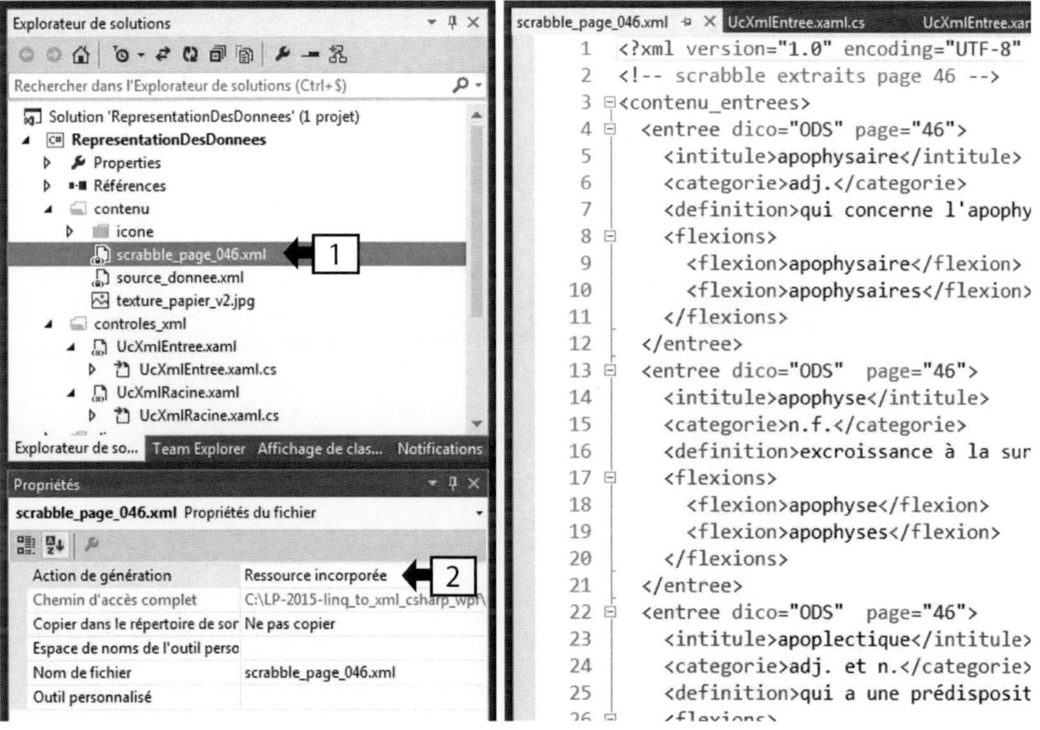

Quand un fichier a son action de génération fixée à *"Ressource incorporée"*, cela veut dire qu'il s'agit d'un fichier non typé qui est embarqué dans l'*assembly* lors de la compilation du projet comme une ressource binaire. Lors de l'extraction de ce fichier embarqué comme étant une ressource non typée, il en résultera un flux sous-jacent de type **Stream** que l'on devra manipuler. La récupération des ressources embarquées non typées sous forme d'un flux passe par l'utilisation des classes **Assembly** et **Stream**. La classe **Assembly**, dans l'espace de noms *System.Reflection* (une instruction *using* est à ajouter par *using System. Reflection*) représente un *assembly*, qui est un bloc de construction réutilisable, avec un numéro de version et un autodescriptif d'une application du CLR (*Common Language Runtime*). L'utilisation de la classe **Assembly** permet de charger des *assemblys*, permet d'explorer les métadonnées et les parties constituantes des *assemblys*, permet de découvrir les types contenus dans des *assemblys* et permet de créer des instances de ces types. La figure 17.37 affiche un diagramme partiel de la classe **Assembly**. Pour obtenir un objet **Assembly** pour l'*assembly* en cours d'exécution, vous utilisez la méthode *GetExecutingAssembly*.

FIGURE 17.37

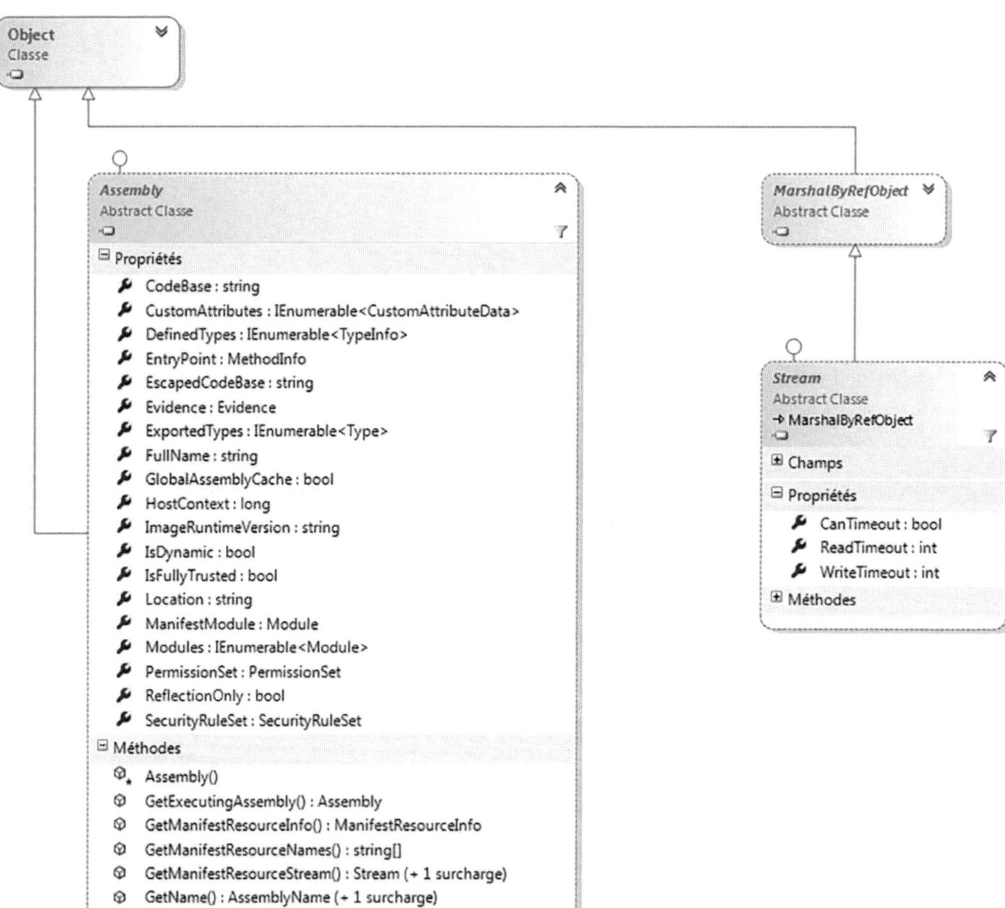

De nombreux membres de la classe **Assembly** fournissent des informations sur un *assembly*. Par exemple, la méthode *GetName* retourne un objet **AssemblyName** qui fournit l'accès aux parties du nom complet d'un *assembly*. La méthode *GetCustomAttributes* répertorie les attributs appliqués à l'*assembly*. La méthode *GetFiles* permet d'accéder aux fichiers dans le manifeste d'*assembly*. La méthode *GetManifestResourceNames* fournit les noms des ressources du manifeste d'*assembly*.

La méthode *GetTypes* répertorie tous les types dans l'*assembly*. La méthode *GetExportedTypes* répertorie les types qui sont visibles par les appelants à l'extérieur de l'*assembly*. La méthode *GetType* peut être utilisée pour rechercher un type particulier dans l'*assembly*. La méthode *CreateInstance* peut être utilisée pour rechercher et créer des instances de types dans l'*assembly*. La méthode *GetManifestResourceStream* charge la ressource de manifeste spécifiée à partir de l'*assembly*.

En déclarant une variable *assembly* de type **Assembly** et en lui affectant le retour de la méthode statique *Assembly.GetExecutingAssembly*, on obtient l'*assembly* qui contient le code en cours d'exécution. Puis en appliquant la méthode d'instance *GetManifestResourceStream*, qui reçoit en paramètre le nom de la ressource de manifeste demandée (en respectant la casse), on obtient un flux *flux_xml* de type **Stream** (figure 17.37). Un flux donne une vue générique d'une séquence d'octets. La chaîne qui est passée en paramètre ici est exprimée par *"RepresentationDesDonnees.contenu.scrabble_page_046.xml"*. Cette chaîne est un assemblage du type *"v_assembly.v_chemin_du_fichier"*: *v_assembly* représente le nom de l'*assembly* en cours et *v_chemin_de_fichier* représente le chemin pointant sur le fichier (vous remarquerez que cet assemblage utilise la notation point et non la notation slash). Pour récupérer le contenu du flux *flux_xml*, on instancie un objet *v_doc_xml* de type **XDocument** et on lui affecte le retour de l'utilisation d'une des surcharges de la méthode statique *XDocument.Load* qui reçoit un flux de type **Stream**. A partir de là, notre document XML est désormais accessible.

```
//chargement de la ressource incorporee
Assembly assembly = Assembly.GetExecutingAssembly();
Stream flux_xml = assembly.GetManifestResourceStream(
   "P17_04_DonneeGraphique.contenu.scrabble_page_046.xml");
v_doc_xml = XDocument.Load(flux_xml);
//visualisation du contenu
x_grid_infos.Visibility = Visibility.Visible;
x_cnv.Children.Clear();
x_tbl_infos.Text = v_doc_xml.ToString();
```

4.2 - Définir une représentation graphique

Sur le canevas (figure 17.38), la racine du document est représentée par un contrôle du type **UcXmlRacine** (contrôle utilisateur dont la définition XAML se trouve dans le fichier *UcXmlRacine.xaml*), et un élément XML *<entree>* est représenté par un contrôle du type **UcXmlEntree** (contrôle utilisateur dont la définition XAML se trouve dans le fichier *UcXmlEntree.xaml*). Un contrôle utilisateur est un contrôle qui dérive de la classe **UserControl**.

FIGURE 17.38

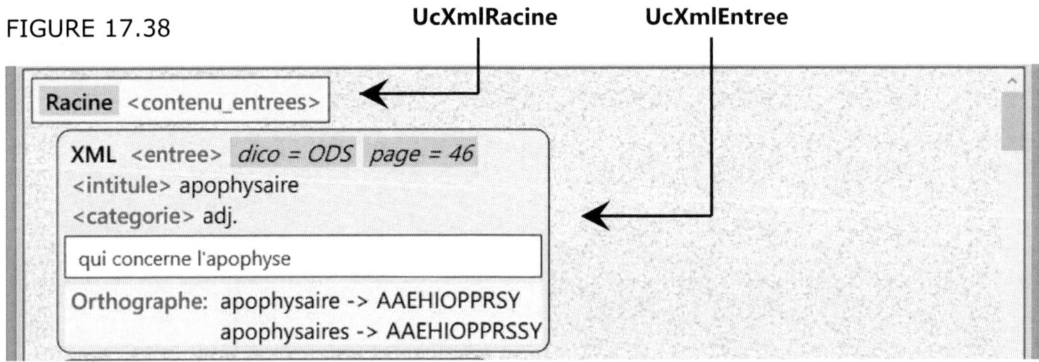

Le contrôle utilisateur **UcXmlRacine** est représenté dans sa globalité par un objet **Border** *x_border_root* dont ses dimensions sont fixées sur *auto*. La valeur *auto* active le comportement de redimensionnement automatique qui existe par défaut. De ce fait, la bordure s'agrandira en fonction de tous les contrôles qu'elle héberge. On place à l'intérieur un **StackPanel** à empilement horizontal (propriété *Orientation* avec la valeur *Horizontal*). Le **TextBlock** *x_tbl_nom_racine* affichera le nom de la racine du document sous la forme d'une balise avec les chevrons (du type *<balise>*).

```
<UserControl x:Class="RepresentationDesDonnees.UcXmlRacine"
  xmlns="http://schemas.microsoft.com/winfx/2006/xaml/presentation"
  xmlns:x="http://schemas.microsoft.com/winfx/2006/xaml"
  xmlns:mc="http://schemas.openxmlformats.org/markup-compatibility/2006"
  xmlns:d="http://schemas.microsoft.com/expression/blend/2008"
  mc:Ignorable="d">
 <Border x:Name="x_border_root" BorderBrush="Black" BorderThickness="1"
  Background="#FFFFFCC3" Height="auto">
  <StackPanel x:Name="x_stack" Orientation="Horizontal" Margin="5,5">
   <TextBlock FontFamily="Segoe WP Semibold" FontSize="18"
    Background="#FFB5E1FF" Text=" Racine "></TextBlock>
   <TextBlock x:Name="x_tbl_nom_racine" FontFamily="Segoe WP Semibold"
```

```
      FontSize="18" Text=" &lt;racine&gt;" Foreground="Red"></TextBlock>
    </StackPanel>
  </Border>
</UserControl>
```

On établit un constructeur surchargé qui reçoit une chaîne texte pour définir le nom de la racine du document. On dote le contrôle des propriétés *P_CtLargeur* et *P_CtHauteur* pour stocker les dimensions du contrôle une fois que ce dernier est complètement réalisé. La méthode *MiseAJourDimensions* procède au relevé des dimensions du contrôle. Son implémentation commence en premier par l'appel de la méthode *UpdateLayout* pour s'assurer que que tous les éléments enfants visuels de ce contrôle sont correctement mis à jour pour la disposition. Et son implémentation se termine par le relevé des dimensions rendues (propriétés *ActualWidth* et *ActualHeight*) que l'on affecte aux propriétés *P_CtLargeur* et *P_CtHauteur*.

```
public partial class UcXmlRacine : UserControl {
  //champs et proprietes
  private double v_ct_hauteur = 0;
  public double P_CtHauteur {
    get { return v_ct_hauteur; }
  }
  private double v_ct_largeur = 0;
  public double P_CtLargeur {
    get { return v_ct_largeur; }
  }
  //constructeur
  public UcXmlRacine(string nom_racine) {
    InitializeComponent();
    x_tbl_nom_racine.Text = " <" + nom_racine + ">";
  }
  //calcul des dimensions une fois le rendu realise
  public void MiseAJourDimensions() {
    this.UpdateLayout();
    v_ct_largeur = this.ActualWidth;
    v_ct_hauteur = this.ActualHeight;
  }
}//end class
```

Le contrôle utilisateur **UcXmlEntree** est représenté dans sa globalité par un objet **Border** *x_border_root* dont ses dimensions sont fixées sur *auto*. La valeur *auto* active le comportement de redimensionnement automatique qui existe par défaut. De ce fait, la bordure s'agrandira en fonction de tous les contrôles qu'elle héberge. Pour permettre un redimensionnement des contrôles hébergés, il faut employer des conteneurs de type **StackPanel** avec une orientation horizontale ou verticale en fonction du contenu à positionner.

```
<Border BorderBrush="Black" BorderThickness="1" Background="#FFFFE9C3"
 CornerRadius="10">
 <StackPanel x:Name="x_stack_root" Orientation="Vertical" Margin="5,5">
  <!-- ligne d'empilement -->
  <StackPanel Orientation="Horizontal">
   <TextBlock FontFamily="Segoe WP Semibold" FontSize="18"
    Background="#FFE5F4FF" Text=" XML "></TextBlock>
   <TextBlock x:Name="x_tbl_nom_entree" FontFamily="Segoe WP Semibold"
     FontSize="18" Text=" &lt;xxx&gt;" Foreground="Red"></TextBlock>
   <StackPanel x:Name="x_stack_attributs" Orientation="Horizontal"
     Margin="5,0,0,0">
    <TextBlock FontFamily="Segoe WP" FontSize="18" Background="#FFBCFFBC"
      Text=" cle = valeur " Margin="0,0,5,0" FontStyle="Italic"></TextBlock>
    <TextBlock FontFamily="Segoe WP" FontSize="18" Background="#FFBCFFBC"
      Text=" cle = valeur " FontStyle="Italic" Margin="0,0,5,0"></TextBlock>
   </StackPanel>
  </StackPanel>
  <!-- ligne d'empilement -->
  <StackPanel Orientation="Horizontal">
   <TextBlock x:Name="x_tbl_bal_intitule_nom" FontFamily="Segoe WP Semibold"
     FontSize="18" Text=" &lt;xxx&gt;" Foreground="Red"></TextBlock>
    <TextBlock x:Name="x_tbl_bal_intitule_valeur" FontFamily="Segoe WP"
      FontSize="18" Text="valeur" Foreground="#FF020202" Margin="5,0,0,0">
    </TextBlock>
   </StackPanel>
   <!-- ligne d'empilement -->
   <StackPanel Orientation="Horizontal">
    <TextBlock x:Name="x_tbl_bal_categorie_nom" FontFamily="Segoe WP
      Semibold" FontSize="18" Text=" &lt;xxx&gt;" Foreground="Red">
    </TextBlock>
    <TextBlock x:Name="x_tbl_bal_categorie_valeur" FontFamily="Segoe WP"
      FontSize="18" Text="valeur" Foreground="#FF020202" Margin="5,0,0,0">
    </TextBlock>
   </StackPanel>
   <!-- ligne d'empilement -->
   <Border BorderBrush="Black" BorderThickness="1" Background="White"
    Padding="5" Margin="0,5,0,0">
    <TextBlock x:Name="x_tbl_bal_definition_valeur" FontSize="16" Text="valeur"
     Foreground="#FF0037C9" Margin="5,0,0,0"/>
   </Border>
  <!-- ligne d'empilement -->
   <StackPanel Orientation="Horizontal" Background="#FFF7F7F7"
    Margin="0,5,0,0">
    <TextBlock FontFamily="Segoe WP Semibold" FontSize="18" Text="
     Orthographe: " Foreground="Red"></TextBlock>
    <StackPanel x:Name="x_stack_flexions" Orientation="Vertical">
     <TextBlock FontFamily="Segoe WP" FontSize="18" Text="mot autorisée 1"
      Foreground="Black" Margin="5,0,0,0"></TextBlock>
     <TextBlock FontFamily="Segoe WP" FontSize="18" Text="mot autorisée 2"
      Foreground="Black" Margin="5,0,0,0"></TextBlock>
```

```
      </StackPanel>
    </StackPanel>
  </StackPanel>
</Border>
```

On établit un constructeur surchargé qui reçoit un élément **XElement** représentant un élément XML *<entree>*. On dote le contrôle des propriétés *P_CtLargeur* et *P_CtHauteur* pour stocker les dimensions du contrôle une fois que ce dernier est complètement réalisé. La méthode *MiseAJourDimensions* procède au relevé des dimensions du contrôle. L'implémentation du contrôle surchargé ne pose aucun problème puisqu'il faut simplement récupérer des valeurs des éléments XML pour les placer à des endroits spécifiques.

```
//constructeur
public UcXmlEntree(XElement elem_entree) {
  InitializeComponent();
  x_tbl_nom_entree.Text = " <" + elem_entree.Name.ToString() + ">";
  //remplissage attributs
  x_stack_attributs.Children.Clear();
  IEnumerable<XAttribute> collect_attributs = elem_entree.Attributes();
  foreach (XAttribute attribut in collect_attributs) {
    TextBlock tbl = new TextBlock();
    tbl.FontFamily = new FontFamily("Segoe WP");
    tbl.FontSize = 18;
    tbl.Background = new SolidColorBrush(Color.FromRgb(188, 255, 188));
    tbl.Margin = new Thickness(0, 0, 5, 0);
    tbl.FontStyle = FontStyles.Italic;
    tbl.Text = " " + attribut.Name.ToString() + " = " + attribut.Value + " ";
    x_stack_attributs.Children.Add(tbl);
  }
  //<intitule>
  x_tbl_bal_intitule_nom.Text = " <" + elem_entree.Element("intitule").Name
    .ToString() + ">";
  x_tbl_bal_intitule_valeur.Text = elem_entree.Element("intitule").Value;
  //<categorie>
  x_tbl_bal_categorie_nom.Text = " <" + elem_entree.Element("categorie").Name
    .ToString() + ">";
  x_tbl_bal_categorie_valeur.Text = elem_entree.Element("categorie").Value;
  //<definition>
  x_tbl_bal_definition_valeur.Text = elem_entree.Element("definition").Value;
  //remplissage des flexions
  x_stack_flexions.Children.Clear();
  IEnumerable<XElement> collect_flexions =
    elem_entree.Element("flexions").Elements("flexion");
  foreach (XElement elem_flexion in collect_flexions) {
    TextBlock tbl = new TextBlock();
    tbl.FontFamily = new FontFamily("Segoe WP");
    tbl.FontSize = 18;
    tbl.Foreground = new SolidColorBrush(Colors.Black);
```

```
    tbl.Margin = new Thickness(5, 0, 0, 0);
    tbl.Text = elem_flexion.Value;
    tbl.Text += " -> " + TrouverOrdreLexicographique(elem_flexion.Value).ToUpper();
    x_stack_flexions.Children.Add(tbl);
  }
}
```

On notera simplement l'utilisation d'une méthode *TrouverOrdreLexicographique* qui reçoit en paramètre une chaîne texte représentant un mot et qui retourne une chaîne composée de lettres en majuscules, qui est une suite des lettres du mot qui sont triées selon un ordre lexicographique. Par exemple le mot "*apophysaire*" donnera la chaîne lexicographique "*AAEHIOPPRSY*". Une chaîne lexicographique est très pratique par exemple quand on a besoin de comparer des mots pour la recherche des anagrammes (quand on est en présence d'un volume de données très important comme par exemple le livre officiel du Scrabble qui recense 300000 entrées).

```
//trouver l'ordre lexicographique du mot
private string TrouverOrdreLexicographique(string texte_mot) {
  string mot_lexi = "";
  char[] tab = texte_mot.ToCharArray();
  int longueur = tab.Length;
  if (longueur <= 2) {
    if (tab[0] > tab[1]) {
      char inter = tab[0];
      tab[0] = tab[1];
      tab[1] = inter;
    }
    mot_lexi = "";
    for (int xx = 0; xx < longueur; xx++) {
      mot_lexi += tab[xx];
    }
  }
  else {
    bool terminer = false;
    while (terminer == false) {
      for (int xx = 0; xx < longueur - 1; xx++) {
        for (int yy = xx + 1; yy < longueur; yy++) {
          if (tab[xx] > tab[yy]) {
            char inter = tab[xx];
            tab[xx] = tab[yy];
            tab[yy] = inter;
          }
        }
      }
      int compteur = 0;
      for (int xx = 0; xx < longueur - 1; xx++) {
        if (tab[xx] <= tab[xx + 1]) {
```

```
        compteur++;
      }
    }
    if (compteur == longueur - 1) {
      mot_lexi = "";
      for (int xx = 0; xx < longueur; xx++) {
        mot_lexi += tab[xx];
      }
      terminer = true;
    }
  }
}
return mot_lexi;
}
```

5 - Arborescence de données hiérarchiques XML

Cette cinquième application est destinée à vous montrer comment afficher un contenu XML en utilisant le contrôle **TreeView** qui représente une structure arborescente pour la présentation des données.
La solution de projet *P17_05_TreeviewXml.sln*, qui se trouve dans le dossier *chapitre_17/P17_05_TreeviewXml* permet de réaliser cette application avec les données du fichier XML nommé *scrabble_page_046.xml* (fichier XML embarqué dans l'*assembly* en ressource incorporée). Ces données XML lues sont affichées dans trois contrôles **TreeView** différents:

- l'onglet de gauche affiche un **TreeView** dans lequel les données XML sont affichées au format texte simple (présentation classique de structure arborescente).
- l'onglet du milieu affiche un **TreeView** dans lequel les données XML sont affichées avec un format stylisé par l'intermédiaire de contrôles additionnels pour la présentation des données; un format stylisé permet de mieux se rendre compte de la structure hiérarchique des données d'un point de vue intellectuel.
- l'onglet de droite affiche un **TreeView** dans lequel les données XML sont affichées avec un format stylisé par l'intermédiaire de contrôles additionnels pour la présentation des données, et les commentaires XML sont pris en charge dans le rendu personnalisé.

5.1 - Les contrôles *TreeView* et *TreeViewItem*

La classe **TreeView** représente un contrôle qui affiche des données hiérarchiques dans une arborescence dont les éléments peuvent être développés ou réduits. La figure 17.39 montre le diagramme d'héritage de la classe. Un contrôle **TreeView** est un contrôle qui hérite de **ItemsControl**, ce qui signifie qu'il peut contenir une collection d'objets de tout type (tel que des chaînes, des images ou des panneaux). Le contenu d'un **TreeView** correspond à des contrôles **TreeViewItem** contenant un contenu riche, tels que les contrôles **Button** et **Image** par exemple. La figure 17.39 montre le diagramme d'héritage de la classe **TreeViewItem**. Un contrôle **TreeViewItem** peut contenir plusieurs objets **TreeViewItem** en tant que ses descendants. Un **TreeView** représente donc une hiérarchie d'objets **TreeViewItem**.

FIGURE 17.39

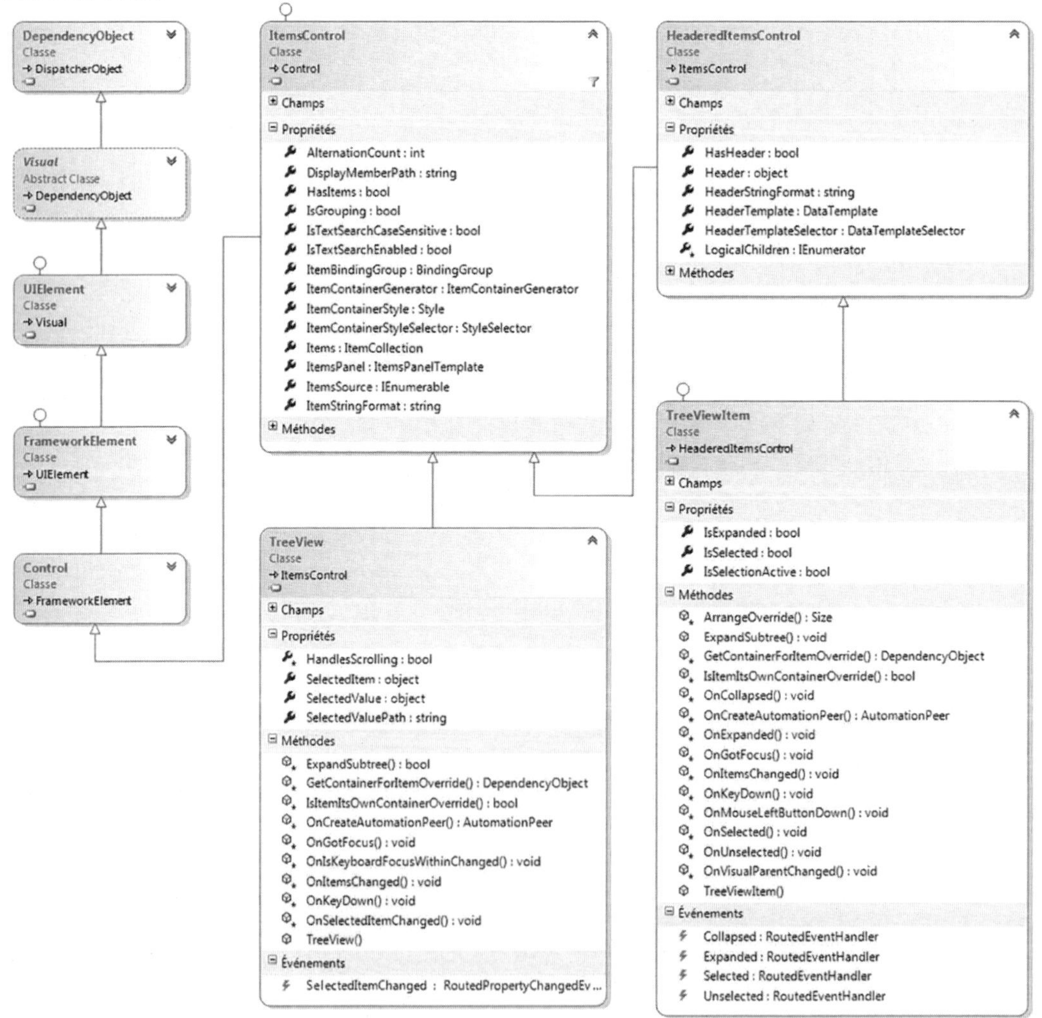

Un **TreeView** peut remplir son arborescence par une liaison à une source de données et avec des objets **HierarchicalDataTemplate**. Les sources de données peuvent inclure notamment des objets **XmlDataProvider** et **ObservableCollection<T>**.

Un **TreeViewItem** implémente un élément sélectionnable dans un contrôle **TreeView**. Un **TreeViewItem** est un objet dérivé de **HeaderedItemsControl**, ce qui signifie que son en-tête et sa collection d'objets peuvent être de tout type (tel que des chaînes, des images ou des panneaux). Les contrôles **TreeViewItem** peuvent être incorporés dans d'autres contrôles **TreeViewItem** pour créer une hiérarchie de nœuds dans un contrôle **TreeView**. Pour développer ou réduire un **TreeViewItem**, utilisez la propriété *IsExpanded*. Un **TreeViewItem** expose un grand nombre de propriétés et de méthodes. Ce qu'il faut retenir principalement c'est que la propriété héritée *Header* contient un objet qui définit l'élément qui étiquette le contrôle dans le **TreeView**. La méthode *ExpandSubtree* développe le contrôle **TreeViewItem** et tous ses éléments **TreeViewItem** enfants. La propriété *Items* définit la collection utilisée pour générer le contenu du **TreeViewItem** (c'est une collection générique de type **ItemCollection** dans laquelle on ajoute des objets par la méthode *Add*). Tous les contrôles **TreeViewItem** sont ajoutés au **TreeView** par la propriété *Items* de **TreeView** (avec la méthode *Add*).

5.2 - Représentation classique des données

On dispose d'un fichier XML, nommé *scrabble_page_046.xml*, qui est embarqué dans l'*assembly* et que l'on charge dans une variable *doc_xml* de type **XDocument**. Ce fichier contient 76 entrées du livre du Scrabble sous forme d'éléments *<entree>*. Un commentaire est positionné avant la racine du document *<contenu_entrees>*, et le premier enfant de la racine possède un ensemble de commentaires (ci-dessous le contenu partiel du fichier XML).

```
<?xml version="1.0" encoding="UTF-8" standalone="yes"?>
<!-- scrabble extraits page 46 -->
<contenu_entrees>
  <!-- une entrée de l'ODS -->
  <entree dico="ODS" page="46">
    <!-- mot répertorié -->
    <intitule>apophysaire</intitule>
    <!-- type de mot -->
    <categorie>adj.</categorie>
    <!-- une définition succincte -->
    <definition>qui concerne l'apophyse</definition>
    <!-- les orthographes autorisées -->
```

```
    <flexions>
      <flexion>apophysaire</flexion>
      <flexion>apophysaires</flexion>
    </flexions>
  </entree>
  <entree dico="ODS"  page="46">
    <intitule>apophyse</intitule>
    <categorie>n.f.</categorie>
    <definition>excroissance à la surface d'un os</definition>
    <flexions>
      <flexion>apophyse</flexion>
      <flexion>apophyses</flexion>
    </flexions>
  </entree>   ...
</ contenu_entrees>
```

L'onglet de gauche intitulé *"Arborescence classique"* contient un **TreeView** *x_tree_classique* dans lequel on charge les données XML. La figure 17.40 montre le résultat obtenu de l'arborescence hiérarchique des données. En cliquant sur le bouton *"Charger le fichier XML"*, on récupère le fichier XML embarqué en ressource incorporée et on charge son contenu dans *doc_xml* de type **XDocument**. Une fois chargé, dans l'onglet de gauche, on clique sur le bouton *"Générer l'arborescence classique XML"* pour remplir le **TreeView** en fonction des données XML.
Pour vider le **TreeView** *x_tree_classique*, il faut appliquer la méthode *Clear* à la collection générique contenant ses données obtenue par la propriété *Items* d'où l'écriture *x_tree_classique.Items.Clear()*. On établit une requête *ma_requete* qui sélectionne tous les éléments *<entree>* du document (par application de la méthode *Elements* à *doc_xml*). La variable *ma_requete* est alors une collection de type *IEnumerable<XElement>*. Cette collection contient un seul élément qui est la racine avec tous ses descendants. A noter que le commentaire placé avant la racine du document n'est pas pris en charge puisqu'un commentaire de type **XComment** n'est pas un élément de type **XElement**. On passe alors le premier élément de la collection à la méthode *ClassiqueTraiterNoeudRacine* en appliquant la méthode *ElementAt* à *ma_requete*.

```
private void x_btn_generer_1_Click(object sender, RoutedEventArgs e) {
  if (v_doc_xml == null) {
    MessageBox.Show("il faut charger au préalable le document XML", "Informations",
      MessageBoxButton.OK);
  }
  else {
    x_tree_classique.Items.Clear();
    //on traite pour l'arborescence classique
    var ma_requete =
      from elem in v_doc_xml.Elements()
```

FIGURE 17.40

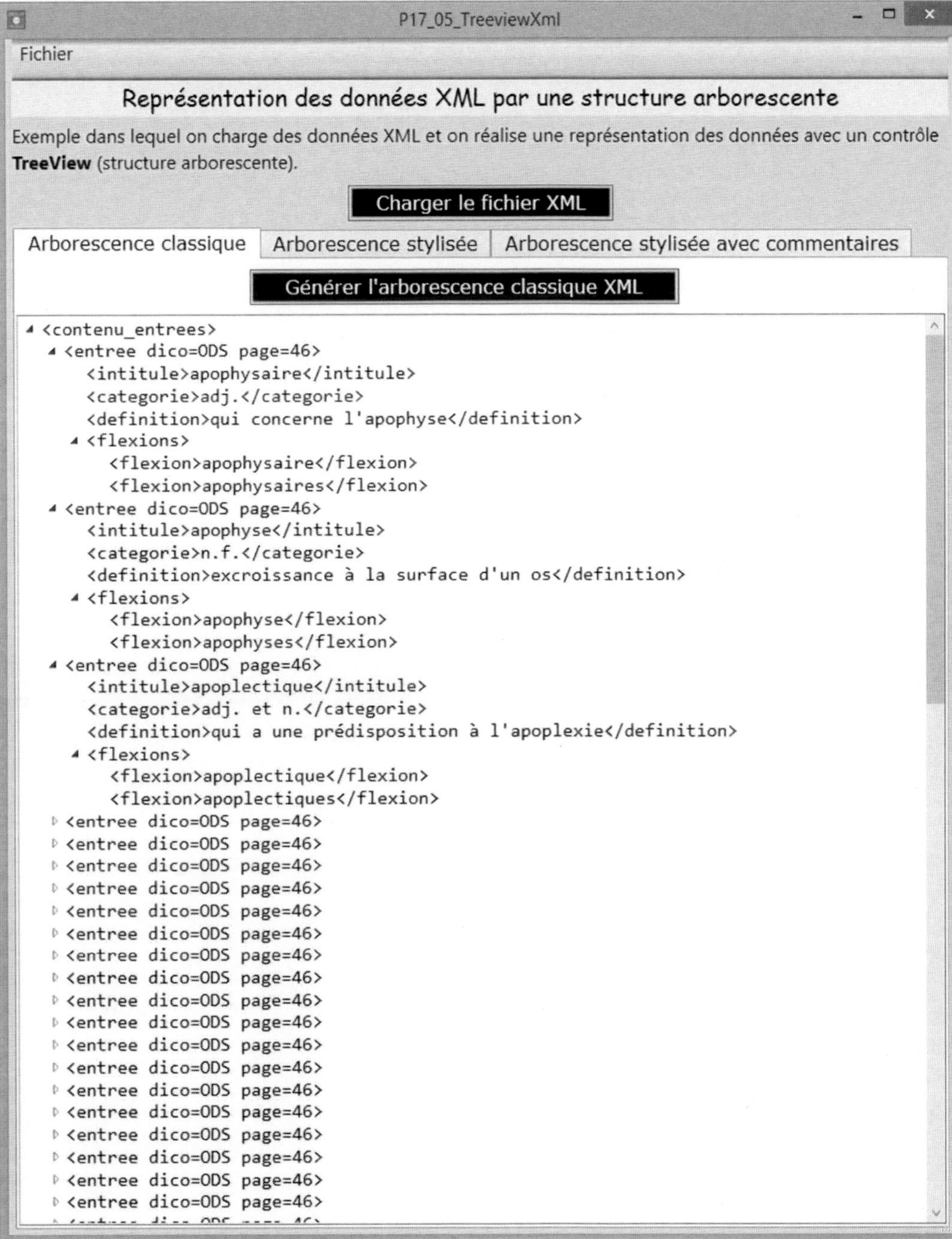
P17_05_TreeviewXml
Fichier
Représentation des données XML par une structure arborescente
Exemple dans lequel on charge des données XML et on réalise une représentation des données avec un contrôle **TreeView** (structure arborescente).
Charger le fichier XML
Arborescence classique
Arborescence stylisée
Arborescence stylisée avec commentaires
Générer l'arborescence classique XML
<contenu_entrees>
<entree dico=ODS page=46>
<intitule>apophysaire</intitule>
<categorie>adj.</categorie>
<definition>qui concerne l'apophyse</definition>
<flexions>
<flexion>apophysaire</flexion>
<flexion>apophysaires</flexion>
<entree dico=ODS page=46>
<intitule>apophyse</intitule>
<categorie>n.f.</categorie>
<definition>excroissance à la surface d'un os</definition>
<flexions>
<flexion>apophyse</flexion>
<flexion>apophyses</flexion>
<entree dico=ODS page=46>
<intitule>apoplectique</intitule>
<categorie>adj. et n.</categorie>
<definition>qui a une prédisposition à l'apoplexie</definition>
<flexions>
<flexion>apoplectique</flexion>
<flexion>apoplectiques</flexion>
<entree dico=ODS page=46>
<entree dico=ODS page=46>
<entree dico=ODS page=46>
<entree dico=ODS page=46>
<entree dico=ODS page=46>
<entree dico=ODS page=46>
<entree dico=ODS page=46>
<entree dico=ODS page=46>
<entree dico=ODS page=46>
<entree dico=ODS page=46>
<entree dico=ODS page=46>
<entree dico=ODS page=46>
<entree dico=ODS page=46>
<entree dico=ODS page=46>
<entree dico=ODS page=46>
<entree dico=ODS page=46>
<entree dico=ODS page=46>
<entree dico=ODS page=46>

```
    select elem;
  ClassiqueTraiterNoeudRacine(ma_requete.ElementAt(0));
  TreeViewItem tvi = (TreeViewItem)x_tree_classique.Items[0];
  for (int xx = 0; xx < 3; xx++) {
    TreeViewItem tvi_enfant = (TreeViewItem)tvi.Items[xx];
    tvi_enfant.ExpandSubtree();
  }
 }
}
```

La méthode *ClassiqueTraiterNoeudRacine* va consister dans un premier temps à ajouter au **TreeView** un objet **TreeViewItem** représentant la racine du document, et dans un second temps à ajouter tous les éléments enfants de la racine du document sous forme de **TreeViewItem**. Comme des enfants peuvent avoir eux-aussi des enfants, le procédé de lecture se fera d'une façon récursive. On instancie un **TreeViewItem** *tvi_racine* et on affecte à sa propriété *Header* une chaîne représentant la racine (en utilisant les caractères chevrons, inférieur et supérieur, et en obtenant le nom de la racine par la propriété *Name* de **XElement**). A noter que la propriété *Header* reçoit un objet de type **Object**. Par l'écriture *x_tree_classique.Items.Add(tvi_racine)*, on ajoute *tvi_racine* de type **TreeViewItem** au *x_tree_classique* de type **TreeView**. En appliquant la méthode *ExpandSubtree* à *tvi_racine*, on force le développement de *tvi_racine* (qui affiche alors tous ses enfants mais pas ses petits-enfants si elle en possède). Si *tvi_racine* possède des enfants (sa propriété *HasElements* vaut alors *true*) alors on passe à la méthode *ClassiqueTraiterNoeudEnfant* la racine *tvi_racine* et les enfants par la méthode *Elements* de **XElement**.

```
//arborescence classique
private void ClassiqueTraiterNoeudRacine(XElement elem_racine) {
  TreeViewItem tvi_racine = new TreeViewItem();
  tvi_racine.Header = "<" + elem_racine.Name.ToString() + ">";
  x_tree_classique.Items.Add(tvi_racine);
  tvi_racine.ExpandSubtree();
  if (elem_racine.HasElements == true) {
    ClassiqueTraiterNoeudEnfant(tvi_racine, elem_racine.Elements());
  }
}
```

La méthode *ClassiqueTraiterNoeudEnfant* est la méthode récursive qui va s'invoquer elle-même pour afficher les données contenues aux différents niveaux inférieurs. Elle reçoit en paramètre un **TreeViewItem** qui représente l'étiquette de la racine du document, et une collection *collect_noeuds* de type *IEnumerable<XElement>* qui contient tous les éléments enfants de type **XElement**. Avec une boucle *foreach*, on effectue un parcours de la collection. On instancie un *tvi_elem* de type

TreeViewItem. L'étiquette de *tvi_elem* doit contenir le nom de la balise et ses attributs s'il y en a: si la balise ne contient pas d'attributs, elle sera de la forme par exemple *<entree>*, et si la balise contient des attributs, elle sera de la forme par exemple *<entree dico=ODS page=046>*. La propriété booléenne *HasAttributes* de **XElement** permet de savoir si l'élément possède des attributs. Si c'est le cas, la méthode *Attributes* de **XElement** retourne la collection des attributs, de type *IEnumerable<XAttribute>*, que l'on peut itérer pour obtenir les attributs de type **XAttribute** dont on obtient le nom par la propriété *Name* et la valeur par la propriété *Value*. La chaîne à affecter à la propriété *Header* de **TreeViewItem** est complète, et alors on ajoute le *tvi_elem* (**TreeViewItem** instancié) au *tvi* (**TreeViewItem** en cours, reçu en paramètre) par la méthode *Add* appliquée à la propriété *Items*.

La propriété booléenne *HasElements* de **XElement** permet de savoir si l'élément possède des enfants. S'il ne possède pas d'enfants, on ajoute à l'étiquette son contenu textuel et une balise fermante correspondante. S'il possède des enfants, alors on invoque la méthode récursive *ClassiqueTraiterNoeudEnfant* en lui passant en paramètre le **TreeViewItem** en cours (*tvi_elem*) et les enfants de l'élément (par la méthode *Elements*).

```
//arborescence classique
private void ClassiqueTraiterNoeudEnfant(TreeViewItem tvi,
   IEnumerable<XElement>  collect_noeuds) {
  foreach (XElement elem in collect_noeuds) {
    TreeViewItem tvi_elem = new TreeViewItem();
    tvi_elem.Header = "<" + elem.Name.ToString();
    if (elem.HasAttributes == true) {
      IEnumerable<XAttribute> collect_attributs = elem.Attributes();
      foreach (XAttribute attribut in collect_attributs) {
        tvi_elem.Header += " " + attribut.Name.ToString() + "=" + attribut.Value;
      }
    }
    tvi_elem.Header += ">";
    tvi.Items.Add(tvi_elem);
    if (elem.HasElements == true) {
      ClassiqueTraiterNoeudEnfant(tvi_elem, elem.Elements());
    }
    else {
      tvi_elem.Header += elem.Value + "</" + elem.Name.ToString() + ">";
    }
  }
}
```

Avec un parcours récursif, on explore tous les enfants d'un parent et ainsi de suite comme le montre la figure 17.41 où les trois premiers éléments *<entree>* sont développés.

FIGURE 17.41

```
◢ <contenu_entrees>
  ◢ <entree dico=ODS page=46>
      <intitule>apophysaire</intitule>
      <categorie>adj.</categorie>
      <definition>qui concerne l'apophyse</definition>
    ◢ <flexions>
        <flexion>apophysaire</flexion>
        <flexion>apophysaires</flexion>
  ◢ <entree dico=ODS page=46>
      <intitule>apophyse</intitule>
      <categorie>n.f.</categorie>
      <definition>excroissance à la surface d'un os</definition>
    ◢ <flexions>
        <flexion>apophyse</flexion>
        <flexion>apophyses</flexion>
  ◢ <entree dico=ODS page=46>
      <intitule>apoplectique</intitule>
      <categorie>adj. et n.</categorie>
      <definition>qui a une prédisposition à l'apoplexie</definition>
    ◢ <flexions>
        <flexion>apoplectique</flexion>
        <flexion>apoplectiques</flexion>
  ▷ <entree dico=ODS page=46>
  ▷ <entree dico=ODS page=46>
```

5.3 - Représentation stylisée des données

L'onglet du milieu intitulé *"Arborescence stylisée"* contient un **TreeView** *x_tree_style* dans lequel on charge les données XML. La figure 17.42 montre le résultat obtenu de l'arborescence hiérarchique des données où les étiquettes sont stylisées. Au lieu de placer une chaîne texte comme étiquette pour la racine, on place un objet **TviRacine** (figure 17.43) qui est un contrôle dérivé de **UserControl** (donc il possède une définition en XAML par le fichier *TviRacine.xaml* et un code associé par le fichier *TviRacine.xaml.cs*). Les autres éléments sont représentés par une étiquette de type **TviNoeud** (figure 17.43) qui est un contrôle dérivé de **UserControl** (donc il possède une définition en XAML par le fichier *TviNoeud.xaml* et un code associé par le fichier *TviNoeud.xaml.cs*).

FIGURE 17.43

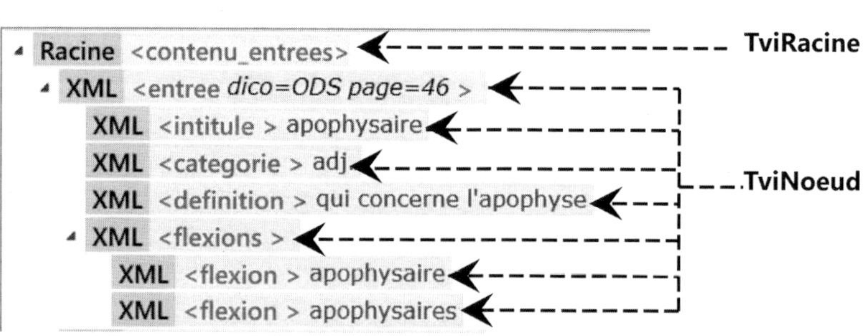

FIGURE 17.42

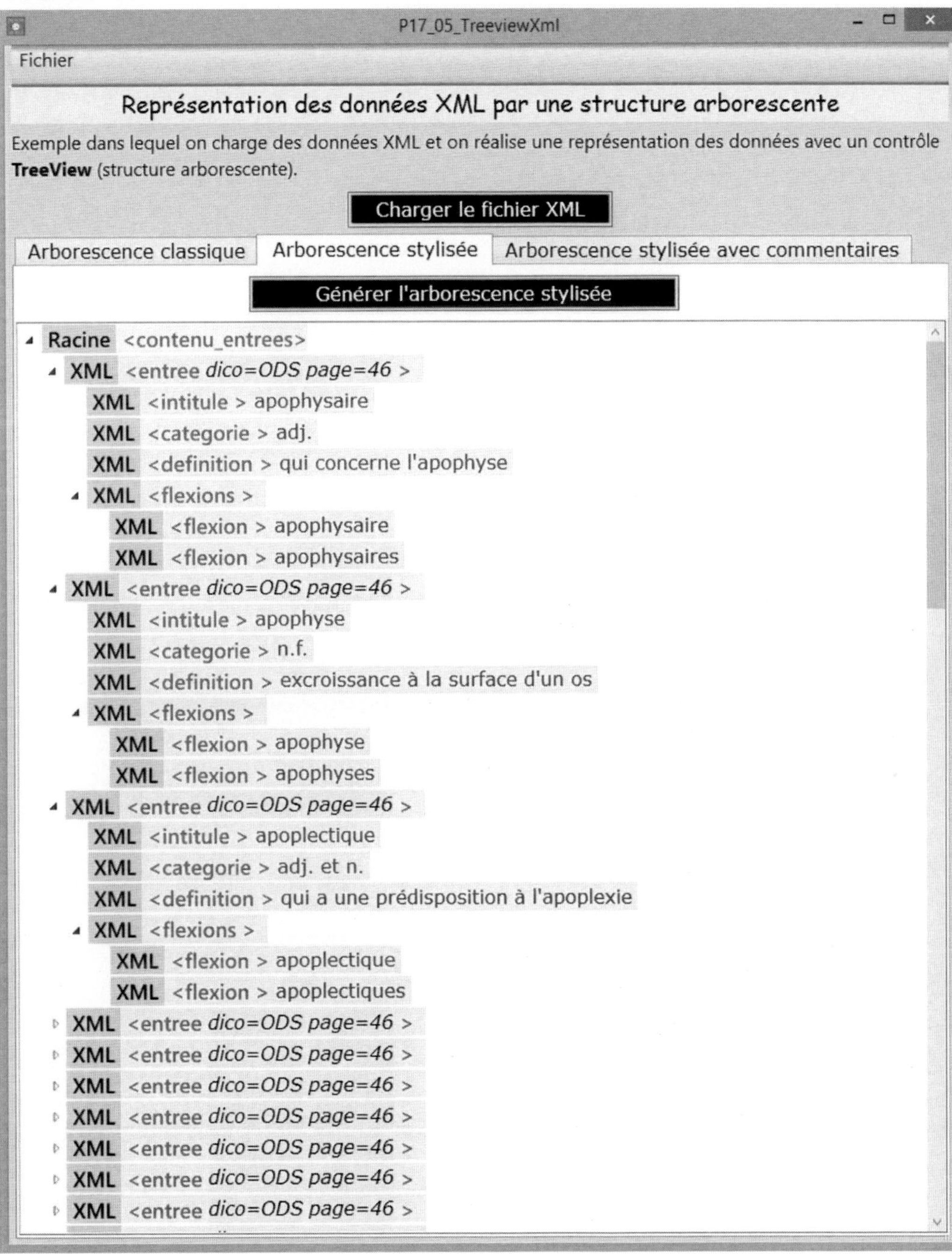
P17_05_TreeviewXml
Fichier
Représentation des données XML par une structure arborescente
Exemple dans lequel on charge des données XML et on réalise une représentation des données avec un contrôle TreeView (structure arborescente).
Charger le fichier XML
Arborescence classique
Arborescence stylisée
Arborescence stylisée avec commentaires
Générer l'arborescence stylisée
Racine <contenu_entrees>
XML <entree dico=ODS page=46 >
XML <intitule > apophysaire
XML <categorie > adj.
XML <definition > qui concerne l'apophyse
XML <flexions >
XML <flexion > apophysaire
XML <flexion > apophysaires
XML <entree dico=ODS page=46 >
XML <intitule > apophyse
XML <categorie > n.f.
XML <definition > excroissance à la surface d'un os
XML <flexions >
XML <flexion > apophyse
XML <flexion > apophyses
XML <entree dico=ODS page=46 >
XML <intitule > apoplectique
XML <categorie > adj. et n.
XML <definition > qui a une prédisposition à l'apoplexie
XML <flexions >
XML <flexion > apoplectique
XML <flexion > apoplectiques
XML <entree dico=ODS page=46 >
XML <entree dico=ODS page=46 >
XML <entree dico=ODS page=46 >
XML <entree dico=ODS page=46 >
XML <entree dico=ODS page=46 >
XML <entree dico=ODS page=46 >
XML <entree dico=ODS page=46 >

Après avoir établi la requete renvoyant la racine avec sa descendance, on passe le contenu à la méthode *StyliseeTraiterNoeudRacine* pour ajouter l'étiquette de la racine au **TreeView**.

```
private void x_btn_generer_2_Click(object sender, RoutedEventArgs e) {
 if (v_doc_xml == null) {
   MessageBox.Show("il faut charger au préalable le document XML", "Informations",
     MessageBoxButton.OK);
  }
  else {
    //on traite pour l'arborescence stylisee
    var ma_requete =
      from elem in v_doc_xml.Elements()
       select elem;
    StyliseeTraiterNoeudRacine(ma_requete.ElementAt(0));
    TreeViewItem tvi_style = (TreeViewItem)x_tree_style.Items[0];
    for (int xx = 0; xx < 3; xx++) {
      TreeViewItem tvi_enfant = (TreeViewItem)tvi_style.Items[xx];
      tvi_enfant.ExpandSubtree();
    }
  }
}
```

Un contrôle **TviRacine** est un contrôle qui affiche un contenu en fonction du nom qui lui est passé en paramètre (on ajoute pour cela un constructeur surchargé recevant une chaîne en paramètre).

```
<UserControl x:Class="TreeviewXml.TviRacine"
   xmlns="http://schemas.microsoft.com/winfx/2006/xaml/presentation"
   xmlns:x="http://schemas.microsoft.com/winfx/2006/xaml"
   xmlns:mc="http://schemas.openxmlformats.org/markup-compatibility/2006"
   xmlns:d="http://schemas.microsoft.com/expression/blend/2008"
   mc:Ignorable="d">
  <Border x:Name="x_border_root" BorderBrush="Black" BorderThickness="0"
    Background="#FFFFFCC3" Margin="0,0,0,2">
    <StackPanel x:Name="x_stack" Orientation="Horizontal">
      <TextBlock FontFamily="Segoe WP Semibold" FontSize="18"
        Background="#FFB5E1FF" Text=" Racine "></TextBlock>
      <TextBlock x:Name="x_tbl_nom_racine" FontFamily="Segoe WP Semibold"
        FontSize="18" Text=" &lt;racine&gt;" Foreground="Red"></TextBlock>
    </StackPanel>
  </Border>
</UserControl>
```

```
public partial class TviRacine : UserControl {
  public TviRacine(string nom_racine) {
    InitializeComponent();
    x_tbl_nom_racine.Text = " <" + nom_racine + ">";
  }
}
```

Pour personnaliser l'étiquette affichée par un **TreeViewItem** pour la racine, on affecte un contrôle **TviRacine** à la propriété *Header* du **TreeViewItem**. Le principe de fonctionnement est identique que celui du paragraphe précédent.

```
//arborescence stylisee
private void StyliseeTraiterNoeudRacine(XElement elem_racine) {
  TreeViewItem tvi_racine = new TreeViewItem();
  tvi_racine.Header = new TviRacine(elem_racine.Name.ToString());
  x_tree_style.Items.Add(tvi_racine);
  tvi_racine.ExpandSubtree();
  if (elem_racine.HasElements == true) {
    StyliseeTraiterNoeudEnfant(tvi_racine, elem_racine.Elements());
  }
}
```

Il en est de même pour la méthode récursive *StyliseeTraiterNoeudEnfant* qui affiche un **TreeViewItem** dont la propriété *Header* reçoit un objet **TviNoeud**.

```
//arborescence stylisee
private void StyliseeTraiterNoeudEnfant(TreeViewItem tvi,
    IEnumerable<XElement> collect_noeuds) {
  foreach (XElement elem in collect_noeuds) {
    TviNoeud uc_tvi_noeud = new TviNoeud(elem);
    TreeViewItem tvi_enfant = new TreeViewItem();
    tvi_enfant.Header = uc_tvi_noeud;
    tvi.Items.Add(tvi_enfant);
    if (elem.HasElements == true) {
      StyliseeTraiterNoeudEnfant(tvi_enfant, elem.Elements());
    }
  }
}
```

Un contrôle **TviNoeud** permet de personnaliser une étiquette en affichant différents paramètres (figure 17.44): la balise peut avoir un ensemble d'attributs, la balise peut avoir un contenu textuel, et la balise peut être une balise vide.

FIGURE 17.44

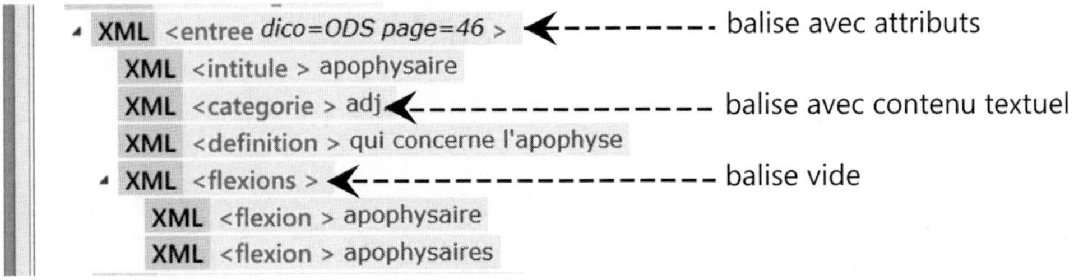

XML <entree dico=ODS page=46 > ← balise avec attributs
XML <intitule > apophysaire
XML <categorie > adj ← balise avec contenu textuel
XML <definition > qui concerne l'apophyse
XML <flexions > ← balise vide
XML <flexion > apophysaire
XML <flexion > apophysaires

Le constructeur surchargé de **TviNoeud** reçoit un élément **XElement** en paramètre. L'analyse d'un **XElement** permet de lire les attributs s'ils sont présents ainsi que le contenu textuel.

```
<UserControl x:Class="TreeviewXml.TviNoeud"
  xmlns="http://schemas.microsoft.com/winfx/2006/xaml/presentation"
  xmlns:x="http://schemas.microsoft.com/winfx/2006/xaml"
  xmlns:mc="http://schemas.openxmlformats.org/markup-compatibility/2006"
  xmlns:d="http://schemas.microsoft.com/expression/blend/2008"
  mc:Ignorable="d">
 <Border x:Name="x_border_root" BorderBrush="Black" BorderThickness="0"
  Background="#FFFFF1C3" Margin="0,0,0,2">
  <StackPanel x:Name="x_stack" Orientation="Horizontal" Margin="0">
   <TextBlock FontFamily="Segoe WP Semibold" FontSize="18"
     Background="#FFB5E1FF" Text=" XML "></TextBlock>
   <!-- debut chevron et nom balise -->
   <TextBlock FontFamily="Segoe WP Semibold" FontSize="18" Text=" &lt;"
    Foreground="Red"></TextBlock>
   <TextBlock x:Name="x_tbl_balise_nom" FontFamily="Segoe WP Semibold"
    FontSize="18" Text="noeud" Foreground="Red"></TextBlock>
   <!-- empilement des attributs -->
   <StackPanel x:Name="x_stack_attributs" Orientation="Horizontal"
    Margin="5,2,0,0">
    <TextBlock FontSize="16" Text="dico=ODS" Foreground="Black"
     FontStyle="Italic" Background="#FFEBFFD7" Margin="0,0,5,0"/>
    <TextBlock FontSize="16" Text="page=046" Foreground="Black"
     FontStyle="Italic" Background="#FFEBFFD7" Margin="0,0,5,0"/>
  </StackPanel>
   <!-- terminaison chevron -->
   <TextBlock FontFamily="Segoe WP Semibold" FontSize="18" Text="&gt;"
    Foreground="Red"></TextBlock>
   <!-- contenu textuel du noeud -->
   <TextBlock x:Name="x_tbl_balise_valeur" FontSize="16" Text="contenu textuel"
    Foreground="#FF002EFF" Margin="5,2,5,0"/>
  </StackPanel>
 </Border>
</UserControl>
```

```
public partial class TviNoeud : UserControl {
  public TviNoeud(XElement elem) {
    InitializeComponent();
    x_tbl_balise_nom.Text = elem.Name.ToString();
    x_stack_attributs.Children.Clear();
    IEnumerable<XAttribute> collect_attributs = elem.Attributes();
    if (collect_attributs.Count() != 0) {
      AjouterLesAttributs(collect_attributs);
    }
    x_tbl_balise_valeur.Text = "";
    if (elem.HasElements == false) {
      x_tbl_balise_valeur.Text = elem.Value;
    }
  }
  private void AjouterLesAttributs(IEnumerable<XAttribute> collect_attributs) {
```

```
    foreach (XAttribute attribut in collect_attributs) {
      TextBlock tbl = new TextBlock();
      tbl.FontSize = 16;
      tbl.Foreground = new SolidColorBrush(Colors.Black);
      tbl.FontStyle = FontStyles.Italic;
      tbl.Background = new SolidColorBrush(Color.FromRgb(235, 255, 215));
      tbl.Margin = new Thickness(0, 0, 5, 0);
      tbl.Text = attribut.Name.ToString() + "=" + attribut.Value;
      x_stack_attributs.Children.Add(tbl);
    }
  }
}//end class
```

5.4 - La prise en charge des commentaires XML

Jusqu'à présent la visualisation des commentaires est absente car on a traité les nœuds de type **XElement** et non pas les nœuds de type **XComment**. Nous allons voir comment afficher en plus des éléments **XElement** les commentaires de type **XComment**.

L'onglet de droite intitulé *"Arborescence stylisée avec commentaires"* contient un **TreeView** *x_tree_style_comment* dans lequel on charge les données XML. La figure 17.45 montre le résultat obtenu de l'arborescence hiérarchique des données où les étiquettes sont stylisées. De plus, quand un commentaire est rencontré dans le fichier XML, une étiquette personnalisée, de type **TviCommentaire**, est ajoutée au **TreeView**.

Si on regarde le début du contenu du fichier XML, on constate qu'il y a un commentaire positionné avant la racine du document, un autre commentaire est positionné avant le premier élément *<entree>*, et quatre autres commentaires sont positionnés parmi les enfants de *<entree>*.

```
<?xml version="1.0" encoding="UTF-8" standalone="yes"?>
<!-- scrabble extraits page 46 -->
<contenu_entrees>
  <!-- une entrée de l'ODS -->
  <entree dico="ODS" page="46">
    <!-- mot répertorié -->
    <intitule>apophysaire</intitule>
    <!-- type de mot -->
    <categorie>adj.</categorie>
    <!-- une définition succincte -->
    <definition>qui concerne l'apophyse</definition>
    <!-- les orthographes autorisées -->
    <flexions>
      <flexion>apophysaire</flexion>
      <flexion>apophysaires</flexion>
```

FIGURE 17.45

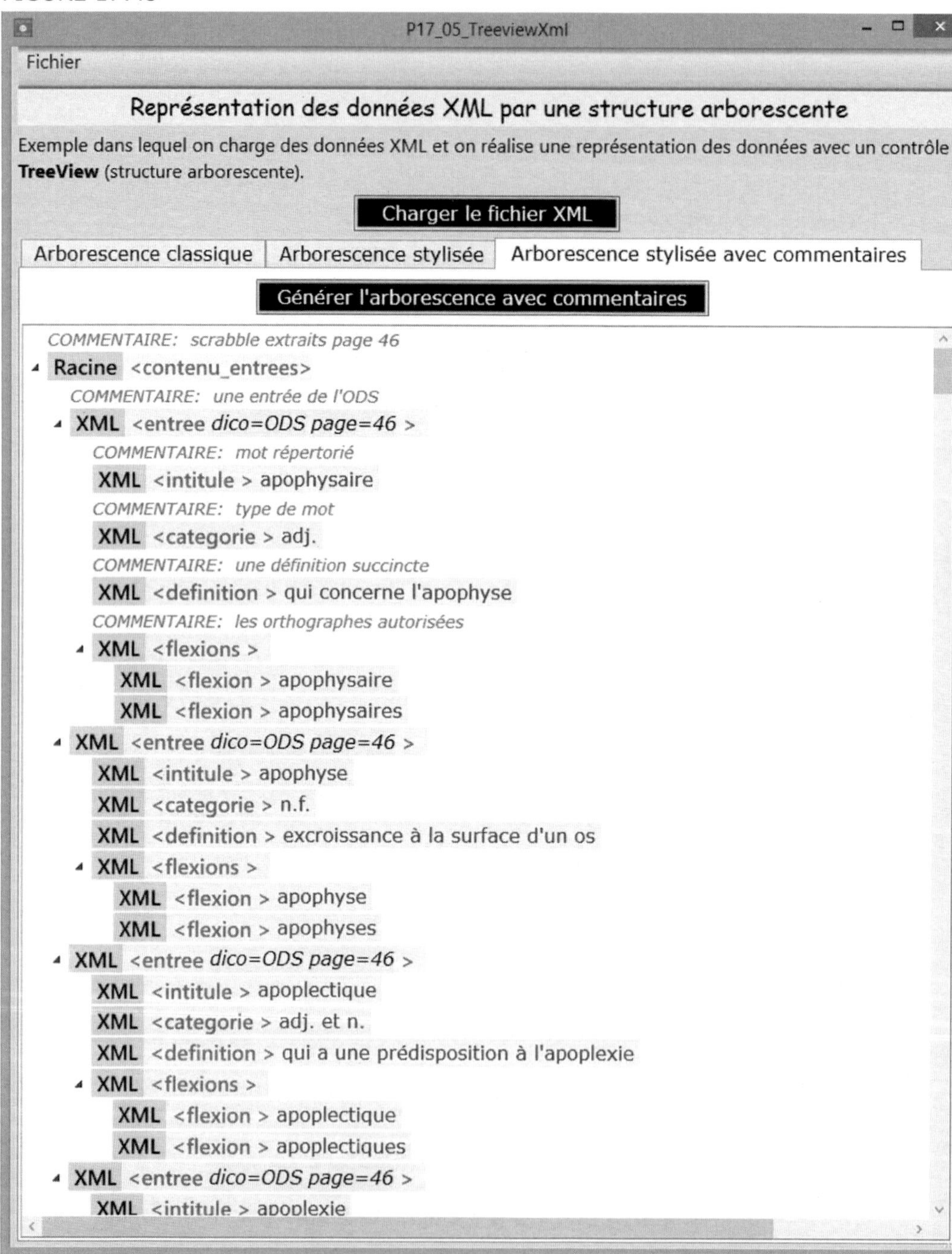
P17_05_TreeviewXml
Fichier
Représentation des données XML par une structure arborescente
Exemple dans lequel on charge des données XML et on réalise une représentation des données avec un contrôle TreeView (structure arborescente).
Charger le fichier XML
Arborescence classique
Arborescence stylisée
Arborescence stylisée avec commentaires
Générer l'arborescence avec commentaires
COMMENTAIRE: scrabble extraits page 46
Racine <contenu_entrees>
COMMENTAIRE: une entrée de l'ODS
XML <entree dico=ODS page=46 >
COMMENTAIRE: mot répertorié
XML <intitule > apophysaire
COMMENTAIRE: type de mot
XML <categorie > adj.
COMMENTAIRE: une définition succincte
XML <definition > qui concerne l'apophyse
COMMENTAIRE: les orthographes autorisées
XML <flexions >
XML <flexion > apophysaire
XML <flexion > apophysaires
XML <entree dico=ODS page=46 >
XML <intitule > apophyse
XML <categorie > n.f.
XML <definition > excroissance à la surface d'un os
XML <flexions >
XML <flexion > apophyse
XML <flexion > apophyses
XML <entree dico=ODS page=46 >
XML <intitule > apoplectique
XML <categorie > adj. et n.
XML <definition > qui a une prédisposition à l'apoplexie
XML <flexions >
XML <flexion > apoplectique
XML <flexion > apoplectiques
XML <entree dico=ODS page=46 >
XML <intitule > apoplexie

```
    </flexions>
  </entree>
  <entree dico="ODS"  page="46">
    <intitule>apophyse</intitule>
    <categorie>n.f.</categorie>
    <definition>excroissance à la surface d'un os</definition>
    <flexions>
      <flexion>apophyse</flexion>
      <flexion>apophyses</flexion>
    </flexions>
  </entree>  ...
</ contenu_entrees>
```

L'affichage du **TreeView** *x_tree_style_comment* (figure 17.45) montre bien que les commentaires ont été relevés et positionnés aux bons endroits dans l'arborescence. On déclare un objet **TviCommentaire** (figure 17.46) qui est un contrôle dérivé de **UserControl** (donc il possède une définition en XAML par le fichier *TviCommentaire.xaml* et un code associé par le fichier *TviCommentaire.xaml.cs*).

FIGURE 17.46

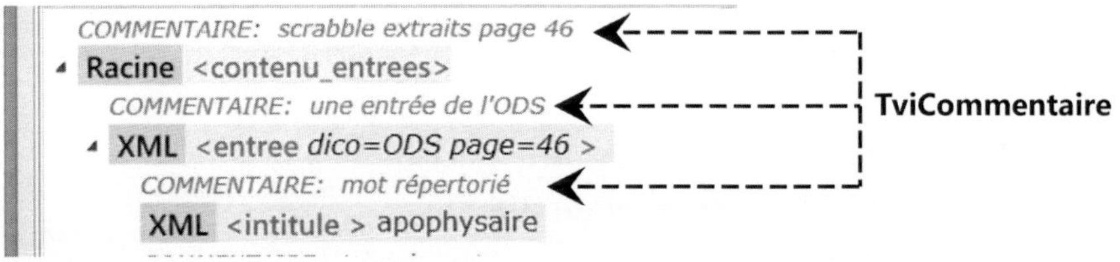

```
<UserControl x:Class="TreeviewXml.TviCommentaire"
  xmlns="http://schemas.microsoft.com/winfx/2006/xaml/presentation"
  xmlns:x="http://schemas.microsoft.com/winfx/2006/xaml"
  xmlns:mc="http://schemas.openxmlformats.org/markup-compatibility/2006"
  xmlns:d="http://schemas.microsoft.com/expression/blend/2008"
  mc:Ignorable="d">
  <Border x:Name="x_border_root" BorderBrush="Black" BorderThickness="0"
   Margin="0,0,0,2">
   <StackPanel x:Name="x_stack" Orientation="Horizontal">
     <TextBlock FontSize="14" Text="COMMENTAIRE: " FontStyle="Italic"
      Foreground="#FF008B3F" Margin="0,2,0,0"/>
     <TextBlock x:Name="x_tbl_commentaire" FontSize="14" Text="contenu
       commentaire" Foreground="#FF008B3F" FontStyle="Italic" Margin="0,2,0,0"/>
   </StackPanel>
  </Border>
</UserControl>
```

Le constructeur surchargé de **TviCommentaire** reçoit en paramètre une chaîne qui représente le contenu textuel du commentaire relevé dans les données XML. Cette chaîne est alors inscrite dans un **TextBlock** dédié.

```
public partial class TviCommentaire : UserControl {
  public TviCommentaire(string texte_commentaire) {
    InitializeComponent();
    x_tbl_commentaire.Text = texte_commentaire;
  }
}//end class
```

Un nœud qui représente un élément est de type **XElement** et un nœud qui représente un commentaire est de type **XComment**. Si on souhaite traiter les commentaires comme c'est le cas ici, il faut récupérer en premier tous les nœuds du document (nœuds commentaires + nœuds éléments) et donc traiter une collection de nœuds de type *IEnumerable<XNode>* et non pas une collection d'éléments de type *IEnumerable<XElement>*.
Notre fichier XML comporte, après la déclaration du document, un nœud commentaire et une racine *<contenu_entrees>*. Pour récupérer tous les nœuds du document, il faut appliquer tout simplement la méthode *Nodes* à *doc_xml*. On établit pour cela une requête LINQ nommée *ma_requete_comment* qui retourne une collection de nœuds de type *IEnumerable<XNode>* contenant tous les nœuds du document. Et on passe cette collection à la méthode *StyliseeCommentTraiterNoeudRacine* pour commencer le traitement.

```
//bouton pour generer le treeview stylise avec commentaire
private void x_btn_generer_3_Click(object sender, RoutedEventArgs e) {
  if (v_doc_xml == null) {
    MessageBox.Show("il faut charger au préalable le document XML", "Informations",
      MessageBoxButton.OK);
 }
  else {
    x_tree_style_comment.Items.Clear();
    //on traite pour l'arborescence stylisee avec commentaires
    var ma_requete_comment =
        from elem in v_doc_xml.Nodes()
        select elem;
    StyliseeCommentTraiterNoeudRacine(ma_requete_comment);
  }
}
```

L'implémentation de la méthode *StyliseeCommentTraiterNoeudRacine* consiste à itérer tous les nœuds de la collection par une boucle *foreach* (éléments **XNode**). Deux possibilités s'offrent à nous: soit le nœud est de type **XComment** ou soit le nœud est de type **XElement**. On se souvient que pour tester le type d'un nœud il faut tester la valeur de sa propriété *NodeType* qui peut être de valeur *XmlNodeType.XComment* quand le nœud est un commentaire, et de valeur *XmlNodeType.XElement* quand le nœud est un élément. Si le nœud est un commentaire de type **XComment**, alors on instancie une étiquette de type **TviCommentaire**, qui reçoit en paramètre le contenu textuel du commentaire, et on affecte l'objet **TviCommentaire** à la propriété *Header* du **TreeViewItem** instancié. Si le nœud est un élément de type **XElement**, cet élément est alors la racine, et on instancie une étiquette de type **TviRacine** que l'on affecte à la propriété *Header* du **TreeViewItem** instancié. Si la racine n'est pas vide, alors on passe à la méthode *StyliseeCommentTraiterNoeudEnfant* la collection des nœuds de la racine par la méthode *Nodes* ainsi que le **TreeViewItem** en cours. Quand un nœud est un commentaire, il faut effectuer un *cast* du nœud **XNode** en nœud **XComment** (puisque **XComment** hérite de **XNode**). Quand un nœud est un élément, il faut effectuer un *cast* du nœud **XNode** en nœud **XElement** (puisque **XElement** hérite de **XNode**).

```
//arborescence stylisee avec commentaires
private void StyliseeCommentTraiterNoeudRacine(IEnumerable<XNode>
    collect_noeuds) {
  foreach (XNode noeud in collect_noeuds) {
    if (noeud.NodeType == XmlNodeType.Element) {
      TreeViewItem tvi_racine = new TreeViewItem();
      XElement elem_racine = (XElement)noeud;
      tvi_racine.Header = new TviRacine(elem_racine.Name.ToString());
      x_tree_style_comment.Items.Add(tvi_racine);
      tvi_racine.ExpandSubtree();
      if (elem_racine.HasElements == true) {
        StyliseeCommentTraiterNoeudEnfant(tvi_racine, elem_racine.Nodes());
      }
    }
    if (noeud.NodeType == XmlNodeType.Comment) {
     TreeViewItem tvi_racine = new TreeViewItem();
      XComment comment = (XComment)noeud;
      tvi_racine.Header = new TviCommentaire(comment.Value);
      x_tree_style_comment.Items.Add(tvi_racine);
      }
  }
}
```

La méthode *StyliseeCommentTraiterNoeudEnfant* est une méthode récursive qui s'invoque à elle-même pour parcourir tous les niveaux de l'arborescence. Elle traite une collection de nœuds de type *IEnumerable<XNode>* et elle agit en fonction du type de nœud déterminé par la propriété *NodeType* du nœud (*XmlNodeType.XComment* ou *XmlNodeType.XElement*).

```
//arborescence stylisee avec commentaires
private void StyliseeCommentTraiterNoeudEnfant(TreeViewItem tvi,
   IEnumerable<XNode> collect_noeuds) {
  foreach (XNode noeud in collect_noeuds) {
```

```
    if (noeud.NodeType == XmlNodeType.Element) {
      XElement elem = (XElement)noeud;
      TviNoeud uc_tvi_noeud = new TviNoeud(elem);
      TreeViewItem tvi_enfant = new TreeViewItem();
      tvi_enfant.Header = uc_tvi_noeud;
      tvi.Items.Add(tvi_enfant);
      tvi_enfant.ExpandSubtree();
      if (elem.HasElements == true) {
        StyliseeCommentTraiterNoeudEnfant(tvi_enfant, elem.Nodes());
      }
    }
    if (noeud.NodeType == XmlNodeType.Comment) {
      TreeViewItem tvi_enfant = new TreeViewItem();
      XComment comment = (XComment)noeud;
      tvi_enfant.Header = new TviCommentaire(comment.Value);
      tvi.Items.Add(tvi_enfant);
    }
  }
}
```

INDEX

Index

Symboles

A

B

C

D

E

F

G

I

J

L

M

N

O

P

R

S

T

U

V

W

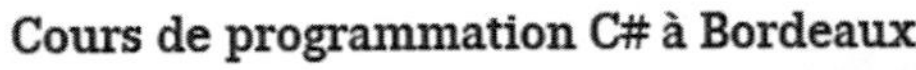

Cours de programmation C# à Bordeaux

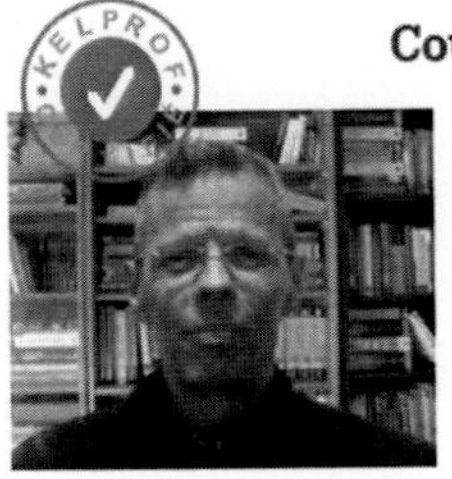

Profil :	Professeur
Se déplace à domicile :	non
Tarif horaire :	20€/h
Première heure :	Tarif normal
Civilité :	Monsieur

Lycée :	2de, 1re L, 1re ES, 1re S, 1re STG, 1re STI2D, T L, T ES, T S, T STG, T STI2D
Supérieur :	Prépa, BTS, Licence, Master, IUT/DUT
Parascolaire :	Débutant

Réservez un cours avec Patrice

GARANTIE KELPROF

Kelprof

Un prof près de chez vous

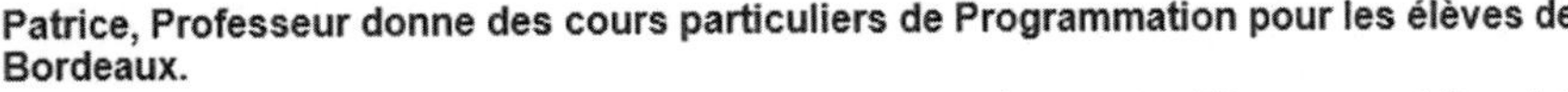

Patrice, Professeur donne des cours particuliers de Programmation pour les élèves de Bordeaux.

Vous aimeriez programmer en langage C# mais vous ne savez pas par où commencer ? Vous avez peut-être acheté un livre pour vous initier mais il vous semble trop abstrait ? Vous souhaitez réaliser un projet précis, et vous avez besoin d'aide pour le structurer et pour le programmer ?

Alors ce cours est fait pour vous !

Ce cours s'adresse à toute personne désireuse de progresser dans la domaine de la programmation en langage C# en utilisant au choix l'environnement de développement intégré **VISUAL STUDIO 2013** ou bien l'environnement de développement intégré **SharpDevelop**. Pour les novices, nous pourrons commencer par les bases avec l'installation des outils nécessaires, l'explication des concepts du C# et la programmation des applications logicielles traditionnelles. Pour ceux qui ont quelques connaissances, nous pourrons aborder des concepts variés comme la programmation orientée objet et la modélisation 3D. Pour ceux qui ont besoin d'aide pour un projet, nous pourrons réfléchir ensemble sur la structure de leur programme, et programmer ensemble les solutions que nous aurons trouvées.

Pour répondre à toutes vos attentes, les cours pourront se dérouler de trois façons différentes :
- vous souhaitez découvrir ou approfondir une notion du C# : dans ce cas, je commencerai par vous expliquer quand et pourquoi l'utiliser; je vous expliquerai ensuite son fonctionnement et nous finirons par des exemples pratiques de programmation.
- vous souhaitez progresser en C# mais vous ne savez pas exactement ce que vous voulez apprendre; dans ce cas, je vous enseignerai de nouvelles notions adaptées à votre niveau.
- vous avez besoin d'aide pour réaliser un projet; dans ce cas, nous pourrons étudier ensemble vos besoins et poser les bases de votre programme, puis nous pourrons étudier les notions nécessaires à sa réalisation.

Microsoft
CERTIFIED
Application Developer

Disponibilités

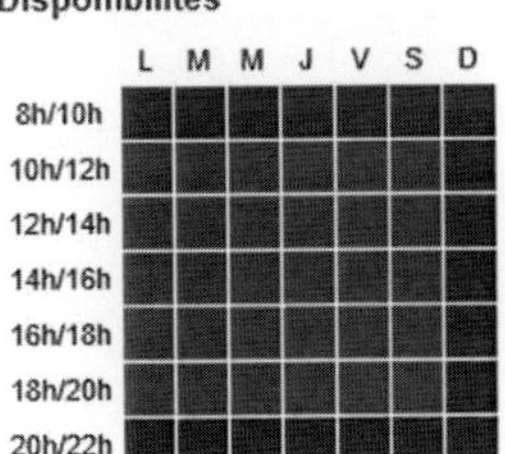

	L	M	M	J	V	S	D
8h/10h							
10h/12h							
12h/14h							
14h/16h							
16h/18h							
18h/20h							
20h/22h							

Localisation

http://www.kelprof.com/cours-particuliers/programmation/cours-de-programmation-c-a-bordeaux-713434.html

Imprimé par Books on Demand GmbH, Norderstedt, Allemagne